守望者
The Catcher

阅读　你的生活

考古学理论手册

Handbook of Archaeological Theories

上

[英] R. 亚历山大·本特利（R. Alexander Bentley）

[美] 赫伯特·D. G. 马施纳（Herbert D. G. Maschner） 主编

[英] 克里斯托弗·奇彭代尔（Christopher Chippindale）

陈胜前 陈国鹏 译

中国人民大学出版社

·北京·

目　录

上

下

第 1 章　考古学理论导论

1

R. 亚历山大·本特利、赫伯特·D. G. 马施纳

（R. Alexander Bentley and Herbert D. G. Maschner）

理论是考古学领域中争论最激烈的地方。遍览 20 世纪 60 年代中期以来的学术杂志与主要出版物，不难发现部分最常被引用的论文与著作是有关考古学理论的。然而，考古学理论的进步是由规模非常小的一群人推动的。当我们思考本书应该谈及哪些名字时，著名的柴尔德（Childe）、泰勒（Taylor）、宾福德（Binford）、弗兰纳里（Flannery）、沃森（Watson）、希弗（Schiffer）等名字浮现在眼前。年轻的一代则包括霍德（Hodder）、尚克斯（Shanks）、康基（Conkey）、奥布赖恩（O'Brien）、蒂利（Tilley）、埃姆斯（Ames）、赫格曼（Hegmon）、申南（Shennan）、克拉姆利（Crumley），以及许多在其他方面对考古学产生了重要影响的学者，这些领域可以从性别延伸到岩画。这些名字所代表的只是考古学家群体中的极小的一个部分。考古学其他领域的研究者借助这些理论研究者的工作成果来解释材料，理解与表达历史，使之饶有趣味与益处。

出人意料的是，考古学理论的提出者之间竞争激烈，让追随者们无

所适从，争论本身成了一个主题，甚至要争论当前的理论分歧究竟是什么（Hegmon, 2003, 2005; Moss, 2005）。这导致对话而非真正的理论开始流行。按照词典的定义，理论是"一套陈述或原理，用以解释一组事实或现象，尤其是那些经过反复检验或被广泛接受的，可以用于预测自然现象"或是"用于解释自然现象的合理的或科学上可以接受的普遍原理或原理体系"。

潮流变化不断，早期研究者构建真正科学的考古学理论（Waston, LeBlanc, and Redman, 1974; Schiffer, 1976）的努力都无疾而终。相反，几乎所有的考古学理论都最多只能说是阐释、解释或批评的方法，而非理论。同样有意思的是，在 20 世纪 80 年代早期以来的文献中，许多主张反身性、批评、阐释以及后过程主义的考古学理论其实是反理论的，因为它们反对预测、原理概括以及检验。这些方法可能是理论性的，而考古学中真正符合理论定义的理论只有进化论、马克思主义以及过程主义的某些方面，因为它们可以就世界如何运作提出一系列命题与预测，并且可以通过考古材料进行检验。这也就是为什么我们把柴尔德的马克思主义解释视为最早的理论考古学研究之一。而在更早的时候，也有人把考古材料放在当时的理论框架中进行解释，如《圣经》对过去的解释。

与之相反，考古学理论必须明确符合科学研究的基本要求。考古学的理论探讨开辟了评论、修正、批评的新领域，其来源包括从哲学、女权主义到文化研究。把理论与理论批评合起来看，几乎任何东西都与考古学相关。比较其他研究或学科，如法律、农学、哲学、化学、医学或是劳资关系，有多少我们可以同时将其视为科学、艺术、社会研究、策略规划、不费脑的体力劳动、抽象理论、客观材料收集乃至个人内省的途径呢？考古学吸引了具有各种背景的研究者，他们从事考古学的原因也各不相同。我们中的一位——本特利在进入考古学领域之前，本科是学物理学的，他曾经作为研究助理对伊特鲁里亚陶器（朋友们称之为"爆锅"）做中子活化分析。我们中的另一位——马施纳在决定从事考古学研究之前，曾经想去研究歌剧。尽管从事考古学的理由千奇百怪，但是考古学的实践 [马施纳与奇彭代尔（Chippindale）主编的《考古学方法手册》2005 年版的主题] 还是相当一致的，因为它旨在通过收集与分析材料来回答考古学的问题。没有材料，我们根本就不能讨论理论。没有 18 世纪以来文化历史考古学家的研究（韦伯斯特，第 2 章），我们可能还把石质手斧看作雷石（Trigger, 1989: 47）。没有文化资源管理考古学家的持续努力（格林，第 22 章），我们的证据基础可能会小得多。那些记录旧石器时代晚期艺术的研究者让我们看到了发达的现代心智的最早证据（加波拉，第 17 章），而出现时间更晚的岩画艺术通常是我们了解古代无文字社会的意识形态的唯一途径（惠特利，第 31 章）。虽然在古典考古学家群体中，部分人公开反对考古学理论，但他们让我们看到了最完善的考古材料记录（吉尔，第 5 章）。这些研究以及其他考古证据来源（Maschner and Chippindale, 2005）构成了考古学的建筑基石。当然，提到考古学理论或理论考古学，所谓一致性就成了考古学家个体的追求。许多经常讨论考古学理论的研究者似乎对另一些的主题更感兴趣。如后过程考古学家（尚克斯，第 9 章）研究文学理论与哲学（柯纳和普赖斯，第 21 章）；相反，过程考古学家（沃森，第 3 章）原来更多受到生态学、物理学与文化人类学的启发。进化论或达尔文考古学家（本特利等人，第 8 章）主要借鉴了进化生物学（科勒德等人，第 13 章）。古典考古学家（吉尔，第 5 章）以及其他一些考古学家（贝尔伍德，第 14 章）则通过他们的研究发展出了一种语言上的特长。马克思主义考古学家（麦圭尔，第 6 章）跨入了经济学与社会学（巴克，第 29 章；迪雷亥，第 11 章）。相反，文化资源管理考古学家（格林，第 22 章）尽管是最熟练、最专业的田野考古学家，但是也需要面对一些难以预测的挑战，向公众展示并与他们辩论考古学（华莱士，第 23 章；福勒等人，第 24 章）。

但是，现代考古学理论在很大程度上并不是一种探索其他主题的途径，而是个人性的（参见 O'Brien et al., 2005，该书展示了美国考古学中丰富多彩的个性史）。就像心理学一样，考古学是有关我们自己的过去的，我们许多人从中寻找我们自己；西格蒙德·弗洛伊德（Sigmund Freud）之于考古学的热情（Barker, 1996）不是一种巧合。当然，考古学家研究的不是自己的童年时代，他们通常探究的是人类过去的身份（加波拉，第 17 章）或人类社会（伯恩贝克，第 30 章）。正如后过程考古学家所指出的（Tilley, 1989），考古学理论涉及个人问题。面对考古材料，我们无法摆脱的事实是，如何叙述过去，以及我们认为哪些东西重要，都取决于我们自己。因为考古学研究探索考古材料对人的意义，探索我们作为人对他人及自然界的意义，所以情况就应该如此。某些立场可能比其他立场更明显。如性别考古（海斯－吉尔平，第 20 章）主要是由女性探讨的，这并不是沿袭既有的强加的垄断性主题，而是来自人类关系中自然持续存在的研究兴趣，长期存在的权力不平衡对那些身在其中的人来说是至关重要的。个人的经验是观点合理性的基础，如乔·沃特金斯（Joe Watkins, 2003）曾经提供了关于美洲土著印第安人之于考古学理论、权力以及研究特权的看法。每一种研究立场，即便是以客观的形式表达的研究立场，最终反映的还是研究者的特权，所涉及的对象不仅包括研究器物的物理化学性质的考古学家（吉尔，第 5 章；泰勒，第 18 章），也包括那些主要研究兴趣是文化人类学与民族学的考古学家（厄尔，第 12 章），尤其是与世界各地的土著群体相关的考古学家（琼斯，第 19 章；乔丹，第 26 章；麦克尼文和拉塞尔，第 25 章）。

　　多样的视角正是考古学理论作为一个整体的力量之所在。这是有关人的事。考古学带给我们这样一些主题，如族群性（琼斯，第 19 章）、地位（埃姆斯，第 28 章；巴克，第 29 章）、不平等（麦圭尔，第 6 章）、我们自己在社会中的意义（加德纳，第 7 章）、文化差异（麦克尼文和拉塞尔，第 25 章）和资源共享（福勒等人，第 24 章）等，它们都是视角。视角是我们远离那些实际上已经死亡与被埋藏的社会的必然结果。探究这些社会的变化原因与可能的变化过程，以及我们的社会为什么也在变化，是过程考古学家曾经的目标之一（沃森，第 3 章），也是进化论考古学家（琼斯，第 19 章）与计算机模拟专家（科斯托普洛斯，第 16 章）现在的目标。

　　后过程考古学的批评让我们看到，理论视角的开放要胜于虚假的客观。为了迎合科学、客观，社会科学家与后现代的理论家给一些简短或模棱两可的概念套上了虚张声势的术语，比如说用"实施"（operationalize）一词，而不说"做"（do）。奥克斯利（Oxley）与莫顿（Morton）的考古学流行词语生成法（www.jork.ac.uk/depts/arch/yccweb/aids/buzz.htm）以及迈克尔·布赖森（Michael Bryson）的后现代标题生产法（www.brysons.net/generator）都很好地讽刺了这种学术术语泛滥的现象。这种生造词语的倾向已经不可逆转地扩散开来。如我们现在就不得不用"过程主义"与"后过程主义"这样的伪科学术语。跟考古学科之外的朋友说起这些词语，常常招来一通嘲笑：世界上哪一样东西不涉及过程呢？小说家创造情节、化学品发生反应、闲聊传播新闻、岩石形成与变化，以及哲学家批评其他哲学家的方式，都是过程。这不是要贬低过程考古学或后过程考古学（沃森，第3章；尚克斯，第9章）——它们让考古学在现实世界中更加完善、更接地气——问题在于，为了看起来更科学或是更像一位法国哲学家而使用一些被赋予丰富思想的术语，甚至用一些专业术语来包装胡思乱想，就完全疏离了大众乃至我们的同行。

更糟糕的是，考古学中的虚假客观性可能带来许多糟糕的结果，如歪曲赫伯特·斯宾塞（Herbert Spencer）的研究。斯宾塞其实是深刻批判帝国主义思想并寻求解决社会问题的（McGee and Warms, 2004: 25），然而在20世纪却导致了社会达尔文主义（Sumner, 1914）。虚伪的智识主义对公众来说是不公平的，因为考古学是一种必须由大家共享的资源，否则它就成了一种无所事事的嗜好或是某种奢侈知识特权。因此，考古学如何向公众表达跟它本身究竟是什么一样重要（华莱士，第23章）。

学者为了学术威望与思想控制，可能会让学术理论被术语充斥，变得晦涩不堪。学者努力寻求客观，但他们也跟其他人一样寻求地位与威望。这并不出人意料，争夺主导权是人处理社会关系的本能——无论是明面上还是暗地里。明白考古学思想如何被用于对抗不那么有权力的群体，包括考古学研究对土著社会的直接影响以及遗产的盗掘与归属问题（麦克尼文和拉塞尔，第25章）是考古学伦理的中心。自殖民时代以来，西方考古学家在贫穷地区开展了许多工作（迪雷亥，第11章），我们需要承认的是，文化控制是考古学理论研究的一个普遍问题。某些理论如马克思主义（麦圭尔，第6章）重点关注不平等何以无所不在，以及富人与穷人何以冲突不断。即便没有私有财产，人们仍然会竞争地位与威望（埃姆斯，第 28 章）。地位与威望跟物质财富一样，是确定酋邦社会甚至是国家社会等级的标准（伯恩贝克，第 30 章）。

一个围绕文化控制的考古学问题就是全新世界范围内史前农业的扩散（普卢西尼克和兹韦莱比尔，第 27 章）。从欧洲、东南亚，到撒哈拉以南非洲、太平洋地区，现代人的祖先至少部分是早期殖民的农民。再者，今天世界上大部分人所说的语言也来自最早农民所说的语言（贝尔伍德，第 14 章）。不过，这是一个考古学家、遗传学家、语言学家之间广泛争论的问题，有些学者支持土著狩猎采集者就是某些特定地区人群的文化与遗传学上的祖先，而另一些学者更支持殖民群体是这些人群的祖先（贝尔伍德，第 14 章；普卢西尼克和兹韦莱比尔，第 27 章）。农业是国家起源的必要而非充分条件（伯恩贝克，第 30 章）。正如戴蒙德（Diamond, 1997）清楚地指出的，那些最早国家的后裔就是欧洲殖民主义的基础（麦克尼文和拉塞尔，第 25 章）。

还有一些学者放弃了用各种方式控制其他人的研究，转而关注人如何利用生态位构建的方式来控制自然。这常见于狩猎采集者研究中（乔丹，第 26 章），传统上，狩猎采集者研究关注生态适应（耶斯纳，第 4 章），深受朱利安·斯图尔德（Julian Steward）以及后来形成的人类行为生态学的影响（本特利等人，第 8 章）。这是新考古学发展的副产品（沃森，第 3 章），新考古学运用一种自然机制来研究大规模的人类社会。自然科学在考古学中地位的提升在很大程度上得益于新考古学家（"过程主义"这 4 个虚弱的术语在帮倒忙），他们促使许多研究者探讨生物学，尤其是进化论，而非生态学。由此产生了许多富有成效的假说，来解释文化如何变迁

（本特利等人，第 8 章），以及一些量化的方法，来检验诸如代际习得的文化行为与从同时代的社会成员那里习得的文化行为之间的区别（科勒德等人，第 13 章）。

生态人类学与新考古学的结合类似于 20 世纪 60 年代计量生态学、计量地理学以及过程地貌学的兴起。新考古学口头上强调生物学与生态学中新进化论综合的重要性，但实际上在考古学中进化论的作用一直很有限，直到 20 世纪 70 年代后期社会生物学与人类行为生态学兴起。宾福德认为自己本质上是一位进化论者，但是实际上他感兴趣的是文化如何适应环境，以及环境如何驱动那些适应，并不是特别符合进化论（Binford, 1983）。

考古学中就运用进化论分成了若干派别，它们相互竞争（Maschner, 1996），本书的不同章节以不同形式进行了探讨（韦伯斯特，第 2 章；耶斯纳，第 4 章；本特利等人，第 8 章；科勒德等人，第 13 章；加波拉，第 17 章；乔丹，第 26 章）。有趣的是，将学术主题划分为竞争性的领域本身就是一个进化过程。为了获取学术成功，年轻的学者认为自己需要用一种全新的理论来推翻此前的一切（宾特里夫，第 10 章）。即便是刘易斯·宾福德——他出版了众多影响深远的著作——也成了"掀翻桌子"的典范（Binford, 1962）。一旦宾福德成了考古学理论领域最突出的领袖，其他学者就可以在针对他的理论战场上获得知名度。

当然，争论是考古学理论进步的主要形式。一场经典的争论是 20 世纪六七十年代宾福德与博尔德（Bordes）之间围绕考古学的族群问题所展开的（琼斯，第 19 章）。博尔德（Bordes, 1953）就西北欧莫斯特（距今 125 000 ~ 30 000 年）提出了一个分类方案。博尔德认为，这些石器组合分布在特定地区并且持续时间很长（Mellars, 1970），它们代表了共存的不同文化，这些文化各有自己的发展脉络，反复出现于人类所生活的区域。宾福德（Binford, 1973）反对这种观点，他认为类似的器物形态代表类似的活动，并非代表族群的不同文化特征。宾福德（Binford, 1973）指出，不同工具类型，也就是博尔德所谓的组合类型，与环境变化有关，其变化由适应需求而非社会或族群身份所决定（耶斯纳，第 4 章）。这是新考古学的主要难题，也可能是最典型的难题。器物是文化与文化身份的表达吗？或者说，器物组合形态只是群体适应环境的产物，由此器物组合变化意味着不同遗址代表人类活动的功能差异？

后来，宾福德（Binford, 1978, 1983）运用他的努那缪提爱斯基摩人民族考古学研究来回答这个新考古学长期存在的问题：如果考古材料是静态的而产生考古材料的行为是动态的，那么考古学家如何能够从静态推导出动态？宾福德提出，要实现这一思想飞跃，民族考古学以及其他中程理论是关键。他承认文化可能确定某些形态，但他关注功能上的意义，如驯鹿的功能解剖，他认为自更新世以来驯鹿基本上是一样的，只要是狩猎采集者，就会知道春季驯鹿的哪个部位最肥，秋季驯鹿的哪个部位最适合储藏。一旦考古学家了解了这个，动物遗存上的所有形态特征，更进一步说，与动物遗存共存的器物变化，都可以从功能上进行解释。这可能是宾福德最伟大的贡献，马施纳与奇彭代尔（Maschner and Chippindale, 2005）的《考古学方法手册》中也有讨论，宾福德的功能研究对考古学方法的影响要胜过对考古学理论的影响。

从著名的宾福德-博尔德争论扩展开来，后过程理论（尚克斯，第 9 章）、能动性理论（加德纳，第 7 章）甚至进化论（本特利等人，第 8 章）推动了考古学族群概念的重要发展。20 世纪 80 年代早期的理论争论中的许多源自研究者认识到文化与个体会影响组合差异的性质，而且这不能用"适应"或"功能"这样的术语来解释。如今，很少有人视历史上的族群为静态的存在，物质文化甚至都不能很好地描述它。我们最好把它看作群体本身的积极选择，在某种情形下人们可以感知到不同文化类别，可能存在多重身份认同（琼斯，第 19 章）。尽管这让我们从考古材料中识别族群身份变得更加困难，但是它也带来了一系列令人兴奋的问题：群体身份是何时以及如何产生、维系、调整的，以及过去有时又是如何受到人为压制的。

过去几十年里考古学有关族群问题的争论是比较有成效的。不过，正如上面所强调的，考古学理论是个人性的，有时论战越来越火爆，而竞争阵营却越来越小、越来越孤立。这是我们应该避免的，它就像巨蟒剧组的电影《布莱恩的一生》中的情景，其中约翰·克利斯（John Cleese）说："我们不是犹太人的人民阵线，而是人民的犹太阵线！"过去几十年里考古学中有关进化究竟是什么的争论就产生了类似的分裂（Lake, 1997）。争论的最大症结可能是"扩展表现型"（extended phenotype）一词的运用，进化论考古的倡导者们从生物学中借用了这个术语，生物学中用这个词来表示如鸟巢、河狸坝、蛛网之类生物凭本能建造的东西。这个概念很有意思，也很有用，因为人类文化代代相传，如人类学习制作于生存来说不可或缺的手斧，就很像河狸建造的坝（O'Brien, 1996）。当然，许多考古学学科之外的人的理解是，器物如同鸟巢、蛛网，正好是表现型的（也就是基因所决定的），是人类的对应之物（Boone and Smith, 1998）。艾肯斯与利波（Eerkens and Lipo, 2005）总结了文化传递理论的范式，尽管其中结合了许多进化论考古学的思想，但他们将其重新命名，以避免赶走潜在的读者。艾肯斯与利波（Eerkens and Lipo, 2005）厘清了从前的误解，他们注意到传递的信息（基因的与文化的）包括我们自身的所有方面，从身体、行为到器物。换句话说，器物与生物学上的表现型并不完全是一回事（本特利等人，第 8 章；加波拉，第 17 章）。

几十年来的误解给我们的教训是，语言至关重要。只要考古学采用其他学者（如生物学家）许久前创造的术语，考古学家就需要努力为借用的术语发展可靠的理解。就此而言，考古学中有关进化论的争论是劳而无功的，如果我们全面禁止诸如基因、基因型、表现型之类术语的类比用法，只允许文学与生物学的用法，那么考古学理论的发展会好许多。种群生物学家在听到器物是扩展表现型时都会大吃一惊，他们认为（带有些成见地）社会科学家实在是没话找话说，居然认为人类基因中真的存在陶器设计的编码。

从这个例子及其他情况中，考古学学科之外的读者很容易看出考古学理论争论的双方都有优点。部分广为人知的典型争论涉及以下方面：过程考古学与后过程考古学（Hodder, 1985, 1987; Earle and Preucel, 1987）、中程理论与遗址形成过程（Raab and Goodyear, 1984; Binford, 1981; Schiffer, 1985）、规律性解释（Morgan, 1973, 1974, 1978; Read and LeBlanc, 1978; Watson et al., 1974）、民族学类比的应用（Binford, 1985; Gould, 1985），以及一些热度非常高但让非考古学家十分困惑的题目，如确定陶片矿物 / 化学组成的实验室方法（Neff et al., 1996; Burton and Simon, 1996; Stoltman et al., 2005 重新挑起了争论；Flannery et al., 2005 对 Blomster et al., 2005 的回应）、燧石石叶上硅光的性质（Newcomer et al., 1986; Moss, 1987; Hurcombe, 1988）。所有这些争论都在构建考古学理论，现在回顾起来，

许多争论仍然新鲜有趣（有时还有点可乐）。因为争论双方都很大胆、积极，而不是去奉承或假装客观，所以这些争论颇为引人注目，很有建设性。事实上，刘易斯·宾福德的影响力长盛不衰就是因为他一直处在争论当中。

由此，一个最佳的推动考古学理论发展的方式就是承认所有理论都有价值，都有所贡献。我们不能落入圈套，认为我们的理论比其来源理论还重要。米歇尔·赫格曼（Michelle Hegmon, 2003, 2005）曾在《美国古物》杂志上撰文，提出要基于共同理论立场，评判不同理论的质量。莫斯（Moss, 2005）反驳了这种观点，指出基于共同立场囊括不同的理论弱化了她的马克思主义的女权主义批评。这是一个难以回答的问题，因为（如上所述）理论考古学家总是一方面想统一所有理论，另一方面又希望自己脱颖而出，提山"开创性的"新理论。无论如何，共同的理论理解，如果从来都没有达成完全共识的话，就应该是最终的目标。例如，复杂性理论（本特利和马施纳，第 15 章）就像后过程考古学一样，在某种意义上把许多可能的结果与过程考古的决定论（从物理学与计算机模拟中借鉴而来）结合了起来（科斯托普洛斯，第 16 章）。再者，许多考古学的"新"观念其实早就有人提出了，只是这些作者来自其他领域，如今已很少有人读到，或者这些观点是用其他的语言写作的（耶斯纳，第 4 章；宾特里夫，第 10 章；Trigger, 1989）。事实上，有几个复杂的观点，如人类社会是一种突发现象、不同于人类各部分之和这个观点是由埃米尔·涂尔干（Émile Durkheim）于一个多世纪之前提出的（Durkheim, 1895），人类社会类似于功能上相互结合的有机体的观点是由斯宾塞提出的（Spencer, 1860）。后过程考古学有关过去的多重叙事的观点（Shanks and Hodder, 1995）跟多重竞争性假说的良好科学实践并无不同（Chamberlin, 1890）。正因为如此，考古学理论领域应该欢迎哲学的介入（Saitta, 1983）。我们现在所谈的许多东西，哲学家在百年前甚至千年前就已经谈到，而且谈得很清楚。事实上，正是亚里士多德提出了整体大于部分之和的观点（《形而上学》）。考虑到这一点，我们应该为考古学理论如此丰富多彩而自豪，同时它作为一个整体，大于我们各自的不同理论之和。

鉴于考古学理论如此丰富，本书可以采用许多方式来分门别类，每位考古学家都可能采用不同的方式。就本书的组织而言，我们并没有潜在的意图，书中把一系列不相干的内容组织起来，似乎还是有用的。当前您正在阅读本书的导论部分。下一部分有关考古学理论史上的若干重大主题，包括马克思主义、进化论、文化历史、后过程考古学等。大部分视角是当今几乎所有考古学家进行研究所立足的基石。再下一部分是对考古学产生了广泛影响的相关学科的各种思想，范围从拉美、欧洲理论到语言、混沌-复杂性理论。这些章节表明考古学是一门既需要跨文化知识，又需要跨学科探讨的学科。再下一部分是有关研究热点的内容。其范围宽广，讨论从许多不同理论领域乃至不同哲学立场出发。有关考古学研究的背景关联的部分涉及一系列理论反思，包括考古学与文化资源管理、公众、土著以及更大范围的世界的关系。最后一部分有关考古学理论与实践，关注考古学的若干大问题，如国家的起源、酋邦的兴起、狩猎采集者考古、宗教考古等。这一部分涵盖了人类历史上若干关键转型。

读者可能会注意到，本书似乎忽视了某些领域，或是将其包含在不同章节中。书中没有考古学理论史章节，因为每位作者都是在历史情境中展开所著章节的。女权主义包含在"性别"章节中，书中从"马克思主义"到"考古学中的哲学"等章节也都对之有所涉及。同样，读者会发现书中没有专门讨论中程理论的章节，但书中许多地方都对它进行了探讨，《考古学方法手册》一书中也有"民族考古学"一章（Maschner and Chippindale, 2005）。每位读者都有自己喜欢的理论或视角，可能都应该包括进来，但我们明白包罗万象同时又不累赘冗长是非常困难的。总体来说，本书已基本上覆盖了主要的考古学论题，将其分成若干个部分也可能有所帮助。本书的篇幅已经相当可观，再添加更多的章节，帮助有限。

　　总而言之，本书收录的这些文章，有些出自初出茅庐的学者，有些出自学界名宿，我们希望它们能够找到知音，帮助研究者分析考古材料，构建其背景关联。我们希望读者阅读此书后，能认识到理论在阐释过去上的重要意义，同时认识到产生意义的考古学传统的魅力。最后，非常感谢本书的各位作者，正是他们的努力，让更大范围的考古学群体能够了解其思想。

参考文献

Barker, Stephen, ed. 1996. *Excavations and their objects: Freud's collection of antiquity*. Albany: State University of New York Press.

Bentley, R. Alexander. 2006. Academic copying, archaeology, and the English language. *Antiquity*, March.

Binford, Lewis R. 1962. Archaeology as anthropology. *American Antiquity* 28: 217–225.

———. 1967. Smudge pits and hide smoking: The use of analogy in archaeological reasoning. *American Antiquity* 32: 1–12.

———. 1973. Interassemblage variability: The Mousterian and the "functional argument." In Colin Renfrew, ed., *The explanation of culture change: Models in prehistory*, 227–254. London: Duckworth.

———. 1978. *Nunamiut ethnoarchaeology*. New York: Academic.

———. 1981. Behavioral archaeology and the "Pompeii premise." *Journal of Anthropological Research* 37: 195–208.

———. 1983. *In pursuit of the past*. London: Thames & Hudson.

———. 1985. "Brand X" versus the recommended product. *American Antiquity* 50: 580–590.

Blomster, Jeffrey P., Hector Neff, and Michael D. Glascock. 2005. Olmec pottery production and export in ancient Mexico determined through elemental analysis. *Science* 307: 1068–1072.

Boone, James L., and Eric Alden Smith. 1998. Is it evolution yet? A critique of evolutionary archaeology. *Current Anthropology* 39: S141–173.

Bordes, François H. 1953. Essai de classification des industries "moustériennes." *Bulletin de la Société Préhistorique Française* 50: 457–466.

Burton, James H., and Arlyn W. Simon. 1996. A pot is not a rock: A reply to Neff, Glascock, Bishop, and Blackman. *American Antiquity* 61: 405–413.

Chamberlin, T. C. [1890] 1964. The method of multiple working hypotheses. *Scientific Monthly* 59: 357–362.

Diamond, Jared. 1997. *Guns, germs, and steel*. London: Jonathan Cape.

Durkheim, Emile. [1895] 2004. What is a social fact? In R. J. McGee and R. L. Warms, eds., *Anthropological theory: An introductory history*, 86–87. New York: McGraw-Hill.

Earle, Timothy K., and Robert W. Preucel. 1987. Processual archaeology and the radical critique. *Current Anthropology* 28: 501–538.

Eerkens, Jelmer, and Carl P. Lipo. 2005. Cultural transmission, copying errors, and the generation of variation in material culture and the archaeological record. *Journal of Anthropological Archaeology* 24: 316–334.

Flannery, Kent V., Andrew K. Balkansky, Gary M. Feinman, David C. Grove, Joyce Marcus, Elsa M. Redmond, Robert G. Reynolds, Robert J. Sharer, Charles S. Spencer, and Ja-

son Yaeger. 2005. Implications of new petrographic analysis for the Olmec "mother culture" model. *Proceedings of the National Academy of Sciences USA* 102: 11219–11223.

Freeman, Leslie G. 1968. A theoretical framework for interpreting archaeological materials. In R. B. Lee and Irven DeVore, eds., *Man the hunter*, 262–267. Chicago: Aldine.

Gould, Richard A. 1985. The empiricist strikes back: Reply to Binford. *American Antiquity* 50: 638–644.

Hegmon, Michelle. 2003. Setting theoretical egos aside: Issues and theory in North American archaeology. *American Antiquity* 68: 213–243.

———. 2005. No more theory wars: A response to Moss. *American Antiquity* 70: 588–590.

Hodder, Ian. 1985. Postprocessual archaeology. *Advances in Archaeological Method and Theory* 8: 1–26.

———. 1987. Comment on T. K. Earle and R. W. Preucel, "Processual archaeology and the radical critique." *Current Anthropology* 28: 516–517.

Hurcombe, Linda. 1988. Some criticisms and suggestions in response to Newcomer et al. (1986). *Journal of Archaeological Science* 15: 1–10.

Lake, Mark W. 1997. Darwinian archaeology: An "ism" for our times? *Antiquity* 71: 1086–1088.

Maschner, Herbert D. G., ed. 1996. *Darwinian archaeologies*. New York: Plenum.

Maschner, Herbert D. G., and Christopher Chippindale, eds. 2005. *Handbook of Archaeological Methods*. Walnut Creek, CA: AltaMira.

McGee, R. Jon, and Richard L. Warms, eds. 2004. *Anthropological theory: An introductory history*. New York: McGraw-Hill.

Mellars, Paul. 1970. Some comments on the notion of "functional variability" in stone-tool assemblages. *World Archaeology* 2: 74–89.

Morgan, Charles G. 1973. Archaeology and explanation. *World Archaeology* 4: 259–276.

———. 1974. Explanation and scientific archaeology. *World Archaeology* 6: 133–137.

———. 1978. Comment on D. W. Read and S. A. LeBlanc, "Descriptive statements, covering laws, and theories in archaeology." *Current Anthropology* 19: 325–326.

Moss, Emily H. 1987. A review of "Investigating microwear polishes with blind tests." *Journal of Archaeological Science* 14: 473–481.

Moss, M. L. 2005. Rifts in the theoretical landscape of archaeology in the United States: A comment on Hegmon and Watkins. *American Antiquity* 70: 581–587.

Neff, Hector, Michael D. Glascock, Ronald L. Bishop, and M. James Blackman. 1996. An assessment of the acid-extraction approach to compositional characterization of archaeological ceramics. *American Antiquity* 61: 389–404.

8 Newcomer, M., R. Grace, and R. Unger-Hamilton. 1986. Investigating microwear polishes with blind tests. *Journal of Archaeological Science* 13: 203–217.

O'Brien, Michael J. 1996. The foundations of evolutionary archaeology. In M. J. O'Brien, ed., *Evolutionary archaeology*, 17–23. Salt Lake City: University of Utah Press.

O'Brien, M. J., R. L. Lyman, and M. B. Schiffer. 2005. *Archaeology as a process: Processualism and its offspring.* Salt Lake City: University of Utah Press.

Raab, L. Mark, and Albert C. Goodyear. 1984. Middle range theory in archaeology: A critical review of origins and interpretations. *American Antiquity* 49: 255–268.

Read, Dwight W., and Steven A. LeBlanc. 1978. Descriptive statements, covering laws, and theories in archaeology. *Current Anthropology* 19: 307–335.

Saitta, Dean J. 1983. The poverty of philosophy in archaeology. In J. A. Moore and A. S. Keene, eds., *Archaeological hammers and theories*, 299–304. New York: Academic.

Schiffer, Michael B. 1976. *Behavioral archeology.* New York: Academic.

———. 1985. Review of *Working at archaeology* by L. R. Binford. *American Antiquity* 50: 191–193.

Service, Elman R. 1969. Models for the methodology of mouth-talk. *Southwestern Journal of Anthropology* 25: 68–80.

Shanks, Michael, and Ian Hodder. 1995. Processual, postprocessual, and interpretive archaeologies. In I. Hodder, M. Shanks, A. Alexandri, V. Buchli, J. Carman, J. Last, and G. Lucas, eds., *Interpreting archaeology*, 3–29. London: Routledge.

Spencer, Herbert. 1860. The social organism. *Westminster Review* 17: 51–68.

Stoltman, James B., Joyce Marcus, Kent V. Flannery, James H. Burton, and Robert G. Moyle. 2005. Petrographic evidence shows that pottery exchange between the Olmec and their neighbors was two-way. *Proceedings of the National Academy of Sciences USA* 102: 11213–11218.

Sumner, William G. 1914. The concentration of wealth: Its economic justification. In Albert G. Keller, ed., *The challenge of facts and other essays*, 79–90. New Haven: Yale University Press.

Tilley, Christopher. 1989. Archaeology as socio-political action in the present. In V. Pinsky and A. Wylie, eds., *Critical traditions in contemporary archaeology*, 104–116. Cambridge: Cambridge University Press.

Trigger, Bruce. 1989. Soviet archaeology. In *A history of archaeological thought*, 207–243. Cambridge: Cambridge University Press.

Watkins, Joe E. 2003. Beyond the margin: American Indians, First Nations, and archaeology in North America. *American Antiquity* 68: 273–285.

Watson, Patty Jo, Steven A. LeBlanc, and Charles L. Redman. 1974. The law model in archaeology: practical uses and formal interpretations. *World Archaeology* 6: 125–131.

Wylie, M. Alison. 1985. The reaction against analogy. *Advances in Archaeological Method and Theory* 8: 63–111.

第一部分
研究范式

第 2 章 文化历史考古：文化历史的方法

加里・S. 韦伯斯特

（Gary S. Webster）

> 思想史关注所有隐藏的思想，以及各种表达整体的相互影响，
> 这些表达在人们之间悄然流转。
>
> ——米歇尔・福柯《知识考古学》
>
> （Michel Foucault, *The Archaeology of Knowledge*）

对于文化历史可以从各个角度来理解。许多人将之视为 20 世纪 60 年代新考古学崛起之前的考古学范式——至少英美考古学家是这么认为的（Strong, 1952; Trigger, 1989: 206; Lyman et al., 1997b: v, 1997a:1; Binford, 1965, 1968; Caldwell, 1959; Meltzer, 1979; Dunnell, 1978; Flannery, 1967）。其他学者如克拉克（Clarke）将之视为"不成形理论松散的结合"（Clarke, 1968: xiii）。它经常被当作某几个关键人物的研究史或是传记，"文化历史就是文化历史考古学家做的事"，或是如莱曼（Lyman）等所注意到的（1997b:vi），"过程考古学家所确定的一群考古学家的想法，被称为'文化

历史考古'"（Daniel, 1950; Fitting, 1973; Willey and Sabloff, 1974; Trigger, 1989: 414）。

文化历史考古有各种不同所指，包括指一个考古学演化的时期或阶段（Willey and Sabloff, 1980）、一种学术运动（Trigger, 1989: table 1）、一种方法（Trigger, 1989）、一种视角（Preucel and Hodder, 1996: 6）、一种解释倾向（Trigger, 1989: 12）、一种对特定社会政治环境的思想适应（Trigger, 1989: 148, 1978; Patterson, 1986）。另外，其文本还可以被看作文学修辞来研究（Hodder, 1989），以及用于文学效果的渲染，等等（Webster, 1999）。

相反，作为一名文化历史考古学家我选择将文化历史理解为在20世纪上半叶考古学家所贡献的考古学传统之一。这种观点把这个时期的考古学文献看作器物——共同思想或规范的物质表达，制约某类特定的考古学思想与实践，也就是文化历史。文化历史考古与同时代其他类型的考古（如功能–过程考古、进化考古）的区分不是基于年代、作者或是社会政治功能，而是基于其论述的根本特征。

正如其他任何分类方法，文化历史方法有其优点与不足（Mayr, 1995）。从积极的一面来看，它把巨量的文化历史考古文献放到了大类之中。这就使得它与其他研究传统以及相关论述的比较成为可能。同时，它特别适用于历史整体性不确定的现象。认识文化历史考古，其原理无疑是重要的，不过这些原理都是在回顾时确定的，通常来自其批评者（Lyman et al., 1997b: vii）。实际上，运用文化历史方法的考古学家对此少有了解——至少在20世纪50年代之前如此。他们很少会自称文化历史考古学家，同时也不会把自己所做的工作单独叫作文化历史考古，以区别于其他类型的考古。"文化历史"作为一个术语与概念原用于 18 世纪、19 世纪德国民族学中，用以表示一种研究，也就是文化历史研究（Trigger, 1989: 148）。直到 20 世纪 30 年代，考古学家才开始使用这个术语（Kidder, 1932），但在 20 世纪 60 年代之前，考古学家很少会用它来指代一种独特的方法（Taylor, 1948; Willey and Phillips, 1958）。劳斯（Rouse, 1953）经常被引用的文章《文化历史的策略》是一篇有关文化历史研究计划的评论，而不是对一种特殊范式的描述。这个时期的大多数考古学家只是把自己看作从事考古学工作，即研究考古材料的研究者，唯一真正的区别在于他们研究的是史前时期还是历史时期的遗存。相比更晚近时期的考古学，这个时期的考古学中反思更少，自我意识也更少；其他考古学的现代（或是后现代）思想似乎与之毫不相关 *12*（Hodder, 1999）。

这有几方面的含义。首先一个问题，就是如何用简洁有效的方式来确定某种现象的特征。这种现象不只是一种标签，它代表历史与历史学家面对的模糊聚合体，包括解释混乱的概念、语焉不详的方法以及记忆错乱的个人。与此同时，需要警惕以类型学的方式研究这些现象的潜在风险。最大的风险自然是令人迷惑的类型学划分与经验事实之间的差异，如考古学家根据现存的东西认为古代人群单位就是史前人群真实的单位。风险还在于把历史真实很大程度上等同于类型学的创造，这样很容易把类型学上的简化所产生的统一性跟某些真实存在的原初统一性相混淆。把文化历史的主体看作独特的存在是有风险的，文化历史考古与同时代的研究传统如功能-过程考古或进化考古可能是连续的整体，区分实际上是主观的。文化历史考古学家担心的正是这些问题（Lyman et al., 1997a）。

下面我将描述我所确定的文化历史考古传统的典型特征。

规范理论

文化历史考古的文献首先通过其论述来辨识，它们在揭示古代文化性质、特征、与考古材料的联系，以及考古学家如何进行研究上存在共性。

正如特里格（Trigger, 1978: 100-101, 1989: 161-163）所记录的，一直到 19 世纪与 20 世纪之交，考古学家都在寻找新的概念，以整理日益丰富多样的考古遗存。随着经典进化论失去影响力，考古学家于是采用来自民族学与人文地理学的概念（Daniel, 1963: 98）。一种观点是相信考古材料可以分组——组合、集合——它们在某种尺度上可以形成文化单位，可以与民族学上的文化相提并论（Trigger, 1978: 100）。这里涉及若干相互关联的预设。

部分的文化或不同的文化

文化历史的中心观点就是，不同文化构成文化整体的真实或经验的部分。泰勒（1871: 1）将文化定义为"复合整体，包括知识、信仰、艺术、道德、法律、习俗，以及人作为社会成员所获得的其他能力与习惯"。如特里格所言（1978: 76），"从文化的整体或过程的观点来看，很容易产生一种部分的观点，单个不同文化作为生活方式，通过特定群体代代相传"。这种部分的或单位概念的文化最初来自德国民族学与地理学（Trigger, 1989: 162），18 世纪中期用于指示单个社会的习俗，出版物中称其为"文化历史"（Kroeber and Kluckhohn, 1952）。到 19 世纪晚期，弗里德里希·拉采尔（Friedrich Ratzel）与弗朗茨·博厄斯（Franz Boas）进一步提出，不同文化代表地理上独立的实体存在——文化区或"组块"，不同特征碰巧组合在一起，形成唯一的特征形态（Trigger, 1989: 148-163）。泰勒（1948: 110）将之归纳如下：

> 我说文化作为一个部分性的概念，意思是历史中形成的文化特征体系，它是作为整体的文化中大体可以分割与具有凝聚力的部分，其不同特征在所有部分中都是相同的，或者说为某个群体或社会的个体所共同拥有。

单位文化的概念——如文化区与年代区（age-area）的概念——在美国民族学中开始流行（Mason, 1896; Wissler, 1923: 61-63; Kroeber, 1931），这强化了考古学中的类似观点（cf. Holmes, 1914）。整体与部分的文化之间的区别因此成为文化历史的中心原则（Kluckhohn, 1960: 139; Childe, 1956a: 26）。

规范的文化

下一个概念——可能最初来自涂尔干（1895）——认为文化根据相同而独特的系列规范组合在一起，也就是文化的规范观（Willey and Phillips, 1958: 18）。如柴尔德所言（1956a: 17-18），文化（部分意义上的）指一个群体共同的行为形态，即社会的所有成员都必须符合的传统的行为标准（"每个社会都会强制其成员与大致严格的标准或行为规范保持良好的一致性"）。于是，文化是一种由思想组成的心灵构建（Taylor, 1948: 101）。

这也意味着把不同文化看作整体存在来研究，因为它们是具有一致规范的自然组合（Willey and Phillips, 1958: 18; Binford, 1965: 204; Rouse, 1953: 84）。霍克斯（Hawkes, 1954: 157）将之视为一条不言自明的公理："考古学能够解释的人类活动符合一系列标准，这些标准都聚集在文化的名义之下"。

液态的文化

部分的文化与规范的文化可以进一步用一个液体的比喻来理解，也就是所谓文化的涟漪理论（Binford, 1965: 204）。文化历史文献中充斥着诸如"文化支流""新的文化因素流入某个地区"以及"观念标准的广泛流动"等表述（Ford, 1949: 38-39; Binford, 1965: 204）。这种想法是年代区概念中固有的内容，即文化特征从起源中心向周围扩散（Wissler, 1923: 203-205）——就像"水的涟漪"一样（Murdock, 1948: 294; 引自 Lyman et al., 1997a: 19）。斯图尔德（Steward, 1941: 376）后来说到，考古学的"目的就是代表不同文化支流的发展、互动与交融"。

颗粒状的文化

文化历史考古认为文化是液态的，同时是近似于颗粒状的——由独有的特征构成。从拉采尔与博厄斯的时代开始，民族学与人文地理学中就已经形成一种观点，即文化特征由起源中心向外扩散，或是从一个文化传播给另一个文化。通过确定文化特征的分布位置，考古学家就能确定一个文化的边界及其历史（Trigger, 1989）。至于一个文化特征究竟构建了什么，不论是在民族学［如部落文化所见的单位（Wissler, 1923: 50），模糊的、分离的（Kroeber, 1940: 29）］还是在考古学［如"文化单位"（Taylor, 1948: 96），"一件器物"（Ehrich, 1950: 471）］中，从来都没有形成一致的意见。

尽管需要就这个问题达成一致（Dunnell, 1978），但是文化历史考古在划分文化的相似性与差异性时，并没有在经常性使用中就文化单位形成共识（Lyman et al., 1997a: 161-162, 165, 183, 191）。进化论考古学家指

出，了解文化单位其实是什么的最佳方式是注意在时间进程中复制成功
与否（Dunnell, 1978; Lipo et al., 1997; Lyman and O'Brien, 1998）。另一些
学者则把文化单位看作自然特征或器物的统计学集合（Cavalli-Sforza and
Feldman, 1981; Clarke, 1968; Fry, 1979）。

考古学文化

文化历史中的文化是流动的-规范性的现象，它通常不把考古材料看
作文化本身，而是将其看作文化的产品，即产生这些产品的文化的客观
化或物质体现的标准（Ford, 1954c: 47）。最终的概念——考古学文化——
在有些学者（Hodder, 1991: 3）看来是欧洲史前史中最有意义的建设单位。
特里格（1989: 1965）将这一概念在欧洲的源头追溯到柯西纳（Kossinna,
1911），柯西纳把北欧器物的分布形态解释为文化组群（Kulturen or
Kultur-Gruppe），包括不同社会群体的遗存，代表不同的生活风格与族群
属性。最终，柴尔德（1925, 1929, 1939）采用了这一概念并进行了系统运
用。这一概念在美国是独立起源的，见于米尔斯（Mills, 1902）的早期研
究以及其他学者在俄亥俄河流域的研究，在建立美国西南考古最早的文化
历史综合时最终为基德尔（Kidder, 1924）所采用（Trigger, 1989: 187-188;
Meinander, 1981）。

文化类型学

文化历史考古的第二个典型特征就是对分类与类型学的关注。文化的
规范性理论暗示真正的考古学研究就是文化单位或考古学文化物质表达的
比较研究，按照霍克斯（1954: 157）的说法，每个考古学文化"时间与空
间明确，其物质产品的标准范围可以识别"。因此，文化历史的一个主要

目标就是通过对代表性器物的形制、时间与空间之间关系的研究，记录不同地区的文化的发展历史（Lyman et al., 1997a: 2; Kidder, 1932: 8; Willey, 1953b: 361）。

材料分类

文化历史考古学家利用数种体系来整理材料——分类、类型学、分类学。劳斯（1952: 324-340, 1953: 89-90）基本确定了标准的分类程序。首先，对器物按照材质（陶、石、木、玻璃等）进行分组；然后，按照生产技术、形状、纹饰、功能等进一步细分。结果是形成了一个由大类、小类等组成的等级序列，每个类别都由具有相似自然属性、用途与特征的器物组成。按照材料分组，这些分类无疑最适合描述器物组合或其他有明确层位关系的材料单位（如遗址、遗迹、组合等），由此可能进一步推导出人类行为甚至是与族群相关的信息（Smith, 1910; Clark, 1952; Taylor, 1948: 170-171; cf. Kroeber, 1939b）。根据这些分类，研究者或可以将类型看作"一组器物共同拥有的一系列特征，这些特征使其成为一个类别"；劳斯把这一系列独有的特征（其标志）称为一个模式（Rouse, 1952: 325-330）。类型是理论或分析上的单位（不同于类别），可以用于"确定文化单位，以了解分布或为了其他解释目的"（Rouse, 1953: 89）。

文化或规范的类型

类型是在实践基础上把"纷繁芜杂的人类行为简化为科学研究中可以掌握的比例"（Childe, 1956a: 34; Piggott, 1965: 2; Rouse, 1953: 98）。但类型如何用于记录规范的文化单位呢？文化历史考古通过把抽象的文化标准转化为具体的物质材料标准来回答这个问题，这些标准表现为从器物材料特征中可以观察到的变化。弗兰纳里（1967: 119）所提观点如下：

文化历史考古学家……视文化为具有共同观念、价值、信仰的综合体——一个人类群体的"标准"。一定文化的成员都会在不同程度上符合这些标准——在如何遵循标准上实际上呈现出一条钟形曲线。史前器物就是这些共同理念的产品，它们也有一个"变化范围"，类似于一条钟形曲线。

霍克斯（1954:157）也有类似的明确观点（同时参见 Childe, 1956a: 34; Krieger, 1944: 272）：

在标准范围内，无论分类的范围如何符合材料的变化，类型都必须一致。而且，从一个标准到另一个标准，变化应该与类型的改变一致，与产品的标准范围一致，尽管标准从产品推导得来。

因此，文化历史考古倾向于关注那些看起来能够反映文化标志特征的变化，而非只关注用途或功能，旨在"从文化产品中抽象出规范的概念，这些概念存在于早已经消失的人们的头脑中"（Binford, 1965: 203; cf. Childe, 1956a: 11），从而揭示"不论何时何地文化中都固有的规律"（Ford, 1954c: 52）。

实际上，这通常就是在试错。基于风格特征确定的某些类型可能有"连续且有限的时空分布"（Krieger, 1944: 272, 277-278; cf. Whiteford, 1947: 228），因此，这些类型更有助于发现或分析文化历史单位（Ford, 1938）。风格变化可能与功能变化交叉，且可以用来衡量规范性的文化变化，这样的前提已经得到了广泛承认（Kidder, 1916: 122; Kroeber, 1916b: 36, 1919: 239; Nelson, 1916: 162; Spier, 1917: 277; Wissler, 1916: 195）。正如莱曼等（1997a: 10）所解释的：

> 由于风格的改变不受环境变化的影响，因此我们可以确定风格的
> 分类（即类型）——历史分类——并用以衡量时间；进一步说，由于
> 风格的相似性来自传承，因此风格可以被用于衡量空间上分离的社会
> 群体之间的相互关系。

因此，文化历史倾向于关注可能同源的相似性而非只是类似的特征
（Lyman et al., 1997a: 10），这些相似性可以通过类型来衡量，"类型多多
少少可以反映观念潮流的边界，这些观念应该与文化拥有者相关"（Ford,
1954c: 52）。一直能够实现这种作用的类型有时被称为文化的、历史的、
独有的指示、标志或关键类型，有时又被称为标准化石（Ford, 1954c: 52;
Childe, 1956a: 111-134; Willey and Woodbury, 1942: 236）。

分期排队

文化历史需要确定各种遗存的相对年代的方法，作为明确与比较文化
单位的基础。在放射性碳测年技术被发明与树木年轮断代技术被广泛应用
之前，频率分期排队（frequency seriation）——基于文化历史类型的构成
比例确定组合的相对年代——是主要的断代方法（Heizer, 1959: 222-343,
376-488）。它不仅准确，而且能够利用最常见的遗存——陶片。

不那么准确的序列分期排队法（cf. Rouse, 1953: 94）在旧大陆地区被
长期使用——序列排队有时也被称为关联、发展或系统排队（Lyman et al.,
1997: 43-62）。这种方法的使用存在几个必要的前提：（1）类型随着时间
15 推移而逐渐改变，就像我们从地层上观察到的；（2）由于规范的传播，地
理上相似的类型多少是同时的；（3）随着时间的推移，类型会增加、演化

或发展（很少会退化）。基于这个逻辑，汤姆森（Thomsen）把欧洲的收藏分成石器、青铜器、铁器三个前后相连的时代；蒙特柳斯（Montelius）对青铜工具进行了排队，形成了他的地区文化序列的基础；皮特里（Petrie）对从狄奥斯波里斯·帕尔瓦墓葬中发现的埃及前王朝时代的陶器进行了分期排队（Trigger, 1989: 73-80, 155-161, 200-201）。这样的方法基于定性（有或无）的比较以及交叉断代，尽管不太准确，但是一直在使用中，尤其是在北美以外的地区（Rouse, 1953: 94-95; Garrod and Bate, 1937; cf. Piggott, 1965: 11）。

相反，频率分期排队是定量的，不需要预设前提，它基于一个重要发现，即类型（通常称为风格）随着时间的推移而变化的频率大体均匀——按照所谓的流行性原理（Lyman et al., 1997: 43）。一般认为，一种类型出现后，逐渐达到高峰，然后衰落。概略地看频率变化，就会形成正态、单峰或透镜状的形态——所谓的战舰形曲线。从遗存单纯的遗址或地表得到的组合因此可以根据构成类型的频率或相对比例进行相对断代。地层发掘进一步证实了频率分期排队的判断；欧洲与北美洲于 20 世纪 20 年代用来给房屋断代的树木年轮断代技术最终为频率排队法校正了绝对年代（Baillie, 1982; Douglass, 1919, 1921）。

频率分期排队似乎首见于美国西南考古中，当时纳尔逊（Nelson, 1916）在 Pueblo San Cristobal 与基德尔在 Pecos Pueblo（Kidder and Kidder, 1917）都认识到层位间的陶器类型存在正态频率分布。不过，是克罗伯（Kroeber, 1916a, b）首先采用流行性原理对在新墨西哥州 Zuni Pueblo 地表采集的陶片进行分期排队的。之后，该方法不断得到改善（Spier, 1917; Robinson, 1951; Brainherd, 1951; Deetz and Dethlefsen, 1965; Kendall, 1969），

并且被运用在许多地方，如秘鲁维鲁河谷（Ford, 1949）、密西西比河下游（Ford, 1936）、北极（Collins, 1937）以及中东地区（Hole et al., 1969）。最近，部分考古学家对频率分期排队又有了新的兴趣（Lipo et al., 1997）。

组合的分类与综合

文化历史类型曾经被广泛用于遗存组合的分类与关联，从而建立更大的文化单位。按照劳斯（1953）的说法，这需要通过"遗址而非器物、房址或部分遗存的分类"来实现（研究文化单纯的遗址或组合）："我们根据文化材料的相似性与差异性对遗址或居住单位进行分类，注意每一类中共同的文化因素，并运用这些因素来确定类别所代表的文化类型。"（Rouse, 1953: 91）

在欧洲地区，跟蒙特柳斯与古斯塔夫·柯西纳一样（Trigger, 1989: 155-170），柴尔德用典型类型或指示类型来确定文化："某些类型的遗存——陶器、工具、装饰品、葬俗、房屋形制——总是在一起出现"（Childe, 1929: v-vi），以及（后来）"同样类型的组合反复出现于各个不同遗址"（Childe, 1956a: 14, 16）。尽管他认为要确定一个文化需要几种类型保持一致（cf. Childe, 1956b: 126; Piggott, 1965:7），但是很少会在更大的数量上发现一致性。不过，柴尔德在类型学的基础上仔细区分了一个文化的定义与描述其组成成分的说明："一个文化……不是由少数典型类型组成的，而是由类型及其相关特征的整体组合组成的。"（1956b: 121）

为了确定一个文化的空间范围，柴尔德（1956b: 112）进行了推理，因为：

> 一个人类群体总是生活在一个确定区域内，其扩展区域在某种意义上也是有规律的，尽管并非总是连续的……一个考古学文化的分布

应该就是该文化的创造者的栖居范围，因此用以界定考古学文化的典型器物类型的分布能够最直接地揭示文化创造者的分布。……（一种类型）应该具有明确的形态，集中分布于一个或多个可识别的地点。所有其他类型根据关联性密切的程度归属于同一个文化，放在地图上应该呈现出同样的分布形态。

考古学文化的识别很少能与民族学上的划分（如凯尔特人或伊比利亚人）联系起来，尽管"有地名志与文献的帮助"（Childe, 1956a: 36）。考古学通常习惯的命名方法就是附上某种典型的特征（如战斧文化、大口杯文化、古坟文化等）或是带上地理位置，有时候是带上分期（如 Aunjetitz、Hallstatt、色雷斯新石器时代、英格兰铁器时代等）。柴尔德根据地层学、分期排队以及同时性，把不同文化按照年代早晚进行了排列，进而建立了 *16* 欧洲数个地区主要的文化综合（Childe, 1925, 1929; 同时参见 Leakey, 1931; Clarke, 1968 有关欧洲分类法的评论）。

北美地区发展出了多样的分类体系，其中主要有两个方案（Lyman et al., 1997a: 159-205）。格拉德温体系是一种流行于美国西南部的分层分类体系（Gladwin and Gladwin, 1934），它基于特征相似性的程度，包括陶器类型的相近程度。根部（roots）包括大的地区组群：织篮者、阿纳萨齐人、霍霍卡姆文化、卡多语系等。根部还包含代表特定地区文化单位的茎干，后者又被进一步细分为更区域化的分支与阶段（类似前述柴尔德所谓的文化，参见 Rouse, 1955）。这种树形的分类代表了时间、空间与形制上的相似性，给人一种美国西南部文化存在如树一样的历史关联性的印象，尽管从来没有证据证明它们有共同的祖先以及存在随后的分化（Willey and Sabloff, 1980: 105）。

分层分类体系之外更有影响力的是所谓中西部分类法，或称麦克恩体系（McKern, 1939），它最初被用于对大量没有地层单位的材料进行分类。它也按照形制标准来对发现物进行分类。如同柴尔德的方法，单个居住单位的组合——组分（components）——基于相同的类型（风格）合并成中心点（foci）（类似于格拉德温与柴尔德所说的"期"；参见 Rouse, 1955）；中心点进一步合并成方面（aspects）；方面再合并成阶段（phases，与格拉德温所说的不同）；阶段最后合并成形态（patterns，麦克恩的阶段与形态后来被舍弃了）。就像欧洲的考古学文化，中心点与方面等构成了一个地方与地区的文化年代序列（Trigger, 1989: 192）。

后来，两大分类体系的组成被综合（通常修改了命名方法与意义）（Phillips and Willey, 1953; Willey and Phillips, 1955），从而整合了更广阔的区域。福特与威利（Ford and Willey, 1941）在综合东北美史前阶段（文化）时采用了发展阶段的说法——古代期、土墩墓一期、土墩墓二期、庙丘一期、庙丘二期等。基于类型、类别与组合等特征的连续性，这个体系把阶段、中心点联系起来构成传统（traditions）（Rouse, 1939: 14; Willey, 1945: 53），基于特征的相似性在地理上形成文化带（horizons）（Kroeber, 1944: 108-111; Rouse, 1953: 70）。

文化单位的族属解释

文化的规范理论中还有一种认识，认为考古学文化代表真实的族群或民族学意义上的文化单位。因此，更大的文化单位通常从这个角度来解释。欧洲地区的柴尔德（1956a: 36），跟柯西纳（1911）及其他学者一样（Myres, 1911; Peake, 1922; Fox, 1923），把考古学文化看作人群的物质遗存。"现在类型之间重复、相互关联，不仅因为它们同时，而且因为它们是由同一群人制作与使用的。"（Childe, 1956b: 133）但他也罕见地说过"一个考古学文化的社会对应之物只是意义不明确的群体"（Childe, 1956b: 133）；同时他提醒"社会是什么意义上的单位——部落、国家、等级、职业——很难纯粹根据考古材料进行判断"（Childe, 1956a: 18）。

北美地区也寻求类似的解释（Jennings, 1947: 192; Sears, 1961）。霍姆斯（Holmes, 1914：413; 1919: 77）曾从族群与部落的区别的角度谈及古物。施皮尔（Spier, 1918: 345; 1919: 386）从群体的角度解释陶器风格，瓦利恩特（Vaillant, 1931, 1936, 1937）则从群体与部落实体的角度来解释。谈到组分时，麦克恩（1940: 18）曾说："一个遗址的特征组合可能代表习俗与一个群体的生活方式……一个印第安人游群或种类。"格拉德温所说的根部与茎干是对人群的比喻，枝叶则指文化区。科尔顿（Colton, 1939: 5）把文化单位称作部落，菲利普斯与威利（Phillips and Whilley, 1953）把"地点或遗址"称为"社群"，把"文化区"称为"部落"。尽管有以上努力，但把考古学文化与族群或社会文化单位结合起来的系统研究从来都不是文化历史考古传统的中心。

问题与争论

文化历史考古学家在面对文化单位的时候总是难以进行区分与确认。根据少数典型特征的共同分布来确定文化边界是十分困难的（Childe, 1956a; McKern, 1934）；民族学也遇到了同样的困难（Kroeber, 1939a: 1-2）。再者，器物类型分布的含混、混合、叠压、扰动，以及风格类型的漂移或扩散等都使得问题更加严重，尤其是当地区范围内的样本密度与规模扩大时，甚至在多层堆积中也会这样，量化统计时同样如此（Phillips et al., 1951: 223-224; Kroeber and Strong, 1924: 49-54; Colton and Hargrave, *17*

1937: 2-3, 30; Rouse, 1953: 92; Lyman et al., 1997a: 65, 68-69, 87）。在 20 世纪 60 年代之前，今天能够被更好地理解为类型学和抽样效应的现象得到了各种解释，如行为上的解释——来自贸易交换或劫掠（Childe, 1956b: 118），具有种族意义——来自历史联系（Haury, 1937: 212; Kidder, 1915, 1917），以及埋藏后的影响——来自混合（Brew, 1946: 63）；但这些内容很少会被看作类型学研究（Ford, 1954c）。

方法论上的解决办法多种多样。在研究较为深入的地方，如密西西比河下游以及美国西南地区，不少亚型与种类被提出，以更好地反映陶器的连续性（Wheat et al., 1958: 35-36; Phillips et al., 1951: 63）。控制种类过多的方法包括只采用少量典型类型（如典型化石、关键类型、标志类型）来确定文化单位（Childe, 1956a: 20, 1956b: 112; Willey and Woodbury, 1942: 236），在区分文化单位时，采用定性的有 / 无标准胜于采用量化统计（Childe, 1956b: 121; Kluckhohn, 1960: 139）。

劳斯（1953: 93-94）注意到了考古学家根据考古材料的分布来划分文化区的困难（Strong, 1933; Shettrone, 1941），因为"文化区不像自然区那样在时间进程中保持稳定"（Rouse, 1953: 93），尽管这里有明显的例外（Bennett, 1948）。劳斯指出，换个角度来说，研究者可能将其材料视为：（1）"与其最相似的（文化）中心（Wissler, 1923: 61-63）……（例如）几个有着不同文化的部落毗邻而居，因此就不可能确定单独的文化上一致的地区"；（2）主观的地理划分，如格拉德温夫妇所用的像地图四边形那样的地图分区（Gladwin and Gladwin, 1934）；（3）自然区域（Rouse, 1953: 93），就像现在一样用作考古学分区——具有某些文化一致性的、地理上存在分界的区域（Fagan, 1991: 47）。所有这些解决方法都有掩盖变化以及将文化单位概念具体化的作用。

在 20 世纪 60 年代之前，这些关注常常陷入有关类型意义的争论中（Kluckhohn, 1939; Rouse, 1939; Krieger, 1944; Brew, 1946; Taylor, 1948; Ehrich, 1950; Brainerd, 1951b）。这在著名的福特－斯波尔丁（Ford-Spaulding）论战中达到了高潮（Ford, 1954a, b, c; Spaulding, 1953a, b; 1954a, b; 详细的归纳与解释参见 Lyman et al., 1997a: 149-157）。斯波尔丁——很可能代表多数学者（Brainherd, 1951b; Gifford, 1960; C. Hawkes, 1954: 157; cf. Childe, 1956a: 18）的观点——认为类型真实存在：它们与生产者所认为的类型可能一致，在具体材料上表现为不连续的特征集合。他认为，运用统计学方法可以揭示类型——同时可以进行定性的比较（Spaulding, 1953a, b）。福特——代表少数学者（Brew, 1946: 46）的观点——认为，所有类型，无论是考古学家、民族学家还是古代工匠构建的，都是为了打破文化连续性所采用的分类方法。尽管类型可能确实"反映了一种文化所有者认为相关的观念潮流的边界"，当然也是构建的，但是类型无助于了解文化历史的发展（Ford, 1954c: 45, 52）。

福特（1954c）就虚构的 Gamma 岛上房屋的时空变化展开了精彩的研究，他生动地说明了某些民族学家（Milke, 1949）已经开始怀疑的东西：类型不仅随时间而变化（根据流行性原理），而且与类型定义选择的抽象层次相关，同时还是以社会为中心的——与"定义类型的地方直接相关"。福特指出，当空间上的样本量较小时，类型看起来更真实自然，但是随着样本量的增加，类型就开始重叠或混合，类型的平均值或标准就开始漂移。他的结论是：基于文化类型多维的、概念性的属性，考古学家应该采用自己的标准把文化潮流切成主观的片段，虽然这是方法上的权宜之计，但有助于衡量所选择特征的时空变化——就像分期排队法所做的那样（Ford, 1954c）。

回顾这一争论，双方的目的似乎相反：斯波尔丁的方法是把特征分成自然的类别，然后进行定性的比较——分类。福特则想用类型来衡量文化的时空变化。考吉尔（Cowgill, 1963: 697）曾经指出，两种方法并非不能兼容，柴尔德似乎兼而用之，把确定一个文化的特征（根据特征选择的一致性或类型学）与对同一文化的描述（列举其内容，作为根据分类得到的现象类别）区分开来（cf. Childe, 1956a: 118-120）。

田野方法

早期文化历史考古学家所用的某些田野方法似乎在混淆而非澄清解释方面的问题。把自然层当作分析单位会给人带来文化突然改变的印象，而这通常被解释为文化发展不连续（Lyman et al., 1997a）。类似地，有种认识认为有限的横向发掘就足以区分文化亲缘关系（Trigger, 1989: 204），这种认识强化了文化一致性的观点（Willey and Phillips, 1958: 18）。不过，正如特里格（1989: 1999）所指出的，在20世纪30年代，经由莫蒂默·惠勒（Mortimer Wheeler, 1954）的倡导，横向发掘中的现代三维发掘与记录法已广泛流行。

历史解释

通过分类与类型学的揭示来解释文化变化从来都不是文化历史考古的主要目标（Childe, 1956b: 112; Hawkes, 1968: 236）。所以，文化历史考古通常以描述为特征（Fagan, 1991: 14）。的确，文化历史考古研究中常常含有归纳性的陈述，试图解释（Rouse, 1953: 99）、说明（Binford,

1962: 218），或者——更准确地说——从创造物质材料的历史过程或机制的角度解释物质材料上的变化（J. Hawkes, 1968: 236; Spaulding, 1968: 34; Rouse , 1953: 98; Sabloff and Willey, 1967: 313）。文化历史考古学家所说的历史还有许多争论（Taylor, 1948; Spaulding, 1968; Binford, 1968; Morris, 2000）。如霍克斯（1968: 236）所说，"重建过去的单个事件"是考古学的最终历史目的；而且这似乎是普遍的理解（Sabloff and Willey, 1967: 269; Spaulding, 1968: 36; Buettner-Janusch, 1957; Binford, 1962: 217; Morris, 2000: 4-6, 109, 310）。为了实现这个目的，文化历史考古又可以说支持历史目标。

历史目标

劳斯在其 1953 年的标志性论文中罗列了十种作为历史目标的机制，这些机制"可能是对文化历史材料的解释"（Rouse, 1953: 98）。其中六个正好落在本章所说的文化历史传统中，它们是：传播与固守、独立发明、迁移及其他传播机制、参与到文化中、文化同化、平行发展。剩下的四个——进化、系统发生、生态适应、其他过程——似乎更适合放在功能主义、过程考古、进化论考古等考古学传统中。无论如何，这些文化历史过程都可以被看作一个中心概念，也就是传播的衍生物。

各种形式的传播一直是基本的解释，它们回答了为什么文化特征（器物类型、组合等）广泛（地理意义上的）或连续分布："文化单位从一个分布点传播到其他地点——出发点通常是最早的点或是复杂程度最高的点。"（Rouse, 1953: 98; Hawkes, 1954: 165; Childe, 1950: 9-10）因此，这符合年代区假设（Wissler, 1923: 203-205）。地理上的传播可能是主要的原因，这涉及"实际人口或群体的迁徙"（Hawkes, 1954: 165）甚至是入侵

（Sabloff and Willey, 1967），如"在文化圈中传播的单位是复杂的"（Rouse, 1953:99; Schmidt, 1939）。地理上的传播也可能是次要的原因，这涉及文化同化或文化嫁接（Rouse, 1953: 99; Oritz, 1947: 97-103），相当于"文化影响从一个群体到另一个群体，并没有移民"（Hawkes, 1954: 165）。事实上，"人们彼此借鉴观念"（Rouse, 1953: 99; Linton, 1936: 324-346）——通过贸易或其他形式的文化交流。威利（1953a: 379）将之视为"侵入因素与既有形式混合"。

当区域文化序列不同时，研究者会认为这是由于文化特征传播本身存在时间上的滞后现象，因此传播不仅用以解释还用以排列区域文化序列（Ford, 1952）。此外，对于文化分布地理上的不连续，可以从自然（如河流、山脉）或文化（语言、发展阶段、习惯）阻碍的角度来解释（Linton, 1940; Binford, 1965: 204），这些因素阻碍了文化同化与传播。迁移与传播的观念深深扎根于文化历史考古思想中（Trigger, 1989: 150-160, 420-421）。

类似地，文化历史考古学家一直是从代际传播或对某种文化的适应角度来解释一个文化单位在不同时期连续 / 不连续的分布的。一方面，文化特征在时间上连续存在或可以被认为是——当其他条件一致时——文化变化的自然速率（考虑到文化的涟漪理论，"标准逐渐转变"，Ford, 1949: 38-39）。另一方面，不连续性通常被视为例外情况（但可以参见 Willey and Phillips, 1958: 15-16 中斯波尔丁的观点）；如果有叠压关系的文化特征存在截然区分，就需要考虑用诸如传播 / 迁移、贸易甚至入侵等机制来说明（Childe, 1956a: 19; Caldwell, 1958: 1; Ritchie, 1937; Willey, 1953a: 370, 374）。

当频率数据（如同分期排队分析所得）如预期一样呈现出正态分布

时，这样的文化特征形态可能进一步被描述为相对于其他特征流行程度的
升降变化——如前所述的流行性原理（Philips et al., 1951: 219-223），有 *19*
时又称漂移（Ford, 1954c: 51）、文化分享（Rouse, 1954: 99）或时尚的
改变（Childe, 1956a: 19）。从制作者这方来看，不正常或非典型的特征
可能代表正常或偏离的行为，或是外来因素的入侵（Rouse, 1941: 14-15,
1954: 99; Linton, 1936）。文化历史考古很少会用原创发明或独立发明来解
释变化，如一个序列中某个新特征导致出现时间上的不连续（Spaulding,
1953a）。某些学者认为，所谓的发明社会是非常罕见的，发明这样的事件
是有限的（Piggott, 1965: 18-19）；其他学者则怀疑这样的事件是否真的
发生过（Rouse, 1953: 99; Lowie, 1937: 158）。

尤其是在北美地区，基于文化特征相似性或差异性的时间变化
（Thompson, 1956; Rouse, 1953: 100; Sapir, 1916: 43; Childe, 1956a: 19），传
播可以解释文化传统的缩小、发展、分化、合并或持续。空间上的连续性
与非连续性可以从文化延伸的程度来解释（参见 Lyman et al., 1997a: 185-
202）。

如果事实真的如同斯波尔丁所指出的（Spaulding, 1968: 35, 引自
Brodbeck, 1962: 254），"没有一种东西叫作历史解释，只有历史事件的解
释"，那么文化历史考古所做的解释又是什么呢？斯波尔丁（Lyman et al.,
1997a; Kluckhohn, 1939; Binford, 1968: 267）对比了文化历史考古与科学
解释，发现文化历史考古一般来说依赖于不明确的有关人类行为的普遍归
纳——无论是来自民族学还是历史学，这些归纳通常基于常识以及没有
得到理论论证的东西（如风格影响、流行性、对新特征的接受性、保守
性 / 创新性等等）。因此，文化历史解释常被认为是唯心主义的、观念性

的、表意的以及特殊化的——有时利用柯林伍德（Collingwood）的方法
（Trigger, 1989: 373; Collingwood, 1939: 132; Renfrew and Bahn, 1991: 416; J.
Hawkes, 1968: 236）。

归纳与确证

柴尔德在其 1951 年出版的《人创造自身》一书的前言中说："几乎
所有关于史前史的陈述都必须用这样的表达：'基于现有的材料证据，
这种观点的可能性最大'。"文化历史考古获取知识的程序趋向于归纳
（Hawkes, 1954: 157）。法兰克福（Frankfort, 1951: 21）称它为"一种视角，
从这个视角来看，许多表面上不相关的事实被赋予了意义与关联性，并且
很可能代表一种历史真实"。对柴尔德而言（1956b:112），"它就是一种把
分类（材料）的碎片形态整合归纳起来的东西"。基德尔（1917: 369）认
为理论"从材料中自动形成"。

不过，认为文化历史考古缺乏理论或客观标准可能是错的（Carr,
1967: 3-35）。文化历史的归纳显然来自一系列共同的前提，如文化是规
范的。尽管这些前提很少如同规律-演绎法所要求的那样具有明确的演绎
形式（Hempel, 1966），但是它们也构建了各种各样的假说（Rouse, 1953:
100）。因此，它们作为正常研究途径的组成部分不断接受检验。例如，随
着新材料的出现，有关文化单位时空分布连续性的认识会发生改变，相关
解释可能得到或失去支持。20 世纪中期，迁移（或初始传播）让位，传
播（或次级传播）成为流行的解释（Trigger, 1978: 29; Rouse, 1953）。皮
戈特（Piggott, 1965: 10）将这种考古材料检验方式称为"累积的可信度"
（Childe, 1956a: 35）。

评价

从 1948 年沃尔特·泰勒出版《考古学研究》以来，文化历史考古面临日益增加的批评，因为它在解释文化变化时采用规范-归纳法，这种方法本身具有一定的局限性（Binford, 1962, 1965）。结果就是 20 世纪 60 年代所谓的新考古学兴起，文化历史考古衰落（Trigger, 1989: 244-328; Willey and Sabloff, 1980; Binford, 1965）。

莱曼等（1997a, b）提出，文化历史考古的早期创新——频率分期排队以及一种有关文化变化的唯物主义观念（颗粒状-涟漪状的文化观）——曾有望促进考古学中真正的科学理论的发展。然而，他们认为这种发展并未实现，并将之归咎于文化历史的"错误的事实观"——布鲁（Brew, 1946）首先发现了这个基本的悖论。如莱曼等（1997a: 93）所说： *20*

> 一方面，人类历史就是一种文化特征的潮流，不断变化，从过去直到未来都是如此；另一方面，经验表明，人类可以被划分为相对独立的群体，我们需要解释的正是这些群体。

按照莱曼等（1997a, b）的说法，最终的结果是两种形而上学观念——实在论 / 类型学与唯物主义 / 人群观念——的合并，这导致文化历史考古劳而无功地不断研究类型、文化、阶段、传统等等文化单位，好像它们真的存在一般，而没有意识到它们是时空连续性的人为划分。

但与此同时，文化历史考古的贡献还是得到了广泛承认的。大多数学者赞同文化历史考古填补了学科发展中的一个重要阶段，也就是奠定了必要的分类基础（Phillips and Willey, 1953: 214-231; Willey and Sabloff,

1974）；"它是从功能与过程考古的视角系统研究史前文化的逻辑前奏"
（Trigger, 1989: 288; 同时参见 Binford, 1962: 217）。

当前的文化历史考古

尽管现在文化历史考古已不再是理论探讨的中心，但是它仍然继续深刻地影响着考古学的思想与实践。在考古学的若干研究领域中，文化历史考古既有的概念与实践仍然在发挥作用。

如特里格所言，文化历史考古仍在某些地区适用——那里的历史条件有利于展开对特定人群或族群的史前史与身份认同的研究（Trigger, 1989: 205, 174-186; cf. Hodder, 1991）——如地中海西部的岛屿（Webster, 1996a: 15-19）。特里格（1989: 205）认为：

> 对于族群与民族，仍然需要更多地了解其史前史，这样的知识有
> 利于增强群体的自豪感与团结，进而有益于经济与社会发展……重建
> 史前史的技术能够进一步充实文化历史考古的发现，来自文化历史考
> 古框架的文化解释方法也有利于此，不过只有侧重于研究特定人群史
> 前史的方法才能够满足后殖民阶段国家的需要。

在较少受到人类学影响的考古学中，文化历史传统仍然保留着相当的影响力。这适用于当前大多数所谓德国学派的欧洲史前史研究。德国学派强调器物——主要是陶器与金属器具——研究的主要目的是构建地区文化序列并使之更精细（Champion et al., 1984: 2）。地中海西部地区尤其如此（Webster, 1996a: 15-25）。

尽管古典考古学自身有独特的考古学传统，但是在传统实践中，它仍

然把器物主要看作文化单位的规范表达。正如比尔斯（Biers, 1987:13）在其影响广泛的著作《希腊考古》中所言："考古学家主要研究他们发现的器物或物品，努力把它们置于该地区的文化历史框架中。考古学家在重建文化的过程中，随着考古材料的增加，开始进行文化区分。"

古典考古学家侧重于从文化历史的角度讨论物质变化的问题。一个典型的例子就是有关希腊铁器时代野蛮人陶器（Barbarian Ware）的解释，这是个经典的争论，它是外来者——多利安人——入侵、移民或文化传播的证据（Morris, 2000: 198-201）。

当代许多考古学研究是在文化历史框架中进行的。重温欧洲、美洲史前史的主要综合著作就会发现，重要的组织概念如考古学文化、文化区、期、传统、带（Fagan, 1991; Jennings, 1987; Champion, et al., 1984）等仍然很有用。研究者把在考古发掘与调查中识别的材料归入已知的类型，再进一步把这些类型归入已知的文化单位（如北美洲的 Anasazi 文化、Hopewell 文化、林地文化等；欧洲的大口杯文化、Polada 文化、Chassen 文化、Hallstatt 文化、Nuragic 文化等），其信心正是建立在更深层的文化历史前提之上的，即形式风格的变化遵循规范原理——实在论的形而上学。因此，文化历史考古继续发挥低层理论的作用（Trigger, 1989: 21）。

文化单位是规范性的，这个前提加强了中层理论，尤其表现在有关交换与互动形态的考古学解释上［如哈里森（Harrison, 1980）有关钟形大口杯群体的研究、布朗（Braun, 1986: 117-126）有关 Hopewell 文化互动圈 *21* 的研究、赫德吉尔（Hedeager, 1978: 191-216）有关罗马帝国与日耳曼人之间交换关系的研究，以及我自己有关撒丁岛努拉基晚期本地人与殖民者之间关系的研究（Webster and Eglund, 1992）］。在没有来源分析技术（如微量元素分析、同位素分析等）时，这些研究主要依靠类型学分析来确定物品的分布与流动，以及识别它们是本地的还是外来的。预设的前提——通常是暗含的——来自文化历史：文化是特定的，考古学可以识别，在形式风格变化上有一定的范围（Renfrew and Bahn, 1991: 307-337）。

普卢塞尔与霍德（Preucel and Hodder, 1996: 6-7）肯定了文化历史的普遍用途：

> 我们在描述某个地区考古学研究的某个方面时，把遗址与器物归为可以比较与断代的文化单位。有关发展、传播、文化特征移动的描述构成一个时空体系，这个体系成为新区域研究的基本单位。

在文化历史考古框架中，以田野为中心的研究具有解释上的优势——不管其最终的理论目的是什么，我自己关于 Duos Nuraghes 聚落努拉基文化的研究就能说明这一点。解释一系列部分继承与部分新创混合的文化特征（建筑遗迹、聚落、当地文化、地区文化、孤立的文化）有利于有社会与历史相关性的复原。与此同时，它促使我们注意这些单位的分类属性，尤其是当研究它们与新来（殖民的）文化的关系时，这反过来导致我们重新考虑文化起源、过渡、影响与消失等问题（Webster, 1996b; Webster and Webster, 1998b, c）。

文化历史考古的明天

在后过程考古学流行的今天，文化历史考古还有未来吗？在回答这个问题之前，我想考虑一下这个问题的意义，也就是文化历史考古的批判者所指的意义：面对令人沮丧的证据，文化历史考古为什么还能流行如此之久呢？

答案很简单，文化历史考古学家用了 50 年左右的时间从田野材料的反馈中认识到规范性的-类型学的历史方法已经山穷水尽，于是转向更加现实的选择，如莱曼等（1997a）所暗示的。然而，似乎很早就有许多线索。方法论上长期存在的问题（参见 Lyman et al., 1997a, b）包括难以建立多个相互协调的特征分布、确定文化区，以及解释过渡、重叠、中间类型以及类型特征扩散等类型学问题。结果是，在考古学家中产生了许多有关类型及其时空分布的争论，而这些单位的意义较少得到关注。

再者，既有单位的民族学意义很少能够得到准确界定，或是得到考古材料的充分支持；民族学家本身也一直在思考文化单位的概念（Milke, 1949; Kroeber, 1939a 1-2; Quimby, 1954）。与此同时，早期的功能主义考古学家表明其他重建古代生活方式的方法更加有效，如功能类型学以及民族志的类比（Smith, 1910; Childe, 1931; Clark, 1939）。

从材料上看，文化历史考古的回答可能不仅仅是更多、更好的文化类型学（Lyman et al., 1997a）。其基本前提可能有更严重的问题：文化是否就是真实存在，是等着发现的材料单位？显然如福特（1954c）和布鲁（1946）所言，我们还可以进一步认为，类型——无论是考古学家还是古代工匠确定的——不过都是构建出来的分类，是真实世界的概念化表现，只是从不同的立场来看的，但基础相同——不断变化的物质材料。总之，他们也许可以认为实在论/唯物主义的悖论是无法解决的，应该放弃试图解决它的努力。许多人深以为然，但还有许多人不以为然，为什么呢？

我认为，文化历史考古学家感兴趣的并不是人群或其物质记录本身是否是真实的存在。是文化——分类的、规范性的、以社会为中心的、表意的以及常常非理性地努力理解复杂变化的行动的——把人们区分开来（Wylie, 1985: 90; Webster, 1996b）。如莱曼等（1997a: 5）注意到的，"实在论的形而上学就是人类能够思考的证明"。当然，持续的兴趣更是如此。这就是为什么文化历史考古学家更认同斯波尔丁的实在论观点，这种观点让他们相信考古学家可以认识器物、文化背后的观念，而福特的唯物主义观点则认为考古学家只能看到更多的变化，其更深层的含义是，文化的整个概念都是一种幻觉。

22　　文化历史考古学家所想做的（以及许多仍然在做的）是非常困难的，甚至可以说是不可能完成的任务：把主位与客位联系起来；把研究者的构建与主体对象的构建联系起来（Hodder, 1999: 72-78）。这涉及意识形态的推理，霍克斯（1954: 162）曾把它放在推理层次的顶端。他说："活动越涉及具体的人，推理就越困难。"后来，研究者进一步认识到了困难之所在——双重阐释的问题，考古学家需要在"意义的框架与所研究人群的框架之间来回转换"（Preucel and Hodder, 1996: 13）。

　　无论是过程主义还是新进化论都没有解决这个问题。两者都选择了一条更简单的道路：系统或者器物研究。中程理论取得了一定的成功，它把器物与规范-表意的文化联系了起来（Hodder, 1982）。但是，问题最容易出现在当前阐释或反身的考古学之中。这些理论上无所不包的研究把史学史与社会理论（Bourdieu, 1977; Giddens, 1979）整合到阐释性认识论中（Hodder, 1999）。这里强调历史特殊性的意义，以及强调有目的的能动者在创造考古学形态的过程中（Hodder, 1992）是如何感知它们的——一种柴尔德早已预见的方法（Childe, 1949, 1956c）。构建年代序列再次变得重要起来，归纳法同样如此，以全面或深入把握文化连续性与变化（Preucel and Hodder, 1996: 10; Hodder, 1999; Morris, 2000）。最重要的是，文化——规范性意义上的——再次成为分析中心与必要工作的前提：文化考古（Morris, 2000: 18-24）。

　　文化历史考古传统的复兴在当代有文献帮助的考古学研究中能够比较清楚地看到。代表性的工作是伊恩·莫里斯（Ian Morris）有关希腊黑暗时代文化历史的研究。这一研究把年鉴学派的思想与"新文化历史"（cf. Chartier, 1988）的唯心主义结合起来——年鉴学派的布罗代尔（Braudel）曾提出"历史可以分成不同层面来研究……可以把历史时代分成地理时代、社会时代以及个体时代"（Braudel, 1972: 21, 引自 Morris, 2000: 4）。新文化历史拒绝承认物质层面的因果关系才是主要的，并且"侧重于研究人们如何表达世界、他们所创造的社会类别，以及由此产生的冲突"（Morris, 2009: 9）。

　　莫里斯利用了区域物质文化的文化单位框架，他希望让希腊考古走向"社会的文化历史"，或者如同塞缪尔（Samuel, 1992）所说的那样，从"搜罗事实到阅读思想"（2000: 13），由此恢复了过程考古学家（Binford, 1965; Flannery, 1967）批判的考古学文化的规范性观点。莫里斯从"以事件为中心的叙事"来解释勒夫坎狄（Lefkandi）的材料，理解黑暗时代规范的变化——让人想起一种在某些早期文化历史考古研究，如柴尔德的《人类创造了自身》中采用的方法。与此同时，莫里斯也批评传统的文化历史考古在研究某些经典的问题如多利安人入侵上采用的方法，他认为这种方法"依赖于族属性的实在论模型，当我们面对复杂的考古材料以及身份的推论性、主观构建时，族群认识难以成立"（Morris, 2000: 207）。莫里斯没有像过程考古学家那样放弃这个问题，而是倾向于从"一系列改变物质文化的决定"的角度来看物质材料中的变化证据，并进一步从规范性变化的角度进行追问，他认为公元前 11 世纪的希腊相当于"濒临无政府状态的象征性混乱"（2000: 201; 同时参见 Webster, 2001b）。鉴于这样的研究越来越多，我们有理由认为新文化历史考古已经形成。

参考文献

Baillie, M. G. L. 1982. *Tree-ring dating and archaeology.* London: Croon Helm.

Bennett, Wendell. 1948. The Peruvian co-tradition. In *A reappraisal of Peruvian archaeology assembled by Wendell C. Bennett*, 1–7. Memoirs 4. Menasha, WI: Society for American Archaeology.

Biers, William R. 1987. *The archaeology of Greece: An introduction.* Rev. ed. Ithaca, NY: Cornell University Press.

Binford, Lewis R. 1962. Archaeology as anthropology. *American Antiquity* 28: 217–225.

———. 1965. Archaeological systematics and the study of culture process. *American Antiquity* 31: 203–210.

———. 1968. Some comments on historical versus processual archaeology. *Southwestern Journal of Anthropology* 24: 267–275.

Bourdieu, Pierre. 1977. *Outline of a theory of practice.* Cambridge: Cambridge University Press.

Brainherd, George W. 1951a. The place of chronological ordering in archaeological analysis. *American Antiquity* 16: 301–313.

———. 1951b. The use of mathematical formulations in archaeological analysis. In James B. Griffin, ed., *Essays on archaeological methods: Proceedings of a conference held under the auspices of the Viking Fund*, 117–127. Anthropological Papers 8. Ann Arbor: University of Michigan Press/University of Michigan Museum of Anthropology.

Braudel, Fernand. 1972. *The Mediterranean and the Mediterranean world in the age of Philip II.* London: Collins. Originally published as *La Mediterranée et le monde mediterraneen à l'époque de Philippe II.* Paris: Colin, 1949.

Braun, David. 1986. Midwestern Hopewellian exchange and superlocal interaction. In Colin Renfrew and John Cherry, eds., *Peer polity interaction and sociopolitical change*, 117–126. Cambridge: Cambridge University Press.

Brew, J. Otis. 1946. *Archaeology of Alkali Ridge, Southeastern Utah.* Papers 21. Cambridge, MA: Peabody Museum of American Archaeology and Ethnology.

Brodbeck, M. 1962. Explanation, prediction, and "imperfect" knowledge. In Herbert Feigl and Grover Maxwell, eds., *Scientific explanation: Space and time*, 231–272. Minnesota Studies in the Philosophy of Science 3. Minneapolis: University of Minnesota Press.

Buettner-Janusch, J. 1957. Boas and Mason: Particularism versus generalization. *American Anthropologist* 59(2): 318–324.

Caldwell, Joseph R. 1958. *Trend and tradition in the prehistory of the eastern United States.* Memoirs 88. Menasha, WI: American Anthropological Association.

———. 1959. The new American archaeology. *Science* 129: 303–307.

Carr, E. H. 1967. *What is history?* New York: Vantage.

Cavalli-Sforza, L. Luca, and Marcus W. Feldman. 1981. *Cultural transmission and evolution.* Princeton, NJ: Princeton University Press.

Chartier, Roger. 1988. *Cultural history: Between practices and representations.* Ithaca, NY: Cornell University Press.

Childe, V. Gordon. 1925. *The dawn of European civilization.* London: Kegan Paul.

———. 1929. *The Danube in prehistory.* Oxford: Oxford University Press.

———. 1931. *Skara Brae: A Pictish village in Orkney.* London: Kegan Paul.

———. 1939. *The dawn of European civilization.* 3rd ed. London: Kegan Paul.

———. 1949. *Social worlds of knowledge.* Oxford: Oxford University Press.

———. 1950. Cave men's buildings. *Antiquity* 24: 4–11.

———. 1951. *Man makes himself.* New York: Mentor.

———. 1956a. *Piecing together the past: The interpretation of archaeological data.* London: Routledge & Kegan Paul.

———. 1956b. *A short introduction to archaeology.* New York: Collier.

———. 1956c. *Society and knowledge.* London: Allen & Unwin.

Clark, J. Grahame D. 1939. *Archaeology and society.* London: Methuen.

———. 1952. *Prehistoric Europe: The economic basis.* London: Methuen.

Clarke, David L. 1968. *Analytical archaeology.* London: Methuen.

Collingwood, R. G. 1939. *An autobiography.* Oxford: Oxford University Press.

Collins, H. 1937. Archaeology of St. Lawrence Island, Alaska. *Smithsonian Miscellaneous Collections* 96(1).

Colton, Harold S. 1939. Prehistoric culture units and their relationships in northern Arizona. *Museum of Northern Arizona, Bulletin* 17.

Colton, Harold S., and Lyndon L. Hargrave. 1937. Handbook of northern Arizona pottery wares. *Museum of Northern Arizona, Bulletin* 11.

Cowgill, George. 1963. Review of "A qualitative method for deriving cultural chronology," by James A. Ford. *American Anthropologist* 65: 696–699.

Daniel, Glyn. 1950. *A hundred years of archaeology.* London: Duckworth.

———. 1963. *The idea of prehistory.* Cleveland: World.

Daniel, Glyn, ed. 1981. *Towards a history of archaeology*, 100–111. London: Thames & Hudson.

Deetz, James, and E. Dethlefsen. 1965. The Doppler effect and archaeology: A consideration of the spatial aspects of seriation. *Southwestern Journal of Anthropology* 21: 196–206.

Douglass, Andrew E. 1919. *Climatic cycles and tree growth: A study of the annual rings of trees in relation to climate and solar activity 1*. Washington, DC: Carnegie Institution.

———. 1921. Dating our prehistoric ruins. *Natural History* 21: 27–30.

Dunnell, Robert C. 1978. Style and function: A fundamental dichotomy. *American Antiquity* 43: 192–202.

Durkheim, Emile. [1895] 1938. *The rules of sociological method*. 8th ed. Ed. G. E. G. Catlin. Glencoe, IL: Free Press.

Ehrich, Robert W. 1950. Some reflections on archaeological interpretation. *American Anthropologist* 52: 468–482.

Fagan, Brian. 1991. *Ancient North America: The archaeology of a continent*. London: Thames & Hudson.

Fitting, James E. (ed.). 1973. *The development of North American archaeology*. Garden City, NY: Anchor.

Flannery, Kent V. 1967. Culture history v. culture process: A debate in American archaeology. *Scientific American* 217(2): 119–122.

Ford, James A. 1936. *Analysis of village site collections from Louisiana and Mississippi*. Anthropological Study 2. New Orleans: Department of Conservation, Louisiana Geological Survey.

———. 1938. A chronological method applicable to the Southeast. *American Antiquity* 3: 260–264.

———. 1949. Cultural dating of prehistoric sites in the Viru valley, Peru. *American Museum of Natural History, Anthropological Papers* 43(1): 29–89.

———. 1952. Measurements of some prehistoric design developments in the southeastern states. *American Museum of Natural History, Anthropological Papers* 44(3): 313–384.

———. 1954a. Comment on A. C. Spaulding's "Statistical techniques for the discovery of artifact types." *American Antiquity* 19: 390–391.

———. 1954b. Spaulding's review of Ford. *American Anthropologist* 56: 109–112.

———. 1954c. On the concept of types: The type concept revisited. *American Anthropologist* 56: 42–53.

Ford, James A., and Gordon R. Willey. 1941. An interpretation of the prehistory of the eastern United States. *American Anthropologist* 43: 325–363.

Foucault, Michel. 1972. *The archaeology of knowledge*. New York: Pantheon.

Fox, Cyril. 1923. *The archaeology of the Cambridge region*. Cambridge: Cambridge University Press.

Frankfort, Henri. 1951. *Birth of civilization in the Near East*. London: Benn.

Fry, Robert E. 1979. The economy of pottery at Tikal, Guatemala: Models of exchange for serving vessels. *American Antiquity* 44: 494–512.

Garrod, Dorothy, and D. Bate. 1937. *The Stone Age of Mount Carmel*. Vol. 1, *Excavations at el Wady El-Mughara*. Oxford: Clarendon.

Giddens, Anthony. 1979. *Central problems in social theory*. Cambridge: Cambridge University Press.

Gifford, James C. 1960. The type-variety method of ceramic classification as an indicator of cultural phenomena. *American Antiquity* 25: 341–347.

Gladwin, W., and S. Gladwin. 1930. *The western range of the Red-on-Buff culture*. Medallion Papers 5. Globe: Arizona State Museum.

———. 1934. *A method for the designation of cultures and their variations*. Medallion Papers 16. Globe: Arizona State Museum.

Harrison, R. J. 1980. *The Beaker Folk*. London: Thames & London.

Haury, Emil W. 1937. *The Mogollon culture of southwestern New Mexico*. Medallion Papers 20. Globe: Arizona State Museum.

Hawkes, Christopher F. C. 1954. Archaeological theory and method: Some suggestions from the Old World. *American Anthropologist* 56: 155–168.

Hawkes, Jacquetta. 1968. The proper study of mankind. *Antiquity* 42: 255–262.

Hedeager, Lotte. 1978. A quantitative analysis of Roman imports north of the Limes (0–400 AD) and the question of Roman-German exchange. In Kristian Kristiansen and C. Paludan-Muller, eds., *New directions in Scandinavian archaeology*, 191–216. Copenhagen: National Museum of Denmark.

Heizer, Robert, ed. 1959. *The archaeologist at work: A source book in archaeological method and interpretations*. New York: Harper & Row.

Hempel, Carl G. 1966. *Philosophy of natural science*. Englewood Cliffs, NJ: Prentice-Hall.

Hodder, Ian. 1982. *The Present Past*. London: Batsford.

———. 1989. Writing archaeology: Site reports in context. *Antiquity* 63: 268–274.

———. 1991. Interpretive archaeology and its role. *American Antiquity* 56: 7–18.

———. 1992. *Theory and practice in archaeology*. London: Routledge.

———. 1999. *The archaeological process*. Oxford: Blackwell.

Hole, Frank, Kent V. Flannery, and James Neely. 1969. *Prehistory and human ecology of the Deh Luran plain*. Memoirs of the Museum of Anthropology 1. Ann Arbor: University of Michigan.

Holmes, William H. 1914. Areas of American culture characterization tentatively outlined as an aid to the study of antiquities. *American Anthropologist* 16: 413–466.

———. 1919. *Handbook of aboriginal American antiquities*. Pt. 1, *Introductory: The Lithic industries*. Bureau of American Ethnology, Bulletin 60. Washington, DC: Government Printing Office.

Jennings, Jesse D. 1947. Review of "Hiwassee Island" by Thomas M. N. Lewis and Madeline Kneberg. *American Antiquity* 12: 191–193.

———. 1987. *The prehistory of North America*. 3rd ed. Palo Alto, CA: Mayfield.

Kendall, David. 1969. Some problems and methods in statistical archaeology. *World Archaeology* 1: 68–76.

Kidder, Alfred V. 1915. Pottery of the Pajarito plateau and of some adjacent regions in New Mexico. *American Anthropological Association, Memoir* 2: 407–462.

———. 1916. Archaeological explorations at Pecos, New Mexico. *National Academy of Sciences, Proceedings* 2: 119–370.

———. 1917. A design-sequence from New Mexico. *National Academy of Sciences, Proceedings* 3: 369–370.

———. 1924. *Papers of the Southwestern Expedition, Phillips Academy.* Vol. 1, *An introduction to the study of southwestern archaeology, with a preliminary account of the excavations at Pecos.* New Haven: Yale University Press.

———. 1932. *Papers of the Southwestern Expedition, Phillips Academy.* Vol. 6, *The artifacts of Pecos.* New Haven: Yale University Press.

Kidder, Madeleine A., and Alfred V. Kidder. 1917. Notes on the pottery of Pecos. *American Anthropologist* 19: 325–360.

Kluckhohn, Clyde. 1939. The place of theory in anthropological studies. *Philosophy of Science* 6: 328–344.

———. 1960. The use of typology in anthropological theory. In Anthony F. C. Wallace, ed., *Selected papers of the Fifth International Congress of Anthropological and Ethnological Sciences*, 134–140. Philadelphia: University of Pennsylvania Press.

Kossinna, Gustaf. 1911. *Die Herkunft der Germanen.* Leipzig: Kabitzch.

Krieger, Alex D. 1944. The typological concept. *American Antiquity* 9: 271–288.

Kroeber, Alfred L. 1916a. Zuni culture sequences. *National Academy of Sciences, Proceedings* 2: 42–45.

———. 1916b. Zuni potsherds. *American Museum of Natural History Anthropological Papers* 18(1): 1–37.

———. 1919. On the principal order in civilization as exemplified by changes of fashion. *American Anthropologist* 21: 235–263.

———. 1931. The culture-area and age-area concepts of Clark Wissler. In S. Rice, ed., *Methods in social science*, 248–265. Chicago: University of Chicago Press.

———. 1939a. Culture and natural areas of native North America. *University of California Publications in American Archaeology and Ethnology* 38: 1–242.

———. 1939b. *Cultural element distributions.* Vol. 11, *Tribes surveyed.* Berkeley: University of California. Anthropological Records 1(7).

———. 1940. Statistical classification. *American Antiquity* 6: 29–44.

———. 1944. *Peruvian archaeology in 1942.* Viking Fund Publication in Anthropology 4. New York: Viking Fund.

Kroeber, Alfred L., and Clyde Kluckhohn. 1952. *Culture: A critical review of concepts and definitions.* Papers of the Peabody Museum of American Archaeology and Ethnology 47. Cambridge, MA: Peabody Museum.

Kroeber, Alfred L., and William D. Strong. 1924. The Uhle pottery collections from Chincha. *University of California Publications in American Archaeology and Ethnology* 21(1): 1–54.

Leakey, Louis. 1931. *The Stone Age cultures of Kenya Colony.* Cambridge: Cambridge University Press.

Linton, Ralph. 1936. *The study of man: An introduction.* New York: Appleton-Century.

———. 1940. *Acculturation in seven American Indian tribes.* New York: Appleton-Century.

Lipo, Carl P., Mark E. Madsen, Robert C. Dunnell, and Terry Hunt. 1997. Population structure, cultural transmission, and frequency seriation. *Journal of Anthropological Archaeology* 16: 301–333.

Lowie, Robert H. 1937. *The history of ethnological theory.* New York: Farrar & Rinehart.

Lyman, R. Lee, and Michael J. O'Brien. 1998. The goals of evolutionary archaeology. *Current Anthropology* 39: 615–652.

Lyman, R. Lee, Michael J. O'Brien, and Robert C. Dunnell. 1997a. *The rise and fall of culture history.* New York: Plenum.

Lyman, R. Lee, Michael J. O'Brien, and Robert C. Dunnell (eds.). 1997b. *Americanist culture history: Fundamentals of time, space, and form.* New York: Plenum.

Mason, Otis T. 1896. Influence of the environment upon human industries or arts. *Annual Report of the Smithsonian Institution for 1895*, 639–665.

Mayr, Ernst. 1995. Systems of ordering data. *Biology and Philosophy* 10: 419–434.

McKern, W. C. 1934. *Certain cultural classification problems in Middle Western archaeology.* Washington, DC: National Research Council, Committee on State Archaeological Survey.

———. 1939. The Midwestern taxonomic method as an aid to archaeological culture study. *American Antiquity* 4: 301–313.

———. 1940. Application of the Midwestern taxonomic method. *Bulletin of the Archaeological Society of Delaware* 3: 18–21.

Meinander, C. 1981. The concept of culture in European archaeological literature. In Glyn E. Daniel, ed., *Toward a history of archaeology*, 100–111. London: Thames & Hudson.

Meltzer, David. 1979. Paradigms and the nature of change in American archaeology. *American Antiquity* 44: 644–657.

Milke, W. 1949. The quantitative distribution of cultural similarities and their cartographic representation. *American Anthropologist* 51: 237–252.

Mills, W. 1902. Excavations of the Adena mound. *Ohio Archaeological and Historical Quarterly* 10: 452–479.

Morris, Ian. 2000. *Archaeology as cultural history.* Oxford: Blackwell.

Murdock, George. 1948. Clark Wissler, 1870–1947. *American Anthropologist* 50: 292–304.

Myers, J. L. 1911. *The dawn of history.* London: Williams &

Norgate.

Nelson, Nels C. 1916. Chronology of the Tano ruins, New Mexico. *American Anthropologist* 18: 159–180.

Oritz, F. 1947. *Cuban counterpoint: Tobacco and sugar.* New York: Knopf.

Patterson, Thomas C. 1986. The last sixty years: Toward a social history of Americanist archaeology in the United States. *American Anthropologist* 88: 7–26.

Peake, H. J. E. 1922. *The Bronze Age and the Celtic world.* London: Benn.

Phillips, Philip, James A. Ford, and James B. Griffin. 1951. *Archaeological survey in the lower Mississippi valley, 1940–1947.* Paper 25. Cambridge, MA: Peabody Museum of American Archaeology and Ethnology.

Phillips, Philip, and Gordon R. Willey. 1953. Method and theory in American archaeology: An operational basis for culture-historical integration. *American Anthropologist* 55: 615–633.

Piggott, Stuart. 1965. *Ancient Europe.* Edinburgh: Edinburgh University Press.

Preucel, Robert, and Ian Hodder (eds.). 1996. *Contemporary archaeology in theory.* Oxford: Blackwell.

Quimby, George I. 1954. Cultural and natural areas before Kroeber. *American Antiquity* 19: 317–331.

Renfrew, A. Colin, and Paul G. Bahn. 1991. *Archaeology: Theories, methods, and practice.* London: Thames & Hudson.

Ritchie, W. 1937. Cultural influences from Ohio in New York archaeology. *American Antiquity* 2: 182–194.

Robinson, W. 1951. A method for chronologically ordering archaeological deposits. *American Antiquity* 16: 293–310.

Rouse, Irving. 1939. *Prehistory in Haiti: A study in method.* Yale University Publications in Anthropology 21. New Haven: Yale University Press.

———. 1941. *Culture of the Ft Liberte Region, Haiti.* Yale University Publications in Anthropology 24. New Haven: Yale University Press.

———. 1952. Puerto Rican prehistory: Introduction: Excavations in the west and north. *Transactions of the New York Academy of Science* 18(3): 305–460.

———. 1953. The strategy of culture history. In Sol Tax, ed., *Anthropology Today,* 84–103. Chicago: University of Chicago.

———. 1955. On the correlation of phases of culture. *American Anthropologist* 57: 713–722.

Sabloff, Jeremy, and Gordon R. Willey. 1967. The collapse of Maya civilization in the southern lowlands: A consideration of history and process. *Southwestern Journal of Anthropology* 23: 311–336.

Samuel, R. 1992. Reading the signs, part II: Fact-grubbers and mind-readers. *History Workshop Journal* 33: 220–252.

Sapir, Edward. 1916. *Time perspectives in aboriginal American culture: A study in method.* Canada Department of Mines, Geological Survey, Memoir 90. Ottawa: Government Printing Bureau.

Schmidt, W. 1939. *The culture historical method of ethnology.* New York: Fortuny's.

Sears, William H. 1961. The study of social and religious systems in North American archaeology. *Current Anthropology* 2: 223–246.

Shettrone, H. 1941. *The mound-builders.* New York: Appleton-Century.

Smith, H. 1910. *The prehistoric ethnology of a Kentucky site.* Anthropological Papers 6(2). New York: American Museum of Natural History.

Spaulding, Albert C. 1953a. Review of "Measurements of some prehistoric design developments in the southeastern states by J. A. Ford." *American Anthropologist* 55: 588–591.

———. 1953b. Statistical techniques for the discovery of artifact types. *American Antiquity* 18: 305–313.

———. 1954a. Reply (to Ford). *American Anthropologist* 56: 112–114.

———. 1954b. Reply to Ford. *American Antiquity* 19: 391–393.

———. 1968. Explanation in archaeology. In Sally R. Binford and Lewis R. Binford, eds., *New perspectives in archaeology,* 33–39. Chicago: Aldine.

Spier, Leslie. 1917. An outline for the study of Zuni ruins. *American Museum of Natural History, Anthropological Papers* 18(3): 207–331.

———. 1918. Notes on some Little Colorado ruins. *American Museum of Natural History, Anthropological Papers* 18(4): 333–362.

———. 1919. Ruins in the White Mountains, Arizona. *American Museum of Natural History, Anthropological Papers* 18(5): 363–388.

Steward, J. 1941. Review of "Prehistoric culture units and their relationship in northern Arizona," by Harold S. Colton. *American Antiquity* 6: 366–367.

Strong, William D. 1933. Plains culture in the light of archaeology. *American Anthropologist* 35: 271–287.

———. 1952. The value of archaeology in the training of professional anthropologists. *American Anthropologist* 54: 318–321.

Taylor, Walter W. 1948. *A study of archaeology.* Memoir 69. Menasha, WI: American Anthropological Association.

Thompson, R. 1956. The subjective element in archaeological inference. *Southwestern Journal of Anthropology* 12: 327–332.

Trigger, Bruce. 1978. *Time and traditions: Essays in archaeological interpretation.* Edinburgh: Edinburgh University Press.

———. 1989. *A history of archaeological thought.* Cambridge: Cambridge University Press.

Tylor, Edward B. 1871. *Primitive culture.* London: John Murray.

Vaillant, George C. 1931. Excavations at Ticoman. *American Museum of Natural History, Anthropological Papers* 32(2): 199–432.

———. 1936. The history of the Valley of Mexico. *Natural History* 38: 324–328.

———. 1937. History and stratigraphy in the Valley of Mexico. *Scientific Monthly* 44: 307–324.

Webster, Gary. 1996a. *A prehistory of Sardinia, 2300–500 BC.* Sheffield: Sheffield Academic Press.

———. 1996b. Social archaeology and the irrational. *Current Anthropology* 37(4): 609–627.

———. 1999. *Archaeology: Verse accounts of the writings of V. Gordon Childe.* Lewiston, NY: Mellen Poetry Press.

———. 2001a. *Duos Nuraghes: A Bronze Age settlement in Sardinia.* Vol. 1, *An interpretive archaeology.* International Series 949. Oxford: British Archaeological Reports.

———. 2001b. Stratification, normative discontinuity, and metaphor: Archaeology of the middle ground. *Cambridge Journal of Archaeology* 11(2): 223–239.

Webster, Gary, and Maud Teglund. 1992. Toward the study of colonial-native interactions in Sardinia from *c.* 1000 BC-AD 456. In Robert H. Tykot and Tamsey K. Andrews, eds., *Sardinia in the Mediterranean: A footprint in the sea,* 448–473. Sheffield: Sheffield Academic Press.

Webster, Gary, and Maud Webster. 1998a. The chronological and cultural definition of Nuragic VII, AD 456–1015. In Miriam S. Balmuth and Robert H. Tykot, eds., *Sardinian and Aegean chronology:* 383–395. Oxford: Oxbow.

———. 1998b. The Duos Nuraghes project in Sardinia: 1985–1996 interim report. *Journal of Field Archaeology* 25(2): 183–201.

Wheat, J., J. Gifford, and W. Wasley. 1958. Ceramic variety, type cluster, and ceramic system in southwestern pottery analysis. *American Antiquity* 24: 34–47.

Wheeler, Mortimer. 1954. *Archaeology from the earth.* Baltimore, MD: Penguin.

Whiteford, A. 1947. Description of artifact analysis. *American Antiquity* 12: 226–239.

Willey, Gordon R. 1945. Horizon styles and pottery traditions in Peruvian archaeology. *American Antiquity* 10: 49–56.

———. 1953a. Archaeological theories and interpretations: New World. In Alfred L. Kroeber, ed., *Anthropology today: An encyclopedic inventory,* 361–385. Chicago: University of Chicago Press.

———. 1953b. A pattern of diffusion-acculturation. *Southwestern Journal of Anthropology* 9: 369–384.

Willey, Gordon R., and Philip Phillips. 1955. Method and theory in American archaeology II: Historical-developmental interpretation. *American Anthropologist* 57: 723–819.

———. 1958. *Method and theory in American archaeology.* Chicago: University of Chicago Press.

Willey, Gordon R., and Jeremy A. Sabloff. 1974. *A history of American archaeology.* San Francisco: Freeman.

———. 1980. *A history of American archaeology.* 2nd ed. San Francisco: Freeman.

Willey, Gordon R., and Richard B. Woodbury. 1942. A chronological outline for the northwest Florida coast. *American Antiquity* 7: 232–254.

Wissler, Clark. 1916. The application of statistical methods to the data on the Trenton Argillite culture. *American Anthropologist* 18: 190–197.

———. 1923. *Man and culture.* New York: Crowell.

Wylie, Alison. 1985. The reaction against analogy. *Advances in Archaeological Method and Theory* 8: 63–111.

第3章 过程主义及其之后

帕蒂·乔·沃森

（Patty Jo Watson）

就本章而言，过程主义跟过程考古学大体是同义词，跟所谓的新考古学也差不多。20世纪六七十年代，在北美与西欧考古学中，过程主义占主导地位，如今它还是美国考古学的中心，不过在欧洲变得有些边缘。本章将讨论北美考古学中的过程主义及其后来的发展。第二次世界大战后的英国也有类似的发展，尤其是在剑桥大学，在格雷厄姆·克拉克（Grahame Clark）、埃里克·希格斯（Eric Higgs）、戴维·克拉克和科林·伦福儒（Colin Renfrew）的领导下，考古学取得了突出的发展。由于篇幅的限制，也因为在这方面我并不合格，在这里我不讨论旧大陆的相关发展，读者可以参阅本书的其他章节，如第5章、第10章和第21章，来了解不同或互补的地区讨论。

考古学理论与元考古，过程、文化过程与过程主义

考古学理论与元考古

考古学家谈及"考古学理论"的时候，通常指的是某个方面或层次的阐释，如有关某个考古材料的观点的合理性或可能性，或是有关人类过去的部分解释方式。他们也可能指的是某个特殊研究问题的性质与意义，或是用于解决这一难题的研究设计的性质与意义。在"考古学理论"的标题之下，他们还可能争论考古学研究的最终目标或目的。

从技术也就是科学哲学的意义上来说，以上所说的都不适合被称为理论，因为理论是一种形式的、公理化的体系，理论的东西可能只存在于形式逻辑、抽象数学以及其他科学的理论领域。按照一位对考古学有兴趣的科学哲学家的说法，被考古学家称为理论的东西更准确的名称应该是"元考古"（Embree, 1992）。

过程、文化过程与过程主义

1967 年，肯特·弗兰纳里（Kent Flannery）评论了戈登·威利的著作《美洲考古学导论·北美卷》（Willey, 1966）。评论的题目为《文化历史 vs. 文化过程：美洲考古学的争论》（Flannery, 1967）。弗兰纳里题目中的"文化过程"一词为当时人类学的流行术语，指的是寻找跨时空文化变化的规律。弗兰纳里的题目表达了观点的对立：一方强调文化过程（概括研究），另一方强调文化历史（特殊化研究）。尽管任何研究都既会用到概括研究，也会用到特殊化研究（即普遍与特殊的关系），但是过程主义强调研究过去时应该优先采用概括的方法，我们有关时空、器物、遗址等的细节研究都应该服务于了解文化（过去的与现在的）如何运作（Binford, 1965, 1968a）。

在 20 世纪六七十年代的美国考古学中，"文化"一词的含义跟在
2000 年前后是不同的。当时，文化意味着人类行为的所有特征——技术
的、社会的、意识形态的——这些特征把人类与其他灵长类动物乃至其他
所有动物区分开来。20 世纪 70 年代，人类学对于文化的关注转向了如今
流行的观点，即文化仅指人类群体构建与维系的普遍认知。这时，人们强
调一般意义上的人类观念与符号系统是特定人类群体的特征，技术-功能 *30*
系统及其功能变得相对不那么重要。

不过，在 20 世纪六七十年代，人类学-考古学家把目标定为提出知识——
不只是研究特定时空的人类生活方式，而更重要的是协助社会科学地理解文
化，在更广泛的意义上发挥作用，即不仅描述特定的文化过程，还要把握一
般意义上的文化过程。观念方面的内容不是大多数过程考古学家的主要关注
点（也有极少数例外，如 Fritz, 1978; Hall, 1976, 1977），至少有一位具有代表
性的过程考古学家曾明确地表示拒绝研究这个方面的内容（Binford, 1967）。

1962—1982 年美国考古学中的过程主义

早在 20 世纪三四十年代就有若干美国考古学家（Bennett, 1943;
Steward and Setzler, 1938; Taylor, 1943, 1948）以及一位著名的社会人类学
家（Kluckhohn, 1940）提出要关注某种类似"文化过程"的东西。但是直
到新考古学出现，过程主义才成为整个考古学科的中心。1962 年，刘易
斯·宾福德发表《作为人类学的考古学》一文，正式揭开了过程考古学的
序幕。这篇论文与他随后发表的两篇论文（Binford, 1964, 1965）、弗里茨
与普洛格（Fritz and Plog, 1970）的《考古学解释的性质》一文和《考古学的
新视角》一书（Binford and Binford, 1968），以热情洋溢、气势如虹的方式提

出了新考古学的纲领（Leone, 1972; Watson, LeBlank, and Redman, 1971）。

他们把传统考古学看作关注细节的文化历史考古，执着于研究年代与类型比较（时空分类学）；注重研究文化过程的新考古学将取代传统考古学，途径是运用系统论以及／或者研究普遍规律（Flannery, 1973）。过程考古学家把考古材料看作一个巨大的实验室，由此提出与建立有关人类行为的概括性、功能性的规律和普遍法则。新考古学的倡导者不仅寻求描述与解释人类的过去，还要预测人类的未来。

尽管新考古学把古代人类文化整体视为研究主体（Binford, 1962, 1965），但是实际上过程考古学研究是一种唯物主义、功能主义的研究，侧重于古经济、古环境与古生态，生计系统是研究的中心。其主要的关注点是文化或社会与自然环境之间的关系，考古学家与自然科学家组成跨学科研究队伍由此成为一种必要。除此之外，研究设计至关重要，应该把准备探讨的过程考古学问题明确提出来，也应该清楚地说明为了回答问题或解决难题所选择的材料获取方法（Watson, LeBlanc, and Redman, 1971）。

20 世纪 60 年代、70 年代以及 80 年代早期，美国国家科学基金会资助了一些大型跨学科项目，研究文化过程问题（研究范围不限于美国国内），这让美国考古学界成了一个活力四射的舞台。当时的研究广泛采用机器辅助的多变量统计学——电子计算器，随后是微型计算机（个人电脑），采用“封装”的程序如 SAS、SPSS、BIOMED 等进行计算（O'Neil, 1984; Watson, LeBlanc, and Redman, 1971），还包括采用物理-化学分析等。过程考古学在美国乃至世界上都有广泛的影响力。然而 20 世纪六七十年代的过程考古学的视野还是比较窄的，基本上处在前面所说的范围之内，这在很大程度上是由于霍尔（Hall, 1977）所说的“经济思维"（econothink）。

过程考古学内部一个主要的争论——不是关于经济思维是否合适的争论——出现于 20 世纪 70 年代，主要关注过程考古学有关考古材料完整性及其性质的前提预设。刘易斯·宾福德（1976, 1978, 1981a, 1983: 98-106）与迈克尔·希弗（1972, 1976, 1985）注意到，考古遗存从过去特定的时空到考古学家的手铲下，并非纹丝未动的（只在极少数如庞贝古城那样的情况下才有例外），这让考古学的阐释成了难题。

宾福德在解释法国南部莫斯特石器材料时遭遇了挫折，由此他对考古材料的性质产生了信任危机：考古材料作为研究真实过去的知识来源值得怀疑（Binford, 1983: 98-106）。他通过开展民族学研究来解决这个问题，他所研究的阿拉斯加州的努那缪提人的生计系统，按他的判断，在某种程度上跟法国南部更新世旧石器时代晚期的生活相似。宾福德的民族考古学研究影响到行动主义研究的形成，宾福德称之为"中程理论"，这也是过程考古学的主要关注点（Binford, 1976, 1978, 1980, 1981a, b, 1983）。

在自己开展民族学工作之前，宾福德对考古学家运用民族学材料的看法是负面的（Binford, 1968b），但他认为他在努那缪提人研究中使用的方法跟传统的方法完全不同，后者总是天真地把类似的民族志材料用于类比特定的考古材料片段。宾福德则认为，在考古学家对现实社会的观察中，谨慎地挑选那些与古代社会相关同时考古材料又保存了下来的部分，就可以用来产生中程理论——一种有关物质文化与不同环境条件下人类行动之间的关系的知识，从而保证准确地把静态的考古材料"翻译"成动态的文化与文化过程。

民族考古与中程理论由此成了研究热点，许多考古学家去开展民族学研究（David and Kramer, 2001; Gould, 1978, 1980; Kramer, 1979; Longacre,

1991）。但与此同时，就如何正确与合适地运用民族学类比产生了争论，相关讨论断断续续持续到现在（Binford, 1967; Chang, 1967; Gould, 1980; Gould and Watson, 1982; Stahl, 1993; Watson, 1979, 1982, 1999; Wylie, 1982, 1985）。争论的动力许多来自把"民族学类比"仅仅等同于特定民族学观察对考古材料片段的解读，这样的话，经过挑选的民族学片段就成了可以轻而易举获得的考古学解释。当然，如果认真、细致、明确地进行研究，那么这项工作对于考古发掘的实际操作还是很有帮助的，实际上在解释特定考古材料的时候也是不可避免的。此外，正如我曾经主张的（Watson, 1986, 1999），在构建中程理论时，这种做法并没有完全被排除。

大约同时，宾福德深入努那缪提人中去做民族考古学研究，希弗则关注考古材料的自然属性，建议考古学家认真考虑各种非文化因素（如风、风化、崩塌、冲积、打洞的啮齿类与昆虫等）与文化因素（如踩踏、垃圾清运、墓穴与储藏坑的挖掘等），这些因素会扰动既有的文化堆积及其沉积基质，形成考古学家遇到并定义的所谓遗址（Schiffer, 1972, 1976）。希弗的评论以及宾福德类似的观察（Binford, 1981b）推动了许多有价值的遗址形成与改造过程研究，这个方面的研究仍然是美国考古学的重要议题（Goldberg et al., 1993; Stein, 1983; Stein and Ferrrand, 1985; Wood and Johnson, 1978）。

与美国考古学内部的这些争论同一时间，学科之外的政治因素开始对考古学产生重大影响。

美国的考古学理论与考古政治学：1974 年的《考古保护法》

经过一些执着的考古学家的艰苦努力（King, 1971; Lipe, 1974; McGimsey,

1972），1974 年 5 月，《考古保护法》正式签署生效（McGimsey, 1985）。该法进行了扩充，给予了史前与历史文化资源同样的保护，而以前的立法将其归为生物、地质或是其他类环境资源。该法的执行意味着在任何运用联邦资金改变地貌——包括采煤，钻探石油，修筑堤坝、桥梁、道路、梯田等——的地方，都必须进行考古调查，"抢救"受到威胁的文化资源。这些项目百分之一的资金应该用于支持考古学工作。"抢救"既可以是运用各种少量发掘的方式记录地表的考古遗存（如采用钻探，遥感如探地雷达、电阻或磁力测定等方式），也可以是探坑发掘以及 / 或是全面发掘。

立法所带来的问题如下：

（1）按照法律，首先需要确定哪些考古学家有资格进行调查与抢救发掘。

（2）亟须建立规章制度，足够详细地界定标准的考古操作程序，还需 *32* 要足够地通用，适用于整个美国不同地方的情况。

（3）美国考古学可能分裂：一类是以研究为中心的传统考古学家，主要在学术机构与博物馆工作；另一类考古学家的数量日益增加，他们基本放弃了或是从未在研究岗位上工作过，而是受雇于公共机构或私立建筑公司，或自己就是独立承包商。

新建立的两个组织解决了第一个问题，它们是由合同 / 保护 / 文化资源管理方面的考古学家组成的：职业考古学家协会（SOPA）与美国保护考古学协会（ASCA）。SOPA 是一个具有认证与协调功能的实体。ASCA 则是一个共同利益组织，旨在促进与支持合同及保护考古。在 1998 年之前，SOPA 的功能一直如此，之后它转型为一个范围更广的实体，称为职业考古学家注册组织（www.rpanet.org）。随着 SOPA 与美洲考古协会（SAA）逐渐接管 ASCA 的部分功能，如关注国会有关考古学的活动、通知与游说有关文化资源的立法者等，ASCA 瓦解。

第二个问题在联邦与州的层面上都进行了讨论（King, 1998; McGimsey and Davis, 1977; Schiffer and Gumerman, 1977），在可以预见的将来还需要持续关注。

类似地，第三个问题还没有被完全解决，还需要文化资源管理领域内外的考古学家持续努力，保持彼此之间的联系。虽然非文化资源管理方面的考古学家现在是一个非常小并且还在萎缩的群体（Zeder, 1999），但是他们在考古学理论（元考古）以及主要方法论研究方面具有相当大的影响力。

与本章最相关的问题就是：过去几十年里，文化资源管理考古的增长如何影响了美国考古学的理论争论？

《考古保护法》的一个令人瞩目的结果就是用大量的资金——甚至远超美国国家科学基金会（NSF）最大的项目资助——来支持考古田野工作、实验室分析（包括碳十四测年及其他测年手段）、考古报告出版。不仅更多的考古学家得到了雇佣，与其合作的自然科学家也能得到相对慷慨的资助。此外，新技术与新方法（如各种探铲调查项目以及各种抽样方法）得到了更广泛的应用。同时，非传统的方法也能用于遗址勘查，如采用重型装备大规模除去表土层，显露埋藏较浅的史前遗迹（Bareis and Porter, 1984），以及在河流阶地上用挖沟机寻找深埋的遗址（Chapman, 1994）。某些文化资源管理项目的负责人能够把这些技术方法囊括进项目调查与抢救发掘中，从而提供价值与意义超过合同规定的成果（除已经引用的以外，还可以参见 Schiffer and House, 1975）。

当然，常规的文化资源管理考古中有某些固有的弱点，最明显的就是合同中限制了田野与分析工作的范围和性质，再就是最终报告的发行通常受到高度限制。后者带来了信息获取上的困难，对非文化资源管理考古研究者来说，合同项目报告中的"灰色文献"很难找到。

　　尽管美国 90% 的考古学工作是文化资源管理考古工作，但是对文化资源管理考古学家来说，如果他们想在其工作领域、实验室与行政岗位上尽职尽责的话，就很难在非文化资源管理考古学家的圈子里立足（Watson, 1991）。因此，美国考古学中有关理论的争论很可能会抹杀这些从事大部分田野与实验室工作的人的贡献。当然，由于许多文化资源管理考古学家与非文化资源管理考古学家的不懈努力，最坏的情况，也就是两个群体无可挽回地分裂，还没有出现。美洲考古协会也努力容纳了一批德高望重的文化资源管理方向的考古学家，不仅保持其成员身份，而且让其进入管理机构中。不过，跟其他与文化资源管理相关的问题一样，作为主体的文化资源管理与作为少数的非文化资源管理，两者之间的交流与学术合作能否成功，还需要我们持续关注。

　　罗伯特·邓内尔（Robert Dunnell, 1986: 40-42）就美国文化资源管理 *33* 考古提出了另一个问题。他指出，20 世纪 70 年代文化资源管理项目的迅速崛起把考古工作程序标准化了，而当时美国考古学的理论方法发展还没有定型，处在一种不成熟的发展阶段。邓内尔所谓的美国考古学是一种选择论的、进化论的考古学（Dunnell, 1980），他得出这样的结论也是可以理解的。不过，文化资源管理考古似乎并没有像他所害怕的那样破坏美国考古学的发展道路。相反，文化资源管理考古实际上只是改变美国考古学面貌的数支力量之一。

过程考古学 vs. 后过程考古学

　　当美国过程考古学家还在围绕民族学类比、遗址形成过程的理论方法，以及文化资源管理考古发展所带来的一系列问题争论不休的时候，挑战整个过程考古学的巨大力量正在西欧形成。正如前文所强调的，20世纪六七十年代，过程考古学侧重于唯物主义、功能主义、技术经济过程，研究中明确采用演绎法与社会科学理论。它很少关注个体、个体能动性、意识形态和古代价值体系，或是那些影响到考古实践的现代价值体系。它基本忽视了当代考古学的社会政治状况与古代人类社会的观念问题，这就使它很容易受到后过程（后现代主义）考古学的批评（Hall, 1976, 1977; Hodder, 1982, 1985, 1986; Preucel, 1991）。后过程考古学强调关注特定的文化历史，而不是空洞的文化过程，关注古代社会的个体能动性（尤其是控制与反抗的问题），关注有关古代认知体系的证据，并且明确承认多种社会力量在深刻地影响着个体考古学家乃至整个考古学科，否认没有偏见、没有疑问、客观的"真实过去"。

　　20世纪八九十年代，美国部分过程考古学家完全反对后过程考古学的批评；但另一些过程考古学家对这些批评还是认真对待的，并且采纳了其中有关的内容，或是按照自身的需要进行了适当修正；还有一些过程考古学家则完全皈依了后过程考古学。

　　后过程考古学有个特殊的方面，那就是侧重于现代社会政治与考古学实践——注意土著的关切，这成为美国考古学的一个中心问题。1990年11月，《美洲土著墓葬保护与遣返法案》（NAGPRA）通过。该法案要求所有研究所与相关机构把美洲土著的尸骨遗存与随葬品编目，然后把目录分送到美国50个州大约600个联邦承认的部落，部落代表有权要求遣返其中属于他们祖先的遗存。在法案的实施过程中出现了各种不同的情况，考古学家与土著的关系也从敌视到小心的协商妥协。如今，美国考古学家无论是研究史前还是历史时期的遗址，都需要认真考虑土著后裔的合法权利，以及他们对祖先遗存的信仰与保存祖先遗存的愿望。

该法案的意义还在火热检验中（Deloria, 1995; Thomas, 2000），这一过程还将持续许多年。除了这个重要问题，过程考古学关注的当下的普遍属性与地位问题还有什么可以说呢？

21 世纪考古学中的过程主义

大部分美国考古学家就其基本取向而言仍然是彻底的过程主义者。从这本手册的许多章节来看，过程考古学的方法在欧洲考古学中也是强势存在。不过，无论哪里的考古学家都需要弄清楚 21 世纪考古学实践所面临的一系列问题：广泛的遗址破坏，国际、国家与地方层面上文物立法频繁变化；组织与非组织群体（考古学家群体与土著群体就是两个这样的群体）之间就各种有关过去的隐藏利益展开博弈，内容包括该如何对待过去、如何管理或阐释以及由谁来做。非文化资源管理考古学家并不是全职的、正式的考古材料管理者，将来他们还会是少数群体，但是他们在考古学理论的讨论与发展上发挥着不可小视的作用。如果情况确实如此，这些考古学家可能就需要认真考虑影响大多数考古学家工作实践的因素，否则其理论主张就不会受到重视，甚至会损害残留到 21 世纪的那一点点考古材料。

过程考古学兴起于第二次世界大战之后的乐观主义时代，于 20 世纪七八十年代迅速在北美、西欧占据主导地位。其影响力主要来自新考古学早期发展阶段若干被广泛传播的个案研究。威廉·朗埃克（William Longacre）对于亚利桑那州东部卡特农场印第安人村庄遗址的研究就是这样一个经典的范例（Longacre, 1964, 1968, 1970）。

为了了解古代社群的社会组织状况，朗埃克设计了一个研究方案，侧重于研究文化堆积层出土的大量彩陶陶片。他的基本工作假说来自美国西部当代印第安人如霍皮人（Hopi）、祖尼人（Zuni）的民族志材料：每一家的陶器生产与装饰都是女性所为，她们从母亲、姨母、祖母那里学到制作陶器的技能。他进一步指出（还是基于民族志材料），卡特农场的古代社群可能是从妻居的母系社群。因此，陶器设计是通过一代代女性制陶者传承的，考古材料上应该能体现出这种母系居住史前村庄内部的特征。

朗埃克的设计母题量化研究以及他所用的统计方法，确实证明了卡特农场印第安人村庄遗址内部聚合的特征，他的研究声名大噪。不过，这也引来了不少尖锐的、挑剔的批评，一个显而易见的问题就是解释上的对等性。即便认为所有的分析手段都没有问题（绝不是所有人都这么认为），我们如何知道设计元素的分布就是来自从妻居的母系家庭的陶器生产群体，而不是受到其他社会因素与过程影响的结果？难道这不是朗埃克应该去探究的吗？也就是说，这个古代印第安人村落的社会组织究竟是什么？陶器生产与设计又是如何跟家庭以及社群组织联系起来的？考古学上的其他社会组织又是怎样的？

卡特农场研究带来的方法论与解释上的问题引发了一系列后续研究，许多考古学家在美国西南部以及其他地方开展工作，朗埃克本人也开启了一项长期的、复杂的民族考古项目，研究队伍中有他的研究生与其他合作者。朗埃克的项目位于菲律宾的吕宋岛，当地的卡林加人（Kalinga）一直在制陶（Longacre, 1991; Longacre et al., 1993）。在长达35年的研究过程中，朗埃克一直严格秉承过程考古学的方法。新考古学的倡导者始终认为，对于文化过程研究的材料，比如史前社会组织的性质及其变化，只要条件允许就应该进行探究。考古学研究不只是发掘。考古学家必须自由地利用任何似乎最有可能提供必要信息的来源，包括他们自己在相关的生活社会中获得的观察结果。由于从当代美国西南部社会找不到相关信息，所以朗埃克（按照真正的过程考古学的方式）从他认为能够最有效地获取信息的地方——菲律宾的卡林加陶工，找到了有关陶器生产、装饰、分布、教/学的社会关系网络的信息。跟所有成功的实地调查研究一样，这一研究所得到的答案并不完全在研究者意料之中。新的信息使得有必要修正旧的观点，同时开辟新的研究路径；知识通常都是以这种出人意料的方式积累与联系起来的。

朗埃克本人不可能再回到卡特农场，但他在那里的研究工作带来了一系列有关考古学方法、技术、推理等方面的问题，这些问题是过程考古学对考古学理论和方法的重要贡献。

过程考古学研究的其他主要方面是有关人类过去重要标志的研究，尤其是农业起源或国家起源研究。尽管农业起源问题并不是由新考古学家 *35* 首先提出来的，但是自从他们接手之后，有关这个问题的研究是一路凯歌。研究的目标不限于了解何时、何地、如何，还要追问为什么农业会发生，这促进了卓有成效的跨学科的田野与实验室研究合作，各种自然科学分支都深度参与其中。我们现在所知的植物考古学或称古民族植物学、地质考古学、动物考古学等确实诞生于这种学科交叉协作。这种研究与新考古学强调古经济学、古生态学的理念高度一致。关于早期食物生产经济（尤其是在美洲）的研究取得了重要的进展（Flannery, 1986; Smith, 1998; Watson, 2001）。现在已基本搞清楚，食物生产经济的独立起源不超过十次。不过，出人意料的是，农业-畜牧业起源似乎没有一个普遍合理的解释，而是涉及一系列过程——包括外在环境因素和内在社会政治因素——在每项研究中都是如此。当代的大多数研究以描述相关因素与过程为中心，这些地区的食物生产经济是独立发展起来的。当前研究最活跃的地区是那些以前人们了解很少的地区：撒哈拉以南非洲、北美东部、美洲新热带区、东亚与东南亚，以及邻近的大洋洲部分地区（Bellwood, 1996; Crawford, 1992; Crawford and Shen, 1998; Denham and White, 2007; Fritz, 1990, 1999; Marshall and Hildebrand, 2002; Piperno and Pearsall, 1998; Smith, 1992, Spriggs, 1996）。

国家起源研究不像农业起源研究那样跟强调经济与唯物主义视角的新考古学相适应。不过，围绕相对平等社会变迁的问题，两者之间还是存在比较强的联系的。过去，人类社会大部分时候是相对平等的社会，后来才进入了有等级的、社会经济分层的社会。有时候，这种变迁被称为复杂社会的起源，这是一个过程考古学长期集中研究并取得了较好成果的领域（Adams, 1966; Brumfiel and Earle, 1987; Earle, 1991; Price and Brown, 1985）。

结论

过程考古学在 21 世纪仍旧存在，尽管许多方面已不同于 20 世纪 60 年代的模样。21 世纪之初的考古学面临着学科主体的广泛解构，被深刻地卷入真实世界的各种力量之中。悲观主义的论调可能认为，欧美考古学现在困难重重，受到立场固执的评论者的围攻，他们的数量与日俱增，为这门处在焦头烂额之中的学科所提供的解决之道也是相互矛盾、令人困惑的。相反，乐观主义的论调可能认为，欧美考古学，乃至世界考古学，最终会融合过程考古、后过程考古以及后后过程考古的精华。与此同时，不相兼容的理论和方法还将继续出现，产生多重紧张，促使所有的理论主张者都更加努力、更加谨慎，从而构建一个更加成熟的 21 世纪考古学。

参考文献

Adams, Robert M. 1966. *The evolution of urban society: Early Mesopotamia and Pre-Hispanic Mexico.* Chicago: Aldine.

Bareis, Charles J., and James W. Porter (eds.). 1984. *American Bottom archaeology: A summary of the FAI-270 project contribution to the culture history of the Mississippi River valley.* Urbana: University of Illinois Press/Illinois Department of Transportation.

Bellwood, Peter. 1996. The origins and spread of agriculture in the Indo-Pacific region: Gradualism and diffusion or revolution and colonization? In D. Harris, ed., *The origins and spread of agriculture and pastoralism in Eurasia.* London: University College London Press.

Bennett, John W. 1943. Recent developments in the functional interpretation of archaeology. *American Antiquity* 9: 208–219.

Binford, Lewis R. 1962. Archaeology as anthropology. *American Antiquity* 28: 217–225.

——. 1964. A consideration of archaeological research design. *American Antiquity* 29: 425–451.

——. 1965. Archaeological systematics and the study of cultural process. *American Antiquity* 31: 203–210.

——. 1967. Comment on K. C. Chang's "Major aspects of the inter-relationship of archaeology and ethnology." *Current Anthropology* 8: 234–235.

——. 1968a. Some comments on historical vs. processual archaeology. *Southwestern Journal of Anthropology* 24: 267–275.

——. 1968b. Methodological considerations of the archaeological use of ethnographic data. In Richard Lee and Irven DeVore, eds., *Man the hunter,* 268–273. Chicago: University of Chicago Press.

——. 1976. Forty-seven trips. In E. Hall Jr., ed., *Contributions to anthropology: The interior peoples of northern Alaska,* 299–381. Archaeological Survey of Canada Paper 49. Ottawa: National Museum.

——. 1978. *Nunamiut ethnoarchaeology.* New York: Academic.

——. 1980. Willow smoke and dogs' tails: Hunter-gatherer settlement systems and archaeological site formation. *American Antiquity* 45: 4–20.

——. 1981a. Behavioral archaeology and the "Pompeii premise." *Journal of Anthropological Research* 37: 195–208.

——. 1981b. *Bones: Ancient men and modern myths.* New York: Academic.

——. 1983. *In pursuit of the past.* London: Thames & Hudson.

Binford, Lewis R. (ed.). 1977. *For theory building in archaeology: Essays on faunal remains, aquatic resources, spatial analysis, and systemic modeling.* New York: Academic.

Binford, Sally R., and Lewis R. Binford (eds.). 1968. *New perspectives in archeology.* Chicago: Aldine.

Brumfiel, Elizabeth, and Timothy K. Earle (eds.). 1987. *Specialization, exchange, and complex society.* Cambridge: Cambridge University Press.

Chang, Kwang-Chih. 1967. Major aspects of the interrelationship of archaeology and ethnology. *Current Anthropology* 18: 227–243.

Chapman, Jefferson. 1994. *Tellico archaeology: 12000 years of Native American history.* Department of Anthropology Investigations 43. Knoxville: University of Tennessee/Tennessee Valley Authority.

Crawford, Gary W. 1992. Prehistoric plant domestication in East Asia. In C. W. Cowan and P. J. Watson, eds., *The origins of agriculture: An international perspective.* Washington, DC: Smithsonian Institution Press.

Crawford, Gary W., and Shen Chen. 1998. The origins of rice agriculture: Recent progress in East Asia. *Antiquity* 72: 858–866.

David, Nicholas, and Carol Kramer (eds.). 2001. *Ethnoarchaeology in action.* Cambridge: Cambridge University Press.

Deloria, Vine, Jr. 1995. *Red earth, white lies: Native Americans and the myth of scientific fact.* New York: Scribner.

Denham, Tim, and Peter White (eds.). 2007. *The emergence of agriculture: A global view.* London: Routledge.

Dunnell, Robert C. 1980. Evolutionary theory and archaeology. In Michael Schiffer, ed., *Advances in archaeological method and theory* 3:62–74. New York: Academic.

——. 1986. Five decades of American archaeology. In David Meltzer, Donald Fowler, and Jeremy Sabloff, eds., *American archaeology past and future: A celebration of the Society of American Archaeology, 1935–1985,* 23–49. Washington, DC: Smithsonian Institution Press.

Earle, Timothy K. (ed.). 1991. *Chiefdoms, power, economy, and ideology.* Cambridge: Cambridge University Press.

Embree, Lester (ed.). 1992. *Metaarchaeology.* Dordrecht: Kluwer Academic.

Flannery, Kent V. 1967. Culture history vs. culture process: A debate in American archaeology. *Scientific American* 217: 119–122.

——. 1973. Archeology with a capital S. In Charles Redman, ed., *Research and theory in current archaeology,* 47–53. New York: Wiley.

——. 1986. *Guila Naquitz: Archaic foraging and early agriculture in Oaxaca, Mexico.* Orlando, FL: Academic.

Fritz, Gayle J. 1990. Multiple pathways to farming in precontact eastern North America. *Journal of World Prehistory* 4: 387–435.

——. 1999. Gender and the early cultivation of gourds in eastern North America. *American Antiquity* 64: 417–429.

Fritz, John. 1978. Paleopsychology today: Ideational systems and adaptation in prehistory. In Charles Redman et al., eds., *Social archeology: Beyond subsistence and dating,* 37–39. New York: Academic.

Fritz, John, and Fred Plog. 1970. The nature of archaeological explanation. *American Antiquity* 35: 405–412.

Goldberg, Paul, David Nash, and Michael Petraglia (eds.). 1993. *Formation processes in archaeological context.* Monographs in World Archaeology 17. Madison, WI: Prehistory.

Gould, Richard A. (ed.). 1978. *Explorations in ethnoarchaeology.* School of American Research Advanced Seminar Series. Albuquerque: University of New Mexico Press.

———. 1980. *Living archaeology.* Cambridge: Cambridge University Press.

Gould, Richard A., and Patty Jo Watson. 1982. The structure of ethnoarchaeology: A debate about the use of analogy in archaeology. *Journal of Anthropological Archaeology* 1: 355–381.

Hall, Robert L. 1976. Ghosts, water barriers, corn, and sacred enclosures in the eastern woodlands. *American Antiquity* 41: 360–364.

———. 1977. An anthropocentric perspective for eastern U.S. prehistory. *American Antiquity* 42: 499–518.

Hodder, Ian. 1982. Theoretical archaeology: A reactionary view. In *Symbolic and structural archaeology,* 1–16. Cambridge: Cambridge University Press.

———. 1985. Postprocessual archaeology. In Michael Schiffer, ed., *Advances in archaeological method and theory,* 1–26. New York: Academic.

———. 1986. *Reading the past: Current approaches to interpretation in archaeology.* Cambridge: Cambridge University Press.

King, Thomas F. 1971. A conflict of values in American archaeology. *American Antiquity* 36: 253–262.

———. 1998. *Cultural resource laws and practice: An introductory guide.* Walnut Creek, CA: AltaMira.

Kluckhohn, Clyde. 1940. The conceptual structure in Middle American studies. In C. L. Hay et al., eds., *The Maya and their neighbors,* 41–51. New York: Appleton-Century.

Kramer, Carol (ed.). 1979. *Ethnoarchaeology: The implications of ethnography for archaeology.* New York: Columbia University Press.

37 Leone, Mark (ed.). 1972. *Contemporary archaeology.* Carbondale: Southern Illinois Press.

Lipe, William D. 1974. A conservation model for American archaeology. *Kiva* 39: 213–245.

Longacre, William A. 1964. Archaeology as anthropology: A case study. *Science* 144: 1454–1455.

———. 1968. Some aspects of prehistoric society in east-central Arizona. In Sally R. Binford and Lewis Roberts Binford, eds., *New perspectives in archeology.* Chicago: Aldine.

——— A. 1970. *Archaeology as anthropology: A case study.* Anthropological Papers of the University of Arizona, no. 15. Tucson: University of Arizona Press.

Longacre, William A., James M. Skibo, and Miriam T. Stark. 1993. Ethnoarchaeology at the top of the world. *Expedition* 33: 4–15.

Longacre, William A. (ed.). 1991. *Ceramic ethnoarchaeology.* Tucson: University of Arizona Press.

Marshall, Fiona B., and E. A. Hildebrand. 2002. Cattle before crops: The beginnings of food production in Africa. *Journal of World Prehistory* 16: 99–143.

McGimsey, Charles R., III. 1972. *Public archaeology.* New York: Academic.

———. 1985. "This, too, will pass": Moss-Bennett in perspective. *American Antiquity* 50: 326–331.

McGimsey, Charles R., III, and Hester Davis (eds.). 1977. *The management of archaeological resources: The Airlie House report.* Washington, DC: Society for American Archaeology.

O'Neil, Denis H. 1984. Archaeological use of microcomputers with "off the rack" software. *American Antiquity* 49: 809–814.

Piperno, Dolores R., and Deborah M. Pearsall. 1998. *The origins of agriculture in the American neotropics.* San Diego: Academic.

Preucel, Robert (ed.). 1991. *Processual and post-processual archaeology: Multiple ways of approaching the past.* Center for Archaeological Investigations, Occasional Paper 10. Carbondale: Southern Illinois University Press.

Price, T. Douglas, and James A. Brown (eds.). 1985. *Prehistoric hunter-gatherers: Emergence of cultural complexity.* Orlando, FL: Academic.

Schiffer, Michael B. 1972. Archaeological context and systematic context. *American Antiquity* 37: 372–375.

———. 1976. *Behavioral archaeology.* New York: Academic.

———. 1985. Is there a "Pompeii premise" in archaeology? *Journal of Anthropological Research* 41: 18–41.

Schiffer, Michael B., and George J. Gumerman (eds.). 1977. *Conservation archaeology: A guide for cultural resource management studies.* New York: Academic.

Schiffer, Michael B., and James H. House (eds.). 1975. *The Cache River archaeological project: An experiment in contract archaeology.* Arkansas Archaeological Survey Research Series. South Fayetteville: University of Arkansas.

Smith, Bruce D. 1998. *The emergence of agriculture.* San Francisco: Freeman.

Smith, Bruce D. (ed.). 1992. *Rivers of change: Essays on early agriculture.* Washington, DC: Smithsonian Institution Press.

Spriggs, Matthew. 1996. Early agriculture and what went before in Island Melanesia: Continuity or intrusion? In D. R. Harris, ed., *The origins and spread of agriculture and pastoralism in Eurasia.* London: University College of London Press.

Stahl, Ann B. 1993. Concepts of time and approaches to analogical reasoning in historical perspective. *American Antiquity* 58: 235–260.

Stein, Julie K. 1983. Earthworm activity: A source of potential disturbance of archaeological sediments. *American Antiquity* 48: 277–289.

Stein, Julie K., and William Ferrand (eds.). 1985. *Archaeological sediments in context.* Orono, ME: Center for the Study of Early Man, Institute for Quaternary Studies,

University of Maine.

Steward, Julian H., and Frank H. Setzler. 1938. Function and configuration in archaeology. *American Antiquity* 4: 4–10.

Taylor, Walter W. 1943. A study of archaeology. Ph.D. diss., Harvard University.

———. 1948. *A study of archeology.* Memoir 69. Menasha, WI: American Anthropological Association.

Thomas, David H. 2000. *Skull wars: Kennewick Man, archaeology, and the battle for Native American identity.* New York: Basic.

Watson, Patty Jo. 1979. *Archaeological ethnography in western Iran.* Viking Fund Publications in Anthropology 57. Tucson: University of Arizona Press.

———. 1982. Review of *Living Archeology* by Richard A. Gould. *American Antiquity* 47: 445–448.

———. 1986. An archaeological odyssey: Lewis Binford's *Working at Archaeology. Reviews in Anthropology* 13: 263–270.

———. 1991. A parochial primer: The new dissonance as seen from the midcontinental USA. In Robert Preucel, ed., *Processual and postprocessual archaeologies: Multiple ways of knowing the past,* 265–274. Center for Archaeological Investigations, Occasional Paper 10. Carbondale: Southern Illinois University Press.

———. 1999. Ethnographic analogy and ethnoarchaeology. In T. Kapitan, ed., *Archaeology, history, and culture in Palestine and the Near East: Essays in memory of Albert E. Glock,* 47–65. ASOR Books 3. Atlanta, GA: Scholar's.

———. 2001. The origins of agriculture. In N. Smelser and P. Baltes (eds.), *International encyclopedia of the social and behavioral sciences.* Amsterdam: Elsevier Science/Pergamon.

Watson, Patty Jo, Steven A. LeBlanc, and Charles L. Redman. 1971. *Explanation in archeology: An explicitly scientific approach.* New York: Columbia University Press.

———. 1984. *Archeological explanation: The scientific method in archeology.* New York: Columbia University Press.

Willey, Gordon. 1966. *Introduction to American archaeology.* Vol. 1, *North America.* Englewood Cliffs, NJ: Prentice-Hall.

Wood, W. Raymond, and Donald Lee Johnson. 1978. A survey of disturbance processes in archaeological site formation. In Michael Schiffer, ed., *Advances in archaeological method and theory.* New York: Academic.

Wylie, Alison. 1982. An analogy by any other name is just as analogical: A commentary on the Gould-Watson dialogue. *Journal of Anthropological Archaeology* 1: 382–401.

———. 1985. The reaction against analogy. In Michael Schiffer, ed., *Advances in archaeological method and theory,* 8:63–111. Orlando, FL: Academic.

Zeder, Melinda. 1999. *The American archaeologist: A profile.* Walnut Creek, CA: AltaMira.

第 4 章　考古学中的生态学

戴维·R. 耶斯纳

（David R. Yesner）

考古学中生态概念的发展

物种之间相互依存的概念首先出现在动植物地理分布的研究中，时间可以早到 19 世纪早期，这同时受到了达尔文、华莱士（Wallace）有关相互依存的进化论基础认识的推动。生态学作为一个研究领域通常追溯到 1858 年恩斯特·海克尔（Ernst Haeckel）采用这一术语，它来自希腊语的 oikos（栖居或栖息地）与 logos（学问）；再就是 1877 年卡尔·默比乌斯（Karl Mobius）提出生物群落的概念，它是指具有特定动植物种群的区域。后来又加入了李比希（von Liebig）的限制因素、聚斯（Suess）的生物地化循环，以及克莱门茨（Clements）的植物更替等概念。到 20 世纪 20 年代，生态学已经形成了一个组织框架，具有广泛的基础模型，用以描述地理区内与不同地理区之间动植物的关系，如维尔纳茨基（Venadsky）采用的"生物圈"概念与坦斯利（Tansley, 1935）采用的"生态系统"概念。

从一开始，生态学的方法就是以过程为中心的，把基于数量的经验材料与基于热力学规律（尤其是熵）的模型结合在一起，运用有关营养关系的认识，形成了食物网、食物链、生态位等概念（Elton, 1927; Gause, 1934）。在此基础上，当时主要关注有机体的丰度、分布、种群材料和生命史。时空层面上经典的综合形成于 20 世纪 50 年代（Odum, 1953; Hutchinson, 1959; Andrewartha and Birch, 1954）。这些方法让田野生物学从一门以描述分类为中心的科学走向关注相互作用过程的科学。20 世纪六七十年代，受到皮卢（Pielou）、皮安卡（Pianka）、麦克阿瑟（MacArthur）、魏泰克（Whittaker）等生态学家的影响，生态学日益成为一门具有更多量化研究的学科。

社会科学中采用生态学模型始于 20 世纪早期，其研究重点从历史的、特定的、分类学的方法转向以过程为中心的方法。它在考古学中的应用在很大程度上取决于考古学在不同国家传统中的发展背景。在美国，考古学与人类学相关联（以及在某种程度上与地理学相关联），即具有研究土著的传统，大部分考古学模型（如共同传统与分类等级的概念）都可以说是为了把考古材料与文化地理理论结合起来。因此，至少直到 20 世纪 30 年代晚期，美国考古学中历史特定论的分类学方法都部分反映了其发展状态，但同时受到了地理与人类学中传播论思想的影响，尤其是文化人类学的博厄斯传统的影响，这种观念来自拉采尔文化学派，总是将本地的发展解释为物质文化与意识形态传播的结果。

在欧洲（尤其是英国），人类学与考古学在研究体制与思想上都是分开的，各有各的发展路径。考古学受到柴尔德的影响，把传播论与一个以社会政治为中心的进化论框架结合起来，解释文化变迁。相反，文化人类学以涂尔干为先驱，20世纪30年代转向了马林诺夫斯基（Malinowski）和（尤其是）拉得克利夫-布朗（Radcliffe-Brown, 1922）的功能主义。尽管相比生态学的解释，功能主义的起源更多与涂尔干的社会政治解释相关，但是这一发展与埃文斯-普里查德（Evans-Pritchard）和（尤其是）达里尔·福德（Darryl Forde, 1934）的研究同步。福德的研究反过来影响了20世纪30—50年代更年轻一代的美国地理学家，他们发展新的学派，在不同研究之间寻求妥协——包括早期传播论、有同样问题的森普尔（Semple, 1911）、亨廷顿（Huntington, 1915）的环境决定论，以及其他把社会心理现象与气候纬度联系起来的研究。

40　　正是在这种背景下，20世纪30年代，部分美国人类学家与考古学家开始脱离严格的博厄斯式的特定论，转而发展新的解释框架，解释文化分布、人口、技术、经济乃至社会特征等问题。这其中就包括克罗伯与斯图尔德，他们都曾是博厄斯的学生。他们采用生态学的解释框架部分可能是受到英国功能主义的影响，不过更多是美国自身发展特殊性的结果。他们习惯于把北美文化与自然环境联系起来，甚至将之视为自然环境的组成部分，这也反映在自然历史博物馆的展示中。与之相应的是高贵野蛮人的概念，这体现了同情因素，欧洲已没有类似的情况。更重要的是，它反映了北美地区前哥伦布时代有限的社会政治复杂性。最早与欧洲人偶然接触的美洲土著，尤其是阿尔冈昆人，其社会政治复杂性有限，必然会发展出与北方森林适应相关的保护实践（Krech, 2000）。

　　美国考古学中生态学框架兴起的另一个重要因素是，在20世纪初的美国，人类学家（包括博厄斯本人）作为个体经常既做文化人类学研究，也做考古学研究，都在美洲土著文化历史发展的统一框架之中工作。20

世纪初，梅森（Mason, 1895）与其他学者最终扩展了以地理为中心并受到传播推动的文化区的概念，博厄斯的学生克罗伯在 20 世纪 20 年代写了《北美土著的文化自然区》（*Cultural and Natural Areas of Native North America*）一书（1939），其中提出了文化区（北极、亚北极、西北海岸、高原、加利福尼亚、大盆地、美国西南部、大平原、大草原、美国东北部、美国东南部）与自然环境之间的生态联系。尽管这些联系只是表示相关，而不是解释，但它们至少表明生态学是一个组织框架，影响了北美土著人口数量、技术以及其他特征的分布。

与此同时，博厄斯的学生朱利安·斯图尔德开始从更区域化的层面，研究生态特征（食物资源的丰度与分布）与大盆地地区群体数量、分布、生计方式、社会组织之间的关系，并随后出版了《大盆地-高原地区土著社会政治群体》（*Basin-Plateau Aboriginal Sociopolitical Groups*）一书（Steward, 1938）。斯图尔德跟博厄斯、克罗伯一样，在研究考古学的同时也研究文化人类学，这种经验让他提出了一个倾向于功能的理论框架——他所谓的框架就是福德式生态学版本的功能主义，既用于考古学，也用于文化人类学（Steward and Setzler, 1938）。生态因素在斯图尔德的文化变迁与（多线）文化演化概念中具有重要作用，比莱斯利·怀特（Leslie White, 1949）后来提出的（单线）文化演化论更强调生态因素的重要性。相比而言，怀特的进化论首先采用了能量学，这就使其研究人类文化发展与变迁时给环境影响留下的空间更少。斯图尔德（1955）正式提出"文化生态学"，并将之视为研究人类群体与其环境之间的关系的方法论，而不是具有这些关系属性的事实材料的集合。不过，其关键乃是文化核（culture core）的概念，按照斯图尔德在大盆地的研究，文化核表明，生态因素是某些文化构成（技术、人口、生计、经济）的重要决定因素，而对文化的其他方面（社会结构、政治组织、意识形态）影响相对有限。约翰·本内特（John Bennett）曾研究大平原北部的印第安人，他在考古学与文化人类学研究中采用了以上概念（Bennett, 1943），并最终发展出文化生态学的综合研究（Bennett, 1995）。索尔（Sauer, 1939）在地理学领域也提出了类似的思想。

20 世纪 40 年代早期之后，至少有三个方面的重要发展，促使考古学中的生态学研究进入更广阔的领域。第一个方面的发展是发现了有机物、非人工制品如动植物遗存的重要性，它们能够提供有关史前生计的信息。这个方面的研究还是受到了欧洲的影响，相关研究最早由剑桥大学的格雷厄姆·克拉克开启，他的生态考古研究从 20 世纪 40 年代后期一直延续至 50 年代中期（Clark, 1952, 1954）。生态考古材料在重建史前人类生计及其与环境因素的关系方面越来越重要，尤其是在那些大型的跨学科研究中，如布雷德伍德（Braidwood, 1953）关于古代近东食物生产起源的项目。有鉴于此，沃尔特·泰勒（1948）在其著作《考古学研究》中，结合斯图尔德与本内特的理论，以及采集生态材料信息的实践，在考古学中发展了缀合的方法（conjunctive approach）。

第二个方面的发展是在地理学与人类学中不断研究环境对文化发展的作用，这导致了亚马孙地区（也包括其他热带雨林环境）土著文化与考古学的扩展研究（Ferndon, 1943; Meggers, 1955; Carneiro, 1961）。梅格斯（Meggers）的方法没有全面采纳行为版的亨廷顿的环境决定论，只是表面上看起来像决定论，后来被称为环境可能论（即环境为文化行动提供了一个可能范围的结果）。

　　第三个方面的发展是第二次世界大战期间出现的航空考古,这使得考古调查可以到达前所未有的广大区域,戈登·威利(Gordon Willey, 1953)在秘鲁沿海地区的河谷的研究开启了这项工作。秘鲁沿海地区的地理特征恰好产生了一些独立存在的环境单位(富饶的河谷被真正的沙漠分隔开来),它们又与不同文化单位密切相关(单个河谷政治体)。这种情况至少一直延续到奇穆(Chimu)与印加帝国时期——当时跨流域的道路系统出现,使得跨流域的政治体的形成成为可能。这促使研究重心从单个遗址转向区域聚落形态,聚落形态的概念迅速为其他考古学者所接受(参见Willey, 1962)。尽管环境因素并非这个概念的唯一决定者,但是它无疑是最重要的,尤其是在研究不同遗址、区域、景观而非遗址内的材料时。其他学者似乎更愿意把聚落形态研究的方法与来自文化人类学的概念直接联系起来。比尔兹利等(Beardsley et al., 1955)发展出一种“聚落形态的功能进化类型学”方法,形成了诸如“受限制的漫游者”“以营地为中心的漫游者”等术语,以反映与不同程度的流动或与定居相关的聚落形态的演化阶段——它们都是以生态条件为基础的。还有学者如张光直(K. C. Chang, 1962)希望给聚落形态研究找到更明确的生态学理论框架,他把不同聚落形态与现代文化群体对应起来。这些方法都主张聚落形态的概念,希望探索文化与自然的关系,但是考古学家需要合乎逻辑的研究单位,这种单位应该反映文化人类学家的组织观念。环境因素最终在聚落形态研究,尤其是区域规模的研究中得到了优先考虑(Grady, 1979)。

　　所有这些方法都随着 20 世纪 60 年代早期过程考古学(新考古学)的兴起而发生了改变,这一基本范式明确表示生态研究是其立论的基础之一。宾福德(1962)在写作《作为人类学的考古学》一文时,认为重建文化历史、复原过去特定时间人们的生活方式，以及寻求解释文化过程，是考古学的基本目标，这里的"文化"的意思是"人身体之外适应环境的手段"（莱斯利·怀特意义上的）。按照这个框架，环境现象不仅广泛见于对过去生活方式的复原中，也见于对文化过程的解释中。宾福德（1964）认为解释过去的意识形态是坠入了心灵主义的"古心理学"研究，他主张考古学家应该在材料证据更强的领域——生计与经济适应方面做出更大的贡献。这种高度唯物主义的方法把宾福德的考古学与莱斯利·怀特的观点区分开来，尽管宾福德承认他早年受到能量学方法的影响。在这种意义上，过程考古学与当时的文化人类学分道扬镳了，尽管它还是受到文化人类学家的少量影响，如马尔温·哈里斯（Marvin Harris, 1966, 1968），他采用了类似的唯物主义-生态学框架，还有韦达和拉帕波特（Vayda and Rappaport, 1968），他们代表不断发展的生态系统文化生态学派。过程考古学家与生态系统文化人类学家都曾采纳系统分析的方法（Flannery, 1968），后来证明很难找到文化变迁的最终原因（如通过环境事件），最终两者都放弃了这种方法。

过程考古学坚持认为，根据适当数量的考古材料，应该可以检验演绎所得的解释框架；这些假说一般都包含生态学以及相关的技术与人口概念（Spooner, 1972; Hassan, 1981; Paine, 1997）。这些解释框架应该经过科学检验，采用合格的材料、抽样理论以及统计检验，再就是收集种类足够丰富的材料进行检验。后者不仅包括器物的生态学与功能分析——从

42 石器（Davis, 1978）到陶器（Arnold, 1985），还应该包括"生态事实"分析，如动植物遗存分析。20世纪60年代浮选技术出现后，这种趋势明显加快了，浮选技术让全面收集生态事实材料尤其是植物遗存更容易了

（Struever, 1968a）。这种生态事实分析同时受到同时代的英国考古学家如埃里克·希格斯和他的学生的重视，他们又都是更早时期剑桥大学格雷厄姆·克拉克研究的继承者，克拉克在欧洲史前经济史研究中曾广泛运用这种材料（Higgs, 1972, 1975）。

宾福德与希格斯的生态考古学模型运用这些材料的方式有所不同。希格斯学派强调地理学的方法，如遗址资源域分析（Higgs and Vita-Finzi, 1972）和中心地理论，前者主要用于分析游群与部落水平的社会，后者则用于分析酋邦与国家水平的社会。部分美国考古学家非常喜欢这些方法，而其他人则认为它们过于简单，过于以遗址为中心。主流的美国方法开始把生态学的概念与系统论联系起来，或是发展静态的、具有同时性的生计-聚落系统概念（Struever, 1968b），其中，单个考古遗址只是更大系统的组成部分，或是更加明确地关注民族学类比，把生态因素视为类比关系的基础。其对相距遥远的狩猎采集者进行民族学类比，以此来证明以生态为基础的假说的合理性，尽管有些学者认识到过去的狩猎采集者不等于现在的狩猎采集者（Lee and DeVore, 1968），类比的适合度跟古今人群的环境相似性以及族属联系密切相关。许多这样的类比推理通过扩充文化人类学的数据库，以及结合狩猎采集者的量化研究来实现，理查德·李（Richard Lee）及其他持唯物主义立场的学者就是这么做的。

20 世纪 70 年代考古学中生态实证论的思想开始在许多方面走向反面，并在 80 年代早期随着新考古学热潮的冷却而出现危机。许多因素可能影响到这个时期生态学思想的范式变迁：新考古学思想得到广泛承认；研究者认识到研究生态关系之前需要了解考古材料形成过程的埋藏学因素；批评分析不断发展，指出遗留下来的狩猎采集者社会是现代社会的政治构

建；其他社会科学领域中社会生物学思想崛起；以及政治气候改变，对考
古学研究的资助日益从理论驱动的研究项目转向文化资源管理研究项目。
有意思的是，尽管是环境运动带来了 20 世纪六七十年代社会科学思想中
对生态与人口问题的关注，但是运动产生的文化资源相关法律导致了偏离
生态、实证、理论先导考古学的转向。20 世纪 90 年代，鼓励发展土著考
古学的《美洲土著墓葬保护与遣返法案》进一步加速了脱离唯物主义思想
的趋势。

宾福德（1977）最初试图矫正提取人类的适应规律的做法。他提出
"中程理论"，摆脱此前的考古学中的民族学类比，支持评估影响古代与现
代生计和栖居形态的生态过程的性质，并用古代材料来理解现代社会。到
了 20 世纪 80 年代，部分学者甚至开始批评这种矫正。随着后过程考古学
的发展，生态与唯物主义现象的重要性开始让位给社会政治、认知与意识
形态因素，后面这些因素对考古材料的形成影响更大，或者说考古材料跟
这些因素的联系方式更加复杂。

从理论矫正的中途开始，考古学中的生态理论基本瓦解，形成了众多
理论方法阵营。它们彼此并不相互排斥，不少有相当大的重叠：

● 环境考古，侧重于采用考古遗址中发现的动植物遗存、其他有机
物以及部分地质考古材料，来重建古代人类环境，同时重建古代
生计、聚落形态、适应策略等相关方面的内容。这类研究可能还
包括石器或其他器物、居所及其他遗迹的功能研究，运用考古材
料或复制材料，为同一课题提供材料。它可能还会采用关注类似
问题的民族考古材料。尽管环境考古为研究环境对人、人对环境
的影响提供了基本资料，但是两个方面的研究都不曾被明确地提

出来。

- 传统生态考古，侧重于运用生态理论方法的综合体中的中心概念如限制因素、生态位理论、生物地理学理论（包括岛屿生物地理学理论）等，相对较少强调文化过程。

- 考古学中的社会生态理论，关注决定人类行为的生态因素。这种理论运用的方法相当广泛，包括线性规划、图形理论，不过在考古学中主要运用最佳觅食理论，尤其关注与饮食、流动形态相关的决策。

- 人类对环境的影响研究，既研究灾变，也研究长期的人类影响，有关信息不仅表现在生态材料上，也表现在人工遗存上。这个方面的研究还借鉴了民族史材料以及民族考古研究。

- 进化考古与达尔文考古，其至少有部分理论是研究文化传承的生态关联，以及人类活动与环境变化之间的反馈联系的。

- 考古学与政治生态学的相互作用，强调对于前现代社会对自然资源的使用或影响，需要在社会政治关系的关联背景中来研究。这些理论反映了文化生态学领域最近的转型，开始强调政治经济学以及民族国家中土著群体的镶嵌性特征。

- 考古学与生态学、认知的相互作用，特别关注信仰体系与意识形态的关联，强调结合它来研究前现代社会自然资源的使用或对自然资源的影响。

环境考古

在所有这些研究中，环境考古是最少受到理论影响的，尽管这方面的研究在很大程度上取决于研究者。在考古学中应用生态学方法可以追溯到1848年动物学家斯滕斯瑞普（Steensrup）的丹麦贝丘研究，但是现代研究的大部分推动力来自格雷厄姆·克拉克。克拉克的开创性研究采用动物遗存来重建与开展考古学中的生计研究；而另一些学者研究植物遗存，也是出于同样的目的，尤其是浮选法被采用之后。这些分析一开始只是作为考古报告的附录出现，后来的应用则越来越广泛、熟练，也越来越量化。

欧洲环境考古的应用，传统上侧重于古环境与古气候重建，而不关注人类对古代环境的适应或改造。对动物遗存的研究就是一个很好的例子。欧洲的方法——通常被称为"考古动物学"——关注动物物种的有无，将之视为环境变化的指标，以及动物群对于环境变化的生理/进化上的反应，这些变化表现在生物统计学上。其所探讨的问题、所检验的假说，基本上都是动物学而非考古学的（Clason, 1975）。相反，美国的方法——通常被称为"动物考古学"——关注动物物种的有无，将之视为狩猎策略的指标，同时参考一系列其他指标，它还研究这些策略是如何随着时间的推移而变化的，这些变化表现在地层记录上。其所探讨的问题、所检验的假说，基本上都是考古学的，至少在过程考古学意义上是如此（Binford, 1977）。当然，两种方法之间也存在一些共同的地方，比如，两种方法都注意运用动物物种的有无或是动物组织中每年或更小时间单位的生长结构来重建遗址居住的季节（Pike-Tay, 2001; Rocek and Bar-Yosef, 1998; Pals and van Wijngaarden-Bakker, 1998）。此外，两种方法都充分利用了量化的方法。在考古遗址的植物遗存研究中也能看到类似的分化，尽管一般说来，微体植物遗存（孢粉与植硅石）更多被用来重建古环境，而植物大遗存（果核、种子残片）通常被归为古民族植物学范畴，用于重建人与植物的环境相互作用（Hastorf and Popper, 1988）。当然，也存在不少例外。美国西南部的玉米花粉产生于人类的环境控制，而中西部遗址中出土的藜科植物碳化种子既有被风吹入篝火中的，也有人类有意采集的；考古遗址中出 44 土的木头碎片的来源显然既可能有自然原因，也可能有人为原因（King, 1984）。

在新考古学出现之前，考古学中有机物遗存的研究主要限于物种名单，以及由此得到的推导。之后，量化方法开始普遍应用，用于检验与人类环境适应相关的假说。例如，动物物种与骨骼频率材料被用于评估不同物种在生计中的相对重要性，还被用来重建人类的狩猎策略。类似地，不同动物物种的年龄与性别材料被用于评估狩猎特定物种的策略，除此之外，不同年龄与性别的死亡率材料被用来确定动物物种的生存曲线，并评估人类利用对动物种群的影响（Styles, 1981; Hudson, 1983）。随着考古学中的生态理论从关注环境重建、适应转向关注人类对环境的影响与社会经济问题（Ford, 2001; Rowley-Conwy, 2000），这些方法变得越来越重要。

近年来，研究者又开始采用动物考古与植物考古重建全新世古环境与古气候，与此同时，寻找现代气候变化与全球变暖的类比对象，并研究气候变化对人类社会的影响（Rogers, 2004; Redman et al., 2004）。研究者特别关注新仙女木事件、大暖期、新冰期、中世纪最适宜期和小冰期的气候重建及其变化所导致的影响（McGovern et al., 1988; Gutzler, 2000; McIntosh et al., 2000; Hassan, 2000; Fagan, 2001, 2004; Grayson and Delpech, 2005; Yesner and Crowell, 2006）。地质考古材料也被用于重建全新世海平面变化以及与这些气候事件（Fagan, 1999）相关的气候现象如厄尔尼诺的历史（Sandweiss et al., 1996）。在这里，灾变论有一定的影响力，大量研究侧重于短期灾变事件对人类社会的重要性（Bawden and Reycraft, 2000; McKoy and Heikern, 2000; Hoffman and Oliver-Smith, 2002）。许多研究提到灾变气候事件与经济危机之间的联系，如关注古代近东农业起源（Bar-Yosef, 1998），以及欧亚大陆温带地区北部较晚出现农业等问题（Akazawa, 1981, 1982; Rowley-Conwy, 1984; Yesner and Popov, 2002）。许多研究者认识到考古遗址中精细、长时段、地层独立的古生态材料在重建环境变迁以及人类的影响上的价值。越来越多的人（包括野生动物管理者、气候模拟者等）承认了这些考古材料及其解释的重要性（Lyman and Cannon, 2004）。遗憾的是，在运用动植物材料，尤其是将其作为建立古生态的基本条件时，我们需要了解物种频率变化的意义，排除人类对环境的影响，但目前还存在不少方法上的困难。

近年来环境考古领域有四项比较综合的研究（Branch et al., 2005; Wilkinson and Stevens, 2003; Dincauze, 2000; Evans and O'Connor, 1999），还有一些更早的、目前还有用的研究（Shackley, 1981, 1985; Evans, 1978; Butzer, 1971）。同时，还出现了大量个案研究，其中有两项研究（Reitz et al., 1996; Luff and Rowley-Conwy, 1994）特别值得一提。

传统生态考古

传统生态考古尝试把一系列生态学概念用于考古学中，许多概念来自20世纪40—70年代奥德姆（Odum）、麦克阿瑟、魏泰克等现代生态学学者的综合研究。限制因素就是所用概念之一，这是影响人类栖居形态的主要变量，通常来自民族学类比与民族考古学研究。最近的研究关注生态系统考古，把限制因素视为中心，如沙漠环境中的水压力研究（Veth et al.,

2005）。生物地理学理论也被用于各种社会研究中，包括对人类进入美洲的研究（Barton et al., 2004）。作为该理论的一个分支，岛屿生物地理理论（MacArthur and Wilson, 1967; Simberloff, 1973）在许多领域得到了有效利用，包括现代土著保留地与野生动物公园的设计。但其在考古学上的应用主要是为了理解物种隔绝与重新殖民的过程，以及由此对人类狩猎采集者的影响。格雷森（Grayson, 1987）曾运用这种理论研究大盆地地区的狩猎采集者，我（Yesner, 1998）也曾用它来研究阿留申东部的狩猎采集者。 *45*

　　从 20 世纪 70 年代后期开始，考古学解释用到了与捕食者-被捕食者关系、食物网络理论相关的生态学概念。例如，复杂食物网络涉及人类与其他物种的相互作用，尤其是当人类与其所捕食的一个或多个物种竞争第三种食物来源时，有关研究成果被用于解释沿海考古遗址脊椎动物与无脊椎动物丰度的循环变化。这样的研究案例包括阿拉斯加州（Yesner, 1977; Simenstad et al., 1978）和加利福尼亚州沿海土著人群与海獭、海胆之间关系的研究（Erlandson et al., 2005），以及加利福尼亚州人与青衣鱼、贝类之间关系的研究（Salls, 1995）。这种复杂、多物种的食物网络关系是沿海环境的典型特征，尤其是在北方与温带地区。网络关系的变化幅度通常较小，但物种波动的频率较高（May, 1973），并且在这种网络关系中，人类作为捕食者的额外参与可能扩大相互作用的效果（Yesner and Gray, 1975）。成功面对这种情况的人类群体需要发展技术-经济和 / 或社会政治措施，包括采用不同手段获取信息、进行环境管理、强化利用资源、实行资源再分配、发展对外贸易关系以及采用礼仪措施等，从而提高生存能力，其中个体的努力有助于促进困难的解决（参见下文有关"政治生态学"的部分）。因此，这些群体就成了在考古学中进一步应用弹性理论（Holling,

1973）、可持续发展理论（Tainter, 2000）和生物复杂理论（Adams, 1978）的基础，考古学找到了与当代文化人类学关注土著群体弹性与可持续发展理论相同的基础。

得到广泛应用的还有来自普通生态学的生态位理论，尤其是唐纳德·哈德斯蒂（Donald Hardesty, 1975, 1980）曾通过测量多样性，运用生态位概念研究饮食与景观使用的范围。我也曾用这个概念来分析阿留申群岛东部不同遗址位置的史前资源利用情况（Yesner, 1977; Yesner and Aigner, 1976），以及用它来研究阿拉斯加内陆地区早期考古遗址最初的居住者与稍晚时候的居住者之间栖居形态的区别（Yesner, 2000）。相关概念如物种饱和（species packing）与生态位重叠（niche overlap）（May and MacArthur, 1972）的应用引发了对人类群体的资源竞争与划分的考虑。当然，描述不是解释，关于扩大或缩小生态位宽度的意义，产生了重要的分歧。例如，长期以来学界认为欧亚旧石器时代晚期狩猎采集者生态位缩小意味着专门化资源利用程度的提高（Mellars, 1973; Mellars and Stringer, 1989），尤其是狩猎驯鹿；而格雷森与德尔佩什（Grayson and Delpech, 2003, 2005）则主张这样的形态完全可以用气候变迁来解释——按这种观点，在提出人类控制是主要原因之前，可以得出一个简化的关于环境关联的认识。考古学中应用生态位理论的整体状况可能是，它代表资源利用机会的多样性，既包括可利用的种类，也包括微型栖居地——也就是一定区域内——的狩猎采集者能够利用的。

考古学中的社会生态理论

20 世纪 70 年代，部分考古学家开始寻求解释资源使用形态与居住位置，试图把一系列食物限制与相关变量最优化。早期的研究采用图形分析（Hill, 1971; Green, 1980）或是线性规划方法（Reidhead, 1979; Keene, 1980, 1981）来解释遗址位置，认为其是获取关键资源（按能量或是营养）的最佳位置，尽管这些研究没有得到更广泛的理论的支持。不过，到 20 世纪 80 年代早期，这些理论方法受到了威尔逊（Wilson, 1975）开创的社会生物学领域发展的影响。社会生物学理论推动研究动物与人类系列行为，这些行为通过基因上的调节因素可能直接影响到进化适合度。大部分在人类学中的早期应用都是在利他主义与父系确定性领域，这些方面显然与亲属关系选择有关。当然，它在考古学中的主要影响是通过最佳觅食理论（OFT）来探究史前狩猎采集者的饮食与流动性形态，最早见于几篇有关"狩猎采集策略"的研究成果中（Winterhalder and Smith, 1981）。最佳觅食理论的基本原理是，人类生计形态应该是在自然资源利用（包括搜寻、击倒、获取、处理）过程中回报率（能量生产相对能量花费的比率）46 最优化的那种。这基于一个前提，也就是，当其他条件一致时，能量最大化（或最优化）导致更多的生存、繁衍机会以及对后代的照顾。因此，最佳觅食理论与达尔文的自然选择理论密切相关，但是其应用更多地侧重于行为而非遗传机制。它受到恰尔诺夫（Charnov, 1976）的边际值原理的影响，就像受到生物学理论的影响一样（MacArthur and Pianka, 1966; Emlen, 1973）。考古学中用最佳觅食理论取代了更早的非理论的线性规划方法，因此，更合适的称呼是社会生态学，而非社会生物学。最早运用最佳觅食理论是不考虑历史变化的，侧重于重建史前狩猎采集者的饮食宽度与饮食选择（Yesner, 1981），以及栖居形态。许多早期应用基本上都是检验最佳觅食理论的那些虽根本但某种程度上反直觉的命题，也就是，最佳食谱只取决于高等级资源（那些能够在单位时间或能量投入中提供高回报率的资源）的丰度；只要高等级资源丰裕，那么无论低等级资源多么丰富，人们都不会利用。尽管有关这个命题，当代狩猎采集者只提供了有限的检验，但是考古材料产生的证据日益增加。

后来，对最佳觅食理论的应用转向解释资源利用的历时性变化，在某些情况下跟人群取代联系起来——资源利用更优越的群体取代弱势群体。例如，美国西部大盆地地区在全新世中期干旱程度加剧，小种子利用增加，这反映在研磨石器的增加上，最终对这一技术掌握得更熟练的努米克人（Numic）壮大（Bettinger and Baumhoff, 1982, 1983; Simms, 1987）。另一个例子来自北极高纬度地区，中世纪最适宜期时弓头鲸的数量增加，使得强化利用弓头鲸成为可能；图勒人（Thule）取代了多塞特传统（Dorset tradition）的普通狩猎采集者（Yesner, 2004）。更广泛地说，最佳觅食理论方法已被用于评估各种资源强化利用的情况，强化利用潜在高回报但高成本的资源如溯河洄游鱼类或大型海洋哺乳动物，需要切实增加在食物处理上的劳动投入（Lourandos, 1985; Bagsall, 1987; Boughey, 1987; Beaton, 1991; Broughton, 1999; Kopperl, 2003; Yesner, 2004; cf. Charnov et al., 1976）。这更多地见于有利于资源强化利用的环境，尤其是沿海地带，并且处在文化机制促进这种过程的条件（如资源紧张、竞争）下。后来，最佳觅食理论被用于更大的范围，如更新世大动物绝灭，资源的广谱利用随之而来，最终导致农业起源。最佳觅食理论由于成功解释了这些过往事件，因此表现出相当的理论力量。

当然，考古学中并非所有对最佳觅食理论的应用都很成功。最佳觅食理论不能解释资源强化利用的某些方面，如付出技术与社会高成本去利用如弓头鲸这种高回报资源（Yesner, 2004），或利用如鱼、鸟、小型哺乳动物等低回报但数量巨大的资源的社会意愿。最佳觅食理论同样很难解释季节性的、每年的或是长期的资源波动的情况。最后，博弈论及其他方法已经被用于解释农业或农业与狩猎采集混合利用的社会，而最佳觅食理论很少被用于研究这些社会，尽管有可能适用（Yesner and Popov, 2002），原因可能是把社会经济变化与觅食形态结合起来还存在理论上的困难。还应该指出的是，在更广泛的意义上，社会生态学尤其是社会生物学理论方法对文化人类学理论的影响有限；由于这些理论方法可以用于考古学，因此这加强了考古学与文化人类学的分化。

人类对环境的影响研究

传统的生态考古与社会生态考古都关注环境及其限制因素对人类社会的影响，而研究人类对环境的影响则是调转了因果关系的箭头。考古学之外的社科领域很少关注古气候变化及其对人类社会的影响。尽管 20 世纪初人类对环境的影响是人文地理学领域的流行主题（Thomas, 1956），但它在考古学中是从 20 世纪 50 年代才开始被用于研究古代近东农业与畜牧社会的（Jacobsen and Adams, 1958）。20 世纪 70 年代环境运动出现之后，考古学理论中这样的关注越来越普遍，到 80 年代，它不仅开始被用于研究复杂的、以农业为中心的社会，也被用于研究小规模的狩猎采集社会。越来越多的研究者把人类对环境的影响看作一种长期的现象，自旧石器时代中期人类用火开始就是如此（Stiner, 1991）。部分原因是大家认识到不应把人类社会看作单一的生态类型（狩猎采集者、农民、牧民），而应该将其看作具有不同技术与社会政治复杂性的存在。研究者开始承认狩猎采集者能够广泛地控制环境，这些狩猎采集者在某些情况下、在许多不同环境中（如澳大利亚、加利福尼亚、太平洋西北海岸、哥伦比亚-弗雷泽高原、北美亚北极地区）已经形成接近准农业的文化。研究特别关注人类在古代与现代动物绝灭中的作用（Diamond, 1984; Klein, 1992）。用火、土地清理以及其他人类实践行为不仅见于动植物遗存中，而且见于器物、居所、遗址和景观中（Butzer, 1982; Turner et al., 1990; Jacobson and Firor, 1992; Redman, 1999）。把文献资料与其他材料结合起来看，我们会发现这些理论方法跟一个更大的领域——历史生态学联系了起来（Kirch and Hunt, 2001; Crumley, 1994; Steadman and Mead, 1995; Russell, 1997; Ballee, 1998）。

这个领域的一个特殊类别是研究沿海狩猎采集者。因为其人口水平、技术复杂程度（Oswalt, 1979）和社会政治复杂性，沿海狩猎采集者长期以来被看作狩猎采集者中的另类。研究者运用动物考古材料来评估复杂狩猎采集者对其资源基础的影响，包括研究贝类、鱼类、海洋哺乳动物群体的年龄结构。通常被称为资源紧张（resource depression）假说的研究在探讨人类对贝类群体的影响时取得了最大范围的成功（Botkin, 1982; Yesner, 1984），但这种影响的意义还是不清楚的，因为资源紧张的范围可能很有限，人类群体仅仅需要迁移到不同地点就可以解决问题。针对波利尼西亚包括新西兰（Shawcross, 1972）与夏威夷（Steadman, 1995; Kirch and Hunt, 2001）的鱼类、鸟类的研究取得了一定的成功，人类对海洋哺乳动物的影响（Yesner, 1989; Jones et al., 2004）通常是间接的，很难得到确凿的证据。不过，近来的一批新的考古材料证明了人类对珊瑚礁（Pandolfi et al., 2003）、海藻床（Steneck et al., 2002），以及广泛地说对渔业（Jackson et al., 2001）存在长期影响。

为了解释资源紧张（或者更宽泛的物种丰度的变化），产生了许多生态学与非生态学假说。一个例子就是史前北美本土各个地区鹿群的减少。20 世纪 70 年代，受到过程考古学的影响，动物分析研究者把这种减少（见于考古材料中鹿骨年龄比例）归因于人口增长以及对鹿群的过度利用；类似的理论方法也被用于研究日本列岛上的人类对鹿群的影响（Koike and Ohtaishi, 1983）。20 世纪 80 年代，这些解释通过运用最佳觅食理论表现得更加充分，有些研究者认为以密西西比与易洛魁为中心的区域的鹿群的减少更可能是人类大量获取鹿皮的结果——既为了生活，也为了贸易交换（Starna, 1983）。近来又有两个假说：一个研究全新世中期到晚期气候变化对鹿群的影响；另一个认为全新世晚期狩猎大动物的威望价值不断提高，至少部分是由于气候改变与人口密度增加（Hildebrandt and McGuire, 2002）。后一假说类似于克里斯滕·霍克斯（Kristen Hawkes, 1991）提出的社会生物学的炫耀假说。但是这些观点至今还未得到证实。

进化考古与达尔文考古

考古学的社会生物学方法与所谓的进化考古（或达尔文考古），字面上都立足于达尔文的概念，但两者采用的是完全不同的方法。尽管两者都基于进化论的概念，但进化考古坚持认为，我们可以把人类行为的副产品（如器物）看作以遗传学为基础的人类行为的表现型特征，因此，其核心是自然选择。进化考古很少用到生态关系，而是更多地与人类生物学中的文化传递理论相关——这一理论最早由卡瓦利-斯福尔扎与费尔德曼（Cavalli-Sforza and Feldman, 1980）提出，后由博伊德与里彻森（Boyd 48 and Richerson, 1985）进一步发展。而后者所提出的理论在文化人类学中应用有限（Hewlett and Cavalli-Sforza, 1986），在考古学中的应用也只是刚开始（Mace et al., 2005）。文化传递理论在考古学中的应用大致可以分为两个学派。

一个学派以器物为中心，代表人物有美国学者邓尼尔、莱曼、奥布赖恩、贝廷格（Bettinger）、肖特（Shott）等，他们主要关注历史进程中不同社会的器物利用轨迹（O'Brien, 1996; Barton and Clark, 1997）。另一个学派以社会为中心，代表人物有研究北美西北部的马施纳、埃姆斯（Maschner, 1996），以及英国的申南（Shennan, 1989; Mace et al., 2005）。按照他们的观点，技术变迁与更大的问题相关，其中涉及观念的扩散——或是通过传播，或是通过模仿。另外，在社会政治更复杂的社会中，人与物处在多样的经济、社会与礼仪关联中，地位更高的个体对器物与人存在控制，我们还应该在这样的背景中看技术变迁。

进化考古的一个有价值的方面就是它把环境对人的影响与人对环境的影响结合起来，这似乎可以形成不同的学派。戴维·林多斯（David Rindos, 1980）之于人与环境共同演化的研究就是一个典型案例。弗兰纳里及其他学者在系统论的理论框架中的早期研究证明，人类活动如照料具有某些遗传学特征的植物、提高这些植物的产量，可能导致更大规模的试验，最终形成驯化。采用共同演化的理论框架，林多斯从更广泛的意义上证明了，达尔文的概念可以被用来描述这种相互作用，就像在生物学领域中一样。

考古学与政治生态学的相互作用

在过去几十年中，后过程考古学理论的发展日益影响到生态学的分析。这包括传统考古学分析的扩充，以容纳社会政治与认知理论。如上文所强调的，生态考古中尤其是社会政治研究的扩展，反映了文化人类学中政治生态学的发展，它把土著群体的环境状况与当代民族国家的政治现实联系起来。

运用政治生态学研究狩猎采集社会，既有研究范围较为局限。其中著名的是吉尔曼（Gilman, 1984）的一项研究，他运用马克思主义理论研究旧石器时代晚期的革命，研究采用了唯心主义与纯唯物主义之间的中间立场来讨论旧石器时代晚期的艺术生产。他认为旧石器时代晚期的技术发展与人口增长可能降低了群体之间的交换关系或其他社会经济关系的必要性，导致"强化了仪式/风格上（群体内的）团结"，并反映了在旧石器时代晚期艺术品的生产上。不过，另外一些研究者从其他的途径把旧石器时代晚期艺术的发展与人口增长联系起来，他们提出，人口增长导致地域性增强，随之而来的是不容易从当地获取必需的资源（包括制作石器的石料，以及其他自然资源），导致有必要增加群体之间的互动以获取缺乏的资源，为了应对这种日益加剧的竞争，掌管贸易交换的个体地位提高，并发展群体身份认同符号来促进群体团结（White, 1992），那些寻求权力的个体可能会推动采用这样的符号。类似地，生态因素，特别是方便储备的鱼、谷物等资源产生剩余的能力，一直被看作复杂狩猎采集与农业社会中获取社会政治地位和等级权力的非常有效的手段（Dietler and Hayden, 2001）。

考古学中运用政治生态学的最佳范例可能更多是在社会政治层面上与复杂社会相关，如哈斯托夫（Hastorf, 1991a, b）对安第斯山地区史前时代晚期的研究。哈斯托夫在一项研究（Hastorf, 1991a）中采用植物考古的材料证明，史前时代晚期秘鲁人在木材使用上发生了变化，基于与更晚的印加社会历史材料的比较，她指出这种变化可能要归因于国家管理的仪式及其他像作为燃料一样重要的目的。在另一项研究（Hastorf, 1991b）中，她采用来自人骨的稳定同位素材料证明，不同种类食物的消费与控制存在性别差异，不仅表现在室内空间中，也表现在室外空间中，这缘于男女活动中存在不同的社会政治约束。

49 考古学与生态学、认知的相互作用

后过程理论影响考古学的另一领域是考古学中生态学方法的新发展趋势，也就是与生态学、认知的相互作用。这个领域最重要的研究是史蒂夫·米森（Steve Mithen, 1990）有关"深思的狩猎采集者"的决策过程的研究。再者，一个分析的重点是旧石器时代晚期艺术图像背后的生态学与认知过程。自 20 世纪 80 年代早期开始，这些研究主要侧重于艺术与自然环境知觉之间的联系（Jochim, 1982），或是把这些图像当作景观中重要的经济社会空间的标志（Conkey, 1984），但是，越来越多有关社会化与文化传递的观念被用来解释旧石器时代晚期的艺术（Mithen, 1989; Whitley, 1994）。

与之相关的研究重点是所谓景观考古的发展，它把区域聚落形态研究与自然环境以及过去时代有关环境的意识形态联系起来，通常是以文化的方式，或是属于特定族群意义上的。在生态考古的这一分支中，研究者把景观理解为不仅是经济利用这种人与环境的相互作用发生的地方，而且是文化意义渗透的地方，这些意义来自人类活动历史、社会交往与文化记忆。最后还应该包括意识形态景观，在这里，祖先与神灵参与到古代某些

场合的活动中。正是在这个领域中，民族志与民族史研究能够给予生态考古很大的帮助，它们有助于揭示土著与景观相关的文化记忆和精神活动的认知路径（Gould, 1990）。这一研究与文化人类学中对传统或土著生态知识的研究相关联，它在两个领域中的重要性都与日俱增。

最后，考古学中政治生态学研究的一个富有潜力的方面就是通过历史考古可以发现土著社会在接触外界之后，其生计与聚落形态发生的变化。史前时代晚期与历史时期遗址中的有机物遗存可以被用来研究与欧洲人接触之后，土著社会的消失是否以及在多大程度上与传统资源，尤其是那些对于边缘人群至关重要的资源的破坏或丧失相关。一个例子就是，16—19世纪欧洲海豹与鲸鱼捕猎者极大地减少了亚北极地区高脂肪海洋哺乳动物，这给火地岛的狩猎采集者造成了非常悲惨的生活条件和疾病易感性，最终导致了土著的绝灭（Yesner, 1993）。在其他情况下，土著社会的消失可能缘于被引入的外来动物，如复活节岛上的老鼠（T. Hunt, 2005）。

结论

生态学作为一个得到承认的研究领域始于 19 世纪末 20 世纪初，当时的生态学研究从纯粹描述性的以分类为中心的研究转向更侧重于过程的研究。20 世纪初，类似的转变也出现在人类学及其他社会科学领域，与此同时，生态关系研究成为以过程研究为中心的视角的组成部分。生态考古在形成过程中结合了文化人类学中的功能主义理论，考古学与人类学以更加理论的方式关联在了一起，尤其是在美国。20 世纪中期，随着动植物分析技术以及考古学中多学科分析方法的发展，生态学的方法得到进一步发展。20 世纪六七十年代，生态学的概念走上前台，在理论与方法上成为过程考古学的核心。从方法论上来看，环境考古发展成了一个领域，传统的器物与遗迹的功能分析结合动物骨骼、植物遗存和其他材料，可用以重建古环境以及人类社会对于环境的控制。理论上，生态考古侧重于把传统生态学的概念如限制因素、生态位、生物地理分布等运用到人类社会研究中，同时运用既流行于自然生态系统研究也流行于人类社会研究的系统方法。尽管研究重点是环境对人类社会的适应及变化的影响，但是人类对环境的影响受到越来越多的关注。在过去 25 年中，许多新的理论方法出现，部分来自生物学，尤其是社会生物学与生物经济学（社会生态学与新 *50* 进化论方法）；与此同时，另外一些学者更多地侧重于文化而非自然因素（认知与政治生态学方法）。预测考古学中这个重要的分支领域的发展趋势是困难的，但是短期之内将可以看到，技术的不断进步会导致方法的完善，越来越多的有关人类生态关系的信息将从考古材料中被提取出来，而且立足于从这些材料中得来的人与环境关系的理论方法可能实现某种程度的和解。

参考文献

Adams, Robert M. 1978. Strategies of maximization, stability, and resilience in Mesopotamian society, settlement, and agriculture. *Proceedings of the American Philosophical Society* 122: 329–335.

Akazawa, Takeru. 1981. Maritime adaptation of prehistoric hunter-gatherers and their transition to agriculture in Japan. In S. Koyama and David H. Thomas, eds., *Affluent foragers*, 213–260. Osaka: Japanese National Museum of Ethnology.

———. 1982. Cultural change in prehistoric Japan: Receptivity to rice agriculture in the Japanese Archipelago. In Fred Wendorf and Angela E. Close, eds., *Advances in world archaeology*, 1:151–212. New York: Academic.

Andrewartha, H. G., and L. C. Birch. 1954. *The distribution and abundance of animals*. Chicago: University of Chicago Press.

Arnold, Dean E. 1985. *Ceramic theory and cultural process*. Cambridge: Cambridge University Press.

Bagsall, M. E. 1987. Resource intensification among hunter-gatherers: Acorn economies in prehistoric California. *Research in Economic Anthropology* 9: 21–52.

Balee, William (ed.). 1998. *Advances in historical ecology*. New York: Columbia University Press.

Barton, Michael C., and Geoffrey A. Clark (eds.). 1997. *Rediscovering Darwin: Evolutionary theory and archaeological explanation*. Archaeological Papers no. 7. Arlington: American Anthropological Association.

Barton, Michael C., Geoffrey A. Clark, David R. Yesner, and Georges A. Pearson (eds.). 2004. *The settlement of the American continents: A multidisciplinary approach to human biogeography*. Tucson: University of Arizona Press.

Bar-Yosef, Ofer. 1996. Natufian culture in the Levant: Threshold to the origins of agriculture. *Evolutionary Anthropology* 6: 159–177.

Bawden, Garth, and Richard M. Reycraft. 2000. *Environmental disaster and the archaeology of human response*. Anthropological Papers no. 7. Albuquerque: Maxwell Museum of Anthropology.

Beardsley, Richard K., et al. 1955. Functional and evolutionary implications of community patterning. *Memoirs* 11: 129–155. Menasha, WI: Society for American Archaeology.

Beaton, John M. 1991. Extensification and intensification in central California prehistory. *Antiquity* 65: 947–951.

Bennett, John W. 1943. Recent developments in the functional interpretation of archaeological data. *American Antiquity* 9: 208–219.

———. 1995. *Human ecology as human behavior*. New York: Transaction.

Bettinger, Robert L., and Martin A. Baumhoff. 1982. The Numic spread: Great Basin cultures in competition. *American Antiquity* 47: 485–503.

———. 1983. Return rates and intensity of resource use in Numic and Prenumic adaptive strategies. *American Antiquity* 48: 830–834.

Binford, Lewis R. 1962. Archaeology as anthropology. *American Antiquity* 28: 217–225.

———. 1964. A consideration of archaeological research design. *American Antiquity* 30: 425–441.

Binford, Lewis R., ed. 1977. *For theory building archaeology: Essays on faunal remains, aquatic resources, spatial analysis, and systemic modeling*, 1–10. New York: Academic.

Botkin, Steven. 1982. Effects of human exploitation on shellfish populations at Malibu Creek, California. In Timothy K. Earle and Andrew L. Christenson, eds., *Modeling change in prehistoric subsistence economies*, 121–140. New York: Academic.

Boughey, P. D. 1987. The intensification of hunter-gatherer economies in the southern north coast ranges of California. *Research in Economic Anthropology* 9: 53–101.

Boyd, Robert, and Peter J. Richerson. 1985. *Culture and the evolutionary process*. Chicago: University of Chicago Press.

Braidwood, Robert J. 1953. The earliest village communities of southwestern Asia. *Journal of World History* 1: 278–310.

Branch, Nick, Matthew Canti, Peter Clark, and Chris Turney. 2005. *Environmental archaeology: Theoretical and practical approaches*. Oxford: Oxford University Press.

Broughton, Jack M. 1999. *Resource depression and intensification during the Late Holocene, San Francisco Bay: Evidence from the Emeryville shellmound vertebrate fauna*. Anthropological Records no. 32. Berkeley: University of California Press.

Broughton, Jack M., and Frank E. Bayham. 2003. Showing off, foraging models, and the ascendance of large-game hunting in the California Middle Archaic. *American Antiquity* 68: 783–789.

Butzer, Karl W. 1971. *Environment and archaeology*. 2nd ed. Chicago: Aldine.

———. 1992. *Archaeology as human ecology: Method and theory for a contextual approach*. Cambridge: Cambridge University Press.

Carneiro, Robert L. 1961. Slash and burn cultivation among the Kuikuru and its implications for cultural 51 development in the Amazon basin. In Johannes Wilbert, ed., *The evolution of horticultural systems in native South America: Causes and consequences*, 47–67. Caracas: Antropologica.

Cavalli-Sforza, Luigi L., and Michael W. Feldman. 1982. *Cultural transmission and evolution: A quantitative approach*. Princeton: Princeton University Press.

Charnov, Eric L. 1976. Optimal foraging: The marginal value theorem. *Theoretical Population Biology* 9: 129–136.

Charnov, Eric L., Gordon H. Orians, and K. Hyatt. 1976. Ecological implications of resource depression. *American Naturalist* 110: 247–259.

Clark, J. G. D. 1952. *Prehistoric Europe: The economic basis*. London: Methuen.

———. 1954. *Excavations at Star Carr*. Cambridge: Cambridge University Press.

Clason, A. T. (ed.). 1975. *Archaeozoological studies*. New York: American Elsevier.

Conkey, Margaret W. 1984. To find ourselves: Art and social geography of prehistoric hunter-gatherers. In Carmel Schrire, ed., *Past and present in hunter-gatherer societies*, 253–276. Orlando, FL: Academic.

Crumley, Carole L. 1994. *Historical ecology: Cultural knowledge and changing landscapes*. Santa Fe, NM: School of American Research Press.

Davis, Dave D. 1978. *Lithics and subsistence: The analysis of stone tool use in prehistoric economies*. Publications in Anthropology no. 20. Nashville: Vanderbilt University.

Diamond, Jared L. 1984. Historic extinctions: A Rosetta Stone for understanding prehistoric extinctions. In Paul S. Martin and Richard G. Klein, eds., *Quaternary extinctions: A prehistoric revolution*, 824–862. Tucson: University of Arizona Press.

Dietler, Michael, and Brian Hayden. 1998. *Feasts: Archaeological and ethnographic perspectives on food, politics, and power*. Washington, DC: Smithsonian Institution Press.

Dincauze, Dena F. 2000. *Environmental archaeology: Principles and practice*. Cambridge: Cambridge University Press.

Elton, Charles S. 1927. *Animal ecology*. Chicago: University of Chicago Press.

Emlen, John M. 1973. *Ecology: An evolutionary approach*. Reading, MA: Addison-Wesley.

Erlandson, Jon M., Torben C. Rick, James A. Estes, Michael H. Graham, Todd J. Braje, and Rene L. Vellanoweth. 2005. Sea otters, shellfish, and humans: 10,000 years of interaction on San Miguel Island, California. In David K. Garcelon and Catherine Schwemm, eds., *Proceedings of the Sixth California Islands Symposium*, 9–21. Arcata, CA: Institute for Wildlife Studies.

Evans, John G. 1978. *An Introduction to environmental archaeology*. Ithaca, NY: Cornell University Press.

Evans, John G., and Terry O'Connor. 1999. *Environmental archaeology: Principles and methods*. Phoenix Mill, UK: Sutton.

Fagan, Brian M. 1999. *Floods, famines, and emperors: El Nino and the fate of civilizations*. New York: Basic.

———. 2001. *The Little Ice Age: How climate made history, 1300–1850*. New York: Basic.

———. 2004. *The long summer: How climate changed civilization*. New York: Basic.

Ferndon, Edward J., Jr. 1959. Agricultural potential and the development of cultures. *Southwestern Journal of Anthropology* 15:1–19.

Flannery, Kent V. 1968. Archaeological systems theory and early Mesoamerica. In Betty J. Meggers, ed., *Anthropological archaeology in the Americas*, 67–87. Washington, DC: Anthropological Society of Washington.

Ford, Richard I. 2001. *Ethnobiology at the millennium: Past promise and future prospects*. Anthropological Papers no. 91. Ann Arbor: University of Michigan Museum of Anthropology.

Forde, C. D. 1934. *Habitat, economy, and society*. New York: Harcourt, Brace.

Friedman, Jonathan. 1977. Hegelian ecology: Between Rousseau and the World Spirit. In Peter C. Burnham and Roy F. Ellen, eds., *Social and ecological systems*, 235–270. New York: Academic.

Gause, Georgyi F. 1934. *The struggle for existence*. Baltimore: Williams & Wilkins.

Gilman, Antonio. 1985. Explaining the Upper Paleolithic transition. In Michael Spriggs, ed., *Marxist perspectives in archaeology*, 115–126. Cambridge: Cambridge University Press.

Gould, Richard A. 1990. *Recovering the past*. Albuquerque: University of New Mexico Press.

Grady, James. 1977. *Environmental factors in archaeological site locations*. Denver: Colorado State Office, U.S. Bureau of Land Management.

Grayson, Donald K. 1987. The biogeographic history of small mammals in the Great Basin: Observations on the last 20,000 years. *Journal of Mammalogy* 68: 359–375.

Grayson, Donald K., and Francoise Delpech. 2003. Ungulates and the Middle to Upper Paleolithic transition at Grotte XVI (Dordogne, France). *Journal of Archaeological Science* 30:1633–1648.

———. 2005. Pleistocene reindeer and global warming. *Conservation Biology* 119: 557–562.

Green, Staunton W. 1977. Broadening least-cost models for expanding agricultural systems. In Timothy K. Earle and Andrew L. Christenson, eds., *Modeling change in prehistoric subsistence economies*, 209–241. New York: Academic.

Gutzler, David S. 2000. Human response to environmental disruption: A climatological perspective. In Garth Bawden and Richard M. Reycraft, eds., *Environmental disaster and the archaeology of human response*, 213–218. Anthropological Papers no. 7. Albuquerque: Maxwell Museum of Anthropology.

Hardesty, Donald L. 1975. The niche concept: Suggestions for its use in studies of human ecology. *Human Ecology* 3:71–85.

———. 1980. *Ecological anthropology*. New York: Wiley.

Harris, Marvin. 1966. The cultural ecology of India's sacred cattle. *Current Anthropology* 7: 51–59.

———. 1968. *The rise of archaeological theory*. New York: Crowell.

Hassan, Fekri A. 1981. *Demographic archaeology*. New York: Academic.

————. 2000. Environmental perception and human responses in history and prehistory. In Robert J. McIntosh, Joseph A. Tainter, and Susan K. McIntosh, eds., *The way the wind blows: Climate, history, and human action*, 121–140. New York: Columbia University Press.

Hastorf, Christine A. 1991a. Understanding people-plant relationships in the prehistoric Andes. In Robert W. Preucel, ed., *Processual and post-processual archaeologies*, 140–155. Occasional Papers no. 10. Carbondale: Southern Illinois University Center for Archaeological Investigations.

————. 1991b. Gender, space, and food in prehistory. In Joan M. Gero and Margaret W. Conkey, eds., *Engendering archaeology*, 132–159. Cambridge, MA: Blackwell.

Hastorf, Christine A., and Virginia S. Popper. 1988. *Current paleoethnobotany: Analytical methods and cultural interpretations of archaeological plant remains*. Chicago: University of Chicago Press.

Hawkes, Kristen. 1996. Showing off: Tests of an hypothesis about men's hunting goals. *Ethology and Sociobiology* 12: 29–54.

Hewlett, Barry S., and Luigi L. Cavalli-Sforza. 1986. Cultural transmission among Aka pygmies. *American Anthropologist* 88: 922–934.

Higgs, Eric S. (ed.). 1972. *Papers in economic prehistory*. Cambridge: Cambridge University Press.

————. 1975. *Palaeoeconomy*. Cambridge: Cambridge University Press.

Higgs, Eric S., and Claudio Vita-Finzi. 1972. Prehistoric economies: A territorial approach. In Eric S. Higgs, ed., *Papers in economic prehistory*, 27–36. Cambridge: Cambridge University Press

Hildebrandt, William, and Kelly McGuire. 2002. The ascendance of hunting during the California Middle Archaic: An evolutionary perspective. *American Antiquity* 67: 231–256.

Hill, James N. 1971. Research propositions for consideration: Southwestern Anthropological Research Group. In George J. Gumerman, ed., *The distribution of prehistoric population aggregates*, 55–62. Anthropological Reports no. 1. Prescott, AZ: Prescott College.

Hudson, Jean. 1993. *From bones to behavior*. Center for Archaeological Investigations Occasional Papers no. 21. Carbondale: Southern Illinois University.

Huntington, Ellsworth. 1915. *Civilization and climate*. New York: Norton.

Hutchinson, G. E. 1959. Homage to Santa Rosalia, or why are there so many kinds of animals? *American Naturalist* 93: 145–159.

Jackson, Jeremy B. C., et al. 2001. Historical overfishing and the recent collapse of coastal ecosystems. *Science* 293: 629–637.

Jacobsen, Judith E., and John Firor (eds.). 1991. *Human impact on the environment: Ancient roots, current challenges*. Boulder: Westview.

Jacobsen, Thorkild, and Robert M. Adams. 1958. Salt and silt in ancient Mesopotamian agriculture. *Science* 128: 1251–1258.

Jochim, Michael. 1992. Palaeolithic cave art in ecological perspective. In Geoffrey Bailey, ed., *Hunter-latherer economy in prehistory*, 212–219. Cambridge: Cambridge University Press.

Jones, Terry L., William R. Hildebrandt, Douglas J. Kennett, and Judith F. Porcasi. 2004. Prehistoric marine mammal overkill in the northeastern Pacific: A review of new evidence. *Journal of California and Great Basin Anthropology* 24: 69–80.

Keene, Arthur S. 1977a. Economic optimization models and the study of hunter-gatherer subsistence-settlement systems. In Colin Renfrew and Kenneth L. Cooke, eds., *Transformations: Mathematical approaches to culture change*, 396–404. New York: Academic.

————. 1977b. *Prehistoric foraging in a temperate forest: A linear programming model*. New York: Academic.

King, Frances B. 1984. *Plants, people, and paleoecology*. Scientific Papers no. 20. Springfield: Illinois State Museum.

Kirch, Patrick V., and Terry L. Hunt. 1989. *Historical ecology in the Pacific Islands: Prehistoric environmental and landscape change*. New Haven: Yale University Press.

Klein, Richard G. 1991. The impact of early people on the environment: The case of large mammal extinctions. In Judith E. Jacobsen and John Firor, eds., *Human impact on the environment: Ancient roots, current challenges*, 13–34. Boulder: Westview.

Koike, Hiroko, and N. Ohtaishi. 1983. Prehistoric hunting pressure estimated by the age composition of excavated Sika deer. *Journal of Archaeological Science* 12: 443–456.

Kopperl, Robert E. 2003. *Cultural complexity and resource intensification on Kodiak Island, Alaska*. Ann Arbor: University Microfilms International.

Krech, Shepard, III. 2000. *The ecological Indian: Myth and history*. New York: Norton.

Kroeber, Alfred L. 1939. *Cultural and natural areas of native North America*. Berkeley: University of California Press.

Lee, Richard B., and Irven DeVore (eds.). 1968. *Man the hunter*. Chicago: Aldine.

Lourandos, Harry. 1985. Intensification and Australian prehistory. In T. D. Price and James A. Brown, eds., *Prehistoric hunter-gatherers: The emergence of cultural complexity*, 385–423. New York: Academic.

Luff, Rosemary, and Peter A. Rowley-Conwy (eds.). 1994. *Whither environmental archaeology*? Oxford: Oxbow.

Lyman, R. L., and Kenneth P. Cannon (eds.). 2004. *Zooarchaeology and conservation biology*. Salt Lake City: University of Utah Press.

MacArthur, Robert H., and Eric R. Pianka. 1966. On optimal use of a patchy environment. *American Naturalist* 100: 603–609.

MacArthur, Robert H., and E. O. Wilson. 1967. *The theory of island biogeography*. Princeton: Princeton University Press.

Mace, R., C. J. Holden, and Stephen Shennan (eds.). 2005.

The evolution of cultural diversity: A phylogenetic approach. London: UCL Press.

Maschner, Herbert D. G. (ed.). 1996. Darwinian archaeologies. New York: Plenum.

Mason, O. T. 1895. Influence of environment upon human industries or arts. Smithsonian Institution Annual Report, 639–665. Washington, DC: U.S. Government Printing Office.

May, Robert M. 1975. Stability and complexity in model ecosystems. Princeton: Princeton University Press.

May, Robert M., and Robert H. MacArthur. 1972. Niche overlap as a function of environmental variability. Proceedings of the National Academy of Sciences 69: 1109–1113.

McGovern, Thomas H., Gerald Bigelow, Thomas Amorosi, and Daniel Russell. 1985. Northern islands, human error, and environmental degradation: A view of social and ecological change in the medieval North Atlantic. Human Ecology 16: 225–270.

McIntosh, Robert J., Joseph A. Tainter, and Susan K. McIntosh. 2000. Climate, history, and human action. In Robert J. McIntosh, Joseph A. Tainter, and Susan K. McIntosh, eds., The way the wind blows: Climate, history, and human action, 1–44. New York: Columbia University Press.

McKoy, Floyd W., and Grant Heiken. 2000. Volcanic hazards in human antiquity. Special Paper no. 345. Boulder: Geological Society of America.

Meggers, Betty J. 1954. Environmental limitations on the development of culture. American Anthropologist 56: 801–824.

Mellars, Paul A. 1998. Neanderthal legacy: An archaeological perspective from Western Europe. Princeton: Princeton University Press.

Mellars, Paul, and Christopher Stringer (eds.). 1989. The human revolution: Behavioral and biological perspectives on the origins of modern humans. Edinburgh: Edinburgh University Press.

Mithen, Stephen C. 1989. Ecological interpretations of Palaeolithic art. Proceedings of the Prehistoric Society 57:103–114.

———. 1990. Thoughtful foragers: A study of prehistoric decision-making. Cambridge: Cambridge University Press.

O'Brien, Michael J. (ed.). 1996. Evolutionary archaeology: Theory and applications. Salt Lake City: University of Utah Press.

Odum, Eugene P. 1953. Principles of ecology. Philadelphia: Saunders.

Oswalt, Wendell F. 1979. An anthropological analysis of food-getting technology. New York: Academic.

Paine, Robert R. (ed.). 1998. Integrating archaeological demography: Multidisciplinary approaches to prehistoric population. Center for Archaeological Investigations, Occasional Papers no. 24. Carbondale: Southern Illinois University.

Pals, Jan P., and Louise van Wijngaarden-Bakker. 1998. Seasonality. Journal of Human Palaeoecology no. 3. Oxford: Oxbow/Association for Environmental Archaeology.

Pandolfi, John M., et al. 2003. Global trajectories of the long-term decline of coral reef ecosystems. Science 301: 955–958.

Parker, G. A., and John M. Smith. 1990. Optimality theory in evolutionary biology. Nature 348: 27–33.

Pike-Tay, Anne (ed.). 2001. Innovations in assessing season of capture, age, and sex of archaeofaunas. Archaeozoologia 11(2).

Radcliffe-Brown, Alfred R. 1922. The Andaman Islanders. Cambridge: Cambridge University Press.

Redman, Charles L. 1999. Human impact on ancient environments. Tucson: University of Arizona Press.

Redman, Charles L., Steven R. James, Paul R. Fish, and J. D. Rogers. 2004. The archaeology of global change: The impact of humans on their environment. Washington, DC: Smithsonian Books.

Reidhead, Van A. 1979. Linear programming models in archaeology. Annual Review of Anthropology 8: 543–578.

Reitz, Elizabeth J., Lee A. Newsom, and Sylvia J. Scudder (eds.). 1996. Case studies in environmental archaeology. New York: Plenum.

Rindos, David. 1980. Symbiosis, instability, and the origins and spread of agriculture: A new model. Current Anthropology 21:751–772.

Rocek, Thomas R., and Ofer Bar-Yosef. 1998. Seasonality and sedentism: Archaeological perspectives from Old and New World sites. Peabody Museum Bulletin no. 6. Cambridge: Harvard University.

Rogers, J. D. 2004. The global environmental crisis: An archaeological agenda for the 21st century. In Charles L. Redman, Steven R. James, Paul R. Fish, and J. D. Rogers, eds., The archaeology of global change, 271–277. Washington, DC: Smithsonian Books.

Rowley-Conwy, Peter A. 1992. The laziness of the short-distance hunter: The origins of agriculture in western Denmark. Journal of Anthropological Archaeology 3: 300–324.

Rowley-Conwy, Peter A. (ed.). 2000. Animal bones, human societies. Oxford: Oxbow.

Russell, Emily W. B. 1996. People and land through time: Linking ecology and history. New Haven: Yale University Press.

Salls, Robert A. 1995. Ten-thousand years of fishing: The evidence for alternate stable states in nearshore ecosystems as the result of overexploitation of the California sheephead by prehistoric fishermen on San Clemente Island, California. In Memorias IX Simposium Internacional Biologia Marina, 205–214. La Paz: Universidad Autonoma Baja California Sur.

Sandweiss, Daniel H., James B. Richardson III, Elizabeth J. Reitz, Henry B. Rollins, and K. A. Maasch. 1996. Geoarchaeological evidence from Peru for a 5000 yr B.P. onset of El Niño. Science 273: 1531–1533.

Sauer, Carl O. 1939. Man in nature: America before the days of the white men. New York: Scribners.

Semple, E. C. 1911. Influences of geographic environment.

New York: Holt.

Shackley, Myra. 1981. *Environmental archaeology*. Boston: Allen & Unwin.

———. 1985. *Using environmental archaeology*. London: Batsford.

Shawcross, Wilfred E. 1971. Energy and ecology: Thermodynamic models in archaeology. In David L. Clarke, ed., *Models in archaeology*, 577–622. London: Methuen.

Shennan, Stephen. 1996. Transmission and cultural change. In S. E. van der Leeuw and Robin Torrence, eds., *What's new? A closer look at the process of innovation*, 330–346. Boston: Unwin Hyman.

Simberloff, David S. 1972. Equilibrium theory of island biogeography and ecology. *Annual Review of Ecology and Systematics* 5: 161–182.

Simenstad, Charles A., James A. Estes, and Karl W. Kenyon. 1978. Aleuts, sea otters, and alternate stable-state communities. *Science* 200: 403–411.

Simms, Steven R. 1987. *Behavioral ecology and hunter-gatherer foraging: An example from the Great Basin*. International Series no. 381. Oxford: British Archaeological Reports.

Spooner, Brian (ed.). 1972. *Population growth: Anthropological implications*. Cambridge: MIT Press.

Steadman, D. W. 1992. Prehistoric extinctions of Pacific island birds: Biodiversity meets zooarchaeology. *Science* 267: 1123–1131.

Steadman, David W., and James I. Mead (eds.). 1995. *Late Quaternary environments and deep history*. Mammoth Site Scientific Papers no. 3. Hot Springs, SD: Mammoth Site.

Steneck, Robert S., et al. 1996. Kelp forest ecosystems: Biodiversity, stability, resilience, and future. *Environmental Conservation* 29: 436–459.

Steward, Julian H. 1938. *Basin-Plateau aboriginal sociopolitical groups*. Washington, DC: U.S. Government Printing Office.

———. 1955. The theory and method of cultural ecology. In *The theory of cultural change: The methodology of multilinear evolution*, 81–95. Urbana: University of Illinois Press.

Steward, Julian H., and Frank M. Setzler. 1938. Function and configuration in archaeology. *American Antiquity* 4: 4–10.

Stiner, Mary C. (ed.). 1991. *Human predators and prey mortality*. Boulder: Westview.

Struever, Stuart M. 1968a. Flotation techniques for the recovery of small-scale archaeological remains. *American Antiquity* 33: 353–362.

———. 1968b. Woodland subsistence-settlement systems in the lower Illinois valley. In Sally R. Binford and Lewis R. Binford, eds., *New perspectives in archaeology*, 285–312. Chicago: Aldine.

Styles, Bonnie W. 1981. *Faunal exploitation and resource selection*. Evanston, IL: Northwestern University Archaeological Program.

Tainter, Joseph A. 2000. Global change, history, and sustainability. In Robert J. McIntosh, Joseph A. Tainter, and Susan K. McIntosh, eds., *The way the wind blows: Climate, history, and human action*, 331–356. New York: Columbia University Press.

Tansley, Arthur G. 1935. The use and abuse of vegetational concepts and terms. *Ecology* 16: 284–307.

Taylor, Walter W. 1948. *A study of archaeology*. Carbondale: Southern Illinois University Press.

Thomas, William L. 1954. *Man's role in changing the face of the earth*. Chicago: University of Chicago Press.

Turner, B. L., II, et al. (eds.). 1990. *The earth as transformed by human action*. Cambridge: Cambridge University Press.

Vayda, Andrew P., and Roy A. Rappaport. 1977. Ecology: Cultural and non-cultural. In J. A. Clifton, ed., *Introduction to cultural anthropology*, 477–497. Boston: Houghton.

Veth, Peter, Mike Smith, and Peter Hiscock. 2005. *Desert peoples: Archaeological perspectives*. Malden: Blackwell.

White, Leslie A. 1949. *The science of culture*. New York: Grove.

White, Randall. 1992. Beyond art: Toward an understanding of the origins of material representation in Europe. *Annual Review of Anthropology* 21: 537–564.

Whitley, David. 1994. By the hunter, for the gatherer: Art, social relations, and subsistence change in the prehistoric Great Basin. *World Archaeology* 25: 356–373.

Wilkinson, Keith, Christopher Stevens, and Elizabeth Sidell. 2004. *Environmental archaeology: Approaches, techniques, and applications*. United Kingdom: Tempus.

Willey, Gordon R. 1953. *Prehistoric settlement patterns in the Viru valley, Peru*. Bureau of American Ethnology Bulletin no. 155. Washington, DC: Bureau of American Ethnology.

Willey, Gordon R. (ed.). 1962. *Prehistoric settlement patterns in the New World*. Publications in Anthropology no. 23. New York: Viking Fund.

Wilson, E. O. 1975. *Sociobiology: The modern synthesis*. Cambridge: Harvard University Press.

Winterhalder, Bruce, and Eric A. Smith (eds.). 1981. *Hunter-gatherer foraging strategies: Ethnographic and archaeological analyses*. Chicago: University of Chicago Press.

Yesner, David R. 1977. *Prehistoric subsistence and settlement in the Aleutian Islands*. Ann Arbor: University Microfilms International.

———. 1980. Maritime hunter-gatherers: Ecology and prehistory. *Current Anthropology* 21: 727–750.

———. 1981. Archaeological applications of optimal foraging theory: Harvest strategies of Aleut hunter-gatherers. In Bruce Winterhalder and Eric A. Smith, eds., *Hunter-gatherer foraging strategies: Ethnographic and archaeological analyses*, 148–170. Chicago: University of Chicago Press.

———. 1984. Population pressure in coastal environments: An archaeological test. *World Archaeology* 16: 108–127.

———. 1988. Effects of prehistoric Aleut exploitation on sea mammal populations. *Arctic Anthropology* 25: 28–43.

———. 1993. Assessing the impact of early European contact on maritime hunter-gatherers of the subarctic/subantarctic regions. In Ross W. Jamieson, Sylvia Abonyi, and Neil Mirau, eds., *Culture and environment: A fragile coexistence*, 61–75. Calgary: University of Calgary/Chacmool Archaeological Association.

———. 1998. Island biogeography and human population persistence in high latitude environments: Examples from the Aleutian Islands and Tierra del Fuego. In N. Watanabe, ed., *Human occupation of northern islands*, 69–84. Abashiri, Japan: City of Abashiri.

———. 2002. Human dispersal into interior Alaska: Antecedent conditions, mode of colonization, and adaptations. *Quaternary Science Reviews* 20: 315–327.

———. 2004. Optimal foraging theory and technoeconomic evolution among northern maritime hunter-gatherers. In George M. Crothers, ed., *Hunters and gatherers in theory and archaeology*, 258–275. Carbondale: Southern Illinois University Press.

Yesner, David R., and Jean S. Aigner. 1976. Comparative biomass estimates and prehistoric cultural ecology of the southwest Umnak region, Aleutian Islands. *Arctic Anthropology* 13: 91–112.

Yesner, David R., and Aron Crowell. 2006. *Zooarchaeology and global warming.* In press.

Yesner, David R., and Norman F. Gray. 1975. *Humans, sea otters, and sea urchins: Multispecies interactions and ecosystem stability in the eastern Aleutian islands.* Storrs: Department of Anthropology, University of Connecticut.

Yesner, David R., and Alexander N. Popov. 2002. Climate change, sea level rise, and the origins of agriculture in the Russian far east. Paper presented to the annual meeting of the Society for American Archaeology, New Orleans.

戴维·W. J. 吉尔

（David W. J. Gill）

　　古典时期的伟大城邦及名胜遗迹始现于中世纪，在文艺复兴时期激发了学者的热情。被忽视的古典文本成为学术焦点，倾颓的废墟则成为学者研究古典学术的背景。地中海东部的一位旅行者——安科纳的西利亚库斯（Cyriacus of Ancona, 1391—1452 C.E.）记录了希腊东部的古迹（Weiss, 1969:137-142）。1445 年，他来到南爱琴海的提洛岛（island of Delos），描绘了幸存的巨型库罗斯（kouros，裸体的男子大理石雕像）（Richter, 1970:51-53, figs.87-90, no.15）。在文艺复兴时期备受尊崇的希腊传记作家普鲁塔克（Plutarch）在公元 1 世纪曾提到这座雕像 ["（纳克索斯岛）人民的伟大雕像"]。通过铭文，我们可以确定这尊雕像是纳克索斯人的敬献，其风格特征则可能属于公元前 6 世纪[①]早期。图 5-1 展示的是出土于格里法遗址的基克拉泽斯大理石人像。

---

① 原文可能误为公元 6 世纪。——译者注

图 5-1　帕雷斯岛格里法遗址 23 号墓中的基克拉泽斯大理石人像

18 世纪，人们对古典世界的兴趣持续不减，部分原因是年轻人渴望通过大旅行（A Grand Tour），穿越欧洲，完成教育。而大旅行的目的地包括意大利的古迹。旅行者蜂拥至那不勒斯湾，只为一睹庞贝古城和赫库兰尼姆古城。这两座古城在公元 79 年均被维苏威火山掩埋，老普林尼（Pliny the Elder）就在这次火山爆发中丧生，而他的侄子小普林尼曾栩栩如生地描绘过这两座古城。

许多学者认为约翰·温克尔曼（Johann Winckelmann）是古典考古学的始创者之一，尽管他的方法更像是艺术史方法。他的极有影响力的著作——《古代艺术史》（*Geschichte der Kunst des Altertums*，1764），以古代的古典资料为基础，为古代艺术提供了一个知识框架，正是通过这一框架，意大利的古代雕像遗存才能够得到解释。对古典艺术的爱好，导致无数的英国旅行者搜寻古典雕像，并将其带回以装饰他们新古典风格的住所，如诺福克的霍尔汉姆宫（Holkham Hall）以及苏塞克斯的佩特沃思大宅（Petworth House）。这两座住宅均保持原样，罗马雕像被精心摆放其中，你还能感觉到 18 世纪有修养的家庭的品位。18 世纪的古典收藏蔚然成风，其中包括共和党人托马斯·霍利斯（Thomas Hollis, 1720—1774）及托马斯·布兰德（Thomas Brand）这一对好友的共同藏品。二人的古典收藏被陈列于埃塞克斯的海德公园。1804 年，布兰德在即将逝世之际将这批收藏馈赠给了"一位论派"的牧师（英格兰教堂的前牧师）约翰·迪斯尼（John Disney）。其后，他的儿子小约翰·迪斯尼继承了这一收藏。1850 年，小约翰·迪斯尼将这批古典雕像，即通常所称的 Museum Disneianum，捐献给了剑桥大学新建的菲茨威廉博物馆（Fitzwilliam Museum）。随后，小约翰·迪斯尼在剑桥大学设立了以自己的姓名命名的考古教授教席（Gill, 2004a）。英格兰教堂的牧师马斯登（J. H. Marsden）首先获得了这一教席，他负责教授"古典、中世纪、其他美术古迹以及与之相关的任何方面"。 *58*

古典雕像与古典文本

　　大旅行者及其他人收藏的古典雕像开始成为城市及其他公共古物收藏的核心。19 世纪，人们对考古遗址的兴趣促进了展览的繁荣。成批的希腊及土耳其雕塑被运到欧洲以供展览。比如，爱琴海岛上 5 世纪早期的阿菲亚神庙（temple of Aphaia）山墙上的浮雕被运到了慕尼黑展览，雅典帕特农神庙的大理石雕塑被运到了大英博物馆展览，而土耳其帕加马的宙斯祭坛的排档间饰则被送到了柏林展览。

除了现存的雕塑，古典文献也为我们提供了古典雕像的信息。其中最著名的是老普林尼（死于公元 79 年的维苏威火山爆发）的《自然史》。然而，问题是老普林尼所提及的由著名雕塑家完成的青铜雕像早已经进了熔炉，不知所终。而且，当他在公元 1 世纪写《自然史》的时候，很多著名的希腊雕塑（以及木板画）已经不在原地，而被带去了罗马和意大利。然而，学者们意识到，这些著名的青铜雕像大都有大理石的仿制品，因而可以通过这些仿制的大理石雕像来了解某些青铜雕像原作。这就激发了人们试图确认老普林尼所提到的作品，并且人们只能通过罗马时期的大理石仿制品了解原作。这样，希腊艺术鉴赏应运而生，并且持续至今。

当北欧的古希腊收藏开始增加时，出版图录以整理材料，便成为考古学的任务。1812—1861 年，大英博物馆出版了 11 卷本《古代的大理石雕像：大英博物馆古代大理石雕像藏品一览》（Jenkins, 1992）。其后，其他的雕像目录也相继出版。其中，19 世纪末 20 世纪初的一项主要的成果是出版了罗马及梵蒂冈收藏的古代雕像目录。

古典学者也在试图调和古典文本与现存遗迹之间的矛盾。1890 年，尤金妮娅·塞勒斯，即斯特朗夫人（Eugénie Sellers，即 Mrs. Strong）成为第一名被允许进入雅典英国学校的女性（Beard, 2000）。尽管斯特朗夫人最初对彩陶感兴趣，但最终她对希腊雕塑产生了兴趣，并写了一篇详细研究老普林尼论述的希腊艺术的文章。亨利·斯图尔特-琼斯（Henry Stuart-Jones）也是这些学者中的一位。亨利·斯图尔特-琼斯也许因修订利德尔和斯科特（Liddell and Scott）的《希腊辞典》这一巨著而闻名于世，但他实际上是从辨识古代作者关于希腊雕塑的重要文献开始走上学术之路的，而后才成为语言学家和古代历史学家（Gill, 2004b）。

关于希腊古迹分布的最重要的资料之一是帕夫萨尼亚斯（Pausanias）的游记。帕夫萨尼亚斯是公元 2 世纪西安纳托利亚的旅行家。然而，其著作中提及的很多重要雕塑当时已经被运到罗马，希腊多个城市及其圣殿中矗立的建筑其实都是新建造的。但是，他的著作有助于我们确认希腊的很多遗址。比如，在雅典卫城或奥林匹亚（Olympia）神庙遗址，考古学家就发现了帕夫萨尼亚斯描述过的刻在青铜雕像底座上的铭文。在德尔斐（Delphi），法国发掘者能够确定通向阿波罗神庙圣路一带的宝库或储藏室，也是因为帕夫萨尼亚斯的著作所提供的详细的遗迹分布信息。

新文献：铭文和纸莎草纸

古典考古学也被认为是对古典语言、希腊语和拉丁文研究的补充。中世纪时已有学者提及古代文献，但直到 19 世纪，学者才开始系统地搜集新文献。苏格兰学者威廉·佩顿（William Paton）从爱琴海东部科斯岛（island of Kos）上敬奉医神阿斯克勒庇俄斯的遗址中搜集了大量文献。威廉·拉姆齐爵士（Sir William Ramsay）在安纳托利亚旅行时，特地参观了诸多考古遗址以记录新的铭文。法国学者则在德尔斐的阿波罗神庙系统地搜集新文献，期望借此阐释这一圣殿。新的古典文献甚至在英国也有发现，其中一处位于英格兰北部的布拉夫（Brough）。1879 年，当这些文献被发现时，曾引起巨大的争议，因为没有人能够破解这些文献。当有学者识别出这些文字是希腊韵文时，剑桥大学就收购了这批文献。这些石头是罗马皇帝塞普提米乌斯·塞维鲁（Septimius Severus）时期叙利亚军团的墓碑。公元 209 年，他们行军至苏格兰。

在埃及，在发掘中发现的一些纸莎草纸的碎片也保存了古典作者的零星著录。人们很快认识到，埃及沙地中的发现可能是全新的文献，将有利于古典学术的研究。于是，很多探险队来到埃及寻找新的材料。其中，最为惊人的发现位于俄克喜林库斯（Oxyrhynchus）。

59　　直至近几十年，古典考古学者还能发现揭示其背景的新文献。在英格兰北部哈德良长墙南端的文德兰达（Vindolanda），考古学者在一座罗马城堡及居民定居点遗址，发现了大量吸饱了水的刻有文献的木板。学者们惊喜地发现，其中许多文献是城堡的档案。公元 104 年，卫戍部队撤离这处城堡，加入哈德良皇帝的大夏（Dacian）军团中。城堡似乎在废弃时遭到了破坏。幸运的是，英国的天气起到了作用，大火似乎被浇灭了，一些文献因而得以保留。这些文献包括私人书信，如卫戍部队长官与其妻子的通信，也包括记载当时服役部队数量的目录。

收藏希腊陶罐

绘有人像的希腊陶罐在古典考古学中可能是次重要的门类。收藏希腊陶罐——如 19 世纪的收藏者所了解的——直到 17 世纪中叶才被正视，这也许是因为陶罐并非由珍贵或新奇的材料所制（Vickers, 1985:229；von Bothmer, 1987b）。其中，威廉·汉密尔顿爵士（Sir William Hamilton）的藏品是最为重要的希腊陶罐收藏之一（Jenkins and Sloan, 1996；Ramage, 1990; Vickers, 1987; Vickers and Gill, 1994:1-32）。很多陶器发现于意大利坎帕尼亚（Campania）的墓穴中，这些陶器既有意大利南部本土制造的，也有从阿提卡（Attic）进口的。针对这批收藏，先后出版了 4 卷本

的图录（1768—1776）。皮埃尔·德汉克瑞尔（Pierre d'Hancarville）出版
藏品图录的部分原因是为这些陶器开辟市场（在前两卷图录出版后，汉
密尔顿于 1772 年以 8 000 基尼的价格将他的第一批藏品出售给大英博物
馆；后两卷图录中的陶盘已被德汉克瑞尔在 1770 年抵押给其他人）。德
汉克瑞尔的另一个市场策略是吸引那些对绘画感兴趣的收藏家。他在书
中提出，这些陶罐"对完整地领悟印刷品与艺术品之收藏，或以一种舒
适、实用且有指导性的态度装饰有品位、有修养的人士的陈列室也是同样
适合的"（d'Hancarville, 1766:168）。在 1789—1790 年，汉密尔顿又收藏
了第二批源于坎帕尼亚墓穴的陶罐。这批收藏亦有图录出版，蒂施拜因
（W. Tischbein）负责插图，其目的部分是为"年轻的艺术家"服务，以使
他们能够"从这样优秀的范例中获益"（Hamilton, 1791:26）；这几卷图录
也出版了德文版（1792—1800）和意大利文版（1800—1803，1814）。汉
密尔顿的第二批藏品丢失了一部分，因为运载藏品的 HMS 巨轮（HMS
Colossus）在离开西西里岛时不幸失事；幸存品被托马斯·霍普（Thomas
Hope）以 4 724 英镑的价格买走（霍普的藏品在 1917 年的拍卖会上流
散）。乔赛亚·韦奇伍德（Josiah Wedgwood）将这些插图用作了陶器的图
案，汉密尔顿希望他的藏品成为艺术家创作范例的愿望实现了。1769 年，
位于伊特鲁里亚的英国陶器工厂开始生产这些韦奇伍德陶器——黑底红像
风格的"伊特鲁里亚"陶器。"伊特鲁里亚"这一名称源于这样的信念：
这些陶器产自意大利，以及大量陶器被发现于伊特鲁里亚的墓葬中。

　　到 18 世纪末期，整个欧洲已经形成了对陶罐的主要收藏，部分原
因是"工业的发展"（Vickers, 1978:124）。慕尼黑和柏林的陶器收藏源于
在拿破仑的兄弟——卡尼诺王子（Prince de Canino）的领地上发现的伊

特鲁里亚的墓葬，其中出土了数量庞大的陶器。1828 年和 1829 年，陶器的私人收藏还在发展，并且收藏家通常将之与古代的雕像放置于一处（Boardman, 1980a; Gill, 1990）。19 世纪晚期，古典考古在英国的大学成为一个学科，同时，收藏家也专注于增加希腊彩陶收藏。在剑桥大学，最主要的希腊陶器收藏是该校于 1864 年购得的原属于旅行家威廉·利克（William Leake）上校的藏品，现陈列于该校的菲茨威廉博物馆内，与约翰·迪斯尼的雕像收藏并置一处（Gill, 1999:135）。

遗失的绘画、希腊陶器及德国学术

阅读古典文献，尤其是老普林尼的著作，其焦点是业已遗失的希腊著名艺术家的板上绘画。尽管人们意识到在庞贝古城发现的壁画可能源于已经遗失的希腊杰作，但是，有一种观点也不可忽视，即从人像陶器上观察到的风格变化，如透视的发展也可能反映了大型绘画的变化。这在用于葬礼的白底绘像细颈油壶（white-ground lekythoi，装橄榄油的圆柱形容器）上表现得尤为明显，其调色包括绿色、红色及蓝色，这为我们理解遗失的杰作提供了一个可能的方面。

德国学者试图依照风格对陶器进行分类。当人们认识到一些陶罐似乎带有"签名"时，分类取得了突破性的进展：这些签名由个人的名字及一个动词组成，如 epoiesen（他制作的）或是 egraphsen（他画的）。由此可知，有相同签名的陶器出自同一人之手，因而可被归为一类。到 19 世纪晚期，又有学者尝试将没有签名的陶器归到已有签名的某一类中。这一做法可能受到了乔瓦尼·莫雷利（Giovanni Morelli）的影响。1880 年，莫雷利曾凭借对作品中眼睛及耳朵画法的鉴定，辨识出了意大利文艺复兴时期的一些无名画家。大英博物馆希腊与罗马古物部的助理保管员塞西尔·哈考特·史密斯（Cecil Harcourt Smith）也尝试过把 1899 年索思比拍卖会（Sotheby's auction）上福曼（Forman）收藏的无名陶器归入已知画家的名下。

牛津大学的学者约翰·比兹利爵士（Sir John Beazley）后来发展了这一技术。从 1910 年起，比兹利写了一系列关于雅典黑像及红像瓶画的研究著作（Robertson, 2004）。他利用莫雷利的技巧鉴别出了上百位曾无名的雅典陶器画家。比兹利于第一次世界大战期间在伦敦海军部的海军情报部门服役的经历可能对其产生了非凡的影响。他在海军情报部门破译德军的密码时，一项主要工作就是分辨出无名的信号员。这一经历很有可能鼓励了比兹利痴迷于鉴定出各个艺术家"之手"。

对雅典陶器的分类依赖于比兹利的眼力，但其方法也受到了批评。其中之一是他无法形成方法论，因而很难或者说不可能穷尽已知画家的全部作品。因此，随着比兹利于 1970 年逝世，再无人有动力推进他的研究。确实，某些瓶画艺术家已得到了很详细的研究，甚至还有他们作品的专门展览，如黑像瓶画家阿玛西斯（Amasis）及红像瓶画家欧弗洛尼奥斯（Euphronios）。然而，学者对希腊彩陶的图像也产生了兴趣，一些敏锐的研究者的研究还涉及了雅典城邦的社会及宗教价值。

对鉴赏的强调使希腊陶瓶成为一种高级艺术。当然，其在古物市场上的售价也可能随之高涨。1972 年，纽约大都会艺术博物馆花费 100 万美元购进了一尊有欧弗洛尼奥斯署名的红像风格的用于混酒的阔口缸。上面的一个场面描绘了荷马的《伊利亚特》中的一个小角色——死去的英雄萨尔珀冬（Sarpedon）被人格化的死神及睡神抬走的情景。然而，近年来，学者们意识到，有时候陶罐的底部就刻有价格。这些潦草的商业符号（commercial graffiti）表明，雅典的陶罐通常是成批发货的；一个委托可能包括用于宴会的各种不同形状的陶器。更重要的是，陶器的价格相对比较低。目前发现的最贵的雅典陶罐为两个红像风格的水罐（hydriai），价值不过 3 个德拉克马银币（drachma）。我们辨认出的一些雅典大师描绘的陶罐也是差不多的价格。一件被鉴定为"柏林画家"所绘的双耳细颈罐仅索价 7 个欧宝银币（obol，6 个欧宝银币相当于 1 个德拉克马银币）；另一件被鉴定为"阿喀琉斯画家"所绘的双耳细颈罐上刻有"4 件 3.5 个欧宝银币"的字样，也就是说，一个双耳细颈罐的价格还不到 1 个欧宝银币。

尽管我们很难将陶器的价格与古代世界的收入及工资挂钩，但是，我们可以将之与价格惊人的希腊银盘进行比较。比如，在现代保加利亚的杜万里（Duvanli）发现的一件公元前 5 世纪的饰有金色人像的浅底银碗，其价格就相当惊人（Marazov, 1998: 138-139, no.64）。依照雅典的标准，这件色雷斯人用于葬礼的希腊银碗（甚至可能是雅典的），其价值高达 1 个明那（mina）（1 个明那相当于 100 个德拉克马银币，600 个欧宝银币）。依照目前对现存的金银盘的研究以及古典文献中保存的资料，学者们认为，希腊社会的精英极有可能使用金盘或银盘，而非陶器。这一发现动摇了人像陶器在许多博物馆的古代艺术展览中被优先展示的地位。

对这一问题的考察基于幸存的古典文献。寺庙的物品目录、文学及历史文献告诉我们，富人在古代使用金银器而非陶器。富人的雅集或宴饮中使用的器具可能为金杯、银杯、用于混酒的阔口缸以及水罐。然而，研究者却忽视了——或者说不重视——这些幸存的金银器，而更乐于研究容易搜集、在视觉上更令人兴奋的彩陶。然而，古典文献却提醒我们需谨慎对待彩陶优先的模式。

　　雅典陶器在环地中海及黑海沿岸均有发现，其踪迹甚至可达非洲的大西洋沿岸。这也催生了一系列关于希腊精陶在贸易及交换中的地位的研究。尽管在托斯卡纳（古代的伊特鲁里亚）已经发现了成千上万的雅典黑像及红像陶罐，但现存的陶器数量表明，该地区每年的陶器输入量并不大。公元前 6 世纪中叶，雅典每年都会举行一次泛雅典娜节，竞赛的优胜者会获得装盛着橄榄油的双耳细颈罐作为奖励。近年来，有学者就试图利用现存的作为节日竞赛奖品的双耳细颈罐来估算这一时期颁奖的数量。这一研究表明，可能仅有 1% 的双耳细颈罐存世，然而，考虑到双耳细颈罐在古代的特殊地位，我们并不清楚这一推断是否可靠。

　　希腊陶器的流通也促使一些学者试图从中发现其具体的流通路线。比如，对罗德岛卡米洛斯（at Kameiros on the island of Rhodes ）的菲克芦勒（Fikellura）墓葬中出土的进口的阿提卡素面黑釉陶器的研究表明，其原材料类似于塞浦路斯的陶器，尤为类似于该岛东北角马里恩（Marion）墓葬中的陶器。一个奇怪的现象是，在公元前 5 世纪下半叶，塞浦路斯的进口陶器数量有了显著的提升。一种可能是阿提卡陶器的东向输出反映了塞浦路斯岛的铜的西向输入。这些铜被希腊人用来制造武器。公元前 431 年，马拉松战役爆发后，希腊人对铜有极大的需求。

希腊瓶画与西方艺术

　　希腊陶罐被视为西方艺术发展的一个重要领域，因为这些陶罐是（西方）幸存的最早的叙事艺术之一。绘有人像的希腊陶器包括了大量质地、形状各异的陶制品，且持续时间有几个世纪之久（Sparkes, 1991）。最早的陶器上的人像为侧面轮廓，时间大约为公元前 8 世纪中叶，正值雅典和阿尔戈斯（Argos）成为两大重要中心之际（Coldstream, 1977:109-119, 141-145; Snodgrass, 1987:132-169, 1998）。到公元前 6 世纪，科林斯阶段晚期，科林斯的陶器上的图案很快从条带状的动物图案发展到叙事场景（Amyx, 1988）。雅典也亦步亦趋，以多样的技术制造出有复杂图像的陶器。绘有人像的陶器也见于土耳其西部的不少城市，如米利都（Miletus）、克拉佐美尼（Clazomenae）（Schaus, 1986; Cook and Dupont, 1998）。这些城市中的人又到西地中海沿岸开辟了殖民地，似乎也影响了伊特鲁里亚的陶器生产（Beazley, 1947）。公元前 5 世纪，大部分以人像为装饰的陶器产自雅典，尤其是白底红像风格（Boardman, 1974,1975, 1989; Robertson, 1992; Sparkes, 1996）。直到公元前 5 世纪晚期，红像风格的陶器才开始在南意大利的希腊殖民地生产，最初是在阿普利亚（Apulia），其陶器生产中心可能位于塔拉斯 [Taras，现在的塔兰托（Taranto）]。其他的陶器生产中心包括卢卡尼亚 [Lucania，生产地也许在梅塔彭托（Metaponto）]、西西里、佩斯图姆（Paestum），以及坎帕尼亚 [Campania，在库迈（Cumae）有工厂]（Trendall, 1989）。

希腊陶瓶被视为研究希腊绘画发展的重要材料，因为古典时期的绘画几乎没有被保存下来。因玷污赫尔姆斯（herms，一种装饰着男性生殖器的类柱状的雕像）而被没收财产的雅典社会精英的财物出售清单中，包括一种木板画（pinax，绘有图案的木板）（Pritchett, 1956:250-253）。在公元前 5 世纪早期，雅典的政治和商业中心是集市，其间建有一圈被称为绘画拱廊（希腊文为 Stoa Poikile，即 Painted Stoa）的敞开的柱廊（Camp, 1986:66-72)。墙面上绘有历史场景，包括著名的马拉松战役、忒修斯和雅典人与亚马孙女战士爆发战争的神话故事，以及特洛伊沦陷的场景（Pausanias, 1.15.1-4）（Francis，1990）。雅典还有些重要的绘画在提塞翁（Theseion），即建于公元前 470 年的供奉英雄忒修斯的神庙，里面供奉着从斯基罗斯岛（Skyros）带回的忒修斯的圣骨（Pausanias, 1.17.2-3）。忒修斯神庙的壁画展现了忒修斯一生中的各个事件：雅典人与亚马孙女战士的战争、迷宫与人马，找回米诺斯的指环。帕夫萨尼亚斯的游记写于公元 2 世纪，其中提及的一些壁画在当时已经开始被损毁。还有一些壁画已经不见踪迹，包括德尔菲科尼蒂亚（Cnidians）的餐厅（Lesche）中的壁画，这座建于公元 5 世纪的建筑中的壁画是由画家波利格诺托斯（Polygnotos）完成的。帕夫萨尼亚斯详细描述了一系列复杂的故事（10.25-31），其中包括特洛伊沦陷、希腊人撤离以及奥德修斯（Odysseus）降临冥府的场景。经由帕夫萨尼亚斯的描述，我们了解到了这些绘画的复杂程度，其中的人物似乎高矮不一，画家可能尝试了对深度的表现。现存的古希腊绘画极少，存世的包括马其顿维琴那（Vergina）的被认为是皇家墓地的地方的壁画（Andronikos, 1980），其他的则被保存在提洛岛上的某些房址中（Ling, 1991:12-15）。

西方学者希望找到西方艺术的根源，然而，在面对缺乏古代绘画这一问题时，他们不得不转向瓶画研究，以其发展历程来反映其他艺术领域的情况。比如马丁·罗伯逊（Martin Robertson, 1975）的里程碑式的著作《希腊艺术史》（*History of Greek Art*）就视"希腊艺术为欧洲艺术传统的根源"（Robertson，1975：xi）。罗伯逊认识到"希腊几乎所有的壁画和架上绘画都遗失了"（Robertson，1975：xiii），仅仅讨论现存的希腊绘画会导致实证谬误这一问题（Gill, 1988）。当代艺术市场的青睐也促使希腊瓶画成为一种艺术形式。1972 年，纽约大都会艺术博物馆花费 100 万美元购买了一尊大型的阿提卡的红像花萼阔口缸（calyx krater）。这尊阔口缸约高 45.7 厘米，上有画家（或者是设计者）欧弗洛尼奥斯及陶工欧克思希欧斯（Euxitheos）的署名。这尊阔口缸被形容为"希腊现存最好的陶瓶"，"其重要性堪比已知的希腊艺术的杰作"（von Bothmer, 1987a:3）。1990 年，第二件带有欧弗洛尼奥斯署名的花萼阔口缸的售价则超过了 170 万美元（Paris, 1990: 96-101, no.6）。

这些陶瓶的价值为何如此之高？其中一个原因是像比兹利这样研究雅典陶器的学者（Kurtz, 1989），或是像戴尔·特伦德尔（Dale Trendall）这样研究南意大利陶器的学者（Trendall, 1989）试图辨识这些工匠，陶器由此获得了艺术地位。尽管鲜有陶器署名，但学者们还是应用了莫雷利的方法，以区分出自不同艺术家之手的陶器，并给那些无名的艺术家一个名字（Elsner, 1990）。因此，当某个画家的某件陶器被一家博物馆收藏后，这个画家就以这家博物馆命名（如柏林画家），或是以前收藏者命名（如迪斯尼画家），又或是以不同寻常的风格特点命名（如摇摆画家）。如此关注"由谁制作"产生了一系列结果，其中之一便是导致托斯卡纳的墓葬被系统地劫掠，以满足艺术市场的需要（Chippindale and Gill, 2000; cf.Gill and Chippindale, 1993），而这也使得这些陶器是如何被使用、展示及观看的等重要信息都丢失了。

采用的技术

装饰希腊陶器的技术极为多样（Noble, 1965; Sparkes, 1991），在相关研究中，以对雅典陶器的研究最为充分。陶器只烧一次，但其制作过程却包括三个不同的阶段。第一个阶段是在氧化环境中烧制堆放的陶器，直至温度达到 800℃左右，此时，陶器黏土中的铁及其表面涂层中的铁均被氧化为红色。第二个阶段就是还原环境，可能是通过燃烧新鲜木材增加湿度，同时封上通风孔，使窑内的温度升至 950℃左右，再略微降温，使陶器及其表面装饰图案均变为黑色。此时，打开通风孔，让窑冷却。在第三个阶段，陶器的黏土又变回红色的氧化铁，而其表面装饰图案中的黏土则保持了黑色的氧化铁状态。陶工不可能每次都控制得如此精确，很多现存的陶器可能是烧制失败的次品。比如，原本应是黑色的表面却留下了大块的红色，有时候一些陶器因为彼此靠得太近，图像就成了鬼画符。

在最早的技术中，有一种被称为黑像风格，即黑色的人的侧面轮廓搭配着红色的底（Boardman, 1974）。科林斯、雅典、彼俄提亚（Boeotia）及伊特鲁里亚这几座城市都运用黑像技术。人物的细节则通过刻画，使红色底子从黑色轮廓中透出来。此外，也可通过增加色彩，如红色或白色等，以增加衣服、头发或摆设等细节。这种技术的一个罕见的变体是在陶器上施加一层薄薄的白色陶衣。这样，细节就可以通过其他的颜色或刻画的方法获得。简·西克斯（Jan Six）首先描绘过这种效果。然而，当把颜色较浅的人像与黑色的底对比时，其效果则大为不同（Sparkes, 1991:99）。

在雅典，第二种重要的技术取代了原来的黑像技术，即瓶身变为黑色，而人像则保留了红色（Boardman, 1975, 1989）。红像的细节在泥胎上即可完成，烧后则变为黑色。其中有些线条非常粗，是为凸线（relief lines），可能是用特质的粗笔绘制的。在从黑像技术转向红像技术的过程中，一些工匠会在同一件陶瓶上运用这两种技术。这种"双像"（bilingual）陶瓶有可能是一个人完成的，也有可能是两个人完成的。

与黑像及红像技术结合运用的一种装饰技术是所谓的珊瑚红技术（Cohen, 1970-1971）。这种技术是大面积地涂抹强化的红色（不要同用于强化黏土红色的 miltos wash 混淆）。比如，一些陶杯上饰有圆形黑底的图像，其中的人像为红色，而杯子的其他部分则为珊瑚红色。珊瑚红色可能是通过在陶衣中增加赭石获得的。

一开始，黑像是施加于白底上的（Kurtz, 1975）：在陶瓶表面施加一层白色的陶衣，然后再添加黑色的人物轮廓像。公元 5 世纪，白底上开始

63 出现其他颜色，比较为朴实的红像更吸引人。尽管白底也被用来装饰杯子甚至水罐，但是白底最常出现在双耳细颈罐上。在雅典，这种装油的容器经常见于墓葬中。以现代的眼光来看，选择颜色及选用白底的方法可能最为接近古代希腊自由绘画的面貌。

除了装饰有人像的陶器外，还有素面陶及粗陶。对陶器细节的研究表明，很多陶器出自同一家作坊。黑陶（black-glossed）通常是素面，但在公元 5 世纪中叶，某些类型的陶器开始装饰压印的纹饰。很多图案仅仅是简单的棕叶饰或是曲线纹饰。然而，在一批可能出自同一家作坊的马克杯及一种被称为"坎萨鲁斯"的高脚杯（kantharoi，一种深碗、高座脚并带垂直把手的酒杯）上，出现了描述珀尔修斯（Perseus）斩首美杜莎的压印纹（Sparkes, 1968）。

其他媒介的影响

希腊陶器——尤其是雅典的陶器——形式多样，其形式与古代的金属制品关系密切（Vickers and Gill, 1994）。二者之间的联系可参考阿提卡的黑釉陶与希腊银盘之间的相似性。在乌克兰切米瑞墓葬（Chemyrev mound）中发现的银高脚杯在样式上与黑釉红像的阿卡杯（Acrocups，一种高脚杯）非常近似。切米瑞银杯的内壁上有一金色圆形浮雕图案，表现的是海仙女骑在海马上的场景，而阿卡杯上表现的也是相同的题材（Gill，1986:11,13；figs. 5-8）；某些黑陶杯子的内部有压印的图案。更为近似的例子是，红像杯子上的圆形浮雕图案与库班河七兄弟墓（Seven Brothers' Tumuli, Semibratny）中发现的一组银杯上的图案一致（Piotrovsky et al.，1987: fig.117）。这些银杯的内壁上有金色人像，如胜利女神（有翅膀）、有胡子的男子与两个女人的风俗画、科林斯英雄柏勒洛丰（Bellerophon）与喷火怪奇美拉（Chimaera），以及萨提尔（satyrs）与女祭司迈那得斯（maenads）等。陶杯上红像的精细度堪比金银箔片上的刻画细节。金器与红像技术之间的联系还可见于现代保加利亚杜万里色雷斯墓葬中发现的银器。一个"坎萨鲁斯"高脚银杯的器壁上描绘了酒神与女祭司以及萨提尔，这一场景也见于红像的"坎萨鲁斯"高脚杯。并且，在银杯把手与杯沿的结合处，还有模印的 silen 面具，而这些也见于陶制的高脚杯。墓葬中发现的银的无柄杯上有塞勒涅（Selene）骑在马上的场景，这也与阿卡的瑞尼尔杯（Rheneia，一种无柄杯，因被发现于提洛岛附近的瑞尼尔小岛而得名）的形制及装饰图案完全一致，尽管陶制的酒杯并非红像风格。杜万里的墓葬中甚至有直接的对应物，比如在同一墓地中，一件黑陶马克杯就完全模仿了一件有棱纹的银制马克杯的形制。银器与相似陶器间的联系也见于其他器物中，比如双环大杯（cup-skyphoi）甚至香水瓶等（Gill，1986）。

　　金像技术与红像技术之间的关联又引出了希腊陶器的用色问题。不少希腊陶器上的黑色常常被描述成具有金属的光泽，有学者提出，假如陶器中红像的红色可与金像的金色类比，那么，陶器的黑色表面是不是能令人想到氧化了的银呢（Vickers, 1985; Gill and Vickers, 1990）？如公元 5 世纪晚期出现的 Thericlean 容器的一个重要特征即黑色；制造这些器皿的原料有银、笃耨香树及黏土（大概上过黑釉）（Gill, 1986）。

早期黑像陶器的很多特征对于黏土容器来说似乎是多余的：颈部与器身或者器身与足部的连接部位有脊，口沿部位有凸起的铆钉装饰图案——然而，只有金属器物的口沿部位才会真有铆钉。这些特征往往会以粉色加以强调，有学者认为，这样是为了让人联想到金属器物原型上为了提高容器某些部位的强度而使用的铜（Vickers, 1986b）。

还有学者认为白底的陶器也受到了外来器物的影响。雅典早期的一些白底的仿雪花石膏陶瓶（alabastra，装香水和油的容器）可能是为了让人联想到雪花石膏瓶原型，但雅典晚期的白底的细颈罐则可能是模仿了以象牙为材质的同类制品。这些盛油的陶容器的装饰类似于在南俄罗斯库尔奥巴（Kul Oba）的斯泰基人墓葬中发现的象牙板上的图案（Vickers, 1984）。在阿提卡的乡间墓地，5 世纪末期的一些大型的白底绘像细颈罐也会让人联想到放在坟墓地面上的大型的大理石细颈罐（Kurtz, 1975）。

东方的影响

希腊最早的陶器可能受到了近东的影响（Carter, 1972）。比如，在雅典几何风格时期晚期（约前 760—前 700），陶器上经常出现的一个主题是一个全副武装的男人被两头狮子夹在中间，正要被吞噬。在土耳其东南部的 Zincirli，一座皇室雕像的底座上就刻有类似的主题：一个全副武装的男人匍匐在地，正抓着两头狮子的鬃毛（Hawkins, 1984:74-75, no. 111a）。

雅典的画家接受了这个表现皇室权力的图像，却未能理解其含义，于是这个主题就被转变为表现野兽袭击人的主题。类似的对主题的错误理解也见于阿提卡的双环大杯内壁上一列牛的装饰图案中（Hampe and Simon, 1981: fig.241）。成列的牛的图案还可见于雅典墓葬中发现的浅碗（phialai）内壁的浅浮雕图案中，学者们认为这一主题起源于腓尼基（Nicholls, 1970–1971:74-75, fig.11, no.22）。陶器上的这一主题可能源自青铜碗，当时的创作者甚至连碗中央圆形浮饰（mesomphalos）上的圆花饰也一并接受了，并将其运用到带把手的双环大杯上。

公元前 7 世纪，东地中海的文化深刻影响了希腊世界，其结果是希腊文化从几何风格时期过渡至东方化时期（Osborne, 1998:42-51）。比如，科林斯陶器接受了各类东方题材，如狮子、狮身鹫首的怪兽（Hampe and Simon, 1981:158-159）。相似的影响也出现在克里特陶器上，在基克拉泽斯群岛（Cyclades）以及萨索斯（Thasos）岛上，某些神秘的动物被融进了希腊的神话场景中（Hampe and Simon, 1981:171-172）。

希腊瓶画的背景

被陈列在博物馆中的希腊陶罐几乎完整无缺，这也时常提醒我们，这些陶罐最主要的发现地是墓葬。那些供奉在圣殿的或家用的陶器往往是破碎的。在雅典几何风格时期晚期，大型的阔口缸及双耳瓶（amphorae）被用作坟墓的标志物。器身上下都装饰着几何图案，但通常也有一两片区域用以表现人物场景。人物场景通常表现的是死者躺在棺材中，面对着一群哀悼者，其标志性的动作是双手举过头顶。偶尔也会出现一队武装的士兵以及战车（Coldstream, 1977:110-119）。这些画面会吸引甚至迫使路过的行人加入哀悼的行列（Osborne, 1988）。公元前 5 世纪晚期，用陶罐作为坟墓的标识这一习俗在阿提卡重现，大型的白底绘像双环大杯被放置于坟墓地面上。

与陶器标志物密切相关的是葬礼用的陶板，其产地也在阿提卡。这些陶板似乎沿坟墓的墙体放置。一些陶板运用了黑像技巧，描绘了葬礼上躺着的死者以及一旁的哀悼者。一些陶板则描绘了与葬礼相关的一些游戏。这些葬礼用的陶板被发现于雅典的凯拉米克斯（kerameikos）公墓及阿提卡的乡间墓地中（Boardman, 1955）。

高度装饰的陶罐既可被用作坟墓的标志物，也可被作为坟墓的供物。一件原阿提卡风格（proto-Attic，指东方化时期雅典及周边地区的陶器风格）的双耳瓶，描绘了奥德修斯（Odysseus）弄瞎独眼巨人波吕斐摩斯（Cyclops Polyphemos）的场景，并有一行蛇怪纹饰。这种双耳瓶曾经被用作坟墓的标志物。然而，它也被用来装盛小孩的遗骸，再葬于墓地（Osborne, 1988）。在阿提卡，从公元前 6 世纪晚期起，小型的双环大杯，无论是饰有黑像人物画还是几何图案，通常都被放在坟墓内。公元前 5 世纪以后，白底绘像双环大杯成为常见的葬礼供物，其装饰场景多为哀悼者走向以石碑为标志的墓碑。目前在雅典发现的陶窑也突出了陶器作为坟墓供物的功用，这些陶窑似乎已经部分专业化了，专为附近的墓地提供陶器。

雅典的坟墓通常比较小，其空间仅足够容纳死者和少许随葬品。然而，伊特鲁里亚人习惯于把死者放置在巨大的墓室中，这些墓室是用当地的凝灰岩切割建成的，有时候他们也会把死者放置在用石头或土堆成的家里。切尔维泰利（Cerveteri）的墓地中的浮雕包括一组在岩石上雕刻的葬礼用的卧榻，看上去仿佛是客厅中的沙发。确实，在墓地中，包括杯子、盔甲在内的各种物件均被刻成了高浮雕（Blanck and Proietti, 1986）。在伊特鲁里亚的其他地区，坟墓中装饰着绘画而非浮雕。然而，其主题通常与宴饮相关。比如，塔尔奎尼亚（Tarquinia）的巴尔墓（Tomba delle Bighe）的室壁上装饰的就是斜躺的赴宴者（Tarquinia, 1986:51）。宴饮与死亡之间的这种联系并不仅仅出现在伊特鲁里亚。在意大利南部的希腊殖民地，佩斯图姆（Paestum）的戴弗（Diver）墓地，就装饰着绘有图案的石板。围着死者的较长的两侧石板，描绘了两组五位宾客斜躺在六张躺椅上，正在玩一种饮酒令游戏（kottabos），同时也演奏音乐；较短的两侧石板，一侧描绘了一个手里拿着水壶的小男孩正从阔口缸旁走开，另一侧表现的则是一列年轻的女吹笛手，后面跟着两个男子（Pedley, 1990:89-94, figs. 54-57, pls.vii-viii）。

65

在墓葬中发现描绘有宴饮场景的各种形状的陶器并不奇怪。这些陶器包括阔口缸、混酒器（dinoi）、水罐（hydriai）、双耳瓶、储酒罐（stamnoi）、双耳细颈罐（pelikai，装酒或水）、冰酒器（psykters）、水罐（oinochoai）、角杯（rhyta）以及其他各式杯子。这些容器装饰着各种场景，包括宴饮、神话及城市生活场景（如竞技、打猎）。现在，我们还不清楚这些器物被放置到墓地前的使用状况。这些陶器有可能是一种载体，用以表现与死去的伊特鲁里亚社会精英相关的复杂场景，这些场景同样可见于墓室的壁画中。

墓葬是最有可能发现完整陶器的场地之一（沉船是另一场地），而陶器碎片的发现地则要更多一些。一些绘有人像的雅典陶器就被发现于房址中。在阿提卡公元前 5 世纪的一间乡村住宅中就发现了红像的陶器碎片，它们来自一个铃铛状阔口缸（bell krater）、一件柱状阔口缸（column krater）、一件婚庆碗（lebes gamikos，通常用于婚礼）和一个杯子。该房址中还发现了大量的黑釉陶器（Jones et al., 1962）。在雅典的室内遗址也发现过类似的陶器碎片。这些房主仅仅使用陶器的推论明显源自考古发掘报告，然而问题是，房子中的所有有价值的物件在房子被废弃前均被搬空了（Gill, 1988:738）。

绘像陶器另一重要的发现地为希腊及其他地区的神殿。在雅典卫城上的公共神殿中就发现了大量被认为是献祭给雅典保护神雅典娜的陶器。通常，这些被献祭的陶器上都刻有神祇的名字，有时候也有献祭者的名字。在尼罗河三角洲的诺克拉提斯（Naukratis）这个希腊贸易港口，就发现了被献祭给雅典各个神祇，比如阿芙洛狄忒（Aphrodite）的陶器（Boardman, 1980b: 122, fig. 139）。

定制与赞助

学者们通常认为希腊陶瓶在古代的地位很高，因而也视其为西方艺术的先驱（Vickers and Gill, 1994）。对（陶器绘像）艺术家——通常是无名艺术家——身份的鉴定，也有助于我们珍视这一从古代延续至今的门类。近年来，已经出现了希腊瓶画艺术家［如画家阿玛西斯（von Bothmer, 1985）和欧弗洛尼奥斯（Paris, 1990）］的个展。这些陶瓶的部分制作者及装饰者似乎在作品上留有署名。研究者认为陶工会署"某人制作"（x epoiesen），而装饰者则会署"某人画"（y egraphsen）。但这些"署名"极为稀少，实际上公元前 5 世纪上半叶以后就再未出现（Kurtz, 1989）。而且，某些现在被认为是最熟练的画家，如被称为"柏林画家"（Kurtz and Beazley, 1983）的画工并未在瓶画上署名，因而也无从知道其姓名。

此外，一些专家认为，在古代被认为有较高地位的瓶画会有所谓的"好"（kalos）名字（Immerwahr, 1990:73）。陶器上的署名似乎在称呼雅典社会的精英成员，其意似乎是指"某人是美好的或美丽的"。一些研究者认为，它们是在赞扬这些年轻男性的年轻、美好，也是希腊同性恋文化的一部分。然而，相反的理论认为，很多有署名的陶器并非发现于阿提卡，而是发现于意大利。因此，这就难以解释伊特鲁里亚的男人和女人为什么会对阿提卡的年轻人如此有兴趣。这些署名可能是事先设计的一部分。假如这些陶瓶是在仿照金银器，甚至被用作金银器的替代品，故在形状及图案上都要遵循一致，那么，署名可能也是在模仿金银器，以增加其真实感。

现代的学者倾向于认为陶瓶画家在艺术上有竞争。在一个由优锡米德斯（Euthymides）描绘（并署名的）红像双耳瓶上，有"欧弗洛尼奥斯从未如此过"的题文，紧挨着一个跳跃的男舞者。有学者认为，画中的人物正往前迈一大步，因而其旁的题文是在挑战城里另一位技术不太熟练的陶瓶画家。艺术竞争的说法也就由此而生（Boardman, 1975:33-34）。然而，学者们现在已经意识到，所谓的挑战实际上是宴饮中与舞者 komast 形象相关的某些习语，似乎是在表明"好！它（饮酒杯）已经是我的了"，或者"你已经完成了！榜样！饮酒！……欧弗洛尼奥斯从未如此过"（Gill and Vickers, 1990:10）。

其他学者试图表明，陶工们创造了大量财富，因而在雅典卫城竖立了 *66* 大理石浮雕，以敬献给雅典娜（Kurtz, 1989:48-49）。然而，这些铭文并不完整，而且可能有其他含义：在其他地方，"kerameus"并不必然指"陶工"，而是指"来自 deme Kerameis（雅典的一个地方）"（Gill and Vickers, 1990:6-8）。在探究了雅典陶器底部的商业记号后，学者已经仔细地审核过陶工的财富。这些记号通常包括托运物的清单、每批次的规模、支付给一批甚至单个陶器的价格（Johnston, 1979；Gill, 1991）。这些价格表明，即便是由最优秀的画家如柏林画家或阿喀琉斯画家所装饰的陶罐，或者其上饰有无数人物的陶罐，价格也是相对比较便宜的。目前发现的价格最高的陶器是红像水罐，价值3个德拉克马银币，但是，很多陶器的价格还不到1个德拉克马银币（Johnston, 1979:33）。这与银器形成了鲜明的对照，一个菲艾拉银碗（phiale，一种浅的饮酒杯）价值100个德拉克马银币，而在雅典卫城的清单（奉献给神的物品）中，某些银水罐价值1 000个德拉克马银币（Vickers, 1990）。从文献记载中，我们现在知道社会精英的确使用金银器，而宴饮陶器的使用者则可能是一些用不起金银器，但又希望能借此联想到昂贵的宴饮服务的人，陶器也被作为金银器的替代物，放置于坟墓或是神殿中，敬献给神祇（Hoffmann, 1988; Vickers, 1986-1987）。

陶器的低廉价格也促使学者们重新评估陶器在贸易中的作用。在黑海北岸发现了被运送到葡萄牙及非洲沿大西洋海岸的阿提卡陶器。很多学者认为这些陶器是有价值的出口商品。尽管我们不了解这些陶器对于俄罗斯南部的斯基泰人（Scythians）及中欧的哈尔斯塔特人（Hallstatt）的价值，但是，我们知道这些精陶的流通是更重要的商品频繁交易的结果。希腊的大型城市需要大量进口谷物，此外，还有奴隶、葡萄酒、橄榄油及金属的贸易活动。因此，陶器可能只不过被用来填充这些货船的剩余空间，而非环地中海地区的社会精英所订购的伟大艺术品（Gill, 1991）。

图像志与图像学

希腊的绘像陶瓶，尤其是雅典的陶瓶，为研究希腊文明提供了丰富的图像志资料。陶瓶画家们不仅描绘神，也描绘一系列普通的场景。图像志以及图像学研究因而得以发展。

图像志的目的是观察神的形象的发展。剑桥大学古典考古学的第一位劳伦斯教授库克（A.B.Cook）的多卷本巨著，就因对宙斯神像的大量研究而被人铭记。近年来，有学者计划出版古典神话的图像辞典——《古典神话图像志辞典》（LIMC），现已出版多卷本。

学者们还试图把雅典艺术中的图像与具体的政治及历史事件联系起来。公元前 5 世纪下半叶 ①，雅典正处于庇西特拉图家族（Peisistratid）的暴政统治下，希腊历史学家希罗多德（Herodotus）曾描述过这一事件。一些学者试图把挥舞着大棒的赫拉克勒斯的形象与庇西特拉图篡权期间手持大棒的庇西特拉图的保镖联系起来，并指出，这一时期的雅典艺术明显利用了这一神话。更为明显的也许是，学者们把公元前 480—前 479 年雅典击败波斯之后英雄忒修斯的形象认定为雅典将军基蒙（Kimon）。与忒修斯相关的一件事是人们将其遗骨从斯基罗斯岛（据称忒修斯死于此地）带回，并建造了一座特别的神殿——忒修斯神庙——以存放其遗骨。尽管考古学者已经识别出这座建筑，且有装饰图案表明其与忒修斯的关系，但忒修斯可能曾是这一时期较为普遍的题材。比如，帕夫萨尼亚斯宣称的用马拉松战役的战利品建成的德尔斐的雅典财库中就有关于忒修斯的雕刻。

图像学试图探察瓶画场景背后的含义，并且会问：为什么会出现这些场景？一部有影响的法文著作《城市及其影像》（*Cité des Images*）探索了

---

① 原文中的时间似乎有误。——译者注

群像场景，比如狩猎及饮酒（宴饮）。希腊的酒神狄俄尼索斯（Dionysos）和其随从——女祭司们一起在希腊的山坡上庆祝节日的场景，与在家中举行并由男性享用的井然有序的宴饮场景（仅有几位女性在场演奏及提供性服务）形成了鲜明的对比。

67　　霍夫曼（Hoffmann）曾探讨过有索塔季斯（Sotades）署名的专业化的希腊陶器，以及在墓地中出现的希腊陶器与死亡的联系。

　　当学者们认识到大量这样的雅典陶器并非出自希腊，而是出土于意大利的伊特鲁里亚（今托斯卡纳）的墓葬时，情形变得复杂了。尽管一些陶器已经受损，并用古代的铆钉加固过，但很多陶器似乎还是被专用于伊特鲁里亚的葬礼。因此，这些图像也许在伊特鲁里亚的死亡仪式中有着更深层的含义。

景观研究

意大利

　　出于历史原因，意大利政府一开始不允许国外考古学家在意大利发掘。这导致学者们只能集中研究某些博物馆及其藏品。罗马英国学院的主管托马斯·阿什比（Thomas Ashby）对古罗马周围的地形产生了兴趣。他专注于从罗马城辐射出去的道路的景观研究（Ashby, 1927）。对地形学的兴趣发展为更为集中的田野调查，比如在南伊特鲁里亚所进行的工作（Potter, 1979）。

希腊

　　尽管自 19 世纪晚期开始，发掘已成为希腊的外国学院考古工作的一部分，但这些工作也经常与田野调查有关，虽然其内容通常仅是寻找某个遗址而已。历史学家阿诺德·汤因比（Arnold Toynbee）回忆过艾伦·韦斯（Alan Wace）和莫里斯·汤普森（Maurice Thompson）在希腊北部找寻遗址的场景："他俩在一起就像一对猎狗；并且，就像进入状态的猎狗一样，在收获猎物时，对炎热、寒冷、饥饿以及暴露在恶劣的环境中毫无感觉。"（Toynbee, 1969:22）在 20 世纪初的一段时间内，雅典英国学院的成员在拉哥尼亚（Laconia）进行了更系统的调查，同时还结合了在斯巴达（Sparta）的发掘项目。近几十年，学者们依旧持续在拉哥尼亚频繁调查，并确定了小型乡村遗址的高密度分布。

学者们在希腊地区漫游，寻找陶器残片的传统也在继续。比如，理查德·霍普·辛普森（Richard Hope Simpson）和约翰·拉曾比（John Lazenby）就搜集了希腊青铜时代的相关信息，以此作为在荷马史诗《伊利亚特》中出现的船舶清单的背景（Hope Simpson, 1957, 1965; Hope Simpson and Lazenby, 1970）。卡尔·W. 布利根（Carl W. Blegen）在伯罗奔尼撒半岛的派罗斯（Pylos）发掘的青铜时代的宫殿（即 Epano Englianos）中，发现了很多以线性文字 B 写的碑铭。由于迈克尔·文特里斯（Michael Ventris）的工作，线性文字得以释读，学者们认识到这一宫殿是青铜时代晚期社区网络及农业活动的中心。大量田野调查工作的一个目的就是尽可能在当地找到青铜时代的遗址（McDonald and Rapp, 1972）。

其他的调查还在继续。雅典的英国学院调查了米洛斯岛，以补充对该岛青铜时代菲拉科皮城遗址（Phylakopi）的发掘（Renfrew and Wagfstaff, 1982）。在希腊本土，学者们进一步集中调查了南部的阿尔戈利斯（Argolid）、迈萨纳半岛（Methana peninsula）（Mee and Forbes, 1997）、尼米亚（Nemea）和彼俄提亚等地。学者们开始出现不同的意见。有学者认

为，在所谓的铁器时代早期，当希腊城邦开始出现时，几乎没有证据表明这片土地上广泛分布着定居点。这似乎表明，希腊人在地中海及黑海沿岸的大量殖民并非是造成土地压力的主要原因。在希腊化时期，尤其是在公元 1—2 世纪，乡村定居点数量显著下降，这要么表明此时人口下降，要么表明人们集中居住在城市。大部分调查也注意到，在晚期罗马阶段，乡村人口有了戏剧性的增长，原因可能与古典晚期对橄榄油及葡萄酒的大量需求相关。

土地的拥有情况可通过铭文得以知晓。公元前 415 年，在雅典海军的舰队远征西西里岛前夕，公共雕像赫耳墨斯（hermes）的生殖器被人打碎了。接下来的丑闻更是震动了整座城市，很多人被捕并遭到迫害。他们的财产被没收，而拍卖的清单就竖立在雅典卫城坡道上的德墨忒尔（Demeter）的神殿内（Pritchett, 1956）。这些清单被刻在大理石上，一眼便可知晓个人财产的类型。清单的一部分涉及分散土地的拥有情况，一些人拥有的土地分散在阿提卡周边的几处地区（雅典城市周边的乡村）。现在，迈萨纳半岛的阿尔戈斯也存在这种土地分散情况（Mee and Forbes, 1997）。当半岛有一次发生火灾时，大家就明白了分散土地的原因。尽管大部分的土地拥有者遭受了损失，但是，分散土地保证了一个人不至于丧失所有的地产。

希腊城邦的出现

黑暗时代以后，从公元前 8 世纪开始，希腊世界的特征之一是一个个独立城市的兴起（Snodgrass, 2000）。部分原因要归于希腊的地形特征：一座座山脉划分出一块块界线清晰的平原，每块平原则形成一处或多处主要定居点。关于希腊城邦兴起的一系列交叉研究主要集中在公元前 8 世纪。被认为形成于公元前 776 年的奥林匹亚竞技在这一时期成为传统。从出土的证据来看，两座晚期泛希腊运动会主要赛事的中心城市——奥林匹亚和伊斯米亚（Isthmia），也在此时成为仪式活动的中心（Morgan, 1990）。伊斯米亚出土有在古风时期成为神殿标准样式的大型庙宇。在阿提卡，铁器时代早期埋葬模式的改变则被视为该地区社会变迁的反映（Morris, 1987, 1992）。

希腊人可能是通过类似于奥伦特河口的阿尔米纳（Al Mina）这样的贸易定居点与近东接触的，这使他们获得了字母表。考古学家发现了这一时期最早的刻在石头上并在公共空间展示的法典（Whitley, 1991）。这也许暗示了公民身份的形成。

在几何风格时期晚期，几乎仅在雅典，墓葬中的陶质葬礼标志物及其他陶容器开始出现人物场景，其中还包括一些叙事场景。一些表现战争的场景可能与英雄时代相关，一些学者认为其来自《伊利亚特》及《奥德赛》这样的口头叙事传统（Carter, 1972; Webster, 1955）。假如这些确实是叙事场景，那么，这些发展反映出与近东早期艺术形式的决裂（Gombrich, 1960: 109-110）。人物场景很快得到发展，表现英雄人物的方式也日益复杂，甚至还涉及史诗中的荷马式的世界（Snodgrass, 1998）。

在大规模的殖民运动中，希腊人也开始在黑海沿岸，尤其是在南意大利及西西里岛定居（Caratelli, 1996）。新建的城市平均分配土地，拥有举行仪式及祈祷的场所，而且与故土保持着紧密的联系，这些均有助于塑造城邦在希腊社会中的身份。

单个城市：科林斯案例

古典考古关注的焦点往往是古典世界中的几个关键城市，这些城市在历史文献中很出名。但是，现在学者们也认识到，继续这些项目将花费不菲。这些城市的考古资料极为丰富，大量的历史文献、碑铭及古币意味着学者很有可能从一个遗址中提取大量的信息。

从 1895 年起，位于雅典的雅典美国古典研究学院就参加了对科林斯遗址的发掘。科林斯城是首个经过科学发掘的希腊城邦。该城邦地处要塞，毗邻连接伯罗奔尼撒半岛及希腊本土的伊斯米亚海峡，历史悠久且复杂，自史前到法兰克时期一直有人定居。

科林斯遗址研究的中心地是恺撒在公元前 44 年（恰好在其被刺杀前）建立的罗马殖民地的遗迹。更为古老的希腊城址已在公元前 146 年被罗马人破坏，这些地方大部分已被废弃，当然也不会有城市保留下来。帕夫萨尼亚斯曾详细描述过这一罗马城市。此外，还有其他学者也描述过科林斯城，比如古希腊地理学者斯特拉波（Strabo）。斯特拉波曾到访科林斯城，在其记述中，公元前 29 年科林斯城尚在建设中。这一年，在克娄巴特拉（Cleopatra）和马克·安东尼（Mark Antony）死于埃及后，未来的奥古斯都皇帝返回罗马，而斯特拉波正是皇帝身边的随从之一。

这个殖民地几乎没留下希腊文化的影响。建在高台上的庙宇是罗马风格的，城市发行的硬币上的庙宇的细节也是罗马风格的。遗址的挖掘集中在城市中心的公共广场，出土了大量碑铭。这些碑铭清楚地表明，在图拉真（Trajanus）统治时期，殖民地选用的文字是拉丁文。确实，从阿尔戈斯到科林斯，在纪念某人时，会树两块碑，前面的碑用希腊文，后面的则用拉丁文。然而，出土于公元 1 世纪的红棕色陶器上的潦草文字经常是希腊文，学者们由此推测官方文字拉丁文与日常使用的希腊文并行。

碑铭和历史文献表明亚该亚罗马省（希腊伯罗奔尼撒半岛北部的古 *69* 省）中的精英家庭是多么看重科林斯，因为科林斯是总督的基地，因而就是整个省"罗马精神"的中心。比如，来自斯巴达的欧瑞科立德（Euryclid）家族，就是该城市著名的恩主。这些证据暗示，成为罗马人、接受罗马服饰曾经是一种风尚。殖民地与地方城市的关系在一块形成于公元 1—2 世纪的碑铭上也有所显现。在这一碑铭上，L. 李锡尼·安忒洛斯（L.Licinnius Anteros）——科林斯的一位（罗马）公民——因为照管迈萨纳城的事务而受到奖励，从而获准在半岛上放牧羊群（Foxhall, Gill, and Forbes, 1997:273-274, no.15）。

科林斯殖民地是更为广泛的贸易网络的一部分。它有两个港口，一个是位于科林斯海峡的利基安（Lechaeum），另一个是位于塞隆尼克海峡（Saroinc gulf）的肯克里埃（Cenchreae），这两个港口都有非常充足的设施。这样，科林斯就成了连接东地中海与意大利的桥梁，船舶也无须再绕行伯罗奔尼撒半岛四周危险的海域。毫无疑问，科林斯是连接地中海其他地区的食物运输通道，它的存在使周边各地区避免了食物短缺。结果，每个罗马殖民地部落都竖立起一系列的雕像，以纪念公元 1 世纪中期提比略皇帝（Tiberius Claudius Dinippus）的功绩。

前面的路

前进的途径各有不同。古典考古的历史张力存在于考古证据与丰富的历史文献、文学作品和碑铭文本的关系中。这些都有助于解释古代世界的物质文化。

在旧大陆，考古学家（尤其是国外的考古学家）正从广泛的考古挖掘转向对一小部分遗址的考察或以研究为导向的计划。考古学家真正关注的是一些遗址正持续遭受破坏，其中很多不为考古学家所知，但这些破坏行为却为欧洲及北美兴旺的古物市场提供了古典遗珍（Chippindale and Gill, 2000；Chippindale et al., 2001）。

对希腊人居住方式的重新评价也使学者开始关注室内空间的使用，以及妇女在希腊社会的地位（Nevett, 1999）。对欧斯佩瑞德斯（Euesperides）希腊殖民地居住方式的重新评价，为我们研究希腊世界边缘地区定居地的空间使用提供了信息（Gill, 2004）。在图像术语中，女性在艺术尤其是在雕像中的形象，为性别研究提供了材料。比如，位于土耳其西部克尼多（Knidos）圆形庙宇中的一尊由伯拉克西特列斯（Praxiteles）完成的公元前4世纪的阿芙洛狄忒雕像，就使学者提出了这样的问题：当时的人如何看待这一女性裸体？

新的途径与方法正帮助我们解释古典世界丰富的考古、碑铭及文学资料。

参考文献

Amyx, D. A. 1988. *Corinthian vase-painting of the Archaic Period*. Berkeley: University of California Press.

Andronikos, M. 1980. The royal tombs at Vergina: A brief account of the excavations. In *The search for Alexander*. New York: New York Graphic Society.

Ashby, Thomas. 1927. *The Roman Campagna in classical times*. London: Benn.

Beard, Mary. 2000. *The invention of Jane Harrison*. Revealing Antiquity 14. Cambridge: Harvard University Press.

Beazley, J. D. 1947. *Etruscan vase painting*. Oxford: Clarendon.

Blanck, H., and G. Proietti. 1986. *La Tomba dei Rilievi di Cerveteri*. Rome: De Luca.

Boardman, John. 1955. Painted funerary plaques and some remarks on prothesis. *Annual of the British School at Athens* 50: 51–66.

———. 1974. *Athenian black figure vases: A handbook*. London: Thames & Hudson.

———. 1975. *Athenian red figure vases, the Archaic Period: A Handbook*. London: Thames & Hudson.

———. 1980a. *The Castle Ashby vases. Greek, Etruscan, and South Italian Vases from Castle Ashby*. Christie's, July 2, 1980.

———. 1980b. *The Greeks overseas: Their early colonies and trade*. London: Thames & Hudson.

———. 1989. *Athenian red figure vases, the Classical Period: A handbook*. London: Thames & Hudson.

Bothmer, Dietrich, von. 1985. *The Amasis painter and his world: Vase-painting in sixth-century BC Athens*. London: Thames & Hudson.

———. 1987a. *Greek vase painting*. New York: Metropolitan Museum of Art.

———. 1987b. Greek vase painting: 200 years of connoisseurship. In *Papers on the Amasis painter and his world*, 184–205. Malibu, CA: J. Paul Getty Museum.

Camp, J. M. 1986. *The Athenian agora: Excavations in the heart of classical Athens*. London: Thames & Hudson.

Carratelli, Giovanni Pugliese (ed.). 1996. *The western Greeks*. Venice: Bompiani.

Carter, J. 1972. The beginning of narrative art in the Greek geometric period. *Annual of the British School of Athens* 67: 25–58.

Catling, H. W. 1988–1989. Archaeology in Greece, 1988–98. *Archaeological Reports* 35: 3–116.

Chippindale, Christopher, and David W. J. Gill. 2000. Material consequences of contemporary classical collecting. *American Journal of Archaeology* 104: 463–511. www.ajaonline.org/issues/chippindale_christop.html.

Chippindale, Christopher, David W. J. Gill, Emily Salter, and Christian Hamilton. 2001. Collecting the classical world: First steps in a quantitative history. *International Journal of Cultural Property* 10(1): 1–31.

Cohen, B. 1970–1971. Observations on coral-red. *Marsyas* 15:1–12.

Coldstream, J. N. 1977. *Geometric Greece*. London: Methuen.

Cook, R. M., and P. Dupont. 1998. *East Greek pottery*. London: Routledge.

Elsner, J. 1990. Significant details: Systems, certainties, and the art-historian as detective. *Antiquity* 64: 950–952.

Foxhall, Lin, David W. J. Gill, and Hamish Forbes. 1997. The inscriptions of Methana. In Christopher Mee and Hamish Forbes, eds., *A rough and rocky place: The landscape and settlement history of the Methana Peninsula, Greece*, 269–277. Liverpool: Liverpool University Press.

Francis, E. D. 1990. *Image and idea in fifth-century Greece: Art and literature after the Persian wars*. London: Routledge.

Gill, David W. J. 1986. Classical Greek fictile imitations of precious metal vases. In Michael Vickers, ed., *Pots and pans: A colloquium on precious metals and ceramics in the Muslim, Chinese, and Graeco-Roman worlds*, 9–30. Oxford Studies in Islamic Art 3. Oxford: Oxford University Press.

———. 1988. Expressions of wealth: Greek art and society. *Antiquity* 62: 735–743.

———. 1990. "Ancient fictile vases" from the Disney collection. *Journal of the History of Collections* 2(2): 227–231.

———. 1991. Pots and trade: Spacefillers or objets d'art. *Journal of Hellenic Studies* 111: 29–47.

———. 1999. Winifred Lamb and the Fitzwilliam Museum. In *Classics in 19th and 20th century Cambridge: Curriculum, culture, and community*, 135–156. Supplementary volume 24. Cambridge: Cambridge Philological Society.

———. 2004a. John Disney. In *The new dictionary of national biography*. Oxford: Oxford University Press.

———. 2004b. Henry Stuart-Jones. In *The new dictionary of national biography*. Oxford: Oxford University Press.

———. 2004c. "Euesperides: Cyrenaica and its contacts with the Greek world." In Kathryn Lomas, ed., *Greek identity in the western Mediterranean: Papers in honour of Brian Shefton*, 391–410. Leiden: Brill.

Gill, David W. J., and Christopher Chippindale. 1993. Material and intellectual consequences of esteem for Cycladic figures. *American Journal of Archaeology* 97(4): 601–659.

Gill, David W. J., and Michael Vickers. 1990. Reflected glory: Pottery and precious metal in classical Greece. *Jahrbuch des Deutschen Archäologischen Instituts* 105: 1–30.

Gombrich, Ernst H. 1960. *Art and illusion: A study in the psychology of pictorial representation*. Oxford: Phaidon.

Hamilton, William. 1791–1795. *Collection of engravings from ancient vases mostly of pure Greek workmanship discov-*

ered in sepulchres in the Kingdom of the Two Sicilies, but chiefly in the neighbourhood of Naples during the course of the years MDCCLXXXIX and MDCCLXXX: Now in the possession of Sir Wm. Hamilton, His Britannic Maiestaty's Envoy Extry. and Plenipotentiary at the Court of Naples, with remarks on each vase by the collector. Naples: Wm Tischbein.

Hampe, Roland, and Erika Simon. 1980. The birth of Greek art from the Mycenaean to the Archaic period. London: Thames & Hudson.

D'Hancarville, P. 1768–1776. Collection of Etruscan, Greek, and Roman antiquities from the cabinet of the Hon. W. Hamilton, His Brittannick Majesty's Envoy Extraordinary and Plenipotentiary at the Court of Naples. Naples.

Hawkins, J. D. 1984. The Syro-Hittite states. In John Boardman, ed., Cambridge Ancient history: Plates to volume III. Cambridge: Cambridge University Press.

Hoffmann, H. 1988. Why did the Greeks need imagery? An anthropological approach to the study of Greek vase painting. Hephaistos 9: 143–162.

Hope Simpson, R. 1957. Identifying a Mycenaean site. Annual of the British School at Athens 52: 231–259.

———. 1965. A gazetteer and atlas of Mycenaean sites. Bulletin of the Institute of Classical Studies supplement 16. London: Institute of Classical Studies.

Hope Simpson, R., and John Lazenby. 1970. The catalogue of ships in Homer's Iliad. Oxford: Clarendon.

Immerwahr, Henry R. 1990. Attic scripts: A survey. Oxford: Clarendon.

Jenkins, Ian. 1992. Archaeologists and aesthetes in the sculpture galleries of the British Museum, 1800–1939. London: British Museum Press.

Jenkins, Ian, and Kim Sloan. 1996. Vases and volcanoes: Sir William Hamilton and his collection. London: British Museum Press.

Johnston, Alan W. 1979. Trademarks on Greek vases. Warminster: Aris & Phillips.

Jones, J. E., L. H. Sackett, and A. J. Graham. 1962. The Dema house in Attica. Annual of the British School at Athens 57: 75–114.

Kurtz, D. C. 1975. Athenian white Lekythoi: Patterns and painters. Oxford: Clarendon.

Kurtz, D. C. (ed.). 1989. Greek vases; Lectures by J. D. Beazley. Oxford: Clarendon.

71 Kurtz, D. C., and J. D. Beazley. 1983. The Berlin painter. Oxford: Clarendon.

Levine, Phillipa. 1986. The amateur and the professional: Antiquarians, historians, and archaeologists in Victorian England, 1838–1886. Cambridge: Cambridge University Press.

Ling, R. 1991. Roman painting. Cambridge: Cambridge University Press.

The Louvre. 1990. Euphronios: Peintre Athènes au VIe siècle avant J.-C. Paris: Réunion des musées nationaux.

McDonald, William A., and George R. Rapp Jr. (eds.). 1972.

The Minnesota Messenia expedition: Reconstructing a Bronze Age regional environment. Minneapolis: University of Minnesota Press.

Marazov, Ivan (ed.). 1998. Ancient gold: The wealth of the Thracians. Treasures from the Republic of Bulgaria. New York: Abrams.

Mee, Christopher, and Hamish Forbes (eds.). 1997. A rough and rocky place: The landscape and settlement history of the Methana Peninsula, Greece: Results of the Methana Survey project sponsored by the British School at Athens and the University of Liverpool. Liverpool: Liverpool University Press.

Morgan, C. 1990. Athletes and oracles. Cambridge: Cambridge University Press.

Morris, Ian, 1987. Burial and ancient society. Cambridge: Cambridge University Press.

———. 1992. Death-ritual and social structure in Classical Antiquity. Cambridge: Cambridge University Press.

Morris, Ian (ed.). 1994. Classical Greece: Ancient histories and modern archaeologies. New Directions in Archaeology. Cambridge: Cambridge University Press.

Nevett, Lisa C. 1999. House and society in the ancient Greek world. New Studies in Archaeology. Cambridge: Cambridge University Press.

Nicholls, R. V. 1970–1971. Recent acquisitions by the Fitzwilliam Museum. Archaeological Reports 17: 68–76.

Noble, J. V. [1965] 1988. The techniques of painted Attic pottery. Rev. ed. New York: Watson-Guptil.

Osborne, R. G. 1988. Death revisited; death revised: The death of the artist in Archaic and Classical Greece. Art history 11: 1–16.

———. 1998. Archaic and Classical Greek art. Oxford: Oxford University Press.

Pedley, J. G. 1990. Paestum: Greeks and Romans in southern Italy. London: Thames & Hudson.

Piotrovsky, B., L. Galanina, and N. Grach. 1987. Scythian art. Oxford: Phaidon.

Potter, T. W. 1979. The changing landscape of South Etruria. London: Elek.

Pritchett, W. K. 1956. The Attic stelai, part II. Hesperia 25: 178–328.

Ramage, N. H. 1990. Sir William Hamilton as collector, exporter, and dealer: The acquisition and dispersal of his collections. American Journal of Archaeology 94: 469–480.

Renfrew, Colin, and Malcolm Wagstaff. 1982. An island polity: The archaeology of exploitation in Melos. Cambridge: Cambridge University Press.

Richter, G. M. A. 1970. Kouroi: Archaic Greek youths. A study of the development of the kouros type in Greek sculpture. London: Phaidon.

Robertson, M. 1975. A history of Greek art. Cambridge: Cambridge University Press.

———. 1992. The art of vase-painting in classical Athens. Cambridge: Cambridge University Press.

———. 2004. Beazley, Sir John Davidson (1885–1970). In

H. C. G. Matthew and Brian Harrison, eds., *Oxford dictionary of national biography*. Oxford: Oxford University Press.

Schaus, G. P. 1986. Two Fikellura vase painters. *Annual of the British School at Athens* 81: 251–295.

Snodgrass, A. M. 1987. *An archaeology of Greece: The present state and future scope of a discipline*. Berkeley: University of California Press.

———. 1998. *Homer and the artists: Text and picture in early Greek art*. Cambridge: Cambridge University Press.

———. 2000. *The Dark Age of Greece: An archaeological survey of the eleventh to the eighth centuries BC*. Edinburgh: Edinburgh University Press.

Sparkes, B. A. 1968. Black Perseus. *Antike Kunst* 11: 3–16.

———. 1991. *Greek pottery: An introduction*. Manchester: Manchester University Press.

———. 1996. *The red and the black: Studies in Greek pottery*. London: Routledge.

Stuart-Jones, Henry. 1895. *Select passages from Ancient writers illustrative of the history of Greek sculpture*. London: Macmillan.

Tarquinia, Museo Nazionale. 1986. *Pittura Etrusca; Disegni e Documenti del XIX Secolo dall'archivio dell'Istituto Archeologico Germanico*. Rome: De Luca.

Toynbee, Arnold Joseph. 1969. *Experiences*. New York: Oxford University Press.

Trendall, A. D. 1989. *Red figure vases of south Italy and Sicily: A handbook*. London: Thames & Hudson.

Vickers, M. 1984. The influence of exotic materials on Attic white ground pottery. In H. A. G. Brijder, ed., *Ancient Greek and related pottery*. Amsterdam: Allard Pierson Museum.

———. 1985a. Artful crafts: The influence of metalwork on Athenian painted pottery. *Journal of Hellenic Studies* 105: 108–128.

———. 1985b. Greek and Roman antiquities in the seventeenth century. In O. Impey and A. MacGregor, eds., *The origins of museums: The cabinet of curiosities in sixteenth- and seventeenth-century Europe*. Oxford: Clarendon.

Vickers, M. (ed.). 1986a. *Pots and pans: A colloquium on precious metals and ceramics in the Muslim, Chinese, and Graeco-Roman worlds*. Oxford Studies in Islamic Art 3. Oxford: Oxford University Press.

———. 1986b. Silver, copper, and ceramics in ancient Athens. In *Pots and pans: A colloquium on precious metals and ceramics in the Muslim, Chinese, and Graeco-Roman worlds*, 137–151. Oxford Studies in Islamic Art 3. Oxford: Oxford University Press.

———. 1986–1987. Imaginary Etruscans: Changing perceptions of Etruria since the fifteenth century. *Hephaistos* 7–8: 153–168

———. 1987. Value and simplicity: Eighteenth-century taste and the study of Greek vases. *Past and Present* 116: 98–137.

———. 1990. Golden Greece: Relative values, minae, and temple inventories. *American Journal of Archaeology* 94: 613–625.

Vickers, M., and D. W. J. Gill. 1994. *Artful crafts: Ancient Greek silver and pottery*. Oxford: Clarendon.

Waterhouse, Helen. 1986. *The British School at Athens: The first hundred years*. British School at Athens supplementary volume 19. London: Thames & Hudson.

Webster, T. B. L. 1955. Homer and Attic geometric vases. *Annual of the British School at Athens* 50: 38–50.

Weiss, R. 1969. *The Renaissance discovery of Classical antiquity*. Oxford: Blackwell.

Whitley, J. 1991. *Style and society in Dark Age Greece*. Cambridge: Cambridge University Press.

第6章 马克思主义

兰德尔·H. 麦圭尔

（Randall H. McGuire）

> 动物遗骸的结构对于认识已经绝种的动物的机体有重要的意义，劳动资料的遗骸对于判断已经消亡的经济的社会形态也有同样重要的意义。各种经济时代的区别，不在于生产什么，而在于怎样生产，用什么劳动资料生产。劳动资料不仅是人类劳动力发展的测量器，而且是劳动借以进行的社会关系的指示器。
>
> ——卡尔·马克思《资本论》
>
> （Karl Marx, *Capital*）

马克思主义是一种丰富的思想传统，这种传统源于卡尔·马克思的思想，在过去一百多年里逐渐成熟、发展与成长。就像有关人类与社会的其他宏大理论一样，马克思主义也已包括众多不同的观点，有来自其他理论的视角，同时，它对该传统之外的人来说也是灵感的源泉。像其他的宏大理论一样，它也曾遭到曲解与加工，成为满足险恶用心的工具。对于一般意义上的社会科学、特殊意义上的考古学来说，这一传统是有关文化变化性质的思想、概念、理论与视角的丰富源泉。

卡尔·马克思认识到了考古学的潜力，即它能够在经济活动与其社会条件方面有助于我们理解已经消失的古代社会。不论是马克思本人还是他的同事恩格斯都没有把这种潜力发展为马克思主义考古学，这部分是因为19 世纪末考古学还不是一门成熟的学科。马克思主义的考古学方法在很大程度上是 20 世纪最后三十年的产物。我对于这个理论的关注来自我作为一名英语圈考古学家的视角，属于主要研究盎格鲁-美国的考古学的传统。第二次世界大战后，欧洲、拉丁美洲、美国形成了一种独特的西方马克思主义（McGuire, 1992a）。本章主要关注英语圈与西班牙语圈考古学中的西方马克思主义，同时会简要提及欧洲前社会主义国家考古学中的马克思主义理论。

马克思主义

> 不同人根据他们不断改变的需要进行阐释，迄今为止，马克思的思想就这么存在着。
>
> ——Sayer, 1987: ix

马克思并没有给我们留下"马克思主义"一词——他活着的时候还没有这个词。马克思主义源于马克思的思想，但是这一研究传统是通过学术研究逐渐发展成熟的。现在，马克思主义并不是一种统一的、教条主义的社会理论，并不是可以直接扔到我们经验的购物车中，或是用几句精练的语言就能打发的。相反，它是一种思想传统、一种哲学、一种能够产生许多理论的理论生产模式。在整个 20 世纪中，研究者发展出多种多样的马克思主义流派，它们通常与西方社会思潮的主要趋势同步发展。当然，这些理论总是源于马克思，最后又回到马克思。马克思为了构建出一种批判资本主义的理论，深入思考了社会生活的基本问题。他的方式是试验性的，发展变化的，同时常常又是充满悖论的。现代社会科学家无法回避这些问题，就像生物学家反复回到达尔文一样，社会科学家反复回到马克思。

马克思主义是许多东西。它是一种了解世界的方式、一种对世界的批评、一种改变世界的手段。所有既成的马克思主义方法都结合了这三个目标，其间存在的张力警告我们应该避免成为贫乏的经院哲学、虚无主义的怀疑论，或是政治上自我服务的妄想。研究马克思主义方法，可以根据它们如何权衡这些目标以及它们如何让这三个目标彼此联系来进行区分，还可以就它们对与之竞争的其他马克思主义方法的容忍程度来进行区分（Trigger, 1995）。

74　　　　研究考古学的马克思主义方法始于马克思（1906）的政治经济学研究。马克思将其作为一种对资本主义的批判来发展。他的政治经济学方法是一种原创的完整方法，具有其自身的逻辑、理论与方法，也就是辩证的逻辑、有关资本主义的理论和阶级分析的方法。这个方法运用这一逻辑、理论与方法来研究作为整体的社会的发展。马克思主义政治经济学侧重于研究生活条件的历史真实，以及这些生活条件如何生产与如何成为社会行动的产品。

并没有一种简单或确定无疑的定义辩证法的方式，关于辩证法性质的不同认识确定了马克思主义思想的差别。不过，仍有少数原理是大多数定义中都会有的。辩证法把社会看作一个整体。社会是一个相互关联的复杂网络，其中任何实体的存在都要通过与存在的其他实体的关系才能确定。正如没有学生也就不会有老师，每种社会实体之所以能够存在，是因为其对立面同时存在。如果相互关联瓦解，那么对立面也会消失或是转化为其他的东西。出于同样的理由，原因不能独立于结果而存在，没有变量是独立存在的。社会世界本来就有一种规律，因为世界任何的局部变化都会改变关系的整体形态，所有组成因素都永远处于变化中。

辩证法中构成社会整体的实在之间并不总是和谐相处的。它们之间可能和谐，但是从这些功能关系中不会发现变化的动力。相反，变化的动力来自关系的矛盾，而矛盾源于社会类别需要对立面的存在，并由其对立面确定。因此，奴隶制同时确定奴隶主与奴隶。一个存在，另一个必然也存在，但是两者是相对的，本身可能存在冲突。在共同的历史背景中，他们各自有相反的利益以及不同的生活经验。这些关系的变化不是简单的质变或量变。量变可能导致质变，而质变必然意味着存在量变。源自关系矛盾的冲突可能导致这些关系产生量变，并积累成质变。奴隶反叛可能导致奴隶主采取越来越严格的纪律，因此也增强了奴隶的反抗，最终奴隶制被推翻。产生于这种质变的社会关系是一种新旧事物的混合；旧的社会形式被改造，而非被替代。

在构建资本论的过程中，马克思发现有必要先理清有关人类社会与人类境况的基本问题。马克思认为，人类历史的最终决定因素是生产以及人的再生产（Marx and Engels, 1977: 75）。他还认为社会生产力的发展既可能导致现实生活的量变，也可能导致质变。不过，马克思的目标并非创建一种有关人类历史的宏大理论，而是理解、批判与改造资本主义。考古学家可以从马克思有关人类境况与历史变化性质的认识中找到许多有用的东西，但是考古学家在运用这些理论时，尤其是将其用于非资本主义社会时，需要对其进行批评与创造。

马克思主义最终依赖于"历史"这个概念。对马克思来说，历史创造了社会行动的背景条件，但历史同时被创造。历史的创造关系到文化、身份认同和阐释，因此为人们提供了一种可能——对他们自身的社会行动保持清醒的意识。

马克思的理论构建始于社会观察，劳动过程是人类存在的必要条件（Marx, 1906: 197-207）。人们费力工作，改造与控制自然。不过，劳动的含义不只是工作，因为人类劳动以社会关系网以及组织能量消费的意义为先决条件。劳动是有意识的行动。人们在生产之前需要想一下他们要生产什么（Marx, 1906: 198）。

马克思跟同时代的许多人一样采用了劳动的价值理论——对价值的基本衡量就是改造自然制成商品所需要的劳动。由于劳动是由社会决定的，因此价值就表现为采取特定历史劳动方式的人们之间的社会关系。在群体关系中，生产者收到其劳动的全部价值。有些人有能力从初级生产者那里获取剩余产品，他们不需要交换或回报有同等价值的东西，此时剥削就产生了。马克思把剩余价值的社会形式看作确定一个社会的性质的主要特征。当精英个体通过直接或强制手段如进贡与奴役获取剩余价值时，原始积累便会形成。资本主义社会的雇佣劳动关系模糊了剩余价值的获取。

马克思把人们用以改造自然的物品叫作生产工具。劳动过程因此总是包括三个因素：（1）社会性的有意识的人；（2）自然（原材料）；（3）生产工具。劳动过程的产品包含了社会关系以及作为其存在条件的组成部分的意识。

通过劳动过程，社会关系、文化、观念、意义，乃至人类的整体境况真正体现出来；也就是说，现实生活的生产与再生产过程发挥了物质的（具体的）作用（Roseberry, 1989: 26）。劳动过程体现在人的感官可以感受到的所有东西上，包括倾听、观看、品尝、触摸和嗅闻（语言、音乐、文字、艺术、礼节、习惯、食物、饮品、器物、建筑、仪式等）。这些东西包括被考古学家称为物质文化的东西。马克思主义考古学因此把物质文化看作社会有意识劳动的产物，并且将其作为世界物质条件的组成部分来组织劳动。换句话说，人们通过社会劳动生产物质文化，但是物质文化一旦被生产出来，就既能促进也能限制现实生活的生产与再生产。物质象征与自然物质的意义辩证地与社会行动者联系在一起。

马克思与恩格斯（1970）以生产方式来描述生产力发展的特征。他们在各种著作中确定了人类历史上曾经存在的不同生产方式。不过，他们的研究还是侧重于资本主义的生产方式，他们研究其他的生产方式也是为了弄清楚资本主义发展的历史过程（Bloch, 1983: 1-20）。生产方式由生产力与生产关系组成。生产力包括生产手段（生产工具、原材料、技术知识、劳动的技术组织、劳动技能）和劳动力（人）。生产关系是人们进入生产与再生产的社会关系。传统上，马克思主义强调与商品生产直接关联的财产关系之类的关系。另外一些马克思主义者采用更广泛的生产关系概念，指包括性别、亲属关系、种族等在内的所有社会关系。

马克思与恩格斯（1970）用建筑来比喻——基础与上层建筑，由此提出其思想：一个社会的生产方式（经济基础）决定其政治形式、社会意识、信仰结构与意识形态（上层建筑）。更强调唯物主义的马克思主义承认经济基础与上层建筑之间存在辩证的关系，但是认为最终还是经济基础决定上层建筑（Engels, 1954）。这些唯物主义观点倾向于把生产力与生产关系之间的矛盾看作生产方式发生革命性变化的主要动力。这样的革命将导致经济基础与上层建筑的矛盾，改变社会的意识形态。另外一些马克思主义者提出，经济基础不是上层建筑的首要影响或决定因素，因为两者相辅相成。因此，变化的来源在于经济基础与上层建筑的辩证关系，两者不是非此即彼的（Ollman, 1971, 1993; Sayer, 1987）。

阶级概念是马克思主义的中心。阶级指的是由历史形成的人群，也是历史发展的动力（阶级冲突），以及马克思主义阶级分析方法的起点。早期资本主义的阶级结构与该社会的阶级斗争形成了马克思、恩格斯有关阶级概念的标志。在抽象意义上，阶级指的是与生产手段存在不同关系的社会群体，通过获取剩余产品，一个阶级能够剥削另一个阶级。这些与生产手段相关联的性质基于生产方式而有所不同。不过，阶级从来都不是抽象的，而只存在于具体历史情境中。在具体情况中，马克思主义者把阶级关系看作一种本来就存在冲突的过程。统治阶级总是寻求对被统治阶级的剥削的最大化，而被统治阶级则会反抗剥削。阶级冲突或阶级斗争推动历史的变化。要研究阶级斗争，马克思主义者首先要识别一个历史状况的阶级结构、不同阶级的利益以及阶级划分。然后，他们分析在特定历史状况中阶级斗争如何发挥作用（Marx, 1978）。

阶级来自剩余产品背后关系的运作。剩余产品存在于社会关系中，一个社会群体（统治阶级）能够从初级生产者（被统治阶级）那里获取产品。这样的关系不是在任何时候、任何地方都存在的，而是到人类历史相对晚近时期才出现的。这一事实导致某些马克思主义者对史前时代产生了一种浪漫主义的平均主义社会观点，进而认为应该抛弃以阶级分析作

76

为研究古代社会的方法（Engels, 1972; Bloch, 1983）。在 20 世纪七八十年代，许多人类学家指出研究者应该运用阶级分析来研究矛盾、斗争、社会关系、意识形态等与年龄、性别、亲属关系之间的关系，只要我们承认这些关系的变化过程跟阶级的变化过程不同（Diamond, 1974; Godelier, 1977, 1986; Meillassoux, 1981; Wolf, 1982; Bloch, 1983）。这导致某些考古学家也开始探讨可以运用阶级分析来研究的史前利益群体（Gilman, 1984）。

马克思主义政治经济学采用一种整体的方法研究人类历史——它是反还原论的。它反对把现实生活还原成不同部分（文化、经济、政治、社会或历史等），以及发展不同的理论来解释这些部分。辩证法的逻辑强调社会必须被作为一个相互关联的整体来研究，而且人们体验与参与社会是整体式的，而不是逐个部分的。因此对考古学来说，离开作为整体的马克思主义就不存在马克思主义方法。马克思主义考古学反对考古学需要构建自身独立理论的看法。

马克思主义与考古学

在考古学中应用马克思主义应该立足于它如何帮助考古学家更好地理解真实的人类历史（Trigger, 1995: 325）。考古学家应该追问：马克思主义如何帮助我们了解有关人类过去究竟发生了什么？马克思主义如何让我们批评当代社会的现实以及我们处在其中的位置？马克思主义如何促进世界上人们的行动？马克思主义通过辩证逻辑、社会发展理论与实践对之进行了阐述。

辩证法帮助考古学家摆脱了考古学理论争论中的许多对立的观点，除此之外，辩证法为我们研究变化提供了一种方法。这些对立的观点包括科学与人文、客观与主观、物质与意识、进化与历史等。辩证法让我们研究这些观点如何相互关联，而不是视对方为不可解决的难题。研究者与他们所研究的社会世界相互关联，因此他们需要批判地研究自身在这个社会中所扮演的角色。辩证法作为一种研究变化的方法，同时强调人类社会的相互关联性；但是不像系统论的方法，辩证法从形成社会的矛盾的角度来研究相互关联性。这些矛盾是文化变化的源泉，文化变化内在于社会，来源于现实生活的社会关系。

马克思主义是一种研究文化变化的丰富的概念来源，对考古学来说具有实践价值。马克思的基本观察常常有点模糊，许多研究者根据其所处时代的经济发展条件进行了不同的阐释。这种富有成果的学术传统产生了丰富的有关人类历史的理论、概念、思想与视角。马克思的研究侧重于社会性劳动在现实生活的生产与再生产中所发挥的作用，他还认识到这些社会关系以多样的方式（包括通过物质文化）体现出来，这正好与考古学的长处一致（Shanks and McGuire, 1996）。因此，考古学家柴尔德（1944:1）强调，物质文化反映并参与产生它的社会关系，我们因此能够运用物质文化来研究社会关系。

马克思主义同时是一种实践理论。实践指理论意义上的实践（或称能动性）。实践是人们改造世界及自身的活动。马克思主义的最终目标就是改造人们与社会的实践。作为一个辩证的概念，实践意味着，我们作为学者，以及在更广泛意义上作为社会存在，能动性必须立足于人的自由创造能动性与人类存在的（即具体的）物质条件的相互关联。

考古学家在研究中探索与运用各种马克思主义理论方法。鉴于采用马克思主义立场的学者的数量较少，其多样性格外让人关注。下文将进一步讨论这种多样性的历史发展，以及欧美马克思主义考古研究的现状。尽管西方考古学中马克思主义方法存在着丰富的多样性，但是所有或大部分方法中还是存在一些共同的原理的（Spriggs, 1984; Trigger, 1984; McGuire, 1992a）。

（1）所有研究者都承认马克思是主要的思想奠基人，并在研究中将其著作当作研究的起点，而非终点。所有人都加入了一个更庞大的马克思主义思想传统与研究群体，这个传统已经超越了马克思著作覆盖的范围。

（2）所有人在某种程度上都主张辩证法。这一视角反对线性的因果解释。他们发现，对历史的解释取决于社会的关联性，历史变化路径是复杂的、弯曲的，常常还可能倒退。

（3）所有人都努力用相似的理论框架来解释社会文化变迁。这一框架把社会关系看作我们研究的核心，并努力打破困扰我们研究的对立，也就是唯心主义与唯物主义、科学与人文、进化与历史、相对论与决定论之间的对立。

（4）所有人在研究中都需要创造性地运用马克思主义，尤其是对研究非资本主义社会的考古学家而言。所有人都需要从新的视角来阅读马克思，让自己的研究更符合现代资本主义的实际情况。

（5）所有人都视社会为一个整体—— 一个最终需要这么来理解的整体。他们都反对为了更好地理解社会过程而把社会现象还原为若干组成部分，然后分别研究这些部分。因此，他们常常对当代学术研究的学科边界划分深感不满。

（6）所有人都强调矛盾与冲突是人类社会的关键特征，并且是社会变化的内因。因此，他们反对功能主义，而功能主义观点认为可以通过研究社会如何适应环境来充分理解社会现象。

（7）所有人都采用以人为中心的历史观，强调历史过程中人类行动或实践的重要作用。因此，他们反对任何形式的（环境的、物质的或技术的）决定论，反对那种认为抽象知识可以脱离人类行动而存在的观点。

（8）所有人都承认我们有关过去的知识都是在一定的社会政治条件下形成的。他们承认人们创造的知识并不只是对过去现实的反映。同样，他们也承认存在真正的过去，我们有关过去的知识必须包含这样的真实。考古学家不能篡改历史以符合我们当代的政治与社会目的。

（9）所有人都认为现代资本主义主导世界的权力关系与结构不公正，对人有害。所有人都主张某种形式的社会主义，以替代现代资本主义。

马克思主义考古学观点的多样性部分缘于马克思主义考古学方法在西方是相对晚近才发展起来的。总的说来，从20世纪70年代开始才有一些考古学家明确表示采用马克思主义理论（Spriggs, 1984: 7），从90年代开始才有院系培养出了一定数量的采用马克思主义考古学方法的博士。这意味着大部分马克思主义考古学家都是自己独立发展而来的，与其考古学训练无关。他们从不同来源接触到马克思主义，给考古学带来了思想传统本身存在的理论多样性。

马克思主义考古学史

西方考古学中的马克思主义是一种隐藏的存在。自20世纪40年代以来，马克思主义思想传统深刻地影响到了西方考古学，但是这种影响很少得到公开承认。在20世纪50年代，英美考古学者如果公开采用马克思主义的话，就有可能受到骚扰、失去资助，或是遭到解雇。在其他地方，如西班牙以及拉美各国，公开接触马克思主义可能导致监禁或死亡。在 20 世纪二三十年代，苏联明确表示要发展马克思主义考古学，但是除了著名的柴尔德之外，很少有其他西方学者了解。在 20 世纪 60 年代，美国新考古学就受到了马克思主义的深刻影响，但是在很大程度上没有得到承认。20 世纪 70 年代，在欧洲部分地区与拉美各国，马克思主义成为一种主要的考古学理论方法，少数英语圈的考古学家也采用了这种理论。直到 20 世纪 80 年代，随着考古学的多样化发展，马克思主义在英语圈的考古学家中才成为一种有意义的存在。

马克思与恩格斯

马克思与恩格斯研究原始社会的观念。其中最著名的著作是《家庭、私有制和国家的起源》（1972）。恩格斯后来还发表了一篇篇幅较短的作品《劳动在从猿到人转变过程中的作用》（1972）。在后一部作品中，恩格斯提出，劳动把人与自然的关系确定为与人类社会关系相互依赖。《经济学手稿》（1993）含有马克思未发表的许多有关前资本主义生产方式的笔记与观察。马克思与恩格斯研究前资本主义生产方式，是为了证明资本主义的关系并不是从来就有或普遍的，因此是可以改变的。他们定义了"原始共产主义"，将之视为早期人类社会共同的生产手段，并且认为这是社会的基本属性（Trigger, 2003）。

当然，马克思与恩格斯对考古学只有基本的了解。他们知道在洞穴里发现了史前时代的人工制品，以及考古学家已经发掘了近东的古代城市（Kohl, 1983: 25）。马克思（1908: 200）称赞考古学家根据物质生产将欧洲史前史区分为三个时代（石器时代、青铜时代、铁器时代），嘲笑当时的历史著作忽视了这方面的进展。马克思与恩格斯承认考古材料可以被用来了解古代社会。他们认为了解过去的关键在于一个事实，即器物与工具体现了人类劳动，因此可以被看作劳动所必需的社会条件的标志（Marx, 1908: 200）。不过，在马克思与恩格斯所生活的时代，考古学才刚刚出现，真正的马克思主义考古学直到 20 世纪 20 年代才在苏联诞生。

苏联考古学

1918 年，苏俄成为第一个社会主义国家，到 1945 年，独具特色的苏联考古学发展起来。从 1924 年开始，苏联考古学家从类型学、年代学、传播与迁徙研究转向史前社会组织与社会变化研究（Trigger, 1989: 223-228）。他们开展广泛的发掘来揭示房址，发展方法来证明这样的房址代表母系家庭。这种转变的许多方面类似于 40 年后美国新考古学的研究兴趣（Klejn, 1977）。随着斯大林的权力在苏联的巩固，考古学家不得不屈从于其进化阶段的教条观点。这严重限制了苏联考古学的发展，但在这个约束范围内，考古学家强调内在的社会变化规律，对人类的创造性感到乐观，明确地反对种族主义（Trigger, 1989: 227）。20 世纪 30 年代后期，一个新的兴趣——民族形成研究发展起来，研究民族是如何形成与变化的（Bulkin et al., 1982: 277）。在第二次世界大战中，苏联考古学跟苏联社会的其他方面一样，遭遇了严重的损失。许多重要的考古学家死于列宁格勒的围困、前线或是战时俘虏营（Klejn, 1993: 140）。

苏联寻求建立一种能够服务于马克思列宁主义官方意识形态的考古学。克莱恩（Klejn, 1993: 110）曾指出，苏联考古学无论是在严格的马克思主义意义上，还是在仅仅运用马克思主义理论的意义上，都不是真正的马克思主义考古学。当然，考古学家为了迎合国家的需要，不得不在官方承认的内容中寻章摘句，不过国家还是容许一定程度的创造与思想原创（Klejn, 1993: 125-138）。通过这样的方式，苏联考古学家发展了一系列研究主题，包括族属起源研究、记录考古材料的严格方法的构建研究、材料的技术分析方法研究、社会组织研究，以及社会与环境的关系研究。苏联考古学在许多方面领先于英美过程考古学或与英美过程考古学同步发展。少数突出的例外，如谢苗诺夫（S.A.Semenov, 1964）在石器使用痕迹方面的开创性研究，基本没有直接影响到英美考古学。当然，同步发展并非巧合，其源头至少可以部分追溯到柴尔德的研究。

戈登·柴尔德

柴尔德可能是 20 世纪英语圈中被引用率最高的考古学家，也是西方第一个采用马克思主义理论的考古学家。一直到 20 世纪 30 年代中期，他的欧洲史前史研究还是强调传播与迁徙，以抵消德国及其他地方的种族主义理论的影响——这些地方的法西斯考古学日益猖獗（Arnold, 1990）。1935 年，他访问了苏联。他后来出版了一系列著作（Childe, 1946, 1951），体现了他在欧洲史前史研究方面的马克思主义视角。这一视角包括多线进化理论，按照这种理论，技术变化会导致社会、政治与经济变化。柴尔德把考古学看作检验与厘清马克思有关人类历史长期发展规律的认识的手段。他批评苏联考古学家提前假定他们需要去证明的东西的做法（Childe, 1951: 28-29）。第二次世界大战后，柴尔德摆脱苏联考古学，把斯大林主义看作"歪曲的马克思主义"（Childe, 1989: 15-17）。他回到了马克思本身，阅读马克思哲学，这方面的研究兴趣催生了他最理论化的著作（Childe, 1956）。在这些后期的著作中，他研究什么是知识，以及考古学家是如何创造知识的。1957 年，他在澳大利亚去世。

美国

在 20 世纪 50 年代参议员麦卡锡得势的时期，美国知识界遭遇了前所未有的寒冬，联邦政府积极压制公众与学术领域讨论社会主义。非美活动调查委员会的疯狂活动让美国学者不敢参加欧洲大陆的理论争论——那里已经发生了明显的马克思主义转向。在英国，保守党攻击社会主义思想者与研究者，但不像在美国那么成功。格林·丹尼尔（Glyn Daniels, 1951: xiii）在《人类创造了自身》美国第一版的序言中被迫否认柴尔德是"彻底的马克思主义者"。

在 20 世纪五六十年代，英美考古学转向了许多与苏联考古学同步发展的主题，但是没有明显证据显示它受到了苏联考古学或马克思主义的影响。不论是英国还是美国，考古学都转向了生态学研究，如格雷厄姆·克拉克（1954）的 Star Carr 遗址研究与戈登·威利（1953）的 Viru 河谷聚落形态研究。美国的朱利安·斯图尔德的文化生态学为这方面的研究提供了理论基础。芝加哥大学东方研究所的罗伯特·布雷德伍德（Robert Braidwood）受柴尔德的启发，开始研究近东新石器革命的起源。布雷德伍德的学生罗伯特·麦考密克·亚当斯（Robert McCrormick Adams, 1966）在近东与美索不达米亚城市革命的经典研究中参考了斯图尔德、柴尔德与苏联亚述学家伊戈尔·季亚科诺夫（Igor Diakonov）的研究。

在 20 世纪 60 年代美国麦卡锡主义之后，新考古学在文化唯物主义基础上发展起来。虽然文化唯物主义受到马克思主义的影响，但它并不理解马克思主义。新考古学结合了莱斯利·怀特（1949, 1959）的进化论与一种从卡尔·亨普尔（Carl Hempel, 1966）著作中抽取的极端逻辑实证主义（认为知识应该通过检验预测，建立在可观察的现象之上）。怀特在 1929 年曾经访问过苏联，对新经济政策后期的项目印象深刻（Peace, 1998）。他学习马克思与恩格斯的理论，重申他对于社会主义的认同，他回到摩尔根，形成了单线文化演化论（Peace, 1998）。他的学生刘易斯·宾福德把这些思想与亨普尔的实证主义带入考古学，但是宾福德抛弃了任何明显的马克思主义或社会主义思想。戴维·克拉克（1968）在英国发展了类似的理论，但是这种理论在英国远不如在美国那么流行。这些考古学家吸收了已经建立起来的对生态学主题的强调，把柴尔德看作单线进化论者。

　　与此同时，在美国人类学中，一群学者正在发展一种马克思主义方法来研究文化，后来这种方法被称为人类学的政治经济学。大部分学者如埃里克·沃尔夫（Eric Wolf）、莫顿·弗里德（Morton Fried）、埃尔曼·瑟维斯（Elman Service）、琼·纳什（June Nash）、西德尼·明茨（Sidney Mintz）、马歇尔·萨林斯（Marshall Sahlins）、埃莉诺·利科克（Eleanor Leacock）等都是哥伦比亚大学 20 世纪 50 年代的学生（Wolf, 1987）。几乎所有人都跟斯图尔德一起工作过，并且他们最初的工作都反映了斯图尔德的文化生态学与多线进化论。不过，他们的研究引入了历史的维度——这是斯图尔德的生态功能主义所缺少的——还带有一种具有历史变化的广阔时间深度视角。在 20 世纪 60 年代，他们的研究成了马克思主义的，在这样的背景下，埃莉诺·利科克给人类学引入了一种马克思主义的女权主义方法。在 20 世纪 60 年代，马歇尔·萨林斯为 Prentice-Hall 出版社编辑了一系列课程阅读材料，其中包括这些作者的许多文章。在 20 世纪六七十年代，人类学教学中广泛运用这些阅读材料，它们成为一代美国考古学教育的共同基础。

过程考古学

过程考古学由 20 世纪 60 年代的新考古学发展而来，直到 90 年代主导美国考古学理论领域。过程考古学混合了文化唯物主义与文化生态学，跟马克思主义方法在对经验事实的关注上有许多共同之处。这些共同之处大多或隐或显来自从马克思主义向人类学的唯物主义的转变。过程考古学家关注人类过去如何生活（也就是生产）以及他们如何组织社会，这与大多数马克思主义者的关注点重叠。这种重叠在部分过程考古学家身上*80* 表现得尤为突出，他们承认剥削与权力关系暗含于社会关系之中（例如 Brumfiel, 1992; Hastorf and Johannessen, 1993; Earle, 1997; Haas, 2001）。

当然，过程考古学与马克思主义的主要区别在于其有关文化性质的预设以及其认识论（研究知识的获取与传递）。过程考古学首先假定可以把文化看作一个适应系统，由三个基本的子系统（技术子系统、社会子系统、意识形态子系统）组成。它倾向于认为生产存在于技术子系统中，同时假定技术上的变化会带来文化其他方面的变化。许多过程考古学研究因此侧重于与适应相关的功能问题，习惯从诸如环境变化这种外在于文化系统的因素中寻找变化的原因（Fitzhugh, 2001）。而在马克思主义者看来，社会是一个由社会关系组成的相互关联的复杂网络。这些社会关系体现了社会行动者与其对立面（如奴隶主与奴隶）之间的矛盾，社会变化的动力在于这些社会矛盾。因此，马克思主义强调把内在社会因素（社会不平等与矛盾）而非技术与环境作为变化的原因。过程考古学家还认为通过实证主义方法，他们可以实现对文化过程的客观理解。马克思主义者则认识到研究者总是处在一定的社会环境中，因此学术研究中总会存在政治因素，因为它需要服务于所依赖的社会群体的利益。

在 20 世纪 70 年代，并非所有学者都接受过程考古学。这一理论很大程度上是在美国发展起来的，在英国也有相当大的影响，但是它并没有在英语圈之外的世界获得同样的影响力。尤其是在拉美各国与西班牙，这里的政治环境更有利于马克思主义考古学的发展。在西欧与英语圈中，也有不少考古学家采用马克思主义进行过程考古学研究。

拉美的社会考古学（*La Arqueología*）

拉美自觉的马克思主义考古学源自 20 世纪 60 年代左翼革命运动以及同时发展的反帝国主义思想传统（McGuire and Navarrete, 1999; Benavidas, 2001）。在 20 世纪 60 年代，拉美思想家发展出许多反帝国主义与资本主义的批评，包括解放神学、依附理论以及受压迫者教育学（Sturm, 1998）。随着古巴革命的成功，革命党与革命运动组织在拉美许多国家寻求夺取政权。右翼的反对势力进行反扑，1968 年在墨西哥城屠杀学生，1973 年在智利发动军事政变推翻阿连德政府，1976 年在阿根廷发动军事政变。拉美各国包括秘鲁、委内瑞拉、墨西哥、智利、阿根廷的学者各自独立形成了马克思主义考古学理论。自 20 世纪 70 年代开始，他们在墨西哥城聚集，召开了三次会议，并在 1975 年成立特奥蒂瓦坎联盟（Reunion de Teotihuacan），寻求开展一项激进的考古学研究，即社会考古学（Lerenzo et al., 1976）。这些考古学家高度关注考古学的社会政治作用，追问一个问题，即考古学究竟是为了谁（panameño and Nalda, 1978）。1983 年，瓦茨特佩克小组（Grupo Oaxtepec）在墨西哥的瓦茨特佩克成立，包括费利佩·贝特（Felipe Bate）、伊赖达·瓦尔加斯（Iraida Vargas）、路易斯·吉列尔莫·伦布雷拉斯（Luis Guillermo Lumbreras）、胡利奥·蒙塔内（Julio Montane）、曼纽尔·冈达拉（Manuel Gandara）、马里奥·萨诺加（Mario

Sanoja）等学者，他们试图综合社会考古学。

社会考古学的形成是针对当时主导拉美考古学的文化历史方法以及美国新考古学的反应（McGuire and Navarrete, 1999; Banavidas, 2001）。它对文化历史考古的批评在许多方面跟新考古学一致。这些拉美考古学家主张一种科学方法，以提高所研究问题在方法与观点形成及检验上的严谨性。不过，他们的科学方法立足于马克思主义的辩证法而非实证主义（Bate, 1998）。他们批评新考古学的功能主义、单线进化论及其在政治自觉上的缺失。

拉美社会考古学家在柴尔德的著作中寻找到考古学作为社会科学的立足点，但同时发现柴尔德的研究经验不能被直接用于拉美地区（Lorenzo et al., 1976: 6; Vargas and Sanoja, 1999: 60）。拉美社会考古学家改造了马克思的概念，将之应用到对拉美土著历史的研究中（Benavidas, 2001）。瓦茨特佩克小组的综合研究试图建立一个明确的概念体系，其中包括社会经济形成、生产方式、生活方式、工作方式、文化等（Vargas and Sanoja, 1999: 65）。他们寻找一种能够解释社会发展的体系，在这个体系里，社会是一个具体的整体，是一个变化的有组织的整体，同时要从内在的辩证发展过程的角度来看。正如瓦尔加斯与萨诺加（1999: 70）所言，社会考古学的基本目标是将历史作为一个辩证过程来进行批评研究，注意到过去就是一种能够决定现在的存在，反过来，现在是篡改过去的来源。

拉美社会考古学对西班牙语圈的考古学有重要的影响，但是英美考古学界对之了解甚少。在 20 世纪 70 年代的大部分时间与 80 年代，这一方法在墨西哥、秘鲁、委内瑞拉的考古学训练中占主导地位，在许多其他国家也非常有影响，只是在智利与阿根廷较晚才有讨论（Alvarez and Fiore,

1993）。也有批评指出这一方法过于理论化与抽象，没能提供大量实质性研究（Oyuela-Caycedo et al., 1994）。尽管许多能够阅读西班牙语的美国考古学家称赞拉美社会考古学的原创性及其对考古学理论的贡献（McGuire, 1992a; Patterson, 1994），但是只有少数英语圈的考古学家在其研究中采用拉美社会考古学的理论（Ensor, 2000）。众多的拉美学者继续努力发展社会考古学，在考古学中产生马克思主义原创研究。

西班牙的社会考古学

西班牙真正开始发展马克思主义考古学是在 1975 年独裁者佛朗哥死后。当时，高度依赖经验材料的文化历史研究主导西班牙考古学，使之对英美新考古学兴趣有限（Varela and Rischh, 1991）。如同在拉美地区，马克思主义考古学在西班牙的形成一方面因应本国根深蒂固的文化历史方法，另一方面因应英美的新考古学。马克思主义在这样的背景下成为西班牙考古学的主要理论运动，见于西班牙考古学系的许多研究群体。其中一个最有创造性与国际影响力的群体位于巴塞罗那的巴塞罗那自治大学。

巴塞罗那的研究小组明显采用了一种科学考古学方法，侧重于研究社会经济形成的历史及其演变、生产力的发展水平和生产关系的复杂性（Varela and Risch, 1991: 37）。他们在研究中把马克思主义与女权主义的方法融合到了有关社会生活生产的理论中（Castro et al., 1998）。

这一理论首先确认社会生活需要三种客观条件的存在：男人、女人与物品。他们所说的生产包罗万象，男人与女人是社会的产物，同时也是社会的生产者。无论就男女自身的社会生产还是生物学生产而言，男人与女人都是社会的产物，通过社会关系，男人与女人成为社会性生物。他们是社会生产者，因为作为社会能动者，他们使得社会再生产成为可能并确定了其形态。这个研究小组的理论框架以生产类型的类型学为中心来组织，生产类型包括人类的基本生产、食物及其他消费产品的生产、提高物品的社会价值而不改变其用途的维护性生产。为了理解社会变化的动力，他们研究产品如何分配与如何消费的问题。他们认为，当某些产品不能回到群体或个体生产者时，就存在剥削；而某些人占有了作为剩余产品的财产。他们假定生产与财产之间存在辩证的关系，这种关系构成了驱动社会变迁的内在动力。

作为一种明确的科学方法，巴塞罗那小组的许多研究侧重于如何观察与测量表现于考古材料中的社会关系（Barcelo et al., 1994; Castro et al., 1998）。他们设定了两个指导其研究的问题：（1）谁参与到男人、女人、物品的社会生产与维护中，以及这种参与是如何实现的？（2）谁从这样的生产中受益？他们发展了一系列考古学理论以便能够回答这些问题，识别剥削，并且运用考古学的观察来确定这种剥削的性质与程度。

他们在各种考古学研究中运用这些理论。霍尔迪·埃斯特韦斯与亚松森·维拉（Jordi Estévez and Assumpció Villa, 1998）从事火地岛的考古学研究，把狩猎采集社会理论化。他们发现，生活物质条件的生产与社会生物再生产之间存在一种根本的矛盾，而这一矛盾是社会变化的内在动力（Estévez et al., 1998）。这一矛盾使得他们能够运用马克思主义来研究狩猎采集社会，并且以性别为中心开展研究。罗伯托·里施（Roberto Risch, 2002）曾研究西班牙西南部 El Argar 文化（前 2250—前 1400）社群的经济与再生产之间的关系。他分析价值与剩余价值如何在石器生产中形成，以及这些社会关系如何影响 El Argar 社会中的剥削状况。

巴塞罗那小组给西方考古学贡献了若干东西。他们在发展马克思主义理论的考古学意义方面比其他人走得更远，运用这种理论产生了一系列重要的成果。他们同时发展了一种结合性别与阶级研究的理论。他们把性别关系视为社会生活基本客观条件的组成部分，把社会与生物学生产视为生产整体的组成部分。玛丽亚·恩卡纳·萨纳瓦哈（María Encarna Sanahuja, 2002）在其著作《史前物品中的性别化身体》中就侧重研究了性别。

英美考古学中的马克思主义

不是所有的英美考古学家都赞同新考古学。某些学者赞同新考古学对传统考古学的不满，但是反对新考古学的进化决定论方法。许多人转而将马克思主义作为一种选择（Patterson, 2003）。

在 20 世纪 70 年代，许多英国学者接受了马克思主义。部分学者继续发展英国马克思主义历史学中强有力的文化历史方法（Thompson, 1963, 1978; Hobsbawm, 1967, 1975; Williams, 1963, 1980），另外一部分学者接受了法国结构马克思主义（Althusser, 1969, 1971; Godelier, 1977, 1986; Meillassoux, 1981）。英国许多转向马克思主义的考古学家受到了乔纳森·弗里德曼（Jonathan Friedman, 1974, 1989）所确立的结构主义理论的影响。弗里德曼批评阿尔都塞（Althusser）的结构因果性，同时主张一种更加历史的方法，承认每个社会都太复杂，不能单独解释，也就是主张通过揭示产生社会形式的结构变化来解释某一特定的社会形式（Friedman and Rowlands, 1978）。他同迈克尔·罗兰兹（Michael Rowlands, 1987, 1989）、芭芭拉·本德（Barbara Bender, 1981, 1985, 1989）和丹麦学者克里斯蒂安·克里斯蒂安森（Kristian Kristiansen, 1982，1984）等一起研究。

美国最早的马克思主义考古学家都是通过自学接受马克思主义的。布鲁斯·特里格（1978）研究柴尔德的著作，发现进化与历史、理论与材料、唯心主义与唯物主义之间存在着关键的辩证法，他认为这是新考古学所缺乏的。20 世纪 60 年代早期，托马斯·帕特森（Thomas Patterson, 1973, 1989）开始在秘鲁进行研究，他在那里接触到了马克思主义政治思想，注意到它日益成为对考古学研究有益的理论视角。马克·莱昂内（Mark Leone, 1972）在亚利桑那大学时受的是过程考古学训练，后来在普林斯顿大学任教时接触到了阿尔都塞的结构马克思主义理论。在 20 世纪 70 年代，马克思主义还只是美国考古学中少数研究者的关注点（Gilman, 1989: 63）。十年后，马修·斯普里格斯（Matthew Spriggs, 1984）出版了第一部英美考古学的马克思主义考古论文集，研究者来自英国、美国、意大利与墨西哥。

在 20 世纪 70 年代，社会学家伊曼纽尔·沃勒斯坦（Immanuel Wallerstein, 1974）提出了一种马克思主义理论来解释资本主义的形成与发展。许多考古学家采用其世界体系理论来解释史前与古代世界更广泛的文化变化问题。这些研究者中的大部分从功能主义的角度接受其理论的系统思考，由此考察不同地区之间的长期经济依赖，而没有关注该理论的马克思主义基础。这一理论在失去了马克思主义基础之后，也就失去了稳定性与变化之间的张力与弹性，而这种张力与弹性是沃勒斯坦原来特别强调的（McGuire, 1996）。不过，少数考古学家坚持沃勒斯坦理论的马克思主义核心，并将之创造性地用于研究近东帝国发展（Kohl, 1979, 1989）、古代中心与边缘关系的变化规律（Rowlands et al., 1987），以及康涅狄格河流域的历史发展（Paynter, 1985）。

在 20 世纪 80 年代，各种不同的考古学兴起，它们批评过程考古学，并逐渐主宰英美考古学理论领域。这些考古学包括后过程考古学、女权主

义考古学和马克思主义考古学。这些另类考古学批评过程考古学的实证主
义认识论，强调考古学的政治属性，用能动性的观点取代系统思维，强调
人类意识的重要性以及阐释过去的意义。如帕特森（1990: 198）曾指出　　*83*
的，立足于马克思主义的考古学与过程考古学、后过程考古学以及女权主
义考古学都有交集但又不同，马克思主义考古学仍然是一个其他考古学不
能替代的理论领域。

批判考古学

美国的这些另类考古学中最早出现、最突出的一支就是历史考古学
领域马克·莱昂内（1981, 1982）及其同事（Handsman, 1983, Leone and
Potter, 1984; Leone et al., 1987）所倡导的批判考古学。莱昂内受到阿尔都
塞结构马克思主义理论与法兰克福学派批判理论的影响，注意到这些理
论在意识形态方面的意义表达。受阿尔都塞启发，莱昂内把意识形态看
作人们对于社会的想当然的信仰与假设。他认为意识形态旨在将社会关
系的真实性质神秘化，同时通过解决社会内部存在的矛盾来维持剥削关
系。受法兰克福学派启发，莱昂内提出，学者的作用就是揭示意识形态是
如何形成与维系的，同时确信人们一旦了解到社会关系的真实性质，就可
能改变剥削关系。批判考古学家分析物质文化如何在博物馆陈列（Leone,
1981; Handsman and Leone, 1989）、园林（Leone, 1982）以及日常生活用
品（Little, 1988）中维护意识形态。

批判考古学的代表性研究是安纳波利斯项目（Leone and Potter, 1984;
Leone et al., 1987）。这一项目研究过去的城市规划、建筑、景观以及物
质文化是如何构建并强化佐治亚式（启蒙主义）的秩序（也就是意识形
态）——个人主义、理性主义、平等、社会契约的。现在，这一项目参与

到一项实践中，向参观者展示城市历史区域如何被用来强化现代资本主义的意识形态。项目质疑安纳波利斯过去对意识形态的构建——名义上是重建与复原建筑，暗地里却在构建意识形态。

例如，项目的一个部分关注威廉·帕卡（William Paca）在地产中兴建硕大花园的目的。威廉·帕卡是一个富有的法官、签署了《美国独立宣言》的州长。花园创新地利用阶梯布局，面对房子，阶梯在不断上升时变窄，导致一种幻觉——房子庞大、巍峨。有关花园的目的，莱昂内（1988）考虑到两种可能。一种可能是，花园这么设计旨在激起参观的公众的信心与敬畏，当时帕卡正准备冒险同意参加革命。另一种可能是，花园旨在成为社群其他爱国者的一个正面、有益的样板。莱昂内（1988）通过剥离历史证据中的人为的东西，侧重于研究两类证据中不一致的地方，进而提出帕卡的花园实际上是为了显示财富与权力，当时，两者为英国法律所削弱，同时，控制奴隶以及与贫穷白人农民打交道变得越来越难。

项目以这样的方法努力揭示安纳波利斯霸权历史掩盖的社会不平等与矛盾（Leone et al., 1987; Leone, 1995）。项目组织者试图建立一种参与式的体验，让旅游者批判性地反思美国殖民史。不过，这种对安纳波利斯标准意识形态历史的挑战最终失败了，没能克服官方历史以及产生它的文化与社会关系（Leone, 1995; Potter, 1994）。公众通常会响应这个项目所提出的另类观点，并根据他们的先入之见重新解读这些观点，而这些先入之见正来自被批判的意识形态。他们的反应所立足的前提是一种资本主义意识形态，即强调物品的价值、生产物品所需的时间以及市场供给状况。

马克思主义考古学家大体上不同意早期批判考古学的主流意识形态（McGuire, 1988; Johnson, 1992; Orser, 1996; Burke, 1999）。他们指出，精英通过兴建诸如园林这样的设施来愚弄拿工资与被奴役的工人，不让工人了解受到压迫的事实，这是不可能的。他们反过来强调阶级冲突中意识形态的妥协。他们专门研究了统治阶级如何用主流意识形态为自己创造阶级意识，以及被统治阶级如何在反抗统治的斗争中运用这些意识形态。就此而言，安纳波利斯项目解放旅游者的公众计划很明显失败了。安纳波利斯是一个高端旅游目的地，主要吸引特权阶层，这些人在主流意识形态范畴内解读项目信息。基于安纳波利斯项目的结果以及相关批评，莱昂内 *84*（1995）采纳了哈贝马斯（Habermas, 1984）的交往行动理论。他承认那些对另类历史最开放的人就是那些受社会矛盾、不平等与剥削伤害最严重的人。

人类学的政治经济学

另类考古学的第二波马克思主义浪潮的理论来源是美国人类学的政治经济学（Moore and Keene, 1983; Crumley, 1987; Paynter, 1989; McGuire and Paynter, 1991; Margquardt, 1992; McGuire, 1992a）。马克思主义考古学家采用了一种关系性的、黑格尔式的辩证法概念，同时强调理解人们的生活体验（日常生活）（Ollman, 1976, 1993; Sayer, 1987）。跟批判考古学家一样，他们同样注意反思考古学在当代社会中的位置。该理论的一个关键的相关方面是其前提，也就是阶级剥削与其他社会维度如性别、种族等相关联而存在（Paynter, 1989）。这一方法发现文化变化的动力来源于社会关系中存在的模糊、紧张或矛盾冲突。社会关系只存在于历史关联与生活着的人们之间；它们不是抽象的存在。因此，历史是人类行动的产物，而人类行动是由社会构建的，具有有目的的能动性。

这些考古学家跟奥尔曼等人（Ollman, 1976, 1993; Sayer, 1987）一样，

把马克思主义看作一种内在关系理论。这种辩证的观点从关系而非物的角度来看世界。他们采用了马克思的关键概念，包括生产方式与上层建筑，拒绝传统上将它们视为独立社会层面的观点。他们转而认为这些东西实际上是同一社会整体的不同方面。如果这是真的，那么说一个方面决定另一个方面就是荒谬的，因为一个方面的存在必定需要另一个方面的存在。正是生产方式（基础）与上层建筑之间的关系确定了社会的形态。

英国的另类考古学：马克思主义考古学与后过程考古学

20 世纪 80 年代英国考古学中马克思主义继续发展，中世纪考古学家（Williamson and Bellamy, 1987; Saunders, 1991; Samson, 1992, 1993）跟英国历史学家一样追问英国及欧洲其他地区封建主义的起源、形制与变迁。朱利安·托马斯（Julian Thomas, 1987）在分析欧洲新石器时代的过程中采用了结构马克思主义。其他学者如迈克尔·帕克·皮尔逊（Michael Parker Pearson, 1982, 1984）跟美国批判考古学在意识形态上有类似的发展。但是，英国考古学的主要理论突破是后过程考古学，由剑桥大学的伊恩·霍德及其学生发展而来。

后过程考古学的理论来源中的不少东西来自马克思主义，包括对意识形态的关注，将之视为社会关系的神秘化力量，关注从事考古学的研究者的政治与社会立场，同时拒绝各种简单化的决定论模型。后过程考古学家从法兰克福学派［特别是本雅明（Benjamin）］的法国结构马克思主义著作中找到了这些东西。

由于其思想部分来自马克思主义，因此后过程考古学与马克思主义考古学之间存在许多共同点，当然差别也不小。两者都批评根深蒂固的过程考古学。两者都认为考古学是一种有政治参与的实践，而不只是为了获取知识。后过程考古学与马克思主义考古学之间最大的重合见于批判考古学，而在"经典"马克思主义理论方面重合稍少。许多马克思主义考古学家批评后过程考古学过于主观、过于思想化，以及在理论引入上过于折中（Kohl, 1985; Lull et al., 1990; Patterson, 1990; Trigger, 1995; Bate, 1998）。更偏向人文的马克思主义考古学家质疑后过程考古学强调独立的个体与个体能动性。马克思主义考古学家注意到个体与社会之间存在辩证的关系，个体只能通过社会能动性材料获取权力（Johnson, 1989; Wurst and McGuire, 1999; McGuire and Wurst, 2002）。

女权主义

20 世纪 80 年代另类考古学的另一支主流是女权主义。马克思主义与女权主义都直面世界的实际问题：马克思主义面对的是经济不平等与剥削问题，而女权主义面对的是性别主义（即性别不平等与压迫）问题。两种方法具有共同的发展历史，但是如果采用主体（阶级或性别）的极端观点，那么两者之间就是不相容的关系。如果采用非极端观点，那么两者就是兼容互补的。 *85*

马克思主义与女权主义之间的关系广泛且深厚。两者的结合始于 19 世纪，在 20 世纪六七十年代随着女权主义的复兴，两者又重新结合起来。女权主义的这次复兴深受法兰克福学派马克思主义思想的影响（Hammond, 1993）。20 世纪下半叶，人类学的政治经济学带来了文化人类学中的马克思主义的女权主义（或者女权马克思主义）方法，这一方法回到了马克思主义基本思想。埃莉诺·利科克（1972）发扬恩格斯的思想，提出社会史上最早的压迫就是男性对女性的压迫的观点。在 20 世纪 80 年代，利科克（1981）及其同事开展了一系列考古学家关注的研究，他们研究国家起源与性别不平等之间的关系（Rapp, 1978; Gailey, 1985; Muller, 1987; Moore, 1988）。这些研究一致发现性别不平等与对女性的剥削随着国家起源而加重。其他马克思主义-女权主义者开展了一系列民族史研究，探讨美洲本土国家中女性的角色，以及西班牙征服美洲之后如何带来了更严重的性别不平等（Nash, 1980; Silverblatt, 1987; McCafferty and McCafferty, 1988; Brumfiel, 1991, 1994）。在西班牙，女权主义与马克思主义的这种结合还在继续（Sanahuja, 2002）。

到 20 世纪 70 年代，马克思主义与女权主义之间的关系有些紧张。在那个时代，女性积极参与政治斗争，但她们发现那些斗争并没有带来自身的解放（Taylor, 1990）。1981 年，海迪·哈特曼（Heidi Hartman）提出，马克思主义与女权主义的"联姻"不幸福，只要马克思主义把所有压迫的根源都指向阶级，学者就不能识别或探讨性别不平等。弗里德（1967）有关文化演化的马克思主义研究就是女权主义者诟病的代表性研究。弗里德（1967）确定游群社会（最早的进化阶段）为缺乏社会分化的社会，仅有性别与年龄的区分。通过这一定义，弗里德使性别关系（以及性别压迫）普遍化，而且固定不变。这样的话，性别关系就成了人类的基本属性，不容批评或改变。当然，可以将弗里德的想法与马克思主义研究者如恩格斯（1972）、埃莉诺·利科克（1972）、马里亚·萨纳乌哈（Maria Sanahuja, 2002）的研究进行对比——他们虽然没有发现普遍的女性受压迫，但认为女性受压迫是最早的压迫形式，是一种需要不断探讨的形式。某些同时代的女权主义者似乎忘记了哈特曼曾经呼吁和解，强调推动马克思主义与女权主义更幸福地"联姻"，而非"离婚"。

如果学者接受马克思主义的极端观点（阶级是所有剥削的根源），或是接受女权主义的极端观点（性别是所有剥削的根源），那么马克思主义与女权主义必定相互矛盾。不过，女权主义的切入点给这些极端思想提供了另一种选择（Wylie, 1991）。如果认真地考虑压迫的多样性与复杂性，我们就需要承认压迫来自许多关系，包括性别的、阶级的、种族的以及族群的关系。每一种关系都为研究压迫的社会关系提供了一个切入点。女权主义将从性别的角度开始分析。女权主义者只要寻求性别关系的激进改变，就需要同时探讨阶级、种族与族群关系（Hooks, 2000），同时，马克思主义者承认阶级关系也会涉及性别、种族与族群关系：两种方法是可能实现兼容互补的。

21 世纪考古学中的马克思主义

在北美考古学中，马克思主义的发展一直是比较秘密的，这一点不足为奇（Patterson, 2003）。在 20 世纪 90 年代早期，尚属激进的问题与方法都已进入研究主流。世界体系理论在 20 世纪 90 年代非常流行，现在仍然是一种被广泛使用的方法（Chase-Dunn and Mann, 1998; Kardulias, 1999; Peregine and Feinman, 1996），尽管越来越强调边缘地区的主动性而非被动性（Kohl, 1989; Gill, 2002）。许多考古学家接受了马克思主义对意识形态的定义，认为它是一种统治工具，是权力的核心（Pauketat and Emerson, 1997; Seeman, 1995; Whitley, 1994）。仍有学者质疑剥削的问题，追问从社会关系中所得的利益何以归于某些个体，而不是其他人（Arnold, 2000; Diehl, 2000）。不管这些或是其他来自马克思主义的思想与方法有多流行，*86* 大部分美国考古学家还是不愿意接受马克思主义方法中的辩证法认识论，以及接受公开承认自己是马克思主义者的政治成本。就像 20 世纪刚开始时那样，部分学者公开承认其方法与思想来自马克思主义，但是大部分学者似乎不明白这些东西来自哪里。

在 20 世纪的最后十年，马克思主义在北美考古学中的位置比在 20 世纪七八十年代更加确定。20 世纪七八十年代采用马克思主义的核心学者群体——包括布鲁斯·特里格、托马斯·帕特森、艾伦·扎加雷尔（Allen Zagarell）、马克·莱昂内、菲利普·科尔（Philip Kohl）、罗伯特·佩因特（Robert Paynter）、安东尼奥·吉尔曼（Antonio Gilman）、查尔斯·奥泽（Charles Orser）、迪安·萨伊塔（Dean Saitta）等——仍然很活跃多产。新一代受过马克思主义训练的研究生陆续加入了这一群体。

布鲁斯·特里格（1995a: 349）曾说："经典马克思主义之所以吸引我，是因为我发现它能比其他任何理论都更好地解释我所理解的人类行为。"许多北美考古学家持相同观点，近年来他们开展了大量富有成效的历史与理论研究。乔恩·马勒（Jon Muller, 1997）曾经出版了一部综合性的马克思主义阐释著作，讨论美国东南部密西西比时期激发政治发展的潜在物质条件。托马斯·帕特森（1995, 2001）曾出版了一部美国考古学与人类学的批判社会史著作。布鲁斯·特里格（1998）从马克思主义出发评价了社会理论中的社会演化概念，然后出版了一部精彩的早期文明比较研究著作（Trigger, 2003）。

在北美，明确采用马克思主义批判或关系理论进行研究的考古学家数量明显增加了。的确，在这么一篇简述中不可能引用所有论著，但我会重点讨论某些重要的成果。马克思主义相对较少被用于美洲土著历史研究，而更多被用于历史考古也就是对现代社会（1500 年以后的时代）的研究。

在有关北美史前史的大量争论中，马克思主义者虽然规模较小但已经是具有广泛影响力的存在。一般说来，这些研究探讨社会关系中的权力与剥削问题，是社会变化生态学与技术解释之外的选择（Nassaney and Sassaman, 1995; O'Donovan, 2002）。迪安·萨伊塔（1994, 1997）曾经发展了一种理论方法，支持中程社会（middle-range societies）的社会生活中劳动与权力关系的相对独立性，并且将之用于对 Cahokia 与查科峡谷（Chaco Canyon）的研究中。布拉德利·恩索尔（Bradley Ensor, 2000）曾经从拉美社会考古学中吸取了社会形成以及 Modo de Vida（即"日常生活的具体节奏"）的观点，用以研究亚利桑那州菲尼克斯盆地的史前 Hohokam 文化。美国东部地区以马克思主义为中心的研究探讨了一系列问题，从陶器取代石质容器（Sassaman, 1993）到密西西比石锄的政治经济学（Cobb, 2000）。每项研究都努力证明传播论与进化论模型不足以回答问题，并主张在社会关系、社会权力与人类交往的背景下理解技术的重要性。

就资本主义考古而言，马克思有关资本主义的理论在北美找到了最强的追随者，同时马克思主义成为历史考古的一个主要学派（Johnson, 1996; Leone and Potter, 1999; Matthews et al., 2002）。这不足为奇，因为在 1492 年之后，北美历史中阶级剥削显然是根深蒂固的（Walker, 2000），马克思的阶级分析非常适用（Wurst, 1999）。再者，研究资本主义的考古学家本身就处在资本主义阶级关系中（McGuire and Walker, 1999）。即便是那些没有公开表明采用马克思主义的历史考古学家，现在也发现有必要从社会关系而非仅仅是经济学的角度来探讨劳动（Silliman, 2001）。许多公开的马克思主义考古研究立足于莱昂内及其学生在批判考古学中发展出来的意识形态概念（Burke, 1999; Leone, 1995; Potter, 1994; Shackel, 2000; Matthews, 2002）。内外两个方面的批评导致安纳波利斯项目从对精英建筑与意识形态的研究转向对这座城市非裔工人阶级群体的研究（Leone, 1995; Mullins, 1999; Shackel, Mullins, and Warner, 1998）。其他考古学家发现，在种植园奴隶制研究中，权力的辩证关系很有用（Thomas, 1998）。遵循马克思主义传统的历史考古学家基本上都拒绝总体化的马克思主义
87 观点，同时采用阶级与马克思主义分析作为切入点进行研究，关注通常存在压迫的种族、性别以及族群问题（Delle, 1998; Delle, Mrozowski, and Paynter, 2000; Nassaney et al., 2001; Matthews et al., 2002; Wood, 2002）。

当代考古学马克思主义方法的比较

广义上说，当代考古学中有两股主要的马克思主义理论潮流。第一个来自特里格（1995a）所说的"经典马克思主义"。第二个来自更人文主义的方法，它立足于黑格尔的辩证法以及马克思主义的关系理论（McGuire, 1992a）。所有马克思主义者都寻求了解世界、批判世界并在世界中采取行动，不过两种方法赋予每个目标的重要性以及联系目标的方式有所不同。这种方法的共性与差异性通过一个比较就能得到充分说明，那就是比较它们在解释真正的考古材料时的共性与差异性。

两种方法是从不同的辩证法概念开始的。经典马克思主义倾向于接受恩格斯（1927）的自然辩证法概念，用辩证法同时研究自然界与人类社会。相反，黑格尔或人文主义方法把辩证法看作人类社会特有的现象。恩格斯的自然辩证法寻找覆盖自然、科学、社会和思想领域的普遍规律（Woods and Grant, 1995）。它认为所有现象都在永恒的运动与变化之中。变化的动力来自斗争与矛盾。自然辩证法似乎与混沌论、复杂适应系统的思想有所重叠，并对其有所补充（Wood and Grant, 1995; Knapp, 1999;

Kohler and Gumerman, 2000）。黑格尔的辩证法把马克思主义看作一种关系理论，认为社会是一个复杂的关系网络，于其中，任何实体存在相对于其他实体存在的关系决定了该实体存在是什么。老师不能独立于学生而存在，同样，没有老师，也就无所谓学生——其中包含的教与学的关系确定了两者。这样的辩证关系依赖于实体存在形成对立统一的关系。这样的对立统一在自然研究中并不存在。对立统一存在于社会世界研究中，因为研究者就是他们所研究的社会世界的组成部分。学者可能既是研究的主体，同时也是客体；正是这种研究关系产生了学者（主体）与信息载体（客体）。自然研究产生了科学家，但是它并不会产生自然。地质学研究产生了地质学家，但是它并不会产生岩石。主客体统一是社会世界研究的特征，即便所研究的人早已离世。死者固然不能回应考古学家，但是正是他们的沉默使得许多考古学家把科学目标看作客观的、普遍的甚至是为了死者的利益。我们不能主宰死者，但是我们认为客观的、普遍的或真实的考古学会成为一种主宰生者的途径，并且会提出、合理化与维护现实的不平等（McGuire, 1992a）。

对辩证法的不同阐释会影响到马克思主义考古学家如何进行研究以及如何解释社会变化。在经典马克思主义看来，学者的作用是去获取有关世界的知识，并从知识中得到驱动社会变化的运动规律，以及通过知识影响社会变化（Woods and Grant, 1995: 140）。这种努力始于批判，即认识到哪些东西需要改变，待改变完成之后，理想的状况是继续回到批判。对黑格尔-马克思主义而言，批判是研究的核心。学者通过观察获取有关世界的知识，但必须持续批判知识何以以及为什么被接受。有关过去的解释需要与我们对过去的观察保持一致，但与此同时，我们需要批判这样的知识如何来自确定我们当代社会的矛盾关系，以及如何创造与强化这些矛盾关系。换句话说，所有知识都是社会的，是我们对世界的观察以及这些观察所处的社会背景的复杂混合。社会行动既服从这种复杂的理解，同时也对它进行最终的检验。检验又需要知识与行动的双重批判。

如此鲜明的对比导致不同的马克思主义对社会理论中阶级对立的重要性的看法有所不同。经典马克思主义倾向于接受经济基础与上层建筑之间的对立，并且认为经济基础的变化导致与上层建筑的矛盾，最终导致社会变化。这里的关键是经济，以及经济如何组织社会。黑格尔-马克思主义反对经济基础与上层建筑之间的对立：如果两者之间一个不存在，那么另一个也不会存在，因此没有哪个是主要的。它倾向于强调经济基础与上层建筑之间的辩证关系，并通过意识形态来协调这种关系。经典马克思主义关注变化的动力，通过研究历史过程发现社会变化的进化规律。黑格尔-马克思主义强调社会的关系性，倾向于支持那些与特定社会背景相关联的历史研究，以及努力寻找规律，去发现特定历史背景中的关键关系。

两个考古学研究实例或许能够较好地说明两种宏观方法之间存在的差异。经典马克思主义这一支是维森特·勒尔（Vicente Lull）有关西班牙东南部青铜时代墓葬的研究。黑格尔-马克思主义这一支是我对亚利桑那州中部 Hohokam 墓葬的研究。

维森特·勒尔（2000a, b）分析了位于亚平宁半岛东南部 Argaric 国青铜时代（前 2200—前 1500）的墓葬。个体都以蹲坐的姿势被埋在房子的地板之下。随葬品包括陶器、青铜器（斧、匕首、戟、锥、短剑等）。勒尔把每座房子及其关联的墓葬视为一个核心家庭单位。他把这种墓葬形态与早期合葬墓进行了对比，认为合葬墓代表氏族。根据随葬品生产所需要的劳动量，他区分了不同随葬品的等级。他的随葬品等级分析显示，墓葬与社会等级中可能存在五个类别。为了证明自己的解释以及为了理解 Argaric 国的社会组织结构，勒尔同时考察了谷物生产剩余是如何集中化的。他还考察了陶器与青铜器生产的标准化、某些青铜器的排他与限制性拥有、国家的疆域和心理上的强迫。他把 Argaric 国的这些方面与该地区更早的以氏族为中心的社会进行了对比。他指出，Argaric 国的基本亲属单位是核心家庭，这些家庭同时又处在阶级社会当中。不像早期社会更多地通过一种共同的意识形态与宗教整合起来，他注意到 Argaric 国统治阶级的权力立足于武力，而且仅仅立足于武力，而非立足于意识形态。

我则研究了 La Ciudad 遗址殖民与定居时期（725—1100）的火葬墓（McGuire, 1992b）。大多数这样的墓葬是二次葬，位于与房屋组群关联的专门墓葬区。随葬品包括陶器、贝珠、彩绘板、香炉等。我把每个墓葬及其相关房屋组群看作一个家族或氏族。基于随葬品生产所需要的劳动量，我区分出不同的随葬品等级，发现墓葬存在基于年龄与性别的差别。这一分析同时研究了墓葬所在遗址的其他方面如建筑等，并与后来的古典期相比较。我探讨了葬俗——无论是公共的还是私人的——的背景关联，并研究了个体在他们所生活的居住环境里的体验。我发现在定居期时火葬是公共行为，不同次数之间在规模与精致程度上存在显著的不平等。相反，在居住环境上体现出来的劳动投入上的差异主要见于公共建筑，也就是广场、土墩，在家居建筑上则很少存在差异。到古典期时，情况完全不一样了。火葬变成了私人行为，个人地位更多地表现在埋葬位置而不是随葬品上；家居建筑的差异更明显，社会上层住在土墩上，而其他人住在拥挤的组屋或分散的地穴式房子里。日常居住环境的这些差异无疑会产生一种情况，即每天住在不同类型房子里的人会产生明显不同的体验。

我认为这反映了某方面的变化，即社会组织的平等或不平等如何通过意识形态来协调。意识形态发生了变化，从定居期否定等级差异到古典期将这些差异自然化。

两种研究之间的相似性还是很显著的。两者都强调用辩证方法来研究问题。这里的辩证方法是指从社会背景关联的整体性以及随时间变化的角度来理解丧葬遗存。两者都通过随葬品所代表的劳动量来衡量其价值。过程考古学把丧葬遗存视为对社会组织的直接反映，并且将之视为一个可以与社会背景关联分离开来单独研究的子系统，两者都反对这样的看法。两者都把墓葬看作社会产品与社会表达，反对过程考古学与后过程考古学将它们看作个体表达的观点。

两者解释之间的差异说明了当前马克思主义方法内部的差异。对勒尔（2000a: 579）来说，辩证法是一种证明或拒绝假说的方法。而对我来说，辩证法促使我探究社会整体性中的矛盾（公共空间与隐私空间之间或丧葬遗存与建筑之间），让我可以去推导社会整体性中意识形态的协调作用，以及了解它们是如何变化的。勒尔主要把意识形态看作一种将社会关系神秘化的手段，这些社会关系已经在青铜时代原有的权力背景关联中消失了。由于缺乏意识形态，他将墓葬中阶级区别的直接反映看作证据。而我把意识形态看作一种协调的过程。我认为古代 Hohokam 社会群体在意识形态竞争中利用不平均的随葬品来彰显他们自身的利益。对勒尔来说，基本问题是精英阶层把意识形态用作统治没有意识形态的阶层的工具。而我的基本问题是，意识形态如何将社会关系的真实属性神秘化：或是否认已存在的不平等，或是使之自然化与既定化。

21 世纪马克思主义能够为考古学做什么

将马克思主义用于考古学研究能否成功，取决于马克思主义是否有助于考古学家理解人类历史的真相（Trigger, 1995b: 325）。马克思主义通过辩证逻辑、社会发展理论和实践论来实现这些目标。

辩证法有助于考古学摆脱考古学理论中经常争论的许多对立，同时为考古学家提供了一种研究变化的方法。对立包括科学与人文、客观与主观、物质与意识、进化与历史等。辩证法让我们把这些立场看作相互联系的东西，而不是看作无法解决的对立。学者本身与他们所研究的社会是联系着的，因此需要批判性地研究他们在世界中的作用。辩证法作为一种研究变化的方法同时强调人类社会的相互关联性，它研究这种相互关联性，探究其中影响社会形态的矛盾。这些矛盾是社会内部文化变化的来源，文化变化还源自真实生活的社会关系。

辩证的方法反对是或不是的选项，探究辩证的关系如何导致文化变化，而不是去追问绝对性问题。在 20 世纪末，美国西南与西北部的考古学家被卷入一场热烈的争论：究竟前西班牙时代后期的普韦布洛社会是等级社会还是平均社会。从辩证的视角来看，真正有意思的是这些社会既包含平均主义也包含等级的社会关系，平等与等级之间存在一种辩证的张力，它驱动了前西班牙时代普韦布洛社会的变化（McGuire and Saitta, 1996）。这些考察改变了相关研究的方向，从有关进化分类的争论转向了普韦布洛社会平等与等级关系问题。

马克思主义是研究文化变化的理论模型的重要概念来源。不同学者往往根据自己时代的经济发展条件来解释马克思的基本（通常是有些模糊的）观察。这些成果丰硕的学术传统产生了一系列有关人类历史的概念、理论、思想与见解。马克思关注现实生活的生产与再生产中劳动的作用，这些劳动是由社会构建的，他还认识到社会关系以各种各样的方式（包括通过物质文化）客观化，这与考古学的长项是一致的（Shanks and McGuire, 1996）。因此，考古学家柴尔德（1944: 1）注意到物质文化反映并参与到了产生物质文化的社会关系中，由此我们可以通过物质文化来研究这些社会关系。

马克思主义同时也是一种实践理论——理论上知晓的实践（或能动性）。实践是人类改造世界及自身的活动。马克思主义的最终目标就是产生一种改造人与社会的实践。作为一个辩证的概念，实践意味着我们的能动性，无论是作为学者还是更广泛意义上的社会存在，我们都必定存在于人类自由创造的能动性与人类存在的物质（即具体的）条件的相互关联之中。

实践意味着考古学可以是某种形式的政治行动。1914 年，在科罗拉多州南部，科罗拉多国民警卫队向位于 Ludlow 的罢工矿工及其家庭帐篷宿营地开火，打死 24 人，其中包括 11 名孩子、2 名妇女。科罗拉多煤矿斗争考古学项目试图更细致、更系统地了解罢工的科罗拉多矿工与其家庭的日常生活（Ludlow Collective, 2001; McGuire and Reckner, 2003）。在科罗拉多煤矿斗争考古学项目中，我们的研究努力超越考古学经常服务于中产阶级群体的传统。统一矿工联盟在 Ludlow 保留有纪念仪式，联盟成员与幸存者的后代每年都会聚会以纪念这一事件。我们的项目积极参与到工人群体及其斗争中。这个项目把考古学研究与工人群体结合起来，探究对他们来说重要的、有意义的问题，旨在团结起来为工人阶级的权利与尊严而斗争。

　　马克思主义对考古学的独特贡献来自三部分目标的结合，即获取有关世界的知识、进行批判以及采取行动。如果我们接受马克思主义的辩证方法，那么这种整合将是一个不断发展的、动态的、无尽的过程。

参考文献

Adams, Robert McC. 1966. *The evolution of urban society*. Chicago: Aldine.

Althusser, Louis. 1969. *For Marx*. New York: Pantheon.

——. 1971. *Lenin and philosophy*. New York: Monthly Review Press.

Alvarez, Myrian R., and Dánae Fiore. 1993. La arqueología como ciencia social: Apuntes para un enfoque teórico-epistemológico. *Boletín de Antropología Americana* 27: 21–38.

Arnold, Bettina. 1990. The past as propaganda: Totalitarian archaeology in Nazi Germany. *Antiquity* 64: 464–478.

Barcelo, Juan Anton, Jordi Estevez, Germà Wunsch, Maria Pallares, and Rafael Mora. 1994. The easier the better: The proper role of statistics in archaeology. In Ian Johnson, ed., *The easier the better: The role of statistics in archaeological research*, 43–47. Archaeological Methods Series 2. Sydney: Sydney University.

Bate, Luis Felipe. 1998. *El Proceso de investigación en arqueología*. Barcelona: Crítica.

Benavidas, O. Hugo. 2001. Returning to the source: Social archaeology as Latin American philosophy. *Latin American Antiquity* 12(4): 355–370.

Bender, Barbara. 1981. Gatherer-hunter intensification. In Alison Sheridan and Geoff N. Baile, eds., *Economic Archaeology*, 149–157. Oxford: British Archaeological Reports.

——. 1985. Emergent tribal formations in the American midcontinent. *American Antiquity* 50(1): 52–62.

——. 1989. The roots of inequality. In Daniel Miller, Michael Rowlands, and Christopher Tilley, eds., *Domination and resistance*, 83–95. London: Unwin & Hyman.

Bloch, Maurice. 1985. *Marxism and anthropology*. Oxford: Oxford University Press.

Braidwood, Robert J. 1989. In Glyn Daniel and Christopher Chippindale, eds., *The pastmasters: Eleven modern pioneers of archaeology*, 83–98. London: Thames & Hudson.

Brumfiel, Elizabeth. 1992. Breaking and entering the ecosystem: Gender, class, and fraction steal the show. *American Anthropologist* 94(3): 551–567.

Brumfiel, Elizabeth (ed.). 1994. *The economic anthropology of the state*. Monographs in Economic Anthropology 11. Lanham, MD: University Press of America.

Bulkin, V. A., Leo S. Klejn, and G. S. Lebedev. 1982. Attainments and problems of Soviet archaeology. *World Archaeology* 13: 272–295.

Burke, Heather. 1999. *Meaning and ideology in historical archaeology*. New York: Kluwer Academic/Plenum.

Castro, Pedro V., Sylvia Gili, Vicente Lull, Rafael Micó, Cristina Rihuete, Roberto Risch, and Encarna Sanahuja Yll. 1998. Towards a theory of social production and social practice. In Sarah Milliken and Massimo Vidale, eds.,

Craft specialization: Operational sequences and beyond 4: 173–178. British Archaeological Reports International Series 720. Oxford: Archaeopress.

Chase-Dunn, Christopher, and Kelly M. Mann. 1998. *The Wintu and their neighbors*. Tucson: University of Arizona Press.

Childe, V. Gordon. 1946. *Scotland before the Scots*. London: Methuen.

——. 1951. *Man makes himself*. New York: New American Library.

——. 1956. *Society and knowledge: The growth of human traditions*. New York: Harper.

——. 1989. Retrospect. In Glyn Daniel and Christopher Chippindale, eds., *The pastmasters: Eleven modern pioneers of archaeology*, 10–19. London: Thames & Hudson.

Clark, J. Grahame D. 1952. *Prehistoric Europe: The economic basis*. London: Methuen.

——. 1954. *Star Carr*. Cambridge: Cambridge University Press.

Clarke, David L. 1968. *Analytical archaeology*. New York: Columbia University Press.

Crumley, Carole L. 1987. A dialectical critique of hierarchy. In Thomas C. Patterson and Christine W. Gailey, eds., *Power relations and state formation*, 155–169. Washington, DC: American Anthropological Association.

Daniel, Glyn. 1951. Preface. In V. Gordon Childe, *Man makes himself*, i–xxi. New York: New American Library.

Diamond, Stanley. 1974. *In search of the primitive: A critique of civilization*. New Brunswick, NJ: Transaction.

Earle, Timothy. 1997. *How chiefs come to power: The political economy in prehistory*. Stanford, CA: Stanford University Press.

Engels, Friedrich. [1883] 1927. *The dialectics of nature*. Moscow: Foreign Language.

——. [1878] 1954. *Anti-Dühring*. Moscow: Foreign Language.

——. [1884] 1972. *The origins of the family, private property, and the state*. New York: International.

Estévez, Jordi, and Assumpció Vila. 1998. Tierra del Fuego: Lugar de encuentros. *Revista de Arqueología Americana* 15: 187–219.

Estévez, Jordi, Assumpció Vila, X. Terradas, Raquel Piquié, M. Taule, J. Gibaja, and G. Ruiz. 1998. Cazar o no Cazar: Es éste la cuestión? *Boletín de Antropología Americana* 33: 5–24.

Fitzhugh, Ben. 2001. Risk and invention in human technological evolution. *Journal of Anthropological Archaeology* 20: 125–167.

Fried, Morton H. 1967. *The evolution of political society*. New York: Random House.

Friedman, Jonathan. 1974. Marxism, structuralism, and vulgar materialism. *Man* 9: 444–469.

———. 1989. Culture, identity, and world process. In Daniel Miller, Christopher Tilley, and Michael Rowlands, eds., *Domination and resistance*, 246–260. London: Unwin Hyman.

Friedman, Jonathan, and Michael Rowlands (eds.). 1978. *The evolution of social systems*. London: Duckworth.

Gailey, Christina (ed.). 1985. *Women and the state in pre-industrial societies*. Westport, CT: Directors.

Gandara, Manuel. 1980. La vieja "Nueva Arqueología." *Boletín de Antropología Americana* 2: 7–45.

Gilman, Antonio. 1984. Explaining the Upper Paleolithic revolution. In Matthew Spriggs, ed., *Marxist perspectives in archaeology*: 115–126. Cambridge: Cambridge University Press.

———. 1989. Marxism in American archaeology. In C. C. Lamberg-Karlovsky, ed., *Archaeological thought in America*, 63–73. Cambridge: Cambridge University Press.

Godelier, Maurice. 1977. *Perspectives in Marxist archaeology*. Cambridge: Cambridge University Press.

———. 1986. *The mental and the material: Thought, economy, and society*. London: Verso.

Haas, Jonathan (ed.). 2001. *From leaders to rulers*. New York: Plenum.

Habermas, Jürgen. 1984. *The theory of communicative action*. Boston: Beacon.

Hammond, Guyton B. 1993. *Conscience and its recovery: From the Frankfurt School to feminism*. Charlottesville: University Press of Virginia.

Handsman, Russell G. 1983. Historical archaeology and capitalism, subscriptions, and separations: The production of individualism. *North American Archaeologist* 4: 63–79.

Handsman, Russell G., and Mark P. Leone. 1989. Living history and critical archaeology in the reconstruction of the past. In Valerie Pinsky and Alison Wylie, eds., *Critical traditions in contemporary archaeology*, 117–135. Cambridge: Cambridge University Press.

Hartman, Heidi. 1967. The unhappy marriage of Marxism and feminism: Towards a more progressive union. In L. Sargent, ed., *Women and revolution*. Boston: South End.

Hastorf, Christine A., and Sissel Johannessen. 1993. Pre-Hispanic political change and the role of maize in the Central Andes of Peru. *American Anthropologist* 95(1): 115–138.

Hempel, Carl G. 1966. *Philosophy of the natural sciences*. Englewood Cliffs, NJ: Prentice-Hall.

Hobsbawm, Eric J. 1967. *Labouring men: Studies in the history of labour*. New York: Anchor.

———. 1975. *The age of capital, 1848–1875*. New York: Scribners.

hooks, bell. 2000. *Where we stand: Class matters*. New York: Routledge.

Johnson, Matthew. 1989. Conceptions of agency in archaeological interpretation. *Journal of Anthropological Archaeology* 8: 189–211.

———. 1992. Meanings of polite architecture in sixteenth-century England. *Historical Archaeology* 26: 45–56.

———. 1996. *An archaeology of capitalism*. Oxford: Blackwell.

Kardulias, P. Nick. 1999. *World-systems theory in practice: Leadership, production, and exchange*. Lanham, MD: Rowman & Littlefield.

Klejn, Leo S. 1977. A panorama of theoretical archaeology. *Current Anthropology* 18: 1–42.

———. 1991. A Russian lesson for theoretical archaeology: A reply. *Fennoscandia Archaeologica* 8: 67–71.

———. 1993. *La arqueología soviética: Historia y teoría de una escuela desconocida*. Barcelona: Crítica.

Knapp, Peter H. 1999. Evolution, complex systems, and the dialectic. *Journal of World-Systems Research* 5: 74–103.

Kohl, Philip L. 1979. The "world economy" of West Asia in the third millennium BC. In Maurizio Taddei, ed., *South Asian archaeology 1977*, 55–85. Naples: Instituto Universitario Orientale.

———. 1983. Archaeology and prehistory. In Tom Bottomore, Laurence Harris, V. G. Kiernan, and Ralph Miliband, eds., *Dictionary of Marxist thought*, 25–28. Cambridge: Harvard University Press.

———. 1985. Symbolic cognitive archaeology: A new loss of innocence. *Dialectical Anthropology* 9: 105–117.

———. 1989. The use and abuse of world systems theory: The case of the "pristine" west Asian state. In C. C. Lamberg-Karlovsky, ed., *Archaeological thought in America*, 218–240. Cambridge: Cambridge University Press.

Kohler, Tim A., and George Gumerman (eds.). 2000. *Dynamics in human and primate societies: Agent-based modeling of social and spatial presses*. Santa Fe Institute Studies in the Sciences of Complexity. New York: Oxford University Press.

Kristiansen, Kristian. 1982. The formation of tribal systems in later European prehistory: Northern Europe, 4000–5000 B.C. In Colin Renfrew, Michael J. Rowlands, and Barbara A. Segraves, eds., *Theory and explanation in archaeology*, 5–24. New York: Academic.

———. 1984. Ideology and material culture: An archaeological perspective. In Matthew Spriggs, ed., *Marxist Perspectives in archaeology*, 72–100. Cambridge: Cambridge University Press.

Leone, Mark P. 1972. Archaeology as the science of technology: Mormon town plans and fences. In Charles L. Redman, ed., *Research and theory in current archaeology*, 125–150. New York: Wiley.

———. 1981. The relationship between artifacts and the public in outdoor history museums. *Annuals of the New York Academy Sciences* 376: 301–314.

———. 1982. Some opinions about recovering mind. *American Antiquity* 47: 742–760.

———. 1988. The relationship between archaeological data and the documentary record: Eighteenth-century gardens in Annapolis, Maryland. *Historical Archaeology* 22: 29–35.

———. 1995. A historical archaeology of capitalism. *American Anthropologist* 97: 251–268.

Leone, Mark P., and Parker B. Potter Jr. 1984. *Archaeological Annapolis: A guide to seeing and understanding three centuries of change.* Annapolis: University of Maryland Press.

Leone, Mark P., and Parker B. Potter Jr. (eds.). 1999. *Historical archaeologies of capitalism.* New York: Kluwer Academic/Plenum.

Leone, Mark P., Parker B. Potter Jr., and Paul A. Shackel. 1987. Toward a critical archaeology. *Current Anthropology* 28: 283–302.

Little, Barbara. 1988. Craft and culture change in the 18th-century Chesapeake. In Mark P. Leone and Parker B. Potter Jr., eds., *The recovery of meaning: Historical archaeology in the eastern United States,* 263–292. Washington, DC: Smithsonian Institution Press.

Little, Barbara J., and Paul A. Shackel. 1989. Archaeology of colonial Anglo-America. *Antiquity* 63(240): 495–509.

Lorenzo, José L., Antonio Pérez Lias, and Joaquín García-Bárcena. 1976. *Hacia una arqueología social: Reunión de Teotihuacan.* Mexico City: INAH.

Lull, Vicente, Rafael Micó, S. Montón, and Y. M. Picazo. 1990. La arqueología entre la insoportable levedad y la voluntad de poder. *Archivo de Prehistoria Levantina* 20: 461–474.

———. 2000a. Death and society: A Marxist approach. *Antiquity* 74: 576–580.

———. 2000b. Argaric society: Death at home. *Antiquity* 74: 581–590.

Marquardt, William H. 1992. Dialectical archaeology. *Archaeological Method and Theory* 4: 101–140.

Marx, Karl. [1906] 1992. *Capital: A critique of political economy.* New York: Penguin Classics.

———. [1952] 1978. *The eighteenth Brumaire of Louis Bonaparte.* Peking: Foreign Language Press.

Marx, Karl, and Friedrich Engels. [1846] 1970. *A critique of the German ideology.* New York: International.

———. 1977. *Selected letters.* Peking: Foreign Language Press.

Matthews, Christopher N. 2002. *An archaeology of history and tradition.* New York: Kluwer Academic/Plenum.

Matthews, Christopher N., Mark Leone, and Kurt A. Jordan. 2002. The political economy of archaeological cultures. *Journal of Social Archaeology* 2: 109–134.

McGuire, Randall H. 1988. Dialogues with the dead: Ideology and the cemetery. In Mark P. Leone and Parker B. Potter Jr., eds., *The recovery of meaning: Historical archaeology in the eastern United States,* 435–480. Washington, DC: Smithsonian Institution Press.

———. 1992a. *A Marxist archaeology.* Orlando, FL: Academic.

———. 1992b. *Death, society, and ideology in a Hohokam*

community. Boulder: Westview.

———. 1996. The limits of world systems theory for the study of prehistory. In Peter N. Peregrine and Gary M. Feinman, eds., *Pre-Columbian world systems,* 51–64. Monographs in World Archaeology 26. Madison, WI: Prehistory.

———. 2002. Putting the social back into socialism. *Cambridge Archaeological Journal* 12: 142–144.

McGuire, Randall H., and Rodrigo Navarrete. 1999. Entre motocicletetas y fusiles: Las arqueologías radicales Anglosajona y Latinoamericana. *Boletín de Antropología Americana* 34: 90–110.

McGuire, Randall H., and Paul Reckner. 2003. Building a working-class archaeology: The Colorado coal field war project. *Industrial Archaeology Review* 25: 83–96.

McGuire, Randall H., and Mark Walker. 1999. Class confrontations in archaeology. *Historical Archaeology* 33(1): 159–183.

McGuire, Randall H., and LouAnn Wurst. 2002. Struggling with the past. *International Journal of Historical Archaeology* 6: 81–84.

Meillassoux, Claude. 1981. *Maidens, meal, and money.* London: Cambridge University Press.

Moore, James A., and Arthur S. Keene (eds.). 1983. *Archaeological hammers and theories.* New York: Academic.

Ollman, Bertell. 1976. *Alienation.* 2nd ed. Cambridge: Cambridge University Press.

———. 1993. *Dialectical investigations.* New York: Routledge.

Orser, Charles. 1996. *A historical archaeology of the modern world.* New York: Plenum.

Oyuela-Caycedo, Augusto, Armando Anaya, Carlos G. Elera, and Lidio Valdez. 1997. Social archaeology in Latin America? Comments to T. C. Patterson. *American Antiquity* 62: 365–374.

Panameño, R., and E. Nalda. 1978. Arqueología, para quien? *Nueva Antropología* 12: 111–124.

Patterson, Thomas C. 1973. *America's past: A New World archaeology.* London: Scott-Foresman.

———. 1989. Political economy and a discourse called "Peruvian archaeology." *Culture and History* 4: 35–64.

———. 1990. Some theoretical tensions within and between the processual and post-processual archaeologies. *Journal of Anthropological Archaeology* 9: 189–200.

———. 1994. Social archaeology in Latin America: An appreciation. *American Antiquity* 59: 531–537.

———. 2003. *Marx's ghost: Conversations with archaeologists.* Oxford: Berg.

Paynter, Robert. 1985. Surplus flow between frontiers and homelands. In Stanton W. Green and Stephen Perlman, eds., *The archaeology of frontiers and boundaries,* 125–137. Orlando, FL: Academic.

Peace, William J. 1998 . Bernhard Stern, and Leslie A. White. An anthropological appraisal of the Russian revolution.

American Anthropologist 100(1): 84–93.

Peregrine, Peter N. 1996. Archaeology and world-systems theory. *Sociological Inquiry* 66: 486–495.

Peregrine, Peter N., and Gary M. Feinman. 1996. *Pre-Columbian world systems*. Monographs in World Archaeology 26. Madison, WI: Prehistory.

Potter, Parker B., Jr. 1994. *Public archaeology in Annapolis*. Washington, DC: Smithsonian Institution Press.

Risch, Roberto. 2002. *Recursos Naturales: Medios de producción y explotación social*. Iberia Archaeologica 3. Mainz, Germany: Philipp von Zabern.

Rowlands, Michael J. 1987. Power and moral order in precolonial West-Central Africa. In E. Brumfiel and T. Earle, eds., *Specialization, exchange, and complex societies*, 52–63. Cambridge: Cambridge University Press.

———. 1989. A question of complexity. In Daniel Miller, Michael J. Rowlands, and Christopher Tilley, eds., *Domination and resistance*, 29–40. London: Hyman Unwin.

Rowlands, Michael J., Mogens Larsen, and Kristian Kristiansen (eds.). 1987. *Centre and periphery in the ancient world*. Cambridge: Cambridge University Press.

Samson, Ross (ed.). 1992. *The social archaeology of houses*. Edinburgh: Edinburgh University Press.

———. 1993. *Social approaches to Viking studies*. Glasgow: Cruithne.

Sanahuja, María Encarna. 2002. *Cuerpos sexuados, objectos y prehistoria*. València: Ediciones Cátedra, Universitat de València.

Saunders, Thomas. 1991. Marxism and archaeology: The origins of feudalism in early medieval England. Ph.D. diss., University of York.

Sayer, Derek. 1987. *The violence of abstraction: The analytical foundations of historical materialism*. Oxford: Blackwell.

Semenov, S. A. 1964. *Prehistoric technology*. New York: Barnes & Noble.

Shackel, Paul A. 2000. *Archaeology and created memory: Public history in a national park*. New York: Kluwer Academic/Plenum.

Shanks, Michael, and Randall H. McGuire. 1996. The craft of archaeology. *American Antiquity* 61: 75–88.

Spriggs, Matthew. 1984. Another way of telling: Marxist perspectives in archaeology. In *Marxist perspectives in archaeology*, 1–9. Cambridge: Cambridge University Press.

Stein, Gill J. 2002. From passive periphery to active agents: Emerging perspectives in the archaeology of interregional interaction. *American Anthropologist* 104: 903–916.

Sturm, Fred Gillette. 1998. Philosophy and the intellectual tradition. In Jan Knippers Black, ed., *Latin America: Its problems and its promise*, 91–103. Boulder: Westview.

Thomas, Julian. 1987. Relations of production and social change in the Neolithic of northwest Europe. *Man* 22: 405–430.

Thompson, E. P. 1963. *The making of the English working class*. New York: Pantheon.

———. 1978. *The poverty of theory*. London: Merlin.

Trigger, Bruce. 1978. *Time and traditions: Essays in archaeological interpretation*. New York: Columbia University Press.

———. 1989. *A history of archaeological thought*. Cambridge: Cambridge University Press.

———. 1995. Archaeology and the integrated circus. *Critique of Anthropology* 15(4): 319–335.

———. 1998. *Sociocultural evolution*. Oxford: Blackwell.

———. 2003. *Understanding early civilizations: A comparative study*. Cambridge: Cambridge University Press.

Vargas, A. Iraida, and Mario Sanoja. 1999. Archaeology as a social science: Its expression in Latin America. In Gustavo G. Politis and Benjamin Alberti, eds., *Archaeology in Latin America*, 59–75. London: Routledge.

White, Leslie. 1949. *The science of culture: A study of man and civilization*. New York: Farrar, Straus & Giroux.

———. 1959. *The evolution of culture*. New York: McGraw-Hill.

Willey, Gordon R. 1953. *Prehistoric settlement patterns in the Viru valley, Peru*. Bulletin 155. Washington, DC: Bureau of American Ethnology.

Williams, Raymond. 1963. *Culture and society, 1780–1950*. Harmondsworth, UK: Penguin.

———. 1980. *Problems in materialism and culture*. London: Verso.

Williamson, Tom, and Liz Bellamy. 1987. *Property and landscape: A social history of land ownership and the English countryside*. London: Philips.

Wolf, Eric R. 1982. *Europe and the people without history*. Berkeley: University of California Press.

———. 1987. An interview with Eric Wolf. *Current Anthropology* 28(1): 107–117.

Woods, Alan, and Ted Grant. 1995. *Reason in revolt: Marxist philosophy and modern science*. London: Wellred.

Wurst, LouAnn, and Randall H. McGuire. 1999. Immaculate consumption: A critique of the "shop till you drop" school of human behavior. *International Journal of Historical Archaeology* 3(3): 191–199.

第 7 章　能动性

安德鲁·加德纳

（Andrew Gardner）

我们通常称之为能动性的理论背后的思想是所有考古学研究对象的基础，然而很难给它一个定义。我们常常把能动性看作所有人类个体（或曰能动者）改变世界的能力，它带有某种程度的自我意识，从而把人类与其他物种区别开来。我们有时又按照人们运用语言与物质文化的复杂互动过程来对它进行定义，由此人们把自己的能力付诸实践。我们如果把能动性看作人类拥有的特定类型的积极参与（active involvement）（Elliott, 2001: 2），那么也许可以把两种意思结合起来。这里的"积极"意思是指人类行动至少可能是有意识的，因此可以与诸如植物向阳的方式区别开来。"参与"指的是这种行动必须与其他事物——自然和社会世界——相关才能发生，如果真的是行动的话（Barnes, 2000: 74; Macmurray, 1957: 88-89）。这让我们把能动性的概念从一开始就与另一个概念——也就是结构——联系在一起，它们不是对立的，而是相辅相成的。事实上，许多有关能动性的文献并不只是关注这种思想的意义，还关注能动者与其所在世界的矛盾关系。社会由各种制度、组织以及不那么好把握的行为标准或规范组成，这就是通常所谓的结构。

考古学中有关能动性的研究始于后过程考古学，是为了因应过去的行为解释倾向于结构的明显偏见。一批学者已经指出，文化历史或过程考古学过于强调文化或环境因素对人类活动的决定性，而没有考虑到人们本身不仅会理解这些因素或做出反应，而且会积极地产生这些因素（Hodder, 1982; Shanks and Tilley, 1987）。文化 X 中人们采用某种方式制作陶器，仅仅因为他们是文化 X 的成员，这是一回事。而另一回事是要追问为什么那些人要这样制作陶器，以及这样做究竟是什么意思。陶器设计究竟蕴含了成员的哪些想法？在一段时间内保持文化传统有什么意义？改变这种文化传统又有什么意义？这些问题真正明确涉及能动性及与结构的关系，在考古学的阐释中非常引人关注。当然，采用这样的视角，我们需要明白这些概念来源的学科中还存在许多思考结构与能动性及其关系的方式。有关能动性与结构的问题有许多不同观点，它们不只是最直接地讨论这个问题的社会学的争论中心（Jenkins, 2002: 63; Parker, 2000: 6-10），而是整个人类科学领域的争论中心。过去与现在的考古学理论都明确（或暗含）反映了这些争论，因此本章的第二部分有必要较详细地回顾一下能动性概念的发展历史。不过，在此之前，我们有必要更深入地思考所涉及的关键问题。

能动性理论所考虑的问题主要是本体论层面的——关注人类的本质。究竟什么是人呢？我们是有自由意志与理性的生物，还是社会（遗传）程序顺从的追随者？认识论的问题也同时涉及：社会科学家构建的有关能动性和结构的知识与人类现实生活有怎样的关系？人们——包括社会科学家在内的所有人——关于结构的所有了解如何影响或限制人们的能动性？这些大问题，有的非常古老，可以分解为一系列关键的主题，它们在不同程度上确定了能动性理论的特征及其在考古学中的发展（比较 Dobres and Robb, 2000; Dornan, 2002）。

96 　（1）权力。能动性通常与自由、抵抗相关（Musolf, 2003: 115-116）。在这个意义上，能动性理论的一个主要关注点是人类面对物质与社会制约为自身创造有意义的生活的能力——它同时也是一种方式，也就是人类把这些限制变成改造社会结构的机会。

　（2）行动。按照定义，能动性理论关注行动，因此研究侧重于如何去理解行动。人类行动可能是有目的、有意义的，但是结果可能是意想不到的。人类行动也可能是习惯与日常的，许多研究者认为这样的行动对结构的维系来说至关重要（Giddens, 1984: 60-64）。当然，物质文化是人类行动的重要因素，它体现在行动中——通过人类的身体行动表现出来。

　（3）时间。思考能动性-结构难题的一个主要优势显然在于它强调历史上人类社会如何存在。一个社会中某些东西发生改变，其他东西继续保持，维持变化与传统之间的平衡需要能动性——人们选择（有意或无意）是继续原来的生活方式，还是采取新的生活方式。不同文化对时间的理解可能不同，这对于人们了解自身改变社会的能力非常有意义（Emirbayer and Mische, 1998）。

　（4）关系。能动性常常与个体联系在一起，关于这种原子论式的观点的适用性存在许多争议（Todorov, 2001）。事实上，我们能够确信一点，那就是使人能够实现其能动性的东西正是他与其他人以及物的关系（参与），人通过区分自身与他者从而形成自我意识。

（5）人性。所有上述主题背后都有一个重要问题：鉴于不同文化的能动性概念不同，能动性在什么意义上可以说是人类独有的呢？这与考古学、人类学及其他社会科学的政治影响直接相关（Wilson, 1997: 3）。这需要我们回答一系列问题，如：人类的共性是什么？文化之间自我理解的差异有多重要？其他生物也有人类能动性的某些特征吗？这对动物权与人权来说意味着什么？

这五个主题只是区分能动性主要问题的一种方式，但它们显示了这一视角的宽广视野以及令人兴奋的前景。下一部分，在考察考古学对不同理论立场的态度之前，我们将首先回顾一下不同理论立场的形成过程，以及当前跨学科争论中的不同观点。

能动性的历史

梳理能动性概念的历史，首先就要面对上面所提及的第五点。能动性是适用于所有人，还是只是特定文化中的一种描述人类属性的方式？即便在考古学领域内，也一直存在着一种批评：能动性是现代的、西方的思想（Gero, 2003: 37-38; MacGregor, 1994: 80-85; Sillar, 2004; Thomas, 2004: 119-148）。下文将详细谈到这一点，但是我认为下面两个认识都是合理的：存在一种普遍的人类属性适合被称为能动性，但是不同文化中能动性的形式可能不同（cf. Mauss, 1985: 3）。其中一种形式——个体的抽象观点——至少在文艺复兴时就已经发展出来。尽管能动性理论起源于现代传统，但是它经过不断发展，逐渐成了一种比较包容的理解人类生活与人类行动的方式。这要部分归功于有关非西方文化的民族志与人类学研究，同时要归功于一种认识，即西方文化中人们的生活并不完全符合主流的哲学观点（Gosden, 2004: 35）。于是，在这一部分中，在讨论不同的理论观点之前，我将归纳抽象的西方能动性的发展历程。

古典源头

跟其他的范式主题一样，有关自由意志与确定性的哲学讨论都始于古典时代。对古希腊哲学家而言，能动性的一个明确要素就是责任。问题在于人类是否为自己的行动负责，是自由选择行动还是由其他因素如先在事件、神灵或自然力量来决定。这类问题仍然存在于日常有关能动性的讨论中，不同古希腊思想流派有不同回答。例如亚里士多德提出过一个观点，现在许多人可能会对之有同感：至少某些人的行动可以说是自愿的，而不是被决定的，他们由此受到赞扬或诅咒（Irwin, 1999: 225-249）。这一视角因此承认了上面所说的行动是有意识的、可以选择的，在古典与希腊化时代，有越来越多人认为一个具体的人类能动者应该具有某种意义的个人身份（Hirst and Woolley, 1982: 123-125; Lindenlauf, 2004; Momiglano, 1985）。这与现代的能动性思想还有差别，但是随着罗马与中世纪时代早期个人道德性越来越内化，差别也就减少了。这反过来导致人的内在（心智/灵魂）与外在（身体）的概念区分，这种区分对于个体性的早期现代认知至关重要（Dumont, 1985: 93-113; Mauss, 1985: 14-20; Morris, 1991: 11; Thomas, 2004: 126-128）。的确，古典思想与基督教思想的混合奠定了西方能动者或自我的基础。

人本主义与二元论

正是在文艺复兴以及随后的启蒙运动中，欧洲重新发现与发展了能动性思想，包括现代意义上的个体能动者及其与社会的关系的形成。文艺复兴部分是由人本主义的兴起界定的——越来越多的人相信人是唯一的、独特的，应该是学术研究的中心问题。人们相信人类在宇宙中的独特性部分来自理性倾向以及个体自主性（Thomas, 2004: 128-130）。启蒙运动进一步深化了这一思想，尤其是通过笛卡儿的哲学，当时一系列二元论垄断了西方思想。二元论以一组组对立的概念如文化与自然、心智与身体、价值与科学、能动性与结构等来描述或理解世界（Koerner, 2004）。非物质的心智与物质的身体的彻底分离尤其与笛卡儿相关，个体心智成为代表能动性的一端。更广泛地说，"人类意识是唯一能够感知其他事物的"这一思想产生了主客体相对的二元论：知者与所知、行动的能动者与能动者作用的结构（Giddens, 1984: xx; Koerner, 2004: 215-216; Morris, 1991: 6-14; Rozemond, 1998; Thomas, 2004: 130-137）。这么说可能有点过于概括，但还是基本符合实情的，启蒙运动以来的西方思想就立足于二元论两极中的一极（即强调能动性或结构）。或者说，于我们的目的而言，更重要的就是超越或结合二元论，找到一条更全面地把人类整合进社会与自然界的新途径。

在二元论传统中，某些思想流派强调个体权利，认为个体是自由、有意图、理性的存在，而另一些流派则强调社会力量之于个体行动的决定性作用。两者的共同之处就是把能动性视为抽象的东西，即一种个体在哪里都一样的观点（Thomas, 2004: 129, 137）。这种观念有些优点，但它需要一种关注背景关联的观点来平衡一下，即包括西方社会在内的所有社会构建人本身的方式都是不同的。这至少是某些希望以更平衡的方式整合能动性与结构的流派的特征，但在我们讨论这些观点之前，有必要引用两个主要的二元论传统的某些认识。许多杰出的理论家，包括弗里德里希·尼采（Friedrich Nietzsche）、西格蒙得·弗洛伊德，都曾明确主张个体基本上是孤立的，社会是次生现象，也就是控制无政府竞争的方式（Elliott, 2001: 46-80; Todorov, 2001: 1-45）。然而，这种个体主义立场的更好例子是被直接引入考古学中的理性选择理论（rational choice theory）。这种相当有影响力的范式提出，个体是独立自主的决策者，会发挥与其目标及优先解决问题一致的能动性，在实现它们的过程中使自己的成功最优化（Abell, 2000; Barnes, 2000: 17）。理性选择理论通常采用量化的方式，在宏观尺度上模拟人类行为方面可能是成功的，但还存在许多争论，因为它基本上忽略了真实情况下真实行动者行动中所涉及的地方性，以及通常非常社会性的因素（Barnes, 2000: 50-62; cf. Shennan, 2004）。微观尺度是社会阐释学派的关注点，但其还是侧重于关注个体的意义阐释对行动的影响（Giddens, 1993: 4, 2001: 13-16）。尽管这种理论提供了重要研究，说明了个体如何在真实世界中行动 [尤其是哈罗德·加芬克尔（Harold Garfinkel, 1967）的研究]，但是它低估了结构，因此只讲了一半。

98　　　同样的批评也可以用于那些过于强调社会对个体行动具有决定性作用的理论，西方思想传统中有许多这样的理论。其中直接影响考古学与人类学的有功能主义、结构主义、后结构主义等，它们都是以社会为中心的能动性-结构二元论的典型代表。功能主义跟系统论关系密切，它是在 19 世纪早期由社会思想家奥古斯特·孔德（Auguste Comte）提出的。这种科学的社会学认为应该把社会与自然等同看待，其中一点是把社会看作一个有机体或有机的系统，不同社会制度就像器官一样共同作用，从而保持整个社会的稳定运作。生活于其中的个体如果真正关注的话，就会发现自己在很大程度上是由系统规则决定的。秉持功能主义 / 系统传统的重要思想家还有斯宾塞、涂尔干、塔尔科特·帕森斯（Talcott Parsons）（Lechner,

2000; Lidz, 2000; Morris, 1991: 232-239, 247-253; Turner, 2000）。结构主义源于语言学，但影响到人类学。它同样低估个体的重要性，认为起决定性作用的是隐蔽的意义与思想规则——通常具有二元特征（如男性与女性、干净与肮脏）。后结构主义由德里达（Jacques Derrida）及其他学者提出。它把意义的规则看得更有弹性，但如此一来，则把个体赶得更远了，削弱了社会生活中稳定的个体身份形式，将之看作流动的表达（Boyne, 2000; Elliott, 2001: 129-151; Morris, 1991: 402-409, 438-450）。按照这种理论，能动性即使没有被全盘否定，也在很大程度上被忽视了。

关系理论

　　二元论传统把能动性与结构看作相对立的两方，导致了高度偏颇的社会解释。因此，我们需要一种更平衡或综合的理论，真正理解能动者如何深深地嵌入社会世界，这也可以解释为什么他们能够改变社会世界。这里有一系列试图重构能动性-结构二元论的视角。它们主要来自更哲学（而非社会学）的学科，包括实用主义、马克思主义以及某些形式的现象学。这三个主要的理论流派尽管表面上看各不相同（内部也是分裂的），但是有个共同点，那就是都关注具体的社会生活（Moran, 2000: 393），并且三个流派的主要思想家之间有密切的联系（Goff, 1980; Rosenthal and Bourgeois, 1991）。这三个流派都强调生活体验与实践，因此有潜力在实际行动层面帮助我们理解能动性与结构如何相互协调，即便它们有时没有利用这种潜力，错误地走向了个体（实用主义与现象学）或是结构（马克思主义）。近来，越来越多的研究正利用三个流派的要素来修正这个问题（Cohen, 2000: 98-105; Crossley, 1996）。

　　简要回顾这些传统的重要因素，有必要提及马丁·海德格尔（Martin

Heidegger）与莫里斯·梅洛-庞蒂（Maurice Merleau-Ponty），他们提出了现象学的一些基本主张（泛泛而言，即世界是我们所经验的），并且都强调人是具体表达的，总是赋予自己所栖居的世界以意义（Moran, 2000: 4-7, 238-239, 391）。因此，人的能动性来自自己对周围世界的参与，而不是个人主义理论所说的疏离。不过，这种参与是一种积极的关系，而不是与社会中心论相关的被动决定的关系。美国实用主义，特别是源自乔治·赫伯特·米德（George Herbert Mead）的人类符号互动研究（Mead, 1934）重申了这一点，但就社会关系对发展自我意识的重要性做了更清晰的阐述。简言之，如果不跟他人交往的话，你就不可能了解自己，与这种意识相协调就形成了能动性（Musolf, 2003: 97-198；cf. Macmurray, 1957: 141-144）。人们在一起做事的时候就出现了社会参与，这个认识是马克思主义的核心，但马克思主义有更全面的理解：参与反过来产生了社会结构，同时存在权力差别。马克思确实对这种有关能动性-结构的循环、辩证理论进行了浓缩，他写道："人们自己创造自己的历史，但是他们并不是随心所欲地创造，并不是在他们自己选定的条件下创造。"（Marx, 1983: 287）这是一个非常明确的表述：能动者总是有力量的，但总是处在约束之中。

这三个得到确认的流派以自己的方式提出了人类世界观，其中，能动性与结构在行动或实践中密切关联，这也让各流派能够就如何理解能动性与结构的文化多样性提供一种解释途径。新近的社会理论采纳了这些思想，提出了更明确的主张，试图克服能动性-结构二元论。考古学的能动性研究中最有影响力的是结构化理论，它试图用双重性取代二元论，这是一种相互交织与互补而不是二元对立的思想（Wenger, 1998: 47-48, 66-71；

cf. Gardner, 2004a; Parker, 2000）。与这一理论相关的最杰出的理论家来自社会学，他就是安东尼·吉登斯（Anthony Giddens）。吉登斯利用了上面讨论的某些思想以及结构主义因素，开创了一条新的道路，提出了结构化理论（structuration theory），这种理论把能动性与结构以一种强烈的递归的方式联系起来（Giddens, 1979, 1984, 1993）。他的结构双重性理论提出，行动或是能动者的实践——尤其是那些日常性的——真正再生产了不同时代的社会结构，除此之外，这些行动本身又立足于结构的条件及规则。结构化指的是不同时代过程的这种递归性（recursivity）。

这种理论受到来自许多方面——包括一种不知为何被称为分析二元论的思想——的批评（Archer, 1995, 1996, 2000; cf. Mouzelis, 1995; Parker, 2000: 69-125）。玛格丽特·阿彻（Margaret Archer）认为，结构双重性理论是在搅浑水，为了分析的目的，自然需要把能动性与结构严格区分开来，即便是在哲学中，也是把它们看作整体的组成部分，只有这样才能研究它们之间的关系（Archer, 1995: 132-134, 165-170; 1996: xvi）。这里所做的区分可能有些过于细微，在本质与形式上都是如此；吉登斯当然没有为这样的诡辩所难倒（Giddens, 1993: 2-8; Giddens and Pierson, 1998: 85-86; cf. Cohen, 1989: 18），阿彻的有关能动性的主要研究中倒是人为地保持了分析上的严格区分（Archer, 2000; cf. Benton, 2001）。除了这些争论，一项针对吉登斯的主要批评是他偏好宏大理论，这导致他忽视了一点，即不同文化背景可能以不同方式理解能动性与结构（Bryant and Jary, 2001a: 34; Loyal, 2003: 174-186）。这么说并不是很公平，因为吉登斯的理论本来就是主要针对现代西方文化的。无论怎么说，结构化理论都仍然非常有影响力，而且很有成效（Joas, 1993: 172-173），因为正如我们在考古学背景中所看到的，它一直在发展与适应。

另一位可以被称为结构主义者的社会理论家是皮埃尔·布尔迪厄（Pierre Bourdieu）。尽管他没有用结构化这个词，并且其背景比吉登斯的背景更接近人类学，但是他也在努力把能动性与结构用一个理论框架——也就是"惯习"（habitus）结合在一起（Bourdieu, 1977, 1990）。惯习是布尔迪厄的术语，用以表示特定社会群体内部共同的文化性质，它既限制又促成行动。布尔迪厄的理论建立在经验研究基础上，探究家庭空间布局如何与社会结构联系起来（Bourdieu, 1970）。这种民族志研究，以及他对结构如何以不同方式按照人们的地位赋予其权力的研究，让他的理论很有吸引力。惯习当然可能对文化变化敏感，尽管有批评认为惯习理论还是没有完全摆脱结构主义，因为它强调限制能动性的规则，而不是改变的潜力（Dornan, 2002: 305-307; Jenkins, 1992: 91-99）。即便如此，跟吉登斯的理论一样，布尔迪厄的理论在考古学及其他领域都非常有影响，下一步我们将看看在实践中它的表现如何。

在这一个部分，我们选择性地探讨了能动性作为西方理论争论组成部分的长期、复杂的历史。我们已经注意到，能动性理论是一种努力，尝试抓住人类经验中的主要部分，包含自我意识与有目的的行动，但是我们通常只把它们归于个体而非社会。大多数西方哲学、人类学、社会学主要思想流派都支持二元对立概念中的一个，这就强化了西方文化中的两个刻板印象——自由创业精神与没有个性的官僚主义。这些研究对西方文化中人们的真实经验缺乏判断，更不用说民族志中发现的有关个体的不同认识——其中自我常常可能有许多嵌入的特性（Cohen, 1994; La Fontaine, 1985; Strathern, 1988; Wenger, 1998）。幸运的是，现代思想中还有其他传统，它们结合了能动性与结构，努力打破这种二元论，为理解人类文化共性与多样性提供了一种更有弹性的方式。按照这些理论，确实可以把能动性理解为人类生活的积极方面，但目前能动性还只是个体才拥有的东西，它同时是社会关系、时间进程以及物质世界的组成部分。由于不同文化构建关系的方式不同，因此能动性作为一个重要的考古学范式，不单单要发现个体，也要发现过去个体如何与世界发生关系，简言之，他们是如何体验生活的。由于这基本就是考古学的目的，因此下一部分我们将考察考古学领域是如何运用能动性理论来实现这一目的的。

100

考古学研究中的能动性理论

也许我们应该说每个考古学理论流派，从文化历史考古、过程考古到后过程考古，对能动性都有某种看法，即使从来没有明确表述出来。如文化历史考古，它强调社会共同的标准，把入侵与迁徙看作文化变化的机制，很少考虑到个体（除非是伟人）。功能主义与系统论是过程考古的基本特征——跟上面所说的差不多，而早期后过程考古主要受到结构主义与后结构主义的影响，也不大考虑个体。因此，一直到后过程考古的其他思想如新马克思主义与性别理论产生影响后，考古学才开始真正关注能动性（Chapman, 2003: 64-68; Dobres and Robb, 2000: 6-8; Johnson, 1999: 104-105; Shanks and Tilley, 1987）。许多研究能动性的考古学家受到吉登斯与布尔迪厄等人的影响，现在当人们提及考古学中的能动性理论时，通常都会追溯到其中的某个社会理论家（Dornan, 2002; Gardner, 2004a）。上一部分讨论了考古学理论的多样性，以及研究能动性的跨学科视角，有鉴于此，不难理解存在于其中的一些含混的地方——不仅包括能动性的含义，而且包括它之于考古学的意义。前面我们发展的思想类型学在此有所帮助。为了当下的目的，我们可以忽略那些以社会为中心、极力弱化能动性的考古学研究，而集中关注能动性研究的两个主要趋势——个人主义与关系性。

个体的考古学

在考古学理论的一个极端上，在广泛意义上应用个人主义的有一个理论：理性选择理论。如詹姆斯·贝尔（James Bell, 1992）采用了一种方法论上的个人主义立场，根据个体的行动与决策或是由此产生的无意识结果来解释所有社会现象。基于诸多原因，这种理论是有问题的。一般说来，它排除了前面所说的个体行动相互影响的基础。更具体地说，考虑到贝尔研究的是史前材料，实际上没有必要限于他所说的。正如珍妮弗·多南（Jennifer Dornan, 2002: 312）所指出的，基于这个出发点，史前考古材料中唯一可以研究的个体行动就是那些普遍重复——分享——的行动，以及那些可以归诸相当一致的工具理性的行动，而不是那些可以根据过去的意义来理解的行动。这正是理性选择理论所说的那种理性：最优化的目标实现。在史前史研究方面，我们也许可以考虑包括生计与居所。但是，我们能够假定这就是人类总能拥有的理性吗？如果我们能够这样假定，那么这又能告诉我们有关过去的什么有意思的新东西呢？这是有关能动性的理性选择理论争论的焦点，在基于主体的过去人类行为的计算机建模中也有表现（O'Sullivan and Haklay, 2000）。而关联理论（relational approach）可能倾向于认为，我们不能做出这样的预设，原因前面已经说过（Thomas, 2004: 174-201），我们可以说，这一视角可以明确地解释宏观形态的构成，如果说不能解释过去人们如何理解导致这种形态的行动的话（Shennan, 2004; cf. Clark, 2000; Cowgill, 2000; Jordan, 2004; Lake, 2004; Mithen, 1989）。

因此，这一有关能动性的理论确实涉及某些我们过去生活的问题，但绝不是所有的问题，这也是二元论的特征：在解释人类经验上存在不平衡。贝尔的问题是在更多地探讨所有能动性的意义上——如果研究者从方法论层面的个体主义出发，那么这确实是一个问题（Johnson, 2004: 244; cf. Morris, 2004: 62）。这么来说，这种理论难以发现能动性的原因就是这样的个体除了作为抽象的概念之外从来就没有存在过。个体只存在于与自然、社会世界的关联中，正是在这些关系中，能动性得以表现出来（Dobres, 2000: 142）。另外一种由肯特·弗兰纳里（1999）倡导的理性行动者理论也忽视了这一点。在研究中，弗兰纳里探讨了不同社会的个体寻求获取威望与领导权的方式。在解释这样的个体的兴起时，他也采用了这种有问题的理性理论。他重复了贝尔的错误，假定能动者（考古学上或历史上可见的）就是个体。不过，还有一些考古学理论虽然仍然错误地倾向于个体，但确实强调了关系性问题。

其中表现最突出的要数伊恩·霍德（2000）所探索的理论。霍德很清楚关系性理论已经存在，但是他选择关注微观上的真正个体——如阿尔卑斯冰人（Alpine Ice Man）以及恰特尔胡玉克（Catalhoyuk）遗址建筑里所埋的一个人——有目的的行动。他这么做是因为他认为诸如现象学、结构化理论中存在危险：个体成为普遍的类别，或是为结构所决定（Hodder, 2000: 22-29; Hodder and Hutson, 2003: 99-105）。这确实可能发生，而完全侧重于个体叙事也有风险：它把重要的联系边缘化了，由此特定类型的个体性可能出现在任何特定情境中（Thomas, 2004: 144-146）。平衡是很难维系的事情，这里之所以仅提到霍德，在某种意义上是因为他努力复原个体的能动性与目的性，使之处在平衡状态，而不是因为他曾经真的按个体

101

主义的方向去扭曲平衡。尽管如此，他还是坚持认为能动性是个体的特征，而不承认能动性只有在与他人关联时才会真正出现——他的观点是有问题的（Johnson 2000）。他基于保存良好的个体墓葬证据的发现，强调研究过去的窗口极为罕见——这样的认识同样是有问题的（Hodder, 2000: 30-31; cf. Dornan, 2002: 311）。相反，正如我们现在知道的，社会能动性无所不在。

关系中的能动性

如上所述，有众多不同的传统采用了一种整合的、关系的方法来研究能动性-结构问题，考古学家以各种有意思的方式对之予以采纳，带有典型的折中主义色彩。一个视角是试图废除既有的有关能动性与结构的观点，甚至是这一类术语，这就是海德格尔的方法，朱利安·托马斯对之倡导得最为积极（Thomas, 1996, 2000, 2004）。这种视角主张，人性对成为人的方式敏感，即对人的作用与关系的知觉不同，托马斯立足于海德格尔的观点（Heidegger, 1962），认为人类从特征上来说，"是具体的、关系性的、阐释的存在"（Thomas, 2004: 187），人类完全镶嵌在充满意义的世界中。按照这种观点，能动性就成了高度社会性的东西，尽管仍然部分取决于人类独有的意识水平（Thomas, 2004: 184, 192; cf. Ingold, 2000: 46-47, 102-104）。这是一种现象学的视角，朱迪思·巴特勒（Judith Butler）的后结构主义研究采用了这一视角，克里斯·福勒（Chris Fowler）对爱尔兰海马恩岛新石器时代的研究则对之做了进一步发展（Fowler, 2002, 2004; cf. Clough, 2000; Thomas, 2004: 214-218）。福勒证明，遗址中人体及其他物品混合或是分开堆积，这些反复出现的堆积行为提供的证据表明存在不同的个性与能动性观念，这些观念不同于那些我们所熟悉的观念，尤其是那些不那么个人主义的观念。这种理论存在一个风险，即把能动性过度社会化了，进而把能动性消解到了结构之中（Tarlow, 2000）。尽管如此，这是应用关系性理论来研究能动性的一个成功案例，对古人如何以不同方式理解自身进行了阐释。

上述评论也可以被用于某些马克思主义考古学研究。马克思主义是一个古典的思想流派，有许多分支，考古学内外部分马克思主义理论因为有非常强的社会中心论趋势而受到批评，其中能动性消失在了历史的经济与意识形态权力中（Bell, 1992: 33-36）。但是，马克思早期的作品包含有实践的重要思想，以及对能动性与结构之间关系的更辩证的认识。辩证法如同吉登斯的结构双重性理论，试图平衡与关联二元论的两极，把处于两极的两种思想看作整体的组成部分。区别在于，辩证法中有矛盾存在，而结构双重性理论则假定存在互补的关系。经典例子是奴隶主与奴隶的关系：不可能有（或存在）其中一个，而没有另一个，两者之间总是存在着紧张关系，因为两者不平等（McGuire, 2002: 248-249）。然而，这一框架中关系性因素的作用比较强。这里有个例子。兰德尔·麦圭尔曾研究过位于亚利桑那州拉西图德（La Ciduad）的霍霍坎（Hohokam）遗址（McGuire, 2002: 179-212）。对 9—11 世纪房址与墓葬材料的分析表明，不同个体与其扩展家庭之间存在竞争。有些时候这种竞争为一种占主导地位的平均主义意识形态所掩盖；其他时候则更公开地受制于特定的人。因此，能动性 *102* 与结构相互作用，随时间不断发展。

还有一种考古学研究涉及能动性的关系性理论，这种理论特别吸收了吉登斯的结构化思想。约翰·巴雷特（John Barrett）是这个方面的领军学者（1994, 2000, 2001），他是极少的作品为社会理论家所引用的考古学家

（Bryant and Jary, 2001b: 48）——思想的流通通常（也非常令人遗憾）是单向的。巴雷特强调指出，"能动性研究不是仅仅研究个体本身"（2000: 61），而是要研究能动性是在何种情境中形成的。巴雷特从吉登斯那里吸收的是，关注能动性如何栖身在结构中［能动性是特定制度、技术、符号条件（或结构条件）的产物，这些条件又以特殊的方式约束能动性］，又如何同时创造结构［能够获取知识的能动者可以积极地维系或改造这样的条件（由此产生结构原理）］（Barrett, 2000: 65-66; 2001: 149-162）。结构化的过程围绕人们的活动——或称实践——展开，这些东西非常适合考古学阐释，也得到了越来越多的个案研究的支持。以吉登斯的理论为出发点的研究者还有亚瑟·乔伊斯（Arthur Joyce），他对公元前 500 年前后瓦哈卡（Oaxaca）流域（墨西哥）阿尔班山（Monte Albán）遗址的社会基础进行过解释（Joyce, 2000）。乔伊斯反对根据政治体之间的竞争，采用一种抽象、系统的观点来进行解释。他转而采用图像、建筑以及墓葬证据来进行更细微的描述，这些东西对人们在社会所有层面上的行动都比较敏感。他通过厘清礼仪实践上的变化，按照普通人与精英之间的矛盾与妥协来解释阿尔班山所代表的新型社群。

结构化理论的一个关键信条是，小规模的行动具有意想不到的结果，可能延续或改变社会（Giddens, 1984: 9-14）。这一观点也出现在乔伊斯以及我自己的研究中，我曾经研究过为晚期罗马国家服务的士兵实践上的变化是如何让帝国分崩离析的（Gardner, 2002; cf. Joyce, 2004）。通过实践这个媒介，我们在解释过去时可以运用结构化理论来平衡小规模与大规模的行动过程。实践的概念来自皮埃尔·布尔迪厄的人类学研究，受到吉登斯理论影响的考古学家经常引用这一概念（Barrett, 2001: 151-153），相反亦然，尽管吉登斯与布尔迪厄彼此之间从不互相引用（Parker, 2000: 39）。那些强调实践的社会网络（惯习）及其在社会再生产中的作用的考古学研究更多地依赖于布尔迪厄的理论，其代表包括帕克塔特（Pauketat, 2000）关于密西西比河流域前哥伦比亚时代土墩的研究。纪念建筑带有传统的礼仪实践，被包含其中的革新促进了社会不平等的形成，而受压迫阶层积极参与其中。这一研究强调，能动性并不总是跟反抗相关，因为即便是维持现状也需要人们以特殊的方式来参与行动。应用布尔迪厄理论的考古学研究还包括对北美殖民时代习惯性实践作用的解释（Loren, 2001），以及对更普遍的族属构建问题的研究（Jones, 1997）。在可以预见的将来，考古学家无疑还将利用吉登斯与布尔迪厄所提供的丰富的社会理论资源。

其他学者希望就能动性得到一个更明确的具有背景关联的定义。这些理论通常基于——不论是支持还是批评——吉登斯或是布尔迪厄的思想，但也会加入持其他立场的社会理论，以及全面考虑特定背景关联中重要的社会变化。如在马修·约翰逊（Mathew Johnson, 2000: 213）对 15、16世纪英国社会变化的分析中，他接受了广泛意义上的吉登斯的观点，认为"能动性……仅存在于与结构的辩证关系中"，但他接着又认为，能动性理论不应该太普遍，而是应该历史化——是在特定时间、特定地方发展而来的。在文艺复兴时期的英国，个体身份日益凸显，对社会纽带的强调减弱。约翰逊采用建筑与文献材料，利用两个特定男性精英个体的生命信息，梳理了这一过程。他的研究显示出这些人是如何创造以及应对不断变化的对权力、地位、性别等关系的预期的，到 17 世纪时，这些人更多地以个体身份暴露在毁誉之中。另一个例子来自一个很不同的背景，那就是林恩·梅斯克尔（Lynn Meskell, 1999）对于埃及新王国的研究。梅斯克

103 尔利用性别与具体身份信息梳理了埃及个体的生活——不是个人主义式的（Thomas, 2004: 122, 140-145）。尽管这一研究对吉登斯的理论采取了批评的态度，但它还是表明宏大的社会理论对考古学家的深入研究来说仍然是有价值的出发点，而不是没有用的。这些理论能够真正帮助考古学家以一种新的视角去考察过去。

　　全面考虑考古学中研究能动性的关系性理论，我们还可以考察某些非常关注器物的理论。物质文化当然在确定自我意识上发挥了重要作用，而自我意识正是人类能动者的基本特征（Gardner, 2003），但也有研究表明，器物本身就有能动性（Gell, 1998; Latour, 2000; Urry, 2000:77-79, 168-172）。从日常视角来看，器物确实可以作用于我们，反抗我们的意图，在许多文化（包括我们自己的文化）中，我们可以将之视为内在意志的外在表现（Sillar, 2004）。从理论层面来看，有学者把这个观点推向了关系的极端，把社会世界看作人与非人行动者构成的社会网络，而能动性只存在于彼此的相互关联之中（Law and Hassard, 1999）。人显然与器物有复杂的关系，在提到能动性时不能没有器物（或是没有其他人）。尽管如此，把能动性的思想与具体人的能力剥离开来还是有风险的，尤其是涉及确定人的权利与责任的时候。事实上，把能动性归于社会群体，不论是有意为之还是无意之举，我们都应该谨慎，我自己的研究对此就有所涉及（Giddens, 1984: 220-221; Handley and Schadla-Hall, 2004; Jenkins, 2004: 81; Macmurray, 1957: 116-117; cf. Dobres, 2000: 133; Gardner, 2004b: 43; Jones, 2002: 176-177）。这并不妨碍研究不同文化背景的人们如何看待能动性，也不妨碍实用主义的考虑，即能动性确实是社会性的——真正影响人们的生活。另一个强调以器物为中心的理论分析了人们如何在生产过程中一步一步完成成品，以不同方式把能动性物质化（Dobres, 2000）。这种技术选择理论来自人类学研究，但可以被用于解释从手斧到高铁的所有产品（Lemonnier, 1993），而且有可能揭示工具制造者与既有传统相关联的不同方式（Gravina, 2004）。跟这一部分谈到的其他关系性视角一样，这一视角强调社会实践与考古学材料是一致的，而且承诺可以让材料的阐释更加丰富多彩。在本章的最后，我将详细讨论一下这样的方向可能是什么。

能动性考古的前景

1989 年，马修·约翰逊在一篇有关能动性考古的评论中提到，在有关能动性考古的主张与能动性理论对考古学的实际影响之间存在差距（Johnson, 1989）。本章前面所讨论的研究进展表明这种情况正在改变，能动性考古正在走向成熟。这不是什么口号标语，而是一个严肃的问题，它是考古学阐释中一直暗含的存在，一旦得到公开承认，就不能忽视。能动性考古已经得到承认，围绕能动性的思考还在继续。有许多从事能动性考古的方式，这也解释了本章开头注意到的能动性定义的混淆问题。正如我们已经了解的，有关能动性与结构的关系存在一些区别细微的理论方法（如吉登斯、布尔迪厄、阿彻），还有其他一些视角试图完全取代所表达问题的术语（如海德格尔）。其中一些需要进一步的考古学探索（如实用主义）（Richardson, 1989），另外一些则已经很有影响，其间的区分带来了许多有价值的争论（相关论文见 Dobres and Robb, 2000; Gardner, 2004c）。它们带来了一些重要问题，如吉登斯相对忽视的能动者的性别、表现与物质性问题（Meskell, 1999: 25-26; Sørensen, 2000: 63-70）。然而，在争论中也形成了一个共识：能动性是社会性的、关系性的，因此是情境性的。

不论我们是从世界中的存在（being-in-the-world）的角度来看能动者（Thomas, 2004: 147, 216），还是从结构双重性（duality of structure）的角度来看能动者（Barrett, 2001: 162），理解过去人类生活的最成功的理论就是那些探讨能动性如何作为人类而非纯粹个体的特征的理论。换句话说，我认为能动性——从积极参与的角度来看——既可以被看作参与社会物质世界的一个过程，也可以被看作一种关系。也就是说，没有人类个体，就没有能动性，个体具有独特的、积极的、具体的意识，但同样可以说，并不存在孤立的能动者，因为积极的意识只能通过社会交往才能形成（基本上把能动性与结构捆绑在一起了）。能动性的这种双重定义来自人类行动的性质（实践），行动必定是在某种背景联系之中（以及之上）发生的（Giddens, 1979: 55; 1984: 9; cf. Shalin, 2000: 339）。正如我们采用理性选择模型时看到的那样，采用任何一种能动性模型都可以得出结论，但是它们必定只是对任意特定社会实在的部分解释。实际上，上面提及的关系性理论大多同时接受两种观点（能动性是存在也是行动），即便它们反对把能动性看作人类的共同属性。例如，托马斯（Thomas, 2004: 147-148）希望放弃这种人文主义观点，转而基于人类的区别考虑不同类型的人；不过，他没有确定基于什么样的基础才能采用"人类"一词。我们可以通过对比其他物种来肯定人类的相似性——考古学与古生物学的区别，尽管有重叠，但还是有重要意义的。与此同时，我们当然可以研究人类的差异，即便这涉及社会互动带来不同体验以及能动性的概念——因此要考虑人究竟是什么。

于是，那些明确探讨能动性的考古学就是要去阐释过去人类在特定情境中是如何行动的。这必定涉及思考人们行动的经验——以及由此而来的有关能动性的看法——还有行动，是如何影响（或含蓄或明显）人们生活于其中的情境结构的。与此同时，它还涉及思考情境结构如何以相反的方向反馈——也正是通过行动者的能动性经验实现的。我们使用这里的语言试图去理解的，可能与行动者自身对其生活与经验的描述存在差异——如果我们能够跟他们交谈的话——但这种双重阐释是不可避免的（Giddens, 1984: 284; 或者对尚克斯和蒂利来说是四重阐释，Shanks and Tilly, 1992: 107-108），社会科学家就是在这些阐释——研究者的世界观以及被研究者的世界观——中开展研究的。我们在这些参考框架与阐释之间只有通过转译才能有所收获。

　　上面概述的理论方法有助于实现这一任务，即因为某种原因我们要研究人类的过去——而非地质学的过去，真正让人感兴趣的是人类关系形成的不同方式。从上面讨论的例子来看，其中包含许多问题，如：新石器时代的埋葬习俗如何影响当时人们彼此之间的关系？这些习俗是由一小群人创造的，还是由大多数人赞同所致？文艺复兴时代个体如何才能独立、才能强有力，对社会习惯的遵从又有何反面的影响？西北欧接受罗马文化是因为少数本土贵族引领并使之成为时尚，还是因为罗马管理者的鼓励（并可能遭到了当地居民的抵制）？罗马士兵如何在与家庭、军事单位、罗马帝国和诸神的关联中确定自己的位置，以及他们在一种情境中的社会实践如何影响其他情境？在更抽象的层面上，研究能动性的关系性理论探讨的问题既包括特殊问题（谁制作器物以及如何使用？），也包括普遍问题（这些人如何理解世界，以及他们如何区别自身在世界上的存在？）。探讨这些问题，既是为了更全面地理解我们研究的古代情境，也是为了帮助人们理解当代人们的生活方式（Baert, 1992: 144-145）。

事实上，最后的关键点在于，我们在强调研究能动性与结构的关系时应采用更加关联的方法，这将有助于推动考古学成为一门社会科学（Johnson, 2004）。没有一个通用的理论是完美无缺的——包括我上面所做的综合，也正因为如此，在这个层面上的认识显得有点多余。一个有关的例子是吉登斯所受到的批评——他既把能动者看作独立自主的，又把能动者看作有依赖性的（McGuire, 2002: 134; Meskell, 1999: 25）。这么说有点不公平，这是从二元论的立场来看的，按照这种立场，总是得追问：能动性与结构，究竟哪个更重要？关系性理论的回答就是两者都很重要。目前这种理论已经被普遍接受——至少是在普遍原理上，我们现在的任务是探索在不同情境中关系是如何起作用的。如果我们按照考古材料曾经所涉及的实践来理解它，我们就可以梳理清楚在一定范围内能动性与结构的关系的特殊构造——换句话说，古人如何与其世界发生关系。由此，我们在揭示人类存在的多样性的同时也在探讨其共性，这将对当代社会也有所帮助。

参考文献

Abell, Peter. 2000. Sociological theory and rational choice theory. In Bryan S. Turner, ed., *The Blackwell companion to social theory*, 223–244. Oxford: Blackwell.

Archer, Margaret S. 1995. *Realist social theory: The morphogenetic approach.* Cambridge: Cambridge University Press.

———. 1996. *Culture and agency: The place of culture in social theory.* 2nd ed. Cambridge: Cambridge University Press.

———. 2000. *Being human: The problem of agency.* Cambridge: Cambridge University Press.

Baert, Patrick. 1992. *Time, self, and social being.* Aldershot, UK: Avebury.

Barnes, Barry. 2000. *Understanding agency: Social theory and responsible action.* London: Sage.

Barrett, John C. 1994. *Fragments from antiquity.* Oxford: Blackwell.

———. 2000. A thesis on agency. In Marcia-Anne Dobres and John Robb, eds., *Agency in archaeology*, 61–68. London: Routledge.

———. 2001. Agency, the duality of structure, and the problem of the archaeological record. In Ian Hodder, ed., *Archaeological theory today*, 141–164. Cambridge: Polity.

Bell, James. 1992. On capturing agency in theories about prehistory. In Jean-Claude Gardin and Christopher S. Peebles, eds., *Representations in archaeology*, 30–55. Bloomington: Indiana University Press.

Benton, Ted. 2001. A stratified ontology of selfhood: Review of Margaret S. Archer (2000) "Being human: The problem of agency." *Journal of Critical Realism* 4: 36–38.

Bourdieu, Pierre. 1970. The Berber house or the world reversed. *Social Science Information* 9: 151–170.

———. 1977. *Outline of a theory of practice.* Cambridge: Cambridge University Press.

———. 1990. *The logic of practice.* Cambridge: Polity.

Boyne, Roy. 2000. Structuralism. In Bryan S. Turner, ed., *The Blackwell companion to social theory*, 160–190. Oxford: Blackwell.

Bryant, Christopher G. A., and David Jary. 2001a. Anthony Giddens: A global social theorist. In Christopher G. A. Bryant and David Jary, eds., *The contemporary Giddens: Social theory in a globalizing age*, 3–39. Houndmills, UK: Palgrave.

———. 2001b. The uses of structuration theory: A typology. In *The contemporary Giddens: Social theory in a globalizing age*, 43–61. Houndmills, UK: Palgrave.

Chapman, Robert. 2003. *Archaeologies of complexity.* London: Routledge.

Clark, John E. 2000. Towards a better explanation of hereditary inequality: A critical assessment of natural and historic human agents. In Marcia-Anne Dobres and John Robb, eds., *Agency in archaeology*, 92–112. London: Routledge.

Clough, Patricia T. 2000. Judith Butler. In George Ritzer, ed., *The Blackwell companion to major social theorists*, 754–773. Oxford: Blackwell.

Cohen, Anthony P. 1994. *Self consciousness: An alternative anthropology of identity.* London: Routledge.

Cohen, Ira J. 1989. *Structuration theory: Anthony Giddens and the constitution of social life.* Houndmills, UK: Macmillan.

———. 2000. Theories of action and praxis. In Bryan S. Turner, ed., *The Blackwell companion to social theory*, 73–111. Oxford: Blackwell.

Cowgill, George L. 2000. "Rationality" and contexts in agency theory. In Marcia-Anne Dobres and John Robb, eds., *Agency in archaeology*, 51–60. London: Routledge.

Crossley, Nick. 1996. *Intersubjectivity: The fabric of social becoming.* London: Sage.

Dobres, Marcia-Anne. 2000. *Technology and social agency.* Oxford: Blackwell.

Dobres, Marcia-Anne, and John E. Robb. 2000. Agency in archaeology: Paradigm or platitude? In *Agency in archaeology*, 3–17. London: Routledge.

Dobres, Marcia-Anne, and John E. Robb (eds.). 2000. *Agency in archaeology.* London: Routledge.

Dornan, Jennifer L. 2002. Agency and archaeology: Past, present, and future directions. *Journal of Archaeological Method and Theory* 9: 303–329.

Dumont, Louis. 1985. A modified view of our origins: The Christian beginnings of modern individualism. In Michael Carrithers, Steven Collins, and Steven Lukes, eds., *The category of the person: Anthropology, philosophy, history*, 93–122. Cambridge: Cambridge University Press.

Elliott, Anthony. 2001. *Concepts of the self.* Cambridge: Polity.

Emirbayer, Mustafa, and Ann Mische. 1998. What is agency? *American Journal of Sociology* 103(4): 962–1023.

Flannery, Kent. 1999. Process and agency in early state formation. *Cambridge Archaeological Journal* 9: 3–21.

Fowler, Chris. 2002. Body parts: Personhood and materiality in the earlier Manx Neolithic. In Yannis Hamilakis, Mark Pluciennik, and Sarah Tarlow, eds., *Thinking through the body: Archaeologies of corporeality*, 47–69. New York: Kluwer Academic.

———. 2004. *The archaeology of personhood: An anthropological approach.* London: Routledge.

Gardner, Andrew. 2002. Social identity and the duality of structure in late Roman period Britain. *Journal of Social Archaeology* 2: 323–351.

———. 2003. Seeking a material turn: The artefactuality of the Roman empire. In Gillian Carr, Ellen Swift, and Jake Weekes, eds., *TRAC 2002: Proceedings of the twelfth*

106 annual *Theoretical Roman Archaeology Conference, Canterbury 2002,* 1–13. Oxford: Oxbow.

———. 2004a. Introduction: Social agency, power, and being human. In *Agency uncovered: Archaeological perspectives,* 1–15. London: UCL Press.

———. 2004b. Agency and community in 4th century Britain: Developing the structurationist project. In *Agency uncovered: Archaeological perspectives,* 33–49. London: UCL Press.

Gardner, Andrew (ed.). 2004c. *Agency uncovered: Archaeological perspectives.* London: UCL Press.

Garfinkel, Harold. 1967. *Studies in ethnomethodology.* New York: Prentice-Hall.

Gell, Alfred. 1998. *Art and agency: An anthropological theory.* Oxford: Clarendon.

Gero, Joan M. 2000. Troubled travels in agency and feminism. In Marcia-Anne Dobres and John E. Robb, eds., *Agency in archaeology,* 34–39. London: Routledge.

Giddens, Anthony. 1979. *Central problems in social theory: Action, structure, and contradiction in social analysis.* Houndmills, UK: Macmillan.

———. 1984. *The constitution of society: Outline of the theory of structuration.* Cambridge: Polity.

———. 1993. *New rules of sociological method.* 2nd ed. Cambridge: Polity.

———. 2001. *Sociology.* 4th ed. Cambridge: Polity.

Giddens, Anthony, and Christopher Pierson. 1998. *Conversations with Anthony Giddens: Making sense of modernity.* Cambridge: Polity.

Goff, Tom W. 1980. *Marx and Mead: Contributions to a sociology of knowledge.* London: Routledge.

Gosden, Chris. 2004. *Archaeology and colonialism: Cultural contact from 5000 BC to the present.* Cambridge: Cambridge University Press.

Gravina, Brad. 2004. Agency, technology, and the "muddle in the middle": The case of the Middle Palaeolithic. In Andrew Gardner, ed., *Agency uncovered: Archaeological perspectives,* 65–78. London: UCL Press.

Handley, Fiona J. L., and Tim Schadla-Hall. 2004. Identifying and defining agency in a political context. In Andrew Gardner, ed., *Agency uncovered: Archaeological perspectives,* 135–150. London: UCL Press.

Heidegger, Martin. 1962. *Being and time.* Oxford: Blackwell.

Hirst, Paul, and Penny Woolley. 1982. *Social relations and human attributes.* London: Tavistock.

Hodder, Ian. 1982. *Symbols in action.* Cambridge: Cambridge University Press.

———. 2000. Agency and individuals in long-term processes. In Marcia-Anne Dobres and John E. Robb, eds., *Agency in archaeology,* 21–33. London: Routledge.

Hodder, Ian, and Scott Hutson. 2003. *Reading the past: Current approaches to interpretation in archaeology.* 3rd ed. London: Routledge.

Ingold, Tim. 2000. *The perception of the environment: Essays in livelihood, dwelling, and skill.* London: Routledge.

Irwin, Terence (ed.). 1999. *Classical philosophy.* Oxford: Oxford University Press.

Jenkins, Richard. 1992. *Pierre Bourdieu.* London: Routledge.

———. 2002. *Foundations of sociology: Towards a better understanding of the human world.* Houndmills, UK: Palgrave Macmillan.

———. 2004. *Social identity.* 2nd ed. London: Routledge.

Joas, Hans. 1993. *Pragmatism and social theory.* Chicago: University of Chicago Press.

Johnson, Matthew H. 1989. Conceptions of agency in archaeological interpretation. *Journal of anthropological archaeology* 8: 189–211.

———. 1999. *Archaeological theory: An introduction.* Oxford: Blackwell.

———. 2000. Self-made men and the staging of agency. In Marcia-Anne Dobres and John E. Robb, eds., *Agency in archaeology,* 213–231. London: Routledge.

———. 2004. Agency, structure, and archaeological practice. In Andrew Gardner, ed., *Agency uncovered: Archaeological perspectives,* 241–247. London: UCL Press.

Jones, Andrew. 2002. *Archaeological theory and scientific practice.* Cambridge: Cambridge University Press.

Jones, Siân. 1997. *The archaeology of ethnicity: Constructing identities in the past and present.* London: Routledge.

Jordan, Peter. 2004. Examining the role of agency in hunter-gatherer cultural transmission. In Andrew Gardner, ed., *Agency uncovered: Archaeological perspectives,* 107–134. London: UCL Press.

Joyce, Arthur A. 2000. The founding of Monte Albán: Sacred propositions and social practices. In Marcia-Anne Dobres and John E. Robb, eds., *Agency in archaeology,* 71–91. London: Routledge.

Joyce, Rosemary A. 2004. Unintended consequences? Monumentality as a novel experience in formative Mesoamerica. *Journal of Archaeological Method and Theory* 11: 5–29.

Koerner, Stephanie. 2004. Agency and views beyond metanarratives that privatise ethics and globalise indifference. In Andrew Gardner, ed., *Agency uncovered: Archaeological perspectives,* 211–238. London: UCL Press.

La Fontaine, J. S. 1985. Person and individual: Some anthropological reflections. In Michael Carrithers, Steven Collins, and Steven Lukes, eds., *The category of the person: Anthropology, philosophy, history,* 123–140. Cambridge: Cambridge University Press.

Lake, Mark W. 2004. Being-in-a-simulacrum: Electronic agency. In Andrew Gardner, ed., *Agency uncovered: Archaeological perspectives,* 191–209. London: UCL Press.

Latour, Bruno. 2000. The Berlin key or how to do words with things. In P. M. Graves-Brown, ed., *Matter, materiality and modern culture,* 10–21. London: Routledge.

Law, John, and John Hassard (eds.). 1999. *Actor network theory and after.* Oxford: Blackwell.

Lechner, Frank J. 2000. Systems theory and functionalism. In Bryan S. Turner, ed., *The Blackwell companion to social theory*, 112–132. Oxford: Blackwell.

Lemonnier, Pierre (ed.). 1993. *Technological choices: Transformation in material cultures since the Neolithic*. London: Routledge.

Lidz, Victor. 2000. Talcott Parsons. In George Ritzer, ed., *The Blackwell companion to major social theorists*, 388–431. Oxford: Blackwell.

Lindenlauf, Astrid. 2004. Dirt, cleanliness, and social structure in ancient Greece. In Andrew Gardner, ed., *Agency uncovered: Archaeological perspectives*, 81–105. London: UCL Press.

Loren, Diana Dipaolo. 2001. Social skins: Orthodoxies and practices of dressing in the early colonial lower Mississippi valley. *Journal of Social Archaeology* 1: 172–189.

Loyal, Steven. 2003. *The sociology of Anthony Giddens*. London: Pluto.

Macgregor, Gavin. 1994. Post-processual archaeology: The hidden agenda of the secret agent. In Iain M. Mackenzie, ed., *Archaeological theory: progress or posture?* 79–91. Worldwide Archaeology Series 11. Aldershot, UK: Avebury.

Macmurray, John. 1957. *The self as agent*. Vol. 1 of *The form of the personal*. London: Faber & Faber.

Marx, Karl. [1852] 1983. The eighteenth brumaire of Louis Bonaparte. In Eugene Kamenka, ed., *The portable Karl Marx*, 287–323. Harmondsworth, UK: Penguin.

Mauss, Marcel. [1938] 1985. A category of the human mind: The notion of person; the notion of self. In Michael Carrithers, Steven Collins, and Steven Lukes, eds., *The category of the person: Anthropology, philosophy, history*, 1–45. Cambridge: Cambridge University Press.

McGuire, Randall H. 2002. *A Marxist archaeology*. Clinton Corners, NY: Percheron.

Mead, George Herbert. 1934. *Mind, self, and society from the standpoint of a social behaviorist*. Intro. by Charles W. Morris. Chicago: University of Chicago Press.

Meskell, Lynn. 1999. *Archaeologies of social life*. Oxford: Blackwell.

Mithen, Steven. 1989. Evolutionary theory and post-processual archaeology. *Antiquity* 63: 483–494.

Momiglano, A. 1985. Marcel Mauss and the quest for the person in Greek biography and autobiography. In Michael Carrithers, Steven Collins, and Steven Lukes (eds.) *The category of the person: Anthropology, philosophy, history*, 83–92. Cambridge: Cambridge University Press.

Moran, Dermot. 2000. *Introduction to phenomenology*. London: Routledge.

Morris, Brian. 1991. *Western conceptions of the individual*. Oxford: Berg.

Morris, Justin. 2004. "Agency" theory applied: A study of later prehistoric lithic assemblages from northwest Pakistan. In Andrew Gardner, ed., *Agency uncovered: Archaeological perspectives*, 51–63. London: UCL Press.

Mouzelis, Nicos. 1995. *Sociological theory: What went wrong? Diagnosis and remedies*. London: Routledge.

Musolf, Gil Richard. 2003. *Structure and agency in everyday life: An introduction to social psychology*. 2nd ed. Lanham, MD: Rowman & Littlefield.

O'Sullivan, David, and Mordechai Haklay. 2000. Agent-based models and individualism: Is the world agent-based? *Environment and Planning* 32: 1409–1425.

Parker, John. 2000. *Structuration*. Buckingham: Open University Press.

Pauketat, Timothy R. 2000. The tragedy of the commoners. In Marcia-Anne Dobres and John E. Robb, eds., *Agency in archaeology*, 113–129. London: Routledge.

Richardson, Miles. 1989. The artefact as abbreviated act: A social interpretation of material culture. In Ian Hodder, ed., *The meanings of things: Material culture and symbolic expression*, 172–177. One World Archaeology 6. London: HarperCollins.

Rosenthal, Sandra B., and Patrick L. Bourgeois. 1991. *Mead and Merleau-Ponty: Toward a common vision*. Albany: State University of New York Press.

Rozemond, Marleen. 1998. *Descartes's dualism*. Cambridge: Harvard University Press.

Shalin, Dmitri N. 2000. George Herbert Mead. In George Ritzer, ed., *The Blackwell companion to major social theorists*, 302–344. Oxford: Blackwell.

Shanks, Michael, and Christopher Tilley. 1987. *Social theory in archaeology*. Cambridge: Polity.

———. 1992. *Re-constructing archaeology: Theory and practice*. 2nd ed. London: Routledge.

Shennan, Stephen. 2004. An evolutionary perspective on agency in archaeology. In Andrew Gardner, ed., *Agency uncovered: Archaeological perspectives*, 19–31. London: UCL Press.

Sillar, Bill. 2004. Acts of god and active material culture: Agency and commitment in the Andes. In Andrew Gardner, ed., *Agency uncovered: Archaeological perspectives*, 153–189. London: UCL Press.

Sørensen, Marie Louise Stig. 2000. *Gender archaeology*. Cambridge: Polity.

Strathern, Marilyn. 1988. *The gender of the gift*. Berkeley: University of California Press.

Tarlow, Sarah. 2000. Comment on (Fowler 2000). In Cornelius Holtorf and Håkan Karlsson, eds., *Philosophy and archaeological practice: Perspectives for the 21st century*, 123–126. Göteborg: Bricoleur.

Thomas, Julian. 1996. *Time, culture, and identity: An interpretive archaeology*. London: Routledge.

———. 2000. Reconfiguring the social, reconfiguring the material. In Michael Brian Schiffer, ed., *Social theory in archaeology*, 143–155. Salt Lake City: University of Utah Press.

———. 2004. *Archaeology and modernity*. London: Routledge.

Todorov, Tzvetan. 2001. *Life in common: An essay in general anthropology*. Trans. Katherine Golsan and Lucy Golsan.

108   Lincoln: University of Nebraska Press.

Turner, Jonathan H. 2000. Herbert Spencer. In George Ritzer, ed., *The Blackwell companion to major social theorists*, 81–104. Oxford: Blackwell.

Urry, John. 2000. *Sociology beyond societies: Mobilities for the twenty-first century*. London: Routledge.

Wenger, Etienne. 1998. *Communities of practice: Learning, meaning, and identity*. Cambridge: Cambridge University Press.

Wilson, Richard A. 1997. Human rights, culture, and context: An introduction. In *Human rights, culture, and context: Anthropological perspectives*, 1–27. London: Pluto.

R. 亚历山大·本特利、卡尔·利波、赫伯特·D.G. 马施纳、
本·马勒

（R. Alexander Bentley，Carl Lipo，Herbert D. G. Maschner，

Ben Marler）

　　社会科学的下一次大发展可能不是来自本领域的研究者，而是来
自其他领域的研究者。

——乔治·伦德伯格

《社会学基础》（George Lundberg, *Foundations of Sociology*）

　　"进化"是所有历史科学的一个关键术语，具有丰富多样的含义，这
些含义又是解释的基础，倡导者与批评者对其的看法各不相同。当然，一
般说来，进化基本指的是变化。泛泛而言，大多数考古学家可能会称自己
为进化论者，因为考古材料就其性质而言，就是变化的记录。事实上，我
们研究考古材料的一个主要原因就是，材料当前的存在状态不同于过去，
因此考古学要研究这种变化。如果"进化"一词的基本含义仅限于此，那

么说考古学是进化的很少引发争议。

尽管把进化看作变化几乎没有争议，但是解释变化完全是另外一回事，那些对进化是什么持不同看法的人在讨论进化这个问题时往往情绪激动。于是，梳理进化概念的专门意义有助于我们区分包含这个概念的不同理论框架。

作为转化（transformation）的进化

进化的第一个含义就是转化。其词源可以追溯到 17 世纪的词根，意思是"打开、展现、扩充"。这里是指一种源自先天属性或内在活动的转化。在这个意义上，我们通常把两个因素看作转化的来源：环境的直接影响，通过获得性特征的遗传；以及向着一个明确目标的内在驱动，趋向更加完善的状态（Mayr, 2001: 77）。

第一个因素是环境。它强调这样一种观点，即外在世界导致事物变化，但它没有说清楚变化究竟是怎样发生的，这也就是为什么进化有时会与环境决定论混为一谈。获得性特征因素最初是由让-巴普蒂斯特·拉马克（Jean-Baptiste Lamarck, 1744-1829）提出来的，他把它视为进化的动力。拉马克提出，进化之所以发生，是因为生物体把在生命期中获取的特征传递给了后代。

第二个因素是内在驱动。内在驱动与目标相关，它是转变演化最常见的诱发机制之一，表现为发展变化（Carneiro, 2003）。这里的进化是一种方向性的变化，且方向通常与进步联系在一起（Dunnell, 1988）。这一发现偶尔被用在生物学中（Niteki, 1988; Ruse, 1997），但主要被用在各种文化进化论中，主张人类改变自身，沿着进步的标尺向前发展，而进步通常表现为复杂性（Carneiro, 2003）。

在人类学中，文化进化概念可以追溯到 19 世纪（Morgan, 1877;
Spencer, 1887; Tylor, 1865），在 20 世纪上半叶，文化进化在很大程度上是
一个欧洲概念（Childe, 1944; Figuier, 1870; Peake, 1928），遭到了大部分美
国人类学家的拒绝（Holmes, 1892）。不过，在 20 世纪 60 年代，通过莱
斯利·怀特（1959）的工作，文化进化理论开始复兴。随着文化进化理论
的复兴，以及新考古学注重发展、解释变化的明确理论框架，文化进化
成为许多当代考古学解释的基本原理（Binford, 1968; Flannery, 1972, 1986;
Kirch, 1990; Sahlins and Service, 1960; Service, 1975; Spencer, 1990; Wright,
1986; Yoffee and Cowgill, 1992）。文化进化理论方法假定变化来自古代人
群的反应——无论是称之为对某些刺激的适应（Binford, 1968; Boserup,
1965; Carneiro, 1970; Cohen, 1977; Flannery, 1972; Kirch, 1980），还是称之 *110*
为能动性，也就是变化来自群体中个体的内在行动，以因应环境的感知状
态（Dobres and Robb, 2005; Pauketat, 2001）。

作为变异性改变的进化

上面所说的文化进化的形式与生物学所说的进化观点明显不同，生物
进化的观点是考古学与人类学进化理论的基础。由于其起源，这种进化观
通常又称达尔文进化。令人迷惑的是，仅从表面来看，采用文化进化与达
尔文进化所做的解释，形式往往相似。达尔文进化解释探讨"有机体或
群体数代时间在特征上纯粹方向性的变化或累积性的变化"（Endler, 1986:
5）。达尔文进化的基本定义跟进化的转化论非常相似：都视进化为方向
性的。

不过，达尔文进化有两条基本原则。第一条原则是，变异是有原因的。在任何时候，事物都相对彼此变动，这种变动会产生改变。变异是有原因的，因为变异性与外在世界之间的相互作用产生了差异性的成功。因此，我们用变异性的细节来解释改变——一个变体何以区别于另一个变体。第二条原则是，改变的机制外在于我们所要解释的事物；改变来自生物与外在环境或是其他生物的相互作用。被我们看作外在选择的环境与我们所选择的东西是许多争论的原因，如本章所讨论的——我们是否可以认为人由环境选择，器物由人选择，甚至人由器物或人所改造的环境选择？因为各种理论方法的重点不同（见表8-1），所以产生了一种有趣的、近乎哲学的有关人类的目的性的争论。

表8-1　不同进化理论方法变异的范围

范围	变异性
时间尺度	长 - 短
变异	器物 - 行为 - 观念（模因）
传承	垂直的 - 水平的
选择的主体与对象（目的性）	人 - 器物 - 环境
分选机制	自然选择、传承、漂变、表现型的可塑性

无论如何，一旦主体与客体确定，上述原则就形成了达尔文进化的基础，按照达尔文进化，变化可以被解释为两步过程的结果。第一，存在变异性。第二，部分变异性被保留下来，而其他变异性则没有。尽管这可能是共识，但最有价值的问题是：某些东西为什么并且如何被保留下来，变得越来越普遍，而其他东西则不断减少？自然选择——某些特征相对于其他特征更容易被保存下来——通常被视为生物学的零假设，但是在解释人类文化变化时，几乎每项研究结果都会引发争议（通常很激烈）。本书的

其他章节谈到了进化变迁的其他机制，如漂变或自组织变化，至于自然选择于何时何地主导文化变迁过程，目前仍存在许多争论。当然，毋庸置疑的是，至少在某些时间尺度上（如我们源自南方古猿的进化），自然选择发挥了作用。因此本书需要用一章来定义自然选择。生物的差异化存在可以被解释为自然选择的结果。如果特征 T 发生进化，那么：

（1）生物体随特征 T（变异性）变化。

（2）T 的不同变体具有不同生存与 / 或复制概率（适合度）。

（3）通过成功的复制（遗传），生物体以前所未有的保真度传递变体 T。

基于这个定义，我们就可能较容易地理解自然选择论如何与生物体改变自身的进化转变论区别开来。其一，自然选择本身不是一个事件，而是一种对统计结果的解释——结果经过差异化的分选。自然选择只是解释生物体的不同时空分布特征。其二，有人可能把进化看作一种机械论的解释，其中生物体只是提供了变化发生作用的材料（变异性）。其三，变化的速率不确定。尽管我们通常把进化看作渐变的，但这并不是理论必然。*111* 按照自然选择论，进化可能导致改变或是稳定，而且改变既可能快，也可能慢。其四，自然选择并不必然是自然的结果（自然环境），对观念与行为来说，我们自身的心智与其他人的心智也是一种非常有效的选择环境。

最后，随着变体从一个生物体传给另一个生物体，自然选择有一个要求：不同变体在如何影响生物体生存上存在变化。这就是"适合度"概念的含义——任何特定的变体（变体的定义通常就是问题的一部分）相对其他变体如何更好地适应。自然选择（与适合度的概念）并不需要任何特殊的经验材料，如作为解释的一部分的死亡甚至是出生。尽管在理解生物学上的变化时，常常需要与这些事件相关联，但是在讨论留存的变异如何发生时，自然选择的定义并没有发挥作用，也就是说，变体的频率是否随着差异化的复制或差异化的生存而变化并无定论。这意味着两位研究者对于同一件事可能采用不同的描述——一位可能描述的是某些行为相对其他行为扩散开来，而另一位可能描述的是选择了一种行为而放弃了其他行为。两者都没有说清为什么一种行为相对于另一种行为获得了优势，这才是需要认识的重要问题，我们由此可以去研究这一现象，而非在语义的争论上纠缠不休。

人类学与考古学中的进化

一般地说，进化论原理与社会人类学、考古学的结合仅仅需要对复制的概念稍稍做些调整。尽管我们非常熟悉生物体通过基因的自然表达来传递遗传信息，但是进化并不仅限于生物学范畴。最早认识到传承变异性并对之进行了很好的研究的是遗传学。基因就是在生物体之间进行生物学复制时传递遗传信息的单位。当然，基因并不是生物体之间传递变异性的唯一途径。由于达尔文的进化论中并没有提及特定的传承方式，其他机制也可能存在。因此，现在认为文化是（基因之外的）第二种遗传机制。我们把文化遗传（文化传承）单独拿出来解释行为特征——而不是动物的形态特征——上的变化与相似性。

不同有机体个体之间非遗传信息的传承惊人地相似，并且不限于人类。累积的事实材料表明，动物行为常常在不同个体之间传递，与遗传或环境变化无关（Bonner, 1980; Heyes and Galef, 1996; McGrew, 1992; Nishida, 1986; Rendell and Whitehead, 2001）。生物学家已经在海豚（Krützen et al.,

2005）、逆戟鲸（Ford, 1991）、灵长类（Biro et al., 2003）、大象（Poole et al., 2005）、鱼（Brown and Laland, 2003）、鸟（Fritz and Kotraschal, 1999; Grant and Grant, 1996; Lynch, 1996）等动物那里发现了文化遗传的例子。尽管早期许多文化传递模型在很大程度上来自与遗传学的类比（Boyd and Richerson, 1985; Cavalli-Sforza and Feldman, 1981），但是后来越来越多的研究开始考虑一种文化传递的特征——它没有明显的代际信息继承与接受（Bettinger and Eerkens, 1999; Lipo et al., 1997; Neff, 2001; Neiman, 1995; Shennan and Wilkinson, 2001）。有关生物学模型可以用以解释文化变化的程度，争论还在继续，包括正（Collard and Shennan, 2000; Shennan and Collard, 2005）反（Terrell, 1988; Terrell et al., 1997; Welsh et al., 1992）双方。

　　鉴于进化论的扩展囊括了对文化变化的解释，显然将进化论用于考古学很有潜力。尽管有这种潜力，考古学家与人类学家关于进化论影响人类行为与考古材料的程度和作用还有许多争议（Maschner and Mithen, 1996）。因此，结合进化论的考古学解释形成了多样的流派，这里将其称为双重遗传理论（dual inheritance theory, DIT）、进化论考古（evolutionary archaeology, EA）、人类行为生态学（human behavioral ecology, HBE）、进化心理学（evolutionary psychology, EP），以及合作与多层选择（cooperation and multilevel selection, CMS）。我们通常把部分理论看成是相互竞争的（Boone and Smith, 1998），这些流派在概念上相互重叠，并且都立足于达尔文进化论的基本原理。当然，不同流派对于进化在解释中的作用的阐释差异显著。

双重遗传理论 *112*

　　博伊德与里彻森（1985）是双重遗传理论的主要提出者。双重遗传理论认为，文化特征的变异、遗传与自然选择是相互关联的，但也是一个来自人类遗传进化的独特过程。双重遗传理论的中心是，文化信息不同于遗传信息，它可以在不相关的人之间传递。拉姆斯登与威尔逊（Lumsden and Wilson, 1981）关注基因与文化如何共同进化，他们想象存在个体终生接受文化基因（culturgens，文化包裹）的循环，个体根据自身遗传学上的约束或是偏好，拒绝、保留、接受新的文化基因，进而接受某些行为，过滤掉其他行为。在每代人中，大部分文化基因与后天规则不断循环，但在多代人中受自然选择的影响会有小的修改。双重遗传理论的一个基本原理是：文化进化独一无二，不同于生物进化，但与之相关。这也是德拉姆（Durham, 1991: 26）的理论主张，他有关两种进化体系的认识参见表 8-2。

表 8-2　生物进化与文化进化的区别

	生物进化	文化进化
传递的单位	基因	模因
变异的来源	突变、重组、迁徙	创新、综合、迁徙、扩散
遗传的机制	生物繁衍。垂直的传递，双亲与一个或多个后代	交流。垂直的、水平的以及倾斜的传递。一个前辈与不同的后辈
变化的机制	突变、迁徙、漂变、自然选择	频率依赖、创新、迁徙、传播、漂变、文化选择、自然选择、传递中的文化与社会差异

双重遗传理论的一个问题是要去衡量水平（遗传学上不相干的人之间）传递与垂直（有遗传关系的年老者与年轻者之间）传递在文化进化上的相对效用。垂直传递似乎是传统社会技能学习的主要途径（Heyes and Galef, 1996; Shennan and Steele, 1999; Avital and Joblonka, 2000），水平传递的效用可能非常显著，因为文化特征可以从一个人传递给另一个人，

从一个人传递给许多人，从许多人传递给一个人，如此等等。如科勒德（Collard）等所讨论的，这些传递形式会受到多种形式的扭曲，如倾向于有威望的个体、受到社会规范的约束、通过创新获得等等。

使用双重遗传理论研究考古材料的一个贡献就是认识到水平传递的重要作用：它以多种多样的形式塑造人类社会与文化的进化（Ames, 1996; Shennan, 2002）。奈曼（Neiman, 1995）采用了群体遗传学中性特征模型来解释文化漂变，其中假定存在完全中立的情况。由此，一个人就像复制任何人的变体一样复制其自身的变体。本特利与申南（2003）提出，没有偏见的传递（漂变）不可避免会导致某种风格特征的分布频率严重偏高，这意味着少数高度流行的风格可能会随着时间流逝而出现。中性特征模型作为一种零假设非常有用，它可以帮助考古学家确定其他作用力何时作用于物质文化的进化（Shennan and Wilkinson, 2001）。考古组合的变化中有别于中性特征模型预测的方式可以用自然选择来解释——传递过程减少或增加了变异。未来的研究可能用以解释变异如何跨越风格与功能的范畴传递（Neff, 1993），表现在诸如交流（Wobst, 1977）与器物生产过程（Dietler and Herbich, 1998）等领域。

双重遗传理论的一个重要方面是保持在文化进化与生物进化之间的独立性。有关这种独立性的一种极端观点就是模因论（Pulliam and Dunford, 1980; Bloom, 1995; Brodie, 1995; Dennett, 1995, 1998; Lynch, 1996; Barkow, 1989; Durham, 1991）。道金斯（Dawkins, 1976）提出，模因是可以传递的文化特征单位，它就像病毒一样可以自我复制，因此，群体遗传学可以被用于文化进化研究。把文化现象看作病毒一样的东西（Cullen, 2000），对大多数现代人来说相当符合直觉，如社会潮流的扩散非常迅速。这些水平传递的模因，不需要一代人的时间就可以扩散、消退。如前所述，拉姆斯登与威尔逊（1981:27）采用了"文化基因"一词，还有许多其他定义被用以描述文化复制过程（Blum, 1963; Cavalli-Sforza and Feldman, 1981; Swanson, 1973; Boyd and Richerson, 1985; Cullen, 2000）。

支持者认为，模因论的优势在于它采用了"模因眼"的观点（Dennett, 1998），也就是说，认为模因在人的大脑中展开竞争（Dawkins, 1976: 211），这可以解释为什么我们的某些行为是不利于适应的。鲍尔（Ball, 1984）罗列了四种可能性：（1）模因有利于自身与宿主，如有关性的想法；（2）模因有利于宿主，但不是特别有利于自身的传承，如上班族步行而非开车上班的想法；（3）模因非常有利于自身的传承，但对宿主有害，如抽烟的习惯；（4）尽管可能罕见，但模因对自身与宿主来说都不利。关于第四点的一个经常被引用的例子就是巴布亚新几内亚的法尔（Fore）人食人风（吃死亡亲戚的肉），这导致了一种被称为库鲁病的疾病（Barkow, 1989; Cronk, 1999）。

模因论在结构上是进化论取向的，它为研究具有特定形式与结构的文化进化的属性提供了一个理论框架（Lake, 1998）。遗传学的进化涉及基因的不同复制成功机会，这些基因作为生化单位在不同事件中传递，并根据编码的基因型在单个有机体的构建中表达出来（Dawkins, 1976）。当然，模因只是信息传递者，产生从个体特征到整个复制群体各种不同规模的现象。这样，模因就可能是累积性的，可能继承前人与同时代人的属性（Jablonka, 2000）。如科学就是这样的，科学发展过程基于前辈们的研究结果以及成功的解释（Bentley and Maschner, 2000; Hull, 1988）。同样的还有模因的定义，从道金斯（1976）到鲍尔（1984），再到德拉姆（1991），再到莱克（Lake, 1998），一直发展到当前的讨论。

我们注意到，采用模因眼的观点可能非常有用，但是重要的是，不要让这种理论走向极端，把人类心智看作被动的模因的容器（Blackmore, 1998）。我们至少可以说，模因不是在一块白板上开始竞争的，因为人类的文化与大脑是模因的过滤网与修正工具（Ball, 1984; Barkow, 1989; Cronk, 1999; Lake, 1998; Lumsden and Wilson, 1981; Sperber, 1996）。这带来了一个重要的问题，即我们不能没有一种理论来解释社会文化的变迁，不去了解究竟是什么发生了变化以及变化的单位是什么（Bronowski, 1977; Dunnell, 1978; Plotkin, 1994）。不过，亨利奇与博伊德（Henrich and Boyd, 2002）认为，心智的表达在个体层面上不是完美复制的，但在群体层面上仍然可能是准确复制的。无论如何，了解什么是有用的文化单位的唯一途径就是去衡量时间进程中复制成功的可能性（Pocklington and Best, 1997; Lipo and Madsen, 2001; Leonard, 1998; Lyman and O'Brien, 2001）。

进化论考古

进化论考古直接基于达尔文的进化论提出了一种解释考古材料的范式。进化论考古的支持者认为，考古学家已经从进化论的理论框架，尤其是自然选择与遗传的概念中受益良多（Dunnell, 1980）。事实上，进化论考古的支持者注意到，缺乏统一的理论框架正是所有社会科学无法兑现承诺的原因（Sellars, 1963; Rosenberg, 1980）。因此，进化论考古要努力运用基于理论的、明确的、可证伪的假说去解释考古材料（Dunnell, 1982, 1992, 1989b）。

进化论考古知道其面临的最大挑战之一就是用生物学的概念来解释文

化变化（Dunnell, 1995; Leonard and Jones, 1987; Telster, 1995）。在进化论考古中，回应挑战的方法是通过确定衡量不同时空可遗传特征频率的单位，并根据传递过程以及由自然选择、漂变、分选等带来的再生产成功的差异，来解释文化变化。因此，进化论考古与双重遗传理论有相当大的重叠，不过进化论考古强调生物与文化进化是一个单独、完整的解释框架，而非不同的理论构成。形成这样的解释框架的部分原因是进化论考古试图解释的对象的概念化。进化论考古的独特性在于它注重把考古材料看作解释的主体，而不是行为、人群、"过去"，或是其他任何不能直接观察到的现象。当受到批评的时候（Boone and Smith, 1998; Schiffer, 1996），进化论考古的支持者回复道，他们的研究重心与科学的模型是一致的，即采用概念去解释经验数据（Eddington, 1953; Lipo, 2001; Sellars, 1963）。

表现型与基因型

进化论考古的支持者强调要去构建合适的衡量与解释考古材料变化的单位。在生物学中，衡量变化的标准方式是区分基因型（有机体复制的遗传学指令）与表现型（那些指令的体质表现）。这些单位明显可被用于解释遗传以及人类生物特征（发色、身体构造、眼睛的颜色等等）的构建。这一论断的关键在于，进化论考古认为这些单位同样可以被用于解释人类的器物与行为，虽然它们显然不是完全由基因所决定的。理解考古材料中的文化传递需要可分析的单位，这些单位代表器物生产、形态、使用与废弃所受到的影响。进化论考古学家采用这一理论框架，把器物看作人类表现型的一个额外部分（Dunnell, 1989; Leonard and Jones, 1987）。邓内尔（Dunnell, 1980）最初讨论指出，扩展的人类表现型包括工具，就像鸟的表现型包括其鸟巢一样，这导致了激烈的争论。许多读者将这一观点理解为，器物就像鸟巢一样是表现型，也就是说，没有一个关键的概念可以用来说明文化的基因型同时包括文化与生物遗传信息。批评者（Boone and Smith, 1998; Lake, 1997; Larson, 2000; Maschner, 1998; Maschner and Patton, 1996）指出，人类文化特征的进化比人类个体或动物行为的进化快得多。事实上，进化论考古学的支持者不反对这些确定无疑的事实（Madsen et al., 1999; Neff, 2000）。他们重新定义了表现型与基因型的定义，囊括了人类自身的所有方面，包括我们的身体、行为、器物。这基本上解决了 20 年来的误解，即批评者认为进化论考古学家直接采用生物学的术语——基因、基因型、表现型作为概念工具，而这些术语带有生物学的定义（Cullen, 2000）。

进化论考古学家认为，其扩充的遗传学-文化表现型观点能够解释将器物作为一个手段，通过它个体可以提高在其环境中的适合度（近似于下文将讨论的人类行为生态学研究），就其形式而言与蜘蛛结网、鸟类筑巢差不多。进化论考古学家并不争论人类器物与蛛网、鸟巢的区别。结网、筑巢的行为主要是通过遗传学继承的，蜘蛛、鸟类即使没有看到另一只同类这么做过，也能够这么做（Dawkins, 1982）。虽然这些表现型的扩展会随着特定环境而变化（即具有弹性），并且可能通过个体的学习而改变，但是改变了的行为并不会传递下去，因为控制它们的基因没有发生改变。因此，下一代有着与上一代同样的生物学行为基础（改变由基因遗传与突变决定），而不会遗传改变了的行为。进化论考古的独特之处在于，它主张可以把人类器物看作表现型的一部分，即便许多人类行为是习得的，并以连续的方式传递——不受生物学繁衍的束缚。

尽管采用不同的表现型定义，但进化论考古与双重遗传论都认识到，人类行为与物质文化通过文化与生物学传承而进化，而且两种理论都在探究信息遗传的途径，以及它们是如何相互作用的（Cavalli-Sforza and Feldman, 1981; Boyd and Richerson, 1985; Dunnell, 1978, 1980, 1989; Leonard and Jones, 1987; Lyman and O'Brien, 2001）。在某些情况下，文化传递与生物学上的再生产可以被看作不同的过程，文化特征的成功复制并不需要其携带者获得成功的再生产。其他时候，文化特征的成功传递则影响到采用这一文化特征的人们生物学上的再生产，因此，个体的成功对于文化特征的成功延续至关重要。在其他情况下，不同特征的结合可以存在程度不同的复制，无须明显影响处在复制过程中的有机体的生物学上的成功。

文化与生物的再生产有时是各自独立的，有时又纠缠在一起，这一事实是近年来某些争论中的疑惑的来源。例如，布恩与史密斯（Boone and Smith, 1998: S147）认为，如果文化变迁仅仅通过自然选择作用于人类个体，那么文化变迁的速度将受制于人类代际的长度。尽管文化因素与人类生存脱离了关系，文化因素（如文化潮流）的变迁可能比人类代际更替快得多，但是在许多情况下，具有某些文化特征的个体的成功同样关键（如农业群体扩散导致农业推广）。在后一种情况中，文化特征的成功与复制这些特征的群体的相对频率（生物学上人的数量变化）的增加/减少联系在一起，文化特征的变化可能短于一代人的时间。

进化论考古的支持者并不否认文化特征可能带来生物学意义上的适合度。不过，进化论考古学家进一步认为，生物学上的再生产并不是文化特征带来适合度的唯一途径。因此，进化论考古通常采用更包容的术语——"复制成功"，而不是把自然选择限制在生物学中（Leonard and Jones,

1987; Lyman and O'Brien, 2001)。这一术语促进了一个观念的形成，那就是以更高的速度复制有机体（即复制者），文化特征可能具有潜在的收益。例如，相对于成组的陶器，一组持续存在的特征可能表示复制成功（Neff, 1993），而一件阿舍利手斧可能可以增强携带它的男性的性吸引力（Kohn and Mithen, 1999）。对进化论考古而言，适合度是以文化特征及与复制者的关系来评价的，而不是严格限定在生物个体及其再生产结果上。这样的话，有关"作为表现型的器物"的争论在很大程度上只是一个语义上的论断，与"表现型"传统的生物学定义相关，但进化论考古重新定义了这一术语。事实上，进化论考古理论包括生物遗传与文化遗传，以及对不同的复制成功进行不同尺度的分析的可能性。

意向性

有关进化论考古的一项争论就是人类的意向在解释考古材料上的作用。尽管意向似乎明显是因果关系的组成部分（因为我们常用它来解释日常人类行为），但是它并不必然是进化论解释的组成部分。例如，邓内尔（1989: 37）曾经指出，意向与文化进化无关，就像橡树的意向之于橡树的进化。有关进化论考古的许多争论围绕这句话的意思展开（Boone and Smith, 1998），争论主要来自至少两种运用意向观点的方式。其中一种运用方式是把意向与解释联系起来。在传统观点中，研究者把意向性看作心理行为与外在世界的关系。例如，医生试图治好一个病人，如果他实现了这项意图，我们就说他成功了。类似地，我们可以这么来看器物：史前人们试图构筑纪念建筑物与制作工具。意向的这种形式就是我们解释所观察到的人类行为的文化手段。

相反，进化论考古学家认为，这样运用意向观点只是表现了一种文化意义构建体系，因此与科学没有什么关系。"意向"作为原因是我们自身常识的组成部分：是我们通过文化继承的、理解日常生活与赋予人类行动以目的的手段（Dunnell, 1982）。因果关系的常识体系就是我们用科学所替代的东西，就像我们用物理、化学替代了以"火、土、水"作为世界基础（尽管神秘并暗含在常识之中）。进化论考古学家认为，他们的理论是一种构建科学的意义生成体系的途径，这一体系明确（即有理论）、可证伪（即有材料来验证真伪）。由于每种文化——包括我们自己的——都有其意义生成体系，因此这就不会让我们自身的解释体系成为唯一的存在。进化论考古学家坚持认为，即便是科学也只是一种特殊的意义生成体系，不过它对于科学家试图解决的问题相当有效（Eddington, 1953; Sellars, 1963; Wilson, 1998）。

因此，比较传统的观点（如以转化为中心的进化）坚持认为，有目的的意向性是一种经验现象，变化已表现在考古材料上；而进化论考古则坚持认为，就自然选择而言，从进化过程中变化的发生到对变化的选择，人类行为都是随机的（Leonard and Jones, 1987; Rindos, 1989）。当然，这并不意味着进化论考古就认为人类可以随意行动（这是废话），而是就行为变化而言，意向本身并不是解释，因为意向是行为的组成部分，由此是行为规则遗传与自然选择的主题。

这样的话，意向本身也应该遵循进化论。这实际上与进化心理学、人类行为生态学（参见下文）在很大程度上是相同的，都认为进化确定了人类认知以及我们称之为"常识"的东西。按照进化论考古的术语，遗传与创新系统所产生的变化是解释的主题，反过来，变化也会影响产生这些变化（即复制者）的系统的成功程度。这个论断尽管表面上抽象，但可被归结为进化论的根本。按照进化论，我们的目的是去解释文化特征差异性的存在。因此，进化论考古侧重于追溯器物形制与分布的时空变化，将之视为创新、遗传以及诸如自然选择的分选过程的共同作用的结果。人类行为当然不是随机的，并含有意向，但是进化论考古学家认为，这只是一种对事实的观察，即我们的行为明显是遗传的（在文化上与遗传学上），采用的系统包括文化特征的遗传以及语法规则的遗传（即产生文化特征的规则及其他附加的规则）。进化论考古的支持者说，有关意向的批评将进化的速度与方式混为一谈了（Lyman and O'Brien, 1998, 2001）。

进化论考古的应用

进化论考古的应用涉及对从考古材料中所观察到的物质文化变化的解释，采用传递模型与自然选择。一种解释材料的途径是采用风格与功能类型去解释所观察到的时空变化。邓内尔（1978）最初把风格与功能的概念引入进化论考古中，作为解释不同文化历史类型行为的方式。他把文化历史分类解释为风格变化或群体中主要受传递影响的变化的衡量单位。在特征传递中，变体之间适合度的差异比较小，相对频率的变化可以被看作漂变或传递中随机选择的结果（Bettinger and Eerkens, 1997; Braun, 1991; Dunnell, 1978; Lipo et al., 1997; Lyman and O'Brien, 2000; Neff, 1993; Neiman, 1995; O'Brien, 1996; O'Brien and Holland, 1990）。采用功能类型衡量，强调的是绩效差异，因此可以通过自然选择来说明。尽管两种衡量方式一直被误认为经验判断（Sackett, 2003），其特性是我们研究方式的产物，而非事物本身的性质。按照这种构想，风格与功能只是为了解释我们以特定方式来衡量世界的某些类型的行为（Cochrane, 2001）。因此，风格类型并不表示所衡量的研究对象缺乏适合度，而是说我们在以并不反映适合度的方式衡量研究对象。同样，功能类型是衡量考古材料的方式，这些材料是我们采用适合度与自然选择的概念可以解释的现象。

例如，艾伦（Allen, 1995）曾解释太平洋地区史前鱼钩尾端的形状，将之视为自然选择作用于功能变化的结果，因为随着时间的推移，太平洋鱼钩尾端越来越大，然后趋于稳定，这都可以被解释为选择的结果。费瑟森（Feathers, 1990; Dunnell and Feathers, 1990）认为，密西西比河流域史前时代陶器的变化——从夹砂转向夹贝，是烧制方法改变后材料性能选择的结果。

相反，风格类型被用于衡量传递与漂变所控制的变化。例如，奈曼（1995）提出，伊利诺伊州林地期陶器不同时期的变化在很大程度上可以被看作传递与中性（即非选择性的）特征的反映。类似地，利波（2001）证明，密西西比河流域史前时代晚期陶器装饰因素所构成的风格类型可以被用来追溯人群跨越空间传递的程度（即传播的进化论方法）。对有槽尖状器风格特征的研究让奥布赖恩等学者（O'Brien et al., 2001）可以去衡量史前人群的分支进化结构，并且追溯美国东南部打制石器技术的世系。科克伦（Cochrane, 2004）采用同样的方法追溯斐济群岛史前陶器的世系。

进化论考古一直在探讨的另一类现象是我们通常称之为文化精致化（cultural elaboration）的现象。我们从考古材料中看到的文化精致化主要指纪念建筑、精美的随葬品、艺术品、土墩墓以及其他不直接与人类个体繁衍相关的人工制品。邓内尔（1989）最初用"浪费"这一概念来解释，后来这个模型被整合成了一个普遍的进化过程，被称为两面下注（bet hedging）策略（Allen, 2004; Aranyosi, 1999; Hamilton, 1999; Kornbacher, 1999; Kornbacher and Madsen, 1999; Madsen et al., 1999; Sterling, 1999）。这个模型把文化精致化定义为有利于降低生育率的文化选择的产物,此时生计资源不稳定(Dunnell, 1989, 1999),也就是变化幅度大,最优的策略并不总是生育最多的后代——如果考虑到生育与抚养成本的话(Seger and *117* Brockman, 1987)。当生计资源不稳定时,任何能够降低变化幅度的行为都可能有利于长期的再生产,并会得到自然选择的支持。尽管个体有各种降低生育率的途径,包括延长生育间隔、增加抚养投资,但在群体层次上采取的途径就是把能量投入文化精致化中。这样的话,文化精致化应该出现在生计资源高度变化的时期(Hamilton, 1999; Kornbacher, 1999; Madsen et al., 1999; Sterling, 1999),或是分布于高生产力环境的边缘地带(Allen, 2004; Aranyosi, 1999; Dunnell, 1999; Dunnell and Greenlee, 1999; Madsen et al., 1999: 253-254)。

尽管两面下注策略有可能解释许多文化精致化现象,即为了降低不稳定环境的变化幅度,但这不是唯一的进化论解释——显然也不是对文化精致化的各个方面所做的完美解释。

第一,由于我们研究的是历史现象,因此我们需要认识到,针对降低变化幅度,存在许多进化论的解决策略,并且并非所有的文化精致化的结果都会呈现于考古材料中,甚至根本不存在文化精致化。例如,替代性生计资源,尽管等级低,但也可能存在;通过抚养投资的变化,也可以控制生育率(Lack, 1954; Mace, 1996)——在小型的流动群体如昆人(!Kung)中就曾被观察到这种情况(Blurton Jones, 1987)。人类行为生态学(参见下文)经常探讨人口变迁问题,比如一个明显的悖论——富裕社会的生育率通常较低,这可能是由于发达国家的父母在孩子身上的投资(如教育)更多,因此他们不可能生育更多的孩子。这实际上与两面下注策略很相似。而保持流动性通常是应对不稳定环境可能采用的策略（Madsen et al., 1999; Núñez et al., 2002; Polyak and Asmerom, 2001）。

第二，并非我们观察到的所有文化精致化现象都必须被解释为两面下注策略的结果。例如，投资建筑（包括纪念建筑）可能由群体的功能性组织推动（Wenke, 1981）。阿卡德王国、玛雅古典时代、蒂亚瓦纳科帝国晚期纪念建筑的修建停止（Binford et al., 1997; de Menocal, 2001; Gill, 2000; Weiss et al., 1993），更可能与功能性组织规模的变化有关。

第三，文化精致化的部分限制与布恩（1998）和奈曼（1997）所倡导的模型有关——模型基于扎哈维夫妇（Zahavi and Zahavi, 1997）的不利条件原理（handicap principle）与信号理论。基于信号理论的模型并不必然要替代两面下注策略，而是提供了辅助性的解释。昂贵信号策略是一种把精致化与再生产联系起来的机制——可以解释文化精致化的表达为何总是采用类似的形式。在不稳定环境中，昂贵信号策略与两面下注策略是兼容的，而非竞争性的——它们相辅相成地解释文化精致化，关注考古材料的不同方面：分布、强度、形制、变化速率。

第四，解释两面下注策略的进化可能需要从群体层面来考虑。尽管两面下注策略作为解释文化精致化的途径，在个体层面上是唯一的，但是当文化精致化涉及群体合作而非群体内个体的行动选择的时候，两面下注策略就显得不够有效了。一个绝佳的例子就是大型土墩墓的修建。尽管许多土墩墓的修建持续的时间很长，但大多数考古学家还是认为，在任何时间点上，土墩与土墩复合体都不是单个人所能完成的。在许多情况下，土墩墓是群体合作的结果。如果是这样的话，我们就需要评估一种可能性，即立足于群体合作的文化精致化对于群体以及从属于群体的个体都可能带来适合度上的好处。

人类行为生态学

在人类学与考古学中应用行为生态学是斯图尔德（1955）的文化生态学以及进化生态学的进一步发展，进化生态学研究处在生态背景关联中的、具有进化意义的适应特征是如何运作的。人类行为生态学（human behavioral ecology，HBE）是被应用于研究人类行为的进化生态学（Krebs and Davies, 1997; Winterhalder and Smith, 1992, 1999）。人类行为生态学提出，人类行为的多样性来自选择，这种选择已经确定了人类适应不同社会与生态环境的能力。按照人类行为生态学，人类文化与行为是让人类能够适应不同社会环境与生态条件的表现型的弹性形式（Boone and Smith, *118* 1998; Smith, 1991; Smith and Winterhalder, 1992; Winterhalder and Smith, 1999）。换句话说，自然选择产生了一系列决策规则（Krebs, 1978），而非特定行为本身。决策规则的形式是这样的："当条件 A 时，做 X；当条件 B 时，做 Y；当其他条件时，做 Z。"（Winterhalder, 2002）一个非行为的例子就是皮肤晒黑反应：阳光越强，就会把皮肤晒得越黑。如果阳光不强，皮肤就会保持正常颜色。人类行为生态学认为，通过弹性的、目标导向的行为，人类文化进化常常会缩短自然选择的过程（Boone and Smith, 1998），因此，文化行为通常向经济上最优的方向进化。一个行为上的例子就是北美古代期大动物衰落，当时人类选择了更加合适的策略，即去狩猎小动物以及采集（Boone and Smith, 1998）。

人类行为生态学的批评者指出，对适应的强调使得这一理论可以等同于文化进化论——立足于转化的进化。内夫（Neff, 2000）认为，行为弹性是不能进化的，因为大多数新的文化特征对人类进化来说是唯一的，因此不可能是行为选择进化包（evolved package）的组成部分。不过，按照人类行为生态学，行为弹性本身就是适应，而非特定行为本身。基于这个原因，人类行为生态学比进化论考古学更强调文化进化中人类能动性的作用，这使得文化变迁比生物进化更加迅速。因此，人类行为生态学常把文化看作生物进化相对小的延伸，也就是文化没有任何累积的结果（Flinn, 1997; Boone and Smith, 1998）。

表现型策略

跟所有科学一样，人类行为生态学提出观点也需要依赖一些前提预设。人类行为生态学中最基本、最典型的原理就是通常被称为表现型策略的东西（Barrett, Dunbar, and Lycett, 2002; Shennan, 2002; Smith and Winterhalder, 1992）。正如申南所指出的，"对于基因影响特定行为的方式，我们几乎一无所知，因为很可能是许多基因共同起作用，而且基因与基因得到表达的环境的相互影响非常复杂"（Shennan, 2002: 23）。考虑到这方面的原因，人类行为生态学并不关注过去的进化过程或是传递单位，这跟双重遗传理论、进化论考古、进化心理学几乎是一样的。其考虑的是适应策略当前的适合程度，并把它看作那些策略之进化的衡量指标。这就导致行为而非基因才是分析的基本层次。这是进化心理学与进化论考古批评人类行为生态学的主要方面，但同时也是它们彼此之间最能够互补的地方。正如巴雷特、邓巴、莱西特（Barrett, Dunbar, and Lycett, 2002）所指出的，如果没有进化心理学关注人类行为生态学所忽视的方面，人类行为生态学就什么都不是（参见下文）。史密斯与温特哈德（Smith and Winterhalder, 1992）主张，表现型策略源于另一个前提预设：表现型极其有弹性。

玛丽·简·韦斯特-埃伯哈德（Mary Jane West-Eberhard, 2003: 34）把表现型的弹性定义为"有机体针对环境改变在外形、状态、运动或活动频率上变化的能力"。弹性的表现形式各种各样，包括来自特定基因组合的多样表达以及个体学习。表现型的弹性可能从几个方面影响系统发生的进化，一个著名的例子就是鲍德温效应（Baldwin effect），对此，丹尼尔·丹尼特（Daniel Dennett, 1991, 1995）曾经描述过。人类行为生态学至少在两个方面应用了表现型弹性理论：首先是利用行为变异的思想，其次是利用理性选择的相关概念——个体做出从根本上改变适合度的决策的能力。这反过来导致了人类行为生态学的支持者们所用的一个重要理论方法，即最佳觅食理论（参见下文）；同时，还导致了不同分析层次与规模的研究，以及考虑到群体选择的可能性（同样参见下文）。

理性选择

人类行为生态学部分立足于人类能够做出决策的观念，即人类知道在特定情况下应该采用哪些策略，且人类会最优化这些策略，以满足那些必要的需求。鉴于存在理性选择（考虑能量、时间花费——许多时候同时包括两者），人类行为生态学假定存在解决问题的最佳途径（Smith, 1995）。对某些学者来说，理性选择跟自由意志在概念上十分相似，或是被看作一种作用于进化的不同过程，或是被看作某些暂时的附带现象。幸运的是，哲学家丹尼尔·丹尼特（1992, 1995, 1996, 2003）已经提出一套概念体系，定义理性选择如何符合进化论的观点，同时无须牵涉非体质或作为附带现 *119*象一类的原因。

丹尼特研究这个"问题"的理论结合了维特根斯坦（Wittgenstein）的

观点与普遍的达尔文主义。他认为，许多与自由意志相关的问题同我们的语言使用相关（Dennett, 1996）。就其他问题而言，丹尼特提出了一个普遍的达尔文主义观点，这一观点立足于：个体处在不同影响之中，每一种发挥作用的影响都是达尔文系统的一个组成部分。概念中的自由意志不仅是一种被误解的称呼，同时也是自然选择的产物，其本身就是一个自然选择的体系（Dennett, 2003）。丹尼特与其他重要的哲学家让人类行为生态学模型提出者（以及我们这些人）继续开展研究，而无须自己回到哲学讨论中，以及把不同类型的自然选择与一个容易把握的模型联系起来。

最佳觅食理论

最佳觅食理论（optimal foraging theory，OFT）很像进化论考古，它立足于经验观察，能够就行为现象提出可以检验的假说。最佳觅食理论来自过去数十年对不同物种的生态学调查，这些调查显示，相对于觅食成本而言，个体总是倾向于最大化其回报。最佳觅食理论预测，当其他条件一致时，人类总是会权衡未来行动的成本与收益，倾向于做出让某一特定变量或某一通货（currency）最大化的决策（Stephens and Krebs, 1986; Winterhalder and Smith, 1981; Jochim, 1981）。通货包括能量、信息、时间、技术和风险——除风险是最小化外，其他通货均为最大化。最佳觅食理论通常假定，觅食者会采用获取最大食物能量的策略。这里可以通过民族志及其他形式估计的所有其他变量，都可以被假定为觅食者选择的基本限制因素。例如，捕鱼策略选择可能是用渔网在两个星期内收获最多的能量（通货），人们有限的有关鲑鱼产卵行为的知识以及某种程度的个人风险就是限制因素。运用古典经济学方程可以模拟这种情况，这些方程被用以发现产生最多能量的策略。

其中一些策略符合常识，如人们很可能愿意花两个小时狩猎一头驯鹿，而不是用两个星期捕获总计重量与驯鹿相当的四百条旅鼠。当然，像这样的简单交换模型并不必然与观察到的人类行为保持一致。约基姆（Jochim, 1981）研究北美克里（Cree）印第安人为什么春天愿意花十个小时狩猎一只河狸而不是花两个小时狩猎一头驯鹿。若不能考虑到选择、偏好及这个例子中的脂肪，可能会导致不准确的结论。这是大部分进化生态学家采用最佳觅食理论的原因，他们将之看作一个筛选器，对照实际材料，把偏离最佳值的程度看作理解文化变异的途径。

就非人类世界来说，一般假定绝大部分生物个体会寻求能量最大化，或是在觅食不是唯一目标的时候追求其他某些东西最大化。这是动物生态学的基本原则。但在人类社会中，由于存在社会活动，问题就复杂化了。社会经济研究的一个主要认识就是，人群之间的互动至少跟与外在环境相关的客观因素一样重要（Hull, 1988; Lake, 1998），这深刻地质疑了理性选择、功用最大化以及最佳行为是否真的是合理的前提预设（Keen, 2003; Ormerod, 1998, 2005）。新的理论方法表明，更合理的模型应该是有界限的理性（Aurthur, 1999）——有限的、地方性的环境认识，而不是最佳觅食理论假定的一种不真实的、无所不知的情况。

人类行为生态学最适用于研究小型流动的狩猎采集群体——这种群体目标相对简单（Winterhalder and Smith, 1981），因为在这样的条件下，在衡量觅食成本时，任何具有进化意义的适应都要优先于复杂社会面临的社会问题。一个社会越复杂，就越难做出能量最大化的选择，具有不同目标的人相互作用，针对对方的行动做出反应，并试图最大化不同的目标，其中包括社会政治目标如避免冲突。因此，大部分人类行为生态学应用侧重于狩猎采集群体以及性与食物问题（Mithen, 1998）。典型的人类行为生态学议题包括觅食策略、性别的劳动分工、婚配制度、利他主义、食物分享、生产力（Cronk et al., 2000）。人类行为生态学采用简单逻辑数学模型配合民族志的观察，去研究小型人类群体的问题（Winterhalder and Smith, 1999）。人类行为生态学预测，在直立人时期，女性绝经后还能活较长时间是因为她们作为祖母能够帮助照顾孙辈，这有利于提高孙辈的生存机会（Hawkes et al., 1998; O'Connell et al., 1999）。人类行为生态学研究还扩展到了园圃社会（Keegan, 1986）以及农业起源理论。史密斯（1995）认为，狩猎采集者驯化动植物是为了降低风险。史密斯把生计风险看作中石器时代后期狩猎采集者模型中最小化的主要通货，而动植物的遗传变化是向驯化演化的限制因素。

进化心理学

进化心理学认为，人类的行为弹性是进化形成的适应，这比其他理论走得更远。进化心理学立足的一个前提就是，人类的认知能力与行为趋势是从上新世–更新世时演化而来的，由此我们可以把行为解释为过去进化过程的产物（Pinker, 2002; Tooby and Cosmides, 1989）。认知方面的研究表明，即便是简单的认知工作也需要组织设计复杂的"惯性"能力（Chomsky, 1980, 1996; Fodor, 1983; Pinker, 2002），因此认知能力也只能是长期进化的结果，这跟进化论考古以及人类行为生态学的部分内容一样，能够采用严格的经验研究进行检验。进化心理学假定，在过去300万年间，上新世–更新世人类生活在以亲属关系为中心的小群体之中，过着流动采食的生活，人类认知的进化反映了解决特殊问题的普遍趋势。就像眼睛这样复杂的结构，其进化的心理机制就是在无意识状态中处理复杂的任务（Tooby and Devore, 1987）。像眼睛或手的结构，是非常复杂的，不是短时间进化所能形成的。

进化心理学的许多前提立足于心理学研究。例如，控制性研究表明，当给人们展示各种自然景观的照片时，绝大多数人偏好开阔林地或稀树草原环境（Orians and Heerwagen, 1992），这种跨文化偏好来自人类在非洲稀树草原上的进化。还有研究表明，在景观概念上，存在着性别差异，其中女性更擅长记住物体的空间关系，而男性通常能更好地把握长距离的思维地图（Silverman and Eals, 1992）。因为在历史上观察到的狩猎采集社会中，通常是男性狩猎、女性采集，所以进化心理学研究者认为，男性的空间能力有利于大范围的狩猎活动，而女性更佳的位置记忆是由于在相对受限的范围内进行植物采集而进化而来的。如果这是真的，那么其对考古学来说意义非凡。如在东非这种以植物采集为主的地区，遗址的位置应该基于女性的知识；北极则正好相反，因为在北极地区，狩猎几乎提供了所有的能量（Maschner, 1996b）。

进化心理学的目标是去发现人类认知中的算法问题，并探究这些机制如何产生与维系文化现象（Barkow, 1989a; Cosmides and Tooby, 1987; Daly and Wilson, 1997; Tooby and Cosmides, 1989; Tooby and DeVore, 1987）。不同于人类行为生态学，进化心理学并不关注现代行为的适应结果，事实上，进化心理学并不认为现代世界中的任何行为都具有适应性，除非是巧合（Barkow, 1989a; Tooby and Cosmides, 1989）。相反，进化心理学的支持者提出，我们在认知上适应以亲属关系为中心的流动采食的小群体，随着更复杂社会形式的起源，我们不再具有行为的适应性，因为我们完全脱离了进化适应性环境（environment of evolutionary adaptiveness，EEA）。比如，随着新石器时代的到来，人类群体开始有了多重的亲属关系，还有了定居、非采食的经济，社会变化的速度远快于自然选择所能追溯的。所以说，我们有的是一颗更新世的心，而不得不应对现代城市生活，这与我们的适应能力常常是不一致的（Tooby and Cosmides, 1989: 35; Maschner, 1996c）。

进化心理学为解释人类行为进化提供了一个理论框架，基于扎实的证据，人类大脑存在明确的专门化的智力模块（Tooby and Cosmides, 1989: 113; Gardner, 1985; Mithen, 1996）。究竟有什么样的智力模块，则有若干个版本。平克（Pinker, 2002）支持巨型模块的概念，把心智看作由若干小模块组成的模块汇聚而成，因此具有等级结构。中等大小模块（Sterenly, 2003）的概念把模块的数量限定在特定的范围；不过，关于什么区域是模块化的则还存在争论。

121   普洛特金（Plotkin, 1994）把进化心理学放在他所谓的次级启发性（secondary heuristic）中。首级启发是遗传进化，它带来次级启发（或称进化认知结构），继而带来三级启发（或称文化与社会实在）。每一级启发都与其他的启发相联系，不仅向前支持，还有反馈回路，也就是说，后一级启发由前一级启发带来，同时产生下一级启发。但是，一旦前一级启发带来后一级启发，后者就成了前者选择的组成部分（Plotkin, 1994）。按丹尼特（1995）的话来说，进化心理学就是一台起重机——用它作为基础来提升其他理论。

进化心理学的应用

米森（Mithen, 1996）把人类智力区分为自然历史、社会、技术、语言以及普遍智力等模块，这些模块的发展与整合决定人类行为的进化。比如，技术智力这样的特定模块可以解释尼安德特人在制作勒瓦娄哇尖状器方面的高超技巧，相比而言，其语言能力有限——如果说有的话。不同智力模块整合起来之后，人类的智力就发生了革命性的变化。按照这个模型，旧石器时代晚期艺术的突然繁荣就来自社会智力与自然历史智力的沟通，这使得在交流中运用抽象自然符号成为可能。

施佩贝尔与赫希菲尔德（Sperber and Hirschfeld, 2004）提出了一个观点，即不仅某些跨文化的相似性可以用认知科学与进化心理学来解释（大部分进化心理学家都会这么认为），文化差异与稳定性也可以。他们指出："我们赞同标准的社会科学，文化显而易见不是人类心理学，寻求文化的心理学还原解释毫无意义。"不过，他们似乎想把模块化看作文化差异与稳定（进化的两个要求）的一个引擎。如果模块是区域性的，文化表达就可能立足于特定的模块，或者说，如宗教这种复杂的文化现象就可能立足于数个模块（Sperber and Hirschfeld, 2004）。

另一个运用进化心理学的例子是吉尔-怀特（Gil-White, 2001）的研究，其观点是，我们老套的族群观念是区分自然物种的能力的进一步发展，因此，我们本能地、无意识地根据不同的特性来划分族群。吉尔-怀特进一步指出，我们倾向于在自己的族群中社会化，通过选择形成自身的心智模块，因为按照社会习俗行动更可能一帆风顺，而不遵守它的人可能受到惩罚。但这可能只是内群体／外群体行为的产物，这种行为是识别熟人与陌生人的手段。

进化心理学的支持者并不相信每种人类行为都存在心智模块［埃利克（Ehrlich, 2000）与古尔德（Gould, 2000）的观点正相反］，认为我们必须警惕某种适应主义（Gould and Lewontin, 1979）与功能主义的说法，即被丹尼特（Dennett, 1995）称为"天钩"的观念，进化心理学的支持者认为这种观念已误入歧途，以为进化注定会把事物拉向最佳设计。并非每一种人类行为都是适应的，尤其是那些对再生产来说无足轻重或中性的行为。如果我们把族群看作某种想象的亲属关系群（Jones, 2000），就不需要专门的心智模块，因为有机体总是会倾向于自己的后代，以提供广义适应度。闲聊作为一种专门的能力可能在女性群体中进化，旨在获取与资源和配偶有关的重要社会信息（Barkow, 1992; Dunbar, 1996; Hess and Hagen, 2002），但是闲聊也可能来自各种各样信息，包括食物资源的位置、环境等等的自然交流。

排除神学的观点，宗教可能来自人类接受有关他人闲聊信息的本能，并且想象与自己交流这些信息的是无所不知的神祇（Boyer, 2001），或者它根本就没有适应价值，只是来自心智能力的复杂互动——进化的偶然，就像拱券上的"拱肩"部位一样（Gould and Lewontin, 1979）。也就是说，有关认知机制进化与其独特性的证据有可能解释人类行为。支持闲聊进化的特殊意义的证据来自一项事实，即女孩比男孩更喜欢闲聊（Bjorkqvist et al., 1992; Eckert, 1990; Eder and Hallihan, 1978），闲聊直接关系到找到可靠的伴侣，以及史前史上流行的从夫居（Bentley et al., 2002; Seielstad et al., 1998），赫斯与哈根（Hess and Hagen, 2002）由此推断女性之间存在竞争。

122   即便是在语言上，拉科夫与约翰逊（Lakoff and Johnson, 1999）也把进化心理学看作比喻分析的基础。对他们来说，之所以许多比喻与空间主题相关，是因为用于协调自然空间的神经元跟确定概念空间的东西很可能相同。由于我们是中性的存在，概念类别也受到空间类别的影响。这类分析对那些一般不怎么认同进化心理学的社会科学来说有特殊的意义。基于施佩贝尔与赫希菲尔德（2004）、普洛特金（Plotkin, 1994）、拉科夫与约翰逊（1999），以及不断增加的其他学者的观点，这些社会科学有了新的引擎，不过新的引擎不会取代现在被用于分析的同等重要的其他引擎。这类研究对于理解过去社会发展的动力有重要意义。

在讨论人类行为生态学时，我们注意到最佳觅食理论在解释较为复杂的群体时显得不那么有效。进化心理学给研究这类问题提供了机制。如果我们曾有生活在流动小群体中的进化机制，也就是在非洲环境中经历了数百万年进化的认知模块，那么就只有那些在觅食中成本收益好的现代群体才是真正的觅食者，这些群体最接近进化适应性环境。随着跟着许多不相干人群或亲属群体搬进村庄生活，人们不得不生成适应这些新条件的社会机制，因为这些适应模块对短时间内要发挥作用的自然选择来说太复杂了。村庄与其他东西需要发展社会策略来解决这一困难，因为我们没有常年与一堆不相干人群生活在同一地方的心智适应。村庄以及那些国家层次的社会就可能牺牲觅食效率，而最大化社会与政治效率，事实也确实如此（Maschner, 1992, 1996b）。

进化心理学同时解决了利他主义的问题。如下文所述，某些进化生物学家曾指出，超越亲属关系的利他行为可能是群体选择的结果。但是，如果在以亲属关系为中心的群体中发展有利于选择亲属关系的认知能力，并得到数百万年的强化，那么，针对非亲属关系的利他行为就可能只是历史发展的偶然。例如，为什么有些人会很自然地冒着生命危险去拯救一个处在危险中的人呢？答案就在于这一事实：数百万年来，这些人与他们救的人之间有千丝万缕的联系，因此满足亲缘选择原则。但是，人类与不相干的人频繁发生交往的历史不过数千年，要选择这样一个复杂的特征，时间不免太短。因此，我们的许多决策可能并非基于群体选择，而是基于持续了数百万年的以亲属关系为中心的社会交往——一个我们还没有充分研究的条件。

过去这些年来，许多考古学家采用牛皮大王（aggrandizers）、地位追求者、头目等术语来建立理论框架，解释复杂狩猎采集者的起源（Hayden, 1998; Maschner, 1992; Maschner and Reedy-Maschner, 1998），地位竞争是理解这些社会变迁的关键。进化心理学家一直在研究地位竞争的认知适应（Wrangham and Peterson, 1996），而考古学家则开始研究这些行为假设的认知基础（Maschner, 1992; 1996b）。再者，许多进化心理学家在研究我们的先天能力，如地位追求能力、风险评估能力、群体内/外行为能力、亲缘选择与利他行为能力、权衡成本收益的能力，以及我们发现骗子的能力，不过更有意思的方面可能是那些不属于先天能力的行为（这包括生活在复杂群体中、产生宗教等），或是那些让我们去做其他事情的先天能力（如为了打仗而建立想象的亲属关系，或是建立一个考古学系）。在现代社会中，社会与政治问题如此普遍，它们正好都是进化心理学没有找到先天能力的问题。这也是进化心理学认为现代行为没有适应性的基本原因（人类行为生态学正相反），因为我们不再生活在通过自然选择产生这些先天能力的环境中。

考古学中的进化心理学不能直接得到检验。相反，进化心理学确定边界与极限，让我们知道过去大体是什么样子的。跟最佳觅食理论很相似，进化心理学就像一个我们投影以表现过去的屏幕。它进一步确定特定行为领域，也就是反过来我们以之为基本前提研究复杂社会现象的领域。

合作与多层选择

进化生物学的一个常见的认识是，自然选择通过进化主要作用于基因，基因需要准确复制，而且为了生存，基因需要持续足够长的时间。包括人类在内的多细胞有机体就像生存机器一样，其存在的唯一目的就是保存与传递自己的基因（Dawkins,1976）。按照这种观点，在基因规模上分析单位越大——不管是单个有机体、物种还是人类群体——就越可能认为自然选择作用于这个单位。在人类群体的选择方面争议尤其大，因为自私的个体总是想超过与其合作的近邻，传递自己的基因。那么，利他主义、合作、社会组织是如何发展起来的呢？如果不牺牲自私基因概念的话，一个解决途径就是采用广义适合度的观点（Hamilton, 1964; 考古学的例子参见 Maschner and Patton, 1996）——即使携带该基因的人没有存活下来，但如果这个人的亲戚（他们携带着许多相同的基因）存活了，那么该基因还是可能传递给下一代。例如，祖母理论提出祖母的照顾能够提高孙辈的生存机会（Hawkes et al., 1998; O'Connell et al., 1999），该理论就建立在广义适合度之上。

亲缘选择对于群体中存在较强亲缘关系的情况是适用的，但是它不能解释没有亲缘关系的个体之间的合作关系。讨论该问题的一种途径是运用数学化的博弈论（Nash, 1953; von Neumann and Morganstern, 1944; Shennan, 2002; Skyrms, 1996）。博弈论的经典例子是囚徒困境：两个囚徒需要决定是否与警方合作，让自己的刑罚最小化。如果没有人承认犯罪事实，则两个人都可以得到自由；如果只有一个人承认，那么不承认的那个人要接受严厉的惩罚；如果双方都承认了，那么两个人都接受中等程度的惩罚。困境就在于害怕背叛，于是每个人都揭发对方，从而产生坏的结果。这通常被称为公地悲剧，相关例子包括更新世以来人类经常过度利用环境，最后伤害到每个人的利益（Alroy, 2001; Hardin, 1968; Jackson et al., 2001; Roberts et al., 2001）。

如果合作总能带来比背叛更高的收益的话，那么公地悲剧是可以避免的，因为在这种情况下没有困境。个体利益与群体利益一致，群体选择因此是可能的（Shennan, 2002; Williams and Williams, 1957; Wilson, 1998）。例如，虽然分享食物并不会让猎人直接受益，但是它确实会让猎人所在的群体受益，因此相对于没有参与分享的群体而言，猎人也间接受益了（Wilson, 1998）。在这类情况中，群体层面的选择可能比个体层面的选择效力更强，有更多合作的群体将有更大的生存机会（Traulsen and Nowak, 2006）。个体层面上还存在着选择，因为参与群体的个体会受益，遵守群体的规则对个体的适合度来说十分关键。多个竞争群体层面上的情况则比较有意思，这里不仅存在个体层面的优势，群体也成为选择单位，于是群体层面的选择可能发挥重要作用。

不过，即便是就囚徒困境与其他逻辑上导致欺骗的游戏来说，如果许多玩家反复博弈，那么合作也是可能出现的。在这里，玩家是否有记忆十分重要，玩家可能根据记忆对上次的博弈做出反应（Cox et al., 1999）。一个非常简单有效的策略就是以牙还牙（Axlerod, 1984）：如果对方上次欺骗，这次就还之以欺骗；如果对方上次合作，这次就与他合作。如果玩家都可以彼此博弈，而且一直玩下去，以牙还牙就会成为进化稳定策略；也就是说，只要一直欺骗或一直合作，它就会淘汰其他选项。例如，如果所有玩家合作，那么一个骗子就能骗过所有其他人，每次都赢，直到骗子主宰这个群体，最糟的结果是每个人都输掉。博弈策略的变化是无穷无尽的，但一般来说，涉及合作的策略是具有进化稳定性的——合作的遇上合作者，欺骗的遇上骗子（Bowles and Gintis, 2000; Danielson, 2002; Nowak and Sigmund, 1998; Sethi and Somanthan, 2001）。

在模拟游戏中，个体会给采取类似策略的其他个体做上标记，即便是在没有记忆的自私个体之间，合作仍可能出现（Riolo et al., 2001）。我们可以把标记看作一种对亲缘选择的逆转（Sigmund and Nowak, 2001），作为一种机制，玩家区分"我们"与"他们"，但是文化标签会导致不相干个体之间的合作，如果群体有比较强的合作制度，不配合的人会受到惩罚，"规范"的行为就会得到回报（Bowles and Gintis, 2000; Henrich and Boyd, 2001）。即使是在灵长类动物中，维持互惠关系的需要也会约束攻击行为（de Waal, 2000）。强互惠性可以解释原社会特质的进化——群体中合规行为的增加会提高其成员整体的福利水平（Bowles and Gintis, 2000）。有民族志的控制实验表明，无论是在大规模还是小规模社会，人们都会根据公平的社会理念而非个人私利来进行经济交易（Camerer, 1997；Henrich et al., 2006；Roth et al., 1991）。进化心理学家可能会将这种现象视为一种基于亲缘关系的产物，并平移到现代社会，但其最终产物显然是一种对复杂社会单元的新的适应，其规模远超以亲缘为中心的群体。

索伯和威尔逊（Sober and Wilson, 1998）的研究表明，在部分情况下，多层选择可以解释群体互惠行为，此时群体的选择优于群体内个体的利己行为。在许多多层选择的案例中，即便每个群体内都存在选择利己的个体，但群体的空间结构足以让一个群体内有益于群体的特征总体上增加。

这一令人惊讶的结果源于倾向于合作的个体会给整个群体带来好处（即便合作是利己的）。尽管利己主义的好处显而易见，但利他主义却能持续存在并取得成功。在此基础上，任何抑制群体内变异的机制都会提高群体选择的效力，从而增加群体层面行为持续存在的概率。

如此，我们就可以看到，进化会导致不同层次对组织的选择：从简单的冗余个体，到个体从分享活动中获益的群体，再到个体与个体之间相互依赖的复杂社会群体。未来的研究可以利用普赖斯的协方差方法（Sober and Wilson, 1998；Price, 1970），把多层次选择的定量模型扩展到多个群体。这会增强进化模型的解释能力，尤其是在群体组织明显存在并影响文化实体适应性的情况下。

结论

> 相对于了解我们自己（比如如何构建人类社会或保持世界和平），登月是一件简单的事。（Herbert Simon, 1996: 139）

很少有考古学家真正怀疑进化论在解释生物起源上的合理性，但是就进化论原理如何以及在多大程度上可被用于考古学，则有比较多的争论（Bamforth, 2002, 2003; Boone and Smith, 1998; Kehoe, 2000; Maschner, 1996c, d, 2003; Maschner and Mithen, 1996; Mithen, 1998; Pauketat, 2004; Schiffer, 1996, 2004）。部分学者认为，如果进化就是生物再生产上的差异，它就不能解释迅速、高度弹性的人类适应（Bamforth, 2002, 2003）。另有学者把达尔文式的变化等同于转化型的文化进化（Kehoe, 2000），或是用实在来衡量变化的概念（Schiffer, 2004）。还有学者拒绝明确的科学目标，强调保持学科的异质性（Hegmon, 2003; Kehoe, 2000; Pauketat, 2004）或是将人类能动性作为变化机制的重要性（Pauketat, 2004; Schiffer, 1996）。

尽管存在不同意见，但是本章中所提及的所有理论都试图把考古材料、人类历史与文化改变解释为过去以及正在发生的进化的产物。不过，没有理论在衡量单位、形成预测的方法、语言的清晰度、动态的完善程度以及材料的充分程度上是完美无缺的。比如，我们还需要发展对不同假说的容忍极限的衡量，以及努力寻找进化论解释的范例（Bettinger and Richerson, 1996）。因此，考古学中进化论的不同理论常常是不相容的、竞争性的甚至是彼此敌视的。至少有某些争论是语义上的，这表明我们需要在某些术语（如"表现型"）上寻找共识，以及需要超越不同理论之间的语言障碍——它们常常用不同的词语讨论同样的问题（Mithen, 1989），如能动性理论谈论能动性而非目的性，谈论结构化而非选择。尽管在理解上存在差异，但不同理论之间的交流还是有所帮助的；许多其他争论有深刻的含义，并不只针对进化论。对人类变化历史本质的理解带来了一系列深刻的问题，如认知如何进行，以及科学（Hull, 1988）与考古学的哲学基础问题，等等。这些都是有益的问题，以进化论的观点来看，存在多样的理论是好事：这是一个学科有活力的标志，沿着进化论的路线形成了各种各样的理论，增加了解释的力量（Hull, 1988; O'Brien et al., 2005）。这是科学的方法，如果我们的目标是发展科学的话，就应该发展理论的多样性。

例如，我们经常把人类行为生态学视为与进化论考古以及双重遗传理论竞争的理论框架（Boone and Smith, 1998）。人类行为生态学在研究考古材料方面并不必定会与其他的进化论理论流派相冲突（Neff, 2000）。人类行为生态学为研究不同行为变化的适合度提供了粗略的途径，这些变化是人类表现型行为的构成部分。例如，坎农（Cannon, 2000, 2001）曾研究美国西南部明布雷斯（Mimbres）流域史前人群的生计活动与动物遗存上的变化，其研究令人信服地证明，资源回报上的选择导致人们从狩猎大型哺乳动物转向栽培植物。坎农的研究采用人类行为生态学模型，评估不同条件下行为的适合度。类似于器物操作表现的工程研究（Feathers, 1990; Kornbacher, 2001; Pierce, 2005; Pfeffer, 2001; Wilhelmsen, 2001），人类行为生态学模型让我们能够预测自然选择如何有利于表现型行为构成中的变化（Maxwell, 1995）。由此，人类行为生态学让研究者可以解释化石、器物的变化，尽管它们本身并不是表现型的一部分，而是表现型与环境相互作用的结果。

回顾过去二十年左右的时间，我们可以把进化论考古、双重遗传理论、人类行为生态学、进化心理学按照不同的目标与理解来区分，就像本章所做的那样。无疑它们都在基因、行为、决策或考虑到所有这些因素的背景关联中，考察人类属性的进化。对下一代考古理论家来说，有必要考察过去理论的正反两面。我们并不都要成为进化论考古学家或是人类行为生态学家，因为这不过是人为的学科划分，源自过去思想上的差异，并不会决定未来理论的发展方向。运用进化论原理形成解释的途径有很多，每一种途径强调达尔文理论框架的不同部分。究竟什么是"对的"最终取决于我们要解释什么，以及什么能够充分解释所观察到的现象。因此，进化论科学本身就处在一个变化的过程中，随着新信息出现，不断发展新的假说。对新进入本学科的人来说，不加批评地接受任何一种思想都是盲从的做法。

进一步说，进化论模型会不断完善，会考虑到连续传递的影响——

连续传递受到当地过程的选择，而这些过程不断产生具有时空分布差异的变异（Bentley et al., 2004; Bentley and Shennan, 2003; Eerkens and Lipo, 2005）。我们会看到遗传学的更广泛运用，通过研究 DNA 残留片段来研究史前群体之间在生物学上的亲缘关系（Jones, 2003; Kimura et al., 2001; Newman et al., 2002），以及根据进化枝追溯文化变异之间的相关性（Lipo et al., 2005; Mace et al., 2005）。我们还会看到日益熟练的模型运用，研究行为变异的适合度（Cannon, 2003）、理解人类认知的新方式及其进化上的起源（Barrett et al., 2002; Dorus et al., 2004; Dunbar, 2003）。

　　正是由于运用进化论来讨论问题，我们因此可能在逻辑上确定有关我们自己的问题（如人类的目的性、文化变迁的性质、器物变化等），尽可能清除我们作为人类的偏见。在进化论范畴的探讨以可证伪的考古材料解释的方式，为研究我们自身提供了一种途径。尽管研究细节还不清楚，但是现在我们可以确信，采用进化论解释的考古学将很可能成为一门强大的学科。但是在考古学中我们可能不会有一种统一的达尔文主义，除非我们同时变成进化论考古学家、人类行为生态学家、进化心理学家、双重遗传理论家。换句话说，我们需要持续关注科学，将之视为运用所有信息构建最佳理论的流动的过程，抵制那种把我们变成狭隘的同质化群体的社会倾向（Surowiecki, 2004）。 *126*

参考文献

Allen, Melinda S. 1995. Style and function in East Polynesian fish-hooks. *Antiquity* 70: 97–116.

———. 2004. Bet-hedging strategies, agricultural change, and unpredictable environments: Historical development of dryland agriculture in Kona, Hawaii. *Journal of Anthropological Archaeology* 23: 196–224.

Alroy, John. 2001. A multispecies overkill simulation of the end-Pleistocene megafaunal mass extinction. *Science* 292: 1893–1896.

Aranyosi, E. Floyd. 1999. Wasteful advertising and variance reduction: Darwinian models for the significance of nonutilitarian architecture. *Journal of Anthropological Archaeology* 18: 356–375.

Avital, Eytan, and Eva Jablonka. 2000. *Animal traditions: Behavioural inheritance in evolution.* Cambridge: Cambridge University Press.

Axtell, Robert L., Joshua M. Epstein, Jeffrey S. Dean, George J. Gumerman, Alan C. Swedlund, Jason N. Harburger, Shubha Chakravarty, Ross Hammond, Jon Parker, and Miles T. Parker. 2002. Population growth and collapse in a multiagent model of the Kayenta Anasazi in Long House Valley. *Proceedings of the National Academy of Sciences USA* 99: 7275–7279.

Ball, John A. 1984. Memes as replicators. *Ethology and Sociobiology* 5: 145–161.

Bamforth, Douglas B. 2002. Evidence and metaphor in evolutionary archaeology. *American Antiquity* 67: 435–452.

———. 2003. What is archaeology (Or, confusion, sound, and fury, signifying . . .)? *American Antiquity* 68: 581–584.

Barkow, Jerome H. 1989. *Darwin, sex, and status.* Toronto: University of Toronto Press.

———. 1992. Beneath new culture is old psychology: Gossip and social stratification. In J. H. Barkow, L. Cosmides, and J. Tooby, eds., *The adapted mind: Evolutionary psychology and the generation of culture,* 627–637. New York: Oxford University Press.

Barkow, Jerome H., Leda Cosmides, and John Tooby. 1992. *The Adapted Mind: Evolutionary psychology and the generation of culture.* New York: Oxford University Press.

Barrett, Louise, Robin Dunbar, and John Lycett. 2002. *Human evolutionary psychology.* Prince-ton: Princeton University Press.

Bentley, R. Alexander, Matthew W. Hahn, and Stephen J. Shennan. 2004. Random drift and culture change. *Proceedings of the Royal Society* 271: 1443–1450.

Bentley, R. Alexander, and Herbert D. G. Maschner. 2000. A growing network of ideas. *Fractals* 8: 227–237.

Bentley, R. Alexander, T. Douglas Price, Jens Lüning, Detlef Gronenborn, Joachim Wahl, and Paul D. Fullagar. 2002. Human migration in early Neolithic Europe. *Current Anthropology* 43: 799–804.

Bentley, R. Alexander, and Stephen J. Shennan. 2003. Cultural evolution and stochastic network growth. *American Antiquity* 68: 459–485.

Bettinger, Robert L., and Jelmer W. Eerkens. 1997. Evolutionary implications of mental variation in Great Basin projectile points. In C. M. Barton and G. A. Clark, eds., *Rediscovering Darwin: Evolutionary theory and archaeological explanation,* 177–191. Arlington, VA: Archaeological Papers of the American Anthropological Association.

———. 1999. Point typologies, cultural transmission, and the spread of bow-and-arrow technology in the prehistoric Great Basin. *American Antiquity* 64: 231–242.

Bettinger, Robert, and Peter J. Richerson. 1996. The state of evolutionary archaeology: Evolutionary correctness and the search for the common ground. In H. D. G. Maschner, ed., *Darwinian archaeologies,* 221–232. New York: Plenum.

Binford, Lewis R. 1968. Archaeological perspectives. In S. R. and L. R. Binford, eds., *New perspectives in archaeology,* 5–32. Chicago: Aldine.

Binford, Michael W., Alan L. Kolata, Mark Brenner, John W. Janusek, Matthew T. Seddon, Mark Abbott, and Jason H. Curtis. 1997. Climate variation and the rise and fall of an Andean civilization. *Quaternary Research* 47: 235–248.

Bjorkqvist, Kaj, Kirsti M. J. Lagerspetz, and Ari Kaulkanian. 1992. Do girls manipulate and boys fight? *Aggressive Behavior* 18: 117–127.

Blackmore, Susan. 1998. *The meme machine.* Oxford: Oxford University Press.

Bloom, Howard K. 1995. *The Lucifer principle.* New York: Atlantic Monthly Press.

Blum, Harold F. 1963. On the origin and evolution of human culture. *American Scientist* 51: 32–47.

Blurton Jones, Nicholas. 1987. Bushman birth spacing: Direct tests of some simple predictions. *Ethology and Sociobiology* 7: 183–203.

Boone, James L. 1998. The evolution of magnanimity: When is it better to give than to receive? *Human Nature* 9: 1–21.

Boone, James L., and Eric A. Smith. 1998. Is it evolution yet? A critique of evolutionary archaeology. *Current Anthropology* 39: S141–173.

Bowles, Samuel, and Herbert Gintis. 2000. Walrasian economics in retrospect. *Quarterly Journal of Economics* 115: 1411–1439.

Boyd, Robert, and Peter J. Richerson. 1985. *Culture and the evolutionary process.* Chicago: University of Chicago Press.

Boyer, Pascal. 2001. *Religion explained: The evolutionary origins of religious thought.* London: Random House.

Braun, David P. 1991. Why decorate a pot? Midwestern household pottery, 200 B.C.–A.D. 600. *Journal of Anthropological Archaeology* 10: 360–397.

Brodie, Richard. 1995. *Virus of the mind.* Seattle: Integral.

Bronowski, Jacob. 1977. *A sense of the future*. Cambridge: MIT Press.

Camerer, Colin F. 1997. Progress in behavioral game theory. *Journal of Economic Perspectives* 11: 167–188.

Cannon, Michael D. 2000. Large mammal relative abundance in pithouse and Pueblo period archaeofaunas from southwestern New Mexico: Resource depression among the Mimbres-Mogollon? *Journal of Anthropological Archaeology* 19: 317–347.

———. 2001. Large mammal resource depression and agricultural intensification: An empirical test in the Mimbres Valley, New Mexico. Ph.D. diss., University of Washington.

———. 2003. A model of central place forager prey choice and an application to faunal remains from the Mimbres Valley, New Mexico. *Journal of Anthropological Archaeology* 22: 1–25.

Carson, Ronald A., and Mark A. Rothstein (eds.). 1999. *Behavioral genetics: The clash of culture and biology*. Baltimore: Johns Hopkins University Press.

Cavalli-Sforza, L. Luca, and Marcus W. Feldman. 1981. *Cultural transmission and evolution: A quantitative approach*. Princeton: Princeton University Press.

Chomsky, Noam. 1980. *Rules and representations*. New York: Columbia University Press.

———. 1996. *Powers and prospects: Reflections on human nature and the social order*. Boston: South End.

Cochrane, Ethan E. 2001. Style, function, and systematic empiricism: The conflation of process and pattern. In T. D. Hurt and G. F. M. Rakita, eds., *Style and function: Conceptual issues in evolutionary archaeology*, 183–202. Westport, CT: Bergin & Garvey.

———. 2004. The evolution of cultural diversity in Fiji: Ceramic composition, style, and technology. Ph.D. diss., University of Hawai'i.

Collard, Mark, and Stephen J. Shennan. 2000. Ethnogenesis versus phylogenesis in prehistoric culture change: A case-study using European Neolithic pottery and biological phylogenetic techniques. In C. Renfrew and K. Boyle, eds., *Archaeogenetics: DNA and the population prehistory of Europe*, 89–97. Cambridge: McDonald Institute for Archaeological Research.

Cosmides, Leda, and John Tooby. 1987. From evolution to behavior: Evolutionary psychology as the missing link. In J. Dupre, ed., *The latest on the best: Essays on evolution and optimality*, 277–306. Cambridge: MIT Press.

———. 1992. Cognitive adaptations for social exchange. In J. Barkow, L. Cosmides, and J. Tooby, eds., *The Adapted Mind*, 163–225. Oxford: Oxford University Press.

Cox, S. J., Tim J. Sluckin, and James Steele. 1999. Group size, memory, and interaction rate in the evolution of cooperation. *Current Anthropology* 40: 369–376.

Cronk, Lee. 1999. *That complex whole: Culture and the evolution of behavior*. Boulder: Westview.

Cronk, Lee, Napoleon A. Chagnon, and William Irons (eds.). 2000. *Adaptation and human behavior*. Hawthorne, NY: De Gruyter.

Crow, James F., and Motoo Kimura. 1970. *An introduction to population genetics theory*. New York: Harper & Row.

Cullen, Benjamin Sandford, Christopher Chippindale, Richard Cullen, and James Steele. 2000. *Contagious ideas: On evolution, culture, archaeology, and cultural virus theory*. Oxford: Oxbow.

Daly, Martin, and Margo Wilson. 1997. Crime and conflict: Homicide in evolutionary psychological perspective. *Crime and Justice* 22: 51–100.

Dawkins, Richard. 1976. *The selfish gene*. Oxford: Oxford University Press.

De Menocal, Peter B. 2001. Cultural responses to climate change during the Late Holocene. *Science* 292: 667–673.

Dennett, Daniel. 1992. *Consciousness explained*. New York: Back Bay.

———. 1995. *Darwin's dangerous idea*. New York: Simon & Schuster.

———. 1996. *Elbow room: The varieties of free will worth wanting*. Cambridge: MIT Press.

———. 1998. Comment on Boone and Smith. *Current Anthropology* 39: S157–158.

———. 2003. *Freedom evolves*. New York: Viking.

Dietler, Michael, and Ingrid Herbich. 1998. Habitus, techniques, style: An integrated approach to the social understanding of material culture and boundaries. In M. T. Stark, ed., *The archaeology of social boundaries*, 231–263. Washington, DC: Smithsonian Institution Press.

Dobres, Marcia-Anne, and John Robb. 2005. "Doing" agency: Introductory remarks on methodology. *Journal of Archaeological Method and Theory* 12: 159–166.

Dorus, Steve, Eric J. Vallender, Patrik D. Evans, Jeffrey R. Anderson, and Sandra L. Gilbert. 2004. Accelerated evolution of nervous system genes in the origin of *Homo sapiens*. *Cell* 119: 1027–1040.

Dunbar, Robin. 1996. *Grooming, gossip, and the evolution of language*. London: Faber & Faber.

———. 2003. The social brain: Mind, language, and society in evolutionary perspective. *Annual Review of Anthropology* 32: 163–181.

Dunnell, Robert C. 1978. Style and function: A fundamental dichotomy. *American Antiquity* 43: 192–202.

———. 1980. Evolutionary theory and archaeology. *Advances in Archaeological Method and Theory* 3: 35–99.

———. 1982. Science, social science, and common sense: The agonizing dilemma of modern archaeology. *Journal of Anthropological Research* 38: 1–25.

———. 1988. The concept of progress in cultural evolution. In Matthew H. Nitecki, ed., *Evolutionary progress*, 169–194. Chicago: University of Chicago Press.

———. 1989a. Aspects of the application of evolutionary theory. In C. C. Lamberg-Karlovsky, ed., *Archaeological thought in America*, 34–49. Cambridge: Cambridge University Press.

———. 1989b. Hope for an endangered science. *Archaeology* 42: 63–65.

———. 1992. Is a scientific archaeology possible? In L. Embree, ed., *Metaarchaeology*, 75–97. Dordrecht, Netherlands: Kluwer.

———. 1995. What is it that actually evolves? In P. A. Teltser, ed., *Evolutionary archaeology: Methodological issues*, 33–50. Tucson: University of Arizona Press.

———. 1999. The concept of waste in an evolutionary archaeology. *Journal of Anthropological Archaeology* 18: 243–250.

Dunnell, Robert C., and J. K. Feathers. 1990. Later Woodland manifestations of the Malden plain, southeast Missouri. In M. S. Nassaney and C. S. Cobb, eds., *Stability, transformation, and variation: The Late Woodland Southeast*, 21–45. New York: Plenum.

Dunnell, Robert C., and Diana M. Greenlee. 1999. Late Woodland period "waste" reduction in the Ohio River valley. *Journal of Anthropological Archaeology* 18: 376–395.

Durham, William H. 1991. *Coevolution: Genes, culture, and human diversity*. Stanford, CA: Stanford University Press.

Eckert, Penelope. 1990. Cooperative competition in adolescent "girl talk." *Discourse Processes* 13: 91–122.

Eddington, Arthur. 1953. *The nature of the physical world*. Ann Arbor: University of Michigan Press.

Eder, Donna, and Maureen T. Hallihan. 1978. Sex differences in children's friendships. *American Sociological Review* 43: 237–250.

Eerkens, Jelmer W., and Carl P. Lipo. 2005. Cultural transmission, copying errors, and the generation of variation in material culture in the archaeological record. *Journal of Anthropological Archaeology* 24: 316–334.

Ehrlich, Paul R. 2000. *Human natures: Genes, cultures, and the human prospect*. Washington, DC: Island.

Feathers, James K. 1990. An evolutionary explanation for prehistoric ceramic change in southeast Missouri. Ph.D. diss., University of Washington.

Figuier, Louis. 1870. *Primitive man*. New York: Appleton.

Flinn, Mark V. 1997. Culture and the evolution of social learning. *Evolution and Human Behavior* 18: 23–67.

Fodor, Jerry. 1983. *The modularity of mind: An essay on faculty psychology*. Cambridge: MIT Press.

Gardner, Howard. 1985. *The mind's new science: A history of the cognitive revolution*. New York: Basic.

Gill, Richardson B. 2000. *The great Maya droughts: Water, life, and death*. Albuquerque: University of New Mexico Press.

Gil-White, Francisco J. 2001. Are ethnic groups biological "species" to the human brain? *Current Anthropology* 42: 515–554.

Gould, Stephen J. 2000. More things in heaven and earth. In H. Rose and S. Rose, eds., *Alas poor Darwin: Arguments against evolutionary psychology*, 101–126. New York: Harmony.

Gould, Stephen J., and Richard Lewontin. 1979. The spandrels of San Marcos and the Panglossian paradigm: A critique of the adaptionist programme. *Proceedings of the Royal Society* 205: 581–598.

Hamilton, F. E. 1999. Southeastern Archaic mounds: Examples of elaboration in a temporally fluctuating environment? *Journal of Anthropological Archaeology* 18: 344–355.

Hamilton, William D. 1964. The genetical evolution of social behavior. *Journal of Theoretical Biology* 7: 1–52.

Hardin, Garrett. 1968. The tragedy of the commons. *Science* 162: 1243–1248.

Hawkes, Kristen, James F. O'Connell, Nicholas G. Blurton-Jones, Helen Alvarez, and Eric L. Charnov. 1998. Grandmothering, menopause, and the evolution of human life histories. *Proceedings of the National Academy of Sciences USA* 95: 1336–1339.

Hayden, Brian. 1998. Practical and prestige technologies: The evolution of material systems. *Journal of Archaeological Method and Theory* 5: 1–55.

Hegmon, Michele. 2003. Setting theoretical egos aside: Issues and theory in North American Archaeology. *American Antiquity* 68: 213–244.

Henrich, Joe, and Robert Boyd. 2001. Why people punish defectors: Peak conformist transmission can stabilize costly enforcement of norms in cooperative dilemmas. *Journal of Theoretical Biology* 208: 79–89.

———. 2002. On modeling cognition and culture: Why replicators are not necessary for cultural evolution. *Journal of Cognition and Culture* 2: 87–112.

Henrich, Joe, Robert Boyd, Samuel Bowles, Herbert Gintis, Ernst Fehr, Colin Camerer, Richard McElreath, Michael Gurven, K. Hill, Abigail Barr, J. Ensminger, David Tracer, Frank W. Marlowe, John Q. Patton, Michael Alvard, Francisco Gil-White, and Natalie S. Henrich. 2006. "Economic man" in cross-cultural perspective: Ethnography and experiments from 15 small-scale societies. *Behavioral and Brain Sciences*. In press.

Henrich, Joe, and Francisco J. Gil-White. 2001. The evolution of prestige: Freely conferred deference as a mechanism for enhancing the benefits of cultural transmission. *Evolution and Human Behavior* 22: 165–196.

Hess, Nicole C., and Edward H. Hagen. 2002. Informational warfare. http://cogprints.org/2112.

Heyes, Cecilia M., and Bennett G. Galef (eds.). 1996. *Social learning in animals: The roots of culture*. San Diego: Academic.

Holmes, William H. 1892. Evolution of the aesthetic. *Proceedings of the American Association for the Advancement of Science* 41: 239–255.

Hull, David L. 1988a. Interactors versus vehicles. In H. C. Plotkin, ed., *The role of behaviour in evolution*, 19–50. Cambridge: MIT Press.

———. 1988b. *Science as process*. Chicago: University of Chicago Press.

Jablonka, Eva. 2000. Lamarckian inheritance systems in biology: A source of metaphors and models in technological evolution. In J. Ziman, ed., *Technological innovation as an evolutionary process*, 27–40. Cambridge: Cambridge University Press.

Jackson, Jeremy B. C., Michael X. Kirby, and Wolfgang H. Berger. 2001. Historical overfishing and the recent collapse of coastal ecosystems. *Science* 293: 629–637.

Jochim, Michael. 1981. *Strategies for survival: Cultural behavior in an ecological context*. New York: Academic.

Jones, Doug. 2000. Group nepotism and human kinship. *Current Anthropology* 41: 779–809.

Jones, Martin. 2003. Ancient DNA in pre-Columbian archaeology: A review. *Journal of Archaeological Science* 30: 629–635.

Keegan, William F. 1986. The optimal foraging analysis of horticultural production. *American Anthropologist* 88: 92–107.

Kehoe, Alice B. 2000. Evolutionary archaeology challenges the future of archaeology: Response to O'Brien and Lyman. *Review of Archaeology* 21: 33–38.

Kimura, Birgitta, Steven A. Brandt, Bruce L. Hardy, and William W. Hauswirth. 2001. Analysis of DNA from ethnoarchaeological stone scrapers. *Journal of Archaeological Science* 28: 45–53.

Kohn, Marek, and Steven Mithen. 1999. Handaxes: Products of sexual selection? *Antiquity* 73: 518–526.

Kornbacher, Kimberly D. 1999. Cultural elaboration in prehistoric coastal Peru: An example of evolution in a temporally variable environment. *Journal of Anthropological Archaeology* 18: 282–318.

———. 2001. Building components of evolutionary explanation: A study of wedge tools from northern South America. In T. Hunt, C. P. Lipo, and S. Sterling, eds., *Posing questions for a scientific archaeology*, 23–72. Westport, CT: Bergin & Garvey.

Kornbacher, Kimberly D., and Mark E. Madsen. 1999. Explaining the evolution of cultural elaboration. *Journal of Anthropological Archaeology* 18: 241–242.

Krebs, John R. 1978. Optimal foraging: Decision rules for predators. In J. R. Krebs and N. B. Davies, eds., *Behavioural ecology: An evolutionary approach*, 23–63. Oxford: Blackwell.

Krebs, John R., and Nicholas B. Davies (eds.). 1997. *Behavioural ecology: An evolutionary approach*. Malden, MA: Blackwell.

Lack, David L. 1954. The evolution of reproductive rates. In J. S. Huxley, A. C. Hardy, and E. B. Ford, eds., *Evolution as a process*, 143–156. London: Allen & Unwin.

Lake, Mark W. 1997. Darwinian archaeology: An "ism" for our times? *Antiquity* 71: 1086–1088.

———. 1998. Digging for memes: The role of material objects in cultural evolution. In C. Scarre and C. Renfrew, eds., *The archaeology of extrasomatic storage*. Cambridge, MacDonald Institute for Archaeological Research.

Lakoff, George, and Mark Johnson. 1999. *Philosophy in the flesh*. New York: Basic Books.

Larson, Daniel. 2000. On the extrapolationist bias of evolutionary archaeology. *Current Anthropology* 41: 840–841.

Leonard, Robert D. 1998. Comment on Boone and Smith. *Current Anthropology* 39: S163.

Leonard, Robert D., and George T. Jones. 1987. Elements of an inclusive evolutionary model for archaeology. *Journal of Anthropological Archaeology* 6: 199–219.

Lipo, Carl. 2001. *Science, style, and the study of community structure: An example from the central Mississippi River valley*. Oxford: British Archaeological Reports no. 918.

Lipo, Carl P., and Mark E. Madsen. 2001. Neutrality, "style," and drift: Building methods for studying cultural transmission in the archaeological record. In T. D. Hurt and G. F. M. Rakita, eds., *Style and function: Conceptual issues in evolutionary archaeology*, 91–118. Westport, CT: Bergin & Garvey.

Lipo, Carl P., Mark E. Madsen, Robert C. Dunnell, and Tim Hunt. 1997. Population structure, cultural transmission, and frequency seriation. *Journal of Anthropological Archaeology* 16: 301–333.

Lipo, Carl P., Michael J. O'Brien, Stephen Shennan, and Marl Collard. 2005. *Mapping our ancestors: Phylogenetic methods in anthropology and prehistory*. New York: Transaction/Aldine.

Lumsden, Charles J., and Edward O. Wilson. 1981. *Genes, mind, and culture: The coevolutionary process*. Cambridge: Harvard University Press.

Lundberg, George. 1939. *Foundations of sociology*. London: Macmillan.

Lyman, R. Lee, and Michael J. O'Brien. 1998. The goals of evolutionary archaeology. *Current Anthropology* 39: 615–652.

———. 2000. Measuring and explaining change in artifact variation with clade-diversity diagrams. *Journal of Anthropological Archaeology* 19: 39–74.

———. 2001. On misconceptions of evolutionary archaeology: Confusing macroevolution and microevolution. *Current Anthropology* 42: 408–409.

Lynch, Aaron. 1996. *Thought contagion*. New York: Basic.

Mace, Ruth. 1996. When to have another baby: A model reproductive decision-making and evidence from Gabbra pastoralists. *Ethology and Sociobiology* 17: 263–273.

Mace, Ruth, Clare J. Holden, and Stephen J. Shennan (eds.). 2005. *The evolution of cultural diversity: A phylogenetic approach*. London: University College of London Press.

Madsen, Mark, Carl Lipo, and Michael Cannon. 1999. Fitness and reproductive trade-offs in uncertain environments: Explaining the evolution of cultural elaboration. *Journal of Anthropological Archaeology* 18: 251–281.

Maschner, Herbert D. G. 1992. The origins of hunter-gatherer sedentism and political complexity: A case study from the northern Northwest Coast. Ph.D. diss., University of California.

130———. 1996a. The politics of settlement choice on the prehistoric Northwest Coast. In M. Aldenderfer and H. Maschner, eds., *Anthropology, space, and geographic information systems*, 175–189. Oxford: Oxford University Press.

———. 1996b. Theory, technology, and the future of geographic information systems in archaeology. In *New methods, old problems: Geographic information systems in modern archaeological research*, 301–308. Center for Archaeological Investigations Press.

———. 1996c. *Darwinian Archaeologies*. New York: Plenum.

———. 1996d. Darwinian approaches to archaeology. In B. Fagan, ed., *Oxford companion to archaeology*, 167–168. New York: Oxford University Press.

———. 1998. Review of M. J. O'Brien, Evolutionary archaeology. *Journal of the Royal Anthropological Society* 4: 354–355.

———. 2003. Review of Stephen Shennan, *Genes, memes, and human history: Darwinian archaeology and cultural evolution. Cambridge Archaeological Journal* 13: 283–285.

Maschner, Herbert D. G., and Steven Mithen. 1996. Darwinian archaeologies: An introductory essay. In H. D. G. Maschner, ed., *Darwinian archaeologies*, 3–14. New York: Plenum.

Maschner, Herbert D. G., and John Q. Patton. 1996. Kin selection and the origins of hereditary social inequality: A case study from the northern Northwest Coast. In H. D. G. Maschner, ed., *Darwinian archaeologies*, 89–107. New York: Plenum.

Maschner, Herbert D. G., and Katherine L. Reedy-Maschner. 1998. Raid, retreat, defend (repeat): The archaeology and ethnohistory of warfare on the north Pacific. *Journal of Anthropological Archaeology* 17: 19–51.

Maxwell, Timothy D. 1995. The use of comparative and engineering analyses in the study of prehistoric agriculture. In P. A. Teltser, ed., *Evolutionary archaeology: Methodological issues*, 113–128. Tucson: University of Arizona Press.

Mayr, Ernst. 2001. *What evolution is*. New York: Basic.

Mithen, Steven J. 1989. Evolutionary theory and post-processual archaeology. *Antiquity* 63: 483–494.

———. 1996. *The prehistory of the mind*. Cambridge: Cambridge University Press.

———. 1998. Comment on Boone and Smith. *Current Anthropology* 39: S164.

Morgan, Lewis Henry. 1877. *Ancient society*. New York: Holt.

Nash, John. 1953. Two-person cooperative games. *Econometrica* 21: 28–140.

Neff, Hector. 1993. Theory, sampling, and analytical techniques in the archaeological study of prehistoric ceramics. *American Antiquity* 58: 23–44.

———. 2000. On evolutionary ecology and evolutionary archaeology: Some common ground? *Current Anthropology* 41: 427–429.

———. 2001. The scale of selection issue. In T. D. Hurt and G. F. M. Rakita, eds., *Style and function: Conceptual issues in evolutionary archaeology*, 25–40. Westport, CT: Bergin & Garvey.

Neiman, Fraser D. 1995. Stylistic variation in evolutionary perspective: Inferences from decorative density and interassemblage distance in Illinois Woodland and ceramic assemblages. *American Antiquity* 60: 7–36.

———. 1997. Conspicuous consumption as wasteful advertising: A Darwinian perspective on spatial patterns in classic Maya terminal monument dates. In C. M. Barton and G. A. Clark, eds., *Rediscovering Darwin: Evolutionary theory in archaeological explanation*, 267–290. Arlington, VA: American Anthropological Association.

Newman, Margaret E., Jillian S. Parboosingh, Peter J. Bridge, and Howard Ceri. 2002. Identification of archaeological animal bone by PCR/DNA analysis. *Journal of Archaeological Science* 29: 77–84.

Nowak, Martin A., and Karl Sigmund. 1998. Evolution of indirect reciprocity by image scoring. *Nature* 393: 573–577.

Núñez, Chile Lautaro, Martin Grosjean, and Isabel Cartajena. 2002. Human occupations and climate change in the Puna de Atacama, Chile. *Science* 298: 821–824.

O'Brien, Michael J. 1996. The foundations of evolutionary archaeology. In *Evolutionary archaeology*, 17–23. Salt Lake City: University of Utah Press.

O'Brien, Michael J., John Darwent, and R. Lee Lyman. 2001. Cladistics is useful for reconstructing archaeological phylogenies: Palaeoindian points from the southeastern United States. *Journal of Archaeological Science* 28: 1115–1136.

O'Brien, Michael J., and Thomas D. Holland 1990. Variation, selection, and the archaeological record. *Archaeological Method and Theory* 2: 31–79.

———. 1995. The nature and premise of a selection-based archaeology. In P. A. Teltser, ed., *Evolutionary archaeology: Methodological issues*, 175–200. Tucson: University of Arizona Press.

O'Brien, Michael J., Thomas D. Holland, Robert J. Hoard, and Gregory L. Fox. 1994. Evolutionary implications of design and performance characteristics of prehistoric pottery. *Journal of Archaeological Method and Theory* 1: 259–304.

O'Brien, Michael J., R. Lee Lyman, and Michael B. Schiffer. 2005. *Archaeology as a process: Processualism and its progeny*. Salt Lake City: University of Utah Press.

O'Connell, James F., Kristen Hawkes, and Nicholas G. Blurton-Jones. 1999. Grandmothering and the evolution of *Homo erectus. Journal of Human Evolution* 36: 461–485.

Orians, Gordon H., and Judith H. Heerwagen. 1992. Evolved responses to landscapes. In J. Barkow, L. Cosmides, and J. Tooby, eds., *The adapted mind*, 555–579. Oxford: Oxford University Press.

Owens, Laurence, Rosalyn Shute, and Phillip R. Slee. 2000. "'I'm in and you're out' . . ." Explanations for teenage girls' indirect aggression. *Psychology, Evolution, and Gender* 2: 19–46.

Pauketat, Timothy R. 2001. Practice and history in archaeology: An emerging paradigm. *Anthropological Theory* 1: 73–98.

———. 2004. Archaeology without alternatives. *Anthropological Theory* 4: 199–203.

Peake, Harold. 1928. *The origins of agriculture.* London: Ernest Benn.

Pfeffer, Michael T. 2001. The engineering and evolution of Hawaiian fishhooks. In T. L. Hunt, C. P. Lipo, and S. L. Sterling, eds., *Posing questions for a scientific archaeology*, 73–96. Westport, CT: Bergin & Garvey.

Pierce, Christopher. 2005. Reverse engineering the ceramic cooking pot: Cost and performance properties of plain and textured vessels. *Journal of Archaeological Method and Theory* 12: 117–157.

Pinker, Steven. 2002. *The blank slate: The modern denial of human nature.* New York: Viking.

Plotkin, Henry C. 1994. *The nature of knowledge: Concerning adaptations, instinct, and the evolution of intelligence.* London: Allen Lane.

Pocklington, Richard, and Michael L. Best. 1997. Cultural evolution and units of selection in replicating text. *Journal of Theoretical Biology* 188: 79–87.

Polyak, Victor J., and Yemane Asmerom. 2001. Late Holocene climate and cultural changes in the southwestern United States. *Science* 294: 148–151.

Pulliam, H. Ronald, and Christopher Dunford. 1980. *Programmed to learn.* New York: Columbia University Press.

Reedy-Maschner, Katherine L., and Herbert D. G. Maschner. 1999. Marauding middlemen: Western expansion and violent conflict in the subarctic. *Ethnohistory* 46: 703–743.

Richerson, Peter J., R. Boyd, and Robert L. Bettinger. 1998. Comment on Boone and Smith. *Current Anthropology* 39: S165–167.

Riolo, Rick L., Michael D. Cohen, and Robert Axelrod. 2001. Evolution of cooperation without reciprocity. *Nature* 414: 441–443.

Roberts, Richard G., Timothy F. Flannery, and Linda K. Ayliffe. 2001. New ages for the last Australian megafauna: Continent-wide extinction about 46,000 years ago. *Science* 292: 1888–1892.

Rosenberg, Alexander. 1980. *Sociobiology and the preemption of social science.* Baltimore: Johns Hopkins University Press.

Ruse, Michael. 1997. *Monad to man: The concept of progress in evolutionary biology.* Cambridge: Harvard University Press.

Sackett, James R. 2003. Review of style and function: Conceptual issues in evolutionary archaeology. *American Antiquity* 68: 193–194.

Schiffer, Michael B. 1996. Some relationships between behavioral and evolutionary archaeologies. *American Antiquity* 61: 643–662.

———. 2004. Memes are a bad idea: Behavioral approaches to cultural transmission and evolution. Paper presented at the 68th Annual Meeting for the Society for American Archaeology, Montreal.

Seger, Jon, and H. J. Brockman. 1987. What is bet-hedging? *Oxford Surveys in Evolutionary Biology* 4: 182–211.

Seielstad, Mark T., Eric Minch, and L. Luca Cavalli-Sforza. 1998. Genetic evidence for a higher female migration rate in humans. *Nature Genetics* 20: 278–280.

Sellars, Wilfrid. 1963. Philosophy and the scientific image of man. In *Science, perception, and reality*, 1–40. London: Routledge & Kegan Paul.

Sethi, Rajiv, and E. Somanathan. 2001. Preference evolution and reciprocity. *Journal of Economic Theory* 97: 273–297.

Shennan, Stephen J. 2002. *Genes, memes, and human history: Darwinian archaeology and cultural evolution.* London: Thames & Hudson.

Shennan, Stephen J., and Mark Collard. 2005. Investigating the process of cultural evolution on the north coast of New Guinea with multivariate and cladistic analyses. In R. Mace, C. J. Holden, and S. Shennan, eds., *The evolution of cultural diversity: A phylogenetic approach*, 134–164. London: UCL Press.

Shennan, Stephen J., and James Steele. 1999. Cultural learning in hominids: A behavioural ecological approach. In H. O. Box and K. R. Gibson, eds., *Mammalian social learning: Comparative and ecological perspectives*, 367–388. Cambridge: Cambridge University Press.

Shennan, Stephen J., and J. Richard Wilkinson. 2001. Ceramic style change and neutral evolution: A case study from Neolithic Europe. *American Antiquity* 66: 577–594.

Sigmund, Karl, and Martin A. Nowak. 2001. Tides of tolerance. *Nature* 414: 403–405.

Silverman, Irwin, and Marion Eals. 1992. Sex differences in spatial abilities: Evolutionary theory and data. In J. H. Barkow, L. Cosmides, and J. Tooby, eds., *The adapted mind*, 533–549. Oxford: Oxford University Press.

Simon, Herbert. 1996. *The sciences of the artificial.* Cambridge: MIT Press.

Skyrms, Brian. 1996. *Evolution of the social contract.* Cambridge: Cambridge University Press.

Smith, Bruce D. 1995. *The emergence of agriculture.* New York: Freeman.

Smith, Eric A. 1991. *Inujjuamiut foraging strategies: Evolutionary ecology of an Arctic hunting economy.* New York: Aldine de Gruyter.

Smith, Eric A., and Bruce Winterhalder. 1992. *Evolutionary ecology and human behavior.* New York: Aldine de Gruyter.

Sober, E., and D. S. Wilson. 1998. *Unto others: The evolution and psychology of unselfish behavior.* Cambridge: Harvard University Press.

Spencer, Herbert. 1887. *Principles of sociology.* New York: *132* Appleton.

Sperber, Dan. 1996. *Explaining culture: A naturalistic approach.* Oxford: Blackwell.

Sperber, Dan, and Lawrence Hirschfeld. 2004. The cognitive foundations of cultural stability and diversity. *Trends in Cognitive Sciences* 8: 42–46.

Stephens, David W., and John R. Krebs. 1986. *Foraging theory.* Princeton: Princeton University Press.

Sterling, Sarah. 1999. Mortality profiles as indicators of slowed reproductive rates: Evidence from ancient Egypt. *Journal of Anthropological Archaeology* 18: 319–343.

Steward, Julian. 1955. *Theory of culture change: The methodology of multilinear evolution.* Urbana: University of Illinois Press.

Surowiecki, James. 2004. *The wisdom of crowds: Why the many are smarter than the few.* London: Abacus.

Swanson, Carl P. 1973. *The natural history of man.* New York: Prentice Hall.

Teltser, Patrice A. 1995. The methodological challenge of evolutionary theory in archaeology. In P. A. Teltser, ed., *Evolutionary archaeology: Methodological issues,* 1–11. Tucson: University of Arizona Press.

Terrell, John. 1988. History as a family tree, history as an entangled bank: Constructing images and interpretations of prehistory in the South Pacific. *Antiquity* 62: 642–657.

Terrell, John, Terry L. Hunt, and Chris Gosden. 1997. The dimensions of social life in the Pacific: Human diversity and the myth of the primitive isolate. *Current Anthropology* 38: 155–195.

Traulsen, Arne, and Martin A. Nowak. 2006. Evolution of cooperation by multilevel selection. *Proceedings of the National Academy of Sciences USA* 103: 10952–10955.

Tooby, John, and Irvin de Vore. 1987. The reconstruction of hominid behavioral evolution through strategic modeling. In W. G. Kinzey, ed., *The evolution of human behavior,* 183–237. Albany: State University of New York Press.

Tooby, John, and Leda Cosmides. 1989. Evolutionary psychology and the generation of culture. Pt. 1, Theoretical considerations. *Ethology and Sociobiology* 10: 29–49.

Tylor, Edward B. 1865. *Researches into the early history of mankind and the development of civilization.* London: J. Murray.

Von Neumann, John L., and Oskar Morganstern. 1944. *Theory of games and economic behavior.* Princeton: Princeton University Press.

Weiss, Harvey, Marie-Agnes Courty, Wilma Wetterstrom, François Guichard, L. Senior, Richard Meadow, and A. Curnow. 1993. The genesis and collapse of 3rd millennium north Mesopotamian civilization. *Science* 261: 995–1004.

Welsch, Robert L., John Terrell, and John A. Nadolski. 1992. Language and culture on the north coast of New Guinea. *American Anthropologist* 94: 568–600.

Wenke, Robert J. 1981. Explaining the evolution of cultural complexity. In M. B. Schiffer, ed., *Advances in archaeological method and theory,* 4: 79–119. New York: Academic.

West-Eberhard, Mary Jane. 2003. *Developmental plasticity and evolution.* New York: Oxford University Press.

Wilhelmsen, Kris H. 2001. Building the framework for an evolutionary explanation of projectile point variation: An example from the central Mississippi River valley. In T. L. Hunt, C. P. Lipo, and S. Sterling, eds., *Posing questions for a scientific archaeology,* 97–144. Westport, CT: Bergin & Garvey.

Williams, George C., and Doris C. Williams. 1957. Natural selection of individually harmful social adaptation among sibs with special reference to social insects. *Evolution* 11: 32–39.

Wilson, David Sloan. 1998. Hunting, sharing, and multilevel selection: The tolerated-theft model revisited. *Current Anthropology* 39: 73–97.

Winterhalder, Bruce. 2002. Models. In J. P. Hart and J. E. Terrell, eds., *Darwin and archaeology: A handbook of key concepts.* New York: Greenwood.

Winterhalder, Bruce, and Eric A. Smith. 1981. *Hunter-gatherer foraging strategies.* Chicago: University of Chicago Press.

———. 1992. Evolutionary ecology and the social sciences. In E. A. Smith and B. Winterhalder, eds., *Evolutionary ecology and human behavior,* 3–23. New York: Aldine de Gruyter.

———. 1999. Analyzing adaptive strategies: Human behavioral ecology at twenty-five. *Evolutionary Anthropology* 9: 51–72.

Wobst, H. Martin. 1977. Stylistic behavior and information exchange. In C. Cleland, ed., *For the director: Research essays in honor of James B. Griffin,* 317–342. Anthropological Paper 61. Ann Arbor: University of Michigan Museum of Anthropology.

Wrangham, Richard, and D. Peterson. 1996. *Demonic males: Apes and the origins of human violence.* Boston: Houghton Mifflin.

Zahavi, Amotz, and Avishag Zahavi. 1997. *The handicap principle.* Oxford: Oxford University Press.

第 9 章　后过程考古学及以后

迈克尔·尚克斯

（Michael Shanks）

"后过程"一词只是告诉我们这种考古学出现于过程考古学之后。"过程考古学"暗含的意思是，这是一种具有一致性的程序、方法与理论——然而后过程考古学并不能说拥有这些内容。在美国甚至是世界考古学领域，过程考古学仍旧是正统主流。尽管如此，考古学教科书在介绍考古学理论的时候，通常都会将后过程考古学单列出来。

后过程考古学常常是一个箩筐，装着 20 世纪 70 年代以后考古学的各种发展趋势——许多是在批评英美考古学的过程考古学正统，还有的是在批评传统的文化历史考古。这里值得一提的趋势有新马克思主义人类学、结构主义、各种文学与文化理论的影响、女权主义、后实证主义社会科学、释义学、现象学等等。这里不是详细讨论这些趋势的地方。

一个比较合适的开头，就是说后过程考古学是一个争论。我们不难发现有关后过程考古学的讽刺，在教科书里、在田野发掘者笔下、在任何考古学涉及争论而不只是提供有关过去信息的地方。批评的形式是，这是一种立足于抽象晦涩理论（很可能是不相干的理论）的考古学，与过程考古学相对，偏好历史特定论与个体（参见加德纳，第 7 章），没有能够提供任何可靠知识的方法论。支持后过程考古学的人通常是一些为政治所驱动的人，他们对当代文化政治的兴趣跟研究古代社会的兴趣一样多。我称之为讽刺，是因为只要仔细阅读原初文献，就会发现它们毫无意义。

本章的一个次要目的是纠正这些误解。鉴于存在这样的讽刺，我将从什么不是后过程考古学开始谈起。从来没有接触过后过程考古学的读者可以忽略这个部分，可以简单将其看作存在争议。

后过程考古学不是学科范式变迁的结果，不是从一种科学转向另一种科学的革命。在考古学中，并没有出现一种新的常态科学（具有新的方法与研究体系），来取代过程考古学或是其他类型的考古学。

后过程考古学不是一种统一的有关过去或有关考古学的理论。它也不是从某些大学象牙塔中发展出来的，跟考古学实践完全没有关系的沙发考古理论。

后过程考古学的要旨不是历史特定叙事中的个体事件，不是与过程考古学的普遍化解释针锋相对。

后过程考古学不是后现代思潮的考古学后裔，不像有些说法所说的，它拒绝获取有关过去的可靠知识，或是完全否定过去之于现在的意义，而是承认多重矛盾的过去可以同时合理并存。

我之所以严肃地对待这些讽刺，是因为它们所涉及的两极分化是英美考古学术圈真实存在的一个特征。我这么说的意思是，我的许多同事与他们的学术委员会以及研究机构把这样的讽刺视为正确的。我知道许多美国考古学家认为，唯一可以取代过程考古学正统地位的就是后过程考古学

（无论受到合同考古学多大的影响），它是深受政治上的相对主义影响的另外一极。学术会议以及学术期刊上的争论日趋火热。学术与专业人士的任命也会考虑某人是否属于后过程考古学阵营。两极分化是确实存在的（双方都在嘲讽或是树立批评的稻草人）。这一直是英美考古学社会历史变化的组成部分。我想它还应该是传统科学与人文意识形态之争的组成部分。

由于这个原因，我的来自其他传统（印度、日本、法国、德国、西班牙）的同事们发现这些争论没有意义；他们的考古学具有不同的社会与政治变化规律。他们的文化争论不同，田野考古工作也有所不同。

我们有必要理解一门学科的社会变化与政治组织，但这里的问题远不止于此。我想我们现在或许可以通过争论来考察。于我而言，后过程考古学是一种对深思而非排他的考古学的不懈追求。那些被称为后过程考古学家（通常是由他人而非他们自己称呼的）的人所主张的立场已经影响到了绝大部分的考古学科以及考古职业。

在这里，我发现自己走向了一个不大合适的定义。我想通过概述某些关键概念、争论以及与考古学之外的关联来理解后过程考古学。

定位与实践者

从哪里可以找到后过程考古学家呢？后过程主义是一种主要见于大学考古学系的学术现象。其核心群体在英国，也有不少在斯堪的纳维亚与荷兰。在美国新一代考古人类学家中，有相当一部分人似乎对后过程考古学感兴趣，在历史考古中也有一股后过程力量。世界上的博物馆中明显存在后过程主义者，不过在田野考古中很少存在。

关键之处是，只有少数后过程考古学家愿意接受这个身份标签。后过程考古学的观点早已超越了实践者的范围。这是一种明显的趋势，见于主要的考古学会议［如世界考古学大会（World Archaeological Congress）］、英国的理论考古学小组（Theoretical Archaeology Group, TAG）以及斯堪的纳维亚的北方理论考古学小组中。所有这些都深刻体现了后过程考古学学说的影响。同样，许多近些年出版的教科书，尽管没有自称是后过程的，但已经为相关问题所渗透，这些问题也是我要在本章中概述的，正是通过后来被称为后过程考古学的研究，它们进入考古学领域中（Thomas, 2000; Johnson, 1998; Preucel and Hodder, 1996; Gamble, 2001; Hodder, 2001）。

出现与分布

是什么促进了后过程考古学的形成呢？它最初是作为批评出现的，源于一种对 20 世纪 70 年代考古学发展的不满（参见沃森，第 3 章）。在美国，这表现为某种科学研究方法论与一种系统的社会文化概念的结合。批评的重点在于重新定义社会实践、社会单位与分组，以及文化的本质，所有这些都是社会考古学的中心，社会考古学的目的是试图基于物质遗存重建古代社会。

社会不再被视为身体之外的适应手段（这是过程考古学的前提），而被视为一种交流媒介。最早的后过程研究是有关象征主义的——阐释遗存的意义，这些遗存来自史前的墓葬实践、房屋设计、陶器装饰等。这是一种有关思想的认知考古（参见加波拉，第 17 章）。象征主义不需要某个单一且固定的意义，而是期望更细微的探索，了解意义可能的范围。阐释不是过程考古学的假说验证，不是要把特殊的情况归并于普遍性之下。后过程考古学不断摸索前进，通过考古材料建立联系。显然，从一开始，后过程考古学就有完全不同的学说与主张，常常不那么强调获取有关过去本身的知识，而是更在意获取过去与当代问题密切相关的知识，如看待过去的不同价值观。尽管有这些差异，但后过程考古学与过程考古学还是有许多共同点的：

- 批评主流考古学的视野。
- 是一种立足于传统观点的视野，这种观点来自作为学术基石的合理的关键争论。
- 主要见于以研究为中心的学术机构中。
- 强调反思学科的研究途径与概念，因此在形式上更强调理论（尽管我有点犹豫只把这个称为理论，因为过程考古学主要关注方法论）。
- 思想上持乐观主义，相信社会考古学对古代社会文化研究相当重要，而不是简单地记录遗存。
- 具有人类学的视野，或者说是更社会学的视野。

135

后过程考古学从一开始，不满与批评的模式就十分多样，如今差异性非但没有减少，反而增加了。

概念与兴趣点

在这一部分我将概述某些受到广泛关注的后过程考古学的关键概念。正如在社会科学与人文科学中一样，抽象层面的讨论可能让人摸不着头脑。因此，这里罗列了一些属于后过程考古学的研究。当你读到一篇考古学论文，其中充斥着下面提到的概念中的一个或多个时，你很可能碰到了后过程考古学。这些概念分成下面几组：

- 社会理论。旨在理解与解释古代社会的考古学的研究对象是什么呢？社会考古学存在的可能性取决于充分的概念构建，其中需要包含社会与文化。

- 历史与历史文献学。基本问题是有关时间、社会变迁、事件和叙事等方面的。

- 科学。什么是充分知识的特征？获取它的条件是什么？

- 反思性。即学科的自我理解（参见柯纳和普赖斯，第 21 章）。

- 创造性实践。所有这些领域都很关注创造性生产实践——考古学家所研究的人群及其遗留，还包括考古学研究本身。

下文我将就每个方面引用一些跟考古学实例相关的例子，可能还包含进一步的讨论与参考文献。

社会结构与社会实践（Barrett, 1994）

文化历史考古学为了描述与解释，将考古发现上升到更高层次的组合与文化（其组成受到文化标准的影响），并将其作为叙述过去的一种方式。过程考古学把考古发现的形态特征与社会文化系统的运作联系在一起——社会整体作为系统，在运作过程中存在不同组群的有组织行为。

20 世纪 70 年代以来，理论领域一直在重新思考文化与系统的特征、结构，尤其是它们是如何形成的。后过程考古学完全不满意过程考古学的文化系统论，批评其过于单方面、过于决定论、过于僵化。过程考古学提出的解释似乎总是由普遍存在、具有主导性的社会力量与实体所决定。人们是如何适应它们的呢？

　　这个问题实际上是一个古老的有关社会再生产的社会学难题——人们生来就要社会化，就要融入既有的社会规范、组织与结构中去。这些结构只能说存在于个体的行动与思想中，然而其存在显然超越了这些范畴。这是如何运作的？我们如何理解人们一方面为既有社会结构所决定，另一方面又采取行动改变这些结构？

　　后过程考古学借鉴了许多社会理论，假定社会结构存在更多变化。这是一个平衡决定论与自由意志的问题，显然人们不能随心所欲地创造历史，然而尽管如此，人们的行动并不完全由超常的社会结构与历史作用力所主宰。这里涉及如何去理解行动。后过程考古学的批评非常依赖吉登斯与布尔迪厄之后的社会理论——两人假定社会实践源于结构与有见识的社会能动者的行动／意图之间的动态关系。有时，我们把这看作截然相反的两个东西，一方关注社会行为（人们做什么），如我们在过程考古学中所见到的，另一方关注社会实践（人们去做，但受制于其知识、目的与意图）。

　　总的说来，有关能动性的东西有时被讽刺为后过程考古学试图去寻找史前的个体。事实上并非如此，而是涉及我们如何去理解社会，我们需要容许构成社会的人们具有积极性与创造性，他们可以再生产与改变其社会（参见加德纳，第 7 章）。

　　过程考古学一直把社会系统完全看作一套标准的社会类型，这种思想来自文化进化论——游群、部落、酋邦、国家（以及各种衍生与相关的形式）。其主要特征是水平与垂直划分，尤其是阶级与等级，资源分配按照社会组群，通过交换与其他经济机制进行。实际上，许多过程考古学研究就是以经济为中心的（参见巴克，第 29 章）。

136

20 世纪 70 年代以后，考古学理论认为仅仅这样做是不够的。首先，采用游群、部落、酋邦、国家这样普遍的分类过于泛泛而且僵化。其次，社会变化的内在机制被掩盖了。如新马克思主义思想对社会整体性的基本特征持不同的看法（参见麦圭尔，第 6 章）。广而言之，后过程考古学不那么强调社会整体性的意义。

权力（Miller and Tilley, 1984; 参见埃姆斯，第 28 章）

我们可以把能动性看作人类主体的创造潜力。它指的是人作为有见识的主体实现其计划的能力。人类能动者具有目的与动机。他们可以按照理性行动，能够考察周围的世界并对自己的行动进行反思。这在行动的微观层面上暗含着权力。这是一种补充，因为我们一般把权力看作制度的特征，自上而下地实施（如权力被掌握在精英个体手中）。再者，后过程考古学的关注点侧重于考古情境而非广泛的社会类别。

交流、类别化、认知（Hodder, 1982a, b）

后过程考古学强调有见识的能动者是历史的主体，于是认知与交流成了社会与文化的中心——人们以不同的方式分类与标识。解释认知与交流的需要是许多后过程考古学背后的基本原理。事实上，存在时间最长的后过程考古学就是有关头脑的认知考古学（参见加波拉，第 17 章）。其关注点不只是人们做了什么，还包括这意味着什么——从陶器装饰符号的意义到埋葬行为的意义。对象征主义与文化规则的研究多见于诸如结构主义与符号学领域。

体验的主体（Meskell and Joyce, 2003; Shanks, 1999）

后过程考古学关注的不是社会系统以及社会整体性，而是社会主体，即思考与计划的能动者，他们通过社会与历史努力寻找目标，不断发出信号，不断赋予与解读周围世界的文化意义。除此之外，某些过程考古学曾强调主体如何是肉体的存在——感觉与体验。过去十多年来，后过程考古学一直在发展一种有关身体的考古学，其中涉及如何对待身体、概念构建、情感、自我与身体的美学等。

地方感（Tilley, 1994a; Bradley, 1998）

主体的概念也意味着空间是人之生活所依托的，是有意义地构建的，同时还是社会实践与变迁的中介条件。后过程考古学的景观考古研究来自文化地理学，它以景观为中心，而这里的景观是文化范畴的，是作为体验与意义存在的。景观考古学把史前纪念建筑物看作文化景观的节点，不仅是精神体验与物质宇宙观的产物，也是死者遗骸的栖身之所。

与文化进化相对的历史（Shanks and Tilley, 1987, 1992; Pluciennik, 2005）

后过程考古学批评社会整体性，强调人类能动性，这也使其严重怀疑跨文化的概括（社会类型）以及文化进化图式。由此，后过程考古学强调研究当地情境，强调过去应该具有历史差异性而非相似性（进化论思想中的类别区分就暗含着相似性）。

进化论思想的后过程批评还涉及适应与选择的逻辑，这些概念跟社会学、文化人类学等后过程考古学相关学科中流行的社会实践特性格格不入。进化论思想基本不关注能动性与符号学，它完全在不同层次上进行研究。

反对宏大叙事（Rowlands, 1989）

过程考古学经常使用的跨文化的概括与宏大叙事相关，支配一切的叙事模式可能掩盖与忽视了特殊的考古序列。大家熟悉的如有关社会复杂性 *137*

发展的解释，包括文明的兴衰、农业的起源（参见普卢西尼克和兹韦莱比尔，第 27 章）、国家的形成等。其他的宏大叙事包括当代政治形式如民族国家的渊源（如欧洲起源的宏大叙事）。某些后过程考古学也关注叙事，但是它们似乎更偏好地方情境与特定考古史。

认识论与本体论（Tilley, 1994b; Hodder et al., 1995）

过程考古学已经形成了假说检验的方法论，试图在考古学家所提供的解释与所观察的材料之间构建密切的联系——闭合的认识论（参见沃森，第 3 章）。后过程考古学研究主要在一个不同的方向上发展，探索考古学家关注的特性——社会本体论。它在批评概括的同时，自然也怀疑上述的闭合的认识论。后过程考古学家更愿意把自己的研究看作阐释——一个永无止境地探索过去文化意义的过程，它是开放的、非决定性的网络，而不是封闭的系统。

论述（discourse）（Shanks, 1996）

考古学的阐释本身是由考古学家——有见识的主体提供的。因此，对后过程考古学来说，其很难只是把自己看作一套生产有关过去的知识的客观方法。考古学家本身也是有动机的、有利益的、有地方立场的、有计划策略的（参见宾特里夫，第 10 章）；因此，后过程考古学中明显缺少预先确定的方法论。相反，它把考古学更多地视为一个政治领域——考古学家处在社会与体制中，跟其他人一样，研究材料以发现有关（过去）社会与文化的知识。"论述"这一概念指的是，考古学是一种文化生产的方式。其中有许多含义，最重要的是，考古学家发现的过去并不如他们所解释的多；考古学家在关注过去的同时，同样关注当代的价值与态度。

争论与紧张

上面罗列了后过程考古学的概念与关注点，但这并不意味着它们都属于同一个整体或正统。实际情况完全不同，下面所说的争论与问题中都包含了这些东西。

有关过去的政治学（Shanks and Tilley, 1987; Leone and Preucel, 1992; Leone et al., 1995）

大家很早就认识到材料是带有理论的，我们揭示的过去中并不存在任何一个中立的发现。早期后过程考古学的观点是，事实与价值不可分割。研究过去必定与地方价值相关（保存什么，选择研究什么）。这个观点得到了进一步的引申。"知识就是论述"这一观点意味着，所有研究都是有成见的，考古学家的研究都是阐释，都是权力与知识的复杂结合（进行一次专业的田野发掘必定需要权力与资源），其中都包含着价值与利益选择。正如柯纳与普赖斯（第 21 章）所讨论的，问题在于我们应该保护与研究谁的过去以及什么东西的过去。这是一个政治问题。关于如何推进也存在争论。是否真的有可能存在中立的科学？这是否是为了保证得到某种可靠的方法论？这是为了纠正政治偏见或代表不同的利益吗？这是容忍度的问题吗？

多重性、多元论与相对主义（Lampeter Archaeological Workshop, 1997）

知识是论述性的，都处在特定研究中，这样的认识与古今不可分割相关。这进而带来另一种观点——不止有一个过去，基于不同的利用与价值，可能存在许多个过去。对有些学者来说，这可能削弱了后过程考古学所希望表达的权威性。过去无疑存在过，并已经消失，它不能被改变吗？它不能被随意发明，如果能的话，那么什么让某种有关过去的解释比其他的解释更好呢？后过程考古学反其道而行，认为过去从来不是单一的，社会文化构造是多重的、不稳定的、不能确定的，它所构成的表达之外总有更多的表达。

这个问题也是相对主义的问题，有关过去的解释总是相对某些东西而言的。所有认为过去深受政治影响的观点都削弱了传统认识，其试图寻找具有封闭合理性的充分解释。总是存在更多其他阐释（Chamberlin，1890）。但是我们如何判断呢？所有解释都取决于文化定位，在哪一种情况中我们可以不尊重文化差异呢？这是一个复杂的、有争议的问题。但据我所知，从来没有哪个考古学家曾经提出：怎么解释都行，所有有关过去的解释都同样合理。

对科学是威胁还是补充？（Shanks，1999）

多重过去与多重解释的观点似乎与科学考古学的思想背道而驰，科学解释与研究对象之间可能存在紧密联系或闭合关系，这种闭合构成了其正确性，尽管代价是排除了其他的解释。这里的科学有时是针对相对主义而言的，后过程考古学反对那种公开宣称自身科学的考古学。究竟什么是科学考古学，取决于如何去理解作为科学的考古学。科学的考古学就是唯一的吗？

一种选择是，我们把考古学研究看作一个简化的过程，从而理解研究对象的内在工作机制。过程模拟假定解释与所要解释的对象之间存在紧密联系，最终可能产生的是一种表达或解释，跟所要解释的对象的原貌相差甚远，但是可以抓住并解释某些基本的工作机制。在这里，研究都汇聚在对象之上。

另一种选择是，考古学研究采用不那么简化的方式，把原材料看作构建拓展与深入模型的资源。在这里，研究旨在解开关联，丰富研究对象，以一种发散的方式远离研究对象。

无论把其中哪一种叫作科学，两种策略都可以是严格的、经验的，对严谨的批评与评估保持开放。后过程考古学更多地像后者（当然也有明显的例外）。

过去的意义：理解（Hodder et al., 1995; Buchli and Lucas, 2001）

我们发现有关头脑的认知考古学很难把握如埋葬行为或图像等东西的意义。有不少民族志与历史案例警示我们要小心处理这方面的问题。后结构主义思想也怀疑我们能否最终确定意义。显然在文化领域，意义是多重而非单一的。文化本身就是一个不稳定的象征指示与阐释的过程。因此，探索事物的意义实际上并不只是赋予事物意义，而更多是一个理解的过程，理解意义形成的条件。

不切实际的后现代？（Bapty and Yates, 1990; Walsh, 1992）

考古学中的这种内省与反思究竟是为了什么？这令人烦恼的东西难道只是不着边际的后现代空想？离开科学可能是有害的，统一的科学至少可以提供可靠的目标与方法。部分研究者认为，当前考古学最紧要的问题不是什么理论，而是抓紧时间抢救正在迅速消失的过去。考古学术圈也许可以奢侈地沉思诠释学与批评实在论的相对的哲学优点，而现实世界中的考古人士必须孜孜以求，考虑怎么去找资助，以尽可能复原史前狩猎采集者的营地。

还有一些研究者指出，这样一种以实用主义为中心的保守的技术论对于知识进步鲜有帮助，同时也放弃了影响决策机构的专业知识与判断力。后过程考古学中暗含的观点——思考与探索研究过去的理论方法——并非可有可无的奢侈之物。

方法：后过程考古学的运作（Lucas, 2001; Hodder, 1999）

后过程考古学没有方法论著作面世。相关评论通常认为后过程考古学还没有形成新方法。部分原因可能是，其研究重点为探索研究对象的性质，以及弄清研究发生的条件。其概念工具与理论体系宽泛、抽象，其主要特征甚至有碍于形成普遍的方法论。这些特征有：

- 对特定研究位置的敏感性。
- 强调过去的多重性。
- 不同理论方法的互补性（多元论）。
- 开放的阐释模型，也就是多数人支持的诠释立场。

上面所对比的汇聚与发散研究视角在此值得一提，因为后过程考古学139意味着开放的探索与详细的阐述，而非还原的注重效率的简化。没有必要发展一套完全不同的方法论。科学研究已经表明，实验室科学与假说验证、实验方法的哲学模型相距甚远，田野考古学更是如此。

后过程考古学理论与材料研究

后过程考古学批评从一开始就立足于考古材料研究。它从来都不只是一种理论体系或理论批评。上面所提及的概念，主要来自考古学之外的社会理论争论，它们有助于发展对古代社会更充分的考古学解释，如具体表达一种有关社会结构的更动态的观点，承认人类能动性的创造性，或是避免与文化进化的社会类型相关的一般化决定论。

象征与结构考古（Hodder, 1982b）是后过程考古学的开始阶段，它主要研究欧洲史前史的个案。自此，后过程考古学深刻地改变了英国与欧洲史前史。代表性的研究者包括约翰·巴雷特（1994）、克里斯·蒂利（1994a, 1996）、朱利安·托马斯（1999）。现在还有许多研究者开展了多样的材料研究（Miller and Tilley, 1984; Hodder, 1987a, b; Whitley, 1998; Thomas, 2000）。部分研究者侧重于研究后过程考古学的特定方面，如性别考古（从 Gero and Conkey, 1991 开始）和写作实验（Spector, 1992; Shanks, 1992; Schrire, 1995; Edmonds, 1999; Campbell and Hansson, 2000; Pearson and Shanks, 2001; Shanks, 2004）。希腊−罗马古物考古（Shanks, 1999）与中世纪考古（Johnson, 1993, 2002）主要进行的是材料研究。美国的历史考古如果没有后过程考古的深入批评，那么是不可想象的（Leone and Potter, 1988; McGuire and Paynter, 1991）。对当代的过去进行考古成了更广泛的物质文化研究的组成部分（Buchli and Lucas, 2001; Buchli, 1999; Pearson and Shanks, 2001; Campbell and Hansson, 2000）。

广而言之，后过程考古的批评在考古学的学术研究中得到了越来越多的承认。这里所涉及的重要主题包括反身性、政治与伦理、对认知与交流之重要性的强调、多元论、性别以及开放实验等。

情境关联中的后过程考古学

如果考虑到自 20 世纪 70 年代以来后过程考古学与社会科学、人文科学的联系，以及与制度、政治文化变化的联系，那么它的多样性还是很清楚的。

理论

20 世纪 60 年代及之后，人文与社会科学学术研究的扩张与学科的多元化发展是密切关联的，自 70 年代以来，学科反思也日渐增多。一个明显的标志就是与理论相关的学术著作和论文增加（如 Hodder, 2001）。大学课程表上也开始出现新的理论课程。学术出版机构如麦克米伦出版公司与哈钦森出版公司、大学出版社如剑桥大学出版社，纷纷出版系列著作，服务于新的学术动向。新的理论方法、学术反思与批评横扫文学研究、社会学、地理学、历史学和其他学科——结构主义（来自语言学与人类学）、新马克思主义（来自 20 世纪 50 年代后期与 60 年代新左派的复兴），以及一系列哲学思想，如现象学与实在论。仅仅去研究材料似乎是不够的；研究本身、方法与理论前提，多少都需要哲学基础的检验。

学术的多样化发展，有时是新观念的不断涌现，加上关键学术争论的情境，带来热烈的——经常是火爆的——理论交锋。过程考古学也积极参与其中，沿着社会科学的思路重新思考人类学。它与新地理学关系密切（戴维·克拉克贡献良多）。它猛烈地批评其他考古学（可以阅读刘易斯·宾福德），反过来，它也受到后过程考古学批评的集中关注。

理论交锋的结果是促进了不同立场的夸张表达，如过程考古学与后过程考古学——上面提及的争论"稻草人"（一个很容易击倒的对手）。不过我认为，随着大学考古学系中多样化发展趋势的形成，我们有可能看到更加成熟的表现。学界不再把其中所包含的多元论看作考古学的问题，而是将它看作这门学科的力量。

140　人文与社会科学的语言转向

人文与社会科学反思的浪潮之一就是关注文化的特征（Hodder and

Hutson, 2003）。立足于结构语言学、结构主义、后结构主义以及符号学等相关领域，研究者开始把文化看作交流（communication）。如此，可以把任何文化表达都看作符号的传递，有时也被称为语言转向（参见宾特里夫，第10章；柯纳和普赖斯，第21章）。它对考古学产生了重要影响——尤其是对后过程考古学而言。自20世纪70年代中期以来，考古学又开始关注认知与象征，这就是考古学自身的语言转向；与此同时，考古学把物质文化看作文本，进而研究意义的体系。对某些后过程考古学家而言，考古学研究本身就是一种相互论争的符号体系。

20世纪90年代出现新的趋势是：修正原初的论点（器物即文本），开始认识到（物质）文化作为考古学的主要研究议题。物质确实是有意义的，但意义本身是模糊的，制造者、使用者和解释者对物质的看法各不相同，用来表达的词语也是多义的、难以决定的。

批判理论

对有些人来说，"批判理论"一词来自受到大陆思想，尤其是解构主义（源自德里达的研究）影响的文学研究。对其他人来说，它与理论本身几乎同义，但也可以有所特指，跟西方马克思主义潮流联系在一起，其中法兰克福学派（20世纪20年代以及50年代之后的德国，三四十年代的美国）尤为突出。研究者包括阿多诺（Adorno）、霍克海默尔（Horkheimer）、马尔库塞（Marcuse）、本雅明、哈贝马斯等。

批判理论非常有影响力。有一支后过程考古学自称批判考古学（Leone, 1986）。批判理论立足于批判的观点，是一种凝聚在康德著作中的实践。批判是使反思知识成为可能的条件，涉及一种理性的重建，重建是使语言、认知、行动成为可能的条件。在黑格尔与马克思之后，批判还是对正统思想体系的深刻怀疑。批判是为了反抗纯粹的思想体系，这些体系其实并不足以反映真实的存在。批判追问人们的身份认同、主观性以及他们如何遭受外在权力的约束等问题。批判还是一种政治运动，通过考察权力的运作，把人们从歪曲、限制以及传统中解放出来。

把知识与权力及解放结合起来，是考古学政治方面的一个突出问题。批判把研究与其背景联系起来，这是任何学科进行自我反思的一个重要组成部分。

物质文化研究与跨学科研究

自 20 世纪 60 年代以来，社会与人文科学中的传统学科的边界变得日益模糊，各学科相互渗透。如地理学在 20 世纪 60 年代将自己重新定义为空间研究，这是一个处在所有人文与社会科学之上的维度。比较文学、女性研究、文化研究、媒体与交流研究以及稍晚出现的表演研究等都是已经形成的跨学科领域。

考古学从来就不像历史学那样是一门传统学科。它有点尴尬地位于古典研究（由于文化资本投资于古希腊-罗马古物，其才成为一个具有一致性的领域）、历史、艺术史、文化与生物人类学以及地球科学等之间。考古学可能从没有如上述罗列的那样成为一门跨领域的学科，尽管有迹象表明存在这样的尝试——它增加了考古学的多样性，同时也得到了理论研究的支持（Hodder, 2001）。后过程考古学倡导多元化，并且带来了另一个有意思的跨学科研究领域——物质文化研究，它通过物质科学的人类学与文化研究探索从设计到艺术史的范畴。英国伦敦大学学院（University College London）中有一个系混合了人类学与考古学，让物质文化成为核心。整合与多样性的问题是考古学未来发展的关键。

文化与科学之争

我所在的大学把文化与科学称为模糊学与技术学，这种区别已经制度化了，文化 / 社会人类学与自然科学分别位于不同的系。这是斯诺（C. P. Snow）于 1905 年对人文科学与自然科学两种文化做的一种旧式划分。这 *141* 种划分是理论之争的主战场。部分后过程考古学家曾明确表示，反对考古学把科学当作一种虚伪的修辞策略（Tilley, 1990）。

从更大的范围来说，尤其是在美国，社会学与人类学的科学研究围绕科学的特征表现产生了许多争论，提出科学是一种社会构建（也就是构建主义）。争论进一步导致立场的极端化。我想目前比较清楚的一点是，这种对科学的审查比起哲学上对科学方法的提炼，能够更全面地揭示科学，而科学方法曾在 20 世纪 60 年代以及 70 年代早期新考古学崛起的时候支持考古学成为科学的变革。这样的研究正在为更深入理解多元、多学科的考古学铺垫条件。

后现代主义

另一场文化战争在一种被称为后现代主义的文化新视野的支持者，与批评其放弃了真正的理性的反对者之间进行。这确实是一个很大的文化问题，它与当代世界秩序的特征以及我们对它的理解密切相关（Walsh, 1992; Bintliff, 1993）。

考古学及其相关学科当然牵涉其中。考古学曾经在形成现代民族国家的族群认同以及普遍理解人类文化多样性的过程中发挥了重要作用。它还与文化旅游、人们在闲暇时寻访名胜古迹紧密关联。专业的考古学与博物馆受到主要文化政策的影响，通常涉及文化遗产的认定、保护以及公众教育等。广而言之，考古学是文化事业的一部分，特别有助于理解涉及古代精神与传统的物质材料，有助于把握研究、管理以及学科体系。考古学的发掘探源作为比喻早已超越学科本身，成为理性认同感的关键。

有研究者把后过程考古学与后现代主义联系在一起。我们又处在一个有点滑稽的世界上。我们可以把后现代主义看作建立在一系列艺术、哲学、社会科学、风格以及流行文化之上的运动，它摆脱了现代主义的美学与实践特征。还有一些研究者把它与现代政治经济变化联系起来，政治经济变化来自灵活的资本积累。两种观点都把后现代主义看作碎片化的，强调存在不同的过去与文化，而不考虑传统的所谓真实的形式，意图终结阶级文化、族群认同以及民族国家的制度形式等旧的确定性。在后现代知识分子看来，理论、方法的目的是丰富多重的关系，这些关系存在于文化、阶级、族属、性别立场以及它们对文化生产与消费的影响之间，我们要打破对文化产品的单一的简单理解。

喜欢多样性，批判文化精英的权威观点，对许多人来说是难以接受的，尤其是当中立的抽象理性也受到挑战的时候。后现代主义似乎是反理性的相对主义。

本部分所展示的文化理论之争是思想上的雷区。实际上，考古学与关键的文化理论密不可分，这些理论又影响文化的发展——也许只是可能，因为许多考古学家根本没有看到这种关联，尤其是当他们自视为有关过去的知识的生产者时。

后殖民时代的伦理与政治

过去一个多世纪的民族志考察把人类学打造成了一门学科，在另一种文化中开展野外工作一直存在一个问题，人类学由此产生了危机。在我们所处的后殖民时代，日益清楚的一点是，民族志与人类学的工作深受殖民化的帝国权力的影响——影响到有关受压迫社会的知识构成。现在的问题不是我们如何拯救那些正在消失的文化，甚至也不是我们如何去代表那些文化，而是当我们发现那些疏离的、中立的、所谓科学的观察者并不可靠的时候（Meskell, 1998; Shanks, 2000），我们该如何与那些人友好相处。

许多考古学家可能认为这与考古学无关，因为考古学是研究过去的。但是，考古学同样是在定位其他文化，带有优越感的研究主体以一种单向的方式去构建有关过去的知识，于是，共时的现在、民族志的主体、历时的过去之间显然产生了分离。

对美洲土著遗存的考古学研究就是一个焦点问题。有些人确实反感有 *142* 一个外在机构研究他们及他们的过去，号称为了他们好，或是为了某种抽象的认识论，而根本不尊重他们的传统信仰。

这里存在考古学的伦理与政治方面的关键问题。是否存在一种考古学方法，不管何时何地都适用于所有文化？真的可能有不止一种考古科学吗？

全球主义与遗产

自从 18 世纪考古学发端，随着现代性的发展，人们对物质过去的利用不断增加。不断发展的文化工业以保护与包装过去为中心，融入旅游、休闲产业中，其中常常涉及阐释过去的问题，涉及对身份认同与所有权归属的协商。对物质过去可以采用多样的途径来解读，如民族国家的史前渊源、美国的历史根源、外来消失的文明，以及代表一个文化中所有被珍视或轻视的东西的纪念物。

有研究者发现了一个新的文化阶段——全球主义，它与后现代密切相关（Hodder, 2001; Shanks, 2000）。它代表一种扩充，尤其是在 1989 年东欧剧变之后，与此同时，资本主义市场几乎遍布全球。随之而来的是新的运动，旨在保护地方文化，抵制千人一面的跨国公司为了利润大力推动的标准化。地方特色的存在离不开历史。遗产是个关键概念，随着过去物质碎片的流转，考古学举足轻重。

这通常跟学术考古没有什么关系。有些人视其为当然。许多考古学家倾向于把研究与阐释严格区分开来——后者服务于广大非专业大众，即把有关过去的知识生产与后续使用严格区分开来。但后过程考古学模糊了这种区分，它强调考古学是过去与现在的中介。它极力支持考古学不仅要立足于历史与文化背景关联，还应该对这些全球主义的问题发表建设性的评论。

文化资源管理

考古学与更广阔的社会之间的互动已经产生了一种职业——文化资源管理（参见格林，第 22 章）。这个领域是考古学的最大雇主，但它与考古研究者之间的创造性对话才刚刚开始。它一直是个服务部门，旨在保护文化遗产，现在在很大程度上还是如此。它得到了国家的支持，常常与发展项目相关。文化遗产保护，也就是让过去有文化价值的部分，通过传承，在现在重新发挥作用。

尽管我们知道，如果没有保护古代遗存的政策，那么考古学将没有未来，但是考古学的学术研究与文化资源管理之间仍然貌合神离。为了真正了解过去，无论怎么强调研究的重要性，我们都非常需要两者之间有效的交流，尤其是在后殖民时代与后现代时代。后过程考古学可以有所贡献。考古学家自己该有所行动了。

有态度的考古学

立足于批判，以社会实践为中心，这些构成了后过程考古学的核心，但是后过程考古学实际上是复数的，我们应该称之为"post-processual archaeologies"。有些学者愿意把后过程考古学称为阐释考古学——它立足于阐释。但是，马上就有各种向心与离心的趋势让我们离开。这里最好把后过程考古学看作一种探讨——包括一系列相互关联但没有必要完全一致的研究与争论。

此外，我们可以把后过程考古学看作一种强调文化创造性的态度。这种态度有如下特点：

- 不断质疑，是批判怀疑论。

- 努力打破考古学研究中过去与现在之间的顽固联系。

- 追问我们如何才能理解文化差异——不论是过去的还是现在的。

- 想象那种差异。

我喜欢强调上面所说的态度，因为对我来说，它让考古学有可能去应 *143* 对当前社会正面临的关键问题。

我已经提及学术考古与合同考古之间存在显著的分裂，合同考古服务于发展建设与保护法规及价值的需要，按照合同去发掘、出版。职业性的合同考古与文化资源管理通常很少进行实验与反思，而这正是后过程考古学引人关注的方面。

考古学的发展显然超越了学术圈。后过程考古学所提倡的学科自我反思有助于理解这种动向，因为它研究考古学史、考古遗产的观念、考古学的政治化历程等。我对后过程考古学的背景关联的简要描述，表明了考古学正在被不断卷入当代重要的文化变迁之中。

显著影响文化资源管理的一个趋势是全球主义。这里我想用一个结论性的例子来补充上面的评论。我们正处在全球关联的后殖民时代。这是一个矛盾的表述。一方面是统一性的力量，也就是抽象的商品形式（资本主义自由市场），与之相应的是文化工业（主要是欧洲与美国的）。另一方面是个人、消费的地点与时间的无限可能——真实但相互疏离的抽象。一个例子就是无所不在的西方流行文化，如音乐，无数个体用 iPod 消费混合在一起的歌曲。

在这种全球主义中，物质过去的流转似乎在不断放大。物质化的考古遗存赋予地方身份认同以真实的感觉，与全球文化针锋相对。这里所说的正是这种不同的文化。然而，遗址与发现物仍然与全球价值和认证体系联系在一起——世界遗产遗址的观点，或是作为文化价值标准出现在值得保存与游览的文化部名录或旅游清单上。这就是我所说考古学探讨上的真正的扩散。

一种反应可能是强调作为一个专业性的科学领域，考古学具有一套标准的程序。然而这里所做的简要描述应该表明了，这不利于有效地参与全球考古学的文化发展。我认为我们需要的是一种能够处理全球问题的考古学。对我来说，这只能是一种灵活的文化资源管理，通过在诸如后过程考古学中形成的学科反思，与文化敏感性和精致化结合起来。

参考文献

Bapty, Ian, and Tim Yates (eds.). 1990. *Archaeology after structuralism*. London: Routledge.

Barrett, John. 1994. *Fragments from antiquity: An archaeology of social life in Britain, 2900–1200 BC*. Oxford: Blackwell.

Bintliff, John. 1993. Why Indiana Jones is smarter than the post-processualists. *Norwegian Archaeological Review* 26: 91–100.

Bradley, Richard. 1998. *The significance of monuments: On the shaping of experience in Neolithic and Bronze Age Europe*. London: Routledge.

Buchli, Victor. 1999. *An archaeology of socialism*. New York: Berg.

Buchli, Victor, and Gavin Lucas (eds.). 2001. *Archaeology of the contemporary past*. London: Routledge.

Campbell, Fiona, and Jonna Hansson (eds.). 2000. *Archaeological sensibilities*. Göteborg: Institute of Archaeology.

Chamberlin, Thomas Chrowder. 1890. The method of multiple working hypotheses. *Science*, o.s., 15: 92–96. Reprint, 148 (1965): 754–759.

Edmonds, Mark. 1999. *Ancestral geographies of the Neolithic: Landscape, monuments, and memory*. London: Routledge.

Gamble, Clive. 2001. *Archaeology: The basics*. London: Routledge.

Gero, Joan, and Margaret Conkey (eds.). 1991. *Engendering archaeology: Women and prehistory*. Oxford: Blackwell.

Hodder, Ian. 1982a. *Symbols in action*. Cambridge: Cambridge University Press.

——— (ed.). 1982b. *Symbolic and structural archaeology*. Cambridge: Cambridge University Press.

——— (ed.). 1987a. *The archaeology of contextual meanings*. Cambridge: Cambridge University Press.

———. 1987b. *Archaeology as long-term history*. Cambridge: Cambridge University Press.

———. 1998. *The archaeological process: An introduction*. Oxford: Blackwell.

——— (ed.). 2001. *Archaeological theory today*. Cambridge: Blackwell.

Hodder, Ian, and S. Hutson. 2003. *Reading the past*. Cambridge: Cambridge University Press.

Hodder, Ian, Michael Shanks, Alexandra Alexandri, Victor Buchli, John Carman, Jonathan Last, and Gavin Lucas, eds. 1995. *Interpreting Archaeology*. London: Routledge.

Johnson, Matthew. 1993. *Housing culture: Traditional architecture in an English landscape*. London: UCL Press.

———. 1998. *Archaeological theory: An introduction*. Oxford: Blackwell.

———. 2002. *Behind the castle gate: From medieval to Renaissance*. London: Routledge.

Lampeter Archaeology Workshop. 1997. Relativism, objectivity, and the politics of the past. *Archaeological Dialogues* 4: 164–175.

Leone, Mark P. 1986. Symbolic, structural, and critical archaeology. In D. Meltzer, D. Fowler, and J. Sabloff, eds., *American archaeology past and future: A celebration of the Society for American Archaeology, 1935–1985*. Washington, DC: Smithsonian Institution.

Leone, Mark P., Paul R. Mullins, Marian C. Creveling, Laurence Hurst, Barbara Jackson-Nash, Lynn D. Jones, Hannah Jopling Kaiser, George C. Logan, and Mark S. Warner. 1995. Can an African-American historical archaeology be an alternative voice? In Ian Hodder et al., eds., *Interpreting archaeology: Finding meaning in the past*, 110–124. London: Routledge.

Leone, Mark P., and Parker B. Potter. 1988. *The recovery of meaning: Historical archaeology in the eastern United States*. Washington, DC: Smithsonian Institution Press.

Leone, Mark P., and Robert Preucel. 1992. Archaeology in a democratic society: A critical theory perspective. In L. Wandsneider, ed., *Quandaries and quests: Visions of archeology's future*, 115–135. Carbondale: University of Southern Illinois Press.

Lucas, Gavin. 2001. *Critical approaches to fieldwork: Contemporary and historical archaeological practice*. London: Routledge.

McGuire, Randall H., and Robert Paynter (eds.). 1991. *The archaeology of inequality*. Oxford: Blackwell.

Meskell, Lynn (ed.). 1998. *Archaeology under fire: Nationalism, politics, and heritage in the eastern Mediterranean and Middle East*. London: Routledge.

Meskell, Lynn, and Rosmary A. Joyce. 2003. *Embodied lives: Figuring ancient Maya and Egyptian experience*. London: Routledge.

Miller, Daniel, and Christopher Tilley (eds.). 1984. *Ideology, power, and prehistory*. Cambridge: Cambridge University Press.

Pearson, Mike, and Michael Shanks. 2001. *Theatre/archaeology*. London: Routledge.

Pluciennik, Mark. 2005. *Social evolution*. London: Duckworth.

Preucel, Robert, and Ian Hodder (eds.). 1996. *Contemporary archaeology in theory*. Oxford: Blackwell.

Rowlands, Michael. 1989. Repetition and exteriorisation in narratives of historical origins. *Critique of Anthropology* 8: 43–62.

Schrire, Carmel. 1995. *Digging through darkness: Chronicles of an archaeologist*. Charlottesville: University Press of Virginia.

Shanks, Michael. 1996. *Classical archaeology: Experiences of the discipline*. London: Routledge.

———. 1999. *Art and the early Greek state: An interpretive archaeology*. Cambridge: Cambridge University Press.

———. 2000. Archaeology and politics. In J. Bintliff, ed.,

Blackwell companion to archaeology, 490–508. Oxford: Blackwell.

———. 2004. Three rooms: Archaeology and performance. *Journal of Social Archaeology* 4: 147–180.

Shanks, Michael, and Christopher Tilley. 1987. *Social theory and archaeology.* Cambridge: Blackwell Polity.

———. 1992. *Reconstructing archaeology: Theory and practice.* London: Routledge.

Spector, Janet D. 1991. What this awl means: Toward a feminist archaeology. In J. Gero and M. W. Conkey, eds., *Engendering archaeology: Women and prehistory,* 388–406. Oxford: Blackwell.

Thomas, Julian S. 1999. *Understanding the Neolithic.* London: Routledge.

Thomas, Julian S. (ed.). 2000. *Interpretive archaeology: A reader.* New York: Leicester University Press.

Tilley, Christopher. 1990. On modernity and archaeological discourse. In I. Bapty and T. Yates, eds., *Archaeology after structuralism.* London: Routledge.

———. 1994a. *A phenomenology of landscape: Places, paths, and monuments.* Oxford: Berg.

———. (ed.). 1994b. *Interpretative archaeology.* London: Berg.

———. 1996. *An ethnography of the Neolithic.* Cambridge: Cambridge University Press.

Walsh, Kevin. 1992. *The representation of the past.* London: Routledge.

Whitley, David S. 1998. *Reader in archaeological theory: Post-processual and cognitive approaches.* London: Routledge.

第二部分

来自相关学科的思想

约翰·宾特里夫

（John Bintliff）

这一章我们将考察一系列影响深远的重要人物与概念，当代考古学阐释的思考与研究方式都受其启发。我认为，部分大陆思想与实践应该在该地区之外得到更多的关注。当然，本章不会逐一详细讨论每一位曾经影响当代考古学思想的欧洲大陆学者，他们数量众多，在这里逐一讨论实际上是做不到的。

不过，田野考古学的调查发掘方法、遗存及其关联分析中存在广泛的一致性，这成为国内与国际考古工作指导方针的基础，职业考古学家组织，不论是公共的还是商业性的，如欧洲考古协会（European Archaeology Association，EAA）、美洲考古协会（Society for American Archaeology，SAA），都在推动这一共识，而在考古学理论领域很难看到这样的一致性。自 20 世纪 50 年代后期以来，关于我们研究过去及其物质遗存的方式，以及如何更深入地了解古代社会，考古学内部一直争论不休。当代最出色的考古学家布鲁斯·特里格（1989）认为，考古学理论与西方思潮密不可分，同时深受西方社会与经济发展的影响。本章将追随他的足迹展开讨论（Bintliff, 1986, 1988, 1991a, 1993, 1995, 1996）。

科学传统

影响至今的考古学思潮可以追溯至 17、18 世纪的欧洲启蒙运动，当时其中心位于法国，不过德国与英国也都有自己的中心（Porter, 1991）。我们还要进一步把启蒙运动与之前的科学革命联系起来，后者不仅开始得更早，并且在 16、17 世纪持续进行。科学革命的突出特征是追求思想的真实与清晰，摆脱宗教与政治意识形态的干扰，相信经验、理性地研究世界与人将促进知识的进步，让我们更好地控制社会及环境。按照这样的认识，科学、技术、数学就跟艺术及其他人文科学一样重要。启蒙运动的崛起与世俗国家的起源密切相关，同时也源于具有良好教育与质疑精神的资产阶级的发展，这个阶级的财富通常来自企业经营；此外，宗教信仰淡化，基于阶级与出身的地位衰落，殖民主义与资本主义促使人们更清楚、更开明地认识到人的本质。

在 19 世纪早期和中期，欧洲兴起了一种反向的运动，也就是浪漫主义（Honour, 1979），它与民族主义息息相关，强调一种更人本、以个体为中心的世界观。不过从 19 世纪 60 年代后期开始，科学理性学派再领风骚——尤其是达尔文的《物种起源》的出版，把人性牢牢定位在"裸猿"的位置上，人是自然的一部分，当然最好由自然科学家来研究。工商业的革命、欧洲殖民主义的胜利，以及科学取代人们对上帝的信仰，所有这些联合起来重构了世界以及我们适应它的方式。

很难说我们过高估计了启蒙主义传统对当代考古学的意义。我们布置探方，测量石制品的准确出土位置并进行拼合，基于民族志研究形成石器分布的解释模式，或是模拟有关群体每年的活动规律，所有这些工作都反映了启蒙主义的影响——强调理性、比较、实验和经验研究。我们能够不受到它的影响吗？大众考古圈子中的职业人士大多会发现这个问题没有意义，但是在考古学术圈中过去一代人的时间里兴起了一种思潮，试图在此 *148* 之外发展出另一种研究与思考方式。

近来有关启蒙运动的批评跟从前一样，并不是考古学理论家对欧洲思想的原创贡献，而是在第二次世界大战后辗转来自其他学科中出现的反理性主义思想：纯粹理性不是对人类情感与价值的简单替代吗？启蒙运动反对教会，强调所有知识都应该来自实践调查，那么价值来自什么？科学后来与遵从科学理性思想的工业革命结合，不是让社会逐渐失去了人性吗？它最终有利于全球资本主义与极权国家，超大型计划与经济体系的好处让人们失去了对个体权利与福祉的关注。

18 世纪晚期、19 世纪早期的欧洲大陆思想家如卢梭、康德等奠定了这些批评的基础，战后欧洲反启蒙运动思想流行，这让我们想起考古学思想何以与其他学科的思想难以有效合作，而只能追逐热潮。在 18 世纪末到 19 世纪末学科形成期，考古学思想短暂地受到了理性主义的影响。在 19 世纪最后十年以及 20 世纪前半叶，考古学的阐释深受浪漫主义的影响，虽然田野考古方法基于理性主义在继续发展。

相反，对理性科学研究的极端信奉来自 17、18 世纪科学思考与实践的连续发展，经过 19、20 世纪法国人奥古斯特·孔德以及维也纳学派的努力进一步深化，我们现在称之为逻辑实证主义（Kraft, 1953）。第二次世界大战后，科学主义又回到主导地位，它似乎能够提供一种理想的生活方式，能够促进社会经济发展与繁荣（Bintliff, 1986）。过程考古学最初起源于美国（参见沃森，第 3 章），它对古代与现代社会的可知性以及跨文化的可理解性充满信心（Clarke, 1968; Binford and Binford, 1968; Watson et al., 1984），但它实际上是欧洲启蒙运动的实证主义大陆传统的重生。它强调统计与科学分析、计算机模拟与计算，象征着考古学思想与科学方法的结合。戴维·克拉克充满争议的著作《分析考古学》（1968）就是坚定主张科学推理传统的著名代表。克拉克同时非常希望考古学能引入系统分析与计算机逻辑，这是一个主要从美国发展起来的研究领域，欧洲大陆不同学科的数学研究者都对此有重要贡献。

许多传入新考古学的方法来自新地理学—— 一个为同一文化背景所推动的学术运动，其中美国、德国和斯堪的纳维亚学者强调系统与科学方法。因此，许多考古学家希望把几何的方法引入空间分析，这带来了理论的融合，其中包括 19 世纪到 20 世纪早期德国由冯蒂嫩（von Thünen）、克里斯泰勒（Christaller）、洛施（Lösch）提出的区位分析理论，其理论先驱有斯堪的纳维亚学者哈格斯特朗（Hägerstrand），以及受到欧洲大陆思想影响的美国地理学理论家（Haggett, 1965）。考古学著作如戴维·克拉克的《空间考古学》（1977）、霍德与奥顿（Orton）的《考古学的空间分析》（1976）等，直接受到地理学的这些理论新进展的影响。与此同时，克拉克的《考古学模型》（1972）自觉模仿了地理学的里程碑式著作《地理学模型》（Chorley and Haggett, 1967）。这种科学方法的潜力还可以进一步发掘，尽管目前人们对它的兴趣有所衰退。

新考古学与新地理学分别在 20 世纪 60 年代后期到 80 年代前期、60 年代前期到 70 年代后期占主导地位，时间略有偏差。其后，它们的主导地位为受到后现代理论影响而复兴的新型浪漫主义所取代（Bintliff, 1991a, 1993）。当然，这种变化只是部分的。如在旧石器考古领域，科学与进化论仍然占主导地位，与此同时，在时间尺度的另一头，许多历史考古研究（如古典考古、近东考古）在采用新考古学主张上仍然进展非常缓慢，它们也接受后现代主义的影响，并对两者进行折中处理，而未作为竞争性理论加以区分。类似地，自然地理学还是坚守科学实证主义与经验主义，跨文化的概括还是基本要求，相反，在人文地理学中占主导地位的还是后现代主义的观点（Holt-Jensen, 1999）。刘易斯·宾福德作为 20 世纪 60 年代新考古学的主要开创者之一，并不甘心被年轻一代学者遗忘。他在 21 世纪初推出了一部大部头的、充满争议的民族考古学研究重要著作（Binford, 2001），详细论述了其影响深远的中程理论（Binford, 1977）。

马克思主义考古

尽管方式有所不同，但不论是科学传统还是后现代主义的考古学，都深受马克思主义的影响（参见麦圭尔，第 6 章）。马克思主义是德国社会理论家马克思与恩格斯提出的有关世界社会组织根本变化的理论，是一种有关革命性变化与阶级斗争的理论。

19 世纪晚期，德国、英国、美国史前考古学家与社会理论家都热衷于归纳人类社会演化的轨迹，其基础就是古典与启蒙主义思想、对殖民主义所控制的土著社会的观察，以及一种对西方殖民力量之固有优越性的迷信（Bintliff, 1984; Trigger, 1989）。巴霍芬（Bachofen）、泰勒（1871）、摩尔根（Morgan, 1871）的重要著作成为马克思与恩格斯（Engles, 1986）的历史信息的主要来源。马克思与恩格斯为了把遥远的过去、矛盾重重的现在与热切期望的未来联系起来，充分利用了这些信息来源。蒙昧－野蛮－文明（20世纪变成了游群－部落－酋邦－国家）与性别关系、权力结构、财产概念、经济形式等方面的变革结合起来，构成了马克思主义的强有力的基础，进而支持了改变全世界人类条件的剧烈变革。一种适合西方殖民主义剥削的历史哲学与一种旨在打破这种社会基础的马克思主义派生观点联系在一起，有点奇怪，不过考虑到马克思是坐在帝国主义的堡垒——大英博物馆中完成他最重要著作的部分章节的，这种联系也就不足为奇了。

另一个导致人类社会演化思想兴起的关键因素是达尔文主义。事实上，达尔文在政治上是非常保守的，他有意推迟出版《物种起源》数年，就是因为他担心它可能带来的后果，即破坏西欧阶级社会的现状。他真的相信，物种竞争不会带来改善。这是一种警示，防止人们误用他的生物进化理论，他意识到，人们很容易用同样的原理来支持日益庞大的工人阶级的权力诉求，工人阶级的劳动才真正是西方工商业成就的基础。然而，英国社会哲学家赫伯特·斯宾塞把达尔文的生物进化理论转化成了社会达尔文主义，达尔文最终也成了被不加批判地引用的牺牲品。

社会进化论与标准的马克思主义理论都在阐释人类的过去，属于西方思想的科学宏观范式。两者都宣称是科学理论，得到了民族志与历史广泛证据的支持，更得到了史前考古证据的支持，由此提出了全世界人类历史发展的宏观图式。20世纪中叶，随着社会主义政治体制在苏联、中东欧地区的建立，马克思主义在这些国家被当作科学，其考古出版物中通常把考古发现与共产主义重要思想家有关社会演化的论述结合在一起。

在20世纪后期的欧洲，马克思主义在学术机构与制度层面消失，我们可以把马克思主义思想看作一种社会意识形态的沉淀，因此更适合用它来审视另一种欧洲大陆思想变迁：浪漫主义－唯心主义。当然，这可能是错的，因为马克思主义者一直认为自己是非常关注历史证据的。第二次世界大战后数十年的情况证明，把马克思主义看作理性主义的还是可靠的。社会进化论在新考古学中得到了充分关注，尤其是在北美——一个根本与马克思主义无关的地方。美国新考古学的一个重心就是更深入地理解全世界人类社会起源与发展的阶段划分，并重新探索相关的证据。美国考古学中后过程考古学在取代过程考古学上成绩有限，有鉴于此，许多美国考古学研究仍承认社会形式变迁的一般原理，即便研究者在很大程度上已经修正了 20 世纪六七十年代简单的社会演化阶段划分。

150

  19 世纪，社会进化理论家与政治哲学家之间开展了富有成效的合作，下面还需要讨论马克思主义对考古学理论的影响程度。在社会主义国家之外，正式的马克思主义对考古学理论几乎没有影响——除了戈登·柴尔德，这位澳大利亚史前学家在其 20 世纪 30 年代晚期以后的社会考古学著述中大胆地承认自己受到了马克思主义的影响（McNairn, 1980）。20 世纪 50 年代柴尔德自杀，原因可能是他个人愿望的落空——他希望用考古学成果推动欧洲社会本身的变革，实现他的社会主义梦想，这一点已得到确认（Gathercole, 1971）。然而，实际上真正发生的可能是，柴尔德只是重建了近东与欧洲史前史、原始的社会变迁，尽管他受到了马克思主义与当时的英国社会人类学理论的影响。他把自己有关考古发掘与博物馆收藏的丰富知识，与这些理论完美地结合起来，以至于其他学者在读他的书时，以为是在读历史，忘记了他是要试图解决当代社会问题——柴尔德认为这才是这些畅销著作的最终目的。同样，柴尔德的考古学重视人类学的理论方法——跟 20 世纪前半叶流行的文化历史考古非常不同，这被随后兴起的新考古学视为一种启发，新考古学在对人类过去的社会分析中高度强调人类学的理论方法，与此同时，我们再一次忽视了柴尔德的马克思主义立场（Bintliff, 1984）。

尽管如此，受到 20 世纪六七十年代流行于西欧年轻反正统主义群体中的国际社会主义的推动，一种激进的社会考古学曾经短暂出现，他们试图在西方发展出一种马克思主义考古。马修·斯普里格斯（1984）主编的著作是少数尝试发展马克思主义考古的代表，但是美国理论界的主体对之给予的支持非常少。除了有限的例外如兰德尔·麦圭尔（1992），年轻一代在挑战西方既有体制上失败了，西方社会各个层面上资本主义思想的控制日益增强，推动发展马克思主义考古的努力基本消失了（Harvey, 1989）。当然，马克思主义思想的因素在后现代主义中又浮现出来，表现为一种反向的批判：批判权力结构，呼吁摆脱其约束，解放个体。这种重新改造与马克思主义的传统观点——强调社会的集中重组、权力由工人阶级掌握——相去甚远，如下文所讨论的，后现代主义强调个体化的意识形态显然与这种重新改造能够更好地兼容。就像所有重要的思想一样，马克思主义分析有可能被用于不同的范式中。

浪漫主义

浪漫主义这个伟大的思想与艺术运动源于欧洲重新发现其历史根源、大众文化、族群认同，以及强大社会组织（资本主义）重压下个体主义的价值。这是一个始于 18 世纪晚期、兴盛于 19 世纪的运动。德国是许多浪漫主义概念与实践的主要来源地。偶然的历史因素包括拿破仑帝国征服了欧洲的大部分国家，在带来威胁的同时也刺激了浪漫主义的发展，欧洲民族国家得以形成。曾有学者（Colley, 1994）认为，英国曾经缺乏的族群认同也是在这个时期形成的，尽管法国并没有直接占领英国。

19 世纪晚期的考古学受到浪漫主义的影响，开始关注现代民族国家祖先的历史；同样的追溯延伸到了更古老的时期，即史前社会，即便这些社会并不一定就是后来的民族国家的祖先。就像历史上的国家一样，更早的先民也会有兴衰、扩张与收缩，他们有独特的生活方式、社会组织与世界观。这是考古学文化历史传统的基础。考古发掘与记录日益细化使得区分地区组合成为可能，特别是德国与斯堪的纳维亚史前史家，他们发明了类型-年代学分析方法，能够确定考古学文化或先民的起源与消失。古斯塔夫·柯西纳是文化历史考古学家中最突出的代表之一（Kossinna, 1911），但是他探索史前先民的关键文化特征的努力后来为纳粹思想所用（这里，国家起源可以被看作一个注定要主宰世界的古老种族的起源）。*151* 同样的文化方法被用于更大的范围，并一直影响到了澳大利亚理论家戈登·柴尔德。柴尔德把近东、欧洲史前史的宏观文化历史与更接近科学范式的社会演化阶段方案结合起来。另外，他还受到了社会主义与马克思主义的启发。柴尔德是考古学理论的开创者，他的学术研究影响范围宽广，难以简单归类。

20 世纪前半叶，文化历史考古是研究古代人群的主要思想方法（Bintliff, 1984; Trigger，1989），特别是在古典考古与《圣经》考古中——

这些研究强调《圣经》上记载的人群或希腊罗马人的特殊身份以及特定的历史意义。某些社会较之其他社会更有创造性，因此，文化变化不是到处都有的，变化的速度也不一样——但是可以通过人群扩散或殖民活动而传播，从少数核心的进步中心传递给更多地处边缘、文化停滞的人群。

正如前面所看到的，第二次世界大战后复兴的科学与理性主义热潮横扫社会科学以及大众的想象，这也表现在新考古学中，新考古学迅猛地改变了史前史，但是在历史考古中仍然显得过于激进，并在很大程度上被忽略了，在20世纪80年代及以后都是如此。强调大范围研究与实证主义的新考古学，跟新地理学一样，反映了第二次世界大战后西方社会对中央集权与大商业的关注，它受到了20世纪七八十年代后现代主义兴起的侵蚀。后过程考古学（参见尚克斯，第9章）目前还处在一个更大规模的学术运动的早期阶段，但它同时也是浪漫主义的复兴。首先，让我们澄清其背景。

戴维·哈维的《后现代性的条件》（David Harvey, 1989）令人信服地指出，20世纪70年代西方经济出现了一次严重的危机，西方政府在公民管理上的中央集权态度开始松动，相应地，从前以单一民族为基础、以地方为中心的生产过程瓦解。与此同时，国家对公民的管理与约束越来越少，在全球竞争的环境中，雇员成为随时可以抛弃的棋子。工厂、办公室、学术机构等地方的福利保障不断减少或是消失。20世纪60年代，随着街头行动主义与激进运动的失败，公民参与政治以及积极行动的政治哲学衰落。后现代思想主要立足于欧洲大陆思想概念与文献基础上，以新的内容取代了旧的确定性思想，为人们解释新的世界状况，并为如何在这样的世界中行动提供指南。事实证明，我们是积极主动的个体，而非社会群体，没有哪些确定性是可以持久的（参见加德纳，第 7 章）。权力无所不在，需要去揭露与竞争。但是，如果个体生存的战场不再是街头——或是在正式的政治场合，或是工会与管理部门对抗，那么后现代的人到哪里可以找到抵抗强权的空间呢？

来自后现代主义的问题与回答是 19 世纪早期浪漫主义繁荣以来欧洲思想界最有力的产出，提供了相关文献的是法国与德国思想家——社会学家、政治理论家、哲学家、文学理论家等，如法兰克福学派（Geuss, 1981）、福柯（1970）、德里达（1993）、巴尔特（Barthes, 1972）。研究者特别关注所写与所说的词句，因为人类交流是创造、再生产与控制社会和政治结构的关键因素。其他形式的符号交流如艺术也忝列其间，过去更强调群体的欧洲大陆理论家的思想也被改造了，如瑞士索绪尔（Saussure, 1983）的语言理论、法国人类学家列维 - 斯特劳斯（Lévi-Strauss, 1963）的结构主义。对后现代文学转向的一个批评是，欧洲大陆思想界在见证了 1968 年街头与工作场所的运动之后，放弃了试图改造世界的努力，转向了一个自己真正能够主宰的领域——讲堂、教室和学术出版。这里的媒介就是文本与词语——由此产生了一种说法，即社会基本上是通过这些形式再生产的。广而言之，房屋以及可移动的物品都可以被吸收到文本中，它们也是人类交流的形式。

将欧洲大陆的后现代主义思想引入考古学之后形成了后过程考古 *152*
学，从 20 世纪 80 年代发展至今，采用这一思想的主要研究者为英国学者伊恩·霍德、迈克尔·尚克斯、约翰·巴雷特、克里斯托弗·蒂利（Christopher Tilley）。他们研究日常器物、艺术与建筑中的符号表达，我们发现其关注的中心是积极的个体、知识的相对性、权力的普遍性，所有这些主题都反映了后现代主义的特征。对浪漫主义遗产的重视与对跨文化概括的反感结合起来，强调个体的重要性，相信每个社会都具有唯一性，其组成部分也相互竞争，有时正是因为这种唯一性，我们自身的历史背景也会妨碍我们对古代社会的理解。考古学作为一门学科，由于存在强有力但又不易看见的权力结构，因此需要解构。

对有些后过程考古学家来说，我们不能真正把握古代社会就意味着，我们现代的阐释不可避免会受到我们对自身社会思考的影响，尽管关于我们揭示真实的过去的可能性究竟有多大，存在不同的意见——从很有可能揭示到完全不可能揭示都有（Gazin-Schwartz and Holtorf, 1999; Shanks, 1997; Hodder, 1999）。

有意思的是，后过程考古学刚开始有一个研究兴趣是结构主义，这种理论与后现代的范式并不完全兼容。在第二次世界大战后的数十年里，法国社会人类学家克劳德·列维-斯特劳斯（1963）曾经深入思考思维次序原理，将之用于亲属关系、叙事以及人类文化的其他方面——在20世纪六七十年代有少量但热情的追随者。20世纪80年代早期，伊恩·霍德开始在非洲进行民族考古田野调查，他发现可以把考古学文化组合看作无言的表达方式，遗存的位置或朝向可以反映或显示社会规范与思维方式（Hodder, 1982a, b, c）。不过，几年后，也就是20世纪80年代前期，霍德就疏远了结构主义，他认为结构主义没有给个体或特定时空中具有唯一形式的单个文化留下空间（Hodder, 1986）。结构主义宣称适用于不同时间、不同地方，的确是一种宏大叙事，它立足的概念是，每个社会以及人类思维都有具有规则或概念的语言，这些规则或概念通过词语或物质文化符号来表达。将结构主义用于考古学的其他困难是很容易形成一些难以验证的判断。霍德宣称肯尼亚制作牛奶罐的女性以特定的方式来装饰这些器物,是为了挑战其社会中男性的主导地位,但是这些女性自己说这么做只是为了高兴而已,跟学术观察者的认识不同,她们并没有意识到这是一种挑战(Hodder, 1986; Bintliff, 1988: 16-17)。

尽管如此,许多后过程考古学家发现研究物质文化的象征意义是很有帮助的,如今这种研究仍被广泛使用。霍德与其他一些研究者认为,列维-斯特劳斯的结构主义方法探求不同文化中反复出现的思维结构,显得过于简单,于是他们转向了另一位法国文化人类学家皮埃尔·布尔迪厄(Hodder, 1990)。布尔迪厄的"惯习"概念表现了人类行为的形态,可以反映在如房屋的形制、室内布局与装饰上,就像文本一样,由一代又一代人传承并强化一系列价值,而社会成员可能并没有意识到(Bourdieu, 1977)。这种理论更有弹性,容许人类行为的变化对某种生活方式的传承产生无意的影响。不过,还是有批评认为,对房屋建筑或墓葬形式的现代解读,如果不配以文献记载,就很容易陷入循环论证——我们如何知道阐释符合古代社会的认识?一个例子就是克里斯·蒂利(1991)对斯堪的纳维亚青铜时代岩画的分析:他通过跨文化民族历史类比对之进行"解译",与特定史前社会没有可靠的联系。

不过,结构主义转向了具有一系列松散联系的后过程考古学理论,霍德是其中最杰出的代表,他所受到的影响主要来自欧洲大陆人文科学的发展(Hodder, 1986)。具体的影响前面已经提到过:关注公开与隐藏的古今权力结构;关注文本与符号行为的作用,但不是如结构主义那样强调世界

153 思维模式的方法，而是重视辩证、弹性的关系，其中，个体能动者通过词语、图像以及独立的行动进行反抗。对权力的关注来自战后两个同等重要的影响，一个是法兰克福学派，它代表西方受到马克思主义启发的德国学派（包括阿多诺、本雅明、马尔库塞、哈贝马斯等，Geuss, 1981），另一个则是法国思想运动（包括福柯、德里达、巴尔特等）。法国思想运动在文本性研究上特别活跃，这种思想很容易转换为把物质文化看作文本的观点。

对考古学来说，后结构主义不仅吸引了研究当代权力结构的理论家，也吸引了研究过去社会的理论家（Shanks and Tilley, 1987; Tilley, 1990; Leone and Preucel, 1992; Shanks, 2004）。不过，如之前在欧洲大陆思想的支持者中曾经发生的，针对考古学中后结构主义的发展趋势存在一些批评：它们反对概括，反对设定指导方针与固定的理论方法，认为这是在重建新考古学那种霸权式的、普遍的原理。霍德提出，这个问题只能通过更大胆地研究个体与多样性来解决（Hodder, 1999）。霍德在他主要的田野考古项目——新石器时代的恰特尔胡玉克遗址研究中，曾努力倡导这种相对主义哲学，他在自己指导的发掘与阐释中，采用了一种分散权威的做法（Hodder, 2000; 有关真实性的怀疑主义可以参见Hassan, 1997）。

一种相关的欧洲大陆哲学就是主要起源于德国的现象学。18世纪启蒙运动哲学家伊曼努尔·康德提出，我们可以采用技术手段揭开日常可见的物质生活（即现象）的神秘面纱，但是我们必须求助于形而上学的直觉，以理解人类存在的本质（本体）——他重新复活了柏拉图的唯心主义。不过，随后现象学在德国由胡塞尔（Husserl）与海德格尔倡导的发展（1962），偏离了最初的哲学主张（这是由康德提出的，旨在防止宗教信仰受到启蒙科学的唯物主义理论的破坏），转而全面反对科学。19 世纪末 20 世纪初，这种独特的、主观的人类世界观完全统治了对日常物质性的理解。就像康德的形而上学，只适用于一种文化研究，那就是基于人类的直觉理解，研究自己所出生的社会。

不管这种思想在哲学发展上的重要性如何，它对考古学的影响直到 20 世纪后半期随着社会科学中后现代主义的兴起才显现出来。反对理性分析，理解日常生活时以文化为中心——具有象征含义的器物安放代表一个社会的世界观——被用于考古学的晚期现象学跟后现代主义理论非常契合。如朱利安·托马斯（1996, 2004）研究英国史前时代晚期思维概念而非经济形式的变化；克里斯·蒂利（1994）所著的《景观现象学》具有重要影响，启发了一系列类似的研究。对蒂利来说，对于史前纪念性景观如英国南部的斯通亨奇 - 埃夫伯里（Stonehenge-Avebury）地区、发现积石冢与岩画的英国西南部荒凉的旷野，都只能通过现象学的途径来理解：研究人们如何在那里耕种、放牧，或是寻找酋邦与大人物存在的证据。以前的研究者如伦福儒（1973）与弗莱明（Fleming, 1988）就是这样研究景观的，这样的研究都已经过时了。正相反，蒂利与其追随者邀请我们在纪念物周围以及纪念物之间走一走，在美学上欣赏自然景观中纪念物的安放及彼此的关系，体验一下建设者的感受。史前景观是一种文化构建，其存在的理由乃是表达超自然的力量——包括祖先在内——以及相应人类社会的象征结构。

无疑，这种世界观的复兴是及时的。过程考古学（参见沃森，第 3

章）过于强调经济与权力的功能作用，尤其是在礼仪纪念物明显具有象征性表达的时候。此外，重新关注一个社会被忽视的世界观不应该让我们放弃一些核心问题，如：人们是如何养活自己的？什么样的社会组织形式占主导地位？这些形式又是如何以及在什么样的压力下变化的？在一个特定的古代社会中，自觉的信仰、无意识的世界观或惯习、经济模式与社会政治结构之间有着怎样的联系？单一的视角会让我们忽视运用多元理论方法研究过去的好处。

154 　　如果我们追问蒂利及其追随者为什么强调其景观视角，把它看作仅有的深入史前世界的理想的基本途径，就会发现现象学作为时代主流思想的优点。它是一种特别适合用来研究农村的思想。正如我在一篇文章中详细指出的，以文化为中心的英国景观思想出现在一个特殊的时间点上，曾经提供大部分粮食的英国乡村正在迅速消失，乡村实际上没有多少活动人口。留守的人们日益依赖国家与欧盟的补贴，以支撑其乡村生活。乡村作为文化遗产的作用越来越突出，供占人口大多数的群体——城市居民与外国旅游者——来参观，欣赏保留下来的众多田野与牧场、古老的农舍、土地隔离墙等，缅怀那神秘的、浪漫化了的乡村往昔，从而得到一种满足。对后现代的城市群体来说，其平时的生活深陷于资本主义与物质主义的旋涡之中，偶尔逃离到另一种看起来具有精神与美学价值的环境，可以使其暂时摆脱沉闷的日常生活。即便是如克里斯·蒂利或是他的伦敦大学同事芭芭拉·本德这样的后现代学术人士（Bender et al., 1997），平时也为英国大学资本主义导向的生活所包围，景观现象学为这些处在学术生产线上的人提供了另一种自然与情感寄托。他们所关注的乡村没有农业，也没有权力与强制，而仅仅是风景如画的文化遗产公园，漫步其中，观赏游览，可以帮助寻找史前文化消失的心灵世界。

还有一种重要的后过程考古学理论是结构化理论，它来自英国社会学家安东尼·吉登斯（1984）。它认为社会中的个体是积极主动的，他们通过日常与社会其他成员的接触和交流可以创造、再创造或是破坏社会生活的结构。它在考古学运用中，更强调能动者的重要性，与过程考古学关注社会群体、社会整体或是如酋邦这样的社会组织形成鲜明对比。一项缜密运用结构化理论的研究的成果是史前考古学家约翰·巴雷特的《古物的碎片》（John Barrett, 1994）。吉登斯的理论就是其理论的主要来源之一。有一个批评比较合理，指出考古学倾向于从其他学科引入理论，但没有考虑到这些理论的优缺点。事实就是如此。认为结构化理论很有价值的考古学家假定，这位著名的社会学家是在可以观察的现代社会经验研究基础上形成理论的，因此可靠性更高。然而，事实并非如此，吉登斯理论的基本来源其实是另一种理论，也就是瑞士语言学理论家费迪南德·索绪尔（Baber, 1991; Clegg, 1992）的理论。索绪尔主张把语言的基本结构如语法、词汇跟个体变化多样的使用方式区分开来。

上述简要的归纳表明，后现代理论以及受其影响形成的考古学理论存在明显的弱点，当然也有好的方面。新考古学通常太过于乐观，相信实证主义推理的力量，有时甚至提出，就像得到可靠的自然科学法则一样，我们可以得到人类行为法则（Fritz and Plog, 1970）。过程考古学主张宏大的模型，基本不考虑个体生活与意图、生态与技术掌控概念和信仰的变化。考古学由此日益成为一门中性的科学，尽管我们不断注意到国家常基于民族主义资助考古学。

欧洲大陆思想的整合

迄今为止，考古学理论领域的争论都是在争夺领导地位。正如过程考古学取代浪漫主义传统的文化历史考古一样，反过来，以后过程考古学面目显现的浪漫主义的复兴，批评过程考古学误入歧途。马修·约翰逊的《考古学理论导论》（1999）非常有启发，但就其主要内容而言，不过是颂扬后过程考古学的优点、批评过程考古学的不足的宣传工具。

作为一名经历过所有这些传统的圈内人，在大学时代，文化历史考古的学术前辈教导并鼓励我开展文化历史考古研究；之后作为年轻的讲师，我受到新考古学新作的影响，偏离了文化历史考古；晚年又看到年轻一代后过程考古学的反正统主义者挑战老古董们的地位：一直都很难找到平衡。戴维·克拉克（1973）在被高频引用的论文《考古学纯洁性的丧失》中提出，过程考古学将获得一种理论与方法上的绝对纯洁性，排除此前的意识形态与偏见。他与其他过程考古学与后过程考古学领军人物一样错得离谱，他们借鉴欧洲大陆思想，以获得其他学科的承认。事实是一种意识形态的继承，西方社会年轻一代的学者总是想发展新的学说来取代既有的正统学说，并让新的学说免于任何责难（经院主义与书目排除的策略），他们以为老一辈的地位是轻而易举获得的。

如果我们上升几个层次，从长期的西方思想传统视角来看理性与情感的交替，以18、19世纪的启蒙运动与浪漫主义为例，就有更古老的历史。德国哲学家尼采把欧洲思想传统按古希腊思想活动分为两种类型：阿波罗型，代表理性与秩序的光明力量；狄奥尼修斯型，代表感受与情感狂野的影响（Nietzche，1999）。

在希腊人的艺术形式与思想体系中，他们认为人类经验是在两种力量的较量中形成的，这两种力量一种来自人类本身，另一种来自人类与神祇的关系。因此，我们可以追问这些方面是否可以与考古学理论有效结合起来。本章后面的部分将侧重讨论欧洲大陆的人文理论——尤其是有关人类过去的，这可能会让我们看到一系列的矛盾对立，狄奥尼修斯型与阿波罗型、浪漫主义与启蒙运动、后现代主义与现代主义，它们都处在一个研究人类境况的单一模式之中。

考古学的不同领域如同地理学一样采用不同的哲学，旧石器考古学基本上是实证主义与达尔文主义的，古典与近东考古学仍旧与文化历史考古密不可分，而较晚史前史与欧洲后罗马时代考古学则是后现代主义的舞台，这样的现实情况说明，我们有必要重新构建一个统一的学科，而不要说谁胜谁败。尽管如此，每一代学者都总是想取代其老师一代的位置，重起炉灶比在原有基础上提高来得更容易，摆脱对老一辈学者的依赖，更容易获得荣誉。一个动机来源是，我们有可能把前辈的成就与文化历史考古、过程考古、后过程考古的发展整合起来。

维特根斯坦

就上述观点而言，这里有一个很好的例子。凯文·格林（Kevin Greene, 2002: 258-261）和我可能是世界上仅有的两位认为奥地利哲学家路德维希·维特根斯坦对于考古学理论发展具有重要意义的考古学家（Bintliff, 2000）。这看起来有些不可思议，因为我们一直把维特根斯坦视为 20 世纪最重要的哲学家，所有的权威都赞同他至少是 20 世纪最重要的思想家之一（见图 10-1 和图 10-2）。

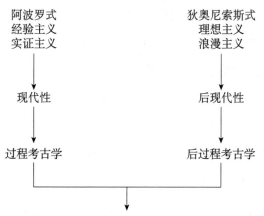

图 10-1　西方思想生活两个主要思想传统交替主导在考古学理论中的反映

注：把历史学领域（年鉴学派）与科学（混沌－复杂性理论）的新进展结合起来，有可能形成一个更丰富的理论。

资料来源：Bintliff, 1993.

主要的考古学理论话语

文化的

政治的

功能的

科学的

生物的

宗教的

图 10-2　受到维特根斯坦话语与思想工具箱理论启发，作为一套互补话语的考古学

资料来源：Bintliff, 1993.

156　　维特根斯坦取得了令人惊叹的成绩。他宣称哲学已经成了多余的东西。尽管他几乎剥夺了后来的哲学工作者接受雇佣的权利，但是这些哲学的继承者都认为他的研究非常有意义。维特根斯坦后期的研究是为了消除哲学领域的那些疑难的争论——这也是哲学赖以存在于世的基础。维特根

斯坦认为，人类依赖的是不同讨论或者说话语，涉及个体之间的公共交流，而不是领会无穷无尽的观念与信仰、各式各样的分析与争论——它们相互竞争，为了解与感受世界提供途径。基于情境，每种论述都与其叙说的方式相关，为交流提供合适的材料，进一步推进讨论。他用水管工、电工做比喻——这些人在工作时常常带着满满一包各种工具，因为干不同的活需要不同的合适工具。

这一简单的洞察入木三分。例如，如果我们发掘一处中世纪的修道院，基于土壤了解建筑的历史需要地层学、土壤科学方面的科学方法，还需要理解中世纪建筑的技术原理、陶器与钱币类型学，并结合历史学家有关教堂档案与世俗编年史的报告，从而从精细的记录中筛选出最可能的真实。即便重建出漂亮的遗址三维模拟图——基于动植物遗存——了解了草地、鱼塘、庄稼地以及教区里的各种生产活动情况，我们还是难以体会修道院居住者的生活。即便有丰富的当代文献，详细记录了宗教组织、在俗祭司、仆人、劳工的日常生活，我们还是需要更多的东西才可以把握当时社会的精神——尽管我们可以详细研究当时社会的建筑与物品、墓葬与垃圾。理解宗教生活需要我们放下科学话语，接受另一套话语，参考形而上学的暗示与某些超自然的经验。科学与宗教话语并非不能兼容；它们是互补的，没有它们我们就无法理解人类生活的丰富性。

然而，一个可能信奉无神论的马克思主义者马上会提出反对：我们还没有提及阶级斗争，也就是一个人类群体对其他群体的压迫，以及生产与消费等级上的剥削。而性别理论家马上会批评：中世纪的教会实行男性对女性严格的宗教压迫，甚至在女修道院中也是如此。马克思主义与性别话语（或可以统称为政治话语）绝对适合用于深度分析中世纪的宗教社会群体，它们拓宽了我们的视角，这是我们前面所说的科学与形而上学话语里所缺失的。

与上述假想的个案研究相关的话语还有达尔文主义，它在研究过去或现在社会中也是非常重要的，因为人类的许多行为是人类作为"第三种猩猩"的遗产（Diamond, 1991）。如果排除性、暴力、野心等，那么我们还有些什么可供探究呢？这些东西关系到我们的亲属与后代的福祉，这是一种对符号交流、社会化与高级智能的适应，所有这些都是我们在过去 15 万年里形成的。

维特根斯坦有关人类社会的理论在多大程度上影响了考古学理论呢？他可能发现阿波罗型理性与狄奥尼修斯型情感之争不过是对同一社会与历史背景的不同方面的强调。几千年来此消彼长的这两种理论实际上是互补的。这意味着我们在把握一个社会时需要改弦更张——采用统计学与计算机衡量其技术特征，寻找可能存在的跨文化规律，这些都是值得一用的方法，不过我们还需要用到同感（empathetic）的方法，探索人们如何理解其世界，理解人们如何用文本、图像或有意构建的建筑与器物来表达自身。我们能够做出比诸如认识片面的过程或后过程考古学研究更丰富的个案研究吗？如果我们吸收除德语圈哲学之外的影响，就像从前那样立足于欧洲大陆的思想基础，那么我想应该非常容易。

法国历史年鉴学派的历史哲学

20 世纪之初的法国，许多激进的社会学、历史学与地理学年轻学者放弃了严格的学科视角，开始有意识地汇聚到一种更强调整体的理论上来，研究过去与现在人类社会及其空间中的行为。其典型代表是一种期刊——《经济、社会与文明年鉴》，还有一系列具有重要影响的图书与文章，最终代表这个流派的著作正好出现在第二次世界大战之后，也就是费尔南·布罗代尔的巨著《菲利普二世时代的地中海和地中海世界》（1972）。历史学中的民族主义倾向一直在阻止这部杰作产生全球性的影响，直到 1972 年其英文译本才得以出版，但自此法国年鉴学派的思想对历史学科的影响不断增长。至 20 世纪 90 年代早期，考古学界开始承认年鉴学派丰富的理论潜力（Bintliff, 1991b, 2004a; Knapp, 1992; Barker, 1995）。

按照布罗代尔的方案（见图 10-3），我们可以把人类的过去看作不同时间尺度上各种力量与过程同时作用的结果。我们对世界的感知侧重于事件与人，也就是在我们生活的时代可以积极参与的时间尺度——这是年鉴历史的第一个层次——事件（événements）的世界，或称短时段的世界。与此同时，跨越几代人或几个世纪的力量也会产生影响，当时那个时代的人可能不清楚，但这是历史学家与考古学家的研究对象——中时段（moyenne durée）的世界。最后，还存在更缓慢的历史过程——以千年、数千年为尺度，或对旧石器时代而言——以上十万年为尺度，这是长时段（longue durée）的世界。

让我举一个考古学上多层次结构历史的例子（Bintliff, 1991b）。我曾在希腊中部的彼俄提亚地区开展野外工作，这里曾有一个叫作哈利尔托斯（Haliartos）的希腊城市，公元前 171 年它被罗马军队摧毁，民众遭到屠杀或是变身为奴。这座城市是一个短时段运气不佳的受害者，当时敌对的强权威胁小城邦，要求结盟或实际支持——向眼前的威胁投降可能意味着下一次敌对方的屠戮，这就是哈利尔托斯的命运。不过，这座城市也是

事件的历史	**短周期-事件**
	叙述
	政治史
	事件史
	个体史
结构的历史	**中周期-事态**
	社会经济史
	经济史，土地史
	人口周期史
	时代史，地区史
	社会史
	世界观，意识形态（心态史）
	长周期-长时段
	地质学
	文明史
	稳定的技术
	世界观，意识形态（心态史）

图 10-3　法国历史年鉴学派的"结构的历史"

资料来源：Bintliff, 1991b.

公元前 171 年时中时段过程的产物，大约从公元前 700 年开始，也可能更早，彼俄提亚地区出现了一批标准大小的城邦，依附于它们的村庄一般相距四五公里。这里繁荣的人口与经济哺育了当地高级的古典希腊文化与政治复杂性（Bintliff, 1994, 1999）。公元前 171 年，这些小城邦开始不得不面对新兴希腊化王国，以及罗马共和国这个超国家强权的威胁，中时段的政治过程瓦解，在随后的 600 年里，这种老式的政治结构不得不被替代。不过城邦的繁荣（当时垂死的）也曾是长时段过程的产物，从长时段的角
158 度来看，复杂、城市化、社会分层的社会在希腊逐渐且不平衡地形成，精细多样的农业适应当地的环境与气候，人口密度不断提高，当地的人力与剩余生产也不断增长（Bintliff, 1997a）。这个逐渐的、不平衡的发展过程

在 7 000 年前随着该地区定居农民出现就已经开始了。所有这些层次的发展都是一个城市在某一年的灾难性命运的前提。

值得注意的是，这种多时间尺度的分析强调更大时空范围的社会群体与趋势，但不能由此限制了对个体能动者、单独事件的研究。年鉴学派的历史学家一直强调该理论中人类文化——意识形态或世界观——的中心作用。这是在年鉴学派结构历史的所有时间尺度中都存在的因素，无论是一个确定的个体还是集体，抑或是两者结合，它跟技术、经济、军事、社会政治变化与形式一样，都是具有重要历史意义的过程。尽管年鉴学派最知名的倡导者布罗代尔认为，长期来看，中长时段的力量会湮没个体与事件。但是，后来的年鉴学派学者并没有都接纳这一观点，其中如勒罗伊·拉迪里（Le Roy Ladurie）因其流畅的历史学术风格，以及把个体命运和思想与法国历史多时间尺度的叙事结合起来的技巧，甚至获得了更大的名声（Ladurie, 1978, 1979; cf. Bintliff, 2004a）。

德国的景观学思想

20 世纪的法国历史学著作通常局限于说法语的历史与社会科学圈，在被翻译成英文之后，一下子向世界历史学舞台释放了积累了 100 多年的历史学理论经验；类似地，我们可以想象一种德语世界的主要理论传统——德语称为 landeskunde，即景观学——的影响，这个传统的相关著作几乎都没有被译成英文。对比那些 18—20 世纪著名的哲学与社会学著作，如康德、海德格尔、法兰克福学派的著作，德国的景观学著作直到 20 世纪 80 年代才被发现并译成英文，然后用于丰富我们对于过去的思考，对少数非欧洲大陆学者而言，与之密切相关的德国考古学家与历史地理学家研究古代社会的著作仍然是难以了解的。而在欧洲大陆内部情况有所不同，中、东欧学者的第二语言，也是他们的学术语言，一直到最近都还是德语，斯堪的纳维亚学者也有类似的倾向，他们具有使用德国景观学理论的丰富经验。

德国景观学研究起源于 19 世纪，当时德国地理学执世界牛耳（Holt-Jensen, 1999）。景观这一概念来自这样的认识：一个地区，一旦有人居住，由过去的自然过程决定的自然条件与殖民、定居和开展利用的人类社群之间就会形成持续的相互作用。两者逐渐交融，形成了一种独特的地区性生活方式。随着时间的流逝，由于自然过程或人类影响，景观可能发生改变，历史过程同时会改造人类的需要与能力。这种辩证关系因此会不断更新，形成一种动态的文化生态共生关系。从实际意义来看，德国学者根据所复原的史前与历史时期的社区形式、经济状况、社会组织与意识形态，用这种地区性的景观哲学来描述不同时代景观的变化、自然特征、土地、聚落、村庄的人类景观设计等。他们认为，所发现的生活方式是当地人在特定文化历史条件下的适应，在不同文化中可能发现一系列独有的人类社会组织形式与景观适应。基于此，地区就是产生独特解决方案的单位，满足人类的一系列基本需要与发展需求，不同地区、不同时代也会做出一些改变，形成一套有限的社会经济与生活思想方式。

考古学的早期应用出现在古典考古的边缘领域，以阿尔弗雷德·菲利普松（Alfred Philippson）与厄恩斯特·柯尔斯滕（Ernst Kirsten）为代表，主要研究地区为地中海一带，尤其是意大利与希腊（Philippson, 1950-1959; Kirsten, 1956）。但是，非德语学术圈对这些丰富的研究缺乏深入的了解，如德语学术圈外对厄恩斯特·莱曼（Ernst Lehmann, 1937, 1939）这样的学者所知甚少（Bintliff, 1994）。从 19 世纪 90 年代到 20 世纪 50 年代晚期，这些学者以景观为中心，努力追溯人类栖居形态的演化，从最早的时代一直到他们所在的现代早期。他们那个时代典型的区域研究方式，就是从地质学、地貌学、气候、植被、土地利用等方面的细致介绍开始，然后转向解释某一地区不同时期的文化所采取的特定生活方式，同时考虑到社会组织形态与意识形态因素。

后来的学者学习该理论，其更有成效的应用见于中、北欧地区，而不是南欧。特别值得注意的是，德国学者如科萨克（Kossack）、扬孔（Jankuhn）在中、北欧年轻一代从事景观考古的研究者中仍然有相当的影响力。这里可以举个例子，捷克学派的研究者诺伊斯图普尼（Neustupny）、库纳（Kuna）、德雷斯莱罗娃（Dreslerova）、戈伊达（Gojda）等采用地理信息系统（geographical information systems, GIS）辅助的密集调查，进一步发展了景观学的理论，他们称之为"社区理论"（community area theory）（Kuna, 1991, 2000; Neustupny, 1991）。这一学术传统的代表性著作有扬孔所著的教材，还有科萨克与同事共同完成的有关德国北海海岸的希尔特（Sylt）岛地区人类栖居历史的著作，这项研究精彩绝伦。受到德国景观学思想的影响，荷兰也有大量景观方面的研究（Heidinga, 1987）。

晚近理论主流显然没有注意到德国景观学传统，这不仅仅因为语言上的障碍，更因为考古学理论的发展许多时候都是为了因应外部社会的压力，而非出于学科内部的需要。第二次世界大战之后，社会主义思潮是西方思想生活的重要特征，在这里，德国、法国思想启迪了后现代思潮的兴起。英语圈的考古学理论家不仅不了解德国景观哲学思想，而且对法国年鉴学派兴趣有限，在他们看来，德国、法国思想界关注的领域并不比他们更宽。

法国乡村风景研究

这是 19 世纪从法国单独发展起来的学术传统，当时受到了历史学与地理学的共同影响，乡村风景（pays）成为一个理论重点，与德国的地区研究平行发展。即便是今天，这两个国家也都有独特的地方景观，并且都有与之相应的丰富的地方文化身份——德国是景观（Länder）及更小的区分，法国则是乡村风景或地区。即便这两个国家大片的乡村都已经工业化，如德国莱茵兰北部、法国阿尔萨斯－洛林地区，但它们还是保留了相当多样的农地、牧场、森林景观。法国学者布拉什（Vidal de la Blache, 1923）的研究尤为重要，他所提出的地区（region）概念非常微妙，指的是一地特殊的自然景观属性与当地人们独特的文化生活方式之间的共同演化关系。就两者之间的相互关系，他用了"可能主义"一词，主张地区景观"既限制又推动"一地独特人类文化的形成。

法国乡村风景理论是法国 20 世纪早期催生了更强调整体性的年鉴学派的主要思想之一，但是像德国的景观学理论一样，除了罕见的例外（Everitt, 1986），它对于法国之外的考古学的理论影响可以忽略不计（在法国的影响倒是很大）。不过，类似的思想的确间接地传到了英国地理学中，然后也影响到了英国早期考古学理论。比如 19 世纪法国社会学家勒普莱（Le Play），他所提出的地方（place）概念影响了 20 世纪英国地理学家格迪斯（Geddes）、斯坦普（Stamp）、福西特（Fawcett）、弗勒（Fleure）等，其中有些学者也从事考古学研究（Holt-Jensen, 1999）。这一考古地理学传统中有关地区研究最引人注目的要算西里尔·福克斯（Cyril Fox）爵士，他在《剑桥地区考古》（1923）、《不列颠的个性》（1947）两部重要著作中探讨了景观与文化的相互影响。21 世纪初，特尔福德（Telford, 2002）的一篇有关苏格兰史前史的文章代表了英国考古学中地区主义的复苏，尽管这更像是重新发明而非重新发现德国或法国地区研究范式。

混沌 – 复杂性理论

复杂性理论主要见于自然科学与非历史的社会科学领域，在考古学领域是一种边缘性的思想与实践（参见本特利和马施纳，第 15 章）。究其原因，还是因为它相对晚近才源于自然科学，尤其是数学领域，考古学理论研究者受到后过程理论的影响，以为科学家都迷失在了实证主义思想的优点与成绩之中。尽管如此，有些考古学家还是开始尝试运用这一理论，帮助我们去理解古代社会（Bentley and Maschner, 2003）。欧洲地区开拓性的研究者为俄罗斯 – 比利时科学家伊利亚·普里高津（Stengers and Prigogine, 1997）与戴恩·佩尔·巴克（Dane Per Bak, 1996），不过对考古学家与人类学家来说，最著名的研究机构还是位于新墨西哥的圣塔菲研究所。

我曾把这种理论放在整合研究名下，因为对当代考古学来说，其主要的吸引力之一在于它强调个体能动者、单一事件的中心作用，这些因素同所在社会和环境背景中的约束与促进结构不断相互影响。不像结构化理论，混沌 – 复杂性理论不把社会组织看作依附性的东西（依附于无数能动者的日常礼仪），而是把社会组织看作更有弹性的东西（吸引者），但是尽管如此，突如其来的行动或表述也有可能让社会形式进入新的渠道（混沌）。重要的是，随着新的社会生活方式发生更大、更复杂的变化，新的文化属性出现，这是不见于更简单状态的属性（涌现的复杂性）。在混沌－复杂性的理论旗帜下，文化历史、过程与后过程考古学的范式都能找到其优势。

结论

考古学的理论基本都来自其他地方——其他学科，本章内容就基于此。但是，更重要的是，这些理论在考古学中的兴起，与其他学科一样，是一代代主导西方社会、政治、经济的发展趋势的直接产物。因此，思潮可以说是日常生活变革的积淀。正因为如此，思想观念的起源既不在于过去，也不在于它在当代理论探讨中的重要地位，而在于时代在呼唤相应的思想，以表达与质疑不断变化的世界之呈现的方式。类似地，不足为奇的是，人类社会经济生活的重点反复出现，以不规则的间隔循环与重复，与之相应，需要有关人类状况的中心概念循环出现。西方思想史上的两种观念——阿波罗型－理性－客观与狄奥尼修斯型－情感－主观——尤为重要。

世界其他地区的情况又如何呢？迄今为止，在西方社会中，考古学跟其他学科一样，都已经形成了正式的理论，而世界其他地方独立的理论生产中心还没有出现。我们希望也真正期待这样的情况发生改变——如果还没有的话，希望在不久的将来能够实现，但是我们也知道南美洲、非洲、亚洲的许多国家经费有限，必须主要被用在抢救与记录以及表达民族历史之上，剩下的才有可能被用于更加学术的研究。即便是在日本，最近被翻译成日文的考古学教科书还是由戈登·柴尔德所著的，而他早在 1957 年就已去世了。

本书的主编曾要求我以欧洲大陆思想对考古学理论的贡献为中心展开论述。即便我们的回顾限定在最重要的人物身上——也就是法语、德语国家的学者，也确实基本都来自法国与德国——考古学的概念，很少没有直接或间接受到欧洲大陆重要思想家影响的。我也曾尝试平衡当前考古学理论的不同观点，这些观点似乎把欧洲大陆思想仅仅局限于可以用于考古学研究的哲学家、社会学家与人类学家的理论。盎格鲁－撒克逊学术圈对历史与考古中的一些重要概念还一无所知，这样的说法同样适用于人文学科的其他分支，但不适用于自然科学。

某些学者对将考古学作为一门科学持怀疑态度，但这方面的理解在不断发展，他们可能会注意到我前面的评述，可以将之视为这门学科还不成熟的证据；考古学思想的流行似乎更多是因为与时代精神一致，而非因为在解释复杂考古材料上比其他理论方法更有效，我的这一观点似乎有一定的合理性。这让我们想起史前史家雅克塔·霍克斯精彩的格言：每个时代都有——或者说应该有——其所期望的巨石阵。

最后，霍克斯就代际思想与思想家的更替得出了一个合适的结论：我们不能过于极端与教条。我曾提出，考古学与其他学科一样，思想观念循环往复，各领风骚，我们应该采用更灵活、更多维的思考方式，就像年鉴学派研究历史上的个体、事件与时代一样。雅克塔·霍克斯主要研究英国史前史，我们可以认为她处在文化历史考古的范式中，然而，就像其他许多学者一样，她也受到不同思想的影响。最近，费克利·哈桑（Fekri Hassan）重新评述了她的著作《土地》（*A Land*, 1959），这部著作试图把

161

英国景观的长期发展与其支持和利用的文化结合在一起，但是哈桑拓展了霍克斯的观点，把在同样的自然文化演化中人类意识的发展也包含其中（Hassan, 2004: 314）。

　　自 20 世纪 60 年代以来，我们一直把考古学理论看作不断发展的阶梯（而非如后过程主义所嘲讽的进步主义），文化历史考古已经落后，需要为新考古学所取代，反过来，新考古学又钻进了死胡同，应该为后过程考古学这种更成熟的思想所取代。如今，大家或多或少反对这种理论取代模式。考古学的许多领域更倾向于坚守既有的方法，倒是很少关注新的理念——尤其是在旧石器考古学中，达尔文主义及相关理论仍旧占主导地位。文化历史考古或称叙事模型通常见于商业或国家资助的公共考古学项目中，这些项目是考古学中最能获得资助的部分，社会由此了解到考古发现。狭义上的考古科学家继续立足于启蒙运动的理性思想，强调假说检验的科学方法，而不是采取后过程考古学中常见的怀疑论（Pollard, 2004）。学者们反对把理论方法局限于某些时候所谓最先进的部分，他们同时研究不同的理论，如达尔文主义及相关理论（Maschner, 1996; O'Brien and Lyman, 2000; Shennan, 2002, 2004; Bintliff, 2004b），或是前面提及的混沌 - 复杂性理论。一些看起来不兼容的观点被有效地结合起来，这种做法越来越常见，如 GIS 与景观现象学的结合（Wheatley and Gillings, 2002）。科林·伦福儒认真回应了后过程考古学有关思维世界的批评，提出了研究古代社会思维世界的更科学可信的方式——认知考古学（Renfrew, 1982）。早在 20 世纪 80 年代（Johnston, 1980），地理学者便针对同样的主观事物提出了不少有趣的观点（见图 10-4），有点类似于维特根斯坦的话语理论。

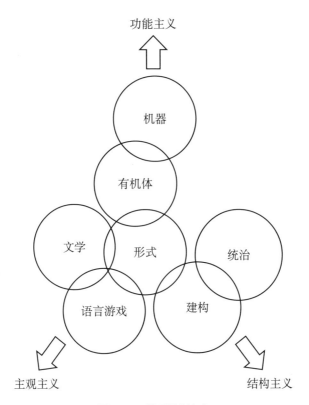

图 10-4　地理学的比喻

　　这里我所提出的是，把考古学理论看作发展潮流，一代或一段时间内更优越的新理论取代误入歧途的老理论，这样的做法并没有太大的建设性。我们应该将考古学理论视为理论思想不断扩散的过程，旧的概念与方法在不断进行话语上的深化。也就是说，我们应该以开放的心态关注来自不同考古学思想传统的学者——其研究以模型为中心，或是以观念为中心。我们应该少受西方思想代际潮流的影响，这样才能更有利于创造一个更有力的、自觉的学科。

建议阅读

Bintliff, John L. (ed.). 2004. The Blackwell companion to archaeology. London: Blackwell.

Hodder, Ian (ed.). 2001. Archaeological theory today. Cambridge: Polity.

Holtorf, Cornelius J., and Hakan Karlsson (eds.). 2000. Philosophy and archaeological practice. Gothenburg: Bricoleur.

Whitley, DavidS. (ed.). 1998. Reader in archaeological theory. Post-processual and cognitive approaches. London: Routledge.

参考文献

Baber, Zaheer. 1991. Beyond the structure/agency dualism: An evaluation of Giddens' theory of structuration. *Sociological Enquiry* 61: 219–230.

Bak, Per. 1996. *How nature works: The science of self-organized criticality.* New York: Springer-Verlag.

Barker, Graeme. 1995. *A Mediterranean valley: Landscape archaeology and Annales History in the Biferno valley.* London: Leicester University Press.

Barrett, John C. 1994. *Fragments from antiquity.* Oxford: Blackwell.

Barthes, Roland. 1972. *Critical essays.* Evanston, IL: Northwestern University Press.

Bender, Barbara, Sue Hamilton et al. 1997. Leskernick: Stone worlds; alternative narratives; nested landscapes. *Proceedings of the Prehistoric Society* 63: 147–178.

Bentley, R. Alexander, and Herbert D. G. Maschner (eds.). 2003. *Complex systems and archaeology.* Salt Lake City: University of Utah Press.

Binford, Lewis R. 2001. *Constructing frames of reference.* Berkeley: University of California Press.

Binford, Lewis R. (ed.). 1977. *For theory building in archaeology.* New York: Academic.

Binford, Sally R., and Lewis R. Binford (eds.). 1968. *New perspectives in archaeology.* Chicago: Aldine.

Bintliff, John L. 1984. Introduction: Archaeology and theories of social evolution. In *European social evolution*, 13–39. United Kingdom: Bradford University Press.

——. 1986. Archaeology at the interface: An historical perspective. In J. L. Bintliff and C. F. Gaffney, eds., *Archaeology at the interface*, 4–31. Oxford: British Archaeological Reports.

——. 1988. A review of contemporary perspectives on the "meaning" of the past. In *Extracting meaning from the past*, 3–36. Oxford: Oxbow.

——. 1991a. Post-modernism, rhetoric, and scholasticism at TAG: The current state of British archaeological theory. *Antiquity* 65: 274–278.

——. 1991b. The contribution of an annaliste/structural history approach to archaeology. In *The Annales School and archaeology*, 1–33. Leicester: Leicester University Press.

——. 1993. Why Indiana Jones is smarter than the post-processualists. *Norwegian Archaeological Review* 26: 91–100.

——. 1994. Territorial behavior and the natural history of the Greek polis. In E. Olshausen and H. Sonnabend, eds., *Stuttgarter Kolloquium zur Historischen Geographie des Altertums* 4: 207–249. Amsterdam: Hakkert Verlag.

——. 1995. Whither archaeology? Revisited. In M. Kuna and N. Venclova, eds., *Whither archaeology? Papers in honour of Evzen Neustupny*, 24–35. Prague: Institute of Archaeology.

——. 1996. Interactions of theory, methodology, and practice. *Archaeological Dialogues* 3: 246–255.

——. 1997a. Regional survey, demography, and the rise of complex societies in the ancient Aegean: Core-periphery, neo-Malthusian, and other interpretive models. *Journal of Field Archaeology* 24: 1–38.

——. 1997b. Catastrophe, chaos, and complexity: The death, decay, and rebirth of towns from antiquity to today. *Journal of European Archaeology* 5: 67–90.

——. 1999. Pattern and process in the city landscapes of Boeotia, from Geometric to late Roman times. In M. Brunet, ed., *Territoire des cités Grecques*, 15–33. BCH Supplement.

——. 2000. Archaeology and the philosophy of Wittgenstein. In C. Holtorf and H. Karlsson, eds., *Philosophy and archaeological practice*, 153–172. Goteborg: Bricoleur.

——. 2002. Going to market in antiquity. In E. Olshausen and H. Sonnabend, eds., *Zu Wasser und zu Land: Stuttgarter Kolloquium* 7:209–250. Stuttgart: Franz Steiner.

——. 2004a. Time, structure, and agency: The Annales, emergent complexity, and archaeology. In *The Blackwell companion to archaeology*, 174–194. London: Blackwell.

——. 2004b. Experiencing archaeological fieldwork. In *The Blackwell companion to archaeology*, 397–405. London: Blackwell.

——. Forthcoming. *Contextualising the phenomenology of landscape.*

Bourdieu, Pierre. 1977. *Outline of a theory of practice.* Cambridge: Cambridge University Press.

Braudel, Fernand. 1972. *The Mediterranean and the Mediterranean world in the age of Philip II.* London: Fontana/Collins.

Chorley, Richard J., and Peter Haggett (eds.). 1967. *Models in geography.* London: Methuen.

Clarke, David L. 1968. *Analytical archaeology.* London: Methuen.

——— (ed.). 1972. *Models in archaeology.* London: Methuen.

——. 1973. Archaeology: The loss of innocence. *Antiquity* 47: 6–18.

——— (ed.). 1977. *Spatial archaeology.* London: Academic.

Clegg, Stewart R. 1992. How to become an internationally-famous British social theorist. *Sociological Review*, 576–598.

Colley, Linda. 1994. *Britons: Forging the nation, 1707–1837.* London: Pimlico.

Derrida, Jacques. 1993. *Writing and difference.* London: Routledge.

Diamond, Jared. 1992. *The rise and fall of the third chimpanzee.* New York: HarperCollins.

Dobres, Marcia-Anne, and John Robb (eds.). 1999. *Agency and archaeology.* London: Routledge.

Engels, Frederick [1884] 1986. *The origin of the family: Pri-*

vate property and the state in the light of the researches of Lewis H. Morgan. London: Penguin.

Everitt, Alan. 1986. *Continuity and colonisation*. Leicester: Leicester University Press.

Fleming, Andrew M. 1988. *The Dartmoor reaves*. London: Batsford.

Foucault, Michel. 1970. *The order of things: An archaeology of the human sciences*. London: Tavistock.

Fox, Cyril. 1923. *The archaeology of the Cambridge region*. Cambridge: Cambridge University Press.

———. 1947. *The personality of Britain*. Cardiff: National Museum of Wales.

Fritz, John M., and Fred T. Plog. 1970. The nature of archaeological explanation. *American Antiquity* 35: 405–412.

Gathercole, Peter. 1971. Patterns in prehistory: An examination of the later thinking of V. Gordon Childe. *World Archaeology* 3: 225–232.

Gazin-Schwartz, Amy, and Cornelius J. Holtorf (eds.). 1999. *Archaeology and folklore*. London: Routledge.

Geuss, Raymond. 1981. *The idea of critical theory: Habermas and the Frankfurt School*. Cambridge University Press.

Giddens, Anthony. 1984. *The constitution of society: Outline of the theory of structuration*. Cambridge: Polity.

Haggett, Peter. 1965. *Locational analysis in human geography*. London: Edward Arnold.

Harrison, Richard T., and David N. Livingstone. 1982. Understanding in geography: Structuring the subjective. In D. T. Herbert and R. J. Johnston, eds., *Geography and the urban environment*, 1–39. Chichester, UK: John Wiley.

Harvey, David. 1989. *The Condition of postmodernity*. Oxford: Basil Blackwell.

Hassan, Fekri. 1997. Beyond the surface: Comments on "Hodder's reflexive excavation methodology." *Antiquity* 71: 1020–1025.

———. 2004. Ecology in archaeology: From cognition to action. In J. L. Bintliff, ed., *The Blackwell companion to archaeology*, 311–333. Oxford: Blackwell.

Hawkes, Jacquetta. 1959. *A land*. London: Penguin.

Heidegger, Martin. 1962. *Being and time*. Oxford: Blackwell.

Heidinga, H. Anthonie. 1987. *Medieval settlement and economy north of the lower Rhine*. Assen/Maastricht: Van Gorcum.

Hodder, Ian (ed.). 1982a. *Symbolic and structuralist archaeology*. Cambridge: Cambridge University Press.

———. 1982b. *The present past*. London: Batsford.

———. 1982c. *Symbols in action*. Cambridge: Cambridge University Press.

———. 1986. *Reading the Past*. Cambridge: Cambridge University Press.

———. 1990. *The domestication of Europe*. Oxford: Blackwell.

———. 1999. *The archaeological process: An introduction*. Oxford: Blackwell.

——— (ed.). 2000. *Towards reflexive method in archaeology: The example of Catalhoyuk*. Cambridge: McDonald Insti-

tute for Archaeological Research.

Hodder, Ian, and Clive Orton. 1976. *Spatial analysis in archaeology*. Cambridge: Cambridge University Press.

Holt-Jensen, Arild. 1999. *Geography: History and concepts*. London: Sage.

Honour, Hugh. 1979. *Romanticism*. London: Penguin.

Jankuhn, Herbert. 1976. *Archäologie und Geschichte*. Vol. 1, *Beiträge zur siedlungsarchäologischen Forschung*. Berlin: de Gruyter.

Johnson, Matthew. 1999. *Archaeological theory: An introduction*. Oxford: Blackwell.

Johnston, R. J. 1980. On the nature of explanation in human geography. *Transactions of the Institute of British Geographers*, n.s., 5: 402–412.

Kirsten, Ernst. 1956. *Die griechische Polis als historisch-geographisches Problem des Mittelmeerraumes*. Bonn: Duemmler.

Knapp, A. Bernard (ed.). 1992. *Archaeology, annales, and ethnohistory*. Cambridge: Cambridge University Press.

Kossack, Georg (ed.). 1974. Zehn Jahre Siedlungsforschung in Archsum auf Sylt. *Ber. Röm. Ger. Komm*. 55: 261–427.

Kossinna, Gustaf. 1911. *Die Herkunft der Germanen*. Leipzig: Kurt Kabitzsch.

Kraft, Viktor. 1953. *The Vienna Circle*. New York: Philosophical Library.

Kuna, Martin. 1991. The structuring of prehistoric landscape. *Antiquity* 65: 332–347.

———. 2000. Surface artefact studies in the Czech Republic. In J. Bintliff, M. Kuna, and N. Venclova , eds., *The future of archaeological field survey in Europe*, 29–44. Sheffield: Sheffield Academic Press.

Ladurie, Emmanuel L. R. 1978. *Montaillou: Cathars and Catholics in a French village, 1294–1324*. London: Scolar.

———. 1979. *Carnival: A people's uprising at Romans, 1579–1580*. New York: Braziller.

Lampeter Archaeology Workshop. 1997. Relativism, objectivity, and the politics of the past. *Archaeological Dialogues* 4: 164–175.

Lehmann, Herbert. 1937. *Argolis I*. Athens: German Archaeological Institute.

———. 1939. Die Siedlungsräume Ostkretas. *Geographische Zeitschrift* 45: 212–228.

Leone, Mark, and Robert Preucel. 1992. Archaeology in a democratic society: A critical theory perspective. In L. Wandsneider, ed., *Quandaries and quests: Visions of archaeology's future*, 114–134. Carbondale: University of Southern Illinois Press.

Lévi-Strauss, Claude. [1958] 1963. *Structural anthropology*. New York: Basic.

McGuire, Randall H. 1992. *A Marxist archaeology*. London: Academic.

McNairn, Barbara. 1980. *Method and theory of V. Gordon Childe*. Edinburgh: Edinburgh University Press.

Marx, Karl, and Friedrich Engels. 1848–1967. *Manifesto of*

the Communist Party. Moscow: Progress.

Maschner, Herbert D. G. 1996. Darwinian archaeologies. New York: Plenum.

Morgan, Lewis H. 1871. Ancient society. New York: Holt.

Neustupny, Evžen. 1991. Community areas of prehistoric farmers in Bohemia. Antiquity 65: 326–331.

Nietzsche, Friedrich W. [1872] 1999. The birth of tragedy and other writings. Cambridge: Cambridge University Press.

O'Brien, Michael J., and R. Lee Lyman. 2000. Applying evolutionary archaeology. New York: Plenum.

Philippson, Alfred. 1950–1959. Die griechischen Landschaften: Eine Landeskunde. Frankfurt am Main: Vittorio Klostermann.

Pollard, A. Mark. 2004. Putting infinity up on trial: A consideration of the role of scientific thinking in future archaeologies. In J. L. Bintliff, ed., The Blackwell companion to archaeology, 380–396. Oxford: Blackwell.

Porter, Roy. 1991. The Enlightenment. London: Macmillan.

Renfrew, Colin. 1973. Before civilization. London: Jonathan Cape.

———. 1982. Towards an archaeology of mind. Cambridge: Cambridge University Press.

Saussure, Ferdinand de [1915] 1983. Course in general linguistics. London: Duckworth.

Shanks, Michael. 2004. Archaeology and politics. In J. L. Bintliff, ed., The Blackwell companion to archaeology, 490–508. Oxford: Blackwell.

Shanks, Michael, and Christopher Tilley. 1987. Re-constructing archaeology. Cambridge: Cambridge University Press.

Shennan, Stephen J. 2002. Genes, memes, and human history. London: Thames & Hudson.

———. 2004. Analytical archaeology. In J. L. Bintliff, ed., The Blackwell companion to archaeology, 3–20. Oxford: Blackwell.

Spriggs, Matthew (ed.). 1984. Marxist perspectives in archaeology. Cambridge: Cambridge University Press.

Stengers, Isabelle, and Ilya Prigogine. 1997. The end of certainty: Time, chaos, and the new laws of nature. New York: Free Press.

Telford, Denise. 2002. The Mesolithic inheritance: Contrasting Neolithic monumentality in eastern and western Scotland. Proceedings of the Prehistoric Society 68: 289–315.

Thomas, Julian. 1996. Time, culture, and identity. London: Routledge.

———. 2004. The great dark book: Archaeology, experience, and interpretation. In J. L. Bintliff, ed., The Blackwell companion to archaeology, 21–36. Oxford: Blackwell.

Tilley, Christopher. 1991. Material culture and text. London: Routledge.

———. 1994. A phenomenology of landscape. Oxford: Berg.

Tilley, Christopher (ed.). 1990. Reading material culture. Oxford: Blackwell.

Trigger, Bruce G. 1989. A history of archaeological thought. Cambridge: Cambridge University Press.

Tylor, Edward B. 1871. Primitive culture. London: John Murray.

Vidal de la Blache, Paul. 1923. Principles of human geography. London: H. Holt.

Watson, Patty Jo, Steven A. LeBlanc, and Charles L. Redman. 1984. Archeological explanation: The scientific method in archeology. New York: Columbia University Press.

Wheatley, David, and Mark Gillings. 2002. Spatial technology and archaeology. London: Taylor & Francis.

第11章 历史与实践中的拉美考古学

汤姆·D. 迪雷亥

（Tom D. Dillehay）

这一章评述拉美考古学的各种理论方法。这里所说拉美的地理范围从墨西哥一直延伸到火地岛，包括加勒比海地区在内。从19世纪墨西哥、洪都拉斯、秘鲁、玻利维亚等国的金字塔、古墓的传奇发掘，到当前对认识论[1]、阐释以及文化遗产的关注，拉美考古学长期以来盛产激动人心的新发现，在考古材料的研究、理论争论和贯通古今的理解上做出了重要贡献。

谁是拉美考古学的实践者呢？我们是否可以确定其理论的总体收获呢？除了地理学上的意义之外，从全球科学研究的背景来看，拉美考古学结合了不同的研究问题、理论实践、地区与民族的社会历史文化观念，以及不同地区和国家的考古过程与方法之间、国内外考古学家之间的历史权力关系。尽管外国考古学家的影响很重要，但是他们更经常受到拉美考古学这一职业的影响。事实上，北美、欧洲、拉美地区的拉美考古学方向相互启发、共同合作——谁也不能孤立存在——许多外国考古学家在绝大多数拉美国家开展工作，还有部分拉美考古学家是在北美与欧洲拿到的学位（Burger, 1989; Barreto, 1998; Funari, 1992; Legoupil, 1998; Politis, 2003; Oyuela-Caycedo, 1994）。

简言之，由于地域广阔、传统多样，以及在获取研究资助、训练与专业技术上的差异，我们不能说真的存在"拉美考古学"（甚至不能说是美洲考古）。那些希望看到相同理论的考古学家，就像等待戈多的西西弗斯。但是我们处在一个美洲内部存在广泛交流的时代。跟世界其他地方的发展类似，随着所研究问题的共性增加，以特定国家为中心的考古学减少。相关的例子有文化遗产法，还有国际合作研究，如研究最早的美洲人、国家形成、植物驯化、历史考古以及作为生态旅游的考古学等。因此，我们难以从全球意义或是整个美洲意义上确定拉美考古学的真正参照对象。无论是北美、欧洲考古学家，还是拉美考古学家，他们采用的考古学理论都暗含着人类学与历史学的根源，他们甚至采用一种从整个学科中衍生出来的混合方法。

回到我的主要关注点——拉美考古学的历史与实践，本章的讨论由一系列相互关联的工作组成，包括描述性的文化历史、文化特殊性、考古学理论方法在回应土著关切上的灵活性、考古政治、跨学科研究以及北美（和欧洲）与拉美考古学的关系等。还有一些特殊的问题，包括拉美考古在一系列研究主题上的贡献，如生计经济研究、复杂社会的起源与发展、前西班牙时代社会运作中交换的作用、美洲大陆最早的居民、马克思主义考古、过程与后过程考古、文化遗产、社会考古等等。

围绕这些主题，贯穿本章内容的是三个反复出现的问题：拉美考古学在帮助我们理解过去的人类行为以及建立考古学实践方式上的重要贡献；

美洲考古学内部（即欧美考古学与拉美考古学）形成与感知到的历史权力关系的不平等；以及，如今的状况是如何改变的。由于篇幅所限，本章不可能进行综合研究。我只能选择一些主题，它们都是从过去30年我与同事的研究以及在几个拉美国家生活与研究的经验中提取出来的，反映了我的时间、社会与学术发展过程，其形式包括文化、科学、思想与政治上的，本章将会对此加以说明。

由于篇幅所限，除了墨西哥、秘鲁、阿根廷、巴西，本章的大部分评论不会考虑国家身份。前面所说的这几个国家规模较大，参与工作的本国与外国考古学家的数量较多，政治考古实践的类型也更丰富，因此显得更重要。如墨西哥与秘鲁都有长期的考古学门派，有时形成了长久的、存在冲突的地区研究传统（Litvak King, 1997; Lorenzo, 1976; Burger, 1989; Schaedel and Shimada, 1982; Orellana Rodríquez, 1996; Lumbreras and Cisneros, 1986）。不过，巴西在许多方面不同于西班牙语拉美国家；其历史身份与葡萄牙关系更密切，不同的殖民史把它与其他拉美国家区别开来（Funari, 2000）。这些国家的每一代考古学家，对过去、对考古学的思想与政治历史都有自己的解读。同样的趋势也见于其他有考古学研究的国家，但是，无论是墨西哥、秘鲁、阿根廷、巴西，还是哥伦比亚、委内瑞拉、危地马拉等更小的国家，拉美地区的一个共同点是，有关过去的解读传统上与民族国家的社会关注相关，即运用考古学构建民族国家认同（Cabrera and Curbelo, 1992; Funari, 2000; Vargas and Sanoja, 1998; Podgorny, 2000; Pérez, 1981; Politis and Alberti, 1999; Politis, 2002）。最后，我显然不能引用针对有关特定问题的所有研究，我只能选择代表性文献，覆盖几个国家的不同研究主题、作者与时代。

共性与差异：拉美与非拉美地区

多年前，布鲁斯·特里格提出，世界考古学理论存在两个大的类别。一个是帝国主义的，通常是美国、西欧国家（如英国、法国）——近些年来还有日本——所倡导的。另一个是民族主义的，见于大部分非西方国家（Trigger, 1984; Burger, 1989）。特里格的两分法有点极端，没有考虑到处在两个立场之间的国家，不过作为一个出发点还是可以的。大多数拉美考古学家从事的考古学研究属于后者，我更愿意称之为强调民族或地区的考古学，而不喜欢称之为民族主义考古学。实际上，拉美有许多考古学研究项目是两个或多个国家合作的项目，把大部分国家的考古学称为民族主义考古学或国家考古学是不准确的。要理解拉美考古学，有必要考虑美国与欧洲考古学的历史作用，从理论方法角度来看，它们有助于理解过去（以及现在）、训练学生与开展研究。

这里争论的问题是美洲地区在理论与阐释上的相似性与差异性，再就是拉美与美国、欧洲的历史权力关系及其在考古学发展中的作用。拉美地区不同国家与研究传统在方法论与阐释的实践上把握考古学研究基本特征的速度各不相同。北美考古学家中有人对拉美考古学有偏见或误解，其中一个就是认为大多数拉美考古学家，尤其是墨西哥与秘鲁考古学家，强调从马克思主义的角度来阐释过去（有关拉美马克思主义考古学的更多讨论参见麦圭尔，第 6 章）。这是一种狭隘的认识，因为拉美考古学采用了多样的理论，包括文化历史考古学、生态考古学、象征考古学、史前史研究（意味着一种非人类学的考古学），以及其自己所定义的社会考古学（Patterson, 1994; Fonseca, 1988; Sanoja, 1988; Vargas, 1990; Politis, 1995;

Bonavia, 1996; McGuire and Navarrete, 1999）。这无疑是一种健康的多元论，不同思想与理论共存。如果说拉美存在不同的理论方法，那就是：特定国家少数研究者从事的马克思主义社会考古学（Vargas and Sanoja, 1999），与此同时，还有部分研究类似于新考古学或称过程考古学，许多国家在这方面的研究具有明显的延后效应（美国同样如此）；人文主义立场的考古学（如后过程的、后后过程的、阐释的、实践的、历史的、辩证的、文化批评的）同样存在（Hodder, 1997, 1999; Shanks and Hodder, 1995; 参见加德纳，第 7 章；尚克斯，第 9 章；琼斯，第 19 章）。尽管其中几个

167 国家的政治变化更有利于后现代主义与相对主义范式的发展，但是拉美考古学似乎总是与流行的全球范式——即便是马克思主义范式——存在矛盾，它更强调地区史、适应研究和知识体系。

过去几十年来，拉美考古学从马克思主义那里的一个最重要的"引进"就是冲突理论，它侧重于研究古代社会不同社会群体或阶级控制物品、服务的生产与分配的能力，并将之视为社会变迁的主要内在动力（Choy, 1960; Lumbreras, 1974; Gándara and Rodríguez et al., 1985; Montané, 1980; Vargas, 1990; Trigger, 1992）。这种辩证的观点（参见麦圭尔，第 6 章）从某种意义上说站在了新考古学生态决定论的对立面（参见沃森，第 3 章），它引入非马克思主义研究，把人看作不同形式的社会变化的中心，拓展了影响人类行为的外在因素，由此削弱了生态决定论的严格程度。后来，这一观点又被用于研究更广泛的社会问题，包括统治与被统治的体系、抵抗压迫的策略、作为社会秩序表达的日常习惯与实践、生活方式（Sanoja and Vargas, 1999; Bate, 1998），以及意识形态与历史的作用（Millones, 1986）。

　　然而，许多这样的研究还是源自盎格鲁－美国与以欧洲为中心的马克思主义，不论是首先从法国与英国发展起来的结构马克思主义，还是从美国与英国发展起来的政治经济学，抑或是从文学与历史研究中发展起来的文化马克思主义（Trigger, 1992）。当然，这里说到马克思主义的价值在于，数位拉美学者以自己的方式丰富了马克思主义，他们添加了墨西哥、秘鲁、委内瑞拉等地方的研究实践，并笼统地称之为社会考古学（Lumbreras, 1974; Fonseca, 1988; Vargas, 1990）。社会考古学的目的就是在拉美的背景中采用一种更加人文、更加社会的视角来进行历史研究与教学（Vargas and Sanoja, 1999）。可能有些学者认为社会考古学早已是一种被广泛接受的实践，但实际是只有拉美几个国家的少数学者开展了这方面的研究。如一位批评者所强调的："社会考古学研究的实践者……并没有建立单独一个思想流派——委内瑞拉是个例外（那里有萨诺加、瓦尔加斯及其他学者的研究）。"（Oyuela-Caycedo et al., 1994: 371-372）还有人宣称这个方面的探讨对于研究方法论与理解过去的目标贡献甚微，相关研究者也非常少（Gnecco, 1999; Lanatay Borrero, 1999; Politis, 2003）。不过，社会考古学侧重于研究地区历史范畴的社会过程，以及辩证地研究历史如何帮助我们了解现在，又如何在拉美环境中为现实所左右。也就是说，社会考古学努力把考古学与当代社会状况（不仅是每个国家的，也包括一般意义上的拉美地区的）联系起来。从这个方面来看，社会考古学旨在服务于民族国家与公众的利益，以及考古学家自身的利益（Bate, 1984; Funari, 1998; Vargas and Sanoja, 1999）。

　　无论社会考古学、新考古学、后过程考古学是否是马克思主义的，许多拉美学者都还是在研究当地材料，采用欧美考古学的方法进行研究，而不是另起炉灶，建立新的理论阐释领域——无论是拉美地区的学者还是非拉美地区的学者都是如此，这与其国家的社会历史状况以及拉美地区的整体状态相适应。这些努力取得了不同程度的成功。在整个拉美环境中，这在一定程度上已经成为值得关注的事件。

可能因为拉美考古学的确采用了多样的理论方法，所以整个学科基本上没有权威性的范式或任何占主导地位的单一理论与方法。当然，这并不意味着没有争论，或是某些拉美研究权威不会提出自己的"主义"。比如，20 世纪 60—80 年代，美国（还有英国）考古学家之间关于文化变迁的因果关系以及考古材料的意义就有许多争论（Dillehay, 1988）。拉美考古学家之间这样的争论更少一些，并且相关争论常常是在拉美的范围内进行的。就墨西哥而言，若泽·洛伦佐（José Lorenzo, 1976, 1981）曾经评论说："墨西哥已经成了一个学术战场，许多美国考古学家与考古学流派激烈交锋，拼的是谁的嗓门大而不是谁更正确。"这并不是说墨西哥或拉美不存在思想与政治的冲突。科学主义与人文主义的矛盾既见于不同研究者之间，也见于大学与研究所之间，只不过发生在研究所之间的相对较少。关键之处在于，拉美考古学中欧美模型与理论学说在历史上形成的权威不再像 20 世纪上半叶那样令人信服了。

传统上，许多拉美考古学家采用经验材料与归纳推理来解释考古现象，而不是从特定的学说与正式的研究问题出发提出假说、验证假说。拉美地区经常考虑的理论问题是某种契合考古材料的归纳性解释，这在考古报告中占主导地位。我所看到的情况是，由于拉美考古学家通常采用更经验主义的方法，因此他们更认同材料的具体形态，在评估非拉美学者不经常做的解释模型及其合理性时更加坦率（事实上，许多拉美学者常常认为北美考古报告基于太少的材料而做出太多的解释）。简言之，许多拉美学者认为第一手考古材料的积累最终会形成解释模型（Politis, 2003; Orellana Rodríquez, 1996; Funari, 1992; Cabrera, 1988; Fernández, 1982）。他们认为，在缺乏足够的材料时探讨新的解释途径是急于求成。

因此，拉美学者不像美国学者以及部分欧洲学者那样重视理论问题。拉美学者自 20 世纪早期就关注解释的理论框架，但是他们主要的关注点是去确定年代与器物的关系以及重建古代生活方式。近年来，他们在实现这些目标的过程中更多地结合了多学科的方法，而在理论上，对于有关前西班牙社会的解释，尽管采用了新的方法，但跟数十年前相比还是差别不大——经常用文化传播论与迁徙来解释文化变迁（Willey and Sabloff, 1986）。相对于重建年代序列与生活方式，以及填补拉美地区考古记录的区域空白，提出解释模型通常是次要的。

存在这样的形态可能有几个原因。相对于欧美理论学术中心而言，拉美研究还是处在边缘地带。其他原因跟欧美对拉美的政治经济长期主导相关，大部分理论探讨是用英文的，拉美授予的大多数考古学学位为学士与硕士，侧重于训练材料收集与方法，而非发展理论。解释性的报告更多地用西班牙语与葡萄牙语而非英语或其他语言出版，由于这些报告是用非英语出版的，非拉美地区的大部分学者很少读到（López M., 1999; Barreto, 1998）。再者，许多用英语出版的报告不为拉美所知。拉美学者不愿意研究理论，其中还有复杂的历史原因，即对逻辑实证主义的反感，逻辑实证主义是 20 世纪七八十年代北美新考古学及其他一些理论所倡导的。除此之外，许多国家还在忙于构建地区文化历史框架，没有足够多的考古学家可以去专门研究理论与方法问题。

此外还存在一些与整个社会性质以及学术定位相关的社会原因。拉美社会在很大程度上还是宗族性质的；裙带关系普遍，对精英管理还比较陌生。在许多拉美国家处在独裁统治下的几十年里（直到 20 世纪 80 年代中期），国家和政府支持比较保守的高等教育制度，这种制度立足于裙带关系而非英才教育。把学术看作一种人才储备，让许多拉美国家的考古学家很难接受公共或是私人研究基金的连续资助。直到 21 世纪初，英才教育才开始在研究与教育中发挥更重要的作用（Funari, 2000）。

欧洲学术传统的失败与不足并不足以解释拉美学者为什么不愿意研究理论，或是在理论有用且合适之时仍然不愿意采用当代理论成果。尽管也有些例外存在（Alvarez and Fiore, 1993; Funari, 1998; González, 1998; Lumbreras, 1974），但是理论作为一种一直存在且广泛传播的探索活动，直到过去 20 年才开始在墨西哥、秘鲁、阿根廷、委内瑞拉、哥伦比亚、智利的考古学研究中得到重视，长期以来，这些国家的考古学家常常会反思其理论基础（Núñez and Mena, 1994; Barreto, 1998; Gándara et al., 1985; Alvaréz and Fiore, 1993; Bate, 1998）。有几部著作虽说是研究拉美地区文化传统的，但是与欧美理论模型密切相关，可以代表拉美新的趋势（Lanata and Borrero, 1999; Ardila and Politis, 1992; Yacobbacio, 1994; Perota and Botelho, 1992; Langeback and Arroyo, 1995）。近年来，年轻一代的拉美学者组织成立了南美考古学理论国际联盟，每隔一年召开一次年会。这表明许多拉美考古学家不再把对于年代与反复出现的器物之关系的研究当成考古学研究的唯一目标。这一变化在很大程度上是优质学术教育发展的结果，它见于数个拉美国家，包括墨西哥、哥斯达黎加、哥伦比亚、秘鲁、巴西、智利和阿根廷，这其中还有从欧美获得高等教育学位的年轻一代学者的贡献。简言之，我们不能说拉美地区现在没有理论研究者。事实上，许多研究者存在于更广泛的研究范围里，他们把理论问题与一系列新的研究联系起来，引导南半球乃至全球考古学的发展——这里不仅包括拉美学者，还包括欧美及其他地区的学者（Politis, 2003; Pagan-Jimenez, 2004）。

我们还应该追问拉美的考古学究竟是如何影响非拉美地区的。在拉美地区开展研究的欧美学者开始反思自己的身份认同、学科理论，以及理解考古学研究思想、认识论与社会政治环境的理论。例如，中美、安第斯山、亚马孙地区大量土著人口的存在有利于直接历史法的更广泛的运用。部分外国学者从拉美同行那里学习如何让考古学为现实需要服务。例如，这些年我们在美国看到一种新的发展，把考古学研究的过去看作让现实权威合法化与建立民族认同的象征资源（主要在美洲土著中），这种实践同样来自拉美国家，考古学通过合理化过程不断将之用于今天的社会。就这个方面而言，美国反身考古 [2] 在政治上的反思就可以说源自拉美地区。研究拉美的外国考古学家，包括我在内，都开始批评性地质疑许多人类学概念以及考古学解释模型。例如，我们很容易认识到，当前我们有关部落、酋邦的定义并不足以解释南美东部热带低地区域土著历史上与现存的文化多样性，更别说考古材料了。最后，我还需要提及，一些外国研究者还只是把拉美（以及世界其他地区）看作获取材料的地方；他们勉强能够说西班牙语或葡萄牙语，但很少会用这些语言出版论著，他们受到所研究国度的影响很小。

没有国家在运用反身考古上比墨西哥更好（Litvak King, 1997; Newell, 1999）。自从 1910 年墨西哥革命以来，墨西哥为了构建国家认同，在研究土著历史上投入了相当多的财政资源。考古学就是这一努力的组成部分，于是它采用了一种历史主义的方法（Aguilar, 1984; Lorenzo, 1981; Gándara, 1997; Trigger, 1992），把史前史看作墨西哥文化遗产的重要组成部分。墨西哥许多联邦与州的考古学项目资金都投向了对有旅游潜力的遗址的解释与复原，以及与基建、矿产开发和近年来合作农场私有化运动的遗址调查相关的抢救性项目，所有这些工作都强化了经验主义与文化历史考古的方法。墨西哥政府为了教育与旅游的目的，鼓励建设国家与地方博物馆，复原考古遗址。在这样的框架中，研究者采用马克思主义、实证主义以及更新的后过程考古来开展研究。其他国家如危地马拉、洪都拉斯、哥斯达黎加、智利、玻利维亚等也采用了类似的理论，不过程度更低一些，由此对公众与学科整体的影响也相对要弱一些。

迄今为止，本章的内容似乎更关注非拉美或拉美考古学家研究拉美考古学的工作，但其实并非如此。本章的目的只是想区分出那些曾经作为研究热点的学术传统与历史。进一步说，我这里的观察并不悲观。我并不想把拉美地区当成特例，因为许多非拉美考古学家不是理论导向的，也不从事人类学的考古学研究。例如，许多从事地方考古或是文化资源管理的考古学家做的是描述工作，关心的问题是重建地方年代序列与古代生活方式，而非解释社会意义、历史与过程。从这个意义上说，迪克·德雷南（Dick Drennan, 2001）可能是对的，他注意到许多理论是由远在海外工作的考古学家提出来的，因为他们为了获得研究经费，为了让额外的花费合理，必须从更广泛的意义上为学科发展理论。这可能部分解释了为什么许多北美、欧洲研究者更关注理论，而地方考古学家——不论是墨西哥、伯利兹、哥伦比亚、智利、法国的，还是美国的——都更多地从事描述性的地方考古学研究。

总之，拉美考古学不是铁板一块。其理论传统各不相同，考古学实践的社会地理背景联系也存在明显差异。因此，我们很容易简单地划分美洲考古学的边界，如北美、拉美、欧洲，甚至对其内部区分进行划分，如中美、中美低纬地区、安第斯山地区、亚马孙地区、南美南部，这些地方以文化历史考古与过程考古为主；还可以区分出墨西哥与秘鲁，在这里，理论、解释与考古政治偶尔脱颖而出；还有部分加勒比国家以及巴拉圭，那里基本没有考古学研究。无疑，这样的划分也描述了更广泛与明显存在的国际政治问题，考古学研究就是其中的一个组成部分（尽管并不总是重要的），它也反映了历史与外国学者在考古学研究上的参与。但是同时，我更愿意看到学科的统一性，在历史与实践上，考古学家之间的关系（在某些国家，这种关系比复杂的政治关系出现得还要早）、学生与研究者的交流项目，以及文化遗产上的统一政策构成了美洲及其他地区考古学统一性的基础。我们所有人的解释方法是相同的，尽管我们的研究问题、材料、方法、资源、历史与国家认同不一样。

拉美考古学的贡献

这个部分将简述过去几十年里拉美考古学（本国与外国的）所取得的主要进展。

过去几十年里，拉美几乎所有地区都开展了系统的田野工作。当前许多国家的考古学理论方法仍然强调文化历史考古，对田野考古的新技术以及专门的材料分析方法（如植物考古、统计学等）还没有完全接受，对国际考古学的研究前沿了解有限（Barreto, 1998; Litvak King, 1997; López M., 1992）。其大部分原因是资源有限、本国考古学家的训练不足，以及这些国家考古学研究传统的束缚。20 世纪前半叶，人们对研究史前史兴趣有限，很少关注农业生产、贸易与社会复杂化进程这样的问题。相反，更多的研究侧重于材料收集、墓葬习俗、器物类型学以及年代序列等，或可将这一时期称为分类－历史时期（Willey and Sabloff, 1986）。在美国，这一时期早在 1915 年就已经开始了，但是在部分拉美国家一直到 20 世纪三四十年代才开始。自 20 世纪四五十年代以来，不少职业考古学家开始投入其中，让拉美考古学进入科学考古、人文考古、历史与国家认同的主流研究之中。20 世纪 80 年代以来的情况显示出另外一些正面的变化：大多数拉美国家加大经费投入、加强人员训练，开始从人类学与社会的视角研究更广泛的社会与经济问题。

从一个短时间的历史视角来看，基德尔于 20 世纪 30 年代在墨西哥与安第斯山地区开展的考古学与民族学研究对于当地文化历史考古的发展发挥了关键性的作用（Kidder, 1947）。他的研究为考古学方法的发展与归纳法的应用奠定了基础。他强调细致的材料记录、遗址地层学以及方法上的提炼，这些对世界考古学都产生了重要影响。

重要的解释工作都是近些年来开展的，通常是对发掘所积累的材料进行广泛的综合研究（Armillas, 1956; Bennett, 1948; Bernal, 1969; Brochado, 1984; Cruxent and Rouse, 1958; Dillehay et al., 1992; Pérez de Barrados, 1937; Rouse and Cruxent, 1963; Schmitz, 1987; Bonavia, 1996; Demarest and Foias, 1993; Kidder, 1947; Lanning, 1967; Meggers and Evans, 1963; Niederberger, 1999; Lavallée, 2000; Ochoa, 1999; Prous, 1992; Quilter, 1991; Smith, 1993; Tarragó, 1999; Willey, 1971; Wilson, 1997）。另一些是从技术－环境角度进行的、以地区为中心的重要综合（Kolata, 1996; Plazas et al., 1993; Sanders and Price, 1968; Orguera, 1986; Borrero, 1999），这些研究关注适应变迁的

一般过程。还有一些研究超越了这个中心，在当地史前史的综合中讨论技术、资源交换、社会组织、意识形态等各种问题。考古学家的主要研究同时也关注世界考古学的主题，这包括：

- 社会复杂性起源过程中手工业分化的作用（Evans, 1988; Brumfiel and Earle, 1987; Costin, 1991）。

- 家户考古（Manzanilla and Barba, 1990; Wilk and Ashmore, 1987）。

- 交换体系（Earle and Ericson, 1977; D'Altroy and Earle, 1985; Hirth, 1984; Núñez and Dillehay, 1979）。

- 农业起源及早期村落的形成（Bird, 1963; Bonavia, 1995; MacNeish, 1972; Flannery, 1972, 1976; Marcos, 1988）。

- 动物驯化（Wing, 1978; Wheeler, 1984; Bonavia, 1996; Yacobaccio et al., 1998）。

- 酋邦（Estrada, 1957; Spencer and Redmond, 1998; Burger, 1992; Coe, 1965; Cooke, 1984; Crennan, 1991; Grove, 1987）。

- 城市出现与国家形成（Sanders and Price, 1968; Cowgill, 1992; Blanton, 1978; Gándara, 1997; Murra, 1975; Schaedel, 1978; Lumbreras, 1974; Manzanilla, 1999）。

- 战争（Friedel, 1986; Webster, 1977; Haas, 1982）。

- 权力、身份认同与意识形态（Helms, 1979; DeMarrais et al., 1996; Moore, 1996; Joyce and Winter, 1996）。

- 象征与礼仪（Alconini, 1995; Carrasco, 1990; Lathrap, 1974; González, 1998; Kubler, 1962; Schele and Freidel, 1990; Brown, 2001）。

- 艺术、风格与神话考古（Caso, 1960; Benson, 1974; Donnan, 1978; Reichel-Dolmatoff, 1971; Rowe, 1962）。

- 天文考古（Aveni, 1982）。

- 生物人类学（Guillen, 1992; Rothhammer et al., 1997; Winter et al., 1996; Verano, 1995; Sempowski and Spence, 1994）。

- 民族考古（DeBoer and Lathrap, 1979; Hayden and Cannon, 1984; Politis, 1996; Wust and Barreto, 1999）。

从整个南半球来看，拉美考古学所覆盖的范围远不如欧美考古学。这里还有大片的区域没有调查、没有遗址发现，尤其是亚马孙盆地的部分地区、南美的南部、中美的部分地区。自从 20 世纪 40 年代戈登·威利著名的维鲁河谷调查开展以来，其他考古学家也开展了不少类似的聚落形态研究，在拉美各地都有一些出色的地区调查综合研究，尤其是在中美与安第斯山地区（Sanders et al., 1979; Parsons, 1971, 2000; Hurtado de Mendoza and Arias, 1982–1983; Feinman, 1985; Ferrero, 1975; Rice, 1976; Hyslop, 1990; Lange and Norr, 1982–1983; Stark and Arnold, 1997; Wilson, 1988; Zucchi, 1973）。由于拉美考古学中存在许多地区与研究问题差异，因此我们很难归纳聚落考古对整个学科所产生的影响。值得一提的是，麦克尼什等（MacNeish et al., 1972）、帕森斯（1971）、桑德斯等（Sanders et al., 1979）曾在墨西哥中部高原开展广泛的多学科聚落调查，伊斯贝尔（Isbell, 1988）、威廉斯（Williams, 1978–1980）、威尔逊（1988）在秘鲁，其他学者在南美也开展了类似的研究（Ardila, 1996; González, 1961; Llanos and Duran, 1983; Evans and Meggers, 1996），只是部分国家对此了解甚微。

聚落研究最终结合了更多生态学上的考量，如桑德斯与普赖斯（1968）开展人口考古，研究遗址密度与规模，并提出人口增长是导致复杂社会兴起的主要因素，尤其是它影响到社会竞争与合作。

尽管拉美国家长期开展聚落研究，但是考古学家还是更关注单个的遗址而不是一片区域。研究者喜欢围绕一个近似城市的大遗址或遗址群开展密集的调查，因为这些遗址规模大、保存状况好（Benavides, 1997; Matos, 1994; Millon, 1973; Moseley and Mackey, 1974; Fash, 1988; Izumi and Terada, 1972; Kolata, 1996; Hammond, 1985; Silverman, 1988; Uceda et al., 1997; Villalba, 1988）。如米伦（Millon, 1973）于 20 世纪 60 年代在特奥蒂瓦坎开始的测绘项目极大地增进了我们对这个大城市的了解，也促进了其他地方研究大型城市遗址的方法论的发展（Hirth, 1984; Shimada, 1994; Isbell, 1988; Cowgill, 1992, 2003; Garcia, 1987; Manzanilla, 1997; Morris and Thompson, 1983; Moseley and Mackey, 1974; Porras, 1987; Sharer and Coe, 1978）。还有一些重要的城市研究侧重于墨西哥高原的其他遗址，玛雅的遗址，安第斯山地区形成期和莫什（Moche）、瓦里（Huari）、提万纳库（Tiwanaku）、奇穆（Chimu）与印加时期的聚落（Llanos and Duran de Goméz, 1983; Lumbreros, 1989; Lorandi, 1988; Netherly, 1984; Ponce, 1981; Raffino and Stehberg, 1999; Shady and Leyva, 2003），以及拉美其他地区的遗址。

172

这些研究以及更多其他考古学家的研究对聚落与社区形态的解释产生了重要影响，影响范围远远超出了拉美，许多想法成了世界许多地区的研究范式。研究者不仅测绘了许多遗址，调查了许多地区，而且年代框架足够精细，足以衡量一两个世纪范围内人口规模的波动，尤其是在较晚阶段以及墨西哥高原地区。就整体而言，拉美许多地区可以说是通过多种城乡遗址的分布与密度研究人口问题的最佳区域。

再者，研究者还明确地从生态学的视角来研究拉美不同区域环境地带的多样性。其中一个来自拉美地区的对生态人类学的重要贡献就是对农业起源与扩散的研究。1968 年，肯特·弗兰纳里（1976）运用系统论 [3] 的方法研究中美早期食物生产的起源。弗兰纳里及其同事重新定义了时令安排、季节性和正反馈等概念，解释了墨西哥高原地区食物获取体系及植物驯化的扩散。同样，南美其他地区也开展了一些重要的植物驯化研究，尤其是在安第斯山地区，这里在公元前 7000 年就已出现了若干种栽培植物（Bonavia, 1982; MacNeish and Eubanks, 2000; Mandelsdorf and MacNeish, 1964; Pearsall, 1992; Kaplan et al., 1973）。

最早的安第斯山居民还饲养与照看牲口。秘鲁帕帕德胡宁（Pampa de Junin）遗址的发掘证据（Bonavia, 1996; Lavallée, 1978）表明，大约在公元前 4500 年，人类与骆驼科的动物之间的联系明显加强。两千年后，这种联系最终导致羊驼与美洲驼的驯化。三四千年后，骆驼科动物的饲养与羊驼商队在安第斯地区诸帝国如瓦里、提万纳库、印加的崛起过程中发挥了重要的作用（Wheeler, 1984; Browman, 1974; Núñez and Dillehay, 1979; Lavallée, 2000）。

另一项经典的生态研究是玛雅的崩溃研究，这项研究不仅就人与环境脆弱的共存关系产生了许多富有成效的争论，而且展示了若干经典的、库恩式（Kuhn, 1970）的科学推理模型（Kelly and Hanen, 1988: 317-326）。近年来，研究者更加关注导致重大文化变迁的环境灾难事件（Sheets, 1984; Kolata, 1996）。其中一项重要的进展就是博雷罗（Borrero, 1999）有关南美草原早期狩猎采集者居址生态的研究，它超越了简单的对区域栖居地的环境复原，开始探索人类社会与自然环境变迁之间长期的相互影响。近年来部分有关人与环境长期相互作用的重要研究关注到亚马孙盆地及相邻南美东部热带低地区域，来自不同学科的学者就人类在栖居地退化中的作用、气候改变对人类社会的影响等问题展开争论（Meggers, 1972; Lathrap, 1971, 1974; Piperno et al., 1991; Navarrete Pajol, 1983）。该地区研究的另一个重要的方面是在巴西（Roosevelt, 1980; Neves, 1999）、玻利维亚（Denevan et al., 1987; Erickson and Candler, 1989）富饶的湿地中发现了大型土木工程遗迹（如堤道、居住土墩、抬高的农田等），它们标志着在欧洲殖民者到来的几个世纪之前，当地已经普遍形成了大型的、复杂的农业社会。

在过去几十年中，人口与环境变化一直是拉美考古学传统的研究重心，不过，剩余产品的形成与交换在考古学研究中也居于同等重要的地位。交换体系在复杂社会形成过程中的作用一直是研究的焦点，尤其是在中美与安第斯山地区。重建前西班牙时代体系的研究通常强调精英交换网络以及外来物品长距离流动的重要性（Blanton et al., 1996; D'Altroy and Earle, 1985; Hirth, 1984）。在方法论领域，墨西哥与秘鲁考古学长期进行原料的溯源研究，以确定酋邦与国家社会中贸易交换的方向与距离（Burger et al., 2000）。

美洲早期历史中的一项重要文化发展就是狩猎采集者如何适应新大陆丰富多样的环境。拉美的情况与北美有所不同。考古学家早就发现了不同地区文化群体同时繁荣的证据。早在 20 世纪 30 年代，伯德（Bird）就在巴塔哥尼亚高原南部开展研究，自此以来，南美早期遗址提供了一系列

173

关键证据，印证了最早的美洲人进入新大陆的年代、迁移路线以及文化形态。尽管墨西哥与中美也有一些早期遗址，不过研究者主要还是基于南美的遗址，质疑新大陆克鲁维斯最早的模型，提出人类进入新大陆的若干新途径与解释方案（Bird, 1938; Bryan, 1991; Cardich, 1977; Chauchat et al., 1998; Correal, 1981; Dillehay, 2000; Lynch, 1983; Neves et al., 2001; Politis, 1991; Kipnis, 1998; Rick, 1980; Schmitz, 1987; Nami, 1987）。

过去几十年来，尽管文明起源过程问题一直是拉美考古学研究的基石，但是直到最近，大多数研究还是在国家这样的政治单位层面上展开的，尤其是在墨西哥与秘鲁。不过，那些在中美、安第斯国家、加勒比以及南美热带低地东部开展研究的考古学家开始更加关注农业酋邦与小型复杂社会的起源（López and Bracco, 1994; Perez, 2000; Cooke, 1984）。然而，无论是研究大型社会还是研究小型社会，研究者都更关注文明的政治前身。越来越多研究者注意到了导致特定社会变迁的历史与发展过程的类型，相关主题包括统治与被统治、反抗、权力来源关系、体系的规模、信息流、生产力、政治行动模型（如统一的政治单位 vs. 网络化的政治单位，参见 Blanton et al., 1996）、历史文化背景关联中的能动性，以及考古学在确定与保护地区文化遗产中的作用等（Joyce and Winter, 1996; López M., 1992）。

有几篇重要的分析性综述覆盖了那些最有意思的前西班牙时代美洲复杂社会——瓦尔迪维亚（Valdivia）、奥尔梅克（Olmec）、圣奥古斯丁（San Agustin）、查文（Chavin）、阿瓜达（Aguada）、萨巴特克（Zapotec）、玛雅、阿兹特克、奇布查（Chibcha）、莫什（Moche）、瓦里（Huari）、蒂亚瓦纳科、奇穆（Chimu）、印加。这些综述认识到美洲有许多技术与礼仪上的革新，认识到它们在处理中心与边缘关系中的作用，还注意到游牧起源与发展（安第斯中部），以及城镇发展过程中社会文化波动的解释。拉美数个地区一直在发挥关键作用——这里有中心城市。研究还特别关注金属冶炼术的发展，数千年来其发展影响了区域的社会结构与区域之间的相互关系。新大陆最成熟的金属冶炼技术见于部分安第斯山地区与中美南部。尽管其工艺主要基于铜及其他软的贵金属（金、银），但是安第斯的工匠们能加工多种合金，包括青铜，还精于表面处理技术（Lechtman, 1979; González, 1992）。除了精致的纺织品、雕像以及其他装饰品，风格化的金属制品在构建与强化权力关系上发挥了重要的作用（Langebaek, 1999; Quilter and Hoopes, 2003）。

过去几十年里，拉美考古学中出现了一种新的发展趋势。这就是社会考古（除了马克思主义社会考古之外），它不仅更强调研究社会组织与意识形态，而且关注现代社会的内涵，如种族、性别、族属、能动性、身份认同等（Bate, 1998; Gaspar, 1996; Curet, 1996; 参见琼斯，第 19 章）。相关的研究兴趣早已存在，而不同之处在于，现在关注的是社会结构、政治经济与意识形态等问题，尤其是分层社会的能动性问题（Feinman, 2000; Blanton et al., 1996; Drennan, 1991; Pérez, 2000; 参见加德纳，第 7 章）。变化大多来自新技术与新材料，以及认识到社会组织研究与考古学的关联，比如作为一种象征资源让权力关系与权威合法化（Earle, 1991; González, 1998）。康拉德与德马雷斯特（Conrad and Demarest, 1984）曾就国家形成过程中意识形态的重要作用指出，传统宗教意识形态中存在若干相互关联的变化，它们对于阿兹特克与印加帝国的成功助益良多。越来越多的研究结合了纪念建筑物、景观等新现象，这让我们能够在人类的层面上理解大尺度的趋势。拉美地区同时还在呼吁更多的历史考古研究（Kern, 1991; Barcena et al., 1990; Funari, 2000; Deagan, 1995; Higman, 1999; Ortiz Troncoso, 1995; Andrade, 1999; Senatore, 1995），揭示殖民主义与后殖民主义对当地历史的影响（Salomon, 2002; Deagan and Cruxent, 2002; Pagan-Jimenez, 2004）。

中美考古最有意义的进步之一来自铭刻符号（图像文字）的当代识读，这些铭刻符号位于那些最为宏伟的礼仪中心的碑柱上（Kelley, 1976; Caso, 1967; Coe, 1965; Houston and Stuart, 1989; Miller, 1986; Marcus, 1972）。这些铭刻符号不仅让我们了解了历法知识与宗教事宜，而且让我们了解到真实的历史事件——主要是玛雅国王的事迹以及单个中心所属区域的故事。同时，中美文明的历法记录对于重建古代事件的基本年代极有帮助。墨西哥的古代玛雅人有长期的计算历史，他们采用52年的循环周期，这让考古学家可以重建起几个地区短期的年代序列。由此，玛雅的历史有了新的维度。从这个方面来说，中美考古学由于能够解读象形文字的含义，因此在研究古代复杂社会时，在很大程度上建立了一种平衡的相互关系：一方面依赖标准的考古材料，另一方面利用符号或文献材料。

这个部分介绍了一些考古学家的贡献，他们开展的工作包括传统的文化历史考古、过程考古、后过程考古、能动性考古、实践考古以及其他类型的考古学研究。不过，在这里我们不要忽视了那些反身与参与性的视角，它们旨在打破既有的思想主导形态，由此考古学能够发挥更加积极的社会作用，把拉美的过去、现在与未来联系起来。但是，这种关注似乎对大多数考古学家的研究很少有影响。可能对人们的影响更明显一点的是博物馆与教育扩展项目，它们拓展了自身的角色，告诉公众有关遗址保护以及文化遗产历史意义的知识。

超越发现与模型：无形的考古实践

考古发现与解释是拉美对考古学的贡献，此外还有一些问题。例如，一个正面的变化就是拉美相邻国家之间考古学家的接触日益增多（Yacobaccio, 1994; Barreto, 1998）。墨西哥、危地马拉、贝利兹考古学家合作研究玛雅史前史，智利、阿根廷考古学家一起研究巴塔哥尼亚高原南部晚更新世人群，安第斯山脉两侧不同国家研究印加的专家之间的交流日益顺畅，这些都充分显示了拉美相邻国家考古学家之间的合作成效。这里还包括那些关注拉美考古学理论发展的国内与国际会议，如在巴西的维多利亚与阿根廷的奥拉瓦利亚举办的两个会议。拉美考古学家参与了越来越多的国内与国际会议，在考古学的教学、科研与行政事务上，职业人士的贡献越来越明显。当前，在几乎所有拉美国家，许多研究是由年轻一代考古学家开展的。随着许多小国考古工作的职业化，制度建设也得到了进一步的发展。

就外国学者的参与而言，外国学者开展的工作也越来越多，通常是与当地研究机构合作，这样更能实现相互尊重，避免以前存在的科学帝国主义现象。当然，在某些国家，还是有些外国学者来这里调查、发掘，获取材料，然后离开，不写报告或是不留下其他研究成果（Ponciano, 1994）。过去几年来，情况有所改善，为了实现共同的研究目标，工作手续与规范开始建立起来。

拉美国家在跨学科研究方面的兴趣差别较大（López M., 1998, 1999; Bonavia, 1996）。大多数拉美国家缺乏动物、植物、测年及其他方面的考古专家，而这些研究可以带来更好的精确性，形成跨学科的热点问题。但是拉美国家在这些方面的情况不理想，比如，整个拉美地区很少有放射性碳测年实验室。

在拉美地区，有几个国家倒是更关注通过考古学研究探索文化身份认同（Salazar, 1995; Funari, 2000）。这并不总是件容易的事情，因为部分拉美国家的媒体总是在传播与提升外来传统的重要性，这损害了前哥伦布时代地方古老文化遗产的价值。由此，在拉美地区，一些国家总是低估考古学研究以及历史知识的重要性（Salazar, 1995; Castillo and Mujica, 1995）。

175 而在另一些国家，尤其是阿根廷、智利，人们用考古学来研究 20 世纪七八十年代军事独裁时期消失的人（Bellelli and Tobin, 1996; EEAF, 1992），这让我们注意到考古学与拉美某些地区的当代社会事件密切相关。

有些拉美国家把经济增长部分寄托在考古旅游上（Litvak King, 1997）。对于考古学研究的发展来说，这可能是一个很好的机会，尤其是在墨西哥，其旅游吸引力在很大程度上立足于考古资源。墨西哥在发展考古学以及利用古代遗存增强民族团结上确实首屈一指。20 世纪早期，墨西哥考古学主要关注对纪念性建筑的阐释以及与宗教实践、象征、历史资源等相关的问题。现在它是国家、州、地方政府、私人财团相互竞争发展文化旅游的领袖（Salazar, 1998; Robles, 1998）。新的政治路线赋予了考古学家新的责任。

在拉美最大的国家巴西，考古学"既非旅游资源，亦非土著群体确定其族群身份的途径"。巴西似乎是这样的一个国家，考古学家群体更多是在记录过去，而不是去阐释与解释过去（Barreto, 1998; Funari, 1992）。这里很少有以问题为中心的研究，也很少有理论上的争论。尽管它是拉美最大的国家，但是由于语言、考古学思想上有限的影响力以及与其他拉美国家联系很少，因此它又是最孤立的国家之一。不过，它同时是考古资源最丰富的拉美国家之一，有大量的贝丘遗址（葡萄牙语称为 sambaquis），有非常多样的狩猎采集者与小型农业社会的悠久历史，还生活着一些土著群体，可以为开展人类学与民族考古研究提供世界上最丰富多样的机会。

在其他国家如古巴与巴拉圭，考古爱好者还在发挥重要作用。古巴考古学的情况比较特殊，它有意摆脱北美的影响，转向马克思主义；这里的考古学长期受到社会主义政府的影响，在拉美国家中独树一帜（Fernández Leiva, 1992）。巴拉圭是一个职业考古学还没有正式形成的国家，不过，它正在向职业化这个方向发展。

有几个拉美国家对于文化资源的态度模棱两可，是否采取有效的行动在很大程度上取决于公务人员的个人伦理，而不是切实的文化资源保护政策（Corrales and Hoopes, 2000; Fajardo, 1997; Salazar, 1995; Bonavia, 1982）。结果是管理政策摇摆不定。尽管法律法规要求国家保护文化遗产，但是政府并不总是会优先处理这件事，因为这些国家常常陷入安全、健康、教育、交通、经济等等危机中。这里的盗掘情况非常严重，许多遗址遭到盗掘破坏，甚至如易贝与亚马逊网站上都开始形成市场，售卖前哥伦布时代的古物（Lopéz L., 2000）。

拉美考古中一个发展迅速的领域是文化资源管理，或称 arqueologia ambiental（葡萄牙语）。在有些国家，文化资源管理成为青年考古学家的主要就业岗位与资助项目。在洪都拉斯、哥斯达黎加、巴拿马、哥伦比亚、厄瓜多尔、智利、阿根廷等国，文化资源管理或抢救性考古发展的许多方面都类似于美国（参见格林，第22章），不仅在法律上如此，在职业上也如此。其他国家，如秘鲁、巴西尤其是墨西哥，其文化资源管理所涉及的法律、经济与组织架构与美国差异甚大。还有一些国家，这一职业领域还没有形成。无论实践的形式如何，文化资源管理都深刻地改变了考古这一职业——这不仅指职业机会的变化、遗址破坏问题的缓解，而且指它带来的新问题，包括文化资源的所有权、考古发掘材料的保护与存放，以及文化遗产法律的执行等。

另一个问题是土著人骨与遗物的归还，这个问题还没有影响到大部分拉美地区。跟其他国家一样，拉美的土著也开始要求对考古遗址与出土物的所有权（Williams, 1996; Endere, 1998）。在有些国家，让考古学家认识到土著群体在文化资源的利用规划上有自决权正在成为一个重要的问题。在其他国家，如墨西哥、危地马拉、哥伦比亚、厄瓜多尔、巴西、智利、秘鲁、玻利维亚等，它则已经成为一个重要问题了。

不论是讨论理论、方法、学术训练还是资源，考古学家并不总是奢侈地有无限的时间来考虑遗产的保护与保存问题。随着经济的发展、城市的扩张以及日益猖獗的盗掘，拉美考古学最重要的部分——考古遗址，在许多地区正遭到破坏。这也就意味着考古学家并不能太多地考虑理论、意义以及考古学的关联性等问题，对遗址的发掘与保护以及对遗存的描述与解释同样很重要。这就要求研究者更多地关注有意义的考古学问题、研究设计等，其中最重要的可能还是关注考古学在教育大众认识古代遗产的价值、构建民族认同上的不同作用。

后记

本章讨论了拉美考古学的主要理论，这些理论或是具有重要影响，或是代表理论进步对于理解考古材料的重要作用。跟世界其他地区一样，拉美考古学的任务并不只是发现神奇的古墓、研究不同时代不同地区物质文化的差异，还包括关注考古学之于地区历史与当代人群的意义。从许多方面来看，文化历史考古与已经不那么新潮的过程考古在拉美大部分地区仍然占主导地位，不过，走向社会考古、后过程考古以及其他类型考古的趋势已经发展多年。除了这些一般性的趋势，拉美考古学特别关注区域与技术－环境理论，文化资源管理、民族考古、实验考古、人文主义方法等方面的研究也在不断发展。这里可能存在一种假定，即认为这些理论都是由欧美学术体系发展的，因此，我们在田野工作以及出版物中看到的，都可能受到了欧美学术体系的影响。在 20 世纪前半期，情况可能确实如此，但最近几十年来，情况已有所不同。20 世纪七八十年代以来，情况发生了许多正面的变化，尤其是在一些较大的拉美国家，如墨西哥、秘鲁、哥伦比亚、巴西、阿根廷等。随着全球化的出现、国内训练的更多开展以及拉美国家之间更多的交流，拉美与欧美在考古学研究的理论与方法上已经形成了更平衡的关系。

考古学发展的新趋势几乎没有影响到萨尔瓦多、尼加拉瓜、委内瑞拉、厄瓜多尔、玻利维亚等国传统的文化历史考古研究。不过，拉美大部分地区的考古学研究还是发生了一些普遍的变化—— 一种似乎与考古学领域思想变迁结合在一起的变化。拉美地区出现了更多的自我批评，并开始关注与考古学的价值伦理以及认识论相关的问题。当然，有些国家很少考虑这些问题，尤其是与文化资源管理的伦理相关的问题。考古学家可以利用的研究过去的技术手段与日俱增，与此同时，判断这些考古学方法是否实现了基本目的的难度也随之增加。

拉美考古学跟欧美考古学一样，远比旁观者想象的复杂。关于考古学知识形成的思想与认识论基础，人们总是争论不休。再者，在许多国家，任何有关考古学的政治作用的争论都自始至终受到关注（McGuire and Navarrete, 1999）。然而，事情没有这么简单。考古学的学科地位也在不断变化。老问题以新的方式表现出来。比如，有关过去的思想在多大程度上反映了正在迅速变化的拉美社会的历史与现实状况？这样的背景关联是如何影响考古学知识的？类似地，考古学家（广而言之还有考古学知识）与他者的关系，如土著主张他们与考古材料有历史联系，还有有关考古材料的道义问题，应该如何处理？为了保护历史遗产，可以做些什么？从学生就业机会的角度来说，考古学科应该如何发展？为了保护考古材料，应该如何增加研究与合同考古的岗位？新媒体、社会阶级冲突以及生态旅游如何有利于保护考古遗存？在如今的拉美，这些问题在许多地方与社会、历史、人类学以及考古学思想交织在一起。

本章的许多内容涉及拉美以及一般意义上的美洲不同地区、不同国家考古学所属的学科类型及所能发展的方向：自然科学、社会科学、人文科学，或是其他的门类。于考古学而言，不同所属学科类型需要形成不同的理论与不同的解释模型体系，而这些是我们现在还很少考虑的。未来，我们需要了解拉美以及一般意义上的美洲地区竞争性观点之间的趋同与分化。关键之处在于，考古学家要了解研究所依赖的思想基础，然后让这些研究达到自己的标准（全球考古学广泛赞同的），尤其是要做到逻辑自洽、理论兼容、材料充分。不过，拉美考古学首先不是孤立的存在，它并没有脱离今天的社会经济发展。在过去几十年里，考古学与政治力量、生态运动、旅游有机会建立起新的建设性的关系。跟世界其他地区一样，这意味着考古学并不只是考古学家的考古学，政治人物、政府机构、新媒体、艺术博物馆以及其他机构都会像考古学家一样参与到了解与阐释过去的活动中。

本章所提出的一些问题对部分考古学家来说可能无足轻重，因为在他们那里这些问题可能不成其为问题，或是他们对相关的考古学实践知之甚少。由于不同国家发展时间、程度与规模上的差异，拉美以及美洲内部存在许多差异。不过，在网络化与全球化的时代，我相信当代考古学的问题与讨论都会影响到绝大多数拉美地区的考古研究者。更进一步说，如果我们考虑到拉美丰富的史前遗存、众多的语言、不可思议的地区与族群多样性，还有大量的土著群体，我们就不难想象，未来有必要根据拉美古今社会的材料检验有关人类发展、社会复杂性起源、殖民主义、政治经济学等主题的许多人类学观点。最后，拉美考古学有助于我们了解美洲与全球环境以及社会新问题背景下考古学与文化遗产的作用。

注释

[1] 认识论：关于知识获取与交流的研究。

[2] 反身考古：由霍德（1997, 2000）提出的术语，指在田野工作中容许所有发掘者做出多重、主观的阐释。

[3] 系统论：指一种解释文化变化的方式，多重原因相互作用，其反馈导致系统走向平衡态（Flannery, 1986）。

参考文献

Aguilar, F. 1984. *Elementos para una construcción teorica en arqueología.* Colección Científica Serie Arqueología. México D.F.: INAH.

Alconini, M. S. 1995. *Rito, símbolo e historia en la Pirámide de Akapana, Tiwanaku: Un análisis de cerámica ceremonial prehispánica.* La Paz: Editorial Acción.

Alvarez, M., and D. Fiore. 1993. La arqueología como ciencia social: Apuntes para un enfoque teórico-metodológico. *Boletín de Antropología Americana* 27: 21–38.

Andrade Lima, Tania. 1999. Historical archaeology in Brazil. *SAA Bulletin* 17(2): 18–19.

Ardila, Gerardo. 1996. *Los tiempos de las conchas.* Bogotá: Editorial Universidad Nacional de Colombia.

Armillas, Pedro. 1956. Cronología y periodificación de la historia de la América precolumbina. *Journal of World History* 3(2): 463–503.

Aveni, Anthony F. (ed.). 1982. *Archaeoastronomy in the New World.* Cambridge: Cambridge University Press.

178 Barcena, J. Roberto, D. Schavelzón, M. del Rosario Prieto, S. Choren de Fischetti, A. M. Mateu, M. S. Gascón, and E. B. Bragoni. 1990. *Allmiquina hutu: De edificios, sociedad y economia en la Mendoza del siglo XIX.* Mendoza: CRICYT. Xama 3.

Barreto, Cristina. 1998. Brazilian archaeology from a Brazilian perspective. *Antiquity* 72(277): 573–581.

Bate, Luis F. 1984. *Cultura, clases y cuestión étnico nacional.* México: Colección Principios.

———. 1998. *El proceso de investigación en arqueología.* Barcelona: Editorial Crítica.

Belleli, Christina, and Jeffrey Tobin. 1996. Archaeology of the *desaparecidos. SAA Bulletin* 14(2): 6–7.

Benavides Castillo, A. 1997. *Edzna: Una ciudad pre-Hispanica de Campeche/Edzna: A Pre-Columbian city in Campeche.* Pittsburgh, PA: Instituto Nacional de Antropológia e Historia/University of Pittsburgh.

Bennett, Wendell C. 1948. The Peruvian co-tradition. In Wendell C. Bennett, ed., *A reappraisal of Peruvian archaeology,* 1–7. Memoir 4. Menasha, WI: Society for American Archaeology.

Benson, Elizabeth P. 1974. *A man and a feline in Mochica art.* Studies in Pre-Columbian Art and Archaeology 14. Washington, DC: Dumbarton Oaks.

Bernal, Ignacio. 1969. *The Olmec world.* Berkeley: University of California Press.

Bird, Junius B. 1938. Antiquity and migrations of the early inhabitants of Patagonia. *Geographical Review* 28(2): 250–275.

———. 1963. Pre-ceramic art from Huaca Prieta, Chicama valley. *Nawpa Pacha* 1: 29–34. Berkeley, CA: Institute of Andean Studies.

Blanton, Richard E. 1978. *Monte Alban: Settlement patterns of the ancient Zapotec capital.* New York: Academic.

Blanton, Richard E., Gary M. Feinman, Stephen A. Kowalewski, and Peter N. Peregrine. 1996. A dual-processual theory for the evolution of Mesoamerican civilization. *Current Anthropology* 37: 1–14.

Bonavia, Duccio. 1982. *Los Gavilanes: Mar, desierto y oasis en la historia del hombre.* Corporación Financiera del Desarrollo S.A. COFIDE. Lima: Instituto Arqueológico Alemán.

———. 1995. La domesticación de las plantas y los orígenes de la agricultura en los Andes centrales. Separata de la *Revista Histórica* 28: 77–107.

———. 1996. *Los camélidos sudamericanos: Una introducción a su estudio.* Lima: Instituto Francés de Estudios Andinos.

Borrero, Luis A. 1999. The prehistoric exploration and colonization of Fuego-Patagonia. *Journal of World Prehistory* 13(3): 321–355.

Brochado, Jose P. 1984. An ecological model of the spread of pottery and agriculture into eastern South America. Ph.D. diss., University of Illinois.

Browman, David L. 1974. Pastoral nomadism in the Andes. *Current Anthropology* 15(2): 188–196.

Brown, Linda. 2001. Feasting on the periphery. The production of ritual feasting and village festivals at the Ceren site, El Salvador. In Michael Dietler and Brian Hayden, eds., *Feasts: Archaeological and ethnographic perspectives on food, politics, and power,* 369–390. Washington, DC: Smithsonian Institution Press.

Bryan, Alan L. 1991. The fluted point tradition in the Americas: One of several adaptations to Late Pleistocene environments. In Robson Bonnichsen and Karen L. Turnmire, eds., *Clovis: Origins and adaptations:* 15–33. Corvallis, OR: Center for the Study of the First Americans.

Brumfiel, Elizabeth, and Timothy K. Earle (eds.). 1987. *Specialization, exchange, and complex society.* Cambridge: Cambridge University Press.

Burger, Richard L. 1989. An overview of Peruvian archaeology (1976–1986). *Annual Review of Anthropology* 18: 37–69.

———. 1992. *Chavin and the origins of Andean civilization.* London: Thames & Hudson.

Burger, Richard L, Karen L. Mohr-Chavez, and Sergio J. Chavez. 2000. Through the glass darkly: Prehispanic obsidian procurement and exchange in southern Peru and northern Bolivia. *Journal of World Prehistory* 14: 267–362.

Cabrera, Leonel. 1988. *Panorama retrospectivo y situación actual de la arqueología uruguaya.* Montevideo: Universidad de la República, Facultad de Humanidades y Ciencias.

Cabrera, Leonel, and Maria del C. Curbelo. 1992. Patrimonio y arqueología en el Uruguay: Hacia el reconocimiento de un pasado olvidado. In Gustavo G. Politis and Benjamin Alberti, eds., *Arqueología en América Latina hoy*, 45–56. Bogotá: Editorial Presencia.

Cardich, Augusto. 1977. Las culturas Pleistocénica y post-Pleistocénicas de Los Toldos y un bosquejo de la prehistoria de Sudamérica. *Obra del Centenario del Museo de La Plata* 2: 149–172.

Carrasco, David. 1990. *Religions of Mesoamerica: Cosmovision and ceremonial centers*. New York: Harper & Row.

Caso, Alfonso. 1960. *La interpretación del Codice Bodley*. Mexico D.F.: Sociedad Mexicana de Antropología.

———. 1967. *Los calendarios prehispánicos*. Mexico City: UNAM.

Castillo Butters, Luis Jaime, and Elias Mujica Barreda. 1995. Peruvian archaeology: Crisis or development? *SAA Bulletin* 13(3): 18–20.

Chauchat, Claude, Cesar Galvez M., Jesus R. Briceno, and Santiago C. Uceda. 1998. *Sitios arqueológicos de la zona de Cupisnique y márgen derecha del Valle de Chicama*. Instituto Nacional de Cultura La Libertad, Trujillo. Instituto Francés de Estudios Andinos, Lima.

Childe, V. Gordon. 1951. *Social evolution*. London: Watts.

Choy, Emilio. 1960. La Revolución Neolítica y los origenes de la civilización. In *Antiguo Perú: Espacio y tiempo*,149–197. Lima: Editorial Juan Mejia Baca.

Coe, Michael D. 1965. The Olmec style and its distribution. In Gordon R. Willey, ed., *Handbook of Middle American Indians*, vol. 3, *Archaeology of southern Mesoamerica*, 739–775. Austin: University of Texas Press.

Conrad, Geoffrey W., and Arthur A. Demarest. 1984. *Religion and empire: The dynamics of Aztec and Inca expansion*. Cambridge: Cambridge University Press.

Cooke, Richard. 1984. Archaeological research in central and eastern Panama. In Frederick W. Lange and Doris Z. Stone, eds., *The archaeology of lower Central America*, 263–302. Albuquerque: University of New Mexico Press.

Corrales U., Fonseca, and John W. Hoopes. 2000. The law of the bulldozer: Costa Rican government restricts archaeological impact studies. *SAA Bulletin* 18(1): 21–24.

Correal Urrego, G. 1981. *Evidencias culturales y megafauna Pleistocenico eb Colombia*. Publicación de la Fundación de Investigaciones Arqueológicas Nacionales 12. Bogotá: Banco de la Republica.

Costin, Cathy L. 1991. Craft specialization: Issues in defining, documenting, and explaining the organization of production. *Archaeological Method and Theory* 3: 1–56.

Cowgill, George. 1992. Toward a political history of Teotihuacan. In Arthur A. Demarest and Geoffrey W. Conrad, eds., *Ideology and Pre-Columbian civilizations*, 87–114. Santa Fe, NM: School of American Research Press.

———. 2003. Teotihuacan: Cosmic glories and mundane needs. In Monica Smith, ed., *The social construction of ancient cities*, 37–54. Washington, DC: Smithsonian Institution Press.

Cruxent, Jose, and Irving Rouse. 1958. An archaeological chronology of Venezuela. *Social Science Monographs* 1: 2–39.

Curet, L. Antonio. 1996. Ideology, chiefly power, and material culture: An example from the Greater Antilles. *Latin American Antiquity* 7: 114–132.

D'Altroy, Terence N., and Timothy K. Earle. 1985. Staple finance, wealth finance, and storage in the Inka political economy. *Current Anthropology* 26: 187–206.

Deagan, Kathleen (ed.). 1995. *Puerto Real: The archaeology of a sixteenth-century Spanish town in Hispaniola*. Gainesville: University Press of Florida.

Deagan, Kathleen, and Jose Maria Cruxent (eds.). 2002. *Archaeology at La Isabela: America's first European town*. New Haven: Yale University Press.

DeBoer, Warren R., and Donald W. Lathrap. 1979. The making and breaking of Shipibo-Conibo ceramics. In Carol Kramer, ed., *Ethnoarchaeology: Implications of ethnography for archaeology*, 102–138. New York: Columbia University Press.

DeMarrais, Elizabeth, Luis Jamie Castillo, and Timothy K. Earle. 1996. Ideology, materialization, and power strategies. *Current Anthropology* 37: 15–32.

Demarest, Arthur A., and A. E. Foias. 1993. Mesoamerican horizons and the cultural transformations of Maya civilization. In Don Stephen Rice, ed., *Latin American horizons*: 147–192. Washington, DC: Dumbarton Oaks.

Denevan, William, K. Mathewson, and Greggory Knapp (eds.). 1987. *Prehistoric agricultural fields in the central Andes*. International Series 359. Oxford: British Archaeological Reports.

Dillehay, Tom D. 1988. Un ensayo sobre el reduccionismo metodológico y la "ley del instrumento" en la arqueología norteamericana. *Etnia* 33: 3–17.

———. 2000. *The settlement of the Americas: A new prehistory*. New York: Basic. *180*

Dillehay, Tom D., Gerardo Ardila, Gustavo G. Politis, and Maria Beltrão. 1992. Earliest hunters and gatherers of South America. *Journal of World Prehistory* 6(2): 145–204.

Donnan, Christopher B. 1978. *Moche art of Peru*. Los Angeles: UCLA Latin America Center.

Drennan, Robert D. 1991. Pre-Hispanic chiefdom trajectories in Mesoamerica, Central America, and northern South America. In Timothy K. Earle, ed., *Chiefdoms: power, economy, and ideology*, 263–287. Cambridge: Cambridge University Press.

Earle, Timothy K. (ed.). 1991. *Chiefdoms: Power, economy, and ideology*. Cambridge: Cambridge University Press.

Earle, Timothy K., and Jonathon E. Ericson (eds.). 1977. *Exchange systems in prehistory*. New York: Academic.

EEAF (Equipo Argentino de Antropología Forense). 1992. Excavando la violencia: Arqueología y derechos humanos en el Cono Sur. In Gustavo G. Politis and Benjamin Alberti (eds.), *Arqueología en América Latina hoy*, 160–166. Bogotá: Editorial Presencia.

Endere, M. L. 1998. Collections of indigenous human remains in Argentina: The issue of claiming a national heritage. Master's thesis, Institute of Archaeology, London.

Erickson, Clark L., and K. L. Candler. 1989. Raised fields and sustainable agriculture in the Lake Titicaca basin. In John O. Browder, ed., *Fragile lands of Latin America: Strategies for sustainable development*, 230–248. Boulder: Westview.

Estrada, E. 1957. *Prehistoria de Manabí*. Guayaquil: Publicaciones del Museo Víctor Emilio Estrada 4.

Evans, Clifford, and Betty J. Meggers. 1960. *Archaeological Investigations in British Guiana*. Bulletin 177. Washington, DC: Bureau of American Ethnology.

Evans, Susan T. (ed.). 1988. *Excavations at Cihuatecpan, an Aztec village in the Teotihuacan valley*. Vanderbilt University Publications in Anthropology. Nashville, TN: Department of Anthropology, Vanderbilt University.

Fajardo Cardona, C. J. 1997. Archaeological investigation and conservation in Honduras. *SAA Bulletin* 15(1): 22–23.

Fash, William L., Jr. 1988. *Scribes, warriors, and kings: The city of Copan and the ancient Maya*. New York: Thames & Hudson.

Feinman, Gary M. 1985. Investigations in a near-periphery: Regional settlement pattern survey in the Ejutla valley, Oaxaca, Mexico. *Mexicon* 7: 60–68.

———. 2000. New Perspectives on models of political action and the Puebloan Southwest. In Michael B. Schiffer, ed., *Social theory in archaeology*, 31–51. Salt Lake City: University of Utah Press.

Fernández, Jorje. 1982. *Historia de la arqueología argentina*. Mendoza: Asociación Cuyana de Antropología.

Fernández Leiva, O. 1992. Desarrollo del pensamiento arqueológico en Cuba. In Gustavo G. Politis and Benjamin Alberti, eds., *Arqueología en América Latina hoy*, 432–444. Bogotá: Editorial Presencia.

Ferrero, L. 1975. *Costa Rica PreColombina*. San José: Editorial Costa Rica.

Flannery, Kent V. 1972. The cultural evolution of civilizations. *Annual Review of Ecology and Systematics* 2: 399–426.

Flannery, Kent V. (ed.). 1976. *The early Mesoamerican village*. New York: Academic.

Fonseca, Oscar (ed.). 1988. *Hacia una arqueología social: Actas del Primer Simposio de la Fundación de Arqueología del Caribe*. San José: Universidad de Costa Rica.

Freidel, David A. 1986. Maya warfare: An example of peerpolity interaction. In A. Colin Renfrew and John Cherry, eds., *Peer polity interaction and socio-political change*, 93–116. Cambridge: Cambridge University Press.

Funari, Pedro Paulo A. 1992. La arqueología en Brasil: Política y academia en una encrucijada. In Gustavo G. Politis and Benjamin Alberti, eds., *Arqueología en América Latina hoy*, 57–69. Bogotá: Editorial Presencia.

———. 1998. *Cultura material e arqueologia historica*. Sao Paolo: Instituto de Filosofia e Ciencias Humans, Colecao Ideias.

———. 2000. Archaeology, education, and Brazilian identity. *Antiquity* 74: 182–185.

Gándara, Manuel F. 1997. El criterio de la "fertilidad teórica" y su aplicación a las teorías sobre el Estado. *Cuicuilco* 4: 19–34.

Gándara, Manuel F., and I. Rodríguez. 1985. Arqueología y marxismo en México. *Boletín de Arqueología Americana* 11: 5–18.

García García, M. T. 1987. *Huexotla: Un sitio del Acolhuacan*. Colección Científica 165. México City: Instituto Nacional de Antropología e Historia.

Gaspar, Maria Dulce. 1996. Dataçoes, construçao de sambaqui e identidade social dos Pescadores, Coletores, e Caçadores. *Anais* 1: 377–398.

Gnecco, Cristobal. 1999. Archaeology and historical multivocality: A reflection from the Colombian multicultural context. In Gustavo G. Politis and Benjamin Alberti, eds., *Archaeology in Latin America*, 258–270. London: Routledge.

González, Alberto Rex. 1963. Cultural development in northwestern Argentina. In Betty J. Meggers and Clifford Evans, eds., *Aboriginal cultural development in Latin America: An interpretive review*, 103–118. Smithsonian Miscellaneous Collections 140(1). Washington, DC: Smithsonian Institution.

———. 1992. *Las placas metalicas de los Andes del Sur: Contribución al estudio de las religiones PreColombinas*. Materialien zur allgemeinen und vergleichenden Archäologie des Deutschen Archäologischen Institut 46. Mainz am Rhein: P. von Zabern.

———. 1998. *Cultura la aguada: Arqueología y disenos*. Buenos Aires: Filmediciones Valero.

Grove, David C. (ed.). 1987. *Ancient Chalcatzingo*. Austin: University of Texas Press.

Guillén, Sonia E. 1992. The Chinchorro culture: Mummies and crania in the reconstruction of preceramic coastal adaptation in the south central Andes. Ph.D diss., University of Michigan.

Haas, Jonathan. 1982. *The evolution of the prehistoric state*. New York: Columbia University Press.

Hammond, Norman. 1985. *Nohmul: A prehistoric Maya community in Belize: Excavations, 1973–1983*. International Series 250. Oxford: British Archaeological Reports.

Hayden, Brian, and Aubrey Cannon. 1984. *The structure of material systems: Ethnoarchaeology in the Maya highlands*. Memoirs 4. Washington, DC: Society for American Archaeology.

Helms, Mary W. 1979. *Ancient Panama: Chiefs in search of power*. Austin: University of Texas Press.

Higman, B. W. 1999. *Montpellier, Jamaica: A plantation community in slavery and freedom, 1739–1912*. Kingston: University of West Indies Press.

Hirth, Kenneth G. 1984. *Trade and exchange in early Mesoamerica*. Albuquerque: University of New Mexico Press.

Hodder, Ian. 1997. Always momentary, fluid, and flexible: Towards a reflexive excavation methodology. *Antiquity* 71: 691–700.

——. 1999. *The archaeological process: An introduction.* Oxford: Blackwell.

——. 2000. Developing a reflexive method in archaeology. In Ian Hodder, ed., *Towards reflexive method in archaeology: The example of Çatalhöyük,* 1–4. Cambridge: McDonald Institute for Archaeological Research .

Houston, Stephen, and David Stuart. 1989. *The Way Glyph: Evidence for "co-essences" among the Classic Maya.* Research Reports on Ancient Maya Writing 30. Washington, DC: Center for Maya Research.

Hurtado de Mendoza, L., and A. C. Arias. 1982–1983. Cerámica y patrones de asentamiento en la región de Guayabo de Turrialba. *Journal of the Steward Anthropological Society* 14(1–2): 269–280.

Hyslop, John. 1990. *Inka settlement planning.* Austin: University of Texas Press.

Isbell, William H. 1988. City and state in Middle Horizon Huari. In Richard W. Keating, ed., *Peruvian prehistory: An overview of pre-Inca and Inca society,* 164–189. Cambridge: Cambridge University Press.

Izumi, Seiichi, and Kazuo Terada (eds.). 1972. *Excavations at Kotosh, Peru.* Tokyo: University of Tokyo Press.

Joyce, Arthur A., and Marcos Winter. 1996. Ideology, power, and urban society in pre-Hispanic Oaxaca. *Current Anthropology* 37: 33–47.

Kaplan, Lawrence, Thomas F. Lynch, and Charles E. Smith Jr. 1973. Early cultivated beans *(Phaseolus vulgaris)* from an intermontane Peruvian valley. *Science* 179: 76–77.

Kelley, David H. 1976. *Deciphering the Maya script.* Austin: University of Texas Press.

Kelly, Jane Holden, and M. P. Hanen. 1988. *Archaeology and the methodology of science.* Albuquerque: University of New Mexico Press.

Kern, A. A. 1991. Sociedade Barroca e Missoes Guaranis: Do cofronto complementaridade. In *Actas de Primeiro Congreso Internacional do Barroco,* 445–465. Porto: Universidad do Porto.

Kidder, Alfred V. 1947. *The artifacts of Uaxactún, Guatemala.* Publication 576. Washington, DC: Carnegie Institution.

Kipnis, Renato I. 1998. Early hunter-gatherers in the Americas: Perspectives from central Brazil. *Antiquity* 72: 581–592.

Kolata, Alan L. (ed.). 1996. *Tiwanaku and its hinterland: Archaeology and paleoecology of an Andean civilization.* Vol. 1, *Agroecology.* Washington, DC: Smithsonian Institution Press.

Kubler, George. 1962. *The art and architecture of ancient America: The Mexican, Maya, and Andean peoples.* Baltimore, MD: Pelican.

Kuhn, Thomas J. 1970. *The structure of scientific revolutions.* 2nd ed. Chicago: University of Chicago Press.

Lanata, Jose Luis, and Luis A. Borrero. 1999. The archaeology of hunter-gatherers in South America: Recent history

and new directions. In Gustavo G. Politis and Benjamin Alberti, eds., *Archaeology in Latin America,* 76–89. London: Routledge.

Lange, Frederick W., and Lynette Norr (eds.). 1982–1983. Prehistoric settlement patterns in Costa Rica. *Journal of the Steward Anthropological Society* 14(1–2).

Langebaek, Carl H. 1999. Pre-Columbian metallurgy and social change: Two case studies from Colombia. In Gustavo G. Politis and Benjamin Alberti, eds., *Archaeology in Latin America,* 244–257. London: Routledge.

Langebaek, Carl H., and F. Cárdenas Arroyo. 1995. *Chieftains, power, and trade: Regional interactions in the intermediate area of the Américas.* Bogotá: Departamento de Antropología, Universidad de los Andes.

Lanning, Edward P. 1967. *Peru before the Incas.* Englewood Cliffs, NJ: Prentice Hall.

Latcham, Ricardo E. 1928. *La prehistoria Chilena.* Santiago: La Comisión Oficial de la Concurencia Organizadora de la Exposición Ibero-Americano de Sevilla.

Lathrap, Donald W. 1971. The tropical forest and the cultural context of Chavín. In Elizabeth P. Benson, ed., *Dumbarton Oaks Conference on Chavín,* 73–100. Washington, DC: Dumbarton Oaks.

——. 1974. The moist tropics, the arid lands, and the appearance of great art styles in the New World. In Mary Elizabeth King and Idris R. Traylor Jr., eds., *Art and environment in native North America,* 115–158. Lubbock: Texas Tech University Museum.

Lavallée, Daniele. 1978. Pasteurs préhistoriques des hauts plateaux andins, *L'Histoire* 5: 33–42.

——. 2000. *The first South Americans: The peopling of a continent from the earliest evidence to high culture.* Salt Lake City: University of Utah Press. Original edition in French: *Promesse d'Amérique: La préhistoire de l'Amérique du Sud.* Paris: Hachette, 1985.

Lecthman, Heather. 1979. Issues in Andean metallurgy. In Elizabeth P. Benson, ed., *Precolumbian metallurgy of South America,* 1–4. Washington, DC: Dumbarton Oaks.

Legoupil, Dominique. 1998. French archaeology in Patagonia and Tierra del Fuego. *SAA Bulletin* 16(4): 33–34, 36, 39.

Litvak King, Jaime. 1997. Mexican archaeology: Challenges at the end of the century. *SAA Bulletin* 15(4): 10–11.

Llanos Vargas, H., and A. Durán de Gómez. 1983. *Asentamientos prehispánicos del Quinchana, San Agustín.* Bogotá: Fundación de Investigaciones Arqueológicas Nacionales del Banco de la República.

López Luján, L. 2000. Conflict of interests? *SAA Bulletin* 18(4): 26.

López Mazz, José M. 1992. La reconstrucción del pasado, la identidad nacional y la labor arqueológica: El caso uruguayo. In Gustavo G. Politis and Benjamin Alberti, eds., *Arqueología en América Latina hoy,* 167–175. Bogotá: Editorial Presencia.

——. 1998. Archaeological training in Uruguay, *SAA Bulletin* 16(5): 30.

———. 1999. Some aspects of the French influence upon Uruguayan and Brazilian archaeology. In Gustavo G. Politis and Benjamin Alberti, eds., *Archaeology in Latin America*, 38–58. London: Routledge.

López Mazz, José M., and Roberto Bracco. 1994. Cazadores-recolectores en la Cuenca de la Laguna Merín: Aproximaciones teóricas y modelos arqueológicos. In *Arqueología de cazadores-recolectores, arqueología contemporánea* 5: 51–64.

Lorandi, A. 1988. Los Diaguitas y el Tawantinsuyu: Una hipótesis de conflicto. In Tom D. Dillehay and Patricia J. Netherly, eds., *La frontera del estado Inca*, 235–259. International Series 442. Oxford: British Archaeological Reports.

Lorenzo, Jose L. 1976. *La arqueología mexicana y los arqueólogos norteamericanos*. Cuadernos de trabajo, Apuntes para la Arqueología 14. México: INAH, Departamento de Prehistoria.

———. 1981. Archaeology south of the Rio Grande. *World Archaeology* 13(2): 190–208.

Lumbreras, Luis. 1974. *La arqueología como ciencia social*. Lima: Ediciones Histar.

———. 1989. *Chavin de Huantar en el nacimiento de la civilización andina*. Lima: Ediciones INDEA.

Lumbreras, Luis, and L. Cisneros. 1986. Estado de la enseñanza en arqueologia en el area Andina. In S. Alvarez, ed., *Guia historico informativo*, 29–40. Guayaquil: ESPOL. Centro de Estudios Arqueológicos y Antropológicos de la ESPOL.

Lynch, Thomas F. 1983. The Paleo-Indians. In Jesse D. Jennings, ed., *Ancient South Americans*, 87–137. New York: Freeman.

MacNeish, Richard S. 1972. *The prehistory of the Tehuacan valley*. Austin: University of Texas Press.

MacNeish, Richard S., and M. Eubanks. 2000. Comparative analysis of the Rio Balsas and Tehuacan models for the origins of maize. *Latin American Antiquity* 11: 3–20.

MacNeish, Richard S., M. L. Fowler, A. G. Cook, F. A. Peterson, A. Nelken-Terner, and J. A. Neely. 1972. *The prehistory of the Tehuacán valley*. Vol. 5, *Excavations and reconnaissance*. Austin: University of Texas Press.

Mangelsdorf, Paul C., Richard S. MacNeish, and Gordon R. Willey. 1964. Origins of agriculture in Mesoamerica. In Robert Wauchope and R. C. West, eds., *Handbook of Middle American Indians*, vol. 1, *Natural environment and early cultures*, 437–445. Austin: University of Texas Press.

Manzanilla, Linda. 1997. Teotihuacan: Urban archetype, cosmic model. In *Emergence and change in early urban societies*, 109–131. New York: Plenum.

———. 1999. The emergence of complex urban societies in central Mexico: The case of Teotihuacan. In Gustavo G. Politis and Benjamin Alberti, eds., *Archaeology in Latin America*, 93–129. London: Routledge.

Manzanilla, Linda, and L. Barba. 1990. The study of activities in classic households: Two case studies from Coba and Teotihuacan. *Ancient Mesoamerica* 1: 41–49.

Marcos, Jorje G. 1988. *Real Alto: La historia de un centro ceremonial valdivia*. Pt. 2. Quito: Corporación Editora Nacional.

Marcus, Joyce. 1972. The first appearance of Zapotec writing and calendrics. In Kent V. Flannery and Joyce Marcus, eds., *The cloud people*, 106–108. New York: Academic.

Matos, M. Ramiro. 1994. *Pumpu: Centro administrativo Inka de la Puna de Junín*. Lima: Editorial Horizonte.

McGuire, Randall, and R. Navarrete. 1999. Entre motocicletas y fusiles: Las arqueologías radicales anglosajona y latinoamericana. *Boletín de Antropología Americana* 34: 89–110.

Meggers, Betty J. 1972. Amazonia: Real or counterfeit paradise? *Review of Archaeology* 13: 25–40.

Meggers, Betty J., and Clifford Evans (eds.). 1963. *Aboriginal cultural development in Latin America: An interpretive review*. Smithsonian Miscellaneous Collections 140(1). Washington, DC: Smithsonian Institution.

Miller, Mary Ellen. 1986. *The Bonampak murals*. Princeton, NJ: Princeton University Press.

Millon, René (ed.). 1973. *The Teotihuacán map: Urbanization at Teotihuacán, Mexico*. Vol. 1. Austin: University of Texas Press.

Millones, Luis. 1986. *Historia y poder en los Andes centrales: Desde los orígenes al siglo XVII*. Madrid: Alianza Universitaria.

Montané, Julio. 1980. *Fundamentos para una teoría arqueológica*. México: INAH, Centro Regional del Noreste.

Moore, Jerry D. 1996. *Architecture and power in the ancient Andes: The archaeology of public buildings*. Cambridge: Cambridge University Press.

Morris, Craig, and Donald E. Thompson. 1983. *Huanuco Pampa: An Inca city and its hinterlands*. London: Thames & Hudson.

Moseley, Michael Edward, and Carol J. Mackey. 1974. *Twenty-four architectural plans of Chan Chan, Peru: Structure and form at the capital of Chimor*. Cambridge: Harvard University/Peabody Museum Press.

Murra, John V. 1975. *Formaciones económicas y políticas del mundo andino*. Lima: Instituto de Estudios Andinos.

Nami, Hugo. 1987. Informe sobre la segunda y tercera expedición a la Cueva del Medio: Perspectivas arqueológicas para la Patagonia austral. *Anales del Instituto de la Patagonia* 17: 71–105.

Navarrete Pajol, R. 1983 *Arqueoolgía de Caimanes III*. Santiago de Cuba: Instituto Cubano del Libro.

Netherly, Patricia J. 1984. The management of late Andean irrigation systems on the north coast of Peru. *American Antiquity* 49: 227–254.

Neves, Eduardo G. 1999. Changing perspectives in Amazonian archaeology. In Gustavo G. Politis and Benjamin Alberti, eds., *Archaeology in Latin America*, 216–243. London: Routledge.

Neves, Walter, M. Blum, Andre Prous, and Joseph Powell. 2001. Paleoindian skeletal remains from Santana do Ria-

182

cho I, Minas Gerais, Brazil: Archaeological background, chronological context, and comparative cranial morphology. Paper presented at the 70th Annual Meeting of the American Association of Physical Anthropologists, Kansas City.

Newell, Gillian E. 1999. American and Mexican archaeology: Differences in meaning and teaching. *SAA Bulletin* 17(5): 29–31.

Niederberger, Christian. 1999. Las sociedades mesoamericanas: Las civilizaciones antiguas y su nacimiento. In T. Rojas Rabiela and John V. Murra, eds., *Las sociedades originarias*, 117–150. Spain: Ediciones Unesco, Editorial Trotta.

Núñez A., Lautaro, and Tom D. Dillehay. 1979. *Movilidad giratoria, armonia social y desarrollo en los Andes meriondales: Patrones de trafíco e interaccóon económica.* Antofagasta: Universidad del Norte.

Núñez A., Lautaro, and Francisco Mena. 1994. Chilean archaeology today: An evaluation. *SAA Bulletin* 12(1): 6–8.

Ochoa, L. 1999. La civilización Maya en la historia regional mesoamericana. In T. Rojas Rabiela and John V. Murra, eds., *Las sociedades originarias*, 175–198. Spain: Ediciones Unesco, Editorial Trotta.

Orellana Rodríguez, Mario. 1996. *Historia de la arqueología en Chile.* Santiago: Bravo y Allende Editores.

Orquera, Luis A. 1986. Tradiciones culturales y evolución en Patagonia. *Relaciones* 16: 249–267.

Ortiz-Troncoso, Omar R. 1995. Observaciones sobre la clasificación arqueológica de sitios históricos e industriales en el contexto americano. *Ultramarine Occasional Papers* 1: 1–22.

Oyuela-Caycedo, Augusto. 1994. *History of Latin American archaeology.* Aldershot, UK: Avebury.

Oyuela-Caycedo, Augusto, A. Amaya, C. G. Elera, and L. Valdez. 1997. Social archaeology in Latin America? Comments to T. C. Patterson. *American Antiquity* 62: 365–374.

Pagan-Jimenez, Jaime R. 2004. Is all archaeology at present a postcolonial one? Constructive answers from an eccentric point of view. *Journal of Social Archaeology* 4: 200–213.

Parsons, Jeffrey R. 1971. *Prehistoric settlement patterns in the Texcoco region, Mexico.* Memoirs 3. Ann Arbor: Museum of Anthropology, University of Michigan.

———. 2000. *Prehispanic settlement patterns in the Upper Mantaro and Tarma drainages, Junín, Peru.* Vol. 1, *The Tarama-Chinchaycocha region.* Memoirs 34. Ann Arbor: Museum of Anthropology, University of Michigan.

Patterson, Thomas C. 1994. Social archaeology in Latin America: an appreciation. *American Antiquity* 59: 531–537.

Pearsall, Deborah. 1992. The origins of plant cultivation in South America. In C. Wesley Cowan and Patty Jo Watson, *The origins of agriculture: An international perspective*, 173–205. Washington, DC: Smithsonian Institution Press.

Pérez, J. Aurelio. 1981. *Presencia de Vere Gordon Childe.* México D.F.: INAH.

———. 2000. El jaguar en llanos. In Myriam N. Tarragó, ed., *Nueva historia Argentina*, 229–256. Buenos Aires: Editorial Sudamericano.

Pérez de Barradas, J. 1937. *Arqueología y antropología precolombinas de Tierra Dentro.* Publicación de la Sección de Arqueología 1. Bogotá.

Perota, Carlota, and W. Botelho. 1992. Les "Sambaquis" de Guará et des variations climatiques pendant l'Holocene. In M. Prost, ed., *Evolution des littoraux de Guyane et de la Zone Caraïbe Méridionale pendant le Quaternaire*, 379–395. Paris: Editions de l'Orstom.

Piperno, Dolores, Mark B. Bush, and Paul Colinvaux. 1991. Paleoecological perspectives on human adaptation in Panama II: The Holocene. *Geoarchaeology* 6: 227–250.

Plazas, Clemencia A., Maria Falchetti, J. Sáenz Samper, S. Archila. 1993. *La sociedad hidráulica Zenu: Estudio arqueológico de 2.000 años de historia en las llanuras del Caribe colombiano.* Bogotá: Banco de la República.

Podgorny, Irina. 1995. De razón a facultad: Ideas acerca de las funciones del Museo de la Plata en el período 1890–1918. *Runa* 22: 89–104.

———. 2000. Archaeology and education in Argentina. *Antiquity* 74(1): 151–155.

Politis, Gustavo G. 1991. Fishtail projectile points in the Southern Cone of South America. In Robson Bonnichsen and Karen L. Turnmire, eds., *Clovis: Origins and adaptations*, 287–302. Corvallis, OR: Center for the Study of the First Americans.

———. 1995. The socio-politics of the development of archaeology in Hispanic South America. In Peter Ucko, ed., *Theory in archaeology: A world perspective*, 197–235. London: Routledge.

———. 1996. *Nukak.* Bogotá: Instituto Amazónico de Investigaciones Científicas Sinchi.

———. 2002. South America: In the garden of forking paths. In Barry Cunliffe, William Davies, and Colin Renfrew, eds., *Archaeology: The Widening Debate*, 193–244. Oxford: British Academy Oxford University Press.

———. 2003. The theoretical landscape and the methodological development of archaeology in Latin America. *American Antiquity* 14: 115–142.

Politis, Gustavo G., and Benjamin Alberti (eds.). 1999. *Archaeology in Latin America.* London: Routledge.

Ponce Sanguines, Carlos. 1981. *Tiwanaku: Espacio, tiempo y cultura.* La Paz.

Ponciano, E. M. 1994. Current Guatemalan archaeology: An evaluation. *SAA Bulletin* 15: 14–16.

Porras, G., Padre. 1987. *Investigaciones arqueológicas a las faldas del Sangay, Provincia Morona Santiago: Tradición Upano.* Quito: Artes Gráficas Señal.

Prous, Andre. 1992. *Arqueologia Brasileira.* Brasilia: Editora da Universidade de Brasilia.

Quilter, Jeffrey. 1991. Late Preceramic Peru. *Journal of World Prehistory* 5(4): 387–438.

Quilter, Jeffrey, and John W. Hoopes. 2003. Gold and power in Ancient Costa Rica, Panama, and Colombia. Washington, DC: Dumbarton Oaks.

Raffino, Rodolfo A., and Ruben Stehberg. 1999. Tawantinsuyu: The frontiers of the Inca empire. In Gustavo G. Politis and Benjamin Alberti, eds., *Archaeology in Latin America*, 167–181. London: Routledge.

Reichel-Dolmatoff, Gerardo. 1971. *Amazonian cosmos*. Chicago: University of Chicago Press.

Rice, Don Stephen. 1976. Middle Preclassic Maya settlements in the central Maya lowlands. *Journal of Field Archaeology* 3: 425–445.

Rick, John W. 1980. *Prehistoric hunters of the high Andes*. New York: Academic.

Robles García, N. M. 1998. Management of archaeological resources in Mexico: Experiences in Oaxaca. *SAA Bulletin* 16(3): 22–25.

Rothhammer, Francisco, C. Silva, S.M. Callegari-Jaques, E. Llop, and F. M. Salzano. 1997. Gradients of HLA diversity in South American Indians. *Annals of Human Biology* 24: 197–208.

Roosevelt, Anna C. 1980. *Moundbuilders of the Amazon: Geophysical archaeology on Marajo Island, Brazil*. New York: Academic.

Rouse, Irving, and Jose M. Cruxent. 1963. *Venezuelan archaeology*. New Haven: Yale University Press.

Rowe, John H. 1962. *Chavin art: An inquiry into its form and meaning*. New York: Museum of Primitive Art.

184 Salazar Peralta, Ana María. 1998. Cuicuilco: Public protection of Mexican cultural patrimony in an archaeological zone. *SAA Bulletin* 16(4): 30–33.

Salazar, Ernesto. 1995. Between crisis and hope: Archaeology in Ecuador. *SAA Bulletin* 13(4): 34–37.

Salomon, Frank. 2002. Unethnic ethnohistory: On Peruvian peasant historiography and ideas of authochthony. *Ethnohistory* 49: 475–506.

Sanders, William T., Jeffrey R. Parsons, and Robert S. Santley. 1979. *The Basin of Mexico: Ecological processes in the evolution of a civilization*. New York: Academic.

Sanders, William T., and Barbara J. Price. 1968. *Mesoamerica: The evolution of a civilization*. New York: Random House.

Sanoja, Mario. 1988. La inferencia en la arqueología social. In O. Fonseca, ed., *Hacia una arqueología social: Actas del Primer Simposio de la Fundación de Arqueología del Caribe*, 132–144. San José: Universidad de Costa Rica.

Sanoja, Mario, and I. Vargas Arenas. 1999. Early modes of life of the indigenous population of northeastern Venezuela. In Gustavo G. Politis and Benjamin Alberti, eds., *Archaeology in Latin America*, 148–165. London: Routledge.

Schaedel, Richard P. 1978. Early state of the Incas. In Henri J. M. Claessen and Peter Skalnik, eds., *The early state*, 289–320. The Hague: Mouton.

Schaedel, Richard P., and Izumi Shimada. 1982. Peruvian archaeology 1940–80: An analytical overview. *World Archaeology* 13: 359–371.

Schele, Linda, and David Freidel. 1990. *A forest of kings: The untold story of the ancient Maya*. New York: Quill/William Morrow.

Schmilchuk, G. 1995. Historia, antropología y arte: Notas sobre la formación de los Museos Nacionales de Mexico. *Runa* 22: 21–38.

Schmitz, Padre I. 1987. Prehistoric hunters and gatherers of Brazil. *Journal of World Prehistory* 1(1): 53–125.

Sempowski, Martha L., and Michael W. Spence. 1994. *Urbanization at Teotihuacan, Mexico*. Vol. 3, *Mortuary practices and skeletal remains at Teotihuacan*. Salt Lake City: University of Utah Press.

Senatore, M. X. 1995. *Tecnologías nativas y estrategias de ocupacion Española en la región del Río de la Plata*. Historical Archaeology in Latin America 11. Columbia: South Carolina Institute of Archaeology and Anthropology, University of South Carolina.

Shady, Ruth, and Carlos Leyva. 2003. *La ciudad sagrada de caral-supe*. Lima: Instituto nacional de cultura.

Shanks, Michael, and Ian Hodder. 1995. Processual, postprocessual, and interpretive archaeologies. In Ian Hodder et al., eds., *Interpreting archaeology: Finding meaning in the past*, 3–28. London: Routledge.

Sharer, Robert, and Michael D. Coe. 1978. *The Quirigua project: Origins, objectives, and research in 1973 and 1974*. Quirigia Reports 1. Philadelphia: University Museum.

Sheets, Payson D. (ed.). 1984. *Archaeology and volcanism in Central America: The Zapotitan Valley of El Salvado*. Austin: University of Texas Press.

Shimada, Izumi. 1994. *Pampa Grande and the Moche culture*. Austin: University of Texas Press.

Silverman, Helaine. 1988. Cahuachi: Non-urban cultural complexity on the south coast of Peru. *Journal of Field Archaeology* 15: 403–430.

Smith, Michael E. 1993. New World complex societies: Recent economic, social, and political studies. *Journal of Archaeological Research* 1(1): 5–41.

Spencer, Charles, and Elsa Redmond. 1998. Prehispanic causeways and regional politics in the Llanos of Barinas, Venezuela. *Latin American Antiquity* 9(2): 95–110.

Stark, Barbara L., and Philip J. Arnold III (eds.). 1997. *Olmec to Aztec: Settlement patterns in the ancient gulf lowlands*. Tucson: University of Arizona Press.

Tarragó, Myriam N. 1999. Las sociedades originarias del sudeste andino. In T. Rojas Rabiela and John V. Murra, eds., *Las sociedades originarias*, 465–480. Rome: Ediciones Unesco, Editorial Trotta.

Trigger, Bruce G. 1984. Alternative archaeologies: Nationalist, colonialist, imperialist. *Man* 19: 355–370.

———. 1992. *Historia del pensamiento arqueológico*. Barcelona: Editorial Crítica.

Uceda, Santiago, Elias Mujica, and Roberto Morales (eds.). 1997. *Investigaciones en la Huaca de la Luna 1995*. Perú:

Universidad Nacional de Trujillo.

Vargas Arenas, Iraida. 1990. *Arqueología, ciencia y sociedad*. Caracas: Editorial Abre Brecha.

Vargas Arenas, Iraida, and Mario Sanoja Obediente. 1998. *Historia, identidad y poder*. Caracas: Editorial Tropykos.

———. 1999. Archaeology as social science: Its expression in Latin America. In Gustavo G. Politis and Benjamin Alberti, eds., *Archaeology in Latin America*, 59–75. London: Routledge.

Verano, John W. 1995. Where do they rest? The treatment of human offerings and trophies in ancient Peru. In Tom D. Dillehay, ed., *Tombs for the living*, 189–227. Washington, DC: Dumbarton Oaks.

Villalba, M. 1988. *Cotocollao: Una aldea formativa del valle de Quito*. MAE Serie Monografica 2. Quito: Museos del Banco Central del Ecuador.

Webster, David L. 1977. Warfare and the evolution of Maya civilization. In Richard E. W. Adams, ed., *The origins of Maya civilization*, 335–372. Albuquerque: University of New Mexico Press.

Wheeler, Jane C. 1984. On the origin and early development of camelid pastoralism in the Andes. In Juliet Clutton-Brock and Caroline Grigson, eds., *Animals and archaeology*, vol. 3, *Early herders and their flocks*, 395–410. International Series 83. Oxford: British Archaeological Reports.

Wilk, Richard R., and Wendy Ashmore (eds.). 1987. *House and household in the Mesoamerican past: Case studies from Oaxaca and the Maya lowlands*. Albuquerque: University of New Mexico Press.

Willey, Gordon R. 1953. *Prehistoric settlement patterns in the Virú valley, Perú*. Bureau of American Ethnology Bulletin 155. Washington, DC: U.S. Government Printing Office.

———. 1971. *An introduction to American archaeology*. Vol. 2, *South America*. Englewood Cliffs, NJ: Prentice Hall.

Willey, Gordon R., and Jeremy A. Sabloff. 1986. *A history of American archaeology*. 2nd ed. San Francisco: Freeman.

Williams, Carlos. 1978–1980. Complejo de pirámides con planta en U, patron arquitectonico de la costa central. *Revista del Museo Nacional* 44: 95–100.

Williams, Denis. 1996. Archaeology in the Guianas. *SAA Bulletin* 14(1): 10–12.

Wilson, David J. 1988. *Prehispanic settlement patterns in the lower Santa Valley, Peru: A regional perspective on the origins and development of complex north coast society*. Washington, DC: Smithsonian Institution Press.

Wilson, Samuel (ed.). 1997. *The indigenous people of the Caribbean*. Gainesville: University of Florida Press.

Wing, Elizabeth S. 1978. Animal domestication in the Andes. In David L. Browman, ed., *Advances in Andean archaeology*, 167–188. The Hague: Mouton.

Winter, Mark, C. Martínez López, W. O. Autry Jr., R. G. Wilkinson, and P. A. Juárez. 1996. *Entierros humanos de Monte Albán: Dos estudios*. Oaxaca: Centro INAH.

Wust, Irma, and Cristina Barreto. 1999. The ring villages of central Brazil: A challenge for Amazonian archaeology. *Latin American Antiquity* 10: 3–24.

Yacobaccio, Hugo. 1994. Argentinean archaeology: The last 20 years. *SAA Bulletin* 12(4): 10–11.

Yacobaccio, Hugo, C. M. Madero, and M. P. Malmiera. 1998. *Etnoarqueología de Pastores Surandinos*. Buenos Aires: GZC.

Zucchi, Alberta. 1973. Prehistoric human occupation of the western Venezuelan llanos. *American Antiquity* 38: 182–190.

187

第 12 章　文化人类学和考古学：理论对话

蒂莫西·厄尔

（Timothy Earle）

　　本书的主编请我撰写一篇文章，讨论考古学家如何利用文化人类学。起初，我对此有所疑虑，认为考古学家本来就是研究过去的文化人类学家，并与民族志学家地位平等。自 20 世纪 50 年代以来，"考古学是人类学，否则就什么也不是"已成为过程考古学家的信念，而后过程考古学家也以不同的形式接受了这个观点。这两者似乎共享了如此基本的目标和理论，让我难以看出写作这篇文章的必要。然而，仔细考虑后，我开始思考考古学与文化人类学之间的联系是否如此紧密。经过思考，我们很容易发现这两个学科之间的关系一直在变化，并受到欧美学界学科间互动的影响。

　　有三本书主要讨论了考古学与文化人类学之间的关系。蓓安尼·奥姆（Bryony Orme, 1981）的《考古人类学》（*Anthropology for Archaeologists*）和伊恩·霍德（1982a）的《现在的过去》（*The Present Past*）为考古学研究探讨了民族学类比和民族考古学研究的有用性和局限性。近 20 年后，克里斯·戈斯登（Chris Gosden, 1999）在《人类学与考古学：变动的关系》（*Anthropology and Archaeology: A Changing Relationship*）中总结了这两个学科的历史关系，并批评了考古学在运用民族学类比、民族考古学研究和文化演化方面存在的问题。这些作者都是英国人，也都强调了考古学和文化人类学在美国和欧洲的不同发展轨迹。

在美国，考古学长期以来一直是人类学的一部分，但其在人类学中的地位常常受到质疑。尽管美国的考古学家接受人类学的学术训练，致力于进行跨文化比较，研究从考古记录到现存社会的历史连续性，但考古学与人类学的关系并没有那么简单。在 20 世纪 50 年代以及最近的一段时间里，考古学的保守性使其与现代人类学理论格格不入。当这两个子领域产生分歧时，冲突可能变得激烈。例如，文化后现代主义者会贬低考古学家偏爱的演化、生计和比较研究。这种不尊重加剧了分歧，因此一些考古学家，尤其是那些强调非人类学理论（如达尔文考古学家）、考古学方法或应用（如文化遗产管理）的人，通常主张形成一个独立的考古学学科。在美国考古学会的年会上，学者们经常就这个问题展开激烈的辩论。2000年，苏珊·吉莱斯皮与德博拉·尼科尔斯（Susan Gillespie and Deborah Nichols, 2003）组织了一场名为"考古学就是人类学"（Archaeology Is Anthropology）的研讨会，而在 2001 年，道格拉斯·普赖斯则反其道而行之，组织了一场名为"考古学就是考古学"（Archaeology Is Archaeology）的研讨会。

欧洲的情况则大不相同。自 19 世纪大学机构改革以来，考古学与文化人类学一直维持着独立的学科身份。考古学家被视为史前历史的研究者，并在史前史系接受训练。他们对人类学或其他学科的热衷程度往往受限于人类学的现代类比或普遍理论能够在多大程度上帮助他们解读特定地区的历史脉络。的确，欧洲的考古学家从人类学中吸取了一些理论与方法，但这种借用是有限且特定的。过去十年里，越来越多的史前史研究者对文化解释产生了浓厚的兴趣，人类学研究中的传统社会作为比较工具，也逐渐显现出其吸引力。

接下来，我将简要总结考古学与文化人类学的历史关系，着重强调美国与欧洲各自的独特传统以及两者之间交织的联系（参见 Daniel, 1976; Trigger, 1989; Willey and Sabloff, 1974）。然后，我将论述虽然人类学内部存在着学科紧张关系，但考古学家仍需接受广泛的比较民族志与文化人类学理论训练。我们应该看到，考古学的任务是从一个真正的比较视角出发，对社会文化理论的发展做出贡献（Earle, 2002）。在某种程度上，如果人类学被视为一门历史与比较的学科，考古学对人类学的重要性就是不言而喻的（参见 Barfield, 2003; Earle, 2001; Ingold, 1992）。考古学要么是人类学的一部分，要么就只是区域研究之外的乏味学问。

188

考古学与文化人类学简史

文化人类学与考古学的关系多年来一直在演变中（Trigger, 1989）。在19 世纪初的欧洲，考古学主要的任务是探寻每个国家及其人民的独特性。这种情况下的史前史学科往往充满了浓郁的地域特色。在英国，研究者着重研究英国的史前史；在丹麦，研究的焦点是丹麦的史前史；在西班牙，研究的焦点是西班牙的史前史；诸如此类。这些学术兴趣的源泉很可能可以追溯到 19 世纪欧洲的民族主义浪潮，当时的学术部门正在走向制度化（Trigger, 1984）。在丹麦等国，考古学的主要目标是揭示那些独特的本国特色，进一步深化对国家历史的研究。例如，那些描绘乡村生活的美丽的丹麦风景画中，常常融入了新石器时代的石冢或青铜时代的墓冢的元素（Conisbee, 1993: 46）。欧洲的史前研究主要关注的是这种与过去的紧密联系，而非跨文化的比较分析。

然而，在美国，考古学起初被视为人类学的一部分，其主要任务是描述那些大多数学者忽视的社会——那些学者主要关注的是西方的崛起。作为人类学的一个分支，考古学的首要承诺就是进行比较研究。自 19 世纪以来，由于大西洋两岸间不断的交锋与对话，考古学和文化人类学的方法与理论都经历了一系列的改变。我将以四个主要时期为轴心，阐释考古学与文化人类学之间的关系（Barnard, 2000; Gosden, 1999; Harris, 1968; Trigger, 1987; Willey and Sabloff, 1974）。通过这个时间轴，我将美国和欧洲的考古学历史联系起来，它们的演变都与文化人类学理论和方法的变迁紧密相关。

简单进化论

在 19 世纪，泰勒（1871）和路易斯·亨利·摩尔根（1877）首次采用了社会进化的框架，以理解人类社会的多样性。人类学家借鉴了达尔文和斯宾塞的进化理论，推测了技术发展的历史，对史前及民族志记录进行了整理。考古学为这些进化序列提供了重要的证据，例如，丹麦国家博物馆的收藏就利用了进化理论的框架，记录了汤姆森知名的三代论：石器时代、青铜时代和铁器时代。在民族志研究中，社会被划分为原始、野蛮和文明的阶段。人们相信，随着新的食物生产方式的出现，人类已经从自然的束缚中解放出来，从狩猎采集者进化为农业的野蛮人，最后发展为拥有复杂经济和社会的文明人。这种技术发展在石器制作、食物处理和储存、居址、武器和艺术等方面得到了体现。人们尝试从政治和法律系统、宗教和亲属关系中寻找社会进化的踪迹。在 1851 年的英国世界博览会上，来自帝国的珍奇展品展示了世界各地的文化。牛津大学皮特·里弗斯博物馆等机构也展出了大量的藏品，展示了欧洲过去的人类技术在当时其他地区的"原始人"群体中仍在使用。民族志研究显然是比较的，并试图将世界各地的文化置入考古学收藏所体现的进化框架内。然而总的来说，欧洲的考古学和文化人类学相互独立。

自摩尔根（1877）以来，美国的人类学和欧洲的人类学有两个相似的目标：记录非西方的文化，并从比较的角度理解人类的经验。当 19 世纪末 20 世纪初人类学学科形成时，其焦点是描述和理解北美原住民文化。此后，研究的基本方向没有改变，而研究的对象扩大到拉丁美洲的原住民群体。其大部分工作是抢救性民族志研究，试图在这些群体因为死亡和文化融合而消亡前，记录下这些令人骄傲的人群及其文化。人们普遍认为，人类学正在记录这些群体历史的终结。这些人是埃里克·沃尔夫（1982）所说的"没有历史的人"——他们生活在欧洲书面历史之外。除了抢救性民族志，记录美洲原住民之过去的主要工具一直是考古学。

在美国和英格兰，19 世纪人类学的基础主要建立在大型展览和后来
189 的博物馆之上（Snead, 1999）。为了向不断扩大的城市社会展示原住民的文化，大量优美的物质文化收藏被整理并在美国自然历史博物馆、芝加哥菲尔德博物馆、哈佛大学皮博迪博物馆等机构的展柜中展出。例如，弗朗茨·博厄斯为 1893 年的哥伦比亚世界博览会收集了西北海岸原住民的物质文化和艺术收藏，这些收藏后来被收入菲尔德博物馆。起初，这些收藏主要来源于农民的随意收集，后来又加入了系统性的发掘，博物馆逐渐充

满了记录美洲原住民文化历史的文物。为建设博物馆而发掘文物，推动了新兴的专业考古学的发展。这些收藏根据其所代表的文化传统进行展示，并或多或少地被置于摩尔根设定的比较、进化的框架内。从一开始，考古学就是美国人类学寻求记录人类历史和文化多样性过程中的核心部分。

文化历史（时空系统）

在 20 世纪上半叶，人类学与考古学之间的关系开始出现分化。不论是美国还是欧洲的研究者，都开始运用更为科学的方式来探索人类社会与文化，抛弃了早期含有种族主义倾向的进化论研究方法。然而，由于与考古学的关系不同，文化人类学在大西洋两岸走上了不同的道路。

在美国，博厄斯是现代人类学研究的重要人物，他将人类学塑造成一门以历史为视角的学科（Harris, 1968）。自 1896 年至 1941 年逝世，他作为哥伦比亚大学人类学系的创始人，培育了一批人类学家，比如加利福尼亚大学伯克利分校的克罗伯和洛伊（Lowie）、芝加哥大学的科尔和萨皮尔（Sapir），以及西北大学的赫斯科维茨（Herskovits），他们在全美各地设立了声名显赫的人类学系。博厄斯的研究方法深深扎根于博物馆研究，他视文化为具有明确起源和发展历史的特征集合。在他的影响下，民族志学家试图通过罗列出各类文化特征来界定文化，每一项特征都有其独特的历史，其历史可以通过其空间分布来推断。这种研究理念所内含的基本思想是，文化特征在特定地点出现并向外扩散，随后这些特征在一定程度上随机汇集，形成具有独特历史特性的文化。西方社会的文化具有主导地位，并正迅速冲击着传统文化的独特性。因此，民族志学家首要的任务就是记录北美原住民以及全球其他被威胁的人群的文化和语言。博厄斯和他的追随者通过分析文化特征分布的相似性和差异性，希望能够描绘出世界各地的文化和语言的历史（参见乔丹，第 26 章）。

考古学是博厄斯研究工作的核心部分，一些文化人类学家，包括知名学者克罗伯和他的学生斯图尔德，开展或推动了一系列重要的考古项目。考古学有能力描述所有具有物质痕迹的文化特征的起源和扩散，包括技术、装饰风格、住所、定居形式、埋葬习俗以及仪式纪念碑等。因此，美国考古学的重点是建立分类和时空体系，例如，描述特定特征的分布，确定它们最初出现的地点和扩散的方式。博厄斯坚信，文化的存在独立于生物学，这一观念与多代美国考古学家在考古记录中记录长期变化的方式完美契合，这也正是他们对现代民族群体进行文化历史研究的基础。

在欧洲，考古学和文化人类学的发展历程各自独立，且与美国人类学的发展历程有所不同。欧洲考古学的主要任务仍然是探索各国的历史，每个国家的考古学都在试图深化对历史的理解，进一步探索书面历史记录之前的历史。其对历史的浓厚兴趣由来已久，人们渴望深入理解西方文化，从美索不达米亚、埃及以及《圣经》的历史，到青铜时代、古希腊和罗马等古代文明的起源。欧洲考古学家最早在近东、非洲和地中海地区的遗址进行发掘。

当时，文化历史考古学的集大成者是 V. 戈登·柴尔德，关于他的学术成就有大量的文献可以参考（Trigger, 1980）。他的主要作品包括《欧洲文明的曙光》（1925）、《人类创造了自身》（1936）和《历史发生了什么》（1942）。虽然在表面上，他的研究方法似乎与当时的美国考古学家有共通之处，但他们的研究重点却大相径庭。美国考古学家专注于文化的扩散和影响，而柴尔德和他的同事们更侧重于人口的实际迁移——这被视为构成人们历史国家身份的基本元素。柴尔德和他的同事们并没有像博厄斯及其学生那样假设文化和生物是分离的。对他们来说，文化和社会关系的传播者，包括侵略者、商人和殖民者，都是社会变革的推动者。在后期的作品中，柴尔德开始关注社会的演进，他的理论基础逐渐倾向于马克思主义（参见麦圭尔，第 6 章）。尽管柴尔德的历史迁徙和能动性理论经常被引用，对他的欧洲史前学家同事们产生了深远影响，但他的马克思主义社会理论基本上被忽视了。

当然，除了对国家史前史和西方崛起的关注外，欧洲学者对许多殖民地的史前史也颇感兴趣（Trigger, 1989）。如果这些地方（如印度）能建立可能的历史联系，一些知名的学者（如莫蒂默·惠勒）就会参与其中。然而，在非洲，考古学研究受到了忽视，这可能是因为种族主义影响的遗留，研究任务往往被交给缺乏雄心的学者。新世界的史前史由于在历史上与西方的崛起没有直接联系，因此引起的兴趣相对较少。据欧洲考古学史的著名研究者格林·丹尼尔的说法，"戈登·柴尔德认为美洲考古学是奇特且无关紧要的研究领域"（Daniel, 1976: 343）。他引用惠勒的话说，"哥伦布发现美洲之前的历史无关紧要，因为只有残忍的野蛮人居住在那里，他们在人类的真实历史中没有地位"（Daniel, 1983: xvi）。显然，欧洲考古学家并不主张文化比较主义。

相反，欧洲的文化人类学家是坚定的比较主义者，他们致力于理解那些正在被纳入欧洲帝国的社会。这是法国社会学和英国文化人类学结构功能主义发展的辉煌时期。在英国占主导地位的人类学家中，研究的焦点在于将社会理解为一个自我调整的系统。英国文化人类学研究的主要关注点是非洲—— 一个拥有丰富多样的传统群体，并且被大英帝国牢牢控制的大陆。这样一个基于比较和科学范式的社会人类学传统从此诞生。然而，这些研究显然是非历史性的。

英国的结构功能主义者认为他们所研究的人群是无历史的，因此需要进行功能性分析。尽管存在书面（阿拉伯文）和考古记录，然而这种认知并未受到挑战。如同史前史学家一样，历史学家也在很大程度上忽视了非洲（除了埃及），因为人们认为非洲在西方历史上处于边缘位置。欧洲文化人类学家研究的是首次接触人类学家时生活着的人类。就像在美洲一样，人类学家研究的重点在于这些社会的传统元素，因此他们试图剔除由贸易、奴隶贩卖和殖民侵犯引起的变化。现代文化人类学的非历史性方法意味着考古学无须参与其中。

我认为考古学（欧洲或西方）与文化人类学（欧洲的殖民地）独立的研究区域可能在很大程度上造成了两个学科之间的知识壁垒。当拉德克利夫－布朗阐述结构功能主义理论时，他将美国的人类学研究贬低为伪历史。他声称："社会人类学家研究的原始社会没有历史记录。例如，我们对澳大利亚土著在社会制度发展上几乎一无所知。"（Radcliffe-Brown, 1952:3）然而，历史记录真的不存在吗？尽管拉德克利夫－布朗在论文中似乎强调了考古学的重要性，但他并未认识到社会文化人类学和考古学有潜力共同创造整合的历史方法（参见麦克尼文和拉塞尔，第 25 章）。

欧洲的史前史与文化人类学的知识生产是分开的，这与同一时期的美国形成鲜明对比。欧洲的文化人类学很少借鉴考古学。尽管考古学家可以从人类学专著中寻找可能的类比，但由于未受过文化人类学的训练，他们对民族志的类比往往显得肤浅且缺乏严谨性（Orme, 1981; Hodder, 1982a）。这种未经训练的借用可能加强了文化人类学家的一种观念，即考古学家是一群未足够成熟的研究者。

文化生态学与新进化主义（过程主义）

由于欧洲社会人类学与考古学之间的分离，拉德克利夫－布朗和其他社会人类学家未能意识到考古学可以为他们所研究的无文字社会提供实质性的历史证据。结构功能主义、进化主义和考古学的新综合体在美国出现，与此同时出现了聚落模式研究和新考古学（Willey and Sabloff, 1974）。

毫无疑问，如布罗尼斯拉夫·马林诺夫斯基和拉德克利夫－布朗这样的英国社会人类学家是功能主义者，他们关注的是社会如何作为一个整体系统而运作。虽然他们的研究缺乏历史性，也缺乏考古学的视角，但他们的解释性（科学）方法仍然非常有趣。在美国，占主导地位的博厄斯式的综合研究开始发生转变，尤其是在第二次世界大战期间许多英国学者来到美国后。拉德克利夫－布朗的结构功能主义被广泛阅读并被频繁引用，但马林诺夫斯基和达里尔·福德的更有机（可能具有历史性）的功能主义对美国人类学家更具吸引力。20 世纪五六十年代，美国的功能主义开始兴起，强调与文化生态学、经济人类学、政治人类学和社会进化相关的解释。这一代人类学者强调比较分析和民族志研究。通过使用丰富的民族志记录进行比较，诞生了一系列影响很大的综合研究，包括罗伯特·卡内罗（Robert Carneiro）、莫顿·弗里德、马尔温·哈里斯、马歇尔·萨林斯、埃尔曼·瑟维斯、朱利安·斯图尔德、卡尔·威特福格尔（Karl Wittfogel）、埃里克·沃尔夫等人的研究，以及大量的人类关系区域档案（Human Relations Area Files，HRAF）研究。在这个时期，美国人类学的方法论着重于建立跨文化的普遍历史基础，考古学在其中自然发挥了重要的作用。

斯图尔德进行过考古调查，了解了其潜力，并积极推动其发展。他借助文化适应的理念，在英国的社会人类学家与对社会制度之长期变化感兴趣的考古学家之间架设了桥梁。在哥伦比亚大学，他鼓励戈登·威利（1953）开展了具有开创性的秘鲁维鲁河谷项目，为一代人对过程主义的聚落分析奠定了基础。新功能主义和生态学方法在文化人类学中的应用，激起了对过去文化历史研究的深刻批判（参见乔丹，第 26 章）。考古学家开始倡导采用更具人类学特色的方法，即关注功能性和文化演进。这方面的主要研究文献包括：沃尔特·W. 泰勒（1948）的《考古学研究》、威利和菲利普斯（1958）的《美国考古学的方法与理论》（*Method and Theory in American Archaeology*）、刘易斯·宾福德（1962）的《作为人类学的考古学》（"Archaeology as Anthropology"），以及肯特·弗兰纳里（1967）的《文化历史与文化过程：美国考古学的争论》（"Culture History vs. Culture Process: A Debate in American Archaeology"）。新考古学倡导采用新的研究方法，致力于通过聚落分析和深入的发掘活动来复原生活遗址和活动模式。20 世纪六七十年代，美国的考古学研究方法经历了一场革命。尽管发展出了各种流派，但过程主义考古学家普遍将考古学视为一门科学（参见沃森，第 3 章）。他们利用放射性同位素测年、化学成分分析、计算机分析等新技术，开始对日常生活、交换系统和社会复杂性的出现进行深入的描绘。

美国的考古学家对文化生态学、社会进化和经济系统表现出了共同的兴趣，并在文化人类学理论方面做出了广泛的贡献。瑟维斯、斯图尔德、威特福格尔、沃尔夫等文化人类学家开始将考古学纳入他们的日常研究，而瑟维斯（1962, 1975）和弗里德（Fried, 1967）的进化类型学则成了对考古学材料进行分类和理解的重要工具。互惠、再分配和市场等概念被应用于考古学家所记录的物质材料。此时，研究目标变成了发现考古学中的进化类型，并探讨其发展的原因。以密歇根大学为例，一系列的文化人类学家，如萨林斯、瑟维斯、莱斯利·怀特、沃尔夫和罗伊·拉帕波特（Roy Rappaport），为他们的考古学同事提供了各种创见，他们的同事包括宾福德、弗兰纳里、理查德·福特、杰弗里·帕森斯（Jeffrey Parsons）、罗伯特·惠伦（Robert Whallon）、埃德·维尔姆森（Ed Wilmsen）和亨利·赖特（Henry Wright）。这些文化人类学家提出了具体的跨文化或民族志解释，而考古学家则专注于开发研究这些理念的历史方法。具体的类比不如文化演化的基本理论知识重要。在 20 世纪六七十年代接受训练的美国考古学家大部分广泛阅读了世界民族志和社会文化理论。一些考古学家（包括我自己）将自己视为研究过去的社会文化人类学家，而只是使用了一套新的考古学研究方法。

美国的新考古学也彻底改变了欧洲的考古学。学者们开始应用文化人类学的类型学，运用一系列新兴技术，并开始深度阅读并引用民族志，这种趋势在英国（Bradley, 1984; Renfrew, 1973, 1975; Ucko, 1969）和斯堪的纳维亚（Jensen, 1982; Kristiansen, 1984; Randsborg, 1975, 1980）特别显著。科林·伦福儒（1973, 1975）关于黑曜石交换和威塞克斯纪念碑的研究获得了广泛的引用。他几乎每年都会访问美国，甚至在加利福尼亚大学洛杉矶分校担任教职，与宾福德一同工作，并广泛参与各类讲座活动。到了 20 世纪 80 年代初，伦福儒成为英国的主导学者。他先在南安普敦大学任教，随后被任命为剑桥大学的迪斯尼考古学教授。他出版了一系列著作，包括《考古学理论与解释》（*Theory and Explanation in Archaeology*）（Renfrew, Rowlands, and Segraves, 1982）、《等级、资源与交换》（*Ranking,*

192

Resource, and Exchange）（Renfrew and Shennan, 1982）、《社会考古学方法》（*Approaches to Social Archaeology*）（Renfrew, 1984），以及《同质政体互动与社会政治变化》（*Peer Polity Interaction and Socio-political Change*）（Renfrew and Cherry, 1986）。这些作品为欧洲的史前考古研究提供了明确的人类学方法，该方法连接了英国的结构功能主义者、美国的进化论者以及欧洲的考古学者。

然而，欧洲的文化人类学家并未对伦福儒的工作表现出兴趣。他们有着深厚的反社会进化论传统和不同的地理兴趣，似乎规避与考古学建立更紧密的联系。在一场聚集了英美新考古学家的会议上，知名社会人类学家埃德蒙·利奇（Edmund Leach）被邀请发表评论。利奇（1973）批评考古学家过度科学化，认为他们未能认识到人类社会和文化的多元可能性。欧洲的文化人类学家与史前史学家之间的学术壁垒至今仍然坚固。

在欧洲，考古学家与文化人类学之间只有间接的联系，这主要表现为热衷于阅读民族志和社会理论，以及与美国人类学考古学家的合作日益增加。借助新颖的理论和方法，美国的过程主义者积极参与到整个欧洲的综合考古研究中，比如我自己的工作（Earle et al., 1998），以及普赖斯（1985）在丹麦、迈克尔·约基姆（Michael Jochim, 1976）和彼得·韦尔斯（Peter Wells, 1980）在德国、萨鲁纳斯·米利瑟卡斯（Sarunas Milisauskas, 1986）在波兰、安东尼奥·吉尔曼（1981）在西班牙等的工作。

在 20 世纪 80 年代，一种成熟的过程主义考古学出现了，将大西洋两岸的学术传统紧密联系在一起。我们开始关注生态、经济和新兴政治体系之间的联系，重新审视柴尔德的理论，并越来越多地借鉴各种马克思主义方法。这种丰富的研究方法采用许多新的数据分析和科学技术，并且虽然本质上是人类学，但却深深扎根于独特的、越来越显得过时的美国学术传统。其在功能主义、唯物主义和进化论中的深厚根基引发了对该方法的强烈批评——首先是在文化人类学和地理学中，在考古学内部也越来越多（Earle and Preucel, 1987）。

能动性、女性主义和阐释（后过程主义）

到了 20 世纪 80 年代，基础理论和地缘政治的变动对文化人类学与考古学之间的关系产生了深远影响。文化人类学在快速变化。随着世界经济的扩张以及新兴国家对后殖民世界的塑造，文化人类学的目标发生了根本性的转移。传统的人类学文化受到了商品与人员的跨国流动、新兴的非西方政治议程，以及身份建构等历史进程的永久性改变。为应对新的研究主题和政治背景，文化人类学家采用了文学批评、结构马克思主义、女权主义和能动性理论。过去的人类学工作，即一次研究一种跨文化的人类多样性，看起来有些过时。面对新型的文化人类学，结构功能主义和进化论遭到了猛烈批评，而考古学的大部分工作对文化人类学家来说几乎都成了过时的东西。

在美国，考古学家在被新方向主导的学科体系中感到越来越孤立和不满。尽管他们在伟大的人类学传统中工作，但他们的努力却经常被忽视、质疑和不尊重。似乎只有少数文化人类学家——特别是那些仍然致力于经济、环境和政治研究的学者——真正阅读考古学著作。考古学逐渐被推向了人类学的边缘，处在同样处境的还有文化和生物人类学中的其他比较和科学研究。这种断裂普遍存在，尤其是在斯坦福大学的人类学系——该系分裂为文化和社会人类学部以及人类学科学部。

考古学与文化人类学之间日益疏远的主要例外是经济人类学（Earle,

2002; Halperin, 1994）。在 20 世纪 70 年代初，经济人类学学会（SEA）通过弥合形式主义理论与实质主义理论之间的分歧，重振了经济人类学的活力。简而言之，形式主义理论依赖于西方（数学或形式）经济理论的跨文化应用，而实质主义理论则依赖于将经济视为维持社会组织运作的结构的理论。经济人类学已被这场辩论耗尽精力，此时经济人类学学会向所有对人类经济感兴趣的研究者伸出援手。这也正是考古学家运用新方法记录史前商品流动的时候（Earle, 1999）——他们在新社会中开始发挥主导作用。经济人类学学会年会出版的经济人类学专著系列关注了如市场（Plattner, 1986）、国家经济（Brumfiel, 1994）、世界体系（Blanton et al., 1997）和财产（Hunt and Gilman, 1998）等广泛的主题，这些主题构成了形式主义方法与实质主义方法之间的桥梁，集结了考古学家、文化人类学家、历史学家和经济学家。此外，芭芭拉·艾萨克（Barbara Isaac）长期编辑并出版了一套名为"经济人类学研究"的丛书，为考古学和民族学经济研究提供了一个公共的平台。在 20 世纪 80 年代和 90 年代，考古学帮助塑造了经济人类学的话语，为经济人类学先前的比较目标的实现提供了历史证据（Earle, 2001）。

到了 20 世纪 80 年代，考古学愈发专业化和商业化。相对紧张的学术就业市场、稀缺的职位且部门内激烈的竞争，为文化资源管理的考古工作需求所平衡（参见格林，第 22 章）。专业的考古学家数量增加，并在美国考古学会中开始占据主导地位。欧洲也发生了类似的重心转移，考古学家主要在学术界之外寻找工作和资助。现在，许多考古学家以非常实际的方式看待他们的工作，他们在严格的财务限制下进行田野发掘和基本分析。大多数考古学家与学术人类学的理论兴趣之间的距离显得过于遥远。

　　然而，违背这一潮流的是欧洲学术圈中迅速崛起的后过程考古学。其中，最引人注目的可能是剑桥大学的霍德以及伦敦大学学院的迈克尔·罗兰兹的著作和理论。霍德在 20 世纪 70 年代和 80 年代曾与社会人类学家杰克·古迪（Jack Goody）和埃德蒙·利奇有过接触，他在剑桥大学的时候深受人类学的启发，他的学生们也接受了更为全面的考古学和人类学教育。而罗兰兹与他的朋友克里斯蒂安·克里斯蒂安森（当时任职于丹麦环境部）受到了美国年轻的土耳其人乔纳森·弗里德曼（1974）的深远影响——后者是文化人类学家，是马尔温·哈里斯的学生，批判"庸俗马克思主义"（即文化生态学和文化进化）。罗兰兹和克里斯蒂安森（1998）为史前史研究塑造了他们自己的个性化结构马克思主义观点，该观点融合了马克思主义、实质主义和过程主义的早期方法（参见麦圭尔，第 6 章）。这些卓越的欧洲考古学家受到了后现代主义的启发，致力于在考古学中采用基于人文主义的方法。他们的理论构建高度融合且博采众长，汲取了广泛的社会理论家的思想，用以质疑过程考古学以及普遍的抢救性考古挖掘。

　　霍德曾对我表示，他致力于使考古学现代化，以适应人类学及相关学科新兴的社会理论。他最初的工作主要是批评 20 世纪 60 年代的过程主义——这些批评并不新鲜，而且在很大程度上已为考古学的领军人物所弃用。到了 20 世纪 80 年代，后过程主义（参见尚克斯，第 9 章）开始兴起，人们已不再讨论过程考古学中的过时观念，如将社会视为自我调节系统等。初期的后过程主义研究大量依赖民族学和历史案例，对考古学的应用相对较少（Hodder, 1982; Miller, 1985）。有些学者对考古学和博物馆的实践进行了批判性的民族学研究（Shanks and Tilley, 1987），而更多的考古学研究（Hodder, 1990; Tilley, 1996; Thomas, 1991）似乎只是现代的神话——对社会现实很敏感，但缺乏用考古学数据记录其结论的成熟方法。在早期，后过程考古学极具人类学色彩，但由于缺乏明确的田野方法，它最初对考古实践只有适度的影响（Earle and Preucel, 1987）。

到了 20 世纪 90 年代，后过程思想已经成熟，并越来越多地被纳入大西洋两岸的考古学研究中。伊丽莎白·布伦菲尔（Elizabeth Brumfiel）于 1992 年发表了一篇重要文章《突破与进入生态系统：性别、阶级和派系主义抢了风头》（"Breaking and Entering the Ecosystem: Gender, Class, and Factionalism Steal the Show"）。她认为，过程主义者的范式侧重于生态系统，需要大大扩展，以纳入社会变化的内部动力，这些动力涉及多重且经常冲突的利益、价值和权威。20 世纪 70 年代在密歇根大学接受的培训，让她看到了考古学如何需要与当前的人类学方法一起现代化。于是，新的可能性似乎突然间展现出来。克里斯蒂安森设计了赛伊（Thy）考古项目，聚集了一个涵盖广泛理论兴趣的国际团队。该项目开发和采用了传统和创新的地球物理侦察、聚落调查和发掘方法，将研究和救援调查结合起来，研究在一个人为的、社会化的景观中的长期适应和社会变化（Earle et al., 1998; Earle, 2004）。以该项目为范本，克里斯蒂安森协调了三个主要的跨学科国际项目，集结了一批过程考古学家和后过程考古学家，研究瑞典、匈牙利、西西里岛这三个欧洲地区的长期的经济和社会变化。霍德则回到了主流的田野考古，长期在著名的 Çatalhöyük 遗址（https://www.catalhoyuk.com）进行跨学科的发掘和分析。他调整了过程主义的思想（其中包括过程考古学的一些方法），以适应大规模考古发掘的要求（Hodder and Cessford, 2004）。

伦敦大学学院人类学系打破了英国文化人类学和考古学的分离状态，它聘请了一些后过程考古学家，包括两名伦敦大学学院毕业生（罗兰兹和芭芭拉·本德）以及两名剑桥大学毕业生［霍德的学生丹尼·米勒（Danny Miller）和克里斯托弗·蒂利］。他们共同发起了物质文化研究，将后过程考古学对文化和意义的理论讨论、考古学对遗物的传统关注，以及文化人类学对意义、能动性和仪式的兴趣结合在一起。他们启动了新的研究和培训项目，这成为世纪之交人类学领域最具创新性的进展之一。对物质文化研究的新兴兴趣反映了考古学的贡献，也为更全面的知识方法的形成提供了可能（Gosden, 1999）。

到了 20 世纪 90 年代，通过选择性地将女性主义、马克思主义和后现代主义的诸多思想融入常规的考古调查，后过程理论逐渐成为考古学研究的主流。在伦敦大学学院、剑桥大学、加利福尼亚大学伯克利分校、宾夕法尼亚大学和其他地方接受训练的一批年轻学者助力了新的考古学研究方法的开发。从某种意义上说，这些新的方向是对早期想法的重塑，而且经常以新的术语进行表述，其中修辞的更新往往超过了方法的创新。尽管如此，我依然感觉到学术考古学已经发生了巨大的转变。

著名期刊《人类学年鉴》（*Annual Reviews in Anthropology*）中的几篇文章最能准确概括这些变化。这些评论文章揭示出考古学正在重回文化人类学的主流地位。

在第 31 卷中，林恩·梅斯克尔（2002）总结了考古学对于历史身份构建与当前政治交织问题的研究。她观察到，考古学家对过去社会的理解已经深化，超出了简化的"精英 / 大众"社会分层，进一步探讨了个人身份的细致构建。同时，考古学家开始积极研究他们如何在权力斗争（如民族主义）和反抗（如被压迫的原住民）的政治动态中扮演关键角色。在同一问题上，谢泼德（N. Shepherd, 2002）详细地回顾了考古学在 20 世纪非洲政治，特别是在南非民族身份的竞争场景中的作用。

在第 32 卷中，布伦菲尔（2003）阐述了考古学家如何积极参与文化人类学的广泛议程。他认为，考古学在以下三个关键议题中提供了重要的证据和洞见：殖民主义的遭遇、长期的社会和文化变化，以及寻找战争、政治统治和社会不平等的起源。罗宾（Robin, 2002）提出了一个稍有不同的视角，他主张研究日常生活的考古学。虽然日常生活是当前文化人类学的一个热点话题，但在考古学中，对人类日常活动的研究，无论是在家中还是在家外，都有着悠久的历史。因此，这种重新定位的考古研究可以解释传统的社会实践及其变迁。

考古学和文化人类学：变动的关系

将考古学作为人类学的一个分支是美国学术界长期以来的理想。尽管这种考古学和人类学的关系并不总是顺利的，但是我相信它们之间的紧张关系对于保持广泛和综合的视角至关重要，这种视角赋予了人类学丰富的学术个性和存在意义。如利奇（1973:771）所言，"（考古学与文化人类学之间的）有效合作并不意味着和谐一致，它们之间是一种辩证关系"，但考古学和文化人类学"有着共同的目标"（Gosden, 1999:10）。

社会文化理论对考古学解释的重要性非常普遍，我几乎不知从何讲起。文化人类学家构建了理解人类社会的多种方式，这对于考古学的描述、理解和解释都是必不可少的。那么，考古学家应该读些什么呢？我建议从广泛的阅读开始，包括社会、政治和经济人类学理论，文化进化、文

195

化生态学和物质文化研究，以及能动性和性别理论家的论文，还有语言流派理论，等等。对过去人类社会的理解需要学识的积累。考古学家应该在人类学系接受培训，深入学习学科历史、经典民族志和社会理论。考古学家广泛地借鉴文化人类学有四种主要途径：阅读民族志、民族学类比、民族考古学研究和跨文化研究。

阅读民族志

阅读民族志可以帮助考古学家深入了解人类社会的各种生存和组织方式，以及人们对他们所生活和创造的世界的理解。也许最重要的是，它可以帮助考古学家洞察人类行为的复杂性，这其中涵盖了经济决策、亲属和政治结构，以及复杂的宇宙观和信仰系统之间的交织关系。

考古学家应当研读文化人类学家所著的经典民族志，这些作品大多是在 19 世纪末至 20 世纪，他们在探索快速扩张的殖民世界边缘的过程中所写就的。这些民族志捕捉到了一个群体首次被民族学家描述的瞬间，描绘了当时这些群体相对于西方文化和经济的独立性（或至少是有选择的独立性）。虽然这些民族志因为忽视了由于殖民主义接触而产生的变化所以受到批评，但它们提供了在 20 世纪末社会彻底转型前，对传统社会最好的描述。虽然好的民族志清单很长，但我们可以从以下一些开始：英国社会人类学家如埃文斯－普里查德（1940）、雷蒙德·弗思（Raymond Firth, 1936）、福德（1934）、迈耶·福特斯（Meyer Fortes, 1949; Fortes and Pritchard, 1940）、利奇（1954, 1961）、马利诺夫斯基（1922, 1935）、纳德尔（S. F. Nadel, 1946）以及拉得克利夫－布朗（1922）的著作；法国社会学家如皮埃尔·布尔迪厄（1979）、莫里斯·戈德利耶（Maurice Godelier, 1977）、马塞尔·莫斯（1925）、克劳德·梅拉索克斯（Claude

Meillassoux, 1975）、格雷戈里·贝特森（Gregory Bateson, 1936）、克利福德·格尔茨（Clifford Geertz, 1963）、理查德·李（1979）、玛格丽特·米德（Margaret Mead, 1928）、默文·梅吉特（Mervin Meggitt, 1965）、罗伯特·内汀（Robert Netting, 1968）、拉帕波特（1967）和斯图尔德（1938）的著作；还有很多其他著作，如斯堪的纳维亚（Barth, 1965）、德国、俄罗斯民族学家，以及越来越多的非欧洲民族学家的著作。

民族学类比

民族学类比方法侧重于通过将考古证据与现存人群类比，去重构与史前遗物和碎片相关的行为。从约翰·卢伯克（John Lubbock, 1865）开始，考古学家已经使用民族学类比来解释史前民族的工具和生活方式。在 20 世纪中叶，考古学家开始对经济和社会组织以及文化演化和生态学产生兴趣，从而扩大了类比的使用范围。对于民族学类比的重要性、其基本用法以及可能的滥用，已经有许多深入的讨论（Ascher, 1961; Binford, 1967; Hodder, 1982a; Orme, 1981; Ucko, 1969; Trigger, 1989）。最重要的是，考古学家必须确定一个类比的适当性，这需要历史的连续性以及功能、结构或逻辑关系。

民族学类比的第一种方法是直接历史法，它通过历史连续性进行类比，即在一个现存的群体与一种先前文化的考古学之间建立历史联系（Trigger, 1989）。在美国，直接历史法在与研究同一民族的民族学家紧密合作的考古学家中得到了广泛的使用。例如，美国西南部的普韦布洛社会与史前普韦布洛社会之间的历史连续性似乎是显而易见的。然而，这种方法也存在一定的问题：它可能将史前历史扁平化，误导考古学家以为传统社会一直是静止不变的，没有受到西方扩张和统治的激进历史进程的影响

（Feinman et al., 2000; Trigger, 1989）。这样的观点会陷入英国社会人类学家非历史的方法的陷阱。我们应该始终仔细考虑变化的可能。实际上，我认为这可以成为民族学和社会考古学交叉处的真实历史考古学的关键研究领域（Stahl, 2001）。

民族学类比的第二种方法依靠功能、结构或逻辑关系进行类比推理。它的基础在于一种统一主义的逻辑，也就是说，如果过去和现在的条件在某种程度上类似，那么涉及的过程也应该是类似的。在 20 世纪 70 年代和 80 年代，考古学家（Creamer and Haas, 1985; Peebles and Kus, 1977; Renfrew, 1973）常常会将史前社会归入由文化人类学家（Fried, 1967; Service, 1962；Steward, 1955）所制定的进化类型，并以此将相关的民族志作为研究过去社会、政治和经济关系的类比来源。然而，如今这种类比使用得越来越少，因为人们已经认识到存在更多的复杂路径，简单的分类方案不太可能提供足够的类比（McIntosh, 1999）。

类比的合理性可能反映了所考虑的文化抽象程度（Trigger, 1989）。基于技术物理限制，如燧石片的打制、陶器的烧制或建筑的建造的类比似乎非常合理。由于石头的特性，在燧石剥片中获得特定结果的可能选择范围是有限的，而民族学研究或实验可以描述这些选择。民族学对陶器烧制的描述特别有用，因为设计陶器造型和烧制黏土的技术受到了材料的严重制约（Hagstrum, 1989）。同样，可以用民族学的方法来类比建筑的建造，因为材料的强度和承重能力可以通过实验来描述。用现有的材料建造建筑，往往只有有限的几种方法可以产生与考古材料相符的情况（如建筑痕迹）。例如，现存的中世纪谷仓可以作为青铜时代建筑的类比，这些建筑有类似的痕迹。在使用经济类比时，能源支出的限制因素同样使某些关联成为可能，因为存在替代性的运输和交换方式的可能性不大。

在我们探索社会组织的重构时，可能的选择似乎会显著增加。通常，基于特定民族志的类比，我们倾向于将某些行为（如处理兽皮）与特定的性别角色联系起来。例如，在狩猎采集社会中，我们常常假设女性负责处理兽皮，这是因为受到了因纽特人社会分工的启示（Clark, 1952）。又或者，我们可以利用太平洋地区详尽的酋邦制描述，来理解欧洲酋邦的组织关系（Renfrew, 1973）。然而，由于人类组织的高度可变性，我们必须对组织特征的类比保持警惕（Leach, 1973），可能应当基于系统性跨文化研究中确定的统计关联。

在更高的推断层面上，文化行为的意义可能难以通过类比来确定。理论上，文化拥有无限的创造性，其符号在跨文化情境中并未与特定的意义挂钩。因此，乌科尔（Ucko, 1969）认为，在墓葬实践中，形式与意义并无直接关联。这样的观点在仪式建筑和纪念碑方面很常见（Thomas, 1991）。尽管符号的意义可能是无限的，但符号系统的功能可能与政治组织有更紧密的联系（Cohen, 1981）。例如，酋邦可能会发展出一种符号系统，以维持酋长与平民的距离，并将酋长与超自然力量联系起来（Earle, 1987）。有趣的是，一些后过程主义者认为，由于人类认知的共性，某些意义系统中可能存在规律性，我们可能可以基于细致的生态研究来解析史前文化信仰（Hodder, 1982b; Trigger, 1989:395）。例如，岩石艺术中的抽象模式可能与萨满使用致幻药物的通行做法有关，这些药物产生的精神图像可能并没有特定的文化含义（Lewis-Williams, 1986, 1991）。

民族考古学研究

民族考古学研究是考古学家对现存人群进行的民族学研究（Allchin,

1994; Binford, 1978; David and Kramer, 2001; Gould, 1980; Hodder, 1982a; Kramer, 1979; Longacre and Skibo, 1994; Oswalt and Van Stone, 1967）。它提供了考古学家使用的民族学类比的第二个主要来源，并可能建立至今仍存在的民族与他们的直接历史在考古记录中的联系。

利用民族考古学研究的关键在于，考古学家首先必须接受良好的民族学方法训练。这种训练不能通过随意阅读获取，最好通过文化人类学家的直接实地培训完成。民族考古学研究的局限性与民族学类比的局限性一样，但其主要优势在于考古学家可以直接调查与他们的研究兴趣相关的课题。戈斯登对民族考古学研究的批评是其"不道德"（Gosden, 1999:9），因为其设计未能充分关注被研究群体的利益。他的批评引出了重要的伦理问题，但这是所有民族学研究所面临的普遍问题。人类学作为一门学术学科，其研究议程往往是对研究对象而言并不重要的问题。研究对象需要理解研究的目的，并自愿同意考古学家的介入，但称考古学家不道德是不合理的。无论是对文化人类学家、语言学家、考古学家还是人类生物学家来说，伦理培训都必须成为全面的人类学培训的一部分（https://americananthro.org/about/policies/statement-on-ethics/ ）。

民族考古学研究在确定遗址形成过程方面特别有效（Kenoyer et al., 1991; Schiffer, 1976; Trigger, 1989）。通过全面研究各种物理过程，从沉积和风化到材料加工的特性，民族考古学研究能深入探究诸如各种材料构成的房屋倒塌的具体情况、垃圾弃置模式、骨头和其他碎片的地层学状况，以及特定技术制造和使用导致的磨损和分布。

为了实现文化人类学和考古学的共同发展，考古学家和民族学家应接受更多的交叉培训，以便能熟练运用对方的研究方法。民族考古学研究在物质文化、仪式和表演方面的研究极富成效，如迪安·阿诺德（Dean Arnold, 1975）对安第斯陶瓷制造作为对地方经济机会之适应的调查，罗兰·弗莱彻（Roland Fletcher, 1981）对非洲建筑空间使用的研究，米勒（1985）对印度陶瓷作为文化类别的研究，以及约翰·耶伦（John Yellen, 1977）对孔山人定居模式的研究，等等。近年来，还有一些论文集，涵盖了民族考古学和宴席考古学研究（Dietler and Hayden, 2001），以及停尸仪式研究（Chesson, 2001）。

只要民族学群体与当地考古学之间存在直接连续性，我们就能研究形成现代文化模式的历史变迁。这种基于传统民族历史的考古学，似乎是推进人类学作为历史科学发展的一种未被充分利用的方法。民族考古学能够建立一个民族的现代基准和口述历史，进而追溯过去的变化。例如，安·斯塔尔（Ann Stahl, 2001）利用现代民族考古学、口述历史和考古文献，描述了班达村的生活变迁。她成功地在英国 20 世纪殖民主义的背景下，勾勒出了 800 年的历史。在此之前，科菲·阿戈萨（Kofi Agorsa, 1988）在加纳率先进行了一项使用民族考古学的研究。作为民族考古学的延伸，这种新版本的历史考古学似乎是促进文化人类学与考古学理论联系的最有效的方法之一。

跨文化研究

跨文化研究涉及对特定文化区域或全球范围内的民族学案例进行系统的比较。这种方法具有发展丰富理论模型的巨大潜力，这些模型可以被用于测试考古学研究。此外，这种方法也为考古学研究中新的跨文化研究方向提供了宝贵的参考模式。

在特定文化领域，文化人类学家已经深入探索了密切相关的文化之间的差异，以此研究文化演变过程。一个显著的例子来自波利尼西亚，这是一片由单一的人种、语言和文化群体所拓殖的散布于太平洋深处的岛屿。萨林斯（1958）和欧文·戈德曼（Irving Goldman, 1970）探讨了波利尼西亚社会的规律性差异，这些差异都是由探险家和民族学家描述出来的。萨林斯（1958）提出，复杂的酋邦社会在最大且最丰饶的岛屿上形成，这里有潜力产生大量的剩余产品，从而允许复杂的社会组织发展。岛屿的大小与资源之间的关系似乎决定了社会结构的最大规模，进而决定了一体化和复杂性的程度。在美国西南部，埃根（Eggan, 1950）比较了东部和西部低洼地区的社会组织，他认为它们之间的差异是由灌溉程度和方式所造成的。达里尔·费尔（Daryl Feil, 1987）指出，在巴布亚新几内亚高原，土地的生产力和甘薯引进的时间解释了不同的文化模式：在东部，引进甘薯造成了人口增长、竞争加剧、战争激烈，以及男性战士崇拜；在西部，同样的过程发生得更早，最终导致发展出区域性的礼仪交流系统，以及调节战争频率和严重程度的大人物。

　　这些研究为考古学家理解文化分化过程提供了直接的类比和模板。在波利尼西亚，帕特·基尔希（Pat Kirch, 1984, 1994, 2000）运用萨林斯的模型，研究了在对比鲜明的岛屿环境中的殖民化和适应过程。在美国西南部，当地社会组织的差异似乎比民族志记录所显示的更大（Feinman et al., 2000）。在欧洲，克里斯蒂安森（1978, 1984）调查了丹麦新石器时代和青铜时代的财富分配模式的显著变化，这反映了与财富积累相关的集约化和交换模式的变化。他利用新几内亚的民族志，提出了可能的基本社会过程。弗里德曼和罗兰兹（1977）构建了著名的声望物品交换模型，他们比较了缅甸和欧洲青铜时代的已知历史和史前案例。对于考古学而言，深入比较文化变迁的长期轨迹具有巨大的潜力，而针对文化差异的民族学研究似乎为考古模型提供了最佳的参考。

在全球范围内，大量的人类关系区域档案（Human Relations Area Files，HRAF）已被用于对民族学案例的跨文化研究（Ember and Ember, 1988; Peregrine, 2001a）。这种研究可以进行对关键变量间关联强度的统计分析。如今，这些数据已经实现了电子化，为文化人类学家以及越来越多的考古学家提供了一个主要的比较分析资源。HRAF 的目标是对文化人类学家在该学科历史上积累的民族学案例样本进行比较分析。个体特征已经被系统编码，我们因此可以用统计方法来确认特征间是否存在预期的统计学意义上的关联。虽然文化人类学家对比较研究的兴趣可能有所减弱——可能因为他们的注意力越来越集中在现代化社会上——但考古学家已经开始更加积极地参与对这些档案的使用（Peregrine, 2001a）。共时的民族学档案在两个重要方面具有显著价值。首先，通过对档案的分析可以确定社会、政治和经济变量间的统计关联，这可为构建考古调查的假设提供基础。相关的例子包括约翰·克拉克和 W. 佩里（John Clark and W. Perry, 1990）对手工艺专业化的研究，加里·法因曼和吉尔·奈策尔（Gary Feinman and Jill Neitzel, 1984）对酋邦的研究，苏珊·肯特（Susan Kent, 1990）对建筑空间的研究，以及彼得·佩里格林（Peter Peregrine, 1991）对手工艺专业化财富的研究。威廉·基根和 M. 麦克拉克伦（William Keegan and M. Maclachlan, 1989）运用梅尔·恩贝尔和卡罗尔·恩贝尔（Ember and Ember, 1971）对战争和聚落模式的跨文化研究成果，对加勒比海酋邦的社会组织进行了预测。HRAF 数据的跨文化分析有助于确定关键变量之间的关联概率，从而为考古学检验提供假设。其次，通过对档案的分析可以确定考古学家能直接观察到的物质特征与考古学家希望推断的社会组织等其他特征之间的关联强度（Ember and Ember, 1995；McNett, 1979）。这种方法使得考古学家可以评估从民族学案例中得出的类比的相关性。

利用 HRAF 进行的跨文化研究已取得显著成果，因此 HRAF 提出了一项倡议，希望将考古数据纳入数据库中，以便对变量之间的演变关系进行历时研究。《考古学传统概要》（*The Outline of Archaeological Traditions*）为非共时考古学研究提供了一份借鉴样本（Peregrine, 2001b）。《史前史百科全书》（*Encyclopedia of Prehistory*）系统地总结了考古学家在世界各地描述的大量文化序列（Peregrine and Ember, 2001）。佩里格林对这种方法进行了实用的解释（Peregrine, 2001a），其研究显示，随着时间的推移，在人口密度（1 人及以下 / 平方英里；2～25 人 / 平方英里；26 人及以上 / 平方英里）、农业（无；次要；主要）和最大居址的规模（100 人以下；100～399 人；400 人及以上）等十个复杂程度方面的高分有统计学意义。他展示了全球范围内人类社会历史趋势的存在。他的结论虽然相当粗略，但却记录了社会复杂性的反复、独立的演变。我相信，考古学家需要将自己的数据系统化。这样，基于前述共时数据研究，对历时趋势的跨案例比较将会更加实用。

199

结论

考古学与文化人类学之间的关系密切而复杂，不同的学者在不同的时间会持有不同的观点。两者的学科目标有共性，能产生互补的证据和动态的交互关系，为两个领域都注入活力。考古学与文化人类学之间的互惠关系可以通过交叉培训和发展尊重学科的文化来培养，这有助于增强北美地区的人类学学科内部联系，甚至可能在欧洲和世界其他地区打造出类似的整合学科纽带。

对于文化人类学，考古学家可以提供以下贡献：（1）更全面的案例材料，展示人类文化的多样性和广泛适用性；（2）历史层面的研究，用于探究由重商主义、殖民主义和全球化等因素引发的社会快速变化；（3）对长期社会演变的持续研究，这是人类学的核心主题；（4）对物质文化、日常生活、建筑、环境和空间的专业研究，这些都是跨学科研究中的热门话题；（5）文化资源管理和抢救性发掘，其作为构建现代身份的工具，具有巨大的潜力。

对于考古学，文化人类学家能提供：（1）超越狭义方法论的学术环境；（2）丰富的民族学类比和理论，供考古学验证；（3）民族考古学研究所需的民族学和伦理学培训；（4）跨文化研究的视角和工具。

参考文献

Agorsa, E. Kofi. 1988. Evaluating spatial behavior patterns of prehistoric societies. *Journal of Anthropological Archaeology* 7: 231–247.

Allchin, Bridget (ed.). 1994. *Living traditions: Studies in the ethnoarchaeology of South Asia.* New Delhi: Oxford.

Arnold, Dean. 1975. Ceramic ecology in the Ayacucho Basin, Peru. *Current Anthropology* 16: 183–203.

Ascher, Robert. 1961. Analogy in archaeological interpretation. *Southwestern Journal of Anthropology* 17: 317–325.

Barfield, Thomas. 2003. Archaeology as anthropology of the long term. In Susan Gillespie and Deborah Nichols, eds., *Archaeology is anthropology,* 41–50. Archaeological Papers no. 13. Arlington, VA: American Anthropological Association.

Barnard, Alan. 2000. *History and theory in anthropology.* Cambridge: Cambridge University Press.

Barth, Fredrik. 1965. *Political leadership among Swat Pathans.* London: Athlone.

Bateson, Gregory. 1936. *Naven.* Stanford, CA: Stanford University Press.

Binford, Lewis. 1962. Archaeology as anthropology, *American Antiquity* 28: 217–225.

———. 1967. Smudge pits and hide smoking: the use of analogy in archaeological reasoning. *American Antiquity* 32: 1–12.

———. 1978. *Nunamiut ethnoarchaeology.* New York: Academic.

Blanton, Richard; Peter Peregrine, D. Winslow, and T. Hall. 1997. *Economic analysis beyond the local system.* Lanham, MD: University Press of America.

Bourdieu, Pierre. 1979. *Algeria 1960: The Kabyle House or the world reversed.* Cambridge: Cambridge University Press.

Bradley, Richard. 1984. *The social foundations of prehistoric Britain.* London: Longmans.

Brumfiel, Elizabeth. 1992. Distinguished lecture in archaeology: Breaking and entering the ecosystem: Gender, class, and faction steal the show. *American Anthropologist* 94: 551–567.

———. 1994. *The economic anthropology of the state.* Lanham, MD: University Press of America.

———. 2003. The relationship of archaeology to sociocultural anthropology. *Annual Review of Anthropology* 32: 205–223.

Chesson, Meredith. 2001. *Social memory, identity, and death: Anthropological perspectives on mortuary rituals.* Archaeological Paper no. 10. Arlington, VA: American Anthropological Association.

Childe, V. Gordon. 1925. *The dawn of European civilization.* London: Kegan Paul.

———. 1936. *Man makes himself.* London: Watts.

———. 1942. *What happened in history.* Harmondsworth, UK: Penguin.

Clark, J. Grahame. 1952. *Prehistoric Europe: The economic basis.* London: Methuen.

Clark, John E., and W. Perry. 1990. Craft specialization and cultural complexity. *Research in Economic Anthropology* 12: 289–346.

Cohen, Abner. 1981. *The politics of elite culture: Explorations in the dramaturgy of power in a modern African society.* Berkeley: University of California Press.

Conisbee, Philip. 1993. Ordinariness and light: Danish painting of the golden age. In Kasper Monrad, ed., *The golden age in Danish painting,* 37–47. New York: Hudson Hills.

Creamer, Winifred, and Jonathan Haas. 1985. Tribes vs. *200* chiefdoms in lower Central America. *American Antiquity* 50: 738–754.

Daniel, Glyn. 1976. *A hundred and fifty years of archaeology.* Cambridge: Harvard University Press.

———. 1983. Foreword. In V. Gordon Childe, *Man makes himself.* New York: New American Library.

David, Nicholas, and Carol Kramer. 2001. *Ethnoarchaeology in action.* Cambridge: Cambridge University Press.

Dietler, Michael, and Brian Hayden. 2001. *Feasts: Archaeological and ethnographic perspectives on food, politics, and power.* Washington, DC: Smithsonian Institution Press.

Earle, Timothy. 1987. Chiefdoms in archaeological and ethnohistorical perspectives. *Annual Review of Anthropology* 16: 279–308.

———. 1999. Production and exchange in prehistory. In Graeme Barker, ed., *Companion encyclopedia of archaeology,* 608–635. London: Routledge.

———. 2001. Commodity flows and the evolution of complex societies. In J. Ensminger, ed., *Theory in economic anthropology,* 81–103. Walnut Creek, CA: AltaMira.

———. 2002. *Bronze Age economics: The beginnings of political economies.* Boulder: Westview.

———. 2004. Culture matters in the Neolithic transition and emergence of hierarchy. In Thy Denmark distinguished lecture. *American Anthropologist* 106: 111–125.

Earle, Timothy, J.-H. Bech, Kristian Kristiansen, P. Aperlo, K. Kelertas, and John Steinberg. 1998. The political economy of Late Neolithic and Early Bronze Age society: The Thy Archaeological Project, *Norwegian Archaeological Review* 31: 1–28.

Earle, Timothy, and Robert Preucel. 1987. Processual archaeology and the radical critique. *Current Anthropology* 28: 501–538.

Eggan, Fred. 1950. *Social organization of the western pueblos.* Chicago: University of Chicago Press.

Ember, Carol, and Mel Ember. 1988. *Guide to cross-cultural research using the HRAF Archive.* New Haven, CT: Human Relations Area Files.

Ember, Mel, and Carol Ember. 1971. The conditions favoring matrilocal versus patrilocal residence. *American Anthropologist* 73: 571–594.

———. 1995. Worldwide cross-cultural studies and their relevance for archaeology. *Journal of Archaeological Research* 3: 87–111.

Evans-Pritchard, Edward E. 1940. *The Nuer*. Oxford: Clarendon.

Feil, Daryl K. 1987. *The evolution of Highland Papua New Guinean societies*. Cambridge: Cambridge University Press.

Feinman, Gary, Kent Lightfoot, and Steadman Upham. 2000. Political hierarchy and organizational strategies in the Puebloan Southwest. *American Antiquity* 65: 449–470.

Feinman, Gary, and Jill Neitzel. 1984. Too many types: An overview of sedentary prestate societies in the Americas. In Michael Schiffer, ed., *Archaeology method and theory* 7: 39–102. New York: Academic.

Firth, Raymond. 1936. *We the Tikopia*. London: Routledge.

Flannery, Kent. 1967. Culture history vs. cultural process: A debate in American archaeology. *Scientific American* 217: 119–122.

Fletcher, Roland. 1981. People and space: A case history of material behaviour. In Ian Hodder, Glyn Isaac, and Norman Hammond, eds., *Pattern of the past: Studies in honour of David Clarke*, 97–128. Cambridge: Cambridge University Press.

Forde, C. Darryl. 1934. *Habitat, economy, and society*. New York: Dutton.

Fortes, Meyer. 1949. *The web of kinship among the Tallensi*. Oxford: Oxford University Press.

Fortes, Meyer, and Edward E. Evans-Pritchard. 1940. *African political systems*. Oxford: Oxford University Press.

Fried, Morton H. 1967. *The evolution of political society: An essay in political economy*. New York: Random House.

Friedman, Jonathon. 1974. Marxism, structuralism, and vulgar materialism. *Man* 9: 444–469.

Friedman, Jonathon, and Michael J. Rowlands. 1977. Notes towards an epigenetic model of the evolution of "civilization." In Jonathon Friedman and Michael J. Rowlands, eds., *The evolution of social systems*, 201–276. London: Duckworth.

Geertz, Clifford. 1963. *Agricultural involution: The process of ecological change in Indonesia*. Berkeley: University of California Press.

Gillespie, Susan, and D. Nichols (eds.). 2003. *Archaeology is anthropology*. Archaeological Papers no. 13. Arlington, VA: American Anthropological Association.

Gilman, Antonio. 1981. The development of social stratification in Bronze Age Europe. *Current Anthropology* 22: 1–24.

Godelier, Maurice. 1977. *Perspectives in Marxist anthropology*. Cambridge: Cambridge University Press.

Goldman, Irving. 1970. *Ancient Polynesian society*. Chicago: University of Chicago Press.

Gosden, Christopher. 1999. *Anthropology and archaeology: A changing relationship*. London: Routledge.

Gould, Richard. 1980. *Living archaeology*. Cambridge: Cambridge University Press.

Hagstrum, Melissa. 1989. Technological continuity and change: Ceramic ethnoarchaeology in the Peruvian Andes. Ph.D. diss., UCLA.

Halperin, Rhoda. 1994. *Cultural economies: Past and present*. Austin: University of Texas Press.

Harris, Marvin. 1968. *The rise of anthropological theory: A history of theories of culture*. New York: Random House.

Hill, James. 1970. *Broken K Pueblo*. Anthropological Paper 18. Tucson: University of Arizona Press.

Hodder, Ian. 1982a. *The present past: An introduction to anthropology for archaeologists*. New York: Pica.

———. 1982b. *Symbols in action*. Cambridge: Cambridge University Press.

———. 1990. *The domestication of Europe: Structure and contingency in Neolithic societies*. London: Blackwell.

Hodder, Ian, and Craig Cessford. 2004. Daily practice and social memory at Çatalhöyük. *American Antiquity* 69: 17–40.

Hunt, Robert, and Antonio Gilman (eds.). 1998. *Property in economic context*. Lanham, MD: University Press of America.

Ingold, Tim. 1992. Editorial. *Man* 27: 693–696.

Jensen, Jørgen. 1982. *The prehistory of Denmark*. London: Methuen.

Jochim, Michael. 1976. *Hunter-gatherer subsistence and settlement*. New York: Academic.

Keegan, William, and M. Maclachlan. 1989. The evolution of avuncular chiefdoms: A reconsideration of Taino kinship and politics. *American Anthropologist* 91: 613–630.

Kenoyer, J. Mark, Massimo Vidale, and Kuldeep K. Bhan. 1991. Contemporary stone bead making in Khambhat, India: Patterns of craft specialization and organization of production as reflected in the archaeological record. *World Archaeology* 23: 44–63.

Kent, Susan. 1990. A cross-cultural study of segmentation, architecture, and the use of space. In *Domestic architecture and the use of space*, 127–152. Cambridge: Cambridge University Press.

Kirch, Patrick. 1984. *The evolution of Polynesian chiefdoms*. Cambridge: Cambridge University Press.

———. 1994. *The wet and the dry: Irrigation and agricultural intensification in Polynesia*. Chicago: University of Chicago Press.

———. 2000. *On the road of the winds: An archaeological history of the Pacific islands before European contact*. Berkeley: University of California Press.

Kramer, Carol (ed.). 1979. *Ethnoarchaeology: Implications of ethnography for archaeology*. New York: Columbia University Press.

Kristiansen, Kristian. 1978. The consumption of wealth in Bronze Age Denmark: A study in the dynamics of economic processes in tribal societies. In Kristian Kristiansen and Carsten Paludan-Müller, eds., *New directions in Scan-*

dinavian archaeology, 158–190. Copenhagen: National Museum of Denmark.

———. 1984. Ideology and material culture: An archaeological perspective. In Matthew Spriggs, ed., Marxist perspectives in archaeology, 72–100. Cambridge: Cambridge University Press.

Leach, Edmund. 1954. Political systems of Highland Burma: A study of Kachin social structure. Monographs on Social Anthropology. London: London School of Economics.

———. 1961. Pul Eliya: A village in Ceylon. Cambridge: Cambridge University Press.

———. 1973. Concluding address. In A. Colin Renfrew, ed., The explanation of culture change: Models in prehistory, 761–771. London: Duckworth.

Lee, Richard. 1979. The !Kung San. Cambridge: Cambridge University Press.

Lewis-Williams, J. David. 1986. Cognitive and optical illusions in San rock art research. Current Anthropology 27: 171–179.

———. 1991. Wrestling with analogy: A methodological dilemma in Upper Paleolithic art research. Proceedings of the Prehistoric Society 57: 149–162.

Longacre, William A., and James M. Skibo (eds.). 1994. Kalinga ethnoarchaeology: Expanding archaeological method and theory. Washington, DC: Smithsonian Institution Press.

Lubbock, John. 1865. Pre-historic times, as illustrated by ancient remains, and the manners and customs of modern savages. London: Williams & Norgate.

Malinowski, Bronislaw. 1922. Argonauts of the western Pacific. London: Routledge.

———. 1935. Coral gardens and their magic. London: Allen & Unwin.

Mauss, Marcel. 1925. The gift: Forms and functions of exchange in archaic societies. London: Cohen & West.

McIntosh, Susan (ed.). 1999. Beyond chiefdoms: Pathways to complexity in Africa. Cambridge: Cambridge University Press.

McNett, C. 1979. The cross-cultural method in archaeology. In Michael Schiffer, ed., Advances in archaeological method and theory 2: 39–76. Orlando, FL: Academic.

Mead, Margaret. 1928. Coming of age in Samoa. New York: Morrow.

Meggitt, Mervin. 1965. The lineage system of the Mae Enga of New Guinea. New York: Barnes & Noble.

Meillassoux, Claude. 1981. Maidens, meals, and money. Cambridge: Cambridge University Press.

Meskell, Lynn. 2002. The intersections of identity and politics in archaeology. Annual Review of Anthropology 31: 279–301.

Milisauskas, Sarunas. 1986. Early Neolithic settlement and society at Olszanica. Memoir 19. Ann Arbor: Museum of Anthropology, University of Michigan.

Miller, Daniel. 1985. Artifact as category: A study of ceramic variability in central India. Cambridge: Cambridge University Press.

Morgan, Lewis Henry. 1877. Ancient society. New York: Holt.

Nadel, S. F. 1946. Black Byzantium: The Kingdom of Nupe in Niger. London: Oxford University Press.

Netting, Robert. 1968. Hill farmers of Nigeria. Seattle: University of Washington Press.

Orme, Bryony. 1981. Anthropology for archaeologists. London: Duckworth.

Oswalt, Wendell, and James W. Van Stone. 1967. The ethnoarchaeology of Crow Village, Alaska. Bulletin 199. Washington, DC: Bureau of American Ethnology.

Peebles, Christopher, and Susan Kus. 1977. Some archaeological correlates of ranked societies. American Antiquity 42: 421–448.

Peregrine, Peter. 1991. Some political aspects of craft specialization. World Archaeology 23: 1–11.

———. 2001a. Cross-cultural comparative approaches in archaeology. Annual Review of Anthropology 30: 1–18.

———. 2001b. Outline of archaeological traditions. New Haven, CT: Human Relations Area Files.

Peregrine, Peter, and Mel Ember (eds.). 2001. Encyclopedia of prehistory. New York: Kluwer Academic.

Plattner, Stuart (ed.). 1986. Markets and marketing. Lanham, MD: University Press of America.

Price, T. Douglas. 1985. Affluent foragers of Mesolithic Scandinavia. In T. Douglas Price and James A. Brown, eds., Prehistoric hunter-gatherers: The emergence of cultural complexity, 341–363. Orlando, FL: Academic.

Radcliffe-Brown, A. R. 1922. The Andaman Islanders. Cambridge: Cambridge University Press.

———. 1952. Structure and function in primitive society. New York: Free Press.

Randsborg, Klavs. 1975. Social dimensions of early Neolithic Denmark. Proceedings of the Prehistoric Society 41: 105–118.

———. 1980. The Viking Age in Denmark: The formation of the state. London: Duckworth.

Rappaport, Roy A. 1967. Pigs for the ancestors: Ritual in the ecology of a New Guinea people. New Haven: Yale University Press.

Renfrew, A. Colin. 1973. Monuments, mobilisation, and social organization in Neolithic Wessex. In A. Colin Renfrew, ed., The explanation of culture change: Models in prehistory, 539–558. London: Duckworth.

———. 1975. Trade as action at a distance: Questions of integration and communication. In Jeremy A. Sabloff and C. C. Lamberg-Karlovsky, eds., Ancient civilizations and trade, 3–59. Albuquerque: University of New Mexico Press.

———. 1984. Approaches to social archaeology. Edinburgh: Edinburgh University Press.

Renfrew, A. Colin, and John Cherry (eds.). 1986. Peer polity interaction and socio-political change. Cambridge: Cambridge University Press.

202

Renfrew, A. Colin, Michael Rowlands, and Barbara Segraves (eds.). 1982. *Theory and explanation in archaeology*. New York: Academic.

Renfrew, A. Colin, and Stephen Shennan (eds.). 1982. *Ranking, resource, and exchange: Aspects of the archaeology of early European society*. Cambridge: Cambridge University Press.

Robin, Cynthia. 2002. "Outside of Houses: The practices of everyday life at Chan Nòohol, Belize." *Journal of Social Archaeology* 2: 245–268.

Rowlands, Michael, and Kristian Kristiansen (eds.). 1998. *Social transformations in archaeology: Global and local perspectives*. London: Routledge.

Sahlins, Marshall. 1958. *Social stratification in Polynesia*. Seattle: University of Washington Press.

Schiffer, Michael. 1976. *Behavioral archaeology*. New York: Academic.

Service, Elman. 1962. *Primitive social organization: An evolutionary perspective*. New York: Random House.

———. 1975. *Origins of the state and civilization: The process of cultural evolution*. New York: Norton.

Shanks, Michael, and Christopher Tilley. 1987. *Re-constructing archaeology: Theory and practice*. Cambridge: Cambridge University Press.

Shepherd, Nick. 2002. Politics of archaeology in Africa. *Annual Review of Anthropology* 31: 189–209.

Snead, James. 1999. Science, commerce, and control: Patronage and the development of anthropological archaeology in the Americas. *American Anthropologist* 101: 256–271.

Stahl, Ann. 2001. *Making history in Banda*. Cambridge: Cambridge University Press.

Steward, Julian. 1938. *Basin-Plateau aboriginal sociopolitical groups*. Washington, DC: Bureau of American Ethnology.

———. 1955. *Theory of culture change*. Urbana: University of Illinois Press.

Taylor, Walter W. 1948. *A study of archaeology*. Memoir 69. Washington, DC: American Anthropological Association.

Thomas, Julian. 1991. *Rethinking the Neolithic*. Cambridge: Cambridge University Press.

Tilley, Christopher. 1996. *An ethnography of the Neolithic: Early prehistoric societies in southern Scandinavia*. Cambridge: Cambridge University Press.

Trigger, Bruce. 1980. *Gordon Childe: Revolutions in archaeology*. London: Thames & Hudson.

———. 1984. Alternative archaeologies: Nationalism, colonialism, imperialism. *Man* 19: 355–370.

———. 1989. *History of archaeological thought*. Cambridge: Cambridge University Press.

Tylor, E. B. 1871. *Primitive culture*. London: John Murray.

Ucko, Peter. 1969. Ethnography and archaeological interpretations of funerary remains. *World Archaeology* 1: 262–277.

Wells, Peter. 1980. *Culture contact: Early Iron Age Europe and the Mediterranean world*. Cambridge: Cambridge University Press.

Willey, Gordon R. 1953. *Prehistoric settlement patterns in the Viru valley, Peru*. Bulletin 155. Washington, DC: Bureau of American Ethnology.

Willey, Gordon R., and Philip Phillips. 1958. *Method and theory in American archaeology*. Chicago: University of Chicago Press.

Willey, Gordon R., and Jeremy A. Sabloff. 1974. *A history of American archaeology*. San Francisco: Freeman.

Wolf, Eric. 1982. *Europe and the people without history*. Berkeley: University of California Press.

Yellen, John. 1977. *Archaeological approaches to the present: Models for reconstructing the past*. New York: Academic.

马克·科勒德、斯蒂芬·申南、布里格斯·布坎南
和 R. 亚历山大·本特利
（Mark Collard，Stephen Shennan，Briggs Buchanan，
R. Alexander Bentley）

如本特利等人在本书的第 8 章所阐述的，达尔文的进化论方法在考古领域的应用日益广泛。这主要是因为，我们能够有效地借助进化生物学家和古生物学家的分析工具来进行文化研究。本章的目标是介绍群体遗传学建模和系统发育树构建两种方法，这两种方法可以帮助我们理解由传播、创新和选择在时间和地理上产生的文化现象的差异。我们将首先探讨这些新方法的理论基础，其次概述一些利用人口遗传学理论模型研究文化演化的方法，最后，我们将讨论系统发育树构建方法在文化发展研究中的应用。

理论基础

目前有三种不同的理论派别试图将人口遗传学模型和系谱学技术应用于对文化数据的分析中。第一种是进化考古学，这种方法有时也被

称为选择主义考古学（Abbott et al., 1996; Dunnell, 1980, 1989; Leonard and Jones, 1987; Leonard, 2001; Lipo et al., 1997; Lyman and O'Brien, 1998; Neff, 1992; O'Brien and Holland, 1995; O'Brien and Lyman, 2000, 2002, 2003a; Ramenofsky, 1995）。第二种是基因文化共同演化理论或双重遗传理论（Ames, 1996; Bettinger, 1991; Boyd and Richerson, 1985, 1993; Cavalli-Sforza and Feldman, 1981; Durham, 1979, 1982, 1990, 1991, 1992; Pulliam and Dunford, 1980; Richerson and Boyd, 1992; Runciman, 2002; Shennan, 1991, 2000, 2002）。第三种被称为人类行为生态学（Borgerhoff Mulder, 1991; Cronk, 1991; Shennan, 2002; Smith, 2000; Smith and Winterhalder, 1992; Smith et al., 2001; Winterhalder and Smith, 2000）。这些派别的主要分歧在于，它们理解文化演化是主要通过繁殖成功率的差异，还是通过表现型（phenotype）可塑性来实现。前者强调的是一些个体相较于其他个体拥有更强的繁殖能力，而后者强调的是生物体在面对不同环境条件时产生不同表现型的能力（Pigilucci, 1996）。这些派别还对文化演化中群体现象的作用持有不同观点。这些差异影响了各派别对文化演化与遗传演化关系的理解，同时也影响了它们对那些不利于适应环境，或者中性（既不利于适应，也不妨碍适应）的文化行为的看法。

进化考古学的核心原则是，遗物与骨骼、肌肉和皮肤一样，都是人类表现型的一部分（Dunnell, 1989; Leonard, 2001; Lyman and O'Brien, 1998; O'Brien and Holland, 1995）。因此，进化考古学家试图用适合进化论解释的类型来描述考古资料（Cochrane, 2001; Dunnell, 1978, 1995; Tschauner, 1994），然后用他们认为的主要进化机制，即自然选择和基因漂变来解释这些类型的分布（Abbott et al., 1996; Braun, 1987; Dunnell and Feathers,

1991; Leonard, 2001; Lyman and O'Brien, 1998; O'Brien and Lyman, 2000; Ramenofsky, 1995）。

　　然而，要清楚地阐述进化考古学家对于"自然选择"和"基因漂变"这两个概念的定义并非易事，因为各个学者提出的定义可能会有所不同。这些定义间的差别虽然微妙，但却十分关键。以威廉森（Wilhelmsen, 2001）与奥布赖恩和莱曼（2000）对于自然选择和基因漂变的定义为例，他们的理解差异极大，似乎代表了一系列观点的两个极端。威廉森（2001）认为，自然选择是指"在种群中，生物的生殖差异导致性状频率随着时间的推移发生方向性的变化，这种变化与外部环境条件相关"（P. 99），而基因漂变的生殖差异则类似于采样误差，性状频率的改变是随机的（P. 100）。而在奥布赖恩和莱曼（2000）看来，自然选择是"一个种群中某些更适应特定环境的性状相对于不太适应的性状比例增加的过程"（P. 404），而基因漂变是"传播的不确定性导致种群中性状频率的随机变化"（P. 399）。这两种定义之间存在的主要区别之一在于，威廉森（2001）的解释侧重于"生物体"，而奥布赖恩和莱曼（2000）的定义则聚焦于"性状"。另一个显著的区别涉及自然选择和基因漂变中所涵盖的变化机制。威廉森（2001）对自然选择的定义明确地将其与生殖差异紧密关联。换言之，他的定义暗示，在自然选择的情况下，性状频率随时间的变化是由某些个体比其他个体具有更高的繁殖率导致的。相比之下，奥布赖恩和莱曼（2000）对自然选择的定义并没有涉及生殖差异。实际上，他们并未明确指出变化发生的具体机制。他们认为自然选择是在降低不适应性状的同时提高其他性状频率的过程，但并未具体阐明这种情况是如何发生的。对基因漂变的定义也存在相似的差异，威廉森（2001）的解释明确地将漂变与生殖差异紧密关联，而奥布赖恩和莱曼（2000）的解释并未提及生殖后代数量的差异。相反，对奥布赖恩和莱曼（2000）来说，漂变是由"基因传播的不确定性"所导致的结果。

这些差异可能很重要，因为它们共同塑造了进化考古学家对生物遗传演化与文化演化间关系的理解。威廉森（2001）对自然选择和基因漂变的定义将选择过程直接与生物体的繁殖差异相关联，这暗示文化演化的方式与基因演化的方式完全一致，因此，文化演化可以基本归因于基因演化。然而，与此相比，奥布赖恩和莱曼（2000）更关注形态而非生物体本身。他们没有明确指出变化的机制，这可能是因为他们认识到遗传演化与文化演化涉及不同的机制，因此可能存在不同的驱动力。奥布赖恩和莱曼（2000）以及其他一些进化考古学家可能认为，自然选择导致适应性强的性状增加，这种增加可能以两种形式表现。在第一种形式中，性状与生物体本身相关，而性状的增加则是通过繁殖差异实现的。在第二种形式中，性状与人工制品（遗物）有关，而性状的增加则通过文化传播实现。换言之，一些进化考古学家可能会严肃对待这样一种可能性，即考古记录中的变化并非仅仅反映了文化适应性更强的人能够产生更多后代，还可能反映了人工制品作为性状本身具有其独特的演化驱动力。因此，奥布赖恩和莱曼（2000）指出，人工制品的分布与人类的繁殖可能是由不同机制驱动的。同样，伦纳德（Leonard, 2001）和琼斯（Jones, 1987）也区分了文化特征的成功复制与个体的成功繁殖，并主张我们不能假设前者能够直接归因于后者。

然而，在回顾过去30年来进化考古学的大量研究之后，我们认为威廉森（2001）与奥布赖恩和莱曼（2000）所提供的定义之间的差异其实并不那么显著。奥布赖恩和莱曼（2000）以及其他大多数进化考古学家似乎并不认同变化会以这样的方式发生，即个体复制某种行为，然后基于经验进行修改，再传递给他人。他们通常将传播视为仅在父母与后代之间发生，而忽视了文化传播的其他多种形式。即便在没有基因漂变的情况下，文化特征也可能在个体和群体之间进行斜向和横向传播（Abbott et al., 1996; Leonard, 2001; O'Brien and Lyman, 2000; Ramenofsky, 1995）。因此，实际上，进化考古学家大多认为，文化演化主要是通过繁殖成功率的差异来实现的，因此他们并未考虑到基因和文化可能存在不同的演化动力。重要的是，我们对进化考古学的描述似乎与奥布赖恩和莱曼（2002:35）的描述相一致，他们指出："一些行为生态学家认为，我们在考古学中观察到的大部分变化是由表现型的可塑性所驱动的……而大多数进化考古学家会认为，这些变化是由自然选择所驱动的。"

双重遗传理论与进化考古学有所不同，它认为文化演化主要通过表现型的可塑性，而非繁殖成功率的差异来实现。在双重遗传理论中，基因和文化被视为两个不同但交互的信息传递系统（Ames, 1996; Bettinger, 1991; Boyd and Richerson, 1985, 1993; Cavalli-Sforza and Feldman, 1981; Durham, 1979, 1982, 1990, 1991, 1992; Pulliam and Dunford, 1980; Richerson and Boyd, 1992; Runciman, 2002; Shennan, 1991, 2000, 2002）。这两种系统都涉及表现型在信息传递中的影响，但运作机制却存在差异。基因遗传系统以生物繁殖为基础，而文化系统则涉及社会学习。考虑到这种差异，双重遗传理论家认为，尽管遗传演化和文化演化具有相似之处——它们都认同达尔文的"后代渐变"（descent with modification）观点，即生物特征代代相传并略有改变，但由于社会学习的特性，文化演化会受到一些与遗传演化

205

不同的其他因素的影响。尤其值得注意的是，个体可以选择从非亲属那里复制习俗，也能够根据个人经验对习俗进行修改或抛弃。这意味着，我们不能假设文化演化总是与遗传演化同步进行——有时可能如此，但往往并非如此。我们从非亲属那里学习的能力意味着文化模式往往与遗传模式不一致。同样，我们从其他个体那里学习并在一生中将这些行为传递给其他个体的能力，也使得文化演化往往比遗传演化进程更快。双重遗传理论甚至允许这样的可能性，即从遗传角度看，一些文化特征的传播可能并不具有强烈的适应性（Boyd and Richerson, 1985; Cavalli-Sforza and Feldman, 1981; Shennan, 2002）。

在双重遗传理论中，关于文化演化的机制，学者们特别强调了引导性变异（guided variation）和偏向性传播（biased transmission）两种主要方式。引导性变异指的是一个人复制另一个人的行为，并根据个人经验对所复制的行为进行修改，然后将这种修改后的行为传递给第三个人。而偏向性传播则是指大多数个体在改变行为时，更多的是通过选择榜样、复制榜样行为的方式，而不是仅仅依赖于个人经验。换句话说，双重遗传理论家认为，个体在复制他人行为时，通常并不是随意选择，而是根据一些特定的标准来选择模式和行为。亨里奇（2001）认为，这种传播方式可能是形成 S 形曲线的基础。新行为在人类种群中的扩散特性通常表现为 S 形曲线：对新行为的采纳在初始阶段较慢，然后快速上升到一个高峰，之后随着创新在种群中逐渐饱和，曲线趋于平稳（见图 13-1）。学者们已经建立了多种偏向性传播的模型（Boyd and Richerson, 1985; Richerson and Boyd, 1992），包括直接偏向（direct bias）、间接偏向（indirect bias）和频率依赖偏向（frequency dependent bias）。在直接偏向中，个体评估各种行为并从中进行选择。在间接偏向中，个体根据某些特征——例如那些代表健康或声望的特征——来选择一种文化模式，并复制与该模式相关的行为。在频率依赖偏向中，个体根据行为在人群中的普遍性来决定是否复制该行为，其中最常见的是顺应性偏见，即倾向于复制最常见的行为。需要强调的是，引导性变异和各种形式的偏向性传播理论上可以使文化演化速度远超遗传演化，因为这些机制可以影响一个世代中不同文化特征的相对频率。此外，即使没有基因漂变，各种形式的偏向性传播也可能导致文化特征在个体和群体之间进行横向或斜向转移。这意味着在双重遗传理论看来，在某些情况下，文化特征和基因在时间和空间上的分布可能存在差异。

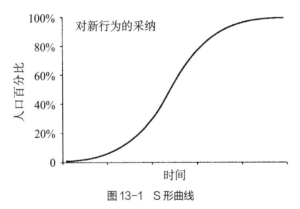

图 13-1 S 形曲线

注：S 形曲线是一种描述行为随时间变化的理论图示。它展示了新行为模式产生，然后迅速被采纳。在中间阶段，随着新行为在大多数人中流行起来，采纳速度逐渐减缓。最后，在新行为逐渐被几乎所有的人采纳时，采纳速率放慢至 0。

正如奥布赖恩和莱曼（2002）所指出的，人类行为生态学也主张，文化演化主要是通过表现型的可塑性来实现的。人类行为生态学与进化生物学有着深度的联系（Krebs and Davies, 1993），其目标在于从持续适应的角度解释人类行为（Borgerhoff Mulder, 1991; Cronk, 1991; Smith, 2000;

206 Smith and Winterhalder, 1992; Smith et al., 2001; Shennan, 2002; Winterhalder and Smith, 2000）。具体来说，人类行为生态学试图解析，特定的行为如何在特定的环境（包括社会环境）条件下，有助于个体及其亲属的生存和繁衍。人类行为生态学的一个核心假设是，人类拥有极大的行为灵活性，人与人之间的行为差异主要源于环境的多样性，而非基因或文化遗传的差异（Shennan, 2002; Smith, 2000）。因此，人类行为生态学家更多地关注行为策略与生态环境的关联，而较少关注可能导致个体间行为差异的机制（Smith et al., 2001）。这种"黑箱"式的研究方法导致了一些实质性的结果。例如，一种结果是，人类行为生态学往往忽视了诸如群体水平的漂变这样的现象。另一种结果是，人类行为生态学往往没有考虑到某些行为特征可能并不是适应性的，而是作为一种特性组合的一部分而存在。前一点将人类行为生态学与双重遗传理论及进化考古学区别开来。后一点进一步区分了人类行为生态学与双重遗传理论。

本章不详细讨论这三个派别的利弊（参见本特利等人，第8章）。然而，我们认为有必要阐明我们的理论倾向，并简述理由。尽管双重遗传理论、进化考古学和人类行为生态学之间的差异并不显著（Bettinger and Richerson, 1996），但我们认为，双重遗传理论和人类行为生态学的结合（如 Shennan, 2002）为研究文化演化提供了相比进化考古学更为有效的框架，至少从这些理论的主要倡导者的实践来看是如此。进化考古学认为文化的变化可以完全由自然选择和严格意义上的遗传漂变来解释（即这两个过程都涉及不同的繁殖成功率），但我们认为这种说法并不具有足够的说服力。确实，这些过程可能是在考古记录中观察到的一些变化的原因。然而，正如其他学者所指出的（Boone and Smith, 1998; Runciman, 2002），有大量的证据表明，文化演化的速度往往过快，自然选择和遗传漂变不可能是唯一涉及的过程。布恩和史密斯（Boone and Smith, 1998）给出了一个极好的例子，即北方森林克里人（Boreal Forest Cree）从滑雪鞋到雪地摩托的转变。由于这种变化据说发生在不到一代人的时间里（Winterhalder, 1975），它不可能是由不同的繁殖成功率所导致的，因此自然选择和遗传漂变显然可以被排除。同样，布恩和史密斯（1998）还给出了另一个可能更具有考古学意义的例子，即北美原住民对欧洲马的采用。拉梅诺夫斯基（Ramenofsky, 1995）认为，马的传播是因为"拥有马的人比其他人繁殖得更多"（P. 139），这是马作为一种运输工具优于狗的结果，同时马也在狩猎方面给人提供了巨大的优势。虽然马在运输和狩猎方面确实有优势，但我们几乎可以确定马的传播并未导致不同的繁殖成功率。据尤尔斯（Ewers, 1955）所述，马在不到两百年的时间里已经被北美大部分地区的群体所采用。因此，即使我们没有其他信息，我们也可以初步推断，由于人口众多、分布广泛、时间短暂，自然选择本身不可能是唯一的机制。幸运的是，我们确实有其他历史资料，这些资料显示，马在北美原住民群体中的传播主要是通过贸易、交换和掠夺（Ewers, 1955）。作为横向或斜向文化传播的机制，贸易、交换和掠夺体现了表现型的可塑性，这与进化考古学的观点并不吻合。相反，欧洲马在美洲原住民中的传播和北方森林克里人对雪地摩托的采用，都可以很容易地在双重遗传理论和人类行为生态学的框架内得到解释。因为如前所述，引导性变异和偏向性传播原则上可以在一代人的时间内导致重大的文化变化。

进化考古学主张文化的变化可以完全通过繁殖过程来解释，但从文化传播的实证研究来看，这种观点难以站得住脚。有研究显示，复制陌生

人的行为也是文化演化的一个重要过程。例如，心理学家所罗门·阿施

207（Solomon Asch, 1955）在一个经典的实验（该实验要求实验对象比较纸上不同长度的线条）中发现，他的实验对象会赞同群体中大多数人的结论，即使他们可以用自己的眼睛清楚地看到这个结论是错误的。阿施（1955）的研究表明，模仿多数人观点的冲动可能超过发表个人的独立意见。西姆金和罗伊乔杜里（Simkin and Roychowdhury, 2003）以及本特利（2006）的研究强调了在人类社会中复制陌生人行为的重要性，甚至在重视原创性的学术发表活动中也能观察到这种模仿行为。这些研究结果与进化考古学的观点并不完全吻合，但在双重遗传理论和人类行为生态学的框架内却可以很容易地找到位置。

文化演化和基于群体遗传学的模型

在 20 世纪 60 年代，遗传学家有了一项惊人的发现：许多 DNA 实际上并不参与编码过程，因此其演化主要是由遗传漂变而非自然选择驱动的。这一发现构成了中性演化理论（neutral theory of evolution）的基础（Kimura, 1983; Kimura and Crow, 1964）。虽然该理论最初是作为特定形式的遗传演化理论被提出的，但后来它已被广泛应用于各种研究问题，包括物种分布（Hubbell, 2001）、鸟类鸣叫（Lynch and Baker, 1994; Slater and Ince, 1979）和文化演化（Bentley and Shennan, 2003; Bentley et al., 2004; Bentley et al., 2007; Bettinger and Eerkens, 1999; Brantingham, 2003; Dunnell, 1978; Eerkens and Lipo, 2005; Hahn and Bentley, 2003; Herzog et al., 2004; Kohler et al., 2004; Lipo, 2001; Lipo et al., 1997; Meltzer, 1981; Neiman, 1995; Shennar and Wilkinson, 2001）。

在文化演化研究中，中性特征模型提供了一个基本框架，该模型设定有 N 个个体，每个个体都拥有一个特定的行为变体特征（见图 13-2）。在每个时点，新的个体会从上一时点的个体那里复制一个变体，而所有个体都有相同的被复制概率。创新（类似于基因突变）是通过持续引入新的、独特的变体来实现的。参数 μ 代表创新率，即每个个体在每个时间点进行创新的概率。在中性特征模型中，最重要的两个参数就是个体数量 N 和创新率 μ（Gillespie, 1998）。在这个简洁的模型中，每一代的个体数量 N 是恒定的，而创新率 μ 代表每个个体在每一代获得一个新的、独特的变体的固定概率。中性特征模型能够有效地预估不同变体数量和相对频率随时间的变化，即 N 和 μ 的乘积。

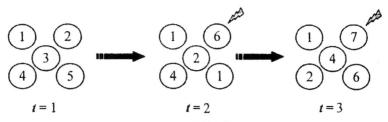

图 13-2　中性特征模型

注：图中显示的是在三个连续的时间点上，每个时间点 t 包含 5 个个体。在每个时间点上，新个体进入种群中，每个新个体都具有一个新的变体副本（用圆圈内的数字表示）。每个变体被赋予一个新的值，即：（1）从上一个时间点中随机选择一个个体进行复制，选择任何个体的概率相同；（2）发明一个新的变体（用闪电标示），概率为 μ，即每个时间点 t 中每个个体的变异（创新）率。

资料来源：Bentley et al., 2007: fig. 1.

中性特征模型可以很容易用计算机模拟，我们也能追踪并记录各个时间点上的变体频率。一组关于文化演化的模拟研究揭示了变体频率随时间变化的三个一般效应：

（1）变体相对受欢迎程度（频率）的直方图形成了一种频率分布。

对于较小的创新率 μ，它遵循幂律分布（Bentley et al., 2004; Hahn and Bentley, 2003）。

208 （2）如果我们追踪一组在同一代出现的变体，那么随着时间的推移，它们的平均频率保持恒定，但频率的差异（即方差）却在逐渐增大（Hahn and Bentley, 2003）。

（3）最受欢迎的变体集合持续变化，其变化速度（的一阶近似值）取决于创新率，与种群规模的关联并不明显。这可以通过测量根据流行度排名的变体列表，如"前 40 名"或"前 100 名"列表的更替率来验证（Bentley et al., 2007）。

图 13-3 是关于效应 1 的一个示例，展示了随机复制模型对男孩名字的幂律分布的拟合情况。图 13-4 展示了在美国 20 世纪初给予婴儿的首个名字，并追踪了这些名字在整个 20 世纪的频率变化，从而可见效应 2 的存在。在对于在美国注册的纯种狗品种进行的案例研究中，赫尔佐克等人（Herzog et al., 2004）发现大麦町犬的情况特殊，其流行程度的变化超过了简单随机复制模型的预期范围，因此不能用简单的随机复制来解释。赫尔佐克等人（2004）推断，大麦町犬的流行度激增可能缘于迪士尼电影《101 忠狗》的重新上映。

中性演化理论如何在考古学中运用？罗伯特·邓内尔在 1978 年的研究中对演化机制进行了划分，指出文物类别的分布可能源自两种机制：自然选择或漂变（中性演化理论）。然而，直到近 20 年后，奈曼才在 1995 年的研究中首次将中性演化理论正式引入考古学数据分析。奈曼（1995）的研究借助中性演化理论对陶器装饰图案的预期变化量进行预测，假定这些图案在适应性方面是中性的。他对伊利诺伊州林地时期七个连续阶段的

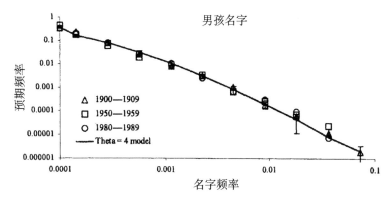

图 13-3 一个现实世界数据模式的例子

注：其符合随机复制模型所描述的效应 1（对于较小的创新率 μ，变体频率的直方图产生一个幂律分布）。这里的数据来自 20 世纪美国婴儿的名字，该图显示了男孩名字的频率与基于随机复制模型的预期频率的对比。

资料来源：Hahn and Bentley, 2003：fig. 1a.

陶片口沿装饰的变化进行分析，结果发现这些变化与中性特征模型的预期相符。奈曼得出的结论是，变异模式的形成取决于群体间接触程度的变化，开始时这种接触程度较低，后来逐渐增加，最后又有所下降。最高的接触程度出现在异国贸易商品普遍存在的时期。奈曼进一步指出，由于制陶传统的成功传承依赖于师徒之间的长期联系，因此群体间的接触程度变化可能与陶工在群体间的流动水平变化有关。

自奈曼（1995）的研究出现后，许多研究者发表了将中性特征模型应用于考古学数据分析的研究成果。鉴于篇幅的限制，我们只介绍其中的几个：利波等人（Lipo et al., 1997）的《人口结构、文化传播和频率序列》（"Population Structure, Cultural Transmission, and Frequency Seriation"）、申南和威尔金森（Shennan and Wilkinson, 2001）的《陶瓷变化和中性演化——新石器时代欧洲的案例研究》（"Ceramic Change and Neutral

Evolution: A Case Study from Neolithic Europe"）、科勒等人（Kohler et al.,
209 2004）的《容器与村庄——新墨西哥州帕哈里托高原上早期村庄间文化复制传播的证据》（"Vessels and Villages: Evidence for Conformist Transmission in Early Village Aggregations on the Pajarito Plateau, New Mexico"），以及艾肯斯和利波（2005）的《文化传播、复制错误以及物质文化和考古记录中变异的产生》（"Cultural Transmission, Copying Errors, and the Generation of Variation in Material Culture and the Archaeological Record"）。

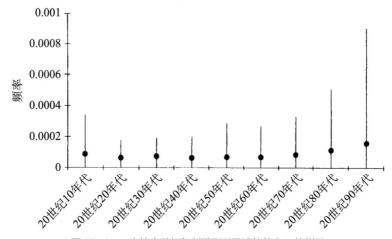

图 13-4　一个符合随机复制模型所描述的效应 2 的例子

注：即使平均频率保持不变，相同年龄变体的差异也会随着时间的推移而增加。该图显示了20世纪头十年新进入最流行的 1 000 个名字排行榜中 99 个男性名字的平均频率（黑点）和标准差（线条）。

资料来源：Hahn and Bentley, 2003：fig. 3.

利波等人在 1997 年发表的文章中，借助中性特征来描绘考古记录中的互动模式。一开始，他们模拟了个体在空间和时间上的不同互动对中性特征演化的影响，并探讨了这些影响如何对类型分析产生影响（参见韦伯斯特，第 2 章）。他们发现，中性特征在不同时间的地理分布取决于某个环境中个体的分布以及他们的互动频率。此外，他们还发现，当一个种群的成员在一个区域内可以自由平等地互动时，就有可能为整个区域产生一个单一的、近乎完美的类型序列。而当一个种群的成员之间的互动受到限制时，则无法产生这样的类型序列。因此，他们认为类型序列可以作为一种工具来检验关于种群互动的假设。具体来说，他们认为，如果一组遗物组合无法进行排序，就可以认为这是种群之间缺乏相互作用的表现。接下来，利波等人（1997）借助菲利普斯等人在 1951 年发表的大型碎片类型数据库，调查了密西西比河下游孟菲斯和圣弗朗西斯科地区密西西比时期彩绘陶器的分布。首先，他们将这些器物组合分成尽可能大的组。其次，他们将那些统计直方图明显不是单峰分布的组分为两组。这个过程反复进行，直到所有的组都是单峰分布的。他们认为每个单峰分布的组都是考古上可见的一个社群。为了测试样本大小的潜在干扰作用，利波等人将特别小的器物组合剔除，重建新的类型序列。由此产生的空间分组一般与基于所有组合的分组相似。但在两个案例中，这些新的分组与以前的几个分组重叠，这表明样本量实际上部分决定了器物组合的空间分组。最后，利波等人调整了分类方法，研究了群体间相互作用的估计如何受到分类影响。他们发现，同一分类中包含的器物越多，就越容易出现相距甚远的类型序列。这说明，考古证据所表明的群体互动程度取决于对遗物的分类水平。

申南和威尔金森在 2001 年的研究中，应用了奈曼（1995）的中性特征模型来研究德国西部梅兹巴赫（Merzbach）河谷新石器时代早期线纹陶器文化的两个居址的陶器装饰模式。线纹陶器文化代表了早期的农业人口的文化，这种文化在距今 5 700 年至 5 400 年间普遍存在于中欧大部分地区。由于考古发掘赶在了采矿之前，梅兹巴赫河谷的考古记录特别充实。*210*

申南和威尔金森（2001）发现，中性特征模型只能预测遗址早期阶段陶器装饰的变化，而无法预测晚期阶段的变化。他们采用中性演化理论作为原假设，从而确定新石器时代晚期是一个有意选择新的装饰类型的时代，而并非如早期那样依靠简单漂变。他们进一步提出，在晚期阶段，陶工可能利用这种新颖的装饰来建立其地方特性，以区别于邻近的群体。

科勒等人（Kohler et al., 2004）利用中性特征模型和之前整理的陶器数据，探究了新墨西哥州伯特梅萨普韦布洛（Burnt Mesa Pueblo）——一个处于晚期联盟时期的村庄——的文化演化过程（Gray, 1992）。在对陶器表面的纹饰进行通用描述（例如，有线条、实心图案、十字纹，然后再具体研究线条类型、十字纹类型、弧线等的数据）后，科勒等人将陶器划分为 83 种不同风格。接着，他们计算了 $N\mu$（个体数量乘以创新率）的估计值，按照中性特征模型的预测，这个值应该与变异的多样性呈正比。通过计算 $N\mu$ 并将其与变异的多样性进行比较，科勒等人能够检验中性特征模型能否解释伯特梅萨普韦布洛的风格变化。然而，这项研究面临的挑战在于，对于一般的考古材料，社群的个体数量通常难以估计，创新率实际上也无法直接测量。幸运的是，正如申南和威尔金森（2001）所指出的，N 可以通过家庭数量（假设每户有一个陶工）或每个时期的陶器数量来间接估计，而一个年代阶段的创新率 μ 可以通过新装饰的数量除以该阶段的陶器总数来间接估计。运用这种方法，科勒等人发现，陶器风格的多样性比中性特征模型预期的要少。更具体地说，他们发现伯特梅萨普韦布洛的创新率在逐步下降。因此，科勒等人得出结论：人们在陶器设计上形成了一种守旧的倾向。

艾肯斯和利波在 2005 年构建了一个模型，以阐明考古材料中常见测量变量，如尖状器的尺寸的变化。他们假设，这些变异可能源于简单的复制错误，或者源于如创新和发明等依赖认知过程的活动。他们认为，通过复制错误产生的变异应该是随机的，而且规模相对较小。关于复制错误的大小，他们特别假设它应该低于人们意识到存在差异的水平。他们还假设，通过认知机制产生的变异应该是有方向的，而且变异幅度要比复制错误产生的变异幅度大。然后，他们利用马尔可夫链模拟法（Markov chain simulations）建立了与一些传播过程相关的器物组合变异模型，并在连续的几代或时间点上追踪随机过程。他们发现，在无偏向性的传播中，随着持续的复制错误，变异的数量逐渐增加，尽管随着时间的推移，变异变得更为复杂，但性状的平均值却保持不变。他们还发现，在有偏向性的传播（如随大流或追求声望）中，并没有明显的随着时间推移而出现的变异量。接着，艾肯斯和利波运用他们的模拟发现来解释加利福尼亚州欧文斯谷（Owens valley）的尖状器和伊利诺伊州林地时期陶器的形态变化。他们采用黑曜石水合法对尖状器进行测年，并研究了尖状器底部的宽度和厚度随时间变化的系数分布。他们发现，随着时间的推移，与底部宽度相关的变异减少，这表明有一些特殊的过程在减少变异。相反，底部厚度的变化随着时间的推移呈现出增加的趋势，这符合无偏向性的传播模型。他们还对林地时期陶器的厚度和直径进行了测量，并计算出变异系数。结果显示，在某些时期，陶器厚度的变化与复制误差模型预测的一致，而在其他时期，陶器厚度的增加超出了模拟的复制误差范围。艾肯斯和利波认为后者是选择作用的证据。在关于壶的直径方面，最引人注目的发现是，在该序列的最后 400 年期间，它的变化增加了近 16%。这比由复制错误造成的模拟变异要大得多。因此，艾肯斯和利波认为，这应该是由于创新而产生的变异。

211 　　近年来，研究人员已经开始采用基于选择的遗传模型来解答考古学问题。以申南（2001）的研究为例，他利用群体遗传学模型探讨了在创新影响健康的情况下，人口规模如何影响文化演化。在这项研究中，申南采纳了佩克等人（Peck et al., 1997）开发的两个群遗传学模型的变体，以评估有性繁殖和无性繁殖的相对优势。在佩克等人的模型中，突变既可能带来好处，也可能导致不利后果。一个等位基因在突变前后的适应性之间存在关联。许多突变对适应性的影响微乎其微。在第一个模型中，申南对佩克等人的模型进行了调整，使之只能从一个"文化父辈"传递给一个"文化后代"。而在第二个模型中，申南允许不同世代的个体间进行文化传递，其中的年长个体并非年轻个体的生物学父母。在模拟实验中，申南发现，随着有效种群数量的增加，种群的平均健康状况显著提高。在第一个模型的实验中，当有效种群数量从 5 增加到 50 时，种群的平均健康状况提升了 10 000 倍。而在第二个模型的实验中，在文化特征有 5% 的时间是从非生物学父母那里继承的情况下，当有效种群数量从 5 增加到 25 时，种群的平均适应值增加了 1 000 倍，然后，当有效种群数量从 25 增加到 75 时，种群的平均适应值又增加了大约 5 倍。申南的模拟研究表明，在文化创新方面，较大的种群比较小的种群具有更大的优势，原因在于种群越大，抽样效应的影响越小。当有效种群规模较大时，有助于提高适应性的文化创新得以保留，而有害的文化创新则会被淘汰。因为在有害的情况下，文化创新在繁殖方面可能不那么有利，对模仿者的吸引力也相对较小。

　　亨里奇（2004）提出了一个独特的模型，以阐述人口规模对文化演化的影响，特别是它如何助推累积性变化的产生。他的模型假设，个体在学习文化行为尤其是复杂技能时，会尝试模仿他们社群中该技能的最佳实践者。一方面，大多数人可能无法达到最佳实践者的水平，但失败的平均程度可能会有所不同——对简单的任务来说可能较小，对更复杂的任务来说则可能较大。另一方面，在模仿尝试中，每个人的表现都会有一定的差异。有时候，有人可能非常幸运，在一次失败的模仿尝试中，产生了比先前最好的结果更好的成果。然后，这个成果就会成为其他人追求的新目标。因此，只要平均失败率不增加，群体的整体水平就有可能提升。如果平均失败率较高，而且个体间的差异较小，改进就较为困难。因此，累积性文化演化的可能性部分取决于平均失败率与个体间变异量的比值。它同时也依赖于种群规模，因为在大的种群中，即使是罕见的事件，比如实现比以前更好的成果，也会时有发生。显然，种群越大，这种可能性越大。根据平均失败率与个体间变异量的比值，累积性文化演化需要更大或更小的种群规模。因此，对于一个给定的比值，如果种群规模因外部原因而发生变化，那么将影响累积性文化演化的速度。如果人口增加，累积性改进的可能性就会增加。相反，如果人口减少，就很可能出现文化退步的现象，因为基于现有水平进行改进，甚至达到目前最好水平的概率将极小。因此，下一代中可供复制的最佳实践者可能比当前一代稍逊，这个过程将在各代中不断重复，直到达到一种平衡。亨里奇（2004）认为，这个模型能够解释末次冰期末期海平面上升导致塔斯马尼亚与澳大利亚大陆分离后，塔斯马尼亚的文化适应性明显丧失的现象，因为这种隔离意味着塔斯马尼亚人不再是更大的互动大陆人口的一部分。

我们认为，上述研究表明，经过适当调整后，人口遗传学模型在解释文化演化方面具有巨大的潜力。关键在于，这些模型提供了一种认识论的基础。当观察到的文化模式与特定模型的预测相吻合时，我们可以遵循奥卡姆剃刀原则，无须考虑比模型更复杂的过程。然而，当实际的文化模式与模型不一致时，我们有充分理由舍弃模型的预设过程，并寻求更深入的解释。因此，运用基于人口遗传学的文化演化模型，我们能以可控的方式缩小对文化模式的可能解释范围。

212

文化数据的支序分析

支序分析最初于 20 世纪 50 年代被提出（Hennig, 1950, 1965, 1966），现已成为进化生物学和古生物学中主要的种系发生重建方法（Kitching et al., 1998; Quicke, 1993; Schuh, 2000; Smith, 1994; Wiley et al., 1991）。在支序分析中，新的分类单位源于现有单位的分支，通过共同祖先的相对时间定义系统发育关系。如果两个分类单位拥有共同祖先，而第三个分类单位无此祖先，那么前两个分类单位的关系就被认为比它们与第三个分类单位的关系更紧密。共同祖先的存在通常通过共享的演化新特性或派生特征状态来确定。如果两个分类单位表现出共享的派生特征状态，而第三个分类单位没有，那么我们可以推断前两个分类单位拥有共同祖先，而第三个分类单位则无此祖先。

支序分析最基本的实施步骤分为四个阶段。首先，创建一个特征状态数据矩阵，显示每个分类单位的特征状态。其次，确定各个特征状态的演化方向。现有的一些方法可帮助实现此目标，包括共性分析（communality）（Eldredge and Cracaft, 1980）、本体分析（ontogenetic analysis）（Nelson, 1978）和地层序列分析（stratigraphic sequence analysis）（Nelson and Platnick, 1981）。然而，目前最受欢迎的方法是外群分析

（outgroup analysis）（Arnold, 1981），这需要对研究群体的亲属进行研究。当一个特征在研究群体中呈现两种状态，而在外群中仅发现一种状态时，基于简约主义原则，我们认为仅在研究群体中发现的状态是相对于外群状态的演化新状态。再次，为每个特征构建一个关系分支图。方法是将两个派生程度最高的类群用两条交叉的线连接，然后依据其他类群的派生程度依次连接（见图 13-5）。由一组交叉线定义的每一组分类单位对应一个分支，这种图被称为系统发育图或树状图。构成系统发育图的线条通常被称为分支，底部的线条被称为根，分支之间的交叉点被称为节点。最后，将所有的系统发育图编织成一个集合系统发育图。在理想情况下，分类单位之间的特征状态分布应如此：所有的特征图都暗示着分类单位之间的关系是一致的。然而，实际情况通常是，一些系统发育图中分类单位的关系相互冲突。这个问题可以通过生成一个与最多特征一致的集合系统发育图来解决，因此只需要最少数量的特征异常或同源性假设来解释分类单位之间的特征状态分布。

近些年，一些学者开始将支序分析及相关的生物系统学方法运用于文化数据分析，以揭示古代的事件（Atkinson and Gray, 2005; Bryant et al., 2005; Buchanan and Collard, in press; Cochrane, 2004; Darwent and O'Brien, 2005; Eerkens et al., 2005; Foley, 1987; Foley and Lahr, 1997, 2003; Forster and Toth, 2003; Gray and Atkinson, 2003; Gray and Jordan, 2000; Greenhill and Gray, 2005; Harmon et al., 2005; Holden, 2002, 2005; Holden et al., 2005; O'Brien and Lyman, 2003b; O'Brien et al., 2001, 2002; Rexová et al., 2003; Robson-Brown, 1996）。这种方法将重建人类种群历史的任务视为从语言学和考古学数据中重建物种演化历史（Foley, 1987; Kirch and

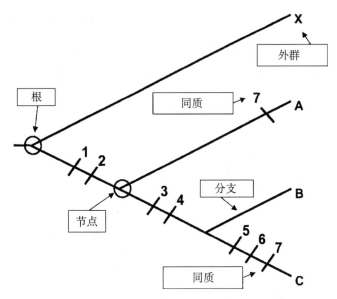

	特征1	特征2	特征3	特征4	特征5	特征6	特征7
分类单位A	1	1	0	0	0	0	1
分类单位B	1	1	1	1	0	0	0
分类单位C	1	1	1	1	1	1	1
分类单位X（外群）	0	0	0	0	0	0	0

图13-5　系统发育树模型

注：这是一个通过支序分析产生演化关系树的例子，以及由此产生的特征状态数据矩阵。通过支序分析得出的演化关系树通常被称为"谱系图"。在该谱系图中，读图顺序是从树枝到树根。该图表明，分类单位B和C形成了一个单系群，而将分类单位A排除在外，因为它们共同拥有派生特征状态3和4。另外，该图还表明，分类单位A、B和C形成了一个单系群，其基础是共同拥有派生特征状态1和2。分类单位C是派生程度最高的分类单位，除了其他派生特征状态外，还具有派生特征状态5、6和7。需要注意的是，特征7是同质的，因为它在分类单位A和C中处于派生状态，而分类单位A和C没有通过一个共同的祖先直接相关。这个特征状态数据矩阵可以用两种方式解读。一种解读方式是分类单位B和C显示出更密的关系，形成一个支系，排除了分类单位A。另一种解读方式是分类单位A和C形成了一个支系，排除了分类单位B。

资料来源：Buchanan and Collard, 2007. 版权属于 Elsevier，经许可使用。

Green, 1987)。其中，关键的挑战在于如何区分由共同祖先产生的相似性（homologies，也称同源性）与由其他机制产生的相似性（homoplasies，也称同质性）。虽然产生生物和文化同源性与同质性的过程可能有所不同（例如，基因漂变与文化传播），但建立祖先关系的认识论和本体论是通用的，因此可以将系统发育方法应用于文化数据分析。最重要的是，这两种情况都需要一个模型来解释分类单位中相似性的分布，而我们对这些相似性的产生方式并无直接了解。我们选择使用系统发育树模型，因为这是将分类单位联系起来的最简单且最有说服力的方式。我们一旦为一组分类单位生成了系统发育树模型，就可以将它们之间的相似性划分为同源性的相似性与同质性的相似性。同源性的相似性支持与系统发育树模型相符的关系，而同质性的相似性则与系统发育树模型产生冲突。

213

格雷和乔丹（Gray and Jordan, 2000）、霍尔登（Holden, 2002）、格雷和阿特金森（Gray and Atkinson, 2003）的历史语言学研究，以及奥布赖恩及其同事（O'Brien and Lyman, 2003b; O'Brien et al., 2001, 2002）、布坎南和科勒德（in press）的考古学研究均采用了这种方法。格雷和乔丹（2000）利用系统发育分析来评估两个主要的太平洋地区史前历史模型，即快车模型（express train model）和缠岸模型（entangled bank model）（参见贝尔伍德，第14章）。快车模型主张，约6 000年前，奥罗尼西亚语的使用者从其故乡台湾岛迅速扩散，穿越美拉尼西亚群岛，抵达遥远的位于太平洋的波利尼西亚群岛。而缠岸模型则主张波利尼西亚群岛的殖民者是美拉尼西亚群岛居民，他们在美拉尼西亚群岛已居住了几万年。在缠岸模型中，波利尼西亚人的文化和语言模式是他们复杂的殖民历史的结果，既与初始殖民化有关，又与创始者效应以及随后几千年中不同岛屿间的持续

214

文化接触有关。遗传、语言和文化特征在人口之间以不同的强度传播。在缠岸模型中，语言模式主要反映了人类的互动和持续的文化传播，而非快车模型中描述的语言使用者的系统演化历史。为了检验这两个模型，格雷和乔丹（2000）运用支序计算机程序构建了一个太平洋语言的系统发育树模型，并与快车模型描述的史前事件进行了对照。他们发现，快车模型的时间阶段与其语言系统发育的分支模式高度吻合，即使是在系统发育中紧密相关的语言，在地理上也并不接近。格雷和乔丹（2000）因此得出结论，这些语言模式主要是语言使用者后期殖民迁移的结果，而非最初殖民时的文化接触所致。

霍尔登（Holden, 2002）进行了一项类似的研究，他通过最大简约法从 92 个基本词语中重建了 75 种班图语和非班图非洲语言之间的关系。与波利尼西亚的情况相似，有些研究者认为，在新石器时代和铁器时代，班图语在随着农业扩展至撒哈拉以南非洲的过程中迅速演变，而另一些研究者则认为，这种演变更多的是班图语词汇在邻近语言社区的传播过程中发生的。霍尔登（2002）的分析生成了一组可能的较小的系统发育树，这些树支持了班图语历史的系统发育树模型，他发现这些树与考古学家通过对陶器年代的分析构建的撒哈拉以南非洲的农耕传播模型相一致。因此，霍尔登（2002）得出结论：班图语的扩散和多样性与新石器时代和铁器时代的农业扩张有关，自那时起，班图语社区就没有进行过大规模的迁移。

格雷和阿特金森（2003）采用了印欧语系的系统发育分析，以检验印欧语系起源的两个主要假设：一个假设是印欧语系从约 6 000 年前开始随库尔干牧民传播（Gimbutas, 1973），另一个假设是印欧语系随着距今

9 500 ～ 8 000 年的安纳托利亚农业的传播而扩散（Renfrew, 1987；参见
贝尔伍德，第 14 章）。格雷和阿特金森（2003）使用印欧语系过去和现
在的基本词汇清单，构建了一套可能的系统发育树，并利用统计方法估
计了它们的分叉时间。这些树大多数将印欧语系的起源日期估计为距今
9 800 ～ 7 800 年，这与伦福儒（1987）从考古学中得到的估计相吻合，
因此格雷和阿特金森（2003）的系统发育分析强有力地支持了伦福儒
（1987）的安纳托利亚农业假设。

　　奥布赖恩及其团队（O'Brien et al., 2001, 2002; O'Brien and Lyman,
2003b）将系统发育分析应用于考古研究，他们专注于研究美国东南部古
生代时期（距今 11 500 ～ 10 000 年）的尖状器形态演变。首先，他们对
代表各种尖状器类型（包括 Clovis、Dalton 和 Cumberland）的 621 个样
本进行了测量，记录了三个定性特征和五个定量特征。随后，他们对这些
样本进行了分类，以将其归入各具特征组合的分类单位。接着，他们对至
少包含四个样本的 17 个分类单位进行了系统发育分析。出于最早出现的
顺序和年代学的考虑，这 17 个分类单位中的一个被选为外群，剩下的被
视为内群。系统发育分析生成了一个最合理的分类图。为了评估分类图
与数据集之间的拟合度，奥布赖恩及其团队采用了一种名为一致性指数
（Consistency Index，CI）的拟合度指标。这个指数的值介于 1 和 0 之间，
接近 1 表示分类图与数据集之间的拟合度很高，而接近 0 则表示拟合度较
低。奥布赖恩及其团队得到的分类图的一致性指数为 0.59，表明该分类图
的合理性较高。在研究的最后部分，他们利用谱系图研究了在尖状器形态 *215*
演变过程中特征状态的变化。

　　布坎南和科勒德的研究专注于美洲旧石器时代的考古学。他们具体地

应用了系统发育分析，研究了北美尖状器样本的定性和定量数据，以此检验早期古人类在美洲的拓殖和适应的不同模式。美洲旧石器时代的考古文化，包括著名的克劳维斯文化，代表着人类在北美洲殖民的最初物质文化遗迹。为了确定经过尺寸校正的尖状器数据是否可以构建系统发育树模型，布坎南和科勒德进行了三组测试。尾端概率置换检验（$p=0.0001$）、拟合度统计（CI=0.56；RI=0.67）以及系统发育自助抽样法（支持率为52%～84%）的结果都表明，数据中存在明显的构建系统发育树模型的可能。他们随后将由最大简约法和自助抽样法产生的支系图与代表不同殖民路线、文化传播和环境适应假设的支系图进行了比较。这些假设的殖民模型包括无冰走廊模型（ice-free corridor model）、西北海岸模型（Northwest Coast model），以及斯坦福和布拉得雷（Stanford and Bradley, 2002；另见Bradley and Stanford, 2004）的梭鲁特模型（Solutrean model）。布坎南和科勒德采用了 Kishino-Hasegawa（K-H）检验来评估观察到的与假设的支系图之间的拟合度。这个检验通过与随机生成的支系图样本的长度差异分布进行比较，计算出假设的支系图与观察到的支系图之间长度差异的 p 值。布坎南和科勒德发现，四个由最大简约法和自助抽样法产生的支系图都与假设的支系图存在显著差异，其中由最大简约法得出的支系图最为符合数据结构。他们进一步比较了支系图的长度，以评估假设的支系图与观察到的支系图之间的拟合度。通过这种方法，他们发现无冰走廊模型最符合数据结构。

另一支研究团队将支系学及其相关方法应用于文化数据分析，以解决当前关于人类文化演化过程的争议（Collard and Shennan, 2000; Collard et al., 2005; Jordan and Shennan, 2003, 2005; Moylan et al., 2005; Shennan and Collard, 2005; Tehrani and Collard, 2002）。到目前为止，相关争议主要围绕两个假说展开：分支假说（branching hypothesis，也称人口扩散或系统发育假说）和混合假说（blending hypothesis，也称文化扩散或族群形成假说）（Bellwood, 1996; Collard and Shennan, 2000; Kirch and Green, 1987; Moore, 1994, 2001; Tehrani and Collard, 2002）。分支假说认为，人类文化的异同主要源于人口的反复增长和分化，从而导致文化的分歧。该假说预测，文化的相似性和差异可以通过支系图表现出来，而且文化变异与语言学、形态学和遗传学模式之间存在紧密的联系（Ammerman and Cavalli-Sforza, 1984; Renfrew, 1987）。相反，混合假说的支持者（Dewar, 1995; Moore, 1994, 2001; Terrell, 1988, 2001; Terrell et al., 1997, 2001）主张，"历史的模式不可能像比较树、系统发育树或支系树的节点和分支一样"（Terrell et al., 1997:184）。相反，他们认为，人类物种的生物、语言和文化演化最显著的特征在于"人们持续流动，使他们的基因、语言和文化跨越了部族和国家的模糊边界"（Moore, 2001:51）。混合假说预测，网络图更能表现出文化的相似性和差异性（Terrell, 2001），并且文化模式与人口接触的频率和强度之间有密切的联系。虽然也有一些学者提出了一些其他的模型（如 Boyd et al., 1997），但迄今为止，这些模型受到的关注相对较少。

研究者已经将支系学应用于系统发育与民族形成的争论中，进行定量评估（Collard and Shennan, 2000; Collard et al., 2005; Jordan and Mace, 2005; Jordan and Shennan, 2003, 2005; Shennan and Collard, 2005; Tehrani and Collard, 2002）。他们主张，在事先无法确定文化相似性如何形成的情况下，一种合理的做法是将系统发育树模型与实际文化数据进行比较，然

216 后判定有多少特征状态符合系统发育树模型，有多少不符合。那些符合系统发育树模型的特征状态被视为垂直传播（从祖先传递给后代，而不仅仅是从父母传递给孩子），因此是系统发育的结果。相反，不符合系统发育树模型的特征状态被视为水平传播，从而被认为是民族形成的结果。如前所述，这种解释基于系统发育树模型的简洁性，这使得它更具有说服力。采用支系学来衡量垂直传播与水平传播，而非使用传统的基于回归的方法（Guglielmino et al., 1995; Moore and Romney, 1994, 1996; Roberts et al., 1995; Welsch, 1996; Welsch et al., 1992），是因为后者可能会过度强调民族形成的重要性。如前所述，地理接近性通常被视为符合民族形成假说。然而，系统发育也可能与地理接近性有关，因为姐妹群体可能是最近的邻居。因此，仅将地理接近性作为民族形成的替代指标可能会导致过度强调其重要性，同时低估了系统发育的影响。

受篇幅限制，我们将重点突出几项关于系统发育与民族形成的争议的研究：科勒德和申南（2000）的《史前文化变化中的民族发生与系统发育——以欧洲新石器时代的陶器和生物系统发育技术为例》（"Ethnogenesis Versus Phylogenesis in Prehistoric Culture Change: A Case-Study Using European Neolithic Pottery and Biological Phylogenetic Techniques"）、德黑兰尼和科勒德（Tehrani and Collard, 2002）的《通过土库曼纺织品的生物支系学分析研究文化演化》（"Investigating Cultural Evolution through Biological Phylogenetic Analyses of Turkmen Textiles"），以及乔丹和申南（2003）的《加利福尼亚印第安人的文化传播、语言和编篮传统》（"Cultural Transmission, Language, and Basketry Traditions amongst the Californian Indians"）。

科勒德和申南（2000）的研究考察了德国西部阿尔登霍夫纳普拉特地区（Aldenhovener Platte）梅兹巴赫河谷内七个新石器时代早期线性陶器文化的装饰陶器。他们的目标是确定这个相对较小的地域中是否存在文化分支或融合的过程。他们的第一组分析聚焦于四个遗址的遗物组合，这些遗址跨越了十个阶段。他们推测，如果系统发育假说正确，那么这些聚落应该是同一社群在不同阶段的居住遗留。然而，如果民族形成假说更准确，那么分析应揭示这些聚落是不同社群顺序居住的痕迹。在十个阶段中，有六个连续阶段在所有遗址中均有发现。通过比较这六个阶段的遗物，他们将四个聚落划归为同一组。而在其余三个实例中，聚落基于连续阶段被划归不同的组别。这些结果与两种假说都不完全吻合，反而指向系统发育和民族形成两种过程共同作用于陶器组合的形成。他们的第二组分析关注了新的陶器组合的出现。他们推断，如果系统发育假说正确，那么新出现的组合应该基于前一阶段的某个原型组合。相反，如果民族形成假说更准确，那么新出现的组合应该有多个原型组合。第二组分析的结果支持了系统发育假说，而非民族形成假说。在第二组分析中，新出现的组合都与一个特定的原型组合密切相关。第三组分析的结果较为模糊，但简单来说也支持了相同的观点。总的来看，科勒德和申南（2000）对梅兹巴赫河谷新石器时代早期陶器的分析倾向于支持系统发育假说。新的聚落似乎更可能由一个现有聚落分裂而来，而非由几个现有聚落的人群合并而成。尽管他们的陶器确实反映了邻近聚落的影响，但通常在内部都能观察到文化的连续性。

德黑兰尼和科勒德（2002）的研究分析了 18—20 世纪土库曼群体制造的装饰性纺织品。他们进行了两组支系学分析。第一组分析主要关注了

土库曼人被纳入俄罗斯帝国之前的时期。这些分析显示，殖民前时期，土
库曼纺织品设计的演化主要沿着分支模式进行。随机抽样（尾端概率置换
检验）显示，数据呈现系统发育模式，而最大简约法分析证明，数据与文
化分支相关的系统发育树模型有着相当好的拟合度。尽管模型与数据间的
拟合并不完美，但表明了混合模型也在土库曼文化的演化过程中发挥了
作用。然而，拟合度统计（CI，保留指数）和第二次随机抽样（自助抽
样法）显示，混合的重要性远低于分支。根据拟合度统计，各组合之间
约 70% 的相似性源于同源性，约 30% 的相似性源于同质性。设计和图案
的借鉴模仿占组合之间相似性的 1/3，这与统计结果相吻合，虽然不能完
全排除独立发明作为相似性来源的可能性。德黑兰尼和科勒德的第二组分
析则研究了土库曼人在被俄罗斯军队征服之后生产的纺织品。这些分析显
示，土库曼人在被纳入俄罗斯帝国后，由于社会和经济变化，混合在土库
曼文化演化中的作用变得更大。虽然分支仍然是文化演化的主导过程，但
混合的重要性正在逐渐增加。拟合度统计显示，各组合之间约 60% 的相
似性源于同源性，约 40% 的相似性源于同质性。因此，在俄罗斯统治时
期的纺织品中，同质相似的数量增加了 10%。这与群体间设计和图案借鉴
模仿的频率增加相吻合，但同样不能排除独立发明作为同质性来源的可能
性。因此，德黑兰尼和科勒德得出结论，相比于混合假说，这两组分析更
多地支持分支假说。

乔丹和申南（2003）的研究得出了与前述研究相反的结论。他们运用
了支系学方法研究加利福尼亚印第安人篮子的变迁，以及这些变迁与语言
亲缘关系和地理接近性之间的联系。他们进行了三组分析。在第一组分析
中，他们采用尾端概率置换检验来确定他们的篮子数据集（盘绕编织的

篮子、捻线编织的篮子，以及其他所有类型的篮子）是否符合系统发育树模型。这些分析表明，所有数据集都符合系统发育树模型。在第二组分析中，乔丹和申南（2003）采用拟合度统计方法来评估数据集与系统发育树模型之间的拟合度。然而，尾端概率置换检验显示，系统发育树模型并不能很好地符合数据。在第三组分析中，乔丹和申南（2003）构建了一个包含语言关系、地理距离、生态相似性和相邻关系的系统发育树模型，并采用 K-H 检验来评估数据集与模型之间的拟合度。这个检验使他们能够区分两种可能的同质性来源：独立发明和混合。在对全部篮子样本的分析中，数据集与相邻关系系统发育树模型之间的拟合度明显优于数据集与其他系统发育树模型之间的拟合度。这表明，相比于分支或对当地环境的适应，混合对篮子组合之间的相似性和差异性的分布影响更大。在对盘绕篮子的分析中，他们也发现混合在篮子变化中起着比分支或对当地环境的适应更重要的作用。然而，对捻线篮子的分析结果则不同，语言关系的系统发育树模型比其他模型更符合数据集。这表明，在制作捻线篮子的过程中，分支的影响比混合或对当地环境的适应更为重要。根据这些结果以及一系列的多变量分析结果，乔丹和申南得出结论：加利福尼亚印第安人篮子的演变更适合用民族形成理论来解释。

我们认为本部分所讨论的研究表明，支系学及相关的系统发育方法能够有效地解答文化演化的某些问题。这种方法提供了一个清晰的模型，适用于分析物质文化和语言学数据。如果文化数据集与系统发育树模型的拟合度高，我们就可以依据简约原则合理地推断，文化元素之间的差异最好由垂直传播来解释。相反，如果存在大量的同质化现象，且文化数据集与系统发育树模型之间的拟合度较低，我们就可以推断，在产生文化元素之间的差异方面，水平传播或趋同演化的作用可能超过了垂直传播的作用。此外，我们还可以利用其他非基于系统发育树模型的方法，如光谱分析（spectral analysis, 见 Hendy and Penny, 1992）或分裂分解（split decomposition, 见 Bandelt and Dress, 1992; Dopazo et al., 1993; Dress et al., 1996; Huson, 1998）来研究同源现象。

218 系统发育方法也可以被应用于解决考古学的问题。在某些情况下，我们可以预测系统发育树模型可能适用，数据模式似乎也支持这一点，尽管正式的分析仍待进行。因此，如我们之前提到的，农业向中欧的扩散似乎涉及一个快速的初期殖民化过程，后续则是更大规模的地方人口扩张，这在陶器风格的日益地域化中得到了体现。贝尔贝格（Bell Beaker, 意为钟状杯）文化似乎也经历了初始统一后逐渐区域化的过程，然而我们并不清楚其机制是否相同，因为这种模式似乎仅限于贝尔贝格文化的一部分，尤其是钟状杯本身。我们更能肯定的是，在随后有大量人口定居的时期，社会生活的各方面以及源自不同地方的文化创新可能在这些人口中或多或少地独立传播，从而形成多个文化系而非单一的文化"核心"（例如，Boyd et al., 1997）。

最后，需要强调的是，系统发育与民族形成的争论主要关注的是群体层面的文化演化，而非群体内的文化传播。当然，群体内的文化传播与群体层面的文化演化之间是存在联系的，但这并非一种直观的联系。在理论上，群体内的文化传播可以是纵向的、斜向的或横向的，并且仍然能够与系统发育和民族形成相吻合。例如，即使在样本中每个群体内的文化传播都主要是横向的，只要群体间的贸易、交流、模仿或通婚的频率受到限制，那么文化演化在群体层面仍然可能受到系统发育的主导。相反，即使群体内的文化传播主要是纵向的，如果群体间存在大量的贸易、交流、模仿或通婚，那么群体层面的文化演化仍然可能主要由民族形成来驱动。因此，即使文化组合的相似性和差异性的分布与系统发育树模型的拟合度很高，也不一定意味着群体内的文化传播主要是纵向传播。同样，即使拟合度不高，也不一定意味着群体内的文化传播主要是横向或斜向传播。

结论

将进化生物学的方法应用于文化数据以理解文化演化，是一种相对较新的研究方法。大部分关于文化演化的研究涉及在数据集中寻找模式，然后尝试确定可能产生这些模式的过程。在这方面，进化生物学方法具有显著优势，因为它们通常建立在特征明确的过程模型基础之上。如果该方法指出数据与模型之间的拟合度很高，我们就可以依据简约原则，排除更复杂的过程。相反，如果该方法指出数据与模型之间的拟合度较低，我们就可以合理地忽略模型的过程，从而寻求一个更复杂的过程来解释数据。因此，进化生物学方法使我们能够以严谨的方式选择解释文化过程的方法。将进化生物学方法应用于文化数据分析的其他显著优点是，它让考古学家、人类学家和历史语言学家能够提供关于文化演化模式和过程的信息，这些信息可以与当代遗传学数据，以及从稳定同位素和古 DNA 研究中获取的人口流动性证据相结合。我们相信，这种结合可以帮助我们深入理解人群之间的相互关系，以及与之相关的遗传、语言和非语言文化特性。

参考文献

Abbott, Alysia L., Robert D. Leonard, and George T. Jones. 1996. Explaining the change from biface to flake technology: A selectionist application. In H. D. G. Maschner, ed., *Darwinian archaeologies*, 33–42. New York: Plenum.

Ames, Kenneth M. 1996. Archaeology, style, and the theory of coevolution. In H. D. G. Maschner, ed., *Darwinian archaeologies*, 109–131. New York: Plenum.

219 Ammerman, Albert J., and L. Luca Cavalli-Sforza. 1984. *The Neolithic transition and the genetics of populations in Europe.* Princeton: Princeton University Press.

Arnold, E. N. 1981. Estimating phylogenies at low taxonomic levels. *Zeitschrift für zoologische Systematik und Evolutionsforschung* 19: 1–35.

Asch, Solomon E. 1955. Opinions and social pressure. *Scientific American* 193: 31–35.

Atkinson, Quentin D., and Russell D. Gray. 2005. Are accurate dates an intractable problem for historical linguistics? In C. P. Lipo, M. J. O'Brien, M. Collard, and S. J. Shennan, eds., *Mapping our ancestors: Phylogenetic approaches in anthropology and prehistory*, 269–296. New Brunswick, NJ: Transaction.

Bandelt, Hans-Jürgen, and Andreas W. M. Dress. 1992. Split decomposition: A new and useful approach to phylogenetic analysis of distance data. *Molecular Phylogenetics and Evolution* 1: 242–252.

Bellwood, Peter. 1996. Phylogeny vs. reticulation in prehistory. *Antiquity* 70: 881–890.

Bentley, R. Alexander. 2006. Academic copying, archaeology, and the English language. *Antiquity* 80: 196-201.

Bentley, R. Alexander, Matthew W. Hahn, and Stephen J. Shennan. 2004. Random drift and culture change. *Proceedings of the Royal Society B* 271: 1443–1450.

Bentley, R. Alexander, Carl P. Lipo, Harold A. Herzog, and Matthew W. Hahn. 2007. Regular rates of popular culture change reflect random copying. *Evolution and Human Behavior* 28: 151–158.

Bentley, R. Alexander, and Stephen J. Shennan. 2003. Cultural evolution and stochastic network growth. *American Antiquity* 68: 459–485.

Bettinger, Robert L. 1991. *Hunter-gatherers: Archaeological and evolutionary theory.* New York: Plenum.

Bettinger, Robert L., and Jelmer W. Eerkens. 1999. Point typologies, cultural transmission, and the spread of bow-and-arrow technology in the prehistoric Great Basin. *American Antiquity* 64: 231–242.

Bettinger, Robert L., and Peter J. Richerson. 1996. The state of evolutionary archaeology: Evolutionary correctness, or the search for the common ground. In H. D. G. Maschner, ed., *Darwinian archaeologies*, 221–231. New York: Plenum.

Boone, James L., and Eric A. Smith. 1998. Is it evolution yet? A critique of evolutionary archaeology. *Current Anthropology* 39: S141–S173.

Borgerhoff Mulder, Monique. 1991. Human behavioral ecology. In J. R. Krebs and N. B. Davies, eds., *Behavioral ecology: An evolutionary approach,* 69–98. 3rd ed. Oxford: Blackwell.

———. 2001. Using phylogenetically based comparative methods in anthropology: More questions than answers. *Evolutionary Anthropology* 10: 99–111.

Boyd, Robert, and Peter J. Richerson. 1985. *Culture and the evolutionary process.* Chicago: University of Chicago Press.

———. 1993. Culture and human evolution. In D. T. Rasmussen, ed., *The origin and evolution of humans and humanness,* 119–134. Boston: Jones & Bartlett.

Boyd, Robert, Monique Borgerhoff Mulder, William H. Durham, and Peter J. Richerson. 1997. Are cultural phylogenies possible? In P. Weingart, S. D. Mitchell, P. J. Richerson and S. Maasen, eds., *Human by nature,* 355–386. Mahwah, NJ: Erlbaum.

Bradley, Bruce A., and Dennis J. Stanford. 2004. The north Atlantic ice-edge corridor: A possible Palaeolithic route to the New World. *World Archaeology* 36: 459–478.

Brantingham, P. Jeffery. 2003. A neutral model of stone raw material procurement. *American Antiquity* 68: 487–509.

Braun, David P. 1987. Coevolution of sedentism, pottery technology, and horticulture in the central Midwest, 200 B.C.–A.D. 600, In W. F. Keegan, ed., *Emergent Horticultural Economies of the Eastern Woodlands,* 153–181. Carbondale: Southern Illinois University Press.

Bryant, David, Flavia Filimon, and Russel D. Gray. 2005. Untangling our past: Languages, trees, splits, and networks. In R. Mace, C. J. Holden, and S. J. Shennan, eds., *The evolution of cultural diversity: A phylogenetic approach,* 67–83. London: UCL Press.

Buchanan, Briggs, and Mark Collard. 2007. Investigating the peopling of North America through cladistic analyses of Early Paleoindian projectile points. *Journal of Anthropological Archaeology* 26: in press.

———. In press. Testing models of Early Paleoindian colonization and adaptation using cladistics. In M. J. O'Brien, ed., *Transmission and archaeology: Some fundamental issues and case studies.* Washington, DC: Society for American Archaeology Press.

Cavalli-Sforza, L. Luca, and Marcus W. Feldman. 1981. *Cultural transmission and evolution: A quantitative approach.* Princeton: Princeton University Press.

Cochrane, Ethan E. 2001. Style, function, and systematic empiricism: The conflation of process and pattern. In T. D. Hurt and G. F. M. Rakita,, eds., *Style and function: Conceptual issues in evolutionary archaeology,* 183–202.

Westport, CT: Bergin & Garvey.

————. 2004. Explaining cultural diversity in ancient Fiji: The transmission of ceramic variability. Ph.D. diss., University of Hawai'i.

Collard, Mark, and Stephen J. Shennan. 2000. Ethnogenesis versus phylogenesis in prehistoric culture change: A case-study using European Neolithic pottery and biological phylogenetic techniques. In C. Renfrew and K. Boyle, eds., *Archaeogenetics: DNA and the population prehistory of Europe*, 89–97. Cambridge: McDonald Institute for Archaeological Research.

Collard, Mark, Stephen J. Shennan, and Jamshid J. Tehrani. 2005. Branching versus blending in macroscale cultural evolution: A comparative study. In C. P. Lipo, M. J. O'Brien, M. Collard, and S. J. Shennan, eds., *Mapping our ancestors: Phylogenetic approaches in anthropology and prehistory*, 53–63. New Brunswick, NJ: Transaction.

Cronk, Lee. 1991. Human behavioral ecology. *Annual Reviews in Anthropology* 20: 25–53.

Darwent, John, and Michael J. O'Brien 2005. Using cladistics to construct lineages of projectile points from Northeastern Missouri. In C. P. Lipo, M. J. O'Brien, M. Collard, and S. J. Shennan, eds., *Mapping our ancestors: Phylogenetic approaches in anthropology and prehistory*, 185–208. New Brunswick, NJ: Transaction.

Dewar, Robert E. 1995. Of nets and trees: Untangling the reticulate and dendritic in Madagascar's prehistory. *World Archaeology* 26: 301–318.

Dopazo, Joaquin, Andreas Dress, and Arndt von Haesler. 1993. Split decomposition: A new technique to analyze viral evolution. *Proceedings of the National Academy of Sciences USA* 90: 10320–10324.

Dress, A. W. M., D. H. Huson, and V. Moulton. 1996. Analyzing and visualizing sequence and distance data using SplitsTree. *Discrete Applied Mathematics* 71: 95–109.

Dunnell, Robert C. 1978. Style and function: A fundamental dichotomy. *American Antiquity* 43: 192–202.

————. 1980. Evolutionary theory and archaeology. *Advances in Archaeological Method and Theory* 3: 35–98.

————. 1989. Aspects of the application of evolutionary theory in archaeology. In C. C. Lamberg-Karlovsky, ed., *Archaeological thought in America*, 35–49. Cambridge: Cambridge University Press.

————. 1995. What is it that actually evolves? In P. A. Teltser, ed., *Evolutionary archaeology: Methodological issues*, 33–50. Tucson: University of Arizona Press.

Dunnell, Robert C., and James K. Feathers. 1991. Late Woodland manifestations of the Malden plain, southeast Missouri. In M. S. Nassaney and C. S. Cobb, eds., *Stability, transformation, and variation: The Late Woodland Southeast*, 21–45. New York: Plenum.

Durham, William H. 1979. Toward a coevolutionary theory of human biology and culture. In N. Chagnon and W. Irons, eds., *Evolutionary biology and human social behavior*, 39–59. North Scituate, RI: Duxbury.

————. 1982. Interactions of genetic and cultural evolution: Models and examples. *Human Ecology* 10: 289–323.

————. 1990. Advances in evolutionary culture theory. *Annual Review of Anthropology* 19: 187–210.

————. 1991. *Co-evolution: Genes, culture, and human diversity*. Stanford, CA: Stanford University Press.

————. 1992. Applications of evolutionary culture theory. *Annual Review of Anthropology* 21: 331–355.

Eerkens, Jelmer W., Robert L. Bettinger, and R. McElreath. 2005. Cultural transmission, phylogenetics, and the archaeological record. In C. P. Lipo, M. J. O'Brien, M. Collard, and S. J. Shennan, eds., *Mapping our ancestors: Phylogenetic approaches in anthropology and prehistory*, 169–183. New Brunswick, NJ: Transaction.

Eerkens, Jelmer W., and Carl P. Lipo. 2005. Cultural transmission, copying errors, and the generation of variation in material culture and the archaeological record. *Journal of Anthropological Archaeology* 24: 316–334.

Eldredge, Niles, and Joel Cracraft. 1980. *Phylogenetic patterns and the evolutionary process*. New York: Columbia University Press.

Ewers, John C. 1955. *The horse in Blackfoot culture*. Bureau of American Ethnology Bulletin 159. Washington, DC: Bureau of American Ethnology.

Foley, Robert. 1987. Hominid species and stone-tool assemblages: How are they related? *Antiquity* 61: 380–392.

Foley, Robert, and Marta M. Lahr. 1997. Mode 3 technologies and the evolution of modern humans. *Cambridge Archaeological Journal* 7: 3–36.

————. 2003. On stony ground: Lithic technology, human evolution, and the emergence of culture. *Evolutionary Anthropology* 12: 109–122.

Forster, Peter, and Alfred Toth. 2003. Toward a phylogenetic chronology of ancient Gaulish, Celtic, and Indo-European. *Proceedings of the National Academy of Sciences USA* 100: 9079–9084.

Gillespie, John H. 1998. *Population genetics: A concise guide*. Baltimore: Johns Hopkins University Press.

Gimbutas, Marija. 1973. The beginning of the Bronze Age in Europe and the Indo-Europeans 3500–2500 BC. *Journal of Indo-European Studies* 1: 163–214.

Gray, M., 1992. Appendix: Application of stylistic codes for Pajarito black-on-white ceramics. In T. A. Kohler and M. J. Root, eds., *Bandelier archaeological excavation project: Summer 1990 excavations at Burnt Mesa Pueblo and Casa del Rito*, 175–180. Pullman: Washington State University.

Gray, Russell D., and Quentin D. Atkinson. 2003. Language-tree divergence times support the Anatolian theory of Indo-European origin. *Nature* 426: 435–439.

Gray, Russell D., and Fiona Jordan. 2000. Language trees support the express-train sequence of Austronesian expansion. *Nature* 405: 1052–1055.

Greenhill, Simon J., and Russell D. Gray. 2005. Testing population dispersal hypotheses: Pacific settlement, phylogenetic trees, and Austronesian languages. In R. Mace, C. J. Holden, and S. J. Shennan, eds., *The evolution of cultural diversity: A phylogenetic approach*, 31–52. London: UCL Press.

Guglielmino, C. R., C. Viganotti, B. Hewlett, and L. L. Cavalli-Sforza. 1995. Cultural variation in Africa: Role of mechanisms of transmission and adaptation. *Proceedings of the National Academy of Sciences USA* 92: 7585–7589.

Hahn, Matthew W., and R. Alexander Bentley. 2003. Drift as a mechanism for cultural change: An example from baby names. *Proceedings of the Royal Society B* 270: S120–S123.

Harmon, Marcel J., Todd L. VanPool, Robert D. Leonard, Christine S. VanPool, and Laura A. Salter. 2005. Reconstructing the flow of information across time and space: A phylogenetic analysis of ceramic traditions from prehistoric western and northern Mexico and the American Southwest. In C. P. Lipo, M. J. O'Brien, M. Collard, and S. J. Shennan, eds., *Mapping our ancestors: Phylogenetic approaches in anthropology and prehistory*, 209–229. New Brunswick, NJ: Transaction.

Hendy, Michael D., and David Penny. 1992. Spectral analysis of phylogenetic data. *Journal of Classification* 10: 5–24.

Hennig, Willi. 1950. *Grundzüge einer Theorie der phylogenetischen Systematik*. Berlin: Deutscher Zentralverlag.

———. 1965. Phylogenetic systematics. *Annual Review of Entomology* 10: 97–116.

———. 1966. *Phylogenetic systematics*. Urbana: University of Illinois Press.

Henrich, Joseph. 2001. Cultural transmission and the diffusion of innovations: Adoption dynamics indicate that biased cultural transmission is the predominate force in behavioral change and much of sociocultural evolution. *American Anthropologist* 103: 992–1013.

———. 2004. Demography and cultural evolution: How adaptive cultural processes can produce maladaptive losses: The Tasmanian case. *American Antiquity* 69: 197–214.

Herzog, Harold A., R. Alexander Bentley, and Matthew W. Hahn. 2004. Random drift and large shifts in popularity of dog breeds. *Proceedings of the Royal Society B* 271: S353–S356.

Holden, Clare J. 2002. Bantu languages trees reflect the spread of farming across sub-Saharan Africa: A maximum-parsimony analysis. *Proceedings of the Royal Society B* 269: 793–799.

———. 2005. The spread of Bantu languages, farming, and pastoralism in sub-Equatorial Africa. In C. P. Lipo, M. J. O'Brien, M. Collard, and S. J. Shennan, eds., *Mapping our ancestors: Phylogenetic approaches in anthropology and prehistory*, 249–267. New Brunswick, NJ: Transaction.

Holden, Clare J., Andrew Meade, and Mark Pagel. 2005. Comparison of maximum parsimony and Bayesian Bantu language trees. In R. Mace, C. J. Holden, and S. J. Shennan, eds., *The evolution of cultural diversity: A phylogenetic approach*, 53–65. London: UCL Press.

Hubbell, Stephen P. 2001. *The unified neutral theory of biodiversity and biogeography*. Princeton: Princeton University Press.

Huson, D. H. 1998. SplitsTree: Analyzing and visualizing evolutionary data. *Bioinformatics* 14: 68–73.

Jordan, Peter, and Thomas Mace. 2005. Tracking culture-historical lineages: Can "descent with modification" be linked to "association by descent"? In C. P. Lipo, M. J. O'Brien, M. Collard, and S. J. Shennan, eds., *Mapping our ancestors: Phylogenetic approaches in anthropology and prehistory*, 149–167. New Brunswick, NJ: Transaction.

Jordan, Peter, and Stephen J. Shennan. 2003. Cultural transmission, language, and basketry traditions amongst the Californian Indians. *Journal of Anthropological Archaeology* 22: 42–74.

———. 2005. Cultural transmission in indigenous California. In R. Mace, C. J. Holden, and S. J. Shennan, eds., *The evolution of cultural diversity: A phylogenetic approach*, 165–196. London: UCL Press.

Kimura, Moto. 1983. *The neutral allele theory of molecular evolution*. Cambridge: Cambridge University Press.

Kimura, Moto, and James F. Crow. 1964. The number of alleles that can be maintained in a finite population. *Genetics* 49: 725–738.

Kirch, Patrick V., and Roger C. Green. 1987. History, phylogeny, and evolution in Polynesia. *Current Anthropology* 28: 431–456.

Kishino, Hirohisa, and Masami Hasegawa. 1989. Evaluation of the maximum likelihood estimate of the evolutionary tree topologies from DNA sequence data, and the branching order in Hominoidea. *Journal of Molecular Evolution* 29: 170–179.

Kitching, Ian J., Peter L. Forey, Christopher J. Humphries, and David M. Williams. 1998. *Cladistics: The theory and practice of parsimony analysis*. Oxford: Oxford University Press.

Kohler, Timothy A., Stephanie Van Buskirk, and Samantha Ruscavage-Barz. 2004. Vessels and villages: Evidence for conformist transmission in early village aggregations on the Pajarito Plateau, New Mexico. *Journal of Anthropological Archaeology* 23: 100–118.

Krebs, John R., and Nicholas B. Davies. 1993. *An introduction to behavioural ecology*. Oxford: Blackwell.

Leonard, Robert D. 2001. Evolutionary archaeology. In I. Hodder, ed., *Archaeological Theory Today*, 65–97. Cambridge: Polity.

Leonard, Robert D., and George T. Jones. 1987. Elements of an inclusive evolutionary model for archaeology. *Journal of Anthropological Archaeology* 6: 199–219.

Lipo, Carl P. 2001. *Science, style, and the study of community structure: An example from the central Mississippi River valley*. Oxford: BAR International Series.

Lipo, Carl P., M. E. Madsen, Robert C. Dunnell, and T. L. Hunt. 1997. Population structure, cultural transmission, and frequency seriation. *Journal of Anthropological Ar-

chaeology 16: 301–334.

Lyman, R. Lee, and Michael J. O'Brien. 1998. The goals of evolutionary archaeology: History and explanation. *Current Anthropology* 39: 615–652.

Lynch, A., and A. J. Baker. 1994. A population mimetics approach to cultural evolution in chaffinch song: Differentiation among populations. *Evolution* 48: 351–359.

Meltzer, David J. 1981. A study of style and function in a class of tools. *Journal of Field Archaeology* 8: 313–326.

Moore, Carmelia C., and Romney A. Kimball. 1994. Material culture, geographic propinquity, and linguistic affiliation on the north coast of New Guinea: A reanalysis of Welsch, Terrell, and Nadolski (1992). *American Anthropologist* 96: 370–396.

2 ———. 1996. Will the "real" data please stand up? Reply to Welsch (1996). *Journal of Quantitative Anthropology* 6: 235–261.

Moore, John H. 1994. Putting anthropology back together again: The ethnogenetic critique of cladistic theory. *American Anthropologist* 96: 370–396.

———. 2001. Ethnogenetic patterns in native North America. In J. E. Terrell, ed., *Archaeology, language, and history: Essays on culture and ethnicity*, 30–56. Wesport, CT: Bergin & Garvey.

Neff, Hector. 1992. Ceramics and evolution. *Archaeological Method and Theory* 4: 141–193.

Neiman, Fraser D. 1995. Stylistic variation in evolutionary perspective: Inferences from decorative diversity and interassemblage distance in Illinois Woodland ceramic assemblages. *American Antiquity* 60: 7–36.

Nelson, Gareth. 1978. Ontogeny, phylogeny, paleontology, and the biogenetic law. *Systematic Zoology* 27: 324–345.

Nelson, Gareth, and Nelson Platnick. 1981. *Systematics and biogeography: Cladistics and vicariance*. New York: Columbia University Press.

O'Brien, Michael J., John Darwent, and R. Lee Lyman. 2001. Cladistics is useful for reconstructing archaeological phylogenies: Palaeoindian points from the southeastern United States. *Journal of Archaeological Science* 28: 1115–1136.

O'Brien, Michael J., and T. D. Holland. 1995. The nature and premise of a selection-based archaeology. In P. A. Teltser, ed., *Evolutionary archaeology: Methodological issues*, 175–200. Tucson: University of Arizona Press.

O'Brien, Michael J., and R. Lee Lyman. 2000. *Applying evolutionary archaeology: A systematic approach*. New York: Kluwer.

O'Brien, Michael J., and R. Lee Lyman, eds. 2003a. *Style, function, transmission: Evolutionary archaeological perspectives*. Salt Lake City: University of Utah Press.

———. 2003b. *Cladistics and archaeology*. Salt Lake City: University of Utah Press.

O'Brien, Michael J., R. Lee Lyman, Youssef Saab, Elias Saab, John Darwent, and Daniel S. Glover. 2002. Two issues

in archaeological phylogenetics: Taxon construction and outgroup selection. *Journal of Theoretical Biology* 215: 133–150.

Peck, J. R., G. Barreau, and S. C. Heath. 1997. Imperfect genes, Fisherian mutation, and the evolution of sex. *Genetics* 145:1171–1199.

Phillips, Philip, James A. Ford, and James B. Griffin. 1951. *Archaeological survey in the lower Mississippi alluvial valley, 1940–1947*. Papers of the Peabody Museum of American Archaeology and Ethnology 25. Cambridge: Harvard University Press.

Pigliucci, Massimo. 1996. How organisms respond to environmental changes: From phenotypes to molecules (and vice versa). *Trends in Ecology and Evolution* 11: 168–173.

Pulliam, H. Ronald, and Christopher Dunford. 1980. *Programmed to learn: An essay on the evolution of culture*. New York: Columbia University Press.

Quicke, Donald J. 1993. *Principles and techniques of contemporary taxonomy*. Glasgow: Blackie.

Ramenofsky, Ann F. 1995. Evolutionary theory and native artifact change in the post contact period. In P. A. Teltser, ed., *Evolutionary archaeology: Methodological issues*, 129–147. Tucson: University of Arizona Press.

Renfrew, Colin. 1987. *Archaeology and language: The puzzle of Indo-European origins*. London: Cape.

Rexová, Katerina, Daniel Frynta, and Jan Zrzavy. 2003. Cladistic analysis of languages: Indo-European classification based on lexicostatistical data. *Cladistics* 19: 120–127.

Richerson, Peter J., and Robert Boyd. 1992. Cultural inheritance and evolutionary ecology. In E. A. Smith and B. Winterhalder, eds., *Evolutionary ecology and human behavior*, 61–92. New York: Aldine de Gruyter.

Roberts, J. M., C. C. Moore, and A. K. Romney. 1995. Predicting similarity in material culture among New Guinea villages from propinquity and language: A log-linear approach. *Current Anthropology* 36: 769–788.

Robson-Brown, Kate A. 1996. Systematics and integrated methods for the modelling of the pre-modern human mind. In P. Mellars and K. Gibson, eds., *Modelling the early human mind*, 103–117. Cambridge: McDonald Institute for Archaeological Research.

Runciman, W. G. 2002. Heritable variation and competitive selection as the mechanism of sociocultural evolution. *Proceedings of the British Academy* 112: 9–25.

Schuh, Randall T. 2000. *Biological systematics: Principles and applications*. Ithaca, NY: Cornell University Press.

Shennan, Stephen J. 1991. Tradition, rationality, and cultural transmission. In R. W. Preucel, ed., *Processual and post-processual archaeologies: Multiple ways of knowing the past*, 197–208. Carbondale, IL: Center for Archaeological Investigations.

———. 2000. Population, culture history, and the dynamics of culture change. *Current Anthropology* 41: 811–835.

———. 2001. Demography and cultural innovation: A model and some implications for the emergence of modern human culture. *Cambridge Archaeological Journal* 11: 5–16.

———. 2002. *Genes, memes, and human history: Darwinian archaeology and cultural evolution*. London: Thames & Hudson.

Shennan, Stephen J., and Mark Collard. 2005. Investigating processes of cultural evolution on the north coast of New Guinea with multivariate and cladistic analyses. In R. Mace, C. J. Holden, and S. J. Shennan, eds., *The evolution of cultural diversity: A phylogenetic approach*, 133–164. London: UCL Press.

Shennan, Stephen J., and J. Richard Wilkinson. 2001. Ceramic change and neutral evolution: A case study from Neolithic Europe. *American Antiquity* 66: 577–593.

Simkin, Mikhail V., and Vwani P. Roychowdhury. 2003. Read before you cite! *Complex Systems* 14: 269.

223 Slater, P. J. B., and S. A. Ince. 1979. Cultural evolution in chaffinch song. *Behaviour* 71: 146–166.

Smith, Andrew B. 1994. *Systematics and the fossil record: Documenting evolutionary patterns*. Oxford: Blackwell.

Smith, Eric A. 2000. Three styles in the evolutionary analysis of human behavior. In L. Cronk, N. Chagnon, and W. Irons, eds., *Adaptation and human behaviour*, 27–46. New York: Aldine de Gruyter.

Smith, Eric A., Monique Borgerhoff Mulder, and Kim Hill. 2001. Controversies in the evolutionary social sciences: A guide to the perplexed. *Trends in Ecology and Evolution* 16: 128–135.

Smith, Eric A., and Bruce Winterhalder (eds.). 1992. *Evolutionary ecology and human behavior*. New York: Aldine de Gruyter.

Stanford, Dennis, and Bruce A. Bradley. 2002. Ocean trails and prairie paths? Thoughts about Clovis origins. In N. G. Jablonski, ed., *The first Americans: The Pleistocene colonization of the New World*, 255–271. Memoirs of the California Academy of Sciences 27. San Francisco.

Tehrani, Jamshid J., and Mark Collard. 2002. Investigating cultural evolution through biological phylogenetic analyses of Turkmen textiles. *Journal of Anthropological Archaeology* 21: 443–463.

Terrell, John E. 1988. History as a family tree, history as a tangled bank. *Antiquity* 62: 642–657.

———. 2001. Introduction. In J. E. Terrell, ed., *Archaeology, language, and history: Essays on culture and ethnicity*, 1–10. Westport, CT: Bergin & Garvey.

Terrell, John E., Terry L. Hunt, and Chris Gosden. 1997. The dimensions of social life in the Pacific: Human diversity and the myth of the primitive isolate. *Current Anthropology* 38: 155–195.

Terrell, John E., Kevin M. Kelly, and Paul Rainbird. 2001. Foregone conclusions? In search of "Papuans" and "Austronesians." *Current Anthropology* 42: 97–124.

Tschauner, Harmut. 1994. Archaeological systematics and cultural evolution: Retrieving the honour of culture history. *Man* 29: 77–93.

Welsch, Robert L. 1996. Language, culture, and data on the north coast of New Guinea. *Journal of Quantitative Anthropology* 196: 209–234.

Welsch, Robert L., John E. Terrell, and John A. Nadolski. 1992. Language and culture on the north coast of New Guinea. *American Anthropologist* 94: 568–600.

Wiley, E. O., D. Siegel-Causey, D. R. Brooks, and V. A. Funk. 1991. *The compleat cladist: A primer of phylogenetic procedures*. Lawrence: University of Kansas Museum of Natural History.

Wilhelmsen, Kris H. 2001. Building the framework for an evolutionary explanation of projectile point variation: An example from the central Mississippi River valley. In T. L. Hunt, C. P. Lipo, and S. L. Sterling, eds., *Posing questions for a scientific archaeology*, 97–144. Westport: Bergin & Garvey.

Winterhalder, Bruce. 1981. Foraging strategies in the boreal environment: An analysis of Cree hunting and gathering. In B. Winterhalder and E. A. Smith, eds., *Hunter-gatherer foraging strategies*, 66–98. Chicago: University of Chicago Press.

Winterhalder, Bruce, and Eric A. Smith. 2000. Analyzing adaptive strategies: Human behavioral ecology at twenty-five. *Evolutionary Anthropology* 9: 51–72.

第 14 章　考古学与语系的起源

彼得·贝尔伍德

（Peter Bellwood）

　　主要语系的起源和扩散史与主要考古学文化的扩张之间可能存在关联，现在这已成为跨学科研究的重要领域，近年来随着人类群体基因溯源新技术的发展得到进一步加强。该研究领域始于早期对距离遥远的语言之间关系的观察，如约翰·莱因霍尔德·福斯特（Johann Reinhold Forster）曾经做的研究。福斯特于 1772—1775 年在库克第二次环球航行时穿越太平洋地区，见到了说不同语言的群体。福斯特比较了五种不同的波利尼西亚语言（塔希提语、汤加语、毛利语、复活节岛语、马克萨斯语）的46 个词语，并且目光敏锐地指出，"所有这些语言具有相同的来源"（Thomas et al., 1996:185）。他比较了波利尼西亚与美拉尼西亚、菲律宾、美洲等地不同语言的词汇，这一研究让他坚信，波利尼西亚人的祖先来自菲律宾方向。他认为所有波利尼西亚方言都"保存了某种更古老语言的若干单词，这种古老语言更具有普遍性，逐渐分化成了如今差异显著的众多语言"（Thomas et al., 1996:190），这一认识让他成为现代比较语言学的理论奠基人之一。1786 年，福斯特的同时代人威廉·琼斯（William Jones）爵士指出，希腊语、梵语、拉丁语、哥特语、克尔特语和旧波斯语之间存在许多非巧合的联系，"没有语言学者在研究其中三者之后不相信它们具有共同的、可能已不存在的渊源"（Pachori, 1993:175）。福斯特与琼斯在原理上基本正确，而且福斯特有机会见识了与欧洲殖民者最早接触的许多人群。

19 世纪，类似于福斯特与琼斯的研究的比较语言学研究在持续进行，如霍雷肖·黑尔（Horatio Hale, 1846）采用福斯特与琼斯的研究传统以及语言学重建太平洋移民的历史，尤其是波利尼西亚人的移民史。但是直到 20 世纪，美国学者如爱德华·萨皮尔（1916）才为这样的研究提供了系统的理论基础，就其研究而言，大家争论的是重建美洲土著社会的过程中比较语言学与民族学的关系。早期的研究基本上都是比较型的，基于特征分布与传播论，考古学几乎没有发挥什么作用。考古学上首次有意义的尝试来自柴尔德的《雅利安人：印欧人起源的研究》（Childe, 1926），研究比较了来自考古学与比较语言学的材料，当时英国人类学——不像北美人类学——对重建无文字社会的历史普遍没有兴趣。因此，萨皮尔与柴尔德的方法一直没有实现融合，随后雅利安人概念的滥用让柴尔德放弃了通过语言来探索族源的研究。

从 20 世纪 60 年代开始，寻求三个主要学科（语言学、考古学、生物人类学）共性的努力重新出现，特别是在本身就有很强的语言学与遗传学研究传统的地区（Renfrew and Boyle, 2000; Kirch and Green, 2001; Bellwood, 2001; Bellwood and Renfrew, 2003; Bellwood, 2004a）。近年来，人们发展出通过计算机记录与比较大量语言学材料，用以理解人类历史上的重要经济与人口变迁（如农业的起源与扩散），并通过分析基因组中非重组部分（线粒体 DNA 与 Y 染色体）来探索人群的遗传学上的祖先的方法，这些工作恢复了对部分问题的研究，并获得了一定程度上的共识。但是，这涉及重寻当今世界上成千上万人的文化与语言上的祖先，要完成如此重要的工作，必定困难重重，而且有时会产生很大的争议。一个原因就是，人类的生物学、语言学、考古学上的特征都存在时空上的变化，但是 *226* 变化机制有所不同。每代人的染色体以及与之相随的基因会以独一无二的新形态重新组合，但是语言与社会系统的基本组成部分不会如此。因此，我们有时会发现生物学特征不同的人群说着关系密切的语言。不同来源人群之间的通婚会出现这样的情况：某种单一的语言，而不是两种或更多种语言的混合，始终占据主导地位（如现代美国与英国）。但是，这并不意味着生物学、语言学与考古学上的特征绝对不会出现共同进化，还需要说明的是，现代美国与英国的社会条件并不必然是重建史前社会面貌的合适样板。史前学家的主要责任不是要在对少数现代社会的比较中做出判断（至少不要在没有进行分析之前做出判断，我们需要根据自己的需要评估它们与所争论问题之间的相关性），而是要确定这样的关联何时存在或不存在，然后追问为什么。

作为人类史前史信息来源的比较语言学

语言分类研究包括两个部分：（1）识别哪些语言确定无疑具有共同的渊源；（2）把一种语言中更晚近的发展以及语言接触之后受到的影响分离出来。就这些任务而言，历史语言学已经获得了众多显著的成功。（P. A. Michalove, S. Georg, A., and Manaster Ramer, 1998:452）

> 每种语言相对其他语言都有两种可能的相似性——从某个共同的原始母语继承下来的遗传相似性，以及由于地理上相邻而借用所致的区域相似性。（R. M. W. Dixon, 1997:15）

与考古学的阐释相关的基本上包括两个层次的语言史。对于第一个层次，这里不详细讨论，其意思是，我们有单个语言、民族语言群或历史社群，并且都有起源与祖先。有些语言如印欧语系、闪米特语、汉语等存在丰富的文献记录，此时语言学家、碑铭研究者与历史学家可以就晚近的民族语言史得出较为明确的结论。考古学通常能够发挥一些辅助作用，尤其是对历史时期而言。然而，由于在考古材料中很难确定族属，因此追溯诸如凯尔特人（Megaw and Megaw, 1999）、盎格鲁-撒克逊人、希腊人或伊特鲁里亚人等历史群体的民族语言和史前身份认同，就成了艰巨的任务。如果我们研究的是相对孤立或边界显著的地方，如尼罗河流域的埃及，那么有时能够获得更高的确定性，但即便是在这样的地方，许多学者在把语言联系推进到文字出现之前的时期时，还是非常谨慎的。太平洋有许多岛屿，我们可以假定自当前居民的祖先移民到这里之后，不存在根本性的人群替代，尤其是在波利尼西亚。但是，在所有这些情况中，不管是否与世隔绝，我们所关注的人群与语言都只是语系这种更宏观的语言存在的小小组成部分。正是在更宏观的第二个层次上，我们可以抓住整个语系而不只是单种语言或亚群组，这涉及基础的扩充，与史前时代马赛克式的小型社会分布密切相关，此时考古学与语言学通常能够相互帮助。这一章就关注这个更加宏观的层次。

因此，联系两百多年前福斯特的远见卓识，我们需要开始考虑语系的概念。它是一个具有遗传学意义并且不断演化的存在，其中包括：

①本土区域的语言起源史。

②不断扩散到当前边界的历史。

③随后的语言分化（有时会分裂成成百上千种语言）——通过语言变化的内在机制与外部交流过程的作用。

现在，比较语言学重建的方法论是精确的。就像遗传分类学的方法论用于生物分类一样（参见科勒德等人，第 13 章），比较语言学的方法论的主要目标是识别共同的创新，这些创新是识别语言亚群组的标准。就语言学家所说的共同创新而言，一个例子是罗伯特·布拉斯特（Robert Blust, 1977; Tryon, 1995）有关马来 - 波利尼西亚语的研究，他把这种语言从南岛语系的台湾语中区分出来，因为前者中有许多台湾语所没有的后期的一系列发展。这些发展包括一种新的代词形式（ *-mu 表示从第二人称复数向第二人称单数的转换）、两个动词前缀 *pa(-) 与 *ma(-)，以及把 *t 与 *ts 合并为 *t。这些创新发生于马来 - 波利尼西亚语的最初扩散之后，很可能发生在菲律宾北部，如今广泛见于东南亚岛屿与大洋洲马来 - 波利尼西亚语后裔中。与布拉斯特重建南岛语系分支不同的研究是词汇统计学分析（Dyen, 1965），但是布拉斯特成功胜出，学术潮流更支持他喜欢的共同创新方法论（Blust, 1995, 2000）。

目前人们认识到的语言亚群组包含具有共同祖先的语言，从而与关系更远的语言区分开来。包含一个亚群组的语言都来自一种共同的"原始母语"，许多时候是一串相关的方言或是一组相关语言。［语言学家所谓的原始母语指的是分布在广阔区域的现象，而不只是一种单一的语言（Dyen，1975; Dixon, 1997:98）。] 有时，一个语系中亚群组的原始母语可以组成一个连续分化的语系树（并不总是像树枝分叉一样，以两分的方式分化），对有些语系来说，分化的亚群组可能存在年代早晚关系。例如，许多语言学家认为安纳托利亚语（包括赫梯语）与其他印欧语系语言的分离代表了印欧语系历史上首次可以识别的分化。类似地，台湾语、马来-波利尼西亚语与其他南岛语系语言的分离代表了南岛语系历史上首次可以识别的分化。在这两个例子中，整体中更小的区域——安纳托利亚与台湾——很可能含有两大语系（分别是原始印欧语系与原始南岛语系）的基础原始母语，就这一点而言，我们理所当然地可以将其视为语言的最初故乡，从这里，语言开始向远方或是有历史记录的语言分布区扩散（Dolgopolsky，1993; Gamkrelidze and Ivanov, 1995; Renfrew, 1999; Blust, 1995）。

重建原始母语（如原始印欧语系、原始南岛语系、原始马来-波利尼西亚语）的词汇，有时可以为了解古代祖先群体的位置与生活方式提供丰富的细节，有些地方成百上千的早期词汇及其相关的意义会有助于重建工作，对此可以参考基尔希与格林（2001）有关原始波利尼西亚语、罗斯等人（Ross et al., 1998）有关原始大洋洲语的细致研究。

228　　还有一种语言分析技术叫作同源语言演变史学，它通过比较有记录的语言同源词汇的比例，根据从已知拉丁语、罗马语历史中计算所得的变化速率，来确定原始母语年代（Gudschinsky, 1964）。但是，语言的变化速率随社会语言条件而变化，而对于史前时代的条件人们常常是一无所知的。同源语言演变史学只能用于最近一千年的时间范围内，仅适用于那些没有大规模借用不相关语系的语言的情况。就年代的准确性而言，这不是一条可靠的路径（有关该问题的争论，参见 Renfrew et al., 2000）。

语言变化的其他来源除了继承过程中的改造，就是语言学家所说的"借用"或"接触导致的变化"[1]。这发生在不同语言之间，通常发生在两个完全不相关的语系之间。如果借用发生在原始母语层次上，它就是一个语系或亚群组地理故乡的标志，同样也是遗传学关系的标志。例如，部分俄罗斯语言学家认为印欧语系与闪米特语的早期阶段存在接触，随之导致借用，这显然强化了印欧语系的故乡是安纳托利亚——靠近闪米特语的分布区——而不是乌克兰与俄罗斯南部的东欧大草原地区（Gamkrelidze and Ivanov, 1995）的观点。借用由此可以反映语言史上的重要接触事件。

语系的历史与考古学意义

语系是个引人瞩目的现象。最大的语系包括数以百计甚至数以千计的语言，说这些语言的群体的分布跨越大洲与大洋[2]。它们扩展到单个社群能感知的范围之外——有多少说英语的人（不包括语言学家）知道英语与孟加拉语、库尔德语有共同的渊源呢？这些语言还超越了历史的范围——在西欧与印度有文字的历史出现很久之前，西北欧与印度地区就说着英语与孟加拉语的祖先语言。如果仔细剖析一个主要的语系，我们就会发现一些共同词汇、语法与音韵，它们的分布如此广泛，只有一个来自古老语言故乡的共同来源，才能解释这一现象。例如，表 14-1 所列的部分广泛分布的南岛语系同源词汇（都来自共同的祖先），数量是如此之多，我们很难将其都视为差异显著的语言间的借用。之所以存在如此之多的同源词汇，是因为这些语言都有共同的祖先。

表14-1　部分广泛分布的南岛语系同源词汇

	PAN	Rukai	Tagalog	Javanese	Fijian	Samoan	Rapanui
two	*DuSa	dosa	dalawa	lo-ro	rua	lua	rua
four	*Sepat	sepate	āpat	pat	vā	fā	hā
five	*limaH	lima	lima	limo	lima	lima	rima
six	*`enem	eneme	ānim	enem	ono	ono	ono
bird	*manuk		manok	manu`	manumanu	manu	manu
head louse	*kuCuH	koco	kūto	kutu	kutu	`utu	kutu
eye	*maCa	maca	mata	moto	mata	mata	mata
ear	*Caliŋa	caliŋa	tēŋa		daliŋa	taliŋŋa	tariŋa
liver	*qaCey	aθay	atay	ati	yate	ate	`ate
road	*Zalan	Ka-dalan-ane	daan	dalan	sala	ala	ara
pandanus	*paŋuDaN	paŋodale	pandan	pandan	vadra	fala	
coconut	*niuR		niyog	nior	niu	niu	
sugarcane	*tebuS	cubusu	tubo	tebu	dovu	tolo	toa
rain	*quZaN	odale	ulan	udan	uca	ua	`ua
sky	*laŋic		lāŋit	laŋit	laŋi	laŋi	raŋi
stone	*batu		bato	watu	vatu		
cooking pot	*kuDen				kuro	`ulo	
canoe	*awaŋ	avaŋe	baŋka		waga	va`a	vaka
eat	*ka`en	kane	kā`in	ma-ŋan	Kan-ia	`ai	kai

注：* 标识代表一种喉音阻塞的发声范式，空白代表没有同根词。PAN 即原南岛语；Rukai 是一种台湾语；Tagalog 是一种菲律宾语；Rapanui 是一种复活节岛语。Javanese 为爪哇语；Fijian 即斐济语；Samoan 为萨摩亚语。

资料来源：由澳大利亚国立大学太平洋与亚洲研究院语言学部马尔科姆·罗斯提供。

　　共同的祖先——或者采用科学术语称为系统发育关系——是个强大的概念。语系如同动物物种，不大可能通过完全不相关语言的交汇来形成一个单一的遗传类型，其中所有的单位共有一个祖先。通过远距离的人口迁移，在殖民状态中，说完全不同的语言的人有时可能被迫生活在一起，由此形成杂交的洋泾浜式的语言。如巴布亚新几内亚的混合语言托克皮辛语现在成了当地的主要语言（Kulick, 1992）。但是在语言学上，这样的发展是非常罕见的，在人类史前史的前国家阶段，它不可能具有重要的意义，因此，用它来解释分布区域极为广阔的所有相关语言的起源，很难令人信服（Bakker, 2001）。语言也可以相互借用，因此历史语言学中既有区域研究，也有遗传关系研究。但是同样，这些语言不会"融合"，如印度次大陆、美拉尼西亚、亚马孙、中美洲等不同区域的研究都表明不存在这样的情况。简言之，大多数语言可以很容易被归入不同语系之中，而非留在遗传学混交的不确定区域。语言一旦开始分裂，就通常会继续下去，交汇是语系起源的主要因素的观点不可信[3]。

既然交汇不能解释语系的起源，那么什么能呢？答案就是从起源区域开始的扩散，如"语言的奠基层"（可能以系统发育相关方言的形式）从某个起源区域以某种形式扩散开来，分化形成不同的派生语言。事实上，分化形成派生语言的社会历史情境是极其普遍的。社群可以保持接触或是彻底分裂；它们可以与其他不相关的社群形成不同的联系；某些社群甚至可能放弃自身原来的语言，采用其他社群的语言（语言转变）——这好像是为了让历史重建工作更困难一样。但是，我们有一个基本的观察，即语系的祖先语言从起源区域向外扩散，这是人类文化起源研究中最有意义的发现之一。

下面一系列问题可能是显而易见的：语言何以扩散到如此广阔的区域？扩散背后的文化推动力是什么？这些语系通常在世界语言地图上占据

主导地位，为什么它们会如此成功？它们之所以传播开来，是因为说这些语言的人迁移到了新的地方吗？如果确实如此，我们就需要解释这些人成功殖民的原因，以及了解是什么把他们赶离家乡或者新的梦想之地有什么东西吸引他们。换个角度来看，是否是因为其他社群采用了这些语言，通过语言转变实现了语言扩散？此时，我们需要追问为什么人们愿意放弃自身原来的语言，转而采用外来者的语言，要知道其自身的语言往往带有自身的文化规范。多语制、通婚、贸易、战争、帝国征服以及现在的文字等因素通常是导致语言转变的因素，但是这些因素并非放之四海而皆准的，就我们这里的讨论而言，它们通常不过是地域性的因素而已。

在主要语系层面上，有必要重申几个要点。有的语系分布极为广泛，其中包含数百种乃至上千种语言（南岛语系与尼日尔－刚果语系都拥有超过 1 000 种语言）。它们非常古老，其起源与大规模的扩散基本都远在历史上的主要帝国形成之前。我们不能用帝国征服或是文字扩散这样的过程来加以解释。我们可能不得不认为是狩猎者或是早期农民扩散了语言，而他们当时并没有明显的政治统一性。因此，这些语言不是带着明显的政治意图扩散开来的；从时间层面上说，其广泛的分布完全排除了带着政治意图扩散的可能。即便是亚历山大大帝也没能让希腊语像希腊语从属的印欧语系那样扩散开来。类似地，罗马人的拉丁语、成吉思汗的蒙古语都是如此。阿拉伯人在东南亚也没有成功，在这里，世界上最大的伊斯兰国家——印度尼西亚——仍然说的是当地语言。从公元 1500 年开始，英语与西班牙语倒确实是扩散成功了，但这是因为规模巨大的海外移民，而当地土著人群又非常稀少（Crosby, 1986）。在如印度和马来西亚这样的地区，人口稠密，政治凝聚力较高，对欧洲的殖民统治有所抵制，因此，在这些地区，英语还无法取代所有当地语言——至今也没有做到这一点。在拉美地区，西班牙语也没有清除所有的印第安语——大量的中南美印第安人仍在使用他们的母语。生活在欧洲统治区之外的澳大利亚原住民也同样如此。英语作为现今的通用语言，其传播过程与前国家史前时代的语言没有可比性，因为现阶段的传播需要识文断字和庞大的现代通信网络，尤其是需要前世界帝国的文化遗产，这是任何史前（或至少是铁器时代以前）考古时代都无法想象的。

仔细研究这些情况，无疑可以发现，所有近代和有历史记录的语言，如阿拉伯语（中东和北非范围内）、英语、西班牙语、泰语、汉语，其使用范围都有很大的扩展。这些语言的使用范围之所以有很大的扩展，是因为最初使用这些语言的人迁居到了远离故土的地方（如 Driver, 1972:6; Diebold, 1987:27; Coleman, 1988:452; 虽然也有人认为，语言传播不需要人口迁移，如 Thurston, 1987; Nichols, 1997）。当然，当地原住民也在不同程度上采用了这些语言。因此，现代英语使用者显然并不都是盎格鲁－撒克逊人的直接后裔，而现代阿拉伯语使用者也并不都是 7 世纪阿拉伯人的直接后裔。但是，所有这些"联络"（或互动，见 Bellwood, 1996）都与此问题关系不大，这里关注的是语言扩散的原因。这些语言是作为整体的社群的方言，是传播的基础。推动语言扩散进程的因素包括使用原来语言的原住民，以及支撑其社会的物质文化和经济基础。

也许有人会反对，认为主要语系中的祖先语言可能需要数千年才能最终到达其史前的分布边界。事实上，就南岛语系与印欧语系而言，在有历史记载之前，它们已经持续传播了数千年。但这没有改变一个事实，即在许多情况下，包括以上两者在内，一些语言在史前时代就已经广泛扩散开 *230*

来。这些扩散受到了类似的人口和经济过程的推动，即便是在停滞期，也可能产生多样的新形式，因此，最终到达地理边界的人群可能与最初的本土人群截然不同——至少是在生物学的外貌上。如果我们研究前哥伦布时代印欧语系人群（如法国人和孟加拉人）和南岛语系人群（如菲律宾人和所罗门群岛人）等的性状变异，就会发现这种情况是显著存在的。

所有这些语言学的观察与考古学有什么关系呢？语言有言语者，正是这些言语者创造了形成考古材料的物质文化。我们如果想研究比较语言学与考古学的材料，重建有关人类史前史的信息，就需要考虑世界范围内语系与考古材料组合的分布形态演化之间是否存在关联。若我们引入第三种主要的材料来源——人类遗传世系，比较的过程就会变得更加复杂。在人类史前史的进程中，种族、语言、文化是否存在共同进化呢？如果确实存在，那么理解人类史前史的任务，从理论与实践意义上，就比较容易完成了。

共同进化的问题是整个20世纪人类学的重大问题之一。今天大多数考古学家可能会同意萨皮尔（1916:10）的观点，他说，"坚持种族、文化、语言因素都有独立性是一种习惯"。不久之前对种族与文化信息的滥用让这成为一种可以接受且无须争论的立场。但是，在我看来，任何联系都可能是情境性的（特定历史的偶然现象），并且不总是负面的。在某些历史情境中，联系可能很强，在另外一些情境中则缺乏联系。要理解这一点：我们需要根据一系列连续的、通常相当不同的情境来思考史前时代，而不是将其视为没有区别的存在，或是将其视为晚近民族志观察的反映。尤其是在人群迁徙过程中，特别是在之前没有人居住的地方[4]，我们可能看到社会与语言存在一定程度的一致性。这很重要，因为如上文所讨论的，要想解释大多数主要语系的起源与扩散，就需要了解以某种形式进行的人群迁徙事件。

因此，当语言扩散活动活跃之时，尤其是在前国家"部落"社会组织状态下，我们有理由认为，生物学意义上的人口迁移与其语言、文化扩散之间存在密切的联系。对任何既定的语系而言，在历史上很可能都有几个活跃的扩散时期。我们无须假定某个单独人群或生物类型主宰整个过程。更可能的情况是，扩散时期中存在几个相对静止期，此时人群混合导致形成了新的文化与生物学意义上的群体，当扩散过程重新开始时，语言进一步扩散。如果我们想解释如印欧语系、南岛语系这些巨型语系的存在，那么这种解释是必不可少的，人口扩散、停止、重组，然后再次扩散，人口在生物学与社会政治层面上并不存在绝对的一致性。下文在交代语言材料与考古学的相关性之后，将举一些例子讨论这些问题。

实践上的语系史与考古学上的史前史如何关联？

弄清楚考古学材料与语言材料之间的联系并不总是一件简单的事，因为从概念上说两类材料本来就是各自独立的。不过，如果语系的分布与考古组合的分布可以对应，就可以建立起联系，尤其是在一个语系的原始母语层面上重建起来的物质文化与环境词语，能够与来自考古材料的物质文化与环境关联对应起来的时候。比如，许多重建起来的原始母语有包括农业、驯化动物、陶器、冶金术等关键类别在内的词汇，这些东西都是在考古材料中可以识别出来的。如果这些新材料与经济成分是相对突然地出现在考古材料中的，那么这样的联系就比较确定了——这些东西确实出现在了广阔的温带与热带世界，在这些地方，新石器时代/形成期的农耕取代了狩猎采集者的经济方式。

由于语言随着时代不断改变，同时随着时间的推移，语言之间的联系越来越弱，因此许多语言学家认为语系史研究只能用到距今10 000～8 000年前。从更大的时间尺度上来看，我们就进入了语群领域，如诺斯特拉语群、美洲印第安语群，这些概念主张不同语系之间存在遗传学上的联系，由于联系模糊、难以把握，还由于在认识程序上各有不同，语言学家因此争论激烈（Renfrew and Nettle, 1999）。大部分界定清晰的语系对应的是相对晚近，尤其是温带与热带地区农业起源之后的考古材料。某些孤立的语言，如伊比利亚半岛的巴斯克语，有可能是在前农业时代甚至是更新世时就在原地形成的，但是大多数时候，能否得出这样的结论取决于语言的分布状况，而不是直接的长期历史证据。更新世语系中还没有一致的可复原的关系，这些关系可能曾经存在，经过漫长的时间，现在仍然可能有所保存。

部分语系的起源、扩散历史与考古材料相关联的案例

现在的主要研究都是围绕大规模语系——如印欧语系、亚非语系、南岛语系、尼日尔-刚果语系、帕马-尼用根语系（Pama-Nyungan）、乌托-阿兹特克语系（Uto-Aztecan）——的起源与扩散的历史展开的。大多数语系与农业群体相关，很可能这就是它们绝大部分的历史，不过，澳大利亚的帕马-尼用根语系中完全是狩猎采集者的语言。某些主要语系的使用者既有农民也有狩猎采集者。在这样的情况下，尤其是按照使用者社会的数量，狩猎采集者占少数的区域（如南岛语系、尼日尔-刚果语系、乌托-阿兹特克语系），有必要考虑非农业群体的经济祖先是否一直是非农

业的，或者说他们是否改变了经济方式，在不利环境中从以农业为生改为以狩猎采集为生。类似地，在如阿尔冈琴语系（Algonquian）和乌拉尔语系的使用者中，狩猎采集者占据的区域比农民大得多，此时我们就需要问相反的问题：那些完全由狩猎采集者构成的民族语言群体中是否存在农业传播现象？

显然语系大规模扩散的原因有很多，也并不总是那么容易找到。如前所述，一个根本的因素就是要知道基础方言本地使用者为什么扩散。关于为什么一个特定的人群愿意扩散到新的区域，我们可能会想到许多原因。考古学家具有比较人类历史与人类学知识的优势，适合来回答这个问题。语言不会自己扩散到广大区域，人群才会，人群会根据环境、经济、社会政治策略的变化进行反应，这在很大程度上决定了考古材料的形态。例如，现在许多考古学家与语言学家认识到，温带与热带地区范围更大的语系分布来自人群扩散，这可能是农业发展带来的人口增长的结果（Renfrew, 1996; Bellwood, 1994, 2001, 2004a, 2005; Bellwood and Renfrew, 2003; Diamond and Bellwood, 2003）。如果情况确实如此，那么这些特定语系的故乡可能与早期农业分布区重叠，中东、中亚、中非、东亚、中美洲等的事实就是如此。类似的人口学解释可以解释完全狩猎采集人群的语系分布，如阿斯巴斯卡语系（Athabaskan）与爱斯基摩－阿留申语系，两者都有非常清楚的扩散史前史（Fortescue, 1998），尽管这里没有农业因素参与其中。

本章剩下的部分将考察世界上研究最为充分的两个语系——印欧语系与南岛语系的史前史[5]。两者都反映了考古学与语言学之间存在密切的联系。

印欧语系及其相邻语言的史前史

印欧语系是世界上最大的语系之一，在前哥伦布时代就已经遍布从欧洲到中亚的广大区域。有关它的约 12 个分支在分化树上的位置几乎没有共识（Ruhlen, 1987; Dyen et al., 1992; Gamkrelidze and Ivanov, 1995）。数位语言学家已经注意到，印欧语系分化树是"耙子形"的，有许多独立的分支，很早的时候就从同一个祖先那里分离出来了（Nichols, 1998:221），可能反映了基础语言曾经在欧亚地区迅速且广泛地扩散。不过，瓦尔诺（Warnow, 1997）提出了新的分组方案，支持更复杂、更像树枝的分化。伦福儒（1999）也支持这个方案，并认为较早时期原始印欧语系从故乡安纳托利亚扩散进入巴尔干与中欧，并向东进入中亚。安纳托利亚语、意大利语、克尔特语、吐火罗语可能都来自最初的扩散。随后的语言交流与迁移，特别是日耳曼语、罗曼语、斯拉夫语和印度－伊朗语等，掩盖了更早期的扩散史。格雷与阿特金森（2003）提出了类似的分组假说：在印欧语系中，安纳托利亚语、吐火罗语、希腊语是最早分化出来的，他们计算出来的分离时间为公元前 7500 年到公元前 6000 年。

为了解释印欧语系的早期扩散，不少考古学家曾经支持"精英统治"的扩散过程假说：迁入的畜牧人群给许多欧洲新石器时代从事农业的、顺从的土著人群（非印欧语系的）带来了语言转变。这些解释通常主张黑海北岸的草原地带是印欧语系的故乡，在新石器时代晚期与青铜时代早期，这些畜牧群体凭借驯化的马与有轮车的运输扩散到了欧洲（Mallory, 1989; Anthony, 1995）。按照考古学家玛利亚·金布塔斯（Marija Gimbutas）的说法，这些人群带有印欧语系好战的宗教传统和父系的社会生活习惯，于公元前 4500 年到公元前 2500 年从东欧大草原出发迁往欧洲，在此过程中征服并吸收了更古老、更偏向母系、崇拜女神的非印欧语系的新石器社会——这是一个如今在部分女权主义作品中仍具有重要影响的著名解释。

印欧语系在欧洲青铜时代通过征服实现语言取代的观点面临两个难题。近些年，学界认识到了已灭绝的安纳托利亚语（包括赫梯语）的意义，开始强调黑海南岸的安纳托利亚作为印欧语系故乡的可能性（Dolgopolsky, 1993; Gamkrelidze and Ivanov, 1995）。此外，青铜时代征服说没有回答迁入的精英如何在各自独立、战争频繁的青铜时代酋邦中实现广阔区域的语言转变 [6]。史前时代印欧语系扩散进入欧洲的影响程度是巨大的，其分布从中欧一直延伸到不列颠与爱尔兰（更不用说扩散到中亚与印度次大陆！），即使到了古典时代，欧洲还在持续容纳周边许多非印欧语系的语言（Zvelebil, 1988; Sverdrup and Guardans, 1999）。金布塔斯的假说因此受到考古学家科林·伦福儒（1987）的挑战。与金布塔斯相反，伦福儒支持早期印欧语系与早期新石器时代农业从土耳其扩散进入欧洲相关。克兰茨（Krantz, 1986）独立发展了这一观点。作为一名曾经的东欧草原起源说的支持者，马洛里（Mallory, 1997）部分接受了克兰茨的观点。

这一解释明确了印欧语系扩散中存在与考古学研究明显不一致的地方。大约公元前 6500 年到公元前 3500 年，该语系扩散到温带欧洲的大部分地区；公元前 3000 年到公元前 2000 年之前，该语系向东进入印度北部。扩散的机制就是人口迁徙，迁入的农民吸收了当地稀少的狩猎采集人群。但是这个过程不是单向的，也就是说迁入的农民并不占绝对主导地位。根据阿默曼与卡瓦利 - 斯福尔扎（Ammerman and Cavalli-Sforza, 1973, 1984）

235

最初基于遗传学与考古学的模拟研究，这个扩散（他们称之为"人的扩散"）涉及农民与中石器时代狩猎采集者不断的混合，在此之前狩猎采集者占据的空间比偏重于居住在河谷地带的农民要大得多。因此，随着新石器时代农民从安纳托利亚扩散到欧洲，应该在一定程度上存在遗传学上混合的证据。从新石器时代农民进入英伦诸岛之后，我们应该可以看到他们吸收了相当一部分当地中石器时代狩猎采集者的遗传基因，正如线粒体 DNA 与 Y 染色体的材料所表明的那样（Sykes, 1999; Richards et al., 2000; Renfrew and Boyle, 2000）。农业从东南向西北扩散到欧洲，这一过程持续了将近 3 000 年，人群之间交流互动的时间充分，农民是在逐渐融合中石器时代的狩猎采集人群——显然后者不会一夜之间消失。有鉴于此，现在考古学家并不把欧洲的新石器时代化看作人群的被彻底取代，而是支持某些地区中石器时代人群采用了农业这一解释，尤其是在伊比利亚半岛与波罗的海 - 斯堪的纳维亚半岛地区（Zvelebil, 1998; Renfrew, 2000; Richards, 2003）。

如果我们置身事外来看当前有关印欧语系起源及其早期扩散的争论，那么我们可以获得几条教训。支持农民主导或是中石器时代人群普遍采用农业的极端立场都是行不通的。同样行不通的还有基于精英主导的解释。我们很难明确区分印欧语系起源于东欧草原或是安纳托利亚的证据，同样也很难确定原始印欧语系社会的真正性质——它是否基于完全父系的畜牧群体，拥有马与车子（Anthony, 1995）、青铜兵器并且有好战趋向？还是说它基本上是一个时间早了 2 000 年的新石器时代农牧社会（Dolgopolsky, 1993; Gamkrelidze and Ivanov, 1995）？就这些问题，语言学的证据都不是很清楚——年代不够确定，许多文化同源词汇或早期借用词汇的准确意义也不是很清楚，尽管有一点是确凿无疑的：原始印欧语系社会是农牧社会而不是纯粹的狩猎采集社会。同时，究竟是新石器农业人口扩散还是中石器时代狩猎采集者吸收农业？就这方面的阐释而言，考古材料也不清楚。有的欧洲新石器时代早期文化分布广泛而且共性强，如巴尔干半岛与中欧的材料支持农民扩散假说；相反，有的则是非常地区化的，如西欧与北欧的材料更支持区域性的中石器时代狩猎采集者吸收农业假说。在这些问题上，物质文化并没有最终裁决权。

这里最好的结论可能是相对而言的。从考古学与语言学的观点来看，将新石器时代农民扩散与印欧语系走出安纳托利亚联系在一起的跨学科假说能够更好地解释材料，至少在我看来，它比青铜时代从乌克兰或中亚向外扩散的假说更合理。这是因为，对于安纳托利亚－新石器时代扩散假说而言，两大学科都能给出传播机制：随着农业人口增加，说印欧语系语言的人群向新的领地迁移。从历史文献所提供的比较来看，这种说法是可信的。相比而言，在考古材料层面上，乌克兰青铜时代扩散假说缺乏一个明显的覆盖欧洲的快速文化变迁，它同时要解释广阔区域的语言转变，而历史上并不存在类似的精英主导的语言扩散模式。还有一种假说是，印欧语系最早在旧石器时代就扩散到了冰消区（Adams and Otte, 1999）。这个假说根本不能成立，因为如前所述，原始印欧语系中包含着相当多的农牧词汇，所反映的经济方式是晚更新世不可能存在的。这种假说也不能解释印欧语系是怎么扩散到那些从来就没有冰川覆盖的区域的。除了这些认识，我们可能已无能为力——考古语言学的重建工作并不能提供确凿的证据。

在印欧语系之外还有相邻的语系，农业／语言扩散假说（Renfrew, 1991, 1996; Bellwood and Renfrew, 2003; Bellwood, 2004a）可能主张印欧语

系、苏美尔语、埃兰语，也许还有突厥语的原始母语来自中东有小麦、大麦、牛、羊的地带，在公元前 7500 年到公元前 6500 年，随着谷物种植与家畜饲养混合经济的形成，这种语言向外扩散，进入欧洲与中亚。此时的考古材料明确显示，新石器时代的人口在不断增加，至少总体上呈快速增长趋势，尽管存在周期性环境恶化与短期人口收缩。

更宽广的视角带来了更早的大语系问题，长期的、相当有限的重建工作让许多语言学家对这个问题十分关注，把语言学的方法论推到了极致，有时已经超越了可以接受的极限（Dixon, 1997:36-44; Campbell, 1999）。考古学家可能需要考虑：我们说许多语系，包括印欧语系、亚非语系、南高加索语系（Kartvelian）、乌拉尔语系、阿尔泰语系、（埃兰）达罗毗荼语系属于诺斯特拉大语群，这是否只是纯粹的巧合？是否也可以将它们看作来自一个共同的中东中心区域——早期农业和畜牧业的起源地？它们是否因此具有某些微弱的从古代残留下来的共同印迹呢？类似地，我们也可以这么追问：东亚语系（汉藏语系、南岛语系、南亚语系、苗瑶语系）是否来自中国稻作、粟作地区的人口扩散？尤其需要关注的是公元前 5000 年到公元前 2000 年的黄河与长江中下游地区——南岛语系最终扩散到了辽阔的太平洋地区（Bellwood, 1994, 2000; Blust, 1995; Peiros, 1998; Reid, 1996）。再者，若不考虑农业的影响，我们是否可以探讨格林伯格（Greenberg, 1987）所说的"美洲印第安人"（Amerind）大语系（一个美洲语言学家讨厌的词语，可能反映了存在语言的基础扩散，即 13 500 年前语言多样性有限的古印第安人从西伯利亚扩散到美洲）？这是对语言学家来说极为敏感的领域，对考古学家来说也是如此。我们需要谨慎对待，避免循环论证，但是对这些问题（无论在现实中显得多么模糊或事实上不可能解决）进行探讨的意义是非常巨大的。

作为系统扩散例子的南岛语系

南岛语系包括上千种语言，分布在从马达加斯加到复活节岛将近半个地球的范围内（Blust, 1984-1985, 1995; Bellwood, 1991; Pawley and Ross, 1993）。今天大约有 3 亿人说南岛语系语言，大部分分布在东南亚，特别是印度尼西亚。在单个语言中，有的（如许多大洋洲西部的语言）可能只有数百名说这种语言的人，有的（如爪哇语）则有多达 6 000 万人。南岛语系的人本身大部分为南蒙古人种类型（东亚类型），但是许多美拉尼西亚人也说南岛语系语言，菲律宾的阿埃塔人（矮黑人）也是如此。其文化传统差异巨大，从印度教 - 佛教国家、伊斯兰国家到森林狩猎采集群体都存在（Glover and Bellwood, 2004）。然而，按照上述逻辑，南岛语系不只是随机的时空分布形态；在其系统发生的历史中存在稳定的共同内核，不管地理分布多么辽阔，以及是否存在其他不相关族群的冲击甚至吸收。

从更久远的年代层面上看，部分语言学家认为南岛语系应该与东亚其他语系如南亚语系联系起来，南亚语系是一个包括高棉语与越南语（Reid, 1984-1985; Blust, 1996）、壮 侗 语 系（Benedict, 1975）、汉 语（Sagart, 1994）在内的大语系。布拉斯特（1996）支持"南方超语系"（包括侗语、南亚语系、南岛语系等）的概念，并认为它在公元前 7000 年前后起源于上缅甸地区。追溯到这么久远的时代，语言之间的联系就很难确定了。非常有意义的地方在于观察到了这些语系之共同祖先的残余痕迹，它们很可能代表了遗传学的联系或早期借用（或者两者都有）。我自己的观点（Bellwood, 1994, 1997, 2004b），以及海厄姆的观点（Higham, 1996），都支持这些语系有一个共同的来源区域，也就是中国的长江中下游地区，那里有早期稻作农业考古材料，其发展水平与黎凡特地区前陶新石器时代大小麦农业相当。再者，东亚与东南亚的新石器文化有类似的绳纹、刻划纹、绘彩或陶衣装饰，还有驯化的猪、狗、家禽、磨制石锛、纺轮、树皮布石拍、石质与贝壳装饰品，以及非常重要的稻作，所有这些形成圆圈形分布，从中国中心地带向外扩散，年代逐渐递减，就像欧亚大陆西侧以黎凡特为中心年代逐渐递减一样。以上两个例子支持语言扩散的年代与方向，我们在语言扩散中都能看到人口这个驱动力。

南岛语系本身从来没有存在于中国大陆，因为这个语系在与其原始母 237 语分离之后，才逐渐形成，成为可以识别的独立的语系。按照布拉斯特（1995, 1999）的研究，这个过程基本可以确定发生在台湾岛，这里拥有南岛语系中最多的分支——十个中的九个。第十个分支是马来－波利尼西亚语系，这个分支包括所有非台湾岛的语言。从语言关系上看，原始南岛语系群体的物质文化可能与公元前4000年后不久稻作的新石器时代人群相关，其中有驯化的狗、猪与鸡，还有织机与独木舟，以及一系列谷物与有用的植物，包括班兰、竹子、白藤、水稻（有众多与稻作文化相关的词汇）、甘蔗、粟、芋头、海芋（一种天南星科的植物）（Blust, 1995; Zorc, 1994; Pawley and Ross, 1993, 1995）[7]。在原始南岛语的时代，热带作物非常罕见或是没有，因为台湾主要坐落在北回归线以北，但是后来喜暖的植物如甘薯、面包树、椰子、西米出现在了作物名单上，当时原始马来－波利尼西亚语系正在分离，分离的地点可能是菲律宾北部的某个地方。这些作物都是东南亚岛屿与西美拉尼西亚地区的本土植物。一般来说，南岛语系的群体似乎没有从土著群体那里借用太多经济上的词汇，仅有的清晰的例子是一个与芋头相关的词，可能是从西美拉尼西亚地区借用的，源于巴布亚语（Ross, 1996）。一旦南岛语系群体航行越过所罗门群岛，他们就进入了无人居住的太平洋地区，借用当地语言的问题也就不复存在了。

与所有这些相关的考古材料，就中国台湾、菲律宾北部和印度尼西亚东部部分地区而言，是非常详细的（Bellwood, 1997, 2004b），新石器文化从这里不断向南向东进发，最后进入西太平洋地区，表现为公元前1300年至公元前800年美拉尼西亚与西波利尼西亚的拉皮塔文化（Kirch, 2000）。此时，水稻作为一种主要作物已经在印度尼西亚东部潮湿的赤道气候区消失，由于众多的气候因素，即便是现在，稻作在当地也没有发展起来。到公元前1000年，南岛语系的农业人群已经经历了2 500年的迁徙、适应以及与当地群体通婚，基于对波利尼西亚人的线粒体DNA与Y染色体的研究，混血现象开始引人注目。在两种基因材料中，部分主要的波利尼西亚世系都起源于东南亚岛屿地区，而不是中国，这说明在扩散过程中他们在某种程度上融合了当地的人群（Richards et al., 1998）。当然，不管是语言学还是考古学都没能提供多少证据，以支持实质性的文化融合，因此波利尼西亚起源假说还需要谨慎对待，需要进行大量多学科研究。

菲律宾、印度尼西亚东部南岛语系的扩散存在更多考古学与语言学上的关联。两个语言分支都带有原始母语的词汇与含义，与东南亚东部群岛以及西大洋洲的考古证据一起，表明在公元前1000年左右，两个语言分支及其文化迅速扩散到了广泛的海岸区域。从语言学上说，这可能导致了一种情况，即后代语言之间的联系像耙子一样，而不是树枝形。如前面已经讨论过的，树枝形结构的形成需要更长的时间，还需要相当多的支系层面的创新，如原始波利尼西亚语（Pawley, 1996; Kirch and Green, 2001）。耙子形结构很少有支系层面的创新，分布极为广泛的原始语言之间关系密切，按布拉斯特（1993, 1994）与波利（Pawley, 1999）的说法，东南亚群岛主要的马来－波利尼西亚语就是如此。

有关南岛语系扩散速度的考古证据来自大量经过断代的遗址与器物组合，包括诸如菲律宾北部的巴坦群岛考古项目，它把中国台湾东部、巴坦群岛与菲律宾联系在一起，从公元前 2000 年开始，形成了一个从北到南的扩散与互动地带（Bellwood et al., 2003; Bellwood and Dizon, 2005）。这个地带与原始马来－波利尼西亚语的时空分布极为契合。南岛语系从菲律宾北部扩散到萨摩亚，距离有 8 000 公里，基于现有的证据，似乎只需要 1 000 多年，即从公元前 2000 年到公元前 800 年。作为比较，波利（1999）指出，人类到达新西兰确实非常晚，按照考古证据，海岸边的毛利人居址大约是在 1250 年才突然出现。南岛语系的扩散有时是非常迅速的。

但是，我们不能由此假想南岛语系的扩散一直是非常迅速的，即便扩散的某些阶段确实速度惊人。显然，在如此广阔的海陆范围里，人群扩散会面临长期的难题，这些难题来自不利的气候、敌对的土著（不少土著群体人数众多、装备良好，如东南亚大陆区域与新几内亚的土著群体）、需要改进的落后技术（因此发明或采用了风帆与舷外浮材，最终是双体船）、疾病、坏运气及许多其他因素，就此我们可以尽情地去想象。在这个关键时期，扩散的准确原因目前还不得而知，但总体的年代序列是至关重要的。从大约公元前 3000 年台湾的原始波利尼西亚语到公元 1250 年人们到达新西兰，其间经过了超过 4 000 年的时间。南岛语系居民直到距今 2 000 年前才在新几内亚全面居住（Ross, 1988），在诸如越南南部、马来半岛、马达加斯加等区域，南岛语系居民的居住发生在东南亚铁器时代，即公元前 500 年到公元 500 年（Blust, 1994; Adelaar, 1995）。以南岛语系扩散的规模而论，这绝不是简单的事情，它对人类的影响也不是无足轻重的。

尽管绝大多数语言学家接受上述有关南岛语系史前史的普遍认识，但是不可否认，在某些研究西太平洋地区的考古学家以及少数遗传学家中存在不同的声音（Terrell et al., 2001; Richards et al., 1998; Oppenheimer and Richards, 2001）。这些学者认为南岛语系的故乡是印度尼西亚东部或西美拉尼西亚地区，而不是本章支持的中国南部。有时这些区别反映的是在研究相关材料选择上的差别，但更多反映的是在研究取向上根深蒂固的差别。研究者基于广泛分布的材料形态提出假说——如上文就整个南岛语系所做的——就这些形态所做出的解释肯定明显不同于那些研究区域材料的人所做出的解释（如就单个语言支系或某个遗址群所做的解释）。这就是规模的意义（Bellwood, 1996, 1997）。

有关未来研究的一些思考

考古语言学不是一个能就已有关联给出绝对证据的研究领域，尤其是在研究史前社会的时候。但是，扎实的假说还是值得进一步研究的。考古语言学的目标是值得肯定的，因为它有助于我们理解人类史前史的重要发展与过渡。

情况就是这样，最后我想就考古语言学实践以及语系的起源与扩散情况说几点简短的结论。如果想在考古材料与语言学材料之间进行有用的比较，就必须关注众多潜在的关联。上面多个地方讨论了其中的三个方面：

- 特定阶段语言扩散的地理范围与特定的考古组合之间是否契合？

- 考古学揭示的物质文化、经济形态与所研究的原始语言之间是否契合？这一点特别重要，尤其是对主要语系的初始阶段原始语言而言。

- 考古材料（通过文化特征的分布、绝对年代）揭示的时空扩散路径与所研究的语系系统发育分化结构之间是否契合？

如果存在以上契合，就可以说考古材料与语言学材料之间相互支持。

基尔希与格林（2001）有关原始波利尼西亚语群体物质材料与社会的研究充分地证明了考古学与语言学之间可以达到平衡，并且可以得出两个学科都支持的结论。不可否认的是，波利尼西亚提供了一个经典的如实验室一样的条件（这一点非同寻常）：相对孤立的岛屿社会至今仍然与最早的居民保持着没有中断的承续关系，还有高度的语言同源性、密切相关的考古材料，以及很少存在从非波利尼西亚语借用的状况。世界其他地区的考古语言学史前史很难有如波利尼西亚这样的条件，但是适用于波利尼西亚的研究策略在其他地区也可能用得上，即便是在那些好战的、曾经占领数个大陆的群体中。

最后，回到语系的起源与扩散问题上来。研究已经证明，主要语系的基础构成在从发源地扩散到遥远边界的过程中，不可能与当地语言没有任何混合——不管人群与文化的互动达到怎样的程度。当然，史前史上的人群扩散（无论是农民在狩猎采集群体中的扩散，还是农民在其他农民群体中的扩散）不可能在完全不保留遗传残余的情况下根除先在的人群。这并不是说迁入人群与原住民之间的关系必定是和平的；考古学与民族志中有关暴力行为的材料相当普遍，而且并不限于国家层次的社会（Keeley,

1996; LeBlanc, 2003)。

考虑到这些因素，我曾经按四个时空地带来讨论农业群体语系的起源与扩散（Bellwood, 2001, 2004a, 2005）：（1）故乡 / 星光带——语系与农业经济从这里向外扩散；（2）扩散带——农业人群及其语言迅速流动，几乎没有遇到土著人群的抵抗；（3）摩擦带——土著语言的特征保存较多，可能因为土著在经济上位于边缘地带，或者其人口本身就很多；（4）"超越"带——可能因为曾经的农业群体进入了不适合农业的区域（如新西兰南部、異他群岛内陆地区、北美大盆地区域）。这些描述农业群体扩散的地带性概念可以用于研究不同语系的起源与扩散，因为语言扩散所需要的基本社会与人口条件是一致的。

注释

[1] 有关语言何时接触及其结果如何的社会语言学讨论，可以参考：Dixon and Aikhenvald, 2001; Muhlhausler, 1986; Ross, 1997; Thomason and Kaufman, 1988.

[2] 一般来说，本章讨论的语系都是比较稳定的，就其存在，大多数语言学家是有共识的，没有什么争议。语言关系是可以追溯的，支系是可以区分的，时空演化方案也是可以确定的，尽管语言学家就细节问题可能有不同意见。但是，某些语系的表现的确不那么理想，围绕其的争议日渐激烈。一个例子就是整个大洋洲的帕马－尼用根语系：它是一种晚近扩散的、"遗传下来的"语系，还是只是晚更新世大洋洲有人居住后没有受到严重干扰的社会互动的结果？相关讨论可以参考：McConvell and Evans, 1996; Dixon, 1997.

[3] 如海因斯（Hines, 1998:284）所言："我找不到理由拒绝这样的观点，在漫长的史前时代，在世界主要语言类型广泛的分布范围内，扩散、

隔绝（在我看来这是关键因素）、分化一直是主流趋势。"

[4] 这是一个复杂的问题，难以在这里详细讨论，但是，如同晚近时期的大洋洲与美洲，任何积极参与扩散的群体都会强调与一起迁移者的社会联系，共享语言与历史，这是非常有可能的。这并不是说他们完全不愿意与土著群体打交道；也不是说土著群体不会吸收或是贡献新的社会秩序。事实上，史前时代会存在大量有效的社会交往，而不是像 19 世纪的殖民社会那样高度排斥土著群体。

[5] 这里不可能讨论世界上的所有语系。没有提及的语系研究以及许多考古与语言学信息，可以参考：Bellwood, 2004; Bellwood and Renfrew, 2003; Diamond, 1997; Ehret and Posnansky, 1984; Ehret, 1998; Hill, 2001; McConvell and Evans, 1997; Nettle, 1999; Blench and Spriggs, 1997-1999.

[6] 在现代国家社会中，由于教育政策、文字、大众传媒以及社会语言地位的影响，某些通用语言与国家语言显然扩散得非常迅速。但是，这些国家语言通常并没有完全取代土著语言——除了某些存在强力统治与吸收的地方。在社会语言学中，语言忠诚是一个有重要意义的因素（Errington, 1998; Heath and Laprade, 1982; Schooling, 1990; Smalley, 1994），有连续文化传统且比较强大的社会往往不会轻易放弃自身的语言。我和科尔曼（Coleman, 1988）、内特尔（Nettle, 1999）都主张，史前史上精英主导的、成功的语言扩散过程莫过于诺曼人、希腊殖民者、罗马人和蒙古人的扩张，但即使是他们也并不是很成功。

[7] 于原始波利尼西亚人而言，风帆与舷外浮材并不是确定存在的。自 17 世纪众多大陆移民进入台湾之后，当地土著语言大量消失，于是有关波利尼西亚语的知识相应地减少了。

参考文献

Adams, Jonathan, and Marcel Otte. 1999. Did Indo-European languages spread before farming? *Current Anthropology* 40: 73–77.

Adelaar, K. Alexander. 1995. Borneo as a crossroads for comparative Austronesian linguistics. In Peter Bellwood, James J. Fox, and Darrell Tryon, eds., *The Austronesians*, 75–95. Canberra: Department of Anthropology, Research School of Pacific and Asian Studies, Australian National University.

Ammerman, Albert, and L. Luca Cavalli-Sforza. 1973. A population model for the diffusion of early farming in Europe. In Colin Renfrew, ed., *The explanation of culture change*, 343–357. London: Duckworth.

———. 1984. *The Neolithic transition and the genetics of populations in Europe*. Princeton: Princeton University Press.

Anthony, David. 1995. Horse, wagon, and chariot: Indo-European languages and archaeology. *Antiquity* 69: 554–564.

Bakker, Peter. 2001. Rapid language change: Creolization, intertwining, convergence. In Colin Renfrew, April McMahon, and Larry Trask, eds., *Time depth in historical linguistics* 2:109–140. Cambridge: McDonald Institute for Archaeological Research.

Bellwood, Peter. 1991. The Austronesian dispersal and the origin of languages. *Scientific American* 265(1): 88–93.

———. 1994. An archaeologist's view of language macrofamily relationships. *Oceanic Linguistics* 33: 391–406.

———. 1996. Phylogeny and reticulation in prehistory. *Antiquity* 70: 881–890.

———. 1997. *Prehistory of the Indo-Malaysian archipelago*. Rev. ed. Honolulu: University of Hawai'i Press.

———. 2000. The time depth of major language families: an archaeologist's perspective. In Colin Renfrew, April McMahon, and Larry Trask, eds., *Time depth in historical linguistics* 1:109–140. Cambridge: McDonald Institute for Archaeological Research.

———. 2001. Early agriculturalist population diasporas? Farming, languages, and genes. *Annual Review of Anthropology* 30: 181–207.

———. 2004a. *First farmers: The origins of agricultural societies*. Oxford: Blackwell.

———. 2004b. The origins and dispersals of agricultural communities in Southeast Asia. In Ian Glover and Peter Bellwood, eds., *Southeast Asia: From prehistory to history*, 21–40. London: RoutledgeCurzon.

———. 2005. *First Farmers*. Oxford: Blackwell.

Bellwood, Peter, and Eusebio Dizon. 2005. The Batanes Archaeological Project and the "Out of Taiwan" hypothesis for Austronesian dispersal. *Journal of Austronesian Studies* 1: 1–32.

Bellwood, Peter, and Colin Renfrew (eds.). 2003. *Examining the farming/language dispersal hypothesis*. Cambridge: McDonald Institute for Archaeological Research.

Bellwood, Peter, Janelle Stevenson, Atholl Anderson, and Eusebio Dizon. 2003. Archaeological and palaeoenvironmental research in Batanes and Ilocos Norte Provinces, Northern Philippines. *Bulletin of the Indo-Pacific Prehistory Association* 23: 141–162.

Benedict, Paul. 1975. *Austro-Thai language and culture*. New Haven, CT: HRAF Press.

Black, Ronald, William Gillies, and Roibeard Ó Maolalaigh, eds. *Celtic connections: Proceedings of the Tenth International Congress of Celtic Studies*. Vol. 1, *Language, literature, history, culture*. East Linton: Tuckwell.

Blench, Roger, and Matthew Spriggs (eds.). 1997–1999. *Archaeology and language 1–4*. London: Routledge.

Blust, Robert. 1977. *The Proto-Austronesian pronouns and Austronesian subgrouping: A preliminary report*. Working Papers in Linguistics 9, no. 2. Honolulu: Department of Linguistics, University of Hawai'i.

———. 1984–1985. The Austronesian homeland: A linguistic perspective. *Asian Perspectives* 26: 45–67.

———. 1993. Central and Central-Eastern Malayo-Polynesian. *Oceanic Linguistics* 32: 241–293.

———. 1994. The Austronesian settlement of mainland Southeast Asia. In K. L. Adams and T. Hendak, eds., *Papers from the 2nd Annual Meeting of the Southeast Asian Linguistic Society*, 25–83. Tempe: Arizona State University: Program for Southeast Asian Studies.

———. 1995. The prehistory of the Austronesian-speaking peoples. *Journal of World Prehistory* 9: 453–510.

———. 1996. Beyond the Austronesian homeland: The Austric hypothesis and its implications for archaeology. In Ward H. Goodenough, ed., *Prehistoric settlement of the Pacific*, 117–40. Philadelphia: American Philosophical Society.

———. 1999. Subgrouping, circularity, and extinction: Some issues in Austronesian comparative linguistics. In Elizabeth Zeitoun and Paul Jen-kuei Li, eds., *Selected papers from the 8th International Conference on Austronesian Linguistics*, 31–94. Taipei: Symposium Series of the Institute of Linguistics, Academia Sinica.

———. 2000. Why lexicostatistics doesn't work. In Colin Renfrew, April McMahon, and Larry Trask, eds., *Time depth in historical linguistics*, 2: 311–332. Cambridge: McDonald Institute for Archaeological Research.

Campbell, Lyle. 1999. Nostratic and linguistic palaeontology in methodological perspective. In Colin Renfrew and Daniel Nettle, eds., *Nostratic: Examining a linguistic macrofamily*, 179–230. Cambridge: McDonald Institute for Archaeological Research.

Childe, V. Gordon. 1926. *The Aryans*. London: Kegan Paul, Trench, Trubner.

Coleman, R. 1988. Comment on "Archaeology and Language" by Colin Renfrew. *Current Anthropology* 29: 437–468.

Crosby, Alfred. 1986. *Ecological imperialism*. Cambridge: Cambridge University Press.

241 Diamond, Jared. 1997. *Guns, germs, and steel*. London: Jonathan Cape.

Diamond, Jared, and Peter Bellwood. 2003. Farmers and their languages: The first expansions. *Science* 300: 597–603.

Diebold, A. R. 1987. Linguistic ways to prehistory. In Susan Nacev Skomal and Edgar C. Polomé, eds., *Proto Indo-European: The archaeology of a linguistic problem*, 19–71. Washington, DC: Institute for the Study of Man.

Dixon, R. M. W. 1997. *The rise and fall of languages*. Cambridge: Cambridge University Press.

Dixon, R. M. W., and A. Aikhenvald (eds.). In press. *Areal diffusion and genetic inheritance: Problems in comparative linguistics*. Oxford: Oxford University Press.

Dolgopolsky, Aharon. 1993. More about the Indo-European homeland problem. *Mediterranean Language Review* 6: 230–248.

Driver, H. E. 1972. *Indians of North America*. 2nd ed. Chicago: University of Chicago Press.

Dyen, Isidore. 1965. *A lexicostatistical classification of the Austronesian languages*. International Journal of American Linguistics Memoir 19. Baltimore, MD: Waverly Press.

———. 1975. *Linguistic subgrouping and lexicostatistics*. The Hague: Mouton.

———. 1995. The internal and external classification of the Formosan languages. In P. J.-K. Li, D.-A. Ho, Y.-K. Huang, C. W. Tsang, and C.-Y. Tseng, eds., *Austronesian studies relating to Taiwan*, 455–520. Symposium Series 3. Taipei: Academia Sinica, Institute of History and Philology.

Ehret, Christopher. 1998. *An African classical age*. Charlottesville: University Press of Virginia.

Ehret, Christopher, and Merrick Posnansky (eds.). 1982. *The archaeological and linguistic reconstruction of African history*. Berkeley: University of California Press.

Errington, Joseph. 1998. *Shifting languages*. Cambridge: Cambridge University Press.

Fortescue, Michael. 1998. *Language relations across Bering Strait*. London: Cassell.

Gamkrelidze, Thomas V., and Vjaceslav V. Ivanov. 1995. *Indo-European and the Indo-Europeans*. Berlin: Mouton de Gruyter.

Gimbutas, Marija. 1985. The primary and secondary homeland of the Indo-Europeans. *Journal of Indo-European Studies* 13: 185–202.

———. 1991. *Civilization of the goddess*. San Francisco: HarperCollins.

Glover, Ian, and Peter Bellwood (eds.). 2004. *Southeast Asia: From prehistory to history*. London: RoutledgeCurzon.

Gray, Russell, and Quentin Atkinson. 2003. Language-tree divergence times support the Anatolian theory of Indo-European origin. *Nature* 426: 435–439.

Greenberg, Joseph. 1987. *Language in the Americas*. Stanford, CA: Stanford University Press.

Gudschinsky, Sarah. 1964. The ABCs of lexicostatistics (glottochronology). In Dell H. Hymes, ed., *Language in culture and society*, 612–623. New York: Harper & Row.

Hale, Horatio. 1846. *United States Exploring Expedition 1838–42: Ethnography and philology*. Philadelphia: Lea & Blanchard.

Heath, S., and R. Laprade. 1982. Castilian colonization and indigenous languages: The cases of Quechua and Aymara. In Robert L. Cooper, ed., *Language spread*, 118–147. Bloomington: Indiana University Press.

Higham, Charles. 1996. Archaeology and linguistics in Southeast Asia. *Bulletin of the Indo-Pacific Prehistory Association* 14: 110–118.

Hill, Jane. 2001. Proto-Uto-Aztecan: A community of cultivators in central Mexico? *American Anthropologist* 103: 913–934.

Hines, John. 1998. Archaeology and language in a historical context: The creation of English. In Roger Blench and Matthew Spriggs, eds., *Archaeology and language*, 2:283–294. London: Routledge.

Keeley, Lawrence. 1996. *War before civilization*. New York: Oxford University Press.

Kirch, Patrick Vinton. 2000. *On the road of the winds*. Berkeley: University of California Press.

Kirch, Patrick Vinton, and Roger Green. 2001. *Hawaiki: Ancestral Polynesia: An essay in historical anthropology*. Cambridge: Cambridge University Press.

Krantz, Grover. 1986. *The geographical development of European languages*. New York: Peter Lang.

Kulick, Don. 1992. *Language shift and cultural reproduction*. Cambridge: Cambridge University Press.

LeBlanc, Steven. 2003. *Constant battles*. New York: St. Martin's.

Mallory, James. 1989. *In search of the Indo-Europeans*. London: Thames & Hudson.

———. 1997. The homelands of the Indo-Europeans. In Roger Blench and Matthew Spriggs, eds., *Archaeology and language* 1: 93–121. London: Routledge.

McConvell, Patrick, and Nicholas Evans (eds.). 1996. *Archaeology and linguistics: Aboriginal Australia in global perspective*. Melbourne: Oxford University Press.

Megaw, Ruth, and Vincent Megaw. 1999. Celtic connections past and present. In R. Black, ed., *Celtic connections*, 20–81.

Michalove, P. A., S. Georg, and A. Manaster Ramer. 1998. Current issues in linguistic taxonomy. *Annual Review of Anthropology* 27: 451–472.

Nettle, Daniel. 1999. *Linguistic diversity*. Oxford: Oxford University Press.

Nichols, Johanna. 1997. Modeling ancient population structures and movements in linguistics. *Annual Review of Anthropology* 26: 359–384.

———. 1998. The Eurasian spread zone and the Indo-European dispersal. In Roger Blench and Matthew Spriggs, eds., *Archaeology and language* 2: 220–266. London: Routledge.

Oppenheimer, Stephen, and Martin Richards. 2001. Fast trains, slow boats, and the ancestry of the Polynesian islanders. *Science Progress* 84: 157–181.

Pachori, Satya S. 1993. *Sir William Jones: A reader.* Oxford: Oxford University Press.

Pawley, Andrew. 1996. On the Polynesian subgroup as a problem for Irwin's continuous settlement hypothesis. In J. M. Davidson, G. Irwin, F. Leach, A. Pawley, and D. Brown, eds., *Oceanic culture history*, 387–410. Special publication. Dunedin: New Zealand Journal of Archaeology.

———. 1999. Chasing rainbows: Implications of the rapid dispersal of Austronesian languages. In Elizabeth Zeitoun and Paul Jen-kuei Li, eds., *Selected papers from the Eighth International Conference on Austronesian Linguistics*, 95–138. Taipei: Institute of Linguistics, Academia Sinica.

Pawley, Andrew, and Malcolm Ross. 1993. Austronesian historical linguistics and culture history. *Annual Review of Anthropology* 22: 425–459.

———. 1995. The prehistory of the Oceanic languages. In Peter Bellwood, James J. Fox, and Darrell Tryon, eds., *The Austronesians*, 39–74. Canberra: Department of Anthropology, Research School of Pacific and Asian Studies, Australian National University.

Peiros, Ilya. 1998. *Comparative linguistics in Southeast Asia.* Series C-142. Canberra: Pacific Linguistics, Research School of Pacific and Asian Studies, Australian National University.

Reid, L. 1984–1985. Benedict's Austro-Tai hypothesis: An evaluation. *Asian Perspectives* 26: 19–34.

———. 1996. The current state of linguistic research on the relatedness of the language families of East and Southeast Asia. *Bulletin of the Indo-Pacific Prehistory Association* 15: 87–92.

Renfrew, Colin. 1987. *Archaeology and language.* London: Jonathan Cape.

———. 1991. Before Babel: Speculations on the origins of linguistic diversity. *Cambridge Archaeology Journal* 1: 3–23.

———. 1996. Language families and the spread of farming. In D. Harris, ed., *The origins and spread of agriculture and pastoralism in Eurasia*, 70–92. London: UCL Press.

———. 1999. Time depth, convergence theory, and innovation in Proto-Indo-European. *Journal of Indo-European Studies* 27: 257–293.

———. 2000. At the edge of knowability. *Cambridge Archaeological Journal* 10: 7–34.

Renfrew, Colin, and Katie Boyle (eds.). 2000. *Archaeogenetics.* Cambridge: McDonald Institute for Archaeological Research.

Renfrew, Colin, April McMahon, and Larry Trask (eds.). 2000. *Time depth in historical linguistics.* Cambridge: McDonald Institute for Archaeological Research.

Renfrew, Colin, and Daniel Nettle (eds.). 1999. *Nostratic: Examining a linguistic macrofamily.* Cambridge: McDonald Institute for Archaeological Research.

Richards, Martin. 2003. The Neolithic invasion of Europe. *Annual Review of Anthropology* 32: 135–162.

Richards, M., V. Macaulay, E. Hickey, E. Vega, B. Sykes et al. 2000. Tracing European founder lineages in the Near Eastern mtDNA pool. *American Journal of Human Genetics* 67: 1251–1276.

Richards, M., S. Oppenheimer, and B. Sykes. MtDNA suggests Polynesian origins in eastern Indonesia. *American Journal of Human Genetics* 63: 1234–1236.

Ross, Malcolm D. 1988. *Proto Oceanic and the Austronesian languages of Melanesia.* Series C-98. Canberra: Pacific Linguistics, Research School of Pacific and Asian Studies, Australian National University.

———. 1996. Reconstructing food plant terms and associated terminologies in Proto Oceanic. In John Lynch and Fa'afo Pat, eds., *Oceanic studies: Proceedings of the First International Conference on Oceanic Linguistics*, 163–221. Series C-133. Canberra: Pacific Linguistics, Research School of Pacific and Asian Studies, Australian National University.

———. 1997. Social networks and kinds of speech community event. In Roger Blench and Matthew Spriggs, eds., *Archaeology and language* 1:209–262. London: Routledge.

Ross, Malcolm D., Andrew Pawley, and Meredith Osmond. 1998. *The lexicon of Proto Oceanic.* Vol. 1, *Material culture.* Series C-152. Canberra: Pacific Linguistics, Research School of Pacific and Asian Studies, Australian National University.

Ruhlen, Merritt. 1987. *A guide to the world's languages.* Vol. 1. Stanford, CA: Stanford University Press.

Sagart, Laurent. 1994. Proto-Austronesian and Old Chinese evidence for Sino-Austronesian. *Oceanic Linguistics* 33: 271–308.

Sapir, Edward. 1916. *Time perspective in aboriginal American culture.* Anthropological Series 13. Canada, Department of Mines, Geological Survey Memoir 90. Ottawa: Government Printing Bureau.

Schooling, Stephen J. 1990. *Language maintenance in New Caledonia.* Dallas: Summer Institute of Linguistics/University of Texas–Arlington.

Smalley, William A. 1994. *Linguistic diversity and national unity: Language ecology in Thailand.* Chicago: University of Chicago Press.

Sverdrup H., and R. Guardans. 1999. Compiling words from extinct non-Indo-European languages in Europe. In V. Shevoroshkin and P. Sidwell, eds., *Historical linguistics and lexicostatistics*, 201–257. AHL Studies in the Science and History of Language 3. Melbourne.

Sykes, Brian. 1999. The molecular genetics of European ancestry. *Philosophical Transactions of the Royal Society of London* B354: 131–140.

Terrell, John, Kevin Kelly, and Paul Rainbird. 2001. Foregone conclusions? In search of "Papuans" and "Austronesians." *Current Anthropology* 42: 97–124.

Thomas, Nicholas, Harriet Guest, and Michael Dettelbach (eds.). 1996. *Observations made during a voyage round the world,* by Johann Reinhold Forster. Honolulu: University of Hawai'i Press.

Thomason, Sarah, and Terrence Kaufman. 1988. *Language contact, creolization, and genetic linguistics.* Berkeley: University of California Press.

Thurston, William. 1987. *Processes of change in the languages of north-western New Britain.* Series B-99. Canberra: Pacific Linguistics, Research School of Pacific and Asian Studies, Australian National University.

Tryon, Darrell. 1995. Proto-Austronesian and the major Austronesian subgroups. In Peter Bellwood, James J. Fox, and Darrell Tryon, eds., *The Austronesians,* 117–138. Canberra: Department of Anthropology, Research School of Pacific and Asian Studies, Australian National University.

Warnow, T. 1997. Mathematical approaches to comparative linguistics, *Proceedings of the National Academy of Sciences* 94: 6585–6590.

Zorc, R. D. 1994. Austronesian culture history through reconstructed vocabulary (an overview). In Andrew Pawley and Malcolm Ross, eds., *Austronesian terminologies, continuity, and change,* 541–595. Series C-127. Canberra: Pacific Linguistics, Research School of Pacific and Asian Studies, Australian National University.

Zvelebil, Marek. 1988. Agricultural transitions and Indo-European dispersals. *Antiquity* 62: 574–583.

———. 1998. Agricultural frontiers, Neolithic origins, and the transition to farming in the Baltic region. In Marek Zvelebil, Lucyna Domanska, and Robin Dennell, eds., *Harvesting the sea, farming the forest,* 9–27. Sheffield: Sheffield Academic Press.

R. 亚历山大·本特利、赫伯特·D. G. 马施纳

（R. Alexander Bentley，Herbert D. G. Maschner）

　　考古学家现在可能已有能力整合文化史、过程主义和后过程主义的理论视角，以此来研究复杂性和复杂系统。复杂性理论并不关注政治复杂性或社会等级制度的兴起，而是专注于探讨众多个体的互动中如何产生新的复杂性。这些个体间的互动往往相对简单，然而由这些简单互动产生的属性却是非线性的、复杂的，这种属性无法从对单个个体的研究中预测。本章写作于本特利和马施纳（2003a）的《复杂系统与考古学》（*Complex System and Archaeology*）出版之后，因此部分内容重述了该书的前三章。然而，在该书出版后的几年里，复杂性理论已经得到了快速发展（见图15-1），因此有必要更新该书的部分内容。

背景：复杂性理论的必要性

　　在考古学理论中，理解个体间互动的成因和影响是最具挑战性的课题

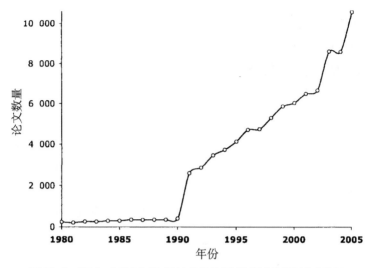

图 15-1　1980—2005 年以"复杂性"为关键词发表的期刊文章数量

资料来源：LSI Web of Knowledge.

之一。20 世纪 80 年代后过程主义的一个关键理念是，不能认为因某一种解释是正确的或科学的，其他解释就是错误的（Wylie, 1982; Patrik, 1985; Shanks and Tilley, 1987; Tilley, 1989）。尽管有人意识到，寻求严格的、假设性的演绎法则，例如"如果物体 A 在背景 C 中被发现，那么行为 B 就发生了"（Fritz and Plog, 1970; Schiffer, 1972; Watson et al., 1974），是一种徒劳的尝试，但他们仍然相信，考古学作为解释事件历史的科学方法是有希望的（Hawkes, 1968; Wylie, 1982; Flannery, 1986; Dunnell, 1992; Morgan, 1973, 1974; Hodder, 1982:11-27; Salmon, 1982; Binford, 1986; Sabloff et al., 1987; Mithen, 1989; Bell, 1994）。

　　实际上，早期系统理论在考古学中的支持者们（参见沃森，第 3 章）已经明确指出，解读史前事件时不存在简单的一对一数学关系。换言之，事件产生的原因是多因素、多变量的（Clarke, 1972:29-44; Flannery, 1967, 1968, 1986）。由于当时计算机的能力并未强大到足以探索给定多变量问题的所有可能性，因此系统理论需要基于一个更为简化的前提：社会与经济系统的自然状态和静止状态是平衡的。这意味着，如果一个人类系统并未处于平衡状态，它便具有向平衡状态靠拢的趋势，从一种稳定状态向另一种稳定状态转化。弗兰纳里（1967）对农业起源的解读是，处于某种状态（如狩猎和采集）的文化系统通过正反馈逐渐演变到一系列新的稳定状态，每一种状态相比于上一个状态都更倾向于农业化。正反馈是指这样一种现象：系统在某一方向的变化会使其更易于朝这个方向发展。相反，在负反馈中，变化往往会被中和，不断地引导系统回归到原有的平衡状态或者说稳定状态。例如，在社会动力学中，当某人进行了一些非常规行 *246* 为，而其他人以某种方式对这种新行为表示反对时，就常常会产生负反馈（Henrich and Boyd, 2001）。

　　这里可能会出现一个看似矛盾的问题：如果平衡的定义是由负反馈维持的稳定状态，那么变化如何可能在平衡状态中产生呢？平衡状态似乎意味着系统是封闭的。以一个艺术家举办的私人聚会为例，客人们可能会手举着饮料不时地漫步过来欣赏艺术家的新作品，而大多数客人一般保持在所谓的"平衡"状态，也就是他们在房间内的分布相对均衡。相对地，非平衡状态则需要开放性。如果在一个开放的博物馆中放置一幅名作，可能会有一小部分人会一整天都围绕着这幅画，同时其他人不断地进入和离开这个区域，而博物馆的其他地方可能仍然是空旷的。由于公共系统通常是开放的，非平衡便成了路人行为模型的基础（Batty, 2003），人们踩踏出的"小路"也由此产生（Batty, 1997; Helbing et al., 1997）。

同理，在更广阔的范围内，社会总是在不断变化。人们来来往往，新的农作物被种植和收割，新的人工制品被不断创造出来，然后被遗弃。考古学家和社会科学家经常使用"惯习"这个词来指代文化上受限的行为模式（Bourdieu, 1977; Dietler and Herbich, 1998）。如果人类能永生不老，那么他们的习惯可能会变得极其固化，形成一个封闭的、永不改变的系统。然而，由于生命的循环，每一代人都会学习并对文化进行有限的改变。

涌现性

复杂的开放系统在非平衡状态下会表现出涌现性，这种涌现性表现为整体模式大于各部分的总和，这样的系统能够在没有中心源的控制下统一行动（Holland, 1998）。这是物理学家特别感兴趣的一点，他们专注于研究行为如何从一个尺度跨越到另一个尺度。正如安德森（Anderson）所述：

> 尽管我们可以将一切归结为简单的基本规律，但这并不意味着我们可以从这些规律出发重建宇宙……反之，每一个复杂的层次都会涌现出全新的属性，我们需要对这些新行为进行研究。我认为这种研究本质上与其他研究同样重要。（Anderson, 1972:393）

因此，用于描述原子行为的量子力学在描述固体物质的宏观尺度上是无效的。当我们扩大视角时，量的属性转变为质的属性，而新的量的属性从整个系统中涌现出来。尽管"涌现性"这一术语相对较新，但在考古学界，几十年来人们已经用不同的术语探讨了这个概念（Clarke, 1973; Renfrew, 1978; Dunnell1, 980; Johnson, 1982; Binford, 1981, 1986）。例如，罗伯特·卡内罗（2000）提出，人口数量增长超过一定阈值，将导致社会结构的质变。利奥·克莱恩在 1973 年认为，一旦我们放弃对系统理论的偏见，就可能研究那些看似从行为互动中涌现的属性（Klejn, 1973）。更早之前，亚当·斯密（Adam Smith）的"看不见的手"等概念已经表明了社会的涌现性（McGlade and van der Leeuw, 1997:9; Read, 2002）。人类学家赫伯特·斯宾塞（1860）指出，社会在三个方面像有机体一样表现出涌现性：

> （1）它们起初是小规模的集合，其规模无法扩大；其中一些最终可能扩大到原来的十万倍。（2）虽然它们开始时结构简单，甚至无结构，但在成长过程中，其结构复杂度持续增加。（3）在早期的未发达阶段，部分之间的相互依赖性几乎不存在。这些部分逐渐发展出相互依赖性，最后变得庞大，以至于每个部分的活动和生命都必须通过其他部分的活动和生命才能实现。（Spencer, 2004:27）

这与安德森（1972）的物理学观点相似，斯宾塞（1860）认为，人类社会从小规模、独立的群体演变为复杂的、各部分在多个层面上相互依赖的组织。同样，涂尔干（2004:89）领先于他的时代，提出"社会事实"（即文化规范）超越了个体的集合总和，并且"部分存在于整体之中，而不是整体由部分构成"。换言之，社会事实是一种涌现性。

斯宾塞、涂尔干、安德森等人的观点如今已经成为复杂性理论的核心主题：研究由互动部分构成的系统的涌现性。在任何社会中，人们都在相互适应，未来是不可预知的，那么这种相互依赖的一致组织是如何形成的呢？涌现的组织形式可能是表面的，比如体育场上由体育迷形成的人浪 *247*

（Farkas et al., 2002），或者古典音乐会上同步的掌声（Néda et al., 2000）；也可能是深远的，比如一个群体所产生的集体智慧超过了任何一个成员，这是一种非凡的、无定向的能力（Surowiecki, 2004）。

我们在使用复杂性理论的术语时必须保持谨慎，不要用其夸大我们尚未理解的现象（McGlade, 2003）。"涌现性"这个术语常常被误用，但如果使用妥当，它就可以提供有力的洞见。例如，索诺维尔基（Surowiecki, 2004）提出，集体智慧只有在群体具备四种特定属性——多样性、独立性、分散性和聚合性——时才会涌现，这为改进群体行为提供了有效的途径。这可能为考古学家提供了一种解释，即为何某些社会在过去比其他社会更为成功。

无处不在的涌现性：幂律分布

有一种特殊的涌现性可以被定量研究，在复杂系统中被广泛探讨并被发现普遍存在。这种特性对物理学、生物学、生态学、经济学以及人类社会的研究者来说具有独特且近乎神秘的魅力。这是一种遵循幂律的数量分布，即某种数量 P 是另一种数量 r 的某个指数的函数：

$$P(r) = C/r^a \qquad\qquad （公式 1）$$

其中 C 是常数，a 是指数。当以 r 为函数进行绘制时，函数 P 呈现出高度偏态、持续下降的分布，与正态曲线的对称钟形形成了鲜明对比（见图 15-2）。幂律的一种特殊属性是，无论在何种比例下绘制，其外观均相同。如果图上的两个坐标轴都是对数（例如，10 的幂，如 1、10、100、1 000 等），则幂律看起来就是一条直线。因此，幂律分布常被称为"无标尺"，因为无论是放大还是缩小函数图像，标尺之间的关系始终保持不变。

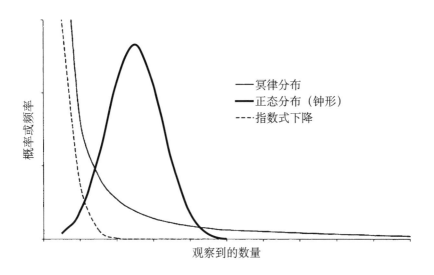

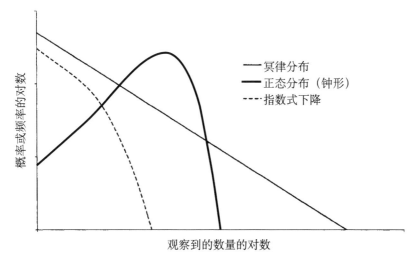

图 15-2　在常规图（上）和对数图（下）上显示的幂律分布、正态分布和指数分布之间的差异

因此，个人财富的幂律分布可能表示千元户的人数是百万富翁的 70 倍，百万富翁的人数是亿万富翁的 70 倍，亿万富翁的人数是千亿富翁的 70 倍，

等等。幂律分布与自然现象中最常见的分布形式截然不同。例如，正态分布代表了平均或"正常"行为；指数分布设有外部极限，适用于过去的结果对未来无影响的情况，比如反复抛硬币。而真正的幂律分布没有特定的平均值，也没有限制，这意味着任何规模的现象都有可能发生。

幂律（或与之密切相关的函数）之所以引起广泛关注，是因为它表征了一系列广泛的现象。许多人认为这是有意义的（例如，Kauffman, 1995; Bak, 1996; Barabási, 2002），而有些人则警告说这可能仅是数学巧合（例如，West and Deering, 1995; Newman, 2000）。无论如何，幂律无处不在（Buchanan, 2001），出现在诸如经济市场波动（Lux and Marchesi, 1999; Ormerod, 2005）、现代公司的成长（Axtell, 2001）、互联网（Huberman et al., 1999）、好莱坞演员网络（Barabási and Albert, 1999）、大学研究经费（Plerou et al., 1999）、Billboard 音乐排行榜（Bentley and Maschner, 1999）、历史上战争的规模（Roberts and Turcotte, 1998），甚至英语中的单词（Ferreri Cancho and Solé, 2001; Solé et al., 2005; Zipf, 1949:26）等情况中。

幂律或类似的"厚尾"分布（fat-tailed distribution）有多种产生方式（West and Deering, 1995; Laherrère and Sornette, 1998; Newman, 2000）。它们通常具有一个共同特征：都涉及乘法过程，即一条规则被反复应用，类似于之前提到的迭代方程的例子。在人类社会中，富者愈富的现象是最常见的乘法过程之一。除物质财富之外，我们所拥有的大多数财富是由他人赋予的。我们拥有的越多，获得的就越多。一个富有的人利用已有的财富获取更多的财富；受欢迎的人通过已有的朋友结识更多的朋友；过去成功吸引性伴侣的人更有可能在未来吸引他人；地位高的领导者最可能吸引更多的追随者，进而提升自身的地位（Henrich and Gil-White, 2001）。在社会科学领域，新的幂律分布不断被发现，例如人们一生中的性伴侣数量（见图 15-3）、好莱坞演员的关联度（Barabási and Albert, 1999），甚至婴儿的名字（Hahn and Bentley, 2003）以及狗的品种受欢迎度（Herzog et al., *248* 2004）。现代城市的规模也符合幂律分布（Zipf, 1949; Pumain, 1997），部分原因在于城市越大，吸引的人就越多。然而，让人惊奇的是，在讨论考古遗址等级规模分布时，很少有考古学家提及这种幂律分布（Drennan and Peterson, 2004）。但随着布朗和威特希（Brown and Witschey, 2003）提出玛雅人的定居模式和等级结构可以用分形几何学进行建模，并在各种分析尺度上存在定居规模的幂律，越来越多的考古学家开始关注这种分布。

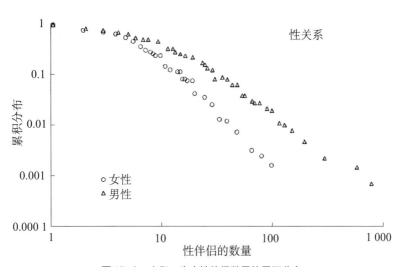

图 15-3　人们一生中性伴侣数量的累积分布

注：性伴侣是现代人类社会网络的一个例子，被认为是一种无标度分布（Liljeros et al., 2001）。该图显示了受访者一生中性伴侣总数的累积分布（对数尺度）。这些数据来自一项针对 2 810 名瑞典人的研究，他们的年龄为 18 ～ 74 岁。

资料来源：Liljeros et al., 2001: fig.2.

在社会科学领域，广泛存在且得到了深入研究的幂律分布是物质财富的分布，这一现象在西方资本主义社会的各种经济规模中都普遍存在（Pareto, 1907; Mandelbrot, 1960; Atkinson and Harrison, 1978; Bodley, 1999）。甚至在古埃及，财富分布也似乎遵循幂律（Abdul-Magd, 2002）。如果我们大致按照马克思主义的理解（参见麦圭尔，第 6 章），假设一个人的财富或权力是通过其他人的努力积累起来的，那么这种财富或权力应该与这个人（直接或间接）影响的人数大致成正比。如果是这样，那么财富的幂律分布将意味着有益的人际关系也呈幂律分布。

布沙尔和梅扎尔（Bouchard and Mézard, 2000; Ball, 2004:281-310）构建了一个抽象模型，允许个体间进行交换，并产生财富的幂律分布。该模型考虑了个体财富中用于其他个体的商品或服务的比例（Bouchard and Mézard, 2000:eq.7）。值得注意的是，布沙尔和梅扎尔（2000）发现，随着交换程度的增加，财富分配的幂律曲线变得更加陡峭，这暗示着不平等程度的降低。学者在一个小型社会网络模型中也发现了类似的结果，网络成员在两种类型的产品中相互竞争交换（Bentley et al., 2005）。相比于完全不进行交换，允许少量的交换会产生高度的财富不平等，并且呈现出幂律分布，但是当增加交换量后，财富的不平等程度会降低（Bentley et al., 2005）。换言之，虽然交换是产生财富不平等的因素，但是随着交换的普及，财富分配会变得更加均匀。

富者愈富的现象在非西方社会也同样存在（Mace, 1998; Salzman, 1999; Hayden, 2001）。一些民族学研究表明，某些群体的财富差异高达两个数量级（见图 15-4）。游牧群体的主要财富来源是牲畜。指数分布（见图 15-4a、图 15-4b）暗示，在这些群体中，拥有大量牲畜的人未来获得更多牲畜的机会并不比其他人多。然而，幂律分布（见图 15-4d、图 15-4e）

则表明，拥有大量牲畜的人最有可能在未来获得更多牲畜。对这些不同群体的观察结果也支持这些特征。例如，卡拉莫琼人（Karomojong，见图 15-4a）的政治组织特征在于各年龄组成员之间的基本平等（Dyson-Hudson, 1966; Salzman, 1999:34）。阿利亚尔人（Ariaal）的家庭财富与社区权威呈正相关（Fratkin, 1999），因此财富分布的尾部较长（见图 15-4c）。对索马里人来说，"生活是一场激烈的竞争"（Lewis, 1963: 110），其财富分布最接近于幂律（见图 15-4d）。

因此，更加平等的群体倾向于呈指数分布，而竞争性较强的群体则更倾向于呈幂律分布。在重视合作的群体中，亲缘关系的特征通常会推动他人的福祉（Bowles and Gintis, 2000: 1418; Henrich and Boyd, 2001）。任何程度的慈善活动或家庭间的分享都会使财富分配的低端部分变得更为平坦。然而，在充满竞争的群体中，财富的继承和权力的集中会导致富者更富。在一些游牧群体中，大牲畜群的主人会组建联盟，以牺牲小牲畜群为代价来扩大规模（Sahlins, 1961; Salzman, 1999: 40）。

理论上，幂律分布不仅会随着物质财富的增加而出现，也会随着声望的增加而出现。声望越高的人，扩大其声望的能力就越强。亨里奇和吉尔－怀特（2001）认为，偶像（即被他人模仿的对象）的声望等同于"特定偶像的追随者的规模及其奢华程度"。人们通常基于这种规模和奢华程度来决定要模仿谁（Henrich and Gil-White, 2001:174-178），因此，那些已经有声望的人通常会变得更有声望（Bentley and Shennan, 2003）。在分享食物的狩猎采集群体中，威望通常是通过分享所获得的肉类而获得的（Altman and Peterson, 1987）。这就是猎人积累声望的方式：他在上一次狩猎中获得的声望意味着他在未来的狩猎中会得到更多的帮助，而且更

251

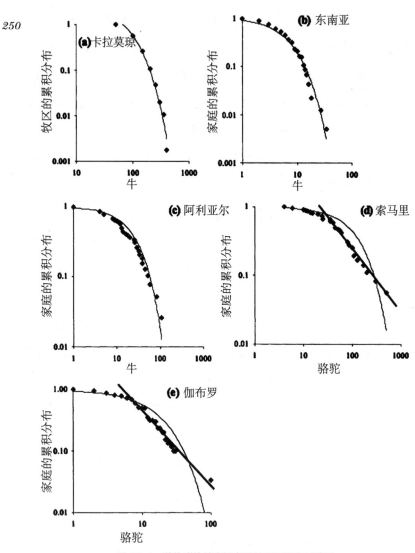

图 15-4　游牧群体牲畜拥有量的累积分布对数图

注：在每张图中，曲线表示对整个分布的最佳指数拟合，而直线表示对尾部的最佳幂律拟合。图（a）表示 556 个牧区的牛的数量，大致相当于卡拉莫琼家庭的牲畜拥有量（Dyson-Hudson,1966:49）。图（b）表示越南和泰国家庭的牲畜拥有量（Hayden, 2001：fig.1）。图（c）表示 39 个阿利亚尔家庭的牛拥有量（Fratkin, 1989）。图（d）表示 36 个索马里家庭的骆驼拥有量（Lewis, 1961：57）。图（e）表示 60 个伽布罗家庭的骆驼拥有量（Mace, 1998：fig.2）。

有可能继续成功（Barnard and Woodburn, 1987:21）。因此，分享行为尽管可以避免狩猎采集者之间的财富不平等，但实际上可能会促进声望的不平等。

理论上，我们可以通过一些间接的量化手段来验证是否存在遵循幂律分布的声望。在考古学领域，我们可以尝试采用一些方法进行探索（参见埃姆斯，第 28 章）。这些方法已经被用来研究北太平洋地区的集体家庭规模和不平等性（Maschner and Bentley, 2003），以及英格兰南部的土丘墓穴的长度（Ashbee, 1970）——这些墓穴的长度与埋葬过程中所需的劳动力相关，因此可以作为衡量声望的间接指标。图 15-5 显示，墓穴长度的分布呈现出幂律尾部的特征。因此，这个模型优雅地解释了大部分的墓穴长度，包括最大的墓穴，而其他分析（Hodder, 1979:142）可能会将其视为异常现象，需要特别解释。

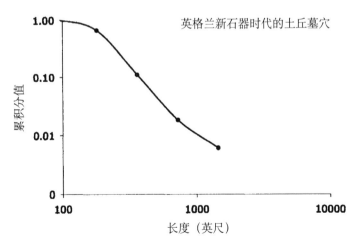

图 15-5　英格兰南部土丘墓穴的长度分布

资料来源：Ashbee, 1970.

幂律分布原则也是人类组织发展和权力（与威望密切相关）增长的显

著特征。许多其他的数学模型表明，幂律分布与社会组织的增长动态非常吻合（Gibrat, 1933; Stanley et al., 1996; Amaral et al., 1998）。有研究显示，美国的公司规模遵循幂律分布（Axtell, 2001）。此外，人们还发现了一些其他的特性。例如，斯坦利等（Stanley et al., 1996）发现，规模相似的公司的增长率实际上遵循帐篷状分布，这与正态分布相似，但帐篷状分布在远离平均值的两侧衰减得更快（以指数级衰减）。斯坦利等（1996）进一步发现，这种帐篷状分布的宽度与公司的规模成幂律关系。值得注意的是，这适用于所有类型的公司，无论它们是制造汽车、纸张还是药片。这说明，最大的组织在增长率上具有最小的偏差。换言之，除最富有和最强大外，最大的组织也是最稳定的。因此，该模型可以用来验证史前组织（如酋邦）的发展，尤其是在考察其等级组织的稳定性方面（参见巴克，第 29 章）。

这些研究可能适用于史前社会组织（参见 Blanton et al., 1996），这一点可以从阿马拉尔等（Amaral et al., 1998）的公司增长模型中看出。该模型主要基于三个假设：（1）公司是分层的，由相对独立的子单元组成；（2）公司规模下限的要求不定，但也受行业影响（例如，汽车公司一定比软件咨询公司规模大）；（3）公司内各部门的增长率相互独立。阿马拉尔等（1998）提出，公司内部的各个部门以随机倍数增长，公司各部门的未来规模变化与当前规模成正比。一个额外的重要特性是，一个部门既可以被其母公司吸收，也可以从母公司中独立出来，这取决于它变得多小或多大。在这种情况下，大型部门可以通过吸收小型部门来增长。阿马拉尔等（1998）的模型与斯坦利等（1996）在现代经济中对真实公司数据的观察结果相符。阿马拉尔等（1998）的模型表明，简单的倍数增长不足以解释现象，公司增长模型需要考虑到公司的子部门性质，以及公司规模下限的范围（De Fabritiis et al., 2003）。这些普遍的模型正在等待被考古理论家用来探索史前组织，其中"公司"可以用来类比史前的组织，其规模从游群到酋邦再到国家，而公司内部的分裂代表着史前社会团体的分裂（Carneiro, 1970）。

总的来说，幂律分布通常描述了人类社会中的竞争性资源获取现象，如财富或追随者的数量。幂律分布可能只是一个增长过程的结果，即那些已经拥有很多的人最有可能获得更多的东西。对考古学家来说，认识到这种富者愈富的潜在量化过程，可以帮助他们深入理解新旧社会形式的过渡，特别是那些通过与其他群体的接触而产生的社会变化。

网络研究

网络在考古学研究中被频繁提及，包括社会网络、贸易网络、政治网络等。它们通常被视为史前社会变迁的关键决定因素（Johnson, 1982; Renfrew, 1974; Blanton et al., 1996）。此外，网络研究在其他考古学领域也有广泛应用。例如，在本书的第 17 章中，利亚妮·加波拉（Liane Gabora）从中性网络的角度探讨了现代人类心智的演进。复杂性理论对网络研究有着深厚的兴趣，其覆盖了所有可以用点与线进行抽象表示的事物。网络理论家们试图对各种现象进行建模，其范围广泛，涵盖了从原子反应、基因互动、生化反应到生态系统、人类关系甚至语言等各种网络现象（参见 Barabási, 2002 的文献综述）。在网络理论中，最被广泛研究的两个模型是小世界网络（Watts and Strogatz, 1998; Watts, 2003）和无标度网络（Barabási and Albert, 1999; Barabási, 2002）。

小世界网络

小世界现象是大多数人能直观理解的现象，也是社会科学家所热衷研究的主题（Kochen, 1989; Granoveter, 2003）。它描述了一个有趣的事实，即人们可以在一个熟悉且紧密的社区中生活，而在更大的网络中，与其他任何人的关系都仅有几步之遥。在一项经典的社会学实验中，米尔格拉姆（Milgram, 1967）邀请生活在美国中西部的人尝试将一封信转交给波士顿的一个陌生人，他为参与者提供了目标陌生人的部分信息，参与者需要将信件寄给他们认为可能会帮助他们把信转交给目标陌生人的人。这样的过程会一直进行，直到信件到达目标陌生人的手里。米尔格拉姆（1967）发现，在传递信件的过程中，通常需要经过五到六个中间人。这表明在美国，大多数人之间的关系遵循"六度分隔"，也就是说，我们可以通过大约六个中间人与任何人建立联系。

在《自然》杂志上的一篇著名论文中，邓肯·沃茨和史蒂文·斯特罗加茨（Duncan Watts and Steven Strogatz, 1998）利用图论中的一个简洁模型阐明了小世界现象。为了进行这项分析，沃茨和斯特罗加茨（1998）量化了两个核心变量以描述特定的网络：（1）集聚系数，即一个典型节点与其他节点连接的紧密程度；（2）典型路径长度，即一个个体与另一个个体之间的典型网络链接的数量。接着，他们在一个高度简化的由节点和连接构建的环形网络中，探究了当网络的连接性发生转变时的情况（见图15-6）。一个极端是规则网络（见图15-6左环），其中每个个体与四个最近的节点相连。规则网络具有高度的集聚性，因为所有的连接都是局部的，同时具有较长的典型路径长度，因为穿越网络需要在相邻个体间进行多次短距离的跳跃。另一个极端是随机网络（见图15-6右环），其中每个节点随机连接到网络内的其他四个任意节点上。随机网络缺乏集聚性,因为连接的建立并未优先考虑与某个体的近距离,同时由于全网络存在许多捷径链接,其典型路径长度非常短。

沃茨和斯特罗加茨(1998)的重大发现是他们识别出了介于这两个极端之间的情形,也就是小世界网络(见图 15-6 中环)。小世界网络的集聚系数几乎与规则网络的相同,但其典型路径长度却与随机网络的接近(Watts and Strogatz, 1998)。在小世界中,个体会认为自己处于一个集群的邻域,但其与任何其他个体的距离却远远短于所有人都高度连接的情况下

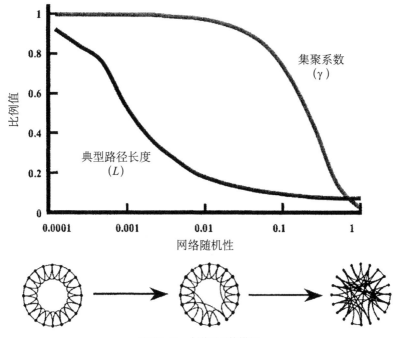

图 15-6　小世界网络模型

注:该模型展示了通过改变网络的连接性使网络随机性改变的效果。该图显示了在中等随机性水平下,典型路径长度是如何急剧下降的。然而,直到网络随机性提高了几个数量级后,集聚系数才有所减小。介于这两种转变之间的就是"小世界网络"。

的距离（Watts and Strogatz, 1998）。

  这种定义的优势在于，小世界是可以量化的，因为其具有高聚集性和
253 短的特征路径长度。沃茨（1999:142–145）指出，好莱坞实际上就是一个
小世界网络，演员之间的联系被定义为在同一部电影中共同演出过。科学
家之间的合作网络也是一个小世界网络实例（Newman, 2001; Guimerà et
al., 2005），其中作者是节点，共同作者是连接。

  尽管史前网络的联系本质上更难以量化，但小世界模型对考古学的启
示不容忽视。例如，史前网络的节点可能是新石器时代的家庭，通过亲
属关系连接，成为新石器时代欧洲小世界网络的一部分（Bogucki, 2003）。
可能只需要几个人在遥远的贸易中心之间进行来回穿梭，就能将一个"下
线"贸易系统（Renfrew, 1975）转变为跨越大面积的史前小世界网络。从
以自我为中心的角度出发，小世界现象意味着一个人在每个空间尺度上都
有大致相同数量的联系人。举例来说，一名新石器时代的女性可能在她的
家庭内、家庭外的村庄、该地区的其他村庄以及遥远地区的商贸者当中，
各有约十几个联系人。假设在这个设想的新石器时代世界中，大多数人处
在类似的情况下，那么这名女性就可以利用适当空间尺度上的联系，在几
步之内与网络中的几乎任何人进行交流或交换（包括想法、陶器、贸易物
品）。在小世界里，位于莱茵河谷的新石器时代女性可能只需要通过五六
个人的传递，就能从黑海沿岸获得一块海菊蛤，而下线贸易则需要经过数
百人的手，且可能永远无法走那么远。识别史前小世界贸易网络可能需要
通过化学溯源方法，或者通过识别制造商的印章、贸易物品上的标记来
追溯物品的来源。然而，某些史前交换网络已经有了明确的特征（Wright
and Johnson, 1975: fig.5），我们可以通过它们判断其是否符合小世界网络

的特征，即特征路径长度短、聚集性高。

　　小世界网络的模型甚至可能适用于早期国家社会的兴起过程。以印度河流域为例，区域化时期（前 5500—前 2600）的地方贸易网络是在各个政权的影响下发展起来的。但是，在科特迪吉（Kot Diji）阶段（前 2800—前 2600）超过 50 万平方千米的区域内，度量衡、印章、陶器样式以及其他技术开始以统一的形式出现。进入一体化时期（前 2600—前 1900）后，这些物品已经完全标准化（Kenoyer, 1995, 1998）。这种国家形态的形成显然涉及小世界网络的出现，这种网络最初在奢侈品和原材料的远距离贸易中形成。由于最大的中心与这个贸易网络中众多的小城镇相连，因此它很容易受到任何一个主要地点衰落的影响。然而，在公元前 1900 年之后，印度河流域经历了一次去城市化的过程，政体回归到更加区域化的形式（Possehl, 1997）。区域间的贸易在许多不同的中心如哈拉帕、洛塔尔、昆塔西和多拉维拉突然崩溃（Possehl, 1997; Kenoyer, 1998）。因此，我们可以将印度河文明的衰落视为小世界网络的解体，通过切断跨网络的联系，其转变为一个规律性强、集聚性高的网络。同样，就像之前讨论的企业模式一样，早期国家出现与小世界网络形成的主题也有待我们进一步深入研究。

无标度网络

　　幂律分布的普遍存在基于一些基础假设，其中之一便是一种特殊且有序的网络类别，被称作无标度网络（Barabási and Albert, 1999; Newman and Watts, 1999; Albert et al., 2000; Albert and Barabási, 2002; Barabási, 2002）。在这些网络中，每个节点的连接数都遵循幂律分布（Adamic and Huberman, 1999; Barabási and Albert, 1999; Amaral et al., 2000）。最为人所

熟知的无标度网络的例子是互联网的网站链接，每个网站的链接数量符合幂律分布（Huberman et al., 1998; Huberman and Adamic, 1999; Albert et al., 1999, 2000; Broder et al., 2000）。用更为通俗的语言来讲，无标度网络就像一家主要航空公司运营的枢纽系统（见图15-7），每个机场的连接数量都

255 符合幂律（Bentley, 2003: fig. 2.2）。布罗克曼等（Brockmann et al., 2006）设计了一项独特的实验，通过追踪被标记的纸币现金的流动，来研究现代人类的旅行模式。他们的研究揭示，现代人类的旅行距离具有幂律的特性，大多数旅行是短距离的，但偶尔的长距离旅行也为无标度（同样也是小世界）的人类旅行网络做出了贡献。

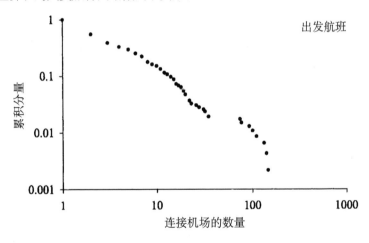

图 15-7　西北航空公司的航班数据分布

我们可以通过一个简单的数学模型来描述无标度增长的个体网络，这个模型遵循鲍劳巴希和阿尔伯特（Barabási and Albert, 1999）的描述，包含以下两个要素：（1）个体数量不断增长；（2）新建立的连接在网络内更倾向于与那些已经有较高连接度的个体建立联系。随着网络的扩大，每个

个体获得的属性会增多，而其增长速度与其已经拥有的属性的数量成正比，这正体现出了"富者愈富"的现象。比如说，当一家航空公司决定开设新的航班时，它更有可能选择在芝加哥的奥黑尔机场停靠，而非爱达荷州的博伊西。同样地，公司的规模越大，个人的收入越高，或者一个网站的链接数量越多，这个数量往往增长得越快。在互联网领域，一些研究已经证实，增长和优先连接都是构建一个现实模型的必要条件（Jeong et al., 2003; Yook et al., 2001; Albert and Barabási, 2002）。

尽管鲍劳巴希和阿尔伯特（1999）提出的原始无标度增长模型成功地复制了网络节点间连接的幂律分布，但在几个方面，它未能全面解读真实世界的网络。最显而易见的问题可能是严格的优先连接，即在网络中最早出现的个体占据主导地位，而新加入的个体如果没有已有的联系，就没有成功的机会。这显然不能解释新网站一夜成名、企业家崛起，或者一个以前不为人知的科学家所提出的理论产生巨大影响等情况。针对这个问题，一个可能的解决方案是引入适配值，即每个节点获得的新连接数量与其适配值及其已有的连接数成正比（Bianconi and Barabási, 2001），这样一来，具有某种杰出品质的新加入者随着时间的推移也有机会变得高度连接（更成功）。

鲍劳巴希和阿尔伯特（1999）的模型存在的另一个问题是，随着网络的发展，网络的集群性会逐渐降低（Albert and Barabási, 2002: fig. 24），因此对同时展现小世界和无标度特性的网络来说，这并非一个理想的模型。互联网作为一个小世界就是一个很好的例子，因为在这个由数十亿个网站组成的网络中，任何两个网页都可以通过有限的步骤进行连接，平均需要16 步（Albert et al., 1999; Broder et al., 2000）。飞机旅行也构成了一个小世界，由于存在像奥黑尔或阿姆斯特丹这样的枢纽，世界上任何两个机场之间的距离都很少超过 3 站。为了解决这个问题，鲍劳巴希等（2002）在适配模型的基础上，允许网络像分叉树一样生长。可以想象一下一个具有无标度结构的分支河流网络（大的分支会产生许多小的分支，小的分支又会产生更多更小的分支，以此类推），以及附近分支之间的聚类。分形几何可能是许多复杂系统的基础（Strogatz, 2005）。

虽然网络理论提供了大量独特的新见解，揭示了网络中特有的现象（Stewart, 2004; Barabási, 2005），但当存在更为简捷的解释时，过度依赖网络理论可能会引入不必要的复杂性。例如，无标度网络的优先连接规则实际上与我们之前讨论的指数增长模型并无太大区别，甚至与人类学家约翰·博德利（John Bodley, 1999:609）针对华盛顿州财富不平等现象提出的两个前提条件也没什么不同，这两个前提条件分别是"人口、财产交易和新建筑的高增长率"，以及这种增长"产生的公共成本必须由所有纳税人分摊"。出于这个原因，将无标度网络模型应用于如城市土地价值（Andersson et al., 2003）等问题上，可能是在没有必要的情况下过度利用该模型。实际上，最近的网络分析中有许多主题，如网络链接、好莱坞演员和科学合作者（Bentley and Shennan, 2005）等，都是在复制已有的观念。在中性或随机复制模型中（参见科勒德等，第 13 章；Neiman, 1995; Bentley et al., 2004），思想被复制并偶尔出现创新，从一个人传递到另一个人，这种过程自然产生了幂律分布，无须加入任何强制性的规则，如优先连接。在这样的随机复制模型中，"富者愈富"的现象自然出现，因为一个观念越受欢迎，它就越有可能被再次复制，进而变得更加流行。另外，随机复制模型中的一夜成名（这在无标度网络模型中需要额

外的规则）并不是难事，任何新的观念都有可能因为机会而变得极其流行
（Bentley and Shennan, 2005）。因此，我们尽管应认识到网络理论所带来的
令人兴奋的潜力，但也应避免忽视对相似问题更为传统的解决策略。

间断的变化

作为开放的非平衡系统，人类社会容易出现突变现象，这往往是
由看似微不足道的事件触发的，类似于物理学中的相变（phase change）
（Castellano et al., 2000; Ball, 2004: 99–120）。史前史中突变的概念在考古
学领域时常出现，最近考古学家们开始重新探讨突变和灾难对史前史的
影响（Maschner, 2000; Rosenberg, 1994; Rowley–Conwy, 2002; Weiss, 1993;
Diamond, 2005）。与此同时，平衡（equilibrium）的观念（尽管在前文中
受到了批评）也是合理的，因为社会往往在一段时间内保持相对稳定。
这两种观点并非互不兼容。我们可以假设人类社会经历了一种间断平衡
（punctuated equilibrium）的变化模式（Eldredge and Gould, 1972; Bronk–
Ramsey, 2003），即从停滞到间断变化或崩溃，到再次停滞，如此循环。
巨大的影响并不需要有压倒性的原因作为支持：一枪可能引发战争，一项
发明可能改变一个社会，而一次农作物减产可能导致社会崩溃。这就是为
什么关于具体事件的考古学长期以来一直是一个争论焦点（Binford, 1985;
Gould, 1985），只要有可能，这些事件便具有重大意义（Gould, 2005）。以
图勒人（Thule）在公元 1100 年左右穿越北极地区的迁移为例，这次迁移
是由于他们采用了来自亚洲的反曲弓、盔甲和其他相关技术，这些技术在
公元 1000 年至公元 1200 年间的迅速传播改变了从白令海峡到北美西海岸、
大盆地和西南地区，最终到密西西比盆地的大部分美洲原住民的社会和政

治格局（Maschner, 2000）。

一本关于事物怎样间断变化的畅销书是马尔科姆·格拉德韦尔（Malcolm Gladwell）在 2000 年出版的《引爆点》（*The Tipping Point*）。实际上，早在 20 多年前，利用突变理论（Thom, 1975）的考古学家就对这种间断变化现象产生了兴趣（Tainter, 1996）。其中一位支持者就是伦福儒（1978; Renfrew and Cooke, 1979），他阐述了存在多个可能平衡状态的系统如何会突然发生转变，其中多个变量以相互矛盾的非线性方式影响着最终结果。伦福儒（1978）通过证明外部参数（如气候）的缓慢变化，以及人们通过微小的行为调整来适应这些变化，揭示了一个现象：经过一段时间，人们可能会到达一个分叉点，他们必须做出重大改变以维持最佳行为（Ormerod, 1998）。有些事物可能会逐渐失去效用，直至在某一刻，它们被其他更有用的事物取代。这种情况可能发生在史前欧洲，比如在中石器时代狩猎采集者与新石器时代农民之间的几代人的交流中，环境或社会关系的变化最终导致狩猎和采集失去了原有的优势，人们不得不突然转向农耕（Renfrew, 1978; Zvelebil and Lillie, 2000）。

混沌理论

与系统理论一样，突变理论也关注平衡状态之间的转换。然而，与系统理论中逐渐发生的转变不同，突变理论的转变是突然发生的。但是，如果找不到平衡状态，我们应该怎么办呢？虽然我们有可能通过定义所有的规则以完全确定性的方式来界定一个系统，但是当系统开始运作时，它的行为可能是完全不可预测的，这就是混沌的现象。如果初始条件的微小变化导致了一系列完全不同的事件，那么这个确定性的系统便展现出了混沌的特征。

正如格莱克（Gleick, 1987）所描述的，人们开始意识到混沌现象是在确定性方程的反复应用中，他们发现参数的初始条件高度敏感，导致无法预测最终的结果。为了阐明这种情况是如何发生的，让我们考虑一下大多数微分方程教科书中详细介绍的单峰映射（logistic map）。假设我们想要对池塘中的藻类数量进行建模，这会受到两个因素的影响：一是现有藻类的繁殖；二是当藻类数量达到池塘承载能力时，一部分藻类会死亡。那么，一个描述池塘藻类数量的简单合理的方程是：

$$P_t=AP_{t-1}(1-P_{t-1}) \tag{公式2}$$

其中，A 是一个大于1的常数，P_{t-1} 是前一年池塘中的藻类数量，它的值在 0（无藻类）到1（池塘的最大承载量）之间。为了计算连续几年的藻类数量，我们必须对这个方程进行迭代，即将今年的藻类数量代入方程，得出明年的藻类数量，然后将这个结果代入，得出后一年的藻类数量，如此往复。这个过程很简单，可以在电子表格中完成。

这个方程可以表示为一个简单的盒子模型（见图 15-8a）。这是一个典型的例子，展示了一个简单方程的迭代如何导致混沌。更具体地说，如果公式 2 中的 A 在 1.0 和 3.0 之间，那么池塘中的藻类数量将趋向于稳定，这被称为"吸引子"（attractor），可以被看作一个平衡过程的结果。

然而，吸引子只是单峰映射的一个特性。当我们把公式 2 中的 A 稍微　*257* 提高到 3.0 以上时，池塘中的藻类数量开始每年振荡。开始时，振荡在两个值之间，但随着 A 的增加，振荡周期包含了越来越多的值，直到最后，周期从未重复，藻类数量表现出混沌的特征。在这种混沌状态下，我们既无法探测到每年的模式，也无法做出长期预测——这就是"对初始条件的敏感性"的含义。图 15-8b 展示了当 $A=3.8$ 时，模型从两个稍有差异的起始值开始运行的情况。这就揭示了混沌的本质：两个几乎相同的起始点导致了两个完全不同的时间轨迹，这种动态变化从根本上是不可预测的。

考古学家早就注意到了混沌与史前社会稳定性之间的联系（见宾特里夫，第 10 章；Bintliff, 1999, 2003; McGlade, 1995, 2003; McGlade and van der Leew, 1997）。混沌理论揭示了后过程主义者与过程考古学家之间关于不确定性和实证主义的辩论实际上是一个错误的二元对立。对于任何给定的状态系统，只有一种可能的历史，但是即使该系统的动态规则被精确定义，也无法预测其未来。无论我们对一个社会当前状态的了解程度如何，我们都无法预测其远期未来，因为我们对当前状态的微小的不确定性会随着我们试图预测的未来时间长度的增加而呈几何级数增长。反过来，如果试图从现有证据中重建过去，就会有无数种可能的历史，因为我们并不能完全了解当前的状态。这对考古学的解释产生了深刻的影响。鉴于图 15-8a 中的简单模型就能产生混沌现象，我们应该对那些包含几十个系统的史前社会经济系统模型持谨慎态度，因为这种模型在预测性或解释性上几乎是不可能实现的。这种模型的动态变化幅度巨大，取决于内部系统的数量、输入和输出的数量及其配置等因素（Hannon and Ruth, 1997）。

258

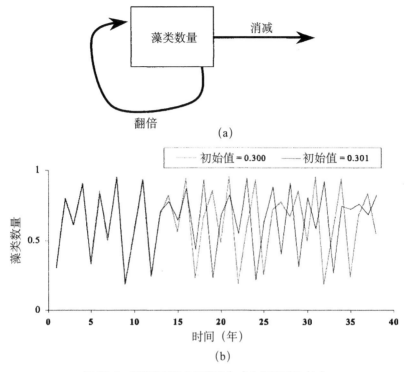

图 15-8 藻类数量的盒子模型（a）与混沌状态（b）

注：图（a）为公式 2 的"盒子模型"，这是一个在有限环境中的简单数量模型，如池塘中的藻类数量。AP_{t-1} 表示藻类数量的倍增，而 $1-P_{t-1}$ 表示当藻类数量接近池塘承载能力时，藻类的损失将越来越大。也就是说，如果去年的藻类数量 P_{t-1} 接近于 1（池塘的承载能力上限），那么 $1-P_{t-1}$ 接近于 0，因此今年的藻类数量 P_t 也接近于 0。图（b）表示在适当的参数下，即公式 2 中的 $A=3.8$ 时，即使简单模型也会出现混沌状态。该模型在两个略有不同的初始值 $P_0=0.300$ 和 $P_0=0.301$ 的情况下被迭代了 40 次。在大约第 12 年时，两种情况的轨迹完全分开了，表明该模型是混沌的。

混乱的边缘：NK 模型和自组织的临界性

突变和混沌理论揭示了，即使我们追踪的是一个确定性变量，如人口，也可能导致突然且难以预见的变化。那么，如果我们需要追踪许多变量呢？这也只是个体行为的情况，而不是一个群体的平均行为。预测一个由相互作用的个体组成的系统，其中每个个体的行为都会受到其他个体行为的影响，这正是斯图尔特·考夫曼（Stuart Kauffman, 1993, 1995）在讨论 NK 模型（NK landscape）时所关注的问题。NK 模型是一个由 N 个个体组成的简易模型，这些个体在一个简单的网络中相互连接，使得每个个体都随机地与其他 K 个个体产生连接。考夫曼赋予了每个个体一些"个性"，即每个个体与其 K 个邻居之间的互动可能是合作的，也可能是竞争的，还可能是两者的混合。因此，每个个体的行为都受到一套独特的条件的约束，因为他的行为不仅取决于赋予他的互动规则，还受他在通信网络中对其他 K 个个体的反应的影响。由于邻居的行为不断变化，当前的最优策略可能与上一刻的最优策略不同，因为它们都取决于其他个体的先前行为。这种现象被称为红皇后效应（Van Valen, 1973），这个名字来自刘易斯·卡罗尔（Lewis Carroll）的作品中的人物，因为这些个体必须不断改变，以保持竞争力，就像必须不断跑动才能保持原地不动的红皇后一样。

考夫曼（1995，2000）证明了这些网络中的行为不仅取决于个体的策略，也会受到 N 和 K 的影响。如果个体之间的联系适度（即 K 值较低），那么他们可以通过适当调整策略来较容易地适应环境。然而，当联系变得更紧密（即 K 值较高）时，他们必须选择是进行微调以优化当前策略，还是做出重大但有风险的改变以寻求更好的长期策略。当网络完全相连（即 $K=N-1$）时，每个个体有利的互动和不利的互动的数量平衡，高度优化的策略可能不存在，而有目标的改进不一定比随机猜测更好（Kauffman, 2000: 201–202）。在 NK 模型提出后的几年，一个主要的讨论问题是个体如何搜索更好的策略，特别是当处在一个局部峰值时。想象一个多峰的模型图，其中每个峰值的高度代表一个策略的利益（Dennett, 1995; Axelrod and Cohen, 1999; Erwin and Krakauer, 2004）。舒尔特斯（Schultes, 2000）给出了一个很好的例子，他把政治比作一个高度关联的 *NK* 模型，即美国总统候选人被迫满足的所有竞争性利益（即高 *K* 值）都是他们在政策问题上平庸和妥协的原因。

在考古学领域，科勒等（Kohler et al., 2000）借助 *NK* 模型来研究史前社会家庭、部族或社群数量（即 *N* 值的增加），以及这些单位之间交流联系（*K* 值）的变化可能带来的影响。*NK* 模型的类比结果显示，联通性过高（即 *K* 值过高）的史前社会在交流和决策方面表现欠佳。科勒等推测，在公元 1275 年左右新墨西哥州帕哈里托高原出现村落的时期，家庭数量（*N* 值）的增加并未改变各家庭之间的联系，使得每个家庭的联系（*K* 值）相对稳定。研究者通过分析遗址的组织结构发现，"居民们试图维持他们的模块（如亲属团体、房屋）内的高联系性和模块间的低联系性的旧模式"（Kohler et al., 2000: 381）。这种方式使他们规避了所谓的"高 *K* 复杂性灾难"（Kohler et al., 2000: 376）。

考夫曼的 *NK* 模型提供了一个有价值的洞见：它能产生大规模变化，这些变化类似于雪崩效应，并且这些变化的分布遵循幂律。类似的幂律分布已被用于描述自然界中的级联事件，如森林火灾、滑坡和地震（Turcotte, 1997）。在考夫曼的 *NK* 模型中，某个系统的 *N* 值和 *K* 值会导致系统在有序的静止状态和不可预见的变化的混乱状态之间游移。借此类比，考夫曼推测，由许多相互作用的组成部分构成的自然复杂系统将自我演化到"处于混乱边缘"的状态（Kauffman, 1994）。在物理学中，佩尔·巴克等（Per Bak et al., 1987）将这种状态称为"自组织临界"。在混 *259*

乱状态下，对系统的微小扰动会引发一系列相互关联的事件；而在自组织临界状态下，某些扰动只会引发微小的变化，而另一些扰动则可能引发雪崩式的连锁反应（Bak and Chen, 1991; Bak, 1996; Turcotte, 1999）。这就好像自组织临界系统被一只看不见的手调整，使得在所有尺度上都会发生连锁反应——从微小的扰动到能席卷整个系统的雪崩。

自组织系统可以被类比为一个沙堆（Bak, 1996; Jensen, 1998:14-16, 92-99）。如果将干沙倾倒在一个地方，很快就会形成一个沙堆，最终达到一个临界坡度，此时沙子会在其两侧滑落。在这种临界状态下，仅仅一两粒沙子的加入就可能引发沙堆的滑落。沙堆在两种状态之间游移：沙子的滑落会降低沙堆坡度，使其远离失控崩塌的混乱状态；而沙子的持续倾倒（开放系统）使其远离静止状态。研究发现，在这种自组织临界状态下，沙堆两侧崩塌的规模分布呈现为幂律分布，这意味着变化发生在所有的尺度和频率上，从微小的、频繁的，到大规模但罕见的，以及介于两者之间的所有情况，都是同一个优雅的幂律分布函数的一部分。

沙堆与现实世界的复杂系统之间的类比颇为有趣。当沙堆中的一粒沙子移动时，其他的沙子也会随之滑落；或者当市场上的一种产品失败时，与其相关的产品也可能会随之失败（Lux and Marchsesi, 1999）。许多人从这一理论中得到启示，认为自组织临界性可能主导了社会和文化的变化（Gell-Mann, 1994; Kauffman, 1995; Bak, 1996; Buchanan, 2001）、技术的演变（Arenas et al., 2000; Kauffman, 2000; Bentley and Maschner, 2003b），并已成功地被应用于理解石器制造的过程（Brown, 2001）。然而，自组织临界理论面临的一个挑战在于，它主要是对动态状态的描述，而并非真正的因果解释。因此，尽管自组织临界模型可能像陶器风格的演变一样，作为相互联系的变化的证据（Bentley and Maschner, 2001），但它并未真正解释这些变化如何以及为何发生。在自组织临界理论能提供因果解释之前，考古学家可能会对其持谨慎态度（Preucel and Hodder, 1996:28; Renfrew and Bahn, 1996:473）。

信息串联

虽然自组织临界理论并未提供明确的解释，但我们观察到的现象是真实存在的，社会系统实际上确实自我组织成了以事件规模的幂律分布为特征的状态。斯特罗加茨（2005）曾经提出了这样的问题：

> 为什么自然界的众多网络都仿佛在刀刃上舞蹈？它们是为了达到这种临界状态而自我组织（Bak et al., 1987）的吗？是为了优化某些性能方面，还是只是遵循了通往幂律缩放的多种路径之一（Newman, 2000），充满了噪声和愤怒，但没有实质的意义呢？（Strogatz, 2005:366. 引文为原文）

自从巴克等在 1987 年提出了自组织临界的概念，它就像一场雪崩般在学术期刊中广泛传播（Bentley and Maschner, 2000）。到 1999 年年底，这些论文的引用次数已经形成了幂律分布（Bentley and Maschner, 2000）。也就是说，巴克等（1987）的开创性论文被引用次数最多，其次是被它引用的论文，然后是这些论文的衍生论文，最后是关于该理论相对次要方面的最新论文，这些论文仍然引用了巴克等（1987），但它们本身的被引用次数寥寥无几。在史前思想中也可以发现类似的幂律分布，比如史前陶器上的装饰图案（Bentley and Shennan, 2003; Bentley et al., 2004; Shennan and Bentley, 2006）。希弗（2005）为复杂技术系统如 19 世纪的电报的发明，提出了一个类似的模型，它包括一系列的发明级联，因为人们在竞争中发展了发明的各种相互关联的方面。本特利和马施纳（2000, 2003b）指出，这种级联或雪崩可以被想象成一棵生长中的大树：底部是开创性的想法（树干），它引出了几个衍生想法（大树枝），这些想法又带来了其他不太重要（或更专业）的衍生想法（小树枝），如此反复，直到另一个新的开创性想法引发新的雪崩（新树）。这棵思想之树可以被视为随时间生长，并延伸到当代文化的最远角落。如果树枝的长度与每个想法的影响力（即被复制的频率）成正比，那么其图像可能会显现出分形的形态（见图15-9）。规模巨大的密西西比河及其所有支流和海滩上流经沙地的小规模辫状河看起来是一样的（Turcotte, 1997），同样，分形具有自相似性（self-similar）［或更严格地说是自仿性（self-affine），不是在所有规模上都完全相同］。将思想的演变比作一棵西蓝花（另一种分形形状）可能看起来很疯狂，但也可能很贴切。有研究证明，互联网具有可量化的分形特性（Song et al., 2005），这引发了人们对分形可能构成复杂系统新结构规则基础的思考（Strogatz, 2005）。

信息传播的分形特性和网络互动的概念有着密切的关系（Vandewalle and Ausloos, 1996, 1997; Barabasi et al., 2001），这可以通过信息级联的模型加以证明。沃茨（Watts, 2002）研究了网络结构如何影响信息级联的规模，这种信息通过相互连接的个体在网络中传播。在初始阶段，每个个体的状态都设为 0，当他们接受一个新的想法时，状态变为 1。在下一个时刻，另一个随机选择的个体将其状态从 0 切换到 1，这些随机选择的个体被视为创新者。为了模拟采纳者的行为，给每个个体分配一个 0 ～ 1 的阈

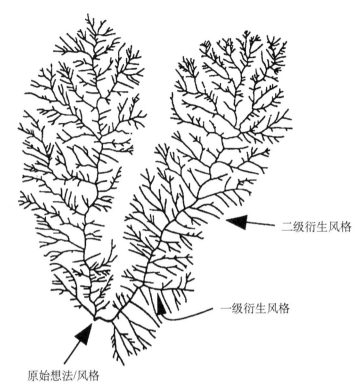

二级衍生风格

一级衍生风格

原始想法/风格

图 15-9　根据特科特（Turcotte，1997: fig. 8.1）描述的真实河流网络改编的
思想传播的分形增长过程图

资料来源：Bentley and Maschner, 2003b: fig.4.1.

值，只有当其连接的邻居中有新想法的比例超过这个阈值时，他才会改变状态。例如，如果一个个体的阈值是 0.85，那么只有当至少 85% 的直接邻居接受新想法时，他才会接受。每当一个个体改变状态时，他就会提高其周围所有个体拥有新想法的比例，这可能导致其中一些个体改变状态，如此反复。我们将级联的规模定义为状态改变的个体数量。级联在阈值较低的个体网络中更易发生，而在阈值较高的网络中则难以发生。实际上，沃茨（2002）发现，当平均阈值增加到一定程度后，系统几乎不可能发生级联，因为每个级联最终都会被一些特别顽固的个体抑制。

沃茨（2002）还发现，在一个连接稀疏的无标度网络中，级联的规模可能呈现各种不同的大小（这可以通过幂律分布来说明），至少在网络中最大的互联集群内是如此。然而，随着随机连接被添加到网络中，直至整个网络高度互联，级联的规模则变得有限（这可以通过指数分布来说明），这样，微小的变化会逐渐积累，直到在所有尚未改变的个体中突然发生大规模的级联。这是因为，在一个连接稀疏的网络中，大多数个体只有几个直接的邻居，因此更易受到单个邻居的影响。相比之下，在高度连接的网络中，每个个体都与许多其他个体有联系，因此不太可能被单个邻居的变化影响（Watts, 2002:5770）。这与上面讨论的 NK 模型有相似之处：随着个体间变得更加高度互联，他们会被信息淹没，不太可能做出大胆的决定。

这引出了一个自然而然的问题：当个体对接收到的信息反应各异时，将会发生什么情况？至此，我们讨论的模型都将个体视为同质的实体。然而，沃茨意识到，个体间的差异性不仅使模型更为有趣，而且对于模型在反映现实世界的某些方面也至关重要。在沃茨（2002）的第二个实验中，他没有为所有的个体设定相同的阈值，而是随机地给他们分配了一系列不同的阈值，这样就有了创新者、早期采纳者以及大多数晚期采纳者等，这意味着不同的个体会承受不同程度的同伴压力。沃茨（2002）发现，个体间的阈值差异越大，系统性的级联现象就越可能发生。沃茨（2002）推断，在这些异质性的个体中，存在着一种优秀的早期采纳者（低阈值个体）的配置，这使得级联能够开始，并由早期和晚期的大多数采纳者维持这种级联状态。

基于主体建模

沃茨（2002）的研究表明，模型结果的丰富多样性在很大程度上源于个体间的异质性，这一发现极为重要。当模型从简单的个体（如沙粒、*NK* 模型或网络中的节点和边）转向具有多样性和复杂性的个体时，我们进入了基于主体建模（agent-based modeling，ABM）的领域。正如科斯托普洛斯（Costopoulos）在本书的第 16 章所述，ABM 允许考古学家使用一个开放且非平衡的模型，以描述史前人类社会。对这种模型可以进行重复运行，以观察是否有任何一般性状态趋势会由个体、个体行为规则、环境和初始条件的特定组合引发（Axtell et al., 2002; Bankes, 2002a; Bonabeau, 2002）。这种方法或许可以整合本书中描述的许多曾经相互竞争的考古学理论，这些理论包括后过程主义的多重叙事（参见尚克斯，第 9 章）、过程主义的假设检验（参见沃森，第 3 章）、生态学（参见耶斯纳，第 4 章）和能动性（参见加德纳，第 7 章）。ABM 甚至具有深远的哲学意义（参见柯纳和普赖斯，第 21 章），因为物理学家如今正认真考虑我们自己的世界只是一个模拟仿真的可能性（Barrow, 2003）！

ABM 在复杂适应系统中需要利用计算机模拟异质个体的行为。最近的计算机处理能力的提升使得 ABM 成为可能，这使得在社会科学中测试复杂系统的假设变得可行（Gilbert and Doran, 1994; Gilbert and Conte, 1995; Conte et al., 1997; Gilbert and Troitzsch, 1999），包括对狩猎采集者生存（Lake, 1999）和史前定居（Kohler et al., 1999; Axtell et al., 2002）的考古研究。在这些模型中，个体能够有目的地与环境及其他个体进行互动。个体可以被定义为各种规模，比如单个陶工、家庭、村庄或任何其他单位。这些个体具有如寿命、视觉、运动能力以及消费和储存能力等属性，并可以代表现实世界中的实体，如家庭、宗族或村庄等（Dean et al., 1999）。ABM 的基础是，每个个体根据自己的本地信息行事，至少在某种程度上依赖于附近的其他个体正在做什么，以及他们在不同时刻对世界的了解。在早期的模型中，个体行事的规则通常基于民族学和最佳觅食理论（Kohler and van West, 1996; Read, 2002）。

在一段连续的时间中，ABM 通常遵循以下顺序：（1）每个个体依据其行为规则和当前环境进行行动；（2）世界根据所有个体的行为汇总而发生改变；（3）个体针对新环境做出反应，如此反复。值得注意的是，ABM 中的网络并不是预设的，而是允许个体通过他们的集体互动来自我构建网络。因此，尽管之前讨论的网络模型具有更高的预测性，但 ABM 可能更接近现实，更具偶然性，更令人惊讶。在这种情况下，传统博弈论者研究了如囚徒困境（Axelrod, 1984, 1997）等场景，并在使用不同策略的个体中寻找"演化稳定策略"（这与均衡概念相似）。有了 ABM，我们就能发现一些通过微分方程无法预测的非均衡动态，包括一个简单的两人游戏的混乱结果（Sato et al., 2002）、拥有记忆的个体的行为转变（Andersen and Sornette，2003），或者个体在小世界网络上竞争有限资源的结果（Anghel et al., 2004; Bentley et al., 2005）。

莱克（1999）的研究是 ABM 应用的经典示例，他利用 ABM 来解决艾莱岛（位于南赫布里底群岛）的第一批采集者是否为寻找榛子而探索该岛的问题。他利用现有的数据，如花粉记录和现代土壤地图，为约 7 000 年前该岛的气候、植被和土壤分布构建了一个 GIS 模型，以及榛子树的分布模型（Lake, 1999）。在莱克的模型中，每个个体代表一个由四名采集者组成的家庭。虽然莱克（1999）在他们的决策中考虑了许多其他变量，如风险承受能力，但模型中的采集者基本上是寻找那些拥有比他们当前所在地更多榛子的 GIS 单元。这些个体能记住他们所看到的，而且会定期分享信息。如果个体使用人工制品，便会留下可追溯的痕迹。由于模型的结果与艾莱岛中石器时代遗址的考古学分布不一致，因此莱克（1999）得出结论，认为榛子并不是采集者拓殖该岛的主要动机。

　　众多在考古学中应用 ABM 的先驱，都已将其用于模拟美国西南部阿纳萨齐（Anasazi）村庄的形成（Kohler et al., 1999; Dean et al., 1999; Axtell et al., 2002）。这些阿纳萨齐模型的古环境景观充分利用了该地区极其详细的年代学、地貌学、古生物学和考古学数据。在 ABM 模型中，个体代表家庭，其产出与阿纳萨齐从公元 800 年到 1300 年的真实历史情况相吻合（Axtell et al., 2002）。至于未来的应用，博古茨基（Bogucki, 2000, 2003）认为，新石器时代农业在欧洲中北部的传播可以被视为一种复杂的适应性演变，这需要我们采用 ABM 方法。

　　ABM 在社会科学领域的应用具有革命性的影响，原因主要有三（Bankes, 2002a; Bonabeau, 2002）：（1）ABM 不依赖于平衡性、常态性和线性等旧有假设，这些已在前文中讨论过；（2）ABM 能够呈现突发性的现象；（3）与泛化的数学方法相比，ABM 是描述社会系统的一种更自然的方式，因为它模拟了个体的行为。由于这与我们观察现实世界的水平相当，因此 ABM 使我们能够使用更广泛的社会学和人类学数据。阿克斯特尔等（Axtell et al., 2002）通过改变一些参数，如死亡年龄、生育年龄范围和个体之间分裂成小团体的概率，为他们的阿纳萨齐模型增加了更多的异质性，从而使其更贴近实际历史。ABM 可以非常详细和复杂，因此在事件发生的一般方式上可以是现实的。然而，过多的细节有可能导致建模过度复杂，这不仅无助于使模型更接近现实，而且可能导致建模者只看到自己想看到的结果（Inchiosa and Parker, 2002）。此外，ABM 不应被误认为是现实的再现，模型结果和观察到的数据之间的对应关系总是缺乏等价性；也就是说，它提供了许多可能的解释，而不是单一的、确定的解释（McGlade, 2003）。人们常说，可能的棋局数量超过了宇宙中的原子数量，因此，无论是一局棋还是几百局棋，都无法预测下一局的结果。同样的逻辑也适用于 ABM。一个优秀的 ABM 通过与现实的类比来进行解释，而不是预测显示。由于我们用计算机建模的任何系统本质上都是对真实过程的符号化表示，因此仅以将模型与简化的数据进行对比作为一种科学"测试"是自相矛盾的（Baker, 1999）。

结论

后现代主义者尽管对自然科学如物理学的成功表示认可，但在解释大脑、演化和生态等复杂开放系统的问题上，他们认为自然科学可能会面临巨大困难，甚至可能无法解决（Hesse, 1995）。然而，这些难题正是复杂性理论试图解决的。宾特里夫（1997；参见本书第 10 章）认为，复杂性科学融合了文化历史和自然历史的方法，前者强调历史的不可逆转性，后者关注循环性的过程，从而将过去和现在的研究有机结合起来。计算机模拟的最新进展使我们能够关注可逆的和历史性的进程，因为在现代计算技术出现之前，ABM 所需的计算量是无法实现的（Low, 2000）。在不试图预测复杂系统的确切轨迹的情况下，复杂性科学的目标是理解它们的涌现性和系统特性变化的影响。ABM 可以被多次修正和重新运行。科勒和范韦斯特（Kohler and Van West, 1996）利用民族考古学研究来评估他们的模型假设，例如假设家庭是一个适当的分析单位，在生产力高的情况下，家庭是否会与邻居分享物品。通过将 ABM 的涌现性与现实世界中的民族考古学评估进行比较，可以判断操作这些模型的规则是否正确。

复杂性理论提供了一个重要的启示，即人与人之间的互动至少与外部环境所定义的客观限制同样重要。在经济理论中，复杂性理论（即经济物理学）对理性、效用最大化和最优行为等概念的有效性提出了挑战（Keen, 2003; Ormerod, 1998, 2005）。文化演化并不仅限于亲子之间的传播。正如内夫（Neff, 2000:427）所指出的，进化考古学的一个弱点是： *263*
"物质文化的重大变化——其中许多在考古记录中留下了明显的信号——往往在不到一代人的时间内发生……由于文化传播不需要生物繁殖，后者几乎不太重要。"因此，复杂性方法允许我们调整过于侧重于垂直（从父母到子女）文化传播和等级制度的方法，以容纳水平（不相关的同时代人之间）文化传播和平级制度（Crumley, 1995）。

最后，复杂性方法在现实世界中具有实用价值。例如，博纳博（Bonabeau, 2002）以及阿克塞尔罗德和科恩（Axelrod and Cohen, 1999）利用复杂性理论来指导现代经济的商业管理。ABM 使我们对群体控制有了更深的理解，我们可以模拟人们的从众本能，从而设计出更优秀的建筑物防火安全通道（Helbing et al., 2000）。ABM 还可以被应用于公共政策（Carley, 2002; Bankes, 2002b; Lempert, 2002）、中央政权的社会控制（Cederman, 2002; Epstein, 2002）、群体控制（Helbing et al., 2000）、市场营销和新技术的传播（Arenas et al., 2001; Guardiola et al., 2002; Bonabeau, 2002），以及人类组织的博弈论方法（Macy and Flache, 2002; Danielson,

2002）等社会科学问题。

复杂性理论对大型跨学科研究项目产生了巨大影响，并已经渗透到现代考古学研究中。美国国家科学基金会的"环境生物复杂性"研究项目就是为了研究生态系统的动态复杂性而设立的。"生物复杂性"是指全球生态系统的各个组成部分（生物、物理、化学和人类）相互作用时产生的惊人的动态关系网络。环境生物复杂性研究项目旨在为我们提供有关自然过程和循环、人类在自然界的行为和决策，以及如何有效利用新技术来观察环境和维持地球生命多样性的更全面的理解（NSF 03-597）。该项目特别要求研究人员考虑以下几点（NSF 01-34）：

- 对生态和社会系统的阈值和非线性进行研究，强调理论和实证研究将人类和生物地理过程与生态系统及其他形式的自然资源相联系。

- 探索未来模式和事件对自然资源、生态和地理物理服务的需求及影响，包括改进跨空间和时间尺度预测的跨学科工作。

- 研究人类定居、迁移、城市发展、生态演替和气候变化对土地利用和植被模式及其历史遗留问题的影响。

- 进行针对各种不稳定环境的模型开发和测试，包括对不确定性的多元处理。

- 探究获取科学信息或信息不足在环境公正中的作用，以及向传统上的弱势群体传播科学信息的最有效途径。

在"自然与人类的耦合动态系统"的子标题下，有一些长期研究项目，其中包括由考古学家领导的一些项目。这些项目包括蒂姆·科勒在美国西南部的项目、帕特里克·基尔希在夏威夷的项目，以及本·菲茨休（Ben Fitzhugh）在千岛群岛的项目和赫伯特·D.G. 马施纳在东阿留申群岛的项目等。这些项目获得了 100 万～ 200 万美元的资金支持，使得考古学家能够将精密的复杂系统模型与来自考古学、人类学、生态学、历史学、地质学、气候学、海洋学和其他学科的数据结合起来，这在过去是无法实现的。此外，由于这些数据是在多个空间和时间尺度上生成的，具有不同程度的模糊性或准确性，因此只有复杂系统方法才能处理这些各异的问题。

考古学家对复杂性科学的兴趣日益浓厚，因为它被专门用于研究相互作用的系统，而这正是所有人类社会的情况（Kohler, 1993; McGlade, 1995; Kohler and Van West, 1996; Haas, 1998; Bintliff, 1999; Kohler et al., 1999; Bogucki, 2000; Bentley and Maschner, 2001; Axtell et al., 2002）。在美国，圣塔菲研究所经常讨论考古学问题；在英国，伦敦大学学院设有文化多样性演变中心，其研究重点是复杂性科学在考古学中的应用。考古学界对此领域的评论也越来越多，包括本特利和马施纳的《复杂系统与考古学》。在考古学之外，菲利普·鲍尔（Philip Ball）写了一本关于复杂性理论如何应用于人类社会的详尽且通俗易懂的著作《临界质量》（*Critical* *Mass*），对认为本章过于简略的读者来说，这本书会是个很好的补充。对复杂网络更感兴趣的读者，可以阅读邓肯·沃茨的《六度分隔》（*Six Degrees*），或者埃文斯（Evans, 2004）对网络和社会理论的评论。对复杂性理论如何改变经济理论感兴趣的读者，可以阅读保罗·奥默罗德（Paul Ormerod）的《为什么大多数事情会失败》（*Why Most Things Fail*）。

264

参考文献

Abul-Magd, A. Y. 2002. Wealth distribution in an ancient Egyptian society. *Physical Review E* 66: 57–104.

Adamic, Lada A., and Bernardo A. Huberman. 2000. The nature of markets on the World Wide Web. *Quarterly Journal of Electronic Commerce* 1: 5–12.

Albert, Reka, and Albert-László Barabási. 2002. Statistical mechanics of complex networks. *Reviews of Modern Physics* 74: 47–97.

Albert, Reka, Hawoong Jeong, and Albert-László Barabási. 1999. Internet: Diameter of the World Wide Web. *Nature* 401: 130.

———. 2000. Error and attack tolerance of complex networks. *Nature* 406: 378–382.

Altman, Jon, and Nicolas Peterson. 1987. Rights to game and rights to cash among contemporary Australian hunter-gatherers. In T. Ingold, D. Riches, and J. Woodburn, eds., *Hunters and gatherers*, vol. 2, *Property, power, and ideology*, 75–94. Oxford: Berg.

Amaral, Luis A. Nunes, Sergey V. Buldyrev, Shlomo Havlin, Michael A. Salinger, and H. Eugene Stanley. 1998. Power law scaling for a system of interacting units with complex internal structure. *Physical Review Letters* 80: 1385–1388.

Andersen, J. Vitting, and Dieter Sornette. 2003. The $-game. *European Physics Journal B* 31: 141–145.

Anderson, Philip W. 1972 More is different. *Science* 177: 393–396.

Andersson, Claes, Alexander Hellervik, Kristian Lindgren, Anders Hagson, and Jonas Tornberg. 2003. The urban economy as a scale-free network. *Physical Review E* 68: 036124.

Anghel, Marian, Zoltán Toroczkai, Kevin E. Bassler, and Gyorgy Korniss. 2004. Competition-driven network dynamics: Emergence of a scale-free leadership structure and collective efficiency. *Physical Review Letters* 92: 058701.

Arenas, Alex, Albert Diaz-Guilera, Conrad J. Perez, and Fernando Vega-Redondo. 2000. Self-organized evolution in a socioeconomic environment. *Physical Review E* 61: 3466–3469.

Arthur, W. Brian. 1999. Complexity and the economy. *Science* 284: 107–109.

Ashbee, Paul. 1970. *The earthen long barrow in Britain*. London: Dent.

Atkinson, Anthony B., and Allan J. Harrison. 1978. *Distribution of personal wealth in Britain*. Cambridge: Cambridge University Press.

Axelrod, Robert. 1984. *The evolution of cooperation*. New York: Basic.

———. 1997. The dissemination of culture: A model with local convergence and global polarisation. *Journal of Conflict Resolution* 41: 203–226.

Axelrod, Robert, and Michael D. Cohen. 1999. *Harnessing complexity: Organizational implications of a scientific frontier*. New York: Free Press.

Axtell, Robert L. 2001. Zipf distribution of U.S. firm sizes. *Science* 293: 1818–1820.

Axtell, Robert L., Joshua M. Epstein, Jeffery S. Dean, George J. Gumerman, Alan C. Swedlund, Jason N. Harburger, Shubha Chakravarty, Ross Hammond, Jon Parker, and Miles Parker. 2002. Population growth and collapse in a multiagent model of the Kayenta Anasazi in Long House Valley. *Proceedings of the National Academy of Sciences USA* 99: 7275–7279.

Bak, Per. 1996. *How nature works: The science of self-organized criticality*. New York: Springer-Verlag.

Bak, Per, and Kan Chen. 1991. Self-organized criticality. *Scientific American* 264(1): 46–53.

Bak, Per, Chao Tang, and Kurt Wiesenfeld. 1987. Self-organized criticality: An explanation of 1/f noise. *Physical Review Letters* 59: 381–384.

Baker, Victor R. 1999. Geosemiosis. *GSA Bulletin* 111: 633–645.

Ball, Philip. 2004. *Critical mass: How one thing leads to another*. Portsmouth, NH: Heinemann.

Bankes, Steven C. 2002a. Agent-based modeling: A revolution? *Proceedings of the National Academy of Sciences USA* 99: 7199–7200.

———. 2002b. Tools and techniques for developing policies for complex and uncertain systems. *Proceedings of the National Academy of Sciences USA* 99: 7263–7266.

Barabási, Albert-László. 2002. *Linked: The new science of networks*. Cambridge, MA: Perseus.

———. 2005. Network theory: The emergence of the creative enterprise. *Science* 308: 639–641.

Barabási, Albert-László, and Reka Albert. 1999. Emergence of scaling in random networks. *Science* 286: 509–512.

Barabási, Albert-László, Erzsébet Ravasz, and Tamás Vicsek. 2001. Deterministic scale-free networks. *Physica A* 299:559–564.

Barabási, Albert-László, Hawoong Jeong, Erzsébet Ravasz, Zoltan Néda, Tamás Vicsek, and Andras Schubert. 2002. Evolution of the social network of scientific collaborations. *Physica A* 311: 590–614.

Barnard, Alan, and James Woodburn. 1987. Property, power, and ideology in hunter-gathering societies: An introduction. In T. Ingold, D. Riches, and J. Woodburn, eds., *Hunters and gatherers*, vol. 2, *Property, power, and ideology*, 4–31. Oxford: Berg.

Barrow, John. 2003. Glitch! *New Scientist,* June 7, 2003.

Batty, Michael. 1997. Predicting where we walk. *Nature* 388: 19–20.

Bell, James A. 1994. *Reconstructing prehistory: Scientific method in archaeology.* Philadelphia: Temple University Press.

Bentley, R. Alexander. 2003a. An introduction to complex systems. In R. A. Bentley and H. D. G. Maschner, eds., *Complex systems and archaeology,* 9–23. Salt Lake City: University of Utah Press.

———. 2003b. Scale-free network growth and social inequality. In R. A. Bentley and H. D. G. Maschner, eds., *Complex systems and archaeology,* 27–42. Salt Lake City: University of Utah Press.

Bentley, R. Alexander, Matthew W. Hahn, and Stephen J. Shennan. 2004. Random drift and culture change. *Proceedings of the Royal Society B* 271: 1443–1450.

Bentley, R. Alexander, Mark W. Lake, and Stephen J. Shennan. 2005. Specialization and wealth inequality in a model of a clustered economic network. *Journal of Archaeological Science* 32: 1346–1356.

Bentley, R. Alexander, and Herbert D. G. Maschner. 1999. Subtle criticality in popular album charts. *Advances in Complex Systems* 2: 197–208.

———. 2000. A growing network of ideas. *Fractals* 8: 227–237.

———. 2001. Stylistic evolution as a self-organized critical phenomenon. *Journal of Archaeological Method and Theory* 8: 35–66.

Bentley, R. Alexander, and Herbert D. G. Maschner (eds.). 2003a. *Complex systems and archaeology.* Salt Lake City: University of Utah Press.

Bentley, R. Alexander, and Herbert D. G. Maschner. 2003b. Avalanches of ideas. In *Complex systems and archaeology,* 61–73. Salt Lake City: University of Utah Press.

Bentley, R. Alexander, and Stephen J. Shennan. 2003. Cultural transmission and stochastic network growth. *American Antiquity* 68: 459–485.

———. 2005. Random copying and cultural evolution. *Science* 309: 877–879.

Bianconi, Ginestra, and Albert-László Barabási. 2001. Competition and multiscaling in evolving networks. *Europhysics Letters* 54: 436–442.

Binford, Lewis R. 1981. Behavioral archaeology and the "Pompeii premise." *Journal of Anthropological Research* 37: 195–208.

———. 1985. "Brand X" versus the recommended product. *American Antiquity* 50: 580–590.

———. 1986. In pursuit of the future. In D. J. Meltzer, D. D. Fowler, and J. A. Sabloff, eds., *American archaeology past and future: A celebration of the Society for American Archaeology 1935–1985,* 459–479. Washington, DC: Smithsonian Institution Press.

Bintliff, John L. 1997. Catastrophe, chaos, and complexity: The death, decay, and rebirth of towns from antiquity to today. *Journal of European Archaeology* 52: 67–90.

———. 1999. Structure, contingency, narrative, and timelessness. In *Structure and contingency: Evolutionary processes in life and human society,* 132–148. London: Leicester University Press.

———. 2003. Searching for structure in the past: Or was it "one damn thing after another"? In R. A. Bentley and H. D. G. Maschner, eds., *Complex systems and archaeology,* 79–83. Salt Lake City: University of Utah Press.

Blanton, Richard E., Gary M. Feinman, Stephen A. Kowalewski, and Peter N. Peregrine. 1996. A dual-processual theory for the evolution of Mesoamerican civilization. *Current Anthropology* 37: 1–14.

Bodley, John H. 1999. Socioeconomic growth, culture scale, and household well-being: A test of the power-elite hypothesis. *Current Anthropology* 40: 595–620.

Bogucki, Peter. 2000. How agriculture came to north-central Europe. In T. D. Price, ed., *Europe's First Farmers,* 197–218. Cambridge: Cambridge University Press.

———. 2003. The Neolithic settlement of riverine interior Europe as a complex adaptive system. In R. Alexander Bentley and Herbert D. G. Maschner, eds., *Complex systems and archaeology,* 93–102. Salt Lake City: University of Utah Press.

Bonabeau, Eric. 2002. Agent-based modeling: Methods and techniques for simulating human systems. *Proceedings of the National Academy of Sciences USA* 99: 7280–7287.

Bouchaud, Jean-Philippe, and Marc Mézard. 2000. Wealth condensation in a simple model of economy. *Physica A* 282: 536–545.

Bourdieu, Pierre. 1977. *Outline of a theory of practice.* Cambridge: Cambridge University Press.

Bowles, Samuel, and Herbert Gintis. 1993. The revenge of *Homo economicus:* Contested exchange and the revival of political economy. *Journal of Economic Perspectives* 7: 83–102.

Brockmann, Dirk, Lars Hufnagel, and Theo Geisel. 2006. The scaling laws of human travel. *Nature* 439: 462–465.

Broder, Andrei, Ravi Kumar, Farzin Maghoul, Prabhakar Raghavan, Sridhar Rajalopagan, Raymie Stata, Andrew Tomkins, and Janet Wiener. 2000. Graph structure in the Web. *Computer Networks* 33: 309–320.

Bronk-Ramsey, Christopher. 2003. Punctuated dynamic equilibria: A model for chronological analysis. In R. Alexander Bentley and Herbert D. G. Maschner, eds., *Complex systems and archaeology,* 85–92. Salt Lake City: University of Utah Press.

Brown, Clifford T. 2001. The fractal dimensions of lithic reduction. *Journal of Archaeological Science* 28: 619–631.

Brown, Clifford T., and Walter R. T. Witschey. 2003. The fractal geometry of ancient Maya settlement. *Journal of Archaeological Science* 30: 1619–1632.

Buchanan, Mark. 2001. *Ubiquity: The science of history: Or why the world is simpler than we think.* New York: Crown.

Carley, Kathleen M. 2002. Computational organization science: A new frontier. *Proceedings of the National Academy of Sciences USA* 99: 7257–7262.

266 Carneiro, Robert L. 1970. A theory of the origin of the state. *Science* 169: 733–738.

———. 2000. The transition from quantity to quality: A neglected causal mechanism in accounting for social evolution. *Proceedings of the National Academy of Sciences USA* 97: 12926–12931.

Castellano, Claudio, Matteo Marsili, and Alessandro Vespignani. 2000. Nonequilibrium phase transition in a model for social influence. *Physical Review Letters* 85: 3536–3539.

Cederman, Lars-Erik. 2002. Endogenizing geopolitical boundaries with agent-based modeling. *Proceedings of the National Academy of Sciences USA* 99: 7296–7303.

Clarke, David. 1973. Archaeology: The loss of innocence. *Antiquity* 47: 6–18.

Clarke, David (ed.). 1972. *Models in archaeology*. London: Methuen.

Conte, Rosaria, Rainer Hegselmann, and Pietro Terna (eds.). 1997. *Simulating social phenomena*. Berlin: Springer-Verlag.

Crumley, Carole L. 1995. Heterarchy and the analysis of complex societies. In Robert M. Ehrenreich, Carole L. Crumley, and Janet E. Levy, eds., *Heterarchy and the analysis of complex societies*, 1–6. Arlington, VA: American Anthropological Association.

Danielson, Peter. 2002. Competition among cooperators: Altruism and reciprocity. *Proceedings of the National Academy of Sciences USA* 99: 7237–7242.

Dean, Jeffrey S., George J. Gumerman, Joshua M. Epstein, Robert L. Axtell, Alan C. Swedlund, Miles T. Parker, and Steven McCarroll. 1999. Understanding Anasazi culture change through agent-based modeling. In T. A. Kohler and G. J. Gumerman, eds., *Dynamics in human and primate societies*, 179–205. Oxford: Oxford University Press.

De Fabritiis, G., F. Pammolli, and M. Riccaboni. 2003. On size and growth of business firms. *Physica A* 324: 38–44.

Dennett, Daniel C. 1995. *Darwin's dangerous idea*. New York: Simon & Schuster.

Diamond, Jared. 2005. *Collapse: How societies choose to fail or succeed*. New York: Viking.

Dietler, Michael, and Ingrid Herbich. 1998. Habitus, techniques, style: An integrated approach to the social understanding of material culture and boundaries. In M. T. Stark, ed., *The archaeology of social boundaries*, 231–263. Washington, DC: Smithsonian Institution Press.

Drennan, Robert D., and Christine E. Peterson. 2004. Comparing archaeological settlement systems with rank-size graphs: A measure of shape and statistical confidence. *Journal of Archaeological Science* 31: 533–549.

Dunnell, Robert C. 1980. Evolutionary theory in archaeology. In M. B. Schiffer, ed., *Archeological method and theory* 3:35–99. New York: Academic.

———. 1992. Archaeology and evolutionary science. In L. Wandsnider, ed., *Quandaries and quests: Visions of archaeology's future*, 209–224. Center for Archaeological

investigations Occasional Paper 20. Carbondale: Southern Illinois University.

Durkheim, Emile [1895] 2004. What is a social fact? In R. J. McGee and R. L. Warms, eds., *Anthropological theory: An introductory history*, 85–91. New York: McGraw-Hill.

Dyson-Hudson, N. 1966. *Karimojong politics*. Oxford: Clarendon.

Eldredge, Niles, and Stephen J. Gould. 1972. Punctuated equilibria: An alternative to phyletic gradualism. In T. J. M. Schopf, ed., *Models in paleobiology*, 82–115. San Francisco: Freeman, Cooper.

Epstein, Joshua M. 2002. Modeling civil violence: An agent-based computational approach. *Proceedings of the National Academy of Sciences USA* 99: 7243–7250.

Erwin, Douglas H., and David C. Krakauer. 2004. Insights into innovation. *Science* 304: 1117–1119.

Farkas, Illés, Dirk Helbing, and Tamás Vicsek. 2002. Mexican waves in an excitable medium. *Nature* 419: 131–132.

Ferrer i Cancho, R., and R. V. Solé. 2001. The small world of human language. *Proceedings of the Royal Society B* 268: 2261–2265.

Flannery, Kent V. 1967. Culture history vs. cultural process: A debate in American archaeology. *Scientific American* 217(2): 119–122.

———. 1968. Archaeological systems theory and early Mesoamerica. In B. Meggers, ed., *Anthropological archaeology in the Americas*, 67–87. Washington, DC: Anthropological Society of Washington.

———. 1986. A visit to the master. In Guila Naquitz, ed., *Archaic foraging and early agriculture in Oaxaca, Mexico*, 511–519. New York: Academic.

Fratkin, Elliot M. 1989. Household variation and gender inequality in Ariaal Rendille pastoral production: Results of a stratified time allocation survey. *American Anthropologist* 91: 45–55.

———. 1999. Reply to Salzman. *Current Anthropology* 40: 46–47.

Fritz, John M., and Fred T. Plog. 1970. The nature of archaeological explanation. *American Antiquity* 35: 405–412.

Gell-Mann, Murray. 1994. *The quark and the jaguar: Adventures in the simple and the complex*. New York: Freeman.

Gibrat, Robert. 1933. *Les inégalités economiques*. Paris: Sirey.

Gilbert, G. Nigel, and Rosaria Conte. 1995. *Artificial Societies: The Computer Simulation of Social Life*. London: UCL Press.

Gilbert, G. Nigel, and Jim Doran (eds.). 1994. *Simulating societies: The computer simulation of social phenomena*. London: UCL Press.

Gilbert, G. Nigel, and Klaus G. Troitzsch. 1999. *Simulation for the social scientist*. Buckingham, UK: Open University Press.

Gladwell, Malcolm. 2000. *The tipping point*. New York: Little, Brown.

Gleick, James. 1987. *Chaos: Making a new science*. New York: Viking.

57 Gould, Richard A. 1985. The empiricist strikes back: Reply to Binford. *American Antiquity* 50: 638–644.

———. 2005. The wreck of the barque North Carolina, Bermuda, 1880: An underwater crime scene? *American Antiquity* 70: 107–128.

Granovetter, Mark. 2003. Ignorance, knowledge, and outcomes in a small world. *Science* 301: 73–74.

Guardiola, Xavier, Albert Diaz-Guilera, Conrad J. Perez, Alex Arenas, and Mateu Llas. 2002. Modelling diffusion of innovations in a social network. *Physical Review E* 66: 026121.

Guimerà, Roger, Brian Uzzi, Jarret Spiro, and Luis A. Nunes Amaral. 2005. Team assembly mechanisms determine collaboration network structure and team performance. *Science* 308: 697–702.

Haas, Jonathan. 1998. A brief consideration of cultural evolution: Stages, agents, and tinkering. *Complexity* 3:12–21.

Hahn, Matthew W., and R. Alexander Bentley. 2003. Drift as a mechanism for cultural change: An example from baby names. *Proceedings of the Royal Society B* 270: S1–S4.

Hannon, B., and M. Ruth Hannon. 1997. *Modeling dynamic biological systems.* New York: Springer-Verlag.

Hawkes, Jacquetta. 1968. The proper study of mankind. *Antiquity* 42: 255–262.

Helbing, Dirk, Illes Farkas, and Tamás Vicsek. 2000. Simulating dynamical features of escape panic. *Nature* 407: 487–490.

Helbing, Dirk, Joachim Keltsch, and Peter Molnar. 1997. Modelling the evolution of human trail systems. *Nature* 388: 47–49.

Henrich, Joe, and Robert Boyd. 2001. Why people punish defectors: Weak conformist transmission can stabilize costly enforcement of norms in cooperative dilemmas. *Journal of Theoretical Biology* 208: 79–89.

Henrich, Joe, and Francisco J. Gil-White. 2001. The evolution of prestige: Freely conferred deference as a mechanism for enhancing the benefits of cultural transmission. *Evolution and Human Behavior* 22: 165–196.

Herzog, Harold A., R. Alexander Bentley, and Matthew W. Hahn. 2004. Random drift and large shifts in popularity of dog breeds. *Proceedings of the Royal Society B* 271: S353–S356.

Hesse, Mary. 1995. Past realities. In I. Hodder, ed., *Interpreting archaeology: Finding meaning in the past,* 45–47. New York: Routledge.

Hodder, Ian. 1979. Simulating the growth of hierarchies. In C. Renfrew and K. L. Cooke, eds., *Transformations: Mathematical approaches to culture change,* 117–144. London: Academic.

———. 1982. *The present past.* London: Batsford.

Hodder, Ian, and Clive Orton. 1976. *Spatial analysis in archaeology.* Cambridge: Cambridge University Press.

Holland, John. 1998. *Emergence: From chaos to order.* Reading, MA: Addison-Wesley.

Huberman, Bernardo A., and Lada A. Adamic. 1999. Growth dynamics of the World-Wide Web. *Nature* 401: 131.

Huberman, Bernardo A., Peter L. T. Pirolli, James E. Pitkow, and Rajan M. Lukose. 1998. Strong regularities in World Wide Web surfing. *Science* 280: 95–97.

Inchiosa, Mario E., and Miles T. Parker. 2002. Overcoming design and development challenges in agent-based modeling using ASCAPE. *Proceedings of the National Academy of Sciences USA* 99: 7304–7308.

Jensen, Henrik J. 1998. *Self-organized criticality: Emergent complex behavior in physical and biological systems.* Cambridge Lecture Notes in Physics 10. Cambridge: Cambridge University Press.

Jeong, Hawoong, Zoltan Néda, and Albert-László Barabási. 2003. Measuring preferential attachment in evolving networks. *Europhysics Letters* 61: 567–572.

Johnson, Gregory A. 1982. Organizational structure and scalar stress. In C. Renfrew, M. J. Rowlands, and B. A. Segraves, eds., *Theory and explanation in archaeology,* 389–421. New York: Academic.

Kauffman, Stuart A. 1993. *The origins of order: Self-organization and selection in evolution.* Oxford: Oxford University Press.

———. 1994. Whispers from Carnot. In G. A. Cowan, D. Pines, and D. Meltzer, eds., *Complexity: Metaphors, models, and reality,* 83–136. Boulder: Westview.

———. 1995. *At home in the universe.* Oxford: Oxford University Press.

———. 2000. *Investigations.* Oxford: Oxford University Press.

Keen, Steve. 2003. Standing on the toes of giants: Why econophysics must be careful of the economic foundations on which it builds. *Physica A* 324: 108–116.

Kenoyer, J. Mark. 1995. Interaction systems, specialized crafts, and culture change: The Indus Valley tradition and the Indo-Gangetic tradition in South Asia. In G. Erdosy, ed., *Language, material culture, and ethnicity: The Indo-Aryans in ancient South Asia,* 213–257. Berlin: De Gruyter.

———. 1998. *Ancient cities of the Indus valley civilization.* New York: Oxford University Press.

Klejn, Leo S. 1973. Marxism: The systemic approach and archaeology. In C. Renfrew, ed., the *Explanation of culture change: Models in prehistory,* 699–710. London: Duckworth.

Kochen, M. (ed.). 1989. *The small world.* Norwood, NJ: Ablex.

Kohler, Timothy A. 1993. News from the North American Southwest: Prehistory on the edge of chaos. *Journal of Archaeological Research* 1: 267–321.

Kohler, Timothy A., J. Kresl, Carla Van West, E. Carr, and R. H. Wilshusen. 1999. Be there then: A modeling approach to settlement determinants and spatial efficiency among late ancestral Pueblo populations of the Mesa Verde region, U.S. Southwest. In T. A. Kohler and G. J. Gumerman, eds., *Dynamics in human and primate societies: Agent-based modeling of social and spatial processes,* 145–178. Oxford: Oxford University Press.

Kohler, Timothy A., M. Van Pelt, and L. Yap. 2000. Considerations for a study of the pre-Hispanic pueblo world. In B. J.

268 Mills, ed., *Alternative leadership strategies in the pre-Hispanic Southwest*, 180–206. Tucson: University of Arizona Press.

Kohler, Timothy A., and Carla Van West. 1996. The calculus of self-interest in the development of cooperation: Sociopolitical development and risk among the northern Anasazi. In J. A. Tainter and B. B. Tainter, eds., *Evolving complexity and environmental risk in the prehistoric Southwest*, 171–198. Boulder: Westview.

Laherrere, Jean, and Didier Sornette. 1998. Stretched exponential distributions in nature and economy: "Fat tails" with characteristic scales. *European Physical Journal B* 2: 525–539.

Lake, Mark W. 1999. MAGICAL computer simulation of Mesolithic foraging. In T. A. Kohler and G. J. Gumerman, eds., *Dynamics in human and primate societies: Agent-based modeling of social and spatial processes*, 107–144. Oxford: Oxford University Press.

Lempert, Robert J. 2002. A new decision sciences for complex systems. *Proceedings of the National Academy of Sciences USA* 99: 7309–7313.

Lewis, Ioan M. 1963. Dualism in Somali notions of power. *Journal of the Royal Anthropological Institute of Great Britain and Ireland* 93:109–116.

Liljeros, Fredrik Christofer, R. Edling, Luís A. Nunes Amaral, H. Eugene Stanley, and Yvonne Aberg. 2001. The web of human sexual contacts. *Nature* 411: 907–908.

Low, David J. 2000. Following the crowd. *Nature* 407: 465–466.

Lux, Thomas, and Michele Marchesi. 1999. Scaling and criticality in a stochastic multi-agent model of a financial market. *Nature* 397: 498–500.

Mace, Ruth. 1998. The coevolution of human fertility and wealth inheritance strategies. *Philosophical Transactions of the Royal Society of B* 353: 389–397.

Macy, Michael W., and Andreas Flache. 2002. Learning dynamics in social dilemmas. *Proceedings of the National Academy of Sciences USA* 99: 7229–7236.

Mandelbrot, Benoit B. 1960. The Pareto-Levy law and the distribution of income. *International Economic Review* 1:79–106.

Maschner, Herbert D. G. 2000. Catastrophic change and regional interaction: The Southern Bering Sea in a dynamic world system. In Martin Appelt, Joel Berglund, and Hans Christian Gulløv, eds., *Identities and cultural contacts in the Arctic*, 252–265. Copenhagen: Danish National Museum and Danish Polar Center.

Maschner, Herbert D. G., and R. Alexander Bentley. 2003. The power law of rank and household on the north Pacific. In R. Alexander Bentley and Herbert D. G. Maschner, eds., *Complex systems and archaeology*, 47–60. Salt Lake City: University of Utah Press.

McGlade, James, 1995. Archaeology and the ecodynamics of human modified landscapes. *Antiquity* 69: 113–132.

———. 2003. The map is not the territory: Complexity, complication, and representation. In R. A. Bentley and H.

D. G. Maschner, eds., *Complex systems and archaeology*, 111–119. Salt Lake City: University of Utah Press.

McGlade, James, and Sander E. Van Der Leeuw. 1997. Introduction: Archaeology and non-linear dynamics: New approaches to long-term change. In S. E. Van Der Leeuw and J. McGlade, eds., *Time, process, and structured transformation in archaeology*, 1–31. London: Routledge.

Milgram, Stanley. 1967. The small world problem. *Psychology Today* 2: 60.

Mithen, Steven. 1989. Evolutionary theory and post-processual archaeology. *Antiquity* 63: 483–495.

Montroll, Elliot W., and Michael F. Shlesinger. 1982. On 1/f noise and other distributions with long tails. *Proceedings of the National Academy of Sciences USA* 79: 3380–3383.

Morgan, Charles G. 1973. Archaeology and explanation. *World Archaeology* 4: 259–276.

———. 1974. Explanation and scientific archaeology. *World Archaeology* 6: 133–137.

Nagatani, Takashi. 1996. Self-organized criticality in 1D traffic flow. *Fractals* 4: 279–283.

Nagel, Kai, and Hans J. Herrmann. 1993. Deterministic models for traffic jams. *Physica A* 2: 254–269.

National Science Foundation. 2001. Biocomplexity in the environment (BE): Integrated research and education in environmental systems. Program Solicitation NSF 01-34. www.nsf.gov/pubs/2001/nsf0134/nsf0134.pdf.

———. 2003. Biocomplexity in the environment (BE): Integrated research and education in environmental systems. Program Solicitation NSF 03-597. www.nsf.gov/pubs/2003/nsf03597/nsf03597.pdf.

Néda, Zoltan, Erzsébet Ravasz, Yves Brechet, Tamás Vicsek, and Albert-László Barabási. 2000. Self-organising processes: The sound of many hands clapping. *Nature* 403: 849–850.

Neff, Hector. 2000. Some common ground? *Current Anthropology* 41: 427–429.

Neiman, Fraser D. 1995. Stylistic variation in evolutionary perspective: Inferences from decorative density and interassemblage distance in Illinois Woodland and ceramic assemblages. *American Antiquity* 60: 7–36.

Newman, Mark E. J. 2000. The power of design. *Nature* 405: 412–413.

———. 2001. The structure of scientific collaboration networks. *Proceedings of the National Academy of Sciences USA* 98:404–409.

Newman, Mark E. J., and Duncan J. Watts. 1999. Scaling and percolation in the small-world network model. *Physical Review E* 60: 7332–7342.

Ormerod, Paul. 1998. *Butterfly economics: A new general theory of social and economic behavior*. London: Faber & Faber.

———. 2005. *Why most things fail: Evolution, extinction, and economics*. London: Faber & Faber.

Pareto, Vilfredo. 1907. *Manuel d'économie politique*. Paris: Giard et Briére.

Patrik, Linda E. 1985. Is there an archaeological record? In M. B. Schiffer, ed., *Advances in archaeological method and theory* 8: 27–62. Orlando, FL: Academic.

Plerou, Vasiliki, Luis A. Nunes Amaral, Parameswaran Gopikrishnan, Martin Meyer, and H. Eugene Stanley. 1999. Similarities between the growth dynamics of university research and of competitive economic activities. *Nature* 400: 433–437.

Possehl, Gregory, L. 1997. The transformation of the Indus civilization. *Journal of World Prehistory* 11: 425–472.

Preucel, Robert W., and Ian Hodder. 1996. *Contemporary archaeology in theory: A reader*. Oxford: Blackwell.

Pumain, Denise. 1997. City-size dynamics in urban systems. In S. E. Van Der Leeuw and J. McGlade, eds., *Time, process, and structured transformation in archaeology*, 97–117. One World Archaeology 26. London: Routledge.

Read, Dwight W. 2002. A multitrajectory, competition model of emergent complexity in human social organization. *Proceedings of the National Academy of Sciences USA* 99: 7251–7256.

Renfrew, Colin A. 1974. Commerce et société pendant la préhistoire. *La Récherche* 5: 846–852.

———. 1975. Trade as action at a distance: Questions of integration and communication. In J. A. Sabloff and C. C. Lamberg-Karlovsky, eds., *Ancient civilization and trade*, 3–59. Albuquerque: University of New Mexico Press.

———. 1978. Trajectory, discontinuity, and morphogenesis: The implications of catastrophe theory for archaeology. *American Antiquity* 43: 203–222.

Renfrew, Colin, and Paul Bahn. 1996. *Archaeology: Theories, methods, and practice*. London: Thames & Hudson.

Renfrew, Colin, and Kenneth L. Cooke (eds.). 1979. *Transformations: Mathematical approaches to culture change*. New York: Academic.

Roberts, David C., and Donald L. Turcotte. 1998. Fractality and self-organized criticality of wars. *Fractals* 6: 351–357.

Rosenberg, Michael. 1994. Pattern, process, and hierarchy in the evolution of culture. *Journal of Anthropological Archaeology* 13: 307–340.

Rowley-Conwy, Peter (ed.). 2002. Ancient ecodisasters. *World Archaeology* 33(3).

Sabloff, Jeremy A., Lewis R. Binford, and Patricia A. McAnany. 1987. Understanding the archaeological record. *Antiquity* 61: 203–209.

Sahlins, Marshall. 1961. The segmentary lineage: An organization of predatory expansion. *American Anthropologist* 63: 322–343.

Salmon, Wesley C. 1982. Causality in archaeological explanation. In C. Renfrew, M. Rowlands, and B. Seagraves, eds., *Theory and explanation in archaeology*, 45–55. New York: Academic.

Salzman, Philip C. 1999. Is inequality universal? *Current Anthropology* 40: 31–61.

Sato, Yuzuru, Eizo Akiyama, and J. Doyne Farmer. 2002. Chaos in a simple two-person game. *Proceedings of the National Academy of Sciences USA* 99: 4748–4751.

Schiffer, Michael B. 1972. Archaeological context and systemic context. *American Antiquity* 37: 156–165.

———. 2005. The devil is in the details: The cascade model of invention processes. *American Antiquity* 70: 485–502.

Schultes, Erik A. 2000. Presidential politics: Constrained by complexity? *Science* 290: 933–933.

Shanks, Michael, and Christopher Tilley. 1987. Positivism and the "New Archaeology". In M. Shanks and C. Tilley, eds., *Reconstructing archaeology*, 29–45. Cambridge: Cambridge University Press.

Shennan, Stephen J., and R. Alexander Bentley. 2007. Style, interaction, and demography among the earliest farmers of Central Europe. In M. J. O'Brien, ed., *Cultural Transmission in Archaeology*, Washington DC: Society for American Archaeology.

Solé, Ricard V., Bernat Corominas Murtra, Sergi Valverde, and Luc Steels. 2005. *Language networks: Their structure, function, and evolution*. Santa Fe Institute Working Paper 05-12-042.

Song, Chaoming, Shiomo Havlin, and Hermán A. Makse. 2005. Self-similarity of complex networks. *Nature* 433: 392–395.

Spencer, Herbert [1860] 2004. The social organism. In R. J. McGee and R. L. Warms, eds., *Anthropological theory: An introductory history*, 24–40. New York: McGraw-Hill.

Stanley, Michael H. R., Luis A. Nunes Amaral, Sergey V. Buldyrev, Shlomo Havlin, Heiko Leschhorn, Philipp Maass, Michael A. Salinger, and H. Eugene Stanley. 1996. Scaling behaviour in the growth of companies. *Nature* 379: 804–806.

Stewart, Ian. 2004. Networking opportunity. *Nature* 427: 601–604.

Strogatz, Stephen H. 2005. Romanesque networks. *Nature* 433: 365–366.

Surowiecki, James. 2004. *The wisdom of crowds*. New York: Random House.

Tainter, Joseph A. 1996. Prehistoric societies as evolving complex systems. In J. A. Tainter and B. B. Tainter, eds., *Evolving complexity and environmental risk in the prehistoric Southwest*, 171–198. Boulder: Westview.

Thom, Rene. 1975. *Structural stability and morphogenesis*. New York: Benjamin.

Tilley, Christopher. 1989. Archaeology as socio-political action in the present. In V. Pinsky and A. Wylie, eds., *Critical traditions in contemporary archaeology*, 104–115. Cambridge: Cambridge University Press.

Turcotte, Donald L. 1997. *Fractals and chaos in geology and geophysics*. Cambridge: Cambridge University Press.

———. 1999. Self-organized criticality. *Reports on Progress in Physics* 62: 1377–1430.

Vandewalle, Nicolas, and Marcel Ausloos. 1996. The screening of species in a Darwinistic tree-like model of evolution. *Physica D* 90: 262–270.

———. 1997. Construction and properties of fractal trees with tunable dimension: The interplay of geometry and physics. *Physical Review E* 55: 94–98.

Van Valen, Leigh. 1973. A new evolutionary law. *Evolutionary Theory* 1: 1–30.

Watson, Patty Jo, Steven A. LeBlanc, and Charles L. Redman. 1974. The covering law model in archaeology: Practical uses in formal interpretations. *World Archaeology* 6: 125–136.

Watts, Duncan J. 1999. *Small worlds: The dynamics of networks between order and randomness.* Princeton: Princeton University Press.

———. 2002. A simple model of global cascades on random networks. *Proceedings of the National Academy of Sciences USA* 99: 5766–5771.

———. 2003. *Six degrees: The science of a connected age.* London: Random House.

Watts, Duncan J., and S. H. Strogatz. 1998. Collective dynamics of "small-world" networks. *Nature* 393: 440–442.

Weiss, Harvey. 1993. The genesis and collapse of third millennium north Mesopotamian civilization. *Science* 261: 995–1004.

West, Bruce J., and William D. (Bill) Deering. 1995. *The lure of modern science: Fractal thinking.* London: World Scientific.

Wright, Henry, and Gregory A. Johnson. 1975. Population, exchange, and early state formation in southwestern Iran. *American Anthropologist* 77: 267–289.

Wylie, M. Alison. 1982. Epistemological issues raised by a structuralist archaeology. In I. Hodder, ed., *Symbolic and structural archaeology,* 39–46. Cambridge: Cambridge University Press.

Yook, Soon-Hyung, Hawoong Jeong, Yuhai Tu, and Albert-László Barabási. 2001. Weighted evolution networks. *Physical Review Letters* 86: 5835–5838.

Zipf, George K. 1949. *Human behavior and the principle of least effort.* Cambridge: Addison-Wesley.

Zvelebil, Marek, and Malcolm Lillie. 2000. The transition to agriculture in eastern Europe. In T. D. Price, ed., *Europe's first farmers,* 57–92. Cambridge: Cambridge University Press.

图书在版编目（CIP）数据

考古学理论手册 . 上 /（英）R. 亚历山大·本特利
（R. Alexander Bentley），（美）赫伯特·D. G. 马施纳
（Herbert D. G. Maschner），（英）克里斯托弗·奇彭代
尔（Christopher Chippindale）主编；陈胜前，陈国鹏
译 . -- 北京：中国人民大学出版社，2025. 6. -- ISBN
978-7-300-33723-4

Ⅰ . K85

中国国家版本馆 CIP 数据核字第 2025BU9252 号

考古学理论手册（上）

［英］R. 亚历山大·本特利（R. Alexander Bentley）
［美］赫伯特·D. G. 马施纳（Herbert D. G. Maschner）　　　主编
［英］克里斯托弗·奇彭代尔（Christopher Chippindale）

陈胜前　陈国鹏　译

Kaoguxue Lilun Shouce

出版发行	中国人民大学出版社			
社　址	北京中关村大街 31 号	**邮政编码**	100080	
电　话	010-62511242（总编室）	010-62511770（质管部）		
	010-82501766（邮购部）	010-62514148（门市部）		
	010-62511173（发行公司）	010-62515275（盗版举报）		
网　址	http://www.crup.com.cn			
经　销	新华书店			
印　刷	北京尚唐印刷包装有限公司			
开　本	890 mm × 1240 mm　1/32	**版　次**	2025 年 6 月第 1 版	
印　张	15.875 插页 4	**印　次**	2025 年 6 月第 1 次印刷	
字　数	371 000	**定　价**	239.00 元（上下册）	

守望者
The Catcher

阅读　你的生活

考古学
理论手册

Handbook of Archaeological Theories

下

[英] R. 亚历山大·本特利（R. Alexander Bentley）

[美] 赫伯特·D. G. 马施纳（Herbert D. G. Maschner）　　主编

[英] 克里斯托弗·奇彭代尔（Christopher Chippindale）

陈胜前　陈国鹏　译

中国人民大学出版社

·北京·

目　录

上

下

第三部分

研究的关注点

第 16 章　模拟社会

安德烈·科斯托普洛斯

（Andre Costopoulos）

计算机模拟的解释能力源于三个主要的因素。首先，它需要研究者建立关于所研究现象的模型。其次，它允许研究者在可变且可控的环境中进行结果比较。最后，正如吉尔伯特和哈梅尔（Gilbert and Hammel, 1966:72）所指出的，它为研究者创造了一个环境，使他们能够提出"如果……会怎样"的假设，并有希望得到一系列量化且具体的答案。

从问题到模型（model）再到模拟（simulation）

对社会系统及其演变的模拟依赖于两个基本假设：（1）社会变化会受到规则的制约，而非纯粹的历史或随机现象；（2）尽管具体规则可能随时间而有所变化，但这些变化是有序的，可被理解。因此，模拟极其适合于识别社会变化的规则和机制，以及回答社会系统是否真正具有系统性和受规则约束这一基本问题。如果模拟无法解释或无法复现社会系统的演变，那么这两个假设可能就是错误的。

当研究者进行如下思考时，他们就构建了一个模型："如果我理解了这里发生的事情，A_1 到 A_i 就会根据规则 f_1 到 f_i 进行互动，从而产生我观察到的现象。"构建现象的模型包括确定与观测结果相关的元素，然后提出调控这些元素间相互作用的规则。在这个意义上，建模与惠伦（1982:156）的"解释"概念是一致的。他认为，解释"既规定了相关的关键变量，也明确了这些变量间关系的具体形式"。理论解释涉及普遍适用的变量，而模型则明确了这些变量的值或范围，从而"根据这些变量间的给定关系确定模型的精确形式"（Whallon, 1982:156）。

模型是由对象和关系构成的系统，应能产生某种结果。好的模型应仅包含一组最基本的元素和关系，这些元素和关系应足以产生可观察到的结果。模型可以被视为关于世界各部分运作方式的一种或一系列假设。在计算机的辅助下，模拟就是用于检验这些假设的工具。通过在模型中引入时间维度，并观察对象间的互动，研究人员可以确定模拟结果是否与现实世界中观察到的某些现象具有共性。如果模拟结果与在现实世界中观察到的结果存在显著差异，那么这个模型在某些基础层面上必然是不准确的。这意味着所确定的元素和关系集可能不适当，或不足以复现所研究的现象。

研究社会系统的有效模型必须具有生成性，即设计出来的模型能够通过有限数量的抽象部分，通过特定的逻辑操作产生某些规律（Barth, 1966: v）。这些抽象部分的规模或互动性"可以发生变化，因此一个模型可以生成多种不同的形态"（Barth, 1966: v）。

描述性模型可能极富有启发性，有助于我们阐明和完善对研究对象的理解。但只有生成性模型能够用于假设检验，因为只有这类模型包括了可以观察到的、随时间推移而展开并产生结果的过程（即元素间的关系）。

生成性模型的另一个关键特性是它可能产生意料之外的结果。按照定义，描述性模型描述的是一个已知的结果，而生成性模型则必须在运行中观察，以确认是否会产生预期的结果。

当一个模型包含的关系可以随时间展开时，它就成了一个模拟。这种展开通常涉及计算，可以借助计算机进行。有些模拟甚至可以在没有计算机的情况下进行。例如，在石器技术复制研究中，研究者通常会确定一些元素和关系，并对结果进行可测试的预测。在这种情况下，模拟结果并非通过计算产生，而是通过物理力量的互动产生，这两种过程是等价的。如果物理实验的结果与从考古记录中观察到的实际结果不一致，那么研究者需要重新设定模型，并随时间推移再次观察其发展。

一些早期的人类学模拟实验验证了传统研究方法与计算机模拟的互补性，并证明了后者的有效性。1954 年，爱丽丝·布鲁斯（Alice Brues）使用她所谓的"实验计算"方法（Brues, 1954: 596）来检验关于 A-B-O 血型系统演化的假设。她使用计算器观察模拟的人群在两代之间基因频率的变化，并据此推断出时间的演变。到了 1963 年，布鲁斯更新了她的研究，使计算机能够处理大量代际数据的实验计算，使她能够观察到她十年前只能推断的系统结果。理论上，任何模拟都可以通过笔和纸进行，但在实际操作中，计算机是目前唯一能够模拟足够大且复杂的系统的工具，对研究人类社会的演化大有裨益。

早期的社会模拟

社会系统模拟的早期研究者们认识到了此种方法在解决各种特定背景下的普遍问题上的潜力。在 20 世纪 60 年代，人口学领域掀起了使用计算机模拟的热潮，目的是更准确地阐释文化和社会如何限制了一般的人类人口过程（May and Heer, 1968; Ridley and Shepps, 1966）。出于相同的动机，人类学家也对这个新工具产生了极大的兴趣。吉尔伯特和哈梅尔（1966:72）早早地指出，社会系统模拟可以解决社会人类学的一个核心难题，那就是我们缺乏关于生态、人口和文化变量如何影响社会组织的理论预设，因此我们无法将现象的发生率与产生这些现象的假设机制相联系。

当时的人类学家对模拟的潜力很感兴趣，他们试图通过模拟解决婚姻制度的复杂性问题。他们还意识到，虽然人口学方程可以准确地描述大型人口群体的行为，但人类学家通常研究的小型人口群体需要使用更复杂的计算方法。戴克（Dyke, 1981:195）发现传统的人口学模型对"小型人口群体来说是不够的，因为随机事件会产生很大的影响"。他认为模拟可以将婚姻和生育率等特定参数纳入人口学模型，尤其适用于小型规模的人口。人类的社会关系和物质系统由此被纳入人口学网络中。社会人类学家和考古学家的逻辑起点是将人口学模拟用于对人类学问题的研究。

康斯坦特等（Kunstadter et al., 1963:511）尝试解决如下问题："在遵循理想婚姻模式的人口中，在各种人口状况下，我们可以预期首选的婚姻类型的出现频率是多少？"吉尔伯特和哈梅尔（1966:73）的思路与之类似，他们"希望证明这种偏好至少有一部分是由地方性内婚引起的，并估计（这种偏好）**有多少**可以通过此种方式得到解释"（黑体为原文中的强调）。尽管这两项研究大致基于民族学（分别是印度和近东），但它们都是针对一个具体问题进行处理的，并试图建立一个可以适用于任何特定背景的模型。麦克卢尔、尼尔和沙尼翁（MacCluer, Neel and Chagnon, 1971）采用了相反的方法，对一个特定的人口进行了详细的模拟，以了解一般人口问题在特定背景下的表现。他们的模拟以四个亚诺玛米（Yanomamö）村庄中的实际生活人口为出发点，但其目标显然是具有普遍性的。将模拟作为人类学方法的一部分，与 20 世纪六七十年代人类学中日益普遍的理论关注相吻合，但代价是牺牲了特殊的"客观"案例研究。卡尔顿·库恩（Carlton Coon, 1977）关注定量细节，并对这种变化表示遗憾。

早期的社会系统模拟表现出巨大的潜力，特别是在研究特定人口问题的特性以及人口条件对特定社会背景的影响方面，这使我们能够将社会模拟作为考古研究的一种工具。

考古学中的模拟

多兰（Doran, 1970）首次将模拟方法引入考古学研究中。他倡导将模拟视作一种工具，用于进行类似于实验室的控制实验（Doran, 1970: 297），这种工具的缺失在历史科学研究中似乎构成了障碍。他设想出一种模拟方法，其中可以指定元素和它们的相互作用，进而为一个虚构的岛屿生成人工考古记录。人们可以通过改变元素和它们的互动规则，生成不同的人工考古记录，并通过将人工考古记录的属性和特性与现实世界中的对应项进行比较，来验证所提出的模型。

对考古学家来说，这是一个极具吸引力的观点，D. H. 托马斯（D. H. Thomas, 1972）在他对肖肖尼人（Shoshonean）的生存策略的经典模拟研究中几乎立即就采纳了这个理念。托马斯通过模拟生成了一份人工考古记录，并试图通过与考古学观察结果的对比来验证他的生存策略模型（基于斯图尔德 1970 年的模型）。

正如多兰所设想、托马斯所证明的那样，考古学问题和考古学数据的特性对于设计研究过去社会系统的模拟提出了特殊要求，这在许多文献中已经得到了体现。这些要求在很大程度上适用于任何社会模拟工作，因此它们构成了模拟过去社会系统的一个重要起点。

沃布斯特（Wobst, 1974:151）认为，应用于考古学社会系统的计算机模拟应该具有足够的普遍性，以说明预期的变化范围；应该足够简单，能够将复杂性降低到"可以理解的层面"；并且应该为未来的研究提供可检验的预测（见表 16-1）。

表 16-1　考古学模拟的要求

一般要求
通用性
简约性
可检验性

考古学要求
变化
空间变化
宏观区域和全球的过渡
分区或区域化
记录
沉积
转变（自然的和社会的）
主体
认知系统
编码互动的学习手段
纵向和横向的传播与修改
个人和集体行动的协商
在空间和时间上的位置
依赖于自然资源

如果我们期望模拟能成为一种有助于评估社会组织的系统性质而非特异性质的工具，那么通用性要求就显得尤为重要。在这方面，一个仅能处理特定背景的模拟无法提供太多帮助。它无法对比不同的结果，因为所有的结果都是独特历史进程的产物。如果社会组织的变异性确实具有系统性，那么一个全面的考古学模拟模型应能产生所有可观察到的社会组织形式。如果某个特定的模拟结构无法产生与已知或可设想的民族学或考古学实例属性相匹配的结果，它就无法满足通用性要求。相反，一个模型产生的形式在民族学或考古学中未被观察到，也并不意味着模型的失效，实际上，这可能会带来意想不到的收获。

简约性要求规定，模型应只包含那些产生观察结果所必需的最基础且充分的元素和关系。一个试图包含现实中所有元素和关系的模型将与现实一样复杂，因此无助于我们理解实际情况。如果一个模型混乱地包含了产生观察结果所不需要的元素或关系，那么它将令人困惑，而非有所启发。

可检验性要求确保了模型能够对回答具体的研究问题做出有意义的贡献。在更深的层次上，它也认可了整个社会模拟的工作有可能失败，并导致拒绝自己的核心假设，这是一个苦涩但必要的步骤。

可以说，上面讨论的三个要求适用于任何社会模拟工作。但具体的考古学模拟应该是什么样子的呢？为了使过去社会系统的模拟满足这三个要求，即通用性、简约性和可检验性，它还必须满足另外三个要求，其中两个是专门的考古学要求，一个是更普遍的人类学要求。

首先，考古学模拟必须容许变化的发生。其次，考古学模拟必须产生一个可观察且随时间变化的记录。最后，考古学模拟必须处理明确的人类社会系统。因此，它必须兼容主体的认知系统、目标、手段，以实现其目的。

276 **变化**

如果说在考古学家中有一个共识，那就是随着时间的推移，变化是必然的。即便将考古学的研究范围局限于解剖学上的现代智人，我们仍然可以观察到人类生活在技术、居住方式、生计、艺术表现和仪式等各个方面随着时间的推移而发生的变化。因此，如果一个模拟模型试图满足通用性要求，那么它必须具备反映变化的能力。

考古记录中的变化主要体现在两个方面：空间和时间。因此，一个模拟模型必须具备反映局部变化（即空间变化）和时间过渡（即年代变化）的能力。根据我们对现实世界的观察，这个模型应能够生成局部、宏观区域甚至全球范围内的过渡，其中至少有一部分过渡是突然发生的。同时，这个模型还应能够生成随着时间推移而增长的局部差异性，这是一种特殊的二维过渡，被称为分区（divergence）或区域化（regionalization）。

为了满足可检验性要求，我们不能在模型中随意操控规则以直接产生变异和过渡，而是应该让这些变化通过模型的结构自然发生。如果一个模型只能产生特定的过渡（例如，将狩猎采集者变为农耕者），那么这个模型对于检验关于这种过渡原因的假设就没有什么帮助。只有那些能够（或不能够）自然产生过渡的模型才能真正满足这个要求。在满足可检验性要求方面，最有价值的模型应该是那些能够产生出乎意料的过渡的模型。

由于考古学需要处理的时间跨度非常大，因此模拟所产生的变化必须是长期的、有方向性的，而且尽可能不受模型初始结构的影响。因此，设计考古学模拟的一个主要目标是消除模型规则与初始条件所强加和产生的人工结构。

学者们很早就认识到了考古学模拟中人工结构的问题（MacArthur, Saunders, and Tweedie, 1976:322-323）。举例来说，尽管使用不变的生命表（列出各年龄段生存概率的表格）对于探索常规人口学中的短期问题相当适合，但由于这种方法在模拟人口时强加了一种固定的人口结构，因此并不适合处理长期的考古学模拟。一个系统应当允许人口结构出现和随时间变化——有时甚至会随着系统的变化而发生基础性的转变——这对考古学模拟至关重要。

例如，我们可以采用威胁环境来替代传统的生命表。在这样的系统中，每个主体都有一系列的特性，这些特性决定了其与病原体和其他环境威胁的互动方式。这些特性会从父母那里遗传到下一代，并会受到随机变异的影响。每个威胁也有一系列的特性，这些特性决定了它可以攻击的主体类型。威胁也可以被视作一种主体，它在人群中寻找具有它所需要的特性的个体。威胁一旦找到一个合适的目标，就会发起攻击，导致人的健康状况下降。不同的威胁有不同的毒性，且每个威胁都可能对年龄和性别有偏好。此外，一些威胁具有随机突变的特性，它们的特性可以随着时间的推移而变化（有关该模型的更全面的解释，参见 Costopoulos, 2002）。这样，我们就能提供一个不断变化的环境，在这个环境中，人群需要不断适应，从而导致随着时间推移，人口结构不断变化。

主体种群与威胁种群之间持续的互动产生了动态的生命表，显示出人口结构随时间的变化。每次模型运行开始时，都会有一个独特的主体群体和一个独特的威胁环境。在每次运行过程中，主体群体会随着时间的推移适应其环境，这导致了婴儿死亡率的降低和整体预期寿命的延长。尽管环境以威胁突变的形式发生了变化，但两个种群以同样的方式做出了适应。

然而，在后续的模拟中，第五个千年的人口中的 55 ～ 65 岁群体经历了压力，这一现象是该特定模拟中人口与威胁环境之间互动的独特结果，是无法从使用传统生命表的系统中得出的。

在一次模型模拟中，到 5 世纪时，男婴的死亡率比女婴的更高。每次模拟的初始状态都可能会有所不同。例如，不是一开始就没有男婴和女婴死亡率的差异，而是在新的模拟开始时就已经设定了这个差异。对于这个特定的模拟，不同的初始条件在五个世纪内产生了类似的结果。这一结果可以引出一些假设，这些假设可以通过模型的进一步运行获得检验。然而，更为静态的、描述性的、基于生命表的传统人口模型无法产生这种变化。

记录

考古学家从一开始就明白，处理考古记录是考古学模拟的必要任务。多兰（1970）将创建人工考古记录作为其考古学模拟设计的关键环节，甚至建议确定一些规则让我们可以保存一些遗迹以待以后发掘（Doran, 1970:296）。

托马斯（1972）对其人造肖肖尼人行为的模拟结果，比对他们的实际行为本身更感兴趣。沃布斯特（1974:173-176）深入探讨了他的人口模拟结果对考古记录的影响。他（1974:175）总结道，一些模拟的遗址可能"只是因为在居住区外长期执行某些任务而随机留下的遗物堆积"。

即使是相对简单的觅食行为模拟（Costopoulos, 2001, 1999），也能产生高度复杂的遗物分布。图 16-1 展示了在一个湖泊及其相关的河流系统周围，对 50 个个体在 10 年内的觅食行为所产生的沉积的模拟。图中每个符号代表一种不同的技术材料的实例，这些技术材料的沉积是开发特定生存资源的结果。通过这样的数据库，我们有可能检验技术和生存资源之间的关系对考古分布影响的假设。其他早期的模拟研究主要集中在比较模拟的和观察到的区域遗物分布，以检验史前交换网络性质的假设（Elliot, Ellman, and Hodder, 1978; Wright and Zedder, 1977）。

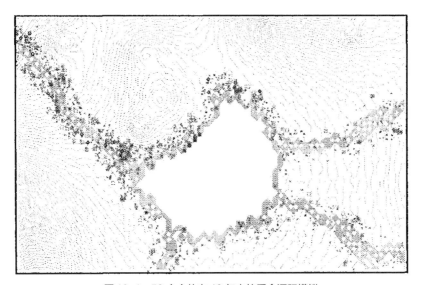

图 16-1　50 个个体在 10 年内的觅食沉积模拟

比较人工考古记录和观察到的实际考古记录仍然是考古学模拟的核心议题（Hazelwood and Steele, 2004; Young, 2002; Costopoulos, 2001; Lake, 2000; Varien et al., 1997）。然而，考古记录的一个重要特征尚未被完全纳入考古学模拟中。尽管许多考古学模拟都生成了人工记录，但几乎没有模拟会随着时间的推移而修改这些记录。在实验复制研究中，埋藏学过程模拟一直是一个富有成效的研究领域，这在 Overton Down 研究中体现得尤为明显。

多兰（1970）提出，考古学模拟不仅应该包括随时间推移减少可用信息的功能，同样重要的是要包括改变可用信息的功能。这是因为，实际的考古记录不只会随着时间的推移部分地被破坏，也会以其他方式被更改。

为了完善考古学模拟方法，人工考古记录必须由模拟的社会系统产生，并随着时间推移由模拟的自然系统和模拟的社会系统进行更改。人工记录与自然和社会力量的互动必须遵循一定的规则。虽然已经有模拟研究考察了自然和社会过程（如农耕）是如何影响考古遗物组合的（Custer, 1992; Yorston et al., 1990），但现有研究往往没有与这些遗物组合的生成过程相结合。考古学模拟必须面对这样一个事实：考古学家研究的不是过去社会系统的物理痕迹，而是经过更改和部分保存的痕迹。

考古学模拟在研究埋藏学方面具有巨大的潜力。它使我们能够观察按照预设规则随时间产生的变化。它还能让我们了解在每一步变化中考古记录的状态，这是现实世界的考古记录无法提供的。埋藏学过程是考古学中最难解的谜团之一（Leach, 1973）。模拟给我们提供了一个为这个谜团提出机制，并观察它们随着时间推移而变化的机会。尽管模拟的和观察到的考古记录之间的对接一直是一个重要的研究主题，但考古学模拟的这一部分也必须最终满足变化的标准。

主体

主体是目前考古学模拟的前沿领域。因此，相较于其他部分，本章的这一部分将更加偏向于探索性的推测，目的在于激发进一步的讨论和思考。

虽然考古学模拟研究已经涵盖了各种主题，如变化的产生、考古记录的沉积和转换模式、交换导致的空间分布以及人口功能等，但是，将这些人口转化为富有意义的、类似人类的社会系统的研究仍处于初级阶段。

考古记录是社会系统运作的产物。因此，从本质上讲，考古学模拟必须是社会模拟。社会系统可以被视为由具有各种目标、信念和行为模式的主体构成的网络。信念系统由经验形成，但也引导着经验，以此来改变主体为追求目标而采取的行动。在社会系统中观察到的变化，无论是过去的还是现在的，至少部分是由大量具有个体认知系统（在功能和内容上）的主体间的互动所导致的。考古记录部分反映了主体间的协商，揭示了个人和集体的目标及意识形态。因此，如果考古学模拟要具有普遍性，那么它必须包括具有个体认知系统的交互网络，并持续进行协商。

计算机模拟在人类学和考古学中的使用与过程主义有关，它有时被视为一种降低意识形态和行动影响的方法，遵循决定性原则。然而，这并不是必然的。黑尔姆赖希（Helmreich, 1999:249）在与兰辛（Lansing, 2000）关于巴厘岛灌溉模拟的辩论中指出，计算机模拟通过将复杂的政治、经济和社会问题转化为"有界限的技术问题"，"抹去了社区内部的政治性，忽视了社区存在的地方和全球政治经济背景"。

后现代和生态研究在史前史研究中的应用，对传统考古学提出了有力的批评。这些研究往往强调主体性（参见加德纳，第 7 章；尚克斯，第 9 章；柯纳和普赖斯，第 21 章）、变异性和历史性，而非因果关系、系统规律性和演化过程。这些方法强调，人们不是仅仅对外部世界做出反应的自动装置，而是参与其中并积极创造自己的社会现实（Barfield, 1997:4;

Dornan, 2002:304）。

过程主义以涉及有限的元素和规则的普适性理论来解释人类社会组织中全部可变性的出现及演变，然而，后过程主义对此提出了严峻挑战。在考古学模拟中，对基于主体的方法的广泛使用，以及对复杂性理论的依赖（参见本特利和马施纳，第 15 章），在某种程度上可以视为对这种挑战的回应。

为了应对这些批评，社会模拟必须构建起由具备个体认知系统、知识基础和信念系统的主体组成的网络。这些主体必须有能力采取行动，他们的行动不仅应该影响系统的社会和自然环境，同时也应受到环境的影响。

基于主体的方法允许我们构建模拟的社会系统，这些系统能够同时展现宏观的规律性和微观的可变性，同时产生以个体视角、策略目标甚至信仰系统的丰富多样性为特征的系统（Costopoulos, 2002; Binmore, 2001; Lake, 2000; Doran, 1997; de Vos and Zeggelink, 1994）。社会过程中的每个个体参与者都应有其自身的认知系统。这种认知系统应该能够在社会过程的展开中获得信息并修正其信念，同时在决策时受到其现有认知系统内容的约束。

认知系统的内容在一定程度上塑造了系统本身的成长，并且是可以传递和修改的。考古学模拟需要允许新的主体在已运行的社会环境中通过纵向和横向的传播获取认知内容（Shennan, 2002；科勒德等，第13 章）。

在考古学模拟中，主体至少需要有能力在自然环境资源中生存，并通过其认知系统感知周遭的世界。他们必须与社会环境中的其他主体进行互

动。他们必须在空间中存在，从而能够在任何给定的时间点上对自然和社
会环境的有限部分采取行动。通过认知系统，主体必须对他们的环境有更   *279*
广泛的认识，而不仅仅是当下的所见所闻。他们必须基于这种更广泛的知
识基础来规划当前和未来的行动。

以一个具体的实例来说，图 16-2 展示了两个不同的主体如何对同一
自然环境有着截然不同的结构化认知。在这个生计模拟中（Costopoulos,
2001, 1999），主体生成了关于资源开采事件的记忆，这些记忆影响了主体
对日常活动的决策。图 16-2 展示了在同一个十年期间，两个主体在同一
环境中进行有目的的移动的数量。因为有目的的移动需要记忆，所以这些
移动事件的分布揭示了主体通过其记忆感知生活环境的方式。在此情境
下，主体 224 的认知景观相对集中，仅限于几个地方，对其中一些地方甚
至很少去。在相同的环境和资源基础下，主体 18 建立了一个更分散且多
样化的景观视图。他显然认知到了更多的地点，并更频繁地去了那些地
点。这两种认知景观之间的大部分差异可以归因于历史的偶然性。主体所
遇到的令人印象深刻的地点的顺序和时间在一定程度上塑造了其个体认知
景观，而这种顺序又取决于主体在模拟开始时的位置。

除了与自然环境的互动，主体还应与其所在的社会环境进行互动。
在上述例子中，主体 18 和主体 224 的认知景观会如何为信息交流所改
变呢？在理想的情况下，主体与社会环境的互动应通过类似于语言的媒
介编码。主体需要创造个体间交流的方式，并随时间的推移发展出词汇
系统。来自模拟社会世界不同部分的两个主体通常应学习不同的交流
方式。

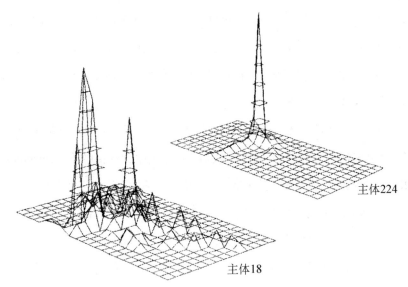

主体224

主体18

图 16-2 两个模拟主体在同一个十年期间利用同一环境进行的有目的的移动事件的分布

　　每个主体的行动必须是对其环境的反应，并通过其当前的认知系统状态进行过滤（如柴尔德所预期的那样）。这些行动必须能被其他主体感知，并成为其环境背景的一部分。在理想的情况下，这种文字上的互动可以引发超级主体的出现，形成凝聚性网络，其观点、目标和信仰的差异低于整个社会系统中可能出现的差异。

　　一个系统中可能出现几个此类凝聚性网络，每个都以不同的焦点为中心，在观点、目标和信仰的多维空间中形成一个相对密集但可渗透的云，我们可以将其视为模拟社会。这些模拟社会通过将社会行动转化为物质痕迹的规则以及这些痕迹随时间的演变，可以生成一个模拟的考古记录。这对于研究过去的社会系统及其演变具有重要的价值。因此，我们可以通过这种方式探索社会的复杂性，并尝试理解其内在的、多元化的运作方式。

结论 *280*

考古学模拟的关键挑战在于如何融合上述元素，生成足够的变异性以满足通用性要求。在理想的情况下，任何社会模拟都应具备展现诸如冰岛的血仇、赫萨罗的交换系统、罗马共和国以及《罗摩衍那》等多样性的能力。这样，考古学模拟将为我们提供一个经过考古学整理后的视角，以便我们深入理解这些社会现象。

有人可能会指出，这个目标设定得过于远大。然而，我认为尽管目标很高，但并非无法达成。社会系统模拟在设计和实施时间、设备、运行时间、大数据分析等方面都是一项密集型的工作。任何有意投身此道的人都会证实，即使是一个简单的模拟练习也需要巨大的投入。在这样的情况下，只有潜在的巨大回报才能使模拟成为一个合理的提议。无论目标是否实际可达，回报都是有保证的：社会模拟的基本假设要么被证伪，要么得到确认。不论哪种结果，对科学都是有价值的贡献。

虽然我们还不能完全达到这个目标，但对于每个独立的标准，我们已经做得足够好，足以构建一个强大的整体。如果这种整合能够实现，它将推动我们朝终极目标前进。至少目前，我们已经有了相当完善的人口学模拟。所有的人口学模拟都有其核心的理论和方法（Buikstra and Konigsberg, 1985）。任何缺少影响人口结构的核心过程（出生、死亡、迁移）的模拟，都不能被称为人口学模拟。同样，飞行模拟和材料工程模拟也是如此。没有升力和重力的模拟，虽然可以描述物体的飞行运动，但并非真正的飞行模拟，无法生成飞行。

目前尚没有针对考古学模拟的评估标准，但这是非常必要的。模拟本应是一门独立的分支学科，却没有统一的理论和方法论核心。我们知道这些要素是存在的，并且在过去的 35 年间已经分别对它们进行了深入研究。

如果我们希望考古学模拟能像人口学模拟一样被认可，那么每个模拟都应在各自的角度上，以某种形式满足本章所列出的标准。只有这样，我们才能在考古学现有的众多模拟中看到真正的考古学模拟。

参考文献

Barfield, Thomas (ed.). 1997. *The dictionary of anthropology.* Oxford: Blackwell.

Barth, Fredrik. 1966. *Models of social organisation.* Occasional Paper 23. London: Royal Anthropological Institute.

Binmore, Ken. 2001. How and why did fairness norms evolve? In Gary Runciman, ed., *The origins of human social institutions,* 149–170. Oxford: Oxford University Press.

Brues, Alice. 1954. Selection and polymorphism in the A-B-O blood groups. *American Journal of Physical Anthropology* 12: 559–597.

———. 1963. Stochastic tests of selection in the ABO blood groups. *American Journal of Physical Anthropology* 21: 287–299.

Buikstra, Jane, and Lyle Konigsberg. 1985. Paleodemography: Critiques and controversies. *American Anthropologist* 87: 316–333.

Coon, Carleton. 1977. Overview. *Annual Review of Anthropology* 6: 1–10.

Costopoulos, Andre. 2001. Evaluating the impact of increasing memory on agent behaviour: Adaptive patterns in an agent-based simulation of subsistence. *Journal of Artificial Societies and Social Simulation* 4(4). www.soc.surrey.ac.uk/JASSS/4/4/7.html.

———. 2002. Playful agents, inexorable process: Elements of a coherent theory of iteration in anthropological simulation. *Archeologia e Calcolatori* 13: 259–265.

Custer, J. F. 1992. A simulation study of plow zone excavation sample designs: How much is enough? *North American Archaeologist* 13: 263–279.

De Vos, Henk, and Evelien Zeggelink. 1994. The emergence of reciprocal altruism and group-living: An object-oriented simulation model of human social evolution. *Social Science Information* 33: 493–517.

Doran, James. 1970. Systems theory, computer simulations, and archaeology. *World Archaeology* 1: 289–298.

———. 1997. Distributed artificial intelligence and emergent social complexity. In James MacGlade and Sander van der Leeuw, eds., *Time, process, and structured transformation in archaeology,* 283–297. New York: Routledge.

Dornan, Jennifer. 2002. Agency and archaeology: Past, present, and future directions. *Journal of Archaeological Method and Theory* 9: 303–329.

Dyke, Bennet. 1981. Computer simulation in anthropology. *Annual Review of Anthropology* 10: 193–207.

Elliot, Kevin, D. Ellman, and Ian Hodder. 1978. The simulation of Neolithic axe dispersal in Britain. In Ian Hodder, ed., *Simulations studies in archaeology,* 79–87. Cambridge: Cambridge University Press.

Gilbert, John, and Eugene Hammel. 1966. Computer simulation and analysis of problems in kinship and social structure. *American Anthropologist* 68: 71–93.

Hazelwood, Lee, and James Steele. 2004. Spatial dynamics of human dispersals, constraints on modeling, and archaeological validation. *Journal of Archaeological Science* 31: 669–679.

Helmreich, Stefan. 1999. Digitizing "development": Balinese water temples, complexity, and the politics of simulation. *Critique of Anthropology* 19: 249–265.

Kunstadter, Peter, Roald Buhler, Frederick Stephan, and Charles Westoff. 1963. Demographic variability and preferential marriage patterns. *American Journal of Physical Anthropology* 21: 511–519.

Lake, Mark. 2000. MAGICAL computer simulation of Mesolithic foraging on Islay. In Stephen Mithen, ed., *Hunter-gatherer landscape archaeology: The Southern Hebrides Mesolithic Project, 1988–1998.* Cambridge: McDonald Institute for Archaeological Research.

Lansing, Stephen. 2000. Foucault and the water temples: A reply to Helmreich. *Critique of Anthropology* 20: 309–327.

Leach, Edmund. 1973. Concluding address. In Colin Renfrew, ed., *The explanation of culture change: Models in prehistory,* 761–771. Pittsburgh: University of Pittsburgh Press.

MacArthur, Norma, Ian Saunders, and Richard Tweedie. 1976. Small population isolates: A micro-simulation study. *Journal of the Polynesian Society* 85: 307–326.

MacCluer, Jean, James Neel, and Napoleon Chagnon. 1971. Demographic structure of a primitive population: A simulation. *American Journal of Physical Anthropology* 35: 193–208.

May, David, and David Heer. 1968. Son survivorship motivation and family size in India: A computer simulation. *Population Studies* 22: 199–210.

Read, Dwight. 1998. Kinship-based demographic simulation of societal processes. *Journal of Artificial Societies and Social Simulation* 1(1). www.soc.surrey.ac.uk/JASSS/1/1/1.html.

Ridley, Jeanne, and Mindel Shepps. 1966. An analytic simulation model of human reproduction with demographic and biological components. *Population Studies* 19: 297–310.

Shennan, Stephen. 2002. *Genes, memes, and human history.* London: Thames & Hudson.

Steward, Julian. 1970. The foundations of basin-plateau Shoshonean society. In Earl Swanson, ed., *Languages and cultures of western North America.* Pocatello, Idaho: Caldwell.

Thomas, David. 1972. A computer simulation model of

281

Great Basin Shoshonean subsistence and settlement patterns. In David Clarke, ed., *Models in Archaeology*, 671–704. London: Methuen.

Varien, Mark, and James Potter. 1997. Unpacking the discard equation: Simulating the accumulation of artifacts in the archaeological record. *American Antiquity* 62: 194–213.

Whallon, Robert. 1982. Variables and dimensions: The critical step in quantitative typology. In R. Whallon and J. A. Brown, eds., *Essays on archaeological typology*, 127–161. Evanston: Center for American Archaeology Press.

Wobst, Martin. 1974. Boundary conditions for Paleolithic social systems: A simulation approach. *American Antiquity* 39: 147–178.

Wright, Henry, and Melinda Zeder. 1977. The simulation of a linear exchange system under equilibrium conditions. In Timothy Early and Jonathan Ericson, eds., *Exchange systems in prehistory*, 233–253. New York: Academic.

Yorston, Ron, Vincent Gaffney, and Peter Reynolds. 1990. Simulation of artefact movement due to cultivation. *Journal of Archaeological Science* 17: 67–83.

Young, David. 2002. A new space-time computer simulation method for human migration. *American Anthropologist* 104: 138–158.

第 17 章　心智考古

利亚妮·加波拉

（Liane Gabora）

如何从古人的宗教信仰中洞察他们的所思所想？近年来，考古学、人类学以及认知科学的前沿领域的合作，为我们提供了一扇窗口，使我们可以借此推断现代人类认知的形成机制。然而，随着研究的不断深入，涉及的问题也愈发复杂。通过研究考古背景下的物品，我们开始逐渐拼凑出某些特定地点的古人的生活图景，这反过来又反映出他们的基本思考模式。

通过比较不同遗址或不同时期的数据，我们可以观察物质文化在横向（同一代内）或纵向（跨代）的传播情况。我们已经理解了某些遗物所揭示的传播模式，而新的考古发现可能揭示出新的认知能力、信仰体系或合作水平。例如，如果在某个考古时期突然出现了大量的新物品种类，则可能意味着人们的创造力开始增强。通过将考古发现与人类学数据（如颅骨大小或形状的变化证据）以及认知科学关于思维运作方式的知识相结合，我们就有可能推断出这些考古发现所涉及的潜在认知变化，以及人类独特思维能力的形成过程。

本章将围绕考古数据可以解答的三个关于人类认知的核心问题展开讨论：（1）人类文化是如何起源的？（2）人类在何时、何地、以何种方式获得了现代智人的独特认知能力？（3）人工制品如何影响人类认知能力的演化过程？

人类文化的起源

人类最早制造的工具是奥杜威石器，其得名于坦桑尼亚的奥杜威峡谷。这些石器是简单的工具，一端尖锐（Leakey, 1971），通常被认为与能人（Homo habilis）有关，尽管它们也可能被南方古猿的晚期种类使用（De Baune, 2004）。其中最古老的石器源自 Kada Gona 和 Kada Hadar，其历史可以追溯到约 250 万年前（Semaw et al., 1997）。人类最早使用石器的目的可能是切割水果和坚果。"某个人科动物……打制石器制作切割工具的那一刻，标志着人类与其他古老人科动物的分化"（De Baune, 2004:142）。旧石器时代早期的工具拥有锋利的刃，能够用于磨制木器，偶尔也用于屠宰小动物。在奥杜威峡谷距今 175 万年前的 FLK Zinj 遗址，这些工具与带有切割痕迹的骨头同时被发现（Leakey, 1971; Bunn and Kroll, 1986），这表明能人使用石片屠宰动物获取肉质。尽管人们对他们究竟是食腐、狩猎还是通过驱赶食肉动物来获取其猎物一直存在争议（Binford, 1977, 1983, 1988; Bunn and Kroll, 1986; Selvaggio, 1998），但显然，他们已具备获取猎物中营养丰富、肉质丰满的部分的能力（Bunn and Kroll, 1986）。这可能触发了一个积极的反馈循环，即通过食用肉类缩小肠道，为更大的大脑提供代谢支持（Aiello and Wheeler, 1995），这反过来又有助于记忆周围环境，提升群体狩猎的认知能力，解读动物足迹等视觉线索，并理解捕食者的行为模式。

在大约 180 万年前，直立人首次出现。这个时期我们可以观察到复杂且针对特定任务的石斧、精心安排的季节性栖息地，以及涉及大型猎物的远距离狩猎策略。直立人的脑容量大约为 1 000 毫升，比能人大 25%，达到了现代人脑容量的 75%（Aiello, 1996; Ruff et al., 1997; Lewin, 1999）。到了大约 160 万年前，直立人已经扩散到了东南亚（Swisher et al., 1994），这说明直立人具备迁移和适应全新气候的能力（Cachel and Harris, 1995; Walker and Leakey, 1993; Anton and Swisher, 2004）。在非洲、西亚和欧洲，直立人使用了被称为阿舍利手斧的工具，这种工具在埃塞俄比亚出现的时间是约 140 万年前（Asfaw et al., 1992）。这种对称的双面工具具有多种用途，甚至可以作为社会地位的象征（Kohn and Mithen, 1999）。制作这种工具可能需要经过三个阶段，包括双面剥片，以及需要相当高的技能和空间想象力。作为首选工具的手斧被使用了 100 多万年，在大约 50 万年前传播到欧洲，那里的海德堡人直到 20 万年前的莫斯特时代还在使用它。这个时期也出现了有控制的用火。在黎凡特地区，有大约 80 万年前人类控制和引导火的可靠证据（Goren-Inbar et al., 2004）。在德国舍宁根发现的一支 40 万年前的木矛（Thieme, 1997）毫无疑问地证明，中更新世的人属动物是熟练且狩猎大型动物的猎人（Dennell, 1997）。

关于文化起源的认知理论

在大约 50 万年前，人属动物的文化复杂性就已经超越了所有其他物种（Darwin, 1871; Plotkin, 1988）。那么，究竟是什么推动了这一文化进程的发展呢？一种假设是心智理论（Cheney and Seyfarth, 1990; Premack and Woodruff, 1978），它指的是理解他人心理状态的能力，如通过他人的行为解读其内在意图。然而，众多的证据表明，许多物种都具有社会归因和欺诈的能力，这暗示了理解他人心理状态并非人类独有的能力（Heyes, 1998）。再者，工具的制造、火的控制以及新栖息地的开发，不能仅仅通过提高社会技能来实现，还需要更好地掌控物理环境。

另一种假设认为，文化的产生是由模仿能力的出现所引发的（Dugatkin, 2001; Richerson and Boyd, 1998）。然而，模仿在动物界非常普遍，如海豚、狗、灵长类动物和鸟类，都具备模仿能力（Bonner, 1980; Byrne and Russon, 1998; Lynch and Baker, 1994; Robert, 1990; Smith, 1977）。并且，没有证据表明模仿本身足以促成文化演化，因为模仿行为中缺乏对自我进行修改以做出适应性的改变或多样化的结构，例如在不同环境下产生不同的形式。

第三种假设认为，人属动物的认知功能经历了从偶发模式向模仿模式的过渡（Donald, 1991）。早期的人科动物在偶发模式下认知，对偶然事件的含义非常敏感，可以将其编码在记忆中并协调适当的反应，但不能自发地、脱离环境线索来提取这些记忆。因此，其意识被当下正在发生的事情主导。唐纳德（Donald, 1991）认为，随着大脑的发展（增大），人属动物获得了思维流的能力，一个想法可以引发另一个想法，而后者又能引发下一个想法，如此循环。这个过程（参见 Karmiloff-Smith, 1992）让人科动物能够随意提取内在的想法、计划的行动或记忆中编码的事件。这引发了认知的模仿模式，它能够通过表演过去或未来的事件（哑剧）来超越当下。通过手势，模仿性思维还可以在没有语言的情况下分享知识和经验，从而使其他人也实现这种超越。这可能是我们最早的文化传播方式。自我触发的思维还使人科动物能够通过重复或练习来评估和提高技能。

记忆结构：精细的情节编码能力

模仿模式在很大程度上依赖于唤起经历过的或想象中的情景或行为，并使其适应当前环境的能力。那么，这种模式是如何形成的呢？以及它为何会随着大脑发展而增强呢？为了解答这些问题，我们需要简要地理解一下记忆结构。记忆中的情景分布在一个包含众多位置的神经细胞组合（一束脑细胞）中，同样，每个位置也参与了许多项目的存储。因此，相同的记忆位置会被反复使用（神经再入）。每个记忆位置都会对一系列微小的特征，即原始事件的刺激产生反应。这种结构就像地址，之后人们依然能够找到地址对应的位置，因为类似或相关的事件会激活重叠的记忆区域，并在这些区域进行编码。

设想一个原始人类正在观察其周围环境的各种特征。记忆位置 A 可能对与水平面成 45 度的线条反应最强，邻近的位置 B 对稍有不同的线条，如 46 度的线条反应最强，以此类推。尽管 A 对 45 度的线条反应最强，但对 46 度的线条的反应会有所下降。这种组织方式被称为粗编码（coarse coding）。因此，假设位置 A 参与了所有涉及接近 45 度线条的记忆存储，而某个特定的情节不仅影响到 A，还影响到许多其他位置，则我们称这组位置的集合为该情节的认知接受域（cognitive receptive field, CRF）。

随着脑容量的增大，认知接受域变得更广泛。这使得记忆中的情节能够获得更精细的编码，意味着记忆更容易被自我触发。举例来说，考虑一个被带刺的仙人掌扎伤的情节。一个脑容量小的大脑可能会用一些特征来编码这一情节（见图 17-1a），如可能涉及的疼痛，以及一些可识别的特征，如仙人掌的整体形状或颜色。这将有助于以后避免触摸这种仙人掌

285

乃至类似的仙人掌。这就是这个情节的最大用处。而一个脑容量更大的大脑可能会在认知接受域中包含额外的特征（见图 17-1b），如刺的锋利程度。对由尖锐的形状和被刺破的肉体构成的情节进行编码，意味着这些特性之间存在关联。一段时间后，捕猎食物的需求可能会激活参与编码刺破肉体记忆的位置，导致对整个事件的回忆，包括尖锐的形状，从而帮助发明矛。因此，从粗编码（其中情节往往被单独编码）到精编码（其中情节间重叠，从而可以被联系起来）的转变可能带来了建立抽象关系的能力。抽象让人类得以构建世界的内部模型，并通过不断整合新的信息而优化这一模型。抽象因此赋予了人类对任何事物进行推理的能力，包括（但不限于）他人的心理状态。

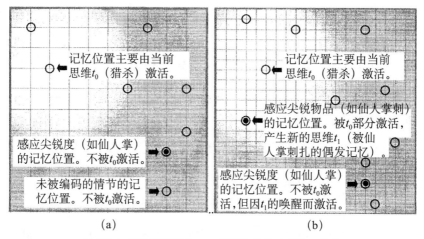

(a)   (b)

图 17-1　较不精细的（a）和较精细的（b）记忆示意图

注：图中每个网格点代表一个可能的记忆位置。每个圈代表一个实际位置。内有黑点的圈代表有先前编码情节的实际位置。白度表示当前思维的激活程度，涉及杀死猎物以获得食物。

认知的现代化

欧洲的考古记录表明，旧石器时代晚期（距今 6 万～ 3 万年前）发生了深刻的文化转型（Bar-Yosef, 1994; Klein, 1989a; Mellars, 1973, 1989a, 1989b; Soffer, 1994; Stringer and Gamble, 1993）。旧石器时代晚期通常被称为一场革命。理查德·利基（Richard Leakey, 1984:93-94）认为旧石器时代晚期"与以前的时代不同，以前的时代以静止状态为主……旧石器时代晚期发生的变化通常以千年，而不是以前的十万年为单位"。米森（1996）将旧石器时代晚期称为人类文化的大爆炸时期，因为这一时期表现出比之前 600 万年人类演化过程中更多的创新。这标志着一种更有组织、更有策略的狩猎方式的开始，涉及特定地点的特定动物、精心挑选的具有仪式性的埋葬地点、对澳大利亚的拓殖，以及在近东地区取代了勒瓦娄哇技术的石核石叶技术。欧洲出现了许多艺术形式，包括自然主义的动物洞穴画、装饰用的工具和陶器、刻有图案的骨制和鹿角工具、动物和贝壳的象牙雕像，以及个人装饰品，如珠子、吊坠和穿孔的动物牙齿，其中许多可能象征着社会地位（White, 1989a, 1989b）。怀特（White, 1982:176）认为，这涉及了"社会关系的全面重组"。显然，旧石器时代晚期是一个空前的文 *286* 化变革时期。它是一个严格意义上的文化大爆炸，还是我们人类在生物演化进程中的一个重大事件？它为何发生，又是如何发生的？

旧石器时代晚期作为一种文化过渡

虽然旧石器时代晚期的过渡常常被视作一场革命，但一些学者质疑它是否真的构成了一场革命，并主张我们应该摒弃当代的观念预设，以新的视角来审视旧石器时代中期和晚期的象征艺术（Bednarik, 1992）。亨希尔伍德和马利恩（Henshilwood and Marean, 2003）指出，许多被用于识别行为现代性的特征（如艺术、死者的埋葬、个人装饰品、石叶技术、复杂的火塘和恶劣环境下的季节性狩猎）是基于欧洲旧石器时代的考古发现，与非洲石器时代并不完全吻合。现在，越来越多的考古证据支持认知现代性在旧石器时代晚期过渡期之前的逐步发展（Bahn, 1991; Harrold, 1992; Henshilwood and Marean, 2003; White, 1993; White et al., 2003）。例如，麦克布雷蒂和布鲁克斯（McBrearty and Brooks, 2000）认为，与欧洲在四五万年前快速过渡到与行为现代性相关的大多数特征，包括石叶和细石器、骨器、专门的狩猎、远距离贸易、艺术和装饰，实际上早在数万年前的非洲中石器时代就已经出现了。其他的例子包括以色列的贝列卡特蓝（Berekhat Ram）塑像（d'Errico and Nowell, 2000），以及摩洛哥阿舍利中期（约40万年前）坦坦（Tan-tan）遗址的石英岩人像（Bednark, 2003）。

假如现代人的行为真的如麦克布雷蒂和布鲁克斯（2000）所认为的，早在30万～25万年前就开始逐渐形成，那么我们可能需要将这些变化的发生时间推回到人类脑容量最近一次显著增大的时期，即60万～15万年前，这比旧石器时代晚期要早得多。实际上，较早的文化转型更容易解释，因为它与脑容量增大的时间更为一致（Bickerton, 1990; Mithen, 1998）。

亨希尔伍德和马利恩（2003:630）明确指出："我们并无解剖学证据（也许永远不会有）能够证明，在5万年前之后，人类神经系统发生了变化。"从骨骼解剖学所能提供的信息来看，至少在解剖学层面上，许多现代行为在当时是可能的。例如，在卡巴拉（Kebara）洞穴中发现的尼安德特人的舌骨（距今 63 000 年前），其连接至喉部的位置表明他们具备了解剖学上的语言能力（Arensburg et al., 1989）。此外，在阿塔皮尔卡山（Sierra de Atapuerca）发现的中更新世人类（距今约 80 万年前）的内耳结构，也证明了他们能够正确地听到语言（Martinez et al., 2004）。因此，从骨骼解剖学的角度来看，我们无法排除直立人使用某种形式的前语法声音交流的可能性（Wynn, 1998）。

在 DNA 证据方面，尼安德特人很可能拥有独立的血统，而非现代人类的直接祖先（Caramelli et al., 2003; Krings et al., 1997; Ovchinnikov et al., 2000; Tattersall, 1998），尽管这一观点并非无争议（Eswaran, 2002; Wolpoff et al., 2004）。如果尼安德特人确实拥有与现代人类相同的认知能力，那么他们的这种能力可能是在与智人分化的 50 万年间独立进化出来的（Mithen, 1996:141）。尼安德特人的平均脑容量为 1 520 毫升（Klein, 1989b: 272），略大于现代人类的脑容量。在欧洲，从距今 13 万年到 3 万年前，或至少到 5 万年前（Klein, 2003），尼安德特人经历了冰期，在猎物数量、气候和植被的多变中生存了下来。他们对洞穴选址、动物蹄印、动物行为以及可能的动物遗骸位置的了解，对他们的生存至关重要，特别是在捕杀大型哺乳动物时（Marean and Kim, 1998）。

尼安德特人展现出了显著的技术智能。制作勒瓦娄哇工具需要经过五个步骤，并且在整个过程中都需要制作者进行技术性思考，这意味着不能仅靠一套固定的规则来完成对这种工具的制造。事实上，今天的大多数学生难以掌握制作勒瓦娄哇尖状器的技巧（Mithen, 1996）。尼安德特人的墓葬行为则表明，他们至少在某些时候会进行对死者的埋葬，并且他们会照顾病患和老人（Bahn, 1998; Bar-Yosef et al., 1986; Klein, 2003;

Mithen, 1996:135）。在审美意识方面，尼安德特人是否具有艺术才能的问题一直是研究者们的争论焦点（Davidson, 1992; d'Errico et al., 2003）。贝德纳里克（Bednarik, 1992）总结了已经发表的文献中关于旧石器时代晚期以前象征行为的证据，包括使用赭石或赤铁矿、水晶和化石、穿孔的便携式物品、雕刻或有缺口的骨片以及岩画。虽然有些学者（如 Davidson, 1992; Chase and Dibble, 1992）认为，这些证据在时间和地域上的分布过于稀疏，无法构成任何令人信服的模式，但某些特殊的例子仍然需要进行解释，如比尔金斯勒本（Bilzingsleben）出土的高度装饰的骨片（Mithen, 1996:161）和迪维巴贝 I（Divje Babe I）洞穴出土的骨笛（d'Errico et al., 1998b）。

287   最近的争论焦点是尼安德特人是否为沙泰尔佩龙（Chatelperronian）文化的创造者，这种文化似乎源自旧石器时代早期的莫斯特文化（Klein, 1989b:335）。在法国屈尔河畔阿尔西（Arcy-sur-Cure）的驯鹿洞（Grotte du Renne）遗址，出土了大约 34 000 年前的尼安德特人的颞骨与沙泰尔佩龙石器（Hublin et al., 1996），这成为关于尼安德特人是否具有艺术和象征性认知能力的争论的中心。德里克等（d'Errico et al., 1998a, 2003）基于此遗址的发现，认为沙泰尔佩龙文化中的象牙珠子、戒指、穿孔的熊门牙和狼犬齿是尼安德特人的作品，其特色鲜明，不太可能仅仅是同期智人制作的奥瑞纳装饰品的仿制品。无论是从地层还是从碳-14 测年上来看，几乎所有已发现的沙泰尔佩龙文化器物都早于最古老的奥瑞纳文化器物（d'Errico et al., 2003; Klein, 2003），并且沙泰尔佩龙石器在风格上与尼安德特人的莫斯特石器存在连续性。如果尼安德特人确实制造了简单的骨制工具，用带孔的动物牙齿制作装饰品，并在地板上涂上红赭石，那么他们确实展现出了强大的认知能力，这需要我们重新审视智人认知现代化的原因（d'Errico et al., 2003; Mellars, 1998b）。

有些学者认为，现代性产生于不同的时间和地点（Bahn, 1998; Mellars, 1998b），但根据最近的遗传学证据（Prugnolle et al., 2005），这种观点已经变得相当不可能了。这种观点的另一个问题在于，尼安德特人的这些行为是在现代人向欧洲扩散的时候开始的（Demars, 1998; Hublin, 1998; Mellars, 1998a, 1998b; Toscano, 1998），这似乎过于巧合。如果尼安德特人在解剖学意义上的现代人到达西班牙北部后在伊比利亚南部生存了 5 000 ～ 10 000 年，那么他们很可能模仿了新来者的奥瑞纳工具，甚至还可能进行了一些有意或无意的修改（Klein, 2003）。然而，德里克等（2003）对此进行了反驳，他们认为，尼安德特人在现代人到达后维持了很长时间的传统文化，这说明他们并非仅仅通过接触就能适应新的文化。

即使我们承认"现代"行为的生物能力是在几十万年的时间里逐渐发展起来的，仍然有一个问题：为什么这些行为的发展速度在大约 6 万年前明显加快了？这一时期最令人印象深刻的可能不是任何特定遗物的新颖性，而是文化变化的总体模式呈现出累积性；新的遗物更多地与旧遗物相似，但在外观或功能上有所改进。这被称为棘轮效应（Tomasello, 1993），它似乎是智人独有的（Donald, 1998）。这可能涉及一种潜在的生物变化，如下文将要详述的。然而请注意，许多戏剧性的文化革命，如全新世时期的农业过渡或现代工业革命，都是在生物变化之后很长一段时间才发生的。因此，可以肯定的是，在大约 5 万年或更早以前，人类的大脑不仅获得了认知现代性的潜力，而且社会、文化和物理环境使他们有能力利用或实现这种潜力。

旧石器时代晚期作为认知生物演化的一个事件

传统而主流的观点认为，现代行为在约5万～4万年前首次出现在非洲，随后通过解剖学意义上的现代人传播出去，这些现代人借助生物演化带来的认知优势，取代了先前存在的物种，包括欧洲的尼安德特人（Ambrose, 1998; Gamble, 1994; Klein, 2003; Stringer and Gamble, 1993）。如果是这样的话，那么这些认知优势究竟是什么？它们又是如何在现代人的思维中形成的？现在，让我们来回顾一些已有的假设。

句法语言在现代人中的出现　无论早期智人甚至尼安德特人是否具有原始语言能力，句法语言似乎都是在旧石器时代晚期开始出现的（Aiello and Dunbar, 1993; Bickerton, 1990, 1996; Dunbar, 1993, 1996）。句法使语言能够在各种情况下使用，而不仅仅局限于我们过去认为的社会生活中。卡斯泰尔斯－麦卡锡（Carstairs-McCarthy, 1999）提出了一个修订版本，认为尽管最早的语言中存在某种形式的句法，但是后续的大部分扩展，包括句法结构的递归嵌入，是在旧石器时代晚期出现的。另一种观点则认为，人类在这个时期经历了从主要的手势交流到发声交流的过渡（Corballis, 2002）。的确，语言的句法元素可能出现在这个时期，而语言本身可以改变认知（Tomasello, 1999）。然而，由于考古学证据的模糊，我们可能永远无法确定句法语言的确切起源。例如，贝德纳里克（1992:30）将戴维森和诺布尔（Davidson and Noble, 1989）关于语言和象征艺术的认知起源的论点称为"纸牌屋"，因为它缺乏强有力的证据支持。此外，我们还面临一个问题：究竟是什么促使复杂语言所需的那种复杂思维过程成为可能？

特定领域模块的联系　心智模块化这一概念指出，许多认知功能是由

288

先天性的特定领域系统提供的，这些系统的运作在很大程度上独立于心智的其他部分，并且不可察觉（Fodor, 1983）。有人认为，认知现代性的证据可能仅仅反映了认知能力的进化，这种能力局限于由特定模块管理的特定领域（Renfrew and Zubrow, 1994）。另一个假设认为，现代认知是通过连接特定领域的大脑模块而形成的，这引发了跨领域的思维，尤其是类比和隐喻能力的形成（Gardner, 1983; Rozin, 1976）。米森（1996）提出，在旧石器时代晚期，处理自然历史、技术和社会过程等领域的专门模块相互联系，从而产生了概念的流动性。这种观点的问题在于，虽然有证据表明某些能力是由不同的模块处理的（例如，专门用于视觉和语言的不同大脑区域），但没有证据表明不同的模块处理不同的生活领域（例如，不存在专门的宗教模块或工具模块）。此外，由于这些模块在演化过程中无法预知将来的连接情况，因此这种连接的形成将是非常困难的。

施佩贝尔（1994）认为，这些模块通过元表征模块（module of meta-representation, MMR）间接地连接起来，元表征模块包含概念的概念。这种观点与旧石器时代晚期开始出现更多的通用或联想皮层的现象相吻合，尽管这一文化转型的时间与颅骨大小增加的时间并不一致。

符号推理 迪肯（Deacon, 1997）提出，旧石器时代晚期的革命是由于出现了一种表意复杂、内部连贯的抽象意义系统，该系统由表征及其属性和关系组成。其中，一部分基于具体的经验，但更多的是由系统的抽象或符号推理过程产生的。因此，迪肯的论述侧重于使用抽象符号进行系统性推理，从而推导出因果关系的能力。他的论述并未涉及归纳、类比、联想的过程，这些过程帮助我们发现了事物之间的相关性。

认知的流动性 相反，米森（1998）提出，旧石器时代中晚期的文化转型反映了认知流动性的增强，从而产生了创造、探索和转换概念空间的能力。米森引用了博登（Boden, 1990）对概念空间的定义，即"思考的范式，如音乐、雕塑、舞蹈、化学等"。至于为什么人类突然变得善于转换概念空间，米森（1998）含糊其词地指出，这必然涉及人类思维在漫长进化历史中的三个基础性变化，包括思维理论、语言能力和复杂的物质文化。"五万年前，它们成为认知/社会/物质集合的重要组成部分，导致了创新的大爆发。"（Mithen, 1998:186）

尽管我们可以设想心智理论、语言和制造复杂工具的能力是在不同时间产生的，但难以想象每种能力是如何独立进化的。它们可能有共同的起源，因为在一个复杂且相互关联的系统中，单一的微小变化可以产生巨大的影响（Bak et al., 1988; 参见本特利和马施纳，第 15 章）。旧石器时代晚期的革命可能是由一个微小的认知变化引发的巨变，这与复杂科学中的突变和涌现概念一致，也与考古记录中出现的突变一致，这种突变甚至可以追溯到旧石器时代早期（De Baune, 2004; Tattersall, 2003）。然而，米森的基本观点可能是可靠的，即这种突变与探索和转换概念空间的能力有关。一个相关的观点是，这一时期的人类开始有能力混合概念，这使他们能够将经验编织成故事或寓言（Fauconnier and Turner, 2002）。那么，下一个问题就是哪种认知功能的变化会增强概念的混合和对概念空间的探索。

情境聚焦 上述关于哪种认知变化可能导致旧石器时代晚期过渡的假设强调了认知现代性的不同方面。另一种假设则与此不同。米森强调的认知流动性是联想性思维的特征，与迪肯强调的逻辑性、分析性思维截然不同。现代人的思维在这两方面都表现出了很强的能力。因此，旧石器时代的转变可能反映了基因的微调，即根据情境改变被激活的认知接受域的特征，从而在这些模式之间进行潜意识的切换（Gabora, 2003）。这被称为情境聚焦，因为它需要根据情境或背景来集中或分散注意力。[1] 松散的注意力通过分散地激活多种记忆位置，有利于联想性思维；模糊的情境（但可能是相关的）因此而发挥作用（见图 17-2a）。集中的注意力有利于分析性思维，因为记忆的激活有足够的限制，可以将最重要的属性归零并加以操作（见图 17-2b）。因此，在分析性思维模式中，"巨人"的概念可能只会激活"大小"这一属性；而在联想性思维模式中，各种童话故事中的巨人可能都会浮现在脑海中。一旦有可能在这些思维模式之间转换，需要分析性思维（如数学推导）、联想性思维（如诗歌）或两者兼备（如技术发明）的认知过程就可以更有效地进行。

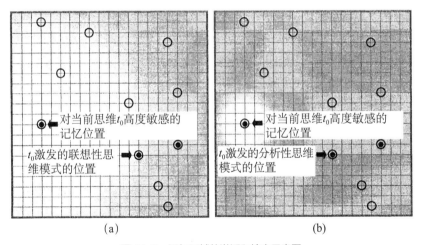

（a）　　　　　　　　　　　（b）

图 17-2　记忆区域的激活和检索示意图

注：图（a）表示联想性思维，图（b）表示分析性思维。联想性思维的激活函数是平的，分析性思维的激活函数是尖的。白色区域记忆位置中的编码项混合在一起，以产生下一瞬间的思维。

脑容量的第二次快速增长发生在大约 50 万年前，比旧石器时代晚期的认知过渡稍晚，这对我们理解记忆的运作方式极为重要。更大的大脑为事件的编码提供了更多的空间，但这并不意味着这种增加的空间可以直接被优化导航。来自不同领域的信息可能无法立即和谐共存，就像隐喻的产生过程一样。一旦大脑具备了现代认知的足够能力，就有可能需要时间来微调其组件间的互动方式，以便不同的项目可以混合在一起，并以协调的方式进行递归修正（和重新编码）。只有这样，大脑的全部潜力才能得以发挥。因此，瓶颈可能不在于足够大的脑容量，而在于对已有记忆的使用足够复杂，这可能是通过开始关注情境而产生的。有了这种关注，现代人的思维就可以直观地结合概念并使旧的概念适应新的环境，以及符合逻辑地分析这些新的概念组合。这些能力共同推动了一个更精细的内部世界模型的发展，这个模型可以通过语言加以表达和修正。因此，比克顿（Bickerton, 1990, 1996）认为，导致差异的可能不是语言本身，而是在分析和联想之间转换的能力，即一种模式的成果可以用于另一种模式。这不仅使语言成为可能，而且使现代人类文化生活的其他方面，如艺术、科学和宗教成为可能。

290   心智、人工制品与演化

自旧石器时代中期起，人工制品不断累积的变化，导致我们将文化理解为一种演化过程。就如同生物有机体，人工制品变得日益复杂，日益精致，日益适应它们之间的限制和可供性（affordance）。它们也为彼此创造了生态位，例如，汽车的发明为安全带和加油站创造了生态位。然而，人工制品并非通过遗传演化，也不是通过随机突变和基因重组而变化。因此，文化的演化与生物有机体的演化不同。在这部分，我们将探讨"演

化"这个词在何种意义上适用于人工制品的变化。

人工制品会演化吗？

如本特利等在本书第 8 章以及科勒德等在第 13 章中所讨论的，考古学中的演化方法试图借用群体遗传学中的概念来分析文化变迁，如自然选择或漂变，即随机从有限人口中抽取变体的相对频率变化。这些研究中的主要问题之一是何为真正的演化（O'Brien, 1996, 2005; Boone and Smith, 1998; Gabora, 2006），尤其是遗传上积累的适应性和文化传递的适应性之间的区别。如伦福儒（1982）所言：

> 遗传是环境选择的产物，它自身可以被视为环境的"记忆"……人类（并非）唯一将（他们的环境经验）传递给其他人的物种。蜜蜂的舞蹈就是在实现这个功能，个体通过舞蹈可以指示出适当的花粉供应的方向和距离。然而，人类文化的本质是一种"后天的特性"，与蜜蜂的舞蹈不同，它并非由基因决定。（Renfrew, 1982: 18）

人类文化的大部分并非由基因决定，而是可以通过继承后天的特性进行拉马克式的演化。像漂变这样的现象可以在文化变体上起作用，而无须考虑携带这些变体的人群的达尔文式（遗传）演化。在计算机模拟中，文化是通过漂变或创新与模仿的结合进行演化的，这一过程无须基因组参与（Gabora, 1995; Neiman, 1995; Madsen et al., 1999; Bentley et al., 2004）。一些文化理论家认为，这种演化过程的基本单位是心理表征或思想，或者由它们产生的有形产品，如人工制品、语言等（Aunger, 2000; Durham, 1991; Lake, 1998）。有时，这些文化元素被称为"文化基因"

（meme），这个词意味着它们不仅是文化的基本元素，而且是复制者，是能够复制自己的实体（Dawkins, 1976）。那么，这意味着什么呢？数学家和计算机科学家约翰·冯·诺伊曼（John von Neumann, 1966）假设，复制者——或曰"自我复制的自动机"——由两部分组成：（1）对自身的描述，或自我描述；（2）一组由自我组装指令构成的代码。在从一个复制体中被动地复制出来后，自我描述会主动通过自我组装指令被解译，以创建下一个复制体。在这种情况下，代码的功能是解释信息。对代码的解读造就了一个身体，而对未解读的代码的使用则造就了一些能够造就一个身体的东西。在生物学中，DNA 代码被复制，在减数分裂期间产生新的 DNA 链，这并不需要解译。在成功的配子中，这些 DNA 链被解码，合成构建身体所需的蛋白质，这需要解译。然而，人工制品（或思想）不是复制者，因为它不包含自我组装指令。当它从一个人传给另一个人时，它可能保留结构，但不会复制结构。思想就像收音机接收的广播信号一样，没有自我组装的代码，需要外部设备进行复制；它不能在生物意义上进行自我复制。因此，我们通常认为文化基因这一概念是有缺陷的。

莱克（1998）假设冯·诺伊曼的定义在文化信息上基本是成立的，并在此基础上区分了文化信息的表达及其符号表征。例如，大声说话或唱歌，都是在表达文本或乐谱所代表的内容。唱歌表达的是可以用乐谱表示的东西。然而，无论是表达还是表征，都不等同于解释或（未经解释的）复制自我组装的代码。乐谱本身并不会复制自己。仅有符号编码尚不足以成为复制者，还必须有自我编码的表征。总的来说，人工制品既不是复制者，也不是演化过程的基本单位。

作为原始复制者的心智

然而，这并不意味着文化中没有任何复制者存在。一种可能的情况是，现代心智本身就构成了一个复制者：它不是冯·诺伊曼式的复制者，即不是通过执行自我组装指令来实现高保真度复制，而是一种原始复制者（Gabora, 2004），其中各部分可以互相重组，因此整个结构能自我修复或自我复制。由于原始复制者是通过基本元素的偶然相互作用进行自我复制的，而不是遵循代码（如 DNA），所以后天特性的继承是可能的，同时这也导致复制的保真度非常低。维茨加等（Vetsigian et al., 2006）通过计算机模拟表明，遗传密码虽然受到垂直的、达尔文式的演化的约束，但也可能源自原始的、拉马克式的"共同演化"，在此过程中，信息在复制实体（如蛋白质）之间共享。

同样，一些人认为，经过文化熏陶的现代人的心智构成了一个原始复制者，它通过自我组织的概念封闭过程而出现（Gabora, 2000; Gabora and Aerts, 2005）。封闭过程可以被形象地描述为：想象一下，你将一个装满纽扣的罐子倒在地上，用线连接两个随机选取的纽扣，并重复这一动作。每隔一段时间，你提起一个纽扣，看有多少连接的纽扣会被提起，你会发现开始有集群出现。当线和纽扣的比例达到约 1∶2 时，就会出现一个临界点。此时会突然形成一个巨大的连接纽扣集群，它覆盖了大多数的纽扣，其中任何两个纽扣都通过线和其他纽扣相连。类似地，封闭空间是一个充分连接的点的集合，只要沿着它们之间的边（连接），就可以从任何一个点到达另一个点。

事实上，我们在考虑文化演化的起源时，会遇到一个悖论，就像在考虑生物演化起源时遇到的那样。我们知道，一个人的思想不仅仅是被模仿的文化元素的集合，更是一个关于各方面经验如何相互关联的综合模型，一个世界观。但这引发了一个鸡生蛋、蛋生鸡的问题：在记忆被编织成一个世界观之前，它们是如何互相关联形成思维流的呢？反过来，一个头脑在能够产生思维流之前，是如何将记忆融入世界观的呢？这样复杂且相互依赖的整体是如何出现的呢？

就像在生物学中一样，这个鸡和蛋的悖论可以通过应用封闭的概念来解决（Kauffman, 1993）。为了将这一概念应用于认知，记忆中的情节被视为点（纽扣），它们之间的关联路径被视为边（线），而概念则被视为连接点的群组。从记忆中检索一个项目会引入另一个检索，而这个检索又会引入下一个检索。这不仅增加了关联路径的密度，也增加了概念形成的概率。概念促进了思维流的形成，从而在更远的相关群组之间建立了联系。关联路径与概念的比例不断增加，直到几乎不可避免地出现了一个巨大的集群，并且这些情节形成了一个相连的封闭空间。最终，对任何一个情节或概念来说，都存在着与其他任何情节或概念的可能关联路径，它们共同构成了一个综合的概念网络。

当心智成为原始复制者时，它就达到了一个概念整合的阶段。这种整合的结构使它能够根据一种事物推理出另一种事物，使想法适应新的环境，利用过去的经验来构建新的经验，或者将不同领域的信息融合起来（这就是笑话的生成方式）。值得强调的是，人类拥有的不是世界观本身，而是综合世界观的能力。一个婴儿可能天生就有概念整合的倾向，但这个过程必须在每个年轻的头脑中重新开始。世界观的复制方式不是一蹴而就的，而是通过社会交流逐渐进行的，通常以人工制品为媒介。因此，世界观与其说是被取代了，不如说是演化成了更高级的世界观。就像从不同角度切开水果会暴露出其内部的不同部分一样，不同的情况会揭示出心智的不同侧面，而人工制品的制作是揭示心智当前演化状态的一种方式。这个过程是突然发生的，而非由自我组装指令决定，因此在生命中获得的特征是可以传承的。比如，有人修正了杯子的基本概念，给了它一个足够平的底部，使其在不使用时可以稳定放置。另一个人则添加了一个把手，使得抓握更方便。在每个例子中，基本概念保持不变，但是细节发生了改动，使得其更加实用或者能满足特定需求。

因此，当大脑通过生物演化发展时，综合心智也开始通过文化演化而进化。心智的关联或者关系结构体现为一种能力，即用其他元素来定义一个元素，预测一个元素的变化将如何影响另一个元素，将一个想法或人工制品的当前状态与其过去的状态或期待的状态进行比较，以此来完善或改进它。实现概念封闭的两个必要步骤是：（1）广泛的表征分布，以便于概念的形成和自我提示的检索；（2）情境聚焦使得人们有能力在联想性思维（有利于连接不同领域）和分析性思维（有利于在一个领域内进行逻辑操作）之间进行转换。因此，概念封闭与我们之前研究的对两种文化过渡的解释非常吻合，尽管这仅仅是一种假设。

人工制品与延展心智

与"文化基因"观点不同，一幅画作及艺术家在绘画过程中产生的灵感，并不构成复制者。相反，一幅画作展示了艺术家思想的某些方面（作为一种原始复制者），从而影响了欣赏它的人的思想（其他复制者）。随着心智变得越来越复杂，其所展现的人工制品也变得越来越复杂，这就需要更为复杂的认知结构，以形成一个循环。这表明，人工制品并非生物或文化演化的基本单位，而是在综合心智的进化过程中扮演着重要的间接角色。

伦福儒（1982）认为，人工制品的功能是存储外部记忆，这会影响到制造者和使用者的生物及文化适应性（Donald, 1991, 2001）。从岩壁上的野牛图案或者木头上的纪年刻痕中检索信息，与从记忆中检索知识没有太大区别。早在有象征性人工制品之前，自然界的元素就已经发挥着一种记忆形式的作用。母亲脸上不赞成的表情能提醒孩子不要吃有毒的蘑菇，这就像回想起因为吃毒蘑菇而生病的记忆一样容易。母亲脸上的表情虽然不是物质性的人工制品，但它作为一个外部记忆源发挥着作用，就像木头上刻痕的提醒一样。这与克拉克和查默斯（Clark and Chalmers, 1998）的延展心智观点相吻合，该观点认为，个人经验通过内部和外部世界的互动交织在一起，而且大脑与社会文化环境共同发展，相互激发对方的变化（Deacon, 1997; Durham, 1991; Lumsden and Wilson, 1981）。

结论

人类认知与其他物种的认知相比存在许多不同之处，例如我们有能力产生和理解复杂的语言以及在艺术、科学、政治和宗教中出现的其他符号结构。石器制造（250万年前）、有策略的大型猎物捕猎（160万年前）、有控制的用火（80万年前）以及复杂居住结构的出现表明，在复杂的语言和象征符号出现之前，人类认知已经与其他物种的认知产生了深刻的区别。有人推测，这可能反映了模仿能力的起源，或者是能够推断他人心理状态的心智的起源。然而，由于这些能力也存在于其他社会性物种中，因此更可能的解释是，它反映了自我触发思维或行动模式的能力的起源，比如通过一个想法唤起另一个想法。这意味着从完善工具制造技能到演绎大事件的能力的形成。关于它是如何产生的，一个合理的解释是，脑化使得事件和技能的心理表征更广泛分布，因此生成的记忆更加精细，有利于检索或提醒重复发生的事件，构成一个自我触发的思维过程。

尽管尚无定论，但许多考古学家认为，这些明显的人类能力可能在大约 5 万年前，或者更早，在旧石器时代中晚期出现。尽管脑化过程发生在过去的 200 万年里，但其第二次飞跃发生在 60 万～ 15 万年前，远早于旧石器时代中晚期的文化过渡。因此，第二次文化转型不可能仅仅由语言模块的突然出现导致。一个合理的解释必须涉及的不是新的大脑部件或增加的记忆，而是使用现有记忆的更复杂的方式。语言或符号的出现可能是答案的一部分，但它又引出了一个新的问题，即什么样的认知功能能够产生和使用语言或符号。对考古记录中时空模式的深入研究不仅揭示了象征性人工制品的出现，而且有证据表明它们是通过累积的方式相互建立的，表现出棘轮效应。事实上，有人认为这是最明显的人类特征。它表明了概念的流动性，让人类能够以新的方式组合思想，使旧的思想适应新的环境，同时运用分析性思维的复杂心理操作以及联想性思维的直觉、类比过程。因此，有人提出，文化基于人类的一种能力，即运用他人的想法适应自己 *293* 的情况。这需要一个综合的内部世界模型和一种遍历该世界模型的复杂方法，以便可以检索和创造性地阐述各种关系。这从认知角度解释了旧石器时代中晚期出现的用于特定任务的装饰工具、珠子、陶器等的爆发，它们反映了人类在两种思维形式之间根据情况自发转换的能力。总的来说，分析性思维允许在一个领域内进行深入的计算，而联想性思维则在看似不相关的领域之间建立起联系。因此，记忆中的事件得以互相关联，形成一个动态的概念网络，从而产生一个自我修正的内部世界模型。

本章的最后一节探讨了心智、人工制品和演化之间的关系。尽管制造人工制品的能力受遗传因素的影响，但文化在人工制品的具体形式中发挥着重要的作用。人工制品本身并不构成复制者，因此不是文化演化过程的基本单位。然而，综合的世界观有可能像最早的生物体一样在原始意义上演化，通过一个突发的、自组织的过程，形成一个可以在数学上被描述的封闭结构。由于不涉及自我组装代码，这种突现结构的演化是拉马克式的，即后天的特征可以被继承。

本章简略地勾勒出了关于人类认知能力演化的一些猜想。在获得一个完整的解释之前，我们还有很长的路要走，但一个令人兴奋的旅程就在前面。

注释

[1] 用神经网络术语来说，情境聚焦就是自发地、下意识地改变激活函数形状的能力，联想性思维的激活函数形式是平的，分析性思维的是尖的。

参考文献

Aiello, Leslie C. 1996. Hominine preadaptations for language and cognition. In P. Mellars and K. Gibson, eds., *Modeling the early human mind:* 89–99. Cambridge: McDonald Institute Monographs.

Aiello, Leslie C., and Robin Dunbar. 1993. Neocortex size, group size, and the evolution of language. *Current Anthropology* 34: 184–193.

Aiello, Leslie C., and Peter Wheeler. 1995. The expensive-tissue hypothesis: The brain and the digestive system in human and primate evolution. *Current Anthropology* 3: 199–221.

Ambrose, Stanley H. 1998. Chronology of the Later Stone Age and food production in East Africa. *Journal of Archaeological Science* 25: 377–392.

Antón, Susan C., and Carl C. Swisher. 2004. Early dispersals of *Homo* from Africa. *Annual Review of Anthropology* 33: 271–296.

Asfaw, Berhane, Yonas Beyene, Gen Suwa, Robert C. Walter, Tim D. White, Giday WoldeGabriel, and Tesfaye Yemane. 1992. The earliest Acheulean from Konso-Gardula. *Nature* 360: 732–735.

Aunger, Robert. 2000. *Darwinizing culture.* Oxford: Oxford University Press.

Bahn, Paul G. 1991. Pleistocene images outside Europe. *Proceedings of the Prehistoric Society* 57: 99–102.

———. 1998. Neanderthals emancipated. *Nature* 394: 719–721.

Bak, Per, Chao Tang, and Kurt Weisenfeld. 1988. Self-organized criticality. *Physical Review A* 38: 364.

Bar-Yosef, O. 1994. The contribution of southwest Asia to the study of the origin of modern humans. In M. Nitecki and D. Nitecki, eds., *Origins of anatomically modern humans,* 23–66. New York: Plenum.

Bar-Yosef, O., B. Vandermeersch, B. Arensburg, P. Goldberg, H. Laville, L. Meignen, Y. Rak, E. Tchernov, and A. M. Tiller. 1986. New data on the origin of modern man in the Levant. *Current Anthropology* 27: 63–64.

Bednarik, Robert G. 1992. Paleoart and archaeological myths. *Cambridge Archaeological Journal* 2: 27–57.

———. 2003. A figurine from the African Acheulian. *Current Anthropology* 44: 405–413.

Bentley, R. Alexander, Matthew W. Hahn, and Stephen J. Shennan. 2004. Random drift and culture change. *Proceedings of the Royal Society Biology* 271:1443–1450.

Bickerton, Derek. 1990. *Language and species.* Chicago: University of Chicago Press.

———. 1996. *Language and human behavior.* London: UCL Press.

Boden, Margaret. 1990–1992. *The creative mind: Myths and mechanisms.* London: Routledge.

Bonner, John T. 1980. *The evolution of culture in animals.*

Princeton: Princeton University Press.

Bunn, Henry T., and Ellen M. Kroll. 1986. Systematic butchery by Plio/Pleistocene hominids at Olduvai Gorge, Tanzania. *Current Anthropology* 27: 431–452.

Byrne, R. W., and A. Russon. 1998. Learning by imitation: A hierarchical approach. *Behavioral and Brain Sciences* 21: 667–721.

Cachel, S., and J. W. K. Harris. 1995. Ranging patterns, land-use, and subsistence in *Homo erectus* from the perspective of evolutionary ecology. In J. R. F. Bower and S. Sartono, eds., *Evolution and ecology of Homo erectus,* 51–66. Leiden: Pithecanthropus Centennial Foundation.

Caramelli, David, Carles Lalueza-Fox, Cristiano Vernesi, Martina Lari, Antonella Casoli, Francesco Mallegni, Brunetto Chiarelli, Isabelle Dupanloup, Jaume Bertranpetit, Guido Barbujani, and Giorgio Bertorelle. 2003. Evidence for a genetic discontinuity between Neandertals and 24,000-year-old anatomically modern Europeans. *Proceedings of the National Academy of Sciences USA* 100: 6593–6597.

Carstairs-McCarthy, A. 1999. *The origins of complex language.* Oxford: Oxford University Press.

Chase, P. G., and H. L. Dibble. 1987. Middle Paleolithic symbolism: A review of current evidence and interpretations. *Journal of Anthropological Archaeology* 6: 263–296.

———. 1992. Scientific archaeology and the origins of symbolism: A reply to Bednarik. *Cambridge Archaeological Journal* 2:43–51.

Cheney, D., and R. Seyfarth. 1990. *How monkeys see the world.* Chicago: University of Chicago Press.

Clark, A., and D. Chalmers. 1998. The extended mind. *Analysis* 58: 7–19.

Corballis, Michael. 2002. *From hand to mouth: The origins of language.* Princeton: Princeton University Press.

Darwin, Charles. 1871. *The descent of man.* London: Murray.

Davidson, Iain. 1992. There's no art—To find the mind's construction—in offence (Reply to Bednarik). *Cambridge Archaeological Journal* 21: 52–57.

Dawkins, Richard. 1976. *The selfish gene.* Oxford: Oxford University Press

Deacon, Terrence W. 1997. *The symbolic species.* New York: Penguin.

———. In press. Self-replication and natural selection can emerge from linked autocatalysis and molecular self-assembly.

De Beaune, Sophie A. 2004. The invention of technology: Prehistory and cognition. *Current Anthropology* 45: 139–162.

Dennell, Robin. 1997. The world's oldest spears. *Nature* 385:

294

767–768.

d'Errico, Francesco, Christopher Henshilwood et al. 2003. Archaeological evidence for the emergence of language, symbolism, and music. *Journal of World Prehistory* 17: 1–70.

d'Errico, Francesco, and April Nowell. 2000. A new look at the Berekhat Ram figurine: Implications for the origins of symbolism. *Cambridge Archaeological Journal* 10: 123–167.

d'Errico Francesco, Paola Villa, Ana C. Pinto Llona, and Rosa Ruiz Idarraga. 1998b. A Middle Paleolithic origin of music? Using cave-bear bone accumulations to assess the Divje Babe I bone "flute" (Neanderthal). *Antiquity* 72: 65–79.

d'Errico, Francesco, João Zilhão, Michele Julien, Dominique Baffier, and Jacques Pelegrin. 1998a. Neanderthal acculturation in western Europe? A critical review of the evidence and its interpretation. *Current Anthropology* 39: S1.

Donald, Merlin. 1991. *Origins of the modern mind.* Cambridge: Harvard University Press.

———. 1998. Hominid enculturation and cognitive evolution. In Colin Renfrew and C. Scarre, eds., *Cognition and material culture: the archaeology of symbolic storage,* 7–17. Cambridge: McDonald Institute Monographs.

———. 2001. *A mind so rare.* New York: Norton.

Dugatkin, L. A. 2001. *Imitation factor: Imitation in animals and the origin of human culture.* New York: Free Press.

Dunbar, Robin. 1993. Coevolution of neocortical size, group size, and language in humans. *Behavioral and Brain Sciences* 16(4): 681–735.

———. 1996. *Grooming, gossip, and the evolution of language.* U.K.: Faber & Faber.

Durham, W. 1991. *Coevolution: Genes, culture, and human diversity.* Stanford, CA: Stanford University Press.

Eswaran, Vinayak. 2002. A diffusion wave out of Africa: The mechanism of the modern human revolution? *Current Anthropology* 43: 779–774.

Fauconnier, G., and M. Turner. 2002. *The way we think: Conceptual blending and the mind's hidden complexities.* New York: Basic.

Fodor, J. 1983. *The modularity of mind.* Cambridge: MIT Press.

Gabora, Liane. 1995. Meme and variations: A computer model of cultural evolution. In L. Nadel and D. Stein, eds., *1993 Lectures in complex systems,* 471–486. Boston: Addison-Wesley.

———. 2000. Conceptual closure: Weaving memories into an interconnected worldview. In G. Van de Vijver and J. Chandler, eds., *Closure: Emergent organizations and their dynamics.* Annals of the New York Academy of Sciences 901. New York.

———. 2003. Contextual focus: A tentative cognitive explanation for the cultural transition of the Middle/Upper Paleolithic. In R. Alterman and D. Hirsch, eds., *Proceedings of the 25th Annual Meeting of the Cognitive Science Society,* Boston, July 31–August 2. Published as a CD by Lawrence Erlbaum Associates.

———. 2004. Ideas are not replicators but minds are. *Biology and Philosophy* 19: 127–143.

———. 2007. Self-other organization: On the limited role of natural selection in the evolution of early life. *Journal of Theoretical Biology* 241: 443–450.

Gabora, Liane, and Diederik Aerts. 2005. Distilling the essence of an evolutionary process, and implications for a formal description of culture. In W. Kistler, ed., *Proceedings of the Center for Human Evolution: Workshop 4 on cultural evolution.* Foundation for the Future: www.futurefoundation.org/programs/che_wrk4.htm.

Gamble, Clive. 1994. *Timewalkers: The prehistory of global colonization.* Cambridge: Harvard University Press.

Gardner, Martin. 1983. *Frames of mind: The theory of multiple intelligences.* New York: Basic.

Goren-Inbar, Naama, Nira Alperson, Mordechai E. Kislev, Orit Simchoni, Yoel Melamed, Adi Ben-Nun, and Ella Werker. 2004. Evidence of hominin control of fire at Gesher Benot Ya'aqov, Israel. *Science* 304: 725–727.

Harrold, F. 1992. Paleolithic archaeology, ancient behavior, and the transition to modern *Homo.* In G. Bräuer and F. Smith, eds., *Continuity or replacement: Controversies in Homo sapiens evolution,* 219–230. Rotterdam: Balkema.

Henshilwood, Christopher S., and Curtis W. Marean. 2003. The origin of modern human behavior. *Current Anthropology* 44: 627–651.

Heyes, C. M. 1998. Theory of mind in nonhuman primates. *Behavioral and Brain Sciences* 211: 104–134.

Jablonka, E. 2000. Lamarckian inheritance systems in biology: A source of metaphors and models in technological evolution. In J. Ziman, ed., *Technological innovation as an evolutionary process,* 27–40. Cambridge: Cambridge University Press.

Karmiloff-Smith, Anette. 1992. *Beyond modularity: A developmental perspective on cognitive science.* Cambridge: MIT Press.

Kauffman, Stuart A. 1993. *Origins of order.* Oxford: Oxford University Press.

Klein, Richard G. 1989a. Biological and behavioral perspectives on modern human origins in South Africa. In P. Mellars and C. Stringe, eds., *The human revolution,* 529–546. Edinburgh: Edinburgh University Press.

———. 1989b. *The human career.* Chicago: University of Chicago Press.

———. 2003. Whither the Neanderthals? *Science* 299: 1525–1527.

Kohn, Marek, and Steven Mithen. 1999. Handaxes: Products of sexual selection? *Antiquity* 73: 518–526

Krings, M., Ann Stone, R. W. Schmitz, H. Krainitzki, Mark Stoneking, and S. Paabo. 1997. Neanderthal DNA sequences and the origin of modern humans. *Cell* 90: 1–20.

Lake, Mark W. 1998. Digging for memes: The role of material objects in cultural evolution. In C. Renfrew and C. Scarre, eds., *Cognition and material culture: The archeology of symbolic storage*, 77–88. Cambridge: McDonald Institute Monographs.

Leakey, Mary D. 1971. *Olduvai Gorge: Excavations in Beds I and II, 1960–1963*. Cambridge: Cambridge University Press.

Leakey, Richard. 1984. *The origins of humankind*. New York: Science Masters Basic Books.

Lumsden, C., and E. O. Wilson. 1981. *Genes, mind, and culture*. Cambridge: Harvard University Press.

Lynch, A., and A. J. Baker. 1994. A population memetics approach to cultural evolution in chaffinch song: Differentiation among populations. *Evolution* 48: 351–359.

McBrearty, Sally, and Alison S. Brooks. 2000. The revolution that wasn't: A new interpretation of the origin of modern human behavior. *Journal of Human Evolution* 39: 453–563.

Madsen, Mark, Carl Lipo, and M. Cannon. 1999. Fitness and reproductive trade-offs in uncertain environments: Explaining the evolution of cultural elaboration. *Journal of Anthropological Archaeology* 18: 251–281.

Marean, Curtis W., and S. Y. Kim. 1998. Mousterian large-mammal remains from Kobeh Cave. *Current Anthropology* 39: S79–S113.

Martinez, I., M. Rosa et al. 2004. Auditory capacities in Middle Pleistocene humans from the Sierra de Atapuerca in Spain. *Proceedings of the National Academy of Sciences USA* 101: 9976–9981.

Mellars, Paul. 1973. The character of the middle-upper transition in south-west France. In C. Renfrew, ed., *The explanation of culture change*. London: Duckworth.

———. 1989a. Technological changes in the Middle-Upper Paleolithic transition: Economic, social, and cognitive perspectives. In P. Mellars and C. Stringer, eds., *The human revolution*, 338–365. Edinburgh: Edinburgh University Press.

———. 1989b. Major issues in the emergence of modern humans. *Current Anthropology* 30: 349–385.

Mithen, Steven. 1996. *The prehistory of the mind*. London: Thames & Hudson.

———. 1998. A creative explosion? Theory of mind, language, and the disembodied mind of the Upper Paleolithic. In *Creativity in human evolution and prehistory*, 165–191. London: Routledge.

Neiman, Fraser D. 1995. Stylistic variation in evolutionary perspective. *American Antiquity* 60: 7–36.

O'Brien, Michael J. 2005. Evolutionism and North American's archaeological record. *World Archaeology* 37: 26–45.

O'Brien, Michael J. (ed.). 1996. *Evolutionary archaeology: Theory and application*. Salt Lake City: University of Utah Press.

Ovchinnikov, Igor V., Anders Götherström, Galina P. Romanova, Vitaliy M. Kharitonov, Kerstin Lidén, and William Goodwin. 2000. Molecular analysis of Neanderthal DNA from the northern Caucasus. *Nature* 404: 490–493.

Plotkin, Henry C. 1988. *The role of behavior in evolution*. Cambridge: MIT Press.

Premack, D., and G. Woodruff. 1978. Does the chimpanzee have a theory of mind? *Behavioral and Brain Sciences* 4: 515–526.

Prugnolle, Franck, Andrea Manica, and François Balloux. 2005. Geography predicts neutral genetic diversity of human populations. *Current Biology* 15: R159–R160.

Renfrew, Colin. 1982. *Towards an archaeology of mind: An inaugural lecture*. Cambridge: Cambridge University Press.

Renfrew, Colin, and E. B. W. Zubrow (eds.). 1994. *The ancient mind: Elements of cognitive archaeology*. Cambridge: Cambridge University Press.

Richerson, Peter, and Robert Boyd. 1998. The evolution of human ultrasociality. In I. Eibl-Eibesfeldt and F. K. Salter, eds., *Indoctrinability, ideology, and warfare: Evolutionary perspectives*, 71–95. New York: Berghahn.

Robert, M. 1990. Observational learning in fish, birds, and mammals: A classified bibliography spanning over 100 years of research. *Psychological Record* 40: 289–311.

Rozin, P. 1976. The evolution of intelligence and access to the cognitive unconscious. In J. M. Sprague and A. N. Epstein, eds., *Progress in psychobiology and physiological psychology*, 245–280. New York: Academic.

Ruff, C., Erik Trinkaus, and T. Holliday. 1997. Body mass and encephalization in Pleistocene *Homo*. *Nature* 387: 173–176.

Semaw, S., P. Renne, J. W. K. Harris, C. S. Feibel, R. L. Bernor, N. Fesseha, and K. Mowbray. 1997. 2.5 million-year-old stone tools from Gona, Ethiopia. *Nature* 385: 333–336.

Soffer, O. 1994. Ancestral lifeways in Eurasia: The Middle and Upper Paleolithic records. In M. Nitecki and D. Nitecki, eds., *Origins of anatomically modern humans*, 23–66. New York: Plenum.

Smith, W. J. 1977. *The behavior of communicating*. Cambridge: Harvard University Press.

Sperber, Dan. 1994. The modularity of thought and the epidemiology of representations. In L. A. Hirshfield and S. A. Gelman, eds., *Mapping the mind: Domain specificity in cognition and culture*, 39–67. Cambridge: Cambridge University Press.

Stringer, Chris, and Clive Gamble. 1993. *In search of the Neanderthals*. London: Thames & Hudson.

Swisher, Carl C., G. H. Curtis, T. Jacob, A. G. Getty, and A. Suprijo Widiasmoro. 1994. Age of the earliest known hominids in Java, Indonesia. *Science* 263: 118–121.

Tattersall, Ian. 1998. Neanderthal genes: What do they mean? *Evolutionary Archaeology* 7:157–158.

———. 2003. The case for saltational events in human evolution. In T. J. Crow, ed., *The speciation of modern Homo sapiens*, 49–59. Proceedings of the British Academy 106.

Thieme, Hartmut. 1997. Lower Paleolithic hunting spears from Germany. *Nature* 385: 807.

296

Tomasello, Michael. 1999. *The cultural origins of human cognition*. Cambridge: Harvard University Press.

Trinkaus, Erik. 1995. Neanderthal mortality patterns. *Journal of Archaeological Science* 22: 121–142.

Vetsigian, Kalin, Carl Woese, and Nigel Goldenfeld. 2006. Collective evolution and the genetic code. *Proceedings of the National Academy of Sciences USA* 103: 10696–10701.

Von Neumann, John. 1966. *Theory of self-reproducing automata*. Champaign: University of Illinois Press.

Walker, A. C., and Richard E. Leakey. 1993. The Nariokotome *Homo erectus* skeleton. Cambridge: Harvard University Press.

White, Richard. 1982. Rethinking the Middle/Upper Paleolithic transition. *Current Anthropology* 23: 169–189.

———. 1989a. Production complexity and standardization in early Aurignacian bead and pendant manufacture: Evolutionary implications. In P. Mellars and C. Stringer, eds., *The human revolution: Behavioral and biological perspectives on the origins of modern humans*, 366–390. Edinburgh: Edinburgh University Press.

———. 1989b. Toward a contextual understanding of the earliest body ornaments. In E. Trinkhaus, ed., *The Emergence of modern humans: Biocultural adaptations in the Later Pleistocene*, 211–231. Cambridge: Cambridge University Press.

———. 1993. Technological and social dimensions of "Aurignacian-age" body ornaments across Europe. In H. Knecht, A. Pike-Tay, and R. White, eds., *Before Lascaux: The complex record of the Early Upper Paleolithic*, 247–299. Boca Raton: CRC Press.

White, Tim, Berhane Asfaw, David Degusta, Henry Gilbert, Gary D. Richards, Gen Suwa, and F. Clark Howell. 2003. Pleistocene *Homo sapiens* from Middle Awash, Ethiopia. *Nature* 423: 742–747.

Wolpoff, Milford H., Bruce Mannheim, Alan Mann, John Hawks, Rachel Caspari, Karen R. Rosenberg, David W. Frayer, George W. Gill, and Geoffrey Clark. 2004. Why not the Neandertals? *World Archaeology* 36: 527–546.

Wynn, Thomas. 1998. Did Homo erectus speak? *Cambridge Archaeological Journal* 8: 78–81.

第 18 章　物质性

297

蒂莫西·泰勒

（Timothy Taylor）

东西在马鞍上

还是人在骑马

——拉尔夫·沃尔多·爱默生

（Ralph Waldo Emerson）

W. H. 钱宁（W. H. Channing）颂

约瑟夫·康拉德（Joseph Conrad，英国小说家）在《凯莱恩：一段记忆》（*Karain: A Memory*）中介绍了一个角色，这是一个我们一眼就能看出来的典型的怪人——一个让人望而生畏的马来群岛的地方统领，他在自己的海域登上帆船，宣布他所控制的领域。"凯莱恩挥手指着说：'都是我的！'他用自己的长手杖敲打帆船甲板，黄金制成的杖头像流星一样耀眼……他装扮绚丽，令人目眩，人们无法想象这样精致的表面下可能隐藏的，竟是那让人恐惧的虚空的深度。他并没有戴面具——他有太漫长的生命，而面具只是一个没有生命的东西；但是他本质上是一个行动者，一个努力掩饰自己的人"（Conrad, 1977: 49）。用器物做符号，用词语来主张，外表绚丽，让人难以捉摸，这些描绘表现出人类能动者是积极的，他所表达与感知的文化生活是那么的微妙与复杂。即便凯莱恩没有道具（也就是面具），其表达也是正面的，在这个文化背景中，面具通常用来恐吓他人、引发敬畏，在表现原初价值时掩盖身份。

对考古学家来说，这样的描述可能会令人望而却步。我们不可能把古代的文化背景描绘得同样深入，除非是想象出来的。我们非常希望超越金头权杖、面具、帆船的类型学以及接触情况的记忆碎片，获得更精微的理解，不是在什么时间、什么地方使用了什么器物，而是在表达中可能用了什么样的艺术品、服装、符号。我们寻求洞察自然之物存在的限制条件，了解陌生文化背景中物质分类的思想。但是现在我们还不清楚是否可以在某个或多个解释层面上达成共识，在这样的层面上，经过时间与际遇的各种过滤，稳定参与的种种复杂性能够得到证明或可以被推导出来。

物质性是一种研究物质无法摆脱的属性的方式，如史前墓葬建筑中发现的某块特殊的石头，或是特定气候条件下尸骨的分解方式。初步的认识是，物质性研究不只是要探究为什么古人认为这块石头适合用来建造新石器时代的墓葬建筑，或是为什么某个特定部位的遗骨能够被保存下来，而且要探究新石器时代的死亡观以及等同于现代死亡的新石器时代的观念是如何出现的，这块石头竖在那里，它与温暖的肌肉、冰冷的骨头之间存在相似与反差，我们需要探究死亡的观念是如何在情感上与感觉上与这块石头的温度、颜色、触觉以及坚硬程度联系起来的。

物质性：概念的历史

物质性的概念有助于重建过去的类别与分类方法，让我们理解为什么物质（包括身体）的本质"物性"不仅有利于思考，提供诗意的、隐喻的来源，还能够通过提供具体实例的文化框架巩固我们的思考能力，我们能够从这样的文化框架中抽象出形而上学的类别。物质本身是一个形而上的概念，流行语中将其误解为自然之上或之外（超自然）的东西，实际上它是一个范畴，其含义的确定与整个领域中其他基本概念如形式、实在、心智、观念、时间、空间等相关。现代社会科学家或考古学家这样的历史学家，通常会从目的性、能动性、原因、结果、能量、重力等角度来理解巨石墓。而对其建造者与使用者而言，它可能体现、肯定与证明了某些可表达的价值，如职责、幸运、正确的行为、神的保佑或阴间邪恶的诱惑，等等。在现代人看来，这里是一片荒野、一处具有浪漫情调的废墟，而新石器时代的人们在面对这座新建起来的纪念物时，所看到的东西可能跟现代人看到的类似。

298

物质性并不意味着陷入与古代物质的神秘联系。物质性理论受到其他学科如认知心理学、比较人类学以及美学理论的启发，其目的是在考古学家努力重建的文化背景联系中重新确定物质存在的本质与范畴。克里斯·戈斯登（2004: 37）写道："人与物质文化的关系……既没有受到那些强调人的学者的充分关注，也没有得到侧重物质文化的学者的重视……我们的感觉关注物体的形制特征——其形状、重量、气味、味道、声音等——这些东西赋予我们所感觉到的东西以价值。"他继续指出，价值是物体的某种结晶，考古学家与史前的使用者同样能理解这一点；这一观念与传统哲学也即后康德哲学的理解相反。有关观点认为，"实际物质形式的综合能力（而非由此产生的解释性的比喻）将视角与知识领域结合了起来……相对于主体，构成了一种新的研究形式，它强调了物质在构建社会关系中的重要性，以及物质性在社会传承上所发挥的基本作用"（Geismar and Horst, 2004: 6）。这种研究形式旨在"消除心与物的研究、'唯心主义'与'唯物主义'方法之间的隔离"（DeMarrais, Gosden, and Renfrew, 2004b: 1）。

柴尔德对考古学文化有个著名的定义，他将之视为不断重复出现的器物与形制特征的组合，"我们今天称之为一个'人群'的物质表达"（1929: vi）。其实，在此之前还有一种更全面的理解。这个术语就是"物质性"，在19世纪晚期被用于民族志中（如泰勒的著作，参见下文）。对19世纪晚期和20世纪初期的民族志学者、史前史学家、心理学家、社会学家而言，物质文化不只是柴尔德所说的"表达"——一种由各方面都十分清楚的群体留下的非常被动的印迹。对19世纪晚期的学者如古斯塔夫·柯西纳而言，陶器形制、聚落布局、符号组合等文化特征都是"与生俱来的"，来自可见的生物学差异，这种差异区分了不同的种族（Veit, 1984）。文化差异反映了"种族记忆"上的差异，它也是荣格后来提出的"集体无意识"概念的外在形式（见于大约1912年以来的著作中）（参见Jung, 1969）。这种理解文化的方式在某些方面很像现在理解反射的方式，它假定物质与心理之间存在某种关键的联系。

这些思想在社会科学与政治哲学中都很有影响力。布尔迪厄的惯习（一个孩子对特定历史社会的心理文化上的适应，以及在这个情境中孩子形成的概念与接受到的形而上学方面的教育）（Bourdieu, 1977）作为物质性理论中的关键概念，在某种程度上是一种早已存在于德国、中国、苏联社会工程学中的观念。这并不令人惊奇，因为惯习的概念具有广泛的历史基础。布尔迪厄从艺术史学家欧文·帕诺夫斯基（Erwin Panofsky）那里借用了这个概念，而帕诺夫斯基则是从中世纪经院神学家那里得到的这个概念（Bourdieu, 2004; Panofsky, 1957），这些神学家又受到古典作家的影响，一直可以追溯到希波克拉底与希罗多德，他们尽管没有只字提及，但是知道人类生活和社会的类型与独特的形成环境之间存在密切的联系（Lloyd, 1978; Herodotus, 1987）。

纳粹之所以选择万字符号，不仅仅是因为中世纪早期的德国陶器、希腊几何纹装饰时期以及印度北部庙宇中出现过这种符号，他们还相信万字符号确实能赋予后来与之接触的德国人以纯正的德国属性，而不是将之视为一种被动的象征符号，代表"雅利安人"建立的印度－德意志帝国曾经扩张的程度与时间。

这段不引人注意的历史暗示了这样的存在，在倒掉洗澡水的时候，物质性捡起了婴儿。在考古学发展史上，第二次世界大战后的意识形态出现 *299* 反弹，强调剥离柴尔德物质文化概念中的种族主义含义，德国类型学的考古学派全面拒绝社会理论。加上同样非历史的新进化论方法的发展，把考古学视为人类学，北美考古学家把物质文化视为人适应客观真实环境的、身体之外的手段，于是，器物与人之间的复杂关联消失或被消除了。奇怪的是，早期把物质性作为政治迫害工具的做法却赋予了这个概念新的合法性与重要性。运用物质性的纳粹分子并非自大妄想狂，而是抓住了一点，即思想实际上深受物质世界的限制，并且可以由物质世界创造出来。

在考古学中，物质性理论的提出旨在弥补一种缺失，那就是适度地强调事物有形的属性（也称"功能可见性"），这深刻影响到了考古学的方法，既包括 20 世纪 60 年代中期以来的新考古学或称过程考古学，也包括 20 世纪 70 年代后期开始的与过程考古学一起发展起来的关联考古学或称后过程考古学。新考古学按照信息编码来理解文化现象，就复制与确定基本文化单位而言，它深受进化生物学思想的影响；而后过程考古学家从符号象征的角度来开展探讨，用布瓦万（Boivin, 2004: 63）的话来说，"世界的物质性特征无关紧要，文本模型的支持者告诉我们，物质符号与其所指示的概念之间的关系是主观的"。于是物质性理论的深刻含义被颠覆了，尽管（正如我们应该注意到的）其基础可以追溯到马克思、莫斯、维果茨基[①]、科林伍德（Marx, 1954; Mauss, 1990; Vygotsky, 1978, 1986; Collingwood, 1940, 1981, 1989, 1993）。认识物质性的形式不只是要追问为什么信息通过特定的媒介表达，还要承认马歇尔·麦克卢汉（Marshall McLuhan）[②] 所说的"媒介即信息"（1964），他的著作《理解媒介》（*Understanding Media*）的第一章就如此冠名。

哲学源头

物质性的基本含义是指物质存在的属性，作为一个抽象名词，这个概念十分难以处理。首先我们需要就一系列先在的术语如"事物""物质"等达成共识，但不出所料，这并不容易做到。根据对这些概念的理解，我们可以从许多方面来理解物质（然后才有物质性）。

更令人困惑的是，我们一直把学术讨论中强调物质存在属性的研究者

---

① 维果茨基：苏联教育心理学家。——译者注
② 马歇尔·麦克卢汉：加拿大传播理论家。——译者注

称为唯物主义者，然而社会与经济研究中的唯物主义是绝大多数"物质性主义者"不敢苟同的。物质、唯物主义、物质性构成了一个意义复杂的网络，区分它们时会涉及许多定义上的困难与矛盾。要想了解当代的有关思想状况，我们有必要回顾一下"物质性"概念的历史，了解同类概念、关键对比概念以及相关概念外延的范围与内涵的宽度。

按照《牛津英语词典》，物质性一词有四个定义（OED, 1989: 1047）。第一个是"构成某物的物质而非其形式的东西"（按照这个词的传统定义就是其形式性）。第二个定义是中性的，即"作为物质的属性"。第三个定义是对第一个定义的延伸，即"纯粹客观性或外在性"［支持这一说法的引文出自塞缪尔·约翰逊（Samuel Johnson）在 1765 年为莎士比亚戏剧的一个版本所做的序言："任何不能反映事实的表达都是假的；任何戏剧寓言就其物质性而言永远可信。"］。最后，还有一个法律上的定义，即"可预期是很重要的"（因此在法律上，物质性意味着有针对性的信息，若忽视了它，可能会受到欺诈指控）。

在人类学中，似乎是 E. B. 泰勒首先使用物质性一词的："伍特克（Wuttke）说，死者的鬼魂对他来说具有一种模糊的不断消失的物质性"（1871: 1: 412）。宗教中的物质结束、灵魂开始是一个反复出现的话题。约翰·洛克（John Locke）关于属性、表象、本质的形而上学的论述在西方哲学中影响深远，他曾经写道："他……几乎没有发现能够明确支持或反对灵魂物质性的要素。"（1977: 281）不过，泰勒并非当代考古学研究中物质性概念的来源。20 世纪 90 年代中叶，考古学家从物质文化研究、社会与美学理论中借用了这个概念，其吸引力尤其在于它与实物的直接联系，包括人类能动性所创造的、我们称之为器物的东西（Gosden, 1994;

Graves-Brown, 2000），以及人类识别并归类的自然之物，也就是具有价

300 值与意义的物品（Brown, 2001）。物质性研究是一个跨学科项目，在人类学、物质文化研究以及社会学中都很活跃（Miller, 2005; Dant, 2005）。

在西方思想中，物质作为一个类别，最早是由泰勒斯（Thales, 约前624—前547）用 hylê 一词正式做出区分的（Algra, 1999），亚里士多德进一步对其进行了发展，将其看作与形式相对的东西，认为两者结合才能产生确定存在之物（这种形而上学分析影响到了《牛津英语词典》对物质性的第一个定义，它相对于形式而言，参见上文）。亚里士多德的"基本物质"是对更早的柏拉图观点的颠覆，柏拉图相信纯粹形式（极端唯心主义）最终的真实性，而亚里士多德在早期化学成分观念的形成过程中，注意到物质存在一些基本种类（共性——整体由相同的部分构成）（Graham, 1999: 164）。自德谟克利特以来，不少思想家都认为物质由原子构成，原子是一种统一的基本粒子，原子组织上的差异可导致现象世界的差异。基本同等单位的不同组织形态会导致外表或行为层面上的差异（不同于那种认为外在差异来自本质上区别的观念），这种观念深刻影响了马克思，他的唯物主义社会观将社会看作由相同单位组成的不同形态，而不是人体灵魂与其各种可能矛盾的价值信仰之间关系变化的组合。

物质的定义常常是相反的。亚里士多德排除了形式，迪伊（Dee）在1570年写道，"不论是数字还是大小，都没有物质性"（OED, 1989: 1047）。但是不到一百年后，笛卡尔提出物质有大小（或长短），不可能为虚空（Williams, 1978）。在精神层面上，形经常与质相对（宗教上的形式主义者认为，外在表现与其信仰的本质之间并不必然相关）。

最简单的理解是，物质是某种能够触碰到的东西，因此总是能够被经

验感知到。在经验主义哲学运动的旗帜下，物质是一个重要的概念，从洛克开始，哲学家都认为实际经验在构建人类知识上至关重要。作为人类，我们需要客观、中立地观察，向头脑中输入真实世界的感觉材料，然后得到有关世界的整体认识。某些极端的经验主义者认为，外在世界等同于内在思维构建，它完全由经验主宰，其最终的原理我们永远也不能理解。康德与维特根斯坦都提出，世界严重依赖文化理解而存在，他们在批评经验主义上卓有成效：按照欧内斯特·盖尔纳（Ernest Gellner）的说法，人类文化就是"一个符号体系"，这极大地削弱了客观经验主义［Gellener, 1989; Wittgenstein, 1967; Cassirer, 1968（关于康德的影响）］。

对物质性理论近年来的发展而言，这是一个很有益的出发点。维特根斯坦提出，思想最终依赖语言而存在，语言作为交流的工具，是可能出错的："言说不是把无言的思想转化为语言的问题，理解也不是阐释的问题——把死的符号转化为活的思想。语言不仅扩充思想，而且扩展情感。狗知道要骨头，但只有语言的使用者知道下一周需要什么。不是思想赋予语言符号以生命，而是人类在生活进程中使用了符号"（Hecker, 1995: 915）。类似之，我们可以说，器物作为做事的工具也可能出错。物质文化也可以扩展情感——狗知道攻击什么人，但只有物质文化的使用者知道要用机枪而不是箭去射击。

物质性

按照通常的说法，唯物主义者就是为钱与物所驱动的人，这些物既包括物品也包括服务，都是钱能买到的。由于大部分物品与服务是人类劳动的产品，也就是我们经常生死相求或是不惜置人于死地去获取的产品，因此追求物质财富就意味着不顾一切去获取［正如小说家托马斯·平钦（Thomas Pynchon）所言，"真的战争就是市场的庆典"（1973: 105）］。物质获取上的不平等构成了马克思批评资本主义的基础，催生了历史唯物主义理论。不管我们怎么看待马克思主义的历史思考，马克思对唯物主义思想的影响是巨大的，这里将简明扼要地加以概述（Marx, 1954; McLellan, 1995; Morrison, 1995）。

301

马克思的历史唯物主义思想归根结底是一种批判唯物主义社会的唯物主义观点（这可能有点讽刺）。他的观点跟思想、道德以及社会活动相关，尽管主要不是道德主义、唯心主义与乌托邦式的。"马克思批评……那种接受自然与生命起源的自然解释但拒绝社会与道德派生形式的观点，称之为机械唯物主义……（这种观点）孤立地看待物体，特别是忽略了作为主体的人的活动。因此他把受到普遍承认的机械唯物主义与新的历史唯物主义区分开来，把人类活动视为重要的推动力"（Williams, 1976: 166）。不过，马克思的主体真实立足于有形的客体，因此他认为，文化、社会、道德以及（可能的）美学活动都立足于经济活动。他对这种活动的理解基于亚里士多德对 oeconomia 一词的定义，也就是物质上的自给自足；生产是为了满足合法的需要，而不是为了满足贪欲（chrematistike，来自 chrema 一词，意为一种硬币）（Seaford, 2004: 141）。

马克思最初采纳并在后来加以改造的"机械唯物主义"可以追溯到托马斯·霍布斯（Thomas Hobbes）。霍布斯并没有使用"唯物主义"一词，对他来说，世界由运动的自然之物构成，受制于机械规律。人类的思想与情感都是运动的形式，他把社会中人与人之间的相互关系同样看作是机械的。社会就像机器，无论运作良好或恶劣，自由意志的观念都很少被考虑到，基本等同于物质决定论与上帝万能论（Gauthier, 1969）。把上帝排除或旁置之后，这种唯物主义形成了恩格斯所说的马克思的辩证唯物主义："有关自然、人类社会、思想发展与运动规律的科学。"（引自 McLellan, 1995: 527）恩格斯以及黑格尔用一种普遍或"辩证"唯物主义取代了本质上偶然的"历史"唯物主义（尽管黑格尔与马克思都没有使用这样的表达，马克思后来称黑格尔的方法是唯心主义的）。在马克思之后，机器的比喻影响深远，尤其是导致了系统论在社会科学中的应用，这在 20 世纪 60 年代以来的考古学发展中显而易见。

马克思主义似乎强调物质，并与唯物主义关联密切，但是具体历史的观念并不特别关注物质优先的重要性。如马克思曾用"商品拜物教"一词来描述资本主义社会的人们相信价值内在于商品的趋向："最初一看，商品好像是一种简单而平凡的东西。对商品的分析表明，它却是一种很古怪的东西，充满形而上学的微妙和神学的怪诞。"（Marx, 1954: 76）

商品拜物教相信商品的神秘力量（因此对马克思来说是虚构或不真实的），用物质关系来代表人与人的关系，因此人们彼此面对的不过是经济活动媒介与商品拥有者。相反，马克思关注人与人之间控制物质的权力分配是否公平，人们应该从商品的物质属性（奴隶制及其后续的封建制度、资本主义制度）中解放出来。交易最终简化为一种中立的计算，如财会系统那样运作，也就是某些马克思主义者试图实现的：随着共产主义的出现，金钱将不再必需。马克思主义的关键之处在于，特定生产方式会影响伦理关系以及人们的存在模式。马克思主义确实把物质生产视为客观的、科学的进步，但是其目的与其说是生产，不如说是创造和谐、幸福的社会生活，是解决相关问题的步骤。研究者非常关注作为物质的物品本身的形制特征，认为这些东西是物品通常应有的，20 世纪 20 年代的苏联考古学家发现了这一点，当时拉夫多尼卡斯（Ravdonikas）把考古学的名称改为物质文化史（Trigger, 1989），那些主要从事形制与类型学研究的学者有了一个名称，即"纯粹器物学"（naked artifactology）研究者（Klejn in Taylor, 1993）。

当然，马克思列宁主义将社会视为更高层次的存在，存在需要被修正的缺陷，这样的认识在很大程度上归因于工业革命以及普遍存在的机器隐喻："马克思期望社会将会消除脑力与体力劳动之间的区分……将这种区分视为哲学神话的来源。在这样的社会中，社会关系将会变得透明"（McLellan, 1995: 527; Sperber, 1992）。普列汉诺夫（Plekhanov, 1940）推广了考茨基（Kautsky）的"辩证唯物主义"概念，他采用康德的说法，

302 假定事物不能了解自身，但我们与之关联的思想和情感像象形文字一样与现实相对应——不是与现实相似或是复制现实。按照恩格斯的理解，"物质"是一个主要的形而上学概念，现在却降格为一个逻辑概念。随着科学的崛起，人们广泛地了解到，人与世界外在性的对应关系可以通过人们与真实世界的相互影响来印证（Jordan, 1967）。

显然，我们可以质疑是否所有信息最终在本质上是物质的。如果真是这样的话，那么为了达到实际推理的目的我们就消解了物质的特殊性；或者如丹·施佩贝尔所言，"空洞的唯物主义认为任何东西都是物质的，包括社会文化现象"（Sperber, 1992: 57）。从心理学的唯物主义观点来看，如丹尼尔·丹尼特认为，想象的形式也是真实的，它们是人构建出来的自然-思维的类似之物或原型，存在形式虽有点古怪或另类，但是本质上还是物质的，是真实世界虚构出或介入的模型。

物质文化：词与物

"物质文化"这个概念由两个词组成，每个词都有非常复杂的含义。"物质"一词来自拉丁语 materia——建筑材料、木头，以及由此制作的东西。按照《牛津英语词典》的说法，materia 一词来自希腊乡土语言中的词语 dmateria。再往前追溯，可能来自印欧语系的词根 dem、dom，由此形成了拉丁语的 domus（房子）、英语的 timber（木材）以及葡萄牙语的 madeira（木头；延伸为用木桶酿成的酒）。"文化"一词最初来自拉丁语词根 colere——意为照料、栽培、尊重（cultura 是培养的意思，cultus 是崇拜的意思）（Williams, 1976: 77），因此语源学上的"物质文化"一词可以说相当有诗意，指人们有目的地照料自然，从而防止受到自然的干扰。在观念史上，尤其是在 19 世纪早期，物质与文化的发展被对立了起来，文化属于人，而物质是机械的、非人的；因此，大众文化的价值与工业文明的机械力量针锋相对。威廉姆斯（Williams, 1976: 79）同时注意到了其中的复杂性，"冯·洪堡（von Humboldt）等人直到 1990 年还在进行同样的区分，尤其在'物质'与'精神'发展之间，只不过这里词语的意义发生了逆转，文化成了物质的，而文明才是精神的"。对考古学而言，"物质文化"一词早在 1882 年就出现在瑞典人汉斯·希尔德布兰德（Hans Hildebrand）的著作中。为了区分中世纪考古中的新兴领域，希尔德布兰德把 andlig kultur——思维或精神文化（geistliches Kultur，即德国中世纪学术研究的共同主题）与某些日常的和自然的东西［安德伦（Andrén），个人联系］进行了对比。

当然，在"文化"前面加上"物质"一词，考古学也就多了一层含义，即使不考虑应用的历史，至少从形而上学的定义上来说，其含义甚至更加复杂。1933 年，柴尔德改变了他对文化的最初定义，他写道，史前考古学已有一个文化的定义，即"一定时期、一定地域聚合在一起的特征组合，也就是物质文化上较为特殊的方面（服装、武器、装饰品、住房建筑），还有更加精神性的特征，如丧葬礼仪与艺术风格"（Childe, 1933: 197f）。正如有学者所评述的（McNairn, 1980: 51），柴尔德对"物质"的定义似乎有两种不同的含义，在后一种情况中，他视物质文化为整个考古学文化的组成部分。这种文化本身是从残留的一种古代文化的（或者文化的）行为子集中复原出来的（用柴尔德 1949 年的术语来说，就是"经久的表达"）。

　　物质文化最脆弱的表达是那些如同冰块与冰雕一样的东西，其存在要么需要通过亲身经历来确认，要么通过塑料冰块托盘或是雕刻师的画册间接推导出来（并在短暂的娱乐和审美活动中理解其作用）。根据考古学经常利用的时间尺度，这一学科关注耐久性强的物品，不管这是否是物质原来的特征。博物馆的代表性物品是石器、陶器以及古代的青铜器。16 世纪晚期，约翰·特拉德斯坎特（John Tradescant）父子俩首先认识到了这些耐久物品，他们的"奇珍异宝"展览后来发展成为世界上最早的公共博物馆，也就是牛津的阿什莫林（Ashmolean）博物馆。其收藏目录基本303 分成自然之物与人工之物两类，并按类别进行排列（Ashmolean Museum, 2002）。

作为文化单位的器物

　　把器物分类为类似物种的文化，我们称之为类型学。由于类型学为器物定名，因此我们很容易认为类型跟单件器物标本一样真实，甚至更加真实。这一假定很吸引人，就像我们做一把椅子时，头脑中首先需要有一个椅子的概念，它必定要超越任何一把实际存在的椅子，以柏拉图式的纯粹形式体现椅子的概念。反过来，这样的思考导致形成了一种生物学上的类比，认为器物原型在某些方面类似于基因，有些研究者称之为基因－文化共同演化。社会生物学家威尔逊由此在其著作《一致性》（Consilience）中提出，我们需要寻找"文化的基本单位"，生物学家道金斯则提出"模因"的概念，并将之视为"文化传递的单位"——类似于基因的编码（Dawkins, 1989: 189-201）。

道金斯的模因包括"音调""警句""陶器制作方法""高跟鞋"以及"上帝的观念"。美国实在主义哲学家丹尼尔·丹尼特把"解构主义"与"穿衣"也看作文化单位，认为它们是"最小的自身复制单位，可靠且多产"（Dennett, 1995）。这些千变万化的类型如何能够成为机械的复制基因让许多人困惑不解。难点在于，我们通常把基因大致看作 DNA 的片段，作为实际特征的编码，影响某一环境条件中有机体的生长，因此形成表现型，而表现型虽受到基因型的限制，但并非由它所决定。基于这样的认识，英国哲学家玛丽·米奇利（Mary Midgley）评论说："如果模因真的相当于文化基因，那么它们不可能是文化的单位……再者，我们提及的大多数概念不能被视为是固定不变的"（Midgley, 2003: chap. 10.3）。因此，习惯与思维方式的发展变化基本上来自我们自己希望改变它们的努力。这么说的话，模因更像是拉马克式的，而不是达尔文式的（道金斯承认，模因的设计来源于基因演化，因此晚于基因演化）（Dawkins, 2005: 9）。

物质性方法并非没有缺陷与危险性。约翰·罗布（John Robb, 2004）

肯定了道金斯扩展的表现型概念，提出了扩展的器物而不是（如戈斯登那样）扩展的智力的观点，其中"器物嵌入在特定行动场景中"。他继续说道：

> 虽然器物是自然之物，但是不能把它们简化为自然的存在（就像脱离情境的考古学分析经常做的那样）。人们在制度化的实践中赋予器物以意义；器物反映正确使用的情境，确定未来的行动，并让我们进入社会关系网络中。要理解物质是如何积极表现自我的，以及其有效的能动性如何影响人类的行动，我们不只需要关注框架性的东西，还需要考虑扩展的器物，即扩展到时空维度的器物。（Robb, 2004: 133）

非扩展的器物是什么呢，我们不清楚。关注意图属性的哲学家可能会反对由器物确定人类行动的看法，它们超越了自然而然的反应（如锤子砸到手指时，人自然会叫）。器物"反映正确使用的情境"这一说法是有问题的。尤其是把器物看作似乎具有积极的能动性一般，会让我们想到从前亚里士多德学派所犯的错误，即把目的推理的范围从人类行为扩展到没有生命的物体——不只是遥远神秘的月亮与行星，还包括其他从物质上可以理解的东西，如水晶与水。在消除人与物之间的差别的过程中，我们可以彼此模仿。因此，问题的关键在于不要夸大这种情况。正如英国哲学家玛丽·米奇利在论述模因以及物质参与社会生活时所说的，"石头不会有目的，文化也不会组成颗粒"（2003: chap. 10.1）。的确，罗布注意到了盖尔（Gell, 1992）对主要能动性与次要能动性的区分，并强调，他并不认为物质和人一样具有能动性；物质文化并没有"半人的似目的性"。物质性的概念促使我们关注"惯习与行动之间的关联程度……物质习俗由此形成",因此,"人涉及能动性为何的问题;物质涉及能动性如何的问题"(Robb,2004: 133)。

事物分类学

在塞万提斯(Cervantes)的小说《堂吉诃德》中,主人公堂吉诃德头戴理发师的铜盆,坚持认为这就是摩尔王的神奇头盔,仆人桑丘质疑 *304* 他的看法,他回答说:"对你来说,它看起来像理发师的铜盆;对我来说,它就是曼布里诺的头盔;对其他人来说,它可能又是另外一些东西。"(Cervantes, 2003: 209)"另外一些东西"的象征(内涵或外延)理论上无穷无尽,按照历史哲学家柯林伍德(1981, 1993)以及他之前的海因里希·李凯尔特(Heinrich Rickert, 1962)的说法,这是人类经验世界的基本特征。因此在历史学中,选择是所有研究过程的中心。米奇利(2003:chap. 13, sec.2)问道:"维多利亚时代的火车站、现代的摩天大楼是否可以算作教堂的继续发展阶段?还是说它们是新的物种,是与旧物种竞争并且取而代之的生命形式?它们占领的是同一生态位还是不同的生态位?在这种情况下,目的的改变迅速成为核心问题。"如韦伯(Weber, 1947: 94)所言,"主观的理解是社会学知识的特征"。这足以说明为什么模因理论没有吸引大多数社会科学家(Taylor, 2001; 转引自 Shennan, 2002),当然还有其他的原因。

在考古学的早期,也就是古物学阶段,特拉德斯坎特父子对人类产品的组织就好像它们是动植物标本,其所犯的分类错误直到 1968 年戴维·克拉克著名的《分析考古学》(*Analytical Archaeology*)出版时才被发现。克拉克重新整理了他的考古学分层特征体系（特征、器物、类型、组合、文化、文化群、技术组合），从中注意到，将生物分类学用于器物分类是不对的，器物不像自然之物种那样会形成单独群体，拥有一套独有的群体特征。相反，剑、陶器、坟丘、山城的类型只能大致地进行多标准归类，许多特征是共同的，但关键之处是，没有哪个单独的特征能够充分且必要地定义群体。因此，通体绳纹的宽口陶器必定是一件容器，但是作为一件容器并不足以定义它。个体变化的范围包括从装饰精细到简单，从器身细小到粗大，从颈口明显到不明显，如此等等，都意味着"类型"只有通过体系分析才能得到正确表达。

如同生物分类学一样，克拉克的方案通过一系列并不存在的更高层次的分类避开了真实的个体。也即是说，"动物物种"不过是"器物类型"那样的物质，两者都是思想抽象的产物，其历史－遗传学的真实性在不同程度上是可疑的，这种真实性维持着个体化现象的统一性。因此，属、门、界的逻辑一致性越来越弱（如果不是更松散的话），组合、文化、文化群、技术组合也是如此。不过，克拉克认为器物具有一些可识别的分析特征，如可测量、可计数、可试验，这些物质属性最终决定了群体的归属，就像亚里士多德把质与形相对一样，形表达质，质是形的基础，也是特征的基础。克拉克没有关注这种借壳现象，即出于各种原因（包括效仿、仿制、欺骗），将特征从一种媒介或技术转移到另一种媒介或技术。当然，从最近学术界的关注点来看，特征的概念复杂性显然提高了，这进一步削弱了简单分类的可能。

文本性与能动性

如果说克拉克证明了从非位（etic）的（或外在客观的）分类视角来看，器物类型是多标准的，那么他并没有充分说明这样一个问题，即在人类行动与欲望［主位（emic）或内在主观的立场］的情境中，器物类型的命名涉及单独标准。也即，如果我想有个喝咖啡的杯子，那么我知道我想要的是什么，尽管准确地说清楚这个物体非常困难。无把塑料杯还是有把陶瓷杯？究竟是什么样的杯子，以及我是否在意，取决于特定历史条件下的实践与社会考量；也就是说，尽管我对杯子的概念似乎很模糊，但在不同场合它会重新形成，我会据此做出熟练的判断。

我可能有（尽管我没有）一个礼品杯，上面写着"这是蒂姆的杯子"，器物与文本因此以一种具体的方式联系了起来。如同历史考古学家安德斯·安德伦所指出的，"当在建筑或物品上直接发现了文本时，就意味着器物与相应的文本间存在特殊的密切关系。'说话的'物品是典型的初始文献；它们自身带着铭文，如'这是一把梳子'……铭文对分类来说是很重要的。例如，我们把一种形制特殊的玛雅彩陶划分为喝可可的容器，*305*因为有件器物上绘着玛雅象形文字'可可'"（Andrén, 1998: 161; Postgate, 1994）。

安德伦坚持认为，"作为物品……器物与文本是相同的，因为所有的文本也都是器物。（这种）物品的视角可以……解释为什么历史与考古原始资料的考证间存在很多的相似性……从社会与经济学的角度来看，文本的物质性也至关重要。书写是一种技术，跟其他技术一样，其意义取决于谁掌握了（它）、用于何种目的以及如何才能通过学习获得"（Andrén,

1998: 147）。与在他之前的尤费（Yoffee, 1979）一样，安德伦也注意到，所有历史考古学家面临的共同问题是物质文化与书写的相遇，器物与文本相同还是不同。如果不同，它们又如何以及在多大程度上能够相互转译？围绕这一点产生了一系列复杂的问题。埃及学家巴里·肯普（Barry Kemp）指出，器物与文本间的边界并不总是明显的。正式的物品与非正式的物品不同，艺术品、建筑、文本属于一类，工具与食物垃圾属于另一类（Kemp, 1989）（建筑本身又分为正式的与尚不正式的）。

物与词间边界的瓦解就是把物看作词，把器物看作文本。20 世纪 80 年代以来，阅读物质文化的想法日渐普及（Hodder, 1986, 1989），但是正如安德伦所指出的（1998: 145），大多数学者接受或主张词与物之间存在本质上的差异，区分的标准可以是概念（Wainwright, 1962: 164ff.）、类别（McNeal, 1972）、外观（Klejn, 1977）、类似之处或痕迹（Andrén, 1998: 145，有拓展文献）、结果（Snodgrass, 1985）、交流（Shanks and Tilley, 1987: 85）、文化与过程（Leone and Crosby, 1987）、抽象的传统（Netherly, 1988）、效仿（Murray and Walker, 1988）等。安德伦最后指出，"在每种视角中，我们定义的关系都是不同的。因此物质文化与书写的定义是情境性的，至少某些立场的冲突来自研究者不同视角的主张"（1998: 146）。

尽管安德伦的结论本身也是情境性的，但是他指出了物质性理论的一个内在弱点，这个弱点在许多关联主义与后过程考古学阐释中都存在。特里格写道，"关联主义的基础就是霍德立足于记载完善的民族志上的主张，即物质文化不只是对生态适应或社会政治组织的反映，而且是一种在群体关系上发挥积极作用的东西，可以用来掩盖以及反映社会关系"（Trigger, 1989: 348; 另见 Hodder, 1987）。理解这一点的一种方法是，霍德为我们开辟了一条考察器物的道路，让我们注意到器物就像词语一样，具有一种曲解与欺骗的能力。

一般说来，后过程考古学在理解物质文化时更倾向于采用文本模型，且倾向于强化物质文化与理想之间的差异。布瓦万写道："物质（世界）远没有被赋予一个积极的角色……它只是被降格为一种基础，在这种基础上，概念从更高的层面上形成。把物体看成雪泥鸿爪时，真正重要的是概念、符号、意识形态与人类能动者"（2004: 63）。真实的情况是，如安德伦所理解的，"物质文化和书写的力量与弱点取决于其不同的参照物以及不同的组织方式……由于所有的口头表达不仅在时间上而且在空间上是线性的，因此文本也保存了线性特征……相反，器物是一种完全不同于文本的世界。事实上，物质文化的力量正是器物的物质性，或者说是其形制与空间上的位置……我们基本上不可能如同采用语义学的方式解读文本那样解释器物"（Andrén, 1998: 148ff）。这一观察表明，我们在阐释器物时有点像处在词与物之间，可能会面对特定的术语问题（如没有文字或文字不发达的社会采用刻画符号的方法辅助记忆）（Lillios, 2003）。

发展心理学的影响

在文化领域，词语可以被理解为物品的适当延伸，因为它们是分类体系的基础，没有它们，价值判断就无从做起。但是，正如词语有许多类型一样，文化物品也有许多类型，在我们称之为器物的文化物品分类中还有许多亚型。柴尔德特别关注功能性工具的区分，由于其实用性，这类器物很容易在技术组合层次的文化中传播，他还特别关注以装饰表达族群特征的地方传统（Childe, 1933: 197f）。柴尔德后来认识到，环境适应在一定

程度上就是对既有想法以及与社会竞争群体妥协的适应（Childe, 1949: 22;

1951: 176），于是他进一步细化了这一思想。其他方法有的区分了表达性

306 器物与被动性器物，或是采用皮尔斯（Peirce）有关象征、图像、指示的

符号学分类法，以及帕诺夫斯基有关图像与象征的区分法，区分了器物

同步反映出的意义的层次（Taylor, 1987, 1994; 另见 Peirce, 1955; Panofsky,

1939）。

　　这里争论的问题是，不同的理解模式如何同时存在，或者以一种与我

们经常称为经验归纳相反的方式存在。列夫·维果茨基指出，思想不只

是通过词语表达；它只有通过词语才能形成（Vygotsky, 1978, 1986）。在

他之前，人类学家 R.R. 马雷特（R.R.Marett）提到，宗教"并不如舞蹈那

样深思熟虑"（Marett, 1914; Taylor, 2002: 307）。伦福儒在最近的一篇有关

物质性的论文以及一部他合作主编的论著中提出了一种以"概念之前的

符号"为中心的思维线索（Renfrew, 2001, 2004）。以这种方式思考，"在

认知过程中，实用器物的效用先于效用的纯粹思维理性化或概念化存在"

（Renfrew, 2004: 23）。

　　这里所指的就是实验心理学家 J.J. 吉布森（J.J.Gibson, 1979）的"情

境认知"理论；这一理论在实践中的一个例子是马修·约翰逊提出的，他

认为，清教出现之前，英国房屋形制的变化在一定程度上创造了清教这

种有意识的、以文本为基础的意识形态（Johnson, 1993: 78ff）。卡纳佩

特（Knappett）提供了一项有益的讨论，显示了吉布森的概念是如何在本

质上反笛卡尔的，它属于再现论[①]的观点（如皮尔斯的观点），他同时注

---

　　① 再现论：一种主张头脑只有通过思想才能理解客观事物的理论。——译者注

意到，"我们需要从相关性的角度来理解物质与精神的关系"（Knappett,
2004: 45）；马拉福里斯（Malafouris）谈到，"认知与物质文化在本质上
相互纠缠在一起"（Malafouris, 2004: 57）。

我们现在思考的具有因果关系的实体以及理解能动性的方式，导致我
们的观点非常脆弱。一般说来，我们自身作为能动者的观念是通过经验获
得的。柯林伍德（迄今为止唯一一位也是考古学家的重要哲学家）认为，
最早有关因果关系的理解就来自能动性的经验（Collingwood, 1940）。也
就是说，人们在理解自然界的因果关系时，或是将之视为强大神祇的意
志，或是将之理解为事物本身的拟人属性（琥珀想闪烁出静态的火花，群
山决定释放坠石）。即便考古学家不赋予事物以能动性，我们还是可能看
到，那些创造事物的东西也会赋予事物以能动性，因此我们还是需要考虑
到与器物相关的主位取向的理解，器物也会带有意图与反应。

主体、客体与能动者

如上文所述，确实存在一系列物质性的观点，它们赋予了事物以能动
性，而我们很容易将其误解为哲学上的倒退。这里需要提及人类学美学家
阿尔弗雷德·盖尔（1992）的工作，他区分了主要能动性与衍生能动性，
分别将其归属于人类与事物。例如，克里斯·戈斯登在研究马克萨斯群岛
毛利人的议事堂时提出了一个有关物质性的观点，即个体与器物之间的关
系会导致"分散的人"[①]的"延展智能"的形式。戈斯登指出，"毛利人的议
事堂是群体力量与意图的物质化，可以影响他人"。他继续指出，"分散的

---

① 分散的人：某些原住民社会认为不存在个人，个人是由来自不同人的部分组成的。——译
者注

人的观念通过物质文化网络的扩展来体现自身，这里人们通过已经制造的事物来体现个体或群体的能动性，社会生活中分散的人仍然是积极的。有学者用分散的人来批评西方有关个体的观点，同时认为物质文化在社会生活中会发挥积极的作用"（Gosden, 2004: 36f）。

戈斯登引用（通过 Damasio, 2000）斯宾诺莎有关思维的概念，把它看作身体的观念，来证明利用器物扩展思维的概念以及分散的人的概念是合理的，但是这种观点也有可能遭到反对。集体主义的看法并不必定是西方的（如有自己徽章的中世纪行会、苏联、民主德国）；同样，也不只有西方看重个人经验的重要性（20 世纪 50 年代，英国人在马来西亚采取了集体连坐的刑罚，但这在华裔群体中引起了强烈的反抗——这个群体看起来是最集体主义的——因为集体连坐的做法玷污了个体的权利与义务）。

人的存在需要个体的经验，这是一个先验的真理，当然，我们能看到有关其存在的分散的物质符号。这并不意味着我们接受霍布斯式独立个体（暗指男性）的概念：维特根斯坦认为根本不存在私人语言这回事（Canfield, 1996; Wittgenstein, 1967），萨特所构想的作为群体的人（"作为中介的第三者"，是从个体实践与实践惰性①之间区别出来的）（Sartre, 1976; 参见下文），尤其是在女权主义思想框架中发展出来的关怀伦理，都发展了社群的观念，且没有将其还原为集体意识。

我们可以假定，以文化为中介成为人类主体是一个普遍的过程，在这个过程中，人通常需要明白自己是一个独立的存在，是意识与感觉的发生地。当然，我们可能认为这样的观点是一种种族中心论，受到西方个人

307

---

① 实践惰性：由萨特提出的概念，指个人行动自由会受到前人实践结果的制约。——译者注

主义传统的影响，戈斯登评论说，"各种各样的文化在使用我们共同的身体时各不相同，因此，在某种程度上，这形成了略有差异的世界"（2004: 37; Strang, 2005）。戈斯登无疑是对的，但是必须保留"略有"这一限定语。当然，强调能动性、责任与义务的极端集体主义的支持者也有问题，如他们为现代南非儿童祭祀的合法性与集体利益所做的辩护，就与绝大多数人对人权与人类伦理的理解背道而驰，哪怕从他们自身的角度来说，也是难以令人信服的（Taylor, 2002: 8f）。

就能动性所存在的地方以及这些地方是否存在分层而言，这些想法之间大体上没有什么分歧。从另一方面来说，我们难以看出社会世界中事物本身是积极的。插上一面国旗并将其留在原地，或是把它拿下来烧掉，都是受意图影响并最终受制于偶然性与个体决定的行动。国旗自己不能行动，尽管风足够大时它会飘扬，从严格意义上说，群体也没有意图，因为没有地方保留这样的意识；当然，群体也可以有目的地行动。就像（可能不只是像）河狸用气味标志洞穴（巢），飞扬的旗帜是一种特定存在的标志，作为积极能动者宣示地盘的方式，其单独存在也是可以理解的。一个拥有相当多成员的群体中也可能存在这样的巧合，即所有的积极能动者一起升起旗帜或是建立一个定居地。

物质性与客观化

分散的人真正吸引我们的地方是单显体社会与多元社会的区别（而不是西方社会与非西方社会的区别）。单显体的关系是单线条的，典型的例子就是现代商品化的、以金钱为基础的社会，而多元关系主要见于存在习惯性义务的社会，其中义务与社会生活中被严格控制的亲属关系和居住形态相关联。这适用于马塞尔·莫斯有关"库拉"圈的著名研究，"物品从没有与交换者彻底分离"（Mauss, 1990: 31）。莫斯描述了一种特殊的情况，在这种情况下，个体身份被有意地实体化，表现为给予的财产，其中赠送也是请求，接受也就是担当。

库拉圈中器物的"生命史"众所周知，某些器物有着更重要的血统。因此，这似乎表明身份从人变成了物，没有生命的（就像我们看到的）物体被赋予了某种形式的灵魂，在其中不断循环的某种程度上是人的完整性与目的性，总是暂时地拥有（礼物的精神带来的）运气。另外，也可以用维也纳学派人类行为学的经济理论来分析库拉的交换。路德维希·冯·米泽斯（Ludwig von Mises）[1]的交易经济学思想能够为莫斯的研究对象提供一个相对完整的客观解释。米泽斯认为，人们总是喜欢别人的东西胜过自己的东西，愿意与别人进行交换以提高自己的满意度，在倒手的过程中，人的欲望会逐渐降低（即边际效用递减的原则）（Mises, 1978）。

克里斯托弗·蒂利有一篇文章，名为《唯物主义与不和谐的考古学》（"Materialism and an Archaeology of Dissonance"），在"主观经验的物质性"这一节，他将物质性与主观性联系起来，指出"社会背景关联是我们所在与所往的地方，只有接受其物质性，考古学才能成为可能"（Tilley, 1991）。随后，他举例说明，"通过对话式的接触，利用我们的主观性来理解主观之外的东西"，"许多'科学'考古学的跨文化概括其实是唯心主义的，因为它要么不尊重背景，要么以一种不可接受的方式从背景中进行选择。如果你打磨一众外国硬币，抹去上面的币值、花纹

---

① 路德维希·冯·米泽斯：奥地利经济学家。——译者注

等，它们就都变成了同样的金属片，其中真正重要的东西也就丢失了。考古学是以这种'科学'方式被抽象出来的，不过是些毫无价值的金属罢了"。

从既有物质性理论形成的共识来看，蒂利的逻辑有些让人难以理解。他似乎认为，在物质性的旗帜下，硬币的制造材料完全不重要，而它们的传统象征意义和文字所确定的价值——正反面图标、日期、特定货币价值的印记等——才是它们存在价值的唯一体现。然而，硬币在磨损前后都可以被纸币或电子货币取代，用这些东西可以获得与硬币购买力相同范围和程度的商品和服务。本章开头引用了马歇尔·麦克卢汉的口号"媒介即信息"。硬币显然有助于人们形成一种惯习，即使硬币受到污损，仍能保持其物质上独特的"硬币性"。如果不是用于交易，那么它们可能会被放在死者的眼睛上，或者成为酒馆／客厅里"障碍赛马"游戏中的类型标志物（Peirce, 1955）。

除去形式本身，硬币还是金属的，重新铸造与循环使用时不损失原来的分量，这是金属时代所形成的、有关物质世界认识的一种超自然特征。伦福儒有关黄金与其主要价值的评论（结合了美学、功能与稀有价值）（Renfrew, 1978）以及后来有关铜石并用时代价值评估的思考都与此相关，正如安迪·琼斯（Andy Jones）认识到的金属制品"无与伦比的视觉属性"，（他推测）金属制品"取代了死者的骸骨，成为交易的媒介"（Jones, 2004: 175）。

经典的例子：金钱与非个人化

古典学家理查德·西福德（Richard Seaford）最近研究了古希腊所发

明的金钱概念的重要性（Seaford, 2004）。尽管他完全没有采用"物质性"一词，但是他的论述和推理模式很好地体现了物质性研究的关键点。西福德首先对比了向公民平均分配祭肉的习俗，并把它与贵金属战利品的分配进行对比，战利品"不可避免地不规则，它来自血腥的暴力"（Seaford, 2004: 40）。他继续指出，货币制度的概念并非来自战利品的分配，而是一种可能有点出乎意料的情况，"从易腐烂的肉食到耐用的金属制品，分配给公民的标准化物品形成了对象征价值的集体认知"（Seaford, 2004: 146）。从这一点出发，货币制度得以形成：其便利性（具有标准化价值的耐用小物件）使得它迅速被接受，成为支付的手段，而且接受范围越来越广泛（Seaford, 2004: 133, 140）。

用作货币的金银本身固有的价值随后被一种更加抽象的、社会赋予的价值取代，这种价值产生于基于数量的信任（因此可以流通），以及印章和印章背后的国家权威（造假就意味着会受到惩罚），这些因素结合起来，有利于人们按照货币所宣称的价值进行交易："结果出现了一种悖论，即便是纯银……事实上也成了信托货币；尽管银子有助于增强信任，但是人们并不把它视为商品"（Seaford, 2004: 145）。

"货币释放出的自我生产动力"（Seaford, 2004: 135）涉及伴生价值的创造。金钱是同质的、非个人的，从交易双方希望获得最佳交易的角度来看，商业交换签约双方是相同的，因此"金钱甚至可以被认为同质化了其使用者"。西福德注意到，金钱还是一个普遍的目的、一种通用的手段，没有限制，是对立双方的统一者（如它可以让一个好人变坏，也可以让一个坏人变好），既具体又抽象，完全与众不同（Seaford, 2004: chap.8）。他坚持认为，这种价值多样性为哲学与悲剧艺术形式的发展奠定了基础。例如，金钱存在导致形成了抽象存在的形而上学概念，以及有关个体的社会观念，对个体来说，与神祇、亲属的双重疏离显然把幸福的自我满足变成了痛苦（这是因为金钱去仪式化，同时侵蚀了非金钱的义务）。在一个不那么纯粹的层面上，西福德注意到，"商业卖淫就是……一个金钱带来同质化与去个人化（而不是同质性与非个人性）的极端例子……金钱的出现可能有利于商业卖淫"（Seaford, 2004: 156）；商业卖淫通常只是一种移动的奴隶制度，在市场条件下，这种普遍的客观化还原过程把人变成了物，尽管西福德的分析中没有对此展开讨论，但这是他所描述的变化的深层因素（参见 Taylor, 2005a, 2005c）。

经济学与惯习

西福德所做的分析是对柯林伍德的观点的说明，例如柯林伍德曾谈及交易关系，认为"真正的交换就是我放弃吃面包而改喝牛奶；对与我进行商品交换的人而言，还有另一种交换，那就是他喝什么与吃什么之间的交换。所有的交换，从真正有交换的严格意义上讲，都是一个人与自己的交换；如果把交换理解为手段与目的之间的关系，交换本质上就是一种经济行为，因此，从个人的角度就能理解所有经济学理论的本质"（Collingwood, 1989: 64）。西福德之后，关键问题就在于我们接受个人作为先验的经济行动者的程度（注意戈斯登提醒过我们个体可能存在不同的概念化）。在某种程度上，莫斯在研究库拉圈时细致地讨论过这一问题。

当然，对库拉圈的传统功能主义分析仍然是可行的，岛屿社会相互竞争但又相互依赖，库拉圈有助于减少它们之间的冲突，加强它们之间的经济互利，但是我们经常忘了莫斯也注意到一种类似的情况，即美拉尼西亚祭祀交换产生了分散的人，这种类似的制度被称为"瓦西"（wasi），其基本规则是连本带息一起归还（Mauss, 1990: 29; Godelier, 1966; Küchler, 2004）。"瓦西"的价值更像是马克思所描述的商品拜物教中的古典经济学。

对我们来说，核心问题是要准确地把握我们现在（以及学术上）的物质惯习与所研究文化过去的特定主体的惯习之间的差异。在一份学术评论中，约翰·巴雷特就蒂利与托马斯有关布列塔尼新石器时代遗迹的阐释做了精练的批评："除了那些总待在图书馆的人，还有谁会比较巴内内兹（Barnenez）遗址的平面分布、人体胸腔骨架以及莱斯·皮埃尔岩刻（Les Pierres Plates）的主题呢？"（Barrett, 1997: 124）。这种说法可能是对的，但是求异思维的本能总是没有错的。蒂利在其他地方提到，"我们被反复告知，旧石器时代与新石器时代的人们跟我们一样行动，理性地利用环境……（因此）我们必须首先假定存在广义上的理性人。相比而言，唯物主义的观点认为，人类能动性总是被建构的，主体及其欲望的形成过程会随着时间、地点与情形的改变而改变"（Tilley, 1991）。与这种鲜明的立场相反，一种针对物质性理论的挑战是研究物质形态的阐释是否基于理性利用的基本观念，无论是否在旧石器时代，考虑到物质条件、物质生活、惯习以及生长于斯、切实存在但又被文化分类的世界的影响，这种做法在某种程度上可能确实有效。

身体的功能可见性：性与性别

我们出生，来到世界上，就会成为新的主体，但是从一开始，我们既是新的客体，也是旧的客体。说新是因为我们代表了另一张需要喂养的嘴；说旧是因为我们的身体符合已经出现过许多次的自然模板：我们是婴儿，通常拥有两种主要类型的性器官中的一种。男性与女性的区别，就像金钱的存在，是一种很少受到质疑的实在，它形成了一整套形而上学的范畴，以及未被认可但具体的解释类型。

莫里斯·戈德利耶曾经谈到一种观念：物品即物质，离开它，一个人就不能真正成为男性或女性、警官或传教士（Godelier, 1984）。或者如丹尼尔·米勒所言，"物品可能不只是用来指代某个特定的社会群体的，它们本身可能就是某些社会关系的构建因素"（1987: 122）。生产物质的行动也是在确立价值，同时通过物质的持久存在来延续价值。尽管物质本身不会记住什么，不像能动者一样有记忆能力，但是它们能够使记忆具体化，并且扩展它（Rowlands, 2004），因此可以用作维持价值的提示（一个最好的例子就是，我们在解读古代的法律时会用到作为物质的词语）。

皮埃尔·布尔迪厄在其著名的对柏柏尔人房子的研究中写道，男性用泥铲在房子外墙抹上石膏，而女性把房子内部涂成白色并进行手工装饰，由此产生了一种明显的对立（Bourdieu, 1970）。他所描述的这种活动涉及重要的身份认同问题，涉及充分性与必要性，尤其是词语的翻译（从柏柏尔语到法语再到英语），以及在何种程度上一栋柏柏尔人房子或许多栋房子能成为"柏柏尔人的房子"，并成为柏柏尔人北非文化的代表。身份认同的问题，就是装饰房子内外这种物质活动是否能够充分且必要地定义柏柏尔语男女的概念。如果真能如此，那么我们面对的是一种有关性别的经典的情境主义观点，按照这种观点，一系列主观的行为表现使得一个人成为女性。如果一个人如此行动，那么这个人就是女性，不管其生物学特征如何。进一步说，不同的文化可能会颠倒这样的定义。在这样的条件下我们需要明白，我们也许只能以隐喻的方式翻译"男性"与"女性"。反过

310

来说，如果人类有一半左右的身体具有生育和哺乳孩子的潜能，且这种潜能又是以物质的形式体现在身体上的，那么"女性"这个类别就有了一个合理且普遍的定义。

如果我们同意这种说法（并注意到有关的性别研究十分缺乏），那么男性和女性的物质性就是其存在的重要形式（尽管不是唯一的形式）。物质文化的扩展寻求强化既有性别隔离体系存在方式之间的差别。社群可能坚持男女物品及其生产过程的严格区分。或者，社群通过无视性别的制度或职业规范来消除各种区别。不可能存在的是中立立场，因为人是一种社会性的、使用言语与工具的物种，再生产的物质特征不能接受中立立场。也就是说，从福柯到伊里加雷（Irigaray），尽管都认为生物学上的性是一种文化上的构建，但这是经过医学的抽象才能成立的。性科学下面是一种功能模型，对应一种潜在的实在（其中 X、Y 染色体似乎是关键所在），它具有跨文化与非历史的合理性（Taylor, 2006c）。

性别制度增加了潜在的自然可能性以及通过物质生产成为男女的限制；因此对维多利亚时代的（社会上层）人来说，"男性的衣服不仅标志着他们应该严肃、主动、好斗，同时也允许他们这么做；而女性所着的沉重、拘束、复杂的服装，不仅象征着其愚笨、静止、纤弱与被动的属性，而且产生了这样的行为特征"（Boivin, 2004: 65）（可参考康纳顿在 1989年对纯粹从语义学的角度阐释性别规范服装的批评）。

在许多社会中，衣着的重要性超过了生物学上的真实存在；正如沃尔特·威廉姆斯（Walter Williams）所指出的，世界各地的传统社会之所以能够宽恕女同性恋或男同性恋关系，不是因为不存在恐同现象，而是因为只要一方穿着像对方性别的衣服，他就没有越界。他仍然是异性而非同性的伴侣（Williams, 1986; Taylor, 2006, in Press）。因此，性别化的衣着是自然化类别区分的强大助力，对复杂的社会分层的发展有重要的意义。这是因为"性别化的衣着赋予了服装某种自然的力量……性别规则被扩展成了具有限制性的法律"（Taylor, 1996: 225; Norris, 2004）。如今我们可以清楚地看到，新石器时代早期的恰塔霍裕克遗址中存在男女饮食上的"性别隔离"（Richards et al., 2003），而且不难看出它是如何与性别规范的空间与器具使用联系起来的，这同时为未来其他形式的社会隔离提供了模板，这些规范似乎都成了明显的自然秩序。

存在主义的方法

沿着这一思路思考，以之为中心重新评估欧亚旧石器时代晚期维纳斯女神像的意义（Taylor, 1996, 2005a, 2006b, 2006c），笔者注意到，那时的人们会采用非常坚韧的实体材料（一般是鹿角与石头）制作裸体女像，理解其创造图像的方式时需要结合一种情况，即相同材料的男性雕像存在有意的缺失。冰期时的男性形象仅见于活动（即可移动的）偶像，以及繁复壁画中的兽形形象（半人半兽）。从物质性的角度来说，小维纳斯雕像显然不适合作为庄严的崇拜对象（母亲女神），它们实际上代表着一个存在的类别，并且显示出了与其他类别的差异。这些雕像一般没有脸部细节，通常会详细刻画性器官，把女性作为一个类别的宣传品，女性个体去个人化成为女性整体。这样的推理与旧石器时代晚期中段社会的其他材料一致，当时社会群体的规模扩大，超过上百人，需要更多的资源增强社会团结。某些显而易见的表达跟后来奴隶制与投降的表达具有可比性（如罗马帝国时期的材料）（Taylor, 2005a: figs. 1-2），同时也可能反映在符号上。

这些毕竟是固定耐久的图像，除非被有意破坏，否则不会丧失其自身的图像特征。材料本身与形制一样重要：同样的形制如果用容易融化的冰来做就不会承载同样耐久的信息（也没有理由表明为什么冰雕不能成为冰期艺术的组成部分）。

物质文化世界通过规范的徽章加强甚至固化了社会制度，存在主义哲学家让－保罗·萨特在其著作《辩证理性批判》（*Critique of Dialectical Reason*）中讨论过有关的方式（Sartre, 1976）。萨特认为，人类的能动性产生了一个新的领域，他称之为"实践惰性"，其中充满了物质结构，如房子、门、梳妆台、道路等。这些东西"本身就会使人产生进一步的需求，在某些情况下甚至会颠覆人们原来生产它们的目的"。人们创造社会制度，努力克服突如其来的约束，但是随着制度本身"固化并具有了实践惰性"（Baldwin, 1995: 794），人们因此一败涂地。

这里也许有必要举一个例子，以显示实践惰性如何在身体物质性层面上与人类社会相互作用。笔者的团队在近年的发掘中复原了一块有蹲踞小面的人类胫骨远端——一种不见于现代西方人的骨骼变化，属于史前时代（共存材料的放射性碳测年校正后显示，其年代为新石器时代早期；Talyor, O'Connor, and Lord, 2007）。这块骨骼较为纤细，显示出生物学上的女性特征，其意义远远不止于年代测定。现代西方人由于椅子的普及已经不再蹲踞，这对生育健康产生了影响。尤其是椅子的使用会导致女性盆腔底部肌肉组织松弛，进而导致生育中并发症的增加。

实践惰性的作用导致了心理学与身体结构上的连锁反应。作为解决问题的必要因素，妇产医院如今必不可少。如同制度，妇产医院支持医疗，并且形成了一种文化观点，我们可以称之为"固有的自我隔离"，从食物到葬礼的所有事物都可能如此（Talylor, 2002: 273ff）。妇产医院为一种纯粹的自然难题提供解决之道，我们很少会把它概念化。当然，起初作为一个自然过程，其在呈现过程中所受到的限制与可能性只不过是接受了文化的安排，这揭示出它既是由文化构建的，也是生物学上的，因为人体不习惯蹲踞，这种"功能可见性"（按照吉布森的术语，参见下文）不同于那种适合蹲踞的身体所体现的特征。蒂姆·英戈尔德（Tim Ingold）也提出过类似的观点，我们称之为步行的这种纯粹机械活动也具有深刻的文化含义（Ingold, 1998, 2000, 2001）。

质变与隐喻

1946 年，萨特使用了一个口号，其通常被译为"人创造自身"。有趣的是，在他之前，柴尔德在受到马克思唯物主义启发的著作《人创造自身》（*Man Makes Himself*）中写道，"从自身的立场出发，扒手会认为电灯、电话、汽车（如果警察使用的话）完全是历史的倒退。他会怀念上个世纪那些阴暗、狭窄的小巷"（Childe, 1936: 3）。尽管从消极的视角来看，这些技术进步有点讽刺［一项新近的有关物质性的研究可以作为参考，那就是斯丘斯（Skuse）2005 年的研究《作为商品的收音机在阿富汗的死亡、重生及其社会生活》（"The Social Life, Death and Rebirth of Radio as Commodity in Afghanistan"），其中反映了萨特与柴尔德的观点］。

柴尔德对物质的改变很感兴趣，他从中看到了物质科学的滥觞："可塑的黏土如何与坚硬易碎的陶器属于同一种物质？陶器经过火烧之后还保持着被塑造时的形状，但是颜色发生了改变，质地也大不相同"（Childe, 1936: 102）。然而，柴尔德的观点完全是客位的（他马上继续说："陶器的发现基本上始于如何控制与利用上述的化学变化"），这种对物质变化的认识也是文化变迁的组成部分，后来导致了柴尔德所谓的新石器革命，然后是泰勒斯与亚里士多德的思想，以及柴尔德熟悉的形/质的对立。奇怪的是，柴尔德没有注意到陶器的出现不仅是经济上的革命，同样也是认知上的革命——它非常好地体现了一种新的有关实在的形而上学理解，湿软的黏土经过火烧之后形成陶器坚硬的美学特征，成为碎陶片后又化作泥土。

这类理解类似于民族志所描述的："黏土、铁经过火烧或热处理之后会产生变化，把这样的技术过程与身体变化（如怀孕、分娩、性成熟、死亡）进行类比广泛见于非洲及其他地区"（Rowlands, 2004: 201）。这又让我们完全回到了物质性争论的哲学基础：对某些神学家而言，灵魂是身体所携带的东西，人死亡之后它还能够存留，或可以寄寓于非物质的东西继续存在。物质能够或多或少地永久保持某种形态，能够被其他媒介模仿，或是修复，或是重生，这基本上就是我们所谓物质文化的中心。

312

形成意识

伦福儒基于阿帕杜莱（Appadurai, 1986）、科普托夫（Kopytoff, 1986）以及唐纳德（1991）的研究提出，"物质参与理论研究人类与物质世界的关系，关注物品（主要是人类创造的物品）的使用与地位，人们用物品来调节个体之间以及人与环境之间的关系"（Renfrew, 2004: 23）。伦福儒宣称物质参与理论是认知-过程考古学的组成部分，它的一个主要目的就是解决智人悖论——早在距今大约25万年前，解剖学意义上的现代人便已出现，但直到距今1万年前后，他们才开始定居并发展出读写能力："这里的部分关键点是物质上的，更多是认知或概念化物质性的，也就是物质与概念的东西一起出现。因此，参与的观点可能就是一种统一的本质关系，一方面承认二元论的心智或思想的概念，另一方面承认纯粹的物质，并导致其他的二元性，如符号与指示对象或能指与所指"（Renfrew, 2004: 23）（这是符号先于概念的观点，上文已提及）。

梅林·唐纳德（1991）提出了一个假说，认为在神话与理论阶段之间存在过渡阶段，这个物质-符号阶段是指从定居农业社会出现到文字发明之前，伦福儒按照经典的维果茨基的方式发展了其概念。维果茨基认为，人类的高级功能是通过在具体的物质环境中内化社会活动而获得的。这些功能的获得以表达系统——语言与符号化（即表现为记号的物品）为中介。维果茨基因此提出，儿童只有经过教化才能获得意识（1978, 1986; Taylor, 2006a）。

从某种意义上说，伦福儒的观点概括了相关思想的发展史，与曾经流行的朱利安·杰恩斯（Julian Jaynes）的理论相呼应。在著作《二分心智的崩塌：人类意识的起源》（*The Origin of Consciousness in the Breakdown of the Bicameral Mind*）中，杰恩斯提出，青铜时代社会的"人""没有有关世界的自我意识，没有内在的思维空间对此进行反思"。在这样的古代社会中，由于两个半脑之间还没有通过一个正常运作的胼胝体实现物理上的连接，因此人类能动性是由幻听所得的指令来调节的，反过来，幻听成为神祇概念的起源。尽管这一观点在细节上有所不同，但是与唐纳德有关神话阶段的观点类似。按照神话阶段的说法，在地中海东部的宫殿中，偶像或雕像被视为神，人们给它们供奉食物与衣服，好像它们是真实的活物一般："二分世界的偶像是实施社会控制的中心，被人们认真地照料着"（Jaynes, 1976: 144）。由于一系列自然灾难暴露了以偶像为中心权威的局限性，这样的世界最终会瓦解，现代世界则逐渐诞生。

乔治·考吉尔在《有关物质性反思的思考》（"Thoughts about Rethinking Materiality"）一文中针对智人悖论提出了一种不同的方法，该文是对德马雷斯（DeMarrais）等人主编的论文集中其他论文的总结性思考，文章指出，"现代人等了许久才去做了他们其实很早就有认知能力去做的事，究其原因，是他们一直没有合适的理由去做"（2004: 277）。他认为非定居的社会人口密度低，"所谓的不平等基本上基于性别、年龄以及个体在技能、脾气与个人魅力上的差异"，因此，"没有必要采用有意义的物品去支持一个人的立场"（2004: 277f）。考吉尔认为，只有当人群规模实质性地超过 50 人后，"非对称的社会关系才会为从他人那里获取足够多的剩余物提供机会"。此时，他人确实可以利用，但是人与人之间缺乏亲密的联系，于是就值得利用"那些足以让人印象深刻的物品"来争取个人魅力或天然的权威（2004: 278）。

活的形象：物质性与美学

以前那种严格区分语言 / 文字 / 符号的知识与实践 / 体现 / 非成文 / 实用主义的人 - 物关系知识的做法，现在看来过于简单了，而且也不可能实现。考吉尔的观点是，人有其"本来的面目"，没有器物的支持（或者甚至如前文康拉德在《凯莱恩：一段记忆》中所说的，器物本身多余），这 313 与我们努力探讨的物质性相左（Knappett, 2004: 49）。如前所述，就维纳斯雕像而言，人类早在农业起源之前就有能力创造具有感染力的物品，并不像商品拜物教那样需要用物品来支持自己的立场。相反，维纳斯雕像能以一种更分散的方式发挥作用（比较戈斯登），似乎第一次确定了超个体的存在，如"男性"与"女性"。

　　沿着这条线索思考，埃及学家约翰·贝恩斯（John Baines）指出，古埃及精英阶层创建了接触图像和装饰的限制与法规，从而强化了其合法性与权威；这不只是象征性的。社会下层知道他们不能接触某些图像，他们相信这些图像在某种程度上就是神，这也是他们是社会下层的原因（Baines, 1988: 206; Baines and Yoffee, 2000: 16f）。林恩·梅斯克尔明确以物质性为中心来思考，认为通过具体化、拟人化、合并以及模糊性，古埃及的雕像成为人们完美的偶像，最终产生了一种情形，即"人控制的物与物控制的人之间的界限模糊不清……一种拟人的存在统治着人类并主宰着其命运……经由人手制作的物品超越了其制造者，尽管其中存在人类的目的性与人工属性"。这不仅仅是那只能够决定人类命运的手的力量，因为物品沉默的物质性本身就有一种力量（Meskell, 2004: 250, 253f; 更广泛的讨论参见 Holtorf, 2002; Sansi-Roca, 2005）。

　　伦福儒提及，物质记忆就是事物生命史上长久的参与。因此，整个社群一起动手建筑一座带墓室的巨石墓，"能够促进整个群体的形成，没有它之前，其存在可能更松散"（Renfrew, 2004: 29）。于是，这样的纪念建筑物就成为诸如土地产权等长期协议的记忆载体。器物是暗示性的记忆，其在特定时空条件下的复杂联系能促进文化惯习的形成（比较 Bourdieu, 1977; 参见 Connerton, 1989）。

　　作为史前考古学家，我们可能会区分一个石头圈中某块光滑的石头与粗糙的石头，或者其中光滑石头与粗糙石头的交替，并赋予其意义，而这种意义是石头圈的制作者与观众不曾有的。这是物质性的中心问题——研究能动性的问题，改造自然之物，选择相对立的结构属性，构建一个象征性的、明显具有表达性的纪念物。一条阐释的线索可能是，假定石头的光滑与粗糙具有相对的象征意义，甚至是与性别相关的美学类别的具体化和原型体现。

当然，构建者的指导原理可能完全不同。光滑与粗糙的交替可能来自其对抽象装饰原理的初步理解，因此，从信息的角度来看，它基本是多余的。同时，有种情况具有更深层的含义，如人们认为其中一块粗糙的石头来自某个从前的更小的石头圈（我们不再识得），这种认识具有起始的意义（但是我们同样不再识得）。这块石头在某种意义上可能被看作氏族的祖先，其布置与装饰与众不同，从而在当时人们心里的文化景观中产生了一种既可见又不可见的神秘魔力。这样的解释虽是想象的，但是从比较人类学的角度来看是可能的：重要的东西通常会受到保护并被隐藏起来。社会权力显然是不平等分布的（只有在最平等社会的同辈人中才可能平等）。随着社会越来越复杂，社会权力的来源可能会被堵塞，人们通过强化初始的礼仪来创造团结、等级与共同愿景。

历史主义与人类行为学

最后，我们面临的是一个历史主义与人类行为学的问题，不应把它分解成若干小问题（Collingwood, 1981, 1993; Richkert, 1962; Wylie, 1989; Warnier, 2001; Rowlands, 2004; Koerner, 2004）。这是个难以解决的老问题，我们不知道根据时间、空间、情形变化的不同类型的欲望是否存在极限（如果我们可以将之理解为人类欲望的话）。"人们……在谈及（如孟德斯鸠曾做的）地理或环境对历史的影响时，经常会把某人或某些人之于自然的认识造成的影响与自然本身造成的影响混为一谈。如某些群体生活在海岛上，这一事实本身并不会对他们的历史产生影响；能够产生影响的是他们看待海岛孤立环境的方式，如他们可以把海洋看作障碍，也可以把海洋看作水上高速公路。否则，作为既定事实的孤立环境将会不断影响他们的历史生活。如果他们没有掌握航海技巧，就会受到某一种影响；如果他们比相邻社会掌握着更好的航海技巧，就会受到另一种影响；如果他们掌握得比相邻社会更差，就会受到第三种影响；如果每个人都乘坐飞机，就会受到第四种影响"（Collingwood, 1993: 200）。这里可能有些争论过度，低估了客观条件对选择生活、被迫生活或本来生活在这里的人们所产生的限制作用，但在某种程度上，我们必须承认这一点。［柴尔德也说过，"社会不仅生活在物质世界中，还生活在观念世界中，也就是不仅程度、内容不同而且结构也不同的集体表达"（1949: 22）］。

当然，关于考古学哲学基础的关键问题，学者或试图去解决，或选择逃避，或置身其中（无论我们把考古学看作考古学、人类学还是历史学），物质性作为一种研究视角在一个学科中所能贡献的东西就是认识到价值的物质体现格外重要。这不是因为考古学所研究的是经久不坏的重要物质材料。在考古学史上，从古物学开始，人们就注意到了物品与纪念性建筑的感召力。我们很难确定哪一种反应是合理的。我们确定的事物的"功能可见性"（按照 J.J. 吉布森 1979 年的术语）（参见 Knappett, 2004）并不能限制如柯林伍德所认为的事物可能具有的价值范围。因此，关键点是我们可能提出的价值范围究竟是什么。硬币不大容易成为温柔价值的象征（尽管通过诸如"经济缓冲"这样的术语的某种隐喻扩展，有可能做到），旷野上石头圈中粗糙石头与光滑石头的交替不大可能表达大型购物中心的消费主义原理（尽管耗费大量人力研究的话，看起来似乎有点相关）。

314

结论

物质性理论的发展标志着某些老问题得到了解决，同时表明未来还会遇到许多困难。从学科未来的角度来说，旧的断裂弥合是件好事（例如，伦福儒认识到过程考古学与后过程考古学之间针锋相对的时代已经过去了）（Renfrew, 2004: 24; 比较 Patrik, 1985）。但是目前还不是很清楚是否会发生新的断裂（Ingold, 2001），尽管我们在努力解决二元论的问题，如同德科拉（Descola）与帕尔松（Pálsson）所言，"解释客观化过程中的多样性"（1996: 12）。

本章提及的许多物质性研究中都存在着这样的思想，即思维通过器物得到扩展（具体化的记忆方式，物质代表观念，书写则是最抽象、最精练的形式），器物本身的社会生活与衍生出的能动性在此过程中至关重要。这样的观念中存在一些难以把握的哲学问题。按照经典的笛卡尔二元论，我可以让我的脚走路（心作用于身体），也可以让我的手转动轮椅（心作用于身体再作用于器物）。从另一角度来理解思维与身体的关系，由于大致的区分掩盖了一个联系节点——包括自由意志在内的功能可见性的连接之处（自由意志有多样的遗传学基础，一般通过惯习为文化所决定，它是发展的、萎缩的、赋予价值的）——因此我们或可以努力用一种更复杂的方式来理解人与物之间的关系。之所以说"努力"，是因为物质性理论存在一个严峻的挑战，那就是不要在自身认识论层面上掉进还原论的陷阱中。换句话说，我们如何用那些最稀少的物品——文本中的词语——去传达与理解高度浓缩的观点，尤其是那些没有文字、词语的情形中的与物质性相关的东西？

布鲁诺·拉图尔（Bruno Latour）在他试图超越后现代主义概念的研究中提出，"社会化……非人的东西带有人类集体性的一面"（1999: 296）——他显然是想通过有意识的反思性的物质塑造（社会化）来重构社会。这在政治层面上尽管可以理解为以仁慈为目的，但是依赖于一种共同的理解，即不同权威体制暗含的物质约束力的安置方式可能存在差异（如本章开头所论述的）。再者，在概念层面上，拉图尔的观点涉及一种对萨特的实践惰性的改良，剥除了其独特的"物质性"的反抗（无生命物品固有的敌对性）。

这里有个陷阱，即过于从字面意思上来理解物品"生命史"的隐喻含义（至少是部分隐喻含义）可能会消解人类能动性的特殊性。当然，拉图尔采取的方向是把物质社会与人类自然史（人类本身）的生活维度并列，这个方向使得考古学家不再过于关注我们基于物质遗存来研究过去的、早已不复存在的社会的现实状况（二元论需要某种从静态材料到动态古代社会的中程理论）（Binford, 1983: 19）。从物质性的观点来看，器物就是被保留下来的社会事物（不巧的是，这破坏了克拉克对作为器物研究的考古学与作为某种历史的史前史之间的区分，这种历史离不开考古学，克拉克曾委婉地提出这种区分，但它从来没有得到充分证明）。

显然，物质性思想在多个理论与实践层面上影响着考古学。从分析的层面上看（沿用克拉克 1973 年的做法），自然之物与人工制品的区分再次成为需要细究的中心问题（Bradley, 2000; Tilley, 2000），特拉德斯坎特父子曾注意到这种区分，他们的目录上的东西后来成了阿什莫林博物馆的核心收藏。1989 年，亨利·霍奇斯（Henry Hodges）的《器物》（*Artifacts*）一书的第三版（1964 年第一版）对考古材料进行了技术性的、科学的、

"客观化"的描述，跟书架上相邻的社会文化人类学著作如丹尼尔·米勒的《作为类别的器物》（*Artifacts as Categories*）相比，看起来格格不入。20 世纪 90 年代中期，情况发生了改变，戈斯登采用了"物质性"一词，冶金考古学家如多萝西·霍斯勒（Dorothy Hosler）进行了一些新的研究，强调物质材料的象征性［《权力的声音与色彩》（*The Sounds and Colours of Power*）］。物质性的思考方式以物质为基础，似乎把某些从前非理论性的考古科学领域重组到学科争论的核心中来，这成了一种保持乐观的理由（Boivin, 2005; Bray and Pollard, 2005）。

从阐释理论的层面上看，物质性理论至少产生了两方面的影响。在关联方面，物质性理论强调物质与风格在创造文化生活中的重要性，它们的属性都是有形的，这复兴了老式的古代与史前艺术鉴赏力。物质性理论认为，微小的细节、短暂性、"消费、消失、牺牲"（Colloredo-Mansfeld, 2003）都可能具有深刻的意义，这给本身就形成了理论的田野发掘、记录、观察以及发掘后的记录与分析带来了一系列新的挑战。

这意味着物质性理论也会直接影响田野实践。哲学家莱斯特·恩布里（Lester Embree, 1987）指出，就完成满意工作所需要的概念的复杂程度而言，考古学仅次于哲学——这项观察如果正确的话，那么它跟当前职业领域的合同签订与抢救性发掘并不协调，因为在这些领域，对挖掘证据或揭露事实的简单化理解还很普遍（尽管存在差别）（参见 Cumberpatch and Blinkhorn, 1997）。物质性理论对物质的强调使之有一种实践上的吸引力，这是最近本学科内其他理论趋势可能不具备的。

有意思的是，物质性理论的第二个方面的影响是它重新恢复了后现代所讨论的宏大叙事（或称元叙事），而这是利奥塔（Lyotard, 1984）所批判的。之所以如此，是因为物质的功能可见性需要有所约束才会有意义。也就是说，物质世界如何构建、影响人类主体与主体的社群，以及这些过程如何影响世界与其自身，都可能会涉及规律问题（Taylor, 2006a）。如果不是如此，可靠的考古学推理可能就不存在了。然而，识别功能可见性的限制，以及在特定考古背景关联中选择相关性，并不总是容易的事（比较 Richert, 1962; Collingwood, 1981, 1993）。

最后，从形而上学的层面上看，物质性在考古学中的一般重要性可以从三个方面来论述。第一，我们如何定义和思考物质与人类行动者之间关系的问题，影响着考古学作为一门学科的发展，或者受到后者的影响。第二，在对物质世界的基本理解的基础上，哲学家已经发展出了形而上学与道德立场，我们由此可以追溯到史前时代；相关的信息只能通过考古学才能获取。第三，考古学家有关物质与客观化的概念并没有独立于更广阔的思想潮流之外，有鉴于此，我们可以看到，分析考古学与物质性的关系可能还需要深入的反思。因此，我们讨论的所谓物质性的东西最终立足的不是希腊哲学，而是自然之物的最早概念化，也就是最早的人工制品的实际生产。

316 参考文献

Algra, Keimpe. 1999. The beginnings of cosmology. In A. A. Long, ed., *The Cambridge companion to early Greek philosophy*, 45–65. Cambridge: Cambridge University Press.

Andrén, Anders. 1998. *Between artifacts and texts: Historical archaeology in global perspective*. Trans. A. Crozier. New York: Plenum.

Appadurai, Arjun (ed.). 1986. *The social life of things*. Cambridge: Cambridge University Press.

Ashmolean Museum. 2002. *The Tradescant Collection*. Oxford: University of Oxford. www.ashmol.ox.ac.uk/ash/amulets/tradescant.

Baines, John. 1988. Literacy, social organization and the archaeological record: The case of early Egypt. In B. Bender, J. Gledhill, and M. T. Larsen, eds., *State and society: The emergence and development of social hierarchy and political centralization*, 192–214. London: Unwin Hyman.

Baines, John, and Norman Yoffee, 2000. Order, legitimacy, and wealth: Setting the terms. In J. E. Richards and M. Van Buren, eds., *Order, legitimacy, and wealth in ancient states*, 13–17. Cambridge: Cambridge University Press.

Baldwin, Thomas R. 1995. Sartre, Jean-Paul (1905–80). In T. Honderich, ed., *The Oxford Companion to Philosophy*. Oxford: Oxford University Press.

Barrett, John. 1997. Stone Age ideologies. *Analecta Praehistorica Leidensia* 29: 121–129.

Binford, Lewis. 1983. *In pursuit of the past: Decoding the archaeological record*. London: Thames & Hudson.

Boivin, Nicole. 2004. Mind over matter? Collapsing the mind-matter dichotomy in material culture studies. In E. DeMarrais, C. Gosden, and C. Renfrew, eds., *Rethinking materiality: The engagement of mind with the material world*, 63–71. Cambridge: McDonald Institute for Archaeological Research.

———. 2005. Comments I: Post-textual archaeology and archaeological science. *Archaeometry* 47: 171–174.

Bourdieu, Pierre. 1970. The Berber house or the world reversed. *Social Science Information* 9(2): 151–170.

———. 1977. *Outline of a theory of practice*. Cambridge: Cambridge University Press.

———. 2004. Algerian landing. *Ethnography* 5: 415–443.

Bradley, Richard. 2000. *An archaeology of natural places*. London: Routledge.

Bray, Peter, and A. Mark Pollard. 2005. Comments II: the underpinnings and consequences of the materiality approach. *Archaeometry* 47(1): 175–177.

Brown, Bill. 2001. Thing theory. *Critical Inquiry* 28: 1–22.

Canfield, John V. 1996. The community view. *Philosophical Review* 105: 469–188.

Cassirer, Ernst. 1968. *The philosophy of the Enlightenment*. Ed. James P. Pettegrove. Trans. Fritz C. A. Koelin. Princeton: Princeton University Press.

Cervantes, Miguel de. [1605] 2003. *Don Quixote*. Trans. J. Rutherford. London: Penguin.

Childe, V. Gordon. 1929. *The Danube in prehistory*. Oxford: Oxford University Press.

———. 1933. Races, peoples, and cultures in prehistoric Europe. *History*, n.s., 18: 193–203.

———. 1936. *Man makes himself*. London: Watts.

———. 1949. *Social worlds of knowledge*. Oxford: Oxford University Press.

———. 1951. *Social evolution*. London: Watts.

Clarke, David. 1968. *Analytical archaeology*. London: Methuen.

———. 1973. Archaeology: The loss of innocence. *Antiquity* 47: 6–18.

Collingwood, Robin G. 1940. *An essay on metaphysics*. Oxford: Clarendon.

———. 1981. Notes on the history of historiography and philosophy of history. In W. J. Van Der Dussen, ed., *History as science: The philosophy of R. G. Collingwood*. The Hague: Nijhoff.

———. 1989. *Essays in political philosophy*. Oxford: Oxford University Press.

———. 1993. *The idea of history*. Oxford: Oxford University Press.

Colloredo-Mansfeld, Rudi. 2003. Matter unbound. *Journal of Material Culture* 8(3): 245–254.

The Compact Oxford English Dictionary. 1989. 2nd ed. Oxford: Oxford University Press.

Connerton, Paul. 1989. *How societies remember*. Cambridge: Cambridge University Press.

Conrad, Joseph. 1977. *Selected tales from Conrad*. London: Faber & Faber.

Cowgill, George L. 2004. Thoughts about rethinking materiality. In E. DeMarrais, C. Gosden, and C. Renfrew, eds., *Rethinking materiality: The engagement of mind with the material world*, chap. 23. Cambridge: McDonald Institute for Archaeological Research.

Cumberpatch, Chris G., and Paul W. Blinkhorn (eds.). 1997. *Not so much a pot, more a way of life*. Oxbow Monograph 83. Oxford: Oxbow.

Damasio, Antonio. R. 2000. *The feeling of what happens: Body and emotion in the making of consciousness*. London: Vintage.

Dant, Tim (ed.). 2005. *Materiality and society*. Maidenhead: Open University Press.

Dawkins, Richard. 1983. *The extended phenotype: The gene as a unit of selection*. Oxford: Oxford University Press.

———. 1989. *The selfish gene*. 2nd ed. Oxford: Oxford University Press.

———. 2005. Untitled. In J. Brockman, ed., *What we believe but cannot prove*, 9. London: Simon & Schuster.

Delporte, Henri. 1993. *L'image de la femme dans l'art préhistorique*. Paris: Picard.

DeMarrais, Elizabeth, Chris Gosden, and Colin Renfrew (eds.). 2004a. *Rethinking materiality: The engagement of mind with the material world*. Cambridge: McDonald Institute for Archaeological Research.

————. 2004b. Introduction. In E. DeMarrais, C. Gosden, and C. Renfrew, eds., *Rethinking materiality: The engagement of mind with the material world*, 1–7. Cambridge: McDonald Institute for Archaeological Research.

Dennett, Daniel. 1991. *Consciousness explained*. Boston: Little, Brown.

————. 1995. *Darwin's dangerous idea*. New York: Simon & Schuster.

Descola, Philippe, and Gisli Pálsson. 1996. Introduction. In P. Descola and G. Pálsson, eds., *Nature and society: Anthropological perspectives*, 1–22. London: Routledge.

Donald, Merlin. 1991. *The origins of the modern mind*. Cambridge: Harvard University Press.

Douglas, Mary. 1978. *Natural symbols: Explorations in cosmology*. Harmondsworth, UK: Penguin.

Embree, Lester. 1987. Archaeology: The most basic science of all. *Antiquity* 61: 75–78.

Gauthier, David P. 1969. *The logic of Leviathan*. Oxford: Oxford University Press.

Geismar, Haidy. 2004. The materiality of contemporary art in Vanuatu. *Journal of Material Culture* 9(1): 43–58.

Geismar, Haidy, and Heather A. Horst. 2004. Materializing ethnography. *Journal of Material Culture* 9(1): 5–10.

Gell, Alfred. 1992. The enchantment of technology and the technology of enchantment. In J. Coote and A. Shelton, eds., *Anthropology, art, and aesthetics*, 40–63. Oxford: Oxford University Press.

Gellner, Ernest. 1989. Culture, constraint, and community: Semantic and coercive compensations for the genetic under-determination of *Homo sapiens sapiens*. In P. Mellars and C. Stringer, eds., *The Human Revolution*, 17–30. Edinburgh: Edinburgh University Press.

Gibson, James J. 1979. *The ecological approach to visual perception*. Boston: Houghton Mifflin.

Gibson, Kathleen R., and Tim Ingold (eds.). 1993. *Tools, language, and cognition in human evolution*. Cambridge: Cambridge University Press.

Godelier, Maurice. 1966. *L'énigme du don*. Paris: Fayard.

————. 1984. *L'idéel et le matériel*. Paris: Fayard.

Gosden, Christopher. 1994. *Social being and time*. Oxford: Blackwell.

————. 2004. Towards a theory of material engagement. In E. DeMarrais, C. Gosden, and C. Renfrew, eds., *Rethinking materiality: The engagement of mind with the material world*, 33–40. Cambridge: McDonald Institute for Archaeological Research.

Graham, Daniel W. 1999. Empedocles and Anaxagoras: Responses to Parmenides. In A. A. Long, ed., *The Cambridge companion to early Greek philosophy*, 159–180. Cambridge: Cambridge University Press.

Graves-Brown, Paul (ed.). 2000. *Matter, materiality and modern culture*. London: Routledge.

Gyatso, Palden. 1997. *Fire under the snow: The testimony of a Tibetan prisoner*. New York: Grove.

Hacker, Peter M. S. 1995. Wittgenstein, Ludwig Josef Johann (1889–1951). In T. Honderich, ed., *The Oxford companion to philosophy*, 912–916. Oxford: Oxford University Press.

Herodotus. 1987. *The history*. Trans. D. Grene. Chicago: University of Chicago Press.

Hodder, Ian. 1986. *Reading the past: Current approaches to interpretation in archaeology*. Cambridge: Cambridge University Press.

————. 1989. This is not an article about material culture as text. *Journal of Anthropological Archaeology* 8: 250–269.

Hodder, Ian (ed.). 1987. *The archaeology of contextual meanings*. Cambridge: Cambridge University Press.

Hodges, Henry. 1989. *Artifacts: An introduction to early materials and technology*. London: Duckworth.

Holtorf, Cornelius. 2002. Notes on the life history of a potsherd. *Journal of Material Culture* 7: 49–71.

Hosler, Dorothy. 1994. *The sounds and colours of power: The sacred metallurgical technology of ancient west Mexico*. Cambridge: MIT Press.

Ingold, Tim. 1998. The evolution of society. In A. C. Fabian, ed., *Evolution: Society, science, and the universe*, 79–99. Cambridge: Cambridge University Press.

————. 2000. Making culture and weaving the world. In P. Graves-Brown, ed., *Matter, materiality, and modern culture*, 50–71. London: Routledge.

————. 2001. From complementarity to obviation: On dissolving the boundaries between social and biological anthropology, archaeology, and psychology. In S. Oyama, P. E. Griffiths, and R. D. Gray, eds., *Cycles of contingency: Developmental systems and evolution*, 225–279. Cambridge: MIT Press.

Jaynes, Julian. 1976. *The origin of consciousness in the breakdown of the bicameral mind*. Boston: Houghton Mifflin.

Johnson, Matthew. 1993. *Housing culture: Traditional architecture in an English landscape*. London: University College London Press.

Jones, Andrew. 2004. Archaeometry and materiality: Materials-based analysis in theory and practice. *Archaeometry* 46(3): 327–338.

Jordan, Zbigniew A. 1967. *The evolution of dialectical materialism: A philosophical and sociological analysis*. London: Macmillan.

Jung, Carl G. 1969. *The Archetypes and the Collective Unconscious*. 2nd ed. Trans. R. F. C. Hull. Princeton: Princeton University Press.

Kemp, Barry. 1989. *Ancient Egypt: Anatomy of a civilization*. London: Routledge.

Klejn, Leo S. 1977. A panorama of theoretical archaeology. *Current Anthropology* 18: 1–42.

318 Knappett, Carl. 2002. Photographs, skeuomorphs, and marionettes: Some thoughts on mind, agency, and object. *Journal of Material Culture* 7: 97–117.

———. 2004. The affordances of things: A post-Gibsonian perspective on the relationality of mind and matter. In E. DeMarrais, C. Gosden, and C. Renfrew, eds., *Rethinking materiality: The engagement of mind with the material world*, 43–51. Cambridge: Cambridge University Press.

Koerner, Stephanie. 2004. The status of ethics in contemporary epistemology and ontology, and the problem of meanings and values (the symbolic) in archaeology. Presented to the European Archaeologists Association round table, September 2003 (revised April 2004). www.semioticon.com/virtuals/symbolicity/status.html.

Kopytoff, Igor. 1986. The cultural biography of things: Commoditization as process. In A. Appadurai, ed., *The social life of things*, 64–94. Cambridge: Cambridge University Press.

Kossinna, Gustaf. 1911. *Die Herkunft der Germanen: Zur Methode der Siedlungsarchäologie*. Mannus-Bibliothek 6. Würzburg: Kabitzsch.

Küchler, Susanne. 2004. Re-visualising attachment: An anthropological perspective on persons and property forms. In A. Pottage and M. Mundy, eds., *Law, anthropology, and the constitution of the social: Making persons and things*, 234–248. Cambridge: Cambridge University Press.

Latour, Bruno. 1999. *Pandora's hope: Essays on the reality of science studies*. Cambridge: Harvard University Press.

Leone, Mark P., and Constance A. Crosby. 1987. Middlerange theory in historical archaeology. In S. M. Spencer-Wood, ed., *Consumer choice in historical archaeology*, 397–410. New York: Plenum.

Lillios, Katina. 2003. Creating memory in prehistory: The engraved slate plaques of southwest Iberia. In R. M. Van Dyke and S. E. Alcock, eds., *Archaeologies of Memory*, 129–150. Oxford: Blackwell.

Lloyd, Geoffrey E. R. (ed.). 1978. *Hippocratic writings*. Harmondsworth, UK: Pelican.

Locke, John. 1977. *An essay concerning human understanding*. Abridged ed. London: Dent.

Lyotard, Jean-Francois. 1984. *The postmodern condition: A report on knowledge*. Trans. G. Bennington and B. Massumi. Minneapolis: University of Minnesota Press.

Malafouris, Lambros. 2004. The cognitive basis of material engagement: Where brain, body, and culture conflate. In E. DeMarrais, C. Gosden, and C. Renfrew, eds., *Rethinking materiality: The engagement of mind with the material world*, 53–62. Cambridge: Cambridge University Press.

Marett, Robert R. 1914. *The threshold of religion*. London: Methuen.

Marx, Karl. 1954. *Capital: A critique of political economy*. Vol. 1, bk. 1, *The process of production of capital*. Trans. S. Moore and E. Aveling. London: Lawrence & Wishart.

Mauss, Marcel. 1990. *The gift: The form and reason for exchange in archaic societies*. Trans. W. D. Halls. London: Routledge.

McLellan, David. 1995. Marxist philosophy. In T. Honderich, ed., *The Oxford Companion to Philosophy*, 526–528. Oxford: Oxford University Press.

McLuhan, Marshall. 1964. *Understanding media: The extensions of man*. London: Routledge.

McNairn, Barbara. 1980. *The method and theory of V. Gordon Childe*. Edinburgh: Edinburgh University Press.

McNeal, Richard A. 1972. The Greeks in history and prehistory. *Antiquity* 46: 19–28.

Meskell, Lynn. 2004. Divine things. In E. DeMarrais, C. Gosden, and C. Renfrew, eds., *Rethinking materiality: The engagement of mind with the material world*, 249–259. Cambridge: Cambridge University Press.

Midgley, Mary. 2003. *The myths we live by*. London: Routledge.

Miller, A. G. 1983. Image and text in pre-Hispanic art: apples and oranges. In J. C. Berlo, ed., *Text and image in pre-Columbian art*. Oxford: British Archeological Reports.

Miller, Daniel. 1985. *Artifacts as categories: A study of ceramic variability in Central India*. Cambridge: Cambridge University Press.

———. 1987. *Material culture and mass consumption*. Oxford: Blackwell.

Miller, Daniel (ed.). 2005. *Materiality*. Durham, NC: Duke University Press.

Mises, Ludwig von. 1978. *The ultimate foundation of economic science: An essay on method*. Kansas City: Sheed Andrews & McMeel.

Morrison, Kenneth. 1995. *Marx, Durkheim, Weber*. London: Sage.

Murray, Tim, and Michael J. Walker. 1988. Like what? A practical question of analogical inference and archaeological meaningfulness. *Journal of Anthropological Archaeology* 7: 248–287.

Netherly, Patricia J. 1988. From event to process: The recovery of late Andean organizational structure by means of Spanish colonial written records. In R. W. Keatinge, ed., *Peruvian prehistory: An overview of the pre-Inca and Inca society*, 257–275. Cambridge: Cambridge University Press.

Ngubane, Harriet. 1986. The predicament of the sinister healer: Some observations on "ritual murder" and the professional role of the inyanga. In M. Last and G. L. Chavunduka, eds., *The professionalisation of African medicine*. Manchester: Manchester University Press.

Norris, Lucy. 2004. Shedding skins: The materiality of divestment in India. *Journal of Material Culture* 9: 59–71.

Panofsky, Erwin. 1939. *Studies in iconology: Humanistic themes in the art of the Renaissance*. New York: Oxford University Press.

———. 1957. *Gothic architecture and scholasticism*. New York: New American Library.

Patrik, Linda. 1985. Is there an archaeological record? *Advances in Archaeological Method and Theory* 8: 27–62.

Peirce, Charles S. 1955. Logic as semiotic: The theory of signs. In J. Bucher, ed., *Philosophic writings of Peirce* 98–119. New York: Dover.

Plekhanov, Georgi V. 1940. *The materialist conception of history*. London: Lawrence & Wishart.

Postgate, J. Nicholas. 1994. Text and figure in ancient Mesopotamia: Match and mismatch. In C. Renfrew and E. Zubrow, eds., *The ancient mind: Elements of cognitive archaeology*, 176–184. Cambridge: Cambridge University Press.

Pynchon, Thomas. 1973. *Gravity's rainbow*. New York: Viking.

Renfrew, Colin. 1978. Varna and the social context of early metallurgy. *Antiquity* 52: 199–203.

———. 2001. Symbol before concept. In I. Hodder, ed., *Archaeological theory today*, 122–140. London: Polity.

———. 2004. Towards a theory of material engagement. In E. DeMarrais, C. Gosden, and C. Renfrew, eds., *Rethinking materiality: The engagement of mind with the material world*, 23–31. Cambridge: McDonald Institute Monographs.

Richards, Michael P., Theya I. Molleson, Louise Martin, Nerissa Russell, and Jessica A. Pearson. 2003. Palaeodietary evidence from Neolithic Çatalhöyük, Turkey. *Journal of Archaeological Science* 30: 67–76.

Rickert, Heinrich. 1962. *Science and history: A critique of positivist epistemology*. Princeton, NJ: Van Nostrand.

Robb, John. 2004. The extended artifact and the monumental economy: A methodology for material agency. In E. DeMarrais, C. Gosden, and C. Renfrew, eds., *Rethinking materiality: The engagement of mind with the material world*, 131–139. Cambridge: McDonald Institute for Archaeological Research.

Rogers, J. Daniel. 1990. *Objects of change: The archaeology and history of Arikara contact with Europeans*. Washington: Smithsonian Institution Press.

Rowlands, Michael. 2004. The materiality of sacred power. In E. DeMarrais, C. Gosden, and C. Renfrew, eds., *Rethinking materiality: The engagement of mind with the material world*, 197–203. Cambridge: McDonald Institute for Archaeological Research.

Sansi-Roca, Roger. 2005. The hidden life of stones: Historicity, materiality, and the value of Candomblé objects in Bahia. *Journal of Material Culture* 10: 139–156.

Sartre, Jean-Paul. 1976. *Critique of dialectical reason*. Trans. A. Sheridan-Smith. London: New Left Books.

Seaford, Richard. 2004. *Money and the early Greek mind*. Cambridge: Cambridge University Press.

Shanks, Michael, and Christopher Tilley. 1987. *Re-Constructing archaeology: Theory and practice*. Cambridge: Cambridge University Press.

Shennan, Stephen. 2002. *Genes, memes, and human history*. London: Thames & Hudson.

Skuse, Andrew. 2005. Enlivened objects: The social life, death, and rebirth of radio as a commodity in Afghanistan. *Journal of Material Culture* 10: 123–137.

Snodgrass, Anthony. 1985. Greek archaeology and Greek history. *Classical Antiquity* 4: 193–207.

Sperber, Dan. 1992. Culture and matter. In J.-C. Gardin and C. S. Peebles, eds., *Representations in archaeology*, 56–65. Bloomington: Indiana University Press.

Strang, Veronica. 2005. Common senses: Water, sensory experience, and the generation of meaning. *Journal of Material Culture* 10: 92–120.

Taylor, Timothy. 1987. Flying stags: Icons and power in Thracian art. In I. Hodder, ed., *The archaeology of contextual meanings*, 117–132. Cambridge: Cambridge University Press.

———. 1993. Conversations with Leo Klejn. *Current Anthropology* 34(5): 723–735.

———. 1994. Excavating art: The archaeologist as analyst and audience. *Cambridge Archaeological Journal* 4: 250–255.

———. 1996. *The prehistory of sex: Four million years of human sexual culture*. London: Fourth Estate.

———. 1999. Envaluing metal: Theorizing the Eneolithic "hiatus." In S. Young, A. M. Pollard, P. Budd, and R. A. Ixer, eds., *Metals in Antiquity*, 22–32. Oxford: Archaeopress.

———. 2001. Explanatory tyranny. *Nature* 411: 419.

———. 2002. *The buried soul: How humans invented death*. London: Fourth Estate.

———. 2005a. Ambushed by a grotesque: Archaeology, slavery, and the third paradigm. In M. Parker Pearson and I. J. N. Thorpe, eds., *Warfare, violence, and slavery in prehistory*. BAR International Series 1374: 225–233. Oxford: BAR.

———. 2005b. Comments VII: A cunning duplicate in mind: Materiality and the interpretive dilemma. *Archaeometry* 47(1): 196–198.

———. 2005c. Untitled. In J. Brockman, ed., *What do you believe is true even though you cannot prove it?* 64–66. London: Free Press.

———. 2006a. The human brain is a cultural artifact. In J. Brockman, ed., *Edge 175: The EDGE annual question 2006.* www.edge.org.

———. 2006b. Why the Venus of Willendorf has no face. *Archäologie Österreichs* 17(1): 26–29.

———. 2006c. The origins of human sexual culture: Sex, gender and social control. *Journal of Psychology and Human Sexuality* 18(2/3 & 4): 69–105.

Taylor, Timothy, T. P. O'Connor, and T. C. Lord. 2007. *Interim report on the 2005 excavations at Kinsey Cave, High Scar, Giggleswick, North Yorkshire*. English Heritage Historic Environment Enabling Program.

Thomas, Julian, and Christopher Tilley. 1993. The axe and the torso: Symbolic structures in the Neolithic of Brittany. In C. Tilley, ed., *Interpretative Archaeology*, 225–324. Oxford: Berg.

Tilley, Christopher. 1991. Materialism and an archaeology of dissonance. *Scottish Archaeological Review* 8: 14–22.

———. 2000. Nature, culture, glitter: Distinguishing between cultural and geomorphological landscapes: The

320 case of hilltop tors in south-west England. *Journal of Material Culture* 5: 197–224.

———. 2004. *The materiality of stone*. Oxford: Berg.

Trigger, Bruce. 1989. *A history of archaeological thought*. Cambridge: Cambridge University Press.

Tylor, Edward B. 1871. *Primitive culture*. London: Murray.

Veit, Ulrich. 1984. Gustaf Kossinna und V. Gordon Childe: Ansätze zu einer theoretischen Grundlegung der Vorgeschichte. *Saeculum* 35: 326–364.

Vickers, Michael, and David Gill. 1994. *Artful crafts: Ancient Greek silverware and pottery*. Oxford: Clarendon.

Vygotsky, Lev S. 1978. *Mind in society: The development of higher psychological processes*. Cambridge: Harvard University Press.

———. 1986. *Thought and language*. Cambridge: Harvard University Press.

Wainwright, Frederick T. 1962. *Archaeology and place-names and history: An essay on problems of co-ordination*. London: Routledge & Kegan Paul.

Warnier, Jean-Pierre. 2001. A praxeological approach to subjectivation in a material world. *Journal of Material Culture* 6: 5–24.

Weber, Max. 1947. *Theory of social and economic organization*. London: Hodge.

Williams, Bernard. 1978. *Descartes: The project of pure enquiry*. Harmondsworth, UK: Penguin.

Williams, Raymond. 1976. *Keywords: A vocabulary of culture and society*. Glasgow: Fontana.

Williams, Walter L. 1986. *The spirit and the flesh: Sexual diversity in American Indian culture*. Boston: Beacon.

Wilson, Edward O. 1998. *Consilience: The unity of knowledge*. New York: Knopf.

Wittgenstein, Ludwig. 1967. *Philosophical Investigations*. 3rd ed. Trans. G. E. M. Anscombe. Oxford: Blackwell.

Wylie, Alison. 1989. The interpretive dilemma. In V. Pinsky and A. Wylie, eds., *Critical traditions in contemporary archaeology*, 18–27. Cambridge: Cambridge University Press.

Yoffee, Norman. 1979. The decline and rise of Mesopotamian civilization: An ethnoarchaeologial perspective on the evolution of social complexity. *American Antiquity* 44: 5–35.

希安·琼斯

（Siân Jones）

人种与族群的概念在考古学的整个发展史和知识生产中发挥了重要的作用。古物学家与考古学家在面对物质遗存的时候，首先要问的一个问题就是，这是谁留下来的。答案总是可以从那些有名有姓的群体中找到，如欧洲的宽口陶器人与凯尔特人、近东的以色列人与腓力斯人、北美洲的多塞特人与普埃布洛印第安人。这些研究暗含着有关人群性质的思想。这里的中心议题是人种与族群的概念，同时也涉及文化、国家、部落等相关概念。然而，不管人种与族群最初在确定和划分考古遗存方面发挥了怎样的作用，它们在学科内的发展历史是曲折的。随着时间的推移，它们复杂而重叠的含义及其应用，以及围绕它们的不同理论，都发生了巨大的变化。它们还深入学科部分重要的认识论转型之中。最后，人种与族群的考古学阐释还与现代族群、国家与人种的身份认同密切相关，使得在学科内发展对这些概念的批评方法变得更加紧迫。

本章将围绕基于考古遗存的古代人群识别，详细分析相关的概念、理论与方法。在此过程中，还将研究族群与族群划分之外的其他概念，尤其是人种与文化，因为在考古学发展史上，不同时期会偏好不同的概念。本章还将讨论考古学史上识别古代人群的主要理论与方法。然后归纳最近有关族群与文化认同的考古学研究理论，阐明主要的争论与进展。最后将探讨当代考古学族群研究的社会与政治关联，在结论部分将提出未来的发展方向。

在考古学中跟许多学科一样，至少在 20 世纪中期之前，经验主义研究一直在考古学中占主导地位，旨在确定文化的时空分布及与其相关的族群。[1] 在这种经验主义传统中，很少有研究讨论族群真正的性质，或是讨论族群划分与文化差别之间的联系。研究者仅仅假定族群是一个范围确定、同质化的实体存在，只要基于文化、语言，有时还包括生物学特征，就可以明确地对其加以界定。其实际存在被看作既定自然秩序的组成部分，这也成为考古遗存分类与阐释的中心。当然，这并不是什么显而易见的自然秩序，在经验主义的考古学研究中，这种划分人类多样性的特定模式可以追溯到 19 世纪，其源头是人种差异研究。

人种、文化、语言

19 世纪，考古遗存研究与确定人类的"人种"的任务密不可分。虽然在此期间发展出了一系列复杂的理论与定义，但从中还是可以看出一些普遍趋势的。当时人们把人种看作人类差异的基础。后来，其他与群体组织和身份区分相关的概念，如国家、族群、部落，也都与人种密切相关，在使用中常常可以互换。人种被看作独立的客观存在，每个人种都拥有自己唯一的特征。类型学是主要的研究模式，研究者基于经验标准，竭力去

识别与描述不同的人种类型。生理与解剖学特征在定义人种时发挥了主要　322
作用，语言、心理、文化与思想能力也很重要。

人种决定论很流行，人种理论或多或少把生物与文化能力直接联系了
起来（Stepan, 1982）。人们假定如颅形与颅骨大小这样的体质特征决定了
文化与智力。研究的主要目的是解释不同人种的起源。在 19 世纪早中期
的人种理论中，单种论与多种论的争论占主导地位，前者主张不同人种具
有共同起源，后者则认为各有源头。19 世纪后期，学术界逐渐接受了达
尔文的进化论，这场争论才随之过时，但正如斯托金（Stocking, 1968）所
言，多种论强调人种类型的稳定性与长期性，这种论调一直持续到 19 世
纪末 20 世纪初。再者，进化论为区分人种的"高等"与"低等"提供了
理论框架。有关 19 世纪人种理论的历史文献研究，更详细的信息可以参
考乔治·斯托金的《人种、文化与进化》（*Race, Culture, and Evolution*）、
迈克尔·邦东（Michael Banton）的《人种观念》（*The Idea of Race*）、I. 汉
纳福德（I. Hannaford）的《人种：西方观念史》（*Race: The History of an
Idea in the West*）。

考古学研究在发展人种类型学以及人种的历史和进化论方面发挥了重
要的作用。同样，人种理论对考古学理论与方法的发展也产生了重要的影
响。考古遗址出土的人骨遗存为确定人种类型提供了材料，基本方法是骨
骼测量分析。欧洲最常见的人种分类是基于颅骨的形态与大小，按照颅骨
指数区将人类分为长颅的北方种与圆颅的南方种，这种区分在关于欧洲史
前史的争论中尤其重要（Stepan, 1982: 97-99）。在有关特定人种的长期性
的争论中，以及在有关种族特征的扩散或流动的争论中，人骨遗存是特别
重要的证据来源。

考古学家常常把人种类型跟特定考古学文化联系起来，在物质文化与骨骼材料之间建立直接的联系。然而，普遍宣称文化能力与人种特征直接相关意味着，即便没有人骨遗存，考古学家也可以把考古材料与人种联系起来。在 19 世纪后期，研究者把技术、生计、建筑、艺术等众多方面的相似性当成区分人种的途径，他们按照进化的序列，即从蒙昧、野蛮到文明，确定所谓的低等与高等人种。这些考古学家很少关注特定种族群体的历史，而是希望通过民族志与考古学的物质文化比较研究，建立统一的人种历史。采用这一方法的代表性著作有奥古斯塔斯·莱恩－福克斯·皮特－里弗斯（Augustus Lane-Fox Pitt-Rivers）的《文化的进化》（*The Evolution of Culture*）、约翰·卢伯克的《史前时代》（*Pre-Historic Times*）。

到 20 世纪早期，人类学与考古学研究的重点逐渐从强调社会演化过渡到强调研究特定人种群体及其扩散的特殊历史。研究者把物质文化组合的高度相似看作共同人种特征的事实证据，或者如其所言，就是"血缘上的联系"。欧洲采用这一方法的先驱是德国学者古斯塔夫·柯西纳，他发展并应用了一套聚落考古的方法（Kossinna, 1911）。为了追溯现代人种群体的历史，柯西纳提出，通过研究物质文化的连续性，可以把特定群体的历史栖居地一直追溯到史前时代。历史语言学也提供了重要的证据，研究者认为，人种、语言、文化是密切相关的，而且是同时并存的。柯西纳基于其聚落考古研究提出，我们可以识别主要史前人种群体，如雅利安人与斯拉夫人，并且可以追溯两者在历史上的相互关系。一个典型的例子是戈登·柴尔德，尽管两人的政治观点完全不同，但在著作《雅利安人》（*The Aryans*）中，柴尔德也采用了类似的方法与概念。

尽管 19 世纪到 20 世纪初人群研究的理论框架千差万别，但一个共性是把人种、语言与文化混为一谈。再者，当时研究者把人种当作理解人类差异的主要模式，许多学者把"部落""族群""民族""人群"等术语与"人种"混合使用，认为它们可以相互替代。例如，威廉·格林韦尔 *323*（William Greenwell, 1905: 306-307）对约克郡两座铁器时代晚期墓葬的阐释：

> 可以把两座墓葬看作一个整体，尽管两座墓葬遗址中的出土物有所差异，但基本特征是一致的，我们可以认为两座墓葬的主人具有类似的生活习惯与方式……由此而来的第一个问题是丹尼斯（Danes）墓群与阿拉斯（Arras）遗址所葬的种族或部落如何，以及他们属于人类家庭的哪个分支。

就这个问题而言，格林韦尔认为，"最基本、最重要的因素就是人骨材料本身的体质特征"。他承认阿拉斯遗址缺乏人骨材料，仅有两块颅骨被保存下来。但是他指出，尽管没有直接的人骨证据，两座墓葬的随葬品本身相似，"因此有理由认为曾经生活在这里的人们有**血缘上的联系**"[Greenwell, 1905: 307（黑体为笔者所加）]。

浏览 19 世纪与 20 世纪初的考古学杂志，很容易发现当时的考古遗存研究经常把人种、语言与文化混为一谈。人种无所不在，无论是在古物协会年会讲演中把它作为学科的大问题提出来（Lindsay, 1922），还是对人骨材料进行常规的人种分类（Austin, 1928），或是从苏美尔雕像中分析人种类型（Langdon, 1921）。有关的评论，可以参考 K. 什克莱纳尔（K.Sklenár）的《中欧考古学》（*Archaeology in Central Europe*）、布鲁斯·特里格的《考古学思想史》（*A History of Archaeological Thought*）、希安·琼斯的《族属的考古》（*The Archaeology of Ethnicity*）。

人种的政治

在 19 世纪与 20 世纪的头几十年里，人种类型学及其分类非常流行，它渗透到了社会生活的许多方面，带来了意识形态与政治上的争论。特定人种的生理特征决定文化和智力的观念，与进化论相结合，为奴隶制与殖民主义的合法化提供了一条便利的途径，按照进化阶梯，原住民被放在底部，欧洲"文明"被放在顶部。为了保持这种理想化的种族进化阶梯，考古学家竭力把那些他们认为更落后的非欧洲人的看起来更"精致"的器物组合与遗址，归为欧洲或近东人群迁移的结果，尽管证据正好相反。经典的案例可以参考彼得·加莱克（Peter Garlake）的《大津巴布韦》（*Great Zimbabwe*）。更多的个案研究可以参考"同一世界考古学"（One World Archaeology）系列，特别是《文化身份认同的考古学研究方法》（*Archaeological Approaches to Cultural Identity*）（Shennan, 1989a）、《过去的社会构建：作为权力的表达》（*Social Construction of the Past: Representation as Power*）（Bond and Gilliam, 1994）。

人种的概念在 19 世纪与 20 世纪早期的欧洲政治舞台上扮演了同样重要的角色。各国从人种的角度来理解国家（nation），并基于人种理论来合法化针对彼此的行动以及确定自己的人口（Stepan, 1982）。不同国家都利用考古学证据相互竞争，鼓吹谁的血统更优越、谁在欧洲文明发展史上贡献更大。纳粹政府利用考古学家的研究，其中就包括古斯塔夫·柯西纳的研究，来支持它的"日耳曼人"优越论，这种错误观点认为日耳曼人优于其他被构建出来的种族群体，如犹太人与斯拉夫人，由此产生的意识形态机器支持其大规模屠杀了数以百万计的犹太人（Arnold, 1990; MacCann, 1990）。纳粹政府把德国考古学家有关史前日耳曼人居址分布的观点当成一战后与二战中侵占波兰领土的理由（Arnold, 1990; Wiwjorra, 1996）。其他欧洲国家也利用支持种族理论的考古学证据来合法化与他者的关系。如英格兰人就利用考古学证据强调其罗马与盎格鲁－撒克逊血统，证明自己比威尔士人、苏格兰人、爱尔兰人更优越（Hingley, 2000）。

文化历史与类型学

人种在当代社会政治中的重要性部分解释了为什么它直至 20 世纪 20—30 年代还是人文与社会科学中的概念。不过，由于当代社会痛恨与之相关的观念与实践，因此人种的政治也导致了它在社会科学中的覆灭。20 世纪 30—50 年代，人种类型学与种族决定论受到了广泛的批评（Huxley and Haddon, 1935; UNESCO, 1950），尽管在此之前的几十年里已有零星的对人种及其相关理论的批评。人们开始质疑心智、文化与语言能力想当然的决定性，特别是质疑文化与体质人群划分之间的关联。考古学家也参与到了这些争论中；1933 年，格拉夫顿·埃利奥特·史密斯（Grafton Elliott Smith）作为当时皇家人类学研究所人种与文化委员会的委员，率先质疑了人种概念之于考古学分析的适合度。柴尔德在一篇名为《史前欧洲的人种、人群与文化》（"Races, Peoples, and Cultures in Prehistoric Europe"）的文章中提出（Childe, 1933: 198, 1935），我们应该在学术研究中尽力避免混淆社会与语言上的相似性。"文化无须对应一个通过遗传而具有共同体质特征的群体。文化是社会遗产；它对应的是一个具有共同传统、相同制度与相同生活方式的社会群体。我们有理由把这样一个群体称为一个族群。"随后，柴尔德（1935: 199）进一步指出，古代社会的物质文化可以用来识别过去的人群或族群，而无法识别种族，因此，"史前考古学有希望建立欧洲族群史，而建立种族史的愿望是虚无缥缈的"。

尽管受到了遗传学进展的影响，但这些观点的提出旨在反对当时政治上运用考古学支持种族不平等的做法。因此，柴尔德的批评直指把印欧文化和语言群体与北欧人种联系起来的企图。"混淆人种与语言的只是那些最肤浅的新闻记者与最顽固的政客。"（Childe, 1933: 200）二战后，人们对这种区分人种与族群、文化形式的关注进一步加强，对第三帝国时期在政治上滥用过去的做法感到愤怒。

如伊恩·霍德（1991a: x）在其对欧洲考古学理论的评论中所指出的，"在第三帝国时期，很少有欧洲考古学家能够摆脱因民族主义的目的而滥用过去的影响"。二战后不久，因为传统上混淆族群与种族的做法，学术界开始拒绝对考古遗存进行简单族群阐释的做法。德国考古学家又回到一种描述性的经验主义的方法，很少把考古遗存称为"日耳曼人"或"印欧人"等群体的遗存（Härke, 1995: 56; Viet, 1989: 42）。不过，在考古学实践中，侧重于识别考古学文化区的强烈的经验主义传统又占据了主导地位。例如，20 世纪 20 年代的英国考古学文献中充斥着各种文化，如多利安（Dorian）文化（Casson, 1921）、哈尔施塔特（Halstatt）文化（Fox, 1923: 85）。再者，就重建过去的基础的明确表述而言，尽管数量很少，但其暗含的认识论跟关注过去种族识别的柯西纳等人所主张的并没有太大的区别。如英国考古学家 O. G. S. 克劳福德（O. G. S. Crawford）曾说，"我们可以把文化看作确定**一个人群**的思想、活动及其物质材料的总和。我们是从社群中来看待个体的"［Crawford, 1921: 79（黑体为笔者所加）］。他指出，考古学家应该去分析广泛的文化类型及其时空分布，努力发现"同质性的文化"（Crawford, 1921: 132）。

20 世纪中期，确定文化区成为考古学家描述史前史的时空特征的基本手段，将各个同质的人群与文化像马赛克一样表现在图表上（Hawkes, 1940: map 4; table 4）。这种方法跟此前方法的真正区别只是，考古学文献中人种的概念，以及把文化与人种类型关联起来的工作在逐渐减少。如法伊特（Veit, 1989: 42）所指出的，"考古学文化"成为"人种""族群单位"的替代品，看似没有意识形态性，实际上这些考古学分类的背后还是人群。因此，分类与类型学主导的经验主义研究的基本理论框架与联邦德国政治上使用的基本范式相同，只是没有明确指出古代人群或种族。

跟所有经验主义传统一样，文化历史考古学缺乏对其所暗含类别与预设前提的批评（一个明显的例外参见 Tallgren, 1937）。对大多数人而言，他们假定所用的分类概念来自所研究的物品。因此，我们通常认为文化历史考古方法是为了满足一种需要，即对考古材料中明显存在的时空变化进行分类，建立一个体系（Trigger, 1978: 86; Paddayya, 1995: 139）。其中暗含的意义是，文化历史涉及物质遗存变化的分类与描述，无须参考任何既有的理论概念。显然，我们不能否认，人类生活方式存在时空上的变化，而且这种变化常常体现在不同的物质文化形式上。不过，在考古学中，研究这种变化的特定分类框架仍然基于某些预设前提，而这些前提与文化多样性的性质有关。

在 20 世纪的考古学中，文化概念的主导地位反映了一个重要的转变，即考古学摆脱了人类多样性的种族分类。当然，取代种族的是文化规范的

325

概念，它始终包含着许多 19 世纪的观念，尤其是十分关注整体论、同质性、次序与边界。文化的规范理论立足于这样一种观念，即在既定的某一群体中，文化实践与信仰倾向于符合某些既定的标准观念或行为规则。群体日常社会交往维系着这些标准，通过社会化，这些共同的文化标准代代相传。据称，社会化进程会形成连续的、同质性的文化传统。柴尔德（1956: 8）就此过程明确指出，"在许许多多的例子中，代代相传的都是社会既定的东西，生产与再生产社会普遍同意的标准类型"。我们所说的考古学类型就是如此。

文化包含一套独特的标准，研究者将其视为特定社会或族群的产物，同时假定存在区分这一群体的标志性特征。按照考古学的框架，这样的观点导致我们相信物质材料类型与特定族群之间存在固定的一对一关系。再者，这让考古学家能够通过识别（物质）文化特征来识别古代人群或族群，研究者假定文化特征识别是一种客观的研究模式。这些特征的逐渐变化可以归因于特定群体既定文化标准的内部漂变，相反，突然的大规模变化则要用外来影响来解释，如文化接触所导致的传播，或是迁徙与征服所导致的一个文化群体对另一个群体的替代："分布上的变化（标志性类型）应该反映人群的替代、扩散、迁徙、殖民或征服，在有文字的历史中，这些很常见。"（Childe, 1956: 135）这些思想为构建文化历史提供了理论框架，但是不久后，它们就在考古学以及其他人文科学中受到了挑战。如果读者想进一步了解文化历史考古学，可以参考霍德（1991b）主编的论文集，其中总结了文化历史考古学在欧洲考古学传统中的位置，还可以参考乌科的研究（Ucko, 1995），他讨论了文化历史考古学在世界其他地区的发展状况。

进展与争论

直到 20 世纪 60 年代，社会科学的重点一直都是如何用经验材料来记录文化多样性，人类学与考古学从以人种研究为中心转向以文化研究为中心。不过，此时两者之间的竞争消失了。相反，20 世纪 60 年代的人类学从文化研究转向了族群研究，考古学的研究方向也发生了改变。族群是一个边缘的研究领域，因为文化历史考古学作为主导范式的时代已经结束了，至少在英美考古学之中。这种新考古学起源于对传统考古学研究的幻灭，以及对其描述性的经验主义做法的不满。传统考古学满足于通过文化及其迁移来追溯史前史上发生了什么，20 世纪 50—60 年代的考古学家日益关注过去文化是如何变化的，甚至为什么会产生变化（Willey and Phillips, 1958: 5-6; Binford, 1962）。

文化作为规范的概念，长期以来主导着传统考古学，但受到了新考古学的严峻挑战。新考古学指出，文化是一个整合起来的系统，由具有不同功能的子系统组成，我们应该把考古遗存看作过去各种过程的产物，而不是观念标准的简单反映（Binford, 1962, 1965; Clarke, 1978）。文化的概念变成了一种适应机制，为了分析过去社会文化系统的不同特征，许多以功能主义为中心的生态学与新进化论方法发展了起来。尤其是那些侧重于运用规律性模型开展预测的研究，它们试图解释技术经济系统，社会其他层面如意识形态、政治组织、符号，也成为系统方法研究中的不同热点（有关的历史评论参见 Trigger, 1989）。

326

因此，在功能主义与过程考古学研究中，对古代文化与人群的描述性历史重建退居次要的位置，族群研究在传统描述性的文化历史考古学中更加边缘化了，考古学文献中明确提及族群存在的内容减少了（Olsen and Kobylinski, 1991: 10）。例外的情况主要见于历史考古领域，这个领域仍然参考历史时期的族群，给遗址与物品冠以族群的名称。

当然，尽管最近的考古学研究已经转向了解释聚落系统、贸易网络、社会分化、政治制度以及意识形态等，但是传统的文化单位作为描述与分类的基本单位仍然得到了保留，这不可避免地暗含着对应社会与族群的意义，即便这样的对应关系已经受到了批评。如布拉德利（Bradley, 1984: 89, 94）频繁引用威塞克斯文化（Wessex culture），伦福儒（1972: 1987, 191; 1973: 187）引用巴尔干半岛的菲洛克皮 I 期文化（Phylokopi I culture）与铜器时代（Copper Age）文化，谢拉特（Sherratt, 1982: 17）则引用撒卡拉特文化（Szakálhát culture）与提撒文化（Tisza culture）。

对某些研究者（Binford, 1965）来说，保留作为规范的文化的概念是合理的，尽管他们认为物质文化的功能内涵不适合用来识别文化与族群，但还是假定这样的信息保留在非功能性的风格特征中。不过，许多研究者采取类似伦福儒（1972, 1979; Hodson, 1980）那样的实用主义立场，他们认为考古学文化与类型学方法在解释材料之前对"事实"进行基本描述与分类仍然是必要的（Renfrew, 1972: 17）：

> 虽然对事件的简单描述并不是解释，但这是一个必要的基本步骤。我们不必一定要拒绝克罗齐（Croce）的说法（引自 Collingwood, 1946: 192）："历史只有一项任务，那就是描述事实。"但只去发现事实是不够的。考古学研究的初步目标是确定文化的时空范围。只有在

识别、确认与描述文化之后，我们才有希望去"分析它"，在一定程度上理解它是如何形成当前的形态的。

这段话解释了经验描述、分类（何时与何地的问题）与社会解释、阐释（如何与为什么的问题）之间的区分，后者仍然是最近社会/过程考古学的核心问题。文化与族群仍然是经验描述层面的考古学研究的重要主题，而社会的其他方面则被看作动态文化系统的组成部分（Renfrew, 1972）。近来，经验描述与解释之间的区分成为批评的热点，这些批评受到后结构主义的影响（Hodder, 1986; Shanks and Tilley, 1992; Tilley, 1999）。然而，它们大多并没有关注考古学的族群阐释问题，而是主要关注象征与意识形态系统。

不过，此时新考古学占据了学科的主导地位，人类学与社会学研究在理解文化与群体身份以及群体边界的维系过程方面也发生了重大变化。20世纪50—60年代的民族志田野工作，如利奇（1954）对缅甸高地克钦人与掸人的研究、穆尔曼（Moerman, 1965）对泰国北部傣泐人（Lue）的研究，都很好地说明了文化、语言与政治边界之间的不一致性。再者，人们日常生活中的族群边界通常不能通过语言、文化、政治单位、区域等客观上存在的不连续性来识别。相反，族群边界似乎是群体交往过程的产物，以显示"我们"与"他们"的对立。穆尔曼在其傣泐人研究中发现，傣泐人的语言和物质文化特征与相邻群体基本相同，而他们的傣泐人特征在每个地区都不一样。然而，他的研究表明，日常生活中傣泐人的识别是社会组织生活的一个重要方面。穆尔曼（1965: 1216）推断，"至少不能孤立地来看傣泐人，如果我们想确定其'傣泐性'，将其视为一个部落并理解其在现代泰国如何生存的话……如果孤立地来看，那么傣泐人是不能识别的，从某种意义上说，是不存在的"。

在 20 世纪 60 年代晚期与 20 世纪 70 年代，民族志解释逐渐融合起来，产生了有关族群及其群体身份维系过程的新理论（Barth, 1969a; Cohen, 1974; Glazer and Moynihan, 1975）。许多观点见于弗雷德里克·巴斯（Fredrik Barth）富有开创性的论文集《族群与边界》（*Ethnic Groups* 327 *and Boundaries*）一书中。巴斯批评了传统研究中把人种、语言与文化相互等同的做法，指出这些不同领域的边界很少存在一对一的关系，而且边界是社会交往的产物，而非社会/地理上的孤立的产物。我们应该把族群身份以及相应的边界看作积极的社会过程，其中涉及"我们"与"他们"之间对立关系的构建，这种构建基于选择性与主观性的文化和语言差异。他认为这些过程中还暗含着群体间的政治与经济关系，因此族群边界会涉及利益的追求与维护，这就让族群边界有了工具性的意义。再者，族群身份是流动的、弹性的，随着个体身份的变化，个体可能穿越族群边界，成为不同族群的成员［相关案例研究可以参考哈兰（Haaland, 1969），其侧重于研究苏丹的富尔人（Fur）与巴加拉人（Baggara）；还可以参考巴斯（1969c），其研究关注阿富汗与巴基斯坦的帕坦人（Pathans）］。

许多这样的观点现在是社会科学中主流族群理论的一部分。巴斯与其他研究者的工具主义立场受到了批评，这导致学术界开始重新考虑文化与族群之间的关系（Bentley, 1987; Eriksen, 1991）。不过，族群认同还是被视为个人自我概念的一部分，它源于对更大范围群体的认同，与其他群体相对，基于感知到的文化差异以及/或者共同祖先（相关评论参见 Eriksen,

1993; Banks, 1996）。

到 20 世纪 70—80 年代时，社会人类学的发展影响到了两个领域的考古学研究。第一个研究领域由物质文化与族群象征关系研究构成。如霍德（1982）立足于肯尼亚巴林戈地区的民族考古学研究，提出文化异同与族群之间不存在一对一的关系。其研究显示，与族群象征相关的物质文化类型在不同群体间可能存在差异，族群边界的表达与少量物质文化相关，其他物质形式与风格则可能跨越群体边界而相同。其他研究包括哈兰（1977）对苏丹努比亚人的研究、A. 普莱德利斯（A. Praetzellis et al., 1987）等对华裔美国人身份认同的研究以及 R. 拉里克（R. Larick, 1986, 1991）对洛瓦科普（Loikop，又称 Sanbura）标枪的研究。

第二个主要研究领域关注族群在构建经济与政治关系中的作用。如霍德及其同事（参见 Blackmore et al., 1979）的研究显示，巴林戈地区族群边界的维护与生计方式及资源控制密切相关。基于对这个民族的考古学研究，他们试图研究英国铁器时代晚期类似的过程。布鲁姆菲尔（1994）对阿兹特克国家的族群分析是个与众不同的例子。她指出，族群的国家表达会得到一定程度的修正，以适应特定政治集团的需要。阿兹特克人寻求超越地方统治者特定族群的身份认同，与此同时贬损族群意识，从而强化公民国家文化的优越性。

这些理论关注把族群看作积极的社会过程，而不是共同文化标准的被动反映，作为独立、一致的整体的族群观念由此得到延伸。常见的术语如"群体""边界"，都体现了对整体的强调（比较 R. Cohen, 1978: 386，与人类学的关系）。不过，过去十多年里，部分考古学家开始批评把族群作为有边界的、同质的、以地域为中心的实体存在的观点（Shennan, 1989b;

Thomas, 1996; R. Jones, 1997, 2002; S. Jones, 1997）。相反，他们认为，族群的构建（一般意义上还包括文化身份认同）是情境性的、动态的过程，在不同的社会交往情境中，其形式可能是多种多样的。人们用物质材料构建身份认同，传递族群本身固有的异同特征。因此，从考古学的视角来看，我们不能假定特定物质类型与特定身份认同之间存在固定的联系。最终的形态不是纯粹一致的文化存在，更可能是相互重叠的物质文化风格的复杂网络，在不同的社会交往情境中，族群的表达可能存在不同。这样的理论具有重要的意义，不仅对考古学的族群阐释来说如此，对考古材料的分类来说也是如此，后者依赖作为规范的文化的概念（相关个案研究参见 Jones and Richards, 2000; Wells, 1998; Thomas, 1996; A. Jones, 1998, 2002）。侧重于身份构建推论以及神话与传统的作用的研究，也都是很有价值的；相关例子可以参见乔纳森·霍尔（Jonathan Hall）的著作《希腊古代的族群身份》（*Ethnic Identity in Greek Antiquity*）。

328 　　总而言之，过去几十年的考古学发展推翻了传统文化历史考古学中的许多预设前提：（1）文化与族群之间一对一的关系；（2）存在独立的、同质性的文化；（3）群体身份与独立存在、以地域为中心的实体存在密切相关。不过，侧重于族群的研究仍是零星的，而且往往局限于特定的个案研究。因此，族群以及文化与族群的关系仍然是考古学研究中悬而未决的问题。一方面，族群的识别基于传统考古学固有的前提预设，它们其实已经包含在经验材料的纯粹描述中。另一方面，在少数研究中，研究者把族群提升到社会过程的地位，并进行了考古学的解释。许多考古学研究中都存在材料描述与社会阐释的人为对立，而在这一对立中，与族群相关的立场是矛盾的。

现在的过去：族群的政治

在族群考古学的所有发展中，就其对整个学科的影响而言，最有影响的是最近对考古学在构建与合法化现代身份中的作用的关注。在 20 世纪 80—90 年代，有越来越多的会议与出版物涉及考古学的社会政治意义，尤其是考古学构建现代身份认同的方式（最近的例子参见 Atkinson et al., 1996; Díaz-Andreu and Champion, 1996; Graves-Brown et al., 1996）。如前文已经提及的，早期研究试图把考古遗存等同于特定的人种，这与帝国主义政治密切相关，并且试图把我们现在称为不同种族群体的不平等合法化。当前出现了一种更广泛的批评，其主要关注民族主义对考古学的影响。著名考古学家特里格（1984: 385）将其概括为"民族主义考古学"，这是一种特定类型的考古学。再者，出现了许多个案研究，例如记录高卢人抵抗罗马帝国如何在法国民族觉醒的构建中发挥了关键作用（Dietler, 1994; Fleury-Ilett, 1996），或者考古学如何在建立现代与古代以色列人的直接联系上发挥了积极的作用，因此让以色列的领土主张"合法化"（Glock, 1994; Whitelam, 1996）。

我们知道，民族主义正是通过文化与身份的概念深刻地影响到考古学的发展的（Díaz-Andreu, 1996; S. Jones, 1996）。正如汉德勒（Handler, 1988: 8）所指出的，"民族主义的意识形态与社会科学研究是在同样的背景中发展的——文艺复兴之后的欧洲——两者一开始就相互影响"。他认为，我们可以把民族看作"个体化的存在"。人们把民族看作自然的真实存在，假定它们是有边界的、连续的，准确地说，它跟类似的存在能够区分开来（Handler, 1988: 6, 15）。文化的观念暗含在民族主义的论述中；正是文化区分了民族，正是文化构建了民族身份的内涵。此外，"文化象征着个体化的存在：文化特定论的观点是另一种主张集体唯一性的表达方式"（Handler, 1988: 39）。

民族主义论述中文化的表达与学术中文化和社会的概念有着惊人的相似性，都被视作有边界的、同质的实体存在，具有特定的时空范围（Clifford, 1988; Handler, 1988）。考古学文化的概念是这一方程的特定变体。如上所述，研究者假定有边界的物质文化组合就是过去人们的物质表达，他们具有一套共同的后天习得的行为标准。他们把考古学文化看作有机的、个体化的存在，也就是史前学家所认为的构成历史记录的个体能动者的替代品："史前史能够识别人群，把他们罗列出来，取代了真正创造历史的个体行动者"（Childe, 1940: 2; 另见 Piggott, 1965: 7）。再者，有关民族与文化关系的当代论点中，考古学文化与古代人群的关系基于目的论式的推理，也就是说，文化既是民族或人群的表达，也是构建民族与文化的途径："文化存在的前提是特定的人群。反过来，群体存在的证据就是特定文化的存在"（Handler, 1988: 39）。

这一研究过去的理论把历史、地方、人群以一种排他性的、完全统一的方式合为一体，强化当代民族身份的表达，仿佛它是自然的存在。再者，传统上，基于文化的概念所形成的族群定义本身意味着一系列文化、语言与物质特征。如德瓦尔（Devalle, 1992: 234）所指出的，"最终的面貌就是一个具有'博物馆文化'的人群，完全脱离了悠久的历史背景，没有变化与意义"。这一理论的结果还显示在学术圈之外的政策、行政管理、立法、遗产管理以及教育领域。如在对大津巴布韦遗址的保护中，只有一个特殊的建筑阶段得到重建，这是一个非常复杂的古代建筑物，复原工作旨在用这个建筑物体现民族文化遗产，排除其他与建筑物相关但不同的信仰和实践（Ucko, 1994: 271）。还有很多其他例子，从巨石阵（Bender, 1993: 269-270; 1998）到澳大利亚原住民的岩画（Ucko, 1983: 33-36），复原与保护的结果是体现特定遗址或物质遗存的所谓"真正的"特殊历史时刻，并据此推断连续的社会生活。

在这样的背景关联中，考古学常常用于提供一套静态的控制点，而过去实际上是动态的，存在协商过程。传统文化历史考古学运用具有同质特征的考古学文化的概念，通过客观化事件如接触、迁徙、征服等来进行线性一致的叙事，事件之间的时间是同质性的空白，由此把文化客观化了。这一理论特别适合用来构建民族传统，如德瓦尔（1992: 21）指出的，它"关注与过去建立合法的连续性，而不是去理解历史的不连续性以及社会矛盾的演变"。

最近有关基因分布的研究增加了有关考古学与政治争论的新角度。把基因分布带与文化语言以及族群边界联系起来（Cavelli-Sforza et al., 1994; Sokal et al., 1993）的做法，启发了有关这一研究方法合理性与政治含义的争论（Mirza and Dungworth, 1995; Pluciennik, 1995; Terrell and Steward, 1996）。正如埃弗森（Evison, 1996）指出的，把基因多样性比作社会文化多样性是需要研究的。然而，现有的研究并不足以解决族群、文化与语言的边界划分问题，相反复活了传统的文化等于人群的模型，把考古学文化看作古代族群的标志（Pluciennik, 1995）。用这一方法研究考古材料的困难之处在于没有充分考虑到族群身份的暂时性与流动性，正如上文已经讨论过的。再者，如普卢西尼克（1995）、米尔扎与邓华斯（Mirza and

Dungworth, 1995）指出的，这一研究衍生的政治影响还需要广泛的讨论。有关欧洲人群的基因联系反映其民族历史渊源的观点（Sokal et al., 1993），很可能会为涉及民族历史连续性的当代政治诉求提供生物学证据，不管作者的意图如何。

结论

最近的族群考古学研究推翻了许多传统的前提预设，如假定存在孤立的、有边界的、同质的文化，以及把文化与身份认同直接联系起来，这是文化历史考古学的中心思想。不过，目前迫切需要进一步的研究，尤其是由于文化与族群考古学研究带来的政治与伦理问题。显然，传统的研究人种与族群的考古学方法把历史、地方、人群以一种排他性的、完全统一的方式合为一体，强化当代民族身份的表达，仿佛它是自然的存在。这对考古学的挑战是两方面的。其一，我们需要认识到当代群体身份的构建与我们对过去阐释之间的关系。其二，我们不是要放弃族群与身份研究，而是需要发展更好的分析与阐释方法，以避免把它们强加在过去上。

研究领域正在发生迅速的变化，针对文化身份认同提出了新的问题与方法，这跟传统考古学对文化或风格带及其边界研究的执着有着明显的差异（参见 Casella and Fowler, 2005; Díaz-Andreu et al., 2005; Insoll, 2007）。需要强调的是，其中某些工作对未来研究而言是有着非常广阔的前景的。以科学为中心的物质文化分析就很有潜力，有助于我们深入了解生产、使用、消费器物的过程中多种多样的实践活动（A. Jones, 2002）。例如，巴恩豪斯（Barnhouse）对新石器时代聚落出土的陶器切片与残留物的分析，就让我们能够识别村庄内外多个层次间的差异，由此识别不同

330

时期不同背景中的身份表达（A. Jones, 2002: chaps. 6-7; Richards, 2006）。用以实践为中心的方法和现象学的方法探索建筑与景观参与身份构建的方式，同样也非常有成效（Brück, 2005; A. Jones, 1998; Richards, 2006; Silliman, 2001; Tilley, 1994）。再者，侧重于古代物品、建筑与身份构建及权力合法化结合方式的研究，有助于探讨过去在过去以及现在的作用（Thomas, 1996: chap.6; Hingley, 1996）。有关殖民时代群体身份与权力协商之间关系的研究也正在进行中，这很令人兴奋（Funari, 1998; Gosden, 2005; Mattingly, 1997; Orser, 1996, 1998; Webster, 2001; Weik, 1997）。最后，有关特定建筑与景观如何参与多重身份生产的研究，有助于更深入与更精细地理解考古学、族群／民族主义以及当代其他形式的身份之间的关系（Bender, 1998; Bender and Winer, 2001; James et al., 2008）。

注释

[1] 经验主义是一种只接受知识来自直接经验的观念。

参考文献

Arnold, Bettina. 1990. The past as propaganda: Totalitarian archaeology in Nazi Germany. *Antiquity* 64: 464–478.

Atkinson, John A., Iain Banks, and Jerry O'Sullivan (eds.). 1996. *Nationalism and archaeology*. Glasgow: Cruithne.

Austin, W. 1928. A Saxon cemetery at Luton, Beds. *Antiquaries Journal* 8: 177–192.

Banks, Marcus. 1996. *Ethnicity: Anthropological constructions*. London: Routledge.

Banton, Michael P. 1977. *The idea of race*. London: Tavistock.

Barth, Fredrik (ed.). 1969a. *Ethnic groups and boundaries: The social organization of culture difference*. Boston: Little, Brown.

———. 1969b. Introduction. In Fredrik Barth, ed., *Ethnic groups and boundaries: The social organization of culture difference*, 9–38. Boston: Little, Brown.

———. 1969c. Pathan identity and its maintenance. In Fredrik Barth, ed., *Ethnic groups and boundaries: The social organization of culture difference*, 117–134. Boston: Little, Brown.

Bender, Barbara. 1993. Stonehenge: Contested landscapes (medieval to present-day). In Barbara Bender, ed., *Landscape, politics, and perspectives*, 245–279. Oxford: Berg.

———. 1998. *Stonehenge: Making space*. Oxford: Berg.

Bender, Barbara, and Margot Winer (eds.). 2001. *Contested landscapes: Movement, exile, and place*. Oxford: Berg.

Binford, Lewis R. 1962. Archaeology as anthropology. *American Antiquity* 28: 217–225.

———. 1965. Archaeological systematics and the study of culture process. *American Antiquity* 31: 203–210.

Blackmore, C., M. Braithwaite, and Ian Hodder. 1979. Social and cultural patterning in the late Iron Age in southern Britain. In Barry C. Burnham and John Kingsbury, eds., *Space, hierarchy, and society: Interdisciplinary studies in social area analysis*, 93–112. British Archaeological Reports International Series 59. Oxford.

Bond, George Clement, and Angela Gilliam (eds.). 1994. *Social construction of the past: Representation as power*. London: Routledge.

Bradley, Richard. 1984. *The social foundations of prehistoric Britain: Themes and variations in the archaeology of power*. London: Longman.

Brück, J. (2005) Homing instincts: Grounded identities and dividual selves in the British Bronze Age. In Eleanor Casella and Chris Fowler, eds., *The archaeology of plural and changing identities*, 135–156. New York: Kluwer.

Brumfiel, Elizabeth M. 1994. Ethnic groups and political development in ancient Mexico. In Elizabeth M. Brumfiel and John W. Fox, eds., *Factional competition and political development in the New World*, 89–102. Cambridge: Cambridge University Press.

Casella, Eleanor C., and Chris Fowler (eds.). 2005. *The archaeology of plural and changing identities*. New York: Kluwer.

Casson, Stanley. 1921. The Dorian invasion reviewed in the light of some new evidence. *Antiquaries Journal* 1: 198–221.

Cavalli-Sforza, L. Luca, Paolo Menozzi, and Alberto Piazza. 1994. *The history and geography of human genes*. Princeton: Princeton University Press.

Childe, V. Gordon. 1926. *The Aryans: A study of Indo-European origins*. London: K. Paul, Trench, Trubner.

———. 1933. Races, peoples, and cultures in prehistoric Europe. *History* 18: 193–203.

———. 1935. Changing methods and aims in prehistory: Presidential address for 1935. *Proceedings of the Prehistoric Society* 1: 1–15.

———. 1940. *Prehistoric communities of the British Isles*. London: W. and R. Chambers.

———. 1956. *Piecing together the past: The interpretation of archaeological data*. London: Routledge & Kegan Paul.

Clarke, David L. [1968] 1978. *Analytical archaeology*. London: Methuen.

Clifford, James. 1988. *The predicament of culture: Twentieth-century ethnography, literature, and art*. Cambridge: Harvard University Press.

Cohen, Abner (ed.). 1974. *Urban ethnicity*. London: Tavistock.

Cohen, Robin. 1978. Ethnicity: Problem and focus in anthropology. *Annual Review of Anthropology* 7: 379–403.

Crawford, O. G. S. 1921. *Man and his past*. London: Oxford University Press.

Devalle, Susana B. C. 1992. *Discourses of ethnicity: Culture and protest in Jharkhand*. London: Sage.

Díaz-Andreu, Margarita. 1996. Constructing identities through culture: The past in the forging of Europe. In Paul Graves-Brown, Siân Jones, and Clive Gamble, eds., *Cultural identity and archaeology: The construction of European communities*, 48–61. London: Routledge.

Díaz-Andreu, Margarita, and Timothy C. Champion (eds.). 1996. *Nationalism and archaeology in Europe*. London: University College London Press.

Díaz-Andreu, Margarita, Sam Lucy, Staša Babić, and David N. Edwards. 2005. *The archaeology of identity*. London: Routledge.

Dietler, Michael. 1994. Our ancestors the Gauls: Archaeology, ethnic nationalism, and the manipulation of Celtic identity in modern Europe. *American Anthropologist* 96: 584–605.

Eriksen, Thomas H. 1991. The cultural contexts of ethnic differences. *Man* 26: 127–144.

———. 1993. *Ethnicity and nationalism: Anthropological perspectives*. London: Pluto.

Evison, Martin P. 1996. Genetics, ethics, and archaeology. *Antiquity* 70: 512–514.

Fleury-Ilett, B. 1996. The identity of France: Archetypes in Iron Age studies. In Paul Graves-Brown, Siân Jones, and Clive Gamble, eds., *Cultural identity and archaeology: The construction of European communities*, 196–208. London: Routledge.

Fox, Cyril. 1923. *The archaeology of the Cambridge region*. Cambridge: Cambridge University Press.

Funari, Pedro Paulo A. 1998. Maroon, race, and gender: Palmares material culture and social relations in a runaway settlement. In Pedro Paulo A. Funari, Martin Hall, and Siân Jones, eds., *Historical archaeology: Back from the edge*, 308–327. London: Routledge.

Garlake, Peter. 1973. *Great Zimbabwe*. London: Thames & Hudson.

Gil-White, Francisco J. 2001. Are ethnic groups biological "species" to the human brain? Essentialism in our cognition of some social categories. *Current Anthropology* 42: 515–554.

Glazer, Nathan, and Daniel P. Moynihan (eds.). 1975. *Ethnicity: Theory and experience*. Cambridge: Harvard University Press.

Glock, Albert E. 1994. Archaeology as cultural survival: The future of the Palestinian past. *Journal of Palestine Studies* 23: 70–84.

Gosden, Chris. 2005. *Archaeology and colonialism: Culture contact from 5000 BC to the present*. Cambridge: Cambridge University Press.

Graves-Brown, Paul, Siân Jones, and Clive Gamble (eds.). 1996. *Cultural identity and archaeology: The construction of European communities*. London: Routledge.

Greenwell, William. 1905. Early Iron Age burials in Yorkshire. *Archaeologia* 60: 251–324.

Haaland, Randi. 1977. Archaeological classification and ethnic groups: A case study from Sudanese Nubia. *Norwegian Archaeological Review* 10: 1–31.

Hall, Jonathan M. 1997. *Ethnic identity in Greek antiquity*. Cambridge: Cambridge University Press.

Handler, Richard. 1988. *Nationalism and the politics of culture in Quebec*. Madison: University of Wisconsin Press.

Hannaford, Ivan. 1996. *Race: The history of an idea in the West*. Washington, DC: Woodrow Wilson Center Press.

Härke, Heinrich. 1995. The Hun is a methodical chap: Reflections on the German tradition of pre- and proto-history. In Peter J. Ucko, ed., *Theory in archaeology: A world perspective*, 46–60. London: Routledge.

Hawkes, Christopher F. C. 1940. *The prehistoric foundations of Europe: To the Mycenean age*. London: Methuen.

Hingley, Richard. 1996. Ancestors and identity in the later prehistory of Atlantic Scotland: The re-use and re-invention of Neolithic monuments and material culture. *World Archaeology* 28(2): 231–243.

———. 2000. *Roman officers and English gentlemen: The imperial origins of Roman archaeology*. London: Routledge.

Hodder, Ian. 1982. *Symbols in action: Ethnoarchaeological studies of material culture*. Cambridge: Cambridge University Press.

———. 1986. *Reading the past: Current approaches to interpretation in archaeology*. Cambridge: Cambridge University Press.

———. 1991a. Preface. In Ian Hodder, ed., *Archaeological theory in Europe*, vii–xi. London: Routledge.

——— (ed.). 1991b. *Archaeological theory in Europe*. London: Routledge.

Hodson, F. R. 1980. Cultures as types? Some elements of classificatory theory. *Bulletin of the Institute of Archaeology* 17: 1–10.

Huxley, Julian S., and A. C. Haddon. 1935. *We Europeans: A survey of racial problems*. London: Jonathan Cape. *332*

Insoll, Tim (ed.). 2007. *The archaeology of identities: A reader*. London: Routledge.

James, Heather F., Sally M. Foster, Isobel Henderson, and Siân Jones. 2008. *A fragmented masterpiece: Recovering the biography of the Hilton of Cadboll Pictish cross-slab*. Edinburgh: Society of Antiquaries of Scotland.

Jones, Andrew. 1997. A biography of ceramics: Food and culture in late Neolithic Orkney. Ph.D. diss., University of Glasgow.

———. 1998. Where eagles dare: Landscape, animals, and the Neolithic of Orkney. *Journal of Material Culture* 3(3): 301–324.

———. 2002. *Archaeological theory and scientific practice*. Cambridge: Cambridge University Press.

Jones, Siân. 1996. Discourses of identity in the interpretation of the past. In Paul Graves-Brown, Siân Jones, and Clive Gamble, eds., *Cultural identity and archaeology: The construction of European communities*, 62–80. London: Routledge.

———. 1997. *The archaeology of ethnicity: Constructing identities in the past and present*. London: Routledge.

Jones, Siân, and C. Richards. 2000. Neolithic cultures in Orkney: Classification and interpretation. In Anna Ritchie, ed., *Neolithic Orkney in its European context*, 101–106. Cambridge: McDonald Institute for Archaeological Research.

Kohl, Philip L. 1998. Nationalism and archaeology: On the constructions of nations and the reconstructions of the remote past. *Annual Review of Anthropology* 27: 223–246.

Kohl, Philip L., and Clare Fawcett (eds.). 1995. *Nationalism, politics, and the practice of archaeology*. Cambridge: Cambridge University Press.

Kossinna, Gustaf. 1911. *Die Herkunft der Germanen*. Leipzig: Kabitzsch.

Langdon, S. 1921. Sumerian origins and racial characteristics. *Archaeologia* 70: 145–154.

Larick, Roy R. 1986. Age grading and ethnicity in the style of Loikop Sanbura spears. *World Archaeology* 18: 269–283.

———. 1991. Warriors and blacksmiths: Mediating ethnicity in East African spears. *Journal of Anthropological Archaeology* 10: 299–331.

Leach, Edmund. [1954] 1964. *Political systems of Highland*

Burma. London: Bell.

Lindsay, D. A. E. 1928. Anniversary address. *Antiquaries Journal* 8(3): 281–299.

Lubbock, John. 1865. *Pre-historic times.* Edinburgh: Williams & Norgate.

Mattingly, D. J. (ed.). 1997. *Dialogues in Roman imperialism: Power, discourse, and discrepant experience in the Roman Empire.* Journal of Roman Archaeology Supplementary Series 23. Portsmouth, RI.

McCann, W. J. 1990. Volk and Germanentum: The presentation of the past in Nazi Germany. In Peter Gathercole and David Lowenthal, eds., *The politics of the past,* 74–88. London: Unwin Hyman.

McGuire, R. H. 1982. The study of ethnicity in historical archaeology. *Journal of Anthropological Archaeology* 1: 159–178.

Mellars, Paul. 1970. Some comments on the notion of "functional variability" in stone-tool assemblages. *World Archaeology* 2: 74–89.

Mirza, M. N., and D. B. Dungworth. 1995. The potential misuse of genetic analyses and the social construction of race and ethnicity. *Oxford Journal of Archaeology* 14(3): 245–254.

Moerman, M. 1965. Who are the Lue? *American Anthropologist* 67: 1215–1230.

Odner, K. 1985. Saamis (Lapps), Finns, and Scandinavians in history and prehistory. *Norwegian Archaeological Review* 18: 1–12.

Olsen, B. 1985. Comments on Saamis, Finns, and Scandinavians in history and prehistory. *Norwegian Archaeological Review* 18: 13–18.

Olsen, B., and Z. Kobylinski. 1991. Ethnicity in anthropological and archaeological research: A Norwegian-Polish perspective. *Archaeologia Polona* 29: 5–27.

Orser, Charles E. 1996. *A historical archaeology of the modern world.* New York: Plenum.

———. 1998. The challenge of race to historical archaeology. *American Anthropologist* 100(3): 661–668.

Paddayya, K. 1995. Theoretical perspectives in Indian archaeology: An historical overview. In Peter J. Ucko, ed., *Theory in archaeology: A world perspective,* 110–149. London: Routledge.

Piggott, Stuart. 1965. *Ancient Europe: From the beginnings of agriculture to Classical antiquity.* Edinburgh: Edinburgh University Press.

Pitt-Rivers, A. H. 1906. *The evolution of culture.* Ed. J. L. Myers. Oxford: Clarendon.

Pluciennik, Mark. 1996. Genetics, archaeology, and the wider world. *Antiquity* 70: 13–14.

Praetzellis, A., M. Praetzellis, and M. Brown III. 1987 Artefacts as symbols of identity: an example from Sacramento's gold rush era Chinese community. In Edward Staski, ed., *Living in cities: Current research in urban archaeology,* 38–47. Special Publication Series 5. Pleasant Hill: Society for Historical Archaeology.

Renfrew, A. Colin. 1972. *The emergence of civilisation: The Cyclades and the Aegean in the third millennium B.C.* London: Methuen.

———. 1979. *Problems in European prehistory.* Edinburgh: Edinburgh University Press.

Richards, Colin (ed.). 2005. *Dwelling among the Monuments: The Neolithic village of Barnhouse, Maeshowe passage grave and surrounding monuments at Stenness, Orkney.* Cambridge: McDonald Institute.

Shanks, Michael, and Christopher Tilley. [1987] 1992. *Reconstructing archaeology: Theory and practice.* London: Routledge.

Shennan, Stephen J. (ed.). 1989a. *Archaeological approaches to cultural identity.* London: Unwin Hyman.

———. 1989b. Introduction. In Stephen J. Shennan, ed., *Archaeological approaches to cultural identity,* 1–32. London: Unwin Hyman.

Sherratt, Andrew. 1982. Mobile resources: Settlement and exchange in early agricultural Europe. In A. Colin Renfrew and Stephen J. Shennan, eds., *Ranking, resource, and exchange: Aspects of the archaeology of early European society,* 13–26. Cambridge: Cambridge University Press.

Silliman, Stephen. 2001. Theoretical perspectives on labor and colonialism: Reconsidering the California missions. *Journal of Anthropological Archaeology* 20(4): 379–407.

Sklenár, K. 1983. *Archaeology in central Europe: The first five hundred years.* Leicester: Leicester University Press.

Sokal, R., et al. 1993. Genetic relationships of European populations reflect their ethnohistorical affinities. *American Journal of Physical Anthropology* 91: 55–70.

Stepan, N. 1982. *The idea of race in science: Great Britain, 1800–1960.* Oxford: Macmillan.

Stocking, George W. 1968. *Race, culture, and evolution: Essays in the history of anthropology.* London: Collier Macmillan.

Tallgren, A. M. 1937. The method of prehistoric archaeology. *Antiquity* 11: 152–164.

Terrell, John E., and P. J. Stewart. 1996. The paradox of human population genetics at the end of the twentieth century. *Review of Anthropology* 25: 13–33.

Thomas, Julian. 1996. *Time, culture, and identity: An interpretive archaeology.* London: Routledge.

Tilley, Christopher. 1991. *Material culture and text: The art of ambiguity.* London: Routledge.

———. 1994. *A phenomenology of landscape.* Oxford: Berg.

Trigger, Bruce G. 1978. *Time and traditions: Essays in archaeological interpretation.* Edinburgh: Edinburgh University Press.

———. 1984. Alternative archaeologies: Nationalist, colonialist, imperialist. *Man* 19: 355–370.

———. 1989. *A history of archaeological thought.* Cambridge: Cambridge University Press.

Ucko, Peter J. 1983. The politics of the indigenous minority. *Journal of Biosocial Science Supplement* 8: 25–40.

————. 1994. Museums and sites: Cultures of the past within education—Zimbabwe some ten years on. In Peter G. Stone and Brian L. Molyneux, eds., *The presented past: Heritage, museums, education*, 237–282. London: Routledge.

Ucko, Peter J. (ed.). 1995. *Theory in archaeology: A world perspective.* London: Routledge.

UNESCO. 1950. Statement on race. In Leo Kuper, ed., *Race, science, and society*, 343–347. Paris: UNESCO, 1975.

Veit, U. 1989. Ethnic concepts in German prehistory: A case study on the relationship between cultural identity and objectivity. In Stephen J. Shennan, ed., *Archaeological approaches to cultural identity*, 35–56. London: Unwin Hyman.

Webster, J. 2001. Creolizing the Roman provinces. *American Journal of Archaeology* 105: 209–225.

Weik, T. 1997. The archaeology of Maroon societies in the Americas: Resistance, cultural continuity, and transfor-

mation in the African diaspora. *Historical Archaeology* 31(2): 81–92.

Wells, Peter S. 1988. Identity and material culture in the later prehistory of central Europe. *Journal of Archaeological Research* 6(3): 239–298.

Whitelam, Keith W. 1996. *The invention of ancient Israel: The silencing of Palestinian history.* London: Routledge.

Willey, Gordon R., and Philip Phillips. 1958. *Method and theory in American archaeology.* Chicago: University of Chicago Press.

Wiwjorra, I. 1996. German archaeology and its relation to nationalism and racism. In Margarita Díaz-Andreu and Timothy C. Champion, eds., *Nationalism and archaeology in Europe*, 164–188. London: University College London Press.

第 20 章　性别

凯利·安·海斯－吉尔平

（Kelley Ann Hays-Gilpin）

丽芙·赫尔加·多玛斯纳斯（Liv Helga Dommasnes）是最早在考古学中明确关注性别议题的学者，她写道："我建议将性别作为弥合现代考古学中理论和经验研究之间断裂的一种手段。性别作为一种分析工具的巨大优势在于，它在社会的各个层面上运作，从日常生活的结构到宇宙观"（1992: 12）。本章将概述性别考古的研究历程，考察古代社会以及当下考古实践中的性别结构，综述当下性（sex）与性别（gender）相关问题的研究。首先，笔者将用一个来自美国西南部的例子说明性别在人类生活中的普遍性，探讨如何通过对性别的研究串联各类考古学数据，从而建立对人类历史更全面的理解。

案例研究：性别作为美国西南部社会的基础

2 000 多年来，美国新墨西哥州西部埃尔莫罗（El Morro）山谷的普埃布洛人（Puebloan）家庭建造房屋和村庄，开展耕种和狩猎，并发展出一套复杂的仪式体系。一个世纪以来，对这一区域的考古研究非常丰富，主要集中在年代学、聚落形态、生态学、社会和政治组织以及手工业专业化等方面。我们对这一区域的考古与历史已经有了深入的了解，那么，从性别的视角出发，我们能获得哪些新的洞见呢？

在 13 世纪末，埃尔莫罗山谷的聚落形态、建筑风格和动物遗存都发生了很大的变化。詹姆斯·波特（James Potter）认为，这种变化主要源于观念的变革，社群村庄的建筑成为两性区分的隐喻。早期的建筑模式变得更加多样，而自大约 1275 年起，建筑、景观的使用和动物资源方面出现了明显的二元对立。这一时期建造的村庄由连续的砖石房组成，以一个开放的广场为中心。然而，有些聚落呈圆形，有些呈长方形，而且有证据表明它们从建立之初就是这样规划的。防御、集中劳动力、举办仪式、信息交流或迁移都不能解释这种规划模式。野生鸟类骨骼的分布表明，观念与象征符号对这种规划模式意义非凡，这尤其体现在那些如今仍在普埃布洛仪式中发挥关键作用的物种上。猛禽，包括鹰、雕和隼，在 Atsinna 和 Pueblo del los Muertos 等直线形遗址的禽类动物群中占主导地位。鸭子、鹅和鹤等水禽在 Cienega 和 Mirabal 等圆形遗址的组合中占主导地位。这些鸟类骨骼均无燃烧或被切割的痕迹，说明它们应该不是食物残骸。直线形遗址位于地势较高、便于防守的山顶上。圆形遗址则位于谷底，靠近最肥沃的农田。波特借助祖尼和其他普埃布洛民族志材料，认为猛禽象征性地与战争和狩猎联系在一起，这是普埃布洛社会中两种明确的男性活动，而迁徙的水禽则与生育和季节等周期性过程有关。在祖尼人的口述传统中，鸭子总是被视为雌性（Potter, 1997, 2002）。

大多数社会都承认两种或两种以上的性别，且有很多关于性别的隐喻，为何普埃布洛人要在这个特殊时期加强建筑、社区组织和仪式实践中的性别二元性的物质表现呢？在整个普埃布洛世界，13 世纪末是一个有巨大环境压力、大规模迁移和人口聚集的时期。手工业生产、食材制备和埋葬仪式的相关证据表明，随着研磨玉米的工作从封闭的小房间转移到公共研磨室和开放的工作区，如屋顶和广场，男性和女性的经济及仪式职责变得越发分离、正式且互补。民族志材料表明，研磨玉米是女性的工作，这一点也得到了考古发现的女性骨骼上因研磨工作产生的独特磨损的证实。在普埃布洛世界，纺织是一种男性的活动，集中在被称为基瓦堂（kivas）的室内进行（Crown, 2000）。男女仪式责任的正式分离在当时
336 的物质和概念上都得到了体现：女性负责供养神灵，而男性则为神灵穿戴衣物，直至今日仍然如此。仪式空间按性别划分，出现了外部、公共、广场、女性和内部、私人、仪式室、男性之间的二元对立（Potter, 2002）。

在这项研究中，性别不只存在于人体和墓葬祭品中，尽管人骨的生理性别及其附带的工具、装饰品和其他个人物品确实很重要。建筑、工具甚至动植物遗存都可以被赋予性别特征，从而形成了我们今天可以识别的模式。

什么是性别？

性别这个词源于语法术语，许多印欧语系语言中的名词被分为阳性、阴性和中性。女权主义社会科学家借用了这种术语"作为指称性别关系的社会组织的一种方式"，并强调"基于生理性别的区分在根本上具有社会性质"（Scott, 1986: 1053）。性别指的是男性和女性、阳性与阴性、男人和女人等概念之间的关系，它为存在两个以上的性别类别甚至一种连续的性

别光谱提供了可能。人类学家有时将性别定义为"刻在生理性别上的社会价值"，并认为性别与身体密切相关。大多数文化都承认阴茎、阴道、子宫、泌乳、精液、月经、怀孕、上肢力量以及性插入或被插入的能力的不同。然而，这些模式在不同文化中的展现方式有所不同，在不同的理论立场中也有所差异。

每个社会都有其性别结构，但不同社会的性别结构各不相同。性别的内涵、表现和功能在不同的文化中是不同的，并且可能会以不同的速度发生变化。社会性别可以组织劳动分工，影响性取向，推动寻找合适的性伙伴，促进后代的文化适应，调控社会融入度。性别类别在话语和行动中被不断建构与重构，在这些话语和行动中，女性和男性，以及这两个类别之外或之间的其他人，控制着资源、生产和再生产。性别与其他社会结构原则——如资历、阶级、种族、劳动分工、再生产组织——之间的关系，也是可以改变和协商的。性别研究关乎关系和过程，而不是固定的类别。

每个社会成员并不会以相同的方式或程度被性别化。性别是相对的，一个人的性别总是为他人所赋予（Dommasnes, 1996: 8）。奴隶和战俘被排除在社会之外，对他们的主人来说，他们可能没有性别。在社会对儿童进行性别划分之前，他们可能被看作是性别之外的（Joyce, 2000a）。因此，尽管大多数社会都有男性和女性两种性别，但许多社会还存在其他性别类别。两性的划分主要基于生理和生殖角色的差异，但除此之外的区别主要是社会所赋予的。因此，我们不能假设过去的社会只有男性和女性两种性别。在审视各类考古学问题和数据时，我们必须仔细考虑性别，并以性别为基础进行思考。

考古学家如何研究性别

社会文化人类学家能在现实社会中直观地观察性别的作用，但考古学家会发现性别的概念很难使用，除非我们能把这个概念与它要阐释的物质遗存联系起来（Dommasnes, 1996; Sørensen, 2000）。为了做到这一点，我们需要使用所有常规的考古学技术，对多种证据进行细致、系统的记录和分析，谨慎地使用类比推理、人类学和历史学记录，并不断反思假设、预期和理论框架。

传统的方法从人骨的生理性别入手，分析不同的生理性别是否伴有特定的随葬品组合，然后检查非墓葬环境中是否有类似的组合，如丽芙·吉布斯（Liv Gibbs, 1987）对丹麦新石器时代至青铜时代性别安排变化的研究。我们还可以研究不同生理性别的骨骼上的职业压力痕迹，如关节炎、肌肉附着模式、感染或营养压力以及饮食变化（Bridges, 1989; Cohen and Bennett, 1993; Hollimon, 1992）。有些研究从人类学或历史档案入手，考察那些通常由男性或女性主导的活动，确定与这些活动有关的工具和设施，然后寻找这些活动的考古痕迹，从而研究劳动的性别分工（Costin, 1997）、性别威望、等级制度（Sweely, 1999; Crown, 2000）。

珍妮特·斯佩克特（Janet Spector）开创了性别研究的民族志考古方法，她从民族志中的劳动性别分工入手，倒推过去的劳动分工（Spector, 1983）。这种方法有很多优点，它考虑到了一项活动的所有方面，而不仅仅是那些在研究者自己的文化中常见的或重要的方面。谁来屠宰和烹调野牛肉、谁来加工野牛皮，对社会群体的成功来说，可能与谁来捕杀野牛同样重要。家庭团体进行的合作活动与个人活动和对最终产品的控制一样受到重视。如今，虽然斯佩克特质疑了她最初关于生理性别 / 社会性别二分系统的假设和历史记录的可靠性，但美国的许多考古学家仍沿用这个框架研究性别和劳动。

许多考古学家认为这些方法过于依赖生理性别和社会性别的类别，而这些类别在很大程度上源于未经审视的西方思维方式。对考古学家而言，更好的研究方法是关注特定文化语境中的性别意识形态、性别系统和性别角色（Dommasnes, 1996）。物质文化不是被动地反映社会，而是可以被操纵并积极改变性别构建。因此，考古学家必须思考反身性和物质性的概念（参见泰勒，第 18 章）（Sørensen, 2000）。约翰·巴雷特（1988: 14）认为，"性别的考古学研究在考古记录中呈现特定的性别活动时并不依赖于方法上的突破。相反，我们必须认识到性别关系和性别冲突确实是重要的历史力量。从这一立场出发，我们可以认识到，性别话语总是由对某些人力和物质资源的控制构建的"。实现这一目标的方法必须包括多重证据、批判性地检查假设、承认个体的变化和意志，而不是依赖统一的概念框架，并愿意采用超越假设检验的推理模式，如阐释学[1]、类比法，谨慎地使用直接历史法[2]。考古学中性别研究历史显示了各种不同的方法，如今的研究也没有主导性的方法。

研究史

我们通常认为性别考古学是在 20 世纪 80 年代出现的，以解决当时考古学研究中的一系列问题：对过去的考古学解释中基本不存在女性，当代女性考古学家在考古实践中的劳动价值被低估了。但实际上，考古学的解释始终是有性别的，尽管是隐含的，而且往往是以男性为中心的，尽管女性一直在从事考古工作。

即使在 19 世纪，体质人类学家也会判定出土人骨的生理性别，考古学家则将某些类型的工具、装饰品和建筑结构归于女性的和男性的活动。过去，性别的社会意义是无法被直接观察到的，所以即便我们想考虑过去男女生活的性别问题，也是将今天的价值观投射到过去。我们对人类行动的描述主要是对男性行动的描述，直到近些年才有变化。这并不是因为男性行为在物质上更明显，而是因为"我们依行动和变化的理论行事，而这些理论赋予男性行为以特权"（Roberts, 1993: 16）。

一个多世纪以来，女性考古学家在田野、博物馆、实验室和教室里与男性一起工作，也独自承担研究工作（Claassen, 1994; Díaz-Andreu and Sørensen, 1998; Levine, 1999）。我们认为普遍的性别规范是"自然的"，这影响了女性在考古学中的职业选择，将大多数女性限制在博物馆、实验室和少数分析研究的考古家务工作中（Gero, 1985: 344），并限制了她们从事一般被认为具有更高价值的实地发掘、教学和理论综合的研究的机会。尽管女性受到了公开的歧视，但很多人还是在世界大部分地区进行田野调查。例如，哈丽雅特·博伊德（Harriet Boyd）于 1901 年开始在克里特岛的古尔尼亚（Gournia）对米诺斯文明早期村庄遗址进行发掘。作为女性选举权的支持者，她认为适当的历史研究将证明女性的生活并不总是"驯顺而无影响力的"（Zarmati, 1995）。然而，在 20 世纪 80 年代之前，大多数女性考古学家并不讨论当今女权主义者们提出的议题，也并不归属于女权主义的传统（Hays-Gilpin, 2000; Reyman, 1992）。

20 世纪 60 年代末至 70 年代，社会科学和生物科学对女权主义批评做出了回应，这最终在考古学中产生了重要的反响，但最初并不是在北美。20 世纪 60 年代和 70 年代的新考古学家在考察文化过程的研究中忽略了性别。这是为何？艾利森·怀利（Alison Wylie）说："看来，新一代的考古学家与他们的前辈共享一些往往隐藏在背后的预设；尽管有其他不同，但他们都倾向于假设性别在社会文化环境中是稳定不变的（在生理上是这样）。如果可以假设生理上的男性与女性所扮演的社会角色在不同的时间和文化背景下都是一样的，都是'自然'的，那么性别就不是一个可以解释文化变化的相关变量。"（Wylie, 1997b: 93）

1974 年，格罗·曼特（Gro Mandt）在卑尔根大学教授了一门史前女性的课程。此后，斯堪的纳维亚的考古学家开始关注考古解释中女性的角色。墓葬和随葬品是最早的考察对象。丽芙·赫尔加·多玛斯纳斯（1976）的博士论文就诞生于这样的研究尝试中。1979 年，一群考古学家聚集在挪威，研究史前社会中的性别角色，试图解决这样一个问题：史前社会只有男性吗 (Bertelsen et al., 1987; Dommasnes, 1992; Naess, 1996) ？所有的女性都在哪里？考古学家们找到了女性工作、墓葬以及岩画雕塑的象征意义的证据，并讨论了相关的理论和方法。多玛斯纳斯认为，这是性别考古学发展的一个重要阶段，因为"通过公认的程序得出的研究结果，毕竟不容易被认为有偏见或没有价值"，尽管有人会批评这些研究不够价值中立、有政治立场。当时，"人们误以为科学的合法性在于它是有用的，过程考古学为女权主义和其他方法铺平了道路，虽然并非直接推动了这些方法的发展。而这些方法最终会挑战过程考古学的基础"（Dommasnes, 1992: 4-6）。

1985 年，斯堪的纳维亚的考古学家创办了《KAN》杂志（*Kvinner i*

Arkeologi i Norge，它现在的英义名称是 *Women in Archaeology in Norway*），
这给研究过去女性和性别秩序的性别考古学提供了巨大的动力。1978 年，
埃玛·卢·戴维斯（Emma Lou Davis）撰文用一种明确的女权主义方法
研究了南加州原住民的史前聚落。从 1981 年起，在英国举办的理论考古
学小组会议中，召开了以性别为重点的讨论小组会议。北美历史考古学
中的性别研究大约也是在这个时候开始组建起来的（Spencer-Wood, 1996;
Siefert, 1991）。在古典考古学中，女性研究始于 1975 年萨拉·波默罗
伊（Sarah Pomeroy）的《女神、妓女、妻子和奴隶——古典社会中的女
性》（*Goddesses, Whores, Wives, and Slaves: Women in Classical Antiquity*），
波默罗伊书写了女性的历史，而将学术界普遍书写的男性历史排除在外
（Brown, 1997）。

　　美国第一本被广泛引用的基于女权主义理论的性别考古研究是 1984
年出版的《考古学方法和理论》（*Archaeological Method and Theory*）。玛
格丽特·康基（Margaret Conkey）和珍妮特·斯佩克特（1984: 2）受霍德
（1982a, 1982b）后过程考古学观念的影响，提倡考古学不仅要"制定明确
的人类社会行动理论，而且还要关注其中的局部，制定明确的性别考古学
研究框架"。康基和斯佩克特从批判男性中心的语言和对过去生活方式的
复原开始，讨论了女性主义理论在文化人类学中的影响，并提供了考古学
家如何对性别秩序进行更客观和更广泛的研究的例子。因为"考古学家一
直对过去的文化系统感兴趣，而性别行为的组织与这个文化系统的大多数
其他方面都有关，并且彼此间密不可分"，所以她们预测，要想解决所有
研究问题，"考古学家将不得不在某种程度上理解性别动态"。几年后，康
基和琼·盖罗（Joan Gero）对这篇文章产生的反响感到沮丧，她们向一

群同事提出挑战，要求他们在思考数据时考虑性别问题；这次会议和它所编辑的集刊常被认为是性别考古学诞生的基础（Gero and Conkey, 1991）。20 世纪 80 年代末和 90 年代初，美国（Claassen, 1992; Claassen and Joyce, 1997; Rautman, 2000; Sweely, 1999）、加拿大（Walde and Willows, 1991; 评论见 Hanen and Kelley, 1992; Wylie, 1997b）、英国（Donald and Hurcombe, 2000a, 2000b）和澳大利亚（Du Cros and Smith, 1993; Balme and Beck, 1995）召开了专门讨论性别和考古学的会议。巴屈斯等人（Bacus et al., 1993）提供了一份详尽的、带注释的书单和早期文献。在英语国家和斯堪的纳维亚国家之外，学者在不同的语言与历史中研究了新兴的性别和女性考古学（关于欧洲见 Díaz-Andreu and Serensen, 1998; Koloski-Ostrow and Lyons, 1997; 关于西班牙见 Diaz-Andreu and Gallego, 1994; 关于法国见 Coudart, 1998; 关于希腊见 Kookinidou and Nikolaidou, 2000; 关于世界各地见 Nelson and Rosen- Ayalon, 2002）。

　　这些研究都试图在考古记录中寻找过去女性的角色，有没有办法能超越这一目标呢？有些研究将考古学实践与考古学解释联系起来，探索性别平等和女性在考古学中的历史（Nelson et al., 1994）。琳达·赫科姆（Linda Hurcombe）指出，"古代社会的性别研究似乎与我们自己社会中的性别地位密不可分"（1995: 87）。赫科姆的许多女学生都想发现过去的女性是猎人的证据。她们有这样的念想是因为，欧洲人高度重视狩猎这种精英休闲活动，并认为狩猎在过去也是最有价值的活动。这种偏见并不限于天真的学生。大多数对最早的美洲人的研究将他们描述为大型猎物的狩猎者，几乎没有任何其他主题。在放射性碳测年技术出现之前，主流观点认为北美洲在相对较晚近的时候才被人类拓殖，当时反驳这种观点的唯一

339

方法是发掘出与已灭绝的史新世动物群有关的石器遗址。这解释了为什么从一开始研究者就将旧石器时代的美洲人定性为大型狩猎者。但研究者为何延续了这种对古代生活方式的狭隘解释，这一问题则更加复杂，而且与性别地位有很大关系。"在'早期人类'研究中，无论是作为研究对象还是作为研究主体，女性都几乎是不可见的"，这一观点虽然已为学术界所知数十年，但琼·盖罗在回顾旧石器时代美洲人的相关文献时，对这一观点进行了量化研究（1993: 33）。男性几乎做了所有的田野工作，编辑了大部分的论文集和期刊，他们研究大型哺乳动物的骨头，复制和研究带凹槽的尖状器。女性则倾向于研究石片、研磨石器和小型动物遗骸，她们提交的会议论文和编辑的出版物也更少。"早期人类的物质标志是尖状器和对大型动物骨骼的利用，它们都是社会制造、社会维护和社会再生产的。"（Gero, 1993: 37）

康基（1993）认为，在我们考虑性别问题之前，首先需要去除性别：第一步是要去除普遍存在的男性中心主义。虽然许多考古学家继续追求性别考古学，并将其作为一项旨在探寻过去性别的事业，但考古学理论家如康基、斯佩克特、盖罗、吉尔克里斯特（Gilchrist）和哲学家艾利森·怀利挑战了学科范式，转而探索一种质询考古推理的性别化考古学（gendered archaeology）（Roberts, 1993; Conkey and Gero, 1997: 428-429）。这些方法相互交织，不是非此即彼。康基和盖罗认为，女权主义考古学理应是危险的，是变革的，它质疑固定的学科安排，包括知识本身的基础。要想在考古学中有意识地纳入女权主义的学术思想，我们需要更加注重发展不同的视角，而不是只局限于女性。从不同人群而不仅仅是从白人、异性恋男性的角度来考察，人类历史的洪流会是怎样的图景（Brown, 1997:

13）？同批判理论一样，这种方法涉及学者自己的文化遗产、价值观和学术追求。

当前的研究

性别考古学的历史很短，上文研究史概述中的大多数方法现在仍在使用中。随着我们从性别考古学（在考古记录中寻找女性和性别差异的证据）转向性别化考古学（在新的考古实践中重构性别），考古学家越来越认识到了这项事业的政治肌理，性与性别不能再被视为简单的自然事实（Conkey, 1993: 4）。

区域性研究

对世界特定地区女性历史的综合研究包括玛格丽特·埃伦伯格（Margaret Ehrenberg, 1989）对欧洲史前女性的解释和萨拉·波默罗伊（1991, 1995）关于古典世界女性的论述。最近的更具批判精神的研究涉及非洲（Kent, 1998; Wadley, 1997）、欧洲（Moore and Scott, 1997）、地中海（Koloski-Ostrow, 1997）和美洲（Bruhns and Stothert, 1999），包括中美洲（Joyce, 2000a）、美国西南部（Crown, 2000）和太平洋西北部（Bernick, 1999）。这些区域性研究将长时段的历史与民族志联系起来，用多重证据证明了性别安排的不同和变化。一些研究的重点是女性，因为她们被排除在早期的描述外。其他研究则通过寻找男性与女性之间的性别安排来促进对诸如声望系统、劳动组织、专业化、宗教和意识形态等主题的理解。

生态女权主义与女神

20 世纪 70 年代和 80 年代的大多数女权主义者接受了性别在生理上的差异，但认为这种生理差异对行为和个性差异的影响极低，因为她们认为这些差异是在文化和历史层面上被构造出来的。相比之下，生态女权主义者认为阴道、子宫、月经、怀孕和哺乳的关联构成了一个普遍的、不变的女性本质，具有养育、和平主义、合作等独特的行为和个性特征，与男性的暴力和竞争倾向形成了对比。对考古学感兴趣的生态女权主义者提倡一种具有普遍性的母神概念，认为女神和平的崇拜者在欧洲和近东被青铜时代父权制下的印欧游牧民族打败了。随着这次失败，欧洲社会出现了转折，这种情况一直持续到了现代。

通过玛丽亚·金布塔斯（1991）和詹姆斯·梅拉特（James Mellaart, 1967; Barstow, 1978）的工作，这一理论被许多非考古学家扩大和普及（Eisler, 1987）。大多数研究过生态女权主义阐释以及实际考古证据的考古学家都对其持批评态度（Conkey and Tringham, 1995; Hays-Gilpin, 2000: 98-99; Meskell, 1995, 1998a, 1998b; Tringham and Conkey, 1998）。考古学家指出，这种"大母神"观点的拥护者把来自不同时间和地点的小雕像说成"同样的东西"而不管其背景如何。相对来说，很少有雕像真正具有夸张的女性性特征，如大乳房和大屁股，绝大多数旧石器时代的雕像没有显示出任何性特征。武器在欧洲青铜时代的物质文化中是一个关键甚至居于主导地位的元素，而且骑马的战士是欧洲早期历史的主导力量，但即便在新石器时代的欧洲，在父权制游牧民族到来之前，战争也是有明确的物质实存的。

超越"男性是猎人"模式

早在20世纪70年代，"男性是猎人"（Lee and DeVore, 1968）的人类演化模型就遭到了"女性是采集者"模式的反驳（Linton, 1971; Tanner and Zihlman, 1976）（参见乔丹，第26章）。齐尔曼（Zihlman）的研究工作

"综合了多个研究领域中不支持狩猎假说的广泛数据。结合这些信息，我们提出了在人类演化过程中，女性除在繁殖中处于中心地位外，还必须积极参与生存和社会生活诸方面的原因"（1997: 98）。芭芭拉·本德（1979）称大多数早期人类社会为采集－狩猎社会，以反映实际的生计平衡。除了在北极和亚北极地区，大部分地区的饮食通常来自采集而非狩猎。最近的古人类学、灵长类动物学、考古学、比较民族志以及古环境数据都表明，狩猎在人类史前出现的时间相对较晚，可能是 50 万年前，甚至更晚。而一夫一妻制、明确的性别角色（有别于性角色）和系统的性别不平等则是更加晚近的发展。最重要的是，它们不能像社会生物学家所宣称的那样被归因于遗传模式（Roosevelt, 2002）。

"男性是猎人"这种对石器时代生活的解释依赖于以男性为中心的民族志描述，这些描述侧重于男性对大型猎物的狩猎，暗示所有的狩猎活动都是单一性别完成的。对孤独猎人的迷恋是西方运动狩猎的一种偏见，它将猎人与家庭和社会隔离开来，并将杀戮行为与旅行、准备、物流、屠宰、加工和分配等复杂的工作系统割裂开来。最近一些研究反思了考古学中对狩猎技术和组织战略的分析，并注意到了考古学研究的一些微妙方面，例如，相比于诱捕、陷阱和合作狩猎，考古学研究更关注弓与剑，重视大型猎物而非小型猎物。采集－狩猎者的民族志显示，女性参与了与肉食获取有关的许多活动，如屠宰、加工、设陷、诱捕、驱赶，有时甚至使用武器刺击或射杀大型猎物（Wadley, 1998）。在北极地区，因纽皮特（Inupiat）人将女性归类为猎人，因为她们负责通过仪式引来猎物，再由男性捕获猎物（Bodenhorn, 1990: 61）。男性通常有权使用武器，但并非总是如此。

瓦德利（Wadley, 1998）将这些想法应用于对南部非洲的考古研究中，推断在距今 10 000 年左右，人类从用长矛猎取季节性的大型猎物转变为用陷阱诱捕小型猎物。动植物考古学证据表明，那时的人类更倾向于定居，并围绕植物类食物的季节性安排居所的流动。如果男性控制了早期的长矛狩猎模式，那么女性在这一时期可能更多地掌控着社群的流动。

同样，布伦巴克（Brumbach）和贾文帕（Jarvenpa）（1997）使用民族考古学方法观察和采访了加拿大亚北极地区的甸尼族（Dene）猎人，强调了任务设置、空间组织和物质文化操控的重要性。与男性是猎人/女性是采集者的模式相反，他们的结论是："女性的角色更加灵活和广泛，即使在狩猎活动密集的情况下也是如此"（1997: 415）。通过与奇佩维安人（Chipewyan）谈论地图、工艺品和生活叙事，他们发现这些狩猎/采集者的劳动组织和空间利用会受到性别的影响，但这更多是由社会政治因素决定的，而不是固有的、普遍的生物心理因素。他们将研究结果应用于空间组织的一般模型，评估了宾福德（1980）的采食者（forager）/集食者（collector）框架的效用（参见乔丹，第 26 章）。他们的研究不仅生成了数据，也生成了理论。

审视性别不平等的起源

恩格斯（1942）的文化演化学说赋予了狩猎/采集者平等的性别关系，并将父权制的出现归咎于国家的兴起。另一些人则指出，性别差异有更早*341* 的起源，女性受限的家庭领域与男性的公共领域形成了对比。尽管女性在家庭中行使权力，但男性的权力更为广泛，女性的权力被分割，她们被男性支配。

我们常常认为女性遭遇的不平等是由于生育角色造成的限制，但这样的假设并不成立，因为不同地区都有针对这种限制的解决方案，包括集中劳动、分担儿童照料的工作（甚至喂奶）、控制生育间隔和后代数量，以及在女性生育期过后强化她们在社会中的角色。如果我们仔细考察民族志、历史档案和考古学的证据，就能用具体而多样的案例研究来取代假设。大多数关于国家起源的研究关注有领土组织的国家。但是，如果国家的领导权与亲属制度紧密相连，女性有时就会担任统治者，掌握经济权力，并在仪式中发挥关键作用。例如，在古代朝鲜新罗王国的骨品制度[①]中，女性在每个等级中都与男性平等（Nelson, 1997）。同样，在佛罗里达州的美洲原住民酋邦中，亲属关系的重要性超过了性别（Trocolli, 1999）。印加帝国社会精英中的平行血统系赋予了女性领导地位，直到西班牙入侵秘鲁后，女性才失去了等级和权力，部分原因是西班牙人认为女性领导力是巫术（Silverblatt, 1987）。

文化人类学家已经清楚地证明，许多非国家社会的性别制度是平等、互补的。同样，考古学也需要认识到性别系统是不同社会对于性别差异的不同安排，不一定都存在不平等。此外，任何特定文化中的性与性别系统不一定是决定地位或权力的唯一要素。"一个社群可能会根据成员对生产的贡献划分地位，而另一个社群则可能会通过生殖来评价女性，根据政治权力来区分男性。"（Sørensen, 2000: 141）

我们应该思考什么人在什么情况下是不平等的，在此过程中需要考虑

---

① 骨品制度（bone rank system）：古代朝鲜新罗社会的阶级制度，以出身和血缘为基础将国人分为八个品级，每个品级都决定了所担任官职的上限。——译者注

政治、经济、意识形态、仪式角色、家庭以及职业或种族群体的因素。这里，异构阶序（heterarchy）是个有用的概念，它可以帮助我们思考具有不止一个权力来源和不止一种个人与家庭等级秩序的社会。珍妮特·利维（Janet Levy, 1999）根据储藏坑和墓葬的证据得出结论，在青铜时代，丹麦的男性与女性都有机会获得仪式角色和权力。女性的仪式强调在有水的地方存放物品，这或许暗示着生育能力，而男性则进行仪式性的游行和战斗。同时，聚落研究表明这是一个相对平等的社会。性别和社会地位的多样性、模糊性、互补性、波动性似乎可以说明，这里的人际关系在不断地变动、磨合，权力地位也是相对的，并不存在基于性别或财富的僵化的等级划分。

生命周期的考古学

资历往往比性别重要得多，而且在构建社会安排时总是与性别交织在一起，但不同的社群强调不同的生命阶段。例如，在中美洲，性别从来不是独立于年龄的，年龄强烈地决定了在社群中的相对地位（Joyce, 2000a: 182）。在很长一段时间内，年龄是该地区分化的一个重要轴心，这一点可以通过研究各地区各时代对人体形态的展现推断出来。在恰帕斯文化的形成期，坐立雕像将男性与女性都描绘为老年（有皱纹）和富有（根据服装和装饰）的形象，无臂站立的裸体雕像则似乎只代表着年轻的女性（Lesure, 1997）。来自卡尔卡金哥（Chalcatzingo）形成期的塑像描绘了一系列女性的生命阶段（Cyphers Guillén, 1993）。特拉蒂尔科（Tlatilco）的墓葬中没有明确的性别标记，但不同的性别中有年龄等级划分（Joyce, 2000a: 183）。

在任何时候，青少年都可能占到史前社会中个体的半数或更多。迄今为止，考古学文献很少系统地关注儿童的存在 [①] 及其角色、活动和身份，这与过去对女性的忽视类似。儿童被女性化了，因为他们不属于男性，没有力量，没有能动性（Rothschild, 2001）。由于在我们自己的文化中，人们并不期望儿童具有经济生产力，所以我们忽视了儿童在过去社会中所扮演的重要角色——食品生产和加工、收集木柴、照顾年幼的孩子，甚至是手工艺品制作。

儿童考古学正在兴起（Lillehammer, 1989; Deverenski, 1997; Moore and Scott, 1997）。在古埃及的德尔麦迪那（Deir el Medina）村，墓葬是按年龄划分的，在这里英年早逝意味着什么（Meskell, 1999）呢？在美国西南部，玩具和游戏是如何与学习生存技能和经济上重要的任务（如制作陶器）结合起来（Kamp, 2001）的呢？中美洲的图像学如何揭示了社会定义的过渡期、生命周期事件，甚至通过生命周期事件对性别差异进行文化构 *342* 建（Joyce, 2000a）？

在今天的西方文化中，儿童有与生俱来的性别身份，只需要教他们如何成为一个好男人或者好女人就行。但阿兹特克成年人"努力从婴儿和儿童的原材料中塑造新人"（Joyce, 2000a: 146）。在对孕妇的比喻中，阿兹

---

① 本书发表于 2008 年，近些年来有很多关于儿童考古学的著述，其中重要的专著和论文集包括 *The Archaeology of American Childhood and Adolescence*（2019），*The Oxford Handbook of the Archaeology of Childhood*（2018），*The Archaeology of Childhood: Interdisciplinary Perspectives on an Archaeological Enigma*（2015），*(Re)thinking the Little Ancestor: New perspectives on the Archaeology of Infancy and Childhood*（2011），*Children in Action: Perspectives on the Archaeology of Childhood*（2005）等。此外还有一些综述性的文章，如 LILLEHAMMER G. 25 years with the "child" and the archaeology of childhood. Childhood in the past,2015, 8（2）: 78–86; BAXTER J E. The archaeology of childhood. Annual review of anthropology, 2008, 37（1）:159–175; KAMP K A. Where have all the children gone? The archaeology of childhood. Journal of archaeological method and theory, 2001, 8（1）:1–34。——译者注

特克人将儿童比作羽毛，比作即将发芽和开花的龙舌兰，比作燧石碎片。儿童是神的产物，能够在人类的帮助下完成必要的仪式活动。儿童在出生时还不被视为人类，但当脐带被埋葬时，成年人和神开始使其成为人，并赋予其性别。如果儿童要成为女孩，就把脐带埋在壁炉边；如果要成为男孩，就把脐带埋在战场上（2000a: 147）。接下来的沐浴仪式使用的是微缩版的成人工具、武器和服装。此外，头发、服装和装饰品创造了社会身份，以及成年人的性别和工作角色。乔伊斯（Joyce）总结道："欧洲的意识形态认为成熟和个人身份是自然本质的必然表达，而阿兹特克人的意识形态，像其他美洲原住民的意识形态一样，认为个人身份是需要努力才能产生的，并且可以有更广泛的变化。"（2000a: 150）

过了生育年龄或生育能力高峰期的人，也可能被过去的传统叙述遗漏。古典时期（1150—1350）亚利桑那州凤凰城地区的霍霍卡姆墓葬中包括一些绝经后的女性，她们的随葬品比育龄妇女的种类更多，这些物品包括在所有年龄段的男性身上经常发现的祭祀用品。一些年长的精英女性显然在这个社会中充当了仪式专家。社会经济地位和社群成员身份或种族，显然也影响了在这个社会中担任专门角色的机会（Crown and Fish, 1996）。

男性气质的考古学

传统的学术研究将男性描述为性别中立者，而女性被作为比较的标准。对女权主义者来说，性别同时包括两性的文化因素；男性也是有性别的，我们可以研究过去和现在的男性气质。用以女性为中心的考古学取代以男性为中心的考古学不会取得任何成果，"除非我们开始与女性的角色一样把男性的角色明确地视为性别，否则在我们大多数人的头脑中，男性仍然是人类的规范，女性是需要特别研究的案例"（Dommasnes, 1992: 12）。

社会科学研究认为，男性气质是不同的、多元的，而不是简单的女性的对立面。伯纳德·纳普（Bernard Knapp, 1998: 105）提出，"如果要在社会考古学中认真考虑性别，则必须同时涉及女性主义和男性主义的观点，重新对我们构建的性别分类进行理论思考，并定义新的考古学解释方案"。这意味着不仅要探索男性对女性的统治是如何被构建和维持的，还要研究男性之间的权力关系和霸权主义男性气质的起源。

乔伊斯（2000b）对玛雅人男性身体描绘的研究表明，这些身体描绘是为了在只有男性参加的仪式和比赛中接受其他男性的凝视。耶茨（Yates, 1993）认为，斯堪的纳维亚岩画中的人像可能是两种男性（成年和未成年），也可能是男女成对。巴菲尔德和齐本德尔（Barfield and Chippindale, 1997）研究了法国南部贝戈山（Mount Bego）的史前岩画，得出结论：这里对武器的描绘不仅象征着男性，而且象征着成年男性。牛、犁和田野的形象，无论是否伴有男性阴茎的描绘，都反映了地位和财富以及男子气概。岩画不只反映了这个社会中关于什么是男性的普遍想法，而且实际上是个体为了成为男人而制作的，也许是成人仪式的一部分。

性取向的考古学

"考古学家忽视了性取向，主要是因为他们认为异性恋是常态。这是显而易见的，任何讨论都是多余的。"（Dawson, 2000: 164）少数学者呼吁对同性恋进行考古，但大多数有关性取向的考古研究是基于更广泛的以身体为导向的研究。这些研究借鉴了福柯（1980）关于性身份由历史文化决定的观点（Voss and Schmidt, 2000: 3），朱迪丝·巴特勒（1990; 1993）关于性别是表演的论点，女权主义对生活中的个体和感官的关注，以及最近关于生理性别是否是二元的讨论。批评男女二元划分的考古学家援引了三种材料作为论证基础：关于性别差异的医学文献（Blackless et al., 2000; Fausto-Sterling, 2000）、性史（Laqueur, 1987），以及比较民族志，特别是关于美拉尼西亚社会中的男孩通过同性性接触成为男人（Yates, 1993）和

343 北美洲原住民中的"双灵"① （Hollimon, 1997; Jacobs et al., 1997）。

性取向的考古学关注的不仅是性伴侣的选择，还有"任何有助于构建个人或群体身份的性实践或意向"（Voss and Schmidt, 2000: 2）。在某种程度上，性活动有助于考古记录的形成；有时我们可以在考古记录中找到蒂姆·泰勒（Tim Taylor, 1996）所说的性玩具。对历史上的妓院、监狱和其他非婚姻性活动场所的发掘，扩大了我们对自己社会的非规范部分的了解（Siefert et al., 2000; Casella, 2000），对禁止性或限制性活动地点的考古也是如此，如中世纪的尼姑庵（Gilchrist, 2000）和西班牙殖民时期的传教士居所（Voss, 2000b）。迄今为止，艺术描绘提供了最富有成效的研究途径，如麦克尼文（McNiven, 2000）对希腊瓶画的研究。瓶画描绘的是谁与谁发生性关系，揭示了大量关于权力、年龄、特权以及性别的内容。

新兴的酷儿理论为研究过去的性取向提供了另一种方法，但有可能远远超出了这一主题。酷儿理论开始"是对'同性恋'身份的本质主义构建的挑战……与同性恋身份相比，酷儿身份不是基于稳定的真理或身份的概

---

① 双灵（two-spirits）：美洲原住民中在仪式活动中扮演非二元性别角色的群体，他们同时拥有男性和女性的灵魂气质，故被称为双灵。20世纪90年代，原住民同性恋群体使用该词指称其身份认同。人类学中旧称双灵为berdaches，含有贬义色彩。20世纪晚期之前的人类学家通常在研究中预设一种西方的二元性别角色划分，并将原住民群体中他们认为不符合这种性别划分或是他们认为是同性恋、双性恋的群体贬低为berdaches，这个词受到了原住民群体的反对与抨击，现已很少使用。——译者注

念"，并适用于任何感到（在性、智力或文化上）被边缘化的人（Dowson,
2000: 163）。酷儿考古学（Dowson, 2000; Meskell, 1999; Voss, 2000a）不仅
挑战了对过去异性恋的阐释，而且能够帮助边缘个体发声。

对考古学实践的质疑：迈向更好的科学

批评者认为酷儿理论、阐释学和后结构主义思想不仅可能破坏考古学
的科学基础，而且可能破坏女权主义的政治目标。这些方法会不会导致一
种激进的相对主义，即任何一种解释都和另一种解释一样好？在这种情况
下，女性的声音是否会在喧嚣中消失？怀利（1992: 30）反驳说，考古数
据排除了很多解释——不是所有的解释都行得通，有相当多的解释显然行
不通。此外，"如果要从对女权主义实践的反思中得出任何一般的教训，
那么有政治面向的科学往往比所谓的中立科学更加严谨，更具有自我批判
精神，更符合事实。所谓中立的科学研究实际上什么也不关心"。事实上，
很少有考古学家论证过彻底的相对主义立场。只有最强大和最成功的人，
才有可能相信世界可以以他们选择的任何方式被构建。"任何缺乏这种权
力的人，或者不相信他们有这种权力的人，都会痛苦地意识到他们在与一
个毫不妥协的现实谈判，这个现实处处冲击着他们的生活。"（Wylie, 1992:
25）

断然否定相对主义立场绝不意味着对现有的常见科学实践的支持，因
为这种科学实践包含了对女性和有色人种在教学、研究经费和出版方面
的系统性偏见（Moss, 1999: 250; Wylie, 1997a）。桑德拉·哈丁（Sandra
Harding）、安妮·弗斯托 - 斯特林（Anne Fausto-Sterling）、伊夫林·福
克斯·凯勒（Evelyn Fox Keller）等人对科学的女权主义批判既适用于生

物学、医学等，也同样适用于考古学理论和实践。性别研究的考古学家更有可能认识到"政治与知识生产是不可分割的"（Conkey and Gero, 1997: 427），更能审视语言，从公众对过去和其他文化的解释中清除西方的陈旧观念，从而挑战考古调查的过程。一些人仍然使用 mankind（人类）和 ancient man（古人）指代所有人，但使用这些术语的结果是人们认为只有男性有能动性，他们创造了历史，而其他人则保持被动，充当背景。

在教科书、杂志、儿童读物和博物馆中，对"古代"男性、女性和儿童的描述都很具有显著性。绝大多数作品都将男性描述为几乎所有活动的主角，但特别强调男性跟踪、狩猎和杀死大型动物，如猛犸象和洞熊。男性往往站立着出现在画面的中心，通常就在家庭洞穴的外面，而女性和儿童则坐在或蹲在旁边或背景中（Moser, 1998）。这些描述来自对现代社会的刻板印象，并没有建立在过去人类活动、劳动分工或性别安排的经验证据之上。很多科学家称这些描述是坏的科学，不仅如此，它们实际上以微妙的、无意识的方式延续了更多的坏的科学。

科学家们倾向的研究假说往往会赋予成年男性以能动性，或者根本不考虑人的能动性。帕蒂·乔·沃森和玛丽·肯尼迪（Mary Kennedy, 1991）指出，关于美国东部农业起源的理论采用了一种相互影响的模式，即植物在人类扰乱地面的活动中自我驯化，或者男性巫师出于仪式目的栽培葫芦，然后开始种植其他植物。然而，从民族志到植物遗存的一系列证据表明，女性和男性一样有可能驯化野生植物，并在后来培育出玉米的新品系，积极使这种热带植物适应温带气候。为了提出这个同样合理的假说，沃森和肯尼迪不得不打破了早期科学家想当然的等式，即男性＝狩猎＝主动，女性＝植物＝被动。在二人的研究中，她们接受了女性与植物的关系，但不认为女性就是被动的，因为没有证据。她们提出了一个更符合事实基础的假说，因此做得更科学。

超越科学：认识世界的其他方式与其他声音

就像关注个体能动性而非系统操控性的模型一样，对性别的思索往往会关注小规模的活动、家庭和个人。这可以在科学框架内进行，但它可能会导致其他问题、关切和目标，需要我们以其他方式来进行考古工作。许多女权主义者主张采用非科学的方法，坚持认为思维和感觉不是分开的，并接受那些突出模糊性、细微性、原住民观点以及特异性和个体化的认知风格。她们希望提升知识生产中人的能动性，展现知识生产的过程，承认模糊性，强调阐释，以及与其他学科、与学生、与社区合作（Conkey and Gero, 1997: 429; Conkey and Tringham, 1996; Spector and Whelan, 1989; Romanowicz and Wright, 1996）（参见加德纳，第 7 章）。

女权主义近些年来强调多样性，鼓励在考古学话语中添加不同民族和种族的声音，而不仅仅局限于性别话题。女权主义考古学与后过程考古学的方法一样，都是对多元性的欣赏，所以我们看到在学术会议、田野项目和出版物中有多种观点和不同议程。马多娜·莫斯写道："女权主义方法论的某些方面源于这样的认识：对过去可以有多种有效的解释，有多重史前史。女权主义考古学家通常是自我反思的，认识到了个人是政治的。许多人试图评估他们的考古研究对当地社区的影响，并考虑如何与这些社区沟通和分享研究的价值。"（1999: 248）对一些人来说，这包括纳入原住民后裔的观点，例如居住在明尼苏达州小湍流（Little Rapids）遗址的达科他人的后裔。珍妮特·斯佩克特（1993）在这里进行了考古研究并开设了一所田野学校。另一些人则有意识地以更合作、更平等的方式安排田野项目。对其他人来说，黑人女权主义的观点不仅提供了对美国南部种植园奴隶制的更细致的理解，而且可以填补"历史考古学的理论空白，这种理论讨论了殖民主义和帝国主义的破坏性政策，包括奴隶制和种族灭绝，它们塑造了处于经济、政治和社会变革阵痛中的国家的社会"（Franklin, 2001: 109）。在世界上的许多地方，原住民越来越多地加入专业考古学家的行列，模糊了研究者与被研究者之间的界限，促进了不同背景的考古学家之间相互尊重的私人和学术联系（Moss and Wasson, 1998）。

超越考古学

考古学可以帮助我们理解过去、现在与未来的性别构建过程。康基（1993）建议考古学家应该用过去来挑战现在，而不仅仅是阐释现在（这也是一个后过程性的主题；参见尚克斯，第9章）。如果考古学家不这样做，大众作家就会这样做，近些年来流行的描绘女神的文学作品就是这样的例子。考古学必然关乎变化和长期稳定，关乎物质性，关乎真实的人，所以是社会科学中最有物质基础的一个。与其他社会科学家相比，考古学家已经开发出各种方法来处理零碎而模糊的经验数据，成功地讨论了任何空间或时间范围内的文化历史、发展轨迹、社会、技术和意识形态过程，并产生了对过去生活的详细理解。考古学，不仅仅是性别考古学，能为其他研究性与性别的学科提供很多东西。

345

注释

[1] 阐释学（hermeneutics）是从文学批评中借用的一个术语，研究的

是阐释者与有意义的材料之间的关系（Shanks and Hodder, 1995）。

[2] 直接历史法是将当代人群的民族志与他们生活在同一地方的先祖进行强有力的类比的方法。

参考文献

Bacus, Elizabeth A., et al. 1993. *A gendered past: A critical bibliography of gender in archaeology*. University of Michigan Museum of Anthropology Report 25. Ann Arbor.

Balme, Jane, and Wendy Beck (eds.). 1995. *Gendered archaeology: The second Australian women in archaeology conference*. Canberra, Australia: ANH Publications, RSPAS.

Barfield, Lawrence, and Christopher Chippindale. 1997. Meaning in the later prehistoric rock-engravings of Mont Bego, Alpes-Maritimes, France. *Proceedings of the Prehistoric Society* 63: 102–128.

Barrett, John C. 1988. Fields of discourse: Reconstituting a social archaeology. *Critique of anthropology* 7: 5–16.

Barstow, Anne. 1978. The uses of archaeology for women's history: James Mellaart's work on the neolithic goddess at Çatal Hüyük. *Feminist Studies* 4: 7–17.

Bender, Barbara. 1979. Gatherer-hunter to farmer. *World Archaeology* 10(2): 204–222.

Bernick, Kathryn (ed.). 1999. *Feminist approaches to Pacific Northwest archaeology*. Northwest Anthropological Research Notes 33. Moscow, ID.

Bertelson, Reidar, Arnvid Lillehammer, and Jenny-Rita Naess (eds.). 1987. *Were they all men? An examination of sex roles in prehistoric society*. Stavanger, Norway: Arkeologist Museum i Stavanger.

Binford, Lewis R. 1980. Willow smoke and dogs' tails: Hunter-gatherer settlement systems and archaeological site formation. *American Antiquity* 45: 4–20.

Blackless, Melanie, Anthony Charuvastra, Amanda Derryk, Anne Fausto-Sterling, Karl Lauzanne, and Ellen Lee. 2000. How sexually dimorphic are we? Review and synthesis. *American Journal of Human Biology* 12: 151–166.

Bodenhorn, B. "I'm not the great hunter, my wife is": Inupiat and the anthropological models of gender. *Etudes/Inuit Studies* 14(1–2): 55–74.

Bridges, Patricia S. 1989. Changes in activities with the shift to agriculture in the southeastern United States. *Current Anthropology* 30: 385–394.

Brown, Shelby. 1997. "Ways of seeing" women in antiquity: An introduction to feminism in classical archaeology and ancient art history. In Ann Olga Koloski-Ostrow and Claire L. Lyons, eds., *Naked truths: Women, sexuality, and gender in classical art and archaeology*, 12–42. London: Routledge.

Bruhns, Karen O., and Karen E. Stothert. 1999. *Women in ancient America*. Norman: University of Oklahoma Press.

Brumbach, Hetty Jo, and Robert Jarvenpa. 1997. Ethnoarchaeology of subsistence space and gender: A subarctic Dene case. *American Antiquity* 62(3): 414–436.

Butler, Judith. 1990. *Gender trouble: Feminism and the subversion of identity*. London: Routledge.

———. 1993. *Bodies that matter: On the discursive limits of "sex."* London: Routledge.

Casella, Eleanor Conlin. 2000. "Doing trade": A sexual economy of nineteenth-century Australian female convict prisons. *World Archaeology* 32: 209–221.

Claassen, Cheryl (ed.). 1992. *Exploring gender through archaeology: Selected papers from the 1991 Boone Conference*. Madison, WI: Prehistory Press.

———. 1994. *Women in archaeology*. Philadelphia: University of Pennsylvania Press.

Claassen, Cheryl, and Rosemary A. Joyce (eds.). 1997. *Women in prehistory: North America and Mesoamerica*. Philadelphia: University of Pennsylvania Press.

Cohen, Mark Nathan, and Sharon Bennett. 1993. Skeletal evidence for sex roles and gender hierarchies in prehistory. In B. Miller, ed., *Sex and gender hierarchies*, 273–296. Cambridge: Cambridge University Press.

Conkey, Margaret W. 1993. Making the connections: Feminist theory and archaeologies of gender. In Hilary du Cros and Laurajane Smith, eds., *Women in archaeology: A feminist critique*, 3–15. Occasional Papers in Prehistory 23. Canberra: Department of Prehistory, Research School of Pacific Studies, Australian National University.

Conkey, Margaret W., and Joan Gero. 1997. Programme to practice: Gender and feminism in archaeology. *Annual Review of Anthropology* 26: 411–438.

Conkey, Margaret W., and Janet Spector. 1984. Archaeology and the study of gender. *Advances in Archaeological Method and Theory* 7: 1–38.

Conkey, Margaret W., and Ruth E. Tringham. 1995. Archaeology and the goddess: Exploring the contours of feminist archaeology. In D. C. Stanton and A. J. Stewart, eds., *Feminisms in the academy*, 199–247. Ann Arbor: University of Michigan Press.

———. 1996. Cultivating thinking/challenging authority: Some experiments in feminist pedagogy in archaeology. In Rita P. Wright, ed., *Gender and archaeology*, 224–250. Philadelphia: University of Pennsylvania Press.

Costin, Cathy Lynne. 1996. Exploring the relationship between gender and craft in complex societies: Methodological and theoretical issues of gender attribution. In Rita P. Wright, ed., *Gender and archaeology*, 111–140. Philadelphia: University of Pennsylvania Press.

———. 1998. Archaeology of French women and French women in archaeology. In Margarita Díaz-Andreu and Marie Louise Stig Sørensen, eds., *Excavating women: A history of women in European archaeology*, 61–85. London: Routledge.

Crown, Patricia L. (ed.). 2000. *Women and men in the Prehispanic Southwest*. Santa Fe, NM: School of American

Research Press.

Crown, Patricia L., and Suzanne K. Fish. 1996. Gender and status in the Hohokam Pre-Classic to Classic tradition. *American Anthropologist* 98: 803–817.

Cyphers Guillén, Ann. 1993. Women, rituals, and social dynamics at ancient Chalcatzingo. *Latin American Antiquity* 4: 209–224.

Davis, Emma Lou. 1978. *The ancient Californians: Rancholabrean hunters of the Mojave Lakes country.* Los Angeles: Natural History Museum of Los Angeles.

Derevenski, J. Sofaer. 1997. Engendering children, engendering archaeology: Writing gender and childhood into European archaeology. In Jenny Moore and Eleanor Scott, eds., *Invisible people and processes: Writing gender and childhood into European archaeology*, 192–202. London: Leicester University Press.

Díaz-Andreu, Margarita, and Nuria Gallego. 1994. Women in Spanish archaeology. In Sarah M. Nelson, Margaret C. Nelson, and Alison Wylie, eds., *Equity issues for women in archaeology*, 121–130. Archaeological Papers 5. Washington, DC: American Anthropological Association.

Díaz-Andreu, Margarita, and Marie Louise Stig Sørensen (eds.). 1998. *Excavating women: A history of women in European archaeology.* London: Routledge.

Dommasnes, Liv Helga. 1976. Yngre jernalder i sogn. Forsøk på rekonstruksjon. Magister atrium thesis, University of Bergen.

———. 1992. Two decades of women in prehistory and in archaeology in Norway: A review. *Norwegian Archaeological Review* 25: 1–14.

———. 1996. Gender: A fruitful concept in archaeology? *Kvinner i Arkeologi i Norge* 21: 3–12.

Donald, Moira, and Linda Hurcombe (eds.). 2000a. *Gender and material culture in archaeological perspective.* Vol. 1, *Studies in gender and material culture.* London: Macmillan.

———. 2000b. *Representations of gender from prehistory to the present.* Vol. 3, *Studies in gender and material culture.* London: Macmillan.

Dowson, Thomas A. 2000. Why queer archaeology? An introduction. *World archaeology* 32: 161–165.

Du Cros, Hilary, and Laurajane Smith (eds.). 1993. *Women in archaeology: A feminist critique.* Occasional Papers in Prehistory 23. Canberra: Department of Prehistory, Research School of Pacific Studies, Australian National University.

Ehrenberg, Margaret. 1989. *Women in prehistory.* Norman: University of Oklahoma Press.

Eisler, Riane. 1987. *The chalice and the blade: Our history, our future.* San Francisco: HarperCollins.

Engels, Friedrich. [1884] 1942. *The origin of the family, private property, and the state. In the light of the researches of Lewis H. Morgan.* New York: International.

Fausto-Sterling, Anne. 2000. *Sexing the body: Gender politics and the construction of sexuality.* New York: Basic.

Foucault, Michel. 1980. *History of sexuality.* Vol. 1, *An intro-* duction. New York: Vintage.

Franklin, Maria. 2001. A black feminist-inspired archaeology? *Journal of Social Archaeology* 1(1): 108–125.

Gero, Joan. 1985. Sociopolitics and the woman-at-home ideology. *American Antiquity* 50: 342–350.

———. 1993. The social world of prehistoric facts: Gender and power in Paleoindian research. In Hilary du Cros and Laurajane Smith, eds., *Women in archaeology: A feminist critique*, 31–40. Occasional Papers in Prehistory 23. Canberra: Department of Prehistory, Research School of Pacific Studies, Australian National University.

Gero, Joan M., and Margaret W. Conkey (eds.). 1991. *Engendering archaeology: Women and prehistory.* Oxford: Basil Blackwell.

Gibbs, Liv. 1987. Identifying gender representation in the archaeological record: A contextual study. In Ian Hodder, ed., *The archaeology of contextual meanings*, 79–89. Cambridge: Cambridge University Press.

Gilchrist, Roberta. 1994. *Gender and material culture: The archaeology of religious women.* London: Routledge.

———. 1999. *Gender and archaeology: Contesting the past.* London: Routledge.

———. 2000. Unsexing the body: The interior sexuality of medieval religious women. In Robert A. Schmidt and Barbara L. Voss, eds., *Archaeologies of sexuality*, 89–103. London: Routledge.

Gimbutas, Marija. 1991. *The civilization of the goddess: The world of Old Europe.* San Francisco: HarperCollins.

Hanen, Marsha, and Jane Kelley. 1992. Gender and archaeological knowledge. In Lester Embree, ed., *Metaarchaeology: Reflections by archaeologists and philosophers*, 195–225. Dordrecht: Kluwer Academic.

Hays-Gilpin, Kelley Ann. 2000. Feminist scholarship in archaeology. *Annals of the American Academy of Political and Social Sciences* 571: 89–106.

Hodder, Ian. 1982a. *The present past: An introduction to anthropology for archaeologists.* New York: Pica.

———. 1982b. *Symbols in action.* Cambridge: Cambridge University Press.

Hollimon, Sandra E. 1992. Health consequences of sexual division of labor among prehistoric Native Americans: The Chumash of California and the Arikara of the north plains. In Cheryl Claassen, ed., *Exploring gender in archaeology: Selected papers from the 1991 Boone Conference*, 81–88. Madison, WI: Prehistory Press.

———. 1997. The third gender in Native California: Two- *347* spirit undertakers among the Chumash and their neighbors. In Rosemary A. Joyce and Cheryl Claassen, eds., *Women in prehistory: North America and Mesoamerica*, 173–188. Philadelphia: University of Pennsylvania Press.

Hurcombe, Linda. 1995. Our own engendered species. *Antiquity* 69: 87–100.

Jacobs, Sue-Ellen, Wesley Thomas, and Sabine Lang (eds.). 1997. *Two-spirit people: Native American gender identity, sexuality, and spirituality.* Urbana: University of Illinois Press.

Joyce, Rosemary A. 2000a. *Gender and power in pre-Hispanic Mesoamerica.* Austin: University of Texas Press.

———. 2000b. A Precolumbian gaze: Male sexuality among the ancient Maya. In Robert A. Schmidt and Barbara L. Voss, eds., *Archaeologies of sexuality,* 263–283. London: Routledge.

Kamp, Kathryn A. (ed.). 2002. *Children in the prehistoric Puebloan Southwest.* Salt Lake City: University of Utah Press.

Kehoe, Alice B. 1992. The muted class: Unshackling tradition. In Cheryl Claassen, ed., *Exploring gender through archaeology: Selected papers from the Boone conference,* 23–32. Madison, WI: Prehistory Press.

Kent, Susan (ed.). 1998. *Gender in African prehistory.* Walnut Creek, CA: AltaMira.

Knapp, A. Bernard. 1998. Who's come a long way, baby? Gendering society, gendering archaeology. *Archaeological Dialogues* 5: 91–106, 115–125.

Kokkinidou, Dimitra, and Marianna Nikolaidou. 2000. A sexist present, a human-less past: Museum archaeology in Greece. In Moira Donald and Linda Hurcombe, eds., *Gender and material culture in archaeological perspective,* vol. 1, *Studies in gender and material culture,* 33–55. London: Macmillan.

Koloski-Ostrow, A., and C. Lyons (eds.). 1997. *Naked truths: Women, sexuality, and gender in classical art and archaeology.* London: Routledge.

Laqueur, Thomas. 1987. Orgasm, generation, and the politics of reproductive biology. In Catherine Gallagher and Thomas Laqueur, eds., *The making of the modern body: Sexuality and society in the nineteenth century,* 1–41. Berkeley: University of California Press.

Lee, Richard, and Irven DeVore (eds.). 1968. *Man the hunter.* Chicago: Aldine.

Lesure, Richard G. 1997. Figurines and social identities in early sedentary societies of coastal Chiapas, Mexico, 1550–800 B.C. In Rosemary A. Joyce and Cheryl Claassen, eds., *Women in prehistory: North America and Mesoamerica,* 227–248. Philadelphia: University of Pennsylvania Press.

Levine, Mary Ann. 1999. Uncovering a buried past: Women in Americanist archaeology before the First World War. In Alice B. Kehoe and Mary Beth Emmerichs, eds., *Assembling the past: Studies in the professionalization of archaeology,* 133–151. Albuquerque: University of New Mexico Press.

Levy, Janet E. 1999. Gender, power, and heterarchy in middle-level societies. In Tracy L. Sweely, ed., *Manifesting power: Gender and the interpretation of power in archaeology,* 62–78. London: Routledge.

Lillehammer, Grete. 1989. A child is born: The child's world in an archaeological perspective. *Norwegian Archaeological Review* 22: 89–105.

Linton, Sally. 1971. Woman the gatherer: Male bias in anthropology. In Sue-Ellen Jacobs, ed., *Women in cross-cultural perspective,* 9–21. Urbana: University of Illinois Press.

McNiven, Timothy. 2000. Watching my boyfriend with his girlfriend: Alternative sexuality in Athenian vase painting. Paper presented at the 6th Gender and Archaeology Conference, Flagstaff, AZ.

Mellaart, James. 1967. *Çatal Hüyük: A Neolithic town in Anatolia.* New York: McGraw-Hill.

Meskell, Lynn. 1995. Goddesses, Gimbutas, and "New Age" archaeology. *Antiquity* 69: 74–87.

———. 1998a. Twin peaks: The archaeology of Çatalhoyuk. In Lucy Goodison and Christine Morris, eds., *Ancient goddesses: The myths and the evidence,* 46–62. London: British Museum Press.

———. 1998b. Oh my goddesses: Archaeology, sexuality, and ecofeminism. *Archaeological Dialogues* 5: 126–142.

———. 1999. *Archaeologies of social life: Age, sex, class et cetera in ancient Egypt.* Oxford: Blackwell.

Moore, Jenny, and Eleanor Scott (eds.). 1997. *Invisible people and processes: Writing gender and childhood into European archaeology.* London: Leicester University Press.

Moser, Stephanie. 1998. *Ancestral images: the iconography of human origins.* Stroud, UK: Sutton.

Moss, Madonna L. 1999. Engendering archaeology in the Pacific Northwest. In K. Bernick, ed., *Feminist approaches to Pacific Northwest archaeology.* Northwest Anthropological Research Notes 33: 245–262. Moscow, ID.

Moss, Madonna L., and George B. Wasson Jr. 1998. Intimate relations with the past: The story of an Athapaskan village on the southern northwest coast of North America. *World Archaeology* 29: 317–332.

Naess, Jenny-Rita. 1996. The Gelio Workshop 1985: Background and perspective. *KAN: Kvinner i Arkeologi i Norge* 21: 165–174.

Nelson, Margaret C., Sarah M. Nelson, and Alison Wylie (eds.). 1994. *Equity issues for women in archaeology.* Washington, DC: American Anthropological Association.

Nelson, Sarah M. 1997. *Gender in archaeology: Analyzing power and prestige.* Walnut Creek, CA: AltaMira.

Nelson, Sarah M., and Myriam Rosen-Ayalan. 2002. *In pursuit of gender: Worldwide archaeological approaches.* Walnut Creek, CA: AltaMira.

Pomeroy, Sarah B. 1991. The study of women in antiquity: Past, present, and future. *American Journal of Philology* 112: 263–268.

———. [1975] 1995. *Goddesses, whores, wives, and slaves: Women in classical antiquity, with a new preface by the author.* New York: Schocken.

Potter, James M. 1997. Communal ritual, feasting, and social differentiation in late Zuni prehistoric communities. Ph.D. diss., Arizona State University.

———. 2002. Community, metaphor, and gender: Technological changes across the Pueblo III to Pueblo IV transition in the El Morro Valley, New Mexico. In Sarah H. Schlanger, *Traditions, transitions, and technologies:*

Themes in southwestern archaeology, 332–349. Boulder: University Press of Colorado.

Rautman, Alison E. (ed.). 2000. Reading the body: Representations and remains in the archaeological record. Philadelphia: University of Pennsylvania Press.

Reyman, Jonathan E. 1992. Women in American archaeology: Some historical notes and comments. In Rediscovering our past: Essays on the history of American archaeology, 69–80. Aldershot, UK: Avebury.

Roberts, Catherine. 1993. A critical approach to gender as a category of analysis in archaeology. In Hilary du Cros and Laurajane Smith, eds., Women in archaeology: A feminist critique, 16–21. Occasional Papers in Prehistory 23. Canberra: Department of Prehistory, Research School of Pacific Studies, Australian National University.

Romanowicz, Janet V., and Rita P. Wright. 1996. Gendered perspectives in the classroom. In Rita P. Wright, ed., Gender and archaeology, 199–223. Philadelphia: University of Pennsylvania Press.

Roosevelt, Anna C. 2002. Gender in human evolution: Sociobiology revisited and revised. In Sarah M. Nelson and Myriam Rose-Ayalon, eds., In pursuit of gender: Worldwide archaeological approaches, 355–376. Walnut Creek, CA: AltaMira.

Rothschild, Nan. 2002. Introduction. In Kathryn A. Kamp, ed., Children in the prehistoric Puebloan Southwest. Salt Lake City: University of Utah Press.

Scott, Joan W. 1986. Gender: A useful category of historical analysis. American Historical Review 91: 1053–1075.

Seifert, Donna J. 1991. Gender in historical archaeology. Historical Archaeology 25: 1–155.

Seifert, Donna J., Elizabeth Barthold O'Brien, and Joseph Balicki. 2000. Mary Ann Hall's first class house: The archaeology of a capital brothel. In Robert A. Schmidt and Barbara L. Voss, eds., Archaeologies of sexuality, 117–128. London: Routledge.

Shanks, Michael, and Ian Hodder. 1995. Processual, postprocessual, and interpretive archaeologies. In Ian Hodder, Michael Shanks, Alexandra Alexandri, Victor Buchli, John Carman, Jonathan Last, and Gavin Lucas, eds., Interpreting Archaeology. Finding meaning in the past, 3–29. London: Routledge.

Silverblatt, Irene. 1987. Moon, sun, and witches: Gender ideologies and class in Inca and colonial Peru. Princeton: Princeton University Press.

Sørensen, Marie Louise Stig. 2000. Gender archaeology. Cambridge: Polity.

Spector, Janet. 1983. Male/female task differentiation among the Hidatsa: Toward the development of an archaeological approach to the study of gender. In Patricia Albers and Bea Medicine, eds., The hidden half, 77–99. Washington, DC: University Press of America.

———. 1993. What this awl means: Feminist archaeology at a Wahpeton Dakota village. St. Paul: Minnesota Historical Society Press.

Spector, Janet D., and Mary K. Whelan. 1989. Incorporating gender into archaeology courses. In Sandra Morgen, ed., Gender and anthropology: Critical reviews for research and teaching, 65–94. Washington, DC: American Anthropological Association.

Spencer-Wood, Suzanne. 1996. Toward the further development of feminist historical archaeology. World Archaeological Bulletin 7: 118–136.

Sweely, Tracy L. (ed.). 1999. Manifesting power: Gender and the interpretation of power in archaeology. London: Routledge.

Tanner, Nancy, and Adrienne Zihlman. 1976. Women in evolution. Pt. 1, Innovation and selection in human origins. Signs 3(1): 585–608.

Taylor, Timothy. 1996. Prehistory of sex: Four million years of human sexual culture. New York: Bantam.

Tringham, Ruth, and Margaret W. Conkey. 1998. Rethinking figurines: A critical view from archaeology of Gimbutas, the "goddess," and popular culture. In Lucy Goodison and Christine Morris, eds., Ancient goddesses: The myths and the evidence, 22–45. London: British Museum Press.

Trocolli, Ruth. 1999. Women leaders in Native North America: Invisible women of power. In Tracy L. Sweely, ed., Manifesting power: Gender and the interpretation of power in archaeology, 49–61. London: Routledge.

Voss, Barbara L. 2000a. Feminisms, queer theories, and the archaeological study of past sexualities. World Archaeology 32: 180–192.

———. 2000b. Colonial sex: Archaeology, structured space, and sexuality in Alta California's Spanish-Colonial missions. In Robert A. Schmidt and Barbara L. Voss, eds., Archaeologies of sexuality, 35–61. London: Routledge.

Voss, Barbara L., and Robert A. Schmidt. 2000. Archaeologies of sexuality. In Archaeologies of Sexuality, 1–32. London: Routledge.

Wadley, Lyn. 1998. The invisible meat provider: Women in the Stone Age of South Africa. In Susan Kent, ed., Gender in African Prehistory, 69–81. Walnut Creek, CA: AltaMira.

Wadley, Lyn (ed.). 1997. Our gendered past: Archaeological studies of gender in Southern Africa. Johannesburg: Witwatersrand University Press.

Walde, Dale, and Noreen D. Willows (eds.). 1991. The archaeology of gender: Proceedings of the 22nd Annual Chacmool Conference. Calgary: Archaeological Association of the University of Calgary.

Watson, Patty Jo, and Mary C. Kennedy. 1991. The development of horticulture in the eastern woodlands of North America: Women's role. In Joan Gero and Margaret W. Conkey, eds., Engendering archaeology: Women and prehistory, 255–275. Oxford: Basil Blackwell.

Wylie, Alison. 1992. The interplay of evidential constraints and political interests: Recent archaeological research on gender. American Antiquity 57: 15–35.

———. 1997a. Good science, bad science, or science as usual? Feminist critiques of science. In Lori D. Hager, ed., Women

349

in human evolution, 29–55. New York: Routledge.

————. 1997b. The engendering of archaeology: Refiguring feminist science studies. *Osiris* 12: 80–99.

Yates, Tim. 1993. Frameworks for an archaeology of the body. In Christopher Tilley, ed., *Interpretative archaeology,* 31–72. Providence, RI: Berg.

Zarmati, Louise. 1995. Popular archaeology and the archaeologist as hero. In Jane Balme and Wendy Beck, eds., *Gendered archaeology: The second Australian Women in Archaeology Conference,* 43–47. Research Papers in Archaeology and Natural History 26. Canberra: Department of Prehistory, Research School of Pacific Studies, Australian National University.

Zihlman, Adrienne. 1997. The Paleolithic glass ceiling: Women in human evolution. In Lori Hager, ed., *Women in human evolution,* 91–113. London: Routledge.

斯蒂芬妮·柯纳、史蒂文·普赖斯

（Stephanie Koerner, Steven Price）

本章将探讨20世纪60年代以来，考古学中主要哲学范式的历史背景，揭示其反思性社会框架，并挖掘目前关于哲学（或理论）问题的新视角和发展方向。以下是本章的核心主题：

（1）价值取向：阐释危机与教育之战。

（2）紧急状态在柏拉图主义与亚里士多德传统中的规范性地位。

（3）三十年战争（1618—1648）与现代大都市的形成。

（4）现代大都市的衰落与20世纪分析哲学、欧陆哲学及社会学（或批判理论）哲学传统的分歧。

（5）实践理论、诗学与历史的哲学意蕴。

最后，本章将探讨如何反思性地对待物质性和相互性的实践理论。

表征危机

在过去的一个世纪里，哲学、政治历史、教育机构及公共事务领域出现了一系列危机。如今，关于这些危机的原因及后果的讨论日益激增，表现为跨学科理论文献的专业化、研究和教学领域的发展，以及公众对专家知识文化的理解甚至欣赏。直至最近，讨论的焦点主要集中在过程考古学（或新考古学）和后过程理论上，不同理论家运用分析哲学、欧陆哲学和社会学（或批判理论）的哲学传统来回应 20 世纪上半叶的物理科学危机（Hempel, 1965; Friedman, 2002）和下半叶的人文科学危机（Salmon, 1982, 1992; Pinsky and Wylie, 1989; Hodder, 1999; Thomas, 2004b）。

争论的焦点一方面源于这些哲学传统对 19 世纪实证主义的批评，另一方面源于它们对康德三大批判——1781 年的《纯粹理性批判》（*Critique of Pure Reason*）、1788 年的《实践理性批判》（*Critique of Practical Reason*）和 1790 年的《判断力批判》（*Critique of the Faculty of Judgment*）——的不同解读。过程考古学与后过程考古学的区别体现在对以下命题的不同观点：

（a1）：分析的对象或领域

（b1）：对（a1）的因果解释或阐释理解的方法

（c1）：研究者与（a1）和（b1）的关系

（d1）：（a1）、（b1）和（c1）的内容及其社会历史背景

（e1）：（a1）—（d1）与社会和道德责任的关系

我们把这些问题记为（a1）—（e1），并在结论部分再讨论这些问题。

戴维·克拉克（1973）在《古物》（*Antiquity*）杂志上发表的论文《考古学：纯洁性的丧失》（"Archaeology: The Loss of Innocence"）被广泛引用，成为考古学与哲学辩论以及更广泛的政治、教育和公共事务之间关系的转折点（Pinsky and Wylie, 1989; Preucel, 1991; Embree, 1992; Yoffee and

Sherratt, 1994; Thomas, 1999; Wylie, 2002）。克拉克提出了一个经过哲学提炼和阐述的模型，阐述了技术创新和社会变革对学科的影响，强调了批判性自我意识在考古学中的重要性，这有助于克服传统考古学仅与学科内部对话的弊端（Clarke, 1968）。在托马斯·库恩（1962）的新（后分析）科学哲学史的基础上，克拉克区分了三种学科意识概念：

1. 意识：将某个主题定义为一个独立于其前身知识和实践的专门领域。

2. 自我意识：不同的思想流派开始系统地辩论收集和解释考古材料方法的相对优点。

352

3. 批判性自我意识：研究人员从当代科学哲学的观点出发，对学科本身的内部结构提出质疑。

在克拉克看来，20 世纪的科学极大地扩展了现有的考古学信息，并通过揭示对（a1）—（e1）的不同观点导致了纯洁性的丧失。科学方法背后的实证主义信念是事实会自己说话，而不受其所处科学范式的影响（Clarke, 1973）。克拉克的论文创造了一种"怀疑的批判态度"（Shanks, 2004: 491），导致了新考古学家转向科学哲学，以创造考古学专属的理论构建和检验假设的原则（Binford，1972; Salmon，1982）。

教学范式的内容和背景变化

新考古学和后过程考古学之间的争论是与冷战、后殖民冲突、军事和商业研究的工业化，以及针对第三世界剥削的首次全球性批评同时出现的。对科学和现代性元叙事的批评与当时的其他社会争论产生了共鸣，包括关于人性、知识和历史的普遍论述以及殖民主义、帝国主义和民族主义的政治意识。因此，有人质疑阐释的危机是否仅限于学术界。

在 21 世纪之交，哲学正在打破物理科学、人文科学和人文学科之间以及专家和公共信息之间的界限（Irwin and Wynne, 1996）。人们对以下问题产生了分歧：（1）全球化和多元文化的统一中心－边缘模式（Giddens, 1990; Miller, 1995; Inda and Rosaldo, 2002）（参见琼斯，第 19 章；麦克尼文和拉塞尔，第 25 章）；（2）文化财产的破坏和保护模式（Layton et al., 2001）；（3）生态风险、可持续发展和暴力所带来的社会地理的巨变（Wynne, 1996; Baudrillard, 1970; Lash et al., 1996; Friedman, 1996）。

在这些后现代状态下，对失去纯洁性的反思并没有产生重大的变革。学术研究具有社会责任，对过去、今天和未来人类环境的多样性研究不仅仅是学术上的兴趣（Benjamin, 1940; Friedlander, 1992; Lacapra, 1992; Schmitt and Patterson, 1995; Toulmin, 1990; Olsen, 2001; Barrett, 2005; Koerner, 2005, 2006）。考古学界对上述（a1）—（e1）命题的许多争论都以僵持而告终，在学科的批判性自我意识阶段，各种立场不断扩大范围（Preucel, 1991），各种机构都期望从考古学中得到关于过去的统一图景（Holtorf, 2001; Layton et al., 2001; Carman, 2002）（参见福勒等，第 24 章）。普鲁塞尔（1991: 17）谈到了克拉克的批判性自我意识阶段更深层次的"本体论、认识论和实践"的影响，将后过程考古学称为"对过程考古学科学主义的攻击和对其他阐释框架的探索"。

面对令人生畏的统一性期望，科尼柳斯·霍尔托夫（Cornelius Holtorf, 2001: 286-287）指出，世界上许多考古遗产管理部门期望考古工作涉及的遗址和文物具有以下特点：（1）是真实的，拥有赝品和复制品不具备的独特气质（aura）；（2）不可替代，不可再生；（3）处于生态风险、商业开发以及文物贸易带来的破坏中；（4）依靠专业考古学家的保护，可避免被进一步破坏。这些期望表明了本体论（关于存在于世界上的东西的理论，以及为什么其他东西不存在）和认识论（关于知识条件的理论）的问题是如何与道德责任、知识权威和社会政治合法性（或主权）的问题联系在一起的。这些问题包括：

（a2）知识权威和可靠知识生产的来源包括哪些（如自然法、理性主体、特权阶级、集体代表、语言、政治权力等）？

（b2）评估知识主张的不同方法如何相互关联？是逐一评估论据，还是需要一个分析层次，从全局视角超越特定案例进行判断？

（c2）是否必须对综合性系统进行统一描述？还是允许对不同领域的知识进行不同层次的描述？

（d2）方法论如何断言某种观点是真实的或正确的？是什么将知识的真实性保证与参与政策制定和执行的政治力量区分开（Foucault, 1980; Rouse, 1996: 6, 2001; Latour, 2001）的？

（e2）社会责任是否可以被简化为专家能力（Wynne, 1996; Barnes, 2000）？

353

对这些问题的不同观点引发了关于历史和世界可理解性的认识论、本体论和伦理讨论。在对历史的探讨中，我们能知道什么？什么是无法知道的？是什么将过去与现在区分开来？什么是好的、道德上正确的或错误的？什么处于危险之中，需要拯救？此外，责任和信任是否可以归结为专业知识的条件？

如今，考古学家正在探索当代理论中的实践转向（Schatzki et al.,

1991），考虑人类如何相互联系、社会稳定和变化以及历史的问题（Barrett, 2000; Johnson, 2004），另外还有关于能动性和结构性，以及人类自我的物质前提、体现的社会实践和符号的讨论（Foucault, 1980; Bourdieu, 1990; Gero, 2000; Graves-Brown, 2000; Butler, 1993; Dobres and Robb, 2000; Gardner, 2004）（参见加德纳，第7章；泰勒，第18章）。

我们有充分的理由反对永恒的、可互换的和原子化的个体形象。然而，如果仅将能动性归结为物质前提和集体的利益概念，那么我们将无法解释意向性、人类互动、不同经验以及人类行为的多样性（Lash, 1994）。主体间的意向性（即"我们"的意识）对于处理（a1）—（e1）的不确定关系，以及在保持研究可靠性的同时兼顾对重要事物主张的偶然性至关重要。

在下文中，我们讨论的社会框架是围绕着导言中列出的五个主题进行的。这有助于涵盖与考古学和哲学问题有关的材料。

紧急状态作为柏拉图主义和亚里士多德传统中的规范

在柏拉图主义和亚里士多德的传统中，宇宙与政治体系的方方面面都与自然法紧密相连。哲学的使命是进行认识论、本体论和分类学的研究，以解决一些基本问题，例如：是否存在超越人类所制定的法律的自然法？如果存在，其最终来源是什么？如何发现或识别它？它的具体内容是什么？它与人为法律之间的关系是什么？

理性主义的根源可追溯至柏拉图的前辈巴门尼德（Cassirer, 1953）。勒内·笛卡尔（1596—1650）对其进行了重新阐述，他坚定地认为，心灵是独立于生理和社会经验的存在。经验主义的根源同样可以追溯至柏拉图，特别是亚里士多德对柏拉图关于感官印象具有欺骗性倾向的不同看法（Cassirer, 1944; Funkenstein, 1986）。作为一名经验主义者，休谟（Hume, 1822）强调了与环境的感官接触对于理解人类认知的重要性。理性主义者认为心智是一种先验的、与生俱来的能力，而经验主义者则认为它是后验的，受环境制约而产生和发展。理性主义者主张运用演绎法研究人类心智，而经验主义者则主张运用归纳法。

自柏拉图和亚里士多德以来，认识论和本体论的本质主义与概率主义范式一直存在两种对立的观点，一方面是本质的绝对统一性和永恒性，另一方面是不统一性（纯粹的变化）（McGuire and Tuchanska, 2001）。亚里士多德在《形而上学》（1941）中提出了一个问题：如果某物是变化的，那么该物的本质是什么？对亚里士多德来说，有三个可供选择的答案：（1）不变的方面；（2）变化的方面；（3）变化的和不变的方面的互动。

本质主义者（如柏拉图）认为，唯一重要的答案是（1），其他答案都可归结于此。在这一观点中，科学对象的标准表现为普遍性规律，这些规律可以通过必然性的因果链逻辑推理得出。我们不仅能够解释事物是什么（通过充分条件），还能解释事物必须是什么（通过必要条件）（Daston, 2000）。概率主义者（如亚里士多德）认为，如果观察到的事物总是或大部分能满足科学要求（《形而上学》：1027a20-27），它们便可以用一个普遍有效的分类系统加以描述，或被视为基本属性的特定可能实例。对事物不变的本质的关注让我们忽略了事物产生过程的问题。这是一个分类问题：是什么（基本物质）使特定物品成为其本身？是什么将它们彼此区分开来？是什么永恒的物质区分了不同类别的实体？对这些问题的综合回答形成了普遍有效的概括，即在任何时间存在的任何事物都可以被分类

（McGuire and Tuchanska, 2001: 45-47），并将所有的时间空间尺度划分为普遍性和特殊性两类（S. Koerner, 2004）。

　　历史变化在这些要求下变得问题重重，因为这些要求将不确定的问题
354 （a1）—（e1）简化为认识论问题，将能动性和历史纳入知识论范畴，将清单上的（a1）—（e1）和（a2）—（e2）问题简化为所谓的二元对立，如表 21-1 所示（Rorty, 1979; Descola and Pálssén, 1996）。

表 21-1　传统的二元对立

A	B
心灵	身体
可感知的事物	延展的事物
自然	文化
历史	神话
怀疑	现实
事实（允许的）	虚构（禁止的）
现代	前现代
知识价值	社会价值
专家知识	公众观念

　　在考古学领域，许多讨论延续了柏拉图主义和亚里士多德的传统，以及它们在当代分析哲学、欧陆哲学和社会学中的体现。帕特里克（Patrik, 1985）的研究探讨了如何处理作为方法论工具和理论原则的考古材料。她关注过程主义和后过程主义范式，指出前者将材料视为过去社会系统运作的化石印记，后者则强调它类似于一种文本，可以通过阐释来展现过去的符号系统或心理状态的运作。约翰·巴雷特（2000: 62）认为，"考古材料被视为某些事件及过程的独立化和物质化表现，而且考古学只能研究那些

能够在该材料中得到物质表现的历史片段"。这涉及考古学理论如何满足本质主义范式对人类能动性和历史的要求。由于本质主义仅接受非历史性的知识论，因此它将历史描述和解释的选择限制在基础主义的方法上。20世纪的理论争论主要围绕两种方案展开。第一种方案是历史表征方法，历史被视为一种感知经验，存在于个体的头脑中（作为心理状态的认知内容）。第二种方案认为历史是一种延伸的存在，它可以以不同的形式出现，如游牧民族、部落、酋邦和国家等社会类型，或不同时间和地点的文化，如新石器时代的英国文化、青铜时代的丹麦文化、中世纪的法国文化、文艺复兴时期的意大利文化、现代欧洲文化。

本质主义范式对人类能动性、知识和历史的态度提出了问题，需要发展新的历史表述方法以及将历史多样性与社会和道德联系起来的方法（Friedlander, 1992; Lacapra, 1992; Schmitt and Patterson, 1995; Buchli and Lucas, 2001）。由于本质主义低估了诗学和实践推理的哲学意义，所以这些问题变得更加复杂。在柏拉图主义观点以及对亚里士多德的本质主义的解读中，诗学与错误信仰和对政治主权的非理性要求的原因及后果紧密相连。

柏拉图主义者和亚里士多德主义者关注的并非伦理学的哲学意义，而是哲学的实践意义。对柏拉图来说，历史和社会理论主要揭示了偶像如何遮掩真理。尽管亚里士多德的态度相对较为积极，但他也强调了人类活动、社会生活和历史科学的局限性，因为这些都是不确定的、偶然的、随机的。在亚里士多德看来，这种偶然性不仅不符合科学客观性的要求，而且妨碍了哲学的实际重要性。尤尔根·哈贝马斯（2003: 278）指出，"对于哲学能产生什么实际影响的问题，（本质主义）柏拉图式的回答是：没有什么比理论本身更实用"，这一点体现在哲人王身上，就是他能在政治、教育和公共事务的偶然性之外做出裁决（S. Koerner, 2006）。在亚里士多德的经验主义和概率主义观点中，哲学作为审慎的专门研究与日常实践紧密相连，我们可运用实践理性探讨如何以最审慎的方式生活这一伦理问题（Habermas, 2003: 279）。因此，如何过好生活的问题并非由经验决定，而是由评判良好生活的本体论、认识论和神学认识论权威决定。在这方面，实践哲学或伦理学的意义在 20 世纪的后实证主义或后形而上学（分析哲学、欧陆哲学和社会学）的哲学任务范式中丧失了更多的实质性内容。

亚里士多德的一些作品留给了读者丰富的解读空间。有些解读认为这些作品强调了诗歌表达和交流模式中本体论与认识论的重要性，并将重点放在作为教育和政治理想的诗人-演说家身上，而非哲人王。在这些解读中，具身化（embodied）和物质化的形象不仅对相互影响、相互依赖的人类伦理关系具有重要意义，而且对人类历史的构建和发展同样关键（Cicero, 1942; Vico, 1948; Valla, 1962; Hesse, 1970, 1980; Blumenberg, 1983; Carruthers, 1990; Barrett and Koerner, 2001）。这些观点揭示了亚里士多德在《诗学》（Poetics）和《论题篇》（Topics）中所强调的诗学（想象力创造的形象）对于理性过程的重要性，即为何一组特定的观察和经验可以被视为证据。为了进行推理（例如从前提推导出结论），我们需要找到论证和论据之间的联系。发明性或想象力驱动的实践推理使我们能够找到这些联系。在亚里士多德主义者看来，诗学在科学或知识的推演和证明之前就已经存在。

然而，亚里士多德本人不太可能得出这样的结论。亚里士多德主义者一再将诗学简化为经验观察、激发情感以及将专业知识与公共事务联系起来的辅助手段（例如 St. Augustine, 1963; Thomas Aquinas, 1954; Eco, 1988）。在主流亚里士多德主义传统中，图像并非获取洞察力的窗口，它充其量是指导无知者的工具，在最坏的情况下是偶像崇拜的对象。

紧急状态

以下这段文字或许是谈及哲学（或哲人王与社会隔绝的生活方式）和超现实的纯粹观念（eidos）时最常被引用的文本之一，它揭示了现实语境下的公共事务（res publica）与城邦理想之间的区别（Plato, 1999: 7.515b）：

> 苏格拉底：让我们想象有一些人拿着各种器物举过墙头，从墙后面走过，有的还举着用木料、石料或其他材料制作的假人和假兽。而这些过路人，你可以料到有的在说话，有的没在说话。
>
> 格劳孔：你说的是一个奇特的比喻和一些奇特的囚徒。
>
> 苏格拉底：不，他们是一些和我们一样的人。你且说说看，你认为这些囚徒除了火光投射到他们对面洞壁上的阴影外，他们还能看到自己的或同伴们的什么呢[①]？

洞穴的形象阐述了柏拉图的论点，即为什么紧急状态是人类生活环境的常态，以及哲人王在统一宇宙和政体中的重要性。

瓦尔特·本雅明（1940）认为，解释危机和紧急状态的主题并非反常现象，而是现代的统治原则。本雅明关注强大的元叙事如何掩盖了殖民主

[①]　此段译文节选自柏拉图. 理想国. 郭斌和、张竹明，译. 北京：商务印书馆，2009。——译者注

义、帝国主义和民族主义政治意识形态所谓的文明进程，以及破坏人类生活世界的可变性力量。本雅明的反历史立场与 20 世纪主流的分析哲学、欧陆哲学和社会学传统截然相反（Gillespie, 1960; Wilson, 1995）。

本雅明的观点将我们带回了三十年战争（1618—1648），它引发了关于认识论权威、政治合法性及紧急状态规范性地位的争论。事实上，它将我们带回了柏拉图和亚里士多德时代，克服了各种传说以及主流统一科学和分类叙述的影响（Blumenberg, 1983; Toulmin, 1990）。有人主张哲学权威植根于自然的、前语言的原始状态，通过自身的内部法则运作，而哲学的任务是超越或高于历史。在这种观点中，哲学权威源于恢复自然的确定性，为现在（或现代性 modernity，希腊语中的 modo 意为现在）提供一块干净的白板，并消除历史障碍，或用黑格尔（1975）的术语消除偶然性。因此，知识的失败可以归咎于其他人对神话和迷信的非理性信仰等障碍，这些人可能是野蛮人、异教徒、芸芸众生、前现代人、平民、公众，或者如苏格拉底在柏拉图的《高尔吉亚篇》（*Giorgias*）中所说的"十万个傻瓜"（1994; Latour, 2001）。由此引发的关于柏拉图主义和亚里士多德主义认识论与政治权威的论战，往往将社会、生态和道德危机简化为认识论困境与跨文化翻译问题。

本雅明的观点非常超前，但被学术界发现得太晚。越来越多的幻想般的意识形态被用来合理化对少数族裔的边缘化、剥削和压迫，甚至直至其死亡。1949 年，西奥多·阿多诺（1973）认为，有些观点无视具体历史现实，试图从头开始建立一个普世共同事物的仲裁者，但这些观点在 20 世纪所发生的事情面前显然站不住脚。阿多诺指出，批判理论面临的是文化与野蛮辩证法的最后阶段。在这个辩证法中产生的救赎形象是野蛮的，然而我们不能没有文化。

这构成了罗伯特·布兰德姆（Robert Brandom, 1994）所谓的"理由的空间"，在这个空间里，主体之间相互影响、相互作用，这些主体提供并要求的理由创造了"我们"，也正是相对我们而言，事物才变得重要。这反映了人类有意和自愿的关系及行动的可能性条件，人类表达他们的期望和责任，从而影响彼此的信仰、价值和行动，构建他们的社群和历史（Barnes, 2000: 2）。正如斯蒂芬·图尔明（Stephen Toulmin, 1990: 1）所指出的，"我们看待过去的方式会影响我们处理未来的态度"。

本雅明（1940）认为这场论争阻碍了历史与社会道德事务之间的联系。这就像保罗·克利（Paul Klee）的画作《新天使》（*Angelus Novus*），其中天使从画布上望向过去，背对着未来的可能性条件。直至 21 世纪之交，主流研究才开始质疑柏拉图主义和亚里士多德主义的范式对当前哲学任务的适用性。

柏拉图主义和亚里士多德主义之外的传统

3 000 多年来，在规模较大的复杂社会中，理论追求在政治领导、教育学和公共事务中发挥了核心作用。在构成人文科学和人文学科背景的传统中，哲学和理论涉及在系统和方法上统一处理那些适合公开辩论的主题，因为不同立场间的相互理解和借鉴是基于理性的。

同样古老且引起跨文化兴趣的是表达物理世界和人类社会之间关系的模式。在古希腊语中，cosmos 指的是宇宙的结构、组成和力量，polis 则指社区成员将自己与外人区分开来并组织起来的手段。许多文化发展出了一种共同意识（sensus communis），即什么是好的、有价值的、应该和不应该被允许发生的。玛丽·赫尔姆斯（Mary Helms, 1979, 1993）探讨

356

了一个模型，即一个知情的"有义化的"社会实体被外部的宇宙领域包围，该领域包含各种可见的、不可见的、特殊的品质、能量、生命和资源，其中有些是有害的，有些是有益的。这些外部领域被传统的宗教从业者探索、控制、转化和利用，他们是山民、牧师、占卜者、巫师、助产士等（Helms, 1993: 7）。关于"我们"的共同意识的类似哲学争论与柏拉图主义和亚里士多德传统一样古老，包括通过"记忆的艺术"体现教育和政治理想的诗人－演说家，如贺拉斯（前65—前8）和西塞罗（前106—前43）（Cicero, 1942; Vico, 1948; Valla, 1962; Hesse, 1970; 1980; Carruthers, 1990; Barrett and Koerner, 2001）。

西塞罗对凯奥斯岛的诗人－演说家西摩尼得斯（Siminides）如何发明这种艺术的描述影响深远（*De Oratore,* 1942: 2.84.351-354; Yates, 1966: 1-26）。在塞萨利的一个贵族斯科帕斯（Scopas）举办的宴会上，西摩尼得斯吟唱了一首抒情诗。随后，西摩尼得斯被叫到外面去见两个旅行者，但在外面他没有看到任何人。当他开始返回时，宴会厅的屋顶倒塌了，把所有人都压得无法辨认。此时，西摩尼得斯被委托吟诵一首回忆之诗以确认那些无法辨认的受害者。起初，他不知道如何才能做到这一点。然后，他利用建筑遗迹作为记忆工具，再次吟诵了他在这场多灾多难的宴会上展示的诗歌。这一次，他用活着的家人和邻居提供的名字及纪念品回忆了在这次事件中丧生的人。

西摩尼得斯对记忆艺术的发明显示了地点（loci）如何作用于对文字以及人、地与事的回忆。它还说明了诗人或作家对哲学任务的重要形式的要求。西塞罗（1942）、维科（1948）的作品以及亚里士多德的《诗学》（1982）和《论题篇》（1984）等表明，我们可以将社会结构与道德或哲学意义区分开来。结构化与诗学术语（verba translate，字面意思为"意义可转移的词语"）的语法或逻辑有关，它至少围绕着四种可转移意义的术语（或图像）展开：（1）从一个事物到类似事物（隐喻）；（2）从因到果或反过来（转喻）；（3）从整体到部分（提喻）；（4）从一个事物到其反面（反语）。诗歌实践的道德和哲学含义包括：（1）inventio，找到相关的论据；（2）dispositio，以有效的顺序安排它们；（3）elocutio，选择适当的语言；（4）memoria，记住演讲内容；（5）pronuncia，表达它。

这些特性并不局限于文字，也包括形象，例如柏拉图关于洞穴的描述，洛克关于心灵是一个管状物的表述，以及马克思的商品拜物教等。这样的图像和物体并不具有意义，而是表达了一种意义关系（Hesse, 1970, 1980）。当我们作为相互影响、相互负责和有表现力的生命参与到给予和要求理由的理性实践中时，我们便创造（希腊语为 poiesis）了这些文字和形象（Brandom, 1994, 2000; Barnes, 2000; Habermas, 2003）。

西塞罗的论述展示了我们该如何利用我们的诗学能力来理性地将我们的隐性经验明确化，将对怎么做某件具体的事的认知转化为普遍的知识，并逻辑化地表达我们如何能够做到这一点。它显示了理性的责任感在物质上所蕴含的伦理相互性，也显示了我们如何被说服的逻辑。诗人－演说家帮助我们反思和辩论了关于过去、现在与未来可能性条件的重要意义。 *357*

这些主题与我们可用的大量概念工具有关。我们往往把考古学理解为研究符号或社会系统运作的记录，这些概念工具可以将考古学的研究对象拓展为"不同主体获得其各种历史现实的背景机制范围"（Barrett, 2000: 61）。

三十年战争与现代大都市

经过三十年战争（1618—1648）和革命时代（约1776—1848），一种新的宇宙观和政治观念应运而生。其思想背景受到了笛卡尔（1596—1650）怀疑论的人为真理条件、艾萨克·牛顿（1643—1727）实验室里的人工自然、弗兰西斯·培根（1561—1626）的亚特兰蒂斯、霍布斯（1588—1679）的利维坦式的人造社会以及牛顿的铸币和市场理念中的人工价值的影响。

牛顿用一个开放的、未完成的宇宙取代了封闭的、固定的、已完成的中世纪宇宙，这个宇宙由不变的物质和运动规律决定（Koyre, 1965; Blumenberg, 1983）。现代宇宙的动态稳定性取决于一种新的双重断裂。第一种断裂是去除绝对的超越性和内在的现实（一个在存在中不可言说、在设计中不可捉摸的造物主），同时无限扩大人类（或现代民族国家）在人造自然和社会中的核心地位。第二种断裂是将个体主体的认知与其在宇宙中的位置分开（Blumenberg, 1983; Dupré, 1993; S. Koerner, 2004）。

在革命时代，启蒙主义和浪漫主义通过对人性的概括来进行的论争围绕着两个轴心展开。一个是将主体（我）视为所有意义和价值的来源，以及自然和社会运作的一个简单节点。另一个则围绕着现代人与其他人的二元对立。哲学任务的主流范式被简化为：（1）将世界划分为可感知的事物和由因果必然性决定的事物；（2）将社会生活简化为个人间的契约结构；（3）将伦理学私有化，将冷漠全球化；（4）将伦理学孤立为一个专门领域；（5）强调现代 - 前现代二分法。

对他人信仰的相信以及将社会危机归结为认识论问题

关于科学革命和现代性诞生的主流说法强调了 17 世纪的经济繁荣、宗教对社会流动和知识生活的限制的减少、世俗文化的扩张、民族国家的政治中心地位，以及新的数学、机械实验科学和自然哲学对前现代世界观的颠覆（Gillespie, 1960; Toulmin, 1990; Wilson, 1995; Daston, 2000）。然而，斯蒂芬·图尔明（1990）对三十年战争后环境恶化的观察与上述说法相矛盾：

> 血腥冲突持续的时间越长，欧洲的状况就越矛盾……对许多参与其中的人来说，他们的神学信仰是什么，或者他们的经验扎根于何处，已经不再是关键，而这正是 16 世纪的神学家们所要求的。到了这个阶段，最重要的是宗教真理的支持者要虔诚地相信信仰本身。对他们来说，就像很久以前的德尔图良（Tertullian）一样，教义与经验的对立只是更加坚定地接受这个教义的另一个理由。（Toulmin, 1990: 54）

《威斯特伐利亚和约》经过长达十年的谈判，最终确立了现代民族国家的国际体系。图尔明（1990: 152）指出，"国际联盟并不存在，其他机构，无论是国际的还是国内的，都无法限制欧洲自主意志的主权国家的野心或行动"。谈判者唯一共同的信念是，战前的机构已经被紧急状态淘汰了。谈判的重点在于：（1）建立一个统一的机构，它可以作为公正的裁判员站在冲突的政治合法性诉求之外；（2）探讨阻碍了世界普遍化原则的因素；（3）寻求新的社会结构和社会凝聚模式（Sprat, 1667; Rossi, 1978; Bacon, 1884, 1974）。

358 　　柏拉图主义和亚里士多德传统的数学机械解释为后来的普遍方法、科学和分类提供了基础，然而主流叙述往往掩盖了这些观念以及对这种解释的虔诚信仰（Peitz, 1985, 1987, 1988, 2002; Latour, 2002; Latour and Weibel, 2002; Weibel, 2002）。自然哲学和实验科学与揭露偶像骗局的装置相结合，宣称偶像会腐蚀和破坏社会稳定。许多早期现代科学实验所涉及的仪器，旨在揭示那些据称善意的人之间达成理性协议的主要障碍：平民、被殖民的野蛮人、前现代人和其他人的偶像与非理性的信念。对牛顿（1958）而言，在中国、埃及、美洲、古罗马和巨石阵等地，阻碍理性的政治、教育和公共秩序的物质遗迹随处可见（Westfall, 1982）。牛顿的同代人古物学家约翰·奥布里（John Aubrey, 1972）基于对古代建筑（如巨石阵）的发掘、对原始仪式工具的收集，以及对祭司编造奇迹的报告，对他的观点表示同意（Schaffer, 2002: 508）。拜物教被视为非洲和美洲的所谓野蛮人对文物神秘力量的妄想，而揭露拜物教是 17 世纪自然哲学家和古物学者寻求真理的重要组成部分（Schaffer, 2002: 507-508）。

　　牛顿在为铸币厂和市场的价值标准化辩护的回忆录中使用了"拜物教""古代文物"和"商品"等表述，同时他还建立了一个严格的政府治理及商业制度的社会结构和社会凝聚模式，旨在用人工制品稳定的外在价值，即资本主义市场中的货币，来取代他所谓的内在价值的扭曲体验（Shaffer, 2002: 508-510）。科学和标准化货币的价值具有超越时空的稳定性，而中世纪欧洲和原始人的偶像崇拜的概念，对主张使用这种货币而言越来越重要，因为它可以清除认识论和政治权威以及现代知识进步的障碍。

革命时代：休谟、孔德和康德

　　确保人类科学的认识论权威，在现代早期欧洲的政治主权斗争中至关重要。在三十年战争之后，最具影响力的政治领袖和教育机构纷纷呼吁建立新的社会结构和社会凝聚模式。一个颇具争议的问题是，是否应该将新的社会理想和机构建立在新的自然哲学、数学和机械实验科学之上（Hobbes, 1962; Shapin and Schaffer, 1985），如笛卡尔、牛顿和约翰·洛克（1632—1704）等启蒙运动的代表人物所主张的那样。对实证主义自然哲学的一些奠基人来说，人类科学建立在遵循自然法则（包括其自我存续的力量）的前提之上。通过运用自然语言而非文化语言（Mali, 1992）以及牛顿原理（即社会和心理物理学），研究者试图从对文化次要特征的观察中推断出人性中不变的主要特质。

亚历山大·柯瓦雷（Alexander Koyré, 1965: 22）认为："人们对自然的信念如此深厚，以至于对孤立且自给自足的原子间相互作用会自动产生牛顿（或伪牛顿）模式的秩序深信不疑，没有人敢于怀疑秩序与和谐将以某种方式由人类原子按照其本性行事产生，无论其产生方式如何。"这些信念为原子主义个人心理学提供了影响广泛的范式，将思维解释为感觉、观念、关联法则和社会学的马赛克，将人类历史解释为"由完整、自足的人类原子组成的群体，彼此之间仅存在吸引和排斥"（Koyré, 1965: 22）。

在所谓的漫长的 18 世纪（从笛卡尔和牛顿到 1815 年的后拿破仑时期），许多思想家就从数学、机械实验科学中得出的原则是否适用于人类科学以及是否能促进社会进步进行了辩论，如洛克、莱布尼茨（1646—1716）、伏尔泰（1694—1778）、孟德斯鸠（1689—1755）、休谟（1711—1776）、卢梭（1712—1778）、康德（1724—1804）、歌德（1749—1832）、圣西门（1760—1825）和孔德（1798—1857）。辩论中的反对派强调了人类所经历的世界与自然界机械理论所代表的世界之间的差异。人类对自然

359 的体验充满了色彩、气味、声音、味道和触觉印象，这些被认为是次要的人类特征。一些古老的问题被再次提起：我们对世界的认知与世界的实际情况之间有什么联系？是否存在必要的联系？人类的知识、文化和历史是如何起源的？自由意志是否是人类的一个显著特征？什么样的知识能帮助人类批判性地评估和改造他们所处的环境？人类是否有可能弥合实然与应然之间的差异（Rousseau, 2000）？

对 20 世纪的分析哲学、欧陆哲学和社会学传统影响最大的是休谟、孔德和康德。对孔德和康德来说，他们需要一种令人满意的方法来解决休谟提出的形而上学怀疑论论点。休谟（1902, 1958）探讨了因果之间是否存在必要联系的问题。他指出，我们并没有感知到这种联系，因此，必然联系的观念不可能来自我们对外部世界的经验。对休谟来说，我们关于必然联系的想法的来源和内容是在我们内部进行的观察。受习惯的力量的影响，当我们观察到熟悉的原因时，会期待熟悉的结果。因此，休谟认为，无论是经验还是理性，都不能保证在未来我们看到熟悉的原因之后一定会出现熟悉的结果。

孔德的实证主义哲学以单一的自然法论、经验主义方法论（只承认通过感官获得的知识）和纯粹的描述性语言为中心，对观察到的现象做出了可检验的陈述（Carnap, 1934; Cassirer, 1942, 1960; Neurath, 1973; 参见 Preucel, 1991: 18）。对孔德来说，科学是社会进步与和谐的关键。继圣西门 [以及密尔的《逻辑体系》（*A System of Logic Ratiocinative and Inductive*）] 之后，孔德的哲学是对形而上学怀疑论的实证主义回应，因为它将知识视为观察结果之间的继承和相似关系的规律。"实证主义哲学认为自然现象产生于不变的规律，发现这些规律……是我们所有的努力和目标……**我们并不假装阐述现象的生成原因**"［Compte, 1974: 24（黑体为笔者所加）］。

　　康德在三大批判中阐述了完成哲学任务时的方法的主要组成部分（1781, 1788, 1790），涉及与以下问题有关的人类能动性、知识和历史的各个方面：（1）我可以知道什么？（2）我应该做什么？（3）我能抱有什么样的期望？（4）人是什么？［康德作品集，1902: 9: 25（本章作者翻译版）］。对康德而言，这些问题是相互关联的，而第四个问题对于理解这种关联性尤为关键。他认为，人类发现世界是可以被理解的，这一成就非同寻常。换言之，对人类来说，世界并非杂乱无章的感官输入。我们不需要百科全书和地图来构建经验。康德认为，我们对世界可理解性的经验是通过以下过程产生的：（1）世界上存在的事物本身，无论我们是否经历过它们；（2）我们所创造的各种概念。他进一步指出，如果我们没有体验世界潜在可理解性的能力，就无法做出有意识的行为，无法建立社会联系，也就没有共同认识的基础，不可能进行伦理和道德互动。对康德来说，这意味着我们只会成为自私自利的人，无法与他人和谐相处。

　　康德的第一批判（1781）主要回应了 18 世纪关于知识确定性标准的辩论。对康德而言，知识的不确定性（以及形而上学怀疑论）的一个主要成因是未能区分事物本身和现象（人类所经历和理解的对象及过程）。第二批判（1788）将这一理论与人类行为的复杂性、社会变革、伦理和道德等问题联系了起来。第三批判（1790）涉及知识的基础、人类历史的文化多样性，以及关于事物实然与应然之间差异的问题。这项工作的核心是20 世纪研究者所确定的克服形而上学的任务，即康德所说的纯粹（或先验）的直觉和判断能力：审美和时空。对康德来说，审美判断塑造了人类

（具有意识能力）与周围环境事物的感官相遇。它构成了先于任何实践和概念的人类感受与评价的能力。在康德看来，审美判断是艺术、科学和社会历史的先决条件，同时也是实现道德理想的先决条件，即每个人都不将其他事物作为达到目的的手段，而是将它们本身视为道德目的。

康德的作品中的几个主题成为 20 世纪分析哲学、欧陆哲学和社会学（或批判理论）哲学传统以及 19 世纪和 20 世纪人类科学与人文理论的关键起点（Thompson, 1836; Hegel, 1967,1975; Mark and Engels, 1975; Morgen, 1963; Durkheim, 1954, 1960; Weber, 1958）。这些理论包括：（1）以审美判断的先验直觉区分现象和事物本身的人类知识理论；（2）人类历史的普遍性或世界性模式；（3）将善与恶仅置于人类手中的道德自由方法。

知识的条件

康德认为知识不能独立于我们的判断而存在。知识不应被理解为既存在于世界中又存在于我们的头脑中（如理性主义者所主张的），也不应被理解为直接产生于感觉经验，然后由观念拼凑而成（如经验主义者所主张的）。对康德来说，这两种观点都忽略了意识的维度，而这些维度对于联系人类知识的条件与伦理和道德问题至关重要。人类不仅能够赋予经验以意义和价值，而且能够发现自己是这些意义和价值的来源。康德将此归功于理性和想象力的结合。在他看来，想象力使人类有可能发现他们自己是意义和价值的来源，这一发现对于个人的自由意识以及解决社会和历史中的实然与应然之间的差异至关重要。

对康德而言，人类知识的条件问题可以被重新表述为：审美判断与现象学对象之间的关系意味着什么？在康德看来，知识的对象根本就不独立于我们的判断而存在。通过审美时空直觉来组织感官体验，我们能够体验

360

到现象学对象的特性，将原因归结于它们自身，并理解对象与其现象学环境之间的关系。

人类历史的普遍或世界性模式

康德在《世界公民观点之下的普遍历史观念》（"An Idea of a Universal History from a Cosmopolitan Point of View"）中讨论了人类的能动性和历史，探讨了自然历史与文化历史之间的关系。康德的普遍历史观体现了一种二元对立，实际上是对自然、文化和人类道德自由能力的辩证演化轨迹的因果解释。康德对普遍历史的设想始于自然界的最初阶段（牛顿物质粒子和无限时空中的运动）（Kant, 1963），并通过一系列事件得以发展，据称这些事件包括从人类原始意识的出现到文明的崛起、哥白尼革命，以及社会理想和现实在未来的理想公民秩序中的最终统一（Kant, 1963）。

康德从卢梭（2000）那里得出的观点是，人类在实践推理和道德自由方面的自然能力使他们能够创造一个更好的世界，同时对邪恶负责。这标志着与依赖于造物主或理想自然的方法论的彻底决裂。对康德（1784，1788）来说，理性是概念理解和意向性实践的基础，而想象力则是人类发现自己是意义和价值的来源的关键，也就是人类的自由意识。这种发现让他们得以解决实然与应然之间的差异以及善恶责任的问题。因此，康德（1784）的"人性公式"不将人性作为手段，而是作为其本身的目的，无论是在自己身上还是在他人身上。

现代大都市的崩溃与 20 世纪分析哲学、欧陆哲学和社会学传统的分道扬镳

对于 20 世纪上半叶的物理科学危机和下半叶的人文科学危机，过程

考古学和后过程考古学持有截然不同的观点（参见沃森，第 3 章；尚克斯，第 9 章）。20 世纪上半叶，经济大萧条导致的战争摧毁了《威斯特伐利亚和约》。该和约结束了三十年战争并调解了欧洲民族国家之间的国际政治关系。在该和约被摧毁后，之前旨在建立欧洲国际关系的机构也随之瓦解。在学术界，爱因斯坦的相对论破坏了孔德（1876）的实证主义和科学统一性、社会进步以及经验主义方法论，同时发展了一种纯粹的描述性语言以及评判相互竞争的知识主张（Carnap, 1934; Cassirer, 1942, 1960; Neurath, 1973; 参见 Preucel, 1991: 18）。到了 20 世纪 50 年代，物理学、哲学、人文科学以及人文学科对这些观点的看法之间开始出现分歧。

哲学对物理科学危机的回应

在战后的几十年里，学者们纷纷对分析哲学、欧陆哲学和社会学哲学传统奠基人的作品进行了回应（参见宾特里夫，第 10 章）（Husserl, 1936; Cassirer, 1960; Heidegger, 1962; Kuhn, 1962; M. Friedman, 2000）。在分析哲学传统中，逻辑实证主义、逻辑经验主义的科学家和科学哲学家试图将科学与其他类型的知识以及事实与价值区分开来。他们采用类似的语言来陈述观察和理论，同时采用类似的方法来发现和证明理论（M. H. Salmon, 1992: 2-3）。许多这样的哲学家在二战后离开欧洲前往英国和美国，对他们的美国学生产生了影响（Kuhn, 1962; Binford, 1972; Clarke, 1968, 1973）。

相反，在欧陆哲学和社会学传统中，学者们批评了分析哲学。他们认为：

> 分析哲学强调了科学的逻辑特征，忽视了科学活动的文化背景，从而表现并加深了科学活动的非历史观……所谓的事实只能通过理论

来把握，而理论是特定文化成员的创造物，永远无法完全摆脱该社会的价值观和愿望。（M. H. Salmon, 1992: 4）

在欧陆哲学和社会学传统中（Winch, 1964; Bloor, 1966; Hollis and Lukes, 1982; Bourdieu, 1990），人文科学和人文学科被认为比实证主义或分析传统更适用于哲学任务，后者关注语言的逻辑分析、假设检验和解释，忽视精神和社会问题，以便披上物理科学的外衣。

然而，除上述对比之外，这些传统有几个共同的特点，体现在如何解释（a1）—（e1）和（a2）—（e2）问题上，这些问题将在过程考古学和后过程考古学中引发反响。

新康德主义 三种哲学传统都认为康德（1781, 1788, 1790）关于人性、知识和历史的处理方法对后实证主义哲学至关重要，但反对他关于人类能动性、知识以及自然和文化历史的形而上学理论（Carnap, 1938; Cassirer, 1942, 1960; Neurath, 1973）。因此，这些传统继承了康德的二分法，包括前现代与现代、专家知识与公众信仰、现实与社会构建、认识论价值与社会和伦理价值（如道德上正确或社会上良好），以及理论和实践的内容与历史背景。

语言学与阐释学转向、超越形而上学 康德的形而上学方法关注的是先验直觉的理想（或形而上学）模型以及我们如何理解所处世界的过程和历史，这种方法对他的道德自由观点至关重要。作为对康德的形而上学问题的解决方案，这三种传统都发展了柏拉图主义和亚里士多德的观点。它们同意康德关于审美和伦理判断的先验结构的概念，并试图用语言将此概念经验化，这也解决了 19 世纪实证主义概念的问题，即认为事实会自己说话。在社会学领域，埃米尔·涂尔干（1912）、马克斯·韦伯（1958）、恩斯特·卡西尔（Ernst Cassirer, 1906, 1953）和法兰克福学派的批判理论（Areta and Gebhardt, 1978）对语言学转向做出了贡献，都认为社会和文化对于人类知识是必要的，这不仅仅是为了社会团结或"我们"的共同体，而是通过提供一个语言学方案来解决所谓个体人类不完整的问题。

伦理的个体 语言对于分析哲学、欧陆哲学和社会学传统处理伦理与道德问题有重大影响。如上所述，对康德来说，先验的审美直觉和时空经验赋予了人类实践推理和道德自由的自然能力。人们因此既能创造一个更好的世界，又能对邪恶负责。在这些传统中，要克服康德的形而上学，就必须取代他作品中的这些超验的方面，把伦理和社会性的可能性条件不同程度地还原为语言能力。没有语言，人类的生命形式就会崩溃，不是陷入霍布斯式的所有人对所有人的战争，而是陷入野蛮的混乱，或者像社会文化理论中语言学转向的关键人物之一克利福德·格尔茨（1973）所描述的精神崩溃（mental basket cases）（Rosaldo, 1989）那样。对科学概念、证据、理论和解释之间语言关系的逻辑分析（Russell, 1921; Whitehead, 1925; Carnap, 1934; Frege, 1965; Wittgenstein, 1933, 1958）是为了取代意识和知识生产的形而上学、心理学和社会模式（Habermas, 2003）。维特根斯坦（1958）认为，我的语言的界限意味着我的世界的界限，逻辑语义学的命题向我们展示了这个世界的支架。马丁·海德格尔（1962）明确地从洪堡、狄尔泰（Dilthey）和胡塞尔那里汲取原则，并从詹巴蒂斯塔·维科（1948）、贺拉斯（前65—前8）和瓦拉（1407—1457）那里获取灵感（Grassi, 1980），旨在为形而上学建立一块净土，人类的自我理解取决于世界披露（真理）对个体自我发生的语言学的先验条件。这些革命性的概念大大降低了语言学上自我接触世界的条件。尽管看起来语词通过个体的使用获得意义，但话语的有效性和它的社会接受度之间没有明显的区别（Habermas, 2003: 68）。我们有权得到的就是我们所习惯的。换句话说，分析哲学、欧陆哲学和社会学范式把伦理学当作一个专业领域，它必须局限于个体，而不是构建某种形象或模式供群体遵循，或研究人们如何通过遵循传统来获得自我理解。

对物理科学危机的回应

在 20 世纪 50 年代，科学家们依然在努力应对物理科学危机，并热切地探讨事物的统一性和新兴的计算机虚拟现实技术。彼得·伽里森（Peter Galison, 1996）展示了对象、学科和活动的混乱组合，包括热核武器、毒气、天气预测、离子核子相互作用、数论、概率论、工业化学和量子力学，是如何在 20 世纪上半叶发生转变的。然而，由于缺乏共同的规律和共同的本体论，这些研究在二战结束时仅为科学工业化做出了基础贡献："它们拥有一组新的共同技能，一种生产科学知识的新模式，内容丰富，足以协调高度多样化的主题"（Galison, 1996: 119）。

这些活动的共同之处在于通过计算机模拟创造虚拟现实。伽里森（1996: 119-120）认为，这种研究通过从物理测量和方程中提取信息的新方法来改变认识论，并通过用虚拟现实取代经典力学的人工性质来改变形而上学。虚拟现实由离散实体通过不可化约的随机过程进行互动组成。正如伽里森（1996: 120）所言，计算机作为一种计算工具导致了"计算机即自然"的观念，一个似乎无限的模拟现实的生产场所。

人文科学和人文学科的危机

随着冷战、后殖民冲突、军事工业化和商业研究的发展，世界各地的学者开始批判对第三世界的剥削以及人文科学和人文学科中殖民主义、帝国主义、民族主义和后殖民主义根源。他们批判前现代人和现代人之间的区分如何掩盖了日益严重的社会不平等、生态剥削和后殖民主义暴力（Ardener, 1971; Wolf, 1975; Augé, 1982; Fabian, 1983; Clifford, 1988）。在这几十年对主流科学和现代性观点的批判中（Hollis and Lukes, 1982），考古学的纯洁性受到了质疑（Clarke, 1973）。有些人认为问题在于经验主义，即相信一个超越个体、以某种方式参与经验世界的存在（借用涂尔干 1954 年的表述）。宾福德和萨布洛夫（Binford and Sabloff, 1982: 1937）写道：

> 博厄斯学派人类学以及大部分普通考古学的知识背景建立在培根所谓的"心理客观性"思想上，即认为人们只需清除自己头脑中的偏见，让自然界的伟大真理通过"无偏见"的头脑载体被揭示出来。这就是主导"伟大时代"的观点，当时人们认为"发现"是科学的产物，其使命是积累和清点"自然事实"。

20 世纪 60 年代的新考古学受到了分析哲学、欧陆哲学和社会学的影响。随后几十年里，过程考古学和后过程考古学对（a1）—（e1）问题的*363* 回应开始分道扬镳（Renfrew and Bahn, 1994; Thomas, 1999; Bintliff, 2004），并开启了学科内的批判传统（Pinsky and Wylie, 1989; Trigger, 1989; Preucel, 1991; Embree, 1992; Renfrew and Bahn, 1994; Thomas, 1999; Wylie, 2002; Bintliff, 2004）。普鲁塞尔（1991）在这方面概述了"英美考古学中三个有影响力的理论方案"。

实证主义寻求基于经验观察的一般规律（Preucel, 1991: 18）。对一个事件的因果解释需要将一般规律应用于一组特定的初始条件上。对宾福德和其他学者而言（Watson et al., 1971; Peebles and Kus, 1977），这种"覆盖律"模型是科学考古学的基础（参见沃森，第 3 章）。

阐释学确定了意义是如何通过阐释实现的。20 世纪 70 年代末，戴维·克拉克以前的学生伊恩·霍德认识到，考古学家对科学和客观的渴望伴随着对猜测和主观的恐惧（Preucel, 1991: 21）。霍德（1984: 28）认为这种困境在于，对过去做出任何判断都需要对数据进行解释，而这些解释是不可检验的，因为理论和数据是同一论点的一部分。因此，帕特里克（1985）质疑是否存在"考古记录"，即过去社会系统运作的印记，而不是需要基于文学理论阐释的文本（Wylie, 2002）。

批判理论起源于阐释学传统，旨在通过揭示意识形态如何掩盖社会矛盾来实现社会变革（Althusser and Balibar, 1970; Habermas, 1972; Preucel, 1991: 24; Hodder, 1999）（参见尚克斯，第 9 章）。在考古学领域，批判理论与马克·莱昂内的研究紧密相关。他与霍德一样，认识到考古学家很少质疑他们所接受的观点是如何构建他们对过去社会的重构的，并对自己的过程考古思维进行了彻底修正。莱昂内（1978）反对现代人将时间划分为过去、现在和未来，并对研究内容及其社会背景之间的关系，以及社会和道德责任问题提出了质疑（Preucel, 1991: 24）。

在过去几十年中，一些考古学家强调了分析哲学、阐释学和批判理论的思想与目标之间的重叠和互补领域，主张超越研究内容和研究背景之间的划分或认识论和社会道德价值之间的问题概念。艾利森·怀利（2002: 174）指出，考古学数据和证据既不稳定，也不独立于理论，它们取决于原则和背景知识（中程理论）。为了防止理论和受理论影响的证据之间的循坏推理，怀利（2002: 174）认为问题的核心是"系统地说明研究者如何对有关考古数据和证据的意义的相对可信性做出判断"。

物质性和相互性：实践理性、诗学、历史

> 在日常生活中，智者往往通过等待和观察事件的发展来指导自己，而不是通过计划和预测……换句话说，我们经常即兴发挥，边做边学，边做边改。（Rosaldo, 1989: 92）

在 20 世纪 80 年代和 90 年代，人们付出了巨大努力来发展后现代条件的性质和后果模型，探讨全球化的矛盾态度（Inda and Rosaldo, 2002）（参见琼斯，第 19 章；麦克尼文和拉塞尔，第 25 章），文化遗产的破坏与保护（Layton et al., 2001），生态风险、可持续发展与暴力的社会地理学（Lash et al., 1996; J. Friedman, 1996），以及文化无尽征服和完全主宰自然的意识形态形象的丧失（Toulmin, 1990; Beck et al., 1994; Latour, 1993）。表征危机集中在将全球化和多元文化的中心－边缘形象同质化的特征上，这些特征与殖民主义、帝国主义和民族主义政治意识形态不谋而合，从而遮掩了它们所谓的文明进程中的野蛮性。

考古学家关心这一学科如何理解现代认识论和所谓现代性障碍（或消失的过去）的图像及元叙事的长期历史。一些问题阻碍了超越前现代与现代、专家知识与公众信仰之间分界的尝试，包括考古学批判性自我意识阶段的新兴规范地位，以及对过去统一的形象不断扩大的期望（Clarke, 1973; Preucel, 1991; Holtorf, 2001; Carman, 2002; Thomas, 2004a）。未来的

364 研究可能会探讨当前争论如何与专家及公众（或原住民）实践领域的各种

立场相关，担忧能动性和结构问题的出现仅仅是因为学科具有封闭性，害怕非理性将导致"蛮荒白痴的混乱"（Rosaldo, 1989: 98; Latour, 1999）。如果人类能动性对于理解特定的社会活动至关重要，那么我们是否必须在长期的社会文化变迁中理解能动性？考古学家能否在不求助于目的论叙述的情况下研究基本的历史转折与变化（S. Koerner, 2004）？

共识：共同的世界不是必然的

如今，虚拟现实的多元概念或新世界主义受到了质疑（Lash, 1994; Beck et al., 2004; Latour, 2004）。真理受到质疑并非因为世界不同，而是因为对生活在同一世界的人们来说，它至关重要："正因为重要，真理才会受到激烈的质疑。"（Rouse, 1996: 416）战争的发生并非因为存在不同的世界，而是因为不同群体对世界上重要事物的体验有所不同："一个共同的世界不是我们能认识到的东西，好像它一直都在这里……一个共同的世界，如果它存在的话，是我们必须共同努力去建立的东西。"（Latour, 2004: 455）

如何将学术研究与对社会、道德和生态责任的呼声联系起来？柏拉图和亚里士多德在这方面是否仍有价值？实践推理、伦理和诗学的物质性与相互性是否能经受住亚里士多德对理性、逻辑、社会和道德责任范式的处理的挑战？回答这些问题可能有助于考古学家理解"是否有人能够决定哪些观点过于极端而不能被纳入对话"（Layton et al., 2001: 19; 参见 Lash et al., 1996; Latour and Weibel, 2002）。

实践中，关于分析哲学、阐释学和批判理论是否相互补充的争论（Preucel, 1991; Wylie, 2002; Shanks, 2004）使伦理理论和社会理论之间产生了鸿沟（参见 Lash, 1994; Barnes, 2000），而相关的对社会和道德责任的呼声除关注我是谁以及我想成为什么样的人，或者对什么符合我的利益以及那些与我利益相同的人的关注之外，缺乏实质性内容。没有人想要"永恒的、无特征的、可互换的和原子化的个人"。但问题在于，有人主张用注重历史经验的自我取代先于其具身和物质前提的人类自我（Foucault, 1980; Bourdieu, 1990; Butler, 1993; Dobres and Robb, 2000; Gero, 2000; Gardner, 2004）（参见加德纳，第 7 章）。将能动性归结为具体的物质前提条件掩盖了个体经验的差异性，而将思想归结为实践的结果是不得不完全放弃人类自我、可理解的"我们"的概念以及意向性。没有意向性，我们就无法解释人类如何互动以及我们可以采取的互动形式的多样性，不只是方法论上的个人主义和集体主义的利益概念。

有些人愿意承担这些风险，以便用一种语言社群之间的世界性实用主义翻译来取代本质主义的能动性和结构性概念（Beck, 1992; Rorty, 1989, 1991）。但是，如果我们之间没有建立一种令人信服的共同意义感，我们还能谈论个体间或群体间的翻译吗？（Lash, 1996）

我们建议的替代方案的核心在于实践推理与人类创造性符号表达能力的物质性和相互性，以及人们如何将他们的实践领域连接在一起，并确定良善与应然的共同认识。前文关于诗人 - 演说家概念的讨论，在很大程度上是与分析哲学、欧陆哲学和社会学传统相悖的。在亚里士多德、西塞罗和维科作品的基础上，我们展示了如何从关系性而非本质主义的角度来处理不确定的语境。我们可以运用我们的诗学能力，合理地将我们的隐性经验明确化，逻辑地表达我们如何能够实现这一目标，并公开讨论关系性（反思性）方法的合理性、逻辑性和伦理责任。针对上面列出的（a1）—（e1）问题：

（A1）：**分析对象或领域**。这里不确定的是人文科学对象的本体地位，包括人类互动、社会变迁和文化差异（Barrett, 2000; Johnson, 2004）。人类如何互动，如何改变他们的历史环境，以及如何改变他们自己，都会影响他们如何提问和做出问答。

（B1）：**产生因果解释或阐释理解（A1）的方法**。（a1）的不确定性并没有使因果解释在原则上成为不可能，但在产生理论和解释与实践和预测时所涉及的机制之间不能做出绝对的区分（参见本特利和马施纳，第 15 章）。这种不确定性对于理解（a1）至关重要，它挑战了可观察的外部实践和不可见的心理状态之间的划分，以及社会生活仅限于生态、社会结构或实践的观点。问题不在于如何消除人类信仰的不确定性，而在于如何使证据明确化，并具体说明关于证据为何重要的不同观点。

（C1）：**研究者的历史位置与（A1）和（B1）之间的关系**。波斯坦（Postan, 1939: 34）认为，在将历史方法应用于社会科学时，微观问题应该被宏观化，一般情况应该在特殊情况中被揭示。然而，有鉴于普遍化的宏观和微观层面的描述都是不确定的，研究者所处的微观和宏观环境也与（a1）和（b1）不确定地关联着。

（D1）：**（A1）（B1）（C1）的内容与它们的社会历史背景之间的关系**。这些关系具有双重不确定性。我们可以关注（a1）（b1）和（c1）内容的多形式微观层面与研究背景的宏观条件的结构动态之间的关系，或者关注微观背景的复杂性对（a1）（b1）和（c1）方法的宏观模式的影响。

（E1）：**（A1）（B1）（C1）和（D1）与社会和道德责任的关系**。收集众多不同的独立证据与解释这些证据时所呼吁的道德责任之间存在着不确定的关系（Wylie, 2002）（参见加福勒等，第 24 章）。人类中心的能动性本体论承认人类会相互影响、相互负责，有自己的意图，可以进行创造性的诗意表达，但不一定能提供关于"我们"的可理解概念，或者超越个人或社会系统（或文化）利益的意向性概念。选择行动是自愿性行动，如果没有某种意义上的自愿性，就没有理由谈论问责或义务。自愿可以被看作"社会主体相互识别、传达他们对彼此的期望，从而（因果地）影响彼此行动的媒介"（Barnes, 2000: 2）——他们的社会责任、道德责任和历史责任的载体。

要想理解人类互动、社会生活和历史，考古学家必须参考除实践之外的许多其他东西（Barrett, 1994; Dobres and Robb, 2000; Schatzki et al., 2001）。考古学家需要采用一种替代方法，将考古学记录作为理论和方法论的研究取径。

人类多样性的各类考古学

对考古记录作为过去社会系统表征的信念的讨论，涉及能动性和结构问题（Barrett, 1994; Gosden, 1994; Thomas, 1999; Dobres and Robb, 2000; Gardner, 2004）。约翰·巴雷特（1994: 4; 2000）认为，解决这些问题有助于我们摆脱考古学描述和阐释的本质主义。能动性的定义根植于功能主义或结构主义的概念，即个体是社会运行的形而上的节点。这样的个体并不是一个有用的分析单位（参见加德纳，第 7 章）。

将研究对象聚焦于"不同形式的机构获得其各种历史现实的一系列背景机制"的考古学，促进了我们对人类行为和考古学知识条件的其他思考（Barrett, 2000: 61）。特别是因为它导致了一种去中心化，个人不会仅仅受其生活条件的控制，他们还是能够利用这些条件并采取行动的阐释者。现在，考古学对过去的参与成为一种尝试，以了解在特定的历史和物质条件下，如何能以某些方式而不是其他方式言说和行动，并以此将某些知识和期望载入历史（Barrett, 1994: 4-5）。

结合诗人－演说家对哲学任务的看法，这样的考古学也许能够明确实践的范围，而不是把它还原为行为，以及把实践推理的物质性和相互性与能动性概念联系起来。在这种概念中，诗歌表达发挥着关键的本体论作用。用一个开放性的、可相互影响的、负责任的表达概念来取代表征的概念，可以让我们在不放弃理性、逻辑以及意向性对个体化过程和"我们"的重要性的情况下，追求社会能动性概念能带来一些有希望的影响（Lash, 1996）。

共同的经验告诉我们，作为相互负责和相互影响的社会生物，我们的 ₃₆₆互动是由经验决定的，行为是自愿的（Barnes, 2000），这些都可以通过关注道德而变得更容易理解。我们与世界的关系是通过我们彼此间的伦理关系建立的，我们是"我们"中相互影响、相互负责的有意参与者。通过诗意的方式，人们对这个"我们"的共同认识论和本体论承诺变得更加明确。我们在彼此的领域中实践，相信我们共同生活的世界中的重要事物，以此改变自己和环境（Brandom, 1994; Barnes, 2000; McGuire and Tuchanska, 2001; Latour, 2004）。

社群不是原子个体的总和，而是相互负责和相互影响的人的创造，这与诺伯特·伊莱亚斯（Norbert Elias, 1991: 12, 17-19）的论点相关，他认为人类社群是非常特殊的整体。开放性、变化性和内部紧张是所有社群历史的特点。社群的整体性意味着由自然和文化部分组成的个体间可以相互作用，这并不是既定的（Hobbes, 1962; Locke, 1975; Kant, 1963），而是必须被创造出来。

这种观点认为人不是可互换的节点，社会系统或文化历史并不是通过节点运作的。我们可以将人类的生活世界设想为经验领域的棱镜，包括伦理领域，其中他人是意义和价值的中心（Husserl, 1970）。如果没有具身的、物质的他人，伦理领域就无法出现。但伦理先于构成历史上偶然的"相互的和物质的""结构化条件和结构化原则"的具体图像（Barrett, 1994, 2000; Gosden, 1994）。通过它们在图像中的客观化，伦理行为可以在人类意义和价值产生的尺度上明确事物实然和应然的经验。单一的伦理行为可以改变生活世界。

这意味着人类能动性的可能性条件既不是静态的，也不是不可改变的。我们理解世界的努力不断改变着我们对过去的记忆、对未来的计划以及我们自己。伦理互动的变化引起了我们所说的历史断裂、分隔和转变。因此，尽管"共同的世界并非一直存在的东西"，而是"我们必须建立的东西"（Latour, 2004: 455），但这个世界并不要求一定由哲人王来建立。

物质性和相互性：一个去中心的"我们"的理性和逻辑

诗人－演说家为社会和道德责任问题提供了新的方法，而无须诉诸认识论权威，这种认识论权威来自政治权威。诗歌可以争取人类生活方式的多样性，而不必关心什么是真实和什么是重要的看法分歧。仅仅在这一点上，诗学已经比哲学所采用的方法有优势，因为哲学在历史背景下寻求着一个高于或超越问题的结论性解决方案。

古人所说的强烈反思的诗学可以记录对绝望和希望的反应，可以促进记忆、遗忘和对未来的规划。它以创造性的方式将问题公之于众，开放给大家进行反思、辩论和反驳，让人们认识到善与恶是重要的，而非仅是平庸的（Arendt, 1958）。诗学本质上关注多种观点，而非将其简化为一个最终的、决定性的和非语境化的观点。维科（1948）对此做出了很好的阐述：

> 因此，理性的形而上学告诉我们，人通过理解万物而成为万物（homo intelligendo fit omnia）。而这种想象力的形而上学表明，人其实是通过不理解万物而成为万物（homo non intelligendo fit omnia）的。也许后一个命题比前一个更真实，因为人在理解万物时，会扩展他的思想并吸收事物。但当他不理解万物时，他会把事物从自己身上制造出来，通过把自己转变为它们而成为它们。（NS/405）

参考文献

Adorno, Theodore. [1963] 1973. *Negative dialectics*. Trans. E. B. Ashton. London: Routledge & Kegan Paul.

Althusser, Louis, and Etienne Balibar. 1970. *Reading "Capital."* New York: New Left Books.

Aquinas, Thomas. 1954. *Summa theologiae: Selections on nature and grace*. Trans. and ed. A. M. Fairweather. London: SCM Press.

Ardener, Edwin. 1971. The new anthropology and its critics. *Man*, n.s., 6(3): 44–67.

367 Arendt, Hannah. [1958]. 1989. *The human condition*. Chicago: University of Chicago Press.

Areto, Andrew, and Eike Gebhardt (eds.). 1978. *The essential Frankfurt School reader*. Oxford: Blackwell.

Aristotle. 1941. *The basic works of Aristotle*. Trans. B. Jowett. Ed. R. McKeon. Oxford: Oxford University Press.

———. 1982. *Aristotle's poetics*. Trans. J. Hutton. London: Norton.

———. 1984. *The complete works of Aristotle*. Princeton: Princeton University Press.

Aubrey, John. [1642]. 1972. *Three prose works*. Ed. J. B. Brown. Fontwell: Centaur.

Augé, Mark. 1977. *The anthropological circle: Symbol, function, and history*. Cambridge: Cambridge University Press.

Augustine. 1963. *The city of God*. Oxford: Oxford University Press.

Bacon, Francis. 1884. *Bacon's essays and wisdom of the ancients*. Boston: Little, Brown.

———. 1974. *The advancement of learning and the New Atlantis*. Oxford: Clarendon.

Barnes, Barry. 2000. *Understanding agency: Social theory and responsible action*. London: Sage.

Barrett, John C. 1994. *Fragments from antiquity: An archaeology of social life*. Oxford: Basil Blackwell.

———. 2000. A thesis on agency. In M. A. Dobres and J. Robb, eds., *Agency in archaeology*, 61–68. London: Routledge.

———. 2005. Archaeology as the investigation of contexts of humanity. In D. Papsconstantinou, ed., *Deconstructing context: A critical approach to archaeological practice*. Sheffield: University of Sheffield Press.

Barrett, John C., and Stephanie Koerner. 2001. Human nature, history, and archaeological knowledge. Seminar, University of Gothenburg, Sweden, May 9–11.

Baudrillard, Jean. 1970. *The consumer society: Myths and structures*. London: Sage.

Bauman, Zygmunt. 2000. *Liquid modernity*. Cambridge: Polity.

Beck, Ulrich. 1992. *Risk society: Toward a new modernity*. Trans. M. Ritter. London: Sage.

Beck, Ulrich, Anthony Giddens, and Scott Lash. 1994. *Reflexive modernisation: Politics, tradition, and aesthetics in the modern social order*. Cambridge: Polity.

Benjamin, Walter. [1940] 1994. Theses on the philosophy of history. In H. Arendt, ed., *Illuminations: Works of Benjamin*, 245–255. London: Fontana.

Binford, Lewis P. 1972. *An archaeological perspective*. New York: Seminar.

Binford, Lewis P., and Jeremy Sabloff. 1982. Paradigms, systematics, and archaeology. *Journal of Anthropological Research* 38: 137–153.

Bintliff, John (ed.). 2004. *A companion to archaeology*. Oxford: Blackwell.

Bloor, David. 1966. *Knowledge and social imagery*. London: Routledge & Kegan Paul.

Blumenberg, Hans. 1983. *The legitimacy of the modern age*. Trans. R. M. Wallace. Cambridge: MIT Press.

Bourdieu, Pierre. 1990. *The logic of practice*. Trans. R. Nice. London: Polity.

Brandom, Robert. 1994. *Making it explicit: Reasoning, representing, and discursive commitment*. Cambridge: Cambridge: Harvard University Press.

———. 2000. *Articulating reasons. An introduction to inferentialism*. Cambridge: Harvard University Press.

Buchli, Victor, and Gavin Lucas (eds.). 2001. *Archaeologies of the contemporary past*. London: Routledge.

Butler, Judith. 1993. *Bodies that matter*. London: Routledge.

Carman, John. 2002. *Archaeology and heritage: An introduction*. London: Continuum.

Carnap, Rudolf. 1934. *The logical syntax of language*. London: Kegan Paul.

Carruthers, Mary. 1990. *The book of memory: A study of memory in medieval culture*. Cambridge: Cambridge University Press.

Cassirer, Ernst. 1942. The influence of language upon the development of scientific thought. *Journal of Philosophy* 39: 309–327.

———. 1944. *An essay on man: An introduction to a philosophy of human culture*. New Haven: Yale University Press.

———. 1953. *The philosophy of symbolic forms*. Trans. R. Mannheim. Vol. 1, *Language*. Vol. 2, *Myth*. Vol. 3, *The phenomenology of knowledge*. New Haven: Yale University Press.

———. 1960. *The logic of the humanities*. Trans. C. Smith Howe. New Haven: Yale University Press.

Cicero, Marcus Tullius. 1942. *De oratore*. Bks. 1–2, trans. E. W. Sutton. Bk. 3, trans. H. Rackham. London: Loeb Classical Library.

Clarke, David L. 1968. *Analytic archaeology*. London: Methuen.

———. 1973. Archaeology: The loss of innocence. *Antiquity* 47: 6–18.

Clifford, James. 1998. *The predicament of culture: Twent*

Clifford, James. 1998. *The predicament of culture: Twenti-eth-century ethnography, literature, and art*. Cambridge: Harvard University Press.

Compte, Auguste. 1876. *The course of positivist philosophy*. London: Bell.

———. 1974. *The essential Compte: Selections for the Course de Philosophie Positive*. Ed. A. Andreski. London: Croon Helm.

Daston, Lorraine. 2000. Introduction: The coming into being of scientific objects. In L. Daston, ed., *Biographies of scientific objects*, 1–14. Chicago: University of Chicago Press.

Daston, Lorraine (ed.). 2000. *Biographies of scientific objects*. Chicago: University of Chicago Press.

Descartes, René. 1984–1991. *The philosophical writings of Descartes*. Trans. J. Cottingham, R. Stoothoff, and D. Murdoch. Cambridge: Cambridge University Press.

Descola, Paul, and Gísli Pálssén (eds.). 1996. *Nature and society: Anthropological perspectives*. London: Routledge.

Dobres, Marcia-Anne, and John Robb (eds.). 2000. *Agency in archaeology*. London: Routledge.

Dupré, Luis. 1993. *The passage to modernity: An essay in the hermeneutics of nature and culture*. New Haven: Yale University Press.

Durkheim, Emile. [1912] 1954. *The elementary forms of religious life*. New York: Free Press.

———. [1914] 1960. *The rules of the sociological method*. Trans. S. Solovay and J. Mueller. New York: Free Press.

Eco, Umberto. [1956] 1988. *The aesthetics of Thomas Aquinas*. Trans. H. Bredin. Cambridge: Harvard University Press.

Elias, Norbert. 1991. *The society of individuals*. Trans. E. Jephcott. Ed. M. Schröter. London: Blackwell.

Embree, Lester (ed.). 1992. *Metaarchaeology*. Boston: Boston Studies in Philosophy/Kluwer.

Fabian, Johannes. 1983. *Time and the other: How anthropology creates its object*. New York: Columbia University Press.

Foucault, Michel. 1980. *Power/knowledge: Selected interviews and other writings, 1972–1977*. Ed. C. Gordon. Trans. L. Marshall, J. Mepham, and K. Soper. New York: Pantheon.

Frege, Gottlieb. [1893–1903] 1965. *The basic laws of arithmetic: A logical exposition of the system*. Berkeley: University of California Press.

Friedländer, Saul (ed.). 1992. *Probing the limits of representation: Nazism and the "final solution."* Cambridge: Harvard University Press.

Friedman, Jonathan (ed.). 2002. *Globalization, the state, and violence*. Walnut Creek, CA: AltaMira.

Friedman, Michael. 2002. *A parting of the ways: Carnap, Cassirer, and Heidegger*. LaSalle, IL: Open Court.

Funkenstein, Amos. 1986. *Theology and the scientific imagination from the Middle Ages to the seventeenth century*. Princeton: Princeton University Press.

Gadamer, Georg. 1975. *Truth and method*. London: Sheed & Ward.

Galison, Peter. 1996. Computer simulations and the trading zone. In P. Galison and D. J. Stump, eds., *The disunity of science: Boundaries, contexts, and power*, 119–157. Stanford, CA: Stanford University Press.

Galison, Peter, and David J. Stump (eds.). 1996. *The disunity of science: boundaries, contexts, and power*. Stanford, CA: Stanford University Press.

Gardner, Andrew (ed.). 2004. *Agency uncovered: Archaeological perspectives on social agency, power, and being human*. London: UCL Press.

Geertz, Clifford. 1973. *The interpretation of cultures: Selected essays*. New York: Basic.

Gero, Joan. 2000. Troubled travels in agency and feminism. In M. A. Dobres and J. Robb, eds., *Agency in archaeology*, 34–39. London: Routledge.

Giddens, Anthony. 1990. *The consequences of modernity*. Stanford, CA: Stanford University Press.

Gillespie, Charles C. 1960. *The edge of objectivity*. Princeton: Princeton University Press.

Gosden, Christopher. 1994. *Social being and time*. Oxford: Basil Blackwell.

Grassi, Ernesto. 1980. *Rhetoric as philosophy: The humanist tradition*. University Park: Pennsylvania State University Press.

Graves-Brown, Paul M. (ed.). 2000. *Matter, materiality, and modern culture*. London: Routledge.

Habermas, Jürgen. 2003. *Truth and justification*. Ed. and trans. B. Fulner. Cambridge: Polity.

Hegel, G. W. F. [1806] 1967. *The phenomenology of mind*. London: Harper & Row.

———. [1831] 1975. *Lectures on the philosophy of history*. Cambridge: Cambridge University Press.

Heidegger, Martin. 1962. *Being and time*. New York: Harper & Row.

Helms, Mary. 1976. *Ancient Panama: Chiefs in search of power*. Austin: University of Texas Press.

———. 1993. *Craft and the kingly ideal: Art, trade, and power*. Austin: University of Texas Press.

Hempel, Carl G. 1965. *Aspects of scientific explanation*. New York: Free Press.

Hesse, Mary. 1970. *Models and analogies*. Notre Dame, IN: Notre Dame University Press.

———. 1980. *Revolutions and reconstruction in the philosophy of science*. Brighton, UK: Harvester.

Hobbes, Thomas. [1651] 1962. *Leviathan*. New York: Collier.

Hodder, Ian. 1982. *Symbols in action: Ethnoarchaeological studies in material culture*. Cambridge: Cambridge University Press.

———. 1999. *The archaeological process*. Oxford: Blackwell.

Hollis, Martin, and Steven Lukes. 1982. *Rationality and relativism*. Cambridge: MIT Press.

Holtorf, Cornelius. 2001. Is the past a non-renewable resource? In R. Layton, P. G. Stone, and J. Thomas, eds., *Destruction and conservation of cultural property*, 286–298. London: Routledge.

Horace. 1928. *The art of poetry*. Trans. H. R. Fairclough.

Cambridge: Harvard University Press.

Hume, David. [1780] 1822. *The rise and progress of the arts and sciences.* London: Jones.

———. [1777] 1902. *An inquiry concerning human understanding.* Oxford: Oxford University Press.

———. [1777] 1958. *A treatise of human nature.* Oxford: Clarendon.

Husserl, Edmund. [1936]. 1970. *The crisis of European science and transcendental phenomenology.* Evanston, IL: Northwestern University Press.

Inda, Jonathan X., and Renato Rosaldo (eds.). 2002. *The anthropology of globalization: A reader.* Oxford: Blackwell.

Irwin, Alan, and Brian Wynne (eds.). 1996. *Misunderstanding science: The public reconstruction of science and technology.* Cambridge: Cambridge University Press.

Johnson, Matthew. 2004. Archaeology and social theory. In J. Bintliff, ed., *A companion to archaeology,* 92–109. Oxford: Blackwell.

369 Kant, Immanuel. [1790] 1955. *Critique of the faculty of judgement.* Trans. J. H. Bernard. London: Bohn.

———. [1784] 1963. Idea of a universal history from a cosmopolitan point of view. *On history.* Ed. and trans. L. Beck White. Indianapolis: Bobbs-Merrill.

———. [1763] 1969. *Universal natural history and theory of the heavens.* Trans. W. Hastie. Ann Arbor: University of Michigan Press.

———. [1781] 1998. *Critique of pure reason.* Trans. and ed. P. Guyer and A. W. Wood. Cambridge: Cambridge University Press.

———. [1784] 1998. *Groundwork of the metaphysics of morals.* Trans. and ed. M. Gregor. Cambridge: Cambridge University Press.

———. [1788] 2002. *Critique of practical reason.* Trans. W. S. Pluhar. Cambridge: Hackett.

Knapp, Bernal (ed.). 1992. *Archaeology, annales, and ethnohistory.* Cambridge: Cambridge University Press.

Koerner, Joseph L. 2002. The icon as iconoclash. In B. Latour and P. Weibel, eds., *Iconoclash: Beyond the image wars in science, religion, and art,* 194–213. Cambridge: MIT Press.

Koerner, Stephanie. 2001. Archaeology, nationalism, and problems posed by science/values, epistemology/ontology dichotomies. *World Archaeology Bulletin,* August–September, 57–96.

———. 2004. Agency and views beyond meta-narratives that privatise ethics and globalise indifference. In A. Gardner, ed., *Agency uncovered: Archaeological perspectives on social agency, power, and being human,* 211–240. London: UCL Press.

———. 2005. Rethinking media and image: How archaeological objects and practices relate to pasts that matter. In M. Britain and T. Clack, eds., *Archaeology and the media.* London: UCL Press.

———. 2006. Exile research, ethics, and the end of the "end of art." In S. Wiesinger-Stock, ed., *Brüche und Brücken.*

Vienna: University of Vienna/Institute for Contemporary History.

Koyré, Alexander. 1965. *Newtonian studies.* Cambridge: Harvard University Press.

———. 1968. *From the closed world to the infinite universe.* Baltimore: John Hopkins University Press.

Kuhn, Thomas S. 1962. *The structure of scientific revolutions.* Chicago: University of Chicago Press.

Lacapra, Dominick. 1992. Representing the Holocaust: Reflections on the historian's debate. In S. Friedländer, ed., *Probing the limits of representation: Nazism and the "final solution,"* 108–127. Cambridge: Harvard University Press.

Lash, Scott. 1994. Reflexivity and its doubles: Structure, aesthetics, community. In U. Beck, A. Giddens, and S. Lash, eds., *Reflexive modernisation: Politics, tradition, and aesthetics in the modern social order,* 110–173. Cambridge: Polity.

Lash, Scott, Bronislaw Szerzynski, and Brian Wynne (eds.). 1996. *Risk, environment, and modernity: Towards a new ecology.* London: Sage.

Latour, Bruno. 1993. *We have never been modern.* Cambridge: Harvard University Press.

———. 2001. *Pandora's hope: Essays on the reality of science studies.* Cambridge: Harvard University Press.

———. 2002. What is an iconoclash? In B. Latour and P. Weibel, eds., *Iconoclash: Beyond the image wars in science, religion, and art,* 14–28. Cambridge: MIT Press.

———. 2004. Whose cosmos, which cosmopolis? *Common Knowledge* 10(3): 450–462.

Latour, Bruno, and Peter Weibel (eds.). 2002. *Iconoclash: Beyond the image wars in science, religion, and art.* Cambridge: MIT Press.

Layton, Robert, Peter G. Stone, and Julian Thomas (eds.). 2001. *Destruction and conservation of cultural property.* London: Routledge.

Locke, John. [1689] 1975. *An Essay on Human Understanding.* Ed. J. L. Axtell. Cambridge: Cambridge University Press.

McGuire, James E., and Barbara Tuchanska. 2001. *Science unfettered: A philosophical study in sociohistorical ontology.* Athens: Ohio University Press.

Mali, Joseph. 1992. *The rehabilitation of myth: Vico's new science.* Cambridge: Cambridge University Press.

Marx, Karl, and Friedrich Engels. [1846] 1975. *The German ideology: Collected works.* 5 vols. New York: International.

Mill, John S. [1843] 1973. *A system of logic ratiocinative and inductive.* Toronto: University of Toronto Press.

Miller, David (ed.). 1995. *Worlds apart: Modernity through the prism of the local.* London: Routledge.

Mitchell, W. J. Thomas. 1986. *Iconology: Image, text, ideology.* Chicago: University of Chicago Press.

Morgan, Lewis H. [1877] 1963. *Ancient society.* Cambridge: Harvard University Press, Belnap Press.

Neurath, Otto. 1973. *Empiricism and sociology.* Dortrech:

Reidel.

Newton, Isaac. [1687] 1934. *Mathematical principles of natural philosophy*. Trans. A. Motte and F. Cajori. Berkeley: University of California Press.

———. 1952. *Optics*. Ed. I. B. Cohen and D. H. D. Roller. New York: Dover.

———. 1959–1977. *Correspondence*. Vol. 4. Ed. H. W. Turnbull, J. F. Scott, A. R. Hall, and L. Tilling. Cambridge: Cambridge University Press.

Olsen, Bjørnar J. 2001. The end of history? Archaeology and the politics of identity in a globalised world. In R. Layton, P. G. Stone, and J. Thomas, eds., *Destruction and conservation of cultural property*, 42–54. London: Routledge.

Pálssén, Gísli (ed.). 1993. *Beyond boundaries: Understanding, translation, and anthropological discourse*. Oxford: Berg.

Patrik, Linda. 1985. Is there an archaeological record? In M. Schiffer, ed., *Archaeological method and theory*, 3:27–62. London: Academic.

Peebles, Christopher, and Susan Kus. 1977. Some archaeological correlates of ranked societies. *American Antiquity* 42: 421–448.

Peitz, William. 1985. The problem of the fetish—1. *Representations* 9: 5–17.

———. 1987. The problem of the fetish—2. *Representations* 13: 23–45.

———. 1988. The problem of the fetish—3. *Representations* 16: 105–123.

Pinsky, Valerie, and Alison M. Wylie (eds.). 1989. *Critical traditions in archaeology*. Cambridge: Cambridge University Press.

Plato. 1994. *Giorgias*. Trans. R. Waterford. Oxford: Oxford University Press.

———. 1999. *Ethics, the politics, religion, and the soul*. Ed. G. Fine. Oxford: Oxford University Press.

Postan, Michael. 1939. *The historical method in social science*. New York: Macmillan.

Preucel, Robert W. (ed.). 1991. *Processual and post-processual archaeologies: Alternative ways of knowing the past*. Occasional Paper 10. Carbondale: Center for Archaeological Investigations of the Southern Illinois University.

Renfrew, Colin, and Paul Bahn. 1994. *Archaeology: Theory, methods, practice*. London: Thames & Hudson.

Rorty, Richard. 1979. *Philosophy and the mirror of nature*. Princeton: Princeton University Press.

———. 1989. *The linguistic turn*. Chicago: University of Chicago Press.

———. 1991. *Objectivity, relativism, and truth*. Cambridge: Cambridge University Press.

Rosaldo, Renato. 1989. *Culture and truth: The remaking of social analysis*. London: Routledge.

Rossi, Paulo. 1978. *Francis Bacon: From magic to science*. Chicago: University of Chicago Press.

Rouse, Joseph. 1996. Beyond epistemic and political sovereignty. In P. Galison and D. J. Stump, eds., *The disunity of science: Boundaries, contexts, and power*, 398–415. Stan-

ford, CA: Stanford University Press.

———. 2001. Two concepts of practice. In T. R. Schatzki, K. Knorr-Cetina, and E. Von Savigny, eds., *The practice turn in contemporary theory*, 189–198. London: Routledge.

Rousseau, Jean-Jacques. 2000. *Confessions*. Ed. P. Coleman. Trans. A. Scholar. Oxford: Oxford University Press.

Russell, Bertrand. 1921. *The analysis of the mind*. London: Routledge & Kegan Paul.

Salmon, Merrilee H. 1982. *Philosophy and archaeology*. London: Academic.

Salmon, Merrilee H. (ed.). 1992. Introduction. In M. H. Salmon, ed., *An introduction to the history and the philosophy of science*. University of Pittsburgh Press.

Schaffer, Simon. 2002. The devises of iconoclasm. In B. Latour and P. Weibel, eds., *Iconoclash: Beyond the image wars in science, religion, and art*, 498–516. Cambridge: MIT Press.

Schatzki, Theodore R., Karin Knorr-Cetina, and Eike von Savigny (eds.). 2001. *The practice turn in contemporary theory*. London: Routledge.

Schmitt, Peter R., and Thomas C. Patterson (eds.). 1995. *Making alternative histories*. Santa Fe, NM: School of American Research Press.

Shanks, Michael. 2004. Archaeology and politics. In J. Bintliff, ed., *A companion to archaeology*, 490–507. Oxford: Blackwell.

Shanks, Michael, and Christopher Tilley. 1987. *Social theory and archaeology*. Cambridge: Polity.

Shapin, Steven, and Simon Schaffer. 1985. *Leviathan and the vacuum pump: Hobbes, Boyle, and the experimental life*. Princeton: Princeton University Press.

Sprat, Thomas. 1667. *History of the Royal Society*. London: J. Martin and J. Allestry.

Thomas, Julian. 2004a. *Archaeology and modernity*. London: Routledge.

———. 2004b. The great dark book: Archaeology, experience, and interpretation. In J. Bintliff, ed., *A companion to archaeology*, 21–36. Oxford: Blackwell.

Thomas, Julian (ed.). 1999. *Interpretive archaeology: A reader*. London: Leicester University Press.

Thomsen, C. J. 1836. *Ledetraad til Nordisk Oldkyndighed*. Kjobenhage: Annaler.

Trigger, Bruce. 1984. Alternative archaeologies: Nationalist, colonialist, imperialist. *Man* 19: 355–370.

———. 1989. *A history of archaeological thought*. Cambridge: Cambridge University Press.

Toulmin, Stephen. 1990. *Cosmopolis: The hidden agenda of modernity*. Chicago: University of Chicago Press.

Valla, Lorenzo. [1540] 1962. *Opere*. 2 vols. Turin: Bottega d'Erasmo.

Vico, Giambattista. [1744] 1948. *The new science of the common nature of the nations of Giambattista Vico*. Trans. T. G. Bergin and M. H. Fisch. Ithaca, NY: Cornell University Press.

Weber, Max. [1904] 1958. *The Protestant ethic and the spirit of capitalism*. New York: Scribner's.

Weibel, Peter. 2002. The end of the "end of art." In B. Latour and P. Weibel, eds., *Iconoclash: Beyond the image wars in science, religion, and art*, 586–671. Cambridge: MIT Press.

Westfall, Richard S. 1982. Isaac Newton's Theologiae Gentilis Origines Philosophicae. In W. W. Wagar, ed., *The secular mind*. New York: Holmes & Meier.

Whitehead, Alfred North. 1925. *An enquiry concerning the principles of natural knowledge*. Cambridge: Cambridge University Press.

Winch, Peter. 1964. Understanding a primitive society. *American Philosophical Quarterly* 1: 307–324.

Wilson, Catherine. 1995. *The invisible world: Early modern philosophy and the invention of the microscope*. Princeton: Princeton University Press.

Wittgenstein, Ludwig. [1922] 1933. *Tractatus logico-philosophicus*. London: Routledge & Kegan Paul.

———. [1955] 1958. *Philosophical investigations*. Trans. and ed. G. E. M. Anscombe. Oxford: Blackwell.

Wolf, Eric. 1982. *Europe and the people without history*. Berkeley: University of California Press.

Wylie, Alison M. 2002. *Thinking from things: Essays in the philosophy of archaeology*. Berkeley: University of California Press.

Wynne, Brian. 1996. May the sheep safely graze? A reflective view of the expert-lay knowledge divide. In S. Lash, B. Szerzynski, and B. Wynne, eds., *Risk, environment, and modernity: Towards a new ecology*, 44–83. London: Sage.

Yates, Francis A. 1966. *The art of memory*. Chicago: University of Chicago Press.

Yoffee, Norman, and Andrew Sherratt (eds.). 1993. *Archaeology: Who sets the agenda?* Cambridge: Cambridge University Press.

第四部分

考古学研究的关联背景

第 22 章 文化资源管理

托马斯·J. 格林

（Thomas J. Green）

　　全球范围内，考古学家在进行考古研究时都无法避免政府的监管。如今，大多数考古研究都遵循地区或国家的法律法规。考古学家在国家法律框架内开展工作，这通常意味着需要与原住民和当地社区协商。这些社区在关于哪些遗址可以发掘以及如何处理各类文物和人类遗骸等方面提出建议和意见，而负责批准和资助考古项目的机构也会倾听他们的声音。一些现代考古学家怀念所谓的考古研究黄金时代，那是一个无畏的研究者可以在没有政府限制和干预的情况下自由发掘、寻求知识的时代。在发掘工作结束后，研究人员可以将文物、人骨和其他材料带回家，并以他们认为合适的方式对其进行分析。然而，如果真的有这样一个黄金时代，那么它仅存在于 19 世纪和 20 世纪的西方殖民主义历史中，且只有殖民主义者会视之为黄金时代。如今，这种观念在世界大部分地区已经消失殆尽。考古遗址和历史遗迹对现代社会至关重要，它们代表着过去的历史，并以各种方式被利用（P. Fowler, 1992; Kristiansen, 1992）。因此，各国政府都制定了管理和规范方案，用以指导考古学家如何使用和处理这些关于过去的信息。

对考古遗址和历史遗迹的保护具有普遍意义。各民族和国家都重视这些遗址，因为它们蕴含着过去的信息，承载着共同的历史，为人们提供现实的认同感，并与宗教信仰紧密相连。此外，这些遗址还为当地社区带来了经济收益。然而，每年仍有数千个遗址因为开发项目、农业活动、盗掘和自然侵蚀而遭受破坏，这是一个令人遗憾的事实。

世界上大多数国家都制定了保护考古遗址和规范考古实践与研究的法律。一些国家有着保护考古遗址的悠久历史，如瑞典和墨西哥，但大多数国家直到二战后才颁布了全面的保护法律（Cleere, 1993）。这些法律促使各级政府雇用考古学家，并催生了私营考古公司，为政府机构和私人企业提供考古服务。这一领域的考古实践被称为考古遗产管理（Hunter and Ralston, 1993），它是文化资源管理（cultural resource management, CRM）或遗产资源管理的一个重要组成部分。

当今，绝大多数考古研究是在考古遗产管理和文化资源管理框架内得到资助和实施的。虽然这些研究在很多方面受到限制，但它们也拥有传统科研基金资助的学术研究所不具备的优势和机会。本章旨在探讨考古遗产管理研究的局限和机遇，并阐明它与科研基金资助研究之间的相似之处和不同之处。首先，我们需要了解文化资源管理的范畴、考古遗址的价值，以及影响考古学家工作的管理和法律环境。

文化资源

"文化资源"这一术语涵盖了各种不同类型的历史遗产，包括文化庆

典、宗教活动、艺术和工艺传统，以及相关的文物和文献（King, 1998:
5-9）。考古遗址只是其中一种类型的遗产。不同类别的文化资源被赋予的
价值反映了当地文化的特点，各民族和政府的保护行动也体现了这些价
值（Anyon and Ferguson, 1995; Ndoro and Pwiti, 2001）。大多数社会都将考
古遗址、历史遗迹、沉船、建筑遗产和重要工程视为文化资源，联合国教
科文组织（United Nations Educational, Scientific and Cultural Organization，376
UNESCO）在其世界遗产名录中也承认了这些遗产类型（Cleere, 2000）。
有些遗产是单独申报的，有些则作为某个历史地区整体申报，有些甚至作
为整个历史和文化景观申报。

　　文化资源还可能包括其他类型的遗产。美国存在所谓的"传统文化财
产"遗址（Parker, 1993; Parker and King, 1998），在世界上许多仍保留传统
社会的地方，类似的遗址也具有重要意义（Flood, 1989; Ndoro and Pwiti,
2001）。传统文化财产可能包括当地社群的生存和资源聚集区、举行重要
庆祝活动的地点以及宗教场所，也可能是考古遗址。考古遗址和其他地
方可能是一个更大景观的一部分，具有丰富的文化内涵。中东地区《圣
经》和《古兰经》中的历史和神圣景观便是一个典型的例子，它们对全
世界的基督徒、犹太人和穆斯林都具有重大意义。对美国西部的原住民
来说，巨石和山脉景观具有类似的历史、文化和宗教意义（Walker, 1991;
Basso, 1996; Parker, 2001）。在世界其他地区，这种景观也具有相似的意义
（Cleere, 1995; Feld and Basso, 1996; Tacon, 1999）。文化资源与自然资源之
间的界限可能模糊不清，实际上，并非所有社会都存在这种区分。

　　此外，各国政府都高度重视并采取行动来保护传统舞蹈、艺术和手
工艺。例如，韩国将舞蹈团、艺术家和手工艺人及其作品正式登记为重

要的历史资源（www.ocp.go.kr）。韩国文化财产管理局（Korean Cultural Property Administration）不仅认可并支持这些非物质文化产品，同时还登记并保护韩国特有的家养动物。美国的许多原住民保护机构不仅致力于保护考古和历史遗址，同时也高度重视对语言和传统生活方式的保护。联合国教科文组织也认识到了非物质文化资源的重要性（www.unesco.org/culture/heritage/intangible）。

美国国家遗产法确立了文献、口述史、照片和遗物本身或其与各类考古和历史财产有关的重要性（King, 1998）。它们被视为需要关注和管理的重要文化资源，联合国教科文组织在其世界记忆项目中也对其予以了认可（www.unesco.org）。

究竟多古老的遗产才算重要呢？不同国家有不同的标准。例如，在美国，遗产必须具有至少50年的历史才有资格被列入国家历史遗迹名录。当然，某些特别重要的遗产可能尚不满50年，但仍会被列入，例如卡纳维拉尔角的火箭发射场。相较之下，在约旦，历史遗产必须能够追溯到1700年以前才被视为重要，并受到法律保护（Shunnaq and Reid, 2000）。

广义上的文化资源范围广泛，而且是多学科的，考古学仅是其中一部分（King et al., 1977; King, 1987; Knudson, 1986, 2000; McGimsey and Davis, 2000）。人类学家、考古学家、历史学家、民俗学家、古文字学家、建筑师、工程师、策展人、档案员、公园管理人员和教育专家都会参与文化资源管理，在考古遗址保护和管理中发挥作用。

"文化资源"和"文化资源管理"这两个术语主要在美国使用，但是其他国家也逐渐开始采纳。美国的考古学家认为这两个术语起源于20世纪70年代初（McGimsey and Davis, 1977: 25; Fowler, 1982; King, 2002:

5）。尽管这两个术语早期就具有广泛的意义（King et al., 1977: 8-10; McGimsey and Davis, 1977: 27），但其主要被考古学家用于表示响应美国的州和联邦法律而进行的考古工作（Knudson, 1986; King, 2002）。有趣的是，这两个术语并未出现在美国的各种遗产法中，只在 1969 年的《国家环境政策法》（National Environmental Policy Act）中出现过。与这两个术语相关的还有遗产管理、历史保护、文化遗产、公众考古学和考古遗产管理（Kerber, 1994; Lopinot, 2002; McManamon and Hatton, 2000; Potter, 1994）。遗产管理、文化资源管理和文化遗产管理这些术语经常被互换使用。遗产管理在英国和欧洲较为常见，而联合国教科文组织则使用了"文化遗产"一词。美国林务局采用"遗产资源"，美国陆军工程兵团则使用"文化资源"来描述其项目。在美国，"历史财产"一词在《国家历史保护法》（National Historic Preservation Act）中被定义为那些有资格列入国家历史遗迹名录的财产，包括考古和历史遗址（包括传统文化财产）、建筑和工程财产以及某些类型 *377* 的物品。至少在美国，"历史保护"一词有时更为狭义，指的是对建筑环境和城镇的保护，这也是美国国家历史保护信托基金的关注重点。公众考古学（McGimsey, 1972）和保护考古学（conservation archaeology）（Lipe, 1978; Schiffer and Gumerman, 1977）常被用于描述考古遗产管理。如今，"公众考古学"通常用于描述对公众实施教育和让公众参与考古研究的计划（McGimsey and Davis, 2000），而"保护考古学"已经较少使用。

考古遗址的价值

考古遗址既具有科学价值，也具有人文价值。虽然考古学家和其他科学家通常对考古遗址的科学或信息价值更感兴趣，但世界上许多个人、民族和国家更关注考古遗址的人文价值。根据利佩（Lipe, 1984）的观点（参见 Cleere, 1989; Darvill, 1995; P. Fowler, 1992, 1993），考古遗址具有四种主要价值，这些价值之间也相互关联。

作为与过去的有形联系，考古遗址能够让人们直接体验和接触他们的历史，因此对当代人具有象征意义。考古遗址和其他文化资源拥有文献资料所无法触及的唤醒力。考古遗址可以为拥有共同历史或假定共同历史的国家和族群提供一种认同感（Darvill, 1995; Fowler, 1987; Kristiansen, 1998; Kohl and Fawcett, 1995; Meskell, 2002; Smith, 1994）。精神和文化规范常能通过考古遗址表现出来，并且对特定的社群具有特殊的意义（Flood, 1989; Ndoro and Pwiti, 2001）。

考古遗址具有信息价值。历史和史前遗址中的物质证据可能是过去人类活动的唯一记录，即使是在相对较近的时代（McGimsey, 1984）。考古学家、业余考古学家、其他科学家和历史学家对考古遗址的信息价值特别感兴趣。这可能是考古遗址最广为人知、最容易理解也是最被接受的价值（Lipe, 1978）。

考古遗址具有很高的审美价值，尤其是那些历史建筑或具有特征的遗址（如土垒、土丘或土山）。例如，美国国家公园管理局所管理的西南原住民考古遗址中的大部分建筑是普埃布洛建筑。峡谷中优美的石墙景观为公众提供了关于过去生活的审美体验，且易于欣赏。这并不是说这些遗址没有科学价值或其他价值，实际上它们确实具有这些价值，但正是它们的审美价值和对游客的吸引力，使这些世界闻名的遗址得到了大量的时间、资源投入和关注。许多同样重要的考古遗址之所以没有在国家公园系统中得到充分重视，正是因为它们对公众缺乏这种审美吸引力。例如，美国东南部的遗址曾是大型史前定居点，那里有平丘、壕沟和防御工事，如今却种植着棉花、大豆和水稻。这些遗址虽然重要且易于解读，但缺乏西南部普埃布洛建筑的美学魅力，只有少数庞大且数量众多的土丘遗址被纳入了国家公园系统中。

最后，考古遗址的经济价值来源于其联系价值、审美价值和信息价值。人们渴望参观遗产地，特别是考古遗址。旅游业是世界上最大的产业之一，而遗产旅游则是其中最大的部分之一。在许多国家，如墨西哥、埃及和英国，旅游业是经济的主要组成部分。在美国，各种类型的文化资源，包括考古遗址，仅在新墨西哥州就支撑着一个价值 10 亿美元的产业（新墨西哥州文化事务办公室，1995）。考古遗址中还埋藏着有价值的文物，一些群体和个人通过发掘和出售文物来谋生，或至少是增加了收入。

必须强调的是，这些价值是人们赋予考古遗址和文化资源的，既不是资源固有的，也不是显而易见的（Leone and Potter, 1992; Lipe, 1984）。我们需要通过考古研究来确定遗址的信息价值，需要通过咨询与某一遗址可能有关的当代人来确定个别考古遗址可能具有的其他价值。

法律体系

考古资源的不同价值在遗址保护和利用方面可能会导致冲突。保护者与开发商、保护者与游客、考古学家与原住民、考古学家与当地社群、策展人与考古学家、地方政府与部落政府以及地方政府与国家政府之间都可能存在冲突（Robles, 1998）。正如劳拉简·史密斯（Laurajane Smith, 1994: 302）所言："遗产管理涉及控制和减轻不同群体对考古遗址的冲突。"

378

考古资源立法的目的在于提供广泛的政策和法律授权的规划程序，以解决或至少减少这些冲突。处理这些问题的法律主要有两类：一类是保护考古遗址免受个人盗掘和破坏的法律；另一类是规划程序的法律，以解决考古遗址在面临开发项目威胁时遇到的土地使用冲突。在美国，1906 年的《古物法》（Antiquities Act）和 1979 年的《考古资源保护法》（Archaeological Resource Protection Act）规定，禁止从联邦土地上的考古遗址中移除文物，并将其所有权保留给联邦政府（Elia, 1993; King, 1998; McManamon, 2000）。这些法律确立了一项公共政策，即考古遗址和文物受到公众重视，应保留在公共所有权中。大多数国家都有类似的法律，以保护考古遗址免受掠夺，但是与美国不同的是，许多国家声称私人土地上的考古遗址属于国家文化遗产（Fowler, 1986a; Knudson, 1995; Soon Tay, 1985）。

规划法律和法规规定了强制性协商制度，以解决土地使用冲突，并确定相关考古遗址的最佳价值和用途。但它们并不强制要求在原地保护考古遗址，尽管最后的结果往往是这样。在美国，《国家历史保护法》第 106 条和《国家环境政策法》规定了联邦机构必须完成的规划程序，以防止考古遗址和其他文化资源遭到意外破坏，并解决关于其使用和保护的冲突（King, 1998）。在英国，规划政策十六号文件确立了一个规划程序，以评估开发项目对考古遗址的影响（Wainwright, 1993, 2000）。

考古遗产管理不仅涉及土地使用和盗掘问题，还可能涉及专业考古学家与各种地方社区及原住民群体之间的冲突，这些冲突涉及考古遗址的发掘、考古信息的解释以及信息的传播。在美国，原住民部落在考古保护和解释方面的影响越来越大（Ferguson, 1996），这使得考古遗址的象征价值和宗教价值成为考古保护决策的重点。甚至用于描述遗址的术语也在发生改变，以满足原住民的诉求。例如，西南部的遗址曾被称作 Anasazi，这个词源自纳瓦霍语，意为"古老的敌人"，现在正被 Early Pueblo 或 Ancestral Pueblo 取代（Thomas, 2000: 206）。美国东南联合部落将原住民的考古遗址称为美国原住民文化遗址，因为他们认为"考古遗址"一词暗示着这些遗址将在未来被发掘，这意味着遗址的信息价值高于象征价值。"史前"一词也受到了批评，因为它暗示着原住民在欧洲人到来之前缺乏真正的历史（Robinson, 1994）。

历史和史前文物及人类遗骸的使用传统在不同文化中存在着巨大的差异。在制定文化资源管理政策时，必须考虑到当地的信仰体系。特别是在美国和澳大利亚，原住民坚持要求归还人类遗骸和相关的陪葬品，以及其他文化遗产物品（Jones and Harris, 1998; Mulvaney, 1991; Rose et al., 1996）。考古研究、社会利益和个别群体需求之间尚未达到令人满意的平衡。这些都是当今遗产管理者面临的最具争议的问题（Suagee, 1999）。在那些近现代有社会不公正历史的国家，冲突则更加激烈。考古学家、政府机构和当地社群之间的协商对于保护工作的成功至关重要。

在国际层面上，联合国教科文组织和国际古迹遗址理事会（International Council on Monuments and Sites，ICOMOS，一个为联合国教科文组织提供咨询的私营组织）已经制定了用于建立遗址管理和保护标准的宪章（Cleere, 2000; US/ICOMOS, 1999）。用于指导遗产管理的两个主要文件是国际古迹遗址理事会于 1964 年通过的《威尼斯宪章》（Venice Charter）和 1970 年的《保护世界文化和自然遗产公约》（Convention

Concerning the Protection of the World Cultural and Natural Heritage）。在 1990 年，国际古迹遗址理事会制定了《考古遗产保护与管理宪章》（Charter for the Protection and Management of the Archaeological Heritage），确立了考古遗产保护和管理的国际标准。联合国教科文组织负责管理《世界遗产名录》，该名录收录了具有世界意义的文化和自然遗址，还通过世界遗产基金为这些遗址的各种保护项目提供资金援助。

尽管联合国教科文组织的宪章提供了一种国际标准，但文化和考古资源管理仍依各国法律进行（Soon Tay, 1985）。各国必须就文化资源管理做出大量复杂的决策，包括确定个别文物和收藏品的所有权；监督发掘许可，并安排文物与记录的使用和保管；调解争议，如发掘坟墓和人类遗骸；在建设项目之前分配发掘资金；以及确定各有关方面（如原住民）在决策过程中的参与程度。

考古资源的管理

考古学家对考古遗址的管理和保护主要在三种管理环境中进行。第一种是在建设或开发项目之前考虑考古遗址。当遗址受到建设或开发项目的威胁时，规划法规通常要求政府机构或私人开发商解决这些项目对考古遗址的影响。规划法规要求对项目区域内考古遗址的存在和重要性进行评估，并与各有关方进行协商，制定方案。第二种是对自然和文化资源保护区内的考古遗址进行管理和保护。例如，美国政府管理着数百万公顷的公共土地、国家森林、野生动物保护区、国家公园和军事基地。管理这些土地的联邦机构有着不同的任务，但《国家历史保护法》第 110 条要求所有拥有土地的联邦机构制订保护计划，对其辖地上的重要考古遗址进行清点、评估、保护和保存，无论它们是否受到了建设或开发项目的威胁。第三种是对没有受到法律保护的土地上的遗址进行长期保护。这在美国和英国等具有强烈私有财产传统的国家是很难做到的。然而，在美国，州环境法、市和县的分区权力、地役权和土地信托基金的直接购买都可以用来保护私有土地上的考古遗址（King, 1998; Michel, 1997; Neumann and Sanford, 2001: 49-51; Simon, 1994）。在英国，郡县规划办也可以使用类似的方法（Macinnes, 1993）。

在任何管理环境中，知识都是成功保护考古遗址的关键。机构需要知道遗址在哪里，哪些是重要的，为什么重要，以及对谁重要。重要文化资源清单是在所有类型的管理环境中保护考古遗址的主要依据。

考古遗址的价值不尽相同，必须决定哪些遗址需要原地保护，哪些需要发掘，哪些需要忽略。许多国家已经制定了衡量文化资源重要性的标准。这些标准因国而异，而且有大量的文献对所制定标准的利弊进行了讨论（Breeze, 1993; Briuer and Mathers, 1996; Butler, 1987; Hardesty and Little, 2000; Leone and Potter, 1992; Mathers et al., 2005）。即使没有正式制度确定遗址的重要性，或者在大型开发项目中可能会破坏数百个考古遗址，也必须制定一些标准来决定哪些遗址值得采取保护行动（Thompson, 1982）。

确定考古遗址的重要性首先需要进行区域性考古概述，概括一个区域的史前或历史已知情况，为判断单个考古遗址的考古学意义提供背景（Schofield, 2000）。在美国，陆军工程兵团西南分部和国防部资助了一系列此类概述，涵盖了美国三分之一以上的地区（Green and Limp, 1995）。这些概述由知名学者撰写，提供对该地区考古学知识的最新评估，并附有大量的参考文献和地图。这些概述为判断考古遗址的重要性、制订抢救性发掘计划以及制订考古管理计划提供了关键信息。然而，这些概述仅从纯学术的角度提供考古学背景，并不能让我们知道这些遗址是否对当地社群或原住民部落有意义。尽管如此，但事实证明，它们仍然是有用的文件。

有关考古遗址和项目的信息经常与地理信息系统关联，并存储于计算机数据库中（Anderson and Horak, 1995; Fraser, 1993; Limp, 2000; Maschner, 1996; Wheatley, 1995）。至少在美国，文化资源管理考古学的一个直接优势是有利于对考古信息的组织（Brose, 1985）。在 20 世纪 70 年代中期联邦政府资助各州历史保护办公室之前，没有一个机构负责保存和维护考古遗址信息、档案和考古报告的基本目录，所有的信息都以遗址为单位单独存储。通常情况下，每个州的主要考古机构负责维护考古遗址清单并发布遗址编号。有些州是博物馆承担这项工作，有些州则由大学或国家资助的考古调查机构负责。这些机构中的工作人员在没有强制任务和资金支持的情况下做了出色的工作，但在一些州，由于有不止一个机构为同一遗址发布编号，不同机构各自为政，因此存在混乱。今天，很少有哪个州没有电子化的考古遗址数据库，而且在《联邦高速公路法案》（Federal Highway Act）的资助下，这些数据库越来越多地与地理信息系统相连接，在某些情况下还可以直接在网站上查询。在其他发展文化资源管理系统的国家，数据管理是首要的任务（Palumbo, 1993）。

考古数据库需要采用标准化的方法记录文物和考古遗址、报告考古调查的方法和结果。有人可能会批评这种标准化的记录格式过于死板。然而，由于计算成本和存储成本的降低，现在的数据库设计可以有很大的灵活性，田野笔记、遗址表格、照片甚至视频都可以包括在内（Hodder, 1997）。这让研究人员能够评估数据的质量，并根据他们的个人研究需要重新组织信息。

英国有许多机构负责存储和整理考古数据，从大型组织如英格兰遗产委员会（English Heritage），到较小的组织如西约克郡考古局（West Yorkshire Archaeology Service）或大伦敦遗址和遗迹记录（Greater London Sites and Monuments Record）。为了集中管理这些数据库，英国最近建立了一个全面的数据整理服务机构——考古数据服务（Archaeology Data Service，ADS）。该机构致力于将考古学家可用的互联网资源整合为统一的可搜索数据库。ADS 还鼓励专业考古学家为互联网数据库做出贡献，并为他们提供如何以电子方式提交数据的指南。这项工作的关键在于规划，确保每一次的考古工作都能成为长期有用的资源。这意味着我们需要首先决定构建什么样的数据库、需要开展多少工作、如何组织它以及如何添加元数据。元数据（例如关键词、摘要和其他参考标签）是这项工作的核心。

无论是短期的发掘项目还是长期的土地管理，成功的考古遗址保护都需要详细的规划。在美国，州历史保护办公室负责制订全州的历史保护计划（King, 1998; Potter, 1994），联邦机构的法规通常也要求在其辖区制订保护计划（Anderson, 1992; U.S. Army, 1998）。这些计划通常包括对一个地区史前和历史信息的概述，阐述我们已经知道的以及尚未了解的内容。此外，还包括遗址清单、先前考古项目的列表和总结、显示考古遗址位置的数字或纸质地图以及过去的调查和项目。许多计划中还包括记录遗址和考古发掘的标准。联邦计划还包括应遵守的法律程序和咨询协议的相关描述。它们确定了当前或未来的开发、侵蚀和其他自然过程以及盗掘对文化资源的威胁，勾画出了保护和管理文化资源所需的未来研究计划及重点。

这些计划必须纳入基本土地使用计划，而且必须定期更新，才能成为有效的管理工具。

考古资源管理的另一个重要方面是对考古文物、现场笔记、照片、数据库和相关文件的保存和照料（Fowler and Givens, 1995; Sullivan, 2001）。当遗址面临被建设或开发项目破坏的风险时，应在项目开工前开展考古工作，这样做的一个原因是遗址中包含的信息将被恢复，供后代研究者使用。然而，如果不对文物和赋予这些文物意义的文件给予足够的照顾，遗址还不如被推土机推走。为这些藏品的储存、处理和使用提供最先进的、有温度控制的、安全的环境花费巨大。对皮革、金属和其他易腐蚀文物的保护是昂贵的，而且需要由经过专业训练的工作人员负责。保管设施的建立和资金筹措是一个世界性的关键问题。文化资源管理项目中产生的文物越来越多，信息存储设施的建设却未能跟上步伐。我们可以让田野考古学家自己来保存材料。例如，英格兰遗产委员会正致力于开发一个储存相关文件的数字图书馆，它能存储如埃夫伯里（Avebury）等主要遗址的发掘研究报告，并提供对考古各实践领域的指导，如考古取样、保存积水材料、其他文物和人骨、发掘后的程序、古环境材料、冶金考古、地球物理勘探等。

近年来，美国联邦机构、大学和各州根据 1990 年《美国原住民坟墓保护和归还法案》（Native American Grave Protection and Repatriation Act, NAGPRA）的要求，升级了其考古收藏存储设施（Rose et al., 1996）。NAGPRA 要求接受联邦资金的机构提供美国原住民遗骸、相关和不相关的随葬品、圣物和文化遗产物品的清单。为了做到这一点，许多联邦机构不得不首先找到其藏品，而这些藏品往往被存放在大学的恶劣条件中。由于 NAGPRA 的规定，多年未被打开的考古材料箱需要被清点，在许多情况下，还需要被清洗和编目。我们经常会发现，一个大型发掘现场的笔记可能还在原来的发掘者手中，而他们现在可能在其他机构工作。联邦机构已经花费了数百万美元试图纠正这种情况，但仍有相当多的问题存在（Marino and Trimble, 2001）。

对考古资源的保护有赖于公众的兴趣和持续支持。联合国教科文组织和国际古迹遗址理事会的章程强调，地方和国家保护措施的成功依赖于公众对文化资源价值的了解。许多国家都要求在公立学校进行遗产教育，以培养公众的遗产保护道德和对国家遗产的自豪感。美国联邦机构被要求制订公众教育计划，以打击盗掘行为，它们还经常与其他保护组织合作开展宣传活动，促进遗址保护（Lerner and Hoffman, 2000; Moe, 2000）。英国公众对考古学的认识是通过流行的电视节目习得的，如《时间团队》（*Time Team*），但更全面的认识是通过英格兰遗产委员会等机构习得的，这些机构提供教育资源、课程和活动，支持教育工作者，并主办教育团体和公共活动，以强化公众对国家考古历史遗产的认识。在一些国家，考古遗址代表了与大多数当代居民不同的文化遗产。例如，外国游客往往比当地社区更重视现代伊斯兰国家的罗马和拜占庭遗址以及美国的原住民遗址（Fowler, 1986a; Shunnaq and Reid, 2000）。在这种情况下，有关这些资源的价值和经济用途的教育就显得尤为重要。

文化资源管理中的考古研究

考古研究是考古遗产管理的一个重要组成部分。法律承认考古遗址中蕴含着对当今社会很重要的信息（Lipe, 1978），然而，这些信息并不是显而易见的。随着考古学方法和理论的发展以及更广泛的社会变化，人们认为重要的信息也在不断变化。考古研究需要在特定区域内找到遗址，考古调查需要基于对当地地貌的了解和对已有的考古资料和档案研究。考古学家还需要结合地球物理遥感和地下试掘，以确定考古遗址的性质，并赋予其研究价值。这要求考古学家对区域考古学以及当前的考古学方法和理论都有深入的了解（Elston, 1992; Hardesty, 1986）。如果遗址不能在原地保存，考古学家就需要精心设计研究方案以恢复重要的考古信息。研究者越能揭示出遗址在当地的重要意义，就越能通过争取公众支持来保护该遗址，也就越能对保护或处理遗址做出更好的决定。相反，夸大其词的意义声明、愚蠢的或充满术语的研究设计以及执行不力的田野计划，则会迅速瓦解相关机构和公众对考古学的支持。最前沿的研究是良好的管理和保护的基础。

382

尽管如此，在文化资源管理背景下进行的考古研究与在一般科研基金资助的学术环境中进行的考古研究之间存在区别，尽管这些区别经常被夸大。两者之间最大的区别之一是研究资助方的目标。绝大多数的文化资源管理研究是开发商资助的，他们的目标是建造公路、大坝、商场，或开采矿物和其他自然资源。他们之所以会考虑考古遗址和其他文化资源，是因为相关法律对此做出了强制要求。而一旦满足了这些法律要求，他们对考古研究的支持就会结束。文化资源管理中的考古研究目标不一定是获得关于过去的新信息，而是评估建设项目对考古和其他文化资源的影响。如果项目区内存在重要的文化资源，则需要制定措施来减轻开发项目对这些资源的影响。如果在项目区内没有发现遗址，或者发现的遗址价值不大，无论是科研价值还是与遗址相关的其他价值，那么开发商将停止支持发掘。

如果重要的遗址将受到开发项目的影响，那么开发商需要重新规划项目或设计一些其他手段，如回填遗址，以避免对考古遗址的损坏。只有在无法以其他方式保护这些遗址的情况下，考古研究才会继续进行，发掘遗址并保存其中的信息。

然而，至少在美国，如果一处遗址即将被摧毁，那么很少会开展完整的发掘工作。研究设计和发掘规模是由开发商和政府文保机构协商决定的。研究设计，在美国有时也被称为数据恢复计划，总是在研究成本、可用于研究的时间、关于遗址的整体意义和可获得的公众支持之间做出妥协。作为旁观者，许多美国原住民部落震惊地发现考古学家和机构愿意进行如此有限的发掘并允许遗址的大部分遭到破坏。他们认为，如果遗址和他们的遗产记录将被破坏，那么至少应尽可能多地收集信息（Robinson, 1994: 92）。

人们常常会注意到，文化资源管理赞助的考古研究与传统的科研基金资助的考古研究之间的一个主要区别在于，前者的研究边界已经确定（Elston, 1992; McGimsey and Davis, 1977: 25-26; Schiffer and Gumerman, 1977: 81）。确实，只有在极少数情况下，才会有资金愿意支持在项目区之外开展的研究。受雇于文化资源管理的考古学家必须围绕受特定项目影响的考古遗址规划研究项目。这些遗址可能是历史遗址，也可能是史前遗址；可能是季节性的居住营地，也可能是区域政治中心。考古学家对区域考古学的了解、对当代考古学方法和理论的了解，以及丰富的创造力，对于在短期内制订合理的研究计划至关重要。

在文化资源管理项目中，项目区域是明确的，而参与学术研究或由科研基金资助的考古学家也并非可以随心所欲地进行发掘。考古遗址的不同价值之间可能存在冲突，这也会使学术研究受到限制。例如，墨西哥政府不太可能因为考古学家有一份优秀的研究设计和充足的资金，就允许他们发掘特奥蒂瓦坎太阳金字塔这样的重要旅游景点。在美国东部，由于土丘的神圣性和人类遗骸的存在，目前对美国原住民土丘的发掘受到了很大限制。大多数州的法律规定，在获得迁移墓冢的批准之前，研究者必须与美国原住民进行协商。如果原住民部落反对，且没有压倒性的理由，那么州政府不太可能发放发掘墓穴的必要法律许可。事实上，文化资源管理项目相较于传统的学术项目，更有可能发掘墓穴，破坏墓穴的决定通常涉及某些重要的公共利益，如获取干净的水源。此外，在自然保护区内，传统的资助研究可能会受到严重限制。例如，在美国指定的荒野地区，考古研究便受到了限制。这并不是说考古被禁止了（Hackenberger, 1988; Holmer, 1989），但那些会破坏大面积原生植被的区域发掘不太可能获得联邦政府颁发的发掘许可证。最后，在不同国家，获得许可证这一政治因素可能会

383 阻止某些考古学家或机构在特定遗址开展工作。在世界上的某些地区，如中东地区，考古学家之间为获得研究许可开展了激烈的竞争。虽然科研基金资助的考古研究会受到各种限制，但只要相关遗址的价值主要在于其信息价值，并且该遗址不位于具有其他重要价值的地区，考古学家通常就可以对其进行学术研究。

在文化资源管理背景下进行的考古研究有严格的截止日期。这是一个优势，因为项目一定会完成，一定会形成最终的报告，而在科研基金资助下进行的考古研究并不总是如此。劣势在于，考古学家在合同期限内往往没有充足的时间思考或尝试新的研究方法。如果在文化资源管理项目中发现了一些出乎意料且具有特殊意义的事物，那么只要得到项目发起人和管

理机构的支持，就有可能重新设计研究目标，并重新商议现场调查的截止日期。

文化资源管理赞助的考古研究通常是分阶段进行的，这反映了环境审查和项目许可的过程，或项目赞助商的资金运转周期。考古调查和意义评估可能比协商或处理阶段早几年进行，这与许多科研基金资助的项目并无不同。至少在美国，一个项目在不同阶段由不同的考古咨询公司负责，这是很常见的做法。在一个项目中转换承包商通常并不是一个好做法，除非原公司的能力受到了质疑。转换承包商会增加考古项目的成本，因为新的承包商需要额外的时间来审查过去的考古工作，无论笔记、照片和现有的报告有多好，它们都不足以让新的研究人员充分了解以前的研究。

文化资源管理赞助的考古研究与学术研究之间最重要的区别之一是，前者的考古遗址在项目完成后可能被完全摧毁。我们不可能重新检查剖面图，寻找更好的碳 -14 样本，也不可能扩大发掘区域，即使在拼接各探方图后发现了一排柱洞，也不会有新的发掘。这意味着考古学家负有很大的责任去收集和记录尽可能多的信息，并以最详细的方式报告这些信息；同时也意味着，研究设计应涉及一处遗址的所有组成部分。当然，在学术研究中，考古学家也有责任记录尽可能多的信息，并从可能不属于研究设计的部分收集信息。只不过，在文化资源管理中，这通常是一种法律责任，而在学术研究中，这是一种道德责任。

文化资源管理项目通常能获得充足的资金支持。实际上，这类考古研究的资金远超普通科研经费。资金至关重要，因为在很多情况下，文化资源管理研究是一次性的——在考古学家完成研究后，遗址将被摧毁。这些资金可以用于聘请地貌学、地球物理遥感、动物、植物和蛋白质残留物分析等领域的专家，并获得多种碳 -14 样本。在美国，文化资源管理项目的规模远超科研基金资助项目，如华盛顿州的 Chief Joseph 项目、伊利诺伊州的 FAI-270 项目、科罗拉多州东南部的 Deloras 项目、亚利桑那州的 Black Mesa 项目和亚拉巴马州的 Tennessee-Tombigbee 项目（Adovasio and Carlisle, 1988）。这并不意味着在文化资源管理之外的大型研究项目不可能实现，但为这些项目筹集资金相当困难，而且负责这些项目的考古学家可能需要花更多的时间来撰写科研经费申请书和筹集资金，而非进行考古研究。

抢救性发掘

文化资源管理赞助的考古研究具有坚实的法律基础，通常要求开发商或项目申请人支付所有必要的考古研究费用，以清点和评估考古遗址的重要性，并在必要时减轻开发项目对考古遗址的影响。结项报告也是必需的，包括实验室工作和撰写报告的费用。相比之下，抢救性考古学需要在没有法律保护和资金支持的情况下从考古遗址中抢救信息。尽管有人认为它已经消亡，但传统抢救性考古学仍然存在，至少在美国和其他一些国家，考古保护法无法保护位于私有土地上的遗址。

遗址保护的危机（Davis, 1972）尚未消失，尽管文化资源管理在全球范围内呈现出发展趋势。在美国，私有土地上的考古遗址无法免受耕作、私人投资的住宅小区、购物中心和工业用地的破坏，仅有少数几个州拥有类似于《国家环境政策法》的法规，也仅有极少数的社群会利用自身权力来保护这些遗址。在密西西比河流域，尽管人们勤勉地耕种着水稻、棉花和大豆田，但农业活动每年都会破坏许多重要的考古遗址。土地平整发生在私有土地上，并由私人资金资助。只有当湿地被填埋时，才需要联邦政府的许可，进而触发联邦保护法。在过去的十年里，阿肯色州考古调查所每年都会对受到威胁并最终被土地平整、房屋分割、工业开发、自然侵蚀和盗掘破坏的遗址进行紧急发掘。抢救性发掘几乎都十分紧急，因为不存在法律要求的通知。当推土机和土地平整设备停在一个已知的地点时，感兴趣的公众和考古学家才会发现这个项目。偶尔，工人会在有发现时打电话给考古学家，但他们没有义务这样做。

尽管工作紧张且资金有限，但抢救性发掘依然取得了重大发现。在爱达荷州发现的一处古代原住民墓地（Green et al., 1998）以及目前在阿肯色州发现的美洲最古老的墓地（Morse, 1997），都是抢救性发掘的成果。我们无法得知美国每年因建筑项目未触发联邦、州或地方保护法而被破坏的考古遗址的数量，但肯定数以千计。

在英国，抢救性发掘的情况相对较少，因为英格兰遗产委员会的政策要求将考古研究作为地区规划的组成部分。根据 1990 年制定的程序，开发商应将考古调查纳入其开发规划中，包括对项目的考古影响进行案头评估和实地评估。如果一处遗址将被不可逆转地破坏，那么开发商应安排适当的发掘和记录工作。

保护研究

遗址保护和影响评估也是文化资源管理研究的重要组成部分（Nickens, 2000; Wildesen, 1982）。保护研究的案例包括佩特拉保护砂岩外墙的工作（Paradise, 2000）、保护土层特征的研究（Jones and Simpson, 1995）以及保护岩画的研究（Loubser, 2001）。此外，还有关于保护考古遗址免受水库和河流水位波动影响的技术研究（Thorne, 1991, 1994）、回填考古遗址的合适方法和材料研究（Canti, 1999; Mathewson et al., 1992）、火灾对遗址产生的影响的研究（Lentz et al., 1996），以及如何设计标识告知公众考古遗址受到法律保护的研究（Nickens, 1993）。

联合国教科文组织为科研提供经费支持，并协助资助文化遗产保护培训机构，如国际文化财产保护与修复研究中心（ICCROM）（Erder, 1986）。保罗·盖蒂保护研究所（J. Paul Getty Conservation Institute）会赞助国际研讨会，并为保护研究提供资金支持（www.getty.edu）。许多国家设有自己的文物保护研究机构。英国主要的保护机构是英格兰遗产委员会，其致力于保护具有特殊国家和地方意义的遗址、建筑及景观。在考古遗迹方面，英格兰遗产委员会会向地方政府提供关于城市规划申请可能产生的影响的建议，发布年度报告以盘点那些因忽视而面临风险的建筑和古迹，并相应分配拨款以保护这些遗址。墨西哥国家人类学和历史研究所（INAH）最近在瓦哈卡建立了一个考古文献研究和培训中心。在美国，国家公园管理局的国家保护、技术和培训中心是一个保护研究中心，并设有拨款项目（www.ncptt.nps.gov）。文化遗址保护技术中心是美国陆军工程兵团水道试验站的一个部门，已进行并赞助了大量关于考古遗址影响和基本遗址保护的研究（www.wes.army/el/ccspt/ccspt.html）。

对文化资源管理研究的批判

过去几十年间，许多基本的研究问题和对文化资源管理赞助的考古研究的批判并未得到解决。一些常见的批判包括：文化资源管理研究设计千篇一律，仅包含研究区域或遗址整体的一小部分；盲目遵守政府的实地调查、测试和发掘标准；过度夸大意义声明；草率和虚假的分析；未发布或传播研究报告；小项目生产无意义的信息；不合理的期限限制深入分析或没有时间反思和改变研究策略；不充分的保护和处理措施导致遗址及遗址信息被破坏（Elston, 1992; Fowler, 1986b; King, 1979; McGimsey and Davis, 1977; Schiffer and Gumerman, 1977; Shott, 1992）。

大多数考古学家知道这些批判有一定道理，因为文化资源管理赞助的考古项目是公开的，其研究设计、研究方法和研究结果都是如此，而在科研基金资助的考古研究中并不尽然（Elston, 1992: 39）。在文化资源管理赞助的考古研究中，导致研究结果不佳的原因有很多（Elston, 1992, 1997; Green and Doershuk, 1998）。这些原因包括赞助者为了达到最低标准而尽可能少付钱；机构的采购方法不适宜；公司和大学进行不标准的研究，或者不知道研究标准是什么；以及目前的审查制度不佳和缺乏有效的同行评议（Lipe, 1978）。

上述批判都是针对小型项目的，这些项目遵循常规方法和技术，以符合政府的田野工作规范（Elston, 1992）。如果不加思考地遵循这些调查标准和准则，则可能导致相当草率的判断，有时会给考古记录和资助人带来严重的不良后果。另外，许多项目规模太小，无法独立产生有意义的结果，这也是事实。在美国，各州的历史保护办公室每年都会审查数以千计的小型考古调查项目，包括手机信号塔、木材销售、牧场项目等。通过这些调查项目被发现的大多数遗址都不会得到进一步的考古研究，开发商只会修改开发计划。人们把这种项目描述为"无意识地寻找考古地点"（Fowler and Jennings, 1982: 113），或者"插上小旗后就离开的考古学"。尽管如此，正如罗伯特·埃尔斯顿（Robert Elston, 1992）所指出的，通过这些调查项目被发现的考古遗址通常会免于被完全破坏，也会被用于学术研究。它们也有助于让我们了解哪些地方有遗址、哪些地方没有。

近年来，地理信息系统软件的广泛应用极大地提高了这些小型调查项目的研究价值。地理信息系统可以将小型调查项目框定在一个区域范围内，以便研究人员快速绘制该地区的历史，并描述遗址之间的关系。研究人员不仅可以利用已知遗址的位置，还可以利用未出现遗址的调查区域的位置建立强大的遗址位置预测模型。根据对这些先前调查的详细分析，研究人员可以针对特定的环境区域调整考古调查。作为一种管理工具，地理信息系统可以快速显示已经调查过的区域，将遗址和开放项目纳入机构规划文件中，并与其他规划文件结合起来，显示未来的发展和干扰区域（Wheatley, 1995; Maschner, 1996; Limp, 2000）。

长期以来，对文化资源管理研究的一个重要批判是研究成果未公开发布，仅作为政府文件在有限的范围内传播（Elston, 1992; Lipe and Redman, 1996; Renfrew, 1983）。确实，绝大多数文化资源管理报告未得到出版或广泛传播，但为满足合同要求，确实会存在一份报告。这些项目往往有资金用于支付人们进行实验室分析和撰写报告的报酬，而对科研基金资助的研究来说并不总是如此，对抢救性研究和考古田野学校来说，更是从未有过。在美国，各州的历史保护办公室或考古调查机构拥有本州几乎所有考古报告的副本，而且这些报告越来越多地可通过互联网向有资质的研究人员提供（Gilson, 2001）。许多州都有引文数据库，国家公园管理局也维护着国家考古数据库，其中包含了 50 多万份考古报告的参考资料（Cannouts, 1994）。许多文化资源管理公司维护并向其他研究人员提供其报告的副本。因此，尽管大部分报告未作为出版物发表，但我们仍可以找到并使用这些报告。

为何这些报告未予出版发表？其中一个原因是报告的风格或格式通常不被大学出版社或国家专著系列接受，更不用说商业出版社了。大型开发保护项目的报告对大多数出版商来说体量太大，他们很少愿意接受超过 300 页的手稿。此外，尽管人们关注"灰色文献"的问题，但这些报告确实大多没有市场。阿肯色州考古调查所出版了各种不同类型的考古学专著，产量为 250 份，很少需要重印。电子版报告可能会解决这个问题（Doelle, 2001; Drennan, 2001; Lipe and Redman, 1996）。英格兰遗产委员会实际上将越来越多未经规范化的互联网报告视为灰色文献的一部分。该组织致力于整理一个信息数据库，不仅包括自己的项目，还包括联合国教科文组织和其他国家及国际机构的项目，以确定哪些地方存在遗址空白区，并相应地开展考古项目。

此外，许多文化资源管理项目的成果最终确实转化为了同行评议的出版物和论文。在 20 世纪 70 年代和 80 年代，由于能源公司争相发掘新的天然气资源，怀俄明州的联邦土地上进行了数千次小型考古调查。随之而来的是文化资源管理私营公司的兴起，它们对公共土地上的各个天然气田以及数千千米长的管道区域进行了考古调查。这些调查所发现的大多数遗址得以被记录并避开了开发区域。然而，一些遗址在经过发掘后，揭示了此前未知的狩猎采集者在怀俄明州平原上建造的半地下房屋，这些房屋大多建于距今 4 500 年至 6 000 年前。最终，这些不同的信息被整合并发表在了《大平原人类学家》（*Plains Anthropologist*）杂志上（Larson, 1997）。对这些建筑结构的发现和记录引入了平原考古学这一新概念，而相关研究最终发表在了一份高质量的期刊上，这都是文化资源管理调查的直接

386

成果。

戴维·安德森（David Anderson）及其同事编辑的一系列书籍对美国东南部的现有考古学知识进行了批判性的回顾和总结（Anderson and Sassaman, 1996; Sassaman and Anderson, 1996; Anderson and Mainfort, 2002）。仔细阅读这些书籍的引文，会发现关于美国东南部的许多实质性新知识均源自文化资源管理项目。这个例子表明，遗产项目中的信息得到了充分利用，并确实对生产新的历史信息做出了重要贡献。

这些信息大多向公众开放。许多文化资源管理公司欢迎游客参观发掘现场，并制作宣传册和传单，向游客解释遗址的重要性以及研究的目标和方法。它们还会安排时间让考古学家向当地居委会、历史协会和公立学校进行报告。最近，一些文化资源管理公司还设立了专门的公共教育部门，如亚利桑那州图森市的统计研究公司（www.sricrm.com）。

学者们提出了许多关于提高文化资源管理研究质量的建议，其中一些已经得到了采纳。这些建议包括：更严格的田野工作标准和指导方针，区域研究设计（Fowler and Jennings, 1982: 113; King, 1977; McGimsey, 1972; McGimsey and Davis, 1977），为州和联邦机构建立区域咨询委员会（Lipe, 1978），以及在大学开展更全面的教育项目（Blanton, 1995; Green and Doershuk, 1998; Schuldenrein, 1995）。所有这些建议都将提高文化资源管理研究和科研基金资助研究的整体质量。然而，主要问题在于前者缺乏与科研基金资助研究相当的同行评议制度（Lipe, 1978）。

同行评议的一种形式是建立专业考古学家协会（Society of Professional Archaeologists，SOPA），其在美国改组为了专业考古学家注册协会（Register of Professional Archaeologists，RPA）（www.rpanet.org），在

英国则建立了田野考古学家协会（Institute of Field Archaeologists，IFA）
（www.archaeologists.net）。这两个组织都规定了会员的最低受教育程度和
经验要求，并要求会员同意行为准则和研究实践标准（Davis, 1982; King,
1983; McGimsey, 2002）。这两个组织都设有申诉委员会来调查关于违反其
相关准则和标准的指控。如果指控属实，那么违规者的会员资格将被取
消。多年来，SOPA 的主要问题是真正加入该组织的考古学家太少，大多
数联邦机构和州历史保护办公室拒绝要求其雇员或承包商雇用的考古学家
成为会员（King, 1987）。RPA 的会员数量现在已超过了 SOPA 的，而且更
强大的组织将会对考古领域大有裨益。IFA 的会员资格则是开放的，其鼓
励英国的专业和业余考古学家加入。

多年来，人们一直呼吁在考古遗产管理中建立一个同行评议系统，以
提升合同制考古的研究质量（Elston, 1992; Green and Doershuk, 1998; Lipe,
1978; Schiffer and Gumerman, 1977）。利佩（1978）探讨了文化资源管理和
学术研究之间质量控制机制的差异，并得出结论：最大的差异是前者的研
究中缺乏有效且独立的同行评议制度。

美国系统中的确存在一种同行评议模式，然而评议员面临着巨大的政
治压力，他们往往需要批准或同意最终的研究报告。进行项目审查的考古
学家通常为联邦机构和州历史保护办公室（SHPO）工作，这些机构负责
提出并资助研究项目。各机构可以并确实会拒绝低质量的研究，许多联邦
机构拒绝与有不良业绩记录的公司签约。州历史保护办公室仅对一份报告
是否符合内政部长的历史保护项目标准和任何有效的州准则进行"评论"。
然而，这些意见对联邦机构来说确实具有法律和监管作用。如果一家机构
的考古学家拒绝了一份报告，或者如果州历史保护办公室对报告提出了负

面的意见，则可能会导致额外的考古工作和赞助项目的实施延迟。延迟通常会导致项目成本的增加，从而引起联邦机构和州政府机构、当地社区和私有公司等赞助商的不满。因此，机构和州历史保护办公室的考古学家在批准报告时面临着巨大的压力。

州历史保护办公室会对文化资源管理项目进行独立审查，但这种审查存在许多问题（Elston, 1992, 1997; Green and Doershuk, 1998）。州历史保护办公室是由州长任命的州雇员，尽管有些州的立法规定由特定机构的主管任职，如州历史机构的主管。州历史保护办公室聘请来审查项目的考古学家往往是文化资源管理系统中收入最低的考古学家。他们工作量极大，每年可能要审查成千上万的项目，很少（如果有的话）参与实地考察或亲自开展考古工作。他们做出的每一个决定都会受到挑战。如果他们拒绝了一份报告，那么他们必须对赞助商和他们的老板即州历史保护办公室负责，州历史保护办公室不希望承受政治压力或被州长代表问话。管理公司常批评州历史保护办公室拒绝了它的报告或批准了其低劣的竞争对手的报告。最后，他们很少得到来自行业的支持以维持他们的决定。令人惊讶的是，在这种环境下，许多州历史保护办公室的考古学家仍然做得很好。其他国家的审查人员也一定存在类似的情况，开发商会聘用考古公司进行必要的研究以遵守保护法。

在美国，内政部的考古顾问可以为文化资源管理项目进行同行评议（Keel, 1993）。来自学术界、机构和私有公司的顾问被聘用来审查合同要求、研究方法和田野工作。他们会提出建议，并对项目进行修改。然而，由于成本较高，因此仅有大型项目或有争议的项目才会接受这种审查。

历史保护咨询委员会确实有权审查联邦机构的保护计划，并且过去有过类似的案例。然而，这些审查仅关注机构对美国《国家历史保护法》第106条的总体遵守情况，并不对相关考古研究的质量进行评估。另外，美国国家公园管理局会定期审查各州历史保护办公室的运作情况，以确保它们符合保护法。

在文化资源管理中建立有效的同行评议制度时可采用很多种方法。鉴于每年产生的考古报告的数量以及审查所允许的时间（大多数报告为30天），同时对大多数单份报告进行同行评议是不现实的。然而，这些报告中的大多数是文物清点和评估工作的结果，其结果通常是改变开发项目以保护遗址或建议进行全面发掘。由于发掘成本高昂，因此要求暂停开发项目进行发掘的报告并不常见。我们可以采用与专业期刊和大学出版社所使用的方法类似的方法对最终报告进行同行评议，因为这样做不会耽误项目进度。尽管机构或州历史保护办公室可能难以要求文化资源管理公司进行更彻底的分析或重写一份报告，而且遗址在此时可能已经遭到破坏，不太可能进行进一步的发掘，但负面评价至少会成为公共记录的一部分，并可能影响该公司未来获得合同的能力。正如麦吉姆西（McGimsey, 1975）所建议的，这些审查可以与报告一起公布。另一种方法是建立独立的咨询委员会，审查有问题的报告并向州历史保护办公室和机构提出建议（Lipe, 1978）。在没有正式委员会的情况下，可以利用外部审查员来评审报告样本。一个有效的同行评议系统可以减轻负责审查报告的州历史保护办公室和机构的考古学家的政治压力。

考古遗产管理中的问题

在考古遗产管理中，许多问题尚待解决，甚至可能永远无法解决。尽管存在更严格的国家和国际法律、更有力的执法和更普遍的公共教育工作，但盗掘和国际文物贩卖可能仍将持续存在（Davis, 2001）。在许多国家，特别是美国，私有土地上遗址的破坏对许多地区考古记录的保存构成了威胁。尽管我们拥有保护私有土地上遗址的多种技术方法（Simon, 1994），但需要大量的时间、精力和金钱才能使它们真正发挥作用。如何保存和管理从文化资源管理项目中收集到的大量考古材料，是一个困扰世界各地的重大问题。最先进的收藏设施仅占少数，大部分文物被存放在不符合基本策展标准的设施中。

尽管如此，考古遗产管理在许多方面也取得了进展。在美国，遗体和文物的归还虽然可能导致科学信息的损失，但也促进了对遗体和藏品的研究。在很多情况下，如果不是需要将文物归还给原生族群，相关研究根本就不会进行（Owsley and Rose, 1997; Rose et al., 1996; Rose, 1999）。此外，归还还推动了人类遗骸记录国家标准的发展（Buikstra and Ubelaker, 1994），以及国家骨学数据库的建立。考古学家逐渐认识到考古遗址的多重价值，并为满足当地公众对考古研究和管理的期望而付出真诚的努力。考古学家与原住民和当地社群之间的关系正逐渐改善（Swidler et al., 1997）。Airlie House 研讨会（McGimsey and Davis, 1977: 90-96）关于改善美国原住民和考古学家之间关系的大部分建议在许多地区得到了实践。然而，在像美国这样有无视原住民土地要求和公民权利历史的国家，要想将学者和原住民之间的关系从严格的法律关系转变为相互信任的关系，仍需时日。

如今，公共教育工作变得更加广泛且富有创意（Jameson, 1997），还经常利用互联网和计算机设备（Sabo et al., 2000）。然而，公共教育需要资金支持，为了有效地开展考古工作，考古机构需要设置专职的公共教育岗位，并由受过培训的人员来完成这项任务。值得注意的是，文化资源管理项目参与者的日常教育工作往往鲜为人所提及（参见 McManamon, 1991）。机构考古学家和合同考古学家，从主管到实地工作人员，都不断地回答来自开发商、政府机构人员、原住民和公众关于考古学的大量问题。在每一次会议上，他们都需要解释考古学的目标、遗址的重要性、田野工作的方法、成本（为什么如此昂贵）以及关于他们的发现和学习成果的详细问题。这些问题触及考古遗产管理的核心，需要用公众能理解的语言回答。

　　成功保护也可能导致过度保护。考古学家及其支持者在保护国家和州立公园系统、野生动物保护区与土地托管机构的遗址方面取得了成功。在美国的联邦土地上，部分遗址通过行政手段得到了保护。在英国，一些特别的遗址获得了其他遗址所没有的法律保护。对这些遗址的保护道德要求极高，因此考古学家在这些遗址上不被允许或尽量不被允许进行考古研究。保护理念认为，在有更好的信息获取技术之前，我们应该将受保护的遗址保存到未来，而考古研究应该集中在受破坏威胁和没有法律保护的遗址上。总体而言，这种做法有利于公共政策的制定。然而，威廉·利佩等人认为，我们有充分的理由发掘那些受保护的遗址（Brink, 1994; Lipe, 1996, 2001）。我们保护遗址是因为它们包含着了解过去的重要信息，而考古研究正是为了证明这些信息的价值。此外，许多州立公园和国家公园是为发展旅游业而建立的，目的在于促进当地的经济发展。持续的研究能够更新信息，使考古阐释更具活力。游客通常希望观看发掘过程，田野工作也为让公众了解一个地区的历史和考古遗址保护价值提供了绝佳机会。大多数受保护的遗址对当地具有重要意义，因为它们是过去社会的中心，而

389　且许多关于过去的问题只能在这些遗址中找到答案。这并不意味着需要对这些遗址进行大规模的发掘，遥感技术结合审慎的发掘不会对遗址造成太大影响。利佩（1996）在主张对受保护遗址进行研究的同时，也强调应尽量减少对遗址的影响，尊重遗址的其他价值，并将研究成果告知公众。

　　文化资源管理赞助的考古研究为整个考古学领域做出了许多贡献（Adovasio and Carlise, 1988; Green and Doershuk, 1998）。它完善了地区文化序列，阐明了当地的聚落形态，并揭示了关于过去的新信息。此外，文化资源管理公司还在率先采用新技术方面发挥了作用。地球物理遥感设备在英国和欧洲各国的广泛应用源于文化资源管理研究，而在美国，这种应用也日益普及（Heimmer and De Yore, 2000）。最后，在过去几十年里，美国历史考古学和城市考古学的迅速发展，部分可归功于文化资源管理工作。

　　考古学家需要牢记，考古遗址具有多重价值，其中一些价值可能与考古研究发生冲突，不论资助方是谁或资助的目的何在。要弄清原住民和当地社群对遗址的重视程度，就必须与其进行深入且有益的沟通。其价值观可能会颠覆或至少修正考古研究设计。世界上大多数国家认为考古遗址具有重要意义，应予以保护，或至少为现在和未来的利用加以保护。与此同时，人们普遍希望改善基础设施，如高速公路、污水处理厂和电力系统等。考古遗产管理源于法律体系，旨在尽可能减少经济发展与考古遗址保护之间的冲突，实现考古研究和考古遗址所具有的象征与文化价值目标。

参考文献

Adovasio, James M., and Ronald C. Carlisle. 1988. Some thoughts on cultural resource management archaeology in the United States. *Antiquity* 62: 72–87.

Anderson, David G. 1992. Historic preservation for the future: An introduction to cultural resource management plans. Manuscript on file, Interagency Archeological Services Division, Southeast Regional Office, National Park Service, Atlanta.

Anderson, David G., and Virginia Horak (eds.). 1995. *Archaeological site file management: A Southeastern perspective.* Interagency Archaeological Services Division, Southeast Regional Office, National Park Service, Atlanta.

Anderson, David G., and Robert C. Mainfort Jr. (eds.). 2002. *The Woodland Southeast.* Tuscaloosa: University of Alabama Press.

Anderson, David G., and Kenneth E. Sassaman (eds.). 1996. *The Paleoindian and Early Archaic Southeast.* Tuscaloosa: University of Alabama Press.

Anyon, Roger, and T. J. Ferguson. 1995. Cultural resources management at the Pueblo of Zuni, New Mexico, USA. *Antiquity* 69: 913–930.

Basso, Keith H. 1996. Wisdom sits in places: Notes on a Western Apache landscape. In Steven Feld and Keith H. Basso, eds., *Senses of Place*, 53–90. Santa Fe, NM: School of American Research Press.

Blanton, Dennis B. 1995. The case for CRM training in academic institutions. *SAA Bulletin* 13(4): 40–41.

Breeze, David J. 1993. Ancient monuments legislation. In John Hunter and Ian Ralston, eds., *Archaeological resource management in the UK: An introduction*, 44–55. Phoenix Mill, UK: Sutton/Institute of Field Archaeologists.

Brink, Jack. 1994. An example of in situ preservation of archaeological resources, a UNESCO World Heritage Site, Head-Smashed-In Buffalo Jump. In Claire Mousseau, ed., *Archaeological remains in situ preservation*, 5–13. Proceeding of the second ICAHM international conference, ICOMOS international committee on archaeological heritage management.

Briuer, Frederick L., and Clay Mathers. 1996. *Trends and patterns in cultural resource significance: An historical perspective and annotated bibliography.* U.S. Army Corps of Engineers, Water Resources Support Center, Institute of Water Resources Report 96-EL-1. Alexandria, Virginia.

Brose, David S. 1985. Good enough for government work? A study in "Gray Archaeology." *American Anthropologist* 87: 370–376.

Buikstra, Jane E., and Douglas H. Ubelaker. 1994. *Standards for data collection from human skeletal remains.* Archeological Survey Research Series no. 44. Fayetteville, Arkansas.

Butler, William B. 1987. Significance and other frustrations in the CRM process. *American Antiquity* 52: 820–829.

Canouts, Veletta. 1994. Promoting communication. *CRM* 17(6): 19–21.

Canti, M. G. 1999. Tests and guidelines for the suitability of sands to be used in archaeological site reburial. *Journal of Archaeological Research* 26: 775–781.

Cleere, Henry F. 1989. Introduction: The rationale of archaeological heritage management. In *Archaeological heritage management in the modern world*, 1–19. London, Unwin Hyman.

———. 1993. British Archaeology in a wider context. In John Hunter and Ian Ralston, eds., *Archaeological resource management in the UK: An introduction*, 115–124. Phoenix Mill, UK: Sutton/Institute of Field Archaeologists.

———. 1995. Cultural landscapes as world heritage. *Conservation and Management of Archaeological Sites* 1: 63–68.

———. 2000. The World Heritage Convention in the third world. In Francis P. and Alf Hatton, eds., *Cultural resource management in contemporary society*, 99–106. London: Routledge.

Darvill, Timothy. 1995. Value systems in archaeology. In Malcolm A. Cooper, Antony Firth, John Carman, and David Wheatley, eds., *Managing archaeology*, 40–50. London: Routledge.

Davis, Hester A. 1972. The crises in American archeology. *Science* 175: 267–272.

———. 1982. Professionalism in archaeology. *American Antiquity* 47:158–163.

———. 2001. Facing the crises of looting in the United States. In Neil A. Silberman and Ernest S. Frerichs, eds., *Archaeology and society in the 21st century: The Dead Sea Scrolls and other case studies*, 155–159. Jerusalem: Israel Exploration Society.

Doelle, William H. 2001. Publication and preservation: Two imperatives in heritage conservation. In Robert D. Drennan and Santiago Mora, eds., *Archaeological research and heritage preservation in the Americas*, 26–37. Washington, DC: Society for American Archaeology.

Drennan, Robert D. 2001. Information as patrimony: Where are the results of archaeological research? In Robert D. Drennan and Santiago Mora, eds., *Archaeological research and heritage preservation in the Americas*. Washington, DC: Society for American Archaeology.

Elia, Ricardo J. 1993. US cultural resource management and the ICAHM charter. *Antiquity* 67: 426–438.

Elston, Robert G. 1992. Archaeological research in the context of cultural resource management: Pushing back in the 1990s. *Journal of California and Great Basin Anthropology* 14(1): 37–48.

———. 1997. Issues concerning consulting archaeologists in the United States. *SAA Bulletin* 15(5): 20–23.

Erder, Cevat. 1986. ICCROM: An international clearinghouse and training center. In Yudhishthir Raj Isar, ed., The

390

738 | 考古学理论手册（下）

challenge to our cultural heritage: Why preserve the past? 131–139. Washington, DC: Smithsonian Institution Press.

Feld, Steven, and Keith H. Basso (eds.). 1996. *Senses of Place.* Santa Fe, NM: School of American Research Press.

Ferguson, T. J. 1996. Native Americans and the practice of archaeology. *Annual Review of Anthropology* 25: 63–79.

Flood, Josephine. 1989. "Tread softly for you tread on my bones": The development of cultural resource management in Australia. In Henry F. Cleere, ed., *Archaeological heritage management in the modern world*, 79–96. London: Unwin Hyman.

Fowler, Don D. 1982. Cultural resource management. *Advances in Archaeological Method and Theory* 5: 1–50.

———. 1986a. Conserving America's archaeological resources. In David J. Meltzer, Don D. Fowler, and Jeremy A. Sabloff, eds., *American archaeology past and future*, 135–162. Washington, DC: Smithsonian Institution Press.

———. 1986b. Cultural resource management in the Great Basin: What have we learned? In Carol J. Condie and Don D. Fowler, eds., *Essays in honor of Jesse D. Jennings*, 171–178. University of Utah Anthropological Papers no. 110. Salt Lake City.

———. 1987. Uses of the past: Archaeology in the service of the state. *American Antiquity* 52: 229–248.

Fowler, Don D., and Douglas R. Givens. 1995. The records of archaeology. In Sydel Silverman and Nancy J. Parezo, eds., *Preserving the anthropological record*, 97–106. New York: Wenner-Gren Foundation.

Fowler, Don D., and Jesse D. Jennings. 1982. Great Basin archaeology: A historical overview. In David B. Madsen and James F. O'Connell, eds., *Man and environment in the Great Basin*, 105–120. Washington, DC: Society for American Archaeology.

Fowler, Peter J. 1992. *The past in contemporary society: Then, now.* London: Routledge.

———. 1993. Archaeology in a matrix. In John Hunter and Ian Ralston, eds., *Archaeological heritage management in the UK: An introduction*, 1–10. Phoenix Mill, UK: Sutton/Institute of Field Archaeologists

Fraser, David. 1993. The British archaeological database. In John Hunter and Ian Ralston, eds., *Archaeological heritage management in the UK: An introduction*, 19–29. Phoenix Mill, UK: Sutton/Institute of Field Archaeologists.

Gilsen, Leland. 2001. Archaeological gray literature. *SAA Archaeological Record* 1(5): 30–31.

Green, Thomas J., Bruce Cochran, Todd W. Fenton, James C. Woods, Gene L. Titmus, Larry Tieszen, Mary Anne Davis, and Susanne J. Miller. 1998. The Buhl burial: A Paleoindian woman from southern Idaho. *American Antiquity* 63: 437–456.

Green, Thomas J., and W. Frederick Limp. 1995. Archaeological overviews: The southwest division overview and the central and northern plains overview and their use in historic preservation. *George Wright Forum* 12(1): 52–57.

Green, William, and John F. Doershuk. 1998. Cultural resource management and American archaeology. *Journal of Archaeological Research* 6: 121–167.

Hackenberger, Steven. 1988. Cultural ecology and evolution in central montane Idaho. Ph.D. diss., Washington State University.

Hardesty, Donald J. 1986. Research design. In C. Melvin Aikens, ed., *Current status of CRM archaeology in the Great Basin*, 193–201. Cultural Resource Series 9. Nevada Bureau of Land Management, USDI.

Hardesty, Donald J., and Barbara J. Little. 2000. *Assessing site significance: A guide for archaeologists and historians.* Walnut Creek, CA: AltaMira.

Heimmer, Don H., and Steven L. De Vore. 2000. Near surface, high resolution geophysical methods for cultural resource management and archaeological investigations. In Ray A. Williamson and Paul R. Nickens, *Science and Technology in Historic Preservation*, 53–73. New York: Kluwer Academic/Plenum.

Hodder, Ian. 1997. "Always momentary, fluid and flexible": Towards a reflexive excavation methodology. *Antiquity* 71: 691–700.

Holmer, Richard N. 1989. Dagger Falls: A preliminary report. *Idaho Archaeologist* 12(1): 3–14.

Hunter, John, and Ian Ralston. 1993. Preface. In John Hunter and Ian Ralston, eds., *Archaeological heritage management in the UK: An introduction*, vii–viii. Phoenix Mill, UK: Sutton/Institute of Field Archaeologists.

Jameson, John H. Jr. (ed.). 1997. *Presenting archaeology to the public: Digging for truths.* Walnut Creek, CA: AltaMira.

Jones, Gareth D., and Robyn J. Harris. 1998. Archeological human remains. *Current Anthropology* 39: 253–264.

Jones, Kevin L., and Philip G. Simpson. 1995. *Archaeological site stabilisation and vegetation management.* Science and Research Series 90. Wellington, New Zealand: Department of Conservation.

Keel, Bennie C. 1993. The peer review of public archeology projects: A procedure developed by the Departmental Consulting Archeologist. Cultural Resources Technical Brief no. 14. Washington, DC: National Park Service.

Kerber, Jordan E. 1994. Introduction. In Jordan E. Kerber, ed., *Cultural resource management: Archaeological research, preservation planning, and public education in the northeastern United States*, 1–14. Westport, CT: Bergin & Garvey.

King, Thomas F. 1977. Resolving a conflict of values in American archaeology. In Michael B. Schiffer and George J. Gumerman, eds., *Conservation Archaeology*, 87–95. New York: Academic.

———. 1979. The trouble with archeology. *Journal of Field Archaeology* 6: 351–352.

———. 1983. Professional responsibility in public archaeology. *Annual Review of Anthropology* 12: 143–164.

———. 1987. Prehistory and beyond: The place of archaeology. In R. E. Stipe and A. J. Lee, eds., *The American mosaic: Preserving a nation's heritage*, 236–264. Washington,

DC: United States Committee/International Council on Monuments and Sites.

———. 1998. *Cultural resource laws and practice: An introductory guide.* Walnut Creek, CA: AltaMira.

———. 2002. *Thinking about cultural resource management: Essays from the edge.* Walnut Creek, CA: AltaMira.

King, Thomas F., Patricia Parker Hickman, and Gary Berg. 1977. *Anthropology in historic preservation.* New York: Academic.

Knudson, Ruthann. 1986. Contemporary cultural resource management. In David J. Meltzer, Don D. Fowler, and Jeremy A. Sabloff, eds., *American archaeology past and future,* 395–413. Washington, DC: Smithsonian Institution Press.

———. 1995. The public trust and archaeological stewardship. In Ruthann Knudson and Bennie C. Keel, eds., *The public trust and the first Americans,* 9–28. Corvallis: Oregon State University Press/Center for the Study of the First Americans.

———. 2000. Cultural Resource Management in Context. In Ray A. Williamson and Paul R. Nickens, eds., *Science and technology for historic preservation,* 267–290. New York: Kluwer Academic/Plenum.

Kohl, Philip L., and Clare Fawcett (eds.). 1995. *Nationalism, politics, and the practice of archaeology.* Cambridge: Cambridge University Press.

Kristiansen, Kristian. 1992. "The strength of the past and its great might": An essay on the use of the past. *Journal of European Archaeology* 1: 3–32.

———. 1998. Between rationalism and romanticism: Archaeological heritage management in the 1990s. *Current Swedish Archaeology* 6: 115–122.

Larson, Mary Lou. 1997. Housepits and mobile hunter-gatherers: A consideration of the Wyoming evidence. *Plains Anthropologist* 42: 353–369.

Lentz, Stephen C., Joan K. Gaunt, and Adisa J. Willmer. 1996. Fire effects on archaeological resources, phase 1: The Henry Fire, Holiday Mesa, Jemez Mountains, New Mexico. Fort Collins, USDA, Rocky Mountain Forest and Range Experiment Station, General Technical Report RM-GTR-273.

Leone, Mark P., and Parker B. Potter. 1992. Legitimation and the classification of archaeological sites. *American Antiquity* 57: 137–145.

Lerner, Shereen, and Teresa Hoffman. 2000. Bringing archaeology to the public: Programs in the southwestern United States. In Francis P. McManamon and Alf Hatton, eds., *Cultural resource management in contemporary society,* 231–246. London: Routledge.

Limp, W. Frederick. 2000. Geographic information systems in historic preservations. In Ray A. Williamson and Paul R. Nickens (eds.), *Science and technology in historic preservation,* 231–247. New York: Kluwer Academic/Plenum.

Lipe, William D. 1978. Contracts, bureaucrats, and research: Some emerging problems in conservation archaeology. In Robert C. Dunnell and Edwin S. Hall Jr., eds., *Archaeological essays in honor of Irving B. Rouse,* 121–147. New York: Mouton.

———. 1984. Value and meaning in cultural resources. In Henry F. Cleere, ed., *Approaches to the archaeological heritage,* 1–11. Cambridge: Cambridge University Press.

———. 1996. In defense of digging: Archaeological preservation as a means, not an end. *CRM* 19(7): 23–27.

———. 2001. Threat to knowledge, research, and the future of archeology in the national parks: An interview with Bill Lipe. *Common Ground,* Summer–Fall, 24–33.

Lipe, William D., and Charles Redman. 1996. Conference on renewing our national archaeological program. *SAA Bulletin* 14(4): 14–20.

Lopinot, Neal H. 2002. Public archaeology: Past, present, and future. *Journal of Public Affairs* 6:91–105.

Loubser, Johannes. 2001. Management planning for conservation. In David S. Whitley, ed., *Handbook of rock art research,* 80–115. Walnut Creek, CA: AltaMira.

Macinnes, Lesley. 1993. Archaeology as land use. In John Hunter and Ian Ralston, eds., *Archaeological resource management in the UK: An introduction,* 243–255. Phoenix Mill, UK: Sutton/Institute of Field Archaeologists.

Marino, Eugene A., and Michael K. Trimble. 2001. Stewards of the past: Archaeological collections and the Department of Defense. *CRM* 24(3): 11–12.

Maschner, Herbert D. G. (ed). 1996. *New methods, old problems: Geographic information systems in modern archaeological research.* Center for Archaeological Investigations Occasional Paper no. 23. Southern Illinois University.

Mathers, Clay, Timothy Darvill, and Barbara J. Little (eds.). 2005. *Heritage of value, archeology of renown: Reshaping archaeological assessment and significance.* Gainesville: University Press of Florida.

Mathewson, Christopher C., Tania Gonzalez, and James S. Eblen. 1992. *Burial as a method of archaeological site protection.* Vicksburg: U.S. Army Corps of Engineers, Waterways Experiment Station, Contract Report EL-92-1.

McGimsey, Charles R. 1972. *Public archeology.* New York: Academic.

———. 1975. Peer reviews. In Michael B. Schiffer and John H. House, eds., *The Cache River archeological project: An experiment in contract archeology,* 325–326. Archeological Survey Research Series no. 8. Fayetteville, Arkansas.

———. 1984. The value of archaeology. In Ernestene L. Green, ed., *Ethics and values in archaeology,* 171–174. New York: Free Press.

———. 2002. RPA. *SAA Archaeological Record* 2(4): 7–8.

McGimsey, Charles R., and Hester A. Davis. 2000. The old order changeth, or now that archaeology is in the deep end of the pool, let's not just tread water. In Susan J. Bender and George S. Smith, eds., *Teaching archaeology in the twenty-first century,* 5–8. Washington, DC: Society for American Archaeology.

McGimsey, Charles R., and Hester A. Davis (eds.). 1977. *The*

392

management of archeological resources: The Airlie House report. Washington, DC: Special Publication of the Society for American Archaeology.

McManamon, Francis P. 1991. The many publics for archaeology. *American Antiquity* 56: 121–130.

———. 2000. The protection of archaeological resources in the United States: Reconciling preservation with contemporary society. In Francis P. McManamon and Alf Hatton, eds., *Cultural resource management in contemporary society*, 40–54. London: Routledge.

McManamon, Francis P., and Alf Hatton. 2000. Introduction: Considering cultural resource management in modern society. In *Cultural resource management in contemporary society*, 1–19. London: Routledge.

Meskell, Lynn. 2002. The intersections of identity and politics in archaeology. *Annual Review of Anthropology* 31: 279–301.

Michel, Mark. 1997. Private property—national legacy: Protecting privately owned archaeological sites in the United States. *Nonrenewable Resources* 6(2): 131–136.

Moe, Jeanne M. 2000. America's archaeological heritage: Protection through education. In Francis P. McManamon and Alf Hatton, eds., *Cultural resource management in contemporary society*, 276–287. London: Routledge.

Morse, Dan F. 1997. *Sloan: A Paleoindian Dalton cemetery in Arkansas*. Washington, DC: Smithsonian Institution Press.

Mulvaney, D. J. 1991. Past regained, future lost: The Kow swamp Pleistocene burials. *Antiquity* 65: 12–21.

Ndoro, Webber, and Gilbert Pwiti. 2001. Heritage management in southern Africa: Local, national, and international discourse. *Public Archaeology* 2: 21–34.

Neumann, Thomas W., and Robert M. Sanford. 2001. *Cultural resources archaeology: An introduction*. Walnut Creek, CA: AltaMira.

New Mexico Office of Cultural Affairs. 1995. *New Mexico Cultural Resources Impact Assessment, 1995*. State of New Mexico Office of Cultural Affairs, Santa Fe.

Nickens, Paul R. 1993. *Use of signs as a protective measure of cultural resource sites*. Vicksburg, U.S. Army Corps of Engineers, Waterways Experiment Station, Technical Report EL-93-6.

———. 2000. Technologies for in-place protection and long-term conservation of archaeological sites. In Ray A. Williamson and Paul R. Nickens, eds., *Science and technology in historic preservation*, 309–332. New York: Kluwer Academic/Plenum.

Owsley, Douglas, and Jerome C. Rose (eds.). 1997. *Bioarcheology of the north central United States*. Archeological Survey Research Series no. 49. Fayetteville, Arkansas .

Palumbo, Gaetano. 1993. Conference on cultural resource management in Jordan. *Journal of Field Archaeology* 20: 499–505.

Paradise, Thomas R. 2000. Sandstone architectural deterioration in Petra, Jordan. In Vasco Fassina, ed., *Proceedings of the UNESCO Congress on stone deterioration and conservation*, 145–154. Venice: UNESCO.

Parker, Patricia, L. 1993. What you do and how we think?

CRM 16: 1–5.

———. 2001. Sacred sites in traditional American Indian culture. In Ismail Serageldin, Ephim Shluger, and Joan Martin-Brown, eds., *Historic cities and sacred sites*, 335–343. Washington DC: World Bank.

Parker, Patricia L., and Thomas F. King. 1998. *Guidelines for evaluating and documenting traditional cultural properties*. Washington, DC: Cultural Resources, National Park Service, USDI.

Potter, Parker B., Jr. 1994. Postprocessual approaches and public archaeology: Putting critical archaeology to work for the public. In Jordan E. Kerber, ed., *Cultural resource management: Archaeological research, preservation planning, and public education in the northeastern United States*, 65–85. Westport, CT: Bergin & Garvey.

Renfrew, A. Colin. 1983. Divided we stand: Aspects of archaeology and information. *American Antiquity* 48: 3–16.

Robinson, Paul A. 1994. Archaeology, history, and Native Americans: Preserving the richness of the past. In Jordan E. Kerber, ed., *Cultural resource management: Archaeological research, preservation planning, and public education in the northeastern United States*, 87–95. Westport, CT: Bergin & Garvey.

Robles Garcia, Nelly. 1998. Management of archaeological resources in Mexico: Experiences in Oaxaca. *SAA Bulletin* 16(3): 22–25.

Rose, Jerome C. (ed.). 1999. *Bioarcheology of the south central United States*. Archeological Survey Research Series no. 55. Fayetteville, Arkansas.

Rose, Jerome C., Thomas J. Green, and Victoria D. Green. 1996. NAGPRA is forever: Osteology and the repatriation of skeletons. *Annual Review of Anthropology* 25: 81–103.

Sabo, George, III, Luis F. Restrepo, and Linda Jones. 2000. *First encounters: Native Americans and Europeans in the Mississippi Valley*. CD-ROM. Fayetteville, Arkansas, Archeological Survey.

Sassaman, Kenneth E., and David G. Anderson (eds.). 1996. *Archaeology of the mid-Holocene Southeast*. Gainesville: University Press of Florida.

Schiffer, Michael B., and George J. Gumerman. 1977. Culture resource management. In Michael B. Schiffer and George J. Gumerman, eds., *Conservation archaeology: A guide for cultural resource management studies*, 1–17. New York: Academic.

Schofield, A. J. 2000. Now we know: The role of research in archaeological conservation practices in England. In Francis P. McManamon and Alf Hatton, eds., *Cultural resource management in contemporary society*, 76–92. London: Routledge.

Schuldenrein, Joseph. 1995. The care and feeding of archaeologists: A plea for pragmatic training in the 21st century. *SAA Bulletin* 13(3): 22–24.

Shott, Michael J. 1992. Commerce or service: Models of

practice in archaeology. In LuAnn Wandsnider, ed., *Quandaries and quests: Visions of archaeology's future*, 9–24. Occasional Paper no. 20. Carbondale, Center for Archaeological Investigations, Southern Illinois University.

Shunnaq, Mohammed, and Margaret Reid. 2000. From antiquity laws to heritage legislation: Towards a national strategy for Jordanian cultural resource management. *Abhath Al-Yarmouk* 16(3): 1–22.

Simon, Brona G. 1994. The carrot, not the stick: Strategies for protecting archaeological sites on private property. In Jordan E. Kerber, ed., *Cultural resource management: Archaeological research, preservation planning, and public education in the northeastern United States*, 191–208. Westport, CT: Bergin & Garvey.

Smith, Laurajane. 1994. Heritage management as post-processual archaeology. *Antiquity* 68: 300–309.

Soon, Tay, and Alice Erh. 1985. Law and cultural heritage. In Isabel McBryde, ed., *Who owns the past?* 107–138. Oxford: Oxford University Press.

Suagee, Dean B. 1999. Human rights and the cultural heritage of Indian tribes in the United States. *International Journal of Cultural Property* 8: 48–76.

Sullivan, Lynne P. 2001. The curation dilemma: A mutual problem for research and resource management. In Robert D. Drennan and Santiago Mora, eds., *Archaeological research and heritage preservation in the Americas*, 90–98. Washington, DC: Society for American Archaeology.

Swidler, Nina, Kurt E. Dongoske, Roger Anyon, and Alans S. Downer (eds.). 1997. *Native Americans and archaeologists: Stepping stones to common ground*. Walnut Creek, CA: AltaMira.

Tacon, Paul S. (1999). Identifying ancient sacred landscapes in Australia: From physical to social. In Wendy Ashmore and A. Bernard Knapp, eds., *Archaeologies of landscape*, 33–57. Oxford: Blackwell.

Thomas, David Hurst. 2000. *Skull wars: Kennewick man, archaeology, and the battle for Native American identity*. New York: Basic.

Thompson, Raymond H. 1982. Archeological triage: Determining the significance of cultural properties. In Rex L. Wilson and Gloria Loyola, eds., *Rescue archeology: Papers from the first new world conference on rescue archeology*, 40–46. Washington, DC: Preservation.

Thorne, Robert M. 1991. Intentional site burial: A technique to protect against natural or mechanical loss. Technical Brief no. 5. Washington, DC: Archeological Assistance Program, National Park Service.

———. 1994. Archaeological site preservation as an appropriate and useful management tool. In Claire Mousseau, ed., *Archaeological remains in situ preservation*: 263–269. Proceedings of the Second ICAHM International Conference, ICOMOS International Committee on Archaeological Heritage Management.

United States Department of the Army. 1998. *Cultural resources management, Army Regulation 200-4*. Washington, DC: Department of Army.

US/ICOMOS. 1999. ICOMOS charters and other international doctrinal documents. *US/ICOMOS Scientific Journal* 1(1): 1–107.

Wainwright, Geoffrey J. 1993. The management of change: *394* Archaeology and planning. *Antiquity* 67: 416–421.

———. 2000. Time please. *Antiquity* 74: 909–943.

Walker, Deward, Jr. 1991. Protection of American Indian sacred geography. In Christopher Vecsey, ed., *Handbook of American Indian religious freedom*, 100–115. New York: Crossroad.

Wheatley, David. 1995. The impact of information technology on the practice of archaeological management. In Malcolm A. Cooper, Antony Firth, John Carman, and David Wheatley, eds., *Managing Archaeology*, 163–174. London: Routledge.

Wildesen, Leslie E. 1982. The study of impacts on archaeological sites. *Advances in archaeological method and theory* 5: 51–96.

395

第 23 章　考古学与社会

吉莉恩·华莱士

（Gillian Wallace）

对许多考古学家来说，获得高等考古学学位是成为专业学者的"成人礼"，但实际上更常见的仪式是回答关于恐龙的问题或发表相关评论。印第安纳·琼斯（Indiana Jones）的冒险故事时常出现，有些人还渴望听《古墓丽影》（Tomb Raider）中劳拉·克劳馥（Lara Croft）的故事。这些游戏和电影把考古学描绘成对美好事物的浪漫追求，而这类流行描述从不涉及考古信息记录和数据分析。一项关于美国公众对考古学观念的研究显示，85% 的受访者会将考古学与恐龙等事物联系起来（Ramos and Duganne, 2000）。恐龙问题和冒险家形象让考古学家感到困扰，因为它们反映了社会对考古学的无知（MacDonald, 2002）。格雷厄姆·克拉克写道，考古学"使我们能以更广阔的视角看待历史"（1957: 264）。尽管如今大多数人都认为考古学不只做了这些事情，但即使是克拉克的定义似乎也没有在许多人的心中留下深刻印象。恐龙和其他考古学神话从何而来？为何它们依然存在？过去，社会对考古学形成了一定的期待，这些期待至今仍然存在。近年来，这些期待已有所修正，博物馆、地方考古学和考古学的普及计划都对其有所体现。然而，在当代考古学中，对于某些主题，社会仍不清楚应如何期待考古学发挥作用。首先，让我们来探讨社会曾对考古学有哪些期待。

考古学史中社会期望的构建

公众对考古学的认识和神话般的看法主要来自考古学发展方式（参见韦伯斯特，第2章）和社会参与考古学的途径。古物学研究者为考古学的发展奠定了基础，他们主要来自17世纪、18世纪和19世纪初受过教育的中产阶级或上层社会（Trigger，1989）。随着该学科在19世纪的发展，有影响力的考古学家多为殖民国家中的中产阶级和上层阶级白人。以美国为例，考古学具有"昭昭天命"式的殖民倾向。可以想到，研究者们对考古数据往往持着帝国主义式的解读。然而，约翰·劳埃德·斯蒂芬斯（John Lloyd Stephens）是个例外，他承认北美洲原住民的成就，包括土丘建造者和中美洲的玛雅人（Fagan，1996）。斯蒂芬斯是美国公民、律师和外交官（Renfrew and Bahn，1996），是中上层阶级的坚定一员。基于科学观察，他实际上支持原住民文化，这与当时命定论的意识形态相悖。然而这只是一个例外，这一时期的考古学家很少与他们的社会阶层划清界限，而是往往将原住民的成就归为受外来文化影响的产物（Ucko，1990；Fagan，1996；Hall，1995）。

在大西洋彼岸，继斯蒂芬斯的工作之后，奥古斯塔斯·莱恩－福克斯·皮特－里弗斯对系统化的发掘方法进行了革命性的改进。威廉·弗林德斯·皮特里爵士收集并公布了他在埃及和巴勒斯坦的所有发掘数据，而不仅仅是当时社会所重视的文物（Renfrew and Bahn, 1996）。皮特－里弗斯和他之后的莫蒂默·惠勒爵士一样，都有在英国军队服役的经历。这种经历再加上他们的阶级和等级，或许影响了他们对考古学相当客观而疏离的表述，这种表述在一些博物馆里仍然很流行（见下文）。

到了19世纪，尽管对考古资料的帝国主义阐释仍然存在，但古物研究的浪漫主义逐渐消散。与此潮流相悖的典型例子是海因里希·谢里曼（Heinrich Schliemann）。谢里曼在19世纪70年代和80年代发现了特洛伊（Renfrew and Bahn, 1996），他是一个富有的银行家，自己出资进行发掘。他张扬的生活方式，加上对神话传说中的特洛伊的发现，创造了一种令人向往的考古学和考古学家的形象。特洛伊城有很多好东西，这从索菲娅·谢里曼（Sophia Schliemann）戴着古希腊神话中特洛伊国王普里阿摩斯的宝藏的照片中可见一斑（Daniel, 1981）。因此，公众开始神化考古学，以为考古学家都是富有的人，他们环球旅行，四处搜罗宝贝。《古墓丽影》中劳拉的形象可以说是谢里曼神话的当代版本，在政治上和技术上都是如此。

396

谢里曼并非19世纪唯一一位激发了公众想象力的考古学家。朱塞佩·菲奥雷利（Giuseppe Fiorelli）于1860年发掘了庞贝城，并将研究重心放在了遗址的社会背景而非艺术品上，强调了所有文物（不仅仅是宝藏）对了解城市过去生活的重要性（Daniel, 1981）。在欧洲大陆，德语读者被施瓦布（Schwab）上校在拉登（La Téne）和乔治·拉姆绍尔（Georg Ramsauer）在哈尔施塔特（Hallstatt）所领导的欧洲铁器时代的发掘工作吸引了。在美洲，约翰·劳埃德·斯蒂芬斯编写了关于他在1841年和1843年探索玛雅遗址的畅销书（Daniel, 1981）。在近东，奥斯汀·亨利·莱亚德（Austen Henry Layard）发表了关于尼姆鲁德（Nimrud）和尼尼微（Nineveh）的发掘报告，并广受欢迎。然而，尽管这些遗址才是公众眼中的考古学象征，但谢里曼仍是一个家喻户晓的名字（Silverberg, 1985）。

如果说谢里曼激发了公众对考古学家的兴趣，那么霍华德·卡特（Howard Carter）在 1922 年发现图坦卡蒙墓则使考古学变得更加热门。这次发掘出的文物和相关故事至今仍吸引着全球的视线（例如，图坦卡蒙的诅咒）（Silverberg, 1985）。博物馆巡回展览激发了人们对这一遗址的热情，但同时也加深了误解，使人们认为考古学的目的是寻宝。图坦卡蒙在埃及历史上是一个相对次要的统治者，这表明进入公众视野的遗址并不总是对该学科最重要的。

许多神话都围绕着田野考古实践，甚至在学术界，最成功、最知名的考古学家往往是那些领导过发掘工作的人（Gero, 1994; Wright, 2003）。如今，解决如起源等大问题（Conkey and Spector, 1984）同样能赢得学术认可和资金支持，正如在考古学史上一样。

考古工作中幕后人员的成就仍未得到公众的充分认可，特别是 19 世纪和 20 世纪初随丈夫参与田野考古工作的女性。马蒂尔达·考克斯·史蒂文森（Matilda Coxe Stevenson）是她丈夫的田野团队中的民族志学者（Reyman, 1994）。泰莎·惠勒（Tessa Wheeler）在她丈夫的维鲁拉米恩（Verulamium）和梅登堡（Maiden Castle）发掘项目中发挥了关键作用，以至于莫蒂默爵士在她去世后未进行新的发掘工作（Hudson, 1981）。然而，除了发现纳吐夫（Natufian）文化的多萝西·加罗德（Dorothy Garrod）（Davies and Charles, 1999）和伊拉克现代考古学创始人格特鲁德·贝尔（Gertrude Bell）（Fagan, 1996），20 世纪大多数考古工作中被铭记的都是男性。这种情况在一定程度上延续至今，女性在这个行业中比男性更有可能从事幕后工作，处理考古数据（参见海斯－吉尔平，第 20 章）。

除了性别问题，社会阶层和种族也在考古学领域中体现出了不平等。加罗德、贝尔以及其他参与早期发掘的女性都出自上层或中产阶级。非白人考古学家的贡献很少得到认可，尽管他们与白人发掘队长关系密切且其工作至关重要（Fagan, 1996）。这种现象使人们误以为白人完成了所有重要的发现。如今，这种做法偶尔仍在继续，外部研究人员依赖当地劳动力和学者开展野外项目，但在宣传遗址时，这些外来者仍然是唯一被提及或被拍到的人。

早期考古学家往往社会地位较高，受教育程度也相应较高，加上 20 世纪中期的政治形势，他们因而开始倡导一种较为不可靠的客观主义。二战结束后，美国国家科学基金会立足于物理学领域，希望获得资助的研究人员必须遵循由此产生的实证主义哲学，即通过假设检验建立科学规律（Kehoe, 1998; Trigger, 1986）。因此，新考古学宣称自己是人类学的一部分（Binford, 1962），而人类学则宣称自己发现了人类社会的普遍规律（Kehoe, 1998）。研究人员开始以同样的实证主义、经验主义的方式与公众交流。

由于实证主义并不试图改造社会（Kehoe, 1998:135），其实证研究框架和话语体系限制了有着各种思维方式的人的参与，因此与目前聘用不同种族、性别和教育背景的考古学家的理想相去甚远。这两种理论立场的影响都超越了学术话语的界限，踏入了公共领域。

当今社会对考古学的期望

博物馆作为社会的缩影

过去，考古学领域主要为白人男性所主导，他们利用权力、威望和特权占据了解读和公开展示考古材料的主导地位。V. 戈登·柴尔德（1933）曾提出学术解释可能会受到考古学家偏见的影响，但这一观点直到近年来才得到了持续讨论。除了物质遗存，考古学家的解释在很大程度上决定了公众对考古学的认知。这一点在博物馆中表现得尤为明显（Anderson, 1991; Walsh, 1992）。

博物馆是向公众展示考古学的主要形式之一。满足不同公众的需求是一项巨大的挑战（McManamon, 1991），公众对知识的渴求如同洋葱般多层：有些人仅关注外层，即视觉上的展示；有些人深入文本；非常敏锐的人则关注考古学本身，并提供反馈。历史上，考古博物馆的展示方式是将发现的物品放在布满灰尘的玻璃柜里，把火石、匕首和罐子按类型整齐地摆放在一起。但现代公众除希望获取信息外，还期待娱乐元素。克里斯滕·克里斯滕森（Kristen Kristensen）对此总结道：

> 体验过去的需求已从资产阶级陈列柜中的精选物品转向了景观中重建的历史遗址和真实而生动的史前环境；从博物馆中安全距离的观察转向了积极参与到重建的场景中。（Kristiansen, 1992:11）

"资产阶级陈列柜"的历史趋势反映了19世纪欧洲博物馆初次发展时考古工作者所处的社会背景（Hudson, 1981; Patterson, 1995; Kristiansen, 1981; Reyman, 1994）。摆满文物的玻璃柜和挂满详细说明的墙壁，起到了

397

教育作用。由于观众与展览策展人同样具有较高的文化水平，所以博物馆展现了一种 17 世纪的崇高理想：知性的经验本身就是一种享受，按照深奥的标签整理文物类型是有趣的。然而，对大多数人而言，这些博物馆可能显得枯燥乏味，让人避而远之。

如今在世界各地，游客与考古学之间仍有相当的距离，特别是在预算紧张的地方博物馆或国家博物馆。许多考古学家需要在等级制度或政治限制的环境中工作，他们必须成为专家，并让博物馆的展示显得更加复杂。这一现状使得考古学仍然被牢牢地困在玻璃柜后面。

尽管如此，越来越多的博物馆开始吸引社会各阶层人士参与其中（McManamon and Hatton, 2000a; Merriman, 2004; Stone and MacKenzie, 1989; Stone and Molyneaux, 1994）。新技术推动着博物馆的开放程度。一个值得关注的例子是位于匈牙利布达佩斯附近的萨兹哈隆巴塔的马特里卡博物馆。该博物馆设有一个露天考古公园，展示了重建的青铜和铁器时代的房屋，配有德语、英语和匈牙利语描述。公园内还有许多铁器时代的古墓（Poroszlai and Vicze, 1998），其中一座向公众开放。一条凸起的人行道将古墓分割开来。游客走进古墓的中心，外面的门便会关闭，将他们封闭在里面，并开始进行遗址现场的多媒体讲解。在古墓之外，博物馆重现了不同时期的景观，以展示环境考古信息（Ijzereef, 1992）。露天博物馆自 19 世纪以来就一直存在，它们起初被用来展示景观的各个方面（Mels, 2002），非常适合展示考古环境的全面信息。最重要的是，它让公众可以通过阅读以外的其他感官和能力来体验史前的各个方面。

一位负责北美洲一座成功的公共遗址的考古学家曾建议："不要担心阐释的正确性，因为你总是可以在以后改变你的阐释。最主要的是保持公众的兴趣。"这一观点颇具争议，提出者也不愿透露姓名。真实性问题是在公共领域工作的考古学家首先需要考虑的问题（Jameson, 2004; Stone and Planel, l999）。为了吸引目标受众，博物馆有时会淡化展示的真实性（Jones and Pay, 1990）。保持公众对考古学的兴趣有多重要？为了保持公众的兴趣，我们可以在数据展示、词汇选择和论证上做出怎样的妥协？由于没有工程学、化学或生物学等领域的财政资助水平，考古学需要保持公众的兴趣，因为它依靠资助机构、博物馆的参观和捐赠而存在。即使在发达国家，立法机构会资助大规模的考古项目，但它最终也要依靠公众的支持。未来的挑战是如何保持和发展这种公众的兴趣，同时维持必要的资源。

398

获取公众支持的一种方式是博物馆。博物馆通常会针对社会中的特定群体进行展览，如根据年龄、种族、性别或教育水平（通常与收入和潜在捐赠相关）分类的社会群体。在那些平均收入无法支付参观博物馆费用的国家，展览的目标群体是外地游客或富裕的当地游客。在这些情况下，所展示的物质文化往往宣扬的是最符合当前政治议程的意识形态的过去（Ferro, 1981; Gero and Root, 1990; Meskell, 1998）。

博物馆作为考古学的信使，常常被指责为充满偏见，由历史的赢家掌握话语权（Blakey, 1990; Creamer, 1990; Paynter, 1990; Sommer and Wolfram, 1993）。鉴于不同的文化对过去的感知是不同的（Bielawski, 1989; Layton, 1989; Parker Pearson et al., 1999），如果策展人并不来自某些文化或未接触过某些文化，那么展览中就很难体现出这种对历史感知的差异性。原住民群体对博物馆提出的一个批评就是，将他们的文化表现为静止的、封存在历史中的，而没有考虑其当代背景（Bolton, 2003）。令人欣慰的是，这种历史趋势正在改变。

曾经的帝国主义国家的博物馆如今已开始沟通原殖民地国家的来源群体（source community）（Peers and Brown, 2003）。来源群体并不仅仅是文物原本所属的群体，也包括这些群体的后裔。这一转变趋势的核心如下：

> 在这种新的关系中，博物馆代表来源群体成为文物的管家。它们不再是展示和阐释这些物品的唯一权威，而是承认具有让来源群体参与影响其物质遗产决策的道德和伦理（有时是政治）义务……这些新观点的核心是不断强化博物馆和来源群体之间的联系，在这种联系中，双方都是平等的，共享技能、知识和权力，以产生对双方都有价值的东西。（Peers and Brown, 2003:2）

这种新的关系不仅仅是与来源群体建立联系。在某些情况下，来源群体或原住民群体掌控着博物馆并对文物进行阐释。例如，在阿拉斯加州的史蒂文斯村，阿萨巴斯卡人（Athabascan）通过引导游客沿着育空河参观他们的文化中心，从而控制了信息传播（Nuttall, 1997）。澳大利亚的原住民群体正在建立他们自己的社群博物馆（Bolton, 2003）。来源群体的控制有时会延伸到研究过程本身（Anawak, 1989; Allison, 1999），但这在很大程度上依赖于考古学家和当地社群之间的有效沟通。

试图建立或巩固自己身份的群体可以通过博物馆展示他们文化的代表性。在海湾国家，最近成立的国家所处的地区曾先后被许多不同的民族占领。这些海湾国家的博物馆致力于建立一种国族自豪感（Potts, 1998），正如特里格（1984）在其关于考古学与民族主义、殖民主义和帝国主义之间关系的开创性论文中所描述的那样。对博物馆的这种利用也延伸到了对一个国家内的区域认同的理解上，尼日利亚就是如此（Willett, 1990）。

克里斯蒂安森提到的露天遗址博物馆的趋势在工业化国家普遍存在（Ehrentraut, 1996），在这些国家，博物馆是政治优先事项（Hitchcock et al., 1997），富裕的赞助者也想从旅游参观中获利（见下文）。诸如萨兹哈隆巴塔的露天博物馆注重参观者的参与和互动，经常包括现场演示。与传统博物馆不同的是，虽然这种娱乐活动主要针对成人，但也能吸引儿童的兴趣。除了能接触到更多的公众阶层，露天博物馆还能展示出土房屋、定居点和文物的考古背景，这种做法能破除公众对考古学阐释的迷思。露天博物馆与更传统的博物馆一样，可以让当地社群参与进来（Knecht, 2003; Merriman, 2004）。在亚洲，受欢迎的露天博物馆既关注过去的精英生活，也关注普通人的生活，而且经常关注特定的民族群体（Hitchcock et al., 1997）。在瑞士，有史以来参观人数最多的博物馆展览是对史前湖泊村庄的露天重建（Ruoff, 1990）。尽管这些做法不乏争议，但露天博物馆和传统博物馆仍是社会与考古学互动的主要方式。

地方考古学：建立与过去的个人关联

地方考古学（local archaeology）专注于研究某一地区的本地历史，具有极大的社会潜力，是教育、推广和互动的前沿阵地。一个成功的地方考古项目会使本地社会成员对考古学产生个人认同（Binks, 1989; Davis, *399* 1989）。无论人们是认同物质文化、考古学家，还是认同考古阐释，地方考古学都能破除人们对考古的迷思。

社会对地方考古学的期望因地理和种族的不同而有很大差异。如果人们生活在很少混合了外来民族的地区（即许多欧洲国家），他们往往期望在当地发现的古代物质遗存就是自己的历史。这与美国有很大的不同，在美国，许多人会把考古学与埃及和墨西哥的遗迹联系起来，而不是与他们自己的国家联系起来（Bense, 1991）。当然，大多数美国人都是非原住民，所以他们可能会认为历史遗存是同一民族的产物或者是和他们个人有关的东西，但史前遗存是属于其他民族的。在那些几乎没有资金支持或专业领队项目的国家，过去的物质文化和个体之间的联系又是不同的，但这不一定与考古学本身有关。

在东非工作的马蓬达（Mapunda）和莱恩（Lane）提出了接触当地社群的几种不同的方法。他们指出，传统的方法，如广播、报纸和电视，并不总是有效的，特别是当使用非当地语言时或在缺乏电力或识字率低的地方。他们认为，考古学家不应只利用当地人的技能和劳动，而应在互动中向当地人传授考古知识。应由当地人选择谁在现场提供帮助，并且应有一人作为使者，在当地人和非当地参与者之间进行沟通并建立信任。可以在周日和公共假期等休息日举行展览。每个田野季，村里的长者、教师、宗教领袖、万事通和其他重要人物都应该评估项目的进展，讨论哪些地方可以改进。最后，应该用当地语言编写低成本的出版物，如双面 A4 纸印刷品，并配上插图，以传播工作成果（Mapunda and Lane, 2004）。

这些方法强调与当地社群的沟通，鼓励他们参与考古活动，这非常重要（Derry, 2003; Watkins, 2000; Swidler et al., 1997），因为地方考古项目的成功往往取决于有效的推广。在罗得岛海洋考古计划（Rhode Island Marine Archaeology Program, RIMAP）中，考古学家与当地潜水员合作识别和记录了水下遗址（Robinson and Taylor, 2000）。潜水员接受考古学家的培训课程，然后将在休闲潜水时的发现报告给他们。通过这种方式，考古学家获得了原本会耗费巨大成本的调查信息，而潜水员则在娱乐的同时感受到了成就感。因此，这是一个双赢的项目。不仅在这个例子中如此，其他有助于学术生产的公众项目亦然（Platonova, 1990; Richardson, 1990; Gardin, 1994）。

另一个类似的合作项目是英格兰和威尔士的可移动文物计划（Portable Antiquities Scheme），在这些国家，金属探测是合法的。考古学家对使用金属探测器人员的立场是："我们承认你们所做的是合法的，我们希望为公众利益而记录你们的发现，同时也教你们如何更好地使用探测器。"（Bland, 2004:288）这项计划非常成功，特别是在记录农业地区发现的遗存的信息方面（Bland, 2004）。

与当地群众互动不仅有助于发现遗址，还能保护它们（McManamon and Hatton, 2000b）。在加拿大和美国，遗址管家计划（Site Steward Program）的志愿者负责看管当地的遗址（King, 1991）。遗址被破坏是一个立法不健全、贪婪、缺乏教育和经济机会所造成的全球性问题，遗址管家计划的目的是遏制发展、农业和（在某些地区）非法古物贸易对遗址的破坏（Brodie et al., 2001; O'Keefe, 1997; Renfrew, 2000），其中，非法古物贸易主要发生在战乱（Naccache, 1998）、政治不稳定（Medina, 2000）或贫困地区（Alva, 2001）。当地人可能对遗址有个人认同感，却被迫利用他们的祖先来维持生计。遗址管家计划也是为了阻止打猎（pot hunting）活动（King, 1991），这是一种有时基于经济需要的消遣（Hollowell-Zimmer, 2003），但常常会破坏遗址的背景信息。

然而，遗憾的是，在像北爱尔兰这样的地区，盗掘行为时有发生（Hamlin, 2000）。在那里，本地发掘项目广受欢迎，居民能够直接与他们的过去建立联系。即使某人对过去有个人认同感并想要保护它，但地下和地表的珍贵物品仍然具有极大的诱惑力。遗址管理至关重要（Lynott, 1995），地方监管不能仅仅依靠警戒来防止盗掘，还可以通过教育当地居民，让他们意识到盗掘破坏了多么美好而重要的东西（Hollowell-Zimmer, 2003）。地方考古项目与博物馆和大学课程一样，都是将人们与过去联系起来的前沿。地方考古项目还可以促进当地企业、政府和考古学家之间的沟通。私人资助的蒂罗尔考古（ArcheoTirol）就是一个例子，该项目为奥地利蒂罗尔州的地方发掘、研究和推广提供资金支持（Tomedi, 1999）。加拿大主街项目（Canadian Main Street Program）是由加拿大遗产基金会组织的一项成功的活动，得到了当地企业的资助，旨在保护古老的乡土建筑（Dalibard, 1986）。成功推广的关键在于愿意以新的方式向社会的不同群体进行推广。

全球化与考古知识的使用权

尽管我们可以在地方层面消除公众对考古学的误解，但在全球层面，这些误解往往会通过大众传媒和互联网得到强化。理论上，这些现代通信媒介应该扩大考古学的使用范围。历史上，来自帝国主义国家的中上层人士通过印刷品、讲座或现场参观来了解考古学，而现在，人们足不出户就可以了解过去，也无须与任何人交谈。在美国，56%的受访者表示他们会通过电视了解考古学（Ramos and Duganne, 2000）。在英国，深受欢迎的考古学电视系列节目《时间团队》已在商业电视台播出多年。这个节目提高了英国公众对考古学的认识和兴趣，还证明了考古学可以成为一个有利可图的影视产业。尽管考古学家经常出现在节目中，但明星往往是主持人，这说明考古学家需要更好地推销自己和这个行业（Smardz, 1996）。

通常情况下，尽管电视节目提高了公众对考古学的兴趣和认识，但它们往往忽略了讨论发掘的基本原则，如揭示遗址的背景信息。这些节目更倾向于关注广泛认可的案例研究，这些案例往往类似于印第安纳·琼斯或劳拉·克劳馥的探险，而在这个过程中，遗址以及幕后考古学家的努力被完全忽视，考古变成了寻宝活动。媒体叙事的可靠性并不稳定，有时必须以牺牲准确性为代价来吸引观众。电视编辑的压力在出版业也是类似的：成功不是用知识而是用流行程度来衡量。当媒体以吸引大众为目标时，容易加深人们的刻板印象（Gero and Root, 1990），甚至传播彻头彻尾的谎言（例如，"上帝的指纹"）。

有时，公众对考古学这门学科的热情会与科学理想发生冲突，考古学家可以通过文字进行反击。皮茨（Pitts）和罗伯茨（Roberts）的小说《费尔韦瑟·伊登》（*Fairweather Eden*）将考古信息背后的故事娓娓道来。叙事也可以在不同分支学科的考古学家之间传递思想（Wallace, 2003），甚至诗歌也可以帮助公众理解一些古老的房屋（Brooks, 1989）。科普书籍[如戴蒙德的《枪炮、病菌与钢铁》（*Guns, Germs, and Steel*）]吸引了许多专业人士和普通读者，尽管许多人最后选择了体质人类学而非考古学。再比如约翰松（Johanson）和埃德加（Edgar）的《从露西到语言》（*From Lucy to Language*），满足了公众对人类起源理论的好奇，但在打破神话和拓宽社会对考古学的看法方面做得较少。尽管考古学家做出了很多沟通公众的努力，但非考古学家似乎更有办法写出吸引公众的作品，例如琼·奥尔（Jean Auel）的《洞熊家族》（*Clan of the Cave Bear*）系列（Fagan, 1987）。

尽管电视节目和书籍在全球范围内传播，但互联网可能是传播考古学

思想最便捷的手段，它为考古学家和公众提供了互动途径（Hodder, 1999;
McDavid, 2003）。非工业化国家的人和工业化国家的经济弱势群体越来越
容易接触到它。虽然互联网可能被用于负面目的，如拍卖来源不明的文
物，但总体而言，它是一种有益的学习方式。许多学者在网上分享自己发
掘遗址的信息，专业协会现在为学校教师和其他感兴趣的公众成员维护着
基本考古学原理的网站。虽然信息的水平各不相同，但总的来说，如今的
社会在连接和学习世界考古学方面达到了前所未有的规模。

互联网与全球化之间的联系是显而易见的。然而，互联网上的新贵们
所追求的"促进世界文化"（Gates, 199:263; 引自 Hodder, 1999）反过来又
促使许多人在这个全球化世界中寻求自己的个人或团体身份。对祖先的过
去的认知有助于这种寻找身份的追求，这在生活在较大民族国家边界内的
社群中尤为普遍（Smith, 1995; Watson, 1990）。

在国家政治中，领导者需要过去来证明他们国家的存在。民族主义
者将他们的事业视为一种宗教信仰（Anderson, 1991; Gellner, 1983），他
们期望通过过去的历史来为事业提供支持，这在世界上的许多地方都有
所记录（Atkinson et al., 1996; Díaz-Andreu and Champion, 1996; Kohl and
Fawcett, 1995）。个人往往会成为民族主义和种族物质文化的焦点，人们
用雕像、纪念碑或墓碑来赞颂特定社会或个人的成就。尽管这些物质文化
是静态的，但它们与社会的关系是有目的的、可以改变的。实际上，这种
变化包括摧毁任何不符合当代民族主义或宗教信仰的东西（Layton et al.,
2001）。意识形态与政治、环境或经济一样，都是破坏考古遗址的强大力
量。例如，在一些政权的统治下，以前的民族纪念碑和信仰体系会被该政
权淡化。在阿富汗，伊斯兰塔利班政府在全世界（主要是抗议者）的注视

下摧毁了一系列著名的佛像，这些佛像大约是在 6 世纪到 7 世纪被雕刻在一处偏远悬崖上的（Golden, 2004）。抗议的精英中有联合国教科文组织和 G10 国家，其中大多数国家都没有佛教徒，这表明意识形态的遗迹被视为世界遗产的一部分。意识形态赋予过去的物质以意义，但也可能破坏它（Golden, 2004; Layton et al., 2001; Meskell, 2002）。意识形态会随时间变化，这让人好奇过去社会意识形态的遗迹是如何幸存下来的。

即使在较小范围内，日常生活中的文物也可能受到控制，以牺牲不受欢迎的民族身份为代价来证明所需的民族身份。例如，在突尼斯迦太基的世界遗产地周围，与布匿（原住民）时期有关的街道标志是新的，用瓷砖制成，摆放在游客可以一眼看到的地方，而带有罗马名字的街道标志则是旧的且锈迹斑斑。因此，全球化虽然增加了公众对考古学的接触，但反过来，有时也导致了对考古学的破坏（Wallace, 2006）。

社会主流之外的弱势群体考古学

在过去几十年里，弱势群体考古学（alternative archaeologies）已经取得了巨大的进展，涉及性别、性取向、残疾、儿童和被剥夺权利者等以前被忽视的话题，其中许多内容在本书的其他章节中讨论。到目前为止，公众对这些类型研究的了解仍有限，但弱势群体考古学可以让不同的人对过去的物质文化有更多的认同，并通过他们自己对考古资料的阐释来创造过去。然而，研究论题在进入公共话语时往往已经过时。全球的孩子都被教导说男性是狩猎者、女性是采集者，这些过时的概念从学术界流传到公众对性别化的历史观念的认知中（参见海斯－吉尔平，第 20 章；乔丹，第 26 章）。为了使弱势群体考古学成为主流的一部分，同时又能保持其时效性，考古学家可能需要在地方层面进行沟通，而不是让他们的研究慢慢从学术界渗透进公共领域。

从这个意义上说，尽管今天的考古学家已经更加多元化，但公众考古项目仍可能与社会上的许多人缺乏关联。因此，在地方层面推广考古和与公众互动已经成为一种全球共识。公众考古项目比那些不涉及公众的项目更有机会将发现与今天的遗产联系起来。这可能与数据在理论上的作用无关，但仍然是考古过程中的一个关键步骤。只有当公众进一步参与到考古中来，考古学是在研究恐龙的这种误解才会彻底消失。

参考文献

Aleksaite, Irena. 2001. *Lithuania: An outline.* Vilnius: Akreta.

Allison, John. 1999. Self-determination in cultural resource management: Indigenous people's interpretation of history and of places and landscape. In P. J. Ucko and R. Layton, eds., *The archaeology and anthropology of landscape: Shaping your landscape,* 264–283. London: Routledge.

Alva, Walter. 2001. The destruction, looting, and traffic of the archaeological heritage of Peru. In N. Brodie, J. Doole, and C. Renfrew, eds., *Trade in illicit antiquities: The destruction of the world's archaeological heritage,* 89–96. Cambridge: McDonald Institute Monographs.

Anawak, Jack. 1989. Inuit perceptions of the past. In R. Layton, ed., *Who needs the past? Indigenous values and archaeology,* 45–50. London: Unwin Hyman.

Anderson, Benedict. 1991. *Imagined communities.* London: Verso.

Atkinson, John A., Iain Banks, and Jerry O'Sullivan (eds.). 1996. *Nationalism and archaeology.* Glasgow: Cruithne.

Banks, Iain. 1989. Archaeology, nationalism, and ethnicity. In John Atkinson, Iain Banks, and Jerry O'Sullivan, eds., *Nationalism and archaeology. Scottish archaeological forum,* 1–12. Glasgow: Cruithne.

Bense, Judith. 1991. Archaeology at home: A partnership in Pensacola, Florida. In G. S. Smith and J. E. Ehrenhard, eds., *Protecting the past,* 117–122. Boca Raton, FL: CRC Press.

Bielawski, Ellen. 1989. Dual perceptions of the past: Archaeology and Inuit culture. In R. Layton, ed., *Conflict in the archaeology of living traditions,* 228–236. London: Unwin Hyman.

Binford, Lewis R. 1962. Archaeology as anthropology. *American Antiquity* 28(2): 217–225.

Blakey, Michael L. 1990. American nationality and ethnicity in the depicted past. In Peter Gatherole and David Lowenthal, eds., *The politics of the past,* 38–48. London: Unwin Hyman.

Bland, Roger. 2004. The Treasure Act and the portable antiquities scheme: A case study in developing public archaeology. In N. Merriman, ed., *Public Archaeology,* 272–291. London: Routledge.

Bolton, Lissant. 2003. The object in view: Aborigines, Melanesians, and museums. In Laura Peers and Alison K. Brown, eds., *Museums and source communities: A Routledge reader,* 42–54. London: Routledge.

Brodie, Neil, Jennifer Doole, and Colin Renfrew (eds.). 2001. *Trade in illicit antiquities: The destruction of the world's archaeological heritage.* Cambridge: McDonald Institute Monographs.

Cooks, John. 1989. For the dedicated interpreter of many years: Renewal, invention, and creativity. In David L. Uzzell, ed., *Heritage interpretation,* vol. 1, *The natural and built environment,* 96–99. London: Belhaven.

Childe, V. Gordon. 1933. Is prehistory practical? *Antiquity* 7: 410–418.

Clark, Grahame. 1957. *Archaeology and society.* London: Methuen.

Conkey, Margaret W., and Janet Spector. 1984. Archaeology and the study of gender. *Archaeological Methods and Theory* 7: 1–38.

Creamer, Howard. 1990. Aboriginal perceptions of the past: The implications for cultural resource management in Australia. In Peter Gathercole and David Lowenthal, eds., *The politics of the past,* 130–140. London: Unwin Hyman.

Dalibard, Jacques. 1986. The Canadian experience in heritage preservation. In R. Yudhishthir Isar, ed., *The challenge to our cultural heritage: Why preserve the past?* 183–194. Washington, DC: Smithsonian Institution Press.

Daniel, Glyn. 1981. *A short history of archaeology.* London: Thames & Hudson.

Davies, William, and Ruth Charles (eds.). 1999. *Dorothy Garrod and the progress of the Palaeolithic: Studies in the prehistoric archaeology of the Near East and Europe.* Oxford: Oxbow.

Davis, Hester. 1989. Is an archaeological site important to science or to the public, and is there a difference? In David L. Uzzell, ed., *Heritage interpretation,* vol. 1, *The natural and built environment,* 96–99. London: Belhaven.

Derry, Linda. 2003. Consequences of involving archaeology in contemporary community issues. In Linda Derry and Maureen Malloy, eds., *Archaeologists and local communities: Partners in exploring the past,* 19–29. Washington, DC: Society for American Archaeology.

Derry, Linda, and Maureen Malloy (eds.). 2003. *Archaeologists and local communities: Partners in exploring the past.* Washington, DC: Society for American Archaeology.

Díaz-Andreu, Margarita, and Timothy C. Champion (eds.). 1996. *Nationalism and archaeology in Europe.* London: UCL Press.

Eggert, Manfred K. H., and Ulrich Veit (eds.). 1998. *Theorie in der Archäologie: Zur englischsprachigen Diskussion.* New York: Waxmann.

Ehrentraut, Adolf. 1996. Globalization and the representation of rurality: Alpine open-air museums in advanced industrial societies. *Sociologia Ruralis* 36(1): 4–26.

Fagan, Brian M. 1996. *Eyewitness to discovery.* Oxford: Oxford University Press.

———. 1987. Life with Ayla and her friends: Jean Auel and the new phenomenon of Ice Age fiction. *Scientific American* 256(6): 132–135.

Ferro, Marc. 1981. *The use and abuse of history or how the past is taught.* London: Routledge.

Gardin, Jean-Claude. 1994. The role of "local knowledge" in archaeological interpretation. In P. G. Stone and B. Molyneaux, eds., *The presented past: Heritage, museums, and education*, 110–122. London: Routledge.

Gates, Bill. 1995. *The road ahead*. New York: Viking Penguin.

Gathercole, Peter, and David Lowenthal (eds.). 1990. *The politics of the past*. London: Unwin Hyman.

Gellner, Ernest. 1983. *Nations and nationalism*. Oxford: Blackwell.

Gero, Joan M. 1994. Excavation bias and the woman-at-home ideology. In Margaret C. Nelson, Sarah M. Nelson, and Alison Wylie, eds., *Equity Issues for Women in Archaeology*, 37–42. Archaeological Papers of the American Anthropological Association no. 5. Washington, DC.

Gero, Joan, and Dolores Root. 1990. Public presentations and private concerns: Archaeology in the pages of National Geographic. In Peter Gathercole and David Lowenthal, eds., *The politics of the past*, 19–37. One World Archaeology 12. London: Hyman.

Golden, Jonathan. 2004. Targeting heritage: The abuse of symbolic sites in modern conflicts. In Yorke Rowan and Uzi Baram, eds., *Marketing heritage archaeology and the consumption of the past*, 183–204. London: Routledge.

Hall, Martin. 1995. Great Zimbabwe and the lost city: The cultural colonization of the South African past. In Peter Ucko, ed., *Theory in archaeology: A world perspective*, 28–45. London: Routledge.

Hamlin, Ann. 2000. Archaeological heritage management in Northern Ireland: Challenges and solutions. In Francis P. McManamon and Alf Hatton, eds., *Cultural resource management in contemporary society. Perspectives on managing and presenting the past*, 66–75. London: Routledge.

Hitchcock, Michael, Nick Stanley, and King C. Siu. 1997. The southeast Asian "living museum" and its antecedents. In Simone Abram, Jacqueline Waldren, and Donald V. L. Macleod, eds., *Tourists and tourism: Identifying with people and places*, 197–222. Oxford: Berg.

Hodder, Ian. 1999. *The archaeological process*. Oxford: Blackwell.

Hollowell-Zimmer, Julie. 2003. Digging in the dirt—ethics and "low-end looting." In Larry Zimmerman, Karen Vitelli, and Julie Hollowell-Zimmer, eds., *Ethical issues in archaeology*, 45–56. Walnut Creek, CA: AltaMira.

Hudson, Kenneth. 1981. *A social history of archaeology: The British experience*. London: Macmillan.

Ijzereef, Gerard. 1992. The presentation of environmental archaeology in "Archeon": A plan for an archaeological theme park in the Netherlands. In Nicolas Balaam and James Rackham, eds., *Issues in environmental archaeology*, 71–84. London: Institute of Archaeology/University College London.

Jameson, John H., Jr. (ed.). 2004. *The reconstructed past: Reconstructions in the public interpretation of archaeology and history*. Walnut Creek, CA: AltaMira.

Janik, Liliana, and Hannah Zawadzka. 1996. One Europe, one past? In Paul Graves-Brown, Siân Jones, and Clive Gamble, eds., *Cultural identity and archaeology: The construction of European communities*, 116–124. London: Routledge.

Jones, Siân, and Sharon Pay. 1990. The legacy of Eve. In P. Gathercole and D. Lowenthal, eds., *The politics of the past*, 160–171. London: Routledge.

Kehoe, Alice B. 1998. *The land of prehistory: A critical history of American archaeology*. London: Routledge.

Kiaupa, Zigmantas, Jūratė Kiaupienė, and Albinas Kuncevičus. 2000. The history of Lithuania before 1795. Vilnius: Lithuanian Institute of History.

King, Thomas F. 1991. Some dimensions of the pot hunting problem. In George S. Smith and John E. Ehrenhard, eds., *Protecting the past*, 83–92. Boca Raton, FL: CRC Press.

Knecht, Rick. 2003. Tapping into a sense of wonder: Community archaeology and museum building in the Aleutian Islands. In Linda Derry and Maureen Malloy, eds., *Archaeologists and local communities: Partners in exploring the past*, 97–110. Washington, DC: Society for American Archaeology.

Kohl, Philip L., and Clare Fawcett (eds.). 1995. *Nationalism, politics, and the practice of archaeology*. Cambridge: Cambridge University Press.

Kristiansen, Kristian. 1981. A social history of Danish archaeology (1805–1975). In Glyn Daniel, ed., *Towards a history of archaeology*, 20–44. London: Thames & Hudson.

———. 1992. The strength of the past and its great might: An essay on the use of the past. *Journal of European Archaeology* 1: 3–23.

Layton, Robert (ed.). 1989. *Who needs the past? Indigenous values and archaeology*. London: Routledge.

Layton, Robert, Peter G. Stone, and Julian Thomas (eds.) 2001. *Destruction and conservation of cultural property* London: Routledge.

Lowenthal, David. 1985. *The past is a foreign country*. Cambridge: Cambridge University Press.

Lynott, Mark J. 1995. Stewardship: The central principle of archaeological ethics. In Mark J. Lynott and Alison Wylie eds., *Ethics in American archaeology challenges for the 1990s*, 28–33. Society for American Archaeology Special Report Series. Washington, DC.

Macdonald, Sharon. 2002. *Behind the scenes at the science museum*. Oxford: Berg.

Mapunda, Bertram, and Paul Lane. 2004. Archaeology for whose interest: Archaeologists or the locals? In Nick Merriman, ed., *Public archaeology*, 211–223. London: Routledge

McDavid, Carol. 2003. Collaboration, power, and the Internet: The public archaeology of the Levi Jordan Plantation. In Linda Derry and Maureen Malloy, eds., *Archaeology and local communities: Partners in exploring the past*, 4–66. Washington, DC: Society for American Archaeology

McManamon, Francis P. 1991. The many publics for archaeology. *American Antiquity* 56(1): 121–130.

McManamon, Francis P., and Alf Hatton. 2000a. *Cultural resource management in contemporary society: Perspectives on managing and presenting the past*. London: Routledge.
———. 2000b. Introduction: Considering cultural resource management in modern society. In Francis P. McManamon and Alf Hatton, eds., *Cultural resource management in contemporary society: Perspectives on managing and presenting the past*, 1–19. London: Routledge.

Medina, Maria C. 2000. Articulation between archaeological practice and local politics in northwest Argentina. In Francis P. McManamon and Alf Hatton, eds., *Cultural resource management in contemporary society: Perspectives on managing and presenting the past*, 160–167. London: Routledge.

Mels, Tom. 2002. Nature, home, and scenery: The official spatialities of Swedish national parks. *Environment and Planning D: Society and Space* 20: 135–154.

Menotti, Francesco, Zenonas Baubonis, Dziugas Brazaitis, Tom Higham, Mantas Kvedaravicius, Helen Lewis, Giedre Motuzaite, and Elena Pranckenaite. In press. The first lake-dwellers of Lithuania: Late Bronze Age pile settlements on Lake Luokesas. *Oxford Journal of Archaeology* 24(4).

Merriman, Nick. 2004. Involving the public in museum archaeology. In *Public Archaeology*, 85–108. London: Routledge.

Meskell, Lynn. 2002. Negative heritage and past mastering in archaeology. *Anthropological Quarterly*: 557–574.

Meskell, Lynn (ed.). 1998. *Archaeology under fire: Nationalism, politics, and heritage in the eastern Mediterranean and Middle East*. London: Routledge.

Naccache, Albert F. H. 1998. Beirut's memorycide: Hear no evil, see no evil. In Lynn Meskell, ed., *Archaeology under fire: Nationalism, politics, and heritage in the eastern Mediterranean and Middle East*, 140–158. London: Routledge.

Nuttall, Mark. 1997. Packaging the wild: Tourism development in Alaska. In Simone Abram, Jacqueline Waldren, and Donald V. L. Macleod, eds., *Tourists and tourism: Identifying with people and places*, 223–238. Oxford: Berg.

O'Keefe, Patrick J. 1997. *Trade in antiquities: Reducing destruction and theft*. London: Archetype.

Parker Pearson, Mike, and Retsihisatse Ramilisonina. 1999. Ancestors, forests, and ancient settlements: Tandroy readings of the archaeological past. In Peter J. Ucko and Robert Layton, eds., *The archaeology and anthropology of landscape: Shaping your landscape*, 397–410. London: Routledge.

Patterson, Thomas C. 1995. *Toward a social history of archaeology in the United States*. Ft. Worth, TX: Harcourt Brace College.

Paynter, Robert. 1990. Afro-Americans in the Massachusetts historical landscape. In Peter Gathercole and David Lowenthal, eds., *The politics of the past*, 49–62. London: Unwin Hyman.

Peers, Laura, and Alison K. Brown. 2003. Introduction. In *Museums and source communities: A Routledge reader*, 1–16. London: Routledge.

Pendergast, David M., and Elizabeth Graham. 1989. The battle for the Maya past: The effects of international looting and collecting in Belize. In Phyllis M. Messenger, *The ethics of collecting cultural property: Whose culture? Whose property?* 51–60. Albuquerque: University of New Mexico Press.

Platonova, Nadezhda. 1990. Popularizing archaeology among schoolchildren in the USSR. In Peter G. Stone and Robert MacKenzie, eds., *The excluded past: Archaeology in education*, 245–249. London: Unwin Hyman.

Politis, Gustavo. 1995. The socio-politics of the development of archaeology in Hispanic South America. In Peter Ucko, ed., *Theory in archaeology. A world perspective*, 197–235. London: Routledge.

Poroszlai, Ildikó, and Magdolna Vicze. 1998. *History of Százhalombatta*. Százhalombatta, Hungary: Matrica Museum.

Potts, Daniel T. 1998. The gulf Arab states and their archaeology. In L. Meskell, ed., *Archaeology under fire: Nationalism, politics, and heritage in the Eastern Mediterranean and Middle East*, 189–200. New York: Routledge.

Ramos, Maria, and David Duganne. 2000. *Exploring public perceptions and attitudes about archaeology*. Rochester, NY: Harris Interactive.

Renfrew, Colin. 2000. *Loot, legitimacy, and ownership*. London: Duckworth.

Renfrew, Colin, and Paul Bahn. 1996. *Archaeology: Theory, methods, and practice*. London: Thames & Hudson.

Reyman, Jonathan E. 1994. Gender and class in archaeology: Then and now. In Margaret C. Nelson, Sarah M. Nelson, and Alison Wylie, eds., *Equity issues for women in archaeology*, 83–90. Archaeological Papers of the American Anthropological Association no. 5. Washington, DC.

Richardson, Wendy. 1990. "Well. In the Neolithic . . .": Teaching about the past in English primary schools. In Peter G. Stone and Robert MacKenzie, eds., *The excluded past: Archaeology in education*, 282–292. London: Unwin Hyman.

Robinson, Paul A., and Charlotte C. Taylor. 2000. Heritage management in Rhode Island: Working with diverse partners and audiences. In Francis P. McManamon and Alf Hatton, eds., *Cultural resource management in contemporary society: Perspectives on managing and presenting the past*, 107–119. London: Routledge.

Ruoff, Ulrich. 1990. The Pfahlbauland exhibition, Zürich. In Byrony Coles, ed., *The wetland revolution in prehistory*, 135–146. Exeter: Prehistoric Society/WARP.

Silverberg, Robert. 1985. *Great adventures in archaeology*. Harmondsworth, UK: Penguin.

Smardz, Karolyn E. 1999. Presenting archaeology to the public. In John H. Jameson Jr., ed., *Presenting archaeology to the public*, 101–113. Walnut Creek, CA: AltaMira.

Smith, Anthony D. 1995. *Nations and nationalism in a global*

407

era. Oxford: Polity.

Sommer, Ulrike, and Sabine Wolfram (ed.). 1993. *Macht der Vergangenheit: Wer macht Vergangenheit?* Wilkau-Hasslau, Germany: Beier & Beran.

Stone, Peter G., and Robert Mackenzie (eds.). 1990. *The excluded past: Archaeology in education*. London: Unwin Hyman.

Stone, Peter G., and Brian Molyneaux (eds.). 1994. *The presented past: Heritage, museums, and education*. London: Routledge.

Stone, Peter G., and Philippe G. Planel (eds.). 1999. *The constructed past: Experimental archaeology, education, and the public*. London: Routledge.

Swidler, Nina, Kurt E. Dongoske, Roger Anyon, and Alan S. Downer (eds.). 1997. *Native Americans and archaeologists: Stepping stones to common ground*. Walnut Creek, CA: AltaMira.

Tomedi, Gerhard. 1999. ArchaeoTirol-ein Weg für die Zukunft? *ArchaeoTirol Kleine Schriften* 1: 9–12.

Trigger, B. 1984. Alternative archaeologies: Nationalist, colonialist, imperialist. *Man* 19: 355–370.

———. 1986. Prehistoric archaeology and American society. In David Meltzer, Don D. Fowler, and Jeremy A. Sabloff, eds., *American archaeology past and future*, 187–216. Washington, DC: Smithsonian Institution Press.

———. 1989. *A history of archaeological thought*. Cambridge: Cambridge University Press.

Ucko, Peter J. 1990. Foreword. In P. Gathercole and D.

Lowenthal, eds., *The politics of the past*, ix–xxvi. London: Routledge.

Uzzell, David. 1989. *Contemporary issues in heritage and environmental interpretation: Problems and prospect*. London: Stationery Office.

Wallace, Gillian. 2003. Using narrative to contextualise micromorphological data from Neolithic wetland houses. *Journal of Wetland Archaeology* 3: 75–92.

———. 2006. *Globalism and archaeology*. London: Duckworth.

Walsh, Kevin. 1992. *The representation of the past: Museums and heritage in the post-modern world*. London: Routledge.

Watkins, Joe. 2000. *Indigenous archaeology. American Indian values and scientific practice*. Walnut Creek, CA: AltaMira.

Watson, Michael (ed.). 1990. *Contemporary minority nationalism*. London: Routledge.

Willet, Frank. 1990. Museums: Two cast studies of reaction to colonialism. In Peter Gathercole and David Lowenthal, eds., *The politics of the past*, 172–186. London: Unwin Hyman.

Wright, Rita P. 2003. Gender matters: A question of ethics. In Larry J. Zimmerman, Karen D. Vitelli, and Julie Hollowell-Zimmer, eds., *Ethical issues in archaeology*, 225–238. Walnut Creek, CA: AltaMira.

第 24 章 考古学伦理

唐·D.福勒、爱德华·A.乔莉、玛丽昂·W.索尔特

（Don D. Fowler , Edward A. Jolie , Marion W. Salter）

本章从全球视角探讨了当前考古实践中的伦理问题。自考古学科于 1880 年左右诞生以来，这个领域内一直存在着不同程度的道德挑战。大约从 1885 年开始，英美等国家制定并通过了古物法，与遗址保护相关的伦理问题也逐渐浮现（Breeze, 1993; Champion, 1996; Cleere, 1989; Fowler, 1986）。20 世纪 20 至 30 年代，随着专业考古协会的成立，正式的道德声明得以制定（CBA, 2001; McGimsey, 2000; Wylie, 1999）。

自古希腊时期起，伦理就一直是西方意识形态的核心议题。伦理学通常被定义为"一套道德原则……正确行为的规则或标准"，它为"一个社会或特定职业或生活领域中个人的义务和职责体系"提供了基础。自公元前 5 世纪以来，伦理学的一个关键问题成为诡辩家的论点，即善、美德和正义是相对于每个社会的习俗而言的（或者更糟糕的是，只是强者利益的一种伪装），而柏拉图则主张"有可能知道一种客观的善的形式或理念"。我们最好将规范伦理学与应用伦理学加以区分，前者"关注什么是道德上

正确的和错误的标准"，而后者具体涉及人权、社会平等、科学研究的道德影响等问题（Harris and Levey, 1985: 897）。本章将着重讨论考古学中的伦理相对性和应用伦理学问题。

二战结束后，许多国家的考古实践发生了重大转变。亚洲和欧洲进行了大规模的战后重建，全球城市的重建与扩张、郊区的扩展以及大型土地开发活动迅速破坏了历史建筑环境和考古遗址。联合国教科文组织在许多方面采取行动，鼓励各国制定和实施文化遗产政策（UNESCO, 1972）。各国纷纷响应，制定全新的、修订过的或者增补的遗产保护法，建立政府或准政府机构来加强遗址保存和保护。国家的法律法规通常要求采取各种形式保护考古遗址，或至少在遗址被破坏前保存其包含的信息。20 世纪 50 至 60 年代，人们普遍认为这些行动是抢救或救援行动，即在遗址被破坏前抢救遗物和数据。例如，在美国、埃及和其他地方修建大型水坝前的大型考古项目。

然而，到了 20 世纪 70 年代初，遗址保护的伦理问题在许多国家逐渐变得更为普遍，这在美国 1966 年的《国家历史保护法》和 1969 年的《国家环境政策法》等立法中得到了体现（Hutt, Blanco, and Varmer, 1999; King, 2003）。这类立法通常为我们提供了一个框架，用于讨论拟议的发展项目应该继续推进、进行修改或被放弃，以评估项目潜在的社会和经济影响，包括对遗产资源的影响。在大约相同的时间段内，各种原住民或"自定民族"（见下文）开始提出与他们的政治和文化诉求相关的考古学问题。在过去的 30 年间，随着世界考古学大会的组建和世界各地考古学家的广泛互动，考古学逐渐走向全球化（Appadurai, 2001）。这要求我们制定新的考古道德规范，以适应跨国和国际背景，以及回应原住民的意识形态。

考古学伦理的背景

目前，考古学的伦理问题主要集中在以下五个背景下：（1）国际、跨国和国家法律文书；（2）知识创造和专业化；（3）广义的保护；（4）与"自定民族"的关系及其关切，包括社会精神议题；（5）考古学与党派政治。虽然这些领域在实践中是重叠的，但我们仍需要分别讨论它们。 *410*

宪章、公约、条例与法律

越来越多的考古学研究和探索不再局限于民族国家内部，而是在全球范围内展开。国际法律和道德文书（宪章、盟约、公约、宣言和条约）是由"全球性的多目的机构（如联合国）在协商和联盟的基础上作为国际习惯法组织"（大英百科全书，"国际法"，2002; Morton, 2000）颁布的。这些机构包括联合国及其下属机构，以及各种国际非营利性组织，如国际古迹遗址理事会。这些法律和道德文书都与文化遗产保护有关，它们为在全球、跨国和国家层面制定遗产法律、政策和秩序提供了组织、程序和道德方面的指导。大多数考古协会的道德和实践准则反映了其所在国家的法律和政策。然而，这些准则也越来越多地反映或者意识到了这些国际文书不仅与文化遗产有关，而且与个人和集体的人权及文化权利有关（Drinan, 2001）。

1948 年的《世界人权宣言》（Universal Declaration of Human Rights）确立了基本的个体人权（UNESCO, 1948）。其中第 27 条主张个人享有参与其社区文化生活的权利。1966 年的《经济、社会、文化权利国际公约》（International Covenant on Economic, Social, and Cultural Rights）

（UNESCO, 1966）规定了与文化问题相关的具体权利，同样，1970 年的《作为人权的文化权利》（Cultural Rights as Human Rights）（UNESCO, 1970b）也做出了类似的规定。国际古迹遗址理事会在纪念《世界人权宣言》发表五十周年的致辞中指出，"文化遗产权是人权的一个组成部分"（ICOMOS, 1998）。具体来说：

> 人们有权获取对文化遗产的真实见证，并将其作为人类大家庭中个人文化身份的表达方式加以尊重；有权更好地了解自己和他人的遗产；有权明智和适当地使用遗产；有权参与影响遗产及其所体现的文化价值的决策；有权组建保护和促进文化遗产的协会。

其他国际文书则关注文化遗产的管理、保存和维护，例如《保护世界文化和自然遗产公约》（UNESCO, 1972）和《当代人对后代人的责任宣言》（Declaration on the Responsibilities of Present Generations to Future Generations）（UNESCO, 1997）。其中，后者的第 7 条和第 8 条尤为重要：

> 第 7 条 文化多样性和文化遗产。在充分尊重人权和基本自由的前提下，当代人应致力于保护人类的文化多样性。当代人有责任识别、保护和维护物质和非物质文化遗产，并将这一共同遗产传给后代。
>
> 第 8 条 遗产。当代人可以使用国际法所规定的人类共同遗产，但不得以不可逆转的方式损害这种遗产。

国际古迹遗址理事会于 1990 年颁布的《考古遗产保护与管理宪章》提供了一个适用于世界大多数地区的遗址保护的总体框架（Cleere et al.,

1993)。

跨国公约遵循国际文书，如 1992 年的《欧洲考古遗产保护公约》（ European Convention on the Protection of the Archaeological Heritage ）（ EAHC, 1992 ）。与水下文化资源有关的特殊法律和伦理问题反映在《水下文化遗产保护与管理宪章》（ Charter on the Protection and Management of Underwater Cultural Heritage ）（ ICOMOS, 1996a; UNESCO, 2001 ）以及相关的国家和国际法律与条约中（ Dromgoole, 1999; Strati, 1991 ）。下文将讨论与"自定民族"和考古实践有关的、涉及具体保护问题的其他国际宪章和盟约。

知识创造和专业精神

与西方意识形态的价值观一致，考古学术研究长期秉持着学术服务于公共利益的崇高目标。西方文化的一个基本假设是：追求更多、更完整的关于世界运作方式及世界中人类状况的知识，是一个崇高的目标（ Moneypenny, 1955: 98 ）。新知识成为人类公共领域的一部分，理论上每个人都可以获取并分享新知识。联合国和其他国际组织支持这一观点："在最广泛的层面上，（世界）自然和文化遗产属于所有人。我们每个人都有权利和责任去理解、欣赏和保护其普遍价值。"（ ICOMOS, 1998: 1 ）

411

文化遗产保护中一个与考古学密切相关的附属假设是，要想正确理解人类目前的状况，需要充分了解人类的过去。卡弗（ Carver, 1991: 1-2 ）对过去和现在之间关系的讨论体现了这一假设的基本原理：

> 忽视过去并非审视现在的可接受方式，对历史的无知也非当代取

得幸福的秘方。现在并非一连串我们可以随心所欲地插入自己的观点和行动的新鲜时刻。相反，现在仅仅是过去的延续。因此，"现在是什么"的问题，即特定时刻的现状，实际上是一个历史问题，与对过去的思想和事件的叙述密不可分……没有关于现在的知识不是从过去产生的观念中构建出来的……由此可见……对当前问题的任何考察，本身就是对过去的思想和事件的考察。或者说，由于现在不断地从过去的思想和事件中沉淀出来，因此对现在的任何考察基本上都是对过去的思想和事件的重新审视。

从这个角度来看，考古学关注的是在全球范围内产生的关于人类过去的全部知识，它对理解人类状况有很大贡献，因此对人类共同利益和关切也具有重大意义。

人类公共领域的概念要求我们维护和利用图书馆及档案馆中的出版物、文件和记录的知识库。考古学还需处理人类过去的物品——人工制品、生态制品和地质制品，以及与之相关的文献。这些也被视为知识库的一部分，由公共机构托管，供学者在未来的时间里展示和重新研究。"考古记录是我们人类在地球上的物质记忆，通过这些记录我们得以认识祖先。它是一种公共利益，应由公众托管（Chippindale, 1994: 191）。考古学家代表他们的同胞，是……（全人类遗产）的解释者和管理者（EAA, 1997）"，"作为考古记录的主要管理者……（考古学家）应积极工作，从各方面长期保护考古记录"（AIA, 2004a）。

与此相关的假设是，对出于共同利益的崇高目标的追求应得到社会组织和财政的支持，包括公共的和私人的支持（Kitcher, 2001）。正因如此，我们需要资助大学、博物馆和研究机构，支付工作人员工资，并提供捐赠、合约或其他资金来支持考古学和其他学科的知识创造。有了公众的支持，也就会有对如何使用公共或慈善资金的审查，以及对所开展的工作的专业性的期望。

专业性

考古学是一门自成体系的专业学科。就像商业、医学和法律等其他研究与活动领域一样，考古学的主要道德问题长期以来一直集中在专业性问题上，具体来说，就是专业知识、诚信和责任（Amstutz, 1999; CSEP, 2004; Harbour, 1999; King, 1922; Landis, 1955）。夏平（Shapin, 1995）指出，在学术探索中，评价知识和知识创造的基本要素是信任和"文明"，即一种专业礼仪。在考古学和许多其他学科中，"我们能相信作者的数据吗？"[①] 这个问题包含了专业知识、诚信、学术态度和责任感的含义。在1960 年之前，考古学家基本上只对彼此负责，因此，非正式的信任判断和对专业礼仪的遵守通常就足以定义职业道德行为。

然而，当考古学家开始与企业界、政府和非营利性组织打交道时，正式的、外部的专业性和问责制定义就变得至关重要。如何判断谁是专业的考古学家？考古学家需要对谁负责？在一般情况下，以及在某些特定情况下，什么是适当的问责水平？如何评判考古学专业及其成员的诚信度（Wildesen, 1984: 4-5）？当前的道德和实践准则试图回答这些问题。"考古学是一种职业，专业实践的特权要求每个从业者具有职业道德和职业责

---

① 原文为"我们能相信她的数据吗？"为避免有意无意的性别歧视，这里译为"作者的数据"。——译者注

任，以及专业能力。"（RPA, 2001; EAA, 1997: 1.4）

目前，全球范围内的大部分考古工作都是根据与政府机构、非营利性组织或商业公司的合同进行的，这些工作由法律授权驱动。合约考古有其自身的道德问题，包括考古公司之间的公平竞争，客户和考古学家之间的特权信息关系，员工的健康、安全和工资问题，等等。合约考古学家经常面临的问题是数据的公开，他们需要确保收集和解释的数据在田野和实验室工作完成后，能够在合理的时间内录入公共知识库中（Green and Doershuk, 1998; Knudson, 2000）。大多数国家的考古协会或学会以及欧盟都有关于职业道德或实践的原则声明或守则，例如美国文化资源协会（American Cultural Resource Association, ACRA）（ACRA, 2001）、美国考古学会（AIA, 2004a, 2004b）、澳大利亚考古学会（Australian Archaeological Association, AAA）（AAA, 2001）、加拿大考古学会（Canadian Archaeological Association, CAA）（CAA, 2000, 2004）、欧洲考古协会（EAA, 1997, 1998）、田野考古学家协会（IFA, 2000）、专业考古学家注册协会（RPA, 2001）、美国考古协会（Society for American Archaeology, SAA）（Lynott and Wylie, 2000）、历史考古学协会（Society for Historical Archaeology, SHA）（SHA, 2000, 2003），以及国际层面的世界考古学大会（WAC, 1989, 1991）。

这些机构的规章都涉及信任和专业礼仪问题，以及与资金、政府和遗产机构的正式关系。大多数包括对公众教育、遗址保护、防止掠夺以及（在适当的情况下）与原住民关系的道德责任声明。大多数组织认识到，制定规章是一项长期工作。随着考古学家与公众的不断对话，当在有潜在利益冲突的领域获得了更多经验时，我们需要不断地对这些规章进行审查和定期更新（Watkins, 1999; Wylie, 1997）。我们建议，道德规范应本着与考古学文化史审查相同的精神，仔细和持续地审查隐含的西方意识形态偏见（Colwell-Chanthaphonh and Ferguson, 2004; Schmidt and Patterson, 1995）。

文化遗产的保护

考古学伦理问题的一个重要起源在于，考古遗址是在不动产上被发现的，而考古遗物（包括沉船）是动产。因此，相关的国家和国际财产法对考古遗物适用（Verdery and Humphrey, 2004），但这些法律可能与考古遗址的保护伦理相抵触。不动产与动产都有货币价值。不动产因其可能产生的自然资源或为新建筑提供的空间而受到巨大的发展压力，文物则进入了艺术品和收藏市场。这里的核心伦理和学术问题是，面对土地的开发、盗掘的威胁或出于意识形态对遗址和纪念性建筑的破坏，如何避免或尽量减少考古数据的损失（Colwell-Chanthaphonh, 2003; Manhart, 2001; Ratnagar, 2004）。

遗址保护的道德规范以管理（stewardship）这一概念为中心。管理自然资源供子孙后代使用，这是一个古老的理念，并随着时间的推移而不断变化（Glacken, 1965）。考古遗址保护的概念就是为子孙后代保存不可再生的文化资源，这一概念于 20 世纪 70 年代在美国被发展为文化资源管理（CRM）实践的基础要素（Fowler, 1984, 1986: 148-150; King, 2004; Knudson, 1984; Richman and Forsyth, 2004），而其他国家的文化资源管理仍只专注于抢救性发掘（Jones, 1984; Wilson and Loyola, 1982）。1974 年，威廉·利佩（1974, 1985）呼吁在美国的考古学中建立保护伦理。联合国、各民族国家以及许多国家的专业协会也发出了类似的呼吁。遗址保护道德规范指出，如有可能应避免主动发掘现存的考古遗址，留待未来可能的研究。这种道德观背后有两个假设：首先，完整的考古遗址是有限的、不可再生的、尚未开发的数据库，是独特的"关于过去人类活动的潜在信息容器"（Fowler, 1984: 110）。其次，追求更多、更完整的知识符合公共利益。因此，随着知识创造的发展，新的发掘和分析技术将允许那些有专业和法律资质的人从信息容器中提取更好和更有意义的数据。

所有的专业考古协会都在其道德准则中包含了关于保护的声明。例如田野考古学家协会（IFA, 2000: 1）规定：

> 考古遗产是一种有限的、脆弱的和不断减少的资源。考古学所提供的对我们过去的更全面的了解是社会共同遗产的一部分，应该让每个人都能得到。正因为如此，也因为考古遗产是一种不可替代的资源，所以考古学家无论在考古公司工作还是作为个体学者，都有责任帮助保护考古遗产，在工作中合理有效地利用这些遗产，潜心研究，获得可靠信息，并传播自己的研究结果。

413

该规定讨论了 21 世纪考古学面临的两个主要的伦理困境。第一个困境是在考古实践中，保护伦理是被尊重还是被违背。正如斯塔廷（Startin, 1993: 421-422）所说，这一困境在于使用价值与存在价值哪个相对更重要。"挖还是不挖，这是一个问题。"如果坚持保护遗址的完整存在，我们就得推迟所有的考古发掘和地表采集，直到某个不确定的未来时刻，那么新的发掘和分析技术将如何发展？考古学可能是一门科学，但从遗址中提取最多数据的考古发掘是一门高级艺术。人们通过实践来学习，并通过田野工作来发展新的方法和技术，而不是通过观看 DVD 或浏览互联网。第二个困境集中在考古遗迹是社会共同遗产的一部分这一假设上，而这一假设受到了一些"自定民族"的质疑（见下文）。

就像其他很多事情一样，伦理学是有语境的，不是客观的。在经济上使用考古遗产意味着什么？什么时候使用价值（累计的人类知识）会超过存在价值（遗址保存）（Lipe, 1996）？这些问题都没有简单的答案。相反，遗产管理者和合约考古学家必须在这两种价值之间权衡，决策并管理众多关于受到掠夺或破坏威胁的考古遗址。对于每座受到威胁的遗址，适当的保护措施是什么？我们必须权衡实施长期保护的过程中财政和法律的可行性，以及如何保护相关原住民群体的利益（Knudson, 2000; Lipe, 1996）。

在许多国家，当一座完整的遗址面临重大危险时，通常至少会发掘它的一个重要部分，从而将遗址中包含的信息保存下来。这样的决定往往出现在第三世界国家，因为那里盗掘盛行。通过发掘及数据获取来对考古遗址进行因地制宜且符合伦理的明智利用，比昂贵而不确定的长期保护程序要便宜（Elia, 1993b: 431）。这个问题可能部分是语义上的。在美国，考古遗址被称为"文化资源"，资源通常被认为是可以开发和利用的。在其他国家，遗址被称为"遗产"，这意味着它是需要被保护和管理的东西。也许，如果美国的考古学家也将遗址看作遗产，那么他们的日常管理决策可能会更倾向于保护和管理，而不是某种形式的开发利用。通常，只有特殊的遗址才会由私人或政府相关组织来管理，如美国考古保护协会（U.S. Archaeological Conservancy）、英格兰遗产委员会、苏格兰文物局（Historic Scotlan），以及欧洲和世界上的其他机构。

盗掘和贩卖文物

文化遗产保护中一个主要的道德、法律和学术问题是对考古遗址的盗掘（Vitelli, 1996: 29-150; Wylie, 1994），以满足非法文物市场上强烈的全球性需求。伦福儒（2000: 15）将盗掘定义为"非法的、无记录的和未公布的对古代遗址的挖掘，攫取文物以获取商业利润"。盗掘破坏了地层和考古信息，而这两者对于学术研究至关重要。仅仅基于这个原因，考古学家就有专业上和道德上的责任抨击盗掘行为（Elia, 1993a; Gill and Chippindale, 1993; Renfrew, 1991, 1993）。对考古遗址的盗掘已经持续了几千年。伯纳姆（Burnham, 1974）对国家层面的文物保护法的研究显示，在 1940 年之前，欧洲以外的国家很少有此类立法。此后，随着新的民族国家摆脱殖民状态，相关立法工作的进程开始加快，尽管法律效力因国家、时间、环境以及非法文物市场和主要博物馆的需求而有所不同。

自 1970 年以来，由于富人和博物馆（包括欧洲、美国和亚洲的几个主要艺术博物馆）对文物的需求增加，盗掘和贩卖文物已成为重大危机（Brodie, 1999; Brodie, Doole, and Renfrew, 2001; Renfrew, 2000; Tubb, 1995）。联合国教科文组织及其相关机构和各民族国家都曾试图减缓或阻止这种文物贩卖，但收效甚微（AIA, 1970-1973; Messenger, 1999; Schneider, 1995; UNESCO, 1970a; UNIDROIT, 1995）。

与盗掘有关的博物馆道德准则始于 1970 年的《费城宣言》（Philadelphia Declaration），宾夕法尼亚大学博物馆的策展人在宣言中表示，他们将不再购买没有合法出处的艺术品或文物（Sabloff, 1999: 348）。随后，欧洲和美国的主要博物馆也采取了类似的措施（Perrot, 1997: 193）。

1994 年，美国博物馆协会（American Association of Museums，AAM）
（AAM, 1994, 2000; Edson, 1997）强调了各成员博物馆在收购文物方面的
义务，要求它们"遵守地方、州和联邦相关法律与国际公约，以及管理信
托责任的法律标准"。国际博物馆协会（International Council of Museums，
ICOM）（ICOM, 2001: 3.2）的《职业道德准则》（Code of Professional Ethics）
规定：

> 非法交易的公共和私人收藏品助长了历史遗址的破坏、当地民族
> 文化的消逝、国家和国际层面的盗掘行为，使濒危动植物物种陷入危
> 险，并违反了国家和国际遗产精神……对于出土材料……如果管理机
> 构或负责官员有合理的理由怀疑，某些文物涉及最近对古代遗迹或考
> 古遗址的不科学或故意的破坏与损害，或涉及未向土地所有者或占用
> 者、适当的或合法的政府当局披露自己发现的东西，那么博物馆在任
> 何情况下都不应购入。

至于博物馆在联合国教科文组织（1970a）公约之前获得的文物，道
德规范因具体情况而异。宾夕法尼亚大学博物馆前馆长杰里米·萨布洛夫
（1999: 349, 353）认为：

> 在没有法律规定或国际公约直接指导的情况下，只要遵循以下两
> 个原则，博物馆就没有义务归还这些文物。首先，文物得到了很好的
> 保护；其次，通过展览或无障碍的存储方式让公众广泛接触到了这些
> 文物。鉴于世界范围内的考古记录被迅速破坏，博物馆最重要的道德
> 责任是为未来的研究保存材料。

1997 年，剑桥大学麦克唐纳考古研究所成立了非法文物研究中心（Illicit Antiquities Research Centre，IARC），旨在组织和促进有关盗掘和贩卖文物问题及其潜在解决方案的信息传播（Abungu et al., 1999; Brodie, Doole, and Renfrew, 2001; Brodie, Doole, and Watson, 2000; IARC, 2001; Renfrew, 2000）。偶尔，被盗掘和非法获得的物品也会被归还其主（Greenfield, 1999），考古学家有义务促成这一过程。

考古学与真实性

打击盗掘行为的一个相关领域，同时与考古学家和原住民关系密切相关的，是真实性的概念。国际古迹遗址理事会（1996b）发布了《文化遗产保护和管理的真实性宣言》（Authenticity in the Conservation and Management of the Cultural Heritage），试图为确定和确保遗址的发掘、保护、修复和解释的真实性提供指导。该宣言指出：（1）遗址的发掘和报告必须非常仔细且全面；（2）必须保留地层，以便未来进行分析。

只有通过对实物证据的研究、出版和调查，遗址和遗物才能再次体现出它们的价值，并重新建立它们与我们当前文化身份的联系。然而，**对遗址的解释只能真实地反映出不断变化的兴趣和价值，而解释本身并不具有真实性，只是诚实和客观**。[ICOMOS, 1996b: 5（黑体为笔者所加）]

当然，这里所关注的真实性是从西方意识形态的角度来定义的。

最后，与非法文物交易有关的一个基本道德原则是，考古学家、博物馆工作人员或专业期刊不得向收藏家或文物商提供缺乏明确和无争议来源的文物认证（Chippindale, 1993; Kleiner, 1990）。

与自定民族的关系

在过去的 30 年间，人们认识到一些考古遗址、文物以及与之相关的知识与自定民族有着特殊的联系，据说这些文物来自这些民族的过去或传统文化（CAA, 1996），从而引发了一系列关键而极其复杂的伦理问题。这些联系在法律和道德上决定着许多国家是否进行、如何进行考古研究。

"自定民族"是一个包容性较高的分类，既包括那些在民族国家或国际机构中获得了国家或国际认可的民族、国家或社区，也包括那些正在争取认可的族群。考古学家会与世界各地许多不同的自定民族打交道。"原住民"（indigenous peoples）、"原住民族"（indigenous nations）、"后裔族群"（descendant communities）和"第四世界"（Fourth World）都是这些群体使用的术语，或适用于这些群体。[1] 所有这些群体都可以主张对考古资源和知识的权利，他们认为这些资源和知识是他们文化遗产的一部分，是他们历史的一部分。

415

为了更好地理解与自定民族对知识和文物要求相关的考古学道德准则，首先需要考虑自 1970 年以来兴起的原住民权利运动（Crawford, 1988; Daes, 1997; Grounds, Tinker, and Wilkins, 2003; Kymlicka, 1995; Lâm, 2000; Merry, 1992; Messer, 1993; Pritchard, 1998）。1994 年制定的《原住民权利国际盟约》（International Covenant on the Rights of Indigenous Nations）是自定民族与联合国及许多非营利性组织多年来努力合作的成果（CWIS, 1994, 2003; Ryser, 1994）。该公约及相关材料区分了第一、第二和第三世界的民族（nations）和民族国家（nation-states）。考古学家需要特别关注

该公约的某些条文，例如第 2 条、第 3 条规定：

> 原住民族有权充分和有效地享受《联合国宪章》与国际人权法所承认的所有人权和基本自由。原住民族享有自决权。根据国际法，并凭借这一权利，他们自由地决定自己的政治地位，自由地追求自己的经济、社会和文化发展，不受外界干扰。(CWIS, 1994: 第 2.1.2—3 条)

> 原住民族有权在不受干扰的情况下在其领土上实践传统和发展文化。这包括保持、保护和发展其文化的过去、现在与未来的表现形式的权利，如考古、历史遗址和结构、遗物、设计、仪式、技术、视觉和表演艺术、文学，以及归还未经其自由和知情同意或违反其法律的文化、宗教和精神财产的权利。

> 原住民族有权展示、实践和传授其精神与宗教传统、习俗与仪式；有权维护、保护和进入宗教与文化场所；有权使用和控制仪式物品；有权要求归还遗体。应鼓励各民族和国家采取有效措施尊重和保护每个原住民族的圣地。(CWIS, 1994: 第 2.311 条、第 2.312 条)

自定民族主张，现代国家体系由组成联合国的民族国家以及这些政治实体的单边、双边和多边行动构成，而这个国家体系的法律、法规及立法过程均已被跨国公司的国际霸权破坏。"跨国公司成为国际规则的制定者，这是国家体系被削弱的重要表现。但这也证明了如果有人需要并要求国际领域的秩序和稳定，那么他们可以依靠自己，也确实有人已经这样做了。"（Ryser, 1994: 2）因此，原住民认为，他们制定的公约和其他文书在国际法中与跨国公司制定的规则具有同等地位，其他国家必须认真对待。这里的重点是，原住民的联合体和许多其他自定族群，正在并将继续在全球范围内就有关文化（包括考古）遗产的问题采取一致行动。

考古学家需要在《原住民权利国际盟约》的框架下思考他们的道德准则。全球化进程对自定民族的生活和文化的影响越来越大，考古学家也需要思考遗产权利的一般性框架（Blaser, Feit, and McRae, 2004; Fluehr-Lobban, 2003; Meskell, 2002; Meskell and Pels, 2005; Riley, 2004）。除了考古知识、遗物和人类遗骸，原住民权利问题的核心是传统的不动产，如圣地和食物采集区（Greaves, 2002; Guilliford, 2000; King, 2004）。传统知识，特别是关于自然资源的知识，以及文学和表演，都应归入知识产权的范畴（Brush and Stabinsky, 1996; International Society of Ethnobiology, 1998; Society for Economic Botany, 1995; UNESCO, 1989, 2003; WIPO, 2004; Ziff and Rao, 1997）。考古学家还应关注一些原住民权利运动的政治动机及其引发的争论（Asch and Samson, 2004; Brown, 2003; Kenrick and Lewis, 2004; Kuper, 2003）。原住民联合体通过人权互联网（The Human Rights Internet）[2]联系在一起，考古学组织则往往以国家为基础，除了欧盟这种超级国家。考古学的道德规范在很大程度上也以国家为基础。世界考古学大会的出现将考古学伦理置于全球范围内，该组织的使命是要在考古学的所有领域邀请原住民积极参与，并将其置于研究的中心（WAC, 1990: 第2条）。世界考古学大会于 1991 年公布了《道德准则：成员对原住民的义务》（First Code of Ethics: Members' Obligations to Indigenous Peoples），包括以下原则：

416

1. 承认原住民的文化遗产，包括遗址、场所、物品、手工艺品、人类遗骸对原住民文化生存的重要性。

2. 承认保护原住民文化遗产对原住民福祉的重要性。

3. 承认原住民祖先的人类遗骸及与之相关的遗址对原住民具有特殊的重要性。

4. 承认原住民与其文化遗产之间的重要关系是存在的，不论法律所有权如何。

5. 承认原住民文化遗产理所当然地属于该遗产的原住民后代。

6. 承认并认可解释、策划、管理和保护原住民文化遗产的本土方法。

7. 在研究者和原住民之间建立公平的伙伴关系。

8. 在可能的情况下，在资助或授权研究的机构中寻求原住民的代表，以确保他们的观点在制定研究标准、问题、优先事项和目标时被重视。

世界考古学大会的规章引用并融合了 1989 年该组织在一次会议上制定的《关于人类遗物的弗米利恩协议》（Vermillion Accord on Human Remains）：

1. 应尊重逝者的遗体，不论其出身、种族、宗教、国籍、习俗和传统如何。

2. 在可能、合理和合法，知情或可合理推断的情况下，应尊重逝者处置尸体的意愿。

3. 在可能、合理和合法的情况下，应尊重当地社区和死者亲属或监护人的意愿。

4. 如骨骼、木乃伊和其他人类遗骸（包括人类化石）具有科学研究价值，应尊重这种价值。

5. 关于化石、骨骼、木乃伊和其他遗骸处置的协议应通过谈判达成，并兼顾原社区对其祖先妥善处置的考量以及科学和教育的考量。

6. 明确承认各民族群体的关切以及科学的关切是合法的，应得到尊重，促成并遵守可接受的协议。

一些职业道德规范，尤其是澳大利亚和加拿大的职业道德规范，已涵盖了上述各种原则。我们建议对其他规范进行审查和调整，全面考虑相关法律以及原住民文化在不同地区、区域、国家和更高层面上的差异。

考古学家与自定民族的互动通常集中在这样的问题上：谁拥有过去的东西（如人类遗骸、文物等）（Forde, Hubert, and Turnbull, 2002）？从考古学家和原住民的角度来看，存在一个更大的问题（这就是为什么我们在这里使用"过去的知识"）。格鲁伯（Groube, 1985: 58）提出了这样的问题：

> 谁拥有过去？任何民族、国家和地区的历史的真正主人不是今天的（自定）人民，也不是拥有存续历史信息的土地所有者，而是那些操纵历史的人，是将过去转化为文字的历史学家、史前学家和考古学家。

那些意识到"将过去转化为文字"的核心意义的人（Hodder, 2003; Layton, 1989a,1989b; Schmidt and Patterson, 1995; Shennan, 1989; Zimmerman, 2000），在转化过程中努力寻求自定民族的声音。大多数专业规范都以某种形式涉及这个问题，但从伦理上讲，考古学家有责任采取行动，而非仅仅口头承诺，他们应积极将适当的其他观点纳入考古报告中，真正倾听并适当地回应自定民族的声音。

在一些地区，考古学家的核心伦理问题是公共知识的基础。一些自定民族不同意公共知识的概念，主张某些传统知识不应该被群体以外的人知晓，以免群体在某种程度上被削弱或这种知识的效力会丧失。同理，为全人类保管某个群体的历史遗物也可能会削弱该群体，干扰其仪式和典礼的效力或违反其神圣的信仰（Ferguson, 1996）。这种对人类遗骸和相关随葬品的关注虽然已反映在上文讨论的《关于人类遗物的弗米利恩协议》和各种国家法律中，但需要在考古学道德准则中得到更广泛的认可。

417

另一个相关的问题涉及原住民传统文化财产中的土地（King, 2004）。这些土地可能包括传统的食物或药材采集区；被视为"圣地"的特殊地点和观景台；通往重要地点的旅行路线；墓地；以及传说中传统上拥有的土地。在所有这些区域开展的考古工作都可能被视为越界行为。考古学家有义务尊重这些土地，并且只有在得到相关群体的完全同意后才能在这些区域内开展工作（Knudson and Keel, 1995; Swidler et al., 1997; Watkins, 2000, 2003, 2004）。

考古学与党派政治

考古学经常被用于支持民族主义或帝国主义的意识形态和地缘政治议程（Fowler, 1987; Hobsbawm and Ranger, 1983; Kohl, 1998; Trigger, 1989: 110–147）。考古学家不能也不应回避与考古学的社会政治用途有关的问题（Gathercole and Lowenthal, 1990; Layton, 1989a, 1989b; Schmidt and Patterson, 1995; Shennan, 1989）。考古遗址、遗物和知识，以及传统的领地和土地，常常被用来证明原住民的所有权，并往往预示着意识形态或地缘政治议程中的谈判冲突。这样的例子比比皆是，包括美国西南部纳瓦霍族和霍皮族之间的土地冲突（Brugge, 1994），以色列人和巴勒斯坦人之间的冲突，以及东欧、非洲、印度和其他地方的各种少数民族间的冲突（Kohl and Fawcett, 1995; Meskell, 1998; Ratnagar, 2004）。所有人都在利用考古学来推进他们的意识形态、社会和政治诉求，以证明自己的祖先曾占有这些争议领土。

党派政治给考古学家带来了复杂的道德问题。考古学与其他科学一样，具有逻辑标准，依赖于高质量的数据。"考古学方法论的核心问题是：如何通过人工遗物、生态遗物（动植物遗骸）和地质遗物（土壤、沉积物、矿物）的分布，以及它们在地表和地下的关系，在特定的理论框架内得出关于过去人类行为的有效陈述？"（Hardesty and Fowler, 2001: 73）简单地说，这意味着收集和审查数据，并形成假设来解释这些数据；而随着相反数据的积累，假设会被修正。考古学，像其他科学一样，是能够自我纠正的。在这种情况下，学术道德要求学者在特定的理论框架下进行高质量的研究。这些数据并不是先前实证主义科学哲学所认为的那样"客观的"或"价值中立的"，而是被理论浸润的。也就是说，这些数据裹挟着考古学内部复杂的认识论和知识生产问题（Trigger, 1995: 265, 276; Wylie, 2002）。将这些数据置于党派政治的背景下会引发复杂的伦理困境。用西尔贝曼（Silberman, 1995: 261）的话说：

> 考古学的叙述不可避免地构建在当代的话语体系之上，强调每个社会的期望和恐惧……考古学家有时会穿上爱国者和十字军的制服。而在不同的情况下，他们也可能成为帝国的代理人、革命者或旅游景

点的托儿。除非学者充分认识到（考古学的）政治和意识形态关联的复杂性，否则即便他们出于善意主张消除考古解释中的（党派）偏见，也可能仅仅是被另一种意识形态利用了。

洛温塔尔（Lowenthal, 1996: xi-xii）对历史/考古学与遗产的简单区分对我们理解这一问题颇有帮助。历史/考古学是一项持续的学术事业，它"探索并解释随着时间推移而变得越来越不透明的过去；而遗产澄清过去，以便为之注入现实意义……遗产的目的是将历史残留物转化为证明……祖先的美德的证据"，或证明遗产所代表群体的合法性、真实性、自体性或政治正确性。

虽然这种区分并不能解决道德困境，但它确实有助于澄清考古学家在面对模糊和冲突的派别时如何思考这些问题。如前所述，考古学家生成数据并在理论框架内对其进行分析，试图对过去的人类行为做出"合理"的陈述。随着数据和理论的变化，合理性也随之变化。然而，有些人会出于对意识形态或地缘政治的考量而有选择地曲解概念，把"合理"的陈述误称为"真实"的陈述。格鲁伯（1985: 58）将历史学家、史前学家和考古学家描述为"历史的操纵者……他们将过去转化为文字"。由于这些文字被视为"专家"的结论，因此考古学知识已经并将继续被用作"真理"，以支持各种观点和事业。在这种情况下，考古学家的首要道德责任应该是在当前的考古实践中尽可能确保他们的数据和解释客观且准确。一旦这些数据和解释进入公共知识库，那么其他人如何使用这些数据和解释是无法控制的，尽管考古学家有责任反对对他们的数据和解释的严重滥用。

结论

考古学伦理起初关注遗址保护和专业精神。随着合约考古模式逐渐普及，问题也随之拓展。在这种模式下，大多数田野考古工作是在法律授权下进行的，而非仅仅拓展人类知识的学术研究。然而，矛盾的是，考古学家的任务是在尽可能少的发掘中获取更多的数据，或保存遗址信息供未来使用。盗掘威胁到了后者，因此必须坚决反对。在世界上的许多地区，对自定民族权利的主张为考古实践和解释增加了若干新的道德层面。尽管考古学伦理仅在当地实践，但必须扎根于 21 世纪的全球政治、法律和商业现实，以及对过去不断发生的变化的认识。考古学家的主要目的仍然是致力于以道德的方式为人类的共同知识库做出贡献。如何做到这一点非常复杂，需要因地制宜，需要持续的思考和不断的审视。

注释

[1] 我们按照非洲统一组织（Organization of African Unity, 1981）的《非洲人权和民族权宪章》（African Charter on Human and People's Rights）使用"自定民族"的概念，该宪章主张"自我界定的……传统"群体的权利，而不是由民族国家、世界殖民国家或其他机构强加给这些群体社会或政治标签（Berting et al., 1990）。

《第四世界：印第安人的现实》（The Fourth World: An Indian Reality）一书出版后，"第四世界"一词开始被普遍使用（Manuel and Posluns, 1974: 40）。第四世界的人是"一个国家原住民的后裔，他们在今天被完全或部分地剥夺了对自己领土和财富的权利"。根据这一定义，结合日常的使用习惯，"土著人民""土著民族"和"后裔社区"这些概念也表达了同样的意思。"第四世界"一词很快扩展到了许多其他非原住民、经常被征服的小群体，包括世界范围内的种族群体，与此同时，"第四世界"失去了其原有的内涵，往往用来指代第一、第二和第三世界国家口中那些未获国际承认的民族（Alfred, 1999; Griggs, 1992: 1-2）。

[2] 人权互联网（2004; Hannum, 1999）是一个有关全球、国家和区域间个人以及群体人权问题的核心信息来源，有助于伸张自定群体在考古伦理上的权利。另见世界原住民研究中心第四世界文献项目档案（CWIS, 2001）和明尼苏达大学人权中心（2004）。

参考文献

Abungu, G., et al. 1999. International Standing Conference on the Traffic in Illicit Antiquities and the Cambridge Resolution. *Culture without Context* 5: 1–4.

Alfred, Gerald R. 1999. *Peace, power, and righteousness: An Indigenous manifesto.* New York: Oxford University Press.

American Association of Museums (AAM). 1994. *Code of Ethics.* Washington, DC: AAM.

———. 2000. *Code of Ethics for Museums.* www.aam-us.org/amcoe.cfm.

American Cultural Resources Association (ACRA). 2001. *Code of Ethics and Professional Conduct of the American Cultural Resources Association.* www.acra-crm.org/Ethics.html.

Amstutz, Mark R. 1999. *International ethics: Concepts, theories, and cases in global politics.* Lanham, MD: Rowman & Littlefield.

Appadurai, Arjun. 2001. The globalization of archaeology: A discussion with Arjun Appadurai. *Journal of Social Archaeology* 1(1): 35–49.

Archaeological Institute of America (AIA). 1970–1973. *Resolutions on the Importation of Antiquities.* www.archaeological.org.

———. 2004a. *The AIA Code of Ethics.* www.archaeological.org.

———. 2004b. *The AIA Code of Professional Standards.* www.archaeological.org.

Asch, Michael, and Colin Sampson. 2004. On the return of the native. *Current Anthropology* 45(2): 261–267.

Australian Archaeological Association (AAA). 2001. *Code of Ethics of the Australian Archaeological Association.* www.australianarchaeologicalassociation.com.au/codeofethics.html.

Berting, J., et al. (eds.). 1990. *Human rights in a pluralistic world: Individuals and collectivities.* Westport, CT: Meckler.

Blaser, M., H. A. Feit, and G. McRae (eds.). 2004. *In the way of development: Indigenous peoples, life projects, and globalization.* London: Zed.

Breeze, D. J. 1993. Ancient monuments legislation. In J. Hunter and I. Ralston, eds., *Archaeological resource management in the UK: An introduction,* 44–55. Dover, NH: Sutton/Institute of Field Archaeologists.

Brodie, Neil. 1999. Statistics, damned statistics, and the antiquities trade. *Antiquity* 73: 447–451.

Brodie, Neil, Jennifer Doole, and Colin Renfrew. 2001. *Trade in illicit antiquities: The destruction of the world's archaeological heritage.* McDonald Institute Monographs. Cambridge: University of Cambridge.

Brodie, Neil, Jennifer Doole, and Peter Watson. 2000. *Stealing history: The illicit trade in cultural material.* London: British Museums Association.

Brown, Michael F. 2003 *Who owns native culture?* Cambridge: Harvard University Press.

Brugge, David. 1994. *The Navajo-Hopi land dispute: An American tragedy.* Albuquerque: University of New Mexico Press.

Brush, Stephen B., and Doreen Stabinsky (eds.). 1996. *Valuing local knowledge: Indigenous people and intellectual property rights.* Washington, DC: Island.

Burnham, Bonnie (ed.). 1974. *The protection of cultural property: A handbook of national legislation.* Paris: ICOM.

Canadian Archaeological Association (CAA). 2000. *Statement of principles for ethical conduct pertaining to aboriginal peoples.* www.canadianarchaeology.com/ethical.lasso.

———. 2004 *Principles of Ethical Conduct.* www.canadianarchaeology.com/conduct.lasso.

Carver, T. 1991. Reading Marx: Life and works. In T. Carver, ed., *The Cambridge companion to Marx,* 225. Cambridge: Cambridge University Press.

Center for the Study of Ethics in the Professions (CSEP). 2004. *Codes of ethics online.* www.csep.itt.edu/departments/csep/PublicWWW/codes/index.html.

Center for World Indigenous Studies (CWIS). 1994. *International covenant on the rights of indigenous nations authorized version initialed July 18, 1994, Geneva, Switzerland.* www.cwis.org/fwdp/International/icrin-94.txt.

———. 2003. Fourth world documentation project archives. www.cwis.org/fwdp/fwdp.html.

Champion, Timothy C. 1996. Protecting the monuments: Archaeological legislation from the 1882 Act to PPG 16. In M. Hunter, ed., *Preserving the past: The rise of heritage in modern Britain,* 38–56. Phoenix Mill, UK: Sutton.

Chippindale, Christopher. 1993. Commercialization: The role of archaeological laboratories and collectors. *Antiquity* 67: 699–703.

———. 1994. The concept of the commons. *Antiquity* 68: 191–192.

Cleere, Henry F. (ed.). 1989. *Archaeological heritage management in the modern world.* London: Unwin Hyman.

Cleere, Henry F., Gustaf Trotzig, G. J. Wainwright, Bill Startin, Ricardo J. Elia, and Riemer Knoop. 1993. Managing the archaeological heritage. *Antiquity* 67: 400–445.

Colwell-Chanthaphonh, Chip. 2003. Dismembering/disremembering the Buddhas: Renderings on the Internet during the Afghan purge of the past. *Journal of Social Archaeology* 3(1): 75–98.

Colwell-Chanthaphonh, Chip, and T. J. Ferguson. 2004. Virtue ethics and the practice of history: Native Americans and archeologists along the San Pedro valley of Arizona. *Journal of Social Archaeology* 4(1): 5–27.

Council for British Archaeology (CBA). 2001. *A Brief History of CBA.* www.britarch.ac.uk/cba/history.html.

Crawford, James (ed.). 1988. *The rights of peoples.* Oxford: Clarendon.

Daes, Erica-Irene. 1997. *Protection of the heritage of indigenous people.* New York: United Nations.

Drinan, Robert F. 2001. *The mobilization of shame: A world view of human rights.* New Haven: Yale University Press.

Dromgoole, Sarah (ed.). 1999. *Legal protection of the underwater cultural heritage: National and international perspectives.* New York: Kluwer Law International.

Edson, G. (ed.). 1997. *Museum ethics.* New York: Routledge.

Elia, Ricardo J. 1993a. A seductive and troubling work. *Archaeology* 46(1): 64–69.

———. 1993b. U.S. cultural resource management and the ICAHM charter. *Antiquity* 67: 426–438.

European Archaeological Heritage Convention (EAHC). 1992. *European convention on the protection of the archaeological heritage.* Revised. http://fletcher.tufts.edu/multi/www/bh997.html.

European Association of Archaeologists (EAA). 1997. *The EAA code of practice.* www.e-a-a.org/EAA_Codes _of Practice.pdf.

———. 1998. *The EEA Principles of conduct for archaeologists involved in contract archaeological work.* www.e-a-a.org/princond.htm.

Ferguson, T. J. 1996. Native Americans and the practice of archaeology. *Annual Review of Anthropology* 25: 63–79.

Fluehr-Lobban, Carolyn (ed.). 2003. *Ethics and the profession of anthropology: Dialogue for ethically conscious practice.* Rev. 2nd ed. Walnut Creek, CA: AltaMira.

Forde, Hubert, and Paul Turnbull (eds.). 2002. *The dead and their possessions: Repatriation in principle, policy, and practice.* London: Routledge.

Fowler, Don D. 1984. Ethics in contract archaeology. In E. Green, ed., *Ethics and values in archaeology,* 108–116. New York: Free Press.

———. 1986. Conserving American archaeological resources. In D. J. Meltzer, D. D. Fowler, and J. A. Sabloff, eds., *American archaeology past and future,* 135–162. Washington, DC: Smithsonian Institution Press.

———. 1987. Uses of the past: Archaeology in the service of the state. *American Antiquity* 52: 229–248.

Gathercole, Peter, and David Lowenthal (eds.). 1990. *The politics of the past.* London: Routledge.

Gill, David W. J., and Christopher Chippindale. 1993. Material and intellectual consequences of esteem for cycladic figures. *American Journal of Archaeology* 97(4): 601–659.

Glacken, Clarence. 1965. *Traces on the Rhodian shore: Nature and culture in Western thought from ancient times to the end of the eighteenth century.* Berkeley: University of California Press.

Greaves, Tom. 2002. Examining indigenous rights to culture in North America. *Cultural Dynamics* 14(2): 121–142.

Green, William, and John F. Doershuk. 1998. Cultural resource management and American archaeology. *Journal of Archaeological Research* 6(2): 121–167.

Greenfield, Jeanette (ed.). 1999. *The return of cultural treasures.* 2nd ed. Cambridge: Cambridge University Press.

Griggs, Richard. 1992. *Background on the term "fourth world."* www.cwis.org/fourthw.html.

Groube, Les. 1985. The ownership of diversity: The problem of establishing a national history in a land of nine hundred ethnic groups. In I. McBryde, ed., *Who owns the past?* 49–73. Oxford: Oxford University Press.

Grounds, Richard A., George E. Tinker, and David E. Wilkins (eds.). 2003. *Native voices: American Indian identity and resistance.* Lawrence: University of Kansas Press.

Gulliford, Andrew. 2000. *Sacred objects and sacred places: Preserving tribal traditions.* Boulder: University Press of Colorado.

Hannum, Hurst. 1999. *Guide to international human rights practice.* New York: Transnational.

Harbour, Frances V. 1999. *Thinking about international ethics.* Boulder: Westview.

Hardesty, Donald L., and Don D. Fowler. 2001. Archaeology and environmental changes. In C. L. Crumley, ed., *New Directions in anthropology and environment intersections,* 72–89. Walnut Creek, CA: AltaMira.

Harris, W. H., and Judith S. Levey. 1985. *The New Columbia Encyclopedia.* New York: Columbia University Press.

Hobsbawm, Eric J. E., and Terence Ranger. 1983. *The invention of tradition.* Cambridge: Cambridge University Press.

Hodder, Ian. 2003. Ethics and archaeology: The attempt at Çatalhöyük. *Near Eastern Archaeology* 65(3): 174–181.

Human Rights Center. 2004. *Human Rights.* www1.umn.edu/humanrts.

Human Rights Internet. 2004. *Human Rights Internet.* www.hri.ca.

Hutt, Sherry, Caroline M. Blanco, and Ole Varmer. 1999. *Heritage resources law: Protecting the archeological and cultural environment.* New York: Wiley.

Illicit Antiquities Research Centre (IARC). 2001. *Statement of Intent.* www.mcdonald.arch.cam.ac.uk/IARC/IARC/iarc/statement.htm.

Institute of Field Archaeologists (IFA). 2000. *Code of conduct.* www.archaeologists.net.

International Council of Museums (ICOM). 2001. *Code of professional ethics.* www.icom.org/ethics.html.

International Council on Monuments and Sites (ICOMOS). 1990. *Charter for the protection and management of the archaeological heritage.* www.international.icomos.org/e_stocdec.htm.

———. 1996a. *Charter on the protection and management of underwater cultural heritage (1996).* www.international.icomos.org/charters/underwater_e.htm.

———. 1996b. *The declaration of San Antonio on authenticity in the conservation and management of the cultural heritage.* www.international.icomos.org/docs/san_antonio.html.

———. 1998. *Declaration of ICOMOS marking the 50th anniversary of the Universal Declaration of Human Rights.*

420

Rome: ICOMOS.

———. 2002. *Ethical Commitment Statement for ICOMOS Members.* www.international.icomos.org/ethical_e.htm.

International Society of Ethnobiology (ISE). 1998. *ISE code of ethics.* http://guallert.anthro.uga.edu/ISE/soceth.html.

Jones, Barri. 1984. *Past imperfect: The story of rescue archaeology.* London: Heinemann.

Kenrick, Justin, and Jerome Lewis. 2004. Indigenous people's rights and the politics of the term "indigenous." *Anthropology Today* 20(2): 4–9.

King, Clyde Lyndon (ed.). 1922. *The ethics of the professions and of business.* Annals of the American Academy of Political and Social Science 190.

King, Thomas F. 2003. *Cultural resource laws and practice.* 2nd ed. Walnut Creek, CA: AltaMira.

———. 2004. *Places that count: Traditional cultural properties in cultural resource management.* Walnut Creek, CA: AltaMira.

Kitcher, P. 2001. *Science, truth, and democracy.* Oxford: Oxford University Press.

Kleiner, F. S. 1990. On the publication of recent acquisitions of antiquities. *American Journal of Archaeology* 94: 525–527.

Knudson, R. 1984. Ethical decision making and participation in the politics of archaeology. In E. Green, ed., *Ethics and values in archaeology*, 242–265. New York: Free Press.

———. 2000. Cultural resource management in context. In R. Williamson and P. Nickens, eds., *Science and technology in historic preservation*, 267–290. New York: Kluwer Academic/Plenum.

Knudson, R., and B. C. Keel (eds.). 1995. *Public trust and the first Americans.* Corvallis: Oregon State University Press.

Kohl, Philip L. 1998. Nationalism and archaeology: On the construction of nations and the reconstruction of the remote past. *Annual Review of Anthropology* 27: 223–246.

Kohl, Philip L., and Clare Fawcett (eds.). 1995. *Nationalism, politics, and the practice of archaeology.* Cambridge: Cambridge University Press.

Kuper, A. 2003. The return of the native. *Current Anthropology* 44(3): 389–402.

Kymlicka, W. 1995. *Multicultural citizenship.* Oxford: Oxford University Press.

Lâm, M. C. 2000. *At the edge of the state: Indigenous peoples and self-determination.* Ardsley, NY: Transnational.

Landis, B. Y. (ed.). 1955. *Ethical standards of professional conduct.* Annals of the American Academy of Political and Social Science 297.

Layton, Robert (ed.). 1989a. *Conflict in the archaeology of living traditions.* London: Routledge.

———. 1989b. *Who needs the past? Indigenous values and archaeology.* London: Routledge.

Lipe, William D. 1974. A conservation model for American archaeology. *Kiva* 39: 213–245.

———. 1985. Conservation for what? *American Society for Conservation Archaeology Proceedings* 1984: 1–11.

———. 1996. In defense of digging: Archeological preservation as a means, not an end. *CRM* 19(7): 23–27.

Lowenthal, D. 1996. *Possessed by the past: The heritage crusade and the spoils of history.* New York: Free Press.

Lynott, M. J., and A. Wylie (eds.). 2000. *Ethics in American archaeology*, 2nd rev. ed. Washington, DC: Society for American Archaeology.

McGimsey, C.R., III. 2000. Standards, ethics, and archaeology: A brief history. In M. J. Lynott and A. Wylie, eds., *Ethics in American archaeology*, 16–18. Washington, DC: Society for American Archaeology.

Manhart, C. 2001. The Afghan cultural heritage crisis: UNESCO's response to the destruction of statues in Afghanistan. *American Journal of Archaeology* 105(3): 387–388.

Manuel, G., and M. Posluns. 1974. *The fourth world: An Indian reality.* New York: Free Press.

Merry, S. E. 1992. Anthropology, law, and transnational processes. *Annual Review of Anthropology* 21: 357–379.

Meskell, L. 2002. The intersection of identity and politics in archaeology. *Annual Review of Anthropology* 31: 297–301.

Meskell, L. (ed.). 1998. *Archaeology under fire. Nationalism, politics, and heritage in the eastern Mediterranean and Middle East.* London: Routledge.

Meskell, L., and P. Pels (eds.). 2005. *Embedding ethics: Shifting boundaries of the anthropological profession.* Oxford: Berg.

Messenger, P. M. (ed.). 1999. *The ethics of collecting cultural property: Whose culture? Whose property?* 2nd rev. ed. Albuquerque: University of New Mexico Press.

Messer, E. 1993. Anthropology and human rights. *Annual Review of Anthropology* 22: 221–249.

Moneypenny, P. 1955. The control of ethical standards in the public service. In B. Y. Landis, ed., *Ethical standards and professional conduct*, 98–104. Annals of the American Academy of Political and Social Science 297.

Morton, J. S. 2000. *The international law commission of the United Nations.* Columbia: University of South Carolina Press.

Organization of African Unity. 1981. *African charter on human and people's rights.* www1.umn.edu/humanrts/instree/z1afchar.htm.

Perrot, P. N. 1997. Ethics and collecting. In G. Edson, ed., *Museum Ethics*, 189–195. New York: Routledge.

Pritchard, S. 1998. *Indigenous peoples, the United Nations, and human rights.* London: Zed.

Ratnagar, S. 2004. Archaeology at the heart of a political confrontation: The case of Ayodhya. *Current anthropology* 45(2): 239–259.

Register of Professional Archaeologists (RPA). 2001. *Code of conduct and standards of research performance.* www.rpanet.org.

Renfrew, Colin. 1991. *The cycladic spirit: Masterpieces from the Nicholas P. Goulandris collection.* London: Abrams.

———. 1993. Collectors are the real looters. *Archaeology* 46(3): 15–16.

———. 2000. *Loot, legitimacy, and ownership: The ethical*

crisis in archaeology. London: Duckworth.

Richman, J. R., and M. P. Forsyth. 2004. *Legal perspectives on cultural resource management*. Walnut Creek, CA: AltaMira.

Riley, Mary (ed.). 2004. *Indigenous intellectual property rights: Legal obstacles and innovative solutions*. Walnut Creek, CA: AltaMira.

Ryser, R. C. 1994. *Evolving new international laws from the fourth world: The Covenant on the Rights of Indigenous Nations*. www.cwis.org/icrinsum.html.

Sabloff, Jeremy A. 1999. Scientific research, museum collections, and the rights of ownership. *Science and Engineering Ethics* 5(3): 347–354.

Schmidt, P. R., and T. C. Patterson (eds.). 1995. *Making alternative histories: The practice of archaeology in non-Western settings*. Santa Fe, NM: School of American Research Press.

Schneider, M. 1995. *The UNIDROIT Convention on stolen or illegally exported cultural objects*. www.city.ac.uk/artspol/schneider.html.

Shapin, S. 1995. *A social history of truth: Civility and science in seventeenth-century England*. Chicago: University of Chicago Press.

Shennan, Stephen J. (ed.). 1989. *Archaeological approaches to cultural identity*. London: Routledge.

Silberman, N. A. 1995. Promised land and chosen peoples: The politics and poetics of archaeological narrative. In P. L. Kohl and C. Fawcett, eds., *Nationalism, politics, and the practice of archaeology*, 249–262. Cambridge: Cambridge University Press.

Society for Economic Botany (SOE). 1995. *Guidelines of Professional Ethics*. www.econbot.org/ethics/professional_ethics.html.

Society for Historical Archaeology (SHA). 2000. *Statement of principles on the revised UNESCO draft convention*. www.sha.org/UNESCOd.htm.

———. 2003. *The Society for Historical Archeology ethical principles*. www.sha.org/about/ethics.htm.

Startin, B. 1993. Preservation and the academically viable sample. *Antiquity* 67: 421–426.

Strati, A. 1991. Deep seabed cultural property and the common heritage of mankind. *International and Comparative Law Quarterly* 40: 859–894.

Swidler, N., K. E. Dongoske, R. Anyon, and A. Downer (eds.). 1997. *Native Americans and archaeologists: Stepping stones to common ground*. Walnut Creek, CA: AltaMira.

Trigger, Bruce G. 1989. *A history of archaeological thought*. Cambridge: Cambridge University Press.

———. 1995. Romanticism, nationalism, and archaeology. In P. L. Kohl and C. Fawcett, eds., *Nationalism, politics, and the practice of archaeology*, 263–279. Cambridge: Cambridge University Press.

Tubb, Kathryn W. (ed.). 1995. *Antiquities, trade, or betrayed: Legal, ethical, and conservation issues*. London: Archetype.

Unidroit. 1995. *Convention on Stolen or Illegally Exported Cultural Objects*. www.unidroit.org/english/conventions/c-cult.htm.

United Nations Educational, Scientific, and Cultural Organization (UNESCO). 1948. *The Universal Declaration of Human Rights*. www.unhchr.ch/udhr/index.htm.

———. 1966. *International Covenant on Economic, Social, and Cultural Rights*. www.unhchr.ch/html/menu3/b/a_cescr.htm.

———. 1970a. *Convention on the Means of Prohibiting and Preventing the Illicit Import, Export, and Transfer of Ownership of Cultural Property*. http://portal.unesco.org/en.

———. 1970b. *Cultural rights as human rights*. Studies and Documents on Cultural Policies 3. Paris: UNESCO.

———. 1972. *Convention for the Protection of the World Cultural and Natural Heritage*. http://whc.unesco.org/pg.cfm?cid=182.

———. 1989. *Recommendation on the safeguarding of traditional culture and folklore*. http://portal.unesco.org/en.

———. 1997. *Declaration on the Responsibilities of the Present Generations towards Future Generations*. http://portal.unesco.org/en.

———. 2001. *Convention on the Protection of the Underwater Cultural Heritage*. http://portal.unesco.org/en.

———. 2003. *Convention for the Safeguarding of the Intangible Cultural Heritage*. http://portal.unesco.org/en.

Verdery, K., and C. Humphrey. 2004. *Property in question: Value transformation in the global economy*. Providence, RI: Berg.

Vitelli, K. B. (ed.). 1996. *Archaeological ethics*. Walnut Creek, CA: AltaMira.

Watkins, J. E. 1999. Conflicting codes: Professional, ethical, and legal obligations in archaeology. *Science and Engineering Ethics* 5(3): 337–345.

———. 2000. *Indigenous archaeology: American Indian values and scientific practice*. Walnut Creek, CA: AltaMira.

———. 2003. Beyond the margin: American Indians, first nations, and archaeology in North America. *American Antiquity* 68(2): 273–285.

———. 2004. Becoming American or becoming Indian? NAGPRA, Kennewick, and cultural affiliation. *Journal of Social Archaeology* 4(1): 60–80.

Wildesen, L. E. 1984. The search for an ethic in archaeology: An historical perspective. In E. Green, ed., *Ethics and values in archaeology*, 3–12. New York: Free Press.

Wilson, R. L., and G. Loyola (eds.). 1982. *Rescue archaeology: Papers from the first New World Conference on Rescue*. Washington, DC: Preservation.

World Archaeological Congress (WAC). 1989. *The Vermillion Accord on Human Remains*. www.american.edu/wac5.

———. 1990. *WAC Statutes*. www.american.edu/wac5.

———. 1991. *First Code of Ethics*. www.american.edu/wac5.

World Intellectual Property Organization (WIPO). 2004. *World Intellectual Property Organization*. www.wipo.int.

Wylie, Alison. 1994. Ethical dilemmas in archaeological practice: Looting, repatriation, stewardship, and the (trans)formation of disciplinary identity. *Perspectives in Science* 4(2): 154–194.

———. 1997. Contextualizing ethics: Comments on ethics in Canadian archaeology by Robert Rosenswig. *Canadian Journal of Archaeology* 21: 115–120.

———. 1999. Science, conservation, and stewardship: Evolving codes of conduct in archaeology. *Science and Engineering Ethics* 5(3): 347–354.

———. 2002. *Thinking from things: Essays in the philosophy of archaeology*. Berkeley: University of California Press.

Ziff, B., and P. V. Rao (eds.). 1997. *Borrowed power: Essays on cultural appropriation*. New Brunswick, NJ: Rutgers University Press.

Zimmerman, L. 2000. Regaining our nerve: Ethics, values, and the transformation of archaeology. In M. J. Lynott and A. Wylie, eds., *Ethics in American Archaeology*, 71–74. Washington, DC: Society for American Archaeology.

第 25 章　澳大利亚原住民的后殖民考古学

伊恩·J. 麦克尼文、莱妮特·拉塞尔

（Ian J. McNiven , Lynette Russell）

　　在过去 40 余年间，考古学界经历了一段自我反思的时期，尤其在性别、权力关系和原住民控制等议题上。关于原住民控制，最知名且最具争议的问题涉及对过去文化遗产的所有权，以及博物馆、大学等法定机构是否应归还其持有的文化资源，包括人类遗骸和文物。在很多情况下，原住民群体通过法律途径重新获得了对其祖先遗迹的控制权。在经历了激烈的辩论和诉讼之后，大部分澳大利亚考古学家如今承认，澳大利亚原住民（本土原住民和托雷斯海峡岛民）对本土考古材料的管理权是合法的，这也是澳大利亚原住民和非原住民之间和解的重要一步。事实上，一些澳大利亚考古学家已经表现出了自豪的态度，认为其"在考古学家与原住民之间的关系谈判方面走在了前列"（Burke et al., 1994:19）。与此同时，在澳大利亚取得重要进展之际，加拿大、美国等具有殖民主义背景的主要地区也实现了类似的发展（Biolsi and Zimmerman, 1997a; Nicholas and Andrews, 1997a; Swidler et al., 1997a; Watkins, 2000）。值得注意的是，这些变革往往并非由考古学家主动发起，而是为了回应原住民对其祖先遗产更大控制权的诉求，同时也反映了各国政府与立法者对原住民争取社会正义和平等的广泛的政治运动所做出的回应。

本章以澳大利亚为例探讨了上述问题。我们强调，这些问题并非仅限于澳大利亚。在美国、加拿大和新西兰，无论是考古学家的态度变化，还是更广泛的社会变革，都与澳大利亚的情况十分相似。加拿大成立了新的北极省份，以承认"第一民族"的权利与成就，那里原住民的利益占据重要地位。在新西兰，对毛利人的关切表现在使用毛利名字 Aotearoa 替代新西兰，原来的"新"和"西兰"源自荷兰的一个省，隐含着殖民历史。不同地区的殖民经历导致了法律和土地所有权方面的差异。对澳大利亚原住民权利的剥夺从未在任何形式的条约中得到解决，而对毛利人的剥削则在 1840 年的《怀唐伊条约》（Treaty of Waitangi）中被正式确定。同样，这些结果及其背后的问题与美国的经验相似，在美洲原住民（条约认可的印第安人）中，有些人获得了类似的结果，而有些人没有。

相较于澳大利亚，美国在表达科学兴趣的力度和分量方面做得更好。考古学和人类学在很大程度上仍然被视为客观中立的科学，然而实际上它们都是由社会构建的知识类型（Deloria, 1969）。

考古学家对原住民问题的认识逐渐加深，也采取了相应的措施，这反映了考古学中缓慢的去殖民化进程，以及学术界对于谁有权决定原住民生活方式的更广泛的去殖民主义变化。在澳大利亚，这些问题在 20 世纪 90 年代的马博法庭案件之后又有了新的意义，该案推翻了具有两百年历史的"无主地"（terra nullius）法律观念，即认为澳大利亚在 1788 年欧洲殖民之前是一片无主之地，承认了现存的原住民权利，以及澳大利亚联邦政府在原住民和非原住民之间的"和解"计划。所有这些社会、政治和法律方面的变化为发展新的、独特的澳大利亚考古学创造了条件，以适应澳大利亚原住民和科学界的愿望。澳大利亚人如何将其独特的殖民遗产去殖民化，最终将决定和制约澳大利亚考古学的未来面貌。

424　　　本章旨在梳理过去 40 余年澳大利亚原住民考古学中去殖民主义的发展动态，探讨支撑这些发展的关键概念问题，并沿着和解方案的道路继续前行。尽管澳大利亚考古学取得了重大进展，但仍受到源于殖民主义的一些微妙而有害的理论构建的影响。我们认为，这些理论构建继续强调了澳大利亚考古学中的许多跨文化倾向，无论是在学术领域还是公共领域。作为殖民背景的延续，这些理论的构建与张力对北美洲等其他殖民地的原住民考古学实践具有启示意义。实际上，世界上任何地区的考古学表象都涉及过去事物的权力、控制和知识问题，它们与当下的权力、控制和知识问题不同程度地纠缠在一起，就连古老的巨石阵，现在也是一个饱受争议之地（Bender, 1998）。

考古学中的殖民文化

许多学者撰文讨论过人类学的历史和殖民遗产，詹姆斯·克利福德（James Clifford, 1988）和尼古拉斯·托马斯（Nicholas Thomas, 1994）等人认为，人类学与殖民主义曾经沆瀣一气（Diamond, 1974）。福柯（1970）认为，人类科学，尤其是人类学、语言学、社会学和经济学，在描述人类主体性的同时，也构建了这种主体性。这些概念的核心就是将人归类，划分成圈内人和圈外人、正常人和非正常人、我们和他们。类似地，乔治·斯托金（1985:112）曾将人类学学科描述为"主要是一种文化上或种族上被鄙视者的话语"。

布鲁斯·特里格（1984）认为，北美洲的考古学史将美洲原住民作为单一的、原始的他者来描述，他在这方面的研究处在学术前沿。对特里格而言，考古学研究史是人类学历史的一个方面。他把这两门学科的发展与北美洲的殖民史联系在了一起。因此，考古学不可避免地带有殖民主义色彩，它的结构是为了"诋毁原始社会……证明它们在史前时代是静止的，缺乏自我发展的主动性"（Trigger, 1984: 386）。虽然特里格过分夸大了这种作用，但他成功地让我们开始关注历史现象与学术发展之间的关系。

我们认为，澳大利亚考古学的殖民文化是由两个密切相关且复杂的概念组成的：解离（disassociation）和挪用（appropriation）（Condori, 1989; McGuire, 1989）。在 19 世纪和 20 世纪初，原住民被迫与他们的物质文化遗产相分离，因为有人认为澳大利亚的一些考古遗址属于其他"种族"。目前我们发现了两个典型的例子：西北部金伯利地区的岩画（McNiven and Russell, 1997）和东南部维多利亚州的石圈（Russell and McNiven, 1998）。一种更普遍的解离形式是利用考古学构建原住民的历史。考古学科建立在这样一个前提之上，即通过使用西方科学方法对文化遗存进行分析和解释，以了解历史或史前史。因此，一个地区或一个民族的历史与史前史只能在考古学家开展研究之后才能被书写。女权主义考古学家琼·盖罗（1989: 97）提醒我们关注考古学构建历史的帝国主义本质：

> 考古学的发展必须被看作文化殖民主义的一个方面，在这种殖民主义中，一种知识体系侵蚀并最终取代了其他体系的结构……用考古学取代研究历史的其他手段不是进步的，而是帝国主义的。

对那些在西方接受文化熏陶的人来说，考古学的基本准则似乎是不言而喻的。然而，在原住民有自己的历史叙事的殖民背景下，考古学构建的过去就会具有新的意义。对澳大利亚原住民来说，历史叙事的构建经常借助于"梦境"（Dreaming）或"梦创时代"（Dreamtime）提供的宗教解释框架。北领地（North Territory）闪电兄弟国家（Lightning Brothers country）的老一辈瓦达曼人（Wardaman）将岩石艺术分为 bulawula（人类起源的绘画）或 buwarraja（梦境图画）（David et al., 1990, 1994; Flood et al., 1992; Merlan, 1989）。虽然从考古学的角度来看，所有的艺术都会被归类为人类起源的艺术，但瓦达曼人用梦境宇宙学（Dreaming cosmology）来解读艺术。当考古学家与瓦达曼人一起进入一个有考古遗迹和岩画痕迹的岩洞时，不同的认知旋即就会显现出来，西方知识的"单一而明显的"观察和分类失效了，岩壁上的痕迹既不能说只是人类文化的，也不能说是自然的。瓦达曼人的例子表明，考古学和原住民对历史叙事的构建之间存在差异，这种差异在本体论和认识论两个层面上发生。因此，这两种叙事形式很少能整合在一起。

另一个重要的概念是挪用。主流社会对原住民文化的挪用已经变得非常普遍。从装饰着原住民形象的澳航巨型飞机到强调原住民文化永恒性和古老性的北部地区旅游广告，这样的例子不一而足。这些例子中都融入了一种民族主义话语，即将原住民文化视为澳大利亚文化（Byrne, 1996）。挪用在其他国家也很常见，因此澳大利亚考古学的某些方面具有世界意义，其重要性超过了本土的意义和价值。这些挪用的例子涉及霸权问题。虽然原住民在早期接触时期（例如使用金属和玻璃）和近期（例如使用汽车）也接受并借用了欧洲文化，但这种文化借用并不拥有霸权属性。同样，一个原住民群体对另一个原住民群体的物质文化的借鉴（例如，澳大利亚东南部群体对澳大利亚北部的传统乐器迪吉里杜管的借鉴），也是一种并非基于殖民关系的传播形式。

澳大利亚考古与所有权争议

澳大利亚的考古学直到近些年才开始与原住民进行有意义的交流。在20 世纪初期，无论是业余的还是专业的考古学家，在进行研究时都很少或根本没有与澳大利亚原住民互动。到了 20 世纪 60 年代末和 70 年代初，考古学逐渐专业化，越来越多的原住民也要求参与考古研究"文化资源管理"工作（Moser, 1995a, 1995b; Smith, 2000）。尤其值得注意的是，谁拥有过去成了一个重要的议题。这一议题主要由原住民提出，他们认为自己在关于他们文化遗产的研究中完全没有被考虑在内（McBryde, 1985）。澳大利亚原住民研究所支持归还和火化澳大利亚最著名的原住民骨骼遗骸——特鲁加尼尼（Trukanini）的遗骸，这标志着澳大利亚考古学去殖民化进程的开始。虽然从严格意义上说，特鲁加尼尼的遗骸并不属于考古学范畴，但对塔斯马尼亚原住民及其遗骸的研究是史前考古学发端的一部分，因为它们作为旧石器时代的遗存在卢伯克（1865, 1870）的工作中意义重大。特鲁加尼尼的遗骸被交还给塔斯马尼亚原住民社群，并在 1976年的一个社群内部仪式上被安葬（Moser, 1995b: 158; Ucko, 1983: 15; West, 1994）。在这个例子中，特鲁加尼尼的回归是由于人们日益意识到她不仅仅是"最后一个塔斯马尼亚人"，一个科学史的遗存，更是成千上万的当代塔斯马尼亚原住民悲惨历史的纪念碑。从这个意义上说，特鲁加尼尼的回归代表了对现代原住民权利的承认，而不是对逝去原住民史的承认。在科学的当下，后者更多地属于其他人。

在 1982 年澳大利亚考古学会的年会上，罗斯·兰福德（Ros Langford, 1983）发表了一篇抨击澳大利亚考古学的论文。她的论文引发了该学科的范式转变，就像小瓦因·德洛里亚（Vine Deloria Jr.）在其 1969 年出版的《卡斯特为你的罪孽而死——印第安人宣言》（*Custer Died For Your Sins: An Indian Manifesto*）一书中对美国人类学的严厉批评一样。兰福德代表塔斯马尼亚原住民社区发表的论文呼应了许多澳大利亚原住民所持的观点（Langford, 1983: 2），"这是我们的过去，是我们的文化和遗产，是我们现在生活的一部分。因此，它要受我们控制，由我们分享。这就是这场辩论的核心"。遗产控制权问题与西方科学研究直接相关，而这些科学研究的对象是受殖民国家统治的原住民。由于原住民对遗产控制权的诉求，澳大利亚考古学会通过了一项动议（Allen, 1983: 7），其中指出："本次会议承认原住民对其遗产的所有权。因此，本次会议呼吁所有考古学家在对原住民遗址进行任何研究或发掘之前，先获得原住民所有者的许可。"

虽然许多考古学家在 1982 年时同意在研究中与原住民遗产保管者协商，但他们并没有完全统一所有权和控制权问题（Allen, 1983: 8-9）。一年后，澳大利亚人文科学院举行了一次关于谁拥有过去的专题讨论会，结果显示，澳大利亚的考古学家正在认真对待原住民的所有权和控制权问题（McBryde, 1985）。这两起事件预示着澳大利亚考古学的新浪潮。在整个 20 世纪 80 年代，考古学家和原住民之间的联络不再是简单的协商，而是涉及对整个研究规划的商议，成为跨文化事务的谈判，至少在涉及人类墓葬的研究时是这样（Pardoe, 1985）。越来越多的原住民开始积极参与现场调查（特别是那些与文化资源管理开发项目评估有关的调查）、发掘和遗址管理（Creamer, 1990）。在某些情况下，原住民长者和公司寻求考古学家对他们的历史进行研究，包括与欧洲人接触前和接触中的历史。经过许多哲学上和实践上的辩论、反思以及一些法庭斗争（见下文），许多博物馆同意归还原住民的文化遗产（Hubert, 1989; Meehan and Attenbrow, 1990）。然而，澳大利亚还没有像美国 1990 年的《美国原住民坟墓保护和归还法案》那样，对人类遗骸的归还做出规定（Thomas, 2000; Mihesuah, 2000; Watkins, 2000）。事实上，联邦和各州的不同立法、政策及态度与澳大利亚不同地区原住民的不同情况相互影响，使得各地的实践结果不一，没有普遍适用的单一框架。在许多方面，澳大利亚对遗产的归还情况比美国的法案更能反映出澳大利亚原住民文化和精神的多样性（Kehoe, 1998: 214）。

田野考古工作和博物馆政策的变化使原住民对其遗产有了明显的控制权，并纠正了长期以来存在的权力不平衡现象。然而，在所有情况下，只有少数原住民社群成员有机会与考古学家合作。考古学家面临着很大的压力，因为他们需要编写不使用专业术语的简短报告（大白话报告），为当地原住民社群总结研究方法和结果（Pardoe, 1990）。最终，由于咨询和反馈的重要性，澳大利亚考古学会制定了第一部考古道德准则（Davidson, 1991; Davidson et al., 1995: 83; Beck and McConnell, 1986）。其中，原则 5 承认"原住民后裔合法**拥有**原住民文化遗产"[Davidson et al., 1995: 83（黑体为笔者所加）]。尽管在 20 世纪 90 年代，原住民和考古学家之间的工作关系不断发展（Davidson et al., 1995），但以下各节揭示了一系列根深蒂固的哲学障碍，这种障碍继续造成了双方间的紧张关系。

考古遗址：遗迹还是文化遗产

在 20 世纪六七十年代，澳大利亚各州颁布了保护原住民考古遗址的法案。这些立法是考古界不断游说的直接结果，考古界将自己奉为澳大利亚史前史的管理者。因此，大多数法规将这些考古遗址描述为"遗迹"（relics），并明确提及其科学价值（Edwards, 1975; Flood, 1989; Smith, 2000; Ward, 1983）。沙利文（Sullivan, 1985: 146）指出，这种立法的书写或多或少是为了欧洲和澳大利亚史前考古学家的利益。因此，它体现了"绝大多数人的价值观"（McBryde, 1986: 24）。尽管许多考古学家推动保护性立法的意图是好的，但很快人们就发现了遗迹保护中的诸多问题。其中一个关键问题是，许多立法普遍没有承认原住民对自己族群文化遗产的权利，将他们从遗址保护中割裂了出来。以昆士兰州 1967—1976 年的《原住民遗迹保护法》（Aboriginal Relics Preservation Act）为例，立法的目的是保护那些"原始和纯粹的'部落'过去产生的遗迹"，这些遗迹应该是王室的财产（D. Trigger, 1980）。特里格指出，"遗迹立法是个简单的等式。原住民的族群属性（原住民'文化'）='遗迹'=过去"（1980: 152）。这种观点会导致这样的简单设想，即遗址（及其创造者）已经死亡（Ucko, 1983: 14）。把"真正的"或"合法的"原住民文化当作史前的考古资源来对待和想象，这种做法是为古老的过去立一块墓碑，再刻上墓志铭（Byrne, 1996）。玛丽-路易斯·普拉特（Mary-Louise Pratt）在其关于南美洲殖民的研究报告中写道：

> 欧洲对南美洲的想象构建了考古研究的主体，将当代非欧洲人与

其前殖民时代甚至殖民时代的历史割裂开来。考古学试图重现原住民的历史与文化，这里隐含着原住民文化已经消亡的前提。这种做法给欧洲人对原住民历史的遗忘提供了一个借口，将这种历史纳入了一个早已逝去的时代。（Pratt, 1992: 134）

维多利亚州西部原住民建造的土石工程可以展现这种割裂的过程。在过去几十年间，考古研究记录了这些精心设计的工程，如水渠和堰塘，这些工程在 19 世纪的历史观察中被认为是捕鳗装置（Clarke, 1994; *427* Coutts et al., 1978; Lourandos, 1980; Williams, 1988）。这些诱捕设施已经成为澳大利亚考古话语中的重要内容，因为它们对晚全新世强化利用（intensification）理论具有重要意义（Lourandos, 1997）。尽管如此，但从来没有人指出该地区的原住民至今仍然在制造和使用这种设施。事实上，在 1995 年，笔者本人（麦克尼文）就目睹了原住民在一条小溪的对面重建了一个捕鳗器，其功能与所谓的史前遗址的功能相同。考古学家认为这些物品是史前遗物，让重建和使用捕鳗器的当代原住民觉得很好笑。

重现过去并将其变成一种考古现象的做法，使得埃利斯（Ellis, 1994）所说的文化遗产管理的考古学范式出现了。根据埃利斯的主张，这种模式将原住民的文化遗产等同于考古遗址，等同于科学上合法的、可检验的、重要历史的物质痕迹。因此，只有那些有过去人类活动的实物证据的地方才被称为文化遗产遗址。没有考古学证据的遗址，如许多梦境遗址（Dreaming sites）[①]、圣地、历史遗迹，或者至今仍有文化意义的地点，都被排除在外。因此，制度化的遗产管理赋予了考古学的过去以特殊意义，而

———

① 　其中的 Dreaming 指澳大利亚原住民神话中有始无终的创世时期。——译者注

牺牲了当代原住民的诉求（Byrne, 1996: 91）。在这样的法律政策下，许多原住民（非考古）遗址由于缺乏立法保护而处于危险之中，与此同时，这些法规还告诉原住民，只有当这些遗址有助于考古研究、能够满足西方科学与历史的窥视时，它们才会被承认具有文化遗产的意义（Smith, 2000: 115）。原住民文化遗址的定义仅仅遵循着考古学的研究路径，而牺牲了非物质的内容。在这方面，马尔瓦尼（Mulvaney）指出，对于北领地的岩石艺术遗址（1993: 110），

> 神话的意义不只包含在绘画图像中，尽管一个地方的艺术往往是神话世界中唯一有形的（构造的）表现。对原住民而言，艺术相比于其他考虑因素（如梦境与该地的关联）是次要的。相反，对研究者、普通游客或旅游业促进者来说，艺术是他们关注的主要焦点。

遗址生境（site context）的问题对于界定文化景观具有更广泛的意义。考古学研究一般会认为不同遗址的学术价值也不同，衡量的标准是它们能在多大程度上展现历史。澳大利亚原住民和美国原住民一样，将所有遗址都视为当代文化景观的重要和相互关联的组成部分（Anyon and Ferguson, 1995: 915; Sullivan, 1985: 149, 152）。因此，只保护"重要的"或"有代表性的"遗址，而允许破坏这些遗址更广泛的环境和文化背景，只会强化一种西方的观念，即遗址是考古资源，是用来发掘过去生活方式的科学数据。这也无意中将一个本土的、图腾性的景观转变成了一个世俗的、商品化的景观，将拥有连续不断的意义和权力的精神中心转变成了割裂的资源节点（Strang, 1997）。要将考古遗址视为文化遗产，就必须采取一种综合的文化景观方法，承认遗址（包括考古遗址和其他遗址）在维持

原住民文化认同和地方归属感方面的重要作用（Ellis, 1994; L'Oste-Brown et al., 1998; Ross, 1996）。

不难看出，这种过去与现在的疏离来自欧洲的经验。首先，欧洲的史前遗迹被长期忽视，其与当下社会的关注点相去甚远。其次，在帝国的殖民地，原住民文化在殖民者看来遥不可及。然而，过去和现在之间不可避免的联系在欧洲也是显而易见的，成千上万的古代教堂既是历史遗迹，又是当代精神活动的场所。因此，当会众的当前需求与建筑结构的考古完整性发生冲突时，就会出现让人不安的比较和一些直接的冲突。令人震惊的是，欧洲的一些基督教团体已经放弃了他们的古建筑，他们更愿意通过一群人在当下的行为来定义其信仰，而不是通过作为过去物质遗迹的教堂建筑。

考古学研究范式向原住民传达了一条重要信息：主流社会将真正的原住民文化当作过去的物件。因此，考古学家成为原住民文化遗址的专家，而原住民则依靠知识分子与学者的专业知识来辨识和阐释这些遗址。这一问题的严重结果是造成了考古学家和原住民之间持续的紧张关系。

对许多原住民和托雷斯海峡岛民来说，将原住民文化遗址描述为考古遗址是一个关键问题。有些遗址确实是过去的遗迹（比如制作石器的遗址），但这个问题依然存在。塔斯马尼亚原住民土地委员会（Tasmanian Aboriginal Land Council，TALC）同样描述了这种情况（TALC, 1996: 293–294）：

> 对一些考古学家来说，我们祖先创造的遗迹被称为考古遗址。你们从这些遗址中找到的只有数据。把我们的遗址和它们所包含的信息

描述为"考古"，就是把我们的遗产当作你们考古学家的遗产。

我们之所以讨论描述文化遗产时应当使用的语言，不是为了"政治正确"。相反，我们是在使用你们的日常语言来帮助我们了解你们是如何看待我们的遗址的。当你们不再使用"考古"这个颇具占有意味的词来描述我们的遗址时，你们就会开始接受我们是我们遗产的合法拥有者和监护人的事实。

在这份声明中，TALC 认为考古学的语言使用体现了一种殖民侵占的强大力量。很少有澳大利亚考古学家明确地反思过自己所使用的语言。

主题化：科学话语的终结？

考古学家们使用科学的语言来描述原住民文化遗产，会使这些遗产远离其拥有者。埋在土中的遗物被清理干净，用于研究展览。学者们通过使用西方特有的科学话语等方式，书写了一种过去，这种过去将历史事件确定为科学现象、将人视为研究样品。原住民文化既成为研究的主题，也成为研究的对象。把原住民当作研究对象，并将其定位在时空地图上，是所谓"主题化"（subjectation）过程的一部分，即从属化与客体化行为的同时发生、相互增强，这是从殖民过程中产生的（Attwood, 1989; Russell, 2001）。这种方法起源于 18 世纪后期的启蒙哲学，它试图对世界进行（重新）描述、（重新）分类和客观化，并将对世界的研究和理解置于国家的霸权控制之下。

在澳大利亚殖民时期，学术界和大众的表述赋予了原住民一系列不可改变的、独特的、奇异的属性（或本质特性），这些属性模糊了他们具

体的特征，让他们成为欧洲人关注的焦点。正如萨义德（Said, 1993: 8）
所说：

> 帝国主义和殖民主义……都为强烈的意识形态所支持和驱使。这
> 些意识形态所包含的观念包括：某些领土和人民要求或需要被统治；
> 需要有与统治相关的知识形式。

考古学等学科最先确立并在后来重申了欧洲的权威地位。因此，原住
民的本体论地位从来只是以一种对立的关系来确定的；也就是说，他们是
欧洲观察者的对立面，欧洲观察者成为其所观察文化的专家。原住民只有
在殖民者不存在的时空才能存在，他们来自过去的时代而不是观察者所处
的现代。萨义德（1993: 70; 参见 Fabian, 1983: 118-123）提醒我们，这种
对立的殖民者 / 被殖民者关系依赖于"观察者与欧洲地理中心论的权威，
（这）是由贬低非欧洲地区并将此地的文化限制到次等人种文化和本体论
地位文化的语境来支撑的"。

这种观点带来的最大危险在于，历史只能从考古学学科的角度来书
写。这种方法同时将原住民文化遗产变成了一种学术商品，并在西方人
眼中否认了原住民对于过去的非科学观点的合理性（TALC, 1996: 295）。
这种对文化遗产的商品化在"文化资源管理"一词中可见一斑。20 世
纪 80 年代末，澳大利亚的考古顾问和政府遗产官员开始用文化遗产管理
（cultural heritage management，CHM）一词取代文化资源管理（CRM）。
发生这一变化是由于原住民批评学术界，说他们的文化遗产不是一种资
源。同美国一样，在澳大利亚，"资源"一词通常与自然资源联系在一起，
比如为了商业价值而开采的矿产。许多原住民认为，他们的物质遗产被定

义为资源，因为社会大众将其视为一种科学资源，由考古学家开采并冶炼成数据，然后写进作为地位和权力基础的出版物（符号资本）中。因此，原住民认为，这远远不是一个简单的语义上的争论，用资源这个词来描述（和定义）他们的文化遗产是不合适的。基本上，所有的澳大利亚考古学家都赞同这种批评，因此我们现在说的是文化遗产管理，而不是文化资源管理。值得注意的是，对美国原住民来说，文化资源管理一词似乎并不具有同样的负面含义（Anyon and Ferguson, 1995），尽管"资源"一词同样是指具有功利价值的东西，它可以以某种方式被有效地利用（Hanna, 1997: 77; Syms, 1997: 53; 关于加拿大对这个问题的看法参见 Yellowhorn, 1997: 257）。

科学话语的主题化和特权化的一个具体例子是对昆士兰州中央高地的原住民洞穴墓葬的描述。自 19 世纪以来，大多墓葬遗址受到了扰动，近一半被盗掘，树皮棺材被欧裔澳大利亚人窃取。人们不禁开始思考这种盗墓行为是如何发生的，以及为什么会发生，而欧裔澳大利亚人的坟墓被认为是神圣的，很少被盗掘。原住民坟墓的神圣性已经被系统性地中和了，这种中和的过程将坟墓贬低为单纯的人种学标本、被侵占的科学历史的遗物和脱离了文化的古玩（McNiven, 1996）。在考古学的描述中，这些墓葬中精心制作的树皮棺材被称为树皮筒（bark cylinders）或墓葬筒（burial cylinders）。过去几十年间，所有在该地区工作的考古研究者和文化遗产顾问都使用了这些术语。"筒"一词的中性化和科学化效果，使人们在观看、打开、收集这类遗物时不会感到不舒服。与此形成鲜明对比的是，麦克尼文（1996）推荐使用"棺材"一词，因为它是有感情的，富有宗教中神圣的概念。打开树皮筒看里面的东西（人类遗体），只是世俗世界中检验科学标本的一种物理行为，而打开棺材是一种亵渎和玷污神圣场所的行为。同样，爬进一个洞穴是勘探地质特征的世俗行为；进入"墓穴"（burial crypt，也是麦克尼文推荐的术语）则为这些遗址赋予了全新的现象学意义。

考古学中充斥着其他主题化的例子，以及很多奥达瓦（Odawa）原住民美国人塞西尔·金（Cecil King, 1997: 116）所谓的作为科学话语的"语言牢笼"（linguistic cages）。科学术语的使用降低了对于过去叙事的人情味。这种非人化的历史叙事在考古学著作中俯拾皆是，这些著作没有提到过"人"，呈现的是一个充满文物、骨头和木炭碎的过去。使用一种排他性的语言是考古学殖民文化的一个关键组成部分，这种语言赋予了西方考古学以特权，同时降低了非专业人员在该学科中的互动程度。这种方法将过去非人化，并给人类历史强加了一层貌似合理的、准科学的面纱，将其变成研究的主题。也许这就是许多考古学家觉得很难为大众写考古类图书的原因，我们已经丢失了体现人类能动性的语言和更广阔叙事的能力。讲故事的人被新考古学追求可检验的假设、人类行为的演化模型和统计学操作冲昏了头脑。注意，我们并不是想让考古学话语简化，相反，我们建议对所使用的语言进行反思，以书写一种后殖民考古学，或者至少对现有的殖民实践进行反思和质疑。

史前史是一个过时的术语吗

一个多世纪以来，欧裔澳大利亚人一直认为，在欧洲殖民者定居之前，原住民的活动并不构成传统上所谓的历史（Attwood, 1996a, 1996b）。曼宁·克拉克（Manning Clark, 1968: 4）在巨著《澳大利亚史》（*A History of Australia*）的开篇中评论说，对于原住民的生活方式，"在欧洲文明到来之前，几乎不需要或者不能够被言说"。对克拉克（1968: 3, 5）来说，历史是文明社会的专属物，而那些没有从野蛮社会中蜕变出来的社会，是没有历史的。人们普遍认为，在欧洲人到来之前，原住民没有历史。也就是说，原住民的文化和生活方式引起了人类学家和史前学家的注意，而欧洲人则拥有文明和历史，这引起了历史学家的注意。

特里格（1985: 34）指出，"历史学与人类学之间最初的区别是殖民主义和民族中心主义的产物。人类学最先开始研究那些所谓没有历史的族群"。丹尼尔·威尔逊（Daniel Wilson）在苏格兰考古学的背景下创造了"史前史"一词《苏格兰考古学和史前史年鉴》（*The Archaeology and Prehistoric Annals of Scotland*），后来这个词得到了广泛使用。随后，威尔逊（1862）在他的《史前人类》（*Prehistoric Man*）一书中把这个术语应用于美洲人和美洲原住民的过去。他在《史前人类》一书中开宗明义地
430 说："在后文中，我们的目标是尽可能地把人类当成人来看待，不受国家发展和真正的历史演进的影响。"（Wilson, 1862: vii）同时，如格林·丹尼尔（1964: 10）所言，约翰·卢伯克在1865年出版的《史前时代》一书中认真地考虑过使用"历史之前"（ante-history）这个词，而不是"史前史"（prehistory）。但自首创以来，"史前史"一词的价值就受到了质疑。20世纪50年代，丹尼尔（1964: 10）指出，有些学者

曾抱怨说，史前史是一个愚蠢的名称，因为它基本上是一个错误的名称。从逻辑和词源上讲，它的意思是历史之前的时间，但严格地说，在人类的过去，是没有任何历史之前的时间的。历史本质上是人

类的，除非是指自然史。什么是史前史……是最早的过去的历史？我想，这在逻辑上是正确的，但命名法似乎并不考虑逻辑问题。名称多半是逐渐形成的，并没有经过深思熟虑。

威尔逊和卢伯克强化了这样的观点：有文字的社会才有历史，而没有文字的社会只有史前史。前缀"史前"立即将不具备文字的社会，如澳大利亚原住民社会，定位为欧洲发展序列的初始阶段。虽然"史前"一词最初的含义相当于"早期欧洲人"，但矛盾的是，在澳大利亚和美国等殖民语境中，"史前"一词意味着"与欧洲接触以前"。史前史的标签是一种殖民统治的工具，以代表被殖民者是原始的、古老的，以及在某种程度上是没有价值的。所谓"史前史"的概念是社会进化论和文化等级结构的殖民产物。就此而言，"史前"一词在欧洲过去语境中的含义和价值就无关紧要了。如果将这个词输出到全球其他地区，特别是在殖民主义的背景下，这个词就是对原住民及其过去和祖先的侮辱。

质疑"史前"一词的有用性和过重的贬义色彩并不仅仅是为了成为"政治正确的看门狗"（Nicholas and Andrews, 1997b: xiv）。尼古拉斯（Nicholas）和安德鲁斯（Andrews）写道：

> 史前史一词经常被误解为"没有历史"，暗示着考古学家提出或支持原住民没有历史的观点。实际上，史前史研究指的是对没有文字记录或者无法获得文字记录的人类社会的考古学研究。这两者之间有巨大的差别，所有标准的考古学教科书都传达了后面这种含义。（Nicholas and Andrews, 1997b: xiv-xv）

由于考古学能够在当代原住民与其祖先之间制造时间上和文化上的隔阂，所以澳大利亚考古学家普遍认为，"史前"是贬义的、过时的。科林·帕多（Colin Pardoe, 1990）是最早明确阐述并发表这种立场的澳大利亚考古学家之一，他认为"史前"一词在澳大利亚原住民背景下是不合适的。他指出，1988年澳大利亚原住民研究所向教育机构建议，强调原住民和托雷斯海峡岛民的历史就是澳大利亚的历史。因此，不能将其隔离或归入澳大利亚社会的边缘，或者纳入"史前史"（引自 Pardoe, 1990: 208）。澳大利亚原住民经常反对欧洲人关于过去的看法，因为这种看法对历史和史前史进行了区分（Pardoe, 1990: 208）。约翰·马尔瓦尼（John Mulvaney, 1990: 157）精确地总结了这种情况：

> 虽然对这个术语的使用是世界惯例，适用于文字出现之前的历史，但对原住民来说，它似乎包含了种族歧视。他们认为这种标签意味着低人一等，既包含进化论的观点，又包含简单化的文化观。如果欧洲人可以拥有历史，那么只把原住民的历史称作史前史是很冒犯的。他们认为自己的口头传统、仪式和圣地就足以构成历史。对一个没有文字的民族来说，历史不一定必须是可以写下来的东西。因此无论传统的学术词典如何定义"史前史"，对那些与澳大利亚的过去最密切相关的人来说，这个词既是误导，也是冒犯。无论是在情感上还是在教育上，我们都有足够的理由让历史系把整个人类拓殖这片大陆的传奇作为统一的实体来对待。例如，历史学家将古代史这个名称应用于近东和中东地区长达几千年的历史，澳大利亚古代史或许可以起到类似的作用，为1788年（或1606年）之前的历史贴上一个有尊严的标签。

类似的批评一直延续到现在。亨明（Hemming, 2002: 60）写道：

> 澳大利亚考古学中所使用的"史前"一词……在当代原住民和他们在接触欧洲之前的过去之间制造了一种虚假的二元对立。考古学让"真正的"原住民从属于所谓史前的殖民时期的过去。

431

"史前史"这个词给澳大利亚考古学家所带来的问题的另一个领域是欧洲人定居时期即过去两个世纪的考古遗址。在许多文化遗产立法和与开发有关的文化遗产（考古遗址）影响评估中，非原住民遗址或与欧洲文化有关的遗址通常被指定为历史遗址。尽管遗产管理者普遍不愿意使用"史前"这个含有贬义色彩的词来形容欧洲人定居之前的原住民遗址，但这种指称仍然存在。因此出现了这样一种情况，即遗址往往被指定为原住民遗址或历史遗址。例如，维多利亚州与澳大利亚其余各州一样，为原住民遗址建立了原住民遗址登记系统，为非原住民（主要是欧洲人）遗址建立了另外一套历史遗址登记系统。若要对早期殖民边境的接触点进行考古发掘，则可能需要获得维多利亚州原住民事务局的许可（用于发掘原住民文化材料）和维多利亚州遗产局的许可（用于发掘欧洲文化材料）。显然，在物质文化从一个文化群体传递（也许是反复传递）到另一个文化群体的接触环境中，这种行政划分将变得越来越复杂和模糊（Lightfoot, 1995: 203; Wolski, 2000）。从某种意义上说，行政区划有可能会造成一种矛盾的局面，要想把特定的物质文化区分成原住民的或欧洲人的，就需要进行详细的考古分析，而这种分析只有在获得相关原住民或欧洲遗址当局的发掘许可后才能进行。

保护与保存之争："科学"意义的终结

考古学与原住民价值观发生冲突的另一个领域是遗址管理和保护文化遗产的价值。文化遗产管理理念的一个基本原则是通过保存（preservation）实物材料来保护（conservation）重要遗址。例如，国际考古遗产管理委员会（International Committee on Archaeological Heritage Management，ICAHM）发布的《考古遗产保护与管理宪章》第6条规定（Cleere, 1993: 404）：

> 考古遗产管理的总体目标应该是在原地保护古迹和遗址，包括长期保护和管理所有相关的记录和收藏品等……应积极寻求和鼓励当地人的付出及参与，以促进考古遗产的维护。在处理原住民或地方文化群体的遗产时，这一原则尤为重要。

虽然 ICAHM 宪章的总体目标值得称赞，但将保护与保存等同起来的假设再次反映了考古学的价值和西方的科学传统（Byrne, 1991; McNiven, 1994a）。这些价值观念支撑着博物馆的地位，支撑着整个物质文化的收集和保存。文化是老的物件，而不是新的人群。

对一些澳大利亚原住民以及世界上其他原住民而言，保护一处文化遗产的遗址或一件遗物可能意味着将其破坏。例如，西部沙漠原住民通过重新粉刷来掩盖神圣的岩石艺术图案，卡卡杜人用泥巴掩盖神圣的岩石艺术以阻止欧洲人的非礼之视（Mulvaney, 1993: 111）。许多欧洲人，包括文化遗产管理者和考古学家，认为这种行为破坏了遗址，几年前在金伯利地区对旺吉娜（Wandjina）图像进行过度粉刷而造成的骚动就是例证（Bowdler, 1988; Mowaljarlai and Peck, 1987; Mowaljarlai and Watchman, 1989; Mowaljarlai et al., 1988; Ward, 1992）。此外，对某些澳大利亚原住民群体（Pardoe, 1985: 66）和美国原住民（Kluth and Munnell, 1997: 116）而言，让墓葬自然腐蚀是一种保护逝者灵性的重要举措。

在各种通过破坏（即不保存）考古遗物来保护其文化意义的做法中，最被广泛讨论也最有争议的做法是博物馆归还并重新安葬原住民遗骸（Donlon, 1994; Lahn, 1996; Mulvaney, 1991; Pardoe, 1985）。虽然大多数考古学家理解为什么许多原住民希望重新埋葬他们祖先的遗骸，但当塔斯马尼亚原住民社区成员要求归还发掘出的沉积物时，还是引起了一些不满情绪，这一点凸显了在保护和保存之间的差异上持续存在的混乱。

1995 年，TALC 将拉特罗布大学考古学院告上法庭，以获得该大学合法发掘的大量更新世考古材料（Allen, 1995; Auty, 1995; Smith, 1999）。*432* TALC 表示，考古学家发掘的材料必须归还给塔斯马尼亚，因为这些材料具有"巨大的精神和心理意义"，而且重新埋葬这些材料对于"治愈"发掘造成的"创伤"是必要的（Murray and Allen, 1995: 871）。拉特罗布大学反对这些要求，称这些遗址由"人类丢弃的垃圾"组成，"没有人骨、牙齿、可能的神圣装饰物或艺术品"（Murray and Allen, 1995: 871-872）。拉特罗布的考古学家也质疑现在的塔斯马尼亚人是否对这些遗址有文化上的依恋，因为他们最后一次使用洞穴的证据是 1 万多年前的（Murray and Allen, 1995: 873; Maslen, 1995: 31）。另外，拉特罗布团队认为，这些文化材料在世界范围内具有巨大的科学意义，应该对其进行研究。实际上，他们认为这种科学意义足以超越塔斯马尼亚原住民社区作为这些材料的"合法"原住民所有者可能拥有的任何文化或精神权利。

这些冲突显示了处理来自不同知识体系的信息、概念和抽象思想时的困难（Smith, 1999）。对塔斯马尼亚人来说，这些材料需要被重新埋葬，以保护其文化和精神意义。虽然这样做会破坏这些材料在科学上的完整性、价值和力量，但在塔斯马尼亚人看来，这是通过不保存来进行文化保护的典型例子，也代表了对科学的政治阉割。塔斯马尼亚州政府支持 TALC 的要求（归还并可能销毁出土材料），我们可以将其理解为将原住民的意义价值置于科学价值之上的明确声明。虽然这样的决定在政治上可能是权宜之计，但它标志着政府对文化遗产之社会意义的态度发生了重大变化，也标志着对原住民自决权的认可。相关学者对这一举措的长期影响表示关注，他们指出，"如果发掘意味着重新埋葬，并且这种埋葬会导致对文化遗物或遗址的破坏，那么我们任何人的发掘都是不道德的"（Murray, 1996a: 320; McGowan, 1996）。

考古学家与原住民社区之间围绕保护和保存问题的辩论表明，在许多情况下，学术界落后于当前公共领域的考古和文化遗产实践。多年来，澳大利亚的考古学家和文化遗产官员一直在协助原住民发掘被扰乱的墓葬，并立即或在几个月内将其重新埋在附近的安全地点（McNiven, 1991; Pardoe, 1992）。此外，在抢救性发掘中，许多项目只是将原住民文化材料（如石器）立即转移到开发区之外的地方。从严格的科学意义上讲，这种行动破坏了这些材料的考古背景，但从原住民遗产的角度来看，这种行动保护了这些材料的文化（特别是精神）意义，因为它们仍然靠近"古人"最后一次使用它们时的文化景观语境。

世界史前史：普世遗产还是殖民元叙事？

塔斯马尼亚西南部遗址深陷于归还材料的争议之中，同时它也被认为具有世界范围内的考古学意义（Cosgrove and Allen, 1996; Morell, 1995; Mulvaney, 1983）。从世界史前史的角度来看，这种高度的意义价值是很有道理的：对物质遗迹的解释为人们提供了理解冰河时代澳大利亚人类生活方式的珍贵资料（Allen, 1996; Cosgrove, 1995; McNiven, 1994b; Jones, 1990）。然而，一些考古学家进一步探讨了普世意义的问题。例如，里斯·琼斯（Rhys Jones）认为，"澳大利亚的深层历史遗址是人类普遍历史的一部分"（转引自 Morell, 1995: 1425）。然而，原住民对世界意义和普遍遗产问题的看法却与考古学家大相径庭（TALC, 1996: 294）。"从我们的角度来看，声称我们的部分遗产属于全人类，而且它们具有'普世意义'的说法，是继续侵占我们的土地和遗产的又一个例证。"

在澳大利亚，原住民和考古学家对普世意义的问题有不同观点，这一点并不新鲜。这个问题出现在 20 世纪 70 年代末，在整个 20 世纪 80 年代，随着被要求归还原住民骨骼遗骸，特别是有关来自墨累达令（Murray-Darling）盆地的骨骼遗骸的呼吁越来越多，这个问题迅速升级（Doig, 1991; Langford, 1983: 4; Mulvaney, 1981, 1989; Webb, 1987; Wettenhall, 1988-1989）。挪用和解离的双重过程或许可以在这种考古学世界史前史元叙事中得到最好的展示。世界史前史的观念来自对深层历史的研究，但这种观念常常意味着对原住民利益的否认。这种观念同样关涉西方的科学问题和学术兴趣，其最终关注的不仅仅是地方历史。在为全人类编写世界史前史的幌子下，原住民的过去和利益被消解了（Ucko, 1989）。

433

利益相关者还是主人？

遗物归还问题让我们开始关注科学（考古学）意义与文化（原住民）意义之间、保存与保护之间潜在的冲突。我们认为，这种潜在的冲突在很大程度上是由于使用了一种意义价值——这里指的是科学价值，它与文化价值处于同一概念层面。根据澳大利亚目前的标准，这种分类方案还包括其他意义价值，如历史和教育价值，它将原住民简单地作为一个利益群体，与考古学家和开发商等其他利益相关者（stakeholders）一起绑定在考古遗址上（Marquis-Kyle and Walker, 1992）。这种利益集团模式目前普遍存在于澳大利亚的考古和文化遗产管理中，但存在着根本性的缺陷，因为它将原住民自己的遗产置于原住民之外（Boyd et al., 1996）。此外，该模式还支持一些善意的考古学家的呼吁，即原住民和考古学家之间的协商"必须是平等的对话"（Swidler et al., 1997b: 14; Sullivan, 1985: 153）。我们认为，这种模式需要被一种主人（hosts）和客人模式取代，后者不把原住民看作平等的利益相关者，而是他们遗产的所有者和控制者。因此，他们可能希望（或不希望，视情况而定）让非原住民客人按照自己的条件研究其文化遗址。因此，主人和客人的跨文化互动推动了考古实践的进一步去殖民化。然而，作为一种非霸权化策略，主人和客人模式只有在立法中得到体现，或至少在法律上被解释为原住民产权的一个方面，才可能真正取得成功（Godwin, 2001: 21）。

和解：不只是求同与共同历史

与世界上几乎所有的文化一样，大多数原住民文化会使用宗教宇宙观来描述过去，构建历史叙事。这是一种普遍的做法，也是人性的特征之一。然而，大多数西方人倾向于给宗教叙事贴上"神话、迷信、传说、寓言、幻想"等贬义标签（Davidson, 1991; Anyon et al., 1997: 84）。为了实现澳大利亚原住民和考古学家之间的和解，许多澳大利亚考古学家已经放弃了科学叙事优于原住民历史构建的陈旧观点。为了将这一立场具体化，一些考古学家试图在西方科学和原住民宇宙观的不同信仰体系之间寻找共性。例如，戴维森（1995: 4）提出，原住民认为他们的族群一直都在澳大利亚，而考古学上认为人类至少在 4 万年前就拓殖了澳大利亚大陆。这两种观点可以通过说明人类只是在进入澳大利亚后才"成为原住民"来获得两者之间的兼容性。但我们在与澳大利亚南部和东部的原住民社区打交道时发现，这种观点并不流行。事实上，原住民不会为了非原住民的利益而引用 4 万年这个数字，而我们怀疑很少有考古学家能理解这种做法的讽刺意味。当我们听到原住民长者说他们的祖先已经在这片土地上生活了 40 万年甚至 50 万年的时候，很明显，他们希望用我们的语言解释他们在这里已经"生活了相当久了"（Russell, 2001）。给考古学家留下深刻印象的可能是碳 -14 测年数据中有多少个零，而给原住民留下深刻印象的则是考古学家一直在学习他们众所周知的东西！

对一些澳大利亚考古学家来说，通过展示某些原住民口述史甚至神话的事实依据和科学有效性来达成和解是可能的（Campbell, 1967）。弗勒德（Flood, 1995: 140-141）回顾了南澳大利亚原住民讲述的一个关于海平面上升造就了袋鼠岛（Kangaroo Island）的"有趣神话"。她认为，"这个故事似乎有事实依据"，因为我们目前了解到海平面上升与末次盛冰期的温度上升有关。贝德纳里克（1995）反思，原住民"是否应该称赞科学重新发现了自'梦创时代'以来一直是他们形而上学基石的东西"（参见 Echo-Hawk, 1997: 91）。贝德纳里克（1995: 80）还说："事实上，海准变动（eustatic fluctuations）只是一种科学假说，它的提出本身就是可以被证伪的，并不是事实，而原住民的故事则是抽象的事实见证者口耳相传的记载。那么，谁有资格来验证这两种'公认的假说'哪个更可靠呢？"

434 　　在澳大利亚，原住民开始运用考古学来推动他们对土地所有权的要求，他们会用考古学知识来辅助证实口供的真伪（Lilley, 2000）。然而，虽然许多考古学家认为，这种工作表明了考古学对原住民的价值，但需要记住的是，这种工作仅仅是为了赢得庭审。原住民正在以西方知识为武器对抗殖民法律体系，一个有着非原住民规则的非原住民体系。原住民之所以运用考古学知识，是因为他们觉得必须这样做。事实上，考古资料被当作证据提出，就等于默认了广大非原住民社区对原住民口述历史真实性的蔑视。在澳大利亚法院处理和判决原住民土地权利诉求的常规框架中，人类学家发挥了关键作用，他们将原住民知识收集起来并整理成了"权利诉求书"。这样，原住民知识就会引起法律的注意，因为这些知识是由在科学研究的知识框架内受过训练的学者翻译的。

　　当欧洲的历史记录被用来检验原住民口供的有效性时，也会出现类似的问题。这一点在南澳大利亚州欣德马什湖建桥这一著名案例中变得非常明显。在此案中，是否存在与原住民妇女隐秘事宜有关的遗址的问题，是通过其与历史记录是否一致来检验的。最初的人类学报告显示，这些遗址将受到土地开发的威胁，于是联邦政府禁止在此建造桥梁。然而，南澳大利亚州政府随后在没有原住民支持的情况下进行了调查，调查结果质疑了该遗址的圣地属性，建造禁令也就被取消了（Bell, 1998; Kenny, 1996;

Weiner, 1999 ）。

对和解进程的一个更大的哲学挑战是，西方科学与原住民对过去的宇宙观永远无法调和（ Davidson, 1991: 249 ）。一个例子是"闪电兄弟项目"（ Lightning Brothers project ），这个研究项目是对瓦达曼乡村的岩石艺术和考古学的研究。这个项目承认，虽然考古学研究可能会揭示瓦达曼岩画的古老，但这种年代学的信息"永远不应该破坏另一种现实，即对一些人（瓦达曼人）来说，它们可能是永恒的、梦境中的现实本身，而不是对现实的艺术呈现"（ David et al., 1990: 83; 关于原住民非线性时间概念的讨论参见 Williams and Mununggurr, 1989 ）。没有人用本体论意义上的求同来调和这两种不同的叙事形式。"闪电兄弟项目"所采取的方法，不仅认识到了存在两种知识体系，而且认识到了科学体系可能会破坏瓦达曼体系。只有当我们试图调和这两个知识体系时，才会造成破坏，如将碳－14 测年所揭示的线性时间框架强加于瓦达曼宇宙观中的循环时间观。

许多原住民不接受考古学对其过去的解释。一些考古学家对此的回应是认为考古叙述只是"以另一种方式讲述……澳大利亚的人类历史"（ Murray, 1996b: 75 ）。这种所谓的民主化观点更容易被接受，因为"原住民和欧洲人自 1788 年以来就拥有共同的历史"（ Allen, 1988: 82-83; Attwood, 1992 ），而所有的澳大利亚人共享大陆的史前文化遗产。这种观点看起来很有吸引力，但仍存在很多问题。首先，对不同观点的接受应该是在更广泛的社会范围内，而不是在考古学的话语中；考古学的特权地位仍然没有受到挑战。其次，许多人会认为，欧洲人和澳大利亚原住民从来没有分享过相同的历史，因为每个人都被定位在殖民边界的不同侧面，分别作为殖民者和被殖民者（ McGuire, 1992: 816-817 ）。此外，大多数原住民认为，欧洲人试图将"史前"原住民遗产纳入扩大的欧澳遗产，这是殖民主义侵占的一个例子。虽然欧裔澳大利亚人可能热衷于与澳大利亚原住民分享他们的历史，以此作为一种和解，但在殖民主义的影响下，这种分享不会有相反的方向。因此，许多原住民认为他们是传教遗址唯一合法的拥有者，而欧裔澳大利亚人往往认为这些场所是共同历史的经典情景。

哈里森和威廉森（Harrison and Williamson, 2002）使用"共享历史"一词来解释和探讨接触后的考古学。研究中，这一时期的一些遗址包括传教遗址、边哨遗址和被重新占领的牧民遗址。许多研究者承认，他们使用的是默里（Murray, 1996c）提出的共享历史范式。

在澳大利亚，传教遗址是最常见的一种接触期遗址类型。这类遗址往往被视为共享历史遗址的典型（Harrison, 2002; McIntyre-Tamwoy, 2002）。435 澳大利亚的传教史始于 1823 年在新南威尔士州建立的传教站。1836 年，传教士在进入维多利亚州后，建立了这里的第一批传教站。尽管原住民被强行迁移到这些地方，但这些地方同时也是建立亲属关系和新的社会联系之地。今天，传教站往往受到原住民的高度重视，他们试图管理和控制这一遗产（L'Oste-Brown et al., 1995）。这些传教遗址之所以具有高度的社会意义，是因为其为抵抗殖民压迫提供了场所，虽然这听上去有些反直觉。

在某种程度上，传教遗址似乎是欧洲人的遗址，而在另一种程度上，则是共享遗址（Harrison, 2002: 39）。然而，对许多原住民来说，这些遗址就是原住民的遗址，仅此而已。1993 年，笔者（麦克尼文）在昆士兰海岸外的弗雷泽岛上担任文化遗产官员，负责一系列遗产活动，包括遗址记录和管理。岛上有数以百计的原住民遗址，包括贝丘、散落石器、砍伐的树木、神圣的湖泊、仪式场地和墓地。这些众多的遗址中只有一处遗址文化意义重大，而且十分敏感，笔者无法前往。巴加拉族（Badtjala）的长老告诉笔者不能进入 Bogimbah 传教区，这是一个在 1897 年至 1904 年运作的早期原住民保护区。虽然严格来说，巴加拉人没有法律或行政权力阻止他人进入 Bogimbah，但他们与 Bogimbah 的联系以及对其所有权的看法显然是极为重要的。

考古学家所提出的共享历史这一主张中的一个更重要的问题是，他们没有认识到原住民和考古学话语之间的巨大权力差异。默里（1996b: 75, 85）所言极是，"考古学的权力"之一在于它能够"为原住民属性的构建提供另一种叙述"。澳大利亚西部的金伯利地区展现了这种权力，在那里，许多当地的原住民对格雷厄姆·沃尔什（Grahame Walsh）关于布拉德肖（Bradshaw）岩石艺术可能由非原住民创作的推论深感不满。原住民认为，沃尔什的激进解释破坏了他们祖先与土地的联系，且质疑了他们的身份（McNiven and Russell, 1997）。大多数澳大利亚考古学家能体会这种忧虑，这与沃尔什（2000）所宣称的政治正确无关，只是拒绝接受殖民主义信条下的学术研究（McNiven and Russell, 1997）。

在许多方面，原住民自己构建的原住民身份问题以及原住民身份在更广泛社会中的呈现是和解的核心。原住民该如何呈现自己的历史？"仅仅承认原住民和考古学家的叙述不同但都有效并不能解决这个问题。这不仅仅是信仰体系的冲突，更是控制**身份构建**的权力的冲突"［McNiven, 1998: 47（黑体为笔者所加）］。考古学家如何查阅和发布社区报告根本不重要，因为考古学的故事来自主导、霸权的一方。由于原住民在澳大利亚社会中的边缘化地位，他们很少有机会参与公共考古学的讨论。此外，默里（1996b: 77）从后过程主义出发呼吁"多元叙述"考古学，这样"澳大利亚公众将能够充分了解对过去的两种相互竞争的描述，并在此基础上做出自己的判断"。但这可能会无意中促进文化帝国主义，因为原住民的观点被主流文化的考古学观点掩盖了。因此，多元叙述可能只会加强欧裔澳大利亚人与原住民间的殖民鸿沟。同样，如果原住民认为非原住民澳大利亚人在考古学研究中毫不相干，那么这种鸿沟也会持续存在。欧裔澳大利亚人与原住民遗产有多少利害关系是一个复杂的问题，因为它涉及澳大利亚民族认同的核心（Byrne, 1996; Lattas, 1992; Murray, 1992）。如果澳大利亚人推崇单一的（共享的）国家认同，那么对原住民遗产的挪用将会加剧。然而，还有待观察的是，如果有一个更多元的民族认同，它拥抱文化多样性，甚至主张半自治的原住民国家（如托雷斯海峡岛民），那么它是否能阻止挪用。

前进的方向：伙伴关系研究

澳大利亚考古学的目标应该是建立以社区为基础的考古学，建立原住民社区和考古学家之间的伙伴关系，采用双方都能接受的研究议题和解释框架。这种伙伴关系既不应该是挪用主义的，也不应该是霸权主义的，而应该注意主人和客人的关系，尊重原住民文化中的敏感话题（McBryde, 1992: 265）。在 20 世纪 90 年代，许多澳大利亚考古学家和原住民社区尝试建立了这种伙伴关系（Davidson et al., 1995）。当时，默里（1996d: 733）指出，在许多情况下，我们"根本不知道伙伴关系意味着什么，我们也没有什么具体的证据来预测所有权、控制权和排斥权的政治将以何种方式发挥作用"。随着 21 世纪的到来，虽然成功的伙伴关系的基本原则可以在主人和客人模式这一更广泛的背景下加以阐述，然而问题依然存在。

436

一些考古学家认为，当考古学研究挑战了原住民关于过去观点的信息时，审查制度可能会成为一个问题（Allen, 1983: 8; Biolsi and Zimmerman, 1997b: 15; Murray, 1992: 13, 1996b: 82; Nicholas and Andrews, 1997c: 10-ll）。我们很难相信原住民社区在合作研究项目中会仅仅为了政治上的眼前利益而故意审查他们认为与自己的口头传统相矛盾的考古信息（Colley, 2002: 86）。在这方面，埃科－霍克（Echo-Hawk, 2000: 288）认为，"学者有责任到证据所及之处去，我们绝不应该只向同事或选民讲述无伤大雅的、建立尊严的故事"。

审查的定义是禁止公开发表、出版某些材料，它在两种情况下最有可能出现争议：第一，考古学家突然向原住民社区提交一份出版物的手稿，并请求允许出版研究结果。如果社区事先对研究结果的性质一无所知，也没有机会参与到出版物的撰写过程中，那么社区可能会感到不快，拒绝出版请求。在这种情况下，冒犯原住民社区的不是考古研究结果本身，而是报告这些结果的过程。科利（Colley, 2002: 87）指出，有些考古学家可能会难以接受出版许可的概念，但"在实践中，这通常是一个常识性和礼貌性的问题"。当在考古过程中发现的材料（如圣物）的文化意义可能会因公开发表而受到损害时，就会出现第二个问题。例如，调查或发掘工作可能会发现对原住民来说具有秘密或神圣关联的文化材料（Dongoske and Anyon, 1997: 190）。因此，一些考古项目会雇用原住民长者参与考古发掘，这样，如果发现了神圣的遗物，就可以采取适当的缓冲措施（例如重新埋葬材料和停止发掘）（Allen, 1995: 43）。简而言之，科学意义不应凌驾于原住民的要求之上，即这些文化材料的信息不应进入公共空间。

所有伙伴关系项目中都存在的一个关键问题是，考古学家和原住民社区不仅要确定研究议题，还要不断重新评估是否以及如何向外界展示研究结果。通过不断地对话和协商，考古学家可以更充分地意识到他们的研究在社会、政治和文化影响方面的潜在变化。同样，定期对话将确保原住民群体不断了解研究结果的发展情况。

如果在考古学权力的影响下，原住民需要不断地根据新的考古发现与解释重新评估和定义其身份，那么这种权力就远非民主的权力（Murray, 1996b: 83; Biolsi and Zimmerman, 1997b: 8）。就此意义而言，只有当原住民对自己的生活和身份有了更大的控制权，考古学家和原住民之间的和解才能成为可能。正因如此，澳大利亚所有的州政府以及澳大利亚考古学会都采取了反霸权的措施，支持原住民对考古研究的否决权。这种否决权是衡量原住民在控制考古研究方面是否成功的简单粗暴的标准。衡量考古学是否成功地与原住民相关的更好的标准是，原住民是否有制定考古研究议题和发起合作项目的愿望。这些愿望可能是自愿表达的，也可能来自考古学家的发问：你的社区对什么考古问题感兴趣（Whiteley, 1997: 196）？虽然一些年长的考古学家认为这些举动是对学术自由神圣性的威胁，但我们的经验是，大多数年轻的考古学家会认为这是对他们研究最好的赞美。也许真正的考验是，在考古学话语之内，我们是否能接受原住民构建其历史的合理性。

这种新的伙伴关系方法要求考古学家放弃新考古学／过程主义强调的利用考古记录探索人类行为普遍模式的观点（McGuire, 1997: 75）。原住民不希望他们的文化遗产被异化，沦为西方实证主义科学的实验室（Trigger, 1980: 672; 1985: 29-32）。取而代之的是，我们很可能会看到高度地方化和特殊化的研究课题的兴起，强调地方文化历史和地方社区的意愿与需求。

口述传统的考古学

原住民社区越来越多地使用考古学专业知识的一个关键领域是口述传统。我们提倡的口述传统考古学方法并不检验或质疑原住民口述传统，而是将考古实践与原住民构建历史叙事的过程结合起来。因此，口述传统考古学需要在研究过程中注重不同知识基础之间的互补性和兼容性，这不仅是目标，而且是保证。确保互补性的关键是原住民和考古研究伙伴讨论考古研究能够提供哪些类型的新信息，并对考古研究进行调整，使其产生的信息能够深化对传统故事的理解（David et al., 2004）。如果不能找到认识论上的互补性，则建议最好不要将口头传统和考古学结合起来。

将考古学与口述传统结合起来的一个明显优势是，它使原住民重新成为构建和阐述自身历史的积极参与者。口述传统不再是殖民主义下锁死在时间中的传统的、不变的过去（Echo-Hawk, 2000: 288）。相反，口述传统被重新激活，成为动态的历史，可供新一代原住民根据自己的意愿重新振兴和重新设定其文化背景。从某种意义上说，考古研究为传统口述史增添了新的价值，让年青一代原住民能够通过积极参与对其遗产意义的扩充，重新建立与它们的联系。这样一来，年轻人将感到他们也是故事的一部分，因为他们积极参与了这些故事的构建。考古学也为原住民长者提供了一种机制，通过这种机制，他们能够促使年青一代与其遗产建立联系。如果原住民长者能够完全控制研究过程，考古研究的新发现就不会破坏他们的权威（McGhee, 1997: 235）。在某些情况下，原住民社区可能非常乐意进行考古研究，以检验口述传统和历史的某些方面的准确性（Schmidt and

Patterson, 1995）。然而，需要牢记的是，这不是传统的考古学实践。至少，这样的考古学是与原住民签订协议或者建立伙伴关系的。然而展现有分歧的考古资料并不表明口述传统在历史上是错误的或不准确的。这种分歧可能只是反映了在构建口述传统以传达历史信息时采用的不同的象征和隐喻策略。霍尔（Holl, 1995: 193）指出，"口述史是……一种特殊的历史记录"。此外，"为了能够理解它们的含义，把握它们的复杂性，研究者必须研究至少一部分社会系统的动态关系以及使用和记录这些记载的背景"。在这方面，登顿（Denton, 1997: 121）观察到了一个有趣的现象：一些口述传统过去可能已经在考古和景观研究的证据下有了一些调整。在这个意义上，口述传统与考古研究的共同点可能比我们想象的要多。

根据我们的经验，虽然研究可能会变得本土化，但原住民社区仍会认为考古学家使用的是最先进的分析技术。这种假设要求考古学家，包括咨询考古学家，跟上本学科的最新进展。否则，就可能无法展现考古材料的潜在意义，而许多原住民认为这是对他们的不尊重。如今，越来越多的原住民组织通过建立自己的地理信息系统来管理自己的文化遗址，并与政府机构和矿产公司等进行高层谈判，这个问题正变得越来越重要。随着这些日益增长的技能需求，一些原住民社区正在帮助其成员接受大学培训，包括取得正规学位以及上专门设计的考古学和文化遗产管理方面的短期证书课程。这些变化还要求大学就原住民考古材料研究中不断变化的社会政治环境提供更多有关信息（Nicholas, 2000; Wiseman, 1998）。

结语

在扩展世界史前史的元叙事和直接借鉴殖民主义的原则时，原住民遗产经常被纳入民族主义的论述中。1999 年，一群澳大利亚游客在瑞士因特拉肯的山洪中丧生。虽然遇难者中没有一个是原住民，但追悼会上响起了令人难忘的（录制的）迪吉里杜管乐声。原住民文化经常被挪用和重新包装，试图创造出一个澳大利亚民族的标志。这种行为虽然可能看起来平淡无奇，却是我们在上文概述的殖民主义原则——解离和挪用——的延伸。这种音乐展示与澳大利亚原住民历史和史前史"是所有澳大利亚人的遗产"（Mulvaney, 1981: 20）的说法如出一辙。虽然我们可以把对原住民历史的考古学解释看作一种共同话语的产物，并可能有多种解读，但将原住民文化挪用到民族主义的话题上是有问题的。

对去殖民主义考古的理论探讨远不只是一项语义学工作，它还有可能揭示出非常真实且很有用的结果，也是我们必须进行的一项工作。正如齐默尔曼（Zimmerman, 1997: 56）所指出的那样，"考古学专业必须做出最大的改变，因为它可能造成的损失最大"。现实情况令人警醒，发人深思：随着对考古研究资金投入的减少，能够拯救我们专业的是那些用于遗产评估和后续考古学的原住民研究资助项目。与原住民社区组织合作并为其服务，将这些社区的愿望和关切纳入我们的研究议程，将从根本上改变考古学的实践方式。毋庸置疑，澳大利亚原住民会有各种不同的观点，虽然有些观点比较流行，但绝不是单一的。当代澳大利亚有一百多个原住民和托雷斯海峡岛民语言群体，分为 35 个由联邦政府资助的区域行政委员会，以及数百个注册的岛民组织。期望得到统一的原住民反馈，在很大程度上是殖民主义的遗产。我们几乎不可能预测伙伴关系将带来多大的变化，只能走一步看一步。

本章概述了反映和影响澳大利亚考古学殖民主义的问题。我们的核心论点是：在像澳大利亚这样的殖民地进行的原住民考古学研究实际上与殖民统治策略紧密相连（尽管是无意的）。我们强调了一些问题，包括在构建历史叙事时考古学话语的特权，原住民知识体系和科学知识体系的公开表述中的权力差异，科学语言的陌生化和非人化性质，对保护和保存之间区别的误解，通过主人和客人跨文化互动模式落实原住民遗产所有权的失败，以及为了民族主义的目的以共同历史为幌子对原住民历史的挪用。虽然考古学家在克服这些不足之处方面取得了重要进展，但我们仍必须保持警惕，继续处理这些问题，并加快学术上的去殖民化进程。

参考文献

Allen, Harry. 1988. History matters: A commentary on divergent interpretations of Australian history. *Australian Aboriginal Studies* 2: 79–89.

Allen, Jim. 1983. Aborigines and archaeologists in Tasmania. *Australian Archaeology* 16: 7–10.

———. 1995. A short history of the Tasmanian affair. *Australian Archaeology* 41: 43–48.

Allen, Jim (ed.). 1996. *Report of the Southern Forests Archaeological Project 1: Site descriptions, stratigraphies, and chronologies*. Bundoora: School of Archaeology, La Trobe University.

Anyon, Roger, and T. J. Ferguson. 1995. Cultural resources management at the Pueblo of Zuni, New Mexico, USA. *Antiquity* 69: 913–930.

Anyon, Roger, T. J. Ferguson, Loretta Jackson, Lillie Lane, and Philip Vicenti. 1997. Native American oral tradition and archaeology: Issues of structure, relevance, and respect. In Nina Swidler, Kurt E. Dongoske, Roger Anyon, and Alan S. Downer, eds., *Native Americans and archaeologists: Stepping stones to common ground*, 77–87. Walnut Creek, CA: AltaMira.

Attwood, Bain. 1989. *The making of the Aborigines*. Melbourne: Allen & Unwin.

———. 1992. Introduction. In Bain Attwood and John Arnold, eds., *Power, knowledge, and Aborigines*, i–xvi. Bundoora: La Trobe University Press. Special edition of *Journal of Australian Studies* 35.

———. 1996a. Introduction: The past as future: Aborigines, Australia, and the (dis)course of history. In Bain Attwood, ed., *In the age of Mabo: History, Aborigines, and Australia*: vii–xxxviii. St. Leonards: Allen & Unwin.

———. 1996b. Making history: Imagining Aborigines and Australia. In Tim Bonyhady and Tom Griffiths, eds., *Prehistory to politics: John Mulvaney, the humanities, and the public intellectual*, 98–116. Carlton South: University of Melbourne Press.

Auty, Kate. 1995. Aboriginal cultural heritage: Tasmania and La Trobe University. *Aboriginal Law Bulletin* 3(76): 20.

Beck, Wendy, and Anne McConnell. 1986. The practice of archaeology in Victoria: A proposal for guidelines. *The Artefact* 11: 3–11.

Bednarik, Robert G. 1995. Review of "Archaeology of the Dreamtime" by Josephine Flood. *The Artefact* 18: 80–82.

Bell, Diane. 1998. *Ngarrindjeri Wurruwarrin: A world that is, was, and will be*. North Melbourne: Spinifex.

Bender, Barbara. 1998. *Stonehenge: Making space*. Oxford: Berg.

Biolsi, Thomas, and Larry J. Zimmerman (eds.). 1997a. *Indians and anthropologists: Vine Deloria, Jr. and the critique of anthropology*. Tucson: University of Arizona Press.

———. 1997b. Introduction. In Thomas Biolsi and Larry J. Zimmerman, eds., *Indians and anthropologists: Vine Deloria, Jr. and the critique of anthropology*, 3–23. Tucson: University of Arizona Press.

Bowdler, Sandra. 1988. Repainting Australian rock art. *Antiquity* 62: 517–523.

Boyd, Bill, Maria Cotter, Wave O'Connor, and Dana Sattler. 1996. Cognitive ownership of heritage places: social construction and cultural heritage management. In Sean Ulm, Ian Lilley, and Anne Ross, eds., *Australian archaeology '95: Proceedings of the 1995 Australian Archaeological Association Annual Conference*, 123–140. Tempus 6. St. Lucia: University of Queensland Anthropology Museum.

Burke, Heather, Christine Lovell-Jones, and Claire Smith. 1994. Beyond the looking glass: Some thoughts on sociopolitics and reflexivity in Australian archaeology. *Australian Archaeology* 38: 13–22.

Byrne, Denis. 1991. Western hegemony in archaeological heritage management. *History and Anthropology* 5: 269–276.

———. 1996. Deep nation: Australia's acquisition of an indigenous past. *Aboriginal History* 20: 82–107.

Campbell, A. H. 1967. Aboriginal traditions and the prehistory of Australia. *Mankind* 6: 10.

Clark, Manning. 1968. *A history of Australia*. Vol. 1, *From the earliest times to the age of Macquarie*. Carlton: Melbourne University Press.

Clarke, Anne. 1994. Romancing the stones: The cultural construction of an archaeological landscape in the Western Districts of Victoria. *Archaeology in Oceania* 29(1): 1–15.

Cleere, Henry. 1993. The Charter for the Protection and Management of the Archaeological Heritage. *Antiquity* 67(255): 402–405.

Clifford, James. 1988. *The predicament of culture: Twentieth-century ethnography, literature, and art*. Cambridge: Harvard University Press.

Colley, Sarah. 2002. *Uncovering Australia: Archaeology, indigenous people, and the public*. Crows Nest: Allen & Unwin.

Condori, Carlos M. 1989. History and prehistory in Bolivia: What about the Indians? In Robert Layton, ed., *Conflict in the archaeology of living traditions*, 47–59. One World Archaeology 8. London: Unwin Hyman.

Cosgrove, Richard. 1995. *The illusion of riches: Scale, resolution, and explanation in Tasmanian human behaviour*. International Series 608. Oxford: British Archaeological Reports.

Cosgrove, Richard, and Jim Allen. 1996. Research strategies and theoretical perspectives. In Jim Allen, ed., *Report of the Southern Forests Archaeological Project*, vol. 1, *Site descriptions, stratigraphies, and chronologies*, 21–30. Bundoora: School of Archaeology, La Trobe University.

Coutts, Peter J. F., Rudy K. Frank, and Phil Hughes. 1978. *Aboriginal engineers of the Western District, Victoria*. Records of the Victorian Archaeological Survey 7. Melbourne.

Creamer, Howard. 1990. Aboriginal perceptions of the past:

The implications for cultural resource management in Australia. In Peter Gathercole and David Lowenthal, eds., *The politics of the past*, 130–140. London: Unwin Hyman.

Daniel, Glyn. 1964. *The idea of prehistory*. Middlesex: Penguin.

David, Bruno, Ian McNiven, Val Attenbrow, Josephine Flood, and Jacqueline Collins. 1994. Of lightning brothers and white cockatoos: Dating the antiquity of signifying systems in the Northern Territory, Australia. *Antiquity* 68: 241–251.

David, Bruno, Ian McNiven, Josephine Flood, and Robyn Frost. 1990. Yiwarlarlay 1: Archaeological excavations at the Lightning Brothers site, Delamere station, Northern Territory. *Archaeology in Oceania* 25(2): 79–84.

David, Bruno, Ian McNiven, Louise Manas, John Manas, Saila Savage, Joe Crouch, Guy Neliman, and Liam Brady. 2004. Goba of Mua: Archaeology working with oral tradition. *Antiquity* 78: 158–172.

Davidson, Iain. 1991. Archaeologists and Aborigines. *Australian Journal of Anthropology* 2(2): 247–258.

———. 1995. Introduction. In Iain Davidson, Christine Lovell-Jones, and Robin Bancroft, eds., *Archaeologists and Aborigines working together*, 3–5. Armidale: University of New England Press.

Davidson, Iain, Christine Lovell-Jones, and Robin Bancroft (eds.). 1995. *Archaeologists and Aborigines working together*. Armidale: University of New England Press.

Deloria, Vine, Jr. 1969. *Custer died for your sins: An Indian manifesto*. New York: Avon.

Denton, D. 1997. Frenchman's Island and the *Naatuwaau* bones: Archaeology and Cree tales of culture contact. In G. P. Nicholas and T. D. Andrews, eds., *At the crossroads: Archaeology and First Peoples in Canada*, 105–124. Department of Archaeology, Simon Fraser University. Burnaby, BC: Archaeology Press.

440 Diamond, Stanley. 1974. *In search of the primitive: A critique of civilization*. New Brunswick, NJ: Transaction.

Doig, Fiona. 1991. Reburial: Not just a black and white issue. *Australian Natural History* 23(9): 665.

Dongoske, Kurt E., and Roger Anyon. 1997. Federal archaeology: Tribes, diatribes, and tribulations. In Nina Swidler, Kurt E. Dongoske, Roger Anyon, and Alan S. Downer, eds., *Native Americans and archaeologists: Stepping stones to common ground*, 188–196. Walnut Creek, CA: AltaMira.

Donlon, Denise. 1994. Aboriginal skeletal collections and research in physical anthropology: An historical perspective. *Australian Archaeology* 39: 73–82.

Echo-Hawk, Roger. 1997. Forging a new ancient history for Native America. In Nina Swidler, Kurt E. Dongoske, Roger Anyon, and Alan S. Downer, eds., *Native Americans and archaeologists: Stepping stones to common ground*, 88–102. Walnut Creek, CA: AltaMira.

———. 2000. Ancient history in the New World: Integrating oral traditions and the archaeological record in deep time. *American Antiquity* 65(2): 267–290.

Edwards, Robert. 1975. *The preservation of Australian Aboriginal heritage*. Canberra: Australian Institute of Aboriginal Studies.

Ellis, Bob. 1994. *Rethinking the paradigm: Cultural heritage management in Queensland*. Ngulaig Monograph Series 10. St. Lucia: University of Queensland, Aboriginal and Torres Strait Islander Studies Unit.

Fabian, Johannes. 1983. *Time and the other: How anthropology makes its object*. New York: Columbia University Press.

Flood, Josephine. 1989. "Tread softly for you tread on my bones": The development of cultural resource management in Australia. In Henry Cleere, ed., *Archaeological heritage management in the modern world*, 79–101. London: Unwin Hyman.

———. 1995. *Archaeology of the Dreamtime: The story of prehistoric Australia and its people*. 3rd ed. Sydney, Australia: Angus & Robertson.

Flood, Josephine, Bruno David, and Robin Frost. 1992. Dreaming into art: Aboriginal interpretations of rock engravings: Yingalarri, Northern Territory (Australia). In Mike J. Morwood and Doug R. Hobbs, eds., *Rock art and ethnography*, 33–38. Occasional Publication 5. Melbourne: Australian Rock Art Research Association.

Foucault, Michel. 1970. *The order of things: An archaeology of the human sciences*. London: Tavistock.

Gero, Joan. 1989. Producing prehistory, controlling the past: The case of New England beehives. In Valerie Pinsky and Alison Wylie, eds., *Critical traditions in contemporary archaeology*, 96–103. Cambridge: Cambridge University Press.

Godwin, Luke. 2001. *The bureaucracy, the law, and Blacks Palace: A history of management of one site in the Central Queensland Highlands*. Ngulaig Monograph Series 18. St. Lucia: University of Queensland, Aboriginal and Torres Strait Islander Studies Unit.

Hanna, M. G. 1997. We can go a long way together, hand-in-hand. In G. P. Nicholas and T. D. Andrews, eds., *At the crossroads: Archaeology and First Peoples in Canada* 69–84. Department of Archaeology, Simon Fraser University. Burnaby, BC: Archaeology Press.

Harrison, Rodney. 2002. Shared histories and the archaeology of the pastoral industry in Australia. In Rodney Harrison and Christine Williamson, eds., *After Captain Cook: The archaeology of the recent indigenous past in Australia* 37–58. Sydney University Archaeological Methods Series 8. Sydney: Archaeological Computing Laboratory, University of Sydney.

Harrison, Rodney, and Christine Williamson (eds.). 2002. *After Captain Cook: The archaeology of the recent indigenous past in Australia*. Sydney University Archaeological Methods Series 8. Sydney: Archaeological Computing Laboratory, University of Sydney.

Hemming, Steve. 2002. Taming the colonial archive: History, native title, and colonialism. In Mandy Paul and

Geoffrey Gray, eds., *Through a smoky mirror: History and native title*, 49–64. Native Title Research Series. Canberra: Aboriginal Studies Press.

Holl, Augustin F. C. 1995. African history: Past, present, and future. The unending quest for alternatives. In Peter R. Schmidt and Thomas C. Patterson, eds., *Making alternative histories: The practice of archaeology and history in non-Western settings*, 183–211. Sante Fe, NM: School of American Research Press.

Hubert, Jane. 1989. A proper place for the dead: A critical review of the "reburial" issue. In Robert Layton, ed., *Conflict in the archaeology of living traditions*, 131–166. One World Archaeology 8. London: Unwin Hyman.

Jones, Rhys. 1990. From Kakadu to Kutikina: The southern continent at 18,000 years ago. In Olga Soffer and Clive Gamble, eds., *The world at 18,000 BP: Low latitudes*, 264–295. London: Unwin Hyman.

Kehoe, Alice B. 1998. *The land of prehistory: A critical history of American archaeology*. New York: Routledge.

Kenny, Chris. 1996. *Women's business*. Potts Point, Australia: Duffy & Snellgrove.

King, Cecil. 1997. Here come the anthros. In Thomas Biolsi and Larry J. Zimmerman, eds., *Indians and anthropologists: Vine Deloria, Jr. and the critique of anthropology*, 115–119. Tucson: University of Arizona Press.

Kluth, Rose, and Kathy Munnell. 1997. The integration of tradition and scientific knowledge on the Leech Lake Reservation. In Nina Swidler, Kurt E. Dongoske, Roger Anyon, and Alan S. Downer, eds., *Native Americans and archaeologists: Stepping stones to common ground*, 112–119. Walnut Creek, CA: AltaMira.

Lahn, Julie. 1996. Finders keepers, losers weepers: A "social history" of the Kow Swamp remains. Ngulaig Monograph Series 15. St. Lucia: University of Queensland, Aboriginal and Torres Strait Islander Studies Unit.

Langford, Ros F. 1983. Our heritage: Your playground. *Australian Archaeology* 16: 1–6.

Lattas, Andrew. 1992. Primitivism, nationalism, and individualism in Australian popular culture. In Bain Attwood and John Arnold, eds., *Power, knowledge, and Aborigines*, 45–58. Bundoora: La Trobe University Press. Special edition of *Journal of Australian Studies* 35.

Lightfoot, Kenneth G. 1995. Culture contact studies: Redefining the relationship between prehistoric and historical archaeology. *American Antiquity* 60(2): 199–217.

Lilley, Ian (ed.). 2000. *Native title and the transformation of archaeology in a postcolonial world*. Oceania Monograph 50. Sydney: Oceania Publications.

L'Oste-Brown, Scott, Luke Godwin, Gordon Henry, Ted Mitchell, and Vera Tyson. 1995. *"Living under the Act": Taroom Aboriginal Reserve, 1911–1927*. Cultural Heritage Monograph Series 1. Brisbane: Queensland Department of Environment and Heritage.

L'Oste-Brown, Scott, Luke Godwin, and Carl Porter. 1998. *Towards an indigenous social and cultural landscape of the Bowen Basin: Bowen Basin Aboriginal Cultural Heritage Project*. Cultural Heritage Monograph Series 2. Brisbane: Queensland Department of Environment.

Lourandos, Harry. 1980. Change or stability? Hydraulics, hunter-gatherers, and population in temperate Australia. *World Archaeology* 11(3): 245–264.

———. 1997. *Continent of hunter-gatherers: New perspectives in Australian prehistory*. Cambridge: Cambridge University Press.

Lubbock, John. 1865. *Pre-historic times: As illustrated by ancient remains, and the manners and customs of modern savages*. London: Williams & Norgate.

———. 1870. *The origin of civilisation and the primitive condition of man: Mental and social conditions of savages*. London: Longman, Green.

McBryde, Isabel. 1986. Australia's once and future archaeology. *Archaeology in Oceania* 21(1): 13–28.

———. 1992. The past as symbol of identity. *Antiquity* 66: 262–266.

McBryde, Isabel (ed.). 1985. *Who owns the past? Papers from the annual symposium of the Australian Academy of the Humanities*. Melbourne: Oxford University Press.

McGhee, R. 1997. Presenting indigenous history: The First Peoples Hall at the Canadian Museum of Civilization. In G. P. Nicholas and T. D. Andrews, eds., *At the crossroads: Archaeology and First Peoples in Canada*, 235–239. Department of Archaeology, Simon Fraser University. Burnaby, BC: Archaeology Press.

McGowan, Angela. 1996. A view from the castle: Administering Aboriginal heritage legislation in a changing policy environment. In Sean Ulm, Ian Lilley, and Anne Ross, eds., *Australian archaeology '95: Proceedings of the 1995 Australian Archaeological Association Annual Conference*, 301–309. Tempus 6. St. Lucia: University of Queensland Anthropology Museum.

McGuire, Randall H. 1989. The sanctity of the grave: White concepts and American Indian burials. In Robert Layton, ed., *Conflict in the archaeology of living traditions*, 167–184. One World Archaeology 8. London: Unwin Hyman.

———. 1992. Archaeology and the first Americans. *American Anthropologist* 94(4): 816–836.

———. 1997. Why have archaeologists thought the real Indians were dead and what can we do about it? In Thomas Biolsi and Larry J. Zimmerman, eds., *Indians and anthropologists: Vine Deloria, Jr. and the critique of anthropology*, 63–91. Tucson: University of Arizona Press.

McIntyre-Tamwoy, Susan. 2002. Places people value: Social significance and cultural exchange in post-invasion Australia. In Rodney Harrison and Christine Williamson, eds., *After Captain Cook: The archaeology of the recent indigenous past in Australia*, 171–185. Sydney University Archaeological Methods Series 8. Sydney: Archaeological Computing Laboratory, University of Sydney.

McNiven, Ian J. 1991. The Double Island Point Aboriginal burials, coastal southeast Queensland. *Australian Archae-*

ology 32: 10–16.

———. 1994a. *"Relics of a by-gone race"? Managing Aboriginal sites in the Great Sandy Region.* Ngulaig Monograph Series 12. St. Lucia: Aboriginal and Torres Strait Islander Studies Unit, University of Queensland.

———. 1994b. Technological organisation and settlement in SW Tasmania after the Glacial Maximum. *Antiquity* 68(258): 75–82.

———. 1996. *Ethnological specimens or Aboriginal graves? Managing Aboriginal burial crypts of the Central Queensland Highlands (Stage 1): Preliminary assessment and recommendations.* Report to Queensland Department of Environment and Heritage, Central Coast Region, Rockhampton.

———. 1998. Shipwreck saga as archaeological text: Reconstructing Fraser Island's Aboriginal past. In Ian J. McNiven, Lynette Russell, and Kay Schaffer, eds., *Constructions of colonialism: Perspectives on Eliza Fraser's shipwreck*, 37–50. London: Leicester University Press.

McNiven, Ian J., and Lynette Russell. 1997. "Strange paintings" and "mystery races": Kimberley rock-art, diffusionism, and colonialist constructions of Australia's Aboriginal past. *Antiquity* 71: 801–809.

Marquis-Kyle, Peter, and Meredith Walker. 1992. *The illustrated Burra Charter.* Canberra: Australian ICOMOS/ Australian Heritage Commission.

Maslen, Geoff. 1995. The death of archaeology. *Campus News Review*, August 31, 7, 31.

Meehan, Betty, and Val Attenbrow. 1990. Position and policies of museums in Australia on human skeletal remains. *Australian Archaeology* 31: 52–60.

Merlan, Francesca. 1989. The interpretative framework of Wardaman rock art: A preliminary report. *Australian Aboriginal Studies* 2: 14–24.

Mihesuah, Devon (ed.). 2000. *Repatriation reader: Who owns American Indian remains?* New York: Bison.

Morell, Virginia. 1995. Who owns the past? *Science* 268: 1424–1426.

Moser, Stephanie. 1995a. Archaeology and its disciplinary culture: The professionalisation of Australian prehistory. Ph.D. diss., University of Sydney.

———. 1995b. The "Aboriginalization" of Australian archaeology. In Peter J. Ucko, ed., *Theory in archaeology: A world perspective*, 150–177. London: Routledge.

Mowaljarlai, David, and Cyril Peck. 1987. Ngarinyin cultural continuity: A project to teach the young people our culture, including the re-painting of Wandjina rock art sites. *Australian Aboriginal Studies* 2: 71–78.

Mowaljarlai, David, Patricia Vinnicombe, Christopher Chippindale, and Graeme Ward. 1988. Repainting of images on rock in Australia and the maintenance of Aboriginal culture. *Antiquity* 62: 690–696.

Mowaljarlai, David, and Alan Watchman. 1989. An Aboriginal view of rock art management. *Rock Art Research* 6: 151–153.

Mulvaney, D. John. 1981. What future for our past? Archae-

ology and society in the eighties. *Australian Archaeology* 13: 16–27.

———. 1983. Franklin Valley defended. *Nature* 306: 636.

———. 1989. Reflections on the Murray Black collection. *Australian Natural History* 23(1): 66–73.

———. 1990. Afterword: The view from the window. In S. Janson and Stuart MacIntyre, eds., *Through white eyes*, 155–167. St. Leonards: Allen & Unwin.

———. 1991. Past regained, future lost: The Kow Swamp Pleistocene burials. *Antiquity* 65: 12–21.

Mulvaney, Ken. 1993. Which way you look: Rock art, a dilemma for contemporary custodians. *Rock Art Research* 10(2): 107–113.

Murray, Tim. 1992. Aboriginal (pre)history and Australian archaeology: The discourse of Australian prehistoric archaeology. In Bain Attwood and John Arnold, eds., *Power, knowledge, and Aborigines*. 1–19. Bundoora: La Trobe University Press. Special edition of *Journal of Australian Studies* 35.

———. 1996a. Archaeologists, heritage bureaucrats, Aboriginal organisations, and the conduct of Tasmanian archaeology. In Sean Ulm, Ian Lilley, and Anne Ross, eds., *Australian archaeology '95: Proceedings of the 1995 Australian Archaeological Association Annual Conference*, 311–322. Tempus 6. St. Lucia: University of Queensland Anthropology Museum.

———. 1996b. Creating a post-Mabo archaeology in Australia. In Bain Attwood, ed., *In the age of Mabo: History, Aborigines, and Australia*, 73–87. St. Leonards: Allen & Unwin.

———. 1996c. Contact archaeology: Shared histories? Shared identities? *Sites: Nailing the debate: Archaeology and interpretation in museums seminar, 7-9 April 1995.* Sydney: Historic Houses Trust of New South Wales.

———. 1996d. Aborigines, archaeology, and Australian heritage. *Meanjin* 55(4): 725–735.

Murray, Tim, and Jim Allen. 1995. The forced repatriation of cultural properties to Tasmania. *Antiquity* 69: 871–874.

Nicholas, George P. 2000. Indigenous land rights, education, and archaeology in Canada: Postmodern/postcolonial perspectives by a non-Canadian white guy. In Ian Lilley, ed., *Native title and the transformation of archaeology in the postcolonial world*, 121–137. Oceania Monographs 50. Sydney: Oceania.

Nicholas, George P., and T. D. Andrews (eds.). 1997a. *At the crossroads: Archaeology and First Peoples in Canada.* Department of Archaeology, Simon Fraser University. Burnaby, BC: Archaeology Press.

———. 1997b. Preface. In *At the crossroads: Archaeology and First Peoples in Canada*, xiv–xvi. Department of Archaeology, Simon Fraser University. Burnaby, BC: Archaeology Press.

———. 1997c. Indigenous archaeology in the postmodern world. In *At the crossroads: Archaeology and First Peoples in Canada*, 1–18. Department of Archaeology, Simon Fraser University. Burnaby, BC: Archaeology Press.

Pardoe, Colin. 1985. Cross-cultural attitudes to skeletal research in the Murray-Darling region. *Australian Aboriginal Studies* 2: 63–67.

———. 1990. Sharing the past: Aboriginal influence on archaeological practice, a case study from New South Wales. *Aboriginal History* 14(2): 208–223.

———. 1992. Arches of radii, corridors of power: Reflections on current archaeological practice. In Bain Attwood and John Arnold, eds., *Power, knowledge, and Aborigines*, 132–141. Bundoora: La Trobe University Press. Special edition of *Journal of Australian Studies* 35.

Pratt, Mary-Louise. 1992. *Imperial eyes: Travel writing and transculturation*. London: Routledge.

Ross, Anne. 1996. More than archaeology: New directions in cultural heritage management. *Queensland Archaeological Research* 10: 17–24.

Russell, Lynette. 2001. *Savage imaginings: Historical and contemporary constructions of Australian Aboriginalities*. Sydney: Australian Scholarly Publications.

Russell, Lynette, and Ian J. McNiven. 1998. Monumental colonialism: Megaliths and the appropriation of Australia's Aboriginal past. *Journal of Material Culture* 13(3): 283–301.

Said, Edward. 1993. *Culture and imperialism*. London: Chatto & Windus.

Schmidt, Peter R., and Thomas C. Patterson (eds.). 1995. *Making alternative histories: The practice of archaeology and history in non-Western settings*. Sante Fe, NM: School of American Research Press.

Smith, Laurajane. 1999. The last archaeologist? Material culture and contested identities. *Australian Aboriginal Studies* 2: 25–34.

———. 2000. A history of Aboriginal heritage legislation in south-eastern Australia. *Australian Archaeology* 50: 109–118.

Stocking, George (ed.). 1985. *Objects and others: Essays on museums and material culture*. Madison: University of Wisconsin Press.

Strang, Veronica. 1997. *Uncommon ground: Cultural landscapes and environmental issues*. Oxford: Berg.

Sullivan, Sharon. 1985. The custodianship of Aboriginal sites in southeastern Australia. In Isabel McBryde, ed., *Who owns the past? Papers from the Annual Symposium of the Australian Academy of the Humanities*: 139–156. Melbourne: Oxford University Press.

Swidler, Nina, Kurt E. Dongoske, Roger Anyon, and Alan S. Downer (eds.). 1997a. *Native Americans and archaeologists: Stepping stones to common ground*. Walnut Creek, CA: AltaMira.

———. 1997b. Introduction. In *Native Americans and archaeologists: Stepping stones to common ground*, 11–15. Walnut Creek, CA: AltaMira.

Syms, E. L. 1997. Increasing awareness and involvement of Aboriginal people in their heritage preservation: Recent developments at the Manitoba Museum of Man and Nature. In G. P. Nicholas and T. D. Andrews, eds., *At the Crossroads: Archaeology and First Peoples in Canada*, 53–68. Department of Archaeology, Simon Fraser University. Burnaby, BC: Archaeology Press.

TALC (Tasmanian Aboriginal Land Council). 1996. Will you take the next step? In Sean Ulm, Ian Lilley, and Anne Ross, eds., *Australian archaeology '95: Proceedings of the 1995 Australian Archaeological Association Annual Conference*, 293–299. Tempus 6. St. Lucia: University of Queensland Anthropology Museum.

Thomas, David Hurst. 2000. *The skull wars: Kennewick man, archaeology, and the battle for Native American identity*. New York: Basic.

Thomas, Nicholas. 1994. *Colonialism's culture: Anthropology, travel, and government*. Melbourne: Melbourne University Press.

Trigger, Bruce G. 1980. Archaeology and the image of the American Indian. *American Antiquity* 45: 662–676.

———. 1984. Alternative archaeologies: Nationalist, colonialist, imperialist. *Journal of the Royal Anthropological Institute* 19: 355–370.

———. 1985. The past as power: Anthropology and the North American Indian. In Isabel McBryde, ed., *Who owns the past? Papers from the Annual Symposium of the Australian Academy of the Humanities*, 11–40. Melbourne: Oxford University Press.

Trigger, David S. 1980. Aborigines, anthropologists, and the Aboriginal relics issue in Queensland. *University of Queensland, Anthropology Museum, Occasional Papers in Anthropology* 10: 148–154.

Ucko, Peter. 1983. Australian academic archaeology: Aboriginal transformation of its aims and practices. *Australian Archaeology* 16: 11–26.

———. 1989. Foreword. In Henry Cleere, ed., *Archaeological heritage management in the modern world*, ix–xiv. London: Unwin Hyman.

Walsh, Grahame L. 2000. *Bradshaw art of the Kimberley*. Toowong, Australia: Takarraka Nowan Kas Publications.

Ward, Graeme K. 1983. Archaeology and legislation in Australia. In Graham Connah, ed., *Australian field archaeology: A guide to techniques*, 18–42. Canberra: Australian Institute of Aboriginal Studies.

———. 1992. Ochre and acrylic: conflicting ideologies and divergent discourses in the issue of repainting of Aboriginal imagery. In Graeme K. Ward, ed., *Retouch: Maintenance and conservation of Aboriginal rock imagery*, 31–38. Occasional Publication 5. Melbourne: AURA.

Watkins, Joe. 2000. *Indigenous archaeology: American Indian values and scientific practice*. Walnut Creek, CA: AltaMira.

Webb, Steve. 1987. Reburying Australian skeletons. *Antiquity* 61(232): 292–296.

Weiner, James. 1999. Culture in a sealed envelope: The concealment of Australian Aboriginal heritage and tradition in the Hindmarsh Island Bridge affair. *Journal of the Royal Anthropological Institute* 5: 13–210.

West, Ida. 1994. Truganini. In David Horton, ed., *The encyclopaedia of Aboriginal Australia*, 1104–1105. Canberra: Aboriginal Studies Press.

Wettenhall, Gib. 1988–1989. The Murray Black collection goes home. *Australian Society,* December-January, 17–19.

Whiteley, Peter. 1997. The end of anthropology (at Hopi)? In Thomas Biolsi and Larry J. Zimmerman, eds., *Indians and anthropologists: Vine Deloria, Jr. and the critique of anthropology,* 177–207. Tucson: University of Arizona Press.

Williams, Elizabeth. 1988. *Complex hunter-gatherers: A late Holocene example from temperate Australia.* International Series 423. Oxford: British Archaeological Reports.

Williams, Nancy, and Daymbalipu Mununggurr. 1989. Understanding Yolngu signs of the past. One World Archaeology 5. In Robert Layton, ed., *Who needs the past? Indigenous values and archaeology,* 70–83. London: Unwin Hyman.

Wilson, Daniel. 1851. *The archaeology and prehistoric annals of Scotland.* Edinburgh: Shetland and Knox.

Wilson, Daniel. 1862. *Prehistoric man.* Cambridge: Macmillan.

Wiseman, James. 1998. Reforming academia. *Archaeology* 51(5): 27–30.

Wolski, Nathan. 2000. Brushing against the grain: Excavating for Aboriginal-European interaction on the colonial frontier in western Victoria, Australia. Ph.D. diss., University of Melbourne.

Yellowhorn, E. 1997. Archaeology and the Sechelt Indian Self-Government Act. In G. P. Nicholas and T. D. Andrews, eds., *At the Crossroads: Archaeology and First Peoples in Canada,* 252–265. Department of Archaeology, Simon Fraser University. Burnaby, BC: Archaeology Press.

Zimmerman, Larry J. 1997. Remythologizing the relationship between Indians and archaeologists. In Nina Swidler, Kurt E. Dongoske, Roger Anyon, and Alan S. Downer, eds., *Native Americans and archaeologists: Stepping stones to common ground,* 44–56. Walnut Creek, CA: Altamira Press.

第五部分
进入实践的理论

第 26 章 狩猎采集者

彼得·乔丹

（Peter Jordan）

狩猎采集者研究是当代考古学与人类学研究的核心，其主要任务是调查与解释人类文化惊人的多样性（Ames, 2004: 364）。人类历史上有很长一段时期被完全依赖狩猎、渔猎、采集为生的社会主导，这种生活方式代表了全新世农业与畜牧业起源之前人类演化关键时期的基本状况（Barnard, 2004: 1）。正是作为狩猎采集者，人类发展出了现如今所有人类共有的关键体质与心智特征（Mithen, 1996）。狩猎采集社会研究因此既是检验有关人类演化一般理论的基础，也是我们推测人类社会、意识形态、政治等方面"原初"状态的出发点：

> 世界上的狩猎采集群体——北极的因纽特人、澳大利亚原住民、卡拉哈里沙漠的桑人以及类似的人群——代表着最古老也可能最成功的人类适应。直到距今 12 000 年前，所有人类实际上都是狩猎采集者（Lee and Daly, 1999: 1）。

因此，狩猎采集社会研究"可能包含某些有关人类重大问题的答案——涉及社会生活、政治与性别；饮食与营养，自然状态下的生活；人们如何在没有国家的状态下生活，他们确实这么生活了；如何在没有充分技术保障的情况下生活；以及生活在自然中而且不破坏自然的可能性"（Lee and Daly, 2001: 1）。例如，按照记载，许多晚近时期的狩猎采集者生活在较少发生分化的社会中，这就为解释分层社会的起源与运作提供了重要的比较点，而分层社会正是大部分现代社会的基本特征。考古学与人类学上许多重量级的学者——A.R. 拉德克里夫－布朗、朱利安·斯图尔德、格雷厄姆·克拉克，以及更广阔的社会科学领域的伟大思想家——亚当·斯密、卡尔·马克思、埃米尔·涂尔干，都曾研究狩猎采集社会并形成了自己的思想（Barnard, 2004: ix）。其中许多研究暗含的前提是，狩猎采集者是人类社会发展的概念基础与出发点（Pluciennik, 2005）。

因此，"从狩猎采集者研究中观察、检验与提炼出来的思想一直是人类学研究最重要的领域之一"（Hitchcock and Biesle, 2000: 3）。这些研究重点包括运用进化生态理论来研究人口问题（Hawkes et al., 1982, 1997; Hurtado et al., 1985; Winterhalder and Smith, 1981, 2000; Winterhalder, 2001）、有关狩猎采集社会复杂性起源与影响的争论（Ames and Maschner, 1995; Hayden, 1981; Maschner, 1991; Price, 1982; Price and Brown, 1985; Tesart, 1982; Woodburn, 1980; Yesner, 1980; 有关评论参见 Arnold, 1996），以及民族考古的出现（Arnold and Kramer, 2001 及其参考文献）。当前，狩猎采集者研究仍然是一个极小众的学科领域，社会人类学、考古学、生物人类学以及语言人类学等学科于其中共同寻求"众多原理、可检验的假说甚至是竞争性的理论方法，进而评估民族志与考古材料"（Panter-Brick et al., 2001: 9-10）。

对考古学家来说，研究狩猎采集社会始终是理解人类史前史最直接的途径之一，尽管大家现在都已逐渐明白，不能假定现在的狩猎采集者能代表人类演化早期阶段的"原始遗留"。狩猎采集社会的社会组织、文化与信仰体系具有丰富的变化和创造性。数千年来，许多狩猎采集群体与以农业和畜牧业为主的近邻、帝国、民族国家以及世界经济体系，有过长期且复杂的交往与贸易（Fewster and Zvelebil, 2001 及其参考文献）。但是，狩猎采集者研究已成为考古学的关键组成部分，尽管存在一些批评，但大多数人现在还是会承认，"充分考虑历史情境的话，民族志的类比在狩猎采集者研究中还是一个非常有用的工具"（Ames, 2004: 366; Arnold and Kramer, 2001; Cunningham, 2003; Fewster and Zvelebil, 2001）。

本章侧重于关注狩猎采集者研究的形成以及日益增长的多样性，探索它与考古学的相关性。笔者做了一个大致的区分：（1）有关狩猎采集者的一般研究，包括早期民族志中记载的那些"经典的"族群（Boas, 1966）；（2）作为一个有着严格科学范畴的专门领域，狩猎采集者研究的目的在于提出适用于所有狩猎采集者的基本原理，并将其作为社会经济组织运作的原型。贯穿本章的另一个重要的次级主题是考察当代有关狩猎采集者研究的知识与争论是如何影响考古学的相关研究的。

狩猎采集者：某些初步可行的定义

对西方学者而言，那些近代有记载的、著名的狩猎采集者包括澳大利亚原住民、北极因纽特人（他们生活在从西伯利亚东部、北美洲北部到格陵兰岛的弧形地带）、北美洲西北海岸的印第安人。南非卡拉哈里地区的桑人（布须曼人），受到了特别集中的关注，类似的狩猎采集者还有生活在扎伊尔、刚果、中非共和国、加蓬等非洲热带雨林地带的原住民。还有其他一些狩猎采集者分布在东非、北美、西伯利亚、印度、东南亚等地。

这些遗留下来的狩猎采集者理想化的图像与当代人类社会稠密的城市生活形成了鲜明的对比（Lee and Daly, 1999: 1）。但是这些有关狩猎采集社会的浪漫想象是否能够代表一个可以进行分析的社会类别呢？即狩猎采集者是否能够与畜牧业或农业群体区分开来呢？从严格意义上讲，"狩猎采集者"是基于生产方式的分类（Pluciennik, 2004）。例如，温特哈德（Winterhalder, 2001: 12）把狩猎采集的生计定义为"依赖非驯化资源为生，也就是依赖那些不由狩猎采集者自身或其他人控制的物种"。

狩猎采集者的这种经济上的定义已进一步扩展到相关领域，包括独特的社会组织形态与意识形态，它们都立足于觅食经济，根据这样的意识形态，亲属之间应该无条件地分享资源，环境应该无条件地为人类集体提供资源（Ingold, 1988; Lee, 1992; Solway and Lee, 1990; Bird David, 1992）。经济、社会、意识形态这三个要素共同构建了处在平均主义状态的觅食者的大众形象。如果这些流动的游群社会就是早期人类社会的基本形态的话，那么狩猎采集者研究可以帮助我们确定所有人类"原初的"生活形态，作为概念的出发点，帮助我们衡量人类后来的发展。

20 世纪 60 年代以来，数十年有关狩猎采集社会的积极研究揭示了更复杂的状况，通过持续不断的强烈批判，颠覆了那种没有时间深度、原始的平均主义的狩猎采集者的刻板形象。几乎在所有的研究中，狩猎采集者的行为与社会组织都超越了上文中归纳的那种简单游群社会模型。研究者发现，许多重要的差别表现在生计、威望、社会复杂性、相对富裕程度、个体之间的暴力以及性别角色等方面，在饮食、健康状况、人口、世界观、资源储备等方面同样存在显著差异。研究者努力解释着这种多样性，包括"狩猎采集者"在多大程度上具有独特内涵、分析价值与理论意义（Burch, 1994: 452）。最近的争论从定义什么是典型的狩猎采集者，转向了更好地解释为什么会存在这样的多样性与变化。"采用一两个模型就可以定义标准狩猎采集者"的时代已经过去了（Kuhn and Stiner, 2001: 99），研究者越来越倾向于认为，"以生计为基础给'狩猎采集者'下定义只能是一种最基本的做法，一个深入理解的起点"（Panter-Brick et al., 2001: 2）。这些研究进展如下。

文化生态学、朱利安·斯图尔德与现代狩猎采集者研究的兴起

现代狩猎采集者研究的兴起可以追溯至朱利安·斯图尔德富有开创性的研究（1936, 1938, 1955），如《原始游群的社会经济基础》（"The Economic and Social Basis of Primitive Bands"），以及 20 世纪 60 年代后期一系列的学术会议（Lee and DeVore, 1968），"这些会议深刻地影响了人类学有关狩猎采集者的观点……并且决定了我们应该了解些什么"（Binford, 2001: 21）。在此之前，美国人类学深受弗朗茨·博厄斯思想的影响，博厄斯强调行为模式的标准，这是识别不同原住民群体的基本特征。从这个视角来看，文化模式来自文化历史或是传播与接触。由于每个部落实际上都是唯一的，因此人们没有意愿去探究一定的行为模式背后起决定或引导作用的普遍法则或原理。

通过考察实际行为，斯图尔德在新方向上迈出了关键一步。其文化生态学理论强烈地影响了 20 世纪五六十年代的美国人类学（Kelly, 1995: 43），

针对物质条件在多大程度上影响社会的其他方面的长期争论，他做了原创性的工作。莱斯利·怀特根据不同社会能量控制水平来研究社会演化，受怀特的启发，斯图尔德（1955）研究了社会、技术以及更关键的环境背景之间的联系。斯图尔德理论的吸引力在于，它能够弥合怀特更理论化的抽象与更主流的博厄斯理论之间的差距。博厄斯的理论侧重于描述单个文化群体的偶然性与特殊性细节（该理论通常又称历史特定论与文化相对论）。斯图尔德（1955）通过对一般行为模式的研究，开始相信行为、物质文化与生态之间存在普遍的、具有决定性的关系。因此，斯图尔德提出，技术与环境是不同社会发展路线的基础（Kelly, 1955: 42）。

斯图尔德所有分析的中心是文化核（culture core）的概念——那些与从环境中获取能源相关性最高的行为。不同于博厄斯，斯图尔德的文化核（广义上可以称为生计技术）更经久不衰。社会组织与意识形态立足于此，更容易受到包括革新与传播在内的历史文化因素的影响（如克罗伯这样的早期研究者将之视为主要影响）。斯图尔德追问，尽管受到当地生态的影响，文化因素是如何超越遗传因素的（Kelly, 1995: 41-42）？更重要的是，斯图尔德提出狩猎采集者与小型社会有利于这样的模型构建，因为他注意到，这些"简单文化"比复杂文化更直接受制于当地的环境特征。斯图尔德认为，如鱼类洄游、猎物迁徙等食物资源的季节性与特征将有效地决定利用这些资源的群体的栖居条件（Steward, 1955）。换句话说，资源利用的基础会广泛地决定文化的其他组成部分，如社会与世界观。从这一点出发，相似环境中以野生资源为生的社会就会有类似的社会组织与文化特征。

引入环境这个变量克服了博厄斯式的循环的文化观，即文化来自文化。相反，按照斯图尔德的观点，环境是文化之外的关键因素（Steward, 1955）。狩猎采集社会的文化与环境密切关联，这个前提促使狩猎采集者研究成为一个独特的研究领域。再者，正如施魏策尔（Schweitzer, 2000: 35）所观察到的，斯图尔德的文化生态学之所以吸引新一代的人类学家，是因为它克服了博厄斯过于谨慎的范式，提出从自然科学视角来研究人类行为。在采用这种严格的科学方法以及解决其所产生的新问题的过程中，需要量化的田野工作提供高精度的材料。

奠基性会议

伯奇（Burch, 1994: 2）注意到，新的田野材料研究浪潮产生了一系列新的理论视角以及大量的新材料，这促使人们召开总结会议，评论关键问题的研究进展。学术界通常认为，狩猎采集者研究作为一个独立的领域，其兴起与三次奠基性会议相关，这三次会议都来自 20 世纪五六十年代爆发的以理论为导向的田野工作，包括 1965 年召开的游群组织会议、1966 年召开的文化生态学会议，不过，其中最具标志性的还是 1966 年召开的"人·狩猎者"会议（Lee and DeVore, 1968）。这场关键性会议的中心问题是，狩猎采集的生计模式如何影响现代人类的演化（Lee and DeVore, 1968）。

当时研究狩猎采集者研究的主流范式是揭示有助于理解早期人类行为的共同的经济与文化模式。一旦我们能够找到这些共同的模式，或许就可以从细枝末节的民族志迷雾与"噪声"中提炼出高层次的理论概括。为了 *450* 探寻狩猎采集群体间的规律性而非多样性（Bird David, 1996），人们试图找出狩猎采集社会的原型。由此，南非的狩猎采集者不仅成为所有同时代狩猎采集者的代表，还成为史前狩猎采集者的原初生活条件的象征。经过李（Lee）与德沃尔（DeVore）的总结，"人·狩猎者"会议创造出了一个具有普遍性的觅食模型，其中混合着平均主义、人口稀疏、缺少地域性、极少的储备、游群构成存在流动性等特征（Kelly, 1995: 14-15）。事实上，"卡拉哈里沙漠的狩猎采集者……成了最标准的狩猎采集者"（Kelly, 1995: 15）。

"人·狩猎者"会议"确定了后续研究的基调，直到现在"（Binford, 2001: 21），李与德沃尔（Lee and DeVore, 1968: 11）当时感到，会议带来了"一种普遍的情绪，所有参会者都相信这是一个更好地理解狩猎者的开端"，即便他们带来的问题比能够回答的要多。非常关键的是，这次会议推动了后续连绵不绝的田野研究，以收集第一手资料来检验早期提炼的模型。尽管某些田野研究偏离了"人·狩猎者"会议所强调的进化与生态视角，但是大部分研究坚持了研究的目标——狩猎采集者是持续存在的原始生活方式的实践者，并且是"正在发挥作用的适应系统"（Betting, 1991: 61）。实际上，新的研究表明，狩猎采集社会存在众多的变化，完全超出了最初提炼的模型。时至今日，如何解释这种多样性依然是狩猎采集者研究所面临的挑战。

狩猎采集者："原初丰裕社会"

20 世纪 60 年代之前，人们通常把狩猎采集者看作处在饥饿边缘的人群，他们没有充足、可靠的食物保障，为了获取稀少的资源不得不频繁迁居。这种流动性阻碍了财富的积累，财富贫乏意味着不会出现政治分层。狩猎采集者生活方式的一致性，从根本上说，是经济短缺导致的。"人·狩猎者"会议与马歇尔·萨林斯（1968, 1972）推翻了这种观点，萨林斯用有限但可靠的民族志材料证明，狩猎采集者实际上对其获取资源的能力非常自信，对可靠的食物来源地里的许多资源都有详细的认识。再者，萨林斯假定史前时代的食物资源更加丰富，由此有理由相信人类历史上大多数时候的食物供给并没有问题。凯利（Kelly, 1995: 15-16）注意到，把狩猎采集者看作"丰裕社会"的观点最有吸引力的时期是西方弥漫着衰落气氛的时期，其中包括越南战争与环境破坏。此时的民族志把狩猎采集者描述为有时间悠闲地社交的群体，而不只是每天为了填饱肚皮而努力。狩猎采集者没有生产出复杂的文化，不是因为他们没有时间，只是因为他们需求极少，能够拥有自己所需要的一切，其俭朴的生活就像来自某种禅宗哲学。这个模型部分基于非洲与澳大利亚的田野调查材料，然后扩展成了所有狩猎采集者的基本特征。

然而，随后的研究得出的许多数据并不完全符合丰裕模型（Altman, 1984; Hawkes and O' Connell, 1981）。如耶斯纳（1994）与斯科尼日尔曼（Schnirelman, 1994）各自在阿拉斯加和勘察加的狩猎采集者中发现了不同程度的资源压力。两者的研究都发现，资源数量的季节性变化与食物多样性之间存在重要的联系。按照季节周期，在某些时间点上，资源数量变化幅度大且食物多样性弱的话，食物的供给就会受到限制（Yesner, 1994）。也就是说，狩猎采集社会并不像萨林斯所说的那样总是丰裕的。总体而言，丰裕模型似乎最适合资源储备有限和习惯于即时消费的狩猎采集社会，如昆人（Lee, 1979, 1984; Barnard and Woodman, 1988: 11）。

性别：男性狩猎者与女性采集者

"人·狩猎者"会议促进形成的一个主要研究领域是狩猎采集社会中

不同性别社会成员的作用（参见海斯－吉尔平，第 20 章）。如果男性负责狩猎的话，那么女性能够为社会提供什么呢？再者，如果狩猎是最重要的生计活动，能提供最多的卡路里，那么狩猎与男性就可能是人类演化中最重要的因素（Burch and Ellanna, 1994: 11）。与最初的设想不同，田野研究证明了植物资源的重要性，对其的生产大多是由女性完成的。从此女性采集者与男性狩猎者相对应，这一原型强调了女性的重要作用，许多时候女性采集的植物性食物比狩猎获得的食物要多（Dahlberg, 1981; Hiatt, 1978; Slocum, 1975）。人们还注意到了女性在处理与分配食物中的作用（Hawkes and O'Connell, 1981; Hurtadon et al., 1985）。更进一步的研究发现，两性之间存在众多的差异，打破了两性存在绝对区分的观点：在有的狩猎采集社会中，女性也狩猎，男性也采集。研究还发现，在一般情况下，贝类与鱼类是狩猎采集者饮食的重要组成部分（Palson, 1988, 1991; Moss, 1993）。由此，争论转向了政治问题，以及男性对女性的主导权。同样，其中也存在众多的差异：有的社会是男性占主导地位（Sharp, 1994），有的社会是男女平权（McCreedy, 1994）。没有社会是女性占主导地位的。伯奇与伊兰纳（Burch and Ellanna, 1994: 13）认为，该争论已经完结，现在转向了狩猎采集社会中性别与权力间的联系问题，以及这些联系如何影响其他方面的社会与文化行为（参见海斯－吉尔平，第 20 章）。研究兴趣同时转向了女性在男性占主导地位的社会中实现目标的微妙方式，在这样的社会中，男性的主导权在意识形态与象征体系方面都已经制度化。与性别相关的任务深入社会的许多方面，包括仪式、权力、社会角色、交流以及象征表达（Burch and Ellanna, 1994: 11-13）。

绝经后女性在进化过程中的关键作用也成了重要的研究问题

（Hawkes et al., 1998）。女性在绝经后还有较长的生命，这一特征把人类与其他灵长类动物区别开来，也一直是一个谜。不过，按照祖母假说，女性绝经后的健康岁月意味着，在祖母的帮助下，她的女儿可以生养更多的孩子。祖母可以在两个方面辅助女儿生育：一者帮助养育哺乳期的女儿与其婴儿，二者提供有助于断奶的食物，让婴儿更早断奶。根据这种新发现的女性对狩猎采集社会的贡献，越来越多的证据表明，养女儿对母亲来说比养儿子所付出的生理成本更小（Gibson and Mace, 2003）。

领地

"人·狩猎者"会议同时推翻了此前的一个假设，即狩猎采集者生活在封闭的领地中，对外来者有很深的猜疑（Kelly, 1995: 183）。相反，狩猎采集者通常把他们占据的土地看作是可以自由往来的，对所有人都是如此（Ingold, 1986: 236; Burch and Ellanna, 1994: 61）。如果说真的存在社会边界的话，边界也是有弹性的。不过，非洲与澳大利亚原住民是民族志中已知存在领地行为的一方。凯利认为，"仔细考察民族志的证据，我们会发现没有社会对自己的空间边界是完全置之不理的。相反，都会有其途径，有的非常含蓄，让其个体生活在特定的区域，并与他人交往"（1995: 185）。事实上存在各种不同的领地形式，至少部分与当地资源密度与可预见性相关联，这使得边界防卫或是可行，或是不可行，具体怎么做，要取决于当时的情境（Kelly, 1995: 203; Cashdan, 1983）。比如可以比较理查森（Richardson, 1986）有关塔斯马尼亚人与北美洲西肖肖尼人领地的描述（Dyson-Hudson and Smith, 1978），塔斯马尼亚人积极保卫其领地，而西肖肖尼人则没有那么强的保护领地资源的机制。当然环境因素也很重要，尽管它不能完全决定人们为什么以某种形式分布。广而言之，大家似乎都没有真正把握和理解狩猎采集者所采用的微妙且不那么明显的土地使用与领地占有形式，我们通常是以农业社会自然改造与景观划分的标准来评判的（Zvelebil, 2003）。

狩猎采集者研究与民族考古学

"人·狩猎者"时代的发展是如何影响考古学的狩猎采集者研究的呢？到20世纪60年代，朱利安·斯图尔德与莱斯利·怀特所倡导的文化生态学理论日益为考古学家所接受，因为他们已经在文化历史考古范式的狩猎采集者考古材料描述中饱受挫折。真正让新一代考古学家激动不已的是发展出一套更有效的分析人类长期发展的视角的可能性，因为"斯图尔德与怀特认为是文化变迁主要原因的许多关键变量相对容易用于考古学研究"（Trigger, 1989: 293）。按照宾福德有关文化的定义（1962），即文化是人身体之外的适应环境的手段，研究者认为从考古材料中识别出来的变化可以反映一个适应系统所受到的长期文化变迁机制的影响。

考古学研究新视角的倡导者们迅速认识到，他们对物质遗存与适应行为之间关系的理解还是初步的，糟糕的情况是这种关系几乎不存在。史前考古是唯一一门缺乏直接人类行为信息的社会科学（Trigger, 1989: 357）。由此，所有的考古学解释都有赖于对物质文化与社会之间关系的理解。考古学家认识到，他们必须建立推理的途径，从最终形成"死的"考古材料的静态的物质遗存中推导出"鲜活的"文化与社会，了解其动态的、非物质的内容（Binford, 1978），这一方法论通常被称为中程理论（Bettinger, 1991: 63; Schiffer, 1976; Binford, 1981）（参见沃森，第3章）。为了跨越分析的空缺，新考古学家发展出了民族考古学这门新学科，把民族志的田野研究与考古学的方法论结合起来，研究不同类型的人类行为产生的物质遗存形态（Arnold and Kramer, 2001）。

对新考古学而言，民族考古学研究的深层含义来自地质学的均变论原理（Binford, 1978: 12）。简而言之，如果我们可以把文化理解为适应物质世界的挑战与机遇的手段，那么中程理论就可以带来直接的解释，只要民族志与考古材料具有某些明确的跨文化的相似性，比如适应相似的环境，包括利用类似的植物、动物与技术。如果存在这些广泛的相似性，那么来自民族志的认识就可以帮助考古学家重建完整的史前文化系统（Binford, 1983: 12）。

狩猎采集社会成为民族考古学研究的一个重点，考古学家在不同生态条件中开展了不少有重要影响的研究，非常有助于理解生计行为、狩猎与猎物处理、聚落体系、活动区以及遗址形成过程的物质结果（Binford, 1978, 1980, 1982, 1983, 1987; Gamble and Boismier, 1991; Kroll and Price, 1991; Gould and Yellen, 1987; Yellen, 1977），尽管这些研究采用的是一种明显的适应、生态与功能的视角，并且假定狩猎采集社会深受其自然经济的影响。事实上，行为上更社会性与象征性的方面或是被低估，或是被忽略了（Arnold and Kramer, 2001: 126; Whitelaw, 2004）。同时，民族考古学倾向于研究行为的物质结果，而不是行为本身的成因（Smith and Winterhalder, 1981: 5），"不同条件决定不同形式的适应是基本理论之一"（Binford, 1978: 486）。不过，许多民族考古学研究者为狩猎采集者行为与多样性的广泛争论做出了重要贡献，例如宾福德（1980）基于自己对努那缪提人的研究（Binford, 1978）和耶伦（1977）对桑人的研究，区分了采食者与集食者。

一项经典的民族考古学研究是宾福德（1978）对努那缪提人的研究，努那缪提人生活在阿拉斯加州中布鲁克斯高纬度地区，是一个极端依赖肉食的猎人群体（1978: 12），他们主要狩猎南北向经过山口的大规模迁徙的驯鹿（Rangifer tarandus）群。宾福德的主要兴趣是"尽可能了解努那缪提因纽特人捕食、处理和消费的策略，以及其与动物骨骼遗存的关系"（1978: 13）。宾福德强调了理解"组合背后行为系统"的重要性（1978: 497）。他的方法是评估驯鹿与山绵羊的不同解剖部位的经济价值，其中驯鹿是主要猎物，山绵羊是次要的肉食来源，然后把评估结果与因纽特人的行为及其决策策略联系起来（1978: 14）。总体而言，他认为在其最佳预测与所观察到的因纽特人的行为之间存在非常好的一致性。

认识多样性：粗略分类的时代

在"人·狩猎者"会议之后，狩猎采集者的科学、生态与唯物主义研究视角在很大程度上提高了我们对于狩猎采集者的理解，同时也让大家意识到狩猎采集者行为中存在很大的变化，这超越了最初的有关其流动生活方式的认识。重构狩猎采集者典型行为概念的努力，导致研究者对变化的形式、原因与约束因素进行了重新分类（Kent, 1996: 1）。在此过程中，研究者不断认识到不仅有群体内的变化，还有群体间的变化（Kent, 1996: 16）。

在最初较为细致的分类尝试中，有三种分类方案较有影响。第一种是伍德伯恩（Woodburn, 1980, 1982）对于延迟回报（delayed return）狩猎采集者与即时回报（immediate return）狩猎采集者的区分。按照这种分类，延迟回报的群体更强调长期的储备与生存准备。他们会在耐用的资源获取技术如鱼梁、陷阱或是食物储备上投入更多的劳动，这些东西可能会被占有或是控制，从而导致潜在的财富不平等与社会等级的分化。经典的例子是北美洲西北海岸的印第安社会。相反，即时回报的狩猎采集者强调生产马上可以消费的食物，这更接近于流动生活的原义。积累财富的尝试会为即时消费或强大的要求分享的社会与意识形态氛围所抵消。兹韦莱比尔（Zvelebil, 1998: 8-9）注意到，伍德伯恩的人类学区分与考古学有着特殊的联系，因为"他在狩猎采集者的普遍分类中……把特定形式的社会组织、意识形态与考古学上可以识别的技术、物质文化……明确地联系了起来"。

第二种是宾福德（1980）对采食者与集食者的大致区分，他把生计策略的不同与资源的数量及其季节性分布变化联系了起来。在资源丰富且分布较为均匀的环境（通常就是热带地区）中，不存在季节性的资源短缺，因此也不需要储备。因此，这样的环境有利于即时回报的狩猎采集者经济，其在不同时间的生计与聚落组织相对简单。这些狩猎采集者更多体现着居址流动性（residential mobility），通过频繁地迁居以让居址尽可能靠近资源地，从而适应当地的生态条件。相反，如果一个地方存在季节性的资源短缺（如高纬度地区），或一年中不同时间的资源分布不均匀，那么狩猎采集者的生计与聚落策略将不得不接受更加复杂的适应性挑战。中心营地通常会有储备与后勤流动性（logistical mobility），搬迁次数更少。但还有更多特殊类型的营地，这些营地靠近季节性的和可预见的资源地。在这样的生态条件中，我们同样会看到表现在西北海岸的狩猎采集社会这个经典案例中的集食者策略（Ames and Maschner, 1999）。

第三种常见的区分是简单狩猎采集社会与复杂狩猎采集社会（Price, 1981; Price and Brown, 1985）。这一分类最初由普赖斯提出（1981），在20世纪80年代得到了进一步的研究（Hayden, 1981; Tesart, 1982; Woodburn,

1980; Yesner, 1980），高潮就是普赖斯与布朗（Price and Brown, 1985）主编的论文集。阿诺德（Arnold, 1996: 78）在晚近的评论中将狩猎采集者的复杂性定义为存在某些社会劳动关系，头领对非亲属劳动者始终拥有有效的控制权，且这种社会差异会通过血缘关系遗传。换句话说，（1）某些人必须为亲属群体之外的人干活；（2）有些人生来就有地位或更高的社会等级。阿诺德注意到有关狩猎采集者复杂性的观点中存在三种普遍的"谬误"：（1）狩猎采集者的复杂性只是向农业过渡的单线演化序列中的一个阶段；（2）复杂性是狩猎采集者与农业群体或其他更先进群体接触的结果（"不是农业本身，而是对婚配、交易、祭祀、成年礼的控制，尤其是对劳动的控制，导致了社会分层"）（Arnold, 1996: 87）；（3）复杂的狩猎采集者只是例外的情况，无须将其纳入主流理论中来考虑。有关复杂性的涌现还需要更多的理论研究，无论它的产生是受人口压力的推动，还是其他种种因素的影响（Ames, 1994）。把特定狩猎采集社会划分为复杂或是简单，其中存在若干问题。总的来说，我们最好把复杂性看作连续的发展，一个涌现的过程，而不是孤立的社会类别。重要的是，狩猎采集社会的复杂性还有其他的区分维度，但通常被忽视了。如兹韦莱比尔（1987: 7）曾研究了不同民族志背景下技术、经济、社会以及象征上的复杂性，并且注意到了相应的考古学上可能存在的特征。

总而言之，这些初步的分类是认识狩猎采集者多样性的重要工作，对考古学家与人类学家来说还是很有帮助的。其不足之处是，所有分类都暗含着一些风险，那就是这些分类通常基于一套"典型的"民族志材料，把454狩猎采集者的行为、社会结构与意识形态中所具有的变化和弹性简化为两两相对的类别，如即时回报/延迟回报、流动/定居、简单/复杂等（Kelly，

1995: 34; Schweitzer, 2000: 45)。

狩猎采集者研究：信心危机？

古今狩猎采集社会有记载的多样性削弱了一些基本的认识：狩猎采集者作为一类社会群体，与农民或游牧群体明显不同；狩猎采集是一种单独的、自给自足的生活方式（Bender and Morris, 1988; Kent, 1992; Lee, 1992; Solway and Lee, 1990; Wilmsen and Denbow, 1990）。我们越来越清楚地认识到，尽管狩猎采集者以野生资源为生，但是其行为的某些方面可能更像农业社会的成员，而不是其他的狩猎采集者。例如，北美洲西北海岸的印第安人具有发达的社会等级制度，这与农业社会更相似，然而，他们与强调即时回报、平均主义的卡拉哈里的布须曼人被划作同一类群体。狩猎采集社会中除了在同一时期内存在群体之间的多样性，也存在显著的历时性变化，但变化并不必然是连续的（单线的），如发展为农业社会。已有研究表明，在婆罗洲（Hoffman, 1984）与南亚（Gardner, 1985）流动的狩猎采集者，以及卡拉哈里的布须曼人（Denbow, 1984），他们的生活中实际上都存在生计模式的波动，这一直可以追溯至史前时期。如史前的吕宋岛上，狩猎采集者一般都知道狩猎、捕鱼、种植根茎作物（Griffin, 1984; Headland and Reid, 1989）。罗利－康维（Rowley-Conwy, 2001）提出了一个重要的观点，即史前狩猎采集者生活中的长时段变化是不可预测的、可逆的、急剧的，并非一条从简单到复杂、不可逆的、平滑的进步序列。通过对数个案例的分析，罗利－康维（2001: 64）提出，基于适应的需要，狩猎采集者的社会复杂性可上可下。他认为，流动生活与原初丰裕社会的观念建立在对卡拉哈里群体的民族志研究的基础上，这些观念并不符合人类历史的普遍情况。事实上，这些群体可能代表着人类演化进程中特殊的、特化的社会形式。

因此，这些研究首先让我们日益关注到了无穷无尽的变化背后的弹性与机制。次之，如果没有典型的狩猎采集者——或者甚至是可以预测的演化路径——那么从古到今的推断就会有更大的问题。这两点关注结合起来形成了一种新的认识：只有"理解了（狩猎采集者）……既有社会多样性的来源……民族志材料才有助于我们获得更准确的重建过去的方法"（Kelly, 1995: 342）。

从文化生态学到行为生态学

按照斯图尔德（1936, 1938, 1955）的说法，环境条件能够有效地决定狩猎采集者的生计基础与社会组织，这意味着狩猎采集者的生活方式的各个方面都与环境适应相关。20 世纪 60 年代，系统论与生态系统概念的加入，促使文化生态学家严格地、从经验材料上测度环境与人群之间的复杂关系（Lee, 1969）。对这个更广泛的领域而言，生计研究至关重要，它逐渐风靡全球（Kelly, 1995: 43-44）。

不过，尽管文化生态学以分析方法见长，但是其解释能力捉襟见肘。研究者得出了一些因果颠倒的奇葩结论，提供了一些"易于调整的狩猎采集者如何适应其环境的似是而非的描述"（Kelly, 1995: 45）。对文化生态学家来说，适应就是对现状的定义，并且是固定的，直至环境改变后才会改变。它也没有解释个体决策的成因，以为对于外部的环境变化，人群总是一起（某种意义上）响应（Binford, 1983）（参见加德纳，第 7 章）。

基于这样的理论矛盾，部分人类学家转向了行为生态学与进化生态学等新兴领域，这些理论考虑到了自然选择的作用，让文化生态学趋于完善（Kelly, 1995: 51; Bettinger, 1991; Jochim, 1981; Winterhalder and Smith, 2000）（参见本特利等，第 8 章）。该理论旨在发现为何狩猎采集者具有多样性。理论方法的核心是这样一种观念，即人类有长期自然选择的演化历史，会（有意识或无意识地）基于成本 – 收益来做决定，从而提高未来的繁衍成功率。"由于人类行为存在弹性，解释行为多样性的东西……就是不同环境中不同行动方式的不同回报。"（Shennan, 2002: 16）

455

　　再者，这些认识的核心是，假定人类总是会利用不断演化的理性，用最低的成本实现资源获取的最大化（Winterhalder and Smith, 1981; Ingold, 1996, 2000: 27-39）。换句话说，通过加入自然选择，"判断一个表现型基本上要看它相对于其他表现型的适应程度，看它相对于其他表现型在后代繁衍上能够贡献多少遗传材料"（Kelly, 1995: 51）。因此，从广义上说，行为生态学研究的是栖居在一定环境中的人口在与不同社会文化相适应的过程中所导致的繁衍成功率之间的关系。其中的一个主要领域是运用诸如最佳觅食理论去解释实际的狩猎采集行为（参见本特利等，第 8 章）。经典的理论模型包括饮食宽度模型与资源斑块选择模型（Bettinger, 1991; Winterhalder and Smith, 1999; Kelly, 1995; Winterhalder, 2001）。最佳觅食理论根据相对效率，或称用最小成本获取最大效益，来评估不同的行为。其中暗含的前提是，那些获取食物资源更有效率的行为将带来更高的繁衍成功率，因此这些行为中存在积极的演化选择（Smith and Winterhalder, 1997a: 163）。

　　在人类学的田野研究中，很难衡量不同的潜在适应策略与繁衍成功率之间的长期关系。几乎没有标准可以用来评估不同行为究竟是在多大程度上进行适应的，尽管诸如能量生产、消费与消耗可以作为替代的衡量指标

（Smith and Winterhalder, 1981: 3）。研究者通常采用食物的卡路里含量来衡量不同行为模型获取特定资源的相对成本与收益（时间与能量），由此可以评估不同适应策略的相对收益率。对考古学家与古生态学家而言，额外的挑战是搜集各种详细的环境信息，生态学家或民族志专家更容易得到这类信息。如希恩（Sheehan, 2004）主张采取密集的抽样，从而更全面地重建过去狩猎采集者环境中不同资源的空间变化图景。

行为生态学在强调与健康、人口、繁衍成功率的联系的同时，还采用博弈论来研究社会行为、领地行为、利他性以及文化传播的双重继承理论（Boyd and Richerson, 1985; Kelly, 1995: 58–62; Shennan, 2002）。最近的发展扩充了"人·狩猎者"会议寻求采用严格科学方法研究人类行为的初衷，这样的方法普遍适用于人类社会，尤其是狩猎采集社会（Panter-Brick et al., 2001）。

最佳觅食理论受到了广泛的批评，因为它把西方经济学与时间预算模型强加到狩猎采集群体的研究上，而这些群体看待世界的方式可能彼此之间完全不同。不过，支持者认为，最佳觅食理论不过是个虚假设（null hypothesis），由此，真实世界的人类行为有了可以比较的对象（Smith and Winterhalder, 1991: 106）。如果发现根据模型所得出的最大化预测与观察到的行为之间存在偏差，那么，要么模型是错的，要么所研究的个体（或集体）没有充分利用当地的环境。许多对行为生态学的批评，通常来自人文科学，这些批评似乎没有抓住关键点，如贝廷格（1991: 103–104）所言，"甚至与解释的基本原理相违背"，他补充指出，"真正要检验的是所观察到的行为是否符合模型的预测"。

许多人文学者非常反感把狩猎采集者的社群、文化与个体简化为简单的方程与图表（Ingold, 2000: 30），与此同时，很少有人愿意把这样的研究与其他理论结合起来。例如，认识到潜在适应/最大化与实际记录的行为之间存在差距，往往会让大家关注特定文化的唯一性，这些文化可能保持着特定的禁忌、仪式或是独特的行为模式。理解其中存在的变化，是把握社会演化以及当地文化多样性的关键维度。

修正主义的理论

许多从前主张严格采用唯物主义理论研究狩猎采集者的学者不得不面对批评，因为他们把狩猎采集群体描绘成了原始、孤立、自给自足的社会单位，剔除了历史与广泛的社会交往导致的内部变化（Kelly, 1995: 47）。再者，文化生态学似乎继续在沿用 19 世纪的观点，把狩猎采集者看作更新世人群的残留，他们总是能与其环境保持平衡，数千年来竟没有任何改变（Kelly, 1995: 47）。如把桑人与中非的俾格米人看作一种人类生活方式的孑遗，这种生活方式在 12 000 年前畜牧业与农业开始扩张之前曾经遍布全球。 *456*

20 世纪八九十年代的狩猎采集者研究中，有关历史与文化接触影响的争论日趋激烈。实际上，苏兹曼（Suzman, 2004）指出，20 世纪六七十年代是"失落世界人类学"的最后阶段，当时人们希望发现基于狩猎采集的最早的人类适应的古代残留。激烈争论的核心是一些难以解决的问题：（1）现代狩猎采集者是否是"原初"人类存在形态的最后残留，这种早期形态曾经广泛分布；（2）我们是否可以基于对现代狩猎采集者的研究去理解古代狩猎采集者的行为及其社会形态。这进一步带来了两个问题：时间（历史）在产生既有行为过程中所发挥的作用，以及殖民主义、世界资本主义、全球化在导致现代狩猎采集者的产生过程中的重要影响。有史记载的所有狩猎采集行为可能并不是旧石器时代的孑遗，而是以殖民主义与全球资本主义为核心的权力相互作用的结果。

随后有关卡拉哈里群体的争论侧重于非洲的狩猎采集群体，但是对所有狩猎采集者研究都有修正主义的含义。普遍论者起初极力反对历史特定论（Lee, 1979; Headland and Reid, 1989; Schire, 1984; Wilmsen, 1983, 1989; Wilmsen and Denbow, 1990）。普遍论者认为，通过现代田野工作，可以发展出一个普遍的狩猎采集者模型，然后直接可以将其与更早期阶段进行类比。历史特定论者蔑视这种把现代狩猎采集者看作原始人群的观点，他们把现代狩猎采集者的行为与长期的文化接触历史联系起来，包括在狩猎采集与畜牧之间反复发生的生计变迁，所有这些变迁都有一个更广阔的政治经济关联背景。例如，施皮尔曼与埃德（Spielman and Eder, 1994）回顾了一些典型的狩猎采集者与农业群体接触的大量相关文献，其中有卡拉哈里的桑人、扎伊尔东北部的埃非（Efe）人、肯尼亚的奥基耶克（Okiek）人、菲律宾的阿格塔（Agta）人以及包括 Hill Pandaram 在内的部分南亚群体。其共同的特征包括用狩猎采集者获取的森林产品如蜂蜜、松香、药草，还有劳力，去交换农民生产的富含碳水化合物的食物。黑德兰与里德（Headland and Reid, 1984: 52）认为，除非我们消除把狩猎采集者看作原始孤立群体的误解，否则"我们有关狩猎采集者文化与生态的认识仍将是残缺与扭曲的"。

对备受瞩目的卡拉哈里的研究进行修正主义的批评是"20 世纪后期社会人类学领域……最残忍的事情"（Suzman, 2004: 203），它是人类学领域更广泛运动的一个重要组成部分，人类学开始更全面地思考殖民主义对非西方社会的影响，民族志的记录者常常把狩猎采集者描述成奇特的、没有历史与传统的人群（Asad, 1991）。这种新视角反过来也遭到了批评，因为它把狩猎采集者塑造成了新的模式化形象，把他们看作殖民主义的牺牲品或是文化贫乏的乡野无产阶级（Kelly, 1995: 29）。

更晚近的讨论则更细致地探讨了文化与经济接触的影响（Lee and Daly, 1999: 3），包括狩猎采集者有意选择继续维系原有的生活方式，尽管他们与牧民或农民，甚至与采油工人、矿工、水坝建筑工人等保持着长期的联系。如在南亚与东南亚地区，许多狩猎采集者"与更广泛的非常复杂的社会系统长期镶嵌在一起"（Spielman and Eder, 1994: 396），他们在当地狩猎采集的同时，还向当地市场与外部世界提供森林产品（Morrison and Junker, 2002; Pappu, 2004）。在整个北亚地区，对当地有史记载的狩猎或渔猎文化而言，也有类似的社会政治镶嵌状况。如在西伯利亚地区，俄罗斯沙皇在 16 世纪征服这片区域后，强加给当地原住民一种叫作 yasak 的东西，也就是皮毛税。许多狩猎、采集、渔猎群体一直在抵制宗教与意识形态上的迫害，坚守原有的身份认同与世界观，而没有转向农业，或是在文化、语言与精神上被同化（Glavatskaia, 2004）。国家提出的让狩猎采集群体提供诸如皮毛、肉类的要求，迫使原住民群体一年中花更多的时间在森林中奔波，在这里他们可以继续举行当地的仪式，坚持自身的信仰与身份，因此反而摆脱了政府在文化、语言与意识形态上同化他们的企图（Jordan, 2003）。这只是一个例子，说明狩猎采集者与同时代的其他人一样，也是政治经济进程的积极参与者。

修正主义批评的主要结果是，我们现在更多从更大的范围来看待狩猎采集社会，而不是直接拿它与古人和早期人类的行为与组织进行类比（Ames, 2004: 366）。但是，现代狩猎采集者是否只是一种现代交换与互动网络的现象，不能与史前时代进行类比呢？对考古学家而言，刚认识到现代狩猎采集者不能被用于研究考古学上的过去使他们不免有些沮丧，随

457

后他们开始关注和理解农民与觅食者之间长期存在的文化接触，以及其在全球文化发展变化的某些时期所发挥的重要作用（Harris, 1996）。狩猎采集者与外来者之间的关系问题，包括不同阶段的农业在边缘与交流地带的拓展问题，在考古学研究中日益受到重视。例如，在向过渡农业的相关研究中，民族志记载了不断变化的文化接触，这或许有助于我们理解史前史上类似的过程（Alexander, 1978; Dennell, 1985; Green and Perlman, 1985; Leacock and Lee, 1982; Schire, 1984; Spielman, 1991; Zvelebil and Rowly-Conwy, 1984; Zvelebil, 1986, 1996）。显然，所有的觅食者都曾经历过文化接触，这样一种新的刻板印象"否定了现代狩猎采集者被用于理解史前史的可能性"（Kelly, 1995: 29）。最后，我们必须同时考虑到巴纳德（Barnard, 2004: 7）的观点，尽管有关卡拉哈里狩猎采集者的传统主义与修正主义的争论还在拉锯，但实际上双方都没有研究布须曼人有关世界的认识。

象征与人文的方法

狩猎采集者一词的背后暗含着这样一个问题，即它立足于生计，而相对忽视觅食者行为中更加具有象征性的方面。肯特（1996: 1）注意到，"尽管理解文化多样性一直是人类研究的标志，但是狩猎采集者（或觅食者）研究这门学科的出发点是强调相似性"。她重点指出，这在一定程度上与一套有限的主流理论导向相关，这种导向侧重于经济，尤其是生计，由此牺牲了对文化及行为中其他领域的研究（Kent, 1996: 17; Schweitzer, 2000: 46）。

伯德·戴维（Bird David, 1996: 302）曾指出，"我们应该更多地关注这些群体的象征世界及其世界观"，尤其是因为比较已经存在的西方生计类型比研究当地的世界观本来就容易得多。她的方法是基于稳定的共同文化形象的比较（Bird David, 1990, 1992），由此形成某些普遍的认识，如倾向于即时回报的狩猎采集者具有丰富环境所带来的慷慨气质。从世界观的角度来看，有证据表明，倾向于延迟回报/复杂的狩猎采集者具有与伯德·戴维所说的农业群体相似的特性（Jordan, 2003）。

　　因此，人类学家开始更加关注象征与精神维度的狩猎采集者的行为，包括诸如对圣地之类土地的文化使用、个体行动与意图的人文理论、意识、宇宙观、仪式、宗教等（Schweitzer, 2000），这平衡了过于强调生态与进化的狩猎采集者研究（Barnard, 2004: 6）。例如，伯德·戴维通过一系列具有开创性的研究（1990, 1992）探讨了狩猎采集者与环境的联系，令人信服地指出，狩猎采集者关注的核心问题并不是让闲暇时间最大化（比较萨林斯的观点），而是要与他人及环境保持良好的关系。

　　有关世界观的更广泛的研究兴趣激活了大量的经典民族志，涉及人与动物的灵魂概念、萨满思想（Price, 2001）、圣地、梦创时代（Layton and Ucko, 1999）、岩画（Whitley, 2000, 2001）以及其他的主题。对生活在迅速变化世界中的狩猎采集者来说，狩猎采集不仅仅是一种经济行为，更是表达自身身份与土地归属的方式。最后，开始有了更多探讨狩猎采集者的能动性的研究，即不再把狩猎采集者看作没有个性、好像知道很多但其实文化水平较低的群体（Dobres and Robb, 2000; Ingold, 1996, 2000），或是生活在世界经济体系边缘的被迫改变的牺牲品。能动性理论（参见加德纳，第 7 章）把狩猎采集者看作具有积极意愿的人，他们通过狩猎采集创造、掌控、维护象征性的生活世界，利用土地，协调政治关系。尽管强调精微的文化多样性与特定社会的独特性是有益的，但是这样的研究让狩猎采集者研究变得支离破碎，反映了人类学和考古学领域长期存在的科学解释与理解阐释之间的分裂。

最近，有研究指出，侧重于景观的阐释能够说明狩猎采集者文化中
458 生计、宇宙观、亲属关系是如何有效结合在一起的。莱顿与乌科（Layton
and Ucko, 1999）注意到，环境与生态决定了如何在象征层面上认识世界，
以及生存在其中的人与动物的位置，由此可以得到一些普遍性的认识，如
所有的原住民（许多是狩猎采集者）在拥有圣地的同时，也拥有日常生活
的空间，日益增加的大量文献都表明如此。对于土地的象征意味以及类似
理解的物质表现形式，我们的了解都非常少，其中还有非常大的开展进一
步研究的潜力（Zvelebil, 2003）。例如，狩猎采集者如何以及为什么这样
理解自然界的特征？他们把其中的某些特征抽象出来崇拜，或许还用具有
象征意义的积淀物或岩画来标记它们（Bradley, 1993）。讨论这些有关象征
的问题时不应该脱离生态适应的视角。大多数象征体系都立足于日常生计
活动以及特定时间的仪式基础。最理想的研究应该把两种视角结合起来，
经济与象征维度的行为研究间是互补关系，都是狩猎采集者日常生活中必
不可少的组成部分。

考古学上重新评估狩猎采集者研究的工作已经偃旗息鼓，没有更关注
社会与象征层面的民族考古学研究，考古学通常还是从既有的经济与生态
视角进行考察（David and Arnold, 2001）。民族考古学与中程理论都已受
到了相当多的批评（Hodder, 1982, 1986; Wobst, 1978），它们都还远没有发
挥出潜力，以揭示考古材料中可能存在的象征行为与世界观，这在逻辑上
应该是狩猎采集者研究的扩展与分化。

自"人·狩猎者"会议以来，狩猎采集者研究让公众逐渐觉醒，让他
们认识到许多国家对原住民的态度非常糟糕，了解到其中存在的违反人权

的黑暗历史。越来越多的人类学家被要求去证明原住民同景观在文化与族群上的联系，包括对日常生活与仪式空间的使用，以支持他们要回法律允许的土地所有权（参见格林，第 22 章；麦克尼文和拉塞尔，第 25 章）。20 世纪六七十年代，澳大利亚开展了不少这样的研究，从北美洲到西伯利亚（苏联解体后工作加速了），证明传统土地的工作还在继续（Brody, 2000）。

莱顿（2002: 312）注意到，"土地所有权取决于在一个明确的区域范围内单独文化身份的维系"。这多少有点可笑，因为狩猎采集者被迫采用文化生态学的论点来确认其与土地之间存在完全固定、孤立和静止的联系（Ingold, 2000）（参见麦克尼文和拉塞尔，第 25 章），这往往会再次把狩猎采集者置于原始角色中，作为原初静止文化的后裔。再者，正如兹韦莱比尔（2003: 71）所言，"对其景观的文化改造成为确定土地所有权的主要标准"。如平克斯基与阿施（Pinkoski and Asch, 2004: 199）所指出的，"朱利安·斯图尔德的研究带有一种偏见，把原住民看作缺乏拥有土地所需的社会政治组织制度特征的群体，无法让（国家）法律体系承认其所有权"。

这里有许多探索地方文化独特性的机会，行为生态学家（他们研究社群生计行为的微生态基础）也可以为保护狩猎采集群体做出重要贡献，他们关注生计适应，因此重视生态系统破坏（如开矿）的文化与实践意义。如李与戴利（Lee and Daly, 1999: 11）所观察到的，"人类学一直努力保持科学的严谨，但现在在很大程度上向更加人文的方向发展，这对行为生态学家来说也是一个挑战，他们需要让自己的研究与这个主题相关，帮助狩猎采集群体在文化、经济与生态上继续生存下去"。

最后，在狩猎采集者研究这一狭窄的专门领域之外，许多研究者仍在继续研究有关狩猎采集社会的丰富的民族志材料。代表性的研究包括多卷本的《北美印第安人手册》（*Handbook of North American Indians*）的出版，这套书记载了 500 个原住民民族，其中许多是狩猎采集者。关于澳大利亚的原住民（Edwards, 1987）与非洲的科桑人（Barnard, 1992），也有类似的综述类著作。更为晚近的巨著《剑桥狩猎采集者百科全书》（*Cambridge* *459* *Encyclopedia of Hunters and Gatherers*）（Lee and Daly, 1999）试图覆盖全球范围，与此同时，乔·亨里奇（Joe Henrich, 2006）与其他学者在进行一项雄心勃勃的长期民族志研究，试图在全球小型社会中进行经济实验，从而检验进化理论的预测能力。

结论

有关狩猎采集者研究的新近评述基本上是比较悲观的，通常都注意到了它作为一个独特的研究领域终将衰亡的宿命（Ames, 2004: 371），或是哀叹该研究领域的巴尔干化，即分裂成了许多彼此不相沟通的专业分支（Panter-Brick, 2001: 1）。伯奇（1994: 454）发现该研究面临三个挑战。第一，由于全球化的加速，对现存狩猎采集群体开展研究的机会正在迅速消失。不过，对西方学者而言，随着冷战后苏联解体，出现了一个研究西伯利亚狩猎采集群体的新机会（Schweitzer, 2000）。这些地区的新研究拓宽了狩猎采集者研究只专注于澳大利亚 / 非洲的状况，带来了有关狩猎采集社会牧养驯鹿起源，以及狩猎采集者与畜牧群体之间存在多样关系的新材料。许多西伯利亚族群，如汉特人（Khanty）（Jordan, 2003），也是复杂的狩猎采集者，不过与我们通常研究的北美洲西北海岸印第安人差异明显。类似之，其他地区的狩猎采集者研究给我们带来了更丰富的认识，让我们能够更好地把握狩猎采集者的多样性（Barnard, 2004: 4）。与此同时，贝加尔地区的考古学研究把全新世早期墓葬和居址的发掘与民族考古学研究结合起来，进而去理解仍然生活在该地区的鄂温克（Evenki）狩猎采集群体。

第二，伯奇（1994）提出，整个狩猎采集者研究领域并没有立足于有效的概念基础，狩猎采集者的生活方式存在非常丰富的变化与弹性，很难用当前的概念加以概括。凯利就此进行辩护，他支持把狩猎采集者看作一个分析类型，指出"自觉地使用……狩猎采集者这个概念没有什么问题——只要我们认识到，它本身不具有分析性，只是用于启发与教学的工具"（1995: 34-35），理论框架只需要解释更直接的变化。

当然，伯奇的第三个关注点就是狩猎采集社会的多样性。通过获取大量高精度的狩猎采集者行为多样性的材料，新的研究鼓励"探讨已知狩猎采集群体无比丰富的多样性，这些人群生活在极为多样的栖居环境中"（Panter-Brick, 2001: 9）。其不利的一面是，"和人类学的其他研究一样，狩猎采集者研究没有一致的范式（甚至没有共同的前提），能够用来解释狩猎采集者的行为多样性或是用以确定优先的研究课题"（Ames, 2004: 370）。埃姆斯（2004）发现存在多种相互重叠的理论方法，"从强烈的唯物主义到极端的后现代主义"都有，他特别批评过度关注特定历史的趋势，也就是说，研究失去了理论支撑（2004: 371）。

专门化的发展导致狩猎采集者研究不断扩充的分支之间的交流减少了（Panter-Brick, 2001: 1）。凯利将这种挑战归纳如下（1995: 33-34）：

> 在整个人类学思想史上，有关狩猎采集者的刻板印象总是从一个极端转向另一个极端：从肮脏、野蛮、短命到富裕，从吃肉到吃素，从平均社会到不平等社会；从孤立的化石到乡野无产阶级。人类学寻

求对具有普遍意义的狩猎采集者生活方式的解释，研究者努力进行概括，通常只使用很少的社会样本材料，有时甚至只有一例。努力概括本身并没有什么错；事实上，这本来就是科学家工作的组成部分。但是概括不应该掩盖其中暗含的多样性；不应该忽视理解的步骤。

有关狩猎采集者多样性的令人信服的解释——在世界观、生计、聚落、流动形态等方面，都还处在较为幼稚的阶段，有关认识的争论十分激烈，缺乏共识。其中一个学派是纯粹论，其思想来源可以追溯到朱利安·斯图尔德，他们支持采用自然科学的方法研究人类行为。一个范例是宾福德的研究（2001），他系统分析了390份有记载的狩猎采集者的民族志材料，其中包括详细的环境信息（世界气候、植物、动物），在此基础上识别了全球狩猎采集者行为的形态。他从大量研究中得出一些重要的结论，包括识别出一个人口拥挤阈值，即每百平方千米9.028人[1]，超过这个阈值，就会引发社会经济行为的重大变化。许多考古学上有关狩猎采集者的研究，尤其在北美洲地区，大多继承了这种更唯物主义的思想遗产。

其他研究也继承了唯物主义传统，但不那么强烈，同时采用了传统的生态学理论方法，并发展与应用了新达尔文文化传播理论以及行为生态学理论（Bettinger, 1991; Kelly, 1995; Maschner and Bentley, 2003; Shennan, 2002）。这些理论还与最佳觅食理论、人口学、健康、营养状况、领域划分、流动性等结合起来，强调决策过程研究，根据特定社会生态环境的成本收益来衡量决策，不同的决策最终会影响繁衍的成功与否。人类可以权衡不同因素并有针对性地改变自己的行为。把行为生态学与文化传播论

---

[1] 宾福德的原文是9.098人，9.028疑为本章作者引用时的笔误。——译者注

结合起来有助于解释历史偶然性，不仅在宏观尺度上，还在区域尺度上（Shennan, 2002），由此把狩猎采集者的适应论与人文主义的解释融为一体。

人文主义学派，或称多元话语论，不怎么关注生态学与唯物主义的解释，反而更关注观点的多样性，以寻求更全面的理解（Kent, 1996）。因此，承认狩猎采集者的弹性和多样性与描述及解释多样性的多元新理论相辅相成，也与人类学思想的总体发展一致，正如肯特（1996: 5）所指出的，新发展有利于更好地理解人类文化与行为，丰富相关的知识。不过，迄今为止，考古学家对这些新视角还没什么兴趣。

随着关注狩猎采集者的多样性日益变得重要，我们应该探讨不同的问题，关注某些能够探索特定问题的方法论。我们应该寻找共同的根基，以下三个研究方向特别值得关注：

- 我们应该更多地研究导致狩猎采集者复杂性起源的要素，包括人口增长、气候变化以及与诸如向农业或畜牧业过渡这种宏大社会变迁的关联（Arnold, 1996）（参见埃姆斯，第 28 章）。经典争论的基础仍然是西北海岸的印第安人（Ames, 1994; Ames and Maschner, 1999），但是对其他地区也应该开展类似的长时段研究，尤其是西伯利亚，这里有丰富复杂的狩猎 - 渔猎 - 采集文化，目前仍然处在国际争论之外（Schweitzer, 2000）。

- 我们应该更深入地研究人类行为能动性与进化分析之间的共同点，尤其是与社会象征行为之间的关系（参见本特利等，第 8 章）（Shennan, 1996, 2004）。约翰逊（2004）注意到，这些理论方法之间的潜在裂痕似乎不是出现在理论争论上，而是表现在对具体状况的分析之中。然而，这里并不必然存在矛盾，唯物主义理论方法研究的是更广泛的适应极限，强调阐释的理论方法研究的是当地的文化意义，两者之间是互补的关系（Jordan, 2004; Whitelaw, 1994）。最后，行为生态学家开始认真关注不经济的、浪费性的、无效的行为的共同形式，长期以来采用经典的成本－收益模型很难研究它们。许多形式的个体与群体生计活动（如狩猎大型或灵巧的动物）实际上可能是炫技，主要受到协商与展示威望的愿望驱使，其中的基本动力是竞争性展示（Bliege Bird and Smith, 2005: 229）。

● 景观的概念（Gosden and Head, 1994），包括空间的社会、象征和生计用途，仍然是探索行为与行动的替代描述最可行的途径。许多最近的研究对土地使用的概念进行了非此即彼的描述——要么将其视为环境，要么将其视为象征性的认知模板。我们可以进一步探讨世界观如何立足于环境与生计因素的基础，还可以辩证地考察其互动关系。事实上，兹韦莱比尔（2003: 65）注意到，"越来越多的证据表明，狩猎采集者……采用大量实际与象征策略改造并适应其景观，但是我们通常忽略了他们留下的痕迹"，这意味着"重新评估狩猎采集者的象征知觉与景观的社会使用……才刚刚开始"。再者，抛弃经济或宇宙观等固定类别的概念包袱，我们可以对诸如尸体处理、卡路里与宇宙观之间的关系等有更细致、更整体性的认识（Binford, 1978: 413）。昂贵信号分析（Bliege Bird and Smith, 2005）与物质文化研究理论有助于进一步分析狩猎采集者的器物、建筑与生计遗留，以揭示其在功能、社会和象征方面的意义与用途。

461

最后，自 20 世纪 60 年代的"人·狩猎者"会议以来，人类学与考古学有关狩猎采集者研究日益丰富，不断分化。在某种意义上，狩猎采集者研究仍然是人类学的中心与灵魂，并且是许多基本前提假设的基础，"阐明基本理论问题并提供现实的解决方案"（Myers, 2004: 175）。当然，不同学派之间沟通的瓦解，尤其是在研究人类学问题上，广泛的唯物主义与人文主义理论的针锋相对，也是狩猎采集者研究的特征（Panter-Brick et al., 2001: 1）。

相比而言，史前狩猎采集者研究部分受制于考古材料粗线条的特征，仍然保持着强烈的唯物主义倾向，尽管已有迹象表明，随着社会与象征视角的强劲发展，这种倾向可能会改变，这代表关注适应与经济的传统考古学视角的分化和逻辑拓展。

关键文献

想要了解狩猎采集者研究的新进展，在开展深入研究之前可以先参考以下文献：

《剑桥狩猎采集者百科全书》（Lee and Daly, 1999），其中包括许多最近记录的狩猎采集者的丰富文献。

潘特－布里克等（Panter-Brick et al., 2001）辑录新进展的著作。

凯利（1995）对狩猎采集者研究进行了非常好的总结。

贝廷格（1991）评述了研究狩猎采集者的唯物主义理论方法。

黑德兰与里德（1989）、施皮尔曼与埃德（1994）就狩猎采集者与农民关系的大量文献进行了系统综述，尤其侧重于撒哈拉以南非洲、南亚与东南亚地区。

巴纳德（2004）就不同地区的研究传统进行了很好的综述。

参考文献

Alexander, John. 1978. Frontier studies and the earliest farmers in Europe. In D. Green, C. Haselgrove, and M. Spriggs, eds., *Social organization and settlement*, 13–29. BAR International Series 47. Oxford.

Altman, Jon C. 1984. Hunter-gatherer subsistence production in Arnhem Land: The original affluence hypothesis re-examined. *Mankind* 14: 179–190.

Ames, Kenneth M. 1994. The Northwest Coast: Complex hunter-gatherers, ecology, and social evolution. *Annual Review of Anthropology* 23: 209–229.

———. 2004. Supposing hunter-gatherer variability. *American Antiquity* 69: 364–374.

Ames, Kenneth M., and Herbert D. G. Maschner. 1999. *People of the Northwest Coast: Their archaeology and prehistory*. London: Thames & Hudson.

Arnold, Jeanne. 1996. The archaeology of complex hunter-gatherers. *Journal of Archaeological Method and Theory* 3: 77–126.

Asad, Talal. 1991. Afterword: From the history of colonial anthropology to the anthropology of Western hegemony. In Jr. G. W. Stocking, ed., *Colonial situations: Essays on the contextualization of ethnographic knowledge*, 314–324. Madison: University of Wisconsin Press.

Barnard, Alan J. 1992. *Hunters and herders of southern Africa: A comparative ethnography of Khoisan peoples*. Cambridge: Cambridge University Press.

Barnard, Alan J. (ed.). 2004. *Hunter-gatherers in history, archaeology, and anthropology*. Oxford: Berg.

Barnard, Alan J., and James Woodman. 1988. Property, power, and ideology in hunter-gatherer societies: An introduction. In T. Ingold, D. Riches, and J. Woodburn, eds., *Hunters and gatherers*, vol. 2, *Property, power, and ideology*, 4–31. Oxford: Berg.

Bender, Barbara, and Brian Morris. 1988. Twenty years of history, evolution, and social change in hunter-gatherer studies. In T. Ingold, D. Riches, and J. Woodburn, eds., *Hunters and Gatherers*, vol. 2, *Property, power, and ideology*, 4–14. Oxford: Berg.

Bentley, R. Alexander, and Herbert D. G. Maschner (eds.). 2003. *Complex systems and archaeology: Empirical and theoretical applications*. Salt Lake City: University of Utah press.

Bettinger, Robert L. 1991. *Hunter-gatherers: Archaeological and evolutionary theory*. New York: Plenum.

Binford, Lewis R. 1978. Dimensional analysis of behavior and site structure: Learning from an Eskimo hunting stand. *American Antiquity* 43: 330–361.

———. 1980. Willow smoke and dogs' tails: Hunter-gatherer settlement systems and archaeological site formation. *American Antiquity* 45: 4–20.

———. 1981. *Bones: Ancient men and modern myths*. New York: Academic.

———. 1982. The archaeology of place. *Journal of Anthropological Archaeology* 1: 5–31.

———. 1983a. *Working at archaeology*. New York: Academic.

———. 1983b. *In pursuit of the past*. London: Thames & Hudson.

———. 1987. Researching ambiguity: Frames of reference and site structure. In S. Kent, ed., *Method and theory for activity area research*. New York: Columbia University Press.

———. 2001. *Constructing frames of reference: An analytical method for archaeological theory building using hunter-gatherer and environmental data sets*. Berkeley: University of California Press.

Bird David, Nurit. 1990. The giving environment: Another perspective on the economic system of hunter-gatherers. *Current Anthropology* 31: 183–196.

———. 1992. Beyond "the original affluent society." *Current Anthropology* 33: 25–47.

———. 1996. Hunter-gatherer research and cultural diversity. In S. Kent, ed., *Cultural diversity among twentieth-century foragers: An African perspective*, 297–304. Cambridge: Cambridge University Press.

Bliege Bird, Rebecca, and Eric A. Smith. 2005. Signalling theory, strategic interaction, and symbolic capital. *Current Anthropology* 46: 221–248.

Boas, Franz. 1966. *Kwakiutl ethnography*. Chicago: University of Chicago Press.

Boyd, Robert, and Peter Richerson. 1985. *Culture and the evolutionary process*. Chicago: University of Chicago Press.

Brody, Hugh. 2000. *The other side of Eden: Hunter-gatherers, farmers, and the shaping of the world*. London: Faber & Faber.

Burch, Ernest, Jr. 1994. The future of hunter-gatherer research. In E. S. Burch Jr. and L. J. Ellanna, eds., *Key issues in hunter-gatherer research*, 451–455. Oxford: Berg.

Burch, Ernest, Jr., and Linda J. Ellanna (eds.). 1994. *Key issues in hunter-gatherer research*. Oxford: Berg.

Cannon, Aubrey (ed). Forthcoming. *Structured worlds: The archaeology of hunter-gatherer thought and action*. London: Equinox.

Cashdan, Elizabeth A. 1983. Territoriality amongst human foragers: Ecological models and an application to fur bushman groups. *Current Anthropology* 24: 47–66.

Cunningham, Jerimy J. 2003. Transcending the "obnoxious spectator": A case for processual pluralism in ethnoarchaeology. *Journal of Anthropological Archaeology* 22: 389–410.

Dahlberg, Frances (ed.). 1981. *Woman the gatherer*. New Haven: Yale University Press.

David, Nicholas, and Carol Kramer. 2001. *Ethnoarchaeology*

in action. Cambridge: Cambridge University Press.

Denbow, J. R. 1984. Prehistoric herders and foragers of the Kalahari: The evidence for 1500 years of interaction. In Carmel Schrire, ed., *Past and present in hunter-gatherer studies*, 175–193. New York: Academic.

Dennell, Robin. 1985. The hunter-gatherer/agricultural frontier in prehistoric temperate Europe. In S. Green and S. M. Perlman, eds., *The archaeology of frontiers and boundaries*, 113–140. New York: Academic.

Dobres, Marcia-Anne, and John Robb (eds.). 2000. *Agency in archaeology.* London: Routledge.

Dyson-Hudson, Rada, and Eric A. Smith. 1978. Human territoriality: An ecological reassessment. *American Anthropologist* 80: 21–41.

Edwards, Wiliam. H. (ed.). 1987. *Traditional aboriginal society.* Melbourne: Macmillan.

Fewster, Katherine, and Marek Zvelebil. 2001. Pictures at an exhibition: Ethnoarchaeology of hunter-gatherers. In K. Fewster and M. Zvelebil, eds., *Pictures at an exhibition: Ethnoarchaeology of hunter-gatherers,* 143–157. BAR International Series 955. Oxford.

Forsyth, James. 1992. *A history of the peoples of Siberia: Russia's north Asian colony, 1581–1990.* Cambridge: Cambridge University Press.

Gamble, Clive S., and William Boismier (eds.). 1991. *Ethnoarchaeological approaches to mobile campsites: Hunter-gatherer and pastoralist case studies.* International Monographs in Prehistory. Ann Arbor.

Gardner, Peter M. 1985. Bicultural oscillation as a long-term adaptation to cultural frontiers: Cases and questions. *Human Ecology* 13: 411–432.

Gibson, Mhairi, and Ruth Mace. 2003. Strong mothers bear more sons in rural Ethiopia. *Proceedings of the Royal Society B* 270: S108–9.

Glavatskaia, Elena. 2004. Religious and ethnic revitalization among the Siberian indigenous people: The Khanty case. In T. Irimoto and T. Yamada, eds., *Circumpolar ethnicity and identity,* 231–246. Senri Ethnological Studies no. 66. Osaka: National Museum of Japan.

Gosden, Christopher, and Lesley Head. 1994. Landscape: A usefully ambiguous concept. *Archaeology in Oceania* 29: 113–116.

Gould, Richard, and John Yellen. 1987. Man the hunted: Determinants of household spacing in desert and tropical foraging societies. *Journal of Anthropological Archaeology* 6: 77–103.

Green, Stanton, and Stephen Perlman. 1985. *The archaeology of frontiers and boundaries.* New York: Academic.

Griffin, P. Bion. 1984. Forager resource and land use in the humid tropics: The Agta of northeastern Luzon, the Philippines. In Carmel Schire, ed., *Past and present in hunter-gatherer studies,* 95–121. New York: Academic.

Harris, David, R. (ed.). 1996. *The origins and spread of agriculture and pastoralism in Eurasia.* London: UCL Press.

Hawkes, Kristen, Kim Hill, and James F. O'Connell. 1982. Why hunters gather: Optimal foraging and the Ache of eastern Paraguay. *American Ethnologist* 9: 379–398.

Hawkes, Kristen, and James F. O'Connell. 1981a. Alyawara plant use and optimal foraging theory. In B. Winterhalder and E. A. Smith, eds., *Hunter-gatherer foraging strategies: Ethnographic and archeological analyses,* 99–125. Chicago: University of Chicago Press.

———. 1981b. Affluent hunters? Some comments in light of the Alyawara case. *American Anthropologist* 83: 622–626.

Hawkes, Kristen, James F. O'Connell, and Nicholas G. Blurton Jones. 1991. Hunting income patterns among the Hadza: Big game, common goods, foraging goals, and the evolution of the human diet. *Philosophical Transactions of the Royal Society, London B* 334: 243–251.

———. 1995. Hadza children's foraging: Juvenile dependency, social arrangements, and mobility among hunter-gatherers. *Current Anthropology* 36: 688–700.

Hawkes, Kristen, James F. O'Connell, Nicholas G. Blurton Jones, Helen Alvarez, and Eric L. Charnov. 1998. Grandmothering, menopause, and the evolution of human life histories. *Proceedings of the National Academy of Sciences USA* 95: 1336–1339.

Hawkes, Kristen, James F. O'Connell, and L. Rogers. 1997. The behavioral ecology of modern hunter-gatherers and human evolution. *Trends in Ecology and Evolution* 12: 29–31.

Hayden, Brian. 1981. Research and development in the Stone Age: Technological transitions among hunter-gatherers. *Current Anthropology* 22: 519–548.

Headland, Thomas N., and Lawrence A. Reid. 1989. Hunter-gatherers and their neighbors from prehistory to the present. *Current Anthropology* 30: 43–66.

Henrich, Joe, Robert Boyd, Samuel Bowles, and Herbert Gintis et al. 2006. "Economic man" in cross-cultural perspective: Behavioral experiments in 15 small-scale societies. *Behavioral and Brain Sciences.* In press.

Hiatt, Betty. 1978. Woman the gatherer. In F. Gale, ed., *Women's Role in Aboriginal Society,* 4–15. Canberra: Australian National University Press.

Hill, Kim, and Ana Magdalena Hurtado. 1995. *Ache life history: The ecology and demography of foraging people.* New York: Aldine.

Hitchcock, Robert K., and Megan Biesle. 2000. Introduction. In P. P. Schweitzer, M. Biesle, and R. K. Hitchcock, eds., *Hunters and gatherers in the modern world: Conflict, resistance, and self-determination,* 1–28. Oxford: Berghahn.

Hodder, Ian. 1982. *Symbols in action: Ethnoarchaeological studies of material culture.* Cambridge: Cambridge University Press.

———. 1986. *Reading the past.* Cambridge: Cambridge University Press.

Hoffman, Carl L. 1984. Punan foragers in the trading networks of southeast Asia. In Carmel Schrire, ed., *Past and present in hunter-gatherer societies,* 123–149. Orlando, FL:

Academic.

Hurtado, Ana Magdalena, Kristen Hawkes, Kim Hill, and Hillard Kaplan. 1985. Female subsistence strategies among Ache hunter-gatherers of eastern Paraguay. *Human Ecology* 13: 1–28.

Ingold, Tim. 1986. *The appropriation of nature: Essays on human ecology and social relations.* Manchester: Manchester University Press.

———. 1988. Notes on the foraging mode of production. In T. Ingold, D. Riches, and J. Woodburn, eds., *Hunters and gatherers*, vol. 1, *History evolution and social change*, 269–285.

———. 2000. *The perception of the environment: Essays in livelihood, dwelling, and skill.* London: Routledge.

Ingold, Tim, David Riches, and James Woodburn. 1988. *Hunters and gatherers.* Vol. 1, *History, evolution, and social change.* Oxford: Berg

Jochim, Michael A. 1981. *Strategies for survival: Cultural behavior in an ecological context.* New York: Academic.

Johnson, Mathew. 2004. Agency, structure, and archaeological practice. In A. Gardner, ed., *Agency uncovered: Archaeological perspectives*, 241–249. London: UCL Press.

Jordan, Peter. 2003. *Material culture and sacred landscape: The anthropology of the Siberian Khanty.* Lanham, MD: Rowman & Littlefield.

———. 2004. Examining the role of agency in hunter cultural transmission. In A. Gardner, ed., *Agency uncovered: Archaeological perspectives*, 107–134. London: UCL Press.

Keen, Ian. 2004. *Aboriginal economy and society: Australia at the threshold of colonisation.* Oxford: Oxford University Press.

Kelly, Robert, L. 1995. *The foraging spectrum: Diversity in hunter-gatherer lifeways.* Washington, DC: Smithsonian Institution Press.

Kent, Susan. 1992. The current forager controversy: Real versus ideal views of hunter-gatherers. *Man* 27: 45–70.

Kent, Susan (ed). 1996. *Cultural diversity among twentieth-century foragers: An African perspective.* Cambridge: Cambridge University Press.

Kroll, Ellen, and T. Douglas Price. 1991. *The interpretation of archaeological spatial patterning.* New York: Plenum.

Kuhn, Steven L., and Mary C. Stiner. 2001. The antiquity of hunter-gatherers. In C. Panter-Brick, R. H. Layton, and P. Rowley-Conwy, eds., *Hunter-gatherers: An interdisciplinary perspective*, 99–142. Cambridge: Cambridge University Press.

Layton, Robert, and Peter Ucko (eds). 1999. *The archaeology and anthropology of landscape: Shaping your landscape.* London: Routledge.

Leacock, Eleanor, and Richard Lee. 1982. *Politics and history in band societies.* Cambridge: Cambridge University Press.

Lee, Richard B. 1969. !Kung Bushmen subsistence: An input/output analysis. In D. Damas, ed., *Contributions to anthropology: Ecological essays*, 73–94. National Museum of Canada Bulletin 230. Ottawa: National Museum of Canada.

———. 1979. *The !Kung San: Men, women and work in a foraging society.* Cambridge: Cambridge University Press.

———. 1984. *The Dobe !Kung.* New York: Holt, Rhinehart & Winston.

———. 1992. Art, science, or politics? The crisis in hunter-gatherer studies. *American Anthropologist* 94: 31–54.

Lee, Richard B., and Richard Daly. 1999. *The Cambridge encyclopedia of hunters and gatherers.* Cambridge: Cambridge University Press.

Lee, Richard B., and Irven DeVore (eds.). 1968. *Man the hunter.* Chicago: Aldine.

Maschner, Herbert D. G. 1991. Emergence of cultural complexity on the northern Northwest Coast. *Antiquity* 65: 924–934.

McCreedy, Marion. 1994. The arms of the Dibouka. In E. S. Burch and L. J. Ellanna, eds., *Key issues in hunter-gatherer research*, 15–34. Oxford: Berg.

Morrison, Kathleen, and Laura Junker. 2002. *Forager-traders in South and Southeast Asia: Long-term histories.* Cambridge: Cambridge University Press.

Moss, Madonna L. 1993. Shellfish, gender, and status on the Northwest Coast of North America: Reconciling archeological, ethnographic, and ethnohistorical records of the Tlingit. *American Anthropologist* 95: 631–652.

Myers, L. Daniel. 2004. Subtle shifts and radical transformations in hunter-gatherer research in American anthropology: Julian Steward's contributions and achievements. In A. Barnard, ed., *Hunter-gatherers in history, archaeology, and anthropology*, 1–14. Oxford: Berg.

Pálsson, Gísli. 1988. Hunters and gatherers of the sea. In T. Ingold, D. Riches, and J. Woodburn, eds., *Hunters and Gatherers*, vol. 1, *History, evolution, and social change* 189–204. Oxford: Berg.

———. 1991. *Coastal economies, cultural accounts.* Manchester: Manchester University Press.

Panter-Brick, Catherine, Robert Layton, and Peter Rowley-Conwy. 2001. *Hunter-gatherers: An interdisciplinary perspective.* Cambridge: Cambridge University Press.

Pappu, Shanti. 2004. Down ancient trails: Hunter-gatherer in Indian archaeology. In A. Barnard, ed., *Hunter-gatherers in history, archaeology, and anthropology*, 129–142. Oxford: Berg.

Pinkoski, Marc, and Michael Asch. 2004. Anthropology and indigenous rights in Canada and the United States: Implications of Steward's theoretical project. In A. Barnard, ed., *Hunter-gatherers in history, archaeology, and anthropology*, 187–200. Oxford: Berg.

Pluciennik, Mark. 2004. The meaning of "hunter-gatherers" and modes of subsistence: A comparative historical perspective. In A. Barnard, ed., *Hunter-gatherers in history, archaeology, and anthropology*, 17–30. Oxford: Berg.

————. 2005. *Social evolution*. London: Duckworth.

Price, Neil. 2001. *The archaeology of shamanism*. London: Routledge.

Price, T. Douglas. 1981. Complexity in "non-complex" societies. In S. E. van der Leeuw, ed., *Archaeological approaches to the study of complexity*, 55–99. Amsterdam: University of Amsterdam.

Price, T. Douglas., and James A. Brown. 1985. *Prehistoric hunter-gatherers: The emergence of cultural complexity*. Orlando, FL: Academic.

Rowley-Conwy, Peter. 2001. Time, change, and the archaeology of hunter-gatherers: How original is the "original affluent society"? In C. Panter-Brick, R. H. Layton, and P. Rowley-Conwy, eds., *Hunter-gatherers: An interdisciplinary perspective*, 39–72. Cambridge: Cambridge University Press.

Sahlins, Marshall. 1968. Notes on the original affluent society. In R. B. Lee and I. DeVore, eds., *Man the Hunter*, 85–89. Chicago: Aldine-Atherton.

————. 1972. *Stone Age economics*. Chicago: Aldine-Atherton.

Schiffer, Michael. 1976. *Behavioral archaeology*. New York: Academic.

Schnirelman, Viktor A. 1994. Cherchez le chien: Perspectives on the economy of the traditional fishing-oriented people of Kamchatka. In E. S. Burch and L. J. Ellanna, eds., *Key issues in hunter-gatherer research*, 169–188. Oxford: Berg.

Schrire, Carmel (ed.). 1984. *Past and present in hunter-gatherer societies*. Orlando, FL: Academic.

Schweitzer, Peter P. 2000. Silence and other misunderstandings: Russian anthropology, western hunter-gatherer debates, and Siberian peoples. In P. P. Schweitzer, M. Biesle, and R. K. Hitchcock, eds., *Hunters and gatherers in the modern world: Conflict, resistance, and self-determination*, 29–54. New York: Berghahn.

Sharp, Henry S. 1994. The power of weakness. In E. S. Burch and L. J. Ellanna, eds., *Key issues in hunter-gatherer research*, 35–62. Oxford: Berg.

Sheehan, Michael. 2004. Ethnographic models, archaeological data, and the applicability of modern foraging theory. In A. Barnard, ed., *Hunter-gatherers in history, archaeology, and anthropology*, 163–174. Oxford: Berg.

Shennan, Stephen. 1996. Cultural transmission and cultural change. In R. Preucel and I. Hodder, eds., *Contemporary archaeology in theory*, 282–296. Oxford: Blackwell.

————. 2002. *Genes, memes, and human history: Darwinian archaeology and cultural evolution*. London: Thames & Hudson.

————. 2004. An evolutionary perspective on agency in archaeology. In A. Gardner, ed., *Agency uncovered: Archaeological perspectives*, 107–134. London: UCL Press.

Slocum, Sally. 1975. Woman the gatherer: Male bias in anthropology. In R. Reiter, ed., *Toward the anthropology of women*, 36–50. New York: Monthly Review Press.

Smith, Eric A., and Bruce Winterhalder. 1981. New perspectives on hunter-gatherer socioecology. In *Hunter-gatherer foraging strategies: Ethnographic and archaeological analyses*, 1–12. Chicago: University of Chicago Press.

Smith, Eric A., and Bruce Winterhalder (eds.). 1992. *Evolutionary ecology and human behavior*. New York: Aldine.

Solway, Jacquiline S., and Richard Lee. Foragers, genuine or spurious? *Current Anthropology* 31: 109–45.

Spielman, Katherine A. 1991. *Farmers, hunters and colonists: Interactions between the Southwest and southern plains*. Tucson: University of Arizona Press.

Spielmann, Katherine A., and James F. Eder. 1994. Hunters and farmers: Then and now. *Annual Review of Anthropology* 23: 303–323.

Steward, Julian H. 1936. The economic and social basis of primitive bands. In R. H. Lowie, ed., *Essays on anthropology in honour of Alfred Louis Kroeber*, 311–350. Berkeley: University of California Press.

————. 1938. *Basin-plateau aboriginal sociopolitical groups*. Bulletin 120. Washington, DC: Bureau of American Ethnology.

————. 1955. The concept and method of cultural ecology. In J. H. Steward, ed., *Theory of cultural change: The methodology of multilinear evolution*, 30–42. Urbana: University of Illinois Press.

Suttles, Wayne (ed.). 1990. *Handbook of North American Indians: Northwest Coast*. Washington DC: Smithsonian Institution Press.

Suzman, James. 2004. Hunting for histories: Rethinking historicity in the western Kalahari. In A. Barnard, ed., *Hunter-gatherers in history, archaeology, and anthropology*, 201–216. Oxford: Berg.

Testart, Alain. 1982. The significance of food storage among hunter-gatherers: Residence patterns, population densities, and social inequalities. *Current Anthropology* 23: 523–537.

Trigger, Bruce. 1989. *A history of archaeological thought*. Cambridge: Cambridge University Press.

Whitelaw, Todd M. 1994. Order without architecture: Functional, social, and symbolic dimensions in hunter-gatherer settlement organization. In M. Parker Pearson and C. Richards, eds., *Architecture and order: Approaches to social space*, 216–243. London: Routledge.

Whitley, David. 2000. *The art of the shaman: Rock art of California*. Salt Lake City: University of Utah Press.

Whitley, David (ed.). 2001. *Handbook of rock art research*. Walnut Creek, CA: AltaMira.

Wilmsen, Edwin N. 1983. The ecology of illusion: Anthropological foraging in the Kalahari. *Reviews in Anthropology* 10: 9–20.

————. 1989. *Land filled with flies: A political economy of the Kalahari*. Chicago: University of Chicago Press.

Wilmsen, Edwin N., and James R. Denbow. Paradigmatic history of San-speaking peoples and current attempts at revision. *Current Anthropology* 31: 489–524.

Winterhalder, Bruce. 2001. The behavioral ecology of hunter-gatherers. In Catherine Panter-Brick, Robert H. Layton, and Peter Rowley-Conwy, eds., *Hunter-gatherers: An interdisciplinary perspective*, 12–38. Cambridge: Cambridge University Press.

Winterhalder, Bruce, and Eric A. Smith. 1981. Preface. In B. Winterhalder and E. A. Smith, eds., *Hunter-gatherer foraging strategies: Ethnographic and archaeological analyses*, ix–x. Chicago: University of Chicago Press.

———. 2000. Analyzing adaptive strategies: Human behavioral ecology at twenty-five. *Evolutionary Anthropology* 9: 51–110.

Wobst, H. Martin. 1978. The archaeo-ethnography of hunter-gatherers or the tyranny of the ethnographic record in archaeology. *American Antiquity* 43: 303–309.

Woodburn, James. 1980. Hunter-gatherers today and reconstruction of the past. In A. Gellner, ed., *Soviet and Western anthropology*, 95–117. London: Duckworth.

———. 1982. Egalitarian societies. *Man* 17: 431–451.

Yellen, John. 1977. *Archaeological approaches to the present.* New York: Academic.

Yesner, David R. 1980. Maritime hunter-gatherers: Ecology and prehistory. *Current Anthropology* 21: 727–750.

———. 1994. Seasonality and resource "stress" among hunter-gatherers: Archaeological signatures. In E. S. Burch and L. J. Ellanna, eds., *Key issues in hunter-gatherer research*, 151–168. Oxford: Berg.

Zvelebil, Marek. 1996. The transition to farming in the circum-Baltic region. In D. R. Harris, ed., *The origins and spread of agriculture and pastoralism in Eurasia*. London: UCL Press.

———. 1998. What's in a name: The Mesolithic, the Neolithic, and social change at the Mesolithic-Neolithic transition. In M. Edmonds and C. Richards, eds., *Understanding the Neolithic of northwest Europe*, 1–36. Glasgow: Cruithne.

———. 2003. Enculturation of Mesolithic landscapes. In L. Larson, H. Kindgren, K. Knutsson, D. Loeffler, and A. Akerlund, eds., *Mesolithic on the move*, 65–73. Oxford: Oxbow Books.

Zvelebil, Marek (ed.). 1986. *Hunters in transition: Mesolithic societies of temperate Eurasia and their transition to farming*. Cambridge: Cambridge University Press.

Zvelebil, Marek, and Peter Rowly-Conwy. 1984. Transition to farming in northern Europe: A hunter-gatherer perspective. *Norwegian Archaeological Review* 17: 104–208.

第 27 章　农业起源与传播

467

马克·普卢西尼克、马雷克·兹韦莱比尔

（Mark Pluciennik，Marek Zvelebil）

农业起源及其传播问题与西方历史哲学和社会演化理论紧密相连，当然，在其他思想传统中也存在以生计方式区分人群的方法。这一议题在考古学内外通常包含显著的社会政治和意识形态差异，并影响了我们对农民与采集者生活方式的比较（Zvelebil, 1996a; Pluciennik, 1998; Rudebeck, 2000）。如今，已经不存在"纯粹的"狩猎采集者，每个人都直接或间接受到西方文明传播和各种形式的资本主义的影响，最终以农业和畜牧业为生计基础。

通常，农业被视为一场革命，是人类历史上的一次重要飞跃，也是发展广泛社会特征的必要基石。这些社会特征包括正面和负面方面，如定居、人口增长、地区性疾病、社会和政治等级制度、识字率提高、城市化、专业艺术和手工艺、广泛的环境退化、广泛的贸易，以及财产、法律、道德等更为普遍的文明形式。的确，若无驯化动植物，那么现有的人口、基础设施以及众多社会文化习俗和机构将无法以目前的形式存在。然而，对某些人来说，这一切似乎代价惨重。例如，新浪漫主义者和绿色运动中的部分思想家认为，农业的出现和推广是造成我们目前不幸状况的关键一步。

尽管如此，农业的传播往往与剥削（针对人类和环境的剥削）、人口增长的极端化以及各种形式的等级制度和权力集中化密切相关。无论我们如何看待全球人类历史的发展轨迹，不争的事实是小麦、玉米、水稻和大麦在目前全球主要农作物食品中占 78% 以上的份额。哈伦（Harlan, 1995: 115）指出，虽然"当系统运行良好时，它能养活众多人口……但饥饿和饥荒是农业系统的一个组成部分"，农业系统本质上是不稳定的。因此，许多学者深入探讨理论和历史原因，以剖析我们当前对各种农业的依赖，以及生计方式如何与其他社会特征发生关系。

研究历史、理论背景和当前问题

尽管古希腊和古罗马作家在其神话历史中提及了人们的生存方式，但直到 18 世纪中叶，"文明的"农民才明确地与早于他们的"野蛮的"猎人和"野蛮的"牧民区分开来（Meek, 1976; Rudebeck, 2000）。这种分类依据的只是猜测性的历史形式。其广泛接受的原因颇为复杂，但至少可以追溯到 17 世纪的思想潮流，这与农业和商业资本主义及其相关的早期经济理论密切相关。这些因素包括对土地的殖民冲突、农业圈地和改良的加速，以及对特定生活方式的评价和道德化考察。当时的理想生活方式建立在拥有封闭而私有的农业土地的定居社群基础上（Pluciennik, 2001）。这一传统影响了后来的人类学家和社会学家，如摩根（1877）、马克思和恩格斯（1884），并在经济学等学科和畅销书中保持活力。因此，自 19 世纪末以来，猎人和农民的类别已经可以映射到旧石器时代和新石器时代等考古学概念上（Tylor, 1881; Dawkins, 1894; Smith, 1916），并形成了强调进步的社会演化思想。因此，关于农业起源的性质、原因和重要性的观点的历史和政治影响超越了考古学。许多现今流行的解释，如人口压力，可以追溯到 18 世纪。

468

环境理论

社会演化的一些特征，尤其是技术进步带来无限好处的观念，至今仍然盛行。然而，到了 20 世纪初，学者们认识到，仅仅将农业视为一种自然的、优越的生活方式是不够的，必须为农业的发明和推广提供更具体的理由。在随后的环境主义范式中，环境变化作为一个控制或促成变量发挥了作用。这种理论认为，自然环境或者发挥着决定人类状况的主要作用（环境决定论），或者是一个被动的变量，设定一系列条件和可能性，人类在其中做出反应（环境可能论）。

虽然环境理论起源于 19 世纪，但使其广泛流行起来的是戈登·柴尔德及其绿洲理论。柴尔德（1928）根据美国地质学家庞佩利（Pumpelly）在土库曼斯坦所做的工作，认为北非的降雨模式在气候上与高纬度冰川有关。末次冰期结束时，随着冰雪消退，非洲夏季降雨向北迁移，干燥气候开始出现。人类、植物和动物都聚集在常流的溪水和河水以及永久的泉水沿岸。人与动植物的被迫集中使得尼罗河谷和北非及近东沙漠地区的其他地方出现了驯化现象。柴尔德后来将环境解释与马克思主义理论相结合，提出了新石器时代革命的概念（Childe, 1936）。在他看来，粮食生产是一场经济革命，是"人类历史上继掌握火之后的最伟大的革命"。柴尔德对农业起源的解释存在缺陷，包括他关于冰川与降雨之间的对应关系的假设。正如谢拉特（1997）在其综述文章中所指出的，柴尔德关于普遍干燥的设想并不适用于间冰期的开始，而是适用于之前的冰期。

文化生态学

文化生态学方法改进了环境主义的概念。在文化生态学中，自然环境与人类之间存在一种动态关系，它们作为一个系统共同发挥作用。这种动态关系的媒介是文化，它可以协调"社会需求及愿望与物质世界现实之间的关系"（Clark, 1957: 175），并成为人类"超机体的适应手段"（extra-somatic means of adaptation）。通过文化，人类可以运用新颖且复杂的社会、技术、政治和意识形态手段，共同解决适应性问题（Clark, 1957; Clarke, 1972; Binford, 1968, 1983a: 195-214, 1983b; Flannery, 1968, 1973; Reed, 1977）。在具体应用于农业起源上时，文化生态学方法关注人口与资源之间的关系。作为受控制系统的一部分，人群及其资源倾向于同质化，倾向于一种自我管理的、稳定不变的状态。各种形式的人口控制，如禁欲、杀婴、杀老、堕胎和避孕，都是这种调节的例子。当一些事件破坏了这种平衡时，对文化的适应性调整往往会使人类和他们的资源之间的关系进入一种新的动态平衡。在这一观点中，向农耕的过渡往往被解释为适应性反应：或适应环境变化，或适应人类流动模式的变化和定居的出现。

关注人类流动性、繁衍和人口健康变化的研究引发了另一种相关的人口学理论，该理论认为农业化是全球范围内人口缓慢但长期增长的结果。尽管存在不同形式的人口控制，但狩猎采集者在很长一段时间里以非常缓慢的速度增长。这种人口增长在旧石器时代晚期加速。当时，更多的人口选择定居，并加强了对资源的后勤管理，这使一些狩猎采集者得以放宽他们的生育控制措施，抚养更多孩子。起初，人们可以通过迁移到无人居住的地区并在那里定居来容纳更多的人口。然而，在大约 12 000 年前旧石器时代结束时，旧世界的大部分地区已经被人类占据，人们不得不采用集约化的生计手段。人口增长需要更多的食物，农业化是对这一需求的适应性反应。食物供应的增加是通过对动植物的密切控制和管理实现的，从而使更多的人得以生存。这标志着我们今天所熟悉的人口增长与萧条、粮食需求增加与粮食短缺以及经济发展周期的开始（Cohen, 1977, 1989）。

469

文化生态学与人口学理论的区别在于，前者强调生态变化是主要驱动力，而人口学家强调人类繁殖是关键变量。重要的是，这两者在一个基本假设上也存在差异。对文化生态学家来说，人口与资源倾向于达到动态平衡，因此需要确定具体的事件作为破坏这种平衡的特殊情况。然而，对人口学家而言，人类对其繁殖的控制具有内在缺陷，人口增长，无论多么不稳定和多变，都是可以预料的。

演化论

自拉马克和达尔文时代以来，演化论的解释就一直存在。这一理论的最新研究已经从文化进步和环境决定论中抽离出来，转而强调人类、植物和动物之间的共生演化（Higgs, 1972, 1975; Bailey, 1983）。人类主宰的观点已不再流行，学者们如今更倾向于接受人类与其食物资源之间互惠共生的思想。例如，林多斯（1984, 1989）认为，农业并非为了满足任何需求，也不是基于任何目标而被发明的。农业的发展是共同演化的结果，人类与植物仅通过相互作用便建立了共生关系。栽培植物时的选择（无论是偶然的还是有意的）会导致植物形态和基因库的相应变化，植物最终会发展为被驯化的物种。因此，生物驯化将通过数代的文化选择来完成。布鲁斯·史密斯（Bruce Smith, 1995: 23）认为，通过控制种子植物等的繁殖周期，人类实际上为这些植物创造了一个独立的平行世界。在这个新世界中，成功的规则与野生植物世界的规则有所不同。这些新规则有利于培育出更大的种子、更大的籽粒、坚韧的花轴以保留种子以便收获，以及后来的未去壳品种。所有这些特征都成为植物驯化的标志，在考古记录中可以将其识别出来。因此，驯化是一个相互作用的过程。遗传上不相关的生物之间相互作用，使所有参与者都具有更强的适应性。

社会解释

其他关于农业过渡的解释强调了社会和意识形态因素。社会竞争理论认为，人类社会本质上是竞争性的，当人们为地位、影响力和权力竞争时，他们会利用额外的资源来提高自己和亲属的地位，并维护与其他群体的联盟。这通常通过具体的仪式化接触来实现，如仪式性宴飨、礼物交换、贸易等。人们需要额外的资源来维持这种交换，导致食物需求量超出了他们眼前的饮食需求（生产过剩）。这种基于社会动机的额外食品生产需求可以通过采用更密集的开发系统如农业来满足（Bender, 1975, 1978; Thomas, 1987; Hastorf, 1999; Price, 2000）。

当狩猎采集群体与已采用农业的群体接触时，有时也会出现类似的情况。初级农业社群与邻近的狩猎采集群体之间会形成一系列复杂的关系，涉及交换、贸易和通婚。这些关系具有独特的结构，定义了一种农业边界区。这些关系中有些是共生的，有些是竞争性的。对狩猎采集群体而言，其结果通常是社会不同阶层之间的竞争加剧，因为不同的家庭和亲属群体为了争取农民持有的资源或在农业社群中复制社会关系而相互竞争。两者接触的另一个结果可能是对本地资源的过度开发，因为狩猎采集者需要不断开发所需的物品，如为农业社会控制的市场提供毛皮；他们实际上成了商业狩猎采集者。社会竞争或商业狩猎都可能导致资源的开发和生产过剩。狩猎采集的生存方式可能无法满足这种需求，因为其生产力受到野生资源自我更新能力的限制。一个可能的最终结果是对未驯化资源实行更大程度的控制（畜牧业），并采用农业生产（Zvelebil, 1996; Zvelebil and Lillie, 2000; Price, 2000; Tringham, 2000）。

在特定历史背景下，社会、环境和人口因素可创造出一系列条件，以促进农业化。但具体行动方式取决于人，在意识形态和宇宙观的框架内，这会受到人们信仰和期望的影响。一些研究者强调，意识形态和宇宙观是解释农业过渡（或抵抗）的关键因素（Cauvin, 1994; Chase, 1989; Yen, 1989; Thomas, 1996; Ingold, 1996）。这些研究表明，动植物的驯化源于意识形态，而非社会和经济。其中最突出的理论来自伊恩·霍德（1990），他认为驯化是一个从概念到社会再到经济的过程，因为人类试图掌控自然，并将环境纳入文化体系中，驯服环境以减少威胁。例如把自然、植物和动物从外部、田野的领域（agrios）带到内部、房屋的领域（domus）与控制之下。在考古材料中，家庭建筑的发展、内部装饰和房屋的精心设计，以及在房屋内或附近埋葬死者（"驯服死亡"），都证明了这些文化改造行为的重要性。它们象征着文化的安全，而不是桀骜不驯的自然界的危险。在此理论中，驯服（taming）和驯化（domestication）野生动植物可以被看作更广泛的文化进程中的一个步骤。

驯化的概念

农业的基础在于培育驯化植物和饲养家畜。因此，驯化是定义农业的关键部分，但农业不仅限于驯化。同样，驯化也不仅仅是管理植物和动物繁殖以及通过选择性繁殖改变其特征的过程。它更多地是指将对人类有益的动植物纳入家庭，从而加强对它们的控制；它是一种社会化行为，是对自然资源的概念化。驯化被视为一种驯服自然的行为，这一观点已经得到了许多学者的认可（Higgs, 1972, 1975; Reed, 1977; Zvelebil, 1986; Harris and Hillman, 1989; Cowan and Watson, 1992; Gebauer and Price, 1992; Cauvin, 1994; Price and Gebauer, 1995; Harris, 1996; Smith, 1995; Gosden and Hather, 1999; Price, 2000）。

驯化动植物的出现是一种文化选择的结果，需要人们首先对未驯化物种进行栽培和照料，进而引发行为上的驯化（behavioral domestication）。因此，在物种驯化发生之前，这种管理已经持续了一段时间，这可以从考古记录中的动植物形态学中得到证实。不同的学者将这一关键的文化选择过程细分为不同的步骤。但是，人类对资源的控制程度和阈值各有不同，因此需要区分饲养（husbandry）和栽培（cultivation）或驯化这两种活动。

一个阈值是驯化食物资源。当许多专门狩猎和采集的传统中所隐含的共生关系达到驯服或行为驯化的地步时，便会发生这种情况。在文化上，这标志着有意识且有效地采取策略以加强对食物资源的控制，并改善有利于繁殖选定物种的生境条件。就植物性食物而言，这种做法包括保护性的植物照料、有选择地焚烧林地、除草和改良土壤，也可能包括播种或种植。对动物来说，这可能包括有选择地捕杀、喂养、圈养、放养和清除天敌。通过这些做法，动物变得驯化，植物变得半驯化，也就是说，它们习惯于人类的存在，依附于人类的居住地，并在互利的关系网中依赖人为环境。正是由于这些促进性的做法，社会关系发生了改变，更倾向于投资、延迟回报和资源占有（Barnard and Woodburn, 1987），这远远早于实际的栽培。对这些社会实践的认识仍然是考古学家所面临的挑战，因为那些已被驯化但形态上野生的食物资源几乎没有任何明确的生物或考古学特征。

在某些情况下，通过对目标资源进行选择性繁殖或实施其他形式的选择，可以导致生物发生变化。对动植物的饲养和驯服进而导致了驯化植物的种植业或驯化动物的畜牧业。文化选择导致生物体基因发生了变化，这区分了行为驯化和生物驯化。跨越这个界限后，被文化驯化的物种演化成了一个新物种，它具有独立的基因组和新的外观，表现出被人类培育的表型特征。这些物种最终往往需要依赖人类才能生存和繁衍，这是人类控制 *471* 的最终形式。

以上信息可以概括为四个要点：（1）农业起源是一个长期、渐进的过程，其中行为驯化早于生物驯化。（2）它代表了生存强化策略（即增加食物获取能力）中的一种选择。（3）对农业的采纳取决于狩猎采集群体的一系列选择，农业的相对优势取决于每个地区的环境条件和历史限制。（4）以上讨论中的每一种解释都仅揭示了现实的一个部分。将农业的起源或传播归因于单一要素是困难的。在大多数情况下，它涉及意识形态、社会、经济等多种因素。

案例分析

传统上，自 20 世纪 20 年代俄罗斯植物学家瓦维洛夫（Vavilov, 1926）的开创性工作以来，关于农业起源和发展的研究主要集中在确定所谓的驯化中心上。考虑到当前科学资源的分配和全球范围内的主要粮食作物，迄今为止，大多数工作集中在农牧业（如种植小麦、大麦、豆类，还有饲养绵羊、山羊和牛）的源头——西南亚以及中美洲地区（玉米、豆类、南瓜的起源地）。许多有性繁殖的植物（如谷物、玉米）和动物通过栽培或管理发生了基因及形态上的变化，因此可以被认定为是被驯化的。然而，无性繁殖的植物，如南美洲、亚洲、非洲和太平洋地区的块茎，考古遗存较少，不易被定性为栽培的而非野生的，这加剧了这类研究的不平衡（参见 Hather, 1996; Perry, 1999）。然而，目前学术界普遍认为，至少有三个甚至可能有七个核心地区可以确认早期或独立的栽培或驯化：西南亚、中美洲、南美洲安第斯山区、中国北部和南部、撒哈拉以南非洲以及美国东部。因此，尽管许多其他地区也可能存在对植物和动物的管理（见下文），但我们可以确定当代农耕系统发展的核心，以及它如何通过各种过程扩散开来，从小规模的迁移和收购到殖民扩张中典型的大规模土地占有。不过，这里仅考虑了部分被管理并驯化的动植物。

西南亚

在西南亚地区，我们可以确定当代农业的三个主要组成部分——谷物、绵羊和山羊以及豆类（尤其是扁豆和豆子）的早期使用和驯化，在大约 8 500 年前，三者被广泛结合起来使用。然而，关于这些变化的时间、地点或许多方面的相互关系，我们仍然知之甚少。在这一时期之前，即在大约 13 000 至 10 000 年前的晚更新世，考古学揭示了纳吐夫文化及其相关遗址和遗物的存在，其中最著名的是地中海的黎凡特地区（Bar-Yosef and Belfer-Cohen, 1992）。在此期间，有可靠证据表明，部分遗址的居民越来越依赖于收获野生草籽，也就是现代小麦和大麦的祖先。有关证据不仅来自这些植物的遗存，还来自大量用于切割草茎的带有特殊光泽的石片（Unger-Hamilton, 1989; Hillman and Davies, 1992: 147-148）。此外，遗址中还存在相对较大的永久性结构，有些甚至被描述为村庄，再加上已确认的适合与人类紧密共生的小动物（如老鼠、麻雀）的骨骼，这表明其中一些遗址可能在不同程度上被社群的全部或部分成员长期使用（Bar-Yosef and Belfer-Cohen, 1992: 32）。大约在 10 000 年前，其他前陶新石器时代 A 期（PPNA）的村庄遗址展示了驯化谷物的证据，这意味着谷物在形态上发生了变化。最值得注意的是，这种早期的小麦（如一粒小麦、二粒小麦）和大麦显示出了这样的变化：谷轴（将谷物固定在一起的茎）变硬，穗中谷物的数量或大小增加。同样，驯化的（即栽培和受控制的）豆类的尺寸通常会增大。而其他形态学的变化，如种皮的厚度和结构变化，可以通过使用扫描电子显微镜来识别。尽管这类变种在野外确实偶尔出现，但某些选择过程使其成为主导，这是识别驯化作物的关键因素。

472

在该地区或其他地区，对这些植物的广泛了解和使用并不稀奇。大约 2 万年前的奥哈罗 II（Ohalo II）遗址就记录了野生大麦的收获（Kislev et al., 1992）。在叙利亚幼发拉底河沿岸的阿布胡赖拉（Abu Hureyra）遗址，考古学家们发现了 150 多类种子植物，尽管其中许多可能与食用无关（Hillman et al., 1989; Hillman, 1996）。在某些草本植物的驯化过程中，最关键的是它们的种子的传播方式、丰度和收获方法。希尔曼和戴维斯（Hillman and Davies, 1990, 1992）的实验工作表明，在短短 20 年内，收获野生谷物的时机和性质便可以导致可识别的驯化。

有证据表明，生物驯化在几百年内就完成了，并且各地的人们都逐渐开始对所有三种谷物和豆类（小扁豆、鹰嘴豆和豌豆）产生依赖。再加上一些前陶新石器时代 A 期遗址如耶利哥（Jericho）所显示的定居规模较之前的纳吐夫时代有所增加，最终形成了壮观的城墙和其他结构。这表明在距今 10 000 年左右，该地区的许多人在定居、社会和生计组织（包括食物储存）方面发生了显著变化（Bar-Yosef and Belfer-Cohen, 1992: 38）。

同时，这些前陶新石器时代 A 期遗址内的人们继续依赖狩猎来获取大部分蛋白质。

根据目前的证据，这种耕作方式在随后的前陶新石器时代 B 期（PPNB，大约距今 9 500 年至 8 500 年前）向北和向东传播，首先进入安纳托利亚（Anatolia）和扎格罗斯（Zagros）地区，在那里，绵羊和山羊似乎首次被驯化。尽管我们尚不确定这两个地区本地谷物的驯化情况，但在前陶新石器时代 B 期晚期，驯化动物可能已经向南逆向交换。我们发现，在距今约 8 500 年前，也就是在假定的最初的驯化植物种植开始后大约 2 000 年，驯化植物和动物首次在黎凡特走廊内融合。

如何识别那些受到高度管理或驯化的动物物种也是一个问题。例如，山羊角芯由直变曲，或者驯化动物的体型普遍缩小，可能仅向我们展示了一个漫长的管理和控制过程的最终结果或有意识的结果。绵羊可能最早是在幼发拉底河中部地区被驯化的，那里的三处遗址［阿布胡赖拉遗址、恰约尼遗址（Çayönü）和卡菲遗址（Cafer）］显示，在距今 8 700 年至 8 500 年，绵羊骨骼在身体中的比例显著增加或尺寸显著缩小，随后几个世纪该地区的其他一些遗址也显示出了类似的情况（Smith, 1995: 53-62; Legge, 1996）。大约在同一时期甚至更早，山羊似乎已经在更东边的中心地区被驯化（Jarmo, Ganj Dareh），而在更西边，可能被驯化的山羊迅速出现，与被驯化的绵羊的出现同步。猪和牛在最早的农耕遗址中相对不那么重要；前者可能在距今 9 000 年后半期在该地区北部［如恰约尼、格瑞提尔（Gritille）］被驯化，而据目前所知，牛的驯化可能发生在距今 8 000 年左右的安纳托利亚东南部和附近地区。

我们对中亚了解甚少。土库曼斯坦的早期农业似乎在距今 8 000 年左右就已经在哲通（Jeitun）出现，以各种麦类为主，除此之外还有被驯化的绵羊和山羊，不过狩猎羚羊似乎才是肉类的重要来源（Harris and Gosden, 1996）。这类遗址可能是农牧业在西南亚最初的传播圈的东北边界。同样，位于伊朗高原和印度河流域之间的梅尔伽赫（Mehrgarh）遗址似乎处于这一区域的东南边缘，大麦（和部分小麦）以及绵羊可能是从更远的西部引入的，并在距今 7 000 年左右出现。后来，该地区出现了本地的驯化植物（棉花、磨豆和椰枣）以及来自其他地方的植物［来自西亚的扁豆、豌豆，来自非洲的高粱和小米（Webber, 1998），以及可能来自东亚的水稻］，这表明在随后的几千年里，亚洲南部出现了"多种驯化、引进、杂交、替代……和灭绝"（Meadow, 1996: 405）的综合现象。然而，可能直到距今 4 000 年左右，放牧动物（水牛、绵羊、山羊和牛）和栽培一系列的作物才能算作整个南亚西北部定居的特征。不过在更早的时候，以农业为基础的社会已经发展起来，如印度河流域的哈拉帕社会（Webber, 1999; Fuller, 2001, 2003）。

关于西南亚农业起源的讨论通常强调在更稳定的狩猎采集群体中发展谷物（而非豆类）种植，这些做法最终与对绵羊和山羊的密切管理相融合。二者都代表了粮食生产的强化，从而加强或促进了更集中、更密集和范围更广的聚落的发展。该地区的聚落随后往往呈现为大型土堆状，这些土堆是在重建泥砖结构建筑时堆积形成的。通常认为，在此时期，人口和对周围地区的开发显著增加。原因通常被归结为一定程度的压力，无论是气候和环境变化及其引发的可用资源的变化所导致的压力，还是人口压力（如 Binford, 1968; Cohen, 1977; Henry, 1985; Köhler-Rollefson, 1988; Bar-Yosef and Belfer-Cohen, 1992; Bar-Yosef and Meadow, 1995），尽管近年来学者趋向于从单一原因解释转向呈现历史发展的偶然过程。其他学者如科万（Cauvin, 2000）和霍德（1990）强调了社会或象征性因素在农业发展某个阶段的重要性，并将越来越多的社会控制和"自然"控制相提并论。还有人认为，社会各阶层之间的竞争为经济集约化提供了载体，最终导致了粮食生产。根据本德（1978）和海登（Hayden, 1990）的观点，在这种情况下，特定的食物或动物被视为理想的声望或交换物品。由于对该地区的研究重心是农业起源（参见 Byrd, 1992），因此与欧洲等地区相比，对农业传播过程的关注相对较少，尽管可以找到农业实践在几千年内从土库曼斯坦和巴基斯坦向土耳其西部传播的证据。科莱奇等（Colledge et al., 2004）对许多遗址保存的作物和相关野草的分析显示，在黎凡特核心区、塞浦路斯和希腊，作物和野草有许多相似之处，表明这些地区最早的农民之间存在共同的早期农业实践，并暗示有一套直接的联系或迁移路线。在此，我们需要强调驯化行为在地理上的偶然性，特别是与谷物和牲畜有关的驯化。最终被栽培的植物和被驯养的动物，只是最初被利用的动植物中的少数。然而，这些偶然的结果最终使家畜和作物在一个不断扩张且相对灵活的生存环境中实现了高产但有风险的融合（Harris, 1996: 557）。

中美洲

中美洲和南美洲北部农业的特征在于玉米、豆类和南瓜的发展。玉米如今已成为美洲最重要的作物，它起源于野生植物大刍草（Iltis, 1983）。大多数模型认为，驯化最早发生在墨西哥中南部，该地的洞穴遗址中发现了野生和驯化品种的遗迹。然而，有学者利用花粉（显示了早期对植被的控制和清理）和玉米型植硅石（由沉积在植物细胞中的硅酸盐形成）证据论证了更早且更广泛的驯化和传播，尽管这些证据是间接的且往往没有确切的测年（Benz and Long, 2000; Fritz, 1994; Hastorf, 1999; McLung de Tapia, 1992; Pearsall, 1994, 1995）。目前的共识是，玉米在距今约 5 500 年前的墨西哥中南部被驯化，在随后的 2 000 年里，玉米逐渐向北和向南扩散。尽管与西南亚相比，该地区已知的遗址相对较少，但我们似乎可以看到一种不同的模式，即植物首先在相对流动的群体中被驯化，野生和驯化资源被共同使用，可能呈现为一种园圃农业（Flannery, 1986; Blake et al., 1992）。在村庄中种植能够养活密集且相对固定的人口的主要作物意义上的农业，则直到较晚时期才出现。这种小规模使用且野生和驯化资源并用的模式似乎在美洲许多地区都有出现。有人认为，玉米最初是作为一种特殊的、具有声望或至少是被限制使用的植物传播的，而不是为了现代意义上的提高生产力（Hastorf and Johannessen, 1994）。

我们对豆类驯化的了解相对较少。有人认为，普通豆（菜豆）和利马豆（棉豆）可能分别在墨西哥和安第斯山脉南部经历了两次驯化（Kami et al., 1995）。然而，这两种豆子或许都是在大约 2 500 年前才被确认为已驯化（见下文）。关于南瓜，也存在类似的识别和年代问题。目前尚不清楚玉米、豆类和南瓜在驯化方面的关联程度。许多关于中美洲和南美洲农业起源的问题仍有待解决。我们缺乏确切的年代学证据，无法确定农业在饮食中的贡献程度，而且识别农业起源并不一定能帮助我们理解与农业相关的更广泛的社会和文化问题。这是因为，虽然我们了解了这些植物的早期使用和推广，但形态和遗传驯化并不一定能展示这些植物的重要性。这一点在美洲其他地区也得到了体现。有证据表明，在整个南美洲，许多植物，包括南瓜、豆类和各种块茎，都被使用过。如今，块茎植物中最重要

474

且最普遍的是马铃薯（尽管许多其他块茎植物也曾经或仍在被使用）。就马铃薯而言，淀粉粒的大小和形状的变化是驯化的可能标志，但我们对其栽培历史了解甚少。早在晚更新世就有人类使用马铃薯的记录，但研究表明，直到大约 4 500 年前，在安第斯山脉中部，马铃薯才成为一种重要的栽培作物（Smith, 1995: 179）。这可能是一个更普遍模式的一部分，即许多地区在 5 000 年至 4 000 年前对栽培和管理食品的依赖性增加，生产也变得更加密集。尽管缺乏物质遗存和明确的标记，但其他证据也表明了这一点。例如，种子作物藜麦（Chenopodium quinoa）可能是在安第斯山脉南部（秘鲁）被驯化的，随后在距今约 4 500 年前向北扩散。在大约同一时期，也有证据表明出现了圈养羊驼，例如居址和房屋的柱洞中普遍存在其幼崽的骨骼。控制、驱赶、管理畜群以及有意或无意地栽培和保护藜麦林之间，可能存在着各种联系（Smith, 1995: 173-174）。

哈斯托夫（1999: 41）指出，秘鲁拥有悠久的驯化历史，在很长一段时间里，当地对资源的关注始终集中在行为驯化上：

> 沿海地区种植农作物的最早证据出现在前 8000—前 6000 年的前陶Ⅲ阶段。然而，实质性的农业，即在沿海地区种植 15 到 20 种常规作物，直到前 2100—前 1400 年，即大约 4 000~5 000 年后才出现。

与中美洲不同的是，南美洲安第斯山区最终将动物纳入了新的生活体系，但关于驯化的论证和定义相较于西南亚的证据更为间接。美洲驼（由原驼驯化而来）和羊驼（由骆马驯化而来）与旧大陆的骆驼一样（它们与骆驼具有亲缘关系），并没有表现出明显的驯化形态特征。驯化的、野生的以及那些先被驯养但后来又恢复野生状态的品种之间的关系，如欧亚大陆的猪和驯鹿，可能使情况变得更加复杂。然而，我们可以指出过去某些物种对某些群体的重要性，并根据这一重要性对其动植物管理（我们不妨称之为"驯化"）进行推测。这里还可以补充第三种南美洲的动物，即豚鼠。在安第斯山脉中部和北部，它们至今仍然是当地重要的食物来源，也许在大约 4 500 年前首次被驯化。它们广泛分布在安第斯山脉中南部，在被驯化之前的几千年里，是许多地区狩猎采集者饮食的重要组成部分（Valdez and Valdez, 1997）。

虽然关于美洲动植物驯化起源和传播的证据远不如西南亚的那么确定，但基本可以肯定的是，美洲社会早期，美洲中部和南部广大地区的许多群体就开始在不同程度上利用并管理各种植物和动物。尽管后续研究可能会揭示出两个或更多目前广泛使用的、可识别的驯化植物和动物的起源中心，但一些此类中心的确定似乎可能归因于当代因素，如考古学的发展，或某些物种（如玉米或马铃薯）在当今世界的统治地位。目前的证据表明，各种驯化物种融入了相对缓慢变化的、通常是流动的景观之中。在随后的某个时间点（也许部分是由于缺乏家畜的整合而推迟），出现了更密集的耕作系统，从而出现了更集聚、更密集的聚落和更多的人口。但对于这些因素的因果关系，目前人们还很不清楚。

中国

全球范围内第三个重要的动植物驯化中心位于中国东南部，涵盖了水稻、小米、鸡、水牛以及猪等物种。早在距今 15 000 年前，中国便开始使用陶器并种植野生稻，然而我们对这两者早期历史的了解仍不充分（Zhang, 2000; Zhao and Wu, 2000）。目前普遍的共识是，自大约 9 000 年前起，长江和黄河沿岸便出现了大型的密集定居村落，这些村落拥有精美

475

的物质文化和墓地，这必然在一定程度上依赖于集约化的食物管理技术。迄今为止，人们尚未就准确识别驯化水稻的小样本标准达成一致意见，但同中美洲的情况一样，这种特殊的辩论可能忽略了更广泛的问题。目前已知最早的水稻种植证据来自长江中游的湖北地区（Crawford and Shen, 1998; Higham and Lu, 1998）。相关证据表明，在大约 8 000 年前，这些水源充足的低地上居住的人们可能已经建立了依赖于水稻种植的长期聚落，很可能还驯养了猪和其他动物。在向东约 800 千米处的太湖和杭州湾周围，许多与湖北地区的聚落同时期的聚落遗址同样显示出水稻种植的证据（可能追溯至距今 7 000 年前），以及对其他水生植物种（如菱角、莲子）的密集使用和可能的驯化，还有对狗、猪和水牛的驯化。与湖北盆地的遗址一样，最早依赖于农耕的聚落尚不为人所知。然而，如果以可识别的驯化水稻的出现为标志，那么中国的早期农业变革可能与西南亚一样迅速。后来对亚洲野生谷物进行的类似的实验工作表明，水稻的形态驯化过程可以非常迅速，而且在很大程度上取决于野生品种的收获方法（Lu, 1998）。

在湖北盆地以北约 600 千米处，有进一步的证据表明，亚洲东部曾是一个驯化中心，尽管各遗址的分布较为分散。在黄河中部及其支流周围发现了许多早期农业聚落的遗址，其中至少有一部分是以种植小米为基础的，时间大约在 8 000 年前。也有人认为，这些遗址包含了将鸡和猪纳入农业生活方式的最早证据，但许多遗址（如杭州湾周围的遗址）也提供了证据，表明当地出现了对各种植物和动物的密集使用，包括采集、种植、狩猎和放牧。

中国东南地区早期农业记录的重要性在于，它揭示了在三个相距较远的地区（尽管河谷可能提供了便捷的特殊交流途径），在大约同一时间，特定类型的植物或动物管理实践有时导致了区域性或后来具有全球重要性的植物和动物的驯化。不同区域间的差异不仅体现在水稻区和小米区之间，还体现在生活和社会实践的其他组成部分上。这些差异表明，不同地区的农业发展是人们广泛接触、熟识动植物资源的偶然结果。这里和其他地区一样，潜在的驯化物种可能包括果树和坚果树、蔬菜和水生根茎作物等。

在亚洲南部的其他地区，也存在对野生资源的潜在密集使用和管理。虽然水稻已在中国被驯化，但它似乎直到距今约 5 000 年前才开始被广泛使用，并在中国迅速向北扩散。从距今约 4 000 年前开始，水稻逐渐在韩国传播（Nelson, 2000），并向南扩展至整个东南亚地区，向西扩展至印度和巴基斯坦（Glover and Higham, 1996）。韩国的情况与日本相似，那里高度发达且长期存在的绳文聚落是以捕鱼、采集和狩猎为基础的。在距今约 6 300 年前，一些较为次要的植物得到了栽培，某些树木和块茎可能也得到了管理；而在距今约 3 000 年前，人们也已了解并小规模地种植了水稻和大麦（Ikawa-Smith, 1980; Aikens and Higuchi, 1982; Akazawa, 1986; Suzuki, 1986; Glover and Higham, 1996; Imamura, 1996; D'Andrea, 2000; Nelson, 2000）。然而，直到约 2 400 年前，密集的水稻种植才突然出现在日本东南部，随后迅速向北扩散。这表明，尽管以谷物为基础的农耕和畜牧业可以促使人口迅速、广泛地增长，但这往往与集中的、高度组织的、等级制的社会和政治实体有关。农业的存在既非这些实体存在的必要条件，也非充分条件。历史上或考古学上已知的采集群体中有很多这样的例证，如美国佛罗里达州的卡卢萨人（Marquardt, 1988; Reitz, 2000）、许多太平洋西北海岸社会（Maschner, 1991; Arnold, 1996）、韩国（Nelson,

2000）以及日本的绳文群体（Imamura, 1996）。

非中心地带的其他管理制度

476　　考古学、民族志和历史证据表明，全球各地的狩猎采集者在现代和过去通常对各种动植物有很深的了解，并可能采用许多策略来控制和管理它们：为它们提供适宜的栖息地（通过为水生植物和鳗鱼筑坝灌溉）、重新种植或保护部分块茎，以及使用火和其他形式的土地清理来促生特定的动植物（如鹿）。在全新世初期，狗在世界许多地方被从狼独立驯化而来（Savolainen et al., 2002），猪在亚洲东部、亚洲西南部、欧洲部分地区和美洲被驯化；牛在亚洲西南部和南部被驯化（Luikart et al., 2001; Troy et al., 2001; Larson et al., 2005; Albarella et al., in press）。许多"本土"管理系统的强度和复杂性可能已经被后来其他植物与动物的扩散掩盖了，有时还伴随着人口的扩散（Spriggs, 1996; Bellwood, 1996, 2005; Renfrew, 1987, 1996, 2000a, 2000b）。

　　亚洲东南部和太平洋地区存在早期的耕作活动。在巴布亚新几内亚，杰克·戈尔森（Jack Golson）在库克（Kuk）沼泽地发现了一种非常早期的农业形式。在这里，大型灌溉沟渠的使用表明芋头在 9 000 年前就被管理或种植了。然而，在这个生计系统中，种植与收获野生植物和狩猎动物相结合。不过，没有能证明这种种植的直接证据（已有人提出了山药、芋头、某种香蕉和甘蔗）。关于驯化动物的起源地、农业、野生食物生产或园艺经济的定义和认识，以及这些实践的时间，都存在很多争议（Gosden, 1995; Harris, 1995; Yen, 1995; Bayliss-Smith, 1996; Gosden and Head, 1999）。似乎很明确的是，在更新世和全新世间，人们对地貌以及其中的物种进行了多种形式的改造，这可能导致了当地的驯化（Hope and Golson, 1995）。然而，这些实践及其历史轨迹可能已经被一些过程覆盖，如大约 3 500 年前在太平洋岛屿的大部分地区出现的重要的拉皮塔地层（Kirch, 1997）。该地层与目前的主食（芋头、山药、香蕉）以及来自东南亚的家畜（猪、狗、鸡）的广泛引进或扩散有关。

对比那些直到现代殖民时期才引入谷物耕作的地区（如澳大利亚、太平洋地区、北美洲和南美洲部分地区以及非洲南部）与那些较早就采用谷物耕作的地区（如印度河流域、中亚、欧洲、非洲北部、东南亚、日本、非洲南部、北美洲和南美洲部分地区），对于理解农业的扩散很有帮助。值得注意的是，尽管澳大利亚北部的群体与巴布亚新几内亚的农民有接触，尽管澳大利亚原住民运用了许多环境管理技术，却从未将农业视为一种生活方式。对这一现象的解释通常包括资源富足、人口压力较小、意识形态或宇宙观上不接受农业（如对环境的不同看法）。在这种情况下，澳大利亚北部的原住民群体通常被视为土地的守护者而非剥削者（Harris, 1995）。限制农业扩散的因素既非农业知识的缺乏，也非环境的不适宜。在不存在人口扩张的情况下（如太平洋上无人居住的岛屿），以块茎和树木为基础的系统就显得不那么适用。

第二个我们了解较为充分的地区是欧洲，在这里，本土的发展策略最终被相对统一的农牧业系统取代了。近年来，农业从西南亚扩散的单一模式逐渐被打破。大多数考古学家认为，欧洲的农业扩散过程与其他地区一样，在空间和时间上存在很大差异（Zvelebil, 1986, 1996; Gebauer and Price, 1992; Price and Gebauer, 1992, 1995; Price, 2000）。在全新世早期，欧洲大部分地区的居民主要是狩猎采集者，他们狩猎野猪和红鹿、鱼类和贝类，采集一些不太为人所知但肯定很重要的植物（Zvelebil, 1994），包括野生谷物和扁豆［例如，在希腊中南部的弗兰克西（Franchthi）］（Hansen, 1992）、各种水果和坚果，以及可能被管理过的根茎和块茎，如欧洲北部的荸荠。在波罗的海、德国和地中海地区，野猪可能被驯服，甚至被驯化（Zvelebil, 1995c; Larson et al., 2005; Albarella et al., 2006; 参见 Rowley-Conwy, 1995, 1999）。

大约在距今 9 000 年前，欧洲东南部出现了主要以农牧业为生的群体，他们使用驯化的植物和动物，主要包括绵羊、小麦和大麦。有时，这些非本地动物和驯化植物肯定是从外地引进的，如地中海的克里特岛和塞浦路斯（Broodbank and Strasser, 1991; Colledge et al., 2004）。与考古学上不太明显的采集者相比，农耕群体（具有更明显的稳定聚落和实质性的核心村庄）会加强我们对这一时期农业广泛传播的认识。在其他地区，农业的传播可能主要是通过农耕人口的扩张实现的，这些地区包括中欧大部分地区，从匈牙利北部到法国东部、德国北部和波兰南部。在距今 7 400 年至 7 000 年前，相对单一的线纹陶文化（Linear Pottery Culture, LBK，来自德文 Linearbandkeramik）在这些地区迅速传播，当时牛为主要动物（Quitta, 1960; Pavuk, 1980; Pavlu et al., 1986; Bogucki, 1988; Moddermann, 1988; Lunning, 1991; Bogucki and Grygiel, 1993; Gronenborn, 1998; Zvelebil, 2000a）。然而，线纹陶文化的迅速传播不可能仅靠农民的迁移来完成，还必须包括当地狩猎采集群体间的融合（Gronenborn, 1999; Lukes and Zvelebil, 2004; Dolukhanov et al., 2005; Zvelebil, 2005）。在其他地方，如斯堪的纳维亚南部、环波罗的海地区、伊比利亚部分地区、整个东欧和西北欧大部分地区，农业的传播被大大推迟，复杂的狩猎采集社会最终才融合或完全采用了农业生存技术（Arias, 1999; Gronenborn, 1999; Price, 2000）。现在我们知道，区域内也可能存在类似的差异，例如，希腊北部和东部明显有别于南部和西部，前者在农业方面发展较快（Halstead, 1996）。直到大约 5 000 年前，欧洲的大部分地区，包括遥远的西北部，才可以说在很大程度上依赖于农业。

因此，农业在欧洲的扩散往往是一个持久且复杂的过程，涵盖了小规模的人口扩张，各种人群之间的融合、整合和抵抗，有时部分采用农牧业，有时则完全采用（Lahr et al., 2000; Gkiasta et al., 2003; Pinhasi and Pluciennik, 2004; Price, 2000; Arias, 1999; Zilhao, 2003; Zvelebil, 2000, 2004）。目前最具影响力的模型框架是兹韦莱比尔和罗利－康维（1984）首先针对北欧提出的"获得—替代—巩固"模型。在这一模型中，各种因素都可能会促进或抑制农耕传统知识的获得，包括该过程的开始、性质、持续时间和地理范围，以及它们在社会中得到的不同程度的使用（替代），但最终农业会完全取代其他生计模式（巩固）。然而，这一模型也受到了批评，因为它假设了一个不可避免的、向农业发展的线性过程，并且过于狭隘地将生计活动作为变化的标志（Armit and Finlayson, 1992; Pluciennik, 1998; 参见 Zvelebil, 1996）。

目前的研究和未来的方向

未来农业变革的研究方向可能集中在对传统上与农业起源无关的地区（如澳大利亚和南太平洋）开展的考古项目和遗传学研究。实际上，考古遗传学已成为考古调查中发展最快的领域之一（Refrew and Boyle, 2000; Richards, 2003; Jones, 2004; King and Underhill, 2003）。对现代和古代人类遗传分布及谱系的研究，有望揭示欧洲及其他地区农业扩散的情况。遗传学对解释农业发明和扩散的尝试最早出现在 20 世纪 70 年代，当时安默曼和卡瓦利－斯福尔扎提出，农业群体的人口增长和地方性扩散是欧洲向农业过渡的主要过程，我们可以从现代基因分布中看出来这一点，因为基因型会出现从东南到西北的频率分布梯度（Ammerman and Cavalli-Sforza, 1971, 1973, 1984）。卡瓦利－斯福尔扎等人随后的工作从方法上和地理上扩展了这一研究取向，最终形成了《人类基因的历史和地理》（*The History and Geography of Human Genes*）这本书。主成分分析和随后的制图展示了分布的梯度（Cavalli-Sforza et al., 1994）。卡瓦利－斯福尔扎认为，第一个主成分代表了最古老的遗传信号，与向农业过渡的遗传过程有关。由于这些遗传模式在地理上与印欧语系语言的分布相似，考古学家科林·伦福儒（1987）提出，语族和遗传关联性随着不断扩散的农业人口一起传播。这个观点通常被称为语言－农业假说，后来被一些考古学家和人口遗传学家推崇，用于解释农业在世界各地，尤其是在欧洲的传播（Ammerman and Biagi, 2003; Barbujani et al., 1995; Bellwood, 1996, 2005; Cavalli-Sforza, 1996, 1997; Chikhi et al., 2002; Diamond and Bellwood, 2003; Renfrew, 1992, 1994, 1996, 1999, 2000a, 2000b）。

478

　　卡瓦利－斯福尔扎等人和伦福儒的研究在方法上和证据上都受到了广泛的批评（Mallory, 1989; Fix, 1996; Moore, 1995; Pluciennik, 1996; Terrell and Stewart, 1996; Weng and Sokal, 1995; Zvelebil, 1995; Lasker and Crews, 1996; Clark, 1998; McEachern, 2000）。在过去的几年里，遗传学领域涌现出了新的研究方向，其中之一是古 DNA 研究。由于 DNA 链的降解程度不一，因此这种研究往往困难重重且问题颇多。此外，还有男性特异性的 Y 染色体研究（Semino et al., 1996, 2000; Malaspina et al., 1998; Renfrew and Boyle, 2000）以及母系传播的线粒体 DNA（mtDNA）研究（Richards, 2003; Richards et al., 1996, 1998, 2000; Wilkinson-Herbots et al., 1996; Sykes, 1999; Simoni et al., 2000）。

这些研究得出了以下结论：

（1）典型标志物的主成分分析。根据卡瓦利 - 斯福尔扎的研究（Ammermann and Cavalli-Sforza, 1984; Cavalli-Sforza and Cavalli-Sforza, 1995），第一个主成分解释了欧洲约 26%~28% 的现代遗传变异，映射为近东和欧洲西北部之间的数值递进分布，表明人口迁移可能来自两边中的任意一边。最近，卡瓦利 - 斯福尔扎对假定的"新石器时代"的基因贡献率进行了下调。这两组遗传学证据间的差距并不大，它们一致认为欧洲基因库中可能有 20%~28% 的基因来自近东人口（Sykes, 1999: 138）。

（2）线粒体 DNA 分析似乎比主成分分析更可靠，因为它涉及的假设较少。该分析显示出类似的趋势，但只能解释整个欧洲线粒体序列的 10%~20%（Richards et al., 1996, 1998, 2000; Sykes, 2003），在欧洲大陆的边缘地区，如西班牙北部或斯堪的纳维亚，这一数字则下降至不到 10%。

（3）Y 染色体 DNA 分析（仅由男性传递给男性）介于细胞核和线粒体证据之间。源自近东的 Y 染色体单倍型的出现频率平均约为 20%，源自巴尔干地区的为 25%，而源自西欧的不到 10%（Semino et al., 2000）。然而，希基等（Chikhi et al., 2002）最近认为，现代欧洲人 Y 染色体的地理分布表明，来自西南部的农民对整个欧洲大陆的平均贡献率为 50%。现代人中男性（Y 染色体）和女性（线粒体）遗传模式的差异可能保留了关于史前文化习俗的重要信息，如婚姻居住（从父居还是从母居）、地区内婚以及农民、狩猎采集者或初步采用农业的人群的迁移情况（Zvelebil, 1995; Niiskanen, 1998; Villems, 1998; Kunnap, 2000; Zvelebil and Lillie, 2000）。例如，在欧洲，现代线粒体 DNA 的分布在地理上比 Y 染色体更均匀（Seielstad et al., 1998），可能的原因是来自最早的农民群体的新石器时代男性与当地的狩猎采集女性通婚（Bentley et al., 2002, 2003）。

迄今为止，大量研究集中在人类材料上，试图探讨农业传播的人口学。然而，对动植物遗传学的研究（Bradley et al., 1998; Brown, 1999; Allaby, 2000; Kozlov and Lisitsyn, 2000; MacHugh and Bradley, 2001; Larson et al., 2005; Albarella et al., 2006）使我们能够更好地了解驯化的地点和时间深度。以近东和欧洲为例，遗传证据支持家种小麦在黎凡特地区的双重起源，并通过两条地理走廊向西传播：一条穿越地中海，另一条经过东南欧和中欧（Jones et al., 1998）。关于现存母牛的遗传研究表明，有两个独立的驯化中心，一个在非洲北部，另一个在安纳托利亚 / 近东。大多数欧洲牛被认为来源于近东的驯化中心（Troy et al., 2001）。此外，对野猪亲缘地理学的线粒体 DNA 研究显示，整个欧亚大陆存在多个驯化中心，欧洲野猪是现代欧洲家猪的主要祖先（Larsson et al., 2005）。

另一项新技术是对人类（及其他动物）骨骼的同位素分析。三四十年前，陶伯（Tauber, 1979, 1981）的开创性工作确定了碳同位素在推断饮食方面的潜力。此后，碳、氮、硫同位素的测量使人们能够对饮食内容进行解释，如海洋食物与陆地食物，甚至是特定的植物，如玉米（van der Merwe, 1982; Hastorf, 1991; Sealy et al., 1991; Macko et al., 1999; Richards and Hedges, 1999; Schulting, 1999; 综述论文见 Schulting and Richards, 2000）。例如，关于英国新石器时代的开始，碳和氮同位素显示，人们突然放弃海洋食物，转而食用陆地食物（Richards et al., 2003）。最近，人们开始用人类骨骼中的锶同位素来推断流动性（而非饮食）。研究表明，德国南部的第一批线纹陶文化时期的农民具有相当强的流动性（Price et al., 2001），而且是从父居的群体，甚至可能与农业边界的狩猎采集女性通婚（Bentley et al., 2002）。与此形成鲜明对比的是，新石器时代早期泰国地区生活的人群似乎是从母居的（Bentley et al., 2005），这可能意味着婚姻居住与向农业过渡的便利程度之间存在某种关系。

结论

上述研究明确表明，在理论与实践上，人们不仅可以对动植物进行控制和管理，还可以在无须驯化的情况下开展全面的农业活动，就如同我们今天仍在使用的许多根茎类植物和动物一样。原生中心的概念对于了解当今重要作物和家畜的来源具有重要意义。然而，探讨农业起源中心实际上主要依赖于基因可驯化性的偶然性，它并不一定能帮助我们理解其中潜在的历史和社会过程。在出现了栽培和驯养但未导致驯化的地区，或者在农业与非农牧业制度之间摇摆不定的地区（如欧洲波罗的海地区，非洲南部部分地区），现有研究提醒我们避免采用单向的或简单的因果解释。驯化本身并非有助于我们理解生计变化和实践的概念，太平洋大部分地区的密集耕作便是一个例证。即使我们坚持将驯化更广泛地定义为人类对动植物的控制，并将其作为农业出现的标准，许多其他地区也可以被视为独立参与相关过程的例证。例如，欧洲的狗、猪和牛，亚洲中部与北部的马和驯鹿，以及亚洲东南部、澳大利亚和非洲部分地区的根茎作物，等等。所有这些都让人们质疑传统上探索农业起源中心和扩散的研究。这些观点也对一些笼统的解释提出了质疑，比如认为有意规避生存中的风险或不确定性可能是农业出现（Smith, 1995）或采用和扩散农业的主要驱动力。在欧亚大陆的大部分地区以及北美洲东部等地，采用某些驯化植物作为生活支柱的时间较晚，这表明人类用农业规避风险的说法至少是不充分的。

关于许多地区的农业起源与早期扩散的基本顺序及测年，我们的了解相当有限。例如，亚洲中部、南部和东南部，以及撒哈拉以南的非洲。人们一直专注于探究当代主要栽培作物和驯化家畜的起源，而忽视了对研究方法和其他方面的困难（如资金、可及性和研究传统）导致的对某些地区、对无性繁殖植物（如块茎）的管理以及可能的前驯化栽培的研究。毫无疑问，现有的精细方法以及各个领域的新技术将有助于我们更准确地刻画早期人类的生存实践及其影响。若想将农业起源与扩散作为一种社会文化和经验现象来理解，那么多学科的技术和方法至关重要。例如，我们需要寻找新方法来模拟社群的遗传后果，这些社群没有明确的边界，构成了社会网络而非界限分明的人群。我们或许可以结合骨同位素分析来识别个体的流动性。随着我们对集食者生存管理策略的了解，在某些方面和世界的某些地区，狩猎采集者和农民之间的界限已变得模糊。同样，似乎存在许多混合的生存策略。许多早期农民可能比以往认为的更具流动性、灵活性和多样性。即使我们能够确定某种生存模式在某些地区似乎一直被广泛采用并迅速扩散，例如以谷物为基础的农牧业，但在其他地区情况并非如此。我们期待考古学研究能够扩大我们对曾经采用的农业形式以及整个农业过渡轨迹变化的认识。了解农业起源的意义及其后果，或许将成为未来最有趣的研究方向。

参考文献

Aikens, C. Melvin, and Takayasu Higuchi. 1982. *Prehistory of Japan*. New York: Academic.

Akazawa, Takeru. 1986. Hunter-gatherer adaptions and the transition to food production in Japan. In Marek Zvelebil, ed., *Hunters in transition*, 151–166. Cambridge: Cambridge University Press.

Albarella, Umberto, Keith Dobney, and Peter Rowley-Conwy. 2006. The domestication of the pig (*Sus scrofa*): New challenges—and approaches. In M. Zeder, D. Decker-Walters, D. Bradley, and B. Smith, eds., *Documenting domestication: New genetic and archaeological paradigms*, 209–227. Tucson: University of Arizona Press.

Allaby, Robin. 2000. Wheat domestication. In Colin Renfrew and Katie Boyle, eds., *Archaeogenetics: DNA and the population of prehistory in Europe*, 321–324. Cambridge: McDonald Institute.

Ammerman, Albert J., and L. L. Cavalli-Sforza. 1971. Measuring the rate of spread of early farming in Europe. *Man* 6: 674–688.

———. 1973. A population model for the diffusion of early farming in Europe. In Colin Renfrew, ed., *The explanation of culture change*, 343–357. London: Duckworth.

———. 1984. *The Neolithic transition and the genetics of population in Europe*. Princeton: Princeton University Press.

Ammerman, Albert J., and Paolo Biagi (eds.). 2003. *The widening harvest: The Neolithic transition in Europe: Looking back, looking forward*. Boston: Archaeological Institute of America.

Arias, Pablo. 1999. The origins of the Neolithic along the Atlantic coast of Continental Europe. *Journal of World Prehistory* 13: 403–464.

Arnold, Jeanne. 1996. The archaeology of complex hunter-gatherers. *Journal of Archaeological Method and Theory* 3: 77–126.

Bailey, Geoffrey (ed.). 1983. *Hunter-gatherer economy in prehistory: A European perspective*. Cambridge: Cambridge University Press.

Barbujani, Guido, Robert Sokal, and N. Oden. 1995. Indo-European origins: A computer-simulation test of five hypotheses. *American Journal of Physical Anthropology* 96: 109–132.

Barker, Graeme. 2006. *The agricultural revolution in prehistory*. Oxford: Oxford University Press.

Barnard, Alan, and James Woodburn. 1987. Property, power, and ideology in hunter-gathering societies: An introduction. In Tim Ingold, David Riches, and James Woodburn, eds., *Hunters and gatherers* 2:4–31. Oxford: Berg.

Bar-Yosef, Ofer, and Anna Belfer-Cohen. 1992. From foraging to farming in the Mediterranean Levant. In Anne Birgitte Gebauer and T. Douglas Price, eds., *Transitions to agriculture in prehistory*, 21–48. Monographs in World Archaeology 4. Madison, WI: Prehistory.

Bar-Yosef, Ofer, and Richard Meadow. 1995. The origins of agriculture in the Near East. In T. Douglas Price and Anne Birgitte Gebauer, eds., *Last hunters–first farmers: New perspectives on the prehistoric transition to agriculture*, 39–94. Santa Fe, NM: School for American Research Press.

Bayliss-Smith, Timothy P. 1996. People-plant interactions in the New Guinea highlands: Agricultural heartland or horticultural backwater? In David R. Harris, ed., *The origins and spread of agriculture in Eurasia*, 499–523. London: UCL Press.

Bellwood, Peter. 1996. The origins and spread of agriculture in the Indo-Pacific region: Gradualism and diffusion or revolution and colonization? in David R. Harris, ed., *The origins and spread of agriculture in Eurasia*, 465–498. London: UCL Press.

———. 2005. *First farmers: The origins of agricultural societies*. Oxford: Blackwell.

Bender, Barbara. 1975. *Farming in prehistory*. London: Baker.

———. 1978. Gatherer-hunter to farmer: A social perspective. *World Archaeology* 10: 204–220.

Bentley, R. Alexander, Lounès Chikhi, and T. Douglas Price. 2003. Comparing broad scale genetic and local scale isotopic evidence for the spread of agriculture into Europe. *Antiquity* 77: 63–66.

Bentley, R. Alexander, Michael Pietrusewsky, Michele T. Douglas, and Timothy C. Atkinson. 2005. Matrilocality during the prehistoric transition to agriculture in Thailand? *Antiquity* 79: 865–881.

Bentley, R. Alexander, T. Douglas Price, Jens Lüning, Detlef Gronenborn, Joachim Wahl, and Paul D. Fullagar. 2002. Human migration in early Neolithic Europe. *Current Anthropology* 43: 799–804.

Benz, B., and A. Long. 2000. Prehistoric maize evolution in the Tehuacan valley. *Current Anthropology* 41: 459–465.

Binford, Lewis R. 1968. Post-Pleistocene adaptations. In Sally Binford and Lewis R. Binford, eds., *New perspectives in archaeology*, 313–341. Chicago: Aldine.

———. 1983a. *In pursuit of the past*. London: Thames & Hudson.

———. 1983b. *Working at archaeology*. New York: Academic.

Bogucki, Peter. 1988. *Forest farmers and stockherders*. Cambridge: Cambridge University Press.

Bogucki, Peter, and R. Grygiel. 1993. The first farmers of central Europe: A survey article. *Journal of Field Archaeology* 20: 399–426.

Blake, Michael, Brian Chisholm, John Clark, and Karen Mudar. 1992. Non-agricultural staples and agricultural supplements: Early formative subsistence in the Socunusco region, Mexico. In Anne Birgitte Gebauer and T. Douglas Price, eds., *Transitions to agriculture in prehistory*, 133–151. Monographs in World Archaeology 4. Madison, WI: Prehistory.

Bradley, D., R. Loftus, P. Cunningham, and D. MacHugh. 1998. Genetics and domestic cattle origins. *Evolutionary Anthropology* 6: 79–86.

Broodbank, Cyprian, and Thomas Strasser. 1991. Migrant farmers and the Neolithic colonization of Crete. *Antiquity* 65: 233–245.

481 Byrd, B. 1992. The dispersal of food production across the Levant. In Anne Birgitte Gebauer and T. Douglas Price, eds., *Transitions to agriculture in prehistory*, 49–61. Monographs in World Archaeology 4. Madison, WI: Prehistory.

Cauvin, Jacques. 1994. *Naissance des divinités, naissance de l'agriculture: La révolution des symboles au Néolithique.* Paris: CNRS.

———. 2000. *The birth of the gods and the origins of agriculture.* Cambridge: Cambridge University Press.

Cavalli-Sforza, L. L. 1996. The spread of agriculture and nomadic pastoralism: Insights from genetics, linguistics, and archaeology. In David R. Harris, ed., *The origins and spread of agriculture in Eurasia*, 51–69. London: UCL Press.

———. 1997. Genetic and cultural diversity in Europe. *Journal of Anthropological Research* 53: 383–404.

Cavalli-Sforza, L. L., and Francesco Cavalli-Sforza. 1995. *The great human diasporas: The history of diversity and evolution.* New York: Addison-Wesley.

Cavalli-Sforza, L. L., Paolo Menozzi, and Alberto Piazza. 1994. *The history and geography of human genes.* Princeton: Princeton University Press.

Cavalli-Sforza, L. L., and E. Minch. 1997. Paleolithic and Neolithic lineages in the European mitochondrial gene pool. *American Journal of Human Genetics* 61: 247–251.

Cavalli-Sforza, L. L., and Alberto Piazza. 1993. Human genomic diversity in Europe: A summary of recent research and prospects for the future. *European Journal of Human Genetics* 1: 3–18.

Chase, A. K. 1989. Domestication and domiculture in northern Australia: A social perspective. In David R. Harris and Gordon C. Hillman, eds., *Foraging and farming: The evolution of plant exploitation*, 42–53. London: Unwin Hyman.

Chikhi, Lounès, Richard A. Nichols, Guido Barbujani, and Mark A. Beaumont. 2002. Y genetic data support the Neolithic diffusion model. *Proceedings of the National Academy of Sciences USA* 99: 11008–11013.

Childe, V. Gordon. 1928. *The most ancient East: The oriental prelude to European prehistory.* London: Kegan Paul.

———. 1936. *Man makes himself.* London: Watts.

Clark, Geoffrey A. 1997. Multivariate pattern searches, the logic of inference, and European prehistory: A comment on Cavalli-Sforza. *Journal of Anthropological Research* 54: 406–411.

Clark, J. Grahame D. 1957. *Archaeology and society.* London: Methuen.

Clarke, David L. (ed.). 1972. *Models in archaeology.* London: Methuen.

Cohen, Mark Nathan. 1977. *The food crisis in prehistory: Overpopulation and the origins of agriculture.* New Haven: Yale University Press.

———. 1989. *Health and the rise of civilization.* New Haven: Yale University Press.

Colledge, Sue, James Conolly, and Stephen Shennan. 2004. Archaeobotanical evidence for the spread of farming in the eastern Mediterranean. *Current Anthropology* 45: S35–S58.

Cowan, C. Wesley, and Patty Jo Watson (eds.). 1992. *The origins of agriculture: An international perspective.* Washington, DC: Smithsonian Institution Press.

Crawford, Gary, and C. Shen. 1998. The origins of rice agriculture: Recent progress in East Asia. *Antiquity* 72: 858–866.

D'Andrea, C. 1999. The dispersal of domesticated plants into north-eastern Japan. In Chris Gosden and Jon Hather, eds., *The prehistory of food: Appetites for change*, 166–183. London: Routledge.

Dawkins, Boyd. 1894. On the relation of the Palaeolithic to the Neolithic period. *Journal of the Royal Anthropological Institute*, o.s., 23: 242–257.

Diamond, Jared, and Peter Bellwood. 2003. Farmers and their languages: The first expansions. *Science* 300: 597–603.

Dolukhanov, Pavel, Anvar Shukurov, Detlef Gronenborn, Dmitry Sokoloff, Vladimir Timofeev, and Ganna Zaitseva. 2005. The chronology of Neolithic dispersal in Central and Eastern Europe. *Journal of Archaeological Science* 32: 1441–1458.

Ehret, Christopher. 1988. Language change and the material correlates of language and ethnic shift. *Antiquity* 62: 564–574.

Engels, Friedrich. [1884] 1948. *The origin of the family, private property, and the state in the light of the researches of Lewis H. Morgan.* Moscow: Progress.

Fix, Alan. 1996. Gene frequency clines in Europe: Demic diffusion or natural selection? *Journal of the Royal Anthropological Institute*, n.s., 2: 625–643.

Flannery, Kent V. 1969. Origins and ecological effects of early domestication in Iran and the Near East. In Peter J. Ucko and Geoffrey W. Dimbleby, eds., *The domestication and exploitation of plants and animals*, 73–100. Chicago: Aldine.

———. 1973. The origins of agriculture. *Annual Review of Anthropology* 1973: 271–310.

———. 1986. *Guilá Naquitz.* Orlando, FL: Academic.

Flannery, Kent V., and Michael D. Coe. 1968. Social and economic systems in formative Mesoamerica. In Sally Binford and Lewis R. Binford, eds., *New perspectives in archaeology*, 267–284. Chicago: Aldine.

Fritz, G. 1994. Reply [to Piperno 1994]. *Current Anthropology* 35: 639–643.

Fuller, Dorian 2001. Harappan seeds and agriculture: Some considerations. *Antiquity* 75: 410–414.

———. 2003. Indus and non-Indus agricultural traditions: Local developments and crop adoptions on the Indian peninsula. In Stephen Weber and William Belcher, eds., *Indus ethnobiology: New perspectives from the field*, chap. 10. Lanham, MD: Lexington.

Gebauer, Anne Birgitte, and T. Douglas Price (eds.). 1992. *Transitions to agriculture in prehistory.* Monographs in World Archaeology 4. Madison, WI: Prehistory.

Gkiasta, M., T. Russell, Stephen Shennan, and James Steele. 2003. Neolithic transition In Europe: The radiocarbon record revisited. *Antiquity* 77: 45–62.

Glover, Ian, and Charles Higham. 1996. New evidence for early rice cultivation in South, Southeast, and East Asia. In David R. Harris, ed., *The origins and spread of agriculture in Eurasia*, 413–441. London: UCL Press.

Gosden, Chris. 1995. Arboriculture and agriculture in coastal Papua New Guinea. *Antiquity* 69: 807–817.

Gosden, Chris, and Jon Hather (eds.). 1999. *The prehistory of food: Appetites for change*. London: Routledge.

Gosden, Chris, and Lesley Head. 1999. Different histories: A common inheritance for Papua New Guinea and Australia? In Chris Gosden and Jon Hather, eds., *The prehistory of food: Appetites for change*, 232–251. London: Routledge.

Gronenborn, Detlef. 1998. Altestbandkeramische Kultur, La Hoguette, Limburg, and . . . what else—contemplating the Mesolithic-Neolithic transition in southern Central Europe. *Documenta praehistorica* 25: 189–202.

———. 1999. A variation on a basic theme: The transition to farming in southern central Europe. *Journal of World Prehistory* 13: 123–212.

Halstead, Paul. 1996. The development of agriculture and pastoralism in Greece: When, how, who, and what? In David R. Harris, ed., *The origins and spread of agriculture in Eurasia*, 296–309. London: UCL Press.

Hansen, Julie. 1992. Franchthi cave and the beginnings of agriculture in Greece and the Aegean. In P. Anderson, ed., *Préhistoire de l'agriculture: Nouvelles approches expérimentales et ethnographiques*, 231–247. Paris: CNRS.

Harlan, Jack R. 1995. *The living fields: Our agricultural heritage*. Cambridge: Cambridge University Press.

Harris, David R. 1995. Early agriculture in New Guinea and the Torres Strait divide. *Antiquity* 69: 848–854.

———. 1996. The origins and spread of agriculture and pastoralism in Eurasia: An overview. In David R. Harris, ed., *The origins and spread of agriculture in Eurasia*, 552–573. London: UCL Press.

Harris, David R., and Chris Gosden. 1996. The beginnings of agriculture in western Central Asia. In David R. Harris, ed., *The origins and spread of agriculture in Eurasia*, 370–389. London: UCL Press.

Harris, David R., and Gordon C. Hillman (eds.). 1989. *Foraging and farming: The evolution of plant exploitation*. London: Unwin Hyman.

Hastorf, Christine A. 1999. Cultural implications of crop introductions in Andean prehistory. In Chris Gosden and Jon Hather, eds., *The prehistory of food: Appetites for change*, 35–58. London: Routledge.

Hastorf, Christine A., and Sissel Johannessen. 1994. Becoming corn-eaters in prehistoric America. In Sissel Johannessen and Christine A. Hastorf, eds., *Corn and culture in the prehistoric New World*, 426–443. Boulder: Westview.

Hather, Jon. 1996. The origins of tropical vegeculture: Zingiberaceae, Araceae and Dioscoreaceae in Southeast Asia. In David R. Harris, ed., *The origins and spread of agriculture in Eurasia*, 538–551. London: UCL Press.

Hayden, Brian. 1990. Nimrods, piscators, pluckers, and planters: The emergence of food production. *Journal of Anthropological Archaeology* 9: 31–69.

Henry, D. 1985. Preagricultural sedentism: The Natufian example. In T. Douglas Price and James A. Brown, eds., *Prehistoric hunter-gatherers: The emergence of cultural complexity*, 365–384. Orlando, FL: Academic.

Higgs, Eric S. (ed.). 1972. *Papers in economic prehistory*. Cambridge: Cambridge University Press.

Higgs, Eric S., and Michael R. Jarman. 1975. Palaeoeconomy. In Eric S. Higgs, ed., *Palaeoeconomy*, 1–7. Cambridge: Cambridge University Press.

Higham, Charles, and T. Lu. 1998. The origins and dispersal of rice cultivation. *Antiquity* 72: 867–877.

Hillman, Gordon. 1996. Late Pleistocene changes in wild plant-foods available to hunter-gatherers of the northern Fertile Crescent: Possible preludes to cereal cultivation. In David R. Harris, ed., *The origins and spread of agriculture in Eurasia*, 159–203. London: UCL Press.

Hillman, Gordon, S. Colledge, and David R. Harris. 1989. Plant food economy during the Epipalaeolithic period at Tell Abu Hureyra, Syria: Dietary diversity, seasonality, and modes of exploitation. In David R. Harris and Gordon C. Hillman, eds., *Foraging and farming: The evolution of plant exploitation*, 240–268. London: Unwin Hyman.

Hillman, Gordon, and Stuart Davies. 1990. Measured domestication rates in wild wheats and barley under primitive cultivation, and their archaeological implications. *Journal of World Prehistory* 4(2): 157–222.

———. 1992. Domestication rates in wild wheats and barley under primitive cultivation: preliminary results and archaeological implications of field measurements of selection coefficient. In P. Anderson, ed., *Préhistoire de l'agriculture: nouvelles approches expérimentales et ethnographiques*, 113–158. Paris: CNRS.

Hodder, Ian. 1990. *The domestication of Europe*. Oxford: Blackwell.

Hope, Geoff, and Jack Golson. 1995. Late Quaternary change in the mountains of New Guinea. *Antiquity* 69: 818–830.

Ikawa-Smith, Fumiko. 1980. The Kamegaoka social networks. Paper presented at the symposium on Approaches to Japanese Archaeology at the 53rd Annual Meeting of the Society for American Archaeology, Phoenix, AZ, April 1988.

Iltis, Hugh H. 1983. From teosinte to maize: The catastrophic sexual transmutation. *Science* 222: 886–894.

Imamura, K. 1996. Jomon and Yayoi: The transition to agriculture in Japanese prehistory. In David R. Harris, ed., *The origins and spread of agriculture in Eurasia*, 442–464. London: UCL Press.

Ingold, Timothy. 1996. Growing plants and raising animals: an anthropological perspective on domestication. In Da-

483 vid R. Harris, ed., *The origins and spread of agriculture in Eurasia*, 12–24. London: UCL Press.

Jackes, Mary, David Lubell, and Christopher Meiklejohn. 1997. On physical anthropological aspects of the Mesolithic-Neolithic transition in the Iberian peninsula. *Current Anthropology* 38: 839–846.

Jones, Martin (ed.). 2004. *Traces of ancestry: Studies in honour of Colin Renfrew*. Cambridge: MacDonald Institute for Archaeological Research.

Jones, Martin, Robin Allaby, and Terry Brown. 1998. Wheat domestication. *Science* 279: 302–303.

Kami J., V. B. Velasquez, D. G. Debouck, and P. Gepts. 1995. Identification of presumed ancestral DNA-sequences of Phaseolin in Phaseolus-vulgaris. *Proceedings of the National Academy of Sciences USA* 92: 1101–1104.

King, P., and P. A. Underhill. 2002. Congruent distribution of Neolithic painted pottery and ceramic figurines with Y-chromosome lineages. *Antiquity* 76: 707–713.

Kirch, Patrick V. 1997. *The Lapita peoples*. Oxford: Blackwell.

Kislev, M., D. Nadel, and I. Carmi. 1992. Epipaleolithic (19000 B.P.) cereal and fruit diet at Ohalo II, Sea of Galilee, Israel. *Review of Paleobotany and Palynology* 73: 161–166.

Köhler-Rollefson, I. 1988. The aftermath of the Levantine Neolithic revolution in the light of ecological and ethnographic evidence. *Paléorient* 14: 87–93.

Kozlov, A., and D. Lisitsyn. 2000. History of dairy cattle-breeding and distribution of LAC*R and LAC*P alleles among European populations. In Colin Renfrew and Katie Boyle, eds., *Archaeogenetics: DNA and the population of prehistory in Europe*, 309–314. Cambridge: McDonald Institute.

Künnap, A., ed., 2000. *The roots of peoples and languages of northern Eurasia*. Vols. 2–3. Tartu: Societas Historiae Finno-Ugricae.

Lahr, Marta M., R. Foley, and Ron Pinhasi. 2000. Expected regional patterns of Mesolithic-Neolithic human population admixture in Europe based on archaeological evidence. In C. Renfrew and K. Boyle, eds., *Archaeogenetics: DNA and the population prehistory of Europe*, 81–89. Cambridge: McDonald Institute for Archaeological Research.

Lalueza Fox, C. 1996. Physical anthropological aspects of the Mesolithic-Neolithic transition in the Iberian peninsula. *Current Anthropology* 37: 689–695.

Larson, Greger, K. Dobney, U. Albarella, M. Fang, E. Matisoo-Smith, J. Robins, S. Lowden, H. Finlayson, T. Brand, E. Willersev, P. Rowley-Conwy, L. Anderson, and A. Cooper. 2005. Worldwide phylogeography of wild boar reveals multiple centers of pig domestication. *Science* 307: 1618–1621.

Lasker, G., and D. Crews. 1996. Behavioural influences on the evolution of human genetic diversity. *Molecular Phylogenetics and Evolution* 5: 232–240.

Legge, Tony. 1996. The beginning of caprine domestication in Southwest Asia. In David R. Harris, ed., *The origins and*

spread of agriculture in Eurasia, 238–262. London: UCL Press.

Lu, T. 1998. Some botanical characteristics of green foxtail (*Setaria viridis*) and harvesting experiments on the grass. *Antiquity* 72: 902–907.

Lukes, Alena, and Marek Zvelebil (eds.). 2004. *LBK dialogues: Studies in the formation of the Linear Pottery Culture*. Oxford: British Archaeological Reports S1304.

Luikart, G., L. Gielly, L. Excoffier, J. D. Vigne, J. Bouvet, and P. Taberlet. 2001. Multiple maternal origins and weak phylogeographic structure in domestic goats. *Proceedings of the National Academy of Sciences* 98: 5927–5932.

Lünning, Jens. [1988] 1991. Frühe Bauern in Mitteleurope im 6. und 5. Jahrtausand v. Chr. *Jahrbuch des Römisch-Germanischen Zentralmuseums* 35(1).

MacEachern, Scott. 2000. Genes, tribes, and African history. *Current Anthropology* 41: 357–384.

MacHugh, D., and D. Bradley. 2001. Livestock genetic origins: Goats buck the trend. *Proceedings of the National Academy of Sciences* 98: 5382–5384.

McLung de Tapia, Emily. 1992. The origins of agriculture in Mesoamerica and Central America. In C. Wesley Cowan and Patty Jo Watson, eds., *The origins of agriculture: An international perspective*, 143–172. Washington, DC: Smithsonian Institution Press.

Malaspina, P., F. Cruciani, B. M. Ciminelli, L. Terrenato, P. Santomolazza, A. Alonso, J. Banyko, R. Brdicka, O. García, C. Gaudiano, G. Guanti, K. Kidd, J. Lavinha, M. Avila, G. Mandich, P. Moral, R. Qamar, S. Mehdi, A. Ragusa, G. Stefanescu, M. Caraghin, C. Tyler-Smith, R. Scozzari, and A. Novelletto. 1998. Network analyses of Y-chromosomal types in Europe, northern Africa and western Asia reveal specific patterns of geographic distribution. *American Journal of Human Genetics* 63: 847–860.

Mallory, Jim. P. 1989. *In search of the Indo-Europeans: Language, archaeology, and myth*. London: Thames & Hudson.

Marquardt, William. 1988. Politics and production among the Calusa of South Florida. In Tim Ingold, David Riches, and James Woodburn, eds., *Hunters and gatherers*, 1:161–188. Oxford: Berg.

Maschner, Herbert D. G. 1991. The emergence of cultural complexity of the northern Northwest Coast. *Antiquity* 65: 924–934.

Meadow, Richard. 1996. The origins and spread of agriculture and pastoralism in northwestern South Asia. In David R. Harris, ed., *The origins and spread of agriculture in Eurasia*, 390–412. London: UCL Press.

Meek, Ronald L. 1976. *Social science and the ignoble savage*. Cambridge: Cambridge University Press.

Moddermann, P. J. R. 1988. The Linear pottery culture. *Berichten van de Rijksdienst voor het Oudheidkundig Bodemonderzoek* 38: 63–139.

Moore, James A. 1985. Forager/farmer interactions: Information, social organization, and the frontier. In Stanton W. Green and Stephen M. Perlman, eds., *The archae ology of frontiers and boundaries*, 93–112. New York: Academic.

Morgan, Lewis Henry. 1877. *Ancient society, or researches in the lines of human progress from savagery through barbarism to civilization*. New York: Holt.

Nelson, Sarah M. 1999. Megalithic monuments and the introduction of rice to Korea. In Chris Gosden and Jon Hather, eds., *The prehistory of food: Appetites for change*, 147–165. London: Routledge.

Niskanen, Markku. 1998. The genetic relationships of northern and central Europeans in light of craniometric measurements and gene frequencies. In K. Julku and K. Wiik, eds., *The roots of peoples and languages of northern Eurasia* 1: 33–149. Turku: Societas Historiae Fenno-Ugricae.

Pavlu, Ivan, and V. Vokolek. 1992. Early Linear Pottery culture in the east Bohemian region. *Památy archeologické* 83: 41–87.

Pavúk, Jan. 1980. Ältere Linearkeramik in der Slowakei. *Slovenská archeológia* 28: 7–90.

Pearsall, Deborah M. 1994. Issues in the analysis and interpretation of archaeological maize in South America. In Sissel Johannessen and Christine A. Hastorf, eds., *Corn and culture in the prehistoric New World*, 245–272. Boulder: Westview.

———. 1995. Domestication and agriculture in the New World tropics. In T. Douglas Price and Anne Birgitte Gebauer, eds., *Last hunters—first farmers: New perspectives on the prehistoric transition to agriculture*, 157–192. Santa Fe, NM: School for American Research Press.

Perry, D. 1999. Vegetative tissue from Mesolithic sites in the northern Netherlands. *Current Anthropology* 40: 231–237.

Pinhasi, Ron, and Mark Pluciennik. 2004. A regional biological approach to the spread of farming in Europe: Anatolia, the Levant, South-Eastern Europe, and the Mediterranean. *Current Anthropology* 45: S58–S82.

Piperno, Dolores R. 1994. On the emergence of agriculture in the New World. *Current Anthropology* 35: 637–639.

Pluciennik, Mark. 1996. A perilous but necessary search: Archaeology and European identities. In John A. Atkinson, Iain Banks, and Jerry O'Sullivan, eds., *Nationalism and archaeology*, 35–58. Glasgow: Cruithne.

———. 1998. Deconstructing "the Neolithic" in the Mesolithic-Neolithic transition. In Mark Edmonds and Colin Richards, eds., *Understanding the Neolithic of north-western Europe*, 61–83. Glasgow: Cruithne.

———. 2001. Archaeology, anthropology, and subsistence. *Journal of the Royal Anthropological Society* (NS) 7: 741–758.

Price, T. Douglas (ed.). 2000. *Europe's first farmers*. Cambridge: Cambridge University Press.

Price, T. Douglas, and Anne Birgitte Gebauer (eds.). 1995. *Last hunters—first farmers: New perspectives on the prehistoric transition to agriculture*. Santa Fe, NM: School for American Research Press.

Quitta, H. 1960. Zur Frage der ältesten Bandkeramik in Mitteleuropa. *Praehistorische Zeitschrift* 38: 153–188.

Reed, Charles A. (ed.). 1977. *Origins of agriculture*. The Hague: Mouton.

Reitz, E. J. 1999. Native Americans and animal husbandry in the North American colony of Spanish Florida. In Chris Gosden and Jon Hather, eds., *The prehistory of food: Appetites for change*, 184–196. London: Routledge.

Renfrew, A. Colin. 1987. *Archaeology and language: The puzzle of Indo-European origins*. London: Jonathan Cape.

———. 1992. Archaeology, genetics, and linguistic diversity. *Man* 27: 445–478.

———. 1994. World linguistic diversity. *Scientific American* 270(1): 104–110.

———. 1996. Language families and the spread of farming. In David R. Harris, ed., *The origins and spread of agriculture in Eurasia*, 70–92. London: UCL Press.

———. 1999. Time depth, convergence theory, and innovation in proto-Indo-European: "Old Europe" as a PIE linguistic area. *Journal of Indo-European Studies* 27: 257–293.

———. 2000a. At the edge of knowability: Towards a prehistory of languages. *Cambridge Archaeological Journal* 10: 7–34.

———. 2000b. Archaeogenetics: Towards a population prehistory of Europe. In Colin Renfrew and Katie Boyle, eds., *Archaeogenetics: DNA and the population of prehistory in Europe*, 3–12. Cambridge: McDonald Institute.

Richards, Martin. 2003. The Neolithic invasion of Europe. *Annual Review of Anthropology* 32: 135–162.

Richards, Martin, Melna Côrte-Real, Peter Forster, Vincent Macaulay, Hilde Wilkinson-Herbots, Andrew Demaine, Surinda Papiha, Robert Hedges, Hans-Jürgen Bandelt, and Bryan Sykes. 1996. Palaeolithic and Neolithic lineages in the European mitochondrial gene pool. *American Journal of Human Genetics* 59: 185–203.

Richards, Martin, Vincent Macaulay, Hans-Jürgen Bandelt, and Bryan Sykes. 1998. Phylogeography of mitochondrial DNA in western Europe. *Annals of Human Genetics* 62: 241–260.

Richards, Martin, et al. 2000a. Tracing European founder lineages in the Near Eastern MtDNA pool. *American Journal of Human Genetics* 67: 1251–1276.

Richards, Martin, and V. Macaulay. 2000b. Genetic data and the colonization of Europe: genealogies and founders. In Colin Renfrew and Katie Boyle, ed., *Archaeogenetics: DNA and the population of prehistory in Europe*, 139–152. Cambridge: McDonald Institute.

Richards, Michael P., and Robert Hedges. 1999. A Neolithic revolution? New evidence of diet in the British Neolithic. *Antiquity* 73: 891–897.

Richards, Michael P., Rick J. Schulting, and Robert Hedges. 2003. Sharp shift in diet at onset of Neolithic. *Nature* 425: 366.

Rindos, David. 1984. *The origins of agriculture: An evolutionary perspective*. New York: Academic.

———. 1989. Darwinism and its role in the explanation of domestication. In David R. Harris and Gordon C. Hill-

485 man, eds., *Foraging and farming: The evolution of plant exploitation*, 27–39. London: Unwin Hyman.

Rowley-Conwy, Peter. 1995. Wild or domestic? On the evidence for the earliest domestic cattle and pigs in south Scandinavia and Iberia. *International Journal of Osteoarchaeology* 5: 115–126.

———. 1999. Economic prehistory in southern Scandinavia. *Proceedings of the British Academy* 99: 125–159.

Rudebeck, Elisabeth. 2000. *Tilling nature, harvesting culture: Exploring images of the human being in the transition to agriculture*. Acta archaeologica Lundensia. Series in 8vo 32. Stockholm: Almqvist & Wiksell International.

Savolainen, P., Y. Zhang, J. Luo, J. Lundeberg, and T. Leitner. 2002. Genetic evidence for an East Asian origin of domestic dogs. *Science* 298: 1610–1613.

Schulting, Rick. 1999. Nouvelles dates AMS à Téviec et Hoëdic (Quiberon, Morbihan), rapport préliminaire. *Bulletin de la Société Préhistorique Française* 96: 203–207.

Schulting, Rick, and Michael P. Richards. 2001. Dating women and becoming farmers: New palaeodietary and AMS dating evidence from the Breton Mesolithic cemeteries of Téviec and Hoëdic. *Journal of Anthropological Archaeology* 20: 1–31.

Seielstad, Mark T., Eric Minch, and L. Luca Cavalli-Sforza. 1998. Genetic evidence for a higher female migration rate in humans. *Nature Genetics* 20: 278–280.

Semino, Ornella, Giuseppe Passarino, Agnese Brega, M. Fellous, and A. Silvana Santachiara-Benerecetti. 1996. A view of the Neolithic demic diffucsion in Europe through two Y chromosome-specific markers. *American Journal of Human Genetics* 59: 964–968.

Semino, Ornella, G. Passarino, P. Oefner, A. Lin, S. Arbuzova, L. Beckman, G. de Benedictis, P. Francalacci, A. Kouvatsi, S. Limborska, M. Marcikiæ, A. Mika, B. Mika, D. Primorac, D. Silvana, A. Santachiara-Benerecetti, L. L. Cavalli-Sforza, and P. Underhill. 2000. The genetic legacy of Paleolithic *Homo sapiens sapiens* in extant Europeans: A Y-chromosome perspective. *Science* 290 (5494): 1155–1164.

Sherratt, Andrew G. 1997. *Economy and society in prehistoric Europe: Changing perspectives*. Edinburgh: Edinburgh University Press.

Simoni, L., F. Calafell, D. Pettener, J. Bertranpetit, and G. Barbujani. 2000. Geographic patterns of mtDNA diversity in Europe. *American Journal of Human Genetics* 66: 262–278.

Smith, Bruce. 1995. *The emergence of agriculture*. New York: Scientific American Library.

Smith, Grafton E. 1916. Primitive man. *Proceedings of the British Academy 1915–16*, 455–504.

Spriggs, Matthew. 1996. Early agriculture and what went before in Island Melanesia: Continuity or intrusion? In David R. Harris, ed., *The origins and spread of agriculture in Eurasia*, 51–69. London: UCL Press.

Suzuki, K. 1986. *Nihon no Kodai Iseki 29: Aomori [Ancient sites in Japan 29: Aomori]*. Tokyo: Hoikusha.

Sykes, Brian, 1999. The molecular genetics of European ancestry. *Philosophical transactions of the Royal Society of London B* 354: 131–139.

———. 2003. European ancestry: The mitochondrial landscape. In A. J. Ammerman and P. Biagi, eds., *The widening harvest: The Neolithic transition in Europe: Looking back, looking forward*, 315–326. Boston: Archaeological Institute of America.

Tauber, Henrik. 1979. ^{14}C activity of Arctic marine mammals. In R. Berger and H. E. Suess, eds., *Radiocarbon dating: Proceedings of the Ninth International Radiocarbon Congress*, 446–452. Berkeley: University of California Press.

———. 1981. ^{13}C evidence for dietary habits of prehistoric man in Denmark. *Nature* 292: 332–333.

Terrell, John, and P. Stewart. 1996. The paradox of human population genetics at the end of the twentieth century. *Reviews in Anthropology* 26: 13–33.

Thomas, Julian. 1987. Relations of production and social change in the Neolithic of north-west Europe. *Man*, n.s., 22: 405–430.

———. 1996. The cultural context of the first use of domesticates in continental central and northwest Europe. In David R. Harris, ed., *The origins and spread of agriculture in Eurasia*, 310–322. London: UCL Press.

Tringham, Ruth. 2000. Southeastern Europe in the transition to agriculture in Europe: Bridge, buffer, or mosaic. In T. Douglas Price, ed., *Europe's first farmers*, 19–56. Cambridge: Cambridge University Press.

Troy, C., D. MacHugh, J. Bailey, D. Magee, R. Loftus, P. Cunningham, A. Chamberlain, B. Sykes, and D. Bailey. 2001. Genetic evidence for Near-Eastern origins of European cattle. *Nature* 410: 1088–1091.

Tylor, Edward B. 1881. *Anthropology: An introduction to the study of man and civilization*. London: Macmillan.

Unger-Hamilton, R. 1989. Epipalaeolithic Palestine and the beginnings of plant cultivation: The evidence from harvesting experiments and microwear studies. *Current Anthropology* 30: 88–103.

Valdez, Lidio M., and J. Ernesto Valdez. 1997. Reconsidering the archaeological rarity of guinea pig bones in the central Andes. *Current Anthropology* 38: 896–898.

Van der Merwe, Nikolaas J. 1982. Carbon isotopes, photosynthesis, and archaeology. *American Scientist* 70: 596–606.

Vavilov, Nikolai. 1926. *Studies on the origin of cultivated plants*. Leningrad: Institut Botanique Appliqué et d'Amélioration des Plantes.

Villems, R. 1998. Reconstruction of maternal lineages of Finno-Ugric speaking people and some remarks on their paternal inheritance. In K. Julku and K. Wiik, eds., *The roots of peoples and languages of northern Eurasia*. Vol. 1. Turku: Societas Historiae Fenno-Ugricae.

Webber, Steven. 1998. Out of Africa: The initial impact of millets in South Asia. *Current Anthropology* 39: 267–282.

———. 1999. Seeds of urbanism: Palaeoethnobotany and the Indus civilization. *Antiquity* 73: 813–826.

Weng, Z., and Robert Sokal. 1995. Origins of Indo-Europeans and the spread of agriculture in Europe: Comparison of lexicostatistical and genetic evidence. *Human Biology* 67: 577–594.

Wilkinson-Herbots, H., Martin Richards, P. Forster, and Brian Sykes. 1996. Site 73 in hypervariable region II of the human mitochondrial genome and the origin of European populations. *Annals of Human Genetics* 60: 499–508.

Yen, Douglas. 1995. The development of Sahul agriculture with Australia as a bystander. *Antiquity* 69: 831–847.

Zhang, F. 2000. The Mesolithic in south China. *Documenta Praehistorica* 27: 225–231.

Zhao, C., and X. Wu. 2000. The dating of Chinese early pottery and a discussion of some related problems. *Documenta Praehistorica* 27: 233–239.

Zilhão, João. 2003. The Neolithic transition in Portugal and the role of demic diffusion in the spread of agriculture across west Mediterranean Europe. In Albert J. Ammerman and Paolo Biagi, eds., *The widening harvest: The Neolithic transition in Europe: Looking back, looking forward*, 207–227. Boston: Archaeological Institute of America.

Zvelebil, Marek. 1994. Plant use in the Mesolithic and its role in the transition to farming. *Proceedings of the Prehistoric Society* 60: 35–74.

———. 1995a. Indo-European origins and the agricultural transition in Europe. In Martin Kuna and Natalie Venclová, eds., *Whither archeology? Papers in honour of Evzen Neustupny*, 173–203. Prague: Institute of Archaeology.

———. 1995b. At the interface of archaeology, linguistics, and genetics: Indo-European dispersals and the agricultural transition in Europe. *Journal of European Archaeology* 3: 33–70.

———. 1995c. Hunting, gathering, or husbandry? Management of food resources by the Late Mesolithic communities of temperate Europe. In D. Campana, ed., *Before farming: Hunter-gatherer society and subsistence*, 79–104. MASCA Research Papers in Science and Archaeology 12, supplement.

———. 1996a. Agricultural frontier and the transition to farming in the circum-Baltic area. In David R. Harris, ed., *The origins and spread of agriculture in Eurasia*, 323–345. London: UCL Press.

———. 1996b. Ideology, society, and economy of the Mesolithic communities in temperate and northern Europe. *Origini: Preistoria è protostoria delle civiltà antiche* 20: 39–70.

———. 1998. Agricultural frontiers, Neolithic origins, and the transition to farming in the Baltic basin. In Marek Zvelebil, Robin Dennell, and Lucyna Domanska, eds., *Harvesting the sea, farming the forest: The emergence of Neolithic societies in the Baltic region*, 9–27. Sheffield: Sheffield Academic Press.

———. 2000a. The social context of the agricultural transition in Europe. In Colin Renfrew and Katie Boyle, eds., *Archaeogenetics: DNA and the population of prehistory in Europe*, 57–79. Cambridge: McDonald Institute.

———. 2000b. Les derniers chasseurs-collecteurs d'Europe tempérée. In *Les derniers chasseurs-cueilleurs d'Europe occidental (13000–5500 av. J.-C.): Actes du Colloque international de Besançon (Doubs, France) 23–25 Octobre 1998*. Besançon: Presses Universitaires Franc-Comtoises.

———. 2004. Who were we 6000 years ago? In search of prehistoric identities. In M. Jones, ed., *Traces of ancestry: Studies in honour of Colin Renfrew*, 41–60. Cambridge: MacDonald Institute for Archaeological Research.

———. 2005. Looking back at the Neolithic transition in Europe. *European Journal of Archaeology* 8: 183–190.

Zvelebil, Marek (ed.). 1986. *Hunters in transition: Mesolithic societies of temperate Eurasia and their transition to farming*. Cambridge: Cambridge University Press.

Zvelebil, Marek, and M. Lillie. 2000. Transition to agriculture in eastern Europe. In T. Douglas Price, ed., *Europe's first farmers*, 57–92. Cambridge: Cambridge University Press.

Zvelebil, Marek, and Peter Rowley-Conwy. 1984. Transition to farming in northern Europe: A hunter-gatherer perspective. *Norwegian Archaeological Review* 17: 104–128.

Zvelebil, Marek, and K. Zvelebil. 1988. Agricultural transition and Indo-European dispersals. *Antiquity* 62: 574–583.

第28章 等级的考古

肯尼思·M.埃姆斯

（Kenneth M. Ames）

> 亲爱的布鲁图（Brutus），过错不在于我们的星座，而在于我们
> 自身，因为我们低人一等。
>
> ——《尤利乌斯·恺撒》（*Julius Caesar*）

这是《尤利乌斯·恺撒》中，卡西乌（Cassius）对布鲁图，这个所有罗马人中"最高贵的人"所说的话。他没有解释为什么罗马社会有一个由少数富有的寡头统治的阶级制度，而是试图说服布鲁图加入一个暗杀恺撒的阴谋。恺撒的权力已经威胁到了包括卡西乌、布鲁图在内的寡头。谈及恺撒，卡西乌说："为什么他轻易地跨越了这个世界／就像一个巨人；而我们这些小人物／只能在他的胯下行动，只能仰望／寻找我们卑微的归宿。"

卡西乌没有质疑罗马的权力与统治制度，相反，他想杀死这位权倾朝野（轻易地跨越了这个世界）的人。从另一方面来看，考古学家不仅希望解释为什么罗马有阶级制度，还希望回答为什么人类社会会有牢固的不平

等制度，以及这样的制度是如何形成的；为什么有些人要臣服于他人，以及这种臣服是怎么发生的，"过错"如果不在我们的星球上的话，那么究竟在哪里。

解释固定社会不平等的起源与演化是人类学的基本任务之一（Chapman, 2003a）。要解决这一问题，必须在考古材料中识别出固定社会不平等。这一章将回顾研究古代社会固定不平等存在与否及其表现形式的方法。虽然很难将不平等的制度与政治经济组织分开，但这里的重点是不平等。

所有人从根本上说都是不同的，在个性、利益、天赋、力量、速度、耐力、智力等方面都有差异。不过，这些都是差异，而非不平等。只有当一个社会赋予这些差异以文化与社会意义，并有针对性地厚待某一部分人的时候，我们才会认为存在不平等。比如说，我们都是男性或女性。性别是一种差异，但不是固定不平等。当一个社会喜欢一种性别胜过另一种性别，并且这种性别的人基于其性别习惯性地享有某些特权甚至是权力的时候，性别就成了一种不平等。

基于性别的不平等立足于已知的生物学上的差异。不平等也会立足于文化与社会上的差异，包括宗教与族群联系方面。人们常常把这样的不平等也看作生物学意义上的，看作不可避免的存在，其实并非如此。

所有的社会都承认群体成员之间存在差异，具有除性别与年龄之外的某种形式的不平等。不同社会的固定不平等的强度、普遍性与规模也有差别。在某些社会中，不平等的程度可能很轻，在有的社会中则很重。不同社会的不平等具体表现在个体还是群体层次上，也各有不同。在某些社会中，不平等从高到低是连续分布的，每名成员的地位都相对于旁人而言，在某些社会中，群体的地位则相对于其他群体而言。

为了理解固定不平等的起源与演化，我们需要尽可能回答涉及人类本质与社会的基本问题。不平等是否是不可避免的存在？是否有社会没有不平等，只有差异？如果是这样的话，那么不平等为什么会出现，又是如何出现的？不同社会间的不平等程度为什么存在差异，差异又是如何出现的？为什么会有不同形式的不平等？为什么有些社会有阶级制度、种姓制度，而其他社会没有？

本章介绍了固定社会不平等考古学研究，涉及考古学如何回答此前文章提出的相关问题（相关方法的深入与全面讨论参见 Wason, 1994）。本章有六个部分，包括开头的导言。第二部分考察了考古学家与社会科学领域研究者有关"固定社会不平等"的认识，也就是回顾不平等和社会的定义与分类。第三部分回顾了不平等为什么会形成以及如何形成的相关理论。第四部分讨论了考古学家用以确定特定社会所具有不平等的形式的方法，主要是通过讨论从考古文献中选取的个案来实现的。第五部分考察了两个非常隐蔽的不平等案例。最后是结论部分。

固定社会不平等：定义与分类

导言中提及人群间本身存在差异或区分。我们可以根据族群、所属俱乐部、肤色、职业、左撇子还是右撇子等来区分社会。不平等是指"一个社会给予所认为差异的社会评估"，而支配（dominance）是指"这些差异的行为表达"（Berrman, 1981: 8）。支配与权力基本是同一回事。我们可以把社会不平等看作"不平等与支配两个过程的结合"（Berreman, 1981: 8）。一个没有不平等与支配的社会在理论上是可能的，但在人类现实社会中从未出现过（Berreman, 1981: 8）。

贝里曼（Berreman）使用"支配"这一概念的方式与通常的做法有所不同。亨里奇与吉尔－怀特（2001）把威望和支配区分开了。威望是群体成员自愿给予个体的，而支配是通过好斗行为或恐吓强加的。人们对于获得威望的人尊敬有加。他们"倾听、重视有威望者的意见，因为这些人深孚众望"（Henrich and Gil-White, 2001: 168）。人们深知何为威望、何为支配，支配基于恐吓，并且具有非同寻常的行为特征（见表 28-1）。威望可能带有权威，也可能没有。所谓权威，是指在权力缺失时引导他人行为的能力（Fried, 1967），特别是在缺乏强制性权力的时候，迫使他人按照某种方式行动的能力（参见下文有关权力的讨论）。教皇作为天主教的领袖，在教会之外享有相当大的权威，在教会内部还可以行使权力。他的权威来自作为教会领袖的威望。

表 28-1 支配与威望的相关行为

行为	支配	威望
地位低的个体		
经常接近（亲近）	无	有
盯视	无	有
偶然攻击（挑战）	有	无
害怕地位高的个体	有	无
地位高的个体		
挑战与攻击	有	无
常常被模仿	无	有
吓唬	常见	很少；有时就像是下属
接受礼物或侍奉	有	有
传递性	多见	少见

注：传递性指"如果 A 服从 B，B 服从 C，那么 A 服从 C"（Henrich and Gil-White, 2001: 169）。

资料来源：Henrich and Gil-White, 2001.

地位可以基于支配与 / 或威望（Henrich and Gil-White, 2001），但对人类来说，无论哪一种形式的地位都具有象征性意义（Berreman, 1981）。地位高通常意味着更高的道德价值——威望的某个方面——这在不同文化中可能有所差异。在某些社会中，地位来自与某位开山先祖或是至高神祇的亲缘关系；在另一些社会中，则来自宗教的圣洁。道德价值有助于建立支配关系，不过道德价值低下（威望低）同样能够实现支配。

不平等是有意义的，但不平等的制度只有通过物质遗存才能体现在考古学研究中，也就是说，人类产生的物质遗存具有意义。表 28-1 中所列的行为可能不会在考古材料中被体现出来。

权力不同于支配，因为权力在人类制度中也有意义。埃里克·沃尔夫（1999: 5）区分了四种权力"形态"（modalities），包括：（1）个体固有的权力（如体力、咄咄逼人的个性）；（2）通过社会互动推行个人意志的能力，笔者称之为社会权力（social power）；（3）策略或组织权力（tactical or organizational power，参见下文的例子）；（4）结构权力（structural power），即需要在一定环境与领域中才能获取的权力，特别是能够配置劳动与能量流动（Wolf, 1995: 5）。前两种类似于亨里奇与吉尔-怀特所说的支配，而后两种在所有非人类的支配体系中都没有组织上的相似之处。

对沃尔夫的四种权力形态，我们可以用剧场来类比，这有助于我们理解权力。默默无闻的演员由于出众的才艺上升为耀眼的明星，这是第一种权力的代表，有点像一个校园恶霸迫使别人接受自己。掌握第二种权力的人是那489 种有能力支配与控制一众演员的人，他能够挑动人们相互争斗，操控他们的朋友，散布谣言，如此等等。莎士比亚的戏剧《奥赛罗》（*Othello*）中的反派人物伊阿古（Iago）就是第二种权力的典型代表。第三种权力是戏剧导演能够行使策略的权力，他通过"确定舞台与戏剧的环境"控制演员——他们应该站在哪里以及应该说什么，这种权力来自他在戏剧公司的职位，而不必非得来自他的个人魅力。威望有助于导演扩大权力，但他也可能有些惹人讨厌。戏剧制片人可以施加结构权力，也就是第四种权力。制片人可以通过支付经费、控制资源的流通来表现权力；他可以雇用或解雇导演与演员，同时还可以是剧院的所有者，可以选择不同意。结构权力可以很大——如美国总统或是大公司的首席执行官，能够掌控甚至创建或是摧毁我们的生活环境。

基于这样的想法，我们由此可以区分平均（egalitarian）社会（遵循弗里德 1967 年的观点，贝里曼称之为无等级社会）与等级（ranked）社会（Fried, 1967; Berreman, 1981）。

平均社会

平均社会的区分通常基于性别、年龄、个性，有时是亲属关系与家庭关系，"跟各种威望联系在一起……许多人都可以坐上这个位置"（Fried, 1967: 715）。除了年龄与性别的差别，大家都有机会获得与威望相关的地位，威望在不同世代之间是流动的、非制度性的，反映的是个人的品格。没有固定的权力与支配关系，领导的角色也是情境性的，来自他们在某些情况中表现出来的能力，一般不能被带到另一种情况中。权力（或支配）基本等于沃尔夫所说的第一种与第二种权力形态；它来自人际关系，取决于口才、社会能力及其他个人品质。支配和威望几乎没有什么关系。恶霸无须威望也可以行使权力。威望高的人可能拥有某些特权，但是这可以超越个人在人际交往中施加的强制力，而无须是支配关系。

按照弗里德（1967）的说法，平均社会具有平均的经济基础，其中互惠与慷慨受到重视，并被赋予威望。这里可能存在强烈的反对物质财富积累的意识；威望来自把东西送出去，来自慷慨，而非吝啬。人与人之间长期保持着平衡的互惠关系，没有人或群体能够控制生活必需品，在这一点上社会所有成员机会均等。总之，平均社会是那种可以平等地获取威望以及掌握生产手段的社会。

等级社会

在等级社会中，不是每个人都有机会获得地位与威望，位子少，想占有的人却很多。位子是固定的，一直都存在。坐上位子的机会可以是通过努力获得的，也可以是被给予的，即生而有之。人类学家不认为性别、年龄是被给予的位子。美国总统是一个可以通过努力获取的位子（通过成功的政治运作赢得选举），而日本天皇的位子则是通过遗传继承的。等级社会中存在两种形式的等级社会组织：阶等（rank）与分层（stratification）。两者在许多方面都存在差别。

在等级社会中，人人都可以获取生产手段与基本生活资料。从一代人到另一代人，高等地位的数量可能是固定的。一般来说，高等级是被给予的，但不是必然如此，高等级的获得取决于一个人在亲属制度中的位置。不同个体基于其在亲属制度中（可能还会扩展到神灵这个层面上）的位置来确定彼此的等级。领袖的位置是固定的，通常享有崇高的威望、权威与地位，但没有超过沃尔夫所说的第二种权力形态之外的权力与支配关系。高地位与高威望可以用来操控社会关系，实现个人目的；比如某些波利尼西亚酋邦的首领，可能已经具有了策略与组织权力。

分层社会不同于等级社会的地方，可能是人类社会历史中最重要的方面。在分层社会中，不是人人都有机会获取高地位与高威望，更重要的是，不是人人都能够掌握生产手段与基本生活资料。某些集团，通常规模不大，掌握着策略与结构层面的权力。按照贝里曼的说法（1981: 10），分层社会中的所有成员都有确定的基于非亲属关系的社会等级，阶级、地位、权力差不多的人具有类似的获取资源的机会。比如，美国社会上层就比社会下层有更多机会获取资源，包括金钱。在比较了分层社会与等级社会、平均社会后，贝里曼（1981: 10-11）提出，权威基于地域而非亲属关系，威望基于资源的积累而非分配，权力则是通过控制生产资源表现出来的。因此，人群的所有类别都可以通过"经济制裁、威胁、武力"来确立（Berreman, 1981: 11）。

490

在等级与平均社会中，个体的权威，如果有的话，一般都基于权威所有人在亲属制度中的位置，而不是社会阶级；威望则基于慷慨与物品的再分配，这是成功首领的必备品质。而在分层社会中，人们则可能运用累积的财富来获取或是增加其权力。从根本上说，只有分层社会才有高等级的位置，让拥有这个位置的人表达权力，同时，也只有在分层社会中，我们才能看到个体或集团行使策略与组织权力。

所有这些术语中的关键是机会不平等的概念。在平均社会中，人人都有机会获取地位威望与基本生活资料；在等级社会中，虽然获取地位威望的机会是不平等的，但获取基本生活资料的机会是平等的；在分层社会中，获取地位威望与基本生活资料的机会都不平等，高等级的人还拥有策划与组织权力。资源获取的不平等会反映在营养状况、健康、预期寿命等方面（Nguyen and Peschard, 2003; Sapolsky, 2004）。

游群、酋邦、国家、跨平均社会与复杂社会

人类学家与考古学家利用表 28-2 中归纳的定义，从非常宏观的层面

上划分了人类社会政治组织，并对那些被认为非常重要的共同特征进行了概括。这些分类可以用来预测考古学可能的发现。因此，如果我们认为发现于距今 15 000 年前的社会都是"游群"的话，那么这意味着将会在相应的各个考古材料中发现类似的特征。

不管实际使用效果如何，游群、部落、酋邦这样的概念本身就边界模糊（Drennan, 1996; O'Shea and Barker, 1996），许多研究者更喜欢把人类社会分为小型社会（基本上就是游群）、中层社会（或称跨平均社会）（Blake and Clark, 1999; Clark and Blake, 1994）以及国家。跟许多考古学家一样，笔者用"社会复杂性"来指代固定社会不平等（分等级；Arnold, 1996），尽管有些学者认为社会不平等与社会复杂性在分析上应该区分开来（Paynter, 1989）。

表 28-2　人类学家与社会学家基于社会政治组织特征确定的社会类型

社会类型	特征
游群	平均社会，人口规模小（25 ~ 50 人），群体成员流动性强，基于亲属关系、友情成为游群成员，狩猎采集群体。
部落	平均社会，人口规模较大（500 人以上），群体成员固定，基于亲属关系，狩猎采集群体与农业群体。学术界对部落的概念有争议。
酋邦	等级社会，领导地位是被赋予的，人口规模大（2 000 人以上），决策集中化，包括两层决策等级，领导权缺乏强制性，首领通常拥有社会权力。
国家	分层社会，最少有三层决策等级；领导权具有策略与组织双重权力，通常有领土范围。
跨平均社会	既非平均社会，也非等级社会。获取威望的机会可能不平等，但威望显赫的位置是流动的，这些位置需要努力才能获得，通常来自慷慨、吸引追随者的能力以及社会权力。
中程社会	处在游群与国家之间的社会的统称。
复杂社会	有三种意义：（1）"文明"；（2）由许多部分组成的社会，包含不同社会等级以及 / 或者专门化职业（意思限于此处）；（3）更狭义的说法是具有固定阶等分化的社会。广而言之，所有人类社会都是复杂的，只是某些社会比其他社会更复杂。

不平等与等级分化的起源问题

目前，学术界还没有统一的社会理论来解释固定社会不平等的起源与演化（Diehl, 2000a），倒是有一系列的理论趋向，从达尔文的进化论到人文主义的阐释。直到最近，研究者们还是习惯性地假定人类社会的原初形态应该就是平均社会，由此所有与固定社会不平等相关的理论发展都被认为打破了 *491* 原初形态。下面将简要讨论与固定社会不平等的起源与演化相关的解释。

远因、近因、必要的前提条件与演化的形态

迈尔（Mayr, 1982）强调了远因与近因的区别；近因解释的是组织结构如何运作，而远因解释的是组织结构如何演化。虽然必要的前提条件并不导致不平等或其他文化特征的演化，但是其存在是演化发生的必要条件（参见本特利等，第 8 章；科勒德等，第 13 章）。例如，许多考古学家认为，后勤式的流动形态（Binford, 1980）是狩猎采集社会复杂性的必要条件（Amers, 1985; Rowley-Conwy, 2001; Fitzhugh and Habu, 2002）。不过，后勤式流动形态的发展并不会立刻导致社会复杂性（Ames, 2005a）。

长期以来，社会理论家假定某种形式的平均主义是人类社会的初始形态（Hobbes, 1651; Rousseau, 1782）。这种假设源自进步观。类似之，现代学者也认为，随着包括不平等在内的社会复杂性开始演化，社会系统会不断"进步"，变得日益复杂。这些研究者把社会复杂性看作一种临界现象；其一旦存在，社会就不可能倒退回平均社会。事实上，过去 10 000 年来，尤其是过去 5 000 年来，社会系统变得越来越复杂（Richerson and Boyd, 2000）。即便从更小的地理范围来看，如在北美洲西部地区，晚近时期的

社会系统也比 12 000 年前更复杂（Ames, 2005a）。

不过，从一些地方文化序列来看，情况与上述两种预期有所不同，其社会复杂性通常是从比较复杂走向不那么复杂（Ames, 2005a; Rowley-Conwy, 2001）。实际上，人类早期社会是平均社会的假设已经受到了挑战（Diehl, 2000b）。研究者注意到，平均主义并不容易做到（Erdal and Whiten, 1996; Hayden, 1995, 1998, 2001; Trigger, 2003），不仅需要压制个人的野心，还需要被迫忍受长期的、强制性的社会互惠与制裁，这些要素体现在道德价值与威望上，在当时社会中占有重要的分量。如果平均主义是人类社会的原初形态，那么为什么每个平均社会都不那么容易形成？有些学者（Arnold, 2001; Blake and Clarke, 1999; Hayden, 1995）将之归因于个性上的差异。某些个性的人，如"利欲熏心者"，更可能控制社会经济制度，为自己与子孙后代谋取利益。为了保持平均主义与互惠，每一代人都必须压制利欲熏心者，这一工作绝不能中断。这自然引出了一个问题，即为什么利欲熏心这种个性能够存在呢？

后来又有学者（Boehm, 1992, 1997, 1999; Henrich and Gil-White, 2001）提出假说，认为人类天生一种形成支配等级的倾向。所有人类的近亲——黑猩猩、倭黑猩猩、猩猩——的社会中都有这样的等级，这表明人类以及人类近亲的共同祖先的社会中有社会支配等级。如果真的是这样的话，我们又该如何解释平均主义呢？

贝姆（Boehm, 1992, 1999）强烈主张，从来就不存在平均主义。我们所谓的平均主义实际上是一种反向的支配等级，即社会中受支配的个体与地位较低的个体联合起来抵制那些试图支配他人的个体。黑猩猩社会中就存在这样的情况。贝姆（1999）认为，平均主义是习得的行为，一旦形成，就会迅速扩散开来。海登（1981, 2001）及其他一些学者（Richerson and Boyd, 2000）则认为，平均主义体现了人类对更新世极端环境气候条件的适应。平均主义意味着平衡的长期社会互惠，它能让人们在更新世高度变化与高风险的环境中都有机会获取食物。为了群体与个体的生存，人们需要有效压制利欲熏心者，否则，他们的行为将会削弱对人类生存来说必不可少的互惠。海登（2001）推测，平均主义可能已经存在了 200 万年了。

马施纳（1992）与另一些研究者认为，固定不平等来自人们对威望的竞争，这最终会导致繁衍上的差别。小型社会中的个体，如果拥有更高的威望或地位，则可能会有更多的后代。不同社会的竞争形式有所不同，这取决于该社会如何评价威望与地位。成功的猎人具有更高的适合度。希尔等人（Hill et al., 1993; Smith, 2004）曾证实，在南美洲以狩猎采集为生的阿切人（Ache）群体中，成功的男性猎人通常会有更多性机会，也就是可能有更多的后代。马施纳并不是在主张不平等是自然选择的结果，而是说不平等由自然选择的遗传偏好（远因）所致，即通过赢得威望来竞争配偶（近因）。对马施纳而言，战争是威望竞争的重要途径。 *492*

最后，里彻森与博伊德（2004）及其他学者（Erdal and Whiten, 1996; Henrich and Gil-White, 2001）提出，平均主义立足于过去用大约 100 000 年时间演化而来的两类社会本能之上：一类非常古老，另一类相对年轻，被称为"部落化本能"。这两类本能导致人类社会产生了矛盾的倾向，一方面形成支配等级，另一方面又抵制权威与权力（Richerson and Boyd, 2004）。过去 12 000 年来，良好的环境条件有利于食物生产的强化以及人口增长，固定不平等正来源于此，里彻森与博伊德称之为竞争的"棘轮"（ratchet），指的是"社会内部和社会之间的竞争"。按照这一理论，现代不平等的根源在于威望的提供（Henrich and Gil-White, 2001; Richerson and Boyd, 2004）以及更古老的支配本能。他们认为，提供威望是一种较为晚近的社会本能，之所以能够演化形成，是因为它有利于文化信息的传承。

讨论

我们显然还远没有理解人类不平等的最终成因。实际上，原始平均主义的观点意味着没有最终原因（远因），只有近因（Blake and Clark, 1999; Pauketat, 2004, 2005; Sassaman, 2004）。当然，情况可能并非如此。正如特里格（2003）所言，虽然人类社会演化过程存在多样的路径，但最终的结果比较有限。他研究了十个古老的"原生"（即没有受到外来影响）文明的发展历史，注意到这些文明在演化序列、文化与组织上存在丰富的变化，然而就其组织结构而言，则存在深刻的相似性，包括固定不平等（Trigger, 2003）。某些相似性可能是功能性的，因为人类社会的组织结构只有这么多，但这并不能解释结果的有限。在人口规模、经济形态等方面各不相同的社会都曾演化出不平等。特里格（2003）得出结论，人类演化而来的人性是部分原因。

就像古老的类人猿祖先一样，人类很可能继承了传统，习惯按照支配等级来组织自己的社会。平均主义则表明这一倾向并非不可避免，但是走向支配的倾向意味着我们首先需要解释平均主义。平均主义似乎立足于一定的社会规范，按照这样的规范，那些体现平均主义价值的人将获得更高的威望。这就要求人类有能力处理与道德价值相关的社会关系，但是笔者认为，如果没有现代认知能力，则是不可能具有这种能力的。这进一步意味着，人类社会在过去数百万年来都是按照支配等级组织的。这样的等级结构可能不是很强。随着时间的推移，人类的性别二态性逐步缩小，至少到直立人阶段还是如此，这表明支配作用与 / 或强制性威吓的作用有所弱化（Klein, 1999; McHenry and Coffing, 2000）。贝姆（1999）认为，工具尤其是武器，削弱了支配作用，随着时间的推移，身体上的公开威胁可能逐渐转向了上文提及的社会操纵与社会权力。可惜的是，这些行为无法在考古材料中体现出来。

海登的看法与上述观点正相反，海登认为，平均主义的狩猎采集社会可能存在了 200 万年。他推测早期人类的认知水平与现代人相差不大。海登（2001）指出，平均主义是对更新世低生产力、超高风险环境的一种适应（1981），并把尼安德特人社会中有关不平等的证据的缺乏归因于偶然的环境改善，反对尼安德特人具有使用象征符号的能力的观点（参见加波拉，第 17 章）。即便我们同意过去 200 万年（包括间冰期）没有生产力丰裕的环境，海登关于不平等来自高生产力、低风险的生计系统或环境的假定也意味着我们需要考察直立人群体里利欲熏心者的相关证据，但由于旧石器时代早期缺乏象征行为的相关证据，因此这样的考察是不可能实现的。

笔者曾经推测（Ames, 2004），平均主义及其价值的增加可能与旧石器时代晚期人类不断扩大的领地范围以及更高的流动性相关。流动性是狩猎采集者应对高风险环境的基本手段，由此可以维系稳定且弹性的社会关系，即便有时距离遥远，甚至时间相隔长久。有学者认为，流动性和弹性社会关系的结合——平均主义——与现代认知水平以及语言密切相关（Richerson and Boyd, 2000），笔者对此表示怀疑。

远因与近因

解释不平等的任何可以接受的远因始终需要一个近因，用于解释人类文化与社会组织中存在的丰富多样性（Trigger, 2003）。研究者们提出

493 了许多近因，这些近因反映了人类学与考古学领域的理论多样性，或者说理论分裂。不少研究者对此做了一些分类或是批评（Chapman, 2003b; Flanagan, 1989; Fried, 1968; Hass, 1982; Hayden, 1995; McGuire, 1992a, 1992b; Paynter, 1989; Service, 1975; Wason, 1994）。

如表28-3所归纳的，这些理论都有深厚的西方思想渊源。大部分理论试图解释制度化不平等的起源及其持续存在的原因，而不是不平等本身的起源。研究者们试图阐明沃尔夫所言的社会权力向策略权力的转变，或阐明一种固定政治经济的发展，厄尔（2002: 1）将之定义为"社会中物品与劳动的流动导向财富的形成，进而支撑统治制度"。布莱克与克拉克（Blake and Clark, 1999）注意到，固定制度的形成至少需要连续的两三代人的努力。这就要求在政治经济上取得某种发展，从而控制剩余物品（Hayden, 1998, 2001），以支持炫耀性消费（Earle, 2000）。

表28-3　社会不平等与文化复杂性的产生原因

人类学家、考古学家以及其他学者就社会不平等与文化复杂性，提出了一系列远因与直接原因（近因）。本表将主要观点总结如下。	
人口众多。复杂社会的规模显然总是比简单社会的大，人口规模作为原因长期以来是学术界争论的焦点（Keeley, 1988; Hayden, 2001）。有些学者根据社会复杂性的程度，识别出了不同的人口规模限制（Kosse, 1990; Upham, 1990; 见表28-4）。当前的焦点是社群的规模（经常面对面交往的人口的规模），而非整体的人口规模或人口密度。更高的人口密度意味着需要更多的合作以及更集中的决策。同时也会带来更高层次的社会冲突，以及相应的解决问题的方法（Cohen, 1985）。中心问题是，人口增长与/或社群规模的扩大是社会经济发展的驱动力，也是其结果。布恩（2000）提出，地位	**专门化与区域互动**。学术界一般认为，生产的专门化与社会复杂性密不可分。一种说法是，随着专门化的发展，社会日渐分化，由此需要社会不同组成部分之间相互协作，以确保专门生产者之间原材料与成品的顺利流动。精英阶层因这些需要而兴起（Childe, 1942; Service, 1975）。其兴起可能是通过控制关键资源或产品的生产实现的（Haas, 1982; Arnold, 1987; Arnold and Munns, 1994）。区域互动圈可能为竞争的发生提供了场地（Hayden and Schulting, 1997）。等级的区分通常是在区域之间而不是在本地的范围内确定的（Renfrew and Cherry, 1986）。部分学者认为，互动圈是精英阶层的形成所带来的（Hayden and Schulting, 1997），另一些学者则认为，精英阶层可能是在区域

续表

的分化是人口崩溃导致的社会选择的结果（Escoffier and Schneider, 1999）。	互动过程中形成的（Colten and Stewart, 1996; Ames and Maschner, 1999）。
宴飨。利欲熏心者会争夺追随者与资源。宴飨是主要的竞争形式之一（Hayden, 1994, 1995, 2001; Spielman, 2002）。	**丰裕的生计基础与生产剩余**。学术界通常把生产剩余看作狩猎采集与农业群体中固定社会不平等的远因。按照这种观点，经济基础足以产生生产剩余，利欲熏心者（个体或群体）便可以通过掌控它来实现自己的目的（Childe, 1942; Hayden, 1995）。生产剩余可能也可以缓解资源紧张的状况，这对利欲熏心者不利（Clark and Blake, 1994; Blake and Clark, 1999; Hayden, 1998, 2001）。控制生产剩余能够直接或间接通过控制劳动（Arnold, 1993, 1996）或是债务来实现（Gosden, 1989）。一般认为，控制生产剩余是政治经济制度形成的基础（Muller, 1997; Earle, 1997, 2002）。
规模压力。社会规模与组织复杂性之间存在广泛的联系（Johnson, 1982）。规模压力的观点认为，这种联系可能根源于人类处理信息的认知能力上的极限，或是群体决策中有效规模的极限，组织规模会导致压力的形成（Ames, 1985; Kosse, 1990）。领导权的形成是解决这些问题的一种途径。	**定居**。学术界普遍认为，定居是社会复杂性演化的必要前提条件或直接推动因素（Wilson, 1988; Bar-Yosef, 2002），尽管在畜牧社会中，也可以体现出某些方面的社会复杂性。定居与人口增长、财产增加、规模压力、争端解决制度、地盘防卫以及固定领导权等相关。最复杂的狩猎采集者是那些定居、有食物储备与地盘防卫的群体（Rowley-Conwy, 2001）。
储备。对利欲熏心者而言，食物储备可能是必不可少的生产剩余，也可以用于威望竞争。储备是财产。它可以导致和支持更高的人口密度与群体规模，以及更固定或定居的人群（Testart, 1982; Sofer, 1989; Wesson, 1999）。	**流动性与聚落形态**。有后勤的流动性在社会组织上一般说来比普通的狩猎采集更复杂（Ames, 1985; Rowley-Conwy, 2001; Habu, 2002, 2004; Bergsvik, 2002）。实际上按照定义，集食者至少是半定居的。同样，按照定义，集食者一定需要食物储备。集食者应该出现在以下地区：（1）中纬度地区，这里即便人口密度极低，冬季食物储备仍然是必不可少的；（2）具有可用运输手段（船、畜力）的地区，能把从野外获取的大量食物运回中心营地（Ames, 2002）；（3）人口足够稠密的地区，与狩猎采集相关的流动因此受到制约（Binford, 1980, 2001）。

494

斑块化的非同质环境。这里有好几种说法，一种说法认为，资源斑块品质的变化，会导致人们保卫那些稳定的高品质斑块，这些斑块的所有者将成为"富人"（Matson, 1985; Coupland, 1985, 1986）。另一种说法认为，一个地区资源量的波动使人们需要维系彼此间长距离的社会联系，从而保证在本地资源匮乏时能够获得远方的资源。随着能够建立并维系这些联系的中间人的出现，固定的领导者形成（Kelly, 1995）。还有种说法认为，非同质环境与定居也可能导致生产的专门化，这反过来导致精英阶层的兴起，他们负责为专门生产者协调和重新分配原料与成品（Service, 1972）。	**海岸水生经济。**生活在海岸或是利用水生资源的狩猎采集者，通常会比利用陆生资源的狩猎采集者人口更多，更趋向于定居，拥有更复杂的技术与流动形态。因此，海岸社会比内陆社会更可能形成固定社会不平等（Renouf, 1991）。这通常归因于水生环境更高的生产力，同样重要的是运输中舟楫的帮助。
生计的强化。有时学术界把食物生产的提高看作社会变化的触发因素，这些社会变化也包括社会不平等。生计的强化可以导致人口增长、规模压力、生产剩余，或是与不平等形成相关的社会组织变化（Price and Brown, 1985a）。	**集体家户。**在狩猎采集者的考古学文化中，家户（以房子为代表）证据是社会复杂性的前兆或伴生证据（Hayden and Cannon, 1982）。从跨文化的角度来看，这些家户可能持续了数代人，但这样的时间跨度并不是必要的。其在规模上也没有统一的标准。有些地方形成了较小的集体家户，而在另外一些地方，如北美洲西北海岸地区，则发展出了很大的集体家户。稳定的大家户似乎与有复杂次序的任务相关（Netting, 1982）。
竞争与战争。众多明显不同的理论都假定，竞争是推动社会变迁与精英阶层形成的重要因素（Maschner, 1991, 1992; Maschner and Reedy-Maschner, 1998; Hayden, 1995, 2001; Richerson and Boyd, 2000; Ames, 2003）。战争是竞争的场所以及区域互动的形式。它同时也是控制关键资源或剩余产品的手段。单单是征服这一行为，就可以产生社会分层（Carniero, 1970）。	**财富。**长期以来，学术界都认为财富是社会不平等形成的关键，这至少可以从霍布斯与卢梭算起。财富被看作争端、社会分裂以及生产控制的源头（Park, 1992; 相关讨论与引用见 Earle, 2000）。财富的重要性表现在许多前提条件上，财富在伍德伯恩区分出的"延迟回报"的狩猎采集群体中表现明显（Rowley-Conwy, 2001）。

许多当代理论强调文化与社会组织的多样性，而相对忽视统一性。某些多样性可以归因于政治经济制度在组织方式上的差异。分层结构（heterarchy）是指不平等存在多层体系，同一社会具有不同的权力来源（Crumley, 1995; Ehrenreich et al., 1995）。

厄尔（1997）提出，社会中存在四种可能的权力来源，包括我们熟悉的社会权力，以及经济权力、军事权力、意识形态权力。它们是政治经济制度的基础。经济权力是指"能够通过物质报酬与惩罚买到服从"（Earle, 1997: 6）。军事权力是指通过强制力迫使人服从。意识形态权力"提供了社会秩序的符号"，建立了"一种权威的组织结构，并把统治实践制度化"（Earle, 1997: 8）。

厄尔（1997: 12-13）指出，经济权力可能是走向社会复杂性与集权 *495* 制度最重要的途径，但是海登（1995）与厄尔都以为通往阶层分化有"许多条道路"。布兰顿等人（Blanton et al., 1996）、费曼（1995）及其他学者提出，这些途径构成了一个连续发展的序列，他们称之为网络（network）策略与集体（corporate）策略（见表 28-4）。按照费曼等人（2000: 453）的说法，"网络策略……与高度个人化或集中化的领导权形式相关。财富集中在少数人手中，他们利用个人关系网络加强和扩充个体化的权力与权威"。利欲熏心者寻求通过社会网络控制食物与 / 或财富。集体策略明显有所不同，其经济资源更分散，个人领导权与权力欲更弱（Feinman et al., 2000）。相反，"社群仪式、公共建设、大型公共事务、权力分享、社会领域划分……通过广泛的集体仪式与意识形态的方式交织在一起，并强调抑制经济分化……与大型建筑空间"（Feinman et al., 2000: 453）。不同的领导策略具有不同的考古学意义。

表 28-4　领导策略及其组织与物质关联

网络策略	集体策略
财富集中	**更平均的财富分布**
个体权力	权力分享
炫耀性消费	**更平衡的积累**
威望物品	**控制知识、认知符号**
庇护关系	集体劳动制度
高度专门化	**强调食物生产**
财富经济	**平稳经济**
奢华的葬礼	**纪念性的仪式空间**
世系制度	分节制度
通过个人的荣耀获取权力	权力镶嵌在群体关系中
精英阶层炫耀性的装饰品	**职业符号**
个人的荣耀	普遍关注生育、下雨等

注：黑体代表可能会表现在考古材料上。

资料来源：Feinman et al., 1996.

　　研究者通常假定，随着精英阶层的形成，会自动形成被统治的个体与群体，但能动性理论（Dornan, 2002; 参见加德纳，第 7 章）认为，精英阶层的形成是一个"双向互动的过程"（Pauketat, 2005: 207），并且是一个追问人们如何参与到自身被统治或是如何抵抗被统治的过程（Joyce et al., 2001）。类似的问题在达尔文理论中也有讨论，因为在食物短缺时，不仅拥有更高地位的人具有适应优势，而且成为高地位个体的依附者或受庇护的人也具有适应优势（Boone, 2000）。

　　在我们的理论建设中，一个明显的空白是解释为什么尽管很可能存在不平等，却没有形成等级分化与政治经济制度（策略权力），正如下文有关日本绳文时代的狩猎采集者的讨论。绳文社会可能一直徘徊在固定社会不平等与政治经济制度形成（等级分化）的边缘，并且持续了数千年，尽管它已经具备了产生不平等的许多必要的前提条件与近因。解释等级分化为什么在这样的条件下没有产生，如果它确实没有产生的话，跟解释它为什么产生一样重要。

方法

下文将讨论考古学家用以确定一个社会是否存在不平等、是否存在等级或分层的技术与方法问题。问题的关键是"机会差别"（differential access）。在等级社会中，虽然获取威望的机会存在差别，但获取基本资源的机会平等；而在分层社会中，获取威望与基本资源的机会都存在差别。众所周知，分层社会以精英阶层拥有策略与组织权力著称，这种权力基于政治组织制度存在。考古学家的任务就是衡量获取威望与获取资源的机会之间的差别，确定策略权力存在与否的最小证据。

如果一个社会中分层明显，那么我们是有可能从考古材料中看出来的。如位于安阳的殷墟王陵遗址，这是中国商朝最后的都城（约前 1300 年）遗址，在大量的土坑中有 13 座带墓道的大墓室，其底部有木棺椁（Chang, 1986），最大的有 12 米深。这些墓室周围有 1 200 余座其他墓葬，部分可能埋有葬礼上的随葬品。带墓道的大墓室内部也有随葬品。这里我们能够看到明显的劳动控制的证据（修建大墓室），以及控制他人生命的证据（大规模的陪葬）。我们不可能总会看到墓葬证据，但可能会看到精致的宫殿、其他宏伟的建筑（如中国的长城）、高度发达的工艺生产，如此等等。

由于在跨平均社会中，等级或分层不那么明显，或是体现出一种缓慢渐变，因此威望、财富、地位以及 / 或是地位上的差别在考古材料中很难看到，即便这些东西在当时人们的日常生活中至关重要。如在北美洲西北海岸地区，酋长的日常生活在许多方面与普通人无异，因此我们很难从考

496

古材料中看出等级差异。

在过去 10 000 年或更长的时间里，可能存在许多次社会等级分化的尝试。我们可以想象，在距今 18 000 年前的法国旧石器时代晚期，某些贪恋权力的人攫取了权力，获得了影响力，甚至建立了一个酋邦，但最后失败了。他们在位可能五年，也可能一个或两个世纪。然而如此短时间的尝试基本不可能表现在考古材料上——我们只能发现那些持续了足够长的时间，并且留下可见物质遗存的尝试。如果厄尔的观点是对的，那么他们之所以成功，是因为他们有雄厚的经济基础（也可能纯粹是运气好）。某些地区、某些时代的考古材料中可能充斥着呈现社会复杂性与等级分化的蛛丝马迹，我们可能从中勉强看到一些无疾而终的尝试的迹象。这取决于我们的优势地位，戴维·赫斯特·托马斯（David Hurst Thomas）称之为"监管的位置"（monitoring position）（Thomas, 1983）。比如，在研究古代狩猎采集者的生计系统时，我们通常看到的是狩猎的证据。动物骨骼、狩猎工具（石质标枪头）被保存下来，而植物遗存可能腐烂消失。代表等级的物质文化部分可能没有被保存下来，或是在我们发现的遗址中恰好没有。

尽管存在许多困难，但考古学家还是相当成功地研究并确定了某些古代社会中存在不平等。方法在不断变化，关键是确定谁有机会获得威望与基本资源，确定精英阶层能够在何种程度上控制生产，以及他们是否具有策略权力。考古学家努力寻找炫耀性消费的证据（Veblen, 1899），这是对超乎基本生存需要的时间与能量的"浪费"，目的是获取、提高或是强化社会地位与威望（Boone, 2000: 85）。

海登（1998）区分了实践技术与威望技术。实践技术解决的是生存问题。威望技术是非实用性的，超乎基本生存与繁衍的需要。威望技术（以及不平等）的范围与规模受限于"一个社群现有的技术与劳动所能够获取到的资源"（Hayden, 1998: 22）。

进化生态学家（Bird and Smith, 2005; Boone, 2000）和一些人类学家（Henrich and Gil-White, 2001; Richerson and Boyd, 2004）以及考古学家（Neiman, 1997; Kornbacher and Madsen, 1999）采用了不同的理论方法。他们的重点是解释那些需要付出高昂的能量与资源成本并因此会降低进化适合度的行为，所依赖的核心假说是昂贵信号的概念（Grafen, 1990; Zahavi, 1997; Bird and Smith, 2005）。按照昂贵信号模型，炫耀性消费是一种代表社会权力的广告（对人类来说）：这是一种超越竞争者承担高昂的社会成本，并且"无视潜在盟友、追随者、配偶以及其他可能提供帮助的合作者"的能力（Boone, 2000: 88）。在某种意义上，这不是什么全新的说法。真正新颖的观点是，昂贵信号通常不会撒谎。一个个体可能口头上撒谎，但是在昂贵信号上花费能量还能持续生存的能力是看得见的衡量标准，代表个体或社会群体控制资源的能力。还有一种假说认为（Henrich and Gil-White, 2000），威望作为一种机制，可以提高文化认知的效率（Richerson and Boyd, 2004）。无论怎么说，炫耀性消费或是昂贵信号都是人类社会中威望与等级的关键。正如海登所言，能够投入这种信号的能量水平受制于该社会的经济发展程度与环境条件。

以蒂卡尔（Tikal）为例，它是玛雅古典时期的著名中心，位于危地马拉北部，在玛雅古典时期（200—900）的绝大部分时间里都是中心城市。哈维兰与莫霍伊－纳吉（Haviland and Moholy-Nagy, 1992）归纳了蒂卡尔存在精英阶层的证据（见表 28-5），包括房屋、墓葬、个人财产、人体骨骼学（来自人体骨骼的证据）等方面的材料，对比了精英阶层与非精英阶

497

层的情况。其目标是证明精英阶层存在，而不是区分等级。这得到了费曼与奈策尔（Feinman and Neitzel, 1984）研究的支持，他们发现在民族志记载的社会中，不平等、领导权与政治组织之间存在着复杂多样的关系，这体现在领导者的任务、地位区分、政治决策、聚落形态、社群规模等方面（O'Shea and Barker, 1996）。在 51 个中程社会的样本中，两个最显著的地位标志（见表 28-6a、表 28-6b）是特殊的房屋（包括房屋的面积、装饰、特殊的建筑材料与建筑技术）和多个妻子。其次是特殊的服饰、饰物、身体装饰与葬仪（Feinman and Neitzel, 1984: 57）。墓葬分析通常是考古学中用以确定等级分化的主要方法；然而只有 16% 的社会被发现存在葬仪上的区别，这表明，尽管葬仪是等级分化的明显证据，但没有体现在葬仪上并不等于没有等级分化（Ucko, 1969）。

表 28-5　蒂卡尔社会分层的证据

房屋。我们通常用一个文化传统中同时代房屋的大小与建设水平的差别来衡量社会等级分化的程度。一般说来，一个社会中房屋大小的差别反映着家户的规模（人口数量）、社会地位的区别（地位高：大房子）。在许多非工业经济体中，大而稳定的家户相对于更小的家户具有经济上的优势。	• 更大的房屋面积与空间（参见 Netting, 1982），更宽敞的生活空间。 • 建筑质量、装修（如木骨泥墙相对于石头贴面）。 • 更多的隐私：与单间房屋相比，内部空间更难进入（门、门道等）。 • 位置：在蒂卡尔，宫殿位于城市的中心或附近。
墓葬。葬仪是考古学家确定地位区分的一条主要的证据线索（参见正文）。	• 精英墓通常位于神庙中或是靠近神庙。 • 精英墓的大小远远超出了容纳尸体的需要。 • 精英墓不会让填土直接接触死者的面部："更低的社会阶层……则总是直接让死者面对填土"。 • 精英墓的建造需要规划、时间和劳动力。 • 精英墓需要昂贵的装饰。墓葬装饰包括传家宝、用高水平技艺和/或昂贵原材料（外来的）制作的物品。

续表

所有物（belongings）。"所有物"指从居住垃圾中发现的器物。代表高地位的物品通常不会被扔掉：它们不会出现在垃圾堆里。	• 精英的房屋中有更多样的日常物品（更多的器物类型）。 • 精英的房屋中有罕见的器物（某类中的一种）。 • 在蒂卡尔，非精英的房屋中通常有更多的工作垃圾（生产垃圾）：精英总是远离杂乱、肮脏的活动。 • 在蒂卡尔，精英的房屋中有更多的骨制品（劳动成本更高？）。
人体骨骼学。骨骼研究有助于确定相应的健康水平、寿命、饮食、生活压力等，这可能代表接触资源的机会差别，以及生活方式的不同，反映经济与权力差别。人体骨骼学研究还有助于确定战争的水平（Cybulski, 1993）。	• 精英明显有更高的营养水平（个子会更高）。 • 精英活得更久（基于骨骼遗存与铭文）。 • 骨骼形态的差别，代表活动的差别。

表 28-6a　中程社会样本中高地位标志的出现频率　　*498*

特征	频率	百分比
特殊的房屋	23	45%
多个妻子	20	39%
特殊的服饰	23	45%
特殊的墓葬	16	31%
礼节上的尊重	17	33%
侍奉	14	27%
仆人／奴隶	7	14%
特殊的食物	6	12%
特殊的语言	5	10%

资料来源：Feinman and Neitzel, 1984.

表28-6b　每个社会高地位标志的数量

特征的频率	社会的数量	百分比
一个	18	35%
两个	15	29%
三个	6	12%
四个	4	8%
五个	3	6%
六个	2	4%
七个	2	4%
八个	1	2%

资料来源：Feinman and Neitzel, 1984.

墓葬：埋葬形态分析

长期以来，考古学家把墓葬看作社会组织、族群、宗教与精神世界的证据（Binford, 1971; Brown, 1971; Goldstein, 1981; Rothschild, 1979; Sax, 1970; Tainter, 1975, 1982）。这些理论背后的思想是，一个人死后的处理方式直接或间接反映出他活着时候的地位，也可能是群体的地位，因此墓葬人群的地位可以代表古代社会活着人群的地位。衡量地位高低的一个关键标准是丧葬上的投入（Peebles and Kus, 1977; Tainter, 1975）。虽然有关这个方面的普遍与特殊方法的批评有许多（Ucko, 1969; Cannon, 1995, 2002; Hodder, 1982, 1986; Lull, 2000; McHugh, 1990; Pader, 1982; Shanks and Tilley, 1982, Chapman, et al., 1981），但它仍以这样或那样的形式，成为考古学家用以确定一个社会是否有等级分化的最重要的技术之一（Ames, 2005b; Brown, 1995; Carr, 1995; McGure, 1992a, 1992b; O'Shea, 1984; Park, 1992; Schulting, 1995; Wason, 1994; Allard, 2002; Beck, 1995）。考古学家需要考虑

丧葬的背景关联，因为我们现在所认为高价值的物品在当时可能并非有如此价值。

考古学家从许多维度来研究葬仪（见表 28-7），以及其与性别和年龄分类的交叉程度。只葬老年人的奢华墓葬可以反映基于年龄的高地位 / 高威望，或者至少可以反映获取财富的可能性。类似之，只葬婴儿或儿童的奢华墓葬可以告诉我们儿童在社会中的价值，但不会告诉我们不平等的情况。一般来说，要确定精英阶层的存在，就必须有一小群死者有奢华墓葬，同时这群人中包括儿童以及成年男女，表明有这么一群人可以享用特殊葬仪。研究的样本需要足够大，以支持这样的推理。

一个很好的例子是对 668 年统一朝鲜的新罗王国的考古学研究。新罗在 2 世纪时是众多小王国联盟的组成部分，从 5 世纪开始征服其他的小国。皮尔逊等人（Pearson et al., 1989）分析了大量 4 世纪至 6 世纪的墓葬，确定了新罗王国等级规则正式确立前"社会等级分化的性质"（有多少个等级以及分化究竟有多明显）。研究者侧重于研究高等级的墓葬，重点关注的是精英阶层的等级分化，证据是陵墓建筑的模式以及数量最多的那一类墓葬中随葬品的分布。关键问题是要确定随葬品的价值。高等级的个体应该有更多、更贵重的随葬品以及更奢华的墓葬。我们现在很难了解古代的价值评估体系（Ucko, 1969）。皮尔逊等采用 9 世纪至 12 世纪有关新罗社会的历史文献，对不同等级的随葬品，包括 11 个大类（如环）以及 132 个小类（如金戒指），做了保守的相对价值评估（见表 28-8）。这些新罗墓葬随葬品的类别一般包括冠带（冠、帽）、服饰（腰带、垂饰、手镯、戒指、耳环、项链、铃铛等）、兵器、器皿。其中还有马具，这是亚欧大陆青铜与铁器时代高等级墓葬中常有的随葬品。原料非常重要，最高等级

表 28-7　葬仪的分析维度

1. 尸体的处理

　　a. 骨关节连接的程度（如一次葬或二次葬）
　　b. 尸骨的安放（安放在墓穴中、暴露在平台上、屈肢葬、直肢葬等）
　　c. 每座墓中个体的数量
　　d. 骨骼长轴的朝向
　　e. 死后的处理

2. 埋葬的设施

　　a. 墓葬的类型（土葬、火葬、台葬等）
　　b. 设施的形式（单墓穴、积石冢、墓室、墓丘、棺、船墓等）
　　c. 形状与大小
　　d. 深度
　　e. 建筑与所用原料
　　f. 设施以及设施中尸体的朝向（基准的朝向、景观特征等）
　　g. 相对于社区所在的位置（埋在社区内、埋在社区外）
　　h. 在埋葬区内的位置（本身是否是墓地的组成部分，或是墓地明显分区的组成部分？）
　　i. 埋葬区的形式（墓地？空间有区分的墓地？）

3. 墓葬的背景关联

　　a. 墓中人骨的安放以及与安放物、设施的关系（安放物可能包括随葬品以及其他埋葬的东西，如棺材、二层台、墓道等）
　　b. 墓棺的形式（用什么容纳尸体？）
　　c. 包含物的数量与性质（可以包括物品、人、动物、车辆等）
　　　i. 类型
　　　ii. 数量
　　　iii. 来源，所用原料

4. 生物学的维度

　　a. 年龄
　　b. 性别
　　c. 疾病证据，病理特征（如龋齿）、伤害、压力（关节炎的形态）以及死亡时的情形
　　d. 营养的证据
　　e. 骨骼的文化或行为变形
　　f. 遗传关系

资料来源：Wason, 1994; Schulting, 1995.

的随葬品是用金、银、镀金青铜、玉制成的。皮尔逊等人（1989）随后对这些随葬品的有无进行了聚类分析（Shennan, 1997），基于不同类别随葬品的相对比例，把 62 座墓分成了 5 组（见表 28-8）。证据的年代至关重要，皮尔逊等人需要确定这些墓葬是同时代的，从而确定新罗精英阶层中确实存在等级，而不是有时间先后的社会变化。最后，他们研究了位于现在广州市的 5 组墓葬群的分布情况，这里共有 61 座墓。根据随葬品与墓葬建筑，最高等级的墓都集中在一个区域，而另外 4 组则在空间上较为分散。

表 28-8　新罗王国墓葬随葬品的分布

随葬品	按照推断等级排列的随葬品聚类（5 为最高级），数字为所含随葬品类型的墓葬比例（单位：%）				
	5	3	2	4	1
金冠	40	10	0	0	0
镀金铜冠	60	0	6	0	0
银冠饰	20	0	6	0	0
金腰带	50	10	0	0	0
银腰带	80	20	50	19	0
金手镯	50	20	0	0	0
银手镯	40	30	17	0	0
玉镯	40	30	11	0	0
金戒指	60	30	6	0	0
镀金铜戒指	30	0	0	0	0
银戒指	40	20	17	0	0
金耳环	100	10	72	12	13
镀金铜耳环	0	20	11	31	0

续表

随葬品	按照推断等级排列的随葬品聚类（5 为最高级），数字为所含随葬品类型的墓葬比例（单位：%）				
	5	3	2	4	1
金或镀铜饰剑	80	10	11	0	0
银饰剑	40	0	6	0	0
镀铜鞍头	70	0	10	0	0
银饰鞍头	30	0	6	0	0
铜饰鞍头	20	0	0	6	0
平均	47.2	11.7	12.7	3.8	0.7
其他标准					
有棺材的比例	80	80	50	13	37.5
没有棺材的比例	10	20	50	87	62.5
随葬品类型的平均数（类）	45.8	8.3	17.1	6.6	8.3
坟丘的平均直径（米）	38.6	24	21	21.4	10

资料来源：Pearson et al., 1989.

新罗贵族显然只有一个等级，聚类 5 则明显是更高的等级。当然，皮尔逊等人的研究还有些模糊（如皮尔逊等人在 1999 年注意到的），那就是中间等级的区分不是那么一目了然。如聚类 3 有更多的金器，其等级应在聚类 2 之上，但是聚类 2 的随葬品更多样。如果没有对稀有金属（金、银等）相对价值的单独评估，就更难解决中间等级的区分问题。

方法还是有的，包括构建洛伦兹曲线与计算基尼系数，这些方法可以衡量古代社会不平等的程度，而无须确定等级存在与否。在等级分化刚刚出现或是还不明显的情况下，这些方法特别有用，下面这个研究案例就是这种情况。

　　舒廷（Schulting, 1995）对北美洲西部山间高原地区的墓葬进行过广泛的研究，这些墓葬的时间跨度有 2 000 年，数量超过 500 座。舒廷关注狩猎采集社会不平等与等级分化的起源——其等级分化在考古材料上可能是见不到的——他想确定不平等的程度。舒廷采用了几种量化研究方法：墓葬份额值（grave lot value, GVL）、洛伦兹曲线、基尼系数。这些指标能够显示不同样本的不平等状况，让研究者采用一致的方法来衡量不平等（Brown, 1995）。舒廷的研究主要立足于随葬品，其方法则发展了不同类型的证据。跟麦圭尔（1983, 1992a, 1992b）一样，舒廷（1995）基于考古学、历史学与民族志材料，给特定类型的器物设定一个数值，比如，绿松石的价值是 5，鱼钩的价值是 1。然后计算一座墓葬的份额值（1 件绿松石 =5 件鱼钩）。特定墓葬的份额值就是所有随葬品价值的总和。采用这样的数值，就可以比较不同的墓葬。

　　洛伦兹曲线基本上就是累积曲线图，常用于经济学。舒廷（1995）基于他所分析的每一座墓葬中器物类型的数量或种类的丰富度（见图 28-1），发现 13 座墓葬中只有两类或更少类型的随葬品，而在另一端，一座墓葬中就有 24 类随葬品。墓葬随葬品的数据以百分比的形式显示在图中（见图 28-2），形成的曲线可以跟那条显示平等的直线比较，如果所有墓葬中的随葬品分布平等的话，就会呈现为一条直线。偏离了平等线就意味着不平等程度在增加。这可以用来比较一个样本中不平等的相对程度（见图 28-3）。尽管洛伦兹曲线显示的是器物类型的数量，而墓葬份额值显示的是不同类型随葬品价值的总和，但是就所研究的样本而言，两种衡量方式的曲线非常接近（见图 28-3）。

500

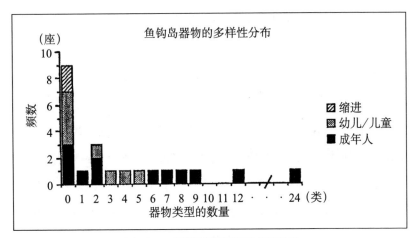

图 28-1 墓葬随葬品类型的相对频率

资料来源：Schulting, 1995.

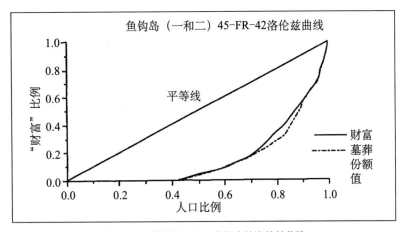

图 28-2 基于图 28-1 中频率的洛伦兹曲线

资料来源：Schulting, 1995.

基尼系数把曲线转化成 0 至 1 之间的数字（Schulting, 1995; McGuire, 1983），这样就能够比较洛伦兹曲线。系数值越接近于 1，不平等的程度就越高。若想让系数的比较有意义，就需要让系数都基于同样的材料。例如，现金收入的不平等不能跟采用随葬品的指标相比较。舒廷（1995）采

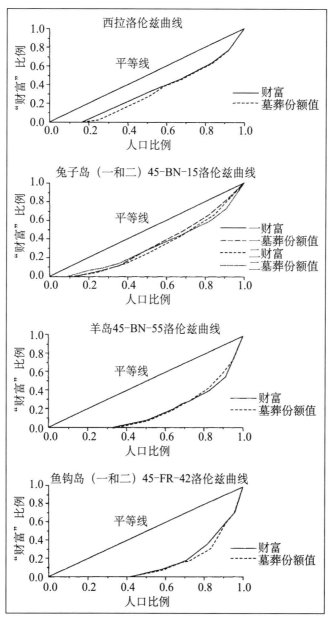

图 28-3　不同地点的洛伦兹曲线对比

用基尼系数（用墓葬份额值与墓葬份额多样性来衡量）来研究高原地区在过去 4 000 年左右的时间里不平等的程度是否在不断加深（见图 28-4）。尽管样本比较小（只有两个史前时代中期遗址），但是史前时代晚期与原史时代之间存在有趣的对比。史前时代晚期的墓葬随葬品所代表的财富存在更大的变化。原史时代的随葬品所代表的财富则更加一致。这可能与贸易物品的流入有关，此时人们更容易获取财富（Schulting, 1995）。舒廷（1995）指出，富人的墓葬在整个高原地区都有分布，但穷人的墓葬在华盛顿州东北部最少见，在华盛顿州中部以及哥伦比亚河与斯内克河交汇区最常见。这种差别不是非常明显，但确实说明需要进一步的研究。

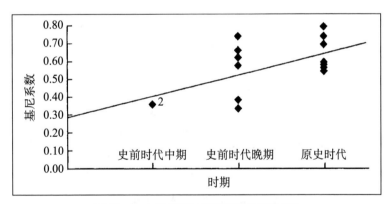

图 28-4　山间高原地区基尼系数的历史变化

资料来源：Schulting, 1995.

讨论

墓葬份额值、洛伦兹曲线、基尼系数虽然都是衡量不平等的指标，但是无法告诉我们社会等级分化是否存在。例如，要利用舒廷的数据确定等级分化情况，就有必要采用皮尔逊等人（1989）提出的方法做进一步的分析。相反，我们也可以把新罗王国的数据转化为基尼系数，并用它来衡量等级之间与等级内的不平等。基尼系数还有利于进行不同地区、不同时代之间的比较；当然，研究者需要小心确保系数是确实可以比较的。

房屋

501

房屋大小

一个社会中房屋大小的差异往往反映着家户的大小、财富的多少以及地位的高低（Netting, 1982; Feinman and Neitzel, 1984; Blanton, 1994）。费曼与奈策尔（1984）发现，在其统计样本中，45% 的社会将特殊的房屋看作地位的标志，这是两个最常见的代表高等级的标志之一（另一个是特殊的服装；见表 28-6）。科潘城（Copan）古典玛雅遗址中房屋大小的差异就是重要的例证，该王朝建立于 435 年前后，结束于 820 年之前（Webster et al., 1999）。艾布拉姆斯（Abrams, 1994）针对科潘城遗址的一项调查区分了不同的居址类型（见表 28-9），并计算了建筑房屋的劳动成本（多少人 / 天），五个类型的居址的建设成本差异一目了然，投入最大的房屋是位于科潘城中心区的一座宫殿（10L-22）。艾布拉姆斯采用类似皮尔逊等人（1989）所用的聚类分析方法，基于劳动成本，把科潘城遗址中的 45 处居址划分为六组。四组等级最低的房屋占到样本的 85%，这是一个合理的比例。剩下的 15% 中，10% 为低等级到中间等级的精英阶层的房屋，5% 为最高等级的房屋，包括王宫在内。艾布拉姆斯的数据很容易转换成洛伦兹曲线（见图 28-5）与基尼系数。

表 28-9　科潘城遗址的分类

类型 5	主组群（城市中央的建筑群）。
类型 4 的遗址	8～100 个土墩，带有多个庭院，有些土墩高达 5 米以上，建筑采用高质量且带装饰的石头，有穹顶。部分建筑有雕刻。
类型 3 的遗址	6～10 个土墩，带 1～3 个庭院，土墩高度不超过 5 米，建筑多使用带装饰的石头。有些建筑有穹顶。
类型 2 的遗址	6～8 个土墩，带 1～2 个庭院，土墩高度不超过 3 米。建筑通常使用碎石与不带装饰的石头，偶尔采用切割的石头。
类型 1 的遗址	3～5 个土墩，带有一座房屋，土墩高度不超过 1 米。地面上的建筑看起来像高度不超过 1.25 米的土墩，用土与粗石垒墙，带纹饰的石头也有出现。
土墩群	2～3 个土墩，没有正式的庭院。房子高度不超过 1 米，用土与砾石建成。
单个土墩	孤立的土墩。
没有土墩的遗址	器物散布，没有房屋。

资料来源：Abrams, 1994; Webster et al., 1993: 31, 68-69.

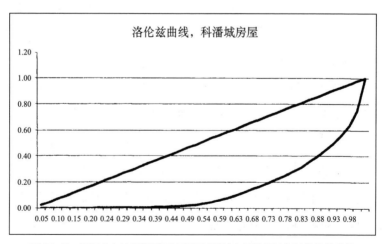

图 28-5　根据艾布拉姆斯测量的科潘城遗址房屋数据绘制的洛伦兹曲线

　　社会精英阶层的房屋多位于科潘城遗址的中心区域，绝大多数位于中心区域附近 5 000 米范围内，许多是在 800 米范围内。与精英阶层居址相关的器物与更低等级的基本相同，但更高等级的家户通常有更多类型的工具。证据还表明（这很有意思），在科潘城，不同社会等级的人们的食物消费差别不大（Webster et al., 1999），国王食用的玉米面跟农民的相比，可能只是烹调方式有些区别。艾布拉姆斯对科潘城建筑成本的分析是一项经典的研究，衡量了精英阶层居址的建筑成本（由此可以衡量精英阶层控制资源的程度）。他的分析得到了广泛的田野调查和发掘工作的支持与充实。

北美洲西北部的房屋大小

　　艾布拉姆斯通过复制古代科潘人的建筑过程，估算出了玛雅建筑所需要的成本。大部分考古学家没有这样的数据，而是依赖房屋大小来衡量社会不平等与等级分化。如海登（1997）提出，在 1200 年前后，不列颠哥伦比亚内地的弗雷泽－汤普森高原地区存在相当明显的社会不平等现象。他根据房屋的直径计算洛伦兹曲线与基尼系数，以支持自己的观点（尽管至少有一例显示，两个居住期与两种不同形制的房屋曲线重合了）。这个区域的人是渔猎群体，长期被看作处在平均社会的狩猎采集者。海登还采用了其他类型的证据（如房屋内地位标志物存在与否），但他的假说主要依赖于房屋大小。

　　同样，研究北美洲西北海岸的考古学家基于房屋大小的一致性，证明了某些时期并不存在固定社会不平等。如加里·库普兰（Gary Coupland, 1985）就指出，保罗·梅森（Paul Mason）遗址是平均社会，因为作为西北海岸最早被发掘的村落遗址，这里的十座长方形房屋的面积在统计学上是相同的。对某些考古学家而言（Acheson, 1991; Archer, 2001; Coupland,

1996a, 1996b; Maschner, 1991; Maschner and Bentley, 2003 ）, 500 年后不列颠哥伦比亚北部与阿拉斯加东南地区居住面面积较大的房屋似乎表明，该地区的等级分化正在发展之中。这个结论与不列颠哥伦比亚北部的墓葬材料有些矛盾，墓葬材料显示，固定不平等的发展以及个体与家户等级的分化至少要早 1 000 年（Ames, 2001, 2005b）。

两类证据（墓葬材料与房屋大小）的不一致表明，西北海岸北部地区不平等的演化并不是一个线性的发展过程（Ames, 2001, 2005a），这也体现了多重证据的重要性。缺乏等级分化的证据并不必然意味着不存在等级分化。在费曼与奈策尔的研究（1984）中（见表 28-6b），18 个社会中有一个显示首领的地位标志，其中 6 个（33%）社会没有考古材料上可见的地位标志。在有两个地位标志的社会中，4 个（27%）社会有两个可能表现在考古材料上的地位标志，5 个（33%）社会有一个可能表现在考古材料上的地位标志，剩下的 6 个社会没有考古材料上可见的地位标志。随着地位标志超过两个，有一个或多个会表现在考古材料上的可能性也随之增加。当然，在他们罗列的 9 个标志中，实际上只有 3 个可能表现在考古材料上（见表 28-6a）。

房内物品

除了房屋大小与建设成本，考古学家还会比较房内物品，就像比较墓葬中的随葬品一样，他们通常采用两个基本指标：房内物品类型的丰富度（器物类型的数量）以及已知地位标志的有无。海登与坎农（Hayden and Cannon, 1984）发现，等级高的房屋中可能有地位标志，不是所有的房屋都有同样的标志（房屋与房屋不同），每座房屋中的地位标志都不是太多。换句话说，地位标志存在很大的变化，数量通常不多。如果想真正确定精英阶层的房屋，就需要相对更大的样本。前提是确定什么样的物品能够作为地位标志。格里尔（2001）对 500 年前后不列颠哥伦比亚南部迪奥尼西奥角（Dionisio Point）遗址中的一座超大的房屋进行了分析，指出房屋的中心区域是精英个体居住的，因为人们在发掘中发现，这个居住区域内出土的高等级物品最多。对高等级物品的确认主要基于区域考古研究与民族志。

其他类型的证据也可以指示高等级的存在。华盛顿州北部的奥泽特（Ozette）遗址材料显示，房屋等级的高低似乎可以通过居住面的状况来区分，人们对高等级的房屋通常会勤加打扫，把较大的垃圾彻底清除掉，相反，低等级房屋的垃圾中会有更多动物遗存（Samuels, 2001）。塞缪尔斯（Samuels, 2001）之所以能确定这一点，是因为他还提出了其他的地位标志（房屋大小、是否存在具有已知价值的高地位标志）。其他高地位标志还包括精英的特殊职业。奥泽特遗址中的某些高等级的个体可能是某些活动的专家，特别是鲸骨鱼叉制作者（Huelsbeck, 1989）。格里尔（2001）在迪奥尼西奥角遗址中发现的证据表明，磨制石器工具的生产也与高等级关系密切。这些细节可能不适用于其他文化，但是确实表明应该关注这方面的背景关联信息。

真实的世界

生活中，地位等级无所不在。如萨波尔斯基（Sapolsky, 2004）证明，地位等级与健康之间存在复杂的关系，这种关系广泛见于包括人类在内的社会性动物中，低等级的个体所承受的压力，成为影响其健康的关键因素。在现代社会，压力似乎是由地位低下的感觉及其物质后果引起的。人骨遗存能够揭示与地位等级相关的营养和健康方面的差别，这在国家水平的社会中最为明显；相反，在小型的平均社会中，各方面的机会均等是显而易见的，而在中间层次的社会中通常较为模糊（Danforth, 1999）。一般说来，地位等级与饮食密切相关，高等级个体与家户很有可能享用更高质量、更多样、具有更高威望的食物（Emery, 2003）。特肯（Turkon, 2004）发现，某些中美洲家户的遗存更多涉及食物准备，她提出一个假说，即高等级的家户会更少涉及食物准备，而更多涉及与宴飨相关的食物展示。相比于低等级的家户，高等级的家户会有更多样的饮食。她注意到"在高等级的家户中，与食物相关的行为变化通常更好预测，而在中低等级的家户中就不那么容易识别"（Turkon, 2004: 244）。这个结果让人想起皮尔逊等人（1989）有关中间等级的研究。利奥波夫斯基等人（Lepofsky et al., 1996）发现，在肯特里河（Keatley Creek）遗址，较大房址中的食物遗存有更高的多样性与密度，显示这些房屋可能是更高等级的家户所居住的（尽管更长的时间积累也可能导致更高的多样性）。他们认为其他类型的证据，包括动物屠宰空间的安排，也支持这个与房屋大小相关的假说。

504

空间形态

不同尺度的空间控制、使用与展示可以代表不平等与等级分化。位于宽阔、整齐的草坪上的房屋只是其中一例。其他的例子还包括公共空间与隐私空间的显著区别，进入隐私空间需要经过管制森严的大门、甬道、重重门户、内部的庭院、特殊的花园、宏伟的厅堂，如此等等。在社区与区域层面上，聚落等级可以代表等级分化的程度以及权力的形式。

学术界长期把聚落等级的存在视为酋邦与国家的标志；两者的差别在于，酋邦至少有两级，国家则有三级。这些等级是行政等级，代表社会政治层次的数量，并不必然代表社会等级或阶层的数量。确定聚落等级可以采用墓葬材料、建筑的劳动成本、公共建筑的精致程度与有无以及不同证据的恰当组合等。不过，大多数类似的分析都始于聚落或社区的规模（面积与人口）。

马库斯与弗兰纳里（Marcus and Flannery, 1996）分析过墨西哥瓦哈卡（Oaxaca）谷地政治权力的演化过程。在公元前 100 年，谷地里形成了以蒙特阿尔班（Monte Alban）这个巨型遗址为中心的国家，该遗址位于山脊上，俯瞰着整个 Y 形山谷的中心。在这里，遗址规模的四个层级很好地体现了聚落等级的充分发展。第一级只包括蒙特阿尔班这个建筑中心，当时的人口估计有 14 500 人。第二级包括 6 处遗址，距离蒙特阿尔班大约一天的行程，人口估计在 970 到 1 950 人。第三级包括 30 处小遗址，人口在 200~700 人。第四级由人口不到 200 人的小村落组成。马库斯与弗兰纳里推测，区域等级的单元结构——第二级遗址位于第三、第四级遗址的中心——反映了以蒙特阿尔班为中心的区域整合。这并没有告诉我们瓦哈卡谷地社会等级或阶层的数量，而是为行政组织的架构提供了一类证据。

不平等的根源：不可避免的模糊

在某些情况下，尤其是涉及复杂的狩猎采集者时（King, 1974; Ames, 1981; Price, 1981），支配与威望的标志并不表现在考古材料上（见表 28-9）。正如早期研究所指出的（Price, 1981; Hayden, 1995; Kelly, 1995;

Koyama and Thomas, 1981; Price and Brown, 1985），狩猎采集者的社会复杂性包括人口密度较高（对狩猎采集者而言）、食物储备、强化的食物生产、有后勤的流动性、某种程度的定居、精致的工艺以及固定不平等。如我们已经了解到的，固定不平等往往伴随着其他相关因素，我们现在将之视为固定不平等出现的前提条件或直接原因。

505

纳吐夫文化

大约在前 12500—前 9500 年，黎凡特地区的纳吐夫文化开启了西南亚地区植物驯化的历程（Bar-Yosef, 2001, 2002），与该地区之前的晚更新世（距今 40 000 年至 10 000 年前）狩猎采集文化形成了鲜明的对比，后者当时人口密度较低（Belfer-Cohen, 1991; Bar-Yosef and Valla, 1991; Fellner, 1995; Gilead, 1995; Goring-Morris, 1995）。晚更新世的遗址规模小，房址或墓葬遗迹罕见（Fellner, 1995）。相反，在纳吐夫文化早期（前 12500—前 11000），人口密度似乎显著提高，还出现了某种程度的定居、食物储备、强化的食物经济、物质文化的精致化、贸易、装饰物——这都是复杂狩猎采集者的标志（Bar-Yosef, 1998, 2001, 2002; 比较 Valla, 1995）。按照考古学的标准，这些特征的出现非常迅速。纳吐夫文化晚期似乎比纳吐夫文化早期更简单。比如，没有明显的炫耀性消费（Kuijt and Goring-Morris, 2002）。流动性提高以及明显的社会变化似乎是对新仙女木干冷气候事件的反应——仿佛突然又回到了更新世（Bar-Yosef, 2002）。

纳吐夫社会是否存在固定不平等是个有争议的问题。纳吐夫文化之前的墓葬很罕见，偶尔有单个墓葬出现（Fellner, 1995; Gilead, 1995），而纳吐夫文化早期的墓葬则很常见，且规模较大。纳吐夫文化早期的墓葬通常采用合葬的形式，墓地位于居址内或是毗邻居址，这通常被解释为属于同一个亲属单位（Byrd and Monohan, 1995）。与之相对的是，纳吐夫文化晚期的墓葬通常是个体墓，并且经常是二次葬（如在肉体腐烂或是解体之后迁葬尸骨），缺少随葬品（Byrd and Monahan, 1995; Kuijt and Goring-Morris, 2002）。加里·A. 赖特（Gary A. Wright, 1978）提出了一个颇具争议性的观点：在纳吐夫文化早期的一处 48 座墓葬群，即沃德（El Wad）遗址中存在等级分化的现象。亨利（Henry, 1989）更是将其视为纳吐夫文化已经具有初步酋邦形态的证据。随后的研究（Belfer-Cohen, 1995; Byrd and Monahan, 1995; 比较 Valla, 1995）则认为，尽管纳吐夫文化墓葬材料的特征很重要，但是其中并没有固定不平等的证据。伯德与莫纳汉（Byrd and Monahan, 1995）对来自三处遗址的更大的墓葬样本（186 座）进行了详细分析，其中包括赖特研究过的样本，他们的分析采用了四个方面的材料：埋葬类型（单人墓还是合葬墓）、墓葬形制（如单人土坑墓）、墓室朝向以及随葬品。伯德与莫纳汉（1995）发现，估算的墓葬建设成本（能量）与随葬品的价值不相关。只有 11% 的墓葬有随葬品，包括儿童、少年、青年，但是没有老年个体，即便在合葬墓中也是如此。有时一座合葬墓中只有一个个体有随葬品。最常见的随葬品是用产自地中海沿岸的角贝制作的珠子，每个墓葬中随葬品的数量从 1 个到 368 个不等，其他随葬品还包括单个或成组的骨质垂饰、骨珠与牙珠。

尽管这项研究很深入，但巴尔－约瑟夫（Bar-Yosef, 2001, 2002）还是认为纳吐夫文化早期存在某种形式的不平等，因为其在获取财富与威望标志物方面存在不平等的现象，这些标志物包括贝珠、遗址的规模、出土物的整体丰富度及其地理分布（Bar-Yosef, 2002: 113）。不过，要想真正确认等级分化是否存在，还需要更多方面的证据。当前，这些工作尚付诸阙如。比如，纳吐夫文化早期的房屋在建筑材料、规模以及室内布局上都存在差异（Fellner, 1995; Valla, 1995; Bar-Yosef, 2002）。房屋大小或建设成本上的差别可能代表存在某种程度的不平等（Valla, 1995）。纳吐夫文化的房屋似乎与垃圾和废弃物有直接关联（Hardy-Smith and Edwards, 2004）。室内器物类型的多样性以及食物垃圾上的差别可能也是相关的证据，可能代表着贡献特殊的食物，当然证据也包括食物本身（Emery, 2003; Turkon, 2004）。

绳文文化

日本列岛的绳文文化是另一个复杂狩猎采集社会的例子（Price, 1981; Aikens and Dumond, 1986），其存在于距今16 500年至2 300年之间（Habu, 2004），拥有极为丰富的考古材料，以发现了世界上最古老的陶器之一著称。有关绳文社会固定不平等的起源与延续的问题，不仅复杂，而且让人难以理解。日本列岛跨越的地理纬度与美国东海岸一样，从近乎热带环境延伸到北温带气候区，但其环境条件更加多样。绳文文化的面貌与经济在不同时空尺度上反映了地理和时间上的多样性（Habu, 2004）。这不由得让人想到纳吐夫文化中墓葬的形式变化以及纳吐夫居民的生活状况，只不过纳吐夫文化的规模更大一些。为了便于讨论，下面将按照两个尺度来探讨地理分布上的变化：东日本、西日本，以及更详细的尺度，即关东－中部地区与东北地区。这些地区是不平等最有可能发生的地方。

绳文文化的人口分布特点是，东日本的人口总是比西日本的更多；绳文文化的人口增长缓慢，在中期达到顶峰，尤其是在关东－中部地区，不过在东北地区也是如此（Habu, 2004; Imamura, 1996; Koyama, 1978）。高峰时期的人口密度，尤其是在关东－中部地区，相对于更早以及较晚时期的人口密度，是相当高的。人口增长与衰落的形态在不同地区有所不同（见图28-6）；西日本地区的人口增长始终缓慢。东北地区的人口衰落幅度相对较小。人口差异存在时空差异是绳文文化的一般特征。

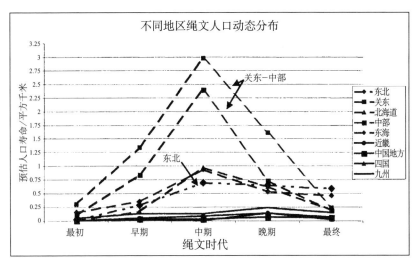

图 28-6　绳文时代的人口趋势

注：虚线代表东日本，实线代表西日本（Koyama, 1978）。

至少在绳文文化早期，人们的生计方面似乎就已开始出现进步的迹象，从这个时期开始出现储藏设施（Habu, 2004），在随后的时期，其数量与规模有时很显著。生计与当地的环境条件密切相关（Akazawa, 1986）。人口差异反映出各地在生计以及所立足环境生产力上存在广泛的差别（Aikens and Higuchi, 1982）。

绳文时代的居所主要是一种半地穴式的小房子。在东北地区，长椭圆形或长方形的建筑持续到绳文文化中期，随后消失（Imamura, 1996; Habu, 2004）。研究者通常将之解释为社群建筑。一直到绳文文化中期，聚落规模始终在不断扩大。大的聚落有时会有数十座到数百座房屋。幡豆（Habu, 2002）指出，绳文文化中期存在后勤式的居住形态，当时的建筑达到了最复杂的程度，而到了绳文文化晚期，随着人口的减少，东日本地区的居住形态变简单了。

绳文时代的物质文化相当精致，包括陶器，还有泥塑、磨制石器、木刻、漆器以及个人装饰物。随着时间的推移，可能的威望物品、礼器与其他非实用性的物品越来越精致、越来越丰富，尤其是在绳文文化中期以及东北地区的绳文文化晚期。虽然有证据表明，在绳文文化早期已存在专门化漆器及其他物品生产，不过证据最明显的还是在绳文文化晚期（Habu, 2004）。当时可能存在多种物品的交换，包括黑曜岩、玉石、沥青、盐等（Habu, 2004）。陶器也可能在不同陶器风格区之间流转，随之穿越不同环境与生计地带的还可能包括各种生熟食物。

从早期到晚期，绳文文化的墓葬习俗不断分化（Habu, 2004）。如果说墓葬习俗分化可以间接反映绳文社会的社会区分的话，那么在东北地区绳文文化晚期，社会区分达到了巅峰。同样，在东北地区绳文文化晚期与最后阶段的墓葬中，存在固定不平等的最明显证据。少数墓葬，其中有儿童与成年男女的墓葬，出土了种类丰富的随葬品。

在绳文文化早期，许多固定不平等的前提条件已经具备，包括集食者式的流动性（collector mobility）、高生产力的经济基础、储备、多种生境的利用、地区交换以及某种程度的威望物品的专门化生产。关东－中部地

区的人口增长相对较快，东北地区的则相对较慢。广而言之，东日本地　*507*
区的绳文早期社会显然属于跨平均社会。在东日本地区，大小房屋并存似
乎是存在不平等的证据，但是大房屋通常被解释为社群的公共建筑。到
了绳文文化中期，关东 – 中部地区的人口规模与居住形态的复杂性似乎
达到了顶点（Habu, 2004），有利于不平等演化的条件包括：人口密度较
高，群体规模较大（人口压力、规模压力）；资源生产基础与储备（过剩
物品助长了利欲熏心者的欲望）；物质文化的精致化、专门化与地区间的
交换（精英阶层操纵再分配，控制威望物品的流向）；集食者策略；以及
某种程度的定居。当然，这个时期可能还没有出现固定不平等，但是日
本北部在相同条件下似乎已经出现了不平等，这些条件也导致了人口减
少（Habu, 2004）。这符合精英阶层是管理者以及精英阶层应压力形成的
观点。不过，不平等是在人口减少最少而非最多的情况下发展起来的。联
系纳吐夫文化的情况，这表明压力不可能太大（如新仙女木事件）或太小
（绳文文化漫长的历史中确实存在许多压力）。

　　没有任何确切的证据表明，绳文文化中存在不平等或是政治等级化
（如聚落等级）。许多证据似是而非（Kobayashi, 1992）。绳文文化在将近
5 000 年的时间里都是跨平均社会。值得注意的是，稻作农业在公元前
300 年前后传入本州岛（即日本最大的岛）。酋邦似乎在两三百年的时间
里迅速发展起来，并在 700 年间形成了国家。公元前 300 年后日本政治变
化的速度反映了许多事情，它首先反映了狩猎采集与稻作农业在支持政治
复杂性上的差别。当然，狩猎采集经济的生产能力没有解释为什么日本绳
文文化的固定不平等的发展如此之弱，花费的时间如此之长。绳文文化中
期的经济基础很可能已经比较雄厚，足以支持一个精英阶层，甚至可能支

持形成小的酋邦。

有关纳吐夫与绳文文化的评论

证明不平等的存在是相当困难的事情，尤其是在探究其基本原因的时候，但是与此同时，仅凭单一证据不能证明等级分化，也不能证明平均主义。许多纳吐夫文化的研究者认为纳吐夫社会可能是平均主义的（Byrd and Monahan, 1995），因为从墓葬分析中没有发现不平等的存在。从考古学上来看，因为一直存在的前提假设是，早期人类的社会化是平均主义倾向的，所以平均主义通常是通过反面证据（如没有发现等级存在的证据），而不是通过支持平均主义的正面证据表现出来的。随着我们了解的增加，古代人类文化的多样性已经超出了民族志记载的范围，因此这个前提是有问题的。

结论

固定不平等、等级分化、分层以及垂直区分的研究表明，下面这些因素对于我们的研究至关重要：

508

- 尽可能采用彼此独立的多重证据总是必要的。比如说房屋大小、随葬品、墓葬规格以及饮食上的差异都是独立证据。独立证据的数量是检验一个特定社会的等级分化与社会分层的普遍性和发展程度的衡量标准。如果不平等或等级的发展不明显或不表现在考古材料上，就很难确认，但是如果谨慎运用不完全独立的证据，如舒廷对墓葬材料的运用（如墓葬份额值与基尼系数），就可以得到等级分化的显著证据。我们可能总是低估了过去等级分化和不平等的普遍性，因为证据缺乏并不必然意味着不存在等级分化或不平等。

● 相对成本是衡量经济控制与权力的有效指标。成本的衡量可以基于获取、制作以及建筑过程中劳动、规划与时间投入的多少。修建一座大型石屋或大型坟墓显然比修建一座木骨泥墙的小房子或简单的地面坟墓要花费更多的资源、时间与劳动。相对成本的估计需要计算投入的时间，这有助于我们深入了解精英阶层支配劳动的能力。

● 葬仪，包括埋葬过程以及墓葬本身，也是考古学家研究不平等与地位等级的基本证据类型。虽然墓葬与社会等级之间很少有一对一的对应关系，但是墓葬还是可以为了解个人与群体的地位以及不平等与社会分层的程度提供重要的信息。

● 人体骨骼学（墓葬人骨材料）研究能够提供有关饮食、寿命、不同压力、整体健康状况以及身体受力等方面的信息，这些信息是基本资源控制差异的间接证据，也比较有帮助。

● 居住空间的相关证据，包括房屋大小、建筑细节以及所用材料。跟墓葬一样，时间控制至关重要。

● 器物组合的多样性以及罕见物品的有无，也是衡量相对财富与经济控制权的重要变量，即便是针对实用物品也是如此。精英阶层的居所跟非精英阶层的居所在器物类型上可能差别不大：精英阶层可能拥有更多的器物或是在日常器物上拥有更高的多样性。如果一个地区的等级或不平等的发展并不明显，那么通过少量房屋内的器物组合很难确定等级与不平等（Hayden and Cannon, 1984）。

食物准备与饮食状况也很重要（Turkon, 2004）。

- 空间控制，既指对公共空间的控制，也指对私人空间的控制，是高社会等级的标志（Samson, 1990），包括禁止进入（隐私）。高等级的人通常拥有更多的空间，但是空间如何构成则因文化而异。

- 可以在更大的尺度上衡量空间控制，而不限于房屋或社区的布局。在蒂卡尔与科潘城，高等级的居住区更多集中在城市的中心位置。聚落等级可能代表行政等级。

- 量化分析非常重要，如可以通过连续变量（基尼系数、洛伦兹曲线）与分组研究（聚类分析）来确定社会等级。

- 证明存在精英阶层与非精英阶层可能相对容易，而要区分中间等级则会更困难一些，因为与中间等级相关的证据往往模棱两可。

对考古学家而言，解释固定社会不平等的起源与演化仍然充满了挑战。但只有考古学家能够解决这个问题，尽管我们会从包括社会人类学这样的兄弟学科在内的不同地方获取理论与相关信息。尤其是对不平等与等级分化不断演化的古代社会，要证明其存在不平等与等级分化就更具有挑战性。皮尔逊等人（1989）了解新罗社会存在等级分化，甚至分层化，他们很幸运地得到了大量墓葬材料的支持。在许多情况下，如纳吐夫文化与绳文文化，考古学家所面临的问题是，固定不平等与初步的等级分化存在与否。多重证据可能相互矛盾，对同一批材料采用不同的分析方法可能会得出不同的结论。

509   最后，没有等级分化的材料并不意味着不存在等级分化。有的社会看似是平均主义的，但研究证明并非如此。简言之，考古学家不仅需要研究多种类型的证据，还需要提出多种可行的假说。相反，某些显示财富或不平等的证据本身，可能并不能证明存在固定不平等或等级分化。

重要的是，我们已开始理解导致固定不平等、等级分化、社会分层的社会演化模式以及演化或变迁的速度（Ames, 2005b）。如果我们剔除掉那些看似模糊的材料，就很可能也剔除掉了最有价值的信息。从另一方面来看，如果我们从考古材料中处处都看到了不平等与等级分化，那么我们又犯了喊"狼来了"的错误。

参考文献

Abrams, Elliot M. 1994. *How the Maya built their world: Energetics and ancient architecture.* Austin: University of Texas Press.

Acheson, Steven R. 1991. In the wake of the ya'áats' xaatgáay [Iron People]: A study of changing settlement strategies among the Kunghit Haida. Ph.D. diss., University of Oxford.

Aikens, C. Melvin, and Don E. Dumond 1986. Convergence and common heritage: Some parallels in the archaeology of Japan and western North America. In Richard J. Pearson, Gina L. Barnes, and Karl L. Hutterer, eds., *Windows on the Japanese past: Studies in archaeology and prehistory.* Ann Arbor: Center for Japanese Studies, University of Michigan.

Aikens, C. Melvin, and Takayasu Higuchi. 1982. *Prehistory of Japan.* New York: Academic.

Akazawa, Takeru. 1986. Regional variation in procurement systems of Jomon hunter-gatherers. In Takeru Akazawa and C. Melvin Aikens, eds., *Prehistoric hunter-gatherers of Japan,* 73–92. Tokyo: University of Tokyo Press.

Allard, Francis. 2002. Mortuary ceramics and social organization in the Dawenkou and Majiayao cultures. *Journal of East Asian Archaeology* 2: 1–20.

Ames, Kenneth M. 1981. The evolution of social ranking on the Northwest Coast of North America. *American Antiquity* 46: 789–805.

———. 1985. Hierarchies, stress, and logistical strategies among hunter-gatherers in northwestern North America. In T. Douglas Price and James A. Brown, eds., *Prehistoric hunter-gatherers: The emergence of cultural complexity,* 155–180. New York: Academic.

———. 2001. Slaves, chiefs, and labour on the northern Northwest coast. *World Archaeology* 33(1): 1–17.

———. 2003. The Northwest Coast. *Evolutionary Anthropology* 12: 19–33.

———. 2004. Supposing hunter-gatherer variability. *American Antiquity* 69: 364–374.

———. 2005a. Tempo and scale in the evolution of social complexity in western North America: Four case studies. In Timothy R. Pauketat and Diana DiPaolo Loren, eds., *North American archaeology,* 56–78. Oxford: Blackwell.

———. 2005b. *The north coast prehistory project excavations in Prince Rupert Harbour, British Columbia: The artifacts.* British Archaeological Reports: International Series 1342. Oxford: John and Erica Hedges.

Ames, Kenneth M., and Herbert D. G. Maschner. 1999. *Peoples of the Northwest Coast: Their archaeology and prehistory.* London: Thames & Hudson.

Archer, David J. W. 2001. Village patterns and the emergence of rank in the Prince Rupert Area. In Jerome Cybulski, ed., *Perspectives in northern Northwest Coast prehistory,* 203–222. Mercury Series, Archaeological Survey of Canada Paper 160. Ottawa: Canadian Museum of Civilization.

Arnold, Jeanne E. 1996. The archaeology of complex hunter-gatherers. *Journal of Archaeological Method and Theory* 3: 77–126.

———. 2001. The Chumash in world and regional perspective. In Jeanne E. Arnold, ed., *The origins of Pacific coast chiefdom: The Chumash of the Channel Islands,* 1–20. Salt Lake City: University of Utah Press.

Bar-Yosef, Ofer. 1998. The Natufian culture of the Levant: Threshold to the origins of agriculture. *Evolutionary Anthropology* 6: 159–177.

———. 2001. From sedentary foragers to village hierarchies: The emergence of social institutions. In Walter G. Runciman, ed., *The origin of human social institutions,* 2–38. Proceedings of the British Academy 110. Oxford: British Academy.

———. 2002. Natufian: A complex society of foragers. In Ben Fitzhugh and Junko Habu, eds., *Beyond foraging and collecting: Evolutionary change in hunter-gatherer settlement systems,* 91–152. New York: Kluwer Academic/Plenum.

Bar-Yosef, Ofer, and Francois Valla (eds.). 1991. *Natufian culture in the Levant.* Ann Arbor: University of Michigan Press.

Beck, Lane A. (ed.). 1995. *Regional approaches to mortuary analysis.* New York: Plenum.

Belfer-Cohen, Anna. 1991. The Natufian in the Levant. *Annual Review of Anthropology* 20: 167–186.

———. 1995. Rethinking social stratification in the Natufian culture: The evidence from burials. In Stuart Campbell and Anthony Green, eds., *The archaeology of death in the Ancient Near East,* 9–16. Oxbow Monograph 51. Oxford: Oxbow.

Berreman, Gerald. 1981. Social inequality: A cross-cultural analysis. In G. Berreman and K. M. Zaretsky, eds., *Social inequality: Comparative and developmental approaches,* 3–40. New York: Academic Press.

Binford, Lewis R. 1971. Mortuary practices: Their study and potential. In James Brown, ed., *Approaches to the social dimensions of mortuary practices,* 6–29. Memoir no. 25. Society for American Archaeology.

———. 1980. Willow smoke and dogs' tails: Hunter-gatherer settlement systems and archaeological site formation. *American Antiquity* 45: 4–20.

Bird, Rebecca Bilege, and Eric Alden Smith. 2005. Signaling theory, strategic interaction, and symbolic capital. *Current Anthropology* 46: 221–249.

Blake, Michael, and John E. Clark. 1999. The emergence of hereditary inequality: The case of Pacific coastal Chiapas, Mexico. In Michael Blake, ed., *Pacific Latin America in prehistory*, 55–74. Pullman: Washington State University Press.

Blanton, Richard E. 1994. *Houses and households: A comparative study*. New York: Plenum.

Blanton, Robert E., Gary M. Feinman, Stephen A. Kowalewski, and Peter N. Peregrine. 1996. A dual-process theory of the evolution of Mesoamerican civilization. *Current Anthropology* 37: 1–14.

Boehm, Christopher W. 1992. Egalitarian behavior and reverse dominance hierarchy. *Current Anthropology* 34: 227–254.

———. 1997. Impact of the human egalitarian syndrome on Darwinian selection mechanics. *American Naturalist* 150: 100–121.

———. 1999. *Hierarchy in the forest: The evolution of egalitarian behavior*. Cambridge: Harvard University Press.

Boone, James L. 2000. Status signaling, social power, and lineage survival. In Michael W. Diehl, ed., *Hierarchies in action: Cui bono?* 84–110. Carbondale: Southern Illinois University Press.

Brown, James (ed.). 1971. *Approaches to the social dimensions of mortuary practices*. Society for American Archaeology.

Brown, James A. 1995. On mortuary analysis, with special reference to the Saxe-Binford research program. In Lane A. Beck, ed., *Regional approaches to mortuary analysis*, 3–25. New York: Plenum.

Byrd, Brian, and Christofer M. Monahan. 1995. Death, mortuary ritual, and Natufian social structure. *Journal of Anthropological Archaeology* 14: 251–289.

Cannon, Aubrey. 1995. Two faces of power: Communal and individual modes of mortuary expression. ARX 1: 3–8.

———. 2002. Spatial narratives of death, memory, and transcendence. In Helaine Silverman and Davis B. Small, eds., *The space and place of death*, 191–199. Archaeological Papers of the American Anthropological Association 11.

Carr, Christopher. 1995. Mortuary practices: Their social, philosophical-religious, circumstantial, and physical determinants. *Journal of Archaeological Method and Theory* 2: 105–200.

Chang, Kwang-chih. 1986. *The archaeology of ancient China*. New Haven: Yale University Press.

Chapman, Robert. 2003a. Death, society, and archaeology: The social dimensions of mortuary practices. *Mortality* 8: 305–312.

———. 2003b. *Archaeologies of complexity*. London: Routledge.

Chapman, Robert, Ian Kinnes, and Klaus Randsborg (eds.). 1981. *The archaeology of death*. Cambridge: Cambridge University Press.

Clark, John E., and Michael Blake. 1994. The power of prestige: Competitive generosity and the emergence of rank societies in lowland Mesoamerica. In Elizabeth Brumfiel and John W. Fox, eds., *Factional competition and political development in the New World*, 17–30. Cambridge: Cambridge University Press.

Coupland, Gary. 1985. Household variability and status differentiation at Kitselas Canyon. *Canadian Journal of Archaeology* 9(1): 39–56.

———. 1996a. The evolution of multi-family households on the Northwest Coast of North America. In Gary Coupland and Edward B. Banning, eds., *People who lived in big houses: Archaeological perspectives on large domestic structures*, 121–130. Monographs in World Prehistory 27. Madison, WI: Prehistory.

———. 1996b. This old house: Cultural complexity and household stability on the northern Northwest Coast of North America. In Jeanne E. Arnold, ed., *Emergent complexity: The evolution of intermediate societies*, 74–90. International Monographs in Prehistory, Archaeological Series 9.

Crumley, Carole L. 1995. Heterarchy and the analysis of complex societies. In Robert M. Ehrenreich, Carole L. Crumley, and Janet E. Levy, eds., *Heterarchy and the analysis of complex societies*, 1–6. Arlington: American Anthropological Association.

Danforth, Marie Elaine. 1999. Nutrition and politics in prehistory. *Annual Review of Anthropology* 28: 1–25.

Diehl, Michael W. (ed.). 2000a. *Hierarchies in action: Cui bono?* Carbondale: Southern Illinois University Press.

———. 2000b. Some thoughts on the study of inequality. In *Hierarchies in action: Cui bono?* 11–30. Center for Archaeological Investigations Occasional Paper 27. Carbondale: Southern Illinois University Press.

Dornan, Jennifer L. 2002. Agency and archaeology: Past, present, and future directions. *Journal of Archaeological Method and Theory* 9(4): 303–329.

Drennan, Robert J. 1996. One for all and all for one: Accounting for variability without losing sight of regularities in the development of complex society. In Jeanne E. Arnold, ed., *Emergent complexity: The evolution of intermediate societies*, 25–34. Ann Arbor: International Monographs in Prehistory.

Earle, Timothy K. 1997. *How chiefs come to power: The political economy in prehistory*. Stanford, CA: Stanford University Press.

———. 2002. *Bronze Age economics: The beginnings of political economies*. Boulder: Westview.

Ehrenreich, Robert M., Carole L. Crumley, and Janet E. Levy (eds.). 1995. *Heterarchy and the analysis of complex societies*. American Anthropological Society no. 6. Arlington, VA.

511 Emery, Kitty F. 2003. The noble beast: Status and differential access to animals in the Maya world. *World Archaeology* 34: 498–515.

Erdal, David, and Andrew Whiten. 1996. Egalitarianism and Machiavellian intelligence in human evolution. In Paul Mellars and Kathleen Gibson, eds., *Modeling the early human mind*, 139–152. Cambridge: MacDonald Institute of Archaeological Research.

Feinman, Gary, and Jill Neitzel. 1984. Too many types: An overview of prestate societies in the Americas. *Advances in Archaeological Method and Theory* 7: 39–102.

Feinman, Gary M. 1995. The emergence of inequality: A focus on strategies and processes. In T. Douglas Price and Gary M. Feinman, eds., *Foundations of social inequality*, 255–280. New York: Plenum.

Feinman, Gary M., Kent G. Lightfoot, and Steadman Upham. 2000. Political hierarchies and organization in the Puebloan Southwest. *American Antiquity* 65(3): 449–470.

Fellner, Robert O. 1995. *Cultural change and the Epipalaeolithic of Palestine*. British Archaeological Reports S599. Oxford: Tempus Reparatum.

Fitzhugh, Ben, and Junko Habu (eds.). 2002. *Beyond foraging and collecting: Evolutionary change in hunter-gatherer settlement systems*. New York: Kluwer/Plenum.

Flanagan, James G. 1989. Hierarchy in "simple egalitarian" societies. *Annual Review of Anthropology* 18: 245–266.

Fried, Morton H. 1967. *The evolution of political society: An essay in political anthropology*. New York: Random House.

Gilead, Isaac. 1995. The foragers of the Upper Paleolithic period. In Thomas E. Levy, *The archaeology of the society in the Holy Land*, 124–140. London: Leicester University Press.

Goldstein, Lynne. 1981. One dimensional archaeology and two dimensional people: Spatial organization and mortuary analysis. In Robert Chapman, Ian Kinnes, and Klaus Randsborg, *The archaeology of death*, 53–70. Cambridge: Cambridge University Press.

Goring-Morris, Nigel. 1995. Complex hunter/gatherers at the end of the Paleolithic (20,000–10,000 BP). In Thomas E. Levy, *The archaeology of the society in the Holy Land*, 141–168. London: Leicester University Press.

Grafen, Alan. 1990. Biological signals as handicaps. *Journal of Theoretical Biology* 144: 517–546.

Grier, Colin. 2001. The social economy of a prehistoric Northwest Coast plankhouse. Ph.D. diss., Arizona State University.

Habu, Junko. 2002. Jomon collectors and foragers: Regional interactions and long-term changes in settlement systems among prehistoric hunter-gatherers in Japan. In Ben Fitzhugh and Junko Habu, eds., *Beyond foraging and collecting*, 53–71. New York: Kluwer.

———. 2004. *Ancient Jomon of Japan*. Cambridge: Cambridge University Press.

512 Habu, Junko, and Mark E. Hall. 1999. Jomon pottery production in central Japan. *Asian Perspectives* 38: 90–110.

Hardy-Smith, Tania, and Phillip C. Edwards. 2004. The garbage crises in prehistory: Artefact discard patterns in the Early Natufian site of Wadi Hammeh 27 and the origins of household refuse disposal strategies. *Journal of Anthropological Archaeology* 23: 253–289.

Haviland, William, and Hattula Moholy-Nagy. 1992. Distinguishing the high and mighty from the hoi polloi at Tikal, Guatemala. In Diane Z. Chase and Arlen F. Chase, eds., *Mesoamerican elites: An archaeological assessment*. Norman: University of Oklahoma Press.

Hayden, Brian. 1981. Research and development in the Stone Age: Technological transitions among hunter-gatherers. *Current Anthropology* 22(5): 519–548.

———. 1994. Competition, labor, and complex hunter-gatherers. In Ernest S. Burch Jr. and Linda J. Ellanna, eds., *Key issues in hunter-gatherer research*, 223–239. Oxford: Berg.

———. 1995. Pathways to power: Principles for creating socioeconomic inequalities. In T. Douglas Price and Gary M. Feinman, eds., *Foundations of social inequality*, 15–86. New York: Plenum.

———. 1997. *The pithouses of Keatley Creek*. Ft. Worth, TX: Harcourt Brace College.

———. 1998. Practical and prestige technologies: The evolution of material culture. *Journal of Archaeological Method and Theory* 5(1): 1–55.

———. 2001. Richman, poorman, beggarman, chief: The dynamics of social inequality. In Gary Feinman and T. Douglas Price, eds., *Archaeology at the millennium: A sourcebook*, 213–268. New York: Kluwer Academic.

Hayden, Brian, and Aubrey Cannon. 1984. *The structure of material systems: Ethnoarchaeology in the Maya highlands*. Washington, DC: Society for American Archaeology.

Henrich, Joseph, and Francisco J. Gil-White. 2001. The evolution of prestige: Freely conferred deference as a mechanism for enhancing the benefits of cultural transmission. *Evolution and Human Behavior* 22: 165–196.

Henry, Donald O. 1989. *From foraging to agriculture: The Levant at the end of the Ice Age*. Philadelphia: University of Pennsylvania Press.

Hill, Kim, Hillard Kaplan, and Kristen Hawkes. 1993. On why male foragers hunt and share food. *Current Anthropology* 34: 701–723.

Hobbes, Thomas. 1651. *Leviathan*. London: Andrew Cooke Printer.

Hodder, Ian. 1982. *Symbols in action: Ethnoarchaeological studies in material culture*. Cambridge: Cambridge University Press.

———. 1986. *Reading the past*. Cambridge: Cambridge University Press.

Huelsbeck, David R. 1989. Food consumption, resource exploitation, and relationships within and between households at Ozette. In Scott MacEachern, David J.W. Archer, and Richard D. Garvin, eds., *Households and communities*, 157–166. University of Calgary: Archaeology Students Association.

Imamura, Keiji. 1996. *Prehistoric Japan: New perspectives on insular East Asia.* Honolulu: University of Hawai'i Press.

Joyce, Arthur A., Laura Arnaud Bustamente, and Marc N. Levine. 2001. Commoner power: A case study from the Classic Period collapse on the Oaxaca coast. *Journal of Archaeological Method and Theory* 8: 343–385.

Kelly, Robert L. 1995. *The foraging spectrum: Diversity in hunter-gatherer lifeways.* Washington, DC: Smithsonian Institution Press.

King, Thomas F. 1974. The evolution of status ascription around San Francisco Bay. In Lowell John Bean and Thomas F. King, eds., *California Indian political and economic organization,* 37–177. Anthropological Papers no. 2. Ramona: Ballena.

Klein, Richard G. 1999. Archaeology and the evolution of human behavior. *Evolutionary Anthropology* 9(1): 17–36.

Kobayashi, Tatsuo. 1992. Patterns and levels of social complexity in Jomon Japan. In C. Melvin Aikens and Song Nai Rhee, eds., *Pacific Northeast Asia in prehistory,* 91–98. Pullman: Washington State University Press.

Kobayashi, Tatsuo, and Simon Kaner. 2004. *Jomon reflections: Forager life and culture in the prehistoric Japanese archipelago.* Oxford: Oxbow.

Kornbacher, Kimberly D., and Mark E. Madsen. 1999. Explaining the evolution of cultural elaboration. *Journal of Anthropological Archaeology* 18(3): 241–243.

Koyama, Shuzo. 1978. *Jomon subsistence and population.* Senri Ethnological Series 2. Osaka: National Museum of Ethnology.

Koyama, Shuzo, and David Hurst Thomas (eds.). 1981. *Affluent foragers: Pacific coasts east and west.* Osaka: National Museum of Ethnology.

Kuijt, Ian, and Nigel Goring-Morris. 2002. Foraging, farming, and social complexity in the Pre-Pottery Neolithic of the southern Levant: A review and synthesis. *Journal of World Prehistory* 16(4): 2002.

Lepofsky, Dana L., Karla D. Kusmer, Brian Hayden, and Kenneth P. Lertzmann. 1996. Reconstructing prehistoric socioeconomies from paleoethnobotanical and zooarchaeological data: An example from the British Columbia plateau. *Journal of Ethnobiology* 16(1): 31–62.

Lull, Vicente. 2000. Death and society: A Marxist approach. *Antiquity* 74: 576–589.

Marcus, Joyce, and Kent V. Flannery. 1996. *Zapotec civilization: How urban society evolved in Mexico's Oaxaca valley.* London: Thames & Hudson.

Maschner, Herbert D. G. 1991. The emergence of cultural complexity on the northern Northwest Coast. *Antiquity* 65(6): 924–934.

———. 1992. The origins of hunter-gatherer sedentism and political complexity: A case study from the northern Northwest Coast. Ph.D. diss., University of California.

Maschner, Herbert D. G., and R. Alexander Bentley. 2003. The power law of rank and household on the North Pacific. In R. Alexander Bentley and Herbert D. G. Maschner, eds., *Complex systems and archaeology,* 47–60. Salt Lake City: University of Utah Press.

Mayr, Ernst. 1982. *The growth of biological thought: Diversity, evolution, and inheritance.* Cambridge: Harvard University Press.

McGuire, Randall H. 1983. Breaking down cultural complexity: Inequality and heterogeneity. In Michael B. Schiffer, ed., *Advances in archaeological method and theory.* Vol. 6. New York: Academic.

———. 1992a. *Death, society, and ideology in a Hohokam community.* Boulder: Westview.

———. 1992b. *A Marxist archaeology.* New York: Academic.

McHenry, Henry M., and Katherine Coffing. 2000. Australopithecus to Homo: Transformations in body and mind. *Annual Review of Anthropology* 29: 125–146.

McHugh, Feldore. 1990. *Theoretical and quantitative approaches to the study of mortuary practices.* British Archaeological Reports, International Series 785. Oxford: Basingstoke.

Neiman, Fraser. 1997. Conspicuous consumption as wasteful advertising: A Darwinian perspective on spatial patterns in Classic Maya terminal monument dates. In C. Michael Barton and Geoffrey A. Clark, eds., *Rediscovering Darwin: Evolutionary theory and archaeological explanation,* 267–290. Washington, DC: American Anthropological Association.

Netting, Robert M. 1982. Some home truths about household size and wealth. *American Behavioral Scientist* 25: 641–662.

Nguyen, Vinh-Kim, and Karine Peschard. 2003. Anthropology, inequality, and disease: A review. *Annual Review of Anthropology* 32: 447–474.

O'Shea, John. 1984. *Mortuary variability: An archaeological investigation.* Orlando, FL: Academic.

O'Shea, John, and Alex W. Barker. 1996. Measuring social complexity and variation: A categorical imperative? In Jeanne E. Arnold, ed., *Emergent complexity: The evolution of intermediate societies,* 13–24. Ann Arbor, MI: International Monographs in Prehistory.

Pader, Ellen Jane. 1982. *Symbolism, social relations, and the interpretation of mortuary remains.* BAR International Series 130. Oxford.

Park, Thomas K. 1992. Early trends toward class stratification: Chaos, common property, and flood recession agriculture. *American Anthropologist* 94: 90–117.

Pauketat, Timothy R. 2004. Practice and history in archaeology. *Anthropological Theory* 1: 73–98.

———. 2005. The forgotten history of the Mississippians. In Timothy R. Pauketat and Diana DiPaolo Loren, eds., *North American archaeology,* 187–211. Oxford: Blackwell.

Paynter, Robert. 1989. The archaeology of equality and inequality. *Annual Review of Anthropology* 18: 369–399.

Pearson, Richard, Jong-Wook Lee, Wonyoung Koh, and Anne Underhill. 1989. Social ranking in the kingdom of

513   Old Silla, Korea: Analysis of burials. *Journal of Anthropological Archaeology* 8: 1–50.

Peebles, Christopher S., and Susan M. Kus. 1977. Some archaeological correlates of ranked societies. *American Antiquity* 42: 421–448.

Price, T. Douglas. 1981. Complexity in "non-complex" societies. In S. E. van der Leeuw, ed., *Archaeological approaches to the study of complexity*, 55–99. Amsterdam: University of Amsterdam.

Price, T. Douglas, and James A. Brown. 1985. *Prehistoric hunter-gatherers: The emergence of cultural complexity.* Orlando, FL: Academic.

Renfrew, Colin, and John F. Cherry (eds.). 1986. *Peer polity interaction and socio-political change.* Cambridge: Cambridge University Press.

Richerson, Peter J., and Robert Boyd. 2000. Institutional evolution in the Holocene: The rise of complex societies. In Walter G. Runciman, ed., *The origins of human social institutions*, 197–204. London: British Academy.

———. 2004. *Not by genes alone: How culture transformed human evolution.* Chicago: University of Chicago Press.

Rothschild, Nan A. 1979. Mortuary behavior and social organization at Indian Knoll and Dickenson Mounds. *American Antiquity* 44: 658–675.

Rowley-Conwy, Peter. 2001. Time, change, and the archaeology of hunter-gatherers. In C. Panter-Brick, R. H. Layton, and P. Rowley-Conwy, eds., *Hunter-gatherers: An interdisciplinary perspective*, 39–72. Cambridge: Cambridge University Press.

Samuels, Stephan R. 2001. *Ozette house floor midden artifact distributions.* Paper presented at the 54th Annual Northwest Anthropological Conference, Moscow, ID.

Sapolsky, Robert M. 2004. Social status and health in humans and other animals. *Annual Review of Anthropology* 33: 393–418.

Sassaman, Kenneth E. 2004. Complex hunter-gatherers in evolution and history: A North American perspective. *Journal of Archaeological Research* 12: 227–280.

Schulting, Rick J. 1995. *Mortuary variability and status differentiation on the Columbia-Fraser plateau.* Simon Fraser University. Burnaby, BC: Archaeology.

Service, Elman R. 1975. *Origins of the state and civilization: The process of cultural evolution.* New York: Norton.

Shanks, Michael, and Christopher Tilley. 1982. Ideology,

symbolic power, and ritual communication: A reinterpretation of Neolithic mortuary practices. In Ian Hodder, ed., *Symbolic and structural archaeology.* Cambridge: Cambridge University Press.

Shennan, Stephen. 1997. *Quantifying archaeology.* 2nd ed. Iowa City: University of Iowa Press.

Smith, Eric Alden. 2004. Why do good hunters have higher reproductive success? *Human Nature* 15: 343–364.

Tainter, Joseph A. 1975. Social inference and mortuary practices: An experiment in numerical classification. *World Archaeology* 7(1): 1–15.

———. 1982. Energy and symbolism in mortuary practices. In Edwin G. Stickel, ed., *New uses of systems theory in archaeology*, 63–75. Ramona: Ballena.

Thomas, David Hurst. 1983. *The archaeology of Monitor valley.* Pt. 1, *Epistemology.* Anthropological Papers of the American Museum of Natural History 58.

Trigger, Bruce G. 2003. *Understanding early civilizations: A comparative study.* Cambridge: Cambridge University Press.

Turkon, Paula. 2004. Food and status in the pre-Hispanic Malpaso valley, Zacatecas, Mexico. *Journal of Anthropological Archaeology* 23: 335–251.

Ucko, Peter. 1969. Ethnography and archaeological interpretation of funerary remains. *World Archaeology* 1: 262–290.

Valla, Francois R. 1995. The first settled societies—Natufian (12,500–10,200 BP). In Thomas E. Levy, ed., *The archaeology of the society in the Holy Land*, 169–189. London: Leicester University Press.

Veblen, Thorstein [1899] 1973. *The theory of the leisure class.* New York: McGraw-Hill.

Wason, Philip K. 1994. *The archaeology of rank.* Cambridge: Cambridge University Press.

Webster, David, Anncorinne Freter, and Nancy Gonlin. 1999. *Copan: The rise and fall of a Classic Maya kingdom.* Ft. Worth, TX: Harcourt Brace.

Wolf, Eric R. 1999. *Envisioning power: Ideologies of dominance and crises.* Berkeley: University of California Press.

Wright, Gary A. 1978. Social differentiation in the Early Natufian. In *Social archaeology: Beyond subsistence and dating*, 201–224. New York: Academic.

Zahavi, Amtoz. 1997. *The handicap principle: A missing piece of Darwin's puzzle.* Oxford: Oxford University Press.

第 29 章　酋邦

亚历克斯・W. 巴克

（Alex W. Barker）

　　在小型部落社会中，我们称他为首领；在更先进或更大型的社群中，我们称他为国王。有时候，我们在首领与国王这两个名称之间犹豫不决。我们使用这些名称的原因非常主观：那些由首领控制的国家类似我们理解的王国，或是稍有不如，而国王统治着巨大的国家。我们就是以这样或那样的方式翻译当地人的话的。这样的区分只是一个华丽的表象，我们需要了解其内在的意义。如果要进行区分，那么必须基于整体的结构，因为结构反映意义；而不是基于诸如统治区域的大小或是民众的多寡等偶然的因素。

　　——A. M. 霍卡《国王与廷臣》（A. M.Hocart, *Kings and Councillors*）

很少有问题比社会不平等的起源与发展更能引起社会理论家们的关注，社会不平等起源于理论上平均的社会条件。大多数学者同意，社会权力与地位的分化让已知最平均的人类社会熠熠生辉；非人类社会也多是存在等级分化的，尽管大多数并不基于可以继承的等级划分。与之相对的是，人类社会的发展道路常常是，人们似乎愿意用个体的自治来换取个人的独裁，为什么会这样呢？古往今来，这都是一个让人疑惑不解的问题。

酋邦是一个被误用的概念，它代表一种没有国王的小型王国，一种没有固定军队与管理机构的复杂政治单位。酋邦最初被定义为社会演化的一个阶段，其作用是区分在政治上缺乏中心的部落和国家之间的组织差异，而最常用的定义是为了给酋邦的存在提供一种必要的逻辑支持。近些年来，许多学者开始质疑酋邦概念的内涵（尤其是协调不同地方的专门化生产，这是酋邦形成的最初目的），现在有些学者认为这个概念的实用价值有限。当然，大多数学者仍然承认存在一个广泛的中程社会（middle-range societies）类别——民族志与考古学上的——其社会缺乏国家层次政治单位的关键组织特征，但具有系统的、固定的、普遍的、可继承的社会不平等，至少部分学者愿意称之为"酋邦"。这些学者就一些问题争论激烈，比如我们究竟应该把酋邦看作一种孑遗的社会形态，还是将其仅仅看作一种有用的概念分析工具；争论的问题还包括酋邦的关键特征与形成机制，酋邦形成、运作与衰落过程中能动性与人之行动的作用，研究酋邦的进化论方法的合理性与有效性，等等。本章将明确有关酋邦概念及其特征的理论争论，相关讨论从一个更宽广的框架出发，大抵会涉及能动性、行动以及社会的构建。由于篇幅所限，该领域主要研究者的重要贡献及其研究不会——提及（或是根本不会提及）。

酋邦的概念

我们经常运用的酋邦的概念来自新进化论的范式，该范式一直遭到批评，一方面因为它有明确的方向性（Dunnell, 1980; Wenke, 1981; Rindos, 1985），另一方面因为它忽视了历史变化的偶然性（Hodder, 1982, 1986; Kirch and Green, 1987; Friedman, 1975）。就社会演化的性质，学者间存在明显分歧。不少人将之视为一个渐进的量变过程，压力不断提高，最终导致社会崩溃或是质变（Wright, 1977; Cordy, 1981）；或是将之视为突发的事件（Carneiro, 1998: 25; Flannery and Marcus, 1999）。还有一些学者认为，对生活在当时的人来说，这个进化的序列显而易见（Johnson and Earle, 1987）。一般来说，大部分批评酋邦作为一个社会演化阶段的研究者侧重于关注所谓酋邦普遍特征的例外情况（Finnery, 1966）、演化路径的特殊性（Blanton et al., 1981）、推测性的进步论（Dunnell, 1980）以及该理论框架所暗含的间断平衡论（Plog, 1977; Harris, 1979; Renfrew and Cooke, 1979; Kehoe, 1981; Wenke, 1981; McGuire, 1983; Creamer and Haas, 1985; Sanderson, 1990）。

尽管存在这些批评，但酋邦这一概念仍然很流行。一方面，学术界有关酋邦本身的特殊性质基本没有达成共识；另一方面，各种类型的酋邦的划分大行其道[1]。其中，伦福儒区分了个体化的酋邦与以群体为中心的酋邦（1974），唐纳·泰勒（Donna Taylor, 1975）把非洲社会分为无阶等的酋长制、有阶等的酋长制以及最高权威制，戈德曼（1970）把波利尼西亚社会分为传统的、开放的、分层的三种类型，斯特普纳提斯（Steponaitis, 1978）则区分了简单酋邦与复杂酋邦，约翰逊（Johnson, 1982）划分了连

516

续的等级制与同时的等级制，基根与麦克拉克伦（1989）识别出了从舅居酋邦，布兰顿等人（1996）则确定了以整体或网络策略为特征的酋邦。[2] 理论家罗伯特·卡内罗（1998: 37 n.1）提出，至少存在三种不同类型的酋邦。

跟许多被误用的概念一样，酋邦的概念没有明确的来源。伦福儒（1984: 228）的酋邦概念一方面来自保罗·基希奥夫（Paul Kirchoff）的锥形家族理论，另一方面来自雷蒙德·弗思有关花卉图案的描述。卡内罗（1981: 38）把这个概念追溯到朱利安·斯图尔德（1946: 4; 1948: 1-4）有关低地部落与环加勒比海文化的区分，重新强调了库珀（Cooper, 1941, 1942）有关南美洲社会四种文化的区分：边缘的狩猎采集部落、安第斯文明、热带雨林与稀树干草原部落、环加勒比海文化。斯图尔德（1948: 8）明确指出，环加勒比海文化类型应该代表一种特殊的社会整合形式。但是这些研究中实际上都没有用到"酋邦"一词。

更早的非洲研究文献中也有类似的还在形成的概念，如《非洲政治体系》（*African Political Systems*）（Fortes and Evans-Pritchard, 1940; 比较 Richards, 1940: 92）。早期研究在指代酋邦这样的社会时，采用的术语还不规范，卡莱尔沃·奥伯格（Kalervo Oberg, 1955）首先确定了酋邦的正式含义，他曾为福特斯与埃文斯 - 普里查德主编的文集撰写文章（Oberg, 1940: 121-162）。奥伯格考虑的不只有首领的地位，还有首领的地盘与政治组织。他明显采用了一种集体综合的方法，把社会分类看作"功能上相互关联的文化形式的荟萃"（Oberg, 1955: 472）。他的社会分类包括同质的部落、分节的部落、有政治组织的酋邦、封建国家、城邦、神权帝国（Oberg, 1955: 472-487）。对奥伯格来说，酋邦由若干个村庄所代表的地方政治单位组成，并由更高的权威来统治。首领有权裁决争端，征集人力、物力去打仗（Oberg, 1955: 484）。艾森施塔特（Eisenstadt, 1959）在区分非洲政治制度、斯图尔德与法龙（Steward and Faron, 1959）在有关南美洲民族志的研究中以类似的方式采用了酋邦的概念。其他学者（Mitchell, 1956; Southall, 1956; Sahlins, 1962）也采用了这一概念来研究具有等级的中程社会的政治变化机制。在许多这样的研究中，酋邦都是本章开头霍卡批评的分类体系、等级社会类型学的重要组成部分。

例如，艾森施塔特（1959）提出了一个有关非洲政治制度的分类方案，并将其分为集权（如恩戈尼人、斯威士兰人、班图人、祖鲁人）君主制与联邦君主制（如本巴人、庞多人、阿散蒂人、科伊桑人）。集权君主制与联邦君主制的关键区别在于向首领效忠的关系是如何安排的。集权君主制是指向首领直接效忠，不需要加入附属群体或派系。因此，其特征就是在社会最广泛的政治单位中具有统一的成员身份。相反，艾森施塔特所谓的联邦君主制的基础是首先向次级首领效忠，或是向其他亲属或地方权威效忠，一般民众则效忠更低等级的首领。由于组织授权的限制，最高权威对地方首领的约束要大于对一般民众的约束（Barker, 1999; Wright, 1984）。生活在13世纪封建制度中的约翰·德·布拉诺（John de Blanot）有句格言："我的人的人不是我的人（Acher, 1906: 160）。"这句话简明地指出了这种统治制度的不稳定性与分离主义特征。

集权君主制与联邦君主制的区分类似于索撒尔（Southall, 1956: 248-251; 1965: 126-129）所区分的分层式政治体制与金字塔式政治体制，其相关讨论分别涉及关联性与补充性授权，并引领了后来赖特的研究（1977, 1984: 42-43）。艾森施塔特（1959: 216）指出，不同政治形式反映了"不

517 同社会的主要目标与价值取向"（Lewis, 1959）。不过，需要强调的是，泰勒（1975: 195-197）发现她所研究的非洲社会样本中，只有一例是通过（集中的）贡赋直接获取生产剩余的，其他都是通过与地方首领结盟（如结盟关系）（参见 Schapera, 1956）间接获取的，这个特例就是有国家层次政治组织的布干达人。

斯图尔德与法龙（1959）同样强调酋邦的形式多样性。按照他们的说法，"南美洲没有哪种社会形态像酋邦一样变化多端"（1959: 175）。他们一方面承认酋邦具有广泛的多样性，另一方面又把酋邦区分为两种基本类型：（1）通过战争整合起来的军事酋邦；（2）通过宗教与意识形态整合起来的神权酋邦。斯图尔德与法龙承认其中存在相当多的变化，这些变化在很大程度上反映了特定环境与历史偶然性（1959: 176-177）：

> 当前酋邦的基本类型有助于区分文化类型，可以帮助我们把有阶级结构的小国家识别出来，把它与狩猎采集者的家族和游群、热带雨林滨河和沿海群体的独立村庄以及安第斯山脉中心地带的灌溉国家和帝国区分开来。酋邦之间的地方差异反映了两个因素的相互作用。一是极端多变环境中的食物生产，不同的生产剩余最终促成了专业化、阶级与国家不同程度的发展。二是不同文化特征不仅来自不同地区，而且在不同地区的表现形式也不一样。

尽管这看起来很像是后来塞维斯（1962）所定义的社会演进（游群、部落、酋邦与国家），但是斯图尔德与法龙（1959: 178）特别指出，我们不应该把酋邦视为社会进化阶段。实际上，斯图尔德与法龙认为酋邦包括众多的社会形式，在组织结构、社会运作与发展轨迹上存在相当大的多样性。

作为社会组织的酋邦

塞维斯的《原始社会组织》（*Primitive Social Organization*）一书重新
定义了酋邦的概念，将之视为不仅在规模上而且在类别意义上的社会组
织。对塞维斯而言，酋邦比部落人口更多、更复杂、经济上也更有生产
力，其特征是存在广泛的社会不平等，以及具有固定的、经过经济与政治
整合的社会组织（1962: 143）。酋邦不再是分节的社会秩序，而是以生产
与使用上的专门化界定的。他认为生产的专门化会采用两种形式：（1）按
照不同地区的居住单位组织的区域性生产专门化（塞维斯认为这种形式
更常见）；（2）大规模合作中个体技能的贡献（Service, 1962: 135）。在较
为简单的社会中，人往往会服从资源；而在酋邦社会中，通常是让资源来
服从人。首领从当地获取生产剩余，由此，每个地方都专注于生产专门的
产品，然后通过首领的再分配从其他地方获得产品，从而满足大家的其他
需要。塞维斯的分类吸收了此前有关经济形式演进的研究成果（Polanyi,
1957, 1944; Meek, 1976），这些研究确定了不同阶段的特征，并认为存在
从一个阶段向下一个阶段演进的序列。

产邦与部落或游群存在显著的区别，不仅表现在政治与经济组织
上，而且表现在社会等级上——游群与部落是平均社会，酋邦从根本
上说是不平等的。无论个人如何优秀，个人之间存在等级差别是真正
酋邦的基本社会特征，需要反复强调的是，这是一个协调中心发展的
结果，而非原因。（Service, 1962: 150）

再分配不是酋邦的标志，更准确的说法是，它应该成为必要条件[3]。

塞维斯有关酋邦讨论的核心是他把社会组织分为分节的与有机的（吸收了涂尔干的观点）两种类型。对塞维斯来说，人类社会的关键变迁就是酋邦的兴起——酋邦是一个有机构成的社会，同时具有超越本地的权威与生产组织。按照塞维斯的说法，酋邦内部存在明确的分工，进而形成了一种有机的团结，再分配就是把大家团结起来的黏合剂。地方社会单位不是自给自足的，自给自足是社会整体协作的产物。从现实的观点出发，塞维斯重新明确了再分配的含义，将之视为一个有机的社会体系中经济上存在差异的社会单位之间专门化产品的分配。这样的话，塞维斯的观点就可以保持社会机构之间的互补性，协调物质（经济）与制度（政治）组织之间的内在差异，同时基于共同的利益形成一定层次的社会整合。[4] 20年后，吉登斯（1984: 258）做了类似的区分，即把资源分为配置式的（经济）资源与命令式的（政治）资源。费曼与奈策尔（1984: 40）把塞维斯的意思理解为，根据是否存在互惠或再分配经济，把介于游群与国家之间的社会划分为部落和酋邦。这种理解部分正确，酋邦是有再分配的社会，但是它的基本特征是有集中化的再分配机构。塞维斯曾明确表示，如果没有集中化的再分配机构，就不能把一个社会叫作酋邦（1962: 150）。

当然，在许多情况下，再分配可能并不会直接导致酋邦的出现。组织效率，包括配置较大生产剩余的能力、安置较大军队的能力、维系军事纪律的能力等，可以让酋邦在与无等级社会竞争时具有很大的优势。塞维斯写道，"一旦酋邦形成（即便是刚刚开始发展），则它在面对部落时无往而不胜"（1962: 15）。罗伯特·卡内罗与其同事的早期研究影响了塞维斯有关酋邦理论的构建（Service, 1962: 147），他们也曾提出这一观点（Carneiro, 1990, 1991; Redmond, 1994, 1998）。卡内罗（1988, 1978, 1970, 1967）关注到了受限区域或资源集中情况下的社会与人口压力现象。[5] 竞争导致战争，战争孵化了酋邦（Carneiro, 1981: 66）。卡内罗（1981: 45）把酋邦定义为一个首领控制下的由多个社群组成的政治单位，从这个视角来看，关键之处不是社会不平等的起源，而是村庄自治是如何被打破的。按照这一观点，自治权从来不是自愿放弃的，除非一方面采用武力，另一方面采用威胁与恐吓（Carneiro, 1998: 21）。于是，当强有力的战争领导者征服了周边的政治单位的时候，酋邦也就形成了（Carneiro, 1992: 198）。最近，卡内罗（1998）开始关注战争领导者维系和平友好状态的能力。

很少有理论研究者否认战争是酋邦的普遍特征之一（Earle, 1987: 293），酋邦的图像研究往往强调辉煌的战绩（Linares, 1977; Kelekna, 1998），但有关酋邦形成的主要原因，学术界鲜有共识，偶尔会把战争看作酋邦兴起的直接原因。卡内罗指出，"对下属村庄的控制是通过成功的战争领导者的能力实现的，而不是在和平时期让渡出来的，这是绝大多数酋邦形成的基本路径"（1998: 28）。不过，其他学者强调了另外一些途径。

皮布尔斯与库斯（Peebles and Kus, 1977: 423-427）有一项很有影响力的研究，他们建立了酋邦与考古材料之间的关联，明确地把酋邦与再分配区隔开来，同时保持一种集体主义的观点，强调了分层组织更宽泛的效率。这项研究部分基于他们有关夏威夷民族志材料的重新分析，部分基于蒂莫西·厄尔的研究（1973）。他们指出：（1）再分配不是交换的主导模式；（2）再分配的物品通常给了精英阶层而非普通人；（3）再分配并没有把经济上或生态上差异显著的村庄或区域统一起来（1977: 424）。相反，他们从控制论的角度来解释酋邦的起源，认为在等级社会兴起的地方，系统中诸要素的负反馈维系着稳态平衡（Flannery, 1972; Wright and Johnson, 1975）。

> 如果一个文化系统处在信息处理的极限状态，那么来自一个环境区域的关键信息输入可能会超出该系统处理这些信息的能力，于是乎，（1）来自环境其他区域的信息将不得不被过滤或忽视，或是被延后处理；（2）发展转化能力，可以通过改变组织方式实现这一目的，或是通过改变信息处理能力实现该目的；（3）发生系统过载，稳态消失。（Peebles and Kus, 1977: 429）

酋邦提供了一种有效处理信息的途径，即分层决策系统，其中功能的专门化有助于提升系统应对不断变化的状态或需求的能力。他们指出，这样的系统提高了能够处理的信息的数量与复杂程度，提高了能够整合到一个文化系统中的个体的最大数量，提高了经济专门化的程度，提高了应对环境波动的能力，而且具有更快的反应速度。类似于塞维斯，皮布尔斯与库斯把酋邦看作从涂尔干式的机械形式转向有机形式的根本变迁，不过他们是从调节与控制效率的角度来理解专门化的。

皮布尔斯与库斯（1977）预测，可能反映分层控制特征的考古证据包括：（1）群体规模与个体规模的地位变化应是可分离的；（2）聚落等级制度应该是可见的，它反映了不同聚落在行政等级体系中的位置；（3）阶层内应存在相对有限的经济或生态上的变化，从而最大限度地提高自给自足性，避免信息过载；（4）证据应显示剩余劳动被用于公共工程或手工业；（5）可能影响稳态的不同环境（生态与社会的）变化应得到缓冲和监测。

塞维斯（1975）认识到社会政治复杂性的提高有许多好处，不过，基于其中暗含的成本问题，皮布尔斯与库斯（1977）明确反对塞维斯所谓再分配的有限形式，这些再分配只见于经济上或生态上存在专门化差别的社会之间。相反，他们主张一种更有普遍性的再分配，这是维系系统稳态的缓冲机制。

过程考古学始终强调复杂性提高的功能或适应优势。比如，霍尔斯特德与奥谢（Halstead and O'Shea, 1982）提出，复杂性的重要功能就是可以缓冲贫乏时节的资源短缺，这不仅是因为首领能够提供急需的资源，而且还能够动员资源——物质的、信息的或能量上的——以家庭或平均社会所不具备的规模。

> 最强大的机制……是能够处理非同寻常或是特别巨大的困难的机制。由于这样的机制很少被激活，所以有可能出现被滥用的情况，尽管如此，这些高层次的处理问题的机制（精英会施以援手）在资源极端短缺时可能会发挥关键的作用。因此，存在一种很强的选择压力，使这种机制不断融入相关文化实践之中，可能会形成广泛的分化，贯穿整个社会体系。（Halstead and O'Shea, 1989: 5-6）

个体主义的方法

上述集体主义的观点可以与许多个体主义、唯物主义的理论进行对比。莫顿·弗里德在《政治社会的演化》（*The Evolution of Political Society*）一书中扮演着马克思的角色，就像塞维斯之于黑格尔一样。弗里德（1967: 169）描述了一种阶等社会（rank society），用以联系群龙无首[6]

的社会与国家层次的社会。弗里德并不认为地区性的专门化生产是阶等社会的关键所在，也没有采用集体主义的方式来解释。相反，他采用了个体主义的理论（通过马克思），按照掌握生产方式的不同层次来理解阶等（Fried, 1967: 170, 1975）。

部落与酋邦之间的区别是不言而喻的，弗里德认为，如通常所理解的，"部落"是不那么原始的社会组织，它不是社会接触与分裂的结果：

> 合法性，不管其定义如何表述，都是意识形态与权力交融的途径。从基本功能的角度出发，可以最有效地把握合法性的含义：解释与合法化由少数社群掌控的集中化的社会权力，并为特定社会秩序提供类似的支持，也就是获取与操控社会权力的特定途径。（1967: 26）

当然，弗里德也承认再分配的重要性。在研究民族志材料时，他认为阶等社会的存在有两个前提：（1）生态人口；（2）出现再分配（1967: 183）。如果因为弗里德强调再分配的重要性而认为他是适应主义者（Brumfiel and Earle, 1987: 2），实际上就忽视了他对于权力政治前提的坚持。不过，尽管弗里德受到马克思主义的启发，把政治过程归因于个体或利益群体，但是他的模型并没有解释社会变化的动力机制。弗里德（1967: 183）坚持认为，政治复杂性的起源是渐进的，参与者自己可能都没有意识到，这与我们通常所说的马克思主义理论是相违背的，马克思主义主张感知到重要关系的非对等性是社会变迁的必要因素。

最近，马克思主义的分析（McGuire, 1992; Gilman, 1995）不怎么关注普遍的发展阶段，而是更关注特定历史情境中影响不平等的普遍道路的精细材料分析。如吉尔曼（1995: 242）提出，可以从马克思"日耳曼社会形成"的内在动力的角度来理解北欧不断加剧的社会复杂性，其中权力归于"富有的能打仗的人"，他们能够从农业生产者那里获取贡赋。另一个产生重要影响的、以社会变迁为中心的个体主义理论可以追溯至凯瑟琳·科克 *520* 里 – 维德罗维什（Catherine Coquery-Vidrovich, 1969: 61-78）及其有关非洲生产方式的分析（Coquery-Vidrovich, 1977; Peebles, 1987: 34）（参见麦圭尔，第 6 章）。

按照这些线索，乔纳森·弗里德曼、苏珊·弗兰肯斯坦（Susan Frankenstein）、迈克尔·罗兰兹等学者接受了威望产品经济的观点，他们从赫斯科维茨（1940）、巴斯科姆（Bascom, 1948）的早期研究中抽取了这个术语，但并不意味着他们接受了该概念。按照原初的模型，所谓威望产品经济是指任何"通过它获取社会认可与社会地位的产品"（Bascom, 1948: 211）。巴斯科姆（1948: 220-221）发现某些威望产品是基本食物（番薯、面包果），这意味着人们会过量生产这些基本食物，由此使威望体系免受供应不足的影响。相反，基于威望产品的酋邦，其权力的来源与维系来自控制远距离的物品交换，交换物品的价值不是基于日常用途，而是基于社会限制的礼物 – 债务交换，这通常与非对等婚姻形态相关（Friedman, 1975; Friedman and Rowlands, 1977: 208-211; Frankenstein and Rowlands, 1978）。这与结构马克思主义的威望产品经济的原初观点不同，按照这种观点，非对等婚姻关系会带来不平等，导致亲属群体的财富分化。首领控制生产关系，进而利用再生产形成地位差别。

弗兰肯斯坦与罗兰兹（1978: 76-77）非常清晰地总结了上述观点中的主要内容：

威望产品经济的特殊经济特征就在于通过控制资源获得政治优势，这些资源只能通过和外界交换才能获得。当然，这些资源并不是满足日常物质需要、工具生产需要或是其他实用需要的资源。相反，重点在于控制用于社会交易、社会债务偿还的财富物品……占主导地位的首领可以通过缩小与垄断其地盘上社会交易中可接受物品的范围，然后在等级化过程中加强对内部财富物品交换的控制。采用日用品可能会有失身份，只能将其限制在相对不那么重要的社会交易中，外来财物取而代之，正式登场……首领绝对控制着外来财物的交换，由此他可以单独从外界获取商品，然后采用地位标志、随葬品、嫁妆等形式进行再分配。

威望产品构建的关键是一系列简单的、内部不对等驱动的变化。这些理论模型描述了一种不平衡的社会体系，并且解释了它是如何撕裂自身的，而不是从集体主义的角度来看制度的形成并解释它们如何成其为一体。弗里德曼与罗兰兹追溯了制度本身如何随着这些过程发生改变。

文化形式的变化及其在物质生产中的位置同时在再生产的过程中发生变化，因此进化的"阶段"总是从此前的阶段中逐渐形成的；组织结构在时间进程中不断改变，既定再生产条件下某种主观选择的初始状态决定了变化轨迹的性质。（1977: 204）

再分配体系失去了原初的功能，不再是把生产剩余以"慷慨大方"的方式转化为地位的手段。地位是"既定的"，慷慨大方于是降格为一种对群体地位的表达。锥形氏族首领或王有权获取贡赋与役使劳力，是基于他在仪式－经济过程中必不可少的作用，而不是因为他

可能以宴飨的形式回馈所有积累的财富。不断增加的生产剩余不再以从前的方式进行再分配。(1977: 217)

韦尔奇（Welch, 1991: 18）注意到这种构建既不是基于民族志研究，也不是用民族志表述出来的。不过，其结构马克思主义理论基于众多二手民族志研究，如埃克霍尔姆（Ekholm, 1972）、萨林斯（1963, 1968, 1972）、斯特拉森（Strathern, 1971）等。其关键特征是，政治与社会不对等是通过反复进行的列维－斯特劳斯式的普遍互惠得以实现的，同时采用了一种非正统的马克思主义来构建当地人口的模型（Friedman and Rowlands, 1977: 203, fig.1）。这些理论是个体主义的，基于"自我"与推动改变的外在性之间的对立。弗兰肯斯坦与罗兰兹（1978）立足于一系列民族学研究，强调等级分层中程社会起源的关键因素是，在其他地方已经存在更复杂的政治 *521* 体，通过它们可以获得威望产品，并且可以控制与它们的关系。

> 地方中心（边缘）之间的竞争很可能会受到外部贸易伙伴（中心）主导权竞争的刺激，并反复出现……因为中心区的扩张取决于其垄断边缘区的能力，而这需要中心区内竞争聚集点之间发展互惠关系，以提高其对边缘区内资源的控制能力。因此，边缘区竞争中心的出现与中心区竞争中心的出现密不可分。（Frankenstein and Rowlands, 1978: 80）

在这样的社会体系中，政治权力与生计并不直接相关，"因此，食物按道理不能算是贡品"（1978: 81）。这一观点产生了重要的影响。消费者之于生产者的比例的不断提高（与此同时，生产威望产品的工匠数量也在不断增加），需要居于主导地位的氏族与近亲的支持，因为食物只用于支持地方或分支首脑（1978: 82）。按照索撒尔的说法（1956: 248-251, 1965），这种社会组织构建应该是金字塔式的，而不是分层式的，最高权威只从自己家乡的地盘上获得直接的支持。

威望产品交换在很大程度上代替了再分配，对许多研究酋邦的学者而言，这种代替不仅是经济基础上的，而且是必要的原因上的（Friedman and Rowlands, 1977; Frankenstein and Rowlands, 1978; Kipp and Schortman, 1989; Wells, 1980, 1984; Haselgrove, 1987; Dyson, 1985）。施奈德（Schneider, 1977: 23, 27）提醒大家，奢侈品的交换与生活品的交换［如图特洛特与萨布洛夫（Tourtellot and Sabloff, 1972）区分的"有用的"与"功能性"物品］"同等重要"，最近的研究甚至认为，生活品的交换根本没有发挥作用（Kipp and Schortman, 1989）。[7] 韦尔奇（1986）研究了美国东南部芒德维尔（Moundville）密西西比中心的考古材料，了解了其经济基础，发现威望产品经济（比较 Frankenstein and Rowlands, 1978）能够实现最佳适应（1986: 192）。容克尔（Junker, 1990, 1994）则发现，菲律宾酋邦会采用外来威望产品来肯定其合法性并建立政治联盟（Helms, 1988）（有关运用远距离贸易与地理距离来使首领合法化）。

这些对塞维斯的定义的批评催生了对动员论的构建，即相对于调节策略而言，个体主义的理论侧重于关注首领如何维护权力，而非作为整体的社会如何维护各种力量的平衡。一系列研究显示，虽然有许多食物与手工艺品向上沿着社会分层流向首领，但是只有很少一部分回流到下层（Earle, 1973, 1977, 1978; Taylor, 1975; Helms, 1979; Steponaitis, 1978; Wright, 1984）。赖特（1984）转向了一种个体主义的动员论观点，认为调节机制在保持社会的稳定方面作用不大（Wright, 1977），更多是为了确保追随者控制足够多的社会必需资源，以维持地位，而无法积累足够的财富成功向上位者发起挑战。尽管韦尔奇（1986: 15）批评赖特（1984）的模型"不过是对皮布尔斯与库斯……有关夏威夷经济结构解释的重新表述"，但是赖特的模型澄清了调节机制的作用，通过它，互惠关系可以演变成贡赋关系。更重要的是，赖特（1984）认为，集体主义逻辑所依赖的机制可能在后来得到了个体层面的补充。

按照这种说法，我们可以把社会复杂性的增长看作"依赖动员与运用生产剩余资助新出现的精英阶层及其相关的制度"（Earle, 1987: 294）。不同于威望产品理论，动员论认为大宗食物是主要财富的核心要素。食物资助（D'Altroy and Earle, 1985）作为一种租子，是生产者向精英阶层提供的资源，通常是精英阶层占有土地，生产者使用土地，尽管精英阶层控制的其他关键资源也有同样的效果。这些资源不仅用以支持贵族及其扈从，还用以支持依附于精英家户的手工业者。在有些社会中，精英家户还可能控制着工具及其他经济必需品的生产，尽管这种情况不多见（Earle, 1987: 295-296）。按照动员论的观点，更常见的情况是，依附精英阶层的工匠生产财富物品。我们可以把威望产品经济看作财富支撑体系的组成部分。不过，由于动员论是理论前提，因此通常把财富资助视为不那么稳定的策略，"在酋邦中发挥着非常有限的作用"（Earle, 1987: 297）。厄尔（1997）详细比较了不同环境与历史条件中酋邦起源的例子；他从动员论视角出发的多重进化酋邦理论具有广泛的影响力，并被学术界普遍接受（Earle, 1989, 1987）。

与该理论密切相关的是强调派系竞争在精英阶层兴起过程中的作

用（Brumfiel and Fox, 1994）。克拉克与布莱克（1994: 18-21）提出的一种理论认为，贪求权力者争夺社会尊重与威望，由此产生了复杂且变化的债权人与债务人关系网。由于这种恩主－侍从关系能够以各种重叠的规模出现，又因为同一个人可能在不同的时间与情境中充当恩主或是侍从，所以与那种自下而上的理论相比，该理论为社会行动提供了更大的空间（Brumfiel, 1994; Pohl and Pohl, 1994; Hayden and Gargett, 1990; Spencer, 1994）。贪求权力者通过慷慨大方获取成功，制造并控制社会债务，最终将其制度化，形成不同的社会地位。该理论关注威望竞争，有更多机会获取自然资源虽然只是附属的现象，但会产生实质性的影响（Clark and Blake, 1994: 18）；把社会与经济优势传承给继承人的能力标志着社会结构向酋邦过渡。[8]

最近，威望产品与动员论的要素被结合了起来。[9]布兰顿等人（1996）提出了两种不同政治经济分化的策略。网络策略是指利用远距离的交换关系掌握深奥的知识，从而获取威望。理论上，任何人都可以利用网络策略获取威望；但实际上，新兴的精英阶层会让这样的安排具有排他性，从而巩固自己的地位，其采用的方式或是通过正式威望产品经济，或是通过世袭的家户、血统或类似的关系（Blanton et al., 1996: 5），来减少世袭群体中参与竞争的高等级成员的人数。相反，集体策略强调群体的团结，方式包括集体行动、修建纪念性建筑，以及小群体之间、精英阶层与大众之间固定的相互依赖关系（Blanton et al., 1995: 6）。两种策略中美洲精英阶层都有采用，布兰顿等人（1996: 12）认为，该地区考古学文化的复杂性在一定程度上反映了两者的相互作用。

另一种理论视角侧重于关注精英阶层产生的意识形态条件。帕克塔特

（1991）强调一种复杂的、个体主义式的、以能动性为基础的立场，把一系列丰富多样的理论方法与霍布斯式的利维坦的兴起结合起来，用以解释卡霍基亚（Cahokia）这个主要的密西西比土墩中心的起源。

> 按照当前的理论表述，不论是简单的还是复杂的等级社会，重要人物操弄政治策略都是为了地位不倒、江山永固。虽然这样的再生产可能会限制社会经济关系的形式，但社会经济关系并不是定义酋邦特征的关键特征。因此，关注点实际上已经远离社会类型——酋邦——反而转向了政治过程。（Pauketat, 1991: 11）

帕克塔特认为，政治集权的过程产生了中心－边缘关系。因为在不同时期，这些关系的规模与结构各有不同，所以世界体系理论唯一有意义的地方就在于它"定义了霸权[10]的基本特征"（Pauketat, 1991: 12）。其中似乎有如下两个特征：（1）中心群体之所以能够主导边缘群体，是因为他们有更多的政治／结盟选择；（2）中心群体从边缘地带获取资源，从而把边缘地带的群体边缘化，由此维系政治霸权（Pauketat, 1991: 13; Ekholm and Friedman, 1985: 110; Kohl, 1987: 16）。有点同义重复的表述是，边缘群体之所以不能获取与中心群体平等的政治经济关系，是因为边缘群体不能进行自身的社会再生产，这样社会秩序就只能由中心群体来确定（1991: 13; 转引自 Gledhil and Rowlands, 1982: 146-147）。为了维系权力的意识形态基础，霸权关系的再生产需要利用威望产品经济，展示与控制有关遥远时空的现象的知识。不过，帕克塔特（1991: 14）认为，中心－边缘论"如果缺乏政治－意识形态因素，就会没有意义"：

我们要在辩证理解内在结构（如文化）逻辑与外在条件（如历史/中心－边缘背景）的框架中，把政治经济与意识形态联系起来。严格区分下层结构与上层结构的做法，背离了人类学有关政治经济的批评……问题的关键就在于有关文化意义解释的冲突以及如何协调其中的冲突，因为它们影响着社会行动，也为社会行动所影响。（1991:14-15）

贵族阶级可能把自己看作"一个血统上不同的群体，他们彼此之间的关系比较亲近，而与当地平民之间的关系比较疏远"（Earle, 1978: 12-13）。帕克塔特大致同意这一观点，他（1991: 10-11, 44）同时指出，平民与精英群体之间并不必然需要"在血统上隔离开来"，通过宴飨、礼仪活动以及在资源短缺时分享储备的食物，精英阶层以一种"礼券的方式"（1991: 44）把物品分发给平民。最近，帕克塔特扩展了平民采取有意义的行动的范围（尽管并不必然是指能动性），强调精英与平民的相互作用导致了密西西比土墩及其所支持的社会等级制度的出现——不仅是实际上的，也是象征上的。当然，不大清楚的是，这是否是所有相关群体有目的行动的结果（Pauketat, 2000）。

酋邦的模拟研究

目前，已有一系列模拟酋邦如何运作的重要研究模型；至于这些模型模拟的是酋邦的政治运作还是经济运作，则取决于该模型的理论导向。尽管笔者承认区分两者具有探索价值，但是仍然不大确信在研究这个问题时区分两者的意义。

文卡斯·斯特波内提斯（Vincas Steponaitis, 1981: 323）在一篇会议论文中指出，酋邦集权化的程度可以通过评估权力阶层与更低阶层所控制贡赋的相对数量来衡量。他发展出来一个形式模型（formal model），用以模拟多层权力等级社会中食物资源的流动。该模型来自伊丽莎白·布鲁姆菲尔（1976）有关墨西哥东部河谷人口压力假说的检验。布鲁姆菲尔（1976: 237）认为，如果人口压力是一个重要的因素，那么每个村庄中居民的相对数量与村庄所能利用耕地的相对生产潜力之间会存在一定的关联。于是她计算了一系列形成期（Formative）遗址在一定资源域范围（5千米半径区域）内的生产力以及可利用耕地的面积，由此得到了潜在生产力的近似指标，然后进行了线性回归分析，比较了这些数值与遗址大小之间的关系。她发现（1976: 247），其中不存在简单的相关关系，不同大小的遗址分别与各种要素有着不同的关系，这反映了贡赋流动的影响。

斯特波内提斯（1981）注意到，可以用这些关系来计算按照等级高低流动的生产力。他提出，就自治村庄而言，遗址 V_j 与资源域 P_j 生产力间具有函数关系，由此 $V_j=kP_j$，这里 k 是常数，代表每个单位生产力所支持的人口数。在两层等级的社会中，村庄的生产力是指资源域内的生产力减去用作贡赋的部分 t，由此得到：

$$V_{ij} = k\,(P_{ij} - t_1 P_{ij})\ \text{或}\ V_{ij} = k\,(1 - t_1)\,P_{ij}$$

这里 V_{ij} 是指第 i 个区内的第 j 个村庄，P_{ij} 是其资源域的生产力，t 是进贡率。中心聚落不仅从自己的资源域中获取资源，同时会从周边附属的遗址中获取贡赋。中心聚落中居住着两个群体，生产者（S_p）与非生产者（S_n）。中心聚落的人口也就是这些群体的总和（L）。生产者的人口基本上等于村庄原有居民的人口 $[k\ (1-t_1)\ P_i]$ 再加上贡赋总数所能负担的新人口。可以简化如下：

$$L_i = kP_i + kt_1 \sum_j P_{ij}$$

在这样的社会中，如果所有村庄的进贡率是一个常数的话，那么中心聚落会沿着一条斜率为 k 的直线分布。k 的 y 轴截距将总是大于零，因为有附属遗址的贡赋收入。即便中心聚落没有自己的资源域，但由于能够收取贡赋，它仍然可以保持一定的人口。

斯特波内提斯（1981）的最后一个方程是有关首要中心人口的，命名为 R，包括首要中心村庄内生产者的生产力 P_r，首要中心直属区域内其他村庄的进贡率 t_1，以及次级中心向首要中心的进贡率 t_2。于是，方程如下（Steponaitis, 1981: 329）：

$$R = kP_r + kt_1 \sum_j P_{rj} + kt_1 t_2 \sum_j\ (P_i + P_{ij})$$

这里 R 是首要中心的人口，P_r 是首要中心资源域的生产力，P_{ij} 是首要中心直属区域第 j 个村庄的生产力。

对斯特波内提斯来说，这有助于计算不同等级的人所控制贡赋的数量：

> 更确切地说，任何中心与直线或村庄间的垂直距离都代表该中心中非生产者的数量，与该中心控制的贡赋量直接成正比，这些都可以用数学表示出来。（1981: 331）

估计值可能有些保守，因为其中假定所有生活在同一个（非中心）村庄的人都是生产者。同时，它只衡量了中心收到的贡赋，而没有衡量用于再分配的部分，这"通常是很小的"份额（1981: 332）。

尽管学者们对相关方程的合理性还有争论（Finsten et al., 1983; Hirth, 1984; Steponaitis, 1983, 1984），但是斯特波内提斯开创了先河，他率先使用形式模型研究酋邦的政治经济学，他的理论影响至今。

查尔斯·斯潘塞（Charles Spencer, 1982a, 1982b, 1987, 1990）提出了形式模型模拟财物与威望产品交换过程的调节机制。斯潘塞（1982a）就两个酋邦两套威望产品的需求提出一个模型。他的模型把财物的价值与需求视为同等的，并发现"只要参与区域间交换的精英的数量没有显著的变化，交换体系就可以保持平衡"（1982a:55）。他认为，如果精英的数量有显著的变化，那么处在扩张中的酋邦收到的威望产品较稳定的社会要更少，并且扩张中的酋邦会赠给它的邻居众多的威望产品（1982a:56）。基于这个形式模型的结果，斯潘塞提出了一系列详细的假说（1982a:58-78），并利用墨西哥瓦哈卡谷地奎卡特兰峡谷（Cuicatlán Cañada）遗址的材料进行了检验。

斯潘塞（1982b, 1998）采用控制论的概念来研究酋邦的政治经济学（Miller, 1965a-1965c），特别是用耗散结构来构建模型（Prigogine et al., 1977; Nicolis and Prigogine, 1977; Zeleny, 1980; Schieve and Allen, 1982; Dyke, 1988）。从本质上说，他的模型是酋邦控制方法的形式化表达（Wright, 1977, 1984）。与奎卡特兰峡谷模型（1982a）不同，这一模型不仅模拟相邻精英之间的财物交换，而且包含这个社会本身的政治经济学。

斯潘塞的模型有几个假设，其中包括：（1）在数学意义上，精英与大众是各不相同的单位；（2）政治发展是一个逻辑过程；（3）社会管理不是一个逻辑过程；（4）主导性结构的运作导致能量不断耗散。有了这些假设后，他提出：

$$\frac{\mathrm{d}X}{\mathrm{d}t} = KX(N-X) - SXY$$

$$\frac{\mathrm{d}Y}{\mathrm{d}t} = -DY + SXY$$

其中 X= 大众控制的可自由支配资源量，Y= 精英控制的可自由支配资源量，K= 大众可以抽取资源的比例，D= 精英损耗资源的比例，N= 酋邦的政治经济区域内可以抽取资源的总量，S= 贡赋比例，即进贡给精英的资源占大众所有资源的比例（1982b:30）。斯潘塞认为，总的转手量（SXY）与 X 和 Y 两者成正比，因为随着 X 增加，会有更多的资源可以转手进贡；随着 Y 增加，精英索要财物的能力也随之提高。当这个体系达到平衡状态的时候，精英控制的可自由支配资源量与大众控制的可自由支配资源量的比值可以表示为：

$$\frac{Y_0}{X_0} = \frac{K}{D}(N - \frac{D}{S})$$

斯潘塞指出这种关系有几个特征（1982b:31）。首先，大众有高比例的可以抽取的资源 K 和大量可以抽取的资源总量 N 将有利于政治发展。其次，精英损耗资源的比例 D 高的话，政治发展可能会受阻，尤其是当这个比例大于贡赋比例 S 的时候。

与此同时，政治发展本身可能会提高精英损耗资源的比例 D 的价值，但是如果其他变量没有得到类似的发展的话，社会可能会衰落（Spencer, 1982b:31）。斯潘塞认为只有三种方法能避免如此：（1）提高征收大众资源的比例；（2）提高生产率；（3）增加所有资源的总量。

525 　　每种选择都有相应的风险与成本。扩张地盘通常伴随着与政治扩张相关的短期风险，同时在系统层次上也有风险，因为随着地盘的扩张，社会管控效率会下降。酋邦的最佳大小通常是以半天行程为半径（Spencer,

1982a: 6-7, 1982b: 7-8, 1987: 375; Helms, 1979: 53），超过这个范围不仅会增加分裂的风险，还会增加总体的社会管控成本。

强化生产在实践中会受到限制，提高贡赋比例同样如此。作为一种管理策略，不断增加向平民的索取有导致反叛的风险。从所有生产中索取更多（S），或是从更大的蛋糕中要求同样多的部分（K），无疑会有短期的好处，但会带来长期的问题，尤其是作为一种管理手段，它本来就是需要调整的。斯潘塞的模型预测，政治扩张反过来会导致政治衰落，这种持续不断的反馈产生了某种悖论，政治玩家为了维持现状不得不越来越努力：

> 强化生产可能会使生产基础被过度消耗，产量反而开始下降。平民发现自己不得不在忠诚与营养缺乏之间做出选择（尤其是在歉收的年份）。人们会认为越来越难以承受领导者过多的需求，可能会清醒过来，忠诚度下降，转而造反。（Spencer, 1982b:33）

对斯潘塞而言，解决办法是政治扩张。因为其可能会让酋邦的管理机制负担过重，从而迫使管理方式发生变革，最终采纳一种与国家组织相匹配的管理机制（1982b:34-38）。变革管理方式的关键是控制机制内部的不断分化，允许权力下放，减少篡权的机会。这里所用的微分方程实际上来自尼科利斯与普里果金（Nicolis and Prigogine, 1977: 459-461）有关蚂蚁劳动分工的模型。

酋邦的崩溃

其他学者更多关注酋邦的崩溃。很早就有学者认识到（Sahlins, 1963），酋邦似乎具有某种独特的发展－崩溃模式；这在一定程度上反映了这样的组织形式中权力与权威的一致性。赖特（1984）提出，慷慨的赠予是经济动员健康与否的晴雨表。随着当地生产的衰落，生产者不得不把更多精力投入食物生产中，减少手工艺品的生产。首先向上进贡的手工艺品的数量会减少，随后主要产品的进贡量也会减少。首领更难向追随者展示慷慨，也更难获得外来物品，这种内外交困会引发某种调整——重大的变革、向邻邦发动转移注意力的战争、叛乱或崩溃。

泰恩特（Tainter, 1988）指出，维系等级控制结构的成本是会不断增加的；要维持等级体系的现状，就需要不断地投入（1988: 195）。维系结构的收益并不会随之提高，由此，等级体系最终会达到一个平衡点，不断下降的维系等级体系投入的边际收益与日益增加的成本相等。在这个平衡点上，等级体系会崩溃成一系列不那么复杂、成本不那么高昂的形式（1988: 191-192, 25-31; Yoffee and Cowgill, 1988）。

巴克（1999）认为，酋邦的兴衰循环来自相互冲突的利益所导致的不稳定性，利益冲突发生在日常生活与政治经济之间。巴克识别出了再分配缓冲机制的考古学标识，认为这种政治经济结构的存在与否取决于能否控制边际生产剩余，而边际生产剩余来自进贡。然而，贡赋的一项必不可少的用途就是在有需要的时候资助生产者。当然，如果确实有这样的支持，首领拥有的边际生产剩余就会减少，按照恰亚诺夫的理论（Chayanovian theory），首领或是减少给精英（可能会导致精英造反）的生产剩余（食物或是手工艺品），或是强化贡赋的征收（这会导致大众造反），结果都是造成社会不稳定。巴克认为，在首领的形成过程中，再分配缓冲机制的真实或想象的作用可能都是至关重要的，但是仍然离不开各个家户产生的边际生产剩余。把支持家户急需的缓冲机制合法化与制度化，可能无意中抑制了边际生产剩余的产生，因此，催生首领的相同过程同时创造了酋邦经常崩溃的条件。就再分配缓冲机制而言，集体利益与个人利益重合，因此政治或管理方法的实际效果并不如估计的那么好。再分配缓冲机制不仅仅是一种应对经济困顿的手段，还是一种管控调节策略，让领导者能够通过控制流向竞争对手的生产剩余，保护自己的政治利益。从考古学上来看，很难发现哪一个原因更重要，因为它们都可能导致同样的行为。

戴维·安德森基于对萨凡纳河流域（Savannah River basin）史前酋邦兴衰的研究，提出了一种有些不同的方法。他认为，酋邦的兴衰在一定程度上反映了长期的连续发展规律，如在密西西比社会精英中，等级地位通过母系继承，男性婚后从妻居（1990a:136-142; 1990b:200-202），这与一系列相关因素的共同作用有关，其中包括环境压力（1990a:536-559; Anderson et al., 1995）。安德森指出，这些因素的共同作用产生了较为充足的潜力，以应对来自统治者自身亲属群体内部的挑战。安德森的研究特别有意义，因为他与同事用树轮年代确定环境的波动，把丰裕或困难时期与组织行为的变化联系起来，并且提出，首领的储备规模至关重要，储备可以用来资助社群，避免酋邦的经济与政治崩溃。

酋邦的概念还有用吗

有些学者认为，崩溃的不是酋邦，而是酋邦的概念。这个概念背负着太多的理论包袱，包含着过多的社会与政治变化。如费曼与奈策尔（1984）研究了新大陆前国家定居社会的各种案例，发现其组织形式存在惊人的多样性：

根本不存在简单的统一模式。相反，已看到的变化是多维的、连续的。没有哪个特征能够确定一种类型，同样，也没有哪个变量能够预测其他的特征。因为每个变量代表的是一个特定的组织维度，所以我们把某个特征当成社会复杂性的普遍指标的做法可能是错误的。

总体而言，他们注意到所有的中程社会中都有领导位置（1984: 56），但是领导位置的功能与特权千差万别。当然，政治分化程度与决策层级的数量之间存在相对较强的一致性（1984: 64）。

伦纳德与琼斯（1987: 207-210）也发现，默多克（Murdock, 1967）的《民族志地图》（*Ethnographic Atlas*）记载的族群中没有与分类阶段相对应的特征组合。奥谢与巴克（1996: 16-21）研究了一系列史前史与民族史上的政治分化的多样性，最后得出结论，认为分类体系一方面掩盖了变化，另一方面掩盖了不同维度上变化速度的差异。

尽管这些研究表明社会政治分化可以独立存在，但是有一点越来越清楚，即世界不同地区酋邦的起源有着不同的发展路径，每一个酋邦都需要放在特定的历史偶然情境中去理解（Earle, 1987: 281-288；该文献提供了很有用的有关酋邦研究的综述）。如在北美洲，走向社会复杂性的经验路径与其理论解释之间就存在显著的差别，这种例子包括以芒德维尔为中心的黑勇士（Black Warrior）流域酋邦（Peebles, 1987, 1983, 1978, 1971; Powell, 1988; Knight and Steponaitis, 1998; Steponaitis, 1991, 1983, 1978; Welch, 1986, 1990,1991; Welch and Scarry, 1995），以及以卡霍基亚为中心的美国南部酋邦（Milner, 1998, 1990; Peregrine, 1992; Saitta, 1994; Pauketat, 1991, 1992, 1994, 1997; Pauketat and Emerson, 1991; Kelly, 1991a,

1991b; Stoltman, 1991; Emerson, 1991; Dincauze and Hasenstab, 1989; Bareis and Porter, 1984; 比较 Knight, 1997; Muller, 1997）。这些社会形态可能反映了走向社会复杂性道路的真正差别，不同理论的流行程度则显示了它们在研究具体案例时的适用性。认识到文化发展轨迹上的地区差异是非常有意义的一步，能让我们更进一步认识到材料多样性以及社会发展过程的偶然性。

　　再者，这些理论差异的主要意义可能是针对学生而非史前社会的。由于考古材料难以预测——以及我们知识上的欠缺——某些理论方法可能更适用于解释某个特定研究传统中的材料类型。这样的研究传统反过来产生了以问题为中心的材料，因此，研究所用的理论视角会影响到考古材料。有意思的是，尽管波利尼西亚酋邦在酋邦概念的形成过程中发挥了重要的作用，并且挑战了酋邦形成过程中再分配的关键作用，但是帕特里克·基尔希与同事指出，波利尼西亚酋邦的复杂性的起源几乎不符合任何一个简单的模型，无论是集体主义的还是个体主义的（Kirch, 1984: 282-283, 527 1994, 1990, 1988; Earle, 1991, 1997）。

　　某些学者乐观地认为，有关酋邦的性质、起源与运作，学术界正在达成一致的看法（Earle, 1987: 279）。笔者倒是认为——同样地乐观——正好相反。笔者想指出的是，学术界正逐渐认识到中程社会材料的多样性，也逐渐承认理论方法的多样性，不论是在研究中还是在有关基本问题的热烈争论中，学术界正在逐渐接受前国家社会不是残缺或缩微的国家，而是其本身就是值得研究的独特的社会组织形态。笔者还想指出，酋邦——这个被误用的概念——才刚刚走上自己的舞台。

注释

[1] "就其自身的类型而言"。——原书编者注

[2] 还可以参见戈德曼（1960: 694-711）更早的研究，他把"地位的世系"分为三级，明显模仿了基希奥夫（1955）有关锥形氏族的分析。

[3] "基本条件"。——原书编者注

[4] 来自唯物主义，"形式质料说"（hylomorphism）是一种主张物质是宇宙的第一因的学说。——原书编者注

[5] 卡内罗（1970）所用的"环境限制"的概念是指周围环境施加的限制，此外还有"社会限制"，即由周围人群施加的限制。——原书编者注

[6] "无领袖的"。——原书编者注

[7] 消费与首领及其他精英的生活方式一致的物品。——原书编者注

[8] 还可以参见萨林斯（1963）。大人物社会在一定条件下有可能形成酋邦，就此克拉克与布莱克提出了一种非常不同的理论观点。

[9] 尽管某些学者（Welch, 1986, 1991）也曾经指出，以内部动员经济为补充的威望产品理论可以用来解释酋邦经济。

[10] 霸权是指一个个体或群体对另一个个体或群体施加的支配性的影响。——原书编者注

参考文献

Acher, J. 1906. Notes sur le droit savant au moyen âge. *Revue Historique de Droit Français et Étranger* 30: 125–176.

Anderson, David G. 1990a. Political change in chiefdom societies: Cycling in the late prehistoric southeastern United States. Ph.D. diss., University of Michigan.

———. 1990b. Stability and change in chiefdom level societies: An examination of Mississippian political evolution on the South Atlantic slope. In Mark Williams and Gary Shapiro, eds., *Lamar araçology: Mississippian chiefdoms in the Deep South*, 187–213. Tuscaloosa: University of Alabama Press.

Anderson, David G., David W. Stahle, and Malcolm K. Cleaveland. 1995. Paleoclimate and the potential food reserves of Mississippian societies: A case study from the Savannah River valley. *American Antiquity* 60: 258–286.

Arendt, Hannah. 1958. *The human condition*. Chicago: University of Chicago Press.

Bareis, Charles J., and James W. Porter (eds.). 1984. *American Bottom archaeology*. Urbana: University of Illinois Press.

Barker, Alex W. 1999. Chiefdoms and the economics of perversity. Ph.D. diss., University of Michigan.

Bascom, William R. 1948. Ponapean prestige economy. *Southwestern Journal of Anthropology* 4: 211–221.

Blanton, Richard S., G. Feinman, S. A. Kowalewski, and P. N. Peregrine. 1996. A dual-processual theory for the evolution of Mesoamerican civilization. *Current Anthropology* 37: 1–14.

Blanton, Richard S., S. Kowalewski, G. Feinman, and J. Appel. 1981. *Ancient Mesoamerica*. Cambridge: Cambridge University Press.

Brumfiel, Elizabeth M. 1976. Regional growth in the eastern valley of Mexico: A test of the "population pressure" hypothesis. In Kent V. Flannery, ed., *The early Mesoamerican village*, 234–249. New York: Academic.

———. 1994. Ethnic groups and political development in ancient Mexico. In Elizabeth Brumfiel and John Fox, eds., *Factional competition in the New World*, 89–102. Cambridge: Cambridge University Press.

Brumfiel, Elizabeth, and Timothy K. Earle (eds.). 1987. *Specialization, exchange, and complex societies*. Cambridge: Cambridge University Press.

Brumfiel, Elizabeth, and John W. Fox (eds.). 1994. *Factional competition in the New World*. Cambridge: Cambridge University Press.

Carneiro, Robert L. 1967. On the relationship between size of population and complexity of social organization. *Southwestern Journal of Anthropology* 23: 234–243.

———. 1970. Theory of the origin of the state. *Science* 169: 733–738.

———. 1978. Political expansion as an expression of the principle of competitive exclusion. In R. Cohen and E.

Service, eds., *Origins of the state: The anthropology of political evolution*, 205–223. Philadelphia: Institute for the Study of Human Issues.

———. 1981. The chiefdom: Precursor of the state. In G. D. Jones and R. R. Kautz, eds., *The transition to statehood in the New World*, 37–75. Cambridge: Cambridge University Press.

———. 1988. Circumscription theory: Challenge and response. *American Behavioral Scientist* 31: 497–511.

———. 1990. Chiefdom-level warfare as exemplified in Fiji and the Cauca valley. In Jonathan Haas, ed., *The anthropology of war*, 190–211. Cambridge: Cambridge University Press.

———. 1991. The nature of the chiefdom as revealed by 528 evidence from the Cauca valley of Colombia. In A. T. Rambo and K. Gillogly, eds., *Profiles in cultural evolution*, 167–190. Anthropological Papers 85. Ann Arbor: University of Michigan Museum of Anthropology.

———. 1992. Point counterpoint: Ecology and ideology in the development of New World civilizations. In A. A. Demarest and G. W. Conrad, eds., *Ideology and pre-Columbian civilizations*, 175–203. Santa Fe, NM: School of American Research Press.

———. 1998. What happened at the flashpoint? Conjectures on chiefdom formation at the very moment of conception. In E. M. Redmond, ed., *Chiefdoms and chieftaincy in the Americas*, 18–42. Gainesville: University Press of Florida.

Clark, John E., and Michael Blake. 1994. The power of prestige: Competitive generosity and the emergence of rank societies in lowland Mesoamerica. In E. Brumfiel and John Fox, eds., *Factional competition in the New World*, 17–30. Cambridge: Cambridge University Press.

Cooper, John M. 1941. *Temporal sequence and the marginal cultures*. Anthropological Series 10. Washington, DC: Catholic University of America.

———. 1942. Areal and temporal aspects of aboriginal South American culture. *Primitive Man* 15: 1–38.

Coquery-Vidrovich, Catherine. 1969. Recherches sur un mode de production africain. *La Pensée* 144: 61–78.

———. 1977. Research on an African mode of production. In P. C. W. Gutkind and P. Waterman, eds., *African social studies: A radical reader*, 77–92. New York: Monthly Review Press.

Cordy, Ross. 1981. *A study of prehistoric social change in the Hawaiian Islands*. New York: Academic.

Creamer, Winifred, and Jonathan Haas. 1985. Tribe versus chiefdom in lower Central America. *American Antiquity* 50: 738–754.

D'Altroy, Terence N., and Timothy K. Earle. 1985. Staple finance, wealth finance, and storage in the Inka political economy. *Current Anthropology* 26(2): 187–206.

Dincauze, D. F., and R. J. Hasenstab. 1989. Explaining the Iroquois: Tribalization on a prehistoric periphery. In T. C. Champion, ed., *Centre and periphery*, 67–87. London: Unwin Hyman.

Dunnell, Robert C. 1980. Evolutionary theory and archaeology. *Advances in Archaeological Method and Theory* 3: 35–99.

Dyke, C. 1988. Cities as dissipative structures. In Bruce H. Weber, David J. Depew, and James D. Smith, eds., *Entropy, information, and evolution: New perspectives on physical and biological evolution*, 355–367. Cambridge: MIT Press.

Dyson, S. 1985. *The creation of the Roman frontier*. Princeton: Princeton University Press.

Earle, Timothy K. 1973. Control hierarchies in the traditional irrigation economy of the Halelea District, Kauai, Hawaii. Ph.D. diss., University of Michigan.

———. 1977. A Reappraisal of redistribution: Complex Hawaiian chiefdoms. In T. K. Earle and J. E. Ericson, eds., *Exchange systems in prehistory*, 213–229. New York: Academic.

———. 1978. Economic and social organization of a complex chiefdom: The Halelea District, Kaua'i, Hawaii. Anthropological Papers 63. Ann Arbor: Museum of Anthropology, University of Michigan.

———. 1985. Commodity exchange and markets in the Inka state: Recent archaeological evidence. In Stuart Plattner, ed., *Markets and marketing: Proceedings of the 1984 Meeting of the Society for Economic Anthropology*, 369–397. Monographs in Economic Anthropology 4. Lanham, MD: University Press of America.

———. 1987. Chiefdoms in archaeological and ethnohistorical perspective. *Annual Review of Anthropology* 16: 279–308.

———. 1989. The evolution of chiefdoms. *Current Anthropology* 30: 84–88.

Earle, Timothy K. (ed.). 1991. *Chiefdoms: Power, economy, and ideology*. Cambridge: Cambridge University Press.

———. 1994a. Positioning exchange in the evolution of human society. In Timothy G. Baugh and Jonathon E. Ericson, eds., *Prehistoric exchange systems in North America*, 419–437. New York: Plenum.

———. 1994b. Wealth finance in the Inka empire: Evidence from the Calchaquí valley, Argentina. *American Antiquity* 59(3): 443–460.

———. 1997. *How chiefs come to power: The political economy in prehistory*. Stanford, CA: Stanford University Press.

Eisenstadt, S. N. 1959. Primitive political systems: A preliminary comparative analysis. *American Anthropologist* 61: 200–220.

Ekholm, K. 1972. *Power and prestige: The rise and fall of the Kongo Kingdom*. Uppsala: Skriv Service.

Ekholm, K., and Jonathan Friedman. 1985. Towards a global anthropology. *Critique of Anthropology* 5(1): 97–119.

Emerson, Thomas E. 1991. Some perspectives on Cahokia and the northern Mississippian expansion. In T. E. Emerson and R. B. Lewis, eds., *Cahokia and the hinterlands*, 221–236. Urbana: University of Illinois Press.

Feinman, Gary, and Jill Neitzel. 1984. Too many types: An overview of sedentary prestate societies in the Americas. *Advances in Archaeological Method and Theory* 7: 39–102.

Finney, B. 1966. Resource distribution and social structure in Tahiti. *Ethnology* 5: 80–86.

Flannery, Kent V. 1972. The cultural evolution of civilization. *Annual Review of Ecology and Systematics* 3: 399–426.

Flannery, Kent V., and Joyce Marcus. 1999. Formative Mexican chiefdoms and the myth of the "mother culture." *Journal of Anthropological Archaeology* 19: 1–37.

Fortes, Meyer, and E. E. Evans-Pritchard (eds.). 1940. *African political systems*. Oxford: Oxford University Press.

Frankenstein, Susan, and Michael Rowlands. 1978. The internal structure and regional context of early Iron Age society in southwestern Germany. *Bulletin of the Institute of Archaeology, London* 15: 73–112.

Fried, Morton H. 1967. *The evolution of political society*. New York: Random House.

———. 1975. *The notion of tribe*. Menlo Park, CA: Cummings.

Friedman, Jonathan. 1975. Tribes, states, and transformations. In Maurice Bloch, ed., *Marxist analyses and social anthropology*, 161–202. New York: Wiley.

Friedman, Jonathan, and Michael Rowlands. 1977. Notes toward an epigenetic model of the evolution of "civilisation." In Jonathan Friedman and Michael Rowlands, eds., *The evolution of social systems*, 201–276. Pittsburgh: University of Pittsburgh Press.

Giddens, Anthony. 1984. *The constitution of society: Outline of the theory of structuration*. Berkeley: University of California Press.

Gilman, Antonio. 1995. Prehistoric European chiefdoms: Rethinking "Germanic" societies. In T. Douglas Price and Gary M. Feinman, eds., *Foundations of social inequality*, 235–251. New York: Plenum.

Gledhill, John, and Michael J. Rowlands. 1982. Materialism and socio-economic process in multi-linear evolution. In Colin Renfrew and Stephen Shennan, eds., *Ranking, resource and exchange: Aspects of the archaeology of early European society*, 144–149. Cambridge: Cambridge University Press.

Goldman, Irving. 1960. The evolution of Polynesian societies. In S. Diamond, ed., *Culture in history: Essays in honor of Paul Radin*, 687–711. New York: Columbia University Press.

———. 1970. *Ancient Polynesian society*. Chicago: University of Chicago Press.

Halstead, Paul, and John M. O'Shea. 1982. A friend in need is a friend indeed: Social storage and the origins of social ranking. In Colin Renfrew and Stephen Shennan, eds.,

Ranking, resource, and exchange: Aspects of the archaeology of early European society, 92–99. Cambridge: Cambridge University Press.

Halstead, Paul, and John M. O'Shea (eds.). 1989. Bad year economics: Cultural responses to risk and uncertainty. Cambridge: Cambridge University Press.

Harris, Marvin. 1979. Cultural materialism: The struggle for a science of culture. New York: Random House.

Haselgrove, Colin. 1987. Culture process on the periphery: Belgic Gaul and Rome during the late republic and early empire. In Michael Rowlands, Mogens Larsen, and Kristian Kristiansen, eds., Centre and periphery in the ancient world, 125–139. Cambridge: Cambridge University Press.

Hayden, Brian, and Rob Gargett. 1990. Big man, big heart? A Mesoamerican view of the emergence of complex society. Ancient Mesoamerica 1: 3–20.

Helms, Mary. 1979. Ancient Panama: Chiefs in search of power. Austin, TX: University of Texas Press.

———. 1988. Ulysses' sail: An ethnographic odyssey of power, knowledge, and geographical distance. Princeton: Princeton University Press.

Herskovits, Melville J. 1940. The economic life of primitive peoples. New York: Knopf.

Hocart, A. M. 1936. Kings and councillors: An essay in the comparative anatomy of human society. Cairo: Printing Office Paul Barbey.

Hodder, Ian. 1986. Reading the past: Current approaches to interpretation in archaeology. Cambridge: Cambridge University Press.

Hodder, Ian (ed.). 1982. Symbolic and structural archaeology. Cambridge: Cambridge University Press.

Johnson, A. W., and T. K. Earle. 1987. The evolution of human society: From foraging group to agrarian state. Stanford, CA: Stanford University Press.

Johnson, G. A. 1982. Organizational structure and scalar stress. In C. Renfrew, M. J. Rowlands, and B. A. Seagraves, eds., Theory and explanation in archaeology: The Southampton Conference, 389–421. New York: Academic.

Junker, Laura. 1990. The organization of intra-regional and long-distance trade in pre-Hispanic Philippine complex societies. Asian Perspectives 29: 29–89.

———. 1994. Trade competition, conflict, and political transformation in sixth-to-sixteenth-century Philippine chiefdoms. Asian Perspectives 33: 229–260.

Keegan, William F., and Morgan D. Maclachlan. 1989. The evolution of avunculocal chiefdoms: A reconstruction of Taino kinship and politics. American Anthropologist 91(3): 613–630.

Kehoe, Alice B. 1981. Bands, tribes, chiefdoms, states: Is service serviceable? Paper presented at the 46th Society for American Archaeology Meeting, San Diego, California.

Kelekna, Pita. 1998. War and theocracy. In E. M. Redmond, ed., Chiefdoms and chieftaincy in the Americas, 164–188. Gainesville: University Press of Florida.

Kelly, John E. 1991a. Cahokia and its role as a gateway center in interregional exchange. In T. E. Emerson and R. B. Lewis, eds., Cahokia and the hinterlands, 61–80. Urbana: University of Illinois Press.

———. 1991b. The evidence for prehistoric exchange and its implications for Cahokia. In J. B. Stoltman, ed., New perspectives on Cahokia: Views from the periphery, 65–92. Madison, WI: Prehistory.

Kipp, Rita Smith, and Edward M. Schortman. 1989. The political impact of trade in chiefdoms. American Anthropologist 91: 370–385.

Kirch, Patrick V. 1984. The evolution of the Polynesian chiefdoms. Cambridge: Cambridge University Press.

———. 1988. Long-distance exchange and island colonization: The Lapita case. Norwegian Archaeological Review 21: 103–117.

———. 1990. The evolution of socio-political complexity in prehistoric Hawai'i: An assessment of the archaeological evidence. Journal of World Prehistory 4: 311–345.

———. 1994. The wet and the dry: Irrigation and agricultural intensification in Polynesia. Chicago: University of Chicago Press.

Kirch, Patrick V., and R. C. Green. 1987. History, phylogeny, and evolution in Polynesia. Current Anthropology 28: 431–456.

Kirchoff, Paul. 1955. The principles of clanship in human society. Davidson Journal of Anthropology 1: 1–10.

Knight, Vernon James. 1990. Social organization and the evolution of hierarchy in southeastern chiefdoms. Journal of Anthropological Research 46: 1–23.

———. 1997. Some developmental parallels between Cahokia and Moundville. In T. R. Pauketat and T. E. Emerson, eds., Cahokia: Domination and ideology in the Mississippian world, 229–268. Lincoln: University of Nebraska Press.

Knight, Vernon James, and Vincas P. Steponaitis (eds.). 1998. Archaeology of the Moundville chiefdom. Washington, DC: Smithsonian Institution Press.

Kohl, Philip L. 1987. The use and abuse of world-systems theory: The case of the pristine west Asian state. Advances in Archaeological Method Theory 11: 1–35.

Leonard, Robert D., and George T. Jones. 1987. Elements of an inclusive evolutionary model for archaeology. Journal of Anthropological Archaeology 6: 199–219.

Lewis, I. M. 1959. The classification of African political systems. Rhodes-Livingstone Journal 25: 59–69.

Linares, Olga F. 1977. Ecology and the arts in ancient Panama: On the development of social rank and symbolism in the central provinces. Studies on Pre-Columbian Art and Archaeology 17. Washington, DC: Dumbarton Oaks.

McGuire, Randall H. 1983. Breaking down cultural complexity: Inequality and heterogeneity, Advances in Archaeological Method and Theory 6: 91–142.

———. 1992. A Marxist archaeology. San Diego: Academic.

Meek, Ronald L. 1976. Social science and the ignoble savage. Cambridge: Cambridge University Press.

530

Miller, James. 1965a. Living systems: Basic concepts. *Behavioral Science* 10(3): 193–237.

———. 1965b. Living systems: Structure and process. *Behavioral Science* 10(4): 337–379.

———. 1965c. Living systems: Cross-level hypotheses. *Behavioral Science* 10(4): 380–411.

Milner, George R. 1990. The late prehistoric Cahokia cultural system of the Mississippi River valley: Foundations, florescence, and fragmentation. *Journal of World Prehistory* 4: 1–43.

———. 1998. *The Cahokia chiefdom*. Washington, DC: Smithsonian Institution Press.

Mitchell, J. Clyde. 1956. *The Yao village: A study in the social structure of a Nyasaland tribe*. Manchester: Manchester University Press.

Muller, Jon. 1997. *Mississippian political economy*. New York: Plenum.

Murdock, George P. 1967. *Ethnographic atlas*. Pittsburgh: University of Pittsburgh Press.

Nicolis, G., and Ilya Prigogine. 1977. *Self-organization in non-equilibrium systems: From dissipative structures to order through fluctuations*. New York: Wiley.

Oberg, Kalervo. 1940. The Kingdom of Ankole in Uganda. In M. Fortes and E. E. Evans-Pritchard, eds., *African political systems*, 121–163. Oxford: Oxford University Press.

———. 1955. Types of social structure in lowland South America. *American Anthropologist* 57: 472–487.

O'Shea, John M., and Alex W. Barker. 1996. Measuring social complexity and variation: A categorical imperative? In Jeanne Arnold, ed., *Emergent complexity: The evolution of intermediate societies*, 13–24. International Monographs in Prehistory, Archaeological Series 9. Ann Arbor, MI.

Pauketat, Timothy R. 1991. The dynamics of pre-state political centralization in the North American midcontinent. Ph.D. diss., University of Michigan.

———. 1992. The reign and ruin of the lords of Cahokia: A dialectic of dominance. In Alex Barker and Timothy Pauketat, eds., *Lords of the Southeast: Social inequality and the native elites of southeastern North America*, 31–51. Archaeological Papers 3. Washington, DC: American Anthropological Association.

———. 1994. *The ascent of chiefs*. Tuscaloosa: University of Alabama Press.

———. 1997. Specialization, political symbols, and the crafty elite of Cahokia. *Southeastern Archaeology* 16: 1–15.

———. 1998. Refiguring the archaeology of greater Cahokia. *Journal of Archaeological Research* 6(1): 45–89.

———. 2000. The tragedy of the commoners. In M. A. Dobres and J. Robb, eds., *Agency in archaeology*, 113–129. London: Routledge.

Pauketat, Timothy R., and Thomas E. Emerson. 1991. The ideology of authority and the power of the pot. *American Anthropologist* 93: 919–941.

Peebles, Christopher. 1971. Moundville and surrounding sites: Some structural considerations of mortuary practices II. In James A. Brown, ed., *Approaches to the social dimensions of mortuary practices*, 68–91. Memoir 25. Washington, DC: Society for American Archaeology.

———. 1978. Determinants of settlement size and location in the Moundville phase. In Bruce D. Smith, ed., *Mississippian settlement patterns*, 369–416. New York: Academic.

———. 1983. Moundville: Late prehistoric social organization in the southeastern United States. In E. Tooker, ed., *The development of political organization in native North America*, 183–196. Seattle: University of Washington Press. Proceedings of the American Ethnological Society for 1979.

———. 1987. Moundville from 1000 to 1500 AD as seen from 1840 to 1985 AD. In Robert D. Drennan and Carlos A. Uribe, eds., *Chiefdoms in the Americas*, 21–41. Lanham, MD: University Press of America.

Peebles, Christopher S., and Susan M. Kus. 1977. Some archaeological correlates of ranked societies. *American Antiquity* 42: 421–448.

Peregrine, Peter. 1992. *Mississippian evolution: A world-system perspective*. Madison, WI: Prehistory.

Plog, Fred. 1977. Explaining change. In James N. Hill, eds., *Explanation of prehistoric change*, 17–58. Albuquerque: University of New Mexico Press.

Pohl, Mary E. D., and John M. D. Pohl. 1994. Cycles of conflict: Political factionalism in the Maya lowlands. In Elizabeth Brumfiel and John Fox, eds., *Factional competition in the New World*, 138–157. Cambridge: Cambridge University Press.

Polanyi, Karl. 1944. *The great transformation*. New York: Holt, Rinehart & Winston.

———. 1957. The economy as instituted process. In Karl Polanyi, Conrad M. Arensberg, and Harry W. Pearson, eds., *Trade and market in the early empires*, 243–270. New York: Free Press.

Powell, Mary Lucas. 1988. *Status and health in prehistory: A case study of the Moundville chiefdom*. Washington, DC: Smithsonian Institution Press.

Prigogine, Ilya, Peter Allen, and Robert Herman. 1977. Long-term trends and the evolution of complexity. In Ervin Laslo and Judah Bierman, eds., *Goals for a global community: The original background papers for "Goals for Mankind."* New York: Pergamon.

Redmond, Elsa M. 1994. *Tribal and chiefly warfare in South America*. Memoirs 28. Ann Arbor: University of Michigan Museum of Anthropology.

Redmond, Elsa M. (ed.). 1998. *Chiefdoms and chieftaincy in the Americas*. Gainesville: University Press of Florida.

Renfrew, Colin. 1974. Space, time, and polity. In Jonathan Friedman and Michael Rowlands, eds., *The evolution of social systems*, 89–114. Pittsburgh: University of Pittsburgh Press.

———. 1984. *Approaches to social archaeology*. Cambridge: Harvard University Press.

Renfrew, Colin, and K. Cooke (eds.). 1979. *Transformations: Mathematical approaches to culture change.* New York: Academic.

Richards, Audrey I. 1940. The political system of the Bemba tribe, north-eastern Rhodesia. In M. Fortes and E. E. Evans-Pritchard, eds., *African political systems*, 83–120. Oxford: Oxford University Press.

Rindos, David. 1985. Darwinian selection, symbolic variation, and the evolution of culture. *Current Anthropology* 26: 65–88.

Sahlins, Marshall D. 1958. *Social stratification in Polynesia.* Monograph of the American Ethnological Society. Seattle: University of Washington Press.

———. 1962. *Moala: Culture and nature on a Fijian island.* Ann Arbor: University of Michigan Press.

———. 1963. Poor man, rich man, big man, chief: Political types in Melanesia and Polynesia. *Comparative Studies in Society and History* 5: 285–303.

———. 1968. *Tribesmen.* Englewood Cliffs, NJ: Prentice-Hall.

———. 1972. *Stone Age economics.* Chicago: Aldine.

Saitta, Dean J. 1994. Agency, class, and archaeological interpretation. *Journal of Anthropological Archaeology* 13: 201–227.

Sanderson, Stephen K. 1990. *Social evolutionism: A critical history.* Cambridge, MA: Blackwell.

Schieve, William C., and Peter M. Allen (eds.). 1982. *Self-organization and dissipative structures: Applications in the physical and social sciences.* Austin: University of Texas Press.

Schneider, Jane. 1977. Was there a pre-capitalist world system? *Peasant Studies* 6: 20–29.

Service, Elman R. 1962. *Primitive social organization: An evolutionary perspective.* New York: Random House.

———. 1975. *Origins of the state and civilization: The process of cultural evolution.* New York: Norton.

Southall, Aidan. 1956. *Alur society: A study in the process and types of domination.* Cambridge: Heffer.

———. 1965. A critique of the typology of states and political systems. In Michael Banton, ed., *Political systems and the distribution of power*, 113–140. Association of Social Anthropologists of the Commonwealth Monograph 2. London: Tavistock.

Spencer, Charles S. 1982a. *The Cuicatlán Cañada and Monte Albán: A study of primary state formation.* New York: Academic.

———. 1982b. From chiefdom to primary state: A regulatory transformation. Paper presented at The evolution of complexity: The origins and development of civilization and the state, Third Advanced Seminar of the Center for American Archaeology, October 16–23, 1982, Kampsville, IL.

———. 1987. Rethinking the chiefdom. In Robert D. Drennan and Carlos A. Uribe, eds., *Chiefdoms in the Americas*, 369–389. Lanham, MD: University Press of America.

———. 1990. On the tempo and mode of state formation: Neoevolutionism reconsidered. *Journal of Anthropological Archaeology* 9: 1–30.

———. 1994. Factional ascendance, dimensions of leadership, and the development of centralized authority. In Elizabeth Brumfiel and John Fox, eds., *Factional competition in the New World*, 31–43. Cambridge: Cambridge University Press.

———. 1998. A mathematical model of primary state formation. *Cultural Dynamics* 10: 5–20.

Steponaitis, Vincas P. 1978. Location theory and complex chiefdoms: A Mississippian example. In Bruce D. Smith, ed., *Mississippian settlement patterns*, 417–453. New York: Academic.

———. 1981. Settlement hierarchies and political complexity in nonmarket societies: The formative period of the Valley of Mexico. *American Anthropologist* 83(2): 320–363.

———. 1983. More on estimating catchment productivity in the Valley of Mexico. *American Anthropologist* 85: 129–135.

———. 1984. Some further remarks on catchments, nonproducers, and tribute flow in the Valley of Mexico. *American Anthropologist* 86(1): 143–148.

———. 1986. Prehistoric archaeology in the Southeastern United States, 1970–1985. *Annual Review of Anthropology* 15: 363–404.

———. 1991. Contrasting patterns of Mississippian development. In Timothy K. Earle, ed., *Chiefdoms: Power, economy, and ideology*, 193–228. Cambridge: Cambridge University Press.

Steward, Julian H. (ed.). 1946. *Handbook of South American Indians.* Vol. 1, *The marginal tribes.* Bulletin 143. Washington, DC: Bureau of American Ethnology.

———. 1948. *Handbook of South American Indians.* Vol. 4, *The circum-Caribbean tribes.* Bulletin 143. Washington, DC: Bureau of American Ethnology.

Steward, Julian H., and Louis C. Faron. 1959. *Native peoples of South America.* New York: McGraw-Hill.

Stoltman, James B. 1991. Cahokia as seen from the peripheries. In James B. Stoltman, ed., *New perspectives on Cahokia: Views from the periphery*, 349–354. Madison, WI: Prehistory.

Strathern, Andrew. 1971. *The rope of Moka: Big-men and ceremonial exchange in Mount Hagen.* Cambridge: Cambridge University Press.

Tainter, Joseph A. 1988. *The collapse of complex societies.* Cambridge: Cambridge University Press.

Taylor, Donna. 1975. Some locational aspects of middle-range hierarchical societies. Ph.D. diss., City University of New York.

Tourtellot, Gair, and Jeremy A. Sabloff. 1972. Exchange systems among the ancient Maya. *American Antiquity* 37: 126–135.

Weber, Max. 1978. *Economy and society: An outline of interpretive sociology.* Trans. E. Fischoff et al. Ed. Guenther

532

Roth and Claus Wittich. Berkeley: University of California Press.

Webster, David. 1975. Warfare and the evolution of the state: A reconsideration. *American Antiquity* 40: 464–470.

Welch, Paul D. 1986. Models of chiefdom economy: Prehistoric Moundville as a case study. Ph.D. diss., University of Michigan.

———. 1990. Mississippian emergence in west-central Alabama. In Bruce D. Smith, ed., *The Mississippian emergence*, 197–225. Washington, DC: Smithsonian Institution Press.

———. 1991. *Moundville's economy*. Tuscaloosa: University of Alabama Press.

Welch, Paul D., and C. Margaret Scarry. 1995. Status-related variation in foodways in the Moundville chiefdom. *American Antiquity* 60: 397–420.

Wells, Peter S. 1980. *Culture contact and culture change: Early Iron Age central Europe and the Mediterranean world*. Cambridge: Cambridge University Press.

———. 1984. *Farms, villages, and cities: Commerce and urban origins in late prehistoric Europe*. Ithaca, NY: Cornell University Press.

Wenke, Robert J. 1981. Explaining the evolution of cultural complexity: A review. *Advances in Archaeological Method and Theory* 4: 79–127.

Wright, Henry T. 1977. Recent research on the origin of the state. *Annual Review of Anthropology* 6: 379–397.

———. 1984. Prestate political formations. In Timothy K. Earle, ed., *On the evolution of complex societies: Essays in honor of Harry Hoijer 1982*, 43–77. Malibu, CA: Undena.

Wright, Henry T., and Gregory A. Johnson. 1975. Populations, exchange, and early state formation in southwestern Iran. *American Anthropologist* 77: 267–289.

Yoffee, Norman. 1979. The decline and rise of Mesopotamian civilization: An ethnoarchaeological perspective on the evolution of social complexity. *American Antiquity* 44: 5–35.

Yoffee, Norman, and George Cowgill. 1988. *The collapse of ancient states and civilizations*. Tucson: University of Arizona Press.

Zeleny, Milan (ed.). 1980. *Autopoiesis, dissipative structures, and spontaneous social orders*. Boulder: Westview. AAAS Selected Symposium 55. American Association for the Advancement of Science annual meeting, 1979.

第 30 章　国家的起源

533

赖因哈德·伯恩贝克

（Reinhard Bernbeck）

历史学、文化人类学、考古学文献都显著表明，前工业国家与现代民族国家之间存在根本差别。这里仅限于讨论前工业国家。目前有许多定义前现代政治性存在的概念：原始国家（primitive states）（Service, 1975）、古国（archaic states）（Feinman and Marcus, 1998）、文明（civilizations）（Service, 1975）、高级文明（high civilizations）（Nissen, 1988: 65），或简单称为早期国家（early states）（Claessen and Skalník, 1978）。为避免某些具有进化含义的词语所包含的预设前提，本章将采用"国家"或"早期国家"的说法，二者都指代前工业国家。

国家与国家起源的研究史

考古学史上有关国家及其起源的研究出现较晚。起初考古学家主要研究的是城市、文字以及艺术的起源。一个原因是，国家是个抽象的概念，很难确认它与物质遗存之间的联系。在考古学之外，有关国家起源的探讨有着非常悠久的历史。对当代人类学与考古学思想有直接影响的是 17、18 世纪的著作，尤其是霍布斯与卢梭的。

霍布斯在其《利维坦》（*Leviathan*）一书中试图用一种理性与机械的方式来解释国家的起源（Hobbes, 1958）。按照霍布斯的说法，自然状态下的人类生活方式野蛮、肮脏，认为同类都不如自己聪明能干。在追求权力的欲望的驱使下，人们彼此竞争，相互开战。为了超越这种"自然状态"，成为文明人，人类需要明白他们必须把自己的个人意志交给一个统治者。一旦这种制度权威建立起来，国家（"道德上帝"）（Hobbes, 1958: 142）就用唯一的绝对意志取代了一个群体中各不相同的众多利益。

卢梭正好相反，他假定人类最初的生活较为轻松，人们生活在平等与自由的状态中，避免相互伤害，每个人都有食物与居所。只有当人们都宣称自己的土地所有权，并且其他人接受它的时候，问题才开始出现。一旦私有财产的观念形成，人群之间的竞争就不可避免。这必定会带来社会争端与不安全感，其结果就是政府的出现。国家制度"给穷人带来新的束缚，而给富人带来更多的权力"（Rousseau, 1992: 57）。霍布斯把国家看作个体之间的契约，他们把自己的权力让渡给了站在契约之外的统治者，但对卢梭而言，契约双方也包括统治者，政府不过是次生的存在。

霍布斯与卢梭有关国家起源的理论存在根本性的区别。他们对人类本性的认识截然相反，霍布斯把国家看作处在挣扎之中的人们的救命稻草。卢梭并不完全反对"文明世界"的存在，但他显然将之视为腐败堕落的存在，失去了原初的"纯正的自由"。

随着 19 世纪马克思主义的诞生，文明第一次有了一种部分基于人类学研究的理论（参见麦圭尔，第 6 章）。马克思与恩格斯关于国家起源的研究主要来自他们对早期资本主义的分析。马克思深刻地认识到，并不存在"自然的人类状况"，人类社会的一切都是历史的，他强调，资本主义的生产关系与政治结构（如国家）也是历史的，因此可以改变，同样会消失，就像之前的社会组织形式一样。

马克思与恩格斯关于国家起源的洞察来自他们对摩根（1877）的民族志与历史文献的研读，相关成果由恩格斯（1884）发表。这一方案采用一种线性的经济演化论，立足于日益加剧的劳动分工。国家起源的关键在于阶级的出现，其中的一个阶级不参与生产活动，它所完成的任务就是安排农村人群与城镇人群进行交换。这群人会通过抽取交换活动的剩余来剥削生产者。剥削最终导致贫富分化，形成阶级。此时为了控制阶级之间的斗争，国家制度成为必要之物。国家制度是把社会分离开来的工具。不过，恩格斯（1884: 320）进一步认为，国家制度几乎总是站在富人与有权势的人一边，因为这些人在国家机器中更容易获得地位。

534

当代人类学研究很少引用马克斯·韦伯的社会学著作，但它们对于国家起源理论的间接影响是难以忽视的。韦伯的思想与许多社会学以及人类学观念正相反，他认为我们不应该基于某些案例就构建出一种政治体系。相反，他构建的是"理想型"，即如果主体完全按照理性行动，遵循其特定的文化理性，就会形成可预测的行为模型（Weber, 1968: 20-21）。

韦伯政治权力思想的核心是等级秩序（order）及维护它的过程中付出的努力。国家权力是一种特殊的权力，表现在三个方面：具有制度特征，垄断暴力，以及宣扬权力使用的合法性。韦伯进一步细化出三种国家权力类型：魅力型、传统型、合法型。魅力型权力限于特定的人，这个人杰出的精神地位通常会成为群体的信仰。传统型权力基于——至少人们普遍认为——毋庸置疑的权力使用习惯。最后，合法型权力是一系列维系国家秩序的理性规则的结果。因此，除等级秩序的思想之外，韦伯的三种理想的政治权力类型也以不同形式的合法性为中心。

人类学与国家起源

考古学家与某些新进化论导向的文化人类学家通过田野工作与综合研究，在很大程度上深化了国家起源理论。其中一套理论侧重于冲突，并将之视为政治变化的驱动力，另一套理论则侧重于整合。在冲突理论中，又可以区分出强调阶级冲突的（社会内部的）理论与强调社会之间冲突的或是把自然环境看作主要推动力的理论。还有一套理论认为，随着社会规模的扩大，社会整合与组织成为需要，这推动了国家制度的形成。

冲突理论

弗里德（1967）提出了一个很有影响力的综合性假说：政治演化会经历四个阶段（平均社会、阶等社会、分层社会、国家社会）。他严格区分了从无到有的（即在非国家社会的政治环境中出现的）原初国家的起源，以及在既有国家边缘地带的次生国家的起源。弗里德主要关注原初国家的起源。他的方案受到了恩格斯的影响。经济不平等——获取基本生活资料上的不平等——推动了政治新制度的形成，阶级的形成先于国家；在分层社会阶段，阶级已经形成，但是控制阶级冲突的国家还没有建立起来。支持存在这样一个社会阶段的事实材料很少，因为社会经济发展本身具有过渡性特征（Fried, 1967: 185, 224）。在阶级分化、血缘关系弱化、社会即将解体的时候，国家作为"一个社会权力组织"（1967: 230）就成了一种必要。弗里德的国家概念既包含韦伯的要素，也包含马克思的要素。其核心是等级秩序的维系，但秩序建立在获取基本生活资料的不平等上。要维护这种状况，压迫不可避免。

在弗里德的理论之外，考古学研究独立发展，其中阶级冲突理论占主导地位。最有影响的研究就是柴尔德的工作，他的社会演进学说（1951）立足于恩格斯提出的概念（蒙昧、野蛮、文明），侧重于城市化而不是国家起源。对柴尔德来说，国家起源不是中心问题。他所关注的是"文明"的考古学标志，在他的前提中，文明就等同于城市化，"城市"（city）与"文明"（civilization）具有相同的词源。然而，识别城市并不容易，因为就其定义与识别而言，并不存在直截了当的标准。柴尔德试图通过比较四个古代文明——埃及文明、美索不达米亚文明、印度河流域文明、玛雅文明——来解决这个问题，他从比较中提炼出了早期文明的十个特征。其中包括由全职专门人员管理的农业生产剩余、用于储备资源与宗教目的的大型建筑以及文字等（Chide, 1950）。

535

柴尔德的解释遭到了挑战。亚当斯（1972: 73）把柴尔德的观点颠倒过来，认为城市化来自社会分层与国家，而非相反。后来的研究（Schwartz and Falconer, 1994）也表示，柴尔德关于具有复杂内部结构的城市中心和与之相对应的均质的乡村社会的认识代表了一种老套的标准观，这样的认识是不充分的，它忽视了不同城市内部农民的角色是高度变化的。

以群体间冲突为中心的理论通常特别重视生态条件。按照卡内罗（1970）的说法，当群体的人口规模扩大，但又居住在地理受限的环境中时，就会出现人与自然的不平衡。在某个节点上，涉及稀缺资源的竞争会导致群体之间公开的冲突，一个群体征服另一个群体，社会等级与国家随之形成。

在魏复光（1957）有关早期国家的讨论中，自然条件的作用更加显著。他以一种生态决定论的方式指出，早期国家只能起源于干旱的大河流域。在这样的环境中，灌溉及其相应的组织与技术知识对于群体生存不可或缺。魏复光把这样的社会称为"水利社会"。大型水利及防御设施的建设需要强有力的政治组织。因为分配水是至关重要的生产形式，这样一种政治组织形式很容易变成权力的垄断。魏复光将这种权力想象为无所不包，他称之为"东方专制主义"。其中冲突是暗含的因素，因为管理精英有能力扑灭任何反抗与冲突。不过，事实材料的相关研究在很大程度上否定了魏复光的理论，从年代上来看，考古材料并不能证明国家起源与大型水利设施之间存在因果关系（Adams, 1981: 14, 163; Pozorski, 1982; 比较Mabry, 2000）。

不论是限制理论，还是灌溉与专制主义理论，两者都把自然环境当作国家起源的主要推动力。地理生态上的限制与其他过程相叠加，导致冲突与社会调整、社会分层，国家自此形成。这些理论与弗里德、柴尔德的观点存在显著的区别，两人更强调社会群体之间的互动，认为这才是冲突与历史变化的基础。

整合理论

国家起源的整合理论来自韦伯对等级秩序的强调，他认为在日益离散的社会条件下，等级秩序是国家的核心。塞维斯（1962: 180-181）按照社会复杂性的发展原理，即社会复杂性发展到一定程度就需要能够对社会进行整合的社会制度，提出了自己的社会演化思想。整合可以在亲属关系、经济领域以及政治层面上进行。塞维斯的社会演化方案包括游群、部落、酋邦、国家四个阶段，其中国家的定义较为模糊。塞维斯（1975: 303）区分了现代民族国家、民族志中记载的原初国家（如阿散蒂王国[①]与汤加王国）以及如中国和莫卧儿帝国这样的"古代文明"。塞维斯在探讨古代文明时，认为其制度化权力是和谐的，权力不是来自经济分层与阶级斗争，而是来自社会整合的需要，一种得到社会成员普遍承认与接受的需要。按照他的观点，这样的古代国家是"仁慈的但必需的限制"（Cohen, 1978: 7）。塞维斯特别关注政治制度化与保障社会生存所需要的领导力，而不只是阶级。与恩格斯的解释相反，他认为经济基础不是政治结构的推动力。正相反，政治制度决定着经济（Service, 1975: 8）。

对塞维斯而言，政治权力机关合法化使用武力有利于现代国家的维系，但这不是古代文明的根本特征。古代文明的形成采用了完全不同于现代国家的发展过程。因此，在理解国家的政治发展时，考古学可以发挥重要的作用。立足于现时观察的类比推理，不能被用于说明古代国家发展的关键过程。

在考古学研究中，占主导地位的整合理论往往强调管理与信息处理能力。弗兰纳里（1972）在一篇富有开创性的论文中提出了一种关于复杂政治系统形成的生态系统解释。在弗兰纳里看来，政治复杂性的发展包含两个至关重要的过程：分离与中心化。分离指更大系统中子系统的专门化，相反，中心化指一个具有管理能力的子系统与其他子系统之间联系的数量和强度。按照这个体系，"系统"的概念取代了"社会"，子系统可能由经济、亲属关系或其他圈子构成。子系统是相对封闭的部分，与系统普遍联　*536*

---

①　阿散蒂王国：17 世纪末至 19 世纪末非洲加纳中南部的阿坎族王国。——译者注

系。政治子系统发挥着控制的作用，享有特殊的地位。它是信息收集、分类、决策的中心。这意味着，比如说，政治子系统决定了经济生产的目标。如果某个子系统没有达到政治中心设定的目标，政治中心就可能采用类似强制这样的机制来保证系统作为一个整体能够继续存在。决策子系统的关键作用以及子系统面对信息的优先度都是控制论的要素。

赖特与约翰逊（Wright and Johnson, 1975）为了解释国家起源，细化了决策的内容。赖特（1977: 383）把国家看作"一个集中的决策过程，从外部看，就其管理的地方事务而言，出现了专门化；从内部看，也出现了专门化。集中的过程可以细分为不同的活动，这些活动可以在不同地区、不同时间进行"。一方面，决策机器被视为一个与其他子系统分开的管理机构，另一方面，它具有复杂的内部结构。按照这个模型，国家有别于酋邦并不在于其是否具有集中化的决策制度，而在于是否具有内在的复杂性。在开展物品再分配、税收或其他控制活动时，决策机构中可能会出现专门化的分工。按照必要多样性原则，如果没有更高层次的整合控制单位，那么一定数量的同时存在的专门化机构是无法工作的。换句话说，在早期国家阶段，有效的管理机器需要一定程度的内部层级分化。赖特与约翰逊（1975: 170-172）注意到，西南亚地区存在三层控制系统，因此足以认定该地已出现早期国家。四层聚落形态以及诸如印章、封泥、筹码等管理体系的物质遗存，有助于确认这样的社会的存在。

对四个代表早期国家发展的地区的综合性比较，把这样的研究推向了高潮（Wright, 1986）。这里假定存在必要多样性原则；地区聚落体系从三层发展到四层，成为国家出现的唯一标志。（管理上的）垂直分化代替了水平分化。赖特识别了所有四个地区在国家起源过程中的相应变化。他认为，国家起源于小型政治单位的规模大致相等但彼此间存在冲突的地区。在国家起源过程中，人口逐渐向主要中心聚集（Wright, 1986: 357-358）。

我们把这样的研究称为"密歇根学派"，其影响广泛。在世界上的许多地区，调查材料的获取相对容易且成本不高，这有助于对早期国家的识别。不过，这种理论方法有个问题，那就是过于强调决策子系统的重要性，特别是因为这个子系统和其他子系统的相对独立性是不容置疑的。卡尔·波兰尼（Karl Polanyi, 1944）提出了"嵌入性"（embeddedness）概念，即我们所认为的不同社会子系统在过去的时代可能根本无法区分开来，对此我们可能有所忽视。因此，有必要首先分析每个古代社会中有多少种以及多少个子系统，究竟是哪一个子系统在发挥控制作用；可能并不一定就是政治子系统（Mann, 1986）。水平分化与层级分化之间的联系表明，概念的构建还缺乏事实基础，它们更多是假设的，而非已经通过评估。最后，系统论在很大程度上忽视了文化、规范与实践（参见加德纳，第 7章）。研究者假定社会的政府管理是一个有待解决的问题，然后利用最优化的形式与目的进行解释。这种国家起源理论暗含着现代主义的视角，在正式运用之前，需要进行批判性分析。

女权主义理论

数位女权主义人类学家，包括利科克（1983）、盖利（Gailey, 1987b），都受到了恩格斯的影响，她们认为，随着国家的形成，女性的社会地位将下降（参见海斯-吉尔平，第 20 章）。最复杂的理论是盖利提出来的，其证据来自印加文明和与之同时代的汤加王国。按照其解释，一个新形成国家的精英只有征服以亲属关系组织起来的农民，并迫使他们提供贡品，这个国家才可能存在下去。在此过程中，农民丧失其自治权，亲属关系被削弱。与此同时，确保长期获得充足的劳动力成为至关重要的事情。在国家的眼中，女性的职责就是生育劳动力。非国家社会女性多面的社会地位，如在亲属关系中表现为姐妹、母女，到了国家社会，都简化为成年女性这个抽象的概念，其作用是生物繁衍与物品生产。来自印加边缘地带的考古材料支持了这样的解释。随着这个边缘地带并入印加文明，女性被迫生产更多的纺织品，以作为赋税；相比男性，女性的健康状况显著下降（Hastorf, 1991: 148-152）。

537

奥特纳（Ortner, 1981）提出了一个针锋相对的观点。她利用民族志与民族史材料，认为复杂社会对贞洁的迷恋反映了普遍更高的女性地位，因为贞洁的女性更接近男性而不是母亲。"处女仍然是遗传学上的亲属；非处女的地位降低，成为纯粹的女性。"（Ortner, 1981: 401）历史上广受尊敬的女性多是单身，似乎印证了这一点，如罗马的修女、巴比伦的那迪图（naditu）女祭司。不过，奥特纳后来为她的归纳提供了更多的论证（Ortner, 1996: 14-15）。

人类学国家起源理论的问题

上面讨论的国家起源理论都存在不少问题。第一，这些理论过多考虑原初国家，而很少关注次生国家。弗里德认为，所有现存的国家都是次生国家，这让研究原初国家起源的重任完全落在了考古学家身上。对考古学家而言，他们并不是很关心一种政治组织形式向非国家社会的扩散，因为现在也可以研究这一过程，而且它就是一套既有制度的扩张过程，没有什么新意（比较 Price, 1978）。这意味着我们忽视了大多数古代国家的形成过程。虽然次生国家的概念在当代考古学中没有什么影响力，但在许多古代世界体系的研究中可以发现其暗含的逻辑（Algaze, 1993）；原初国家为了寻找新的经济机会而扩张，同时输出政治制度与文化。其结果就是边缘地带形成了国家。有关独立政治单位模仿过程的研究非常罕见，同样罕见的研究还有非国家地区对国家社会扩张的抵抗（参见 Gailey, 1987a）。

许多研究早期国家的理论中存在的第二个问题是通过罗列特征来定义国家。柴尔德的清单最为知名，由于其中存在的折中主义把抽象与具体特征并列，因此受到了最多的批评。较短的清单也没能逃脱批评（Adams, 1966: 10-12）。如马库斯与费曼（1998: 6-7）提出的国家社会与非国家社会的七个区别："聚落层级从三层发展到了四层"，"形成两个族内婚阶层"，"出现用作统治者官方居所的宫殿"，如此等等，把抽象的社会现象、对物质遗存的解释以及具体的物质遗存搅和在一起。随之产生的难题是：我们如何确定无疑地把一栋建筑称为宫殿呢？所有社会的聚落规模都是与政治上的重要性直接相关的吗？在运用这些标志之前，我们需要认真评估这些标志在不同情况下的可靠性。最后需要注意的是，对考古学上记录的国家进行的比较研究很容易变成没有真正收获的类型划分游戏。其中包括循环推理，即把提前确定好的国家标准作为定义国家的分类基础。

这种"闭环"的比较–经验材料方法只能证实已知的早期国家的定义。这也是我们全面放弃新术语以及那些循环分类推理研究的原因（Marcus and Feinman, 1998: 7-10）。如玛雅国家，有研究认为其早期国家结构是把许多小规模、相同的单位整合成一个集中程度较低的政治体系（Fox, 1988）。这种分节的国家组织具有内在的不稳定性，很容易分裂，跟国家作为一个完整系统的观点明显不同。如上所述，就后者而言，可以把国家看作一种整合机制，高层级的控制系统需要确保低层级的子系统能够分工合作。另一个例子是城邦（Charlton and Nichols, 1997: 5）。如果将其纳入早期国家的范畴中，那么之前确定的有关国家的标准及其相关的物质遗存特征就需要被扩展，使之更有包容性。国家定义的普遍性与相关特征是当前的首要研究问题。如果采用更加以历史为中心的方法，我们就可以进行比较，从而识别早期国家之间的不同，而不是模糊掉分类中同时存在的一些东西。

538 　　大多数理论中存在的第三个问题是，它们往往基于少数典型的例子进行归纳。曼（Mann, 1986）注意到，魏复光的东方专制主义就存在着这样的问题。类似之，卡内罗（1970）的限制理论可能适用于埃及，但是很少有早期国家存在于这样特殊的地理条件中。赖特（1986）就古代美索不达米亚提出的控制子系统的观点相当细致，但是在其他地区只能看到粗略的踪迹。同样，两种女权主义的国家起源理论都是基于少量的例子进行的概括。这也正是西尔弗布拉特（Silverblatt, 1991: 153-155）反对这两种理论的主要原因之一。西尔弗布拉特详细阐明，任何有关历史发展的概括都有一个暗含的前提，那就是人们的实践无法在历史上发挥积极的作用，只是被动的存在（参见本特利和马施纳，第15章）。

　　此外，除了女权主义理论，尽管部分研究者把国家看作阶级冲突的产物，但是大多数考古学家在考古发掘与解释中都将重点放在了国家制度及其精英阶层身上。被统治阶层的贡献很少受到关注（比较Patterson and Gailey, 1987）。被统治阶层的女权主义理论研究及相关研究关注的是女性工作条件的变化（Zagarell, 1985），而很少关注女性生活的其他方面。

　　有关国家起源理论的批评并不等于要否定它们的贡献。这些理论促进了考古学方法的进步，尤其在考古调查领域。从理论研究中发展出来的概念带来了不少高质量的研究，这不仅表现在田野考古中，也体现在归纳解释中。

早期国家起源的机制

原初国家起源问题经过一段时间的火爆之后，到了 20 世纪 80 年代，在过程考古学与后过程考古学的争论中，渐渐失去了热度。学术界的研究热点发生了转移，转而更侧重于解释早期国家起源的机制。下面将选择部分最重要的主题进行讨论：政治经济、意识形态、能动性。

政治经济

我们可以把政治经济简要地定义为任何超出生计需要的经济生产。它是家户生产的总和，这里的生产不是指内部使用而是指用于交换（无论是否受到强制），还指这些产品的分配与消费。政治经济的公共方面包括为政治与宗教精英以及工匠提供农产品，也包括精英为群体中的其他人提供服务。早期国家普遍存在的经济不平等使得政治经济分析至关重要。

布鲁姆菲尔与厄尔（1987: 1-4）区分了三种研究政治经济的理论：第一种是商业发展模型，按照这个模型，经济增长将导致专业化、增强的交换以及社会复杂性。另外两种理论更强调政治精英在塑造经济方面的作用。其中生态系统论把精英的政治经济决策解释为规避社会压力、保障系统生存的企图。另外一种理论，有时也被称为谋财模型，在考古学文献中逐渐占据了主导地位（Saitta, 1999: 139）。按照这个模型，政治经济决策由统治精英的特定利益驱动（Diehl, 2000b）。这些晚近研究的中心问题是不平等如何延续并得到经济支持：如何为国家组织的项目动员必要的劳动力，以及 / 或者如何获得剩余？

达特洛伊与厄尔（D'Altroy and Earle, 1985）研究了这些问题，认为对早期国家经济的分析可以由两个部分组成：产品经济与财富金融。在不同的历史条件下，两者可能会发挥不同的主导作用。产品经济的理想状况是，国家可接受的贡赋的形式只有农产品。这可以通过两种方式实现。要么部分农民被迫在国有土地上耕种，要么每个家庭给国家贡献一定数量的产品。在大多数情况下，我们会看到劳动动员与直接贡赋的混合形态。由此精英阶层可以用农业剩余来支持依附于他们的专业人群，无论这些人是在宗教部门，还是在手工业生产部门，抑或是在其他部门（参见巴克，第 29 章）。一个前提条件是对生产剩余有可预见的需求。突发的大规模战争或是过于超前的建筑项目可能导致体系透支（D'Altroy and Earle, 1985: 191-192）。体系存在的结构性问题是更多依赖贡赋而非劳动动员，结果是需要运输贡赋。如玉米、麦子、粟黍这样的贡赋量大且重，因此需要修建与维护昂贵的交通设施，从而不断运输这些大宗物品。

539   在政治经济中，财富金融没有运输方面的问题。财富金融体系的核心是把农产品转化为不可食用的产品，这些产品原料珍贵，制作精细且简洁。它们是精英阶层的酬劳。储存与运输这些威望产品的成本很低；需要负责保护它们的人也很少；鼠虫破坏几乎可以忽略不计。运输的便利让财富金融主导的国家可以在地理上大幅度扩张，超越以产品经济为中心的国家的范围（D'Altroy and Earle, 1985: 188）。

  反对财富金融的一个理由是（"金融"一词中暗含着货币经济的意思），它假定物品价值具有可转换性。物品与服务无限的可转换性是一种民族中心论的想法。我们现在习惯于把货币作为无所不能的交换媒介，从我们的角度来看，这可能没有什么问题。但是，有的社会中只有特定类型的物品在非常严格的交换场合中才具有交换价值（Ekholm, 1977）。对于每一个我们认为采用财富金融的国家的例子，首先都应该分析是否存在另外的交换圈，如果存在的话，那么同一个圈子里有哪些物品。不过，由于缺乏文字记载，我们很难采用这个模型去分析考古材料的细节。过度强调早期国家财富金融的重要性，可能是由于从考古材料中比较容易识别威望产品（比较 Saitta, 1999）。尽管专业化手工生产可能很有价值（Costin, 1991），但近来的研究夸大了这种趋势，而忽视了农业生产的重要性。

相反，马克思主义的政治经济学理论在研究早期国家时强调分析农业生产中的剩余生产。这些研究大多以生产方式这个概念为中心（Foster-Carter, 1978）（参见麦圭尔，第 6 章）。生产关系（即土地所有权，以及劳动组织与使用的工具）是该理论的中心问题。财产关系与劳动组织之间的结构性矛盾通常可能导致重大的历史变革。分析民族志可以看到不同生产方式的标志物，并且有不少已得到了确认。多样的方式意味着，其特殊性很少来自单一的生产方式，更可能是两种或多种已知方式的结合（Wolpe, 1980）。"结合"一词表达的是一个社会中相互矛盾的生产方式的结合。例如，盖利与帕特森（1988: 78）指出，印加王国这样的国家在扩张中征服了那些由生存生产或家户生产方式主导的地区。伴随征服而来的税收导致出现了一种新的经济形态，家户生产方式与贡赋交织在一起。在此过程中，从前的家户生产方式深受影响。

运用"生产方式"来分析考古材料是困难的，因为研究者很难较为准确地把握农业生产。通常的做法是用农业器物分析替代基本的剩余生产分析（Tosi, 1984）。在考古学上，对早期国家的政治经济学分析亟须更好的方法，以评估农业生产方式以及立足其上的社会组织。这可能需要考虑生存经济，它是任何政治经济学解释的基本补充。

意识形态

意识形态在早期国家分析中的作用日益重要。一般说来，意识形态可以在稳定政治体制上发挥作用。我们发现，考古学上至少有三种存在较大差异的意识形态研究理论。一些学者认为，早期国家的意识形态主要是精英阶层的自我教化，这个群体总是处在混乱之中。为了恐吓与统一精英阶层，统治者总是试图让自己显得无所不能，不论是在文字还是在图像上（Lamprichs, 1995）。按照这样的解释，统治者与民众之间的联系很可能并不紧密，他们不能把意识形态的信息转化为有力的宣传。

在系统解释中，意识形态包括所有思维过程与仪式。这一解释的基础是经济与意识形态服务的零和博弈观念。精英阶层为了回报攫取的农业剩余，提供保障农民收成与生存的仪式活动。这里把作为共同价值的意识形态看作具有适应性，因为它能解决社会问题。国家赞助仪式活动，同时发挥促进地方合作、准备应对外敌的作用（Wilson, 1992: 48-58）。

第三种占主导地位的理论把意识形态整体上看作特定（阶级）利益的表达（Marx and Engels, 1970: 54-66）。这一视角假定占统治地位的群体以最佳手段按照自己的利益改造意识形态。被操控的利益可能是任何社会下层的利益，他们可能是农民（Kolata, 1992）、不同性别的人（Pollock and Bernbeck, 2000），或是其他的群体。日常仪式向人们展示了一种世界观，在这种世界观中，统治阶级能够通过接近神灵来保证太阳与月亮的升起、时间的流逝等。专家们能够确定节令，从而指导农民的耕种与收获。

三种研究过去意识形态的理论都存在方法论上的困难。只有了解符号与表征的基本含义，才有可能对意识形态展开分析。这对于亚述或罗马这样有历史记载的国家是可行的，但对于莫切或古印度这种缺少文字记载的政治单位则不可行。此外，以利益操控为中心定义的意识形态需要揭示"真实"世界与扭曲观念之间的关系。当然，我们不清楚社会科学家如何能够把握古代人群的真实利益，并证明存在歪曲（Zizek, 1994: 17）。最后，有关意识形态如何运作的材料研究还存在许多有待解决的问题。意识形态的物质化由"礼仪活动、象征物、公共建筑以及书写系统"组成（Demarrais et al., 1996: 17）。这里的问题是，我们可能会因为不了解主流意识形态的效力，而误解其存在的标志。在这种情况下，我们可能会认为被统治阶级无力摆脱统治阶级思想体系的控制，或是愿意迎合统治精英的世界观（Kus, 1989）。只有深入考虑到主流意识形态至少以下两个方面的内容，我们才能充分理解其效力问题：探寻被统治阶级可能的意识形态及其积极的抵抗，以及政权权力的两个主要稳定因素——意识形态与镇压——之间的关系。在某些情况下，意识形态取代了暴力；而在另一些情况下，意识形态则强化了暴力（Brumfiel, 1996: 49）。

早期国家与能动性问题

能动性在早期国家研究中发挥着日益重要的作用。正如加德纳在第 7 章中所论述的，能动性指的是行动的能力以及行动的预期或意外结果（Giddens, 1979: 55-57）。有关早期国家的考古学研究通常从更严格的意义上来处理能动性。下面将讨论三种早期国家研究中的能动性理论：派系论、社会制度、主妇身份。

派系论的模型来自社会复杂性的三个维度。一个维度是从冲突到结盟的轴线，另外两个维度分别是垂直（阶级）与水平的组织结构。在阶级内部与阶级之间都存在斗争。就阶级内部的斗争而言，不同派系之间争夺权力，通常是以非正式的、变化多端的分组形式进行。布鲁姆菲尔（1994:

4）认为，这样的派系是"在功能与结构上类似的群体，它们基于相似性争夺资源、权力与威望地位"。派系论特别关注政治精英内部的冲突。为了领导派系，有抱负的精英成员需要聚集足够多的下层追随者。他们通过分配物质与其他福利来实现这一目的。这意味着阶级之间的结盟，与马克思主义的观点有所不同，马克思主义强调阶级之间的斗争以及随之而来的阶级内部的团结。充满派系的社会通常是不稳定的。非正式的群体结构与持续不断的冲突会导致两种可能的结果：一是某个派系彻底击败其他的派系，并消灭这些派系；二是外部势力利用内乱建立统治地位（Lewellen, 1992: 120）。

派系领导者不仅会建立阶级之间的联系，还会与外部的精英建立地区关系网。这使他们能够获得外来物品，在当地进行再分配，从而加强威望，吸引更多的追随者，形成当地支持者的关系网（Blanton et al., 1996）。考古学不容易获得派系、结盟、关系网的证据。外来物品通常可以作为地区结盟的标志，有若干不同中心的聚落体系可能代表存在冲突关系（Kowalewski, 1994: 129-133）。当然，最令人信服的证据还是直接描述小规模政治冲突的铭文与领导者图像（Pohl and Pohl, 1994）。

派系论立足于一种认识，即政治行动是理性的。利益本质上是个体的，这与马克思主义的观点相违背，马克思主义认为利益是以阶级为中心的（Brumfiel, 1994: 12）。最近的研究中，政治行动的类似概念与行为生态学的最优化策略联系了起来（Diehl, 2000a:20-25）。这里高等级的个体与低等级被剥削的个体之间的关系类似于捕食者与猎物。这样的理论是循环的，因为这些生态理论来自经济学原理——从人类行为到人类社会。派系论与行为生态学中存在的问题都是在考虑政治能动性时过于狭隘，尤其是

541

将其视为目标理性与个人主义的。主导当代西方思考的观念是不加批评地直接推导，而在很大程度上忽视了所有政治实践运作的特定历史、文化与性别情境。

布兰顿等人（1996）批评了政治权力的概念，并将政治策略区分为网络策略与集体策略两种类型。这一理论修正了既有观点，一方面避免了对个体能动性的过分强调，另一方面避免了旧的理论概念体系中复杂性增加的单一维度问题。当然，理论上政治策略的附加维度不是连续的存在，而是政治组织的两极。网络策略包括派系论的许多方面，它更多关注政治联盟如何形成，而派系论则侧重于冲突。

集体策略主张在一个社会中，处在统治地位的个体强调自身与社会的团结，所以他们没有自身鲜明的特征（Blanton et al., 1996: 6）。典型的是平均社会的行为（Blanton, 1998: 152），这是一种旨在限制单个个体影响力的政治策略。集体策略的政治制度有五个特征（Blanton, 1998: 154-170），其中包括：集体决策的组织架构，权力的执行需要遵循体系所确定的规则；财富从社会上层流向下层的再分配机制，而不是被作为威望产品；强化社会团结与平均社会政治行为的意识形态。在这样的体制中，对统治者形象的描绘基本上不存在，相反，仪式建筑则更强调宗教的集体特征。

布兰顿等人（1996）所提出的模型的某些中心因素仍旧模糊不清。"集团权力"的说法与"集体策略"的含义并不是十分清晰。这是一个什么样的集团呢？具有集团权力的早期国家的组织结构是否与采用网络策略的国家性质不同？或者说，它们在等级结构上是否具有可比性，这种等级结构是一个或多或少有些扁平的金字塔吗？这是否是集体策略的不利方面，一种旨在阻止形成排他性权力的行为，是否足以形成一种替代旧理论的模型？政治人类学通常把集团主义看作一种特定政治的形成过程，如教会、联盟这样的集团以垄断的方式捍卫自身的利益。影响政治决策的途径主要是游说（Lewellen, 1992: 176-179）。集团的这个定义跟布兰顿的模型有些相似，但也区别明显。相似性在于群体之于政治决策的巨大影响；但从另一方面来看，利益集团是特定利益的捍卫者，这个概念与构建统一集团的说法相矛盾。如果每个集团都以垄断的方式捍卫自己的利益，那么不可能在这样的政治氛围中看到统一的行动。正相反，我们看到的情况应该更类似派系。

布兰顿的理论试图在一个统一的模式中解决政治行动本质上是冲突的这个难题。这就带来了新的理论难题。另一个概念，异态分层结构（heterarchy），可以提供更令人信服的回答，因为它明确反对政治体系是统一存在的观点。异态分层结构是指"构成因素之间没有分层时的关系，或是具有众多分层可能时的关系"（Crumley, 1995: 3）。对阿什比（Ashby, 1958）提出的必要多样性原则，即系统的调节者需要比它所调节的系统具有更高的多样性，这里不予采用。一个政治体系中横向多样性的不断提高并不必然意味着更高程度的等级分化，而是可能带来横向的扩张，也就是说，在既有政治单位之外产生更多独立的亚系统（White, 1995: 116）。国家可以包括众多不同的社会圈子，同一个人在这个圈子里可能是高等级的，而在另一个圈子里则是低等级的（Small, 1995）。运用异态分层结构的概念，我们会注意到精英阶层并不像其他理论所认为的那样是一个高度一致的群体；我们甚至可以说，这样的群体以及被统治阶级都不是高度一致的存在。比起许多理论模型，异态分层结构给历史独特性预留了更多的空间，但还是没有充分考虑到个体行动者。再者，它假定个体具有多重的特定利益，由此产生相应的政治架构，这些利益要比那些跨越阶级或性别的利益更重要。

正如许多其他考古学研究领域一样，女权主义理论在"揭示"政治上行动的个体方面表现最为出色（参见海斯 - 吉尔平，第 20 章）。原因之一在于，女权主义分析需要批评男性"天然"拥有权力的观点，因此更加关注个体行动者。此外，研究拥有权力的女性并获得学术上的认可，需要比传统研究更扎实的论证，由此产生了更关注细节的研究。这里仅限于讨论斯赫雷弗斯（Schrijvers）有关斯里兰卡早期国家和她称之为"主妇身份"（matronage）的研究。按照斯赫雷弗斯（1986）的说法，许多父系社会的君王拥有男性追随者，相反王后的身边多是女性。如果王后能够让王位继承人（即她的儿子）与自己保持一种依附关系的话，那么这种追随者圈子的分化可能更有利于她。此时母子关系比夫妻关系更重要。参战的君王有可能死在战场上，王后由此可以垂帘听政，不仅可以引导新的君王，还可以控制男性追随者。斯里兰卡历史上出现过数次这样的情况。斯赫雷弗斯对权力继承的细致分析深入了政治上的个体行动者，这是以男性为中心的历史与考古学研究难以匹敌的。

迄今为止，注重能动性的早期国家分析仍然忽视了实践的习惯性。无论是否把人们视为特殊的主体，他们似乎还是在漫无目的的层次上行动。迪特勒（Dietler, 1990）关于凯尔特人社会精英阶层的研究表明，宴飨作为根深蒂固的习俗参与到政治结构的传承中时，参与者并没有显著的动机，完全是按照习俗行事。就此而言，我们有必要考虑非精英阶层的实践，这对于重构政治组织形态具有同等重要的意义。

国家起源：未来的研究方向

20 世纪 70 年代，文化人类学失去了研究政治演化与国家发展的兴趣，由此这一话题几乎成为考古人类学的专属领域。不过，随着苏联的解体、东欧与亚洲国家的形成，我们在社会学与文化人类学中看到了某些变化的迹象。有研究（Steinmetz, 1999）运用更早的研究者伊莱亚斯（1994）的理论，认为文化在现代国家中发挥着主导作用。这与韦伯（1968）和哈贝马斯（1984）的观点正好相反，他们认为现代国家严格区分了文化系统与政治上按照理性运作的政府机器，传统国家则不是如此。

如今，我们通常把政治统治看作具有特定文化条件的实践，从日常生活方式到官僚制度的惯习（Bourdieu, 1999），都是如此。米切尔（Mitchell, 1999）详细阐述了国家实践的观念，并推测出了现代国家机器与文化系统的"国家作用"之间显著差别的起源："国家"既是一种观念，也是一种让人难以捉摸但在行使权力时非常必要的实践。权力的概念表达体现在行动者（集体或个体决策者）身上，这导致许多理论研究者（与公民）错误地把国家权力与社会分开来看，斯科特（Scott, 1998）的著作对此有精辟的论述。按照这样的说法，定义国家的方法取决于既有的观念，即了解政治决策者能够控制哪些类型的社会行动。

具有前景的有关早期国家的研究可能需要遵从布尔迪厄与迪特勒在考古学上的细致研究，进一步探讨决策者的实践。不过，我们很少关注国家作用的其他方面——权力的概念表达。就此而言，福柯（1991）的著作有助于拓宽我们的视野。福柯强调国家既依赖内部的武力、纪律，也依赖外部力量。被规训的个体并不需要得到严密管控，因为他们的行动在某种程度上就是由纪律产生的。行动本身也反映了上述权力的概念表达。按照福柯的说法，纪律是现代政治权力的根本。我们或许有必要追问某些纪律是否适用于前现代社会（Shanks, 1985）。物质文化的限制与随之产生的规训因素与展示身体姿态的图像相结合，可以为早期国家研究中未知的领域提供丰富的信息。

参考文献

Adams, Robert McC. 1966. *The evolution of urban society.* Chicago: Aldine.

———. 1972. Patterns of urbanization in early southern Mesopotamia. In Peter J. Ucko, Ruth Tringham, and G. W. Dimbleby, eds., *Man, settlement, and urbanism,* 735–749. London: Duckworth.

543———. 1981. *Heartland of cities.* Chicago: University of Chicago Press.

Algaze, Guillermo. 1993. *The Uruk world-system.* Chicago: University of Chicago Press.

Ashby, W. R. 1958. Requisite variety and its implications for the control of complex systems. *Cybernetica* 1: 83–99.

Blanton, Richard E. 1998. Beyond centralization: Steps toward a theory of egalitarian behavior in archaic states. In Gary M. Feinman and Joyce Marcus, eds., *Archaic states,* 135–172. Santa Fe, NM: School of American Research Press.

Blanton, Richard E., Gary M. Feinman, Steven A. Kowalewski, and Peter N. Peregrine. 1996. A dual-processual theory for the evolution of Mesoamerican civilization. *Current Anthropology* 37: 1–14.

Bourdieu, Pierre. 1999. Rethinking the state: Genesis and structure of the bureaucratic field. In George Steinmetz, ed., *State/culture: State formation after the cultural turn,* 53–75. Ithaca, NY: Cornell University Press.

Brumfiel, Elizabeth M. 1994. Factional competition and political development in the new world: An introduction. In Elizabeth M. Brumfiel and John W. Fox, eds., *Factional competition and political development in the New World,* 3–14. Cambridge: Cambridge University Press.

———. 1996. Comment on Blanton et al.: Agency, ideology, and power in archaeological theory. *Current Anthropology* 37: 48–50.

Brumfiel, Elizabeth, and Timothy Earle (eds.). 1987. *Specialization, exchange, and complex societies.* Cambridge: Cambridge University Press.

Carneiro, Robert L. 1970. A theory on the origin of the state. *Science* 169: 733–738.

Charlton, Thomas H., and Deborah L. Nichols. 1997. The city-state concept: Development and applications. In Deborah L. Nichols and Thomas H. Charlton, eds., *The archaeology of city-states: Cross-cultural approaches,* 1–14. Washington, DC: Smithsonian Institution Press.

Childe, V. Gordon. 1950. The urban revolution. *Town Planning Review* 21(1): 3–17.

———. 1951. *Social evolution.* London: Watts.

Claessen, Henri J. M., and Peter Skalník (eds.). 1978. *The early state.* The Hague: Mouton.

Cohen, Ronald. 1978. Introduction. In Ronald Cohen and Elman R. Service, eds., *Origins of the state: The anthropology of political evolution,* 1–20. Philadelphia: Institute for the Study of Human Issues.

Costin, Cathy L. 1991. Craft specialization: Issues in defining, documenting, and explaining the organization of production. In Michael B. Schiffer, ed., *Archaeological method and theory* 3: 1–56. Tucson: University of Arizona Press.

Crumley, Carole L. 1995. Heterarchy and the analysis of complex societies. In Robert M. Ehrenreich, Carole L. Crumley, and Janet E. Levy, eds., *Heterarchy and the analysis of complex societies,* 1–6. American Anthropological Association, Archaeological Papers no. 6. Washington, DC.

D'Altroy, Terrence, and Timothy Earle. 1985. State finance, wealth finance, and storage in the Inka political economy. *Current Anthropology* 26: 187–206.

Demarrais, Elizabeth, Luis Jaime Castillo, and Timothy Earle. 1996. Ideology, materialization, and power strategies. *Current Anthropology* 37(1): 15–32.

Diehl, Michael W. 2000a. Some thoughts on the study of hierarchies. In *Hierarchies in action: Cui bono?* 11–30. Center for Archaeological Investigations, Occasional Paper no. 27. Carbondale, IL.

Diehl, Michael W. (ed.). 2000b. *Hierarchies in action: Cui bono?* Center for Archaeological Investigations, Occasional Paper no. 27. Carbondale, IL.

Dietler, Michael. 1990. Driven by drink: The role of drinking in the political economy and the case of early Iron Age France. *Journal of Anthropological Archaeology* 9: 352–406.

Ekholm, Kajsa. 1977. External exchange and the transformation of central African social systems. In Jonathan Friedman and Michael J. Rowlands, eds., *The evolution of social systems,* 115–136. London: Duckworth.

Elias, Norbert. 1994. *The civilizing process.* Oxford: Blackwell.

Engels, Friedrich. [1884] 1955. Origin of the family, private property, and the state. In Karl Marx and Friedrich Engels, *Selected works in two volumes,* 2: 185–326. Moscow: Foreign Languages.

Feinman, Gary M., and Joyce Marcus (eds.). 1998. *Archaic states.* Santa Fe, NM: School of American Research Press.

Flannery, Kent V. 1972. The evolution of civilizations. *Annual Review of Ecology and Systematics* 3: 399–426.

Foster-Carter, Aidan. 1978. The modes of production controversy. *New Left Review* 107: 47–78.

Foucault, Michel. 1991. Governmentality. In Colin Gordon, Graham Burchell, and Peter Miller, eds., *The Foucault effect: Studies in governmentality,* 87–104. Chicago: University of Chicago Press.

Fox, John W. 1988. Hierarchization in Maya segmentary states. In John Gledhill, Barbara Bender, and Mogens T. Larsen, eds., *State and society: The emergence and development of social hierarchy and political centralization,* 103–112. London: Unwin Hyman.

Fried, Morton. 1967. *The evolution of political society.* New

York: Random House.

Gailey, Christine W. 1987a. Culture wars: Resistance to state formation. In Thomas C. Patterson and Christine W. Gailey, eds., *Power relations and state formation*, 35–56. Washington, DC: American Anthropological Association.

———. 1987b. *From kinship to kingship: Gender hierarchy and state formation in the Tongan Islands*. Austin: University of Texas Press.

Gailey, Christine W., and Thomas C. Patterson. 1988. State formation and uneven development. In John Gledhill, Barbara Bender, and Mogens T. Larsen, eds., *State and society: The emergence and development of social hierarchy and political centralization*, 77–90. London: Unwin Hyman.

Giddens, Anthony. 1979. *Central problems in social theory*. Cambridge: Cambridge University Press.

Habermas, J. 1984. *The theory of communicative action*. 2 vols. Boston: Beacon.

Hastorf, Christine. 1991. Gender, space, and food in prehistory. In Joan M. Gero and Margaret W. Conkey, eds., *Engendering archaeology. Women and prehistory*, 132–162. Oxford: Blackwell.

Hobbes, Thomas. [1651] 1958. *Leviathan*. Indianapolis: Bobbs-Merrill.

Kolata, Alan L. 1992. Economy, ideology, and imperialism in the south-central Andes. In Arthur A. Demarest and Geoffrey W. Conrad, eds., *Ideology and pre-Columbian civilizations*, 65–86. Santa Fe, NM: School of American Research Press.

Kowalewski, Stephen A. 1994. Internal subdivisions of communities in the pre-Hispanic valley of Oaxaca. In Elizabeth M. Brumfiel and John W. Fox, eds., *Factional competition and political development in the New World*, 127–137. Cambridge: Cambridge University Press.

Kus, Susan. 1989. Sensuous human activity and the state: Towards an archaeology of bread and circuses. In Daniel Miller, Michael Rowlands, and Christopher Tilley, eds., *Domination and resistance*, 140–154. London: Routledge.

Lamprichs, Roland. 1995. *Die Westexpansion des neuassyrischen Reiches: Eine Strukturanalyse*. Münster, Germany: Neukirchner Verlag.

Leacock, Eleanor. 1983. Interpreting the origins of gender inequality: Conceptual and historical problems. *Dialectical Anthropology* 7: 263–283.

Lewellen, Ted C. 1992. *Political anthropology: An introduction*. Westport, CT: Bergin & Garvey.

Mabry, Jonathan B. 2000. Wittfogel was half right: The ethnology of consensual and nonconsensual hierarchies in irrigation management. In Michael W. Diehl, ed., *Hierarchies in Action. Cui Bono?* 284–294. Center for Archaeological Investigations, Occasional Paper no. 27. Carbondale, IL.

Mann, Michael. 1986. *The sources of power*. Vol. 1. Cambridge: Cambridge University Press.

Marcus, Joyce, and Gary M. Feinman. 1998. Introduction. In *Archaic states*, 3–14. Santa Fe, NM: School of American Research Press.

Marx, Karl, and Friedrich Engels. [1846] 1970. *The German ideology*. New York: International.

Mitchell, Timothy. 1999. Society, economy, and the state effect. In George Steinmetz, ed., *State/culture: State formation after the cultural turn*, 76–97. Ithaca, NY: Cornell University Press.

Morgan, Lewis H. [1877] 1985. *Ancient society*. Tucson: University of Arizona Press.

Nissen, Hans J. 1988. *The early history of the ancient Near East, 9000–2000 B.C.* Chicago: University of Chicago Press.

Ortner, Sherry. 1981. Gender and sexuality in hierarchical societies. In Sherry Ortner and Harriet Whitehead, eds., *Sexual meanings: The cultural construction of gender and sexuality*, 359–409. Cambridge: Cambridge University Press.

———. 1996. *Making gender: The politics and erotics of culture*. Boston: Beacon.

Patterson, Thomas C., and Christine W. Gailey (eds.). 1987. *Power relations and state formation*. Washington, DC: American Anthropological Association.

Pohl, Mary E. D., and John M. D. Pohl. 1994. Cycles of conflict: Political factionalism in the Maya lowlands. In Elizabeth M. Brumfiel and John W. Fox, eds., *Factional competition and political development in the New World*, 138–157. Cambridge: Cambridge University Press.

Polanyi, Karl. 1944. *The great transformation*. New York: Farrar & Rinehart.

Pollock, Susan, and Reinhard Bernbeck. 2000. "And they said, let us make gods in our image": Gendered ideologies in ancient Mesopotamia. In Alison Rautman, ed., *Reading the body: Representations and remains in the archaeological record*, 150–164. Philadelphia: University of Pennsylvania Press.

Pozorski, Thomas. 1982. Early social stratification and subsistence systems: The Caballo Muerto complex. In Michael E. Moseley and Kent C. Day, eds., *Chan Chan: Andean desert city*, 225–253. Albuquerque: University of New Mexico Press.

Price, Barbara J. 1978. Secondary state formation: An explanatory model. In Ronald Cohen and Elman R. Service, eds., *Origins of the state: The anthropology of political evolution*, 161–186. Philadelphia: Institute for the Study of Human Issues.

Rousseau, Jean-Jacques. [1755] 1992. *Discourse on the origin of inequality*. Indianapolis: Hackett.

Saitta, Dean J. 1999. Prestige, agency, and change in middle-range societies. In John Robb, ed., *Material symbols: Culture and economy in prehistory*, 135–152. Center for Archaeological Investigations, Occasional Paper no. 26. Carbondale, IL.

Schrijvers, Joke. 1986. Make your son a king: Political power through matronage and motherhood. In Martin A. van Bakel, Renée R. Hagesteijn, and Pieter van de Velde, eds., *Private politics: A multi-disciplinary approach to "big-*

man" systems, 13–32. Leiden: Brill.

Schwartz, Glenn M., and Steven E. Falconer (eds.). 1994. *Archaeological views from the countryside: Village communities in early complex societies.* Washington, DC: Smithsonian Institution Press.

Scott, James C. 1998. *Seeing like a state: How certain schemes to improve the human condition have failed.* New Haven: Yale University Press.

Service, Elman. 1962. *Primitive social organization.* New York: Random House.

———. 1975. *Origins of the state and civilization.* New York: Norton.

545 Shanks, Michael. 1985. Art and an archaeology of embodiment: Some aspects of Archaic Greece. *Cambridge Archaeological Journal* 5(2): 207–244.

Silverblatt, Irene. 1991. Interpreting women in states: Feminist ethnohistories. In Micaela di Leonardo, ed., *Gender at the crossroads of knowledge: Feminist anthropology in the postmodern era,* 140–174. Berkeley: University of California Press.

Small, David B. 1995. Heterarchical paths to evolution: The role of external economies. In Robert M. Ehrenreich, Carole L. Crumley, and Janet E. Levy, eds., *Heterarchy and the analysis of complex societies,* 71–86. American Anthropological Association, Archaeological Papers no. 6. Washington, DC.

Steinmetz, George (ed.). 1999. *State/culture: State formation after the cultural turn.* Ithaca, NY: Cornell University Press.

Tosi, Maurizio. 1984. The notion of craft specialization and its representation in the archaeological record of early

states in the Turanian basin. In Matthew Spriggs, ed., *Marxist perspectives in archaeology,* 22–52. Cambridge: Cambridge University Press.

Weber, Max. 1968. *Economy and society.* Berkeley: University of California Press.

White, Joyce C. 1995. Incorporating heterarchy into theory on socio-political development: The case for Southeast Asia. In Robert M. Ehrenreich, Carole L. Crumley, and Janet E. Levy, eds., *Heterarchy and the analysis of complex societies,* 101–124. American Anthropological Association, Archaeological Papers no. 6. Washington, DC.

Wilson, David J. 1992. Modeling the role of ideology in societal adaptation: Examples from the South American data. In Arthur A. Demarest and Geoffrey W. Conrad, eds., *Ideology and pre-Colombian civilizations,* 37–64. Santa Fe, NM: School of American Research Press.

Wittfogel, Karl A. 1957. *Oriental despotism: A comparative study of total power.* New Haven: Yale University Press.

Wolpe, Harold (ed.). 1980. *The articulation of modes of production.* London: Routledge & Kegan Paul.

Wright, Henry T. 1977. Recent research on the origin of the state. *Annual Review of Anthropology* 6: 379–397.

———. 1986. The evolution of civilizations. In David J. Meltzer, ed., *American archaeology past and future,* 323–365. Washington, DC: Smithsonian Institution Press.

Wright, Henry T., and Gregory A. Johnson. 1975. Population, exchange, and early state formation in southwestern Iran. *American Anthropologist* 77: 267–289.

Zagarell, Allen. 1985. Trade, women, class, and society in ancient western Asia. *Current Anthropology* 27(5): 415–430.

Zizek, Slavoj. 1994. Introduction. In *Mapping Ideology,* 1–33.

第 31 章　宗教

戴维·S.惠特利

（David S.Whitley）

　　对考古学家尤其是史前考古学家而言，宗教一直是一个难以解决的问题。所有的文化中都有宗教，但是很少有考古学家知道如何对其进行分析。[1]通常的做法是，要么理性地把宗教看作"适应的"东西，弃在一边，不予考虑；要么纯粹从描述的角度来处理，常常是与西方的犹太－基督教传统进行类比，但这种类比并不可靠。要想全面或深入了解古代社会生活，这两种方法显然是不够的。尽管对大多数考古学家来说，宗教可能无足轻重，但是对史前人群而言，宗教无疑是至关重要的。宗教可能是其文化的重要组成部分，并与社会的组织结构密切相关。如墨西哥的特奥蒂瓦坎（Teotihuacan）遗址，其中的宗教建筑不仅占主导地位，而且影响整个地区的景观，以一种直接的方式证明了宗教的重要性（见图31-1）。

　　传统考古学界不愿研究史前宗教的情况如今已有所改变，最近有不少让人印象深刻的论著出版。[2]本章将讨论考古学家用以研究史前宗教的某些分析方法。不过首先要从某些基本定义着手，这些定义可以确定宗教的基本特征，因为如果我们想以一种严谨的方式开展研究，就需要深入了解我们称之为宗教的东西。接下来，笔者将进一步探讨那些潜移默化地影响了我们对这种现象的认识的思想倾向。这有助于我们理解宗教是如何被研究的以及未来最有潜力的研究方向是什么。然后，笔者将讨论最近的理论方法本身，并就思考与解读过去的信仰提出建议。

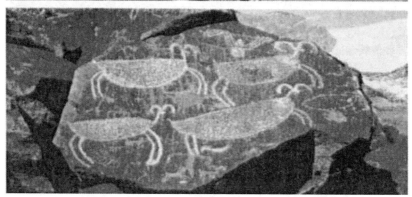

图 31-1　特奥蒂瓦坎遗址（上）和加利福尼亚州科索山脉大岩画峡谷遗址（下）

注：史前宗教和仪式在考古学上是可见的吗？尽管许多考古学家认为不可能，但事实上，诸如墨西哥特奥蒂瓦坎这样的大型城市文明遗址以及加利福尼亚州科索山脉（Coso Range）大岩画峡谷（Big Petroglyph Canyon）中由大盆地肖肖尼狩猎采集者创作的岩画，都否定了这种观点。在这两个地方，宗教遗存很大程度上是当地最明显的考古材料。（照片由戴维·S. 惠特利拍摄。）

有关宗教

尽管许多考古学家忽视或很少关注史前宗教问题，但是他们对于宗教究竟是什么、如何运作、服务于怎样的目的，实际上都持有强烈的隐含态度。这些预设几乎无一例外地基于他们自身的犹太－基督教背景。他们有关宗教的常识常常是错误的（尤其是当他们从现代世界宗教转向传统的、非西方的小规模宗教时），而且其中反映出的本质主义偏见——所有宗教都是相同的，像我们自身成长过程中接触的那个宗教一样——给考古学分析宗教现象带来了很大的困难。

这种暗含的偏见带来了一个简单但基本的问题，那就是为什么宗教具有跨文化的普遍性。通常的回答强调与社会控制相关的个人安慰：宗教承诺给予遵循其道德约束的人永恒的救赎。虽然这一特征确实存在于基督教、伊斯兰教与佛教中，但许多宗教并不关注救赎的问题，也不把灵魂的命运与道德上的考验联系在一起（Boyer, 2001）。跨文化的事实材料清楚地表明：救赎与其可能带来的个人安慰，以及其所导致的社会控制并不是宗教的普遍解释，尽管这些特征通常被当作这个问题的"明显的"答案。换句话说，分析与理解史前宗教时需要更深入地理解世界宗教的民族志，而不是我们小时候从主日学校课堂上学到的。一个好的开始就是我们在讨论史前宗教时所用的各种术语。

我们可以把宗教看作"对超自然主体的共同信仰与行动"（Whitehouse, 2004: 2）。宗教包括宇宙观，人生活在宇宙之中，宇宙观是有关宇宙起源、结构及其运作的理论。宗教还包括仪式或礼仪。布赖恩·海登（Brian Hayden, 2003: 459）把仪式定义为"任何按照宗教规则或社会习俗举办的正式的、习惯性的、重复的活动"。这意味着某些仪式可能完全与宗教无关（如大学毕业仪式）。只有当仪式与某个层面上的超自然主体如神灵相关时，仪式才成为宗教（相对于纯粹的政治或学术仪式而言）。

宗教与意识形态间也有明显区分，意识形态是"一套社会运作的学说、神话与象征，通常与某些政治或文化计划相关，随之而来的是把学说转化为行动的策略"（Flannery and Marcus, 1993: 263）。正确使用的话，意识形态指的是政治与社会关系（包括性别关系），而不是宗教。但两者是密切相关的，如在社会政治统治与控制上（此时宗教与意识形态是同质的），意识形态并不是宗教信仰真正的替代物。崇拜是考古学家在讨论宗教时偶尔会使用的另一个术语。严格地说，崇拜是更大的宗教体系的仪式部分或分支（某些有偶像崇拜的基督教群体认同崇拜，将之视为更大的有组织宗教的分支）。由于这个术语现在有负面的社会含义，因此只有给予清晰的界定之后才可以使用，即它的确是所研究的更大的宗教体系的变体或仪式分支的考古遗存。

一般说来，宗教会包含一套道德与伦理规范；这些规范可能是暗含的，也可能是正式的。虽然所有的宗教都有特定的道德、精神、形而上的世界观与感性认知，但只有少数宗教有发达的神学，这是一套界定明确的哲学与理论。缺乏后一特征的文化成员——很可能是史前世界文化与人群中的大多数——可能并不认为他们有这样的宗教，因为他们的宗教信仰和实践与其生活方式的方方面面密切相关。宗教对他们来说不是一种制度或组织，而只是他们的生活方式与他们看待世界的方式。

549   当然，所有的宗教中都有神话。它们可能是一些神圣的历史，来源通常不可考，一般包括创世史，与超自然主体的活动相关，有时会扩展到当代世界之前的时代。就后一点而言，神话有别于人神同时参与的民间传说、故事或寓言。神话通常是维护既有现状的事实性存在的规章（如亲属体系或一系列的狩猎禁忌）。由此，神话主要发挥教育作用，尤其是在没有文字的社会中。值得强调的是，神话与仪式间的关系变化多样。在某些文化中——包括我们自身的犹太－基督教传统——仪式通常是对神话事件的重现表演（如弥撒与最后的晚餐）。但是在有些文化中，神话与仪式间没有直接的联系，仪式中涉及的超自然主体可能与神话角色完全不同（Whitley, 2000）。

人类学有研究世界宗教的长久历史（Morris, 1987），其成果之一是产生了丰富多样的宗教类型学。最常见的可能是强调萨满型宗教与祭司型宗教之间的区别，有句俏皮话表达了这种区别，"祭司跟神说话，而神跟萨满说话"。其含义是，萨满型宗教涉及个人与超自然世界的直接交流，这种交流是通过幻觉或意识状态的改变（altered state of consciousness, ASC）实现的。由此，萨满型宗教更多是个人化的，形式上各不相同。相反，祭司型宗教强调训练有素的仪式活动、正确的反复祈祷以及准确的仪式开展过程，与之相辅相成的是，这类宗教有良好的组织结构。传统上，我们把萨满型宗教归于狩猎采集社会，而把祭司型宗教归于定居的农业社会，这种区别具有演化的属性。

从某种程度上说，不同类型的宗教体系与社会规模及社会政治复杂程度存在关联，这方面有较好的跨文化材料证据（Winkelman, 1992）。但是，把萨满型宗教归于狩猎采集者，把祭司型宗教归于农民，从大量的事实材料来看，这种简单恒定的演化等式无疑过于简单化了。首先，不是所有狩猎采集者的宗教都是萨满型的，其中许多是图腾型的，即基于社会群体的身份（如亲属关系的单位），强调仪式而非幻觉（Guenther, 1999; Layton, 2001）。因此，萨满型宗教与祭司型宗教的区别只能解释部分已知的宗教民族志材料，而不是所有的。

同时，在酋邦与国家社会中都发现了萨满型宗教（Frieidel et al., 1993; Thomas and Humphreys, 1994; Price 2002），某些狩猎采集文化中也有祭司型宗教（Kroeber, 1925: 53-62）。正如惠特利与罗兹瓦多夫斯基（Whitley and Rozwadowski, 2004）所观察到的，经典的西伯利亚萨满教——通常被视为萨满教的源头并反映了某种石化的旧石器时代狩猎采集者的世界观——实际上在距今 3 000 年到 4 000 年前才出现在西伯利亚，见于青铜时代的畜牧群体中。甚至图腾型宗教中也有萨满教的成分，比如澳大利亚原住民中的聪明人或地位较高的人就存在这样的情况（Elkins, 1977）。正如温克尔曼（Winkelman, 1992）所暗示的，萨满型宗教与非萨满型宗教之间的区分有时只是程度问题，而非类别问题，许多文化同时拥有两种宗教体系的成分。即便某些宗教按照材料状况被划分为萨满型、图腾型或是祭司型（Winkelman, 1992; Guenther, 1999; Price, 2001b），但类型学上的区别并不足以说明演化过程，尤其是它们不能完全代表民族志中宗教形式的多样性。

近来，人类学研究开始强调新的更可靠的宗教分类，这样的分类要更经得起宗教文化传播问题的检验。其中一种分类方法被称为仪式形式假说，由罗伯特·劳森（Robert Lawson）与托马斯·麦考利（Thomas McCauley, 1990; McCauley and Lawson, 2002）提出。另一种分类方法叫作虔诚理论模式（modes of religiosity theory），由哈维·怀特豪斯（Harvey Whitehouse, 2000, 2004; Whitehouse and Laidlaw, 2004）提出。两者都讨论了认知过程是如何影响宗教结构的，以及宗教在人类演化史上是如何起源的。这些理论为科学导向（相对于人文导向而言）的宗教考古学研究带来了巨大的希望（Whitehouse and Martin, 2004）。

需要指出的是，世界范围内的宗教与宗教信仰在多样性上可能是无穷无尽的，但是从其表达，尤其是从认知结构的角度来看，事实上是相当有限的。正如帕斯卡尔·博耶（Pascal Boyer）所强调的：

> 我们了解的许多宗教形式并不是历史分化的结果，而是持续简化 550
> 的产物。我们观察到的宗教概念是从许多变体中选择出来的成功案
> 例……要想解释宗教，我们就必须解释人的思维是如何在面对许多可
> 能的"宗教内容"时，不断将其简化的。（2001: 32）

宗教考古可能会面对一些难题，但其中不包括实践与信仰上无限的变化形式。

宗教考古的预设偏见

史前宗教研究地位的建立主要受益于对四种普遍的相关认识的澄清，尽管这些认识可能是不直接言明的。第一种是副现象论（epiphenomenalism）；第二种是例外论；第三种是态度问题，认为考古学无法发现史前宗教；第四种是一种担心，认为宗教是非理性的，难以进行分析。就像本质主义导致许多考古学家不知不觉采用犹太－基督教传统来类比所有宗教一样，这样的认识深刻影响了 20 世纪的史前宗教研究。

对绝大多数以科学与过程考古为导向的考古学家来说，宗教通常与艺术、信仰一样属于附带现象（Flannery and Marcus, 1992: 261）。这意味着它们是次生的或衍生的，因此在分析上无关紧要。哲学家玛丽·米奇利把

副现象论称为"思维的汽笛理论"：

> 这就是说，我们意识中所发生的并不会影响我们身体的行为……我们的经验只是附带现象，它就像漂浮在表面上的泡沫，只是生理原因的附带结果。因此，意识是单向因果关系的一个例子——完全唯一的例子？——它本身不会引发任何进一步的结果。（2001: 107）

笔者在其他地方强调过（Whitley, 1998a:303），副现象论是一种荒谬的学说，因为它的含义是如此极端：重要的事情只有行为，行为导致我们产生思维产品。我们的分析结果、综述、解释、阐释以及理论实际上毫无意义，因为作为认知的产品，它们都是附带的现象（Whitley et al., 1992: 221; Midgley, 2003: 34-40）。如果这种说法是正确的，那么为什么还有人自找麻烦来研究考古学或是进行其他类似的学术努力？

副现象论是晚近考古学中普遍存在的预设，它源自我们的思想史，在启蒙主义运动中，笛卡尔把身心分离开来（Damasio, 1994），强调人类社会生活的生理性（唯物主义），而回避了意识层面（唯心主义）。但是，正如米奇利（2003）所阐明的，副现象论不过是一种形而上的信仰，而非科学事实，采用副现象论与有关人类属性的任何理论建设间都存在不可调和的矛盾，更别说学术实践了。

一个相关的误解是，由于考古学本身的属性，研究史前宗教很困难。克里斯托弗·霍克斯（1954）发表过这样的观点，他按照推理的难度提出了一个不断上升的阶梯：饮食、技术、经济处在底端，是最动物性的内容，也是重建史前史的过程中最容易实现的方面，宗教与意识形态居于顶端，是最难的。半个多世纪过去了，许多考古学家仍愿意接受霍克斯模型假定的真实性（Trigger, 1989: 395）。

采用这一视角存在两个方面的问题。首先，它是循环论证的：考古学家不能有效研究宗教（如特里格所言），因为如研究史所假定的那样，他们没有这样做过。其次，它反映了另一种隐含的思想偏见，即考古学跟其他学科有些不一样。但是，如米奇利（2001, 2003）所指出的，所有学科都忽视宗教，因为自启蒙运动以来，科学思想一直在与宗教信仰竞争。科学是宗教的替代品，这导致科学家忽视了宗教。即便在今天，许多科学家（如果不是大多数的话）也是无神论者或是强烈的不可知论者，对宗教持明显的不屑一顾的态度。考古学之所以忽视宗教，并不是如霍克斯（Hawkes, 1954）及许多其他学者所认为的，是出于方法论或材料上的原因，而是出于历史的原因：科学很少关注宗教，因为作为理性的科学家，我们继承了对宗教的偏见。[3]

类似之，许多考古学家假定考古学中很难看到有关史前宗教的遗存（从实践上说）。如希格斯与贾曼（Higgs and Jarman, 1975: 1）观察到的（可能是半开玩笑），"灵魂留不下骨骼"。但是从方法论上来说，这样的论断是有问题的。宗教——包括信仰在内——是一种认知现象，但宗教会表现在人类行为上。行为在考古学上是可见的，表现在仪式遗存、宗教建筑、艺术与图像等之中。事实上，表现在岩画上的狩猎采集者的宗教行为，常常是其考古材料中最容易看到的东西。民族学家丹·施佩贝尔注意到：

> 这是老生常谈——不过还是需要记住——信仰无法被观察到。民族志学者并不知道人们信仰什么，但他可以就**所见所闻**来推导。[1982: 161（黑体为笔者所加）]

551

这就意味着，民族学家与考古学家在重建信仰上具有概念上的相似性：两者都着眼于行为模式，并基于这些模式推导其意义（Geertz, 1973: 17）。与希格斯和贾曼（1975）愿意相信的相反，宗教考古在某些方面，如方法论上，与民族学几乎没有差别。由于宗教考古关注行为遗存，因此它在方法论上与一般史前史的阐释和重建相似。

启蒙主义带来了普遍反对宗教的偏见，这导致许多研究者排斥信仰与仪式，认为它们必然是非理性的，是主观武断的，无法从总体上被有效理解。但这种认识是不正确的，正如上面引用博耶的话所强调的。萨林斯（1985: xiii）观察到，"象征系统是有事实材料的"。类似之，霍顿（Horton, 1976, 1982）也注意到，许多传统的思想体系都有归纳与演绎的逻辑性，跟我们今天的一样。并且如笔者曾阐明的（Whitley, 1994a, 1994b），宗教象征事实上具有很好的一致性，因为它们具有共同的自然基础：

> 这些是自然现象，就像动物行为一样，通常通过某种形式的类比推理帮助构建宗教象征与仪式背后的逻辑结构。从这个意义上说，这些模型背后的思想是理性的、系统的。自然模型源自现象，而现象本身遵循不变的原理，如均变论或其他永恒的特征，这些模型有助于我们理解史前宗教现象，尽管没有知情者的解释，有时甚至没有与民族史的联系。（Whitley, 2001: 132-133）

那种认为宗教信仰与实践必定是主观且非理性的，因此在考古学上不可能进行研究的观点，不过是对我们所继承的启蒙主义反宗教传统所做的反映，而不是来自经验材料的实际体现。同样清楚的是，宗教具有跨文化的普遍性，就像中东最近的事件所表明的，宗教深入社会文化过程中，深刻影响着人们的生活。乔伊斯·马库斯与肯特·弗兰纳里（1994）恰如其分地提醒我们，全面的考古学重建需要考虑宗教与意识形态的内容，就像在重建中同样需要考虑生计、经济与技术一样。

过去的信仰

从专业的角度来看，注重实践的考古学家都有点像个"材料狂"，这倒不是什么新闻。其结果之一就是这门学科基于材料被划分为不同的分支：陶器研究、石器分析、植物考古学，如此等等。宗教考古中也可以看到这样的划分，比如，有人专门研究墓葬遗存（Scarre, 1994; Carr, 1995; Parker Pearson, 1999），甚至包括人殉（Sugiyama, 1989; Jelinek, 1990; Shelach, 1996; Bourget, 2001; Boric and Stefanovic, 2004）。纪念物与雕塑通常也是研究对象（Stone, 1983; Bradley, 1998），对艺术品与图像的研究就更普遍了（Pasztory, 1974; Reilly, 1991），包括岩画（David, 2002; Rozwadowski, 2004; Keyser, 2004）。最近的关注点还有仪式景观研究（Bradley, 2000; Kirch, 2004; Mathews and Garber, 2004），理论上与之相关联的还有天文考古学研究（Tate, 1986; Freidel et al., 1993）。同时还有跨主题的专门研究，涉及特定的宗教体系，如伊斯兰教（Insoll, 2003）、印度教（Lahiri and Bacus, 2004）、佛教（Fogelin, 2005）、萨满教（Price, 2001a）等。尽管这些区分是必要的，但是我们最好还是从方法论的视角来开展对史前宗教研究的全面考察，方法论是材料与专门主题研究的支撑。下面将从这些理论方法最基础的部分开始，也就是在考古材料中识别宗教证据的问题。

仪式的可见性与仪式遗存的含义

上文指出了传统考古学对史前宗教研究的偏见。这来自一系列的误解，552 包括认为根据考古材料难以识别宗教（Higgs and Jarman, 1975），以及认为这是人类生活中最难以重建的部分（Hawkes, 1954）。尽管这两种观点可以得到某些材料的支持（Renfrew, 1985, 1994; Brown, 1989; Kunen et al., 2002），但是其视角是有问题的——把宗教与社会生活的其他方面割裂了。

这里的关键在于，如果我们承认中程理论在考古学上的必要性（Binford, 1977），那么史前学家会面临一个事实，即考古材料所有方面的意义并不是不言而喻的，而是通过推理所得的。尽管考古材料来自人类行为，但埋藏学与文化废弃形态等因素可能导致间接的人类行为的材料。[4] 在某些情况下，仪式的识别与仪式遗存阐释确实是考古学上的难题。但是，正如承认中程理论的必要性所表明的那样，这是一个普遍存在的考古学难题，而不是宗教行为本身所独有的（Cowgill, 1993）。

考古学家在研究宗教时通常采用四种中程理论：民族志、民族考古、器物生命史分析、神经心理学。这里讨论前三种，而把第四种留在后面讨论。

民族志是民族学研究的文字记录（Layton, 2001）；本章所说的民族志分析包括与史前宗教现象研究相关的既有人类学研究的综合和总结。民族志分析是至关重要的，因为：首先，我们缺乏对非西方仪式传统的跨文化理解；其次，我们通常潜在地认为我们对犹太－基督教的普遍理解适用于所有情况，这导致了一种对史前史的本质主义阐释，即认为所有宗教都跟我们的一样。[5] 实际上，正如威廉·沃克（William Walker, 2002）所强调的，这个概念难题超出了宗教行为，涉及人类行为的所有方面。按他的说法，考古学研究与阐释通常受到实践推理的影响：根据常识，我们可以从经济、技术或生计活动等角度来理解大部分的考古遗存，这主要是因为我们认为这些东西是我们自身行为与社会生活的主要决定因素。作为 21 世纪理性的、并不在意宗教的科学家，我们假定史前时代的人们也是如此。但是民族志告诉我们，宗教是传统社会的重要组成部分，它嵌入社会生活的方方面面，因此会影响到考古材料的许多方面。

民族志分析的最终目的是理解考古材料，这在岩画研究中经常被用到（Lewis-Williams, 1981; Lewis-Williams and Dowson, 1989; Conway, and Conway, 1990; Whitley, 1992a, 2000; Rajnovich, 1994; Layton, 1992, 2001; Keyser and Klassen, 2001; Francis and Loendorf, 2002; Sundstrom, 2004）。大部分研究直接利用相关地区或部落的民族志材料，旨在确定艺术主体的起源与意义。但是，民族志的重要性超越了单一研究或区域研究：

> 这是因为……民族志给我们提供了一个大致的范围，来确定特定的……阐释的可能性。换句话说，民族志可以提供一系列竞争性的假说，然后用某些材料进行评估。我们虽然没有理由认为每个史前时代的例子必定符合民族志案例的起源与意义，但是粗略地看，可以假定某个史前时代的例子应该接近民族志中已知的变化范围。或者，如果某个史前时代的例子完全偏离了已知的民族志材料，那么也很有必要了解它是如何偏离的，为什么这样的变化很重要，以及有什么非同寻常的证据可以支持这种特殊的变化与阐释。（Whitley, 2005: 86）

乔治·考吉尔的观点反映了这样的情绪，他指出考古学总体上需要更多"关注（任何）相关的民族志与历史材料"。但是，他很快补充道，"我们还需要更熟练地使用这些材料"（George Cowgill, 1993: 561）。这里的关键是认识到民族志材料只是原材料。也就是说，正如许多考古学家所假定的，民族志既不是全面的解释，也不是充分的阐释。相反，它由材料组成，就像考古材料一样，需要综合、分析与阐释。莱顿（2001）与惠特利（2005）就民族志分析有详细的讨论，尽管这些讨论是针对岩画的，但是在一般意义上也适用于宗教考古研究。

不幸的是，民族志通常并不强调考古学研究所关心的物质文化遗存，因此它可能解决不了宗教考古学家所提出的所有问题。研究者转向民族考古学来填补空白。尽管不是所有的考古学家都同意笔者对民族考古学的定义［如奥斯华尔特（Oswalt, 1974）所提出的定义更宽泛］，但笔者所说的民族考古学指的是旨在理解物质文化遗存的民族学研究，这些物质文化遗存就是考古材料，也就是说，研究主要涉及人类学的田野工作，而不只是文献材料分析。民族考古学如今已经是考古学研究的重要组成部分，但是民族考古学最初除少数的研究外，大多忽视宗教现象，而侧重于经济、技术与生计（Crystal, 1974）。不过，最近民族考古学的研究范围已经有所拓宽，包括对仪式石的使用（Hampton, 1999）、景观象征（Jordan, 1999, 2003）以及类似的主题（Walter, 1999; Kuznar, 2001; Zedeño and Hamm, 2001）等，这些研究有助于宗教考古进行更扎实的推理。

民族考古学研究的潜在价值可以用一个简单的例子加以说明，那就是危地马拉太平洋沿岸的西班牙殖民之前的埃尔包尔（El Baul）遗址3号纪念物（见图31-2）。众所周知，这样的雕塑纪念物是许多中美洲研究的焦点。但是在图像学与象形文字分析之外，田野考古工作通常强调围绕纪念物进行发掘，旨在识别出奉纳之物或是其他有助于确定年代的证据。这些信息自然是非常重要的，但是在纪念物建成之后所发生的众多仪式活动，所能提供的材料就很少了。

图 31-2 埃尔包尔遗址 3 号纪念物

注：一般来说，在考古学中，对史前宗教的考古仍然需要中程研究，以解决诸如仪式活动堆积过程等基本问题。危地马拉的埃尔包尔遗址 3 号纪念物仍被玛雅印第安人用于仪式活动；石雕前面的祭台上有一层柯帕脂烧过的灰烬，纪念物的周围散布着仪式活动的废弃物。这为民族考古学研究仪式纪念物提供了一个难得的场景。（照片由戴维·S.惠特利拍摄。）

尽管埃尔包尔遗址 3 号纪念物的年代为古典时代晚期（600—900），但自 1925 年以来，还有关于玛雅人使用该雕塑进行仪式活动的记录（Ritzenthaler, 1967），而且这种记录甚至可以追溯到更早的时候。图 31-3 是 1985 年绘制的奉纳祭品与进行仪式活动后器物散布的平面图，显示了使用该雕塑的民族考古学证据。遗物的散布从纪念物的正面向外扩展，由此形成了一条约 1.5 米宽、约 3 米长的仪式活动带（部分以木炭透镜体为标志），更大范围的主要废弃物带又向外扩展了一米。附近的 2 号纪念物也有几乎完全相同的仪式废弃物分布形态（参见惠特利 1985 年有关玛雅神殿的田野记录）。当代仪式废弃物形态与考古材料的关联性部分涉及下文讨论的民族志类比问题。但这里需要注意的是，这个民族考古学的例子提供了一个模型，由此可以预测西班牙殖民之前可能的发现，如果不是预先考虑到会有这样的发现，通常是不会进行更精细且更大范围的发掘的。这里民族考古学为田野考古工作的组织提供了某种有益的指导，从而尽可能揭示与认识仪式堆积，更好地理解与雕塑相关的仪式行为（如果有的话）。

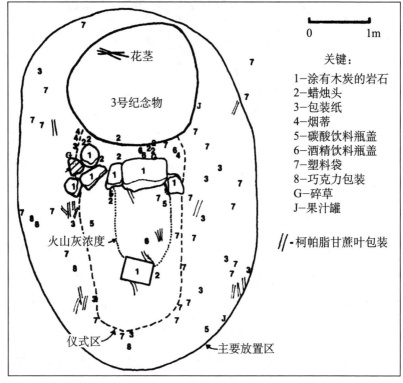

图 31-3　埃尔包尔遗址 3 号纪念物的仪式废弃物分布平面图

注：废弃物中有仪式活动中使用的柯帕脂香料（用甘蔗叶包裹）与蜡烛，以及由糖、巧克力、鲜花、香烟与朗姆酒组成的奉纳祭品。（平面图由戴维·S. 惠特利于 1985 年 7 月绘制。）

威廉·沃克尤其关注仪式堆积的识别问题（1995, 2002; Walker and Lucero, 2000; Walker et al., 2000），并为研究这个问题提出了器物生命史（artifact life history）的方法。如上所述，沃克已经阐明，"实用行为假设"有效排除了认识真实仪式物质的可能性，这是假定宗教考古遗存不可见的前提。他运用器物生命史模型，把器物的各种用途罗列了出来：

> 对已知行为的组织如何影响器物的频率、自然属性、关联以及空间位置。这些推理方法特别有力，因为它们消除了考古材料的模糊性，因此有利于更好地探索史前活动的组织与结构。（Walker, 2002: 163）

554

沃克提出的方法与西方按神圣/世俗二元对立的特征来划分世界的习惯相矛盾。埃米尔·涂尔干（1965）将之视为普遍的，这种对立导致了一种错误观念的形成，即认为器物或位置要么是宗教的，要么是世俗的（Barrett, 1991; Whitley, 1998c）。事实上，有相当多的民族志证据表明，器物既可以是实用的，也可以用于仪式目的，而究竟怎么使用取决于情境。如北美洲的萨满有时会在治病的仪式中用到箭头，这时箭头作为奉纳物被废弃在祭祀遗址中，即便箭头通常是被作为武器使用的。类似之，仪式活动常常在村子中央或居所中进行，并不只是在村子旁边的祭祀区进行，神圣与世俗的区分反映在时间上，而非空间上。由于器物或空间的仪式意义会随时间改变，因此只从实用的角度进行阐释显然过于简单了。

沃克强调理解器物生命史的价值，O.W.（巴德）汉普顿［O.W.（Bud）Hampton］对新几内亚高地的民族考古学研究很好地体现了这一点。关于显圣物的重要性——显圣物指一件物品不仅对某人显示出神圣的属性还保留其世俗的自然特征——汉普顿强调：

555 　　要提升我们对考古材料中发现的看似普通的石器的考古鉴定能
力以及推导相关行为的能力，我们需要有效地理解圣石——显圣
物——来自凡物，可能存在于考古材料中。导致产生错误解读的缺
失环节是，我们没有充分理解显圣物在无文字文化系统中的重要性。
（Hampton, 1999: 306）

许多圣物最初是作为日常用品生产的，那些表面上世俗的空间偶尔也
被用于仪式活动。这还表现在考古遗存中最实用的东西也就是食物上。在
霍克斯（1954）的推理阶梯中，生计——人类行为中最动物性的方面——
被置于阶梯的底部。然而，食物通常是仪式的关键组成部分（Gumerman,
1994; Hastorf, 2003），这表明最世俗的物品在特定的文化情境中也可能有
意义。对宗教考古而言，理解史前遗存、器物与位置如何、为什么以及何
时被转变成为仪式用品是一个重要的问题。确定器物的生命史，需要依靠
民族志与民族考古学研究，这也提醒我们，传统上把器物按照诸如意识形
态技术与技术经济的角度进行划分（Binford, 1962）的做法太简单了，不
可能为史前研究提供充分的解释与理解。

直接历史法：民族志类比与宗教变迁

宗教考古的第二个重要问题与运用直接历史法相关（von Gernet and
Timmins, 1987; von Gernet, 1993; Cowgill, 1993; Marcus and Flannery, 1994;
Hill, 1994; Huffman, 1996; Brown, 1997; Whitley et al., 1999）。这实际上带
来了更大的问题，涉及变化的性质，尤其是宗教体系的变化，以及考古学

研究中民族志类比所处的位置。

尽管直接历史法（direct-historical approach，DHA）有更早的思想渊源，但它是由沃尔多·韦德尔（Waldo Wedel, 1938）在关于北美洲平原的经典研究中正式提出来的。直接历史法基于这样的观念，即我们可以通过识别过去与现在的民族志中已知内容的连续性来理解过去，不论是特定器物类型的功能、聚落体系的运作、仪式的性质，还是图像的含义。也就是说，直接历史法最终要与民族志分析联系起来。但是在考古实践中，直接历史法涉及识别文化变化，以及追溯文化的连续性（Marcus and Flannery, 1994）。这一事实反驳了标语式的批评，即直接历史法只是运用现在的民族志去推导过去，在这种情况下（正如这种批评所言），研究史前时代有什么意义呢？

相反，如托马斯·赫夫曼（Thomas Huffman, 1986）所强调的，文化变化与经验材料相关，是可以从考古材料中识别出来的。如果能够从考古材料中识别出史前文化变化——当代考古学研究在一定程度上相信这一点——那么采用恰当的晚近材料去阐释更古老的史前史并不必然是不可靠的。实际上，赫夫曼（1986）也已表明，直接历史法需要民族志与考古材料之间存在循环往复的分析关系，这就导致民族志的某些内容可能会被改写或修正。

赫夫曼在运用直接历史法上提供了良好的示范。他的研究涉及对非洲南部大津巴布韦文化（1290—1450）的阐释，同时考虑到了它与更晚近的卡米时期（1450—1800）的文化连续性，根据民族志与考古学上的证据，可将其与当代东非说班图语的绍纳人（Shona）联系起来。图 31-4 呈现了他的观点，形式相对直接。在亚当·库珀（Adam Kuper, 1980）的民族志研究的基础上，赫夫曼了解到绍纳人的社会组织、世界观（包括宗教象征

与仪式的构成）表现在其聚落的布局上：聚落形态反映了其社会文化组织
与逻辑。通过对卡米遗址与大津巴布韦遗址的系统比较，他识别出了聚落
形态的相似性，由此确定了史前与历史时期的连续性，这进一步支持了其
推导，即大津巴布韦时期的社会组织和世界观与民族志中绍纳人的类似。

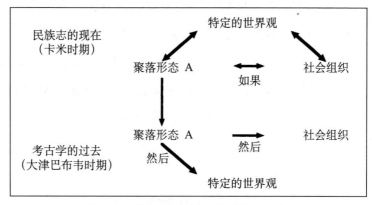

图 31-4　赫夫曼运用直接历史法的阐释逻辑
资料来源：Huffman,1996: 8.

　　从严格意义上说，直接历史法需要运用直接相关的民族志材料，也就
是最常用的理解特定考古材料联系的民族志。谁是过去人群的后裔，或
是（从另一方面看）如何识别原住民群体史前的文化遗产，都是争论日益
激烈的问题，有关遗存的归还、所有权以及对过去的控制权等的内容让
问题进一步复杂化了（Jemison, 1997; Whitley, 2001），争论甚至涉及部落
赌场的利润分成。这个复杂局面中存在众多相关问题，其中有两个特别重
要。第一个问题是，民族归属及与其相关的礼仪制度并不如西方科学方法
所假定的那样固定。相反，它们是变化的，正如詹尼·洛布塞尔（Jannie
Loubser, 1991）在有关南部非洲文达人（Venda）的研究中所阐明的。因
此，考古学上，坚持把族群与文化遗产捆绑在一起，与强调生物世系的西

556

方观点联系起来，这种做法太简单了，尤其是"起源"的概念，包括西方对该概念的科学定义，本身就是由文化决定的（Nabokov, 2002）。

从一般意义上说，第二个问题涉及史前文化变化的性质，尤其是宗教体系的变化。洛布塞尔（2004）注意到，许多考古学家认为必须要以一种灾变论的方式来看现在的民族志与史前之间的联系，也就是说，完全不存在或接近于完全不存在文化连续性。这种做法完全无视民族志材料，有点不可思议，因为我们长期使用"战舰形"序列曲线，它不仅显示出物质文化的变化是渐进的，而且变化会以不同速率发生。显然，我们在处理真正属于史前时代的材料时承认这样的情况，而较少在对晚近过去的研究中这么做。这可能是因为它适用于陶器，而不适用于仪式与信仰领域。[6]

尽管如此，民族学家也已表明，文化的不同特征会以不同速率变化。马歇尔·萨林斯（1985）称之为文化"位点"，他注意到某些位点（如石器组合）更容易受到频繁而快速的历史作用的影响，并因此发生改变，但是这可能与其他文化"位点"没有什么关联。比如，生计形态对仪式的影响可能并不直接（Whitley, 1994b）。实际上，宗教总是保守的（Steward, 1955; Bloch, 1974），我们并不能假定它们一定会随着时间的推移而改变，或是说宗教上的变化必然会与生计、环境或技术上的变化相关。

霍顿（1993）指出，当代西方思想体系（包括宗教）是封闭的，它们总是把其他思想体系看作混乱或是错误的，是竞争对手；如果你是宗教 X 的信徒，那么你需要被拯救，或是遭受永远的诅咒。相反，非西方的思想体系往往是开放包容的：文化 Y 中的天神可能是全能的，但是当了解到文化 Z 中的天神之后，文化 Y 的人们会很高兴将其添加到自己的神殿中。这也就意味着，即便有文化改变与革新，宗教仍然会存在相当的连续性。我

们在研究文化的变化机制时，会发现连续与变化在时间进程中是同等重要

557　的。

莫里斯·布洛克（Maurice Bloch, 1986, 1992）详细说明了仪式制度的诸多因素是如何随着社会政治条件的变迁而变化的。但是仪式制度的核心会历经这些变化而持续存在。结果是，这种变化既非彻底的替代，也不是完全的停滞，而是变化的同时保持连续，在同一仪式制度中，不同因素同时以不同速率发展。这种过程的一个考古学实例见于加利福尼亚州科索山脉的岩画，其图像主题存在历时性的变化（Whitley et al., 1999; Whitley, in press）。按照特纳（Turner, 1967）与奥特纳（1973）的定义，这包括长期使用某些关键或主导性符号：这里指大角羊与内视（entoptic）图案。这样的连续性支持使用直接历史法，把它与民族志联系起来可以阐释艺术创造及其意义。但是，人们同时也发现了被赋予意义的符号在使用频率上的变化，这里指被高度装饰的人像。由此得出的解释是，仪式制度在整体上具有连续性，但在特定时期，由于历史条件的影响，同一仪式制度的某些方面会发生变化。

大多数史前材料缺乏使用直接历史法所需要的与民族志的联系。在这样的情况下，民族志类比可以发挥阐释的作用。怀利（1985）指出，许多考古学阐释都是基于类比的，尽管这样的阐释可能是暗含的、未被认识到的，我们只有明确地考虑它所带来的方法论上的问题，才能从类比中获益。目前存在不同类型的类比，其推理力度与分析目的差异显著。笔者区分了三种类型的类比。功能类比（functional analogy）基于那些稳定可靠的原理或普遍规律，比如人体的功能（Lewis-Williams, 1991）。例如，我们知道史前人类的思维过程在神经层面上跟我们类似，因为我们具有相同

的神经结构。在某些情况下（如下文所述），我们可以利用这一事实来有效地阐释考古材料。当采用功能类比时，我们可以得出特别有力的推论，可能形成较为准确的对人类行为的解释。

历史类比（historical analogy）是直接历史法的典型使用类型，它基于血统以及文化上的联系。如上文所强调的，许多考古学家普遍认为，按照西方对族群、文化连续性以及遗传学的严格定义，血统应该是个难以解决的问题。这种看法的结果是严格限制对直接历史法的使用，而更常见的情况是很少或根本不用。更现实地看，历史（遗传）关系的密切程度取决于连续的尺度。虽然历史类比的推理力度——也就是直接历史法本身——视情况而定，但是没有理由认为历史类比就不能被谨慎地用于阐释过去，即便信息来源（如民族志）与研究对象（考古现象）之间存在一定的历史和文化距离。怀利（1985）强调，我们应该高度重视信息来源方的重要性，尽可能获取更多这方面的信息，从而加强这种类比的推理力度。

扩展信息来源方的支持并不局限于增加祖先与后代群体的历史连续性，其暗含的重要意义在于确定众多直接相关的民族志。这同时涉及类似族群之间的文化共性，尽管这些族群之间可能没有直接的祖先－后代关系（按照西方遗传学的观点）。例如，刘易斯－威廉斯（Lewis-Williams, 1984）提出了与"泛桑人（南非布须曼人）认知系统"相关的证据。这让他可以合理使用卡拉哈里沙漠桑人的民族志材料去解读德拉肯斯山脉地区南部桑人的岩画，尽管他们居住在没有岩石的区域，自然也不创作岩画。基于这一具有普遍性的认知系统的证据，刘易斯－威廉斯将直接相关的民族志的范围从有岩画的周邻地区扩展到了更大的区域，那里的民族志材料更丰富。不过，这立足于对信息来源方的细致研究，而非只是因为两个群体之间存在一般的相似性。

第三种也是最后一种类比是形式类比（formal analogy），即基于一系列特征之间形式相似性的类比。因为形式相同，所以认为功能、来源以及意义也可能相同。形式类比在推理上的基础令人怀疑，但这并不意味着形式类比在考古学研究中没有价值。它有助于假说的生成，当然，由于这种类比的可靠性较低，因此总是需要寻找更多的证据来评估假说。

这里的问题是我们对人类行为的理解，以及基于对这一大问题的把握，我们该如何合理地解读考古材料。沃克（2002）准确地指出，我们的认知常常强调实践推理是人类行动的基础，这实际上是一种推理上的偏见，忽视了人类社会生活的共同特征。米奇利（2003）认为，固执地从经济理性的角度来模拟人类行为，是 19 世纪不靠谱的斯潘塞式经济学的副产品。尽管我们就人类行为的理论出发点还不能达成共识，但是如果要明确我们的思想前提，那么考古学在这方面可能做得更好。简而言之，传统考古学有些忽视宗教，这可能是因为传统考古学家本身不信仰宗教，也不认为宗教很重要。客观地说，即便是相对牵强地运用直接历史法，也比立足于西方反宗教的隐含偏见所做的阐释可靠得多。

背景与关联

考古背景与关联对于识别和阐释仪式遗存（包括图像与器物材料）至关重要（Renfrew, 1994; Bertemes and Biehl, 2001）。马库斯与弗兰纳里（1994）注意到，背景与关联分析的价值来自这样一个事实，那就是按照定义，仪式是一套行动，人们必定会重复做，以产生相应的社会价值，由此在考古材料上留下可以发现的形态（Gheorghui, 2001）。

这个观点一目了然，但是西方对背景与关联的隐含偏见包括这样一种错误的观点，那就是所有的文化总是把世界分为神圣与世俗两个部分，同时还包括一种常见的假设，即位置相近的两件器物（因此相关联）必然是同一史前活动的产物，因而一定具有相同的功能。当一件相关的器物看起来具有明显的实用目的，而另外一件的用途有点模糊的时候，采用实践推理来解读仪式遗存就会有问题（Walker, 2002）。一个例子是美国大盆地考古学家普遍承认的现象，即房屋居住面下的废弃堆积中埋葬有人骨，其仪式上的意义表明，一个特定的地区可以用于日常生活，也可以用于仪式活动。然而，至少每隔十年就会有考古学家"发现"，岩画附近的基岩上有研磨导致的磨光面，基于这样的关联，他们由此提出，这些艺术品是植物采集活动的组成部分，尽管民族志告诉我们实际情况并非如此。按照垃圾堆中食物遗存位置相近的关联，把人骨扔到垃圾堆中，正是人吃人的证据，没有比这更合乎逻辑的结论了；或是根据人骨的存在，认为废弃堆积中的器物都是仪式用的。

仅凭背景与关联并不足以识别或阐释史前的仪式活动，同样，器物的状况甚至器物的性质也不足以如此，因为有丰富的考古证据表明，仪式活动奉纳物可能是明显的日常用品或是看起来不合逻辑的物品，破碎的器物、垃圾堆以及其他看似世俗的空间都可能被用于仪式活动（Walker, 1995; Whitley et al., 1999; Chapman, 2001; Marangou, 2001）。这并不是说宗教仪式活动是非理性的、主观的。实际上，这种活动是成体系的、合乎逻辑的，只是它符合的是不同于我们的文化逻辑。在北美洲普埃布洛印第安人的观念中，所有事物的最终归属是大地。垃圾堆就是这种形而上学过程的重要组成部分，因此，它可以成为举行仪式的神圣空间（Walker,

1995）。类似之，在北美洲的最西端，人们把与自然世界截然相对的部分视为超自然的。细小的、表面上没有意义的自然物品（如树枝、石块、羽毛、硬币等）在圣地中都可以成为奉纳物，就像在墓葬中发现损坏的物品（如"被杀死的"石磨盘）被作为随葬品一样。在超自然的世界里，这些破碎的、没有意义的物品都可以是有意义的、完整的（Whitley et al., 1999）。

这里的问题是我们对所研究史前文化的背景意义了解得不充分。在某些情况下，这一点相当明显。以特有建筑形式为标志的专门化的宗教建筑、艺术品与图像以及仪式用品，都是可以识别的。同样，某些考古现象很可能具有宗教性质，与之相关的考古遗存可能是仪式性的。如在北美洲，岩画通常被看作神圣的 / 宗教性的，相关的堆积可能有助于我们理解所涉及的仪式活动（Loendorf, 1994; Whitley et al., 1999）。在这样的情况下，仪式活动是很容易识别的，因此也很容易理解。但有时候，某个特定地点的神圣活动与世俗活动间的区分可能存在时间上的差异，这在考古学上不那么容易识别，如岩画与磨石偶尔一同出现，或是在垃圾堆中发现原先的墓葬。

在解读宗教遗存时，运用背景与关联不能仅仅依赖某种假定的实践推理。较为理想的情况是，理解所研究群体的文化逻辑（不过这只适合较晚的史前时代），同时有民族志记录，并且运用直接历史法提供某种主位（内在的）视角。更常见的情况是，没有直接相关的材料可以用于指导分析。在这种情况下，最好的办法是进行广泛的跨文化综合研究，提炼出变化范围的模型，我们所分析的对象可能与之类似。再者，我们只有充分理解传统的非西方宗教，并运用既有的知识来理解史前时代，才有可能理解史前宗教。

图像学、象征主义与神经心理学

艺术与图像学——对图像的研究——在宗教考古中一直非常重要，因为艺术是各种史前认知系统的重要信息来源。图像学分析传统上是艺术史研究者的研究领域，但考古学家越来越多地使用这种方法，尤其是在对中美洲和南美洲安第斯山区的考古中（Schele and Freidel, 1990; Freidel et al., 1993）。欧文·帕诺夫斯基是图像学分析方法领域最著名的学者，他提出了艺术史分析的三个层次（Panofsky, 1983）。第一个层次是识别特定图像的主体（如这是一匹马）。第二个层次是图像志分析，即对图像进行分类与描述（如从解剖特征来看，这是一匹纯种马，而不是役用马）。第三个层次是图像学分析，即解读图像，识别其内在的意义或象征价值（如富有的社会精英才可能拥有纯种马，因此这幅图揭示了特定的社会经济结构）。

尽管许多艺术史研究者不再严格地采用这样的区分与术语，但是帕诺夫斯基所强调的图像识别与意义解读的区分，对考古学家来说还是非常关键的（Lewis-Williams, 1990）。考古学家常常自以为是地赋予图像或符号一种普遍意义，这种经不起推敲的图像解读不仅反映了其方法论上的无知，同时还代表了极端傲慢的欧洲中心论。一个常见的例子是把描绘猎物的图像解读为"明显"与狩猎、饮食相关，如对狩猎巫术岩画的解读。凯泽与惠特利（Keyser and Whitley, 2006）对哥伦比亚高原地区的岩画与科索山脉地区的岩画进行了比较分析，前者的民族志材料支持部分岩画是在狩猎仪式中创作的，而后者的民族志材料不支持这样的创作方式。他们认为，即便没有民族志材料，也可以根据岩画遗址的位置、相关遗存的类型以及图像本身的属性，来确定岩画的主题是否可以被解读。哥伦比亚高原的岩画真实地描绘了猎人、动物群、驱赶动物的路线、畜栏等，而科索山脉的岩画则将动物与人的特征混为一体。因此，即便没有民族志材料，也有可能通过运用多方面的证据来确定图像的意义。

帕诺夫斯基方法的第二个层次侧重于建立图像志类型学，由于这可能比较主观，难以重复，所以不那么容易操作。建立可重复类型学的一条途径是找到类型学的关键（见图 31-5），然后进一步把识别图像的过程与确定图像意义的工作区分开来。

帕诺夫斯基（1983）方法的第三个层次强调主位视角的重要性，这足以确定一个图像主题的意义。对他来说，这需要用到特定时期的文献材料。反过来，帕诺夫斯基把图像志解读看作充分理解文献的机会，而这样的条件不是史前考古学家能够拥有的。不过，解读图像的意义需要以文化为基础；我们不可能基于西方假定的图像意义常识来进行解读（Price, 2002: 44-45）。这让我们回到了宗教考古的中程理论问题上，包括即使在图像分析中，也需要使用直接历史法、民族志类比以及跨文化的民族志模型等。

图像分析在岩画研究中无疑占主导地位，显然这里首先要考虑到萨满教，次之是神经心理学，它们是最近的研究热点（Lewis-Williams, 2001）。这种情况源自一个事实，即恍惚出神（或称 ASC）是萨满教宗教体系的核心，它被视为一种超自然或神秘的体验，有岩画的狩猎采集社会与萨满教之间存在普遍（尽管有许多变化）的联系。神经心理学在许多萨满教研究中是非常重要的，因为人类在恍惚出神上的反应普遍一致，因此很好理解，它们在艺术、图像、象征上的含义也是如此。霍布森

（Hobson）强调，

> 头脑－思维的变化遵循特定且可靠的规则。无论状态是如做梦这
> 种正常的精神幻觉，还是如戒酒这种非正常的精神混乱，都具有相
> 同的形态特征与同类的原因。正常与非正常精神混乱的共同特征是
> 六神无主、心不在焉、记忆空白、自言自语、视觉幻觉以及感情泛
> 滥。正常与非正常精神混乱的共同成因是大脑的化学平衡突然改变。
> （1994: 62）

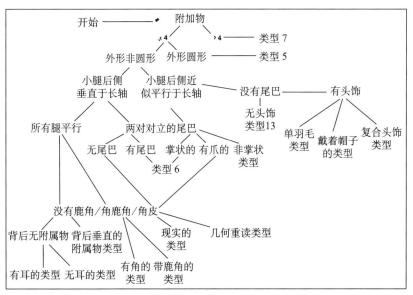

图 31-5　内华达山脉南部岩画分类的类型指标（依 Whitley, 1987）

不是所有的恍惚出神都相同，即使对同一个体而言，在不同情况下也
不一样。但是它们都处在一个已知的变化范围之内，而且在某些情况下，
变化的范围是由导致恍惚出神的因素决定的。由此，神经心理学分析可以

在古今之间提供一种可靠的功能类比，为图像研究提供中程理论。

神经心理学的模型非常有价值，因为它们能够区分非萨满教的艺术传统和宗教，并可以作为史前图像分析的起点。

某个特定艺术传统的性质，无论是否是萨满教式的，在一定程度上都是由文化决定的。尽管萨满教的艺术传统具有共同的组织原理，但是在不同文化中，其表达的方式千差万别。某些文化，如南美洲的图卡诺（Tukano）文化，非常重视几何形的光感，这种内视形态往往在恍惚出神状态的早期阶段出现（Reichel-Dolmatoff, 1978）。而其他文化关注在恍惚出神状态晚期阶段充分发展的图像幻觉。用于分析的神经心理学模型主要来自民族志与医疗研究，可以把这些变化包括进去，其推理的可信度通常随着图像复杂性的提高而增强（Whitley, 2005）。比如，几何形主题通常对应内视形态，如果将其与反映恍惚出神的身体姿态（如飞翔）的复杂形象结合，那么我们将其视为萨满教产物的可能性会更高；相较而言，对于少数简单重复的几何形图像（即便最终也可能源自萨满教），我们将其看作萨满教产物的可能性会更低。再者，不论是哪一类考古学研究，多方面 *561* 的证据都是至关重要的。

如上所述，我们刚刚开始认识到认知科学研究之于宗教考古的重要性。这些研究是迅速发展的跨学科合作的产物，被称为神经神学（Aquili and Newberg, 1999; Joseph, 2003），或宗教认知科学（Whitehouse, 2000）。随着这门学科的成熟，更多深入的认识将可能产生。这一理论方法在研究宗教时强调——与西方长期存在的假定宗教非理性的观点相左——跨文化的一致性，这来自人类思维-头脑的演化及其机制。如果我们理解了思维如何运作，就会有另一条中程研究的途径，就更有可能理解宗教信仰与行为。

结论

与通常认为宗教考古没有用的归纳相反，笔者认为宗教考古有助于我们深入认识史前时代，正如近年来的岩画研究所证明的，尤其是南部非洲（Lewis-Williams, 1981, 2002a; Lewis-Williams and Pearce, 2004; Dowson, 1992; Garlake, 1995）、北美洲（Whitley, 2000; Keyser and Klassen, 2001; Bostwick, 2002; Francis and Loendorf, 2002; Boyd, 2003; Hays-Gilpin, 2004）以及澳大利亚（Layton, 1992; David, 2002; Morwood, 2002）研究。这样的研究不仅产生了相当多的新信息，而且在某些情况下（如南部非洲），我们对史前狩猎采集者的象征意义、认知与信仰的了解甚至比对生计、技术等其他方面的了解更深入。

这样的研究主要受到民族志材料的支持；也就是说，先根据民族志建立解读模型，然后用其解读考古材料。当这一方法与神经心理学相结合时，我们对包括欧洲旧石器时代在内的久远考古时代的宗教就有了相当深入的认识（Lewis-Williams and Dowson, 1988; Lewis-Williams, 1991, 2002b; Clottes and Lewis-Williams, 1998）。这进一步表明，在发展有助于宗教考古的模型时，民族志是至关重要的，但这不影响我们研究特定时代的史前文化与文化序列。

最后一点是史前考古学研究与我们所研究的原住民群体祖先的关系。从全球范围来看，不管是在北美洲西部、澳大利亚、南部非洲还是其他地方（参见乔丹，第26章；麦克尼文和拉塞尔，第25章），显然都存在一系列相同的问题。其中最突出的是圣地与遗迹（包括墓葬），它们似乎无处不在，是争论的焦点（参见格林，第 22 章）。同样，不管是在某个大洲还是某个地区，当地考古学界对原住民群体宣称拥有所有权与控制权并要求返还的反应，都遵循着相同的标准模式。基本上是首先拒绝接受原住民基于信仰所提出的诉求，认为科学知识探索必须优先，通常还包括质疑原住民文化的真实性以及与之相关的诉求的合理性。

没有必要（一再）争论原住民群体或是考古学家所持立场的正确性，我们都知道双方的观点。相反，真正重要的是具有可操作性的现实策略。从长远来看，原住民群体的权利会日益得到承认，这些群体很可能获得更多政治层面的支持与自治权。如果考古学界继续反对原住民群体对圣地与遗迹的态度，就很难开展第一手的考古学研究。

与其不断抱怨这种情况，更有帮助的做法可能是追问为什么会形成这种情况。一个多世纪以来，西方考古学家基本上总是假定宗教无关紧要，宗教遗存没有意义，不具有科学材料的价值。原住民群体有关圣地与圣物的诉求从根本上说是虚假的，因为神圣的概念本身就被视为非理性的。宗教考古分析重视并强调有争议的遗存的相关性，有助于我们跨越那些由来已久的鸿沟。从这个意义上说，宗教考古不只是一种有用的理论方法，还能够帮助我们更好地建立起一种真正具有整体性的考古学；在某些地区，它可能还是唯一能够让考古学研究持续下去的途径。

注释

[1] 就这一点而言，一个明显的例外是《圣经》考古，它毫无疑问是直接并且只关注宗教的（Laughlin, 2000; Nakhai, 2001）。古典考古与国家层次的考古学研究（如古典玛雅考古）都有丰富的艺术和图像材料，常常

比学科主流更关注宗教问题。这里的讨论主要侧重于史前考古，尤其是小 562
型社会考古，其中相关的宗教考古信息不那么直接，研究中所存在的问题
也比较多。

[2] 在21世纪写这篇文章，笔者所说的"传统"指的是科学－过程考
古学，这是过去半个多世纪占主导地位的理论方法。强调宗教考古学的研
究包括伦福儒（1985, 1994）、亚当斯（1991）、加伍德等（Garwood et al.,
1991）、奥尔登德弗（Aldenderfer, 1993）、马库斯与弗兰纳里（1994）、布
朗（1997）、霍尔（1997）、比尔与贝特米斯（Biehl and Bertemes, 2001）、
因索尔（Insoll, 2001, 2003, 2004）、普赖斯（2001a, 2002）；刘易斯－威
廉斯（2002a）、刘易斯－威廉斯与皮尔斯（2004）、皮尔逊（2002）、海登
（1987, 2003）。

[3] 西方反对宗教的思想偏见也见于20世纪80年代的后过程考古学
研究中。尽管后过程考古学在一定程度上打破了过程考古学对经济－生
计－技术研究的执着，但是后过程考古学研究者很少直接提及宗教，即
便（宗教）象征与仪式常常是其分析的对象。如伊恩·霍德（1986）在
其影响广泛的著作《阅读过去》（*Reading the Past*）一书中，就没有提及
"宗教"一词，但他25次提到"仪式"，30次提到"象征"。岩画研究中
也存在类似的偏见。事实上，世界上大多数岩画是对宗教信仰与实践的表
达，但直到20世纪90年代中期，刘易斯－威廉斯（1995）明确指出岩画
研究就是一种宗教考古，岩画研究者才开始使用宗教一词来讨论其材料与
分析。

[4] 历史地看，需要指出霍克斯（1954）提出推理阶梯的时间更早，
是在认识到中程理论以及诸如埋藏过程影响考古材料的重要性之前。我们

现在知道，即便是重建史前的饮食这个被霍克斯放在推理阶梯最下层的部分，也是相当困难的。

[5] 在解读史前宗教遗存时，滥用犹太－基督教特征的现象比我们想象的还要普遍。例如，不是所有宗教都强调神灵的重要性（甚至在它们承认存在创造神的情况下；Boyer, 2001），同样，也不是所有的神话中都有（或是特别强调）仪式（Whitley, 2000）。然而，从神灵与神话的角度来解读是许多考古学研究的出发点。卡罗琳·泰特（Carolyn Tate, 1999）提供了一种令人信服的对奥尔梅克的宗教分析，其分析超越了这样的偏见，并说明了如何避免这样的偏见。

[6] 彼得·纳博科夫（Peter Nabokov, 2002）注意到，许多当代的原住民美洲人的仪式都带有编史的目的，这表明并不存在一种与过去历史彻底的、灾变式的断裂，其中仪式（以及宗教）至关重要。讽刺的是，在常见的考古学研究中，由于生计、技术与文化其他方面的变化，研究者居然相信这些仪式（从民族志上看）并不"真实"。正如纳博科夫所言，正是仪式本身承载了历史传统，保证了某种程度的历史连续性。

参考文献

Adams, E. Charles. 1991. *The origin and development of the Pueblo Katsina cult*. Tucson: University of Arizona Press.

Aldenderfer, Mark. 1993. Ritual, hierarchy, and change in foraging societies. *Journal of Anthropological Archaeology* 12: 1–40.

Barrett, John. 1991. Towards an archaeology of ritual. In P. Garwood, P. Jennings, R. Skeates, and J. Toms, eds., *Sacred and profane*, 1–8. Oxford Committee for Archaeology, Monograph no. 32. Oxford: Oxbow.

Biehl, Peter F., and François Bertemes (eds.). 2001. *The archaeology of cult and religion*. Archaeolingua 13. Budapest: Archaeolingua Foundation.

Binford, Lewis R. 1962. Archaeology as anthropology. *American Antiquity* 28: 217–225.

———. 1977. General introduction. In *For theory building in archaeology: Essays on faunal remains, aquatic resources, spatial analyses, and systemic modeling*, 1–7. New York: Academic.

Bloch, Maurice. 1974. Symbols, song, dance, and features of articulation: Is religion an extreme form of traditional authority? *Archives: European Journal of Sociology* 15: 55–81.

———. 1986. *From blessing to violence: History and ideology in the circumcision ritual of the Merina of Madagascar*. Cambridge: Cambridge University Press.

———. 1992. *Prey into hunter: The politics of religious experience*. Cambridge: Cambridge University Press.

Boric, Dussvan, and Sofiya Stefanovic. 2004. Birth and death: Infant burials from Vlasac and Lepenski Vir. *Antiquity* 78: 526–547.

Bostwick, Todd W. 2002. *Landscape of the spirits: Hohokam rock art at South Mountain Park*. Tucson: University of Arizona Press.

Bourget, Steven. 2001. Rituals of sacrifice: Its practice at Huaca de la Luna and its representation in Moche iconography. In J. Pillsbury, ed., *Moche art and archaeology*, 88–109. Washington, DC: National Art Gallery.

Boyd, Carolyn E. 2003. *Rock art of the lower Pecos*. College Station: Texas A&M University Press.

Boyer, Pascal. 2001. *Religion explained: The evolutionary origins of religious thought*. New York: Basic.

Bradley, Richard. 1998. *The significance of monuments: On the shaping of human experience in Neolithic and Bronze Age Europe*. London: Routledge.

———. 2000. *An archaeology of natural places*. London: Routledge.

Brown, Ian W. 1989. The calumet ceremony in the Southeast and its archaeological manifestations. *American Antiquity* 54: 311–331.

Brown, James A. 1997. The archaeology of ancient religion in the Eastern Woodlands. *Annual Review of Anthropology* 26: 465–485.

Carr, Christopher. 1995. Mortuary practices: Their social, philosophical, religious, circumstantial, and physical determinants. *Journal of Archaeological Method and Theory* 2: 105–200.

Chapman, John. 2001. Object fragmentation in the Neolithic and Copper Age of southeast Europe. In P. F. Biehl and F. Bertemes, eds., *The archaeology of cult and religion*, 89–110. Archaeolingua 13. Budapest: Archaeolingua Foundation.

Clottes, Jean, and J. David Lewis-Williams. 1998. *The shamans of prehistory: Trance and magic in the painted caves*. New York: Abrams.

Conway, Thor, and Julie Conway. 1990. *Spirits on stone: The Agawa pictographs*. Heritage Discoveries Publication no. 1. San Luis Obispo, CA.

Cowgill, George L. 1993. Distinguished lecture in archeology: Beyond criticizing new archeology. *American Anthropologist* 95: 551–573.

Crystal, Eric. 1974. Man and the Menhir: Contemporary megalithic practice of the Sa'Dan Toraja of Sulawesi, Indonesia. In C. B. Donnan and C. W. Clewlow Jr., eds., *Ethnoarchaeology*, 117–128. Los Angeles: UCLA Institute of Archaeology.

Damasio, Antonio R. 1994. *Descartes' error: Emotion, reason, and the human brain*. New York: Putnam.

D'Aquili, Eugene, and Andrew B. Newberg. 1999. *The mystical mind: Probing the biology of religious experience*. Minneapolis: Fortress.

David, Bruno. 2002. *Landscapes, rock art, and the dreaming: An archaeology of preunderstanding*. London: Leicester University Press.

Dowson, Thomas A. 1992. *Rock engravings of Southern Africa*. Johannesburg: Witwatersrand University Press.

Durkheim, Emile. [1912] 1965. *The elementary forms of religious life*. Trans. J. W. Swain. New York: Free Press.

Elkin, A. P. 1977. *Aboriginal men of high degree*. 2nd ed. New York: St. Martin's.

Flannery, Kent V., and Joyce Marcus. 1993. Cognitive archaeology. *Cambridge Archaeological Journal* 3: 260–270.

Fogelin, Lars. 2005. *The archaeology of early Buddhist ritual*. Walnut Creek, CA: AltaMira.

Francis, Julie E., and Lawrence L. Loendorf. 2002. *Ancient visions: Petroglyphs and pictographs from the Wind River and Bighorn country: Wyoming and Montana*. Salt Lake City: University of Utah Press.

Freidel, David, Linda Schele, and Joy Parker. 1993. *Maya cosmos: Three thousand years on the shaman's path*. New

York: William Morrow.

Garlake, Peter. 1995. *The hunter's vision: The prehistoric art of Zimbabwe*. London: British Museum Press.

Garwood, Paul, P. Jennings, Robin Skeates, and Judith Toms (eds.). 1991. *Sacred and profane*. Oxford: Oxbow.

Geertz, Clifford. 1973. *The interpretation of cultures*. New York: Basic.

Gheorghui, Dragos. 2001. The cult of ancestors in the eastern European Chalcolithic: A holographic approach. In P. F. Biehl and F. Bertemes, eds., *The archaeology of cult and religion*, 73–88. Archaeolingua 13. Budapest: Archaeolingua Foundation.

Guenther, Matthias. 1999. From totemism to shamanism: Hunter-gatherer contributions to world mythology and spirituality. In R. B. Lee and R. Daly, eds., *The Cambridge Encyclopedia of hunters and gatherers*, 426–433. Cambridge: Cambridge University Press.

Gumerman, George. 1994. Corn for the dead: The significance of *Zea mays* in Moche burial offerings. In S. Johannessen and C. A. Hastorf, eds., *Corn and culture in the New World*, 399–410. Boulder: Westview.

Hall, Robert L. 1997. *An archaeology of the soul: North American Indian belief and ritual*. Urbana: University of Illinois Press.

Hampton, O. W. "Bud." 1999. *Culture of stone: Sacred and profane uses of stone among the Dani*. College Station: Texas A&M University Press.

Hastorf, Christine A. 2003. Andean luxury foods: Special foods for the ancestors, deities, and elites. *Antiquity* 77: 545–555.

Hawkes, Christopher. 1954. Archaeological theory and method: Some suggestions from the Old World. *American Anthropologist* 56: 155–168.

Hayden, Brian. 1987. Alliances and ritual ecstasy: Human responses to resource stress. *Journal for the Scientific Study of Religion* 26: 81–91.

———. 2003. *Shamans, sorcerers, and saints: A prehistory of religion*. Washington, DC: Smithsonian Institution Press.

Hays-Gilpin, Kelley Ann. 2004. *Ambiguous images: Gender and rock art*. Walnut Creek, CA: AltaMira.

Higgs, Eric S., and G. Jarman. 1975. Paleoeconomy. In E. S. Higgs and G. Jarman, eds., *Paleoeconomy*, 1–7. Cambridge: Cambridge University Press.

Hill, James N. 1994. Prehistoric cognition and the science of archaeology. In C. Renfrew and E. Z. B. Zubrow, eds., *The ancient mind: Elements of cognitive archaeology*, 83–92. Cambridge: Cambridge University Press.

Hobson, J. Allan. 1994. *The chemistry of conscious states: Toward a unified model of the brain and the mind*. Boston: Little, Brown.

Hodder, Ian. 1986. *Reading the past: Current approaches to interpretation in archaeology*. Cambridge: Cambridge University Press.

Horton, Robin. 1976. African traditional thought and Western science. *Africa* 37(1–2): 50–71, 155–187.

———. 1982. Tradition and modernity revisited. In M. Hollis and S. Lukes, eds., *Rationality and Relativism*, 201–260. Cambridge: MIT Press.

———. 1993. *Patterns of thought in Africa and the West: Essays on magic, religion, and science*. Cambridge: Cambridge University Press.

Huffman, Thomas N. 1986. Cognitive studies of the Iron Age in Africa. *World Archaeology* 18: 84–95.

———. 1996. *Snakes and crocodiles: Power and symbolism in ancient Zimbabwe*. Johannesburg: Witwatersrand University Press.

Insoll, Timothy. 2003. *The archaeology of Islam in sub-Saharan Africa*. Cambridge: Cambridge University Press.

———. 2004. *Archaeology, ritual, and religion*. London: Routledge.

Insoll, Timothy (ed.). 2001. *Archaeology and world religion*. London: Routledge.

Jelinek, Jan. 1990. Human sacrifice and rituals in Bronze and Iron Ages: The state of the art. *Anthropologie* 28: 121–128.

Jemison, G. Peter. 1997. Who owns the past? In N. Swidler, K. E. Dongoske, R. Anyon, and A. S. Downer, eds., *Native Americans and archaeologists: Stepping stones to common ground*, 57–63. Walnut Creek, CA: AltaMira.

Jordan, Peter. 1999. The materiality of shamanism as a "world-view": Praxis, artifacts, and landscape. In N. Price, ed., *The archaeology of shamanism*, 87–104. London: Routledge.

———. 2003. *Material culture and sacred landscape: The anthropology of the Siberian Khanty*. Walnut Creek, CA: AltaMira.

Joseph, Rhawn (ed.). 2003. *NeuroTheology: Brain, science, spirituality, religious experience*. San Jose, CA: University Press.

Keyser, James D. 2004. *The art of the warrior: Rock art of the American plains*. Salt Lake City: University of Utah Press.

Keyser, James D., and Michael A. Klassen. 2001. *Plains Indian rock art*. Seattle: University of Washington Press.

Keyser, James D., and David S. Whitley. 2006. Sympathetic magic in western North American rock art. *American Antiquity* 71:3–26.

Kirch, Patrick V. 2004. Temple sites in Kahikinui, Maui, Hawai'ian Islands: Their orientation decoded. *Antiquity* 78: 102–115.

Kroeber, Alfred L. 1925. *Handbook of the Indians of California*. Bureau of American Ethnology, Bulletin 78. Washington, DC: Smithsonian Institution.

Kunen, Julie L., Mary Jo Galindo, and Erin Chase. 2002. Pits and bones: Identifying Maya ritual behavior in the archaeological record. *Ancient Mesoamerica* 13: 197–211.

Kuper, Adam. 1980. Symbolic dimension of the southern Bantu homestead. *Africa* 50: 8–23.

Kuznar, Lawrence A. 2001. An introduction to Andean religious ethnoarchaeology: Preliminary results and future directions. In L. A. Kuznar, ed., *Ethnoarchaeology of An-*

dean South America, 38–66. Ann Arbor, MI: International Monographs in Prehistory.

Lahiri, Nayanjot, and Elisabeth A. Bacus. 2004. Exploring the archaeology of Hinduism. *World Archaeology* 36: 313–325.

Laughlin, John C. H. 2000. *Archaeology and the Bible*. London: Routledge.

Lawson, E. Thomas, and Robert N. McCauley. 1990. *Rethinking religion*. Cambridge: Cambridge University Press.

Layton, Robert H. 1992. *Australian rock art: A new synthesis*. Cambridge: Cambridge University Press.

———. 2001. Ethnographic study and symbolic analysis. In David S. Whitley, ed., *Handbook of rock art research*, 311–332. Walnut Creek, CA: AltaMira.

Lewis-Williams, J. David. 1981. *Believing and seeing: Symbolic meaning southern San rock paintings*. London: Academic.

———. 1984. Ideological continuities in prehistoric southern Africa. In C. Schrire, ed., *Past and present in hunter-gatherer studies*, 225–252. New York: Academic.

———. 1990. Documentation, analysis, and interpretation: Dilemmas in rock art research. *South African Archaeological Bulletin* 45: 126–136.

———. 1991. Wrestling with analogy: A methodological dilemma in Upper Palaeolithic art research. *Proceedings of the Prehistoric Society* 57: 149–162.

———. 1995. ACRA: A retrospect. In K. Helskog and B. Olsen, eds., *Perceiving rock art: Social and political perspectives*, 409–415. Oslo: Novus forlag.

———. 2001. Brain-storming images: Neuropsychology and rock art research. In David S. Whitley, ed., *Handbook of rock art research*, 332–357. Walnut Creek, CA: AltaMira.

———. 2002a. *A cosmos in stone: Interpreting religion and society through rock art*. Walnut Creek, CA: AltaMira.

———. 2002b. *The mind in the cave: Consciousness and the origins of art*. London: Thames & Hudson.

Lewis-Williams, J. David, and Thomas A. Dowson. 1988. The signs of all times: Entoptic phenomena in Upper Palaeolithic art. *Current Anthropology* 29: 201–245.

———. 1989. *Images of power: Understanding Bushman rock art*. Johannesburg: Southern Book.

Lewis-Williams, J. David, and David Pearce. 2004. *San spirituality: Roots, expression, and social consequence*. Walnut Creek, CA: AltaMira.

Loendorf, Lawrence L. 1994. Traditional archaeological methods and their applications at rock art sites. In D. S. Whitley and L. L. Loendorf, eds., *New light on old art: Recent advances in hunter-gatherer rock art research*, 95–104. Los Angeles: UCLA Institute of Archaeology.

Loubser, Johannes H. N. 1991. The ethnoarchaeology of Venda speakers in Southern Africa. *Researches of the Nasionale Museum* 7(8).

———. 2004. Mountains, pools, and dry ones: The discontinuity between political power and religious status among Venda-speaking chiefdoms of Southern Africa.

Paper presented at the Society for American Archaeology meeting, Montreal.

Marangou, Christina. 2001. Sacred or secular places and the ambiguous evidence of prehistoric rituals. In P. F. Biehl and F. Bertemes, eds., *The Archaeology of Cult and Religion*, 139–160. Archaeolingua 13. Budapest: Archaeolingua Foundation.

Marcus, Joyce, and Kent V. Flannery. 1994. Ancient Zapotec ritual and religion: An application of the direct historical approach. In C. Renfrew and E. Z. B. Zubrow, eds., *The ancient mind: Elements of cognitive archaeology*, 55–74. Cambridge: Cambridge University Press.

Mathews, Jennifer P., and James F. Garber. 2004. Models of cosmic order: Physical expression of sacred space among the ancient Maya. *Ancient Mesoamerica* 15: 49–59.

McCauley, Robert N., and E. Thomas Lawson. 2002. *Bringing ritual to mind: Psychological foundations of cultural forms*. Cambridge: Cambridge University Press.

Midgley, Mary. 2001. *Science and poetry*. London: Routledge.

———. 2003. *The myths we live by*. London: Routledge.

Morris, Brian. 1987. *Anthropological studies of religion: An introductory text*. Cambridge: Cambridge University Press.

Morwood, Michael J. 2002. *Visions from the past: The archaeology of Australian aboriginal art*. Crows Nest, Australia: Allen & Unwin.

Nabokov, Peter. 2002. *A forest of time: American Indian ways of history*. Cambridge: Cambridge University Press.

Nakhai, Beth A. 2001. *Archaeology and the religions of Canaan and Israel*. Boston: American School of Oriental Research.

Ortner, Sherry. 1973. On key symbols. *American Anthropologist* 75: 1338–1346.

Oswalt, Wendell. 1974. Ethnoarchaeology. In C. B. Donnan and C. W. Clewlow Jr., eds., *Ethnoarchaeology*, 3–14. Los Angeles: UCLA Institute of Archaeology.

Panofsky, Erwin. 1983. *Meaning in the visual arts*. Chicago: University of Chicago Press.

Parker Pearson, Michael. 1999. *The archaeology of death and burial*. Sutton: Stroud.

Pasztory, Eszter. 1974. *The iconography of the Teotihuacan Tlaloc*. Studies in Pre-Columbian Art and Archaeology 15. Washington, DC: Dumbarton Oaks.

Pearson, James L. 2002. *Shamanism and the ancient mind: A cognitive approach to archaeology*. Walnut Creek, CA: AltaMira.

Price, Neal S. 2001b. An archaeology of altered states: Shamanism and material culture studies. In *The archaeology of shamanism*, 3–16. London: Routledge.

———. 2002. *The Viking way: Religion and war in Late Iron Age Scandinavia*. Aun 31. Uppsala, Sweden: Uppsala University Department of Archaeology and Ancient History.

Price, Neal S. (ed.). 2001a. *The archaeology of shamanism*. London: Routledge.

Rajnovich, Grace. 1994. *Reading rock art: Interpreting the Indian rock paintings of the Canadian shield*. Toronto:

Natural Heritage/Natural History.

Reichel-Dolmatoff, Gerardo. 1978. *Beyond the Milky Way: Hallucinatory imagery of the Tukano Indians.* Los Angeles: UCLA Latin American Center Publications.

Reilly, Kent F., III. 1991. Olmec iconographic influences on the symbols of Maya rulership. In V. M. Fields, ed., *Sixth Palenque Round Table, 1986,* 151–174. Norman: University of Oklahoma Press.

Renfrew, Colin. 1985. *The archaeology of cult.* London: Thames & Hudson.

———. 1994. The archaeology of religion. In C. Renfrew and E. Z. B. Zubrow, eds., *The ancient mind: Elements of cognitive archaeology,* 47–54. Cambridge: Cambridge University Press.

Ritzenthaler, Robert. 1967. Recent monument worship in lowland Guatemala. *Middle American Research Records Volume III, Numbers 1–5,* 108–115. New Orleans: Tulane University Middle American Research Institute.

Rozwadowski, Andrzej. 2004. *Symbols through time: Interpreting the rock art of Central Asia.* Poznan: Adam Mickiewicz University Institute of Eastern Studies.

Sahlins, Marshall. 1985. *Islands of history.* Chicago: University of Chicago Press.

Scarre, Chris. 1994. The meaning of death: Funerary beliefs and the prehistorian. In C. Renfrew and E. Z. B. Zubrow, eds., *The ancient mind: Elements of cognitive archaeology,* 75–83. Cambridge: Cambridge University Press.

Schele, Linda, and David Freidel. 1990. *A forest of kings.* New York: Morrow.

Shelach, Gideon. 1996. The Qiang and the question of human sacrifice in the late Shang period. *Asian Perspectives* 35: 1–26.

Sperber, Dan. 1982. Apparently irrational thoughts. In M. Hollis and S. Lukes, eds., *Rationality and Relativism,* 149–180. Cambridge: MIT Press.

Steward, Julian H. 1955. *Theory of culture change: The methodology of multilinear evolution.* Chicago: University of Chicago Press.

Stone, Andrea. 1983. The zoomorphs of Quirigua, Guatemala. Ph.D. diss., University of Texas.

Sugiyama, Saburo. 1989. Burials dedicated to the old temple of Quetzalcoatl at Teotihuacan, Mexico. *American Antiquity* 54: 85–106.

Sundstrom, Linea. 2004. *Storied stone: Indian rock art of the Black Hills Country.* Norman: University of Oklahoma Press.

Tate, Carolyn E. 1986. Summer solstice ceremonies performed by Bird Jaguar III of Yaxchilan, Chiapas, Mexico. *Estudios de Cultura Maya* 16: 85–112.

———. 1999. Patrons of shamanic power: La Venta's supernatural entities in light of mixed beliefs. *Ancient Mesoamerica* 10: 169–188.

Thomas, Nicholas, and Caroline Humphreys (eds.). 1994. *Shamanism, history, and the state.* Ann Arbor: University of Michigan Press.

Trigger, Bruce G. 1989. *A history of archaeological thought. 5* Cambridge: Cambridge University Press.

Turner, Victor. 1967. *The forest of symbols: Aspects of Ndembu ritual.* Ithaca, NY: Cornell University Press.

Von Gernet, Andrew. 1993. The construction of prehistoric ideation: Exploring the universality-idiosyncrasy continuum. *Cambridge Archaeological Journal* 3: 67–81.

Von Gernet, Andrew, and Peter Timmins. 1987. Pipes and parakeets: Constructing meaning in an early Iroquoian context. In I. Hodder, ed., *Archaeology as long term history,* 31–42. Cambridge: Cambridge University Press.

Walker, William H. 1995. Ceremonial trash? In J. M. Skibo, W. H. Walker, and A. E. Nielsen, eds., *Expanding archaeology,* 67–79. Salt Lake City: University of Utah Press.

———. 2002. Stratigraphy and practical reason. *American Anthropologist* 104: 159–177.

Walker, William H., V. M. LaMotta, and E. Charles Adams. 2000. Katsinas and Kiva abandonment at Homol'ovi: A depositional oriented perspective on religion in Southwest prehistory. In M. Hegmon, ed., *The archaeology of regional interaction,* 341–360. Boulder: University of Colorado Press.

Walker, William H., and Lisa J. Lucero. 2000. The depositional history of ritual and power. In M.-A. Dobres and J. Robb, eds., *Agency in archaeology,* 130–147. London: Routledge.

Walter, Damian. 1999. The medium of the message: Shamanism as localized practice in the Nepal Himalayas. In N. Price, ed., *The archaeology of shamanism,* 105–122. London: Routledge.

Wedel, Waldo R. 1938. *The direct-historical approach in Pawnee archaeology.* Smithsonian Miscellaneous Collections 97(7). Washington, DC.

Whitehouse, Harvey. 2000. *Arguments and icons: Divergent modes of religiosity.* Oxford: Oxford University Press.

———. 2004. *Modes of religiosity: A cognitive theory of religious transmission.* Walnut Creek, CA: AltaMira.

Whitehouse, Harvey, and James Laidlaw (eds.). 2004. *Ritual and memory: Toward a comparative anthropology of religion.* Walnut Creek, CA: AltaMira.

Whitehouse, Harvey, and L. H. Martin (eds.). 2004. *Theorizing religions past: Archaeology, history, and cognition.* Walnut Creek, CA: AltaMira.

Whitley, David S. 1987. Socioreligious context and rock art in east-central California. *Journal of Anthropological Archaeology* 6: 159–188.

———. 1992. Shamanism and rock art in far western North America. *Cambridge Archaeological Journal* 2: 89–113.

———. 1994a. Shamanism, natural modeling, and the rock art of far western North American hunter-gatherers. In S. A. Turpin, ed., *Shamanism and rock art in North America,* 1–43. San Antonio, TX: Rock Art Foundation.

———. 1994b. By the hunter, for the gatherer: Art, social relations, and subsistence change in the prehistoric Great Basin. *World Archaeology* 25: 356–377.

———— (ed.). 1998a. *Reader in archaeological theory: Post-processual and cognitive approaches.* London: Routledge.

————. 1998b. Cognitive neuroscience, shamanism, and the rock art of Native California. *Anthropology of Consciousness* 9: 22–37.

————. 1998c. To find rain in the desert: Landscape, gender, and the rock art of far western North America. In C. Chippindale and P. S. C. Taçon, eds., *The archaeology of rock art*, 1–16. Cambridge: Cambridge University Press.

————. 2000. *The art of the shaman: The rock art of California.* Salt Lake City: University of Utah Press.

————. 2001. Science and the sacred: Interpretive theory in US rock art research. In K. Helskog, ed., *Theoretical perspectives in rock art research*, 130–157. Oslo: Novus.

————. 2005. *An introduction to rock art research.* Walnut Creek, CA: AltaMira.

————. In press. Art beyond belief: The ever-changing and the never-changing in the Far West. In C. Chippindale, B. Smith, and G. Blundell, eds., *Festschrift for J. D. Lewis-Williams.* Johannesburg: Witwatersrand University Press.

Whitley, David S., R. I. Dorn, J. M. Simon, R. Rechtman, and T. K. Whitley. 1999. Sally's rockshelter and the archaeology of the vision quest. *Cambridge Archaeological Journal* 9: 221–247.

Whitley, David S., and A. Rozwadowski. 2004. Origins of Old and New World shamanism. Paper presented at the 103rd annual meeting of the American Anthropological Association, Atlanta, Georgia.

Winkelman, Michael. 1992. *Shamans, priests, and witches: A cross-cultural study of magico-religious practitioners.* Anthropological Research Papers no. 44, Arizona State University, Tempe.

Wylie, Alison. 1985. The reaction against analogy. *Archaeological Method and Theory* 8: 63–111.

Zedeño, Marie N., and Kathryn Hamm. 2001. The ethnoarchaeology of the Pahute and Rainier Mesas. In R. W. Stoffle, M. N. Zedeño, and D. B. Halmo, eds., *American Indians and the Nevada test site: A model of research and cooperation*, 98–121. Washington, DC: U.S. Government Printing Office.

本书术语索引与姓名索引请扫描二维码阅读

作者简介

　　肯尼思・M. 埃姆斯是波特兰州立大学的人类学教授兼系主任，专门研究狩猎采集社会复杂性的演变，包括永久性社会不平等的发展、定居主义以及经济强化在狩猎采集社会变迁中的作用。他的大部分研究是在西北海岸和山间高原进行的，但他最近也有机会在日本进行考古研究。他的关于这些主题的著作包括《西北海岸的人：他们的考古学与史前史》（*Peoples of the Northwest Coast: Their Archaeology and Prehistory*）（与赫伯特・D. G. 马施纳合著）。

　　亚历克斯・巴克是密尔沃基公共博物馆负责收藏和研究的副馆长以及人类学系主任。他于 1999 年获得密歇根大学人类学考古学博士学位，其论文《酋长领地与变态经济学》（"Chiefdoms and the Economics of Perversity"）荣获 2000 年美国考古学会论文奖。他以前发表过许多科学和学术文章，并编辑过两本书，一本是《性别化的过去：考古学中的性别批判书目》（*A Gendered Past: A Critical Bibliography of Gender in Archaeology*），另一本是《东南领主：社会不平等与北美洲东南部的土著精英》（*Lords of the Southeast: Social Inequality and the Native Elites of Southeastern North America*）。同时，巴克还是美国考古学会伦理委员会主席。

彼得·贝尔伍德是澳大利亚国立大学的考古学教授。自 1967 年以来，他一直在东南亚（文莱、马来西亚、印度尼西亚、菲律宾、越南）和众多波利尼西亚岛屿进行实地研究。他对东南亚和大洋洲的南岛民族史前考古学和语言学以及世界各地早期农耕民族的史前史特别感兴趣。他著有《人类对太平洋的探索》（*Man's Conquest of the Pacific*）、《波利尼西亚人》（*The Polynesians*）、《印度－马来群岛史前史》（*Prehistory of the Indo-Malaysian Archipelago*）和《最早的农人》（*First Farmers*）。彼得·贝尔伍德的著作已被翻译成法文、俄文、日文和印尼文。他与科林·伦福儒共同编辑了《农业/语言扩散假说研究》（*Examining the Farming/Language Dispersal Hypothesis*），与伊恩·格洛弗（Ian Glover）共同编辑了《东南亚：从史前史到历史》（*Southeast Asia: From Prehistory to History*）。同时，彼得·贝尔伍德还是印度－太平洋史前协会秘书长。

R. 亚历山大·本特利是杜伦大学的人类学讲师（助理教授），也是 AHRC 文化多样性进化中心的共同首席研究员。他在物理学和地球化学领域有过深造，目前主要通过两种方式研究大范围的文化变迁：第一，利用对考古骨骼的同位素分析，描述人类的流动性、亲属关系和社区多样性是如何随着新石器时代最早的农耕社区的出现而发生变化的；第二，通过假定人类的模仿倾向（偶尔创新）建立定量模型，来支撑流行文化的变迁模式。

赖因哈德·伯恩贝克是纽约州立大学宾汉姆顿分校的人类学副教授，主要研究古代近东地区。他的研究领域包括近东新石器时代、新亚述帝国主义、意识形态理论以及考古博物馆的结构。他参与了在叙利亚的实地考察工作，并共同指导了在约旦和土耳其的发掘工作。他著有《生产方式的解体：美索不达米亚的例子》（*Die Auflösung der häuslichen Produktionsweise: Das Beispiel Mesopotamiens*）、《作为文化景观的草原》（*Steppe als Kulturlandschaft*）以及《考古学理论》（*Theorien in der Archäologie*），也是《消失的乌鲁克：来自方法论多样性的考古学统一性》（*Fluchtpunkt Uruk: Archäologische Einheit aus methodischer Vielfalt*）一书的联合编者。

约翰·宾特里夫是莱顿大学的古典考古学教授。他曾在剑桥大学攻读考古学和人类学，并于 1977 年获得博士学位，研究方向为希腊人类定居史和史前史。1988 年，他当选为古物学会研究员。自 1978 年以来，他一直与剑桥大学的安东尼·斯诺德格拉斯（Anthony Snodgrass）共同担任彼俄提亚项目（Boeotia Project）的主任。彼俄提亚项目是一项跨学科的景观计划，以城镇和乡村的考古地表调查为核心方法，调查希腊中部定居点的演变。他的研究兴趣包括从史前到中世纪后的希腊和地中海考古学、景观考古学和考古学理论，近期的研究有《布莱克韦尔考古学指南》（*The Blackwell Companion to Archaeology*）（主编）。

布里格斯·布坎南目前是不列颠哥伦比亚大学人类学系的博士后研究员。他于 2005 年获得新墨西哥大学博士学位，研究重点是利用进化模型研究晚更新世早期古印第安人向北美洲的扩散。

克里斯托弗·奇彭代尔是剑桥大学的研究教授、剑桥大学考古学与人

586

类学博物馆英国收藏馆馆长，曾任《文物》杂志（*Antiquity*）编辑。他还是《世界史前史杂志》（*Journal of World Prehistory*）的执行主编。

马克·科勒德曾就职于不列颠哥伦比亚大学，现任西蒙弗雷泽大学考古系副教授兼加拿大人类进化研究讲席教授。他在谢菲尔德大学获得考古学和史前史学士学位，在利物浦大学获得古人类古生物学博士学位。他的研究兴趣包括：鉴定类人化石记录中的物种；重建类人化石的系统关系；根据骨骼材料估算体重、身材和年龄。此外，他还利用进化生物学的方法和理论揭示了考古学和人种学记录的物质文化变异模式。

安德烈·科斯托普洛斯是麦吉尔大学的人类学助理教授。他设计并使用基于代理的计算机模拟来研究各种形式的人类进化，并将这种方法主要应用于北欧早期类人猿变种事件研究和新石器时代的过渡研究。在本书英文版出版之时，他正在芬兰北部和加拿大魁北克北部开展实地研究。

汤姆·D.迪雷亥曾就职于肯塔基大学，现为范德比尔特大学人类学系杰出教授。他曾在拉丁美洲、欧洲和亚洲的多所大学担任客座教授。迪雷亥在南美洲和北美洲进行了大量的考古实地考察，撰写或与人合作撰写了多部考古著作。同时，他出版了大量关于早期人类殖民化、复杂社会和城市化的兴起以及南美洲文化和社会的著作。在本书英文版出版之时，他正在秘鲁共同指导一个关于人类与环境互动的考古项目，并在智利指导一个民族考古项目。

蒂莫西·厄尔自 1973 年至 1995 年在加利福尼亚大学洛杉矶分校任人类学教授，自 1995 年至今在西北大学任人类学教授。1987 年至 1992年，担任加利福尼亚大学洛杉矶分校考古研究所所长；1995 年至 2000年，担任西北大学考古系主任。他热衷于复杂社会的演变、史前经济和物质文化方面的研究，曾在波利尼西亚（夏威夷）、南美洲（秘鲁和阿根廷）和欧洲（丹麦、冰岛和匈牙利）开展考古项目。他的著作包括：《史前的交换系统》（*Exchange Systems in Prehistory*）、《复杂王国的经济和社会组织》（*Economic and Social Organization of a Complex Chiefdom*）、《人类社会的演化》（*The Evolu tion of Human Societies*）、《专业化、交换和复杂社会》（*Specialization，Exchange，and Complex Societies*）、《酋长如何掌权》（*How Chiefs Come to Power*）和《青铜时代经济学》（*Bronze Age Economics*）。厄尔一直是美国人类学学会（American Association of Anthropology，AAA）和经济人类学学会（Society for Economic Anthropology）的积极成员。

唐·D. 福勒是内华达大学里诺分校人类学和历史保护学的教授。他的主要研究兴趣是美国西部沙漠史前史、人类学和人类学理论史以及北美洲西部探险史。

利亚妮·加波拉是不列颠哥伦比亚大学的助理教授。她的研究重点是现代思维的起源和创造力的认知机制。她还在开发一个概念组合模型（创造力的基石），编写一本名为《创造性思维的黎明：人类文化的起源与进化》（*Dawn of the Creative Mind: The Origin and Evolution of Human Culture*）的书。

安德鲁·加德纳是伦敦大学学院考古研究所罗马帝国考古学的讲师。他曾在雷丁大学、莱斯特大学和卡迪夫大学工作。他的著作包括编著的《揭秘团体：社会团体、权力和人之为人的考古学视角》（*Agency Uncovered: Archaeological Perspectives on Social Agency, Power, and Being Human*）。他的研究兴趣集中在罗马帝国主义的社会动态、物质文化在表达文化身份中的作用，以及不同社会中人们理解时间的方式。

戴维·W.J. 吉尔是斯旺西大学的古代史高级讲师、艺术与社会研究学院的副院长。他参与了对希腊美塔那的田野调查，目前正在准备英国在昔兰尼加对希腊城市厄斯珀里德斯的发掘与考古报告出版工作。他曾是罗马英国学校的罗马学者，在搬到斯旺西之前是剑桥大学菲茨威廉博物馆文物部的馆长。他与迈克尔·维克斯（Michael Vickers）合著了《艺术工艺：希腊银器和陶器》（*Artful Crafts: Greek Silverware and Pottery*）一书，并发表了大量关于希腊世界考古的文章。

托马斯·J. 格林是阿肯色州考古调查所的负责人。该调查所是阿肯色大学系统的一部分，是一个全州范围内的研究、公共服务和教育机构，在阿肯色州有十个研究站。托马斯在 1992 年担任此职位之前，曾是州考古学家和副州历史保护官员，负责"第 106 条审查"和国家注册项目。他的考古研究成果来自对不受保护法约束的项目所破坏的遗址的抢救。他的主要著作涉及密西西比人的定居模式、爱达荷州南部的坑屋、爱达荷州的坟墓遗址、NAGPRA 和 CRM 等。

凯利·安·海斯－吉尔平是北亚利桑那大学的人类学副教授，教授考古学、陶瓷分析和岩石艺术等课程。她对美国西南部的性别、图像学和史前史特别感兴趣。她与戴维·S. 惠特利共同编辑了《性别考古学读本》（*Reader in Gender Archaeology*），之后又出版了《模糊的图像：性别与岩石艺术》（*Ambiguous Images：Gender and Rock Art*）一书。

爱德华·A. 乔莉是新墨西哥大学的人类学博士研究生（在本书英文版出版之时）。他的研究兴趣包括易腐技术、人类学伦理、美国原住民与人类学家的关系，以及北美洲的考古学和人种学。

希安·琼斯是曼彻斯特大学的考古学讲师。她就考古学与身份认同的相关课题发表了大量论文，重点关注从考古遗迹中解读过去的身份认同，以及考古学研究在现代身份认同形成过程中的作用。她的主要著作包括《族属的考古》以及与保罗·格雷夫斯－布朗（Paul Graves-Brown）和克莱夫·甘布尔（Clive Gamble）合著的《文化认同与考古学：欧洲共同体的构建》（*Cultural Identity and Archaeology: The Construction of European Communities*）。她目前正在研究奥克尼新石器时代的建筑、景观和身份认同，还在苏格兰东北部开展以社区为基础的研究，探讨古迹在形成当代地方和国家身份认同中的作用。

彼得·乔丹是谢菲尔德大学物质文化遗产方向的讲师。他的博士论文研究（在谢菲尔德大学完成的）侧重于西伯利亚狩猎采集者，随后出版了《物质文化与神圣景观：西伯利亚汉特的人类学》（*Material Culture and*

Sacred Landscape: The Anthropology of the Siberian Khanty）一书。2001 年至
2004 年，他在伦敦大学学院考古研究所文化行为进化分析中心担任博士
后研究员。在那里，他模拟了北美洲西部和西伯利亚狩猎采集群体间的文
化传播过程。除此之外，他还从事觅食者景观文化和世界观、斯堪的纳维
亚和俄罗斯西北部的史前狩猎采集岩画以及欧亚大陆北部的早期狩猎采集
陶器的研究。

斯蒂芬妮·柯纳是曼彻斯特大学的考古学讲师。她目前的研究和教
学领域涉及美洲原住民文化考古学、技术选择和历史多样性，以及艺术
史、科学史和宗教史之间的重叠领域，并关注考古方法和理论的长期背景
问题。她发表的论文主题涉及生态知识与物质文化、人类能动性概念的变
化、文化遗产与生态风险的社会地理学、不可持续的发展、政治冲突考古
学与人文科学和哲学之间不断变化的关系。她在本书英文版出版之后发表
的题为《不平静的过去》（"The Unquiet Past"，关于风险社会时代的考古
学）和《不受约束的习惯》（"Habitus Unbound"，关于维科 1744 年版的
《新科学》、物质文化、真理的公共基础的多元性和考古学的哲学意义）的
论文，是在其跨学科研究和教学基础上撰写的。

卡尔·利珀目前是加州州立大学长滩分校人类学系的副教授。他的研
588 究重点是利用进化论解释史前人类文化的变迁。此外，他还研究遥感技
术，以此高效、非破坏性地研究考古遗存。他的实地研究足迹遍及印度河
流域、密西西比河流域、复活节岛、加利福尼亚和危地马拉沿海地区。

本·马勒拥有人类学学士学位，在本书英文版出版之时于爱达荷州立大学从事研究生研究。他与赫伯特·D.G. 马施纳共同撰写了"进化心理学与景观考古学"（"Evolutionary Psychology and Landscape Archaeology"）一章，收录在朱利安·托马斯和布鲁诺·戴维（Bruno David）编辑的《景观考古学手册》（*The Handbook of Landscape Archaeology*）中。除此之外，马勒和马施纳还共同撰写了《在达尔文考古学中寻找一致性：为什么统一的进化考古学既不可能也不可取》（"Finding Concordance in Darwinian Archaeologies: And Why an Unified Evolutionary Archaeology Is Both Impossible and Undesirable"）一文。该论文发表在葡萄牙里斯本 2007 年国际史前与原史科学协会（UISPP）会议论文集上。马勒的主要研究方向是基于达尔文主义的社会和认知研究方法。

赫伯特·D.G. 马施纳是爱达荷州立大学人类学系的研究教授和研究生部主任，也是爱达荷州加速器中心的资深科学家。截至本书英文版出版之日，他已发表了 70 多篇论文、9 部著作和 120 篇摘要，获得了近 400 万美元的外部资助，其中包括美国国家科学基金会的 260 万美元。他目前的研究领域包括人类生物复杂性、生态系统工程和分析技术。他曾在法国、摩洛哥、洪都拉斯、北美洲西部进行实地考察，在过去的 20 年里，他还在北太平洋沿岸进行了考察。

兰德尔·H. 麦圭尔目前是纽约州立大学宾汉姆顿分校的人类学教授。他的研究兴趣包括社会理论、西南部史前史以及美国 19 世纪和 20 世纪的阶级关系。他和丹佛大学的迪安·萨伊塔在科罗拉多州特立尼达附近调查过 1914 年勒德洛大屠杀的遗址。过去 20 年来，他和墨西哥索诺拉州埃莫西约索诺拉国家人类学和历史研究所中心的埃莉萨·比利亚尔潘多（Elisa Villalpando）一直在研究索诺拉州北部的特林切拉斯传统。

伊恩·J. 麦克尼文是澳大利亚蒙纳士大学地理与环境科学学院澳大利亚原住民考古项目的共同主任。他的专长是沿海原住民和托雷斯海峡岛民考古学。他的研究兴趣包括陆地和海洋景观仪式、边疆考古、沿海定居、石器技术、岩石艺术和考古学史。他共同指导了澳大利亚北部托雷斯海峡的一个大型研究项目。他在本书英文版出版后不久的著作包括合编的《托雷斯海峡考古学与物质文化》（*Torres Strait Archaeology and Material Culture*）、《澳大利亚海岸考古学》（*Australian Coastal Archaeology*）和《殖民主义的建构：伊丽莎·弗雷泽沉船事件透视》（*Constructions of Colonialism: Perspectives on Eliza Fraser's Shipwreck*）。

马克·普卢西尼克是莱斯特大学考古学与古代史学院的远程教育主任。他主要研究欧洲地区特别是地中海地区中石器时代向新石器时代的过渡。除此之外，他还研究考古学中的叙事分析、人种学和考古学中对狩猎采集者的历史表述，以及考古学的政治和哲学。在本书英文版出版之时，他正在西西里岛中部进行实地考察，重点研究近代乡村景观。

史蒂文·普赖斯是曼彻斯特大学的考古学研究生（本书英文版出版之时）。他的研究涉及陆地景观考古学和中石器时代。在格拉斯哥举行的理论考古学组（TAG）年会上，他与他人共同组织了一次题为"狩猎的意义：中石器时代的解释方法”的会议。

莱妮特·拉塞尔是澳大利亚蒙纳士大学澳大利亚原住民研究主席和澳大利亚原住民研究中心主任。她曾接受考古学训练，后转向了历史和原住民研究以及后殖民理论的应用。她在原住民历史、后殖民主义和种族表述等领域发表了大量文章。她的著作《野蛮想象》（*Savage Imaginings*）研究了原住民的历史和临时建构。她还撰写了《一只小鸟告诉我》（*A Little Bird Told Me*）一书，编写了《殖民前沿：殖民地中的跨文化互动》（*Colonial Frontiers: Cross Cultural Interaction in Settler Colonies*），并与伊思·J. 麦克尼文共同编写了《殖民主义的建构：伊丽莎·弗雷泽沉船事件透视》。

玛丽昂·W. 索尔特在内华达大学里诺分校工作，主要负责历史保护项目。

迈克尔·尚克斯是斯坦福大学的奥马尔和奥尔西娅·霍斯金斯（Omar and Althea Hoskins）古典学教授、斯坦福考古中心的资深创始教员，是斯坦福考古中心的创始人之一，也是斯坦福人文实验室的联合主任。他的研究涉及欧洲史前史、希腊罗马文物和现代物质文化。 *589*

斯蒂芬·申南是不列颠学会会员（Fellow of the British Academy，F.B.A.）、理论考古学教授，在本书英文版出版之时任伦敦大学学院考古研究所所长，研究方向为生物进化理论和方法在考古学、史前地理学、种族及史前社会经济体制中的应用。他的著作包括《基因、模因和人类历史：达尔文考古学与文化进化》（*Genes, Memes, and Human History: Darwinian Archaeology and Cultural Evolution*）。

蒂莫西·泰勒曾在剑桥大学攻读考古学和人类学，1982 年毕业。之后，他在牛津大学和剑桥大学重新研究东欧的晚期史前史。1990 年，他来到布拉德福德的考古科学学院工作，在本书英文版出版时已离职。除在《科学美国人》（*Scientific American*）、《自然》（*Nature*）、《世界考古学》（*World Archaeology*）、《当代人类学》（*Current Anthropology*）和《文物》等杂志上发表文章外，他还撰写了两本科普图书——《史前性史》（*The Prehistory of Sex*）和《被埋葬的灵魂》（*The Buried Soul*）。目前，他正在约克郡山谷的石灰岩喀斯特地区发掘多期洞穴遗址，并在本书英文版出版之时撰写着一本名为《工艺品》（*Artificials*）的专著。

吉莉恩·华莱士是剑桥大学查尔斯·麦克伯尼地质考古实验室的高级副研究员。她的研究项目包括欧洲共同体第五框架资助的欧洲湿地综合管理项目（www.dur.ac.uk/imew.ec-project），华莱士在其中重点研究当地人对环境、环保和发展旅游业的看法。除此之外，她还负责 T-PLUS 项目（www.dur.ac.uk/t-plus.project），该项目是与杜伦大学（英国）、剑桥大学和因斯布鲁克大学联合开展的一项跨学科工作，主要研究北蒂罗尔阿尔卑斯山景观利用和定居的起源。华莱士的其他研究项目包括史前欧洲家庭空间的微观形态学和考古环境的全球性破坏。

帕蒂·乔·沃森是圣路易斯市华盛顿大学人类学杰出教授。1988年，她当选为美国国家科学院院士，1996年，她被授予美国人类学学会的"杰出服务奖"。她在本书英文版出版之时担任《今日人类学》（*Anthropology Today*）杂志的编委。沃森早期与芝加哥大学东方研究所的罗伯特·J.布雷德伍德（Robert J. Braidwood）合作开展近东（包括伊拉克、伊朗和土耳其在内）史前研究，重点关注畜牧业和农业的起源问题。20世纪60年代，沃森开始在肯塔基州的盐洞进行研究，该研究已成为北美洲东部农业起源的长期研究项目。沃森的研究兴趣包括史前生存、技术、经济和环境。作为考古学和过程考古学研究的先驱，沃森对考古挖掘方法和考古学理论特别感兴趣，同时也关注过程考古学和后过程考古学的方法。

加里·S.韦伯斯特居住在瑞典北部，是于默奥大学艺术学兼职副教授，并担任瑞典斯凯里亚开发公司的教育顾问。自1984年以来，他一直在撒丁岛指导田野调查工作，在本书英文版出版之时与莫德·韦伯斯特（Maud Webster）一起对努拉热斯的努拉契克文化遗址开展为期15年的研究项目。他的研究重点是符号学和对田野数据的跨学科分析。出版的著作包括《前2300—前500年的撒丁岛史前史》（*A Prehistory of Sardinia, 2300–500 BC*）、《撒丁岛上的努拉热斯青铜时代定居点1：解读考古学》（*Duos Nuraghes: A Bronze Age Settlement in Sardinia 1: An Interpretive Archaeology*）和一本名为《考古学：戈登·柴尔德著作的诗歌记述》（*Archaeology: Verse Accounts of the Writings of V. Gordon Childe*）的诗集。

戴维·S. 惠特利是亚利桑那州立大学坦佩校区的地理学兼职教授和考古咨询专家。他的主要研究涉及狩猎采集者的民族志和考古学、宗教考古学与岩石艺术。他是《阿尔塔米拉宗教考古学》（*AltaMira Archaeology of Religion*）系列图书和《岩石艺术研究手册》（*Handbook of Rock Art Research，2001*）的编辑，也是《萨满的艺术：加利福尼亚的岩石艺术》（*The Art of the Shaman：The Rock Art of California*）、《岩石艺术研究简介》（*Introduction to Rock Art Research*）以及其他许多著作和文章的作者。

戴维·R. 耶斯纳是阿拉斯加大学安克雷奇分校的人类学教授。他目前正在阿拉斯加和俄罗斯符拉迪沃斯托克的三个更新世—全新世时期的遗址进行研究。耶斯纳是国际第四纪研究联合会（INQUA）白令陆桥工作组主席，也是美国第四纪研究协会（AMQUA）的考古学顾问。他在本590 书英文版出版之时是剑桥大学的访问学者，并在此前获得了康奈尔大学的"贝克尔讲师职位"（Becker Lectureship）。他的著作包括《冰河时代末期的人类：更新世—全新世过渡时期的考古学》（*Humans at the End of the Ice Age: The Archaeology of the Pleistocene–Holocene Transition*）［与 L.G. 斯特劳斯（L.G.Straus）、B.V. 埃里克森（B.V.Eriksen）和 J.M. 埃兰德森（J.M.Erlandson）合著］。

马雷克·兹韦莱比尔是谢菲尔德大学考古学和史前史教授。他是研究欧洲（尤其是北部和东部）和欧亚大陆从中石器时代向新石器时代过渡的专家，发表过许多重要文章，包括古语言学和基因证据解读方面的研究。除其他著作外，他还是极具影响力的《过渡时期的狩猎者》（*Hunters in*

Transition）一书的编辑，并与罗利 - 康维一起提出了广为使用的向农耕过渡的"三阶段"模型。除此之外，他还在包括爱尔兰和捷克共和国在内的欧洲地区进行过实地考察。

译后记

关于考古学理论

考古学居然有"理论手册"了，这恐怕出乎许多人的意料。因为对于考古学是否有理论这个问题，颇有人是持否定答案的。按照常识，所谓"考古"，就是去发现与发掘材料，然后整理材料，最多可以加入科技考古分析，最后把这些结果综合起来回答一些问题，如此而已。整个过程中，看不到"理论"的踪影。理论在哪里呢？考古学真的有理论吗？按照这样的认识，考古地层学、类型学都是方法，考古学研究中，触目所及，都是方法，看不出理论发挥了什么作用！正所谓：理论是灰色的，而实践之树常青。如果一定要说有理论的话，那也是对实践的总结，可能对于后来者的学习有一定的作用，对于实践本身而言，则没有什么价值。

我曾经也是这么想的，作为科班出身的考古学研究者，我们的目标是用手铲来解决问题，让考古材料自己说话。在战场上，有谁是靠理论打仗的？如果有的话，那是纸上谈兵的赵括。我的转变来自对学术史、科学史的学习。为什么金石学没有发展成为现代考古学？大家都知道是因为缺少科学！而究竟什么是科学呢？科学有许许多多的定义，但肯定离不开客观、真理、逻辑这几项。如何才能做到客观？难道金石学不客观吗？这涉及哲学范畴的探讨。现代考古学的形成无法离开基本前提的改变！金石学是唯心的，科学考古学是唯物的，而今，后过程考古学又回到了唯心。简单用唯心、唯物来区分考古学，显然过于简单了，不过，这种划分可以揭示不同考古学的主张在本体论上存在的差异。如果不能在考古学的本体论上获得突破，就不可能从传统的金石古物学上升到科学考古学；如果没有进一步的突破，也不可能出现后过程考古学。简言之，在考古学实践的背后，无论是否感觉得到，其实是存在理论支撑的。

考古学更加离不开认识论，作为考古学的研究者，我们必然需要追问"考古学何以可能"这个问题。也就是说，我们为什么可以从物质遗存中了解人类过去？我们如何才能实现这个目标？物质遗存并不等于过去，并不会自动告诉我们其所代表的信息。按照过程考古学的说法，从物质遗存到人类过去，其间存在一道鸿沟，需要考古学家来架设沟通两者的桥梁。物质遗存就在我们眼前，我们可以进行分类、描述、统计，甚至进行科技考古的分析，但是所有这些工作所能得出的结论都是关于物质遗存本身的。如果想触及人类过去，就必然涉及理论，它表明可以在某个维度上从物质遗存推及人类过去。科技考古中包含这样的理论，如通过同位素分析去了解古人的饮食结构，就是基于一个古今一致的原理：不同的动植物具有不同的同位素特征。科技考古层面的原理相对简单明确，但有关古人的社会结构、复杂化程度、意识形态等，古今一致性并不强，解决物质遗存与人类过去间的鸿沟问题还有难度。如果不能解决这个问题，那么我们的研究就只能停留在对物质材料的分析上，停留在科技考古方法上，而无法深入古代社会、古人精神生活当中去，为此就必须去发展理论——我们通常称之为"中程理论"。

我们还需要思考价值论的问题，也就是："考古学有什么用？"从学术史上看，我们知道不同时代不同地区考古学所发挥的作用不尽相同。我们该如何确定考古学的价值呢？考古学是一门曾经被种族主义、殖民主义滥用的学科，成为西方殖民扩张的工具，成为他们塑造种族主义意识形态的基础。这些无疑是需要进行反思的，考古学研究并不能自动形成客观的认识，并不能自动排除傲慢与偏见。考古学需要考虑价值取向的问题，需要反思历史进程中已经固化的价值结构。价值论的思考仍然是一个理论问题。

从宏观上说，理论探讨关乎考古学的本体论、认识论与价值论。这些类似于哲学的问题并不是考古学之外的话题，是需要考古学研究者自身有深入的思考的。考古学的重大发展，往往都是在这些基础上获得突破后形成的。尽管理论很重要，但是不可否认，有关理论的偏见仍然无处不在。人们大多能够理解自然科学理论的意义，因为没有相对论，就不会有原子弹，也不会有核电站与核医学。对于社会科学理论在一定程度上也能接受，比如没有马克思主义，就不会有中国革命的胜利；没有市场经济理论，也就不会有改革开放的大发展。当然，其中也不乏争议，如理论与实践的关系，即便是在自然科学领域，也有一些人更强调实践的先导作用，认为实践能够引发理论的提升。在社会科学领域，则会导致对理论普遍性的质疑，尤其是历史不能重复，理论的推广还需要考虑社会背景条件、人的能动性等。不过，不管怎么说，理论对于实践的意义是有目共睹的。理论与实践的关系是辩证的，理论关乎实践的方向，是不可或缺的。

当前，考古学理论领域的困境是明显的。考古学是一门跨越自然科学、社会科学与人文学科的交叉学科，上面我们说到自然科学、社会科学理论都是可以通过实践来检验的，但是在人文学科领域呢？所谓人文，就是意义的创造，这个领域的作用是赋予意义。梅花本来只是一种蔷薇科的植物，但是中国古人偏偏赋予它以风骨的意义，这种意义并不是梅花所固有的，也不是普遍存在的。对于一个以主观性为中心的领域而言，它仍然需要理论，如中国书法理论、绘画理论。对于一门学科，研究者总是希望建立统一的理论，考古学是通过实物遗存来研究人类过去的学科，于是，有研究者把考古学理论落在人与物的关系上。有研究者认为人是一种生物，必定要符合进化论，包括人的文化也应该属于进化论的范畴。统一的理论对当代考古学来说，仍然是不现实的。目前，可以看出科学与人文两个明显区分开来的维度，前者是以逻辑推理为中心的，后者只能以体验理解为中心。

关于本书的架构

从《考古学理论手册》这本书来看，它所真正主张的是，考古学理论是多维的存在。全书分为五个部分，第一部分从范式的角度来考察，提出当代考古学有八大范式。第二部分从相关学科的角度出发关注理论发展，考古学理论深受历史学、人类学、语言学等学科的影响，它们与考古学交融，形成相应的理论领域。第三部分关注的是考古学研究的重要理论方向或主题，包括心智、物质性、族群、性别等。第四部分是考古学所处的社会关联，涉及文化资源管理、考古学伦理等。最后一部分是进入实践的理论，即考古学在解决重大问题上的作用，书中提及的重大问题包括狩猎采集者、农业起源与传播、等级、酋邦、国家与宗教的起源等。下面针对各个部分逐一加以简要解读。

在所谓的八大范式中，真正可以称得上范式的其实只有文化历史考古、过程考古、后过程考古。就此我在自己的论文与著作中反复讨论过，按照我的理解，要成为考古学的范式，需要有三个组成部分：核心概念纲领、支撑理论方法、实践体系。支撑理论方法是围绕核心概念纲领展开的，经过不断的实践，最终形成一个贯通理论、方法与实践的体系。范式的概念来自物理学，总有点颠覆性的意思，考古学研究是连续发展的，因此，有研究者反对用范式来划分考古学研究。不过，在考古学研究中，我们的确可以看到成熟范式的强大影响力，它涉及学术话语、学术评估、学术活动圈等。考古学的范式是并存的，既竞争又合作。从竞争关系来说，晚出现的范式对更早范式展开批评；从合作关系来说，晚出现的范式实际上代表考古学研究的拓展，它们与更早的范式之间应该是互补的。其他的五个范式，在范式的三个组成部分方面，总是在某个方面有所欠缺，与三大主流范式之间往往又有所交叉，称之为范式确实是有点勉强的。我曾经称之为"亚范式"，也就是还没有形成但又有点接近范式。范式的演进是考古学发展事实存在的形态，突破固有的范式，开拓新的范式，是考古学研究者矢志不渝的目标，或者说，是学术探索的目标。

把相关学科理论纳入考古学理论的讨论中，这是一个大胆但很有必要的做法。考古学在学科历史上，就深受历史学、人类学理论的滋养，《考古学理论手册》所提及的相关学科是例举式的，并没有全部覆盖。考古学是通过物质遗存去研究人的，广义上它研究的是人与物的关系。如果这么说的话，那么考古学覆盖的范围是极广的，几乎无所不包，这也就意味着，考古学可以与其他所有学科发生联系。它们的理论都可能用于考古学领域，并在这里生根发芽，形成新的理论分支。从另外一个角度说，考古学解决其所关心的重大问题时，需要与其他学科进行合作，这已经成为考古学发展的一个主要趋势。科技考古理论方法的广泛运用是有目共睹的，取得的成绩令人瞩目。实际上，社会科学与人文学科的参与更加普遍，历史更加悠久，只是不容易被意识到，因为这些理论更接近考古学的底层逻辑。有点遗憾的是，《考古学理论手册》中没有专门讨论艺术理论、思想史与考古学的关系，然而在历史考古领域，它们的影响是非常显著的。不过，《考古学理论手册》中倒是涉及了模拟与复杂性理论，未来很可能与人工智能关联起来，其发展潜力给人以很大的想象空间。发展考古学的相关学科，探索学科交叉的领域，并与前沿的科技发展结合起来，一定是未来考古学发展的主要着力点。

《考古学理论手册》没有拘泥于范式与学科线索，而是把当代考古学关注的一些焦点问题单独拿出来加以讨论。这些问题大多很复杂，其中的心智问题涉及学科众多，即便在考古学领域内，不同分支也都有所关注，旧石器时代考古关注心智的起源与演化，新石器与文化历史考古关注心智的社会性、精神性，进入了意识形态领域。族群考古的问题由来已久，至今仍然悬而未决。族群无疑是存在的，不同族群也的确会用物质来显示与强化自己的身份认同，也可能反向操作，具体会如何去做，取决于当时的情境。也正因为如此，族群考古变得扑朔迷离，似乎可以做，但是很不可靠。性别以及更广泛的社会身份问题同样如此，相关的讨论不仅对既有的知识建构提出了挑战，还对既有的考古学实践体系进行了批评。有关物质性的问题更加复杂，我们在翻译这个部分时也是最痛苦的，不少理论晦涩难懂。按照马修·约翰逊的说法，从20世纪90年代开始，西方考古学发生了"物质转向"，物质性就是这个转向的产物，所谓的对称考古、物质文化研究、纠缠理论等皆围绕人与物的关系展开讨论。回顾自己过去十多年以及最近的研究，也是围绕这个主题展开的，不过，我更强调人文维度，概括起来就是"器以载道"。未来考古学还会关注哪些主题呢？这是个难以回答的问题，我们唯一知道的可能是，探索会一直进行。

虽然说考古学有"器以载道"这样看起来有点玄乎的作用，但跟人文学科的其他学科相比，考古学是有社会应用领域的。考古学方向毕业的学生有对口的工作，其中包括考古所、博物馆以及文物管理机构等。《考古学理论手册》用"文化资源管理""考古学与社会""考古学伦理"等章节加以讨论，从这些部分来看，不难发现中西考古学还是有挺大差别的。西方考古学特别关注的一些问题是我们没有的，比如与原住民的关系，美国、澳大利亚、新西兰等国家都是殖民的产物，装备种族主义头脑的殖民者几乎将原住民屠戮殆尽。如今他们终于开始有所反思了，也算是一点进步。还有一些问题是我们向西方学来的，如文化资源管理的市场化，其原初的目的是降本增效，但实际执行的情况并不理想，为了快速完成基建任务而进行的发掘，对文化资源来说，是弊大于利的。我们在学习西方考古学时，应该借鉴，也应该有所选择，尤其是社会应用领域。考古学从其渊源上来说，是精英主义的，但其发展趋势是越来越大众化，不论中外，都是如此。在这个方面，中国考古学实际上已经走在了前面。所以，阅读这个部分，我们可以更从容一点，看看西方是怎么做的，有哪些教训需要汲取，有哪些经验可以学习。有些遗憾的是，这个部分没有怎么涉及博物馆，这里是考古学进行表达、发挥现实影响的重要场所，将来我们可以在这方面有所建树。中国考古学是敏于行而讷于言的，实践走在了理论的前面，跟西方考古学相反，相互借鉴还真是很有必要的。

　　考古学理论究竟可以帮助解决什么问题，《考古学理论手册》的最后一部分以若干重大问题为主题进行了讨论。这个部分应该是许多考古学研究者会非常感兴趣的，相关学科的研究者也可能会予以关注。通常来说，考古学有三个大问题：人类起源、农业起源与文明起源。这个部分以"狩猎采集者"取代了人类起源这个大问题，多少有点遗憾，可能是主编没有找到合适的作者，也可能是与考古学学科内存在的断裂相关。人类起源研究由古人类学、DNA 考古主导，跟考古学的主体——通过物质遗存研究人类过去——有所不同。这个断裂反映了考古学学科内部科学与人文的深层对立，至今学术界也没有找到很好的解决办法。狩猎采集者研究，在我看来，是西方考古学的精华，是特别值得关注的。近代中国没有殖民史，没有机会接触还处在狩猎采集阶段的原住民。其生活方式、社会结构、意识形态可以为史前研究所参考，帮助我们解读考古材料。要解释农业起源，也需要理解狩猎采集者。所谓农业起源，就是狩猎采集者放弃了其原有的生活方式，走向驯化动植物，依赖驯化的动植物。对于为什么以及如何实现，不了解狩猎采集者，是不可能回答这些问题的。这个部分用"等级的考古""酋邦"和"国家的起源"三章讨论了文明起源问题。对于部分考古学家高度肯定的酋邦理论，《考古学理论手册》的作者是持否定态度的，认为该理论已经破产了，它解释不了多样的文明起源路径。考古学的核心任务就是透物见人，终极目标是了解人类过去的精神世界，而这是最为困难的部分。《考古学理论手册》以"宗教"考古探源部分结束，回应考古学理论进入研究实践之后，究竟可以解决什么问题。

关于本书的翻译

近年来，人工智能兴起，在课堂上看到学生用人工智能加持的翻译应用程序完成论文，自己也尝试过用它做论文摘要的翻译。发现它至少可以替代一半的人工，如果是科学论文，替代程度更高。我很想知道它在翻译哲学论文上的能力——估计还不行。对于研究哲学的人来说，能够成功翻译一部作品，仍然是很大的成就。人工智能属于新兴科技，在处理逻辑问题时，效率是可以期待的。但是，人文领域的研究往往是非逻辑性的，人文意义是人主观赋予的，古今一致性、跨文化或跨社会的一致性很弱，在不同情境下，意义都可能发生改变。可以想见，人工智能遇到这样的问题时，处理起来是十分困难的，短期内还看不到显著的进展。部分考古学理论是带有很强的哲学性质的，尤其是以人文见长的后过程考古学理论。还记得在翻译"物质性"一章时，非常抓狂，一句话往往需要反复琢磨多遍才能理解其意思。当然，结果还是令人欣慰的，翻译的过程就是一次深入阅读的机会。在这个手机阅读日渐盛行的时代，能够深入阅读一本书是美好的。

过去二十年，与考古学理论相关的翻译作品明显增加，先是岳麓书社推出过一套，之后上海三联书店推出过系列，中国人民大学出版社、上海古籍出版社也有相应的系列，零星的翻译就更多了。还记得在我上本科的时候，当时只有三秦出版社出版的西方考古学理论译文集。更遗憾的是，我那个时候完全读不明白。可能因为学术积累还不够，整个学术话语体系中的各部分间都还没有形成有效的沟通。如今这似乎已经不是问题了。尽管国内有关西方考古学理论的译介已有不少，但是还缺乏一部能够全面覆盖的作品，于是，我想到翻译《考古学理论手册》这本书。正如上面所说的，它所主张的理论构成是多维的。换个说法，就是包罗万象，是混杂的。老实说，我很欣赏这种结构，我们习惯的思维方式是具有统一性的，这种思维方式有它的好处，但也有不足，那就是单调、缺乏多样性。不能说这部著作真的完全覆盖了所有的考古学理论，但是它提供的维度，为我们拓展考古学理论提供了有益的参考。它无疑是值得每位考古学研究者拥有的案头参考书。

此外，关于本书中的译名，有下面两点需要特别交代一下：（1）有些译名需要结合中文语境处理，不做统一。例如，关于"evolution"一词的翻译争议极多，从尊重历史的角度考虑，自然应该翻译成"进化"。但学术界认为"进化"这一译法带有太多的进步论色彩，曲解了达尔文的原意，所以后来逐渐改译为"演化"。本书收录的文章由不同作者所著，大家的观点并不一致，使用"evolution"一词时要表达的具体含义也有差别，因此我最终决定根据中文语境灵活翻译。又如"民族学"或"民族志"，强调理论色彩时译成"民族学"，强调材料色彩时则译成"民族志"，也不做统一。（2）具体的原始文化或当代社群文化，以及一些特殊事物的名称，有通行译名的，采用通行译名，没有通行译名的，不做翻译。

尽管人工智能时代正在到来，但我的翻译处在人工时代。本书的翻译差不多在十年前就已经开始了，断断续续，一个人完成这样一个大部头著作的翻译，的确勉为其难，所幸有陈国鹏的援手。国鹏是中国人民大学考古文博系第二届本科生，目前在牛津大学攻读玛雅考古方向的博士学位。他的英语水平比我好，本科阶段就经常去听英语专业的课程，是我见过的学习考古学的同学中英语最好的，是非常合适的翻译者。全书的翻译，我翻译了前 11 章、第 14 章、第 18 章、第 19 章、第 26 章、第 28 到 31 章；国鹏翻译了第 12 章、第 13 章、第 15 到 17 章、第 20 到 25 章、第 27 章。非常感谢中国人民大学出版社的出版团队，助力完成该书的出版。译文之中，肯定还有不少不足之处，恳请读者批评指正。

陈胜前

图书在版编目（CIP）数据

考古学理论手册. 下 /（英）R. 亚历山大·本特利
（R. Alexander Bentley），（美）赫伯特·D. G. 马施纳
（Herbert D. G. Maschner），（英）克里斯托弗·奇彭代
尔（Christopher Chippindale）主编；陈胜前，陈国鹏
译. -- 北京：中国人民大学出版社，2025. 6. -- ISBN
978-7-300-33723-4

Ⅰ. K851-62

中国国家版本馆 CIP 数据核字第 2025H71Z79 号

考古学理论手册（下）

［英］R. 亚历山大·本特利（R. Alexander Bentley）
［美］赫伯特·D. G. 马施纳（Herbert D. G. Maschner）　　　主编
［英］克里斯托弗·奇彭代尔（Christopher Chippindale）
陈胜前　陈国鹏　译
Kaoguxue Lilun Shouce

出版发行	中国人民大学出版社		
社　　址	北京中关村大街 31 号	邮政编码	100080
电　　话	010-62511242（总编室）	010-62511770（质管部）	
	010-82501766（邮购部）	010-62514148（门市部）	
	010-62511173（发行公司）	010-62515275（盗版举报）	
网　　址	http://www.crup.com.cn		
经　　销	新华书店		
印　　刷	北京尚唐印刷包装有限公司		
开　　本	890 mm × 1240 mm　1/32	版　　次	2025 年 6 月第 1 版
印　　张	18.5 插页 4	印　　次	2025 年 6 月第 1 次印刷
字　　数	432 000	定　　价	239.00 元（上下册）